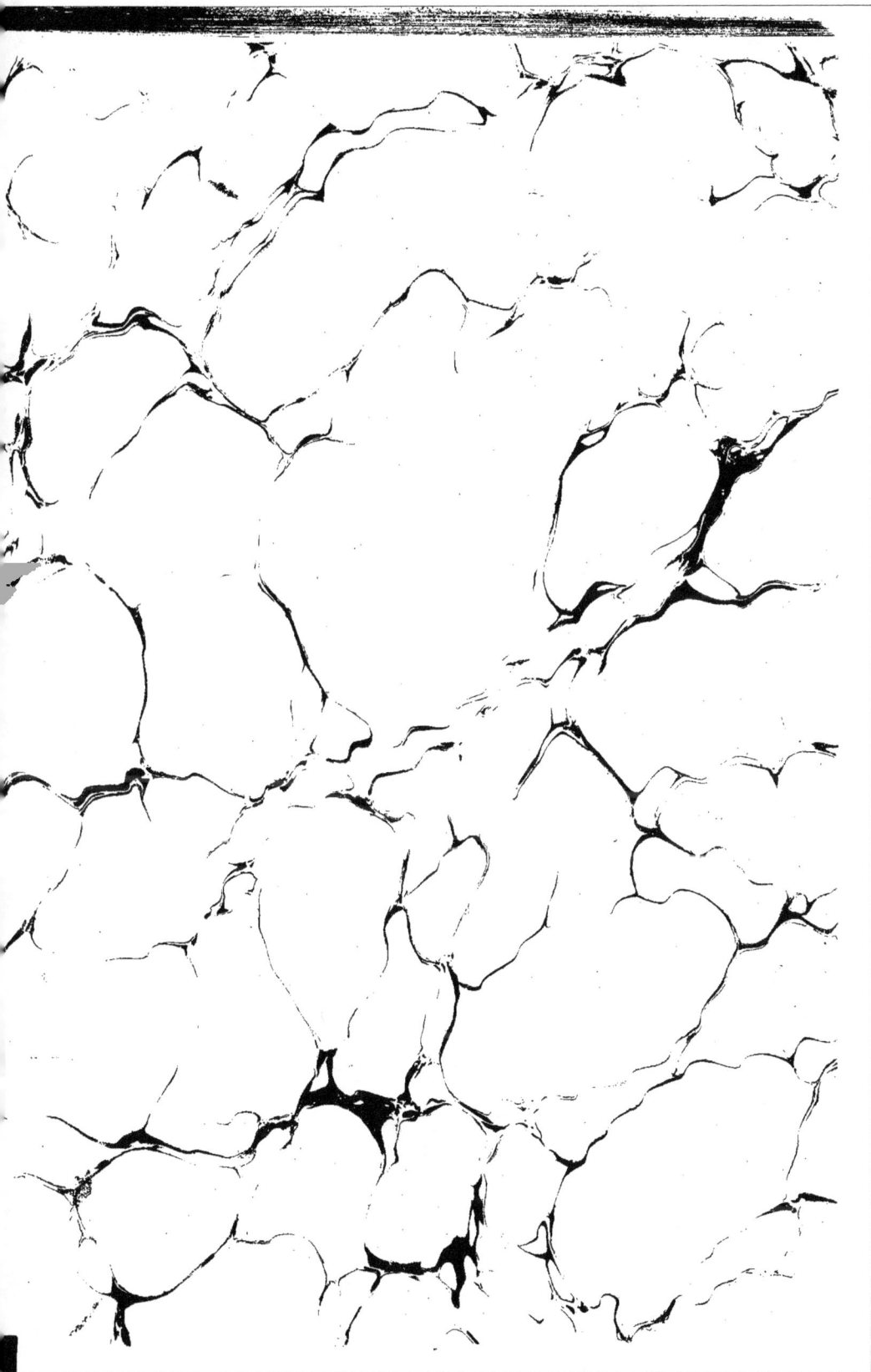

/

TRAITÉ

DE LA VOIRIE

694

PAR

LOUIS COURCELLE

LICENCIÉ EN DROIT

Extrait mis à jour et augmenté du RÉPERTOIRE DE POLICE

Publié sous la direction de M. LÉPINE, préfet de police

BERGER-LEVRAULT & Cie, ÉDITEURS

PARIS	NANCY
5, RUE DES BEAUX-ARTS	18, RUE DES GLACIS

1900

TRAITÉ DE LA VOIRIE

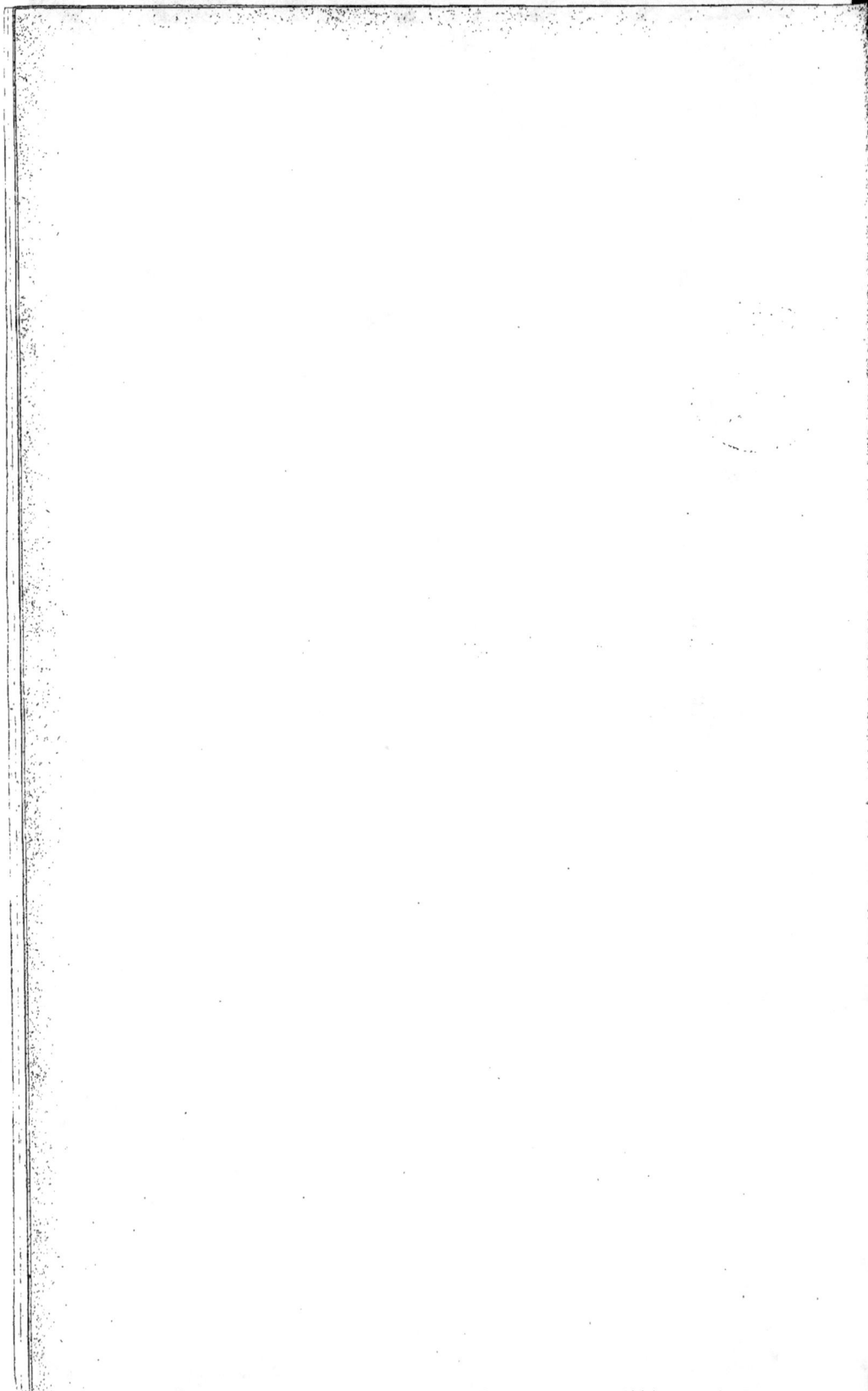

TRAITÉ
DE LA VOIRIE

PAR

LOUIS COURCELLE

LICENCIÉ EN DROIT

Extrait mis à jour et augmenté du RÉPERTOIRE DE POLICE

Publié sous la direction de M. LÉPINE, préfet de police.

BERGER-LEVRAULT & Cⁱᵉ, ÉDITEURS

PARIS	NANCY
5, RUE DES BEAUX-ARTS	18, RUE DES GLACIS

1900

AVERTISSEMENT

A part quelques monographies, fort bien écrites d'ailleurs, mais la plupart déjà anciennes, il n'existe sur la législation de la voirie terrestre, si considérable pourtant, qu'un nombre d'ouvrages très restreint.

Cette pénurie tient sans doute à l'effacement volontaire où pendant trop longtemps a été tenu l'enseignement du droit administratif, dont la voirie est une des branches. Peut-être aussi en trouverait-on l'explication dans le développement inattendu des chemins de fer, qui, en canalisant la circulation, ont détourné l'attention des publicistes des voies de terre, à peu près délaissées.

Dans tous les cas, l'absence de traités généraux sur une matière qui intéresse la masse du public et plus particulièrement les architectes, les entrepreneurs, les propriétaires, les conducteurs des ponts et chaussées, les agents voyers, etc., ne laisse pas d'être regrettable et il y a là, croyons-nous, une lacune d'autant plus urgente à combler que les chemins vont reprendre une vie nouvelle, grâce au cyclisme et à l'automobilisme et que la connaissance des règlements administratifs va devenir pour tous absolument indispensable.

C'est pourquoi, après l'avoir fait compléter et mettre à jour par son auteur, nous publions, en volume, l'article sur la « Voirie » récemment paru dans le *Répertoire de police* publié sous la direction de M. Lépine, préfet de police.

Juillet 1900.

LES ÉDITEURS.

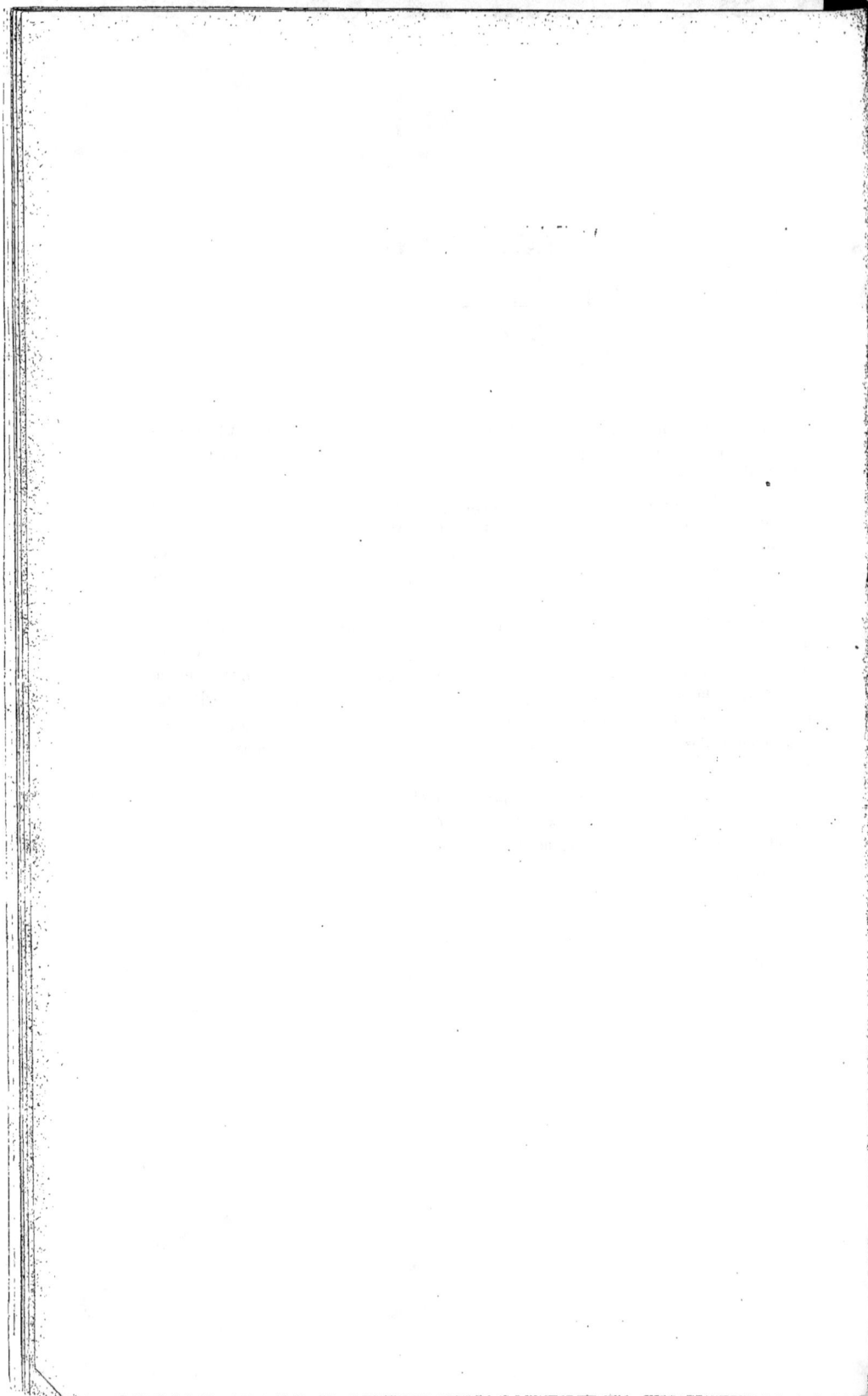

TRAITÉ DE LA VOIRIE

La voirie, qui comprend l'ensemble des voies de communication établies dans un intérêt public, se divise en grande et en petite voirie[1].

La grande voirie comprend toutes les voies de communication d'un intérêt général : les routes nationales et départementales, les rues qui en sont le prolongement, les chemins de fer, certains tramways, les rivages de la mer, les ports maritimes de commerce et les ouvrages qui en dépendent, les fleuves et rivières navigables ou flottables, les canaux de navigation.

On range dans la petite voirie les rues et places qui ne sont pas le prolongement d'une route nationale ou départementale, les chemins vicinaux et les chemins publics ruraux.

Le petite voirie se distingue elle-même en voirie urbaine et en voirie rurale ou vicinale.

La voirie urbaine a pour objet les communications intérieures des communes, c'est-à-dire les rues, places publiques, passages, promenades, etc., compris dans l'enceinte des villes, des bourgs ou des villages.

La voirie rurale ou vicinale a pour objet les communications extérieures qui desservent les communes et les mettent en relation, c'est-à-dire les chemins vicinaux et ruraux[2].

À Paris, toutes les rues sont dans la grande voirie pour ce qui regarde l'établissement et la conservation de la voie et dans la petite voirie pour ce qui concerne la police de la circulation.

La grande voirie est placée sous l'autorité du ministre des travaux publics, sauf les rues de Paris. La petite voirie rentre dans les attributions du ministre de l'intérieur.

Les travaux de grande voirie sont à la charge soit de l'État, soit des départements. Les travaux de petite voirie sont principalement à la charge des communes, sauf le concours du département et de l'État.

La répression des contraventions de grande voirie appartient, en principe, au conseil de préfecture ; celle des contraventions de petite voirie est dans les attributions du tribunal de police. Il n'y a, à cette règle, qu'une seule dérogation en matière de chemins vicinaux.

Une autre classification de la voirie consiste à la diviser en voirie par terre, voirie par eau et voirie par fer.

Dans la voirie par terre, on comprend :

Grande voirie. — Routes nationales ;
Routes départementales ;
Anciennes routes stratégiques de l'Ouest ;
Routes thermales.

Voirie urbaine. — Rues, boulevards et places des villes, bourgs, villages.

Voirie vicinale. — Chemins de grande communication ;
Chemins d'intérêt commun ;
Chemins vicinaux ordinaires.

Voirie rurale. — Chemins communaux reconnus ;
Chemins communaux non reconnus ;
Carraires ;
Chemins particuliers d'exploitation ;
Servitudes de passage.

Dans la voirie par eau :
Cours d'eau navigables et flottables ;
Cours d'eau flottables ;
Canaux de navigation ;
Chemins de halage et marchepieds.

Dans la voirie par fer :
Chemins de fer d'intérêt général ;
Chemins de fer départementaux et d'intérêt local ;
Chemins de fer d'intérêt particulier ou industriels ;
Tramways.

Nous n'adopterons aucune de ces classifications légales pour notre étude et nous examinerons suc-

---

1. C'est, croyons-nous, la loi des 7-11 septembre 1790 qui la première, dans notre droit moderne, ait employé la dénomination de grande voirie. Cette expression a été, depuis, reproduite dans la loi des 7-14 octobre 1790, dans l'article 4 de la loi du 28 pluviôse an VIII, dans la loi du 29 floréal an X, dans le décret du 10 avril 1812, dans les lois du 23 mars 1842 et du 15 juillet 1845 et dans l'article 1er du décret du 26 mars 1852.
La seule disposition de loi qui ait employé l'expression de petite voirie est l'article 471, n° 5, du Code pénal.
2. Cette distinction semblerait devoir être également admise en matière de grande voirie, car la grande voirie, de même que la petite, comprend des voies de communication extérieures : les routes en rase campagne, et des voies de communication intérieures : les rues des communes qui font suite aux grandes routes ; il y aurait donc lieu ici, comme dans le cas que nous examinons, de distinguer la grande voirie urbaine et la grande voirie rurale. Mais cette distinction, ainsi que le fait justement remarquer Dalloz, n'aurait aucun intérêt, puisque ces différentes voies de communication sont, en matière de grande voirie, soumises à un seul et même régime.

cessivement pour une plus claire exposition des principes :

1° Les routes nationales et départementales ;
2° Les chemins vicinaux ;
3° Les chemins ruraux ;
4° Les chemins d'exploitation ;
5° La voirie urbaine ;
6° L'alignement ;
7° Les permissions de voirie ;
8° Les saillies sur la voie publique ;
9° Les contraventions de voirie ;
10° La police des voies publiques ;
11° Le département de la Seine et la ville de Paris ;
12° Le droit comparé.

Quant à la voirie par fer, nous l'avons étudiée dans notre *Répertoire de police* au mot *Chemin de fer,* auquel on voudra bien se reporter.

La voirie par eau se trouve dans le même ouvrage au mot *Navigation.*

LIVRE Ier. — DES ROUTES NATIONALES ET DÉPARTEMENTALES

CHAPITRE Ier

NOTIONS HISTORIQUES

Section 1re. — *Les routes chez les Grecs.*

Les Grecs ne semblent pas avoir connu la distinction du domaine public et du domaine privé. Chez eux le domaine de l'État était considéré comme la propriété indivise de tous les citoyens. Les routes participaient à ce caractère comme les autres biens affectés à l'usage de tous ; on les avait délimitées par des pierres et des inscriptions et l'on frappait les usurpateurs d'une amende considérable. Les Athéniens avaient placé leurs routes sous la protection de Mercure, et des statues du dieu placées de distance en distance indiquaient son chemin au voyageur.

Section 2. — *Les routes chez les Romains.*

Les Romains, peuple à la fois mercantile et militaire, comprirent de bonne heure la grande utilité des routes au point de vue commercial comme au point de vue stratégique ; les voies romaines étaient construites avec une solidité admirable qui leur a permis de braver les outrages du temps ; on en retrouve encore aujourd'hui de nombreux vestiges.

§ 1er. — Classification des routes.

Les chemins *publics*[1] se divisaient en trois catégories : les chemins royaux ou militaires ; les chemins vicinaux publics (les chemins vicinaux étaient tantôt publics et tantôt privés suivant qu'ils avaient été construits avec des deniers publics ou aux frais des particuliers) et les chemins des villes.

Les *viæ militares,* voies publiques par excellence, étaient « celles par lesquelles les capitaines et les empereurs romains faisaient la conduite de leurs armées et du bagage qu'ils avaient à leur suite ». (Bergier, *Histoire des grands chemins de l'Empire,* t. I.) Elles s'appelaient aussi prétoriennes ou consulaires parce qu'elles furent tour à tour placées sous la surveillance des préteurs ou des consuls.

Sous le nom de *viæ vicinales* on comprenait les chemins qui traversaient les villages ou qui reliaient les bourgs entre eux. (Digeste. Loi 2, § 22. *Ne quid in loco publico.*)

D'après Ulpien, les *viæ militares* se distinguaient des *viæ vicinales* en ce qu'elles aboutissaient soit à la mer, soit à des villes, soit à des fleuves, soit à d'autres voies militaires, tandis que les chemins vicinaux aboutissaient à des routes publiques ou se terminaient sans issue. (Digeste. Loi 3, § 1. *De locis et itineribus publicis.*)

Ce critérium nous paraît plus exact que celui de Bergier qui fonde la division des chemins dans le droit romain sur leur seule largeur[1] et argumente pour soutenir sa thèse sur les mots, *via, actus, iter, semita.* Or, ces expressions, d'après l'opinion la plus commune, se réfèraient seulement aux chemins existant à titre de servitude et non aux chemins du domaine public.

Les *viæ militares* et les *viæ vicinales* formaient la voirie rustique ou extérieure. Les places et les rues des villes composaient la voirie urbaine, qui faisait l'objet d'une réglementation spéciale.

§ 2. — Police.

Les premiers magistrats à qui l'on confia la garde du domaine public et par suite des *viæ militares* furent les censeurs, dont le pouvoir s'étendait sur Rome et sur l'Italie.

Plus tard, quand le peuple romain eut étendu ses

---

1. Est public, dit Ulpien (Digeste 1-2, § 22, lib. 43, t. VIII), le chemin dont le sol est public et a été rendu tel par celui qui était investi de l'autorité compétente. « *Viam publicam eam dicimus cujus etiam solum publicum est... relicium ad directum certis finibus (latitudinis ab eo qui jus publicandi habuit, ut ca publice iretur, commeartur.* »

1. D'après les lois des Douze Tables (table VIII, chap. 8), les chemins publics devaient avoir une largeur de huit pieds quand ils étaient en ligne droite, et du double dans les endroits où ils tournaient.

conquêtes en dehors du territoire de l'Italie, l'administration des *viæ militares* appartient dans les provinces aux présidents ou gouverneurs (*judices*), auxquels on adjoignit des *curatores viarum* ou *curatores operum publicorum*. (Code Théod. Lois 24 et 36. *De operibus publicis*.)

Sous l'empire, les censeurs sont définitivement remplacés par les *curatores viarum*, commissaires extraordinaires, créés d'abord pour l'entretien des grands chemins, auxquels les censeurs ne pouvaient suffire, et qu'Auguste organisa d'une manière régulière. (Suétone, § 37. *Vie d'Auguste*.) C'était spécialement sur les grandes routes, c'est-à-dire sur celles qui partaient de Rome pour aboutir aux frontières de l'Italie, que devait s'exercer la surveillance des *curatores* [1]; les autres voies, moins importantes, furent placées sous la direction de procurateurs de l'ordre équestre. (Mispoulet, *Institutions politiques des Romains*, t. I, p. 289.)

Les curateurs n'étaient pas seulement chargés de l'entretien du chemin, ils pourvoyaient aussi à sa police et à sa conservation. (Paul, *Sentent.*, Lib. V, tit. vi-2.) Ils étaient à la fois administrateurs et juges, relevant les contraventions et prononçant eux-mêmes l'amende ou la démolition.

Sous le Bas-Empire, l'administration se partage entre les préfets du prétoire, les vicaires dans leurs diocèses et les gouverneurs dans leurs provinces. Aucune distinction n'est à faire entre les routes de l'Italie et celles des provinces. Toutes les *viæ regales* sont placées sous le contrôle d'inspecteurs nommés par l'empereur. (Code Th. Loi 2. *De op. publ.*)

§ 3. — Construction.

Une autorisation était toujours nécessaire pour la construction d'une route parce qu'il s'agissait d'un travail à exécuter sur les fonds publics. Sous la république, c'était un plébiscite, puis un sénatus-consulte; sous l'empire, ce fut un décret du prince.

Les travaux se faisaient soit à l'entreprise, par des *redemptores* avec qui les *curatores viarum* passaient les adjudications, soit en régie par l'administration elle-même (Code. Loi 8. *De operibus publicis*) qui employait fréquemment les soldats des légions et les criminels condamnés aux travaux publics. Les frais de construction étaient supportés par le Trésor public.

§ 4. — Entretien.

La réparation des routes se faisait par corvées ou par contributions. « *Antiquatis*, lit-on dans la loi 5, au Code Théodosien, *De itinere muniendo*, liv. 15, tit. 3, *antiquatis omnibus vel personalibus rescriptis, vel per adnotationes elicitis per Bithyniam veteresque provincias possessores et reparationi publici aggeris et cæteris hujusmodi mune-*

ribus, pro jugorum numero vel capitum quæ possidere noscuntur, adstringi cogantur. »

Quel était le mode de revêtement des routes? Fort divers, croyons-nous. On peut dire cependant que la plupart des chemins étaient pavés soit en cailloux, soit en pierre de taille [1]. Quelques-uns étaient faits simplement *congestis terrenis aggeribus*. De quelques matériaux qu'ils fussent composés, l'entretien en incombait d'ailleurs aux propriétaires riverains, quelle que fût leur qualité. Aucune exemption ne pouvait être invoquée, car une constitution d'Honorius et de Théodose avait classé les travaux des chemins parmi les ouvrages les plus nobles. (Code-loi 4. *De privilegiis domus Augustæ*, liv. II, tit. 74. C. J. loi 7, liv. I, tit. 2.)

La réparation des chemins s'appliquait non seulement au sol de la route elle-même et aux œuvres d'art, ponts et autres qui en faisaient partie intégrante; elle s'étendait encore à tous les accessoires de la route — bancs destinés aux voyageurs, colonnes miliaires, statues de Mercure, d'Apollon, de Bacchus ou d'Hercule, sous la protection desquels les Romains plaçaient la voirie et que l'on appelait *lares viales* ou *viacos* [2]. (Bergier, t. I, liv. II, ch. 31.)

Le mode ordinaire de contributions pour les chemins publics consistait en taxes pécuniaires. Ces taxes ne rentraient pas dans les impôts ordinaires; elles étaient levées à part et constituaient des sortes de centimes additionnels spéciaux à la contribution foncière. Chaque propriétaire n'était tenu de payer que proportionnellement à ce qu'il possédait. L'estimation des biens de chacun était faite sur la déclaration estimative des contribuables eux-mêmes, vérifiée par des agents publics appelés *censitores* et contrôlée par d'autres appelés *peréquateurs* ou inspecteurs et nommés par le préfet du prétoire. (Dig. lib 4, pr. *De censib.*) Cette peréquation, portée successivement de cinq à dix, puis à quinze ans, fut rendue perpétuelle par une constitution d'Honorius qui la rangea parmi les *locorum munera*. Cette contribution pesait directement sur la propriété et avait un caractère de réalité qui s'attachait au détenteur du fonds. C'est ainsi que l'usufruitier, l'acquéreur, le créancier gagiste ou antichrésiste nantis d'un fonds étaient tenus de l'acquitter. (Dig. lib. 27, § 3. *De usuf.*; ff. loi 13, § 6. *De act. empt.*; C. J. l. 6. *De pign. et hypoth.*)

En dehors de ces taxes pécuniaires, les habitants des provinces étaient encore tenus de prestations personnelles. On ne trouve, il est vrai, rien dans les codes qui détermine les catégories de personnes assujetties, ni le nombre des journées de prestations, mais cela tient, dit Serrigny (*Droit publ. et adm. rom.*, t. I), à ce que cette fixation était va-

---

1. Certaines voies militaires : voies Flaminienne, Appienne, Emilienne, Aurélienne, furent même pourvues chacune d'un *curator* spécial.

1. D'après le poète Papinius Statius, la voie *Domitia* était pavée de carreaux de marbre.
2. Quelquefois il y avait de chaque côté de la route des trottoirs en pierre, appelés *margines*, ce qui faisait donner à la route qui en était pourvue le nom de *marginata*. (Tite-Live 41-27.) La largeur de ces trottoirs ou banquettes était d'environ deux pieds et demi et leur hauteur d'un pied et demi.

riable et abandonnée au pouvoir discrétionnaire des gouverneurs et des cités.

Les premières voies qui existèrent en Gaule furent construites par les Romains ; elles étaient essentiellement stratégiques. C'étaient de magnifiques chemins dont la plupart même étaient de véritables ouvrages de maçonnerie, de grandes dalles qui reposaient sur des lits de cailloux et de mortier. Beaucoup furent créés par Jules César, qui employa ses soldats à leur construction. Ils jouèrent un rôle capital dans la conquête des Gaules. D'autres sont dus à Agrippa, son gendre. Celui-ci ouvrit notamment quatre routes prenant toutes naissance à Lyon pour aboutir la première au Rhin, la deuxième en Picardie par la Bourgogne et la Champagne, la troisième en Aquitaine par les monts d'Auvergne et la quatrième enfin à Marseille. (Strabon. *Géographie*, liv. III ; Bergier, *Histoire des voies de l'Empire romain.*)

Avec la fin de la domination romaine, ces chemins qui avaient coûté si cher ne tardèrent pas à être abandonnés, et c'est à peine si, dans la première période franque, l'on trouve, dans les auteurs, mention de quelques chemins connus sous le nom de chaussées de Brunehaut et qui n'étaient en réalité que des tronçons de voies romaines.

Les rois mérovingiens eurent d'autres préoccupations que celles de l'entretien et de la police des chemins ; toutefois, Dagobert Ier essaya de réprimer les usurpations commises en rendant un édit aux termes duquel on punissait d'amendes tout empiètement sur les chemins publics, que l'on divisait à cet effet en trois catégories suivant leur importance : les *viæ publicæ* ou grandes routes, les *viæ convicinales* ou chemins vicinaux, les *semitæ* ou sentiers. Pour la première catégorie, l'amende était de 12 sols, pour la deuxième de 6 et pour la troisième de 3 ; mais ces mesures furent toutes théoriques et ne donnèrent aucun résultat.

Un instant, l'empereur Charlemagne, qui avait rêvé de reconstituer au profit de la France l'empire d'Occident, reprit toutes les traditions romaines et prescrivit les mesures nécessaires pour remettre les chemins en bon état (Capitulaire de 819). Mais, peu de temps après sa mort, ses faibles successeurs laissèrent s'éparpiller, s'émietter le pouvoir qu'il avait fondé de ses mains puissantes.

Bientôt, il y eut autant de gouvernements qu'il y avait de seigneurs plus ou moins puissants, c'est-à-dire qu'il n'y eut plus de gouvernement du tout.

Tous ces petits potentats étaient sans cesse en guerre les uns contre les autres, et, pendant qu'on se battait, il n'y avait plus d'agriculture, plus d'industrie, plus de commerce, plus de chemins. Les magnifiques voies romaines avaient été complètement négligées ; peu à peu la végétation les avait recouvertes, elles avaient disparu sous les forêts qu'elles traversaient autrefois, et si bien disparu qu'aujourd'hui encore, quand on perce de nouveaux

chemins à travers ces forêts, il arrive parfois qu'on retrouve des fragments considérables des anciennes voies construites par les Romains.

Les chemins qui subsistaient à cette époque, et qu'on avait tracés au hasard par suite du besoin qu'on avait encore de communiquer les uns avec les autres, étaient dans le plus fâcheux état. Pas de pierres, pas de pavés ! c'était la terre nue ! A peu près praticables pendant l'été, quand il faisait beau temps, mais absolument impraticables pendant l'hiver, quand les pluies et la neige étaient venues les détremper, ces chemins étaient de véritables bourbiers. Jamais aucune amélioration n'y était faite ; tout au plus y faisait-on quelques travaux dans les passages difficiles, quand on avait, par exemple, un marécage à traverser ; quelquefois encore on construisait des ponts pour traverser les rivières. Mais les rares marchands ou les pèlerins qui s'aventuraient à travers ces chemins payaient bien cher leur témérité : chaque seigneur prétendait percevoir des droits de passage sur son territoire, et comme la France était morcelée en une infinité de petites seigneuries, il fallait à chaque instant délier les cordons de sa bourse pour payer ces droits. Encore, si les chemins avaient été entretenus, il n'y eût eu que demi-mal ; mais les seigneurs ne songeaient qu'à grossir leurs revenus, et non à mettre les chemins en bon état. Aussi cherchait-on à frauder autant que possible ces droits de passage exorbitants. C'était en vain, la lutte était inégale ; car la force était du côté des seigneurs, et il fallait toujours finir par payer.

Ce n'était pas une œuvre facile, dans ce temps-là, dans l'état de la science, que de bâtir des ponts sur de grands fleuves. Il se forma, au XIe siècle, une association de religieux qui avait pour objet de rendre ce grand service aux voyageurs et principalement aux pèlerins. Elle s'appelait l'Association des frères pontifes (pontife veut dire faiseur, constructeur de ponts). Pendant près de deux siècles, cette association a construit beaucoup de ponts dans diverses parties de la France. Il y en a qui subsistent encore, entre autres le fameux pont d'Avignon et le pont Saint-Esprit, tous les deux sur le Rhône. Les frères pontifes ne se contentaient pas de bâtir des ponts lorsqu'ils avaient, à force de quêtes, réuni les ressources nécessaires à l'exécution de leurs travaux ; ils avaient soin encore d'établir, dans le voisinage, des espèces d'hôtelleries dans lesquelles étaient logés à demeure des religieux chargés d'entretenir les ponts et les routes voisines, et en même temps de secourir les voyageurs dans le cas où ils étaient attaqués.

Tel était l'état des routes de terre pendant le moyen âge [1] ; on comprend que dans de pareilles conditions la circulation ne pouvait être bien active. D'autre part, ces routes n'étaient pas plus sûres qu'elles n'étaient praticables. Les seigneurs

---

1. Il est juste toutefois de ne pas oublier l'établissement du premier pavage des rues de Paris par les ordres de Philippe-Auguste, en 1185.

féodaux avaient bien l'obligation de veiller à la sûreté des passants, mais ils remplissaient généralement fort mal leurs devoirs; il y eut même des temps où ils étaient les premiers à dépouiller les voyageurs. Quand, plus tard, ils furent revenus à un sentiment plus juste de leur situation et des devoirs qu'elle leur imposait, ils ne firent plus le mal par eux-mêmes, mais ils le laissèrent bien souvent faire. Et d'ailleurs ils n'étaient responsables que de ce qui se passait entre le lever et le coucher du soleil. Après le coucher du soleil, il n'y avait plus de police, ils ne répondaient plus de rien, ils n'avaient plus d'indemnité à payer aux marchands qui avaient été volés, ni aux familles des voyageurs qui étaient assassinés. C'était un singulier système.

Le progrès devait venir, mais il ne devait venir que lentement. L'autorité du roi, qui avait été un instant à peu près anéantie, se releva peu à peu et finit par l'emporter en beaucoup de points sur celle des seigneurs. Mais il y avait tant à faire que tout ne pouvait se faire à la fois. Il faut donc arriver jusqu'au XVI⁰ siècle, pour trouver la trace d'une influence sérieuse exercée par le gouvernement sur l'état des voies publiques.

Jusqu'à cette époque, il exista une grande confusion dans les attributions des agents chargés de veiller à l'exécution des ouvrages et à l'emploi des deniers. Le pouvoir royal, sauf dans son domaine propre, n'administrait pas les voies publiques; il bornait son action à la répression des abus et n'avait pour cela besoin que de ses magistrats et officiers ordinaires. Une ordonnance de Louis XII, du 20 octobre 1508, ajouta aux attributions des trésoriers de France celles de visiter tous chemins, chaussées, ponts, pavés, ports et passages du royaume; de constater leur état; de faire faire des deniers du roi les réparations de ceux qui sont à sa charge et, pour ceux qui sont à la charge d'autrui moyennant péages, de contraindre qui de droit à les réparer et entretenir. (Vignon, *Études historiques sur l'administration des voies publiques en France aux* XVII⁰ *et* XVIII⁰ *siècles.*)

Mais ces fonctionnaires dont le nombre s'était accru (il n'y en avait à l'origine qu'un par généralité) et qui, en 1577, constituaient un bureau dans chaque généralité, s'acquittaient fort mal de leur mission.

Henri IV, par l'édit de décembre 1598, supprima les bureaux des trésoriers de France et ne conserva que deux de ces officiers par généralité.

L'édit de mai 1599 institua la charge de grand voyer de France et la confia à Sully qui déploya une grande activité.

Le 13 août de la même année, une commission du lieutenant civil enjoignit à Guillaume Hubert, voyer à Paris, de visiter les chemins, ponts et chaussées, dans l'étendue de la prévôté, de les faire réparer et d'y contraindre les seigneurs hauts justiciers qui en avaient nominalement la charge.

En 1601, Sully présenta au roi un projet d'état général de la grande voirie, ponts, pavés, chaussées

et réparations de France, tant royales que provinciales. (*Mémoires de Sully,* t. IV.)

Quelque temps après, le 24 mai 1603, l'office de voyer de Paris fut réuni à celui de grand voyer de France et la réunion de ces deux offices fut confirmée par la déclaration du 7 juin 1604.

Enfin, le 13 janvier 1605, fut rendu le règlement général qui fixait les attributions du grand voyer de France et de ses lieutenants. D'après ce règlement, le grand voyer était tenu de s'informer de tous les deniers levés pour les travaux publics en vertu des commissions du roi et de visiter les ouvrages faits ou en cours d'exécution dans chaque généralité.

La durée de l'exécution des ouvrages était fixée ainsi que la caution à fournir par les entrepreneurs. L'adjudication était publique et avait lieu au rabais.

Un édit de décembre 1607 attribua de plus au grand voyer une partie de la juridiction contentieuse de la voirie. Seules certaines provinces qui avaient des privilèges particuliers, notamment le Dauphiné, restèrent indépendantes de l'administration centrale.

Le règne de Henri IV marque donc une étape considérable dans l'histoire de nos voies publiques. Après sa mort, le pouvoir royal cherche à se procurer des ressources par la création d'offices de trésoriers de France. L'édit d'août 1621 élève à 12 par généralité le nombre des trésoriers généraux et, revenant sur les dispositions de l'édit de 1598, rend à ces officiers le pouvoir d'ordonner des deniers destinés aux ponts et chaussées.

Les attributions du grand voyer se trouvent ainsi, non seulement réduites, mais même en conflit avec celles des nouveaux fonctionnaires. Sur la plainte de ceux-ci, le roi, par un édit de février 1626, supprima l'office de grand voyer et créa deux nouvelles charges de trésoriers généraux dans chaque généralité. Quant à la juridiction de première instance, en matière de voirie, elle fut attribuée au bureau des finances de chaque généralité.

Colbert, devenu contrôleur général des finances en 1661, donna au développement et à l'amélioration des voies publiques tous les soins que réclamait ce service dont les progrès constituaient à ses yeux un des premiers besoins du commerce et une des sources les plus fécondes de la prospérité publique. (Vignon, *op. cit.*) Il laissa aux trésoriers de France « en corps de bureaux » la partie purement financière et la juridiction contentieuse des ponts et chaussées et il leur retira la partie administrative et technique pour la confier à des commissaires répartis dans les provinces, délégués par lui et responsables par devers lui; des arrêts du Conseil d'État nommèrent plus tard, pour les assister, sous le titre de commissaire pour les ponts et chaussées, un des trésoriers de France de chaque généralité.

Par le règlement de 1661, Colbert établit la comptabilité publique en matière de travaux d'État.

Un arrêt du conseil de 1671 divise les routes en trois classes: la première comprenant les chemins royaux, la deuxième les chemins vicinaux et la troisième les chemins de traverse. Cet arrêt classait comme chemins royaux ceux qui conduisaient d'une ville à l'autre, ceux qui allaient de la capitale de chaque province au siège d'anciens bailliages, là où il y avait poste et messagerie royales.

C'est à Colbert qu'est due la création du service des ponts et chaussées. La voirie acquit ainsi une autonomie, une unité qui lui avait fait défaut jusque-là. On peut dire que c'est grâce aux mesures prises par Colbert que la voirie a pu, par la suite, prendre un magnifique développement.

Sous Louis XIV les voies de communication étaient donc sérieusement améliorées et en état de rendre d'importants services.

Mme de Sévigné écrivait à ce sujet :

« C'est une chose extraordinaire que la beauté « des chemins. On n'arrête pas un seul moment. « Ce sont des mails et des promenades partout, « toutes les montagnes aplanies, la rue d'Enfer un « chemin de paradis. Mais non, car on dit que le « chemin du paradis est étroit et laborieux, et ce- « lui-ci est large, agréable et délicieux. Les inten- « dants ont fait des merveilles. »

Cependant, il faut rabattre un peu de cet enthousiasme, quand on voit les singuliers expédients dont on se servait pour rendre les chemins praticables dans certaines parties du royaume qui n'étaient pas très éloignées de Paris, alors que le roi devait y faire des voyages. Ainsi, en 1681, le roi Louis XIV décide qu'il ira prendre les eaux à Bourbon-l'Archambault. Colbert, dès le mois de janvier, écrit à l'intendant de la généralité de Moulins de faire réparer promptement tous les chemins. L'intendant propose d'en faire paver quelques-uns qui sont en très mauvais état. Colbert lui répond qu'on n'aurait pas le temps. Voici ce qu'il faut faire, dit-il : « Il faut faire remplir les mauvais endroits de cail- « loux ou de pierres, s'il y en a dans le pays ; sinon « les remplir de terre avec du bois, et vous pouvez « encore employer un troisième expédient, qui se- « rait de faire ouvrir les terres en abattant les haies « et en remplissant les fossés pour le seul passage « du Roi. Ce sont les expédients dont on s'est tou- « jours servi pour faciliter les voyages du Roi dans « toutes les provinces par où Sa Majesté fait voyage.»

On conçoit qu'avec des chemins ainsi construits, les voyages ne se faisaient pas rapidement. D'après une autre lettre de Colbert, nous voyons que le roi devait partir de Versailles le 26 du mois d'avril pour arriver à Bourbon-l'Archambault le 4 ou le 5 du mois de mai.

C'est seulement en 1664, il y a deux cents ans, que parut la première chaise de poste ; mais l'état des routes devait être encore bien mauvais, car un arrêt du Conseil du roi défendait, « à cause, disait-il, de la ruine des chevaux », de conduire plus d'une personne à la fois en chaise de poste.

Au xviiie siècle, l'édit du 26 mars 1705 formule d'abord une règle technique en prescrivant que les routes doivent à l'avenir être tracées en ligne droite, puis il réglemente les fossés et les plantations que la route peut comporter.

Ce règlement fut complété par l'arrêt du 5 mai 1720, aux termes duquel la longueur entre fossés devait être de 60 pieds pour les grands chemins royaux et de 48 ou 36 pour les autres grands chemins, par lesquels passaient les coches des postes et messageries faisant le service d'une ville à l'autre. Les riverains étaient tenus de planter des arbres le long de ces chemins.

L'arrêt du 1er février 1716 organisa définitivement le corps des ponts et chaussées.

Il établit à la tête de ce service un inspecteur général assisté d'un premier ingénieur, de 3 inspecteurs et 22 ingénieurs.

C'est grâce à ce service que les contraventions de voirie purent être immédiatement constatées et poursuivies, que les routes se construisirent dans des conditions de solidité inconnues jusque-là et que le roulage et les postes purent être assurés avec une rapidité remarquable.

La Révolution apporta peu de modifications au réseau des routes ; toutefois, en raison de la division de la France en départements, on fut obligé d'ouvrir de nouvelles routes et de remanier le réseau des postes, tel fut l'objet de la loi du 12 septembre 1791.

La Révolution accomplit trois réformes importantes : elle donna une définition nette de la grande et de la petite voirie et une classification intelligente des routes et confia aux tribunaux judiciaires la police des routes et la répression des contraventions.

De ces trois réformes, les deux premières méritent d'être pleinement approuvées.

Sous l'ancien régime, on le sait, on entendait par grande voirie l'ouverture, l'alignement, la direction et la conservation des routes, chemins et rues de toute espèce. Sous le titre de petite voirie, on comprenait les mesures de police, ayant pour objet d'empêcher et de punir la dégradation de ces routes, chemins et rues.

Les décrets-lois des 16-24 août, 7-11 septembre, 7-14 octobre 1790, firent la distinction de la grande et de la petite voirie, encore aujourd'hui exacte, et la firent reposer, non plus sur la *nature* des travaux exécutés, mais sur l'*importance* des voies.

Les routes au lieu d'être divisées d'après leur *largeur*, comme dans l'édit de 1776, le furent d'après leur *direction ;* la première classe comprenait les routes de Paris aux frontières au nombre de 28 et d'une longueur totale de 15,000 kilomètres ; les routes de la deuxième classe, au nombre de 97, allaient d'une frontière à une autre sans passer par Paris ; la troisième classe comprenait un grand nombre de routes allant d'une ville à une autre et dont la longueur totale s'élevait à 20,000 kilomètres.

La troisième réforme fut moins heureuse. Les tribunaux judiciaires, chargés de la police des routes et de la répression des contraventions, s'acquittaient fort mal de leur mission, et la grande voirie en fut un instant compromise. C'est frappé de ces inconvénients que le premier Consul, lorsqu'il réorganisa la juridiction administrative, transféra au conseil de préfecture la compétence en matière de grande voirie. (Lois du 28 pluv. an VIII et du 29 flor. an X.)

Avec l'Empire, les routes se développèrent encore non seulement sur notre territoire actuel, mais aussi dans les pays étrangers que nous avions conquis. Les dépenses qui en résultèrent et qui, depuis la loi du 11 frimaire an VII, étaient à la charge de l'État, furent considérables. Aussi en 1811, le gouvernement, sous une apparence de libéralité, eut-il recours à une mesure qui n'était au fond qu'un simple expédient financier. Le décret du 16 décembre 1811 supprima l'ancienne division des routes, pour y substituer le classement en routes impériales et routes départementales. Les routes impériales, au nombre de 229, se subdivisèrent en trois classes ayant ensemble 46,500 kilomètres de longueur. Pour les deux premières classes, les dépenses de construction, amélioration et entretien incombèrent entièrement à la charge du trésor ; pour la troisième classe, comprenant 202 routes, les dépenses étaient réparties entre l'État et les départements traversés, mais la propriété en restait à l'État. Il fut sursis au classement des routes départementales afin de prendre l'avis des conseils généraux. Après cette consultation illusoire, le décret du 7 janvier 1813 détermina les routes qui feraient partie de la dernière classe. Ce furent toutes les routes de troisième classe et certains chemins vicinaux jugés assez importants pour être élevés au rang de routes départementales.

Après la chute de l'Empire, les routes qui jusque-là avaient surtout servi au passage des armées et avaient été principalement des voies stratégiques, furent utilisées pour le commerce et l'industrie.

Mais déjà l'on commençait à se préoccuper de la locomotion à vapeur, et la première question que l'on se posa fut celle de savoir si l'on ne pourrait pas utiliser tel quel notre réseau de routes nationales.

En raison de l'imperfection du moteur on dut y renoncer et l'on décida la création de voies spéciales, de chemins sur rails en bois d'abord, sur rails en fer ensuite. On sait quelle importance ont prise, en France, les chemins de fer et, en présence d'un pareil développement, on est amené à se demander si la route nationale, autrefois si utile, n'a pas perdu sa valeur. C'est, nous le verrons plus loin, l'avis d'un certain nombre de personnes, et aujourd'hui même la Chambre est saisie de divers projets tendant à déclasser les routes nationales. Nous y reviendrons.

§ 2. — Dépenses.

Les ressources appliquées aux grands chemins ont été de plusieurs natures aux diverses époques de l'ancien droit. Les péages furent longtemps la principale, les dons pieux ou charitables s'y ajoutaient souvent. Les marchands qui faisaient le commerce ou transport des métaux précieux dans les monnaies royales, versaient le « denier à Dieu » pour entretien des ponts, chaussées et passages et pour autres bonnes œuvres. (Décl. roy. du 14 oct. 1346.) Le roi, dans ses domaines, faisait exécuter sur ses revenus les ouvrages des chemins publics, soit qu'il les prît entièrement à sa charge, soit qu'il y fît concourir les localités intéressées.

Dans certaines provinces on augmenta les aides et gabelles de suppléments, appelés crues, pour subvenir à des travaux utiles à la circulation. Une déclaration royale du 31 janvier 1663 réglementa la levée des péages trop souvent détournés de leur destination.

Les allocations tirées du trésor royal devinrent annuelles à peu près à la même époque. (Arrêt du conseil du 9 juillet 1668.) Le montant des crédits ouverts pour cet usage fut appelé « l'état du roi » des ponts et chaussées. De leur côté les villes intéressées à la construction ou à la réparation des grands chemins imputaient souvent sur leurs octrois leur part contributive dans les dépenses occasionnées par ces travaux. Malgré ces ressources, les grands chemins se trouvaient souvent dans une situation impraticable, c'est alors que les intendants imaginèrent la corvée comme la meilleure des solutions. Toutefois, cette solution ne fut accueillie qu'avec une extrême circonspection par le pouvoir central et ce n'est guère qu'un demi-siècle plus tard, en 1737, qu'elle fut appliquée à toute la France en exécution d'une circulaire du contrôleur général Ony.

Voici comment elle se pratiquait. Son principal vice, c'était d'abord qu'elle ne pesait pas sur tout le monde : elle était imposée exclusivement aux travailleurs des campagnes ; mais la noblesse, le clergé, les bourgeois et même les artisans des villes en étaient affranchis, en vertu des traditions, des préjugés du temps.

Les habitants des campagnes, de seize ans à soixante-cinq, et parfois même à soixante-dix ans, devaient donner chaque année une part considérable de leur temps aux travaux des routes, en amenant avec eux leurs voitures et leurs attelages. Ils étaient appelés, pour travailler à une route, de deux lieues, quatre lieues et jusqu'à sept lieues à la ronde, obligés de passer quelquefois jusqu'à six jours de suite loin de leur habitation, et, après un court repos, il leur fallait revenir encore sur la route jusqu'à ce qu'ils eussent donné vingt, trente et, dans certains pays, quarante jours de travail par année. Que devenaient pendant ce temps-là leurs maisons, leurs travaux personnels ? Nous le laissons à penser. Et comment vivaient-ils pendant ce séjour forcé loin de leurs habitations ? Ils étaient logés dans la commune la plus voisine du lieu des travaux, et dont les habitants étaient, bon gré mal gré, tenus de les recevoir. Mais l'hospitalité à laquelle ils avaient droit n'était pas large. Les règlements imposaient aux habitants qui recevaient les corvéables l'obligation de donner de la paille fraîche aux hommes et de la litière aux animaux !

On comprend facilement la répugnance du paysan

pour une charge ainsi établie. Aussi était-on forcé très fréquemment d'employer les moyens de rigueur pour amener les corvéables jusqu'aux ateliers, pour les y faire rester et les maintenir dans l'ordre. A chaque instant, la maréchaussée (la gendarmerie de ce temps-là) était appelée à intervenir ; puis les mécontents, les récalcitrants étaient punis par des amendes, par des aggravations de tâches, et souvent par la prison. Dans certaines contrées, les paysans qui, demeurant à plus d'une lieue de la route où l'on travaillait, voulaient retourner le soir chez eux, étaient passibles de plusieurs jours de prison.

Ce système violent souleva bientôt les plus vives réclamations. Mirabeau, le père du fameux orateur, disait de la corvée que c'était l'abomination de la désolation sur les campagnes, et dans l'élan de sa passion généreuse, il allait jusqu'à ajouter : « Si l'on continue à pratiquer ainsi la corvée, on ne fera plus bientôt qu'un vaste cimetière de tout le territoire de l'État. »

Le gouvernement songeait à améliorer cette situation, à transformer la corvée sans vouloir cependant la supprimer, parce qu'il n'y avait pas alors d'autres ressources possibles pour créer les chemins. C'est ainsi qu'un ministre des finances du temps disait, en parlant des paysans et pour s'excuser : « J'aime mieux leur demander des bras « qu'ils ont, que de l'argent qu'ils n'ont pas. » Mais trente ans après, un ministre réformateur répondait cette belle parole : « Ceux qui font ce raisonnement « oublient qu'à ceux qui n'ont que des bras, il ne « faut demander ni l'argent qu'ils n'ont pas, ni les « bras qui sont leur unique ressource. »

Ce ministre réformateur, ce précurseur de la Révolution de 1789, c'était Turgot, de qui l'infortuné roi Louis XVI disait : « Il n'y a que M. Turgot et « moi qui aimions le peuple. » Malheureusement, Louis XVI n'eut pas le courage de conserver Turgot parmi ses ministres.

La corvée fut abolie par l'édit de février 1776. Turgot avait proposé de la remplacer par une contribution en argent, qui pèserait sur toutes les classes de la nation sans aucune distinction, appliquant par avance un des principes de 1789. L'opposition des privilégiés de l'ancien régime retarda de quelques années l'exécution de cette mesure qui fut enfin définitivement adoptée en 1787.

Les pays d'État, notamment le Languedoc, n'avaient pas attendu cette époque pour construire les routes sans l'aide de la corvée. (Vignon.)

En 1790, les provinces disparaissent et avec elles leurs impositions particulières. De ce moment, il n'y a plus d'application possible de la déclaration du 27 juin 1787, la contribution représentative de la corvée ne se conçoit pas plus que la corvée elle-même : la chose et le mot sont définitivement abolis. (Vignon.)

§ 3. — Situation juridique des voies publiques dans l'ancienne France.

Les chemins étaient généralement divisés en chemins royaux et en chemins seigneuriaux. Les premiers dépendaient du grand domaine de la couronne ; les seconds, du domaine des seigneurs, hauts justiciers.

1. Propriété.

Pendant longtemps le roi et les seigneurs s'en considérèrent les propriétaires à titre privatif et ce ne fut que peu à peu que se dégagea, sous l'influence des jurisconsultes, cette idée que les voies publiques n'étaient pas susceptibles de propriété privée. Loyseau notamment (*Des seigneuries*, ch. 3 et 9, p. 75) est très formel sur ce point : « Ces chemins (les grands chemins, par opposition aux chemins particuliers), dit-il, ne peuvent être regardés comme étant du domaine, mais de la catégorie des choses qui sont hors du commerce, dont la propriété n'appartient à personne et dont l'usage est à chacun, d'où ils sont appelés publics ; mais la garde en appartient au souverain, non comme étant de son domaine, mais comme conservateur du bien public ; et en effet, les chemins et, en général, tout ce qui est incapable de seigneurie privée ne peut appartenir ni au prince, ni au peuple, ni aux seigneurs. »

Mais cette opinion n'était pas universellement admise ; d'autres auteurs soutenaient la théorie du domaine éminent et s'efforçaient de faire prévaloir les droits de la royauté sur ceux des seigneurs et posaient en principe que tous les grands chemins appartenaient au roi, à l'exception des chemins délaissés dont la propriété restait aux seigneurs.

Denisart (Collection de décisions nouvelles, v° *Chemin*) expose ainsi cette doctrine : « Quoique les chemins publics ne soient pas appelés royaux, ils appartiennent cependant au roi ; ainsi le seigneur ayant voirie ne peut pas disposer des chemins à son gré ; la suppression d'un chemin n'intéresse pas seulement les plus proches voisins, elle intéresse tous ceux qui peuvent être plus éloignés et qui veulent passer par ce chemin. Mais lorsqu'un chemin est entièrement abandonné et absolument hors d'usage, le terrain appartient au seigneur haut justicier du lieu de sa situation. »

Par la loi des 22 novembre, 1er décembre 1790, la propriété des routes fut attribuée à la nation. On ne distingue pas encore le domaine public et le domaine privé ; le domaine est passé des mains du roi dans celles de la nation, il n'a fait que changer de propriétaire.

Cette distinction fut faite enfin par le Code civil, et aujourd'hui les routes sont classées parmi les dépendances du domaine public par l'article 538 du Code civil, qui reproduit, presque littéralement, l'article 2 de la loi de 1790. (V. *infrà*, p. 14.)

2. Inaliénabilité et imprescriptibilité.

Les chemins royaux, en tant que dépendances du domaine de la couronne, étaient inaliénables. C'est ce que proclamaient formellement l'édit de Villers-Cotterets (30 juin 1539) et l'ordonnance de Moulins (février 1566).

On était moins d'accord sur l'imprescriptibilité dont l'ordonnance de 1566 ne parlait pas. Dumoulin et Loisel admettaient la prescription immémoriale (centenaire) ; d'Argentré prétendait même qu'une possession de quarante ans était suffisante. Lebrun, Lefebvre de la Planche, s'appuyant sur l'ordonnance de 1539, soutenaient l'imprescriptibilité.

La loi des 22 novembre et 1er décembre 1790 décida que les biens du domaine national pouvaient être aliénés par décret de l'Assemblée et prescrits par une possession de quarante ans (art. 36).

Enfin, le Code civil, dans son article 538, s'écarte de la loi de 1790 en reconnaissant implicitement l'inaliénabilité et l'imprescriptibilité du domaine public. (V. infrà, p. 14.)

CHAPITRE II

CLASSIFICATION, OUVERTURE ET CLASSEMENT DES ROUTES

Section 1re. — Classification.

L'article 1er du décret du 16 décembre 1811, dans une pensée d'économie, divise les routes en deux classes principales : les routes nationales et les routes départementales.

Les routes nationales sont surveillées et entretenues par l'administration des ponts et chaussées, sous la direction du ministre des travaux publics ; les routes départementales sont administrées par les départements, sous le contrôle du ministre de l'intérieur.

Indépendamment de ces routes, il existe, autour de certaines places fortes, des routes appelées militaires ou stratégiques qui ont pour but soit de relier la place aux ouvrages avancés, soit d'établir des communications avec les forts extérieurs.

Construites et entretenues par l'autorité militaire, ces routes font partie des ouvrages de fortifications et ne font pas du réseau des voies publiques; mais comme, en général, elles sont ouvertes à la circulation, elles sont, comme les routes nationales et départementales, soumises au régime de la grande voirie.

Mentionnons également les routes créées sous le nom de routes agricoles pour compléter les grands travaux d'assainissement et de mise en culture de marais, landes, terres vaines, etc., entrepris dans plusieurs départements. (V. notamment : LL. 19 juin 1857, 15 oct. 1861, 2 avril 1862 et 12 juill. 1865.)

Section 2. — Ouverture.

§ 1er. — Routes nationales.

1. Autorités compétentes.

Suivant les diverses tendances des régimes qui se sont succédé, l'autorité compétente pour autoriser la création des routes nationales a été tour à tour le pouvoir exécutif ou le pouvoir législatif.

Aux termes de la loi du 3 mai 1841, le pouvoir législatif seul était compétent pour les travaux des routes nationales.

Sous la constitution dictatoriale de 1852, c'est au chef de l'État qu'appartient le droit de décision[1] (Sénatus-consulte, 25 déc. 1852.)

Aujourd'hui en vertu de la loi du 27 juillet 1870, la création de routes nationales ne peut être autorisée que par une loi. Mais un décret en Conseil d'État est suffisant pour les lacunes et rectifications, à condition toutefois que le crédit nécessaire ait été voté au budget.

2. Formalités préalables

Qu'il s'agisse d'une création ou d'une simple rectification de route, une enquête préalable faite dans les formes de l'ordonnance du 18 février 1834 est toujours nécessaire[2]. (L. 27 juill. 1870, art. 1er et 2 ; Aucoc, t. III, p. 15.)

Voici le texte de cette ordonnance avec la modification qu'y a apportée l'ordonnance de 1835.

A) *Formalités des enquêtes relatives aux travaux publics qui ne peuvent être exécutés qu'en vertu d'une loi.* — Les entreprises de travaux publics qui, aux termes du premier paragraphe de l'article 3 de la loi du 7 juillet 1833 (aujourd'hui 3 mai 1841), ne peuvent être exécutées qu'en vertu d'une loi, sont soumises à une enquête préalable dans les formes ci-après déterminées. (O. 18 fév. 1834, art. 1er.)

L'enquête peut s'ouvrir sur un avant-projet où l'on fait connaître le tracé général de la ligne des travaux, les dispositions principales des ouvrages les plus importants et l'appréciation sommaire des dépenses. (M. O., art. 2, § 1er.)

À l'avant-projet est joint, dans tous les cas, un

---

1. Mais c'était là une pure satisfaction d'amour-propre, car toutes les fois qu'il fallait faire appel à la participation financière de l'État, une loi devenait indispensable pour statuer sur les voies et moyens. C'était donc en définitive le pouvoir législatif qui décidait puisque les routes sont construites et entretenues par l'État.

2. En cas d'inobservation de ces formalités et lorsque l'ouverture de la route est prescrite par une loi, un recours contentieux serait-il possible devant le Conseil d'État ? Non évidemment, car cette haute juridiction administrative n'a pas le pouvoir d'annuler un acte du pouvoir législatif. On ne pourrait donc qu'en appeler au Parlement lui-même mieux informé.

mémoire descriptif indiquant le but de l'entreprise et les avantages qu'on peut s'en promettre ; on y annexe le tarif des droits dont le produit serait destiné à couvrir les frais des travaux projetés, si ces travaux devaient devenir la matière d'une concession. (M. 0., art. 3.)

Il est formé, au chef-lieu de chacun des départements que la ligne des travaux doit traverser, une commission de neuf membres au moins, et de treize au plus, pris parmi les principaux propriétaires de terres, de bois, de mines, les négociants, les armateurs et les chefs d'établissements industriels.

Les membres et le président de cette commission sont désignés par le préfet, dès l'ouverture de l'enquête. (M. 0., art. 4.)

Depuis l'ordonnance de 1835 modificative de l'article 5 de l'ordonnance de 1834, lorsque la ligne des travaux relatifs à une entreprise d'utilité publique doit s'étendre sur le territoire de plus de deux départements, les *pièces de l'avant-projet* qui servent de base à l'enquête ne sont plus déposées qu'au *chef-lieu* de chacun des départements traversés. (0. 1835, art. 1er.)

Mais des registres destinés à recevoir les observations auxquelles peut donner lieu l'entreprise projetée sont, comme autrefois, ouverts, pendant un mois au moins et quatre mois au plus, tant au chef-lieu de chacun des départements qu'aux chefs-lieux d'arrondissement que la ligne des travaux doit traverser.

La durée de l'ouverture des registres est déterminée, dans chaque cas particulier, par l'administration supérieure ou par le préfet, lorsque l'enquête a été autorisée en principe par le ministre. (Décr. 13 avril 1861, art. 2.)

Cette durée, ainsi que l'objet de l'enquête, sont annoncés par des affiches. (0. 18 fév. 1834, art. 5, ainsi mod. par l'0. du 15 fév. 1835.)

A l'expiration du délai qui est fixé en vertu de l'article précédent, la commission mentionnée à l'article 4 se réunit sur-le-champ ; elle examine les déclarations consignées aux registres de l'enquête ; elle entend les ingénieurs des ponts et chaussées et des mines employés dans le département, et, après avoir recueilli, auprès de toutes les personnes qu'elle juge utile de consulter, les renseignements dont elle croit avoir besoin, elle donne son avis motivé, tant sur l'utilité de l'entreprise que sur les diverses questions qui ont été posées par l'administration.

Ces diverses opérations, dont elle dresse procès-verbal, doivent être terminées dans un nouveau délai d'un mois. (M. 0., art. 6.)

Le procès-verbal de la commission d'enquête est clos immédiatement ; le président de la commission le transmet sans délai, avec les registres et les autres pièces, au préfet, qui l'adresse, avec son avis, à l'administration supérieure, dans les quinze jours qui suivent la clôture du procès-verbal. (M. 0., art. 7.)

Les chambres de commerce, et au besoin les chambres consultatives des arts et manufactures des villes intéressées à l'exécution des travaux, sont appelées à délibérer et à exprimer leur opinion sur l'utilité et la convenance de l'opération.

Les procès-verbaux de leurs délibérations doivent être remis au préfet avant l'expiration du délai fixé dans l'article 6. (M. 0., art. 8.)

B) *Formalités des enquêtes relatives aux travaux publics qui peuvent être autorisés par un décret.* — Les formalités prescrites par les articles 2, 3, 4, 5, 6, 7 et 8 sont également appliquées, sauf les modifications ci-après, aux travaux qui, aux termes du second paragraphe de l'article 3 de la loi du 7 juillet 1833 (aujourd'hui 3 mai 1841), peuvent être autorisés par un décret. (0. R.1834, art. 9.)

Si la ligne de travaux n'excède pas les limites de l'arrondissement dans lequel ils sont situés, le délai de l'ouverture des registres et du dépôt des pièces est fixé au plus à un mois et demi, et au moins à vingt jours.

La commission d'enquête se réunit au chef-lieu de l'arrondissement, et le nombre de ses membres varie de cinq à sept. (M. 0., art. 10.)

§ 2. — Routes départementales.

1. Autorité compétente.

C'est au conseil général qu'il appartient de statuer définitivement sur l'ouverture et la direction des routes départementales (L. 10 août 1871, art. 46, § 6), et sa décision sur ce point ne peut être annulée par le Gouvernement que si elle est contraire à une loi ou à un règlement d'administration publique. (Pour le classement, v. *infrà*.)

2. Formalités préalables.

Elle doit être précédée de l'enquête prescrite par la loi du 20 mars 1835, dont l'article 46 de la loi du 10 août 1871 n'a pas abrogé les dispositions. (Circ. int. 8 oct. 1871.)

La loi du 20 mars 1835 se référait à la loi de 1833 qui a été abrogée par la loi du 3 mai 1841. C'est donc à cette dernière loi qu'il faut se reporter. On appliquera ici l'article 3 de la loi de 1841.

§ 3. — Occupation temporaire et extraction de matériaux.

La construction des routes exige l'établissement de vastes chantiers ; l'administration peut, dans ce but, requérir l'occupation temporaire des propriétés voisines, elle peut même en extraire les matériaux nécessaires à la construction de la route. Ce droit résulte, pour l'administration, des arrêts du conseil des 3 octobre 1667, 3 décembre 1672, 22 juin 1706, 7 septembre 1755 et 25 mars 1780. La loi du 16 septembre 1807 (art. 55, 56 et 57), la loi du 28 pluviôse an VIII (art. 4) et l'article 650 du Code civil ont reconnu l'existence du droit d'occupation temporaire et d'extraction de matériaux. L'exercice de ce droit a été réglementé par le décret du 8 février 1868 et plus récemment par la loi du 29 décembre 1892. Aux termes de l'article 1er de cette loi, les agents de l'administration ou les personnes auxquelles elle délègue ses droits ne peuvent pénétrer dans les propriétés privées... qu'en vertu d'un arrêté préfectoral indiquant les communes sur le territoire desquelles des études doivent être faites.

L'introduction des dits agents ne peut être autorisée à l'intérieur des maisons d'habitation; dans les autres propriétés closes, elle ne peut avoir lieu que cinq jours après notification de l'arrêté au propriétaire... « Aucune occupation temporaire de terrain ne peut être autorisée à l'intérieur des propriétés attenant aux habitations et closes par des murs ou par des clôtures équivalentes, suivant l'usage du pays » (art. 2). L'arrêté du préfet qui autorise l'occupation indique le nom de la commune où le territoire est situé, les numéros que les parcelles dont il se compose portent sur le plan cadastral et le nom du propriétaire tel qu'il est inscrit sur la matrice des rôles. Il indique en outre : les travaux à raison desquels l'occupation est ordonnée, les surfaces sur lesquelles elle doit porter, la nature et la durée de l'occupation et la voie d'accès (art. 3). Notification est faite par lettre recommandée au propriétaire du terrain 10 jours au moins avant la visite des lieux (art. 5). L'occupation ne peut être ordonnée pour un délai supérieur à cinq années; si l'occupation doit se prolonger au delà, l'administration, à défaut d'accord amiable, doit procéder à l'expropriation (art. 9). Le préjudice causé par l'occupation temporaire donne lieu à une indemnité en faveur du propriétaire dont les terrains sont occupés; à défaut d'accord amiable, le règlement de cette indemnité appartient au conseil de préfecture (art. 10). L'action en indemnité des propriétaires est prescrite par un délai de deux ans à compter du moment où cesse l'occupation. L'indemnité, il convient de le remarquer, n'est réglée par le conseil de préfecture que si l'occupation repose sur un acte administratif; ce sont, au contraire, les tribunaux ordinaires qui sont compétents si l'occupation a eu lieu sans autorisation ou si, régulièrement autorisée dans le principe, elle a été viciée par suite d'irrégularités commises par l'entrepreneur. (Confl. 29 nov. 1879, 19 nov. 1881. Cons. d'Ét. 6 févr. 1891.)

§ 4. — Dommages.

1. Du droit à indemnité.

L'ouverture d'une route nationale nouvelle ou le changement de tracé d'une voie préexistante donne lieu à des travaux importants dont l'exécution cause parfois de graves préjudices aux propriétaires circonvoisins. Ces propriétaires ont-ils le droit de réclamer une indemnité ?

On a soutenu que l'État n'était tenu à aucune réparation et cela pour deux motifs. Le premier s'appuie sur l'adage : *Qui suo jure utilur, neminem lædit.* Le second se base sur les dispositions du Code civil qui, dans l'intérêt général, imposent de lourdes charges à la propriété immobilière.

Mais on a justement fait remarquer que si le Code civil crée des servitudes, elles sont générales, elles grèvent tous les fonds, et que, de plus, l'étendue de ces charges est nettement limitée à l'avance. Tel n'est pas le cas de l'ouverture d'une route nationale; ici il n'y a que quelques propriétés qui sont accidentellement appelées à souffrir de l'exécution des travaux et aucune disposition législative ne pouvant à l'avance arbitrer la gravité et l'importance des troubles ainsi apportés et l'obligation de l'État de dédommager les propriétaires lésés ne saurait par suite être douteux. (Laferrière, *Traité de la juridiction administrative.*)

C'est d'ailleurs en ce sens que les tribunaux administratifs se sont toujours prononcés.

2. Tribunal compétent.

En matière de dommage, c'est le conseil de préfecture qui, aux termes de la loi du 28 pluviôse an VIII, est compétent et cette compétence est territoriale, c'est-à-dire que c'est le tribunal administratif du département où le dommage s'est produit qui doit être saisi.

3. Conditions que doit réunir le dommage.

Le propriétaire qui réclame indemnité n'y a droit qu'autant que le dommage dont il prétend avoir souffert, réunit les caractères suivants : 1º être certain ; 2º excessif, c'est-à-dire dépasser l'usage normal du droit de propriété; 3º matériel et direct : matériel, c'est-à-dire constituer un préjudice appréciable en argent ; direct, c'est-à-dire être le résultat immédiat des travaux accomplis.

4. Montant de l'indemnité.

Les conseils de préfecture pour le règlement des indemnités doivent s'inspirer des considérations suivantes : 1º proportionner l'indemnité au préjudice causé; 2º la régler en argent ; 3º tenir compte en compensation de toutes plus-values certaines, directes et immédiates; 4º faire état des intérêts à partir de la demande en justice par application de l'article 1153 du Code civil ; enfin, il n'est pas nécessaire que l'indemnité soit préalablement payée, le dommage ne pouvant être apprécié que lorsque le mal a été fait.

5. Contre qui l'action peut-elle être intentée.

Il faut distinguer suivant que les travaux sont exécutés en régie, à l'entreprise ou par voie de concession.

A. *Travaux exécutés en régie.* — L'action est dirigée contre l'administration, parce que les ouvriers sont ses préposés. (Cod. civ., art. 1384. Cons. d'Ét., 23 juill. 1868.)

B. *Travaux à l'entreprise.* — C'est tantôt l'administration, tantôt l'entrepreneur qui est responsable.

C'est l'administration si les dommages proviennent de la conception du plan dressé par elle ou d'une faute imputable à ses agents. (Cons. d'Ét., 20 mai 1892.)

C'est au contraire l'entrepreneur si les dommages résultent de son fait personnel ou de celui de ses préposés. Ce n'est pas à dire cependant qu'en cas de faute de l'entrepreneur l'administration ne pourra jamais être actionnée. La jurisprudence paraît se former en ce sens que l'administration est directement responsable, *au regard de tiers,* des dommages causés par le fait même de l'entrepreneur. (Cons. d'Ét. 29 nov. 1889, 9 déc. 1892.) L'administration peut exercer son recours contre l'entrepreneur, mais, si celui-ci est insolvable, elle supporte les conséquences de cette insolvabilité.

C. *Travaux concédés.* — Les cahiers des charges mettent ordinairement la réparation de tous les dommages à la charge des concessionnaires; mais cette clause n'a d'effet que dans les rapports de l'administration avec les concessionnaires et rien ne s'oppose à ce que les tiers lésés actionnent directement l'administration en réparation du dommage.

§ 5. — Plus-values résultant des travaux. Cas de plus-value générale.

Au lieu de constituer une charge pour la propriété, les travaux à exécuter sont, parfois, de nature à procurer aux domaines voisins d'importantes plus-values [1]. Dans ce cas, l'État peut, soit par voie d'action, soit par voie d'exception, réclamer aux propriétaires avantagés une indemnité de plus-value. Il usera de l'exception en réponse à une demande d'indemnité présentée par un propriétaire qui se prétend victime d'un dommage. A cette demande principale il opposera lui-même une demande reconventionnelle pour faire diminuer d'autant l'indemnité à payer au propriétaire lésé. Il intentera, au contraire, lui-même une action lorsqu'il n'existe aucun dommage à la propriété. Ici, en effet, comme la plus-value n'est contre-balancée par aucun dommage, aucune action principale n'a pu être dirigée contre l'administration.

Le droit d'invoquer le bénéfice de la plus-value que prévoyaient déjà les arrêts du conseil de 1672 et 1673 est formellement écrit dans les articles 30, 31 et 32 de la loi du 16 septembre 1807. Ces articles sont ainsi conçus:

« Lorsque... par l'ouverture de nouvelles rues, par la formation de places nouvelles, par la construction de quais, ou par tous autres travaux publics généraux, départementaux ou communaux, ordonnés ou approuvés par le Gouvernement, des propriétés privées auront acquis une notable augmentation de valeur, ces propriétés pourront être chargées de payer une indemnité qui pourra s'élever jusqu'à la valeur de la moitié des avantages qu'elles auront acquis; tout sera réglé par estimation dans les formes déjà établies par la présente loi [2], jugé et homologué par la commission qui aura été nommée à cet effet » (art. 30).

---

1. Ainsi un abaissement de niveau peut être favorable à des maisons construites en contre-bas.
2. Les formes auxquelles se réfère l'article 30 sont prescrites dans les termes suivants de la même loi de 1807:
« Lorsque le gouvernement fera un desséchement, ou

« Les indemnités pour paiement de plus-value seront acquittées, au choix des débiteurs, en argent ou en rentes, ou en délaissement d'une partie de la propriété, si elle est divisible; ils pourront aussi délaisser en entier les fonds, terrains ou bâtiments, dont la plus-value donne lieu à l'indemnité, et ce sur l'estimation réglée, d'après la valeur qu'avait l'objet avant l'exécution des travaux desquels la plus-value aura résulté... » (art 31).

« Les indemnités ne seront dues par les propriétaires des fonds voisins des travaux effectués que lorsqu'il aura été décidé, par un règlement d'administration publique, rendu sur le rapport du ministre de l'intérieur, et après avoir entendu les parties intéressés, qu'il y a lieu à l'application des deux articles précédents » (art. 32).

On a prétendu que ces articles de la loi de 1807 avaient été abrogés par les lois de 1833 et de 1841 sur l'expropriation. C'est là une erreur. Ainsi que le fait remarquer avec juste raison M. Ducrocq, « il suffit de se reporter aux discussions des lois de

---

lorsque la concession aura été accordée, il sera formé, entre les propriétaires, un syndicat, à l'effet de nommer les experts qui devront procéder aux estimations statuées par la présente loi.

« Les syndics seront nommés par le préfet; ils seront pris parmi les propriétaires les plus imposés, à raison des marais à dessécher. Les syndics seront, au moins, au nombre de trois et, au plus, au nombre de neuf... (art. 7).

« Les syndics réunis nommeront et présenteront un expert au préfet du département.

« Les concessionnaires en présenteront un autre, le préfet nommera un tiers expert.

« Si le desséchement est fait par l'État, le préfet nommera le second expert et le tiers expert sera nommé par le ministre de l'intérieur (art. 8).

« Les terrains seront divisés en plusieurs classes et toujours de manière à ce que toutes les terres de même valeur présumée soient dans la même classe (art. 9).

« Le périmètre des diverses classes sera tracé sur le plan cadastral qui aura servi de base à l'entreprise. Ce tracé sera fait par les ingénieurs et les experts réunis (art. 10).

« Le plan, ainsi préparé, sera soumis à l'approbation du préfet; il sera déposé au secrétariat de la préfecture, pendant un mois; les parties intéressées seront invitées par affiches à prendre connaissance du plan, à fournir leurs observations (art. 11).

« Le préfet, après avoir reçu ces observations, celles en réponse des entrepreneurs du desséchement, celles des ingénieurs et des experts, pourra ordonner les vérifications qu'il jugera convenables.

« Dans le cas où, après vérification, les parties intéressées persisteraient dans leurs plaintes, les questions seront portées devant la commission constituée par la présente loi (art. 12).

« Lorsque les plans auront été définitivement arrêtés, les deux experts nommés par les propriétaires et les entrepreneurs du desséchement se rendront sur les lieux et, après avoir recueilli tous les renseignements nécessaires, ils procéderont à l'appréciation de chacune des classes eu égard à sa valeur réelle au moment de l'estimation.

« Les experts procéderont en présence des tiers experts, qui les départagera, s'ils ne peuvent s'accorder (art. 13).

« Le procès-verbal d'estimation par classe sera déposé pendant un mois, à la préfecture. Les intéressés en seront prévenus par affiches; et, s'il survient des réclamations, elles seront jugées par la commission.

« Dans tous les cas, l'estimation sera soumise à ladite commission, pour être jugée et homologuée par elle; elle pourra décider outre contre l'avis des experts (art. 17).

« Dès que la reconnaissance des travaux aura été approuvée, les experts respectivement nommés et accompagnés du tiers expert procéderont, de concert avec les ingénieurs, à une classification des fonds, suivant leur valeur nouvelle.

« Cette classification sera vérifiée, arrêtée, suivie d'une estimation, le tout dans les formes ci-dessus prescrites » (art. 18).

1833 et de 1841. L'article 51 de la loi du 3 mai 1841 n'a abrogé que l'article 54 de la loi de 1807, relatif à l'indemnité des plus-values dues en cas d'expropriation partielle. Mais c'est justement lorsqu'il n'y a expropriation d'aucune partie de l'immeuble qui a acquis la plus-value que cette plus-value est réclamée par voie d'action et les lois d'expropriation sont demeurées étrangères à cette situation. »

La jurisprudence s'est d'ailleurs toujours prononcée dans le sens de la non-abrogation (Avis Cons. d'Ét., 26 avril 1843). Il en a été fait usage en 1843 pour la rue Rambuteau à Paris ; en 1855, pour la construction d'un quai à Lyon ; en 1853 et 1854, pour les travaux d'endiguement de la basse Seine.

Les articles de la loi de 1807 relatifs aux plus-values sont donc toujours en vigueur ; certaines de ses dispositions cependant sont sans utilité. C'est ainsi notamment que les formalités prescrites par les articles 13, 14 et 18 relativement à l'expertise à opérer, avant et après le desséchement, et au classement des terrains soumis au desséchement, ne sont pas applicables à l'estimation de l'indemnité de plus-values dont parle l'article 30. (Cons. d'Ét. 1er juin 1836, de Valence Minardière et autres ; 17 févr. 1853, Burst et autres.)

Aujourd'hui la procédure à suivre est la suivante : Pour que la plus-value puisse être réclamée par voie d'action, il est nécessaire qu'elle soit reconnue d'une manière solennelle et *erga omnes* par voie de décret rendu en assemblée générale du Conseil d'État. (L. 1807, art. 32.)

La loi n'indique pas d'une manière précise l'époque à laquelle doit intervenir ce décret. Nous pensons qu'il est conforme à la pensée du législateur de la faire intervenir avant l'exécution des travaux. Toutefois, en fait, ce décret a, plusieurs fois, été rendu après l'achèvement des travaux, sans avoir été annulé pour excès de pouvoir.

Les indemnités sont arbitrées par les *commissions spéciales*, organisées conformément aux articles 42 et suivants de la loi de 1807. On a eu quelque temps des doutes sur ce point. Lambert des Cilleuls notamment (*Voirie urbaine*, p. 148) soutient que la loi du 21 juin 1865 a enlevé aux commissions spéciales leur pouvoir de juridiction. Mais cette opinion n'a pas trouvé faveur en jurisprudence. L'on a fait remarquer que la loi de 1865 s'occupe uniquement des travaux *d'intérêt collectif* produisant des plus-values *directes* et que c'est en fausser l'esprit que de l'appliquer aux plus-values *indirectes* résultant de travaux publics proprement dits. Les commissions spéciales subsistent donc avec leur organisation et leur compétence pour tout ce qui concerne le règlement des indemnités dont nous nous occupons. (Cons. d'Et., 8 juill. 1876.)

Pour les formes de l'estimation, l'article 30 renvoie aux règles concernant le desséchement des marais. Strictement, on devrait, pour arriver à constater et à déterminer l'augmentation notable de valeur que les propriétés qui se trouvent dans le cas de l'article 30 de la loi de 1807 ont pu acquérir, faire des estimations distinctes, l'une fixant la valeur que ces immeubles avaient avant l'exécution des travaux, et l'autre fixant cette valeur après leur exécution. Cependant, le Conseil d'État décide que l'estimation préalable n'est pas prescrite à peine de nullité et que tout ce qui résulte de son absence, c'est que l'État, les départements et les communes ne peuvent être admis à réclamer l'indemnité de plus-value qu'autant qu'ils ont fait constater l'augmentation notable de valeur acquise par les propriétés soumises à l'application de l'article 30 à une époque où l'état matériel des lieux permettait de déterminer la valeur primitive de ces immeubles. (Cons. d'Ét., 10 avril 1854, Sœurs de la Providence ; 15 mai 1856, de l'Espine.)

La décision de la commission doit être précédée d'une expertise ; les experts sont nommés conformément à l'article 8 de la loi de 1807.

Le recours contre la décision de la commission est porté directement devant le Conseil d'État.

Le maximum de l'indemnité qui peut être réclamée au propriétaire est fixé par la loi de 1807 à la moitié de la plus-value. On veut ainsi que les propriétaires conservent par devers eux un bénéfice certain et qu'ils n'aient par conséquent jamais à se plaindre de la gestion d'affaires accomplie pour leur compte par l'État, les départements ou les communes.

Enfin, on accorde au propriétaire toute facilité pour se libérer. Il peut, en effet, s'acquitter soit en argent, soit en rente constituée à 4 p. 100, soit enfin au moyen de l'abandon d'une partie ou, s'il le juge utile à ses intérêts, de la totalité des terrains à l'occasion desquels la plus-value est demandée (art. 31).

Pour le recouvrement de ces créances il doit être procédé conformément aux dispositions du décret du 27 mai 1854. Les préfets délivrent les mandats exécutoires dont les percepteurs des contributions directes sont chargés de recouvrer le montant.

Les contestations que peut faire naître l'exercice du privilège appartenant à l'administration rentrent dans la compétence des tribunaux judiciaires.

Section 3. — Classement.

§ 1er. — Routes nationales.

1. Autorités compétentes.

Le classement des routes nationales peut intervenir dans trois hypothèses différentes :

A) *Création d'une route nouvelle.* — Dans ce cas, l'acte qui déclare l'utilité publique et autorise les travaux détermine en même temps la classe à laquelle elle appartiendra. Or, nous savons que les routes nationales ne peuvent être créées que par une loi. C'est donc le législateur qui est compétent pour opérer le classement. (L. 22 juill. 1870, art. 1.)

B) *Construction de portion de routes. Rectification de rampes.* — Lorsqu'il ne s'agit que de rectification ou de lacunes à des routes nationales déjà existantes, il n'est plus nécessaire d'avoir recours au pouvoir législatif, l'exécutif est compétent. Le classement est effectué par un décret en Conseil d'État. (L. 1870, art. 1.)

Notons toutefois qu'une proposition de loi a été déposée sur le bureau de la Chambre à l'effet de donner compétence exclusive au pouvoir législatif.

C) *Changement de classe.* — Quand il s'agit seulement de changer la classe d'une route nationale existante, la loi du 27 juillet ne règle pas la question de compétence. L'administration distingue suivant que la route a plus ou qu'elle a moins de vingt kilomètres de longueur. Dans le premier cas, le classement est fait par une loi ; dans le second cas, il est fait par un décret en Conseil d'État.

2. Routes départementales.

La décision définitive appartient au conseil général. (L. 1871, art. 49, § 6.)

Si le classement entraîne la prise de possession de terrains, les lois sur l'expropriation pour cause d'utilité publique doivent être appliquées. De plus, même en dehors de toute expropriation, il est nécessaire d'observer la disposition de la loi du 20 mars 1835 qui exige que toute délibération du conseil général relative au classement d'une route départementale soit précédée d'une enquête faite dans les mêmes formes que celle qui est prescrite en matière d'expropriation préalablement à la déclaration d'utilité publique. (Voir *suprà* à *Ouverture.*)

Lorsqu'il s'agit de routes départementales intéressant plusieurs départements, les classements doivent faire l'objet de conférences où chaque conseil est représenté. Ces classements ne sont considérés comme définitifs que lorsque, après l'issue des conférences, ils ont été ratifiés par tous les conseils généraux intéressés.

§ 2. — Interprétation des actes de classement.

C'est à l'autorité administrative chargée de faire le classement des routes qu'il appartient de reconnaître et de déclarer dans quelle classe se trouve placée une voie publique et d'indiquer quels ont été les effets du classement. (Trib. confl. 29 juill. 1851, Leb. chr., p. 551 ; Cons. d'Ét. 29 mars 1855, Leb. chr., p. 259, D. p. 55-3-85 ; 7 août 1883, Sir. 85-3-52.)

§ 3. — Effet du classement.

1. Domanialité des routes.

Par l'effet du classement, les routes nationales et départementales entrent dans le domaine public, ainsi que leurs dépendances. Les routes nationales font partie du domaine public national et le sol en appartient à l'État ; les routes départementales font partie du domaine public départemental et le sol en appartient au département. (V. L. 10 août 1871, art. 59 *in fine.*)

Compris dans le domaine public, le sol des routes nationales et départementales devient, par ce fait même, hors du commerce, inaliénable et imprescriptible. (Cons. d'Ét. 18 juill. 1866, Leb. chr., p. 854 ; 13 avril 1870, Leb. chr., p. 454.)

Les contestations qui s'élèvent sur la propriété du sol des routes et de leurs dépendances sont de la compétence exclusive de l'autorité judiciaire. (Cons. d'Ét. 29 mars 1855, Leb. chr. p. 259, D. p. 55-3-85.)

2. Assiette et dépendances des routes.

A) *Dépendances des routes.* — Les routes se composent de plusieurs parties : la chaussée [1], les accotements [2], les revers [3], les fossés, les berges et les talus [4]. Toutefois, ces parties ne se trouvent pas toujours réunies.

Les accotements, revers, fossés, berges, talus et murs de soutènement sont des dépendances de la route, en font partie intégrante et appartiennent comme elle au domaine public. (Cons. d'Ét. 30 mai 1884, D. p. 85-3-106.)

B) *Largeur des routes.* — La largeur des routes est subordonnée aux besoins de la circulation ; elle est donc très arbitraire. Elle est généralement fixée dans le décret de classement.

Dans la traverse des villes, la largeur de la voie excède quelquefois celle de la route, soit que celle-ci passe sur une place, un marché, une promenade, soit que la rue ait une largeur plus grande que la largeur légale. Dans ces divers cas, l'excédent de largeur ne fait pas partie de la grande route, mais du domaine public municipal, et, par suite, n'est pas, comme la partie qui en forme le prolongement direct, soumise au régime de la grande voirie. (Cons. d'Ét. 28 nov. 1861.)

Section 4. — Autorités compétentes pour délimiter les routes.

C'est à l'autorité administrative seule, à l'exclusion de l'autorité judiciaire, qu'il appartient de déterminer les limites des grandes routes, d'interpréter et d'appliquer les actes qui ont fixé leur alignement. (Cons. d'Ét. 26 avril 1860.)

Mais toute délimitation inexacte du domaine public peut être déférée pour excès de pouvoir au Conseil d'État, sans qu'il y ait à rechercher si elle a été faite pour le passé, pour le présent ou pour l'avenir. (Cons. d'Ét. 23 mai 1861, D. p. 62-3-11 ; 9 janv. et 15 avril 1868, D. p. 68-3-67 ; Trib. confl. 1er mars 1873, D. p. 73-3-65-70.)

D'autre part, les propriétaires lésés peuvent s'adresser à l'autorité judiciaire, non pour se faire remettre en possession des terrains compris à tort dans l'acte de délimitation, mais pour faire reconnaître le droit de propriété dont ils excipent et pour faire régler, s'il y a lieu, à leur profit une indemnité de dépossession, dans le cas où l'ad-

---

1. Partie bombée qui occupe le milieu de la route.
2. Ce sont les deux parties qui s'étendent des deux côtés de la chaussée.
3. Existent plus spécialement dans les villes et s'entendent alors de la partie pavée comprise entre les maisons et le ruisseau.
4. Les berges sont les bords proéminents d'une route dont le niveau est inférieur aux propriétés riveraines.
Les talus sont les bords inclinés d'une route construite en déblai ou en remblai.
Dans la pratique, les mots *berges* et *talus* sont souvent employés l'un pour l'autre.

ministration maintiendrait une délimitation contraire à la décision de l'autorité judiciaire. (Cons. d'Ét. 13 janv. 1853, Leb. chr., p. 128; Trib. confl. 11 janv. et 1er mars 1873, D. p. 73-3-65.)

Section 5. — Droits des riverains.

Les riverains peuvent bâtir sur les limites mêmes de la route et sans observer les distances prescrites par la loi civile. Ils ont aussi le droit d'ouvrir sur cette voie des vues, des jours, des pórtes, des gouttières pour l'écoulement des eaux[1]. (Sur l'écoulement des eaux, v. *infrà*.)

---

1. La nature de ces droits a été controversée. Certains auteurs, parmi lesquels Toullier et Proud'hon, déclarent

Les difficultés qui s'élèvent au sujet de l'exercice de ces droits constituent des questions de propriété qui sont de la compétence de l'autorité judiciaire. (Bourges 3 juin 1889, D. p. 90-2-311.)

qu'ils constituent de *véritables servitudes*. Dans cette doctrine on semble considérer le droit d'accès comme une application de l'article 682 du Code civil qui crée une servitude de passage au profit des fonds enclavés.

D'après M. Gaudry au contraire le propriétaire ne jouirait des jours sur la voie publique qu'à titre d'usage de cette voie publique. Il aurait des jours comme il a le droit de circuler, il n'y aurait là pour le riverain qu'une faculté d'usage, dont il pourrait être privé sans indemnité.

Enfin, la jurisprudence ne les considère pas comme de véritables servitudes, mais comme des droits *sui generis* résultant d'une sorte de quasi-contrat entre les riverains et l'administration. (Cass. 16 mai 1877, D. p. 77-1-431. Cf. Féraud-Giraud.)

CHAPITRE III

DÉCLASSEMENT ET DÉLAISSEMENT[1] DES ROUTES

Section 1re. — Autorité compétente pour statuer sur le déclassement.

§ 1er. — Routes nationales.

Lorsque le déclassement porte sur toute la route, ce qui est exceptionnel, le déclassement ne peut avoir lieu qu'en vertu d'une loi ; en cas de délaissement d'une portion de route nationale, un décret suffit. (L. 24 mai 1842, art. 1er.)

Souvent, le déclassement n'a lieu que d'une manière implicite à la suite, notamment, de la rectification d'une route.

Les rues et places publiques qui forment le prolongement d'une route déclassée subsistent, même lorsqu'il n'y a plus route. Seulement, le sol continue d'en appartenir à l'État, au profit duquel il sera vendu si la rue vient à être supprimée à son tour.

§ 2. — Routes départementales.

Aux termes de l'article 46, § 8, de la loi du 10 août 1871, c'est au conseil général qu'appartient le droit de statuer définitivement sur le déclassement des routes départementales. A raison des termes généraux de l'article 46, on admet, malgré la gravité des conséquences, que le conseil général a le droit de prononcer, par mesure d'ensemble, le déclassement de toutes les routes départementales et leur incorporation dans le réseau des chemins vicinaux de grande communication. (V. Cons. d'Ét. 9 août 1893, Leb. chr., p. 681, D. p. 94-3-76; 8 août 1894, Leb. chr., p. 548, D. p. 95-3-80.)

---

1. Le déclassement est l'acte par lequel une route passe d'une classe supérieure à une classe inférieure. Il y a délaissement lorsque la route est complétement rayée du nombre des voies publiques.

Section 2. — Formes relatives au déclassement des routes.

§ 1er. — Routes nationales.

Le déclassement des routes nationales doit être précédé d'une enquête comme leur classement. (V. *suprà*.)

§ 2. — Routes départementales.

Le déclassement d'une route départementale ne peut être prononcé par le conseil général qu'après enquête, comme lorsqu'il s'agit de son classement. (Av. Cons. d'Ét. 24 oct. 1878, D. p. 79-5-445; Circ. int. 9 août 1879; *Contrà* : Cons. d'Ét. 10 nov. 1876, D. p. 77-3-13; Circ. int. 8 oct. 1871, D. p. 71-4-113.)

Lorsque le tracé d'une route départementale se prolonge sur le territoire d'un département voisin, et constitue par conséquent une route interdépartementale, son déclassement peut être opéré par le conseil général, sans accord préalable avec le département voisin, pourvu qu'il ne résulte du déclassement aucune interruption ou modification de la circulation à la limite du département. (Circ. int. 9 août 1879; *Contrà* : Av. Cons. d'Ét. 10 août 1875.)

Section 3. — Effets du déclassement des routes.

Le déclassement d'une route n'entraîne pas de plein droit sa suppression; cette voie est, au contraire, généralement conservée, mais elle tombe à un rang inférieur.

Les décisions par lesquelles les conseils généraux déclassent des routes départementales pour les classer parmi les chemins vicinaux de grande communication produisent immédiatement tous leurs effets. (Cons. d'Ét. 4 janv. 1878, D. p. 78-3-54.)

Au contraire, la partie d'une route qui se trouve abandonnée par suite d'une rectification de direction ordonnée par l'autorité, continue à être soumise au régime de la grande voirie jusqu'à ce que le déclassement ait été prononcé. (Cons. d'Ét. 19 nov. 1852, D. p. 54-3-26 ; 5 janv. 1855, Leb. chr., p. 23, D. p. 55-3-47.)

En prononçant le déclassement des routes départementales et leur classement comme chemins de grande communication, les conseils généraux ne peuvent, sans excéder leurs pouvoirs, accompagner le classement de réserves ayant pour effet de modifier le régime légal auquel sont soumis les chemins vicinaux.

Ils ne peuvent pas davantage, en prononçant par mesure d'ensemble le déclassement des routes départementales et leur incorporation dans le réseau des chemins vicinaux de grande communication, réserver au profit du département la propriété du sol de ces routes et des parcelles qui seraient ultérieurement acquises pour les rectifier.

Si donc une route départementale est déclassée et classée parmi les chemins vicinaux, le sol de cette route appartient aux communes[1]. (Cons. d'Ét. 9 août 1893, Leb. chr., p. 681, D. p. 94-3-76 ; 8 août 1894, Leb. chr., p. 548, D. p. 95-3-80.)

Section 4. — Vente des terrains délaissés des routes.

§ 1er. — Terrains délaissés des routes nationales.

Les terrains délaissés des routes nationales peuvent être aliénés par l'administration des domaines comme les autres biens domaniaux.

C'est au conseil de préfecture qu'il appartient de statuer sur les contestations auxquelles peuvent donner lieu les ventes aux riverains de parcelles détachées des routes nationales par suite d'alignement. (Cons. d'Ét. 14 nov. 1879, D. p. 80-3-30.)

§ 2. — Terrains délaissés des routes départementales.

S'il ne paraît pas utile de classer parmi les chemins vicinaux les routes départementales déclassées, le sol peut en être vendu, en exécution de la délibération du conseil général.

Section 5. — Droit de préemption des riverains en cas de délaissement de routes.

§ 1er. — Riverains des routes nationales.

Les propriétaires sont mis en demeure d'acquérir, chacun en droit soi, dans les formes tracées par l'article 61 de la loi du 3 mai 1841, les parcelles attenantes à leurs propriétés. (L. 24 mai 1842, art. 3, § 1er.)

La cession est approuvée actuellement par le préfet, en vertu de l'article 3 et du tableau C, n° 6, du décret du 13 avril 1861, qui reproduit sur ce point les dispositions de l'article 3 et du tableau C, n° 6, du décret du 25 mars 1852.

Dans le cas où, au mépris du droit de préférence

[1]. Avant cette jurisprudence, on admettait généralement que, lorsque, conformément à la loi du 16 septembre 1807 et au décret de 1811, des communes avaient été *obligées* de concourir à la construction d'une route départementale, elles avaient, au cas de la suppression de cette route, le droit de profiter de la reprise des terrains dans la proportion de leur apport.

des riverains, l'administration aurait vendu à des tiers les portions des routes déclassées, les riverains pourraient demander la nullité de la vente. (Riom 24 juill. 1876, D. p. 77-2-15.)

L'autorité compétente pour statuer sur l'action du propriétaire lésé est l'autorité judiciaire, car il s'agit ici d'une question de propriété, d'un contrat de droit civil, sauf pour les questions préjudicielles administratives qui pourraient être soulevées. (Cons. d'Ét. 7 mars 1873, Leb. chr., p. 226.)

§ 2. — Riverains des routes départementales.

Bien que la législation ne s'exprime pas d'une manière expresse à ce sujet, il faut reconnaître que les riverains des routes départementales déclassées ont le même droit de préemption que le terrain dépendant des routes nationales abandonnées. On ne comprendrait pas, en effet, que l'aliénation du sol des anciennes routes départementales fût affranchie d'une règle à laquelle sont soumises les autres voies de communication.

Section 6. — Aliénation des parcelles délaissées.

Si les propriétaires riverains refusent d'acquérir les parcelles dépendant de l'ancienne route délaissée, ou laissent écouler le délai de trois mois dont parle l'article 61 de la loi du 3 mai 1841, sans faire connaître leur intention, la vente en est faite par l'administration des domaines au profit de l'État, suivant les règles qui régissent l'aliénation du domaine national. (V. L. 1842, art. 3, § 2.)

La vente est approuvée par le préfet, en exécution des décrets du 25 mars 1852 et du 13 avril 1861.

Section 7. — Échange des parcelles délaissées.

§ 1er. — Échange au profit des propriétaires de terrains nécessaires pour rectifier une route nationale.

Pour faciliter les travaux de rectification des routes et diminuer les charges qui pèsent sur l'administration, à raison de l'acquisition des terrains nécessaires à la nouvelle voie, l'article 4 de la loi du 20 mai 1836 a accordé à l'administration la faculté d'échanger ces terrains contre ceux dépendant de l'ancienne route abandonnée, sans observer les formalités prescrites pour les échanges de biens domaniaux en général.

L'échange est aujourd'hui approuvé par le préfet, en vertu de l'article 3 et du tableau C, n° 6, du décret du 13 avril 1861, qui reproduit à cet égard les dispositions de l'article 3 et du tableau C, n° 6, du décret du 25 mars 1852.

§ 2. — Échange au profit des riverains d'une route nationale déclassée.

En cas de déclassement d'une route nationale, les terrains délaissés peuvent être échangés conformément à l'article 4 de la loi du 20 mai 1836. (L. 24 mai 1842, art. 3, § 2.)

Mais il n'y a évidemment ouverture à l'échange qu'autant que le riverain n'a pas exercé son droit de préemption.

L'échange est approuvé par le préfet.

CHAPITRE IV

DÉPENSES DES ROUTES

Section 1re. — Qui doit pourvoir à la dépense.

§ 1er. — Routes nationales.

Les routes nationales de *première* et de *seconde classe* sont entièrement construites, reconstruites et entretenues aux frais du Trésor. (Décr. 16 déc. 1811, art. 5.)

Aux termes de l'article 6 du décret de 1811, les frais de construction, de reconstruction et d'entretien des routes nationales de 3e *classe* étaient supportés concurremment par le Trésor et par les départements qu'elles traversaient.

Mais cette disposition a été modifiée par l'article 53, § 2, de la loi de finances du 25 mars 1817, qui n'a laissé à la charge des départements que les travaux des routes départementales et autres d'intérêt local non compris au budget des ponts et chaussées. Cette règle a été confirmée par les lois de finances postérieures.

§ 2. — Routes départementales.

La construction, la reconstruction et l'entretien des routes départementales sont à la charge des départements[1]. (L. 10 mai 1838.)·

Obligatoires à cette époque (L. 1838, art. 12, § 10), les travaux d'*entretien* sont devenus facultatifs par la suite (L. 18 juill. 1866, art. 10 et 11),

---

1. Parmi les ressources dont les départements disposent au profit de leurs routes, l'article 58, § 6, de la loi du 10 août 1871, fait encore figurer les droits de péage pour correction des rampes sur les routes départementales, conformément à la loi du 24 août 1853. Mais le tarif de péage ne pourrait être établi que par décret, aucun texte n'autorisant le conseil général à l'établir lui-même. Or, depuis les lois des 30 juillet 1880 et 8 août 1885, qui ont

et, depuis ce moment, ils ont conservé ce caractère. (L. 10 août 1871, art. 60 et 61.)

Quant aux frais de *construction* et de *reconstruction*, ils ont toujours été classés parmi les dépenses départementales facultatives. (Ll. 10 mai 1838; 18 juill. 1866, art. 10 et 11; 10 août 1871, art. 60 et 61.)

§ 3. — Routes traversant les villes.

Dans les parties des routes qui traversent les villes, bourgs et villages, les frais d'entretien de la chaussée sont à la charge du fonds des routes, c'est-à-dire de l'État ou du département. Mais cette charge ne s'étend pas aux revers ni aux accotements, sauf des cas exceptionnels où, la chaussée étant trop étroite, l'intérêt de la circulation exige que l'État ou le département se charge d'une partie des revers. (Av. cons. gén. des ponts et chaussées 22 mars 1853.)

Section 2. — Comment on pourvoit à l'entretien des routes nationales.

Il est pourvu à l'entretien des routes nationales au moyen de crédits portés annuellement au budget.

Une commission instituée au ministère des travaux publics est chargée de préparer la répartition des fonds d'entretien des routes nationales pour chaque exercice. (V. Circ. trav. publ. 10 avril 1889; Rec. trav. publ. 1889, p. 34.)

eu pour but de supprimer tous les ponts à péage, il paraît douteux que l'autorisation d'établir des péages pour correction des rampes soit accordée aux départements. Le département peut être aidé dans ses dépenses des routes à sa charge par des subventions des communes, d'associations ou même de simples particuliers. Le conseil général statue définitivement sur ces offres de concours. (L. 10 août 1871, art. 46, § 10.)

CHAPITRE V

SURVEILLANCE DES ROUTES

Section 1re. — Surveillance de l'administration.

Les préfets, sous-préfets et maires sont chargés d'exercer une surveillance spéciale sur le bon état des routes de leurs départements, arrondissements et communes. (Décr. 1811, art. 57.)

§ 1er. — Surveillance des maires.

La surveillance des maires sur l'état des routes de leur commune et sur le service des cantonniers qui y sont placés s'exerce par une inspection des

travaux qu'ils peuvent faire aussi fréquemment qu'ils le trouvent convenable, en se faisant accompagner par les cantonniers toutes les fois qu'ils le jugent nécessaire. (Décr. 1811, art. 58.)

Les maires ne peuvent néanmoins interdire ni ordonner aucun travail auxdits cantonniers; mais ils rendent compte au sous-préfet de leur arrondissement, au moins chaque quinzaine, et sur-le-champ s'il y a urgence, des résultats de leur inspection. (M. D., art. 59.)

§ 2. — Surveillance des sous-préfets.

Les sous-préfets doivent faire quatre fois chaque année l'inspection des routes de leur arrondissement ; ils doivent, en outre, se transporter sur tous les points de route dont l'état est l'objet d'une contradiction entre les rapports des maires et ceux des ingénieurs. (Décr. 1811, art. 60.)

Dans tous les cas énoncés à l'article ci-dessus, les sous-préfets peuvent prescrire aux ingénieurs ordinaires de se rendre sur les parties de route qu'ils leur indiquent et se faire en outre assister, dans leurs visites, par les maires et les cantonniers. (M. D., art. 61.)

Après chacune de leurs tournées, les sous-préfets adressent aux préfets un compte sommaire et exact, canton par canton, de la situation des routes de leur arrondissement. (M. D., art. 62.)

§ 3. — Surveillance des préfets.

Les préfets, dans leur tournée annuelle, doivent inspecter toutes les routes de leur département ; ils doivent, en outre, se transporter sur tous les points de route dont l'état est l'objet d'une contradiction entre les rapports des sous-préfets et ceux des ingénieurs. (Décr. 1811, art. 63.)

Les préfets peuvent se faire assister des ingénieurs en chef dans les formes établies et dans les cas prévus pour les sous-préfets et les ingénieurs ordinaires par l'article 61 ci-dessus, et se faire, en outre, accompagner, dans leurs visites, par les sous-préfets et les ingénieurs ordinaires. (M. D., art. 65.)

Au lieu de faire eux-mêmes cette inspection, les préfets peuvent d'ailleurs déléguer un conseiller de préfecture.

Section 2. — Personnel.

§ 1er. — Service des ingénieurs.

Les ingénieurs en chef et ordinaires sont spécialement chargés de diriger par eux-mêmes, et par les conducteurs sous leurs ordres, l'exécution et l'emploi des matériaux et autres travaux de l'entretien des routes par les cantonniers. (Décr. 1811, art. 70.)

Les ingénieurs en chef des ponts et chaussées sont tenus de faire, chaque année, une tournée générale de toutes les routes du département auquel ils sont attachés. (M. D., art. 74.)

Ils sont, de plus, obligés de se transporter, à la demande du préfet, seuls ou avec lui, sur tous les points des routes où il a jugé leur présence nécessaire. (M. D., art. 75.)

Les ingénieurs ordinaires doivent faire quatre fois chaque année la tournée des routes de leur arrondissement. (M. D., art. 76.)

Ils doivent aussi se transporter à la demande du sous-préfet, seuls ou avec lui, sur tous les points des routes où il a jugé leur présence nécessaire. (M. D., art. 77.)

Les ingénieurs en chef, dans leurs tournées ou visites, sont accompagnés de l'ingénieur ordinaire de l'arrondissement et du conducteur surveillant des cantons de route dans lesquels ils se trouvent ; ils constatent l'état de la route ; ils s'assurent des causes de dégradations qu'elle leur présente et si l'approvisionnement de matériaux voulu par le cahier des charges a été effectué par les entrepreneurs aux époques fixées ; ils entendent les plaintes des cantonniers. (M. D., art. 78.)

Les ingénieurs en chef adressent le compte de chacune de leurs tournées ou visites au ministre des travaux publics par l'intermédiaire des préfets. (M. D., art. 79.)

Les ingénieurs ordinaires doivent se transporter, sur-le-champ, partout où la route a éprouvé quelque dégradation notable et nouvelle, et où le service réclame leur présence, sous un rapport quelconque ; en dresser procès-verbal et en envoyer copie à l'ingénieur en chef et au sous-préfet. (M. D., art. 80.)

Tout ingénieur ordinaire qui se dispenserait de l'une de ces tournées encourt des peines disciplinaires. (M. D., art. 83.)

Après chacune de leurs tournées, les ingénieurs ordinaires adressent à l'ingénieur en chef un tableau sommaire et exact de la situation des routes dans leur arrondissement, et l'ingénieur en chef forme un tableau général des tableaux qui lui ont été adressés par les ingénieurs ordinaires, pour être par lui remis au préfet ; celui-ci l'adresse, avec ses observations résultant de ses tournées ou visites et des comptes de tournées ou visites des sous-préfets, au ministre des travaux publics, lequel doit ainsi avoir, quatre fois par an, sous les yeux, la situation véritable de toutes les routes du pays. (M. D., art. 84.)

Jusqu'en 1871, l'administration des routes départementales était nécessairement confiée, sous l'autorité des préfets, aux ingénieurs des ponts et chaussées ; mais, depuis cette époque, en vertu de l'article 46, § 6, de la loi du 10 août 1871, non seulement la direction des travaux des routes départementales n'est plus obligatoirement confiée aux ingénieurs des ponts et chaussées, mais les conseils généraux peuvent même la leur enlever pour la donner soit aux agents déjà chargés, dans le département, du service de la vicinalité, soit à toutes autres personnes. (Circ. int. 8 oct. 1871 ; Circ. trav. publ. 14 oct. 1871.)

§ 2. — Service des cantonniers.

Définition du service des cantonniers. — Les cantonniers sont chargés des travaux de main-d'œuvre relatifs à l'entretien journalier des routes, sur une certaine étendue de route qui prend le nom de *canton.*

Ils doivent obéissance, pour tout ce qui a rapport à leur service, aux ingénieurs, conducteurs et autres agents de l'administration des ponts et chaussées. (Arr. min. trav. publ. 20 fév. 1882.)

Nomination des cantonniers. — Les cantonniers sont nommés par le préfet sur une liste de proposition présentée par l'ingénieur en chef.

Cette liste doit, autant que possible, contenir un

nombre de candidats double du nombre d'emplois à remplir.

Ils sont congédiés par le préfet, sur la proposition ou l'avis de l'ingénieur en chef.

Conditions d'admission. — Pour être nommé cantonnier, il faut :

1° Être âgé de plus de vingt et un ans et de moins de quarante ans ;

2° N'être atteint d'aucune infirmité qui puisse s'opposer à un travail journalier et assidu ;

3° Avoir travaillé dans des ateliers de construction ou de réparation de routes ;

4° Être porteur d'un certificat de moralité délivré par le maire de la commune ou le sous-préfet de l'arrondissement.

Les postulants qui savent lire et écrire sont préférés.

Cantonniers-chefs. — Tous les cantons de route d'un département sont répartis en circonscriptions, contenant chacune au moins six cantons ; les six cantonniers forment entre eux une brigade : l'un d'eux est *cantonnier-chef* : il doit savoir lire et écrire, et il est choisi parmi les cantonniers qui se sont distingués par leur zèle, leur bonne conduite et leur intelligence.

Les cantonniers-chefs ont une station plus courte que celle des autres cantonniers, pour qu'il leur soit possible de vaquer aux devoirs spéciaux qui leur sont imposés.

Ils accompagnent les conducteurs et commis des ponts et chaussées dans leurs tournées.

Ils prennent connaissance des ordres qui sont donnés par ces agents aux cantonniers de leur brigade, et ils veillent à ce que ces ordres reçoivent leur exécution.

Ils parcourent en conséquence toute l'étendue de leur circonscription au moins une fois par semaine, en faisant varier les jours et les heures de leurs visites, pour s'assurer de la présence des cantonniers ; ils les guident dans leur travail ; ils rendent compte aux employés de l'administration sous les ordres desquels ils sont plus spécialement placés, et ils fournissent aux ingénieurs tous les renseignements qui leur sont demandés.

Ils peuvent être momentanément employés à surveiller l'exécution et à tenir les attachements des travaux de repiquage des chaussées pavées, et à diriger des ateliers ambulants.

Signes distinctifs des cantonniers. — Les cantonniers portent une veste de drap bleu et un chapeau de cuir, autour de la forme duquel est écrit en découpure, sur une bande de cuivre de 0^m,28 de longueur et 0^m,055 de largeur le mot *cantonnier*.

Les cantonniers-chefs portent en outre au bras gauche un brassard conforme au modèle arrêté par l'administration.

Il est remis, en outre, à chacun de ces ouvriers, un signal ou guidon formé d'un jalon de deux mètres de longueur, divisé en décimètres, ferré par le bas et garni par le haut d'une plaque de forte tôle de 0^m,24 de largeur et de 0^m,16 de hauteur,

sur chacune des faces de laquelle est indiqué en chiffre de 0^m,08 de hauteur le numéro du canton.

Ce guidon est toujours planté sur la route à moins de 100 mètres de distance de l'endroit où travaillera le cantonnier.

Du travail des cantonniers. — Le travail des cantonniers consiste à maintenir ou à rétablir la route chaque jour, et autant que possible à chaque instant, de manière à ce qu'elle soit sèche, nette, unie, sans danger en temps de glaces, ferme et d'un aspect satisfaisant en toute saison.

A cet effet, ils doivent, suivant les ordres et les instructions qui leur sont donnés au besoin :

1° Assurer l'écoulement des eaux au moyen du curage des cassis, gargouilles, arceaux, et de petites saignées faites à propos partout où elles seront nécessaires, en observant que ces saignées ne doivent jamais être faites dans le corps de la chaussée ;

2° Faire en saison convenable les terrasses pour ouvrir ou entretenir les fossés, régler les accotements et talus, jeter les terres excédantes sur les terrains voisins, s'il n'y a pas d'opposition, ou les emmétrer pour faciliter leur mesurage ou leur enlèvement ;

3° Enlever, dans le plus court délai possible, au rabot ou à la pelle, les boues liquides ou molles sur toute la largeur de la chaussée, quand même il n'y aurait ni flaches ni ornières ; et accumuler jusqu'à nouvel ordre, sur l'accotement, ces boues en tas réguliers pour être mesurés, s'il y a lieu ;

4° Régaler ces boues, lorsqu'elles sont sèches, sur les accotements qui ont perdu leur forme ou qui ont plus de 4 centimètres de pente en travers, et jeter le surplus sur les champs voisins, s'il n'y a pas d'opposition ;

5° Redoubler de soin aux approches de l'hiver pour l'exécution de ce qui est prescrit aux deux paragraphes précédents, afin d'éviter les bourrelets de terre gelée ;

6° Dans les temps secs, enlever la poussière et la déposer sur les accotements ;

7° Déblayer les neiges sur toute la largeur de la route ou au moins de la chaussée, notamment aux endroits où elles s'accumulent et gênent la circulation ; les jeter immédiatement sur les champs voisins, s'il est possible, ou les mettre en tas sur les accotements, de manière à indiquer aux conducteurs de voitures l'emplacement de la voie ;

8° Casser les glaces de la chaussée et les enlever, et répandre du sable et des gravats, notamment dans les côtes et les tournants trop brusques ;

9° Casser aussi les glaces des fossés et les enlever dans les endroits où elles s'accumulent de manière à faire craindre une inondation de la route lors du dégel ;

10° Au moment du dégel, favoriser l'écoulement des eaux et enlever les fragments de glaces, les boues et les immondices, afin que les effets de ce dégel nuisent le moins possible au roulage et à la route ;

11° Rassembler, casser et emmétrer, en tas distincts et d'une forme particulière, toutes les pierres errantes, mobiles, saillantes ou seulement apparentes, lorsqu'elles auront trop de volume, et celles qui seraient à proximité dans les champs voisins, et dont on pourrait disposer pour les approvisionnements de la route ;

Casser les matériaux destinés à l'entretien, quand ce cassage ne devra pas être fait par l'entrepreneur de la fourniture ;

12° Couper ou arracher les chardons ou autres mauvaises herbes, notamment avant leur floraison ;

13° Débarrasser la chaussée des pierres errantes et de tout ce qui peut porter obstacle à la circulation ;

14° Nettoyer et débarrasser des terres, plantes et corps étrangers, les plinthes, cordons et parapets des ponts, ponceaux et autres ouvrages d'art ;

15° Veiller à la conservation des bornes kilométriques, des poteaux indicateurs et des repères de nivellement établis sur la route ;

16° Cultiver et soigner les plantations qui appartiennent à l'État, veiller à leur conservation et à celle des plantations des particuliers ; redresser provisoirement tous les jeunes arbres penchés par le vent et faire généralement partout ce que le bien de la route exige, conformément aux instructions plus particulières qui seront données par les ingénieurs des localités pour l'exécution des dispositions générales ci-dessus.

Emploi des matériaux. — Sur les routes à l'état d'entretien, les cantonniers doivent se conformer, pour l'emploi des matériaux, aux dispositions suivantes :

Ces matériaux seront mis en œuvre au fur et à mesure du besoin, en choisissant toujours pour leur emploi les temps humides, et en évitant surtout les rechargements généraux et les jets de pierres à la volée.

Pour procéder régulièrement, on aura soin de marquer en temps de pluie les flaches et les traces des voitures qui altéreraient sensiblement la forme de la chaussée.

Ces parties dégradées seront nettoyées et piquées particulièrement sur les bords, mais seulement jusqu'à la profondeur nécessaire pour assurer la liaison des matériaux.

Les matériaux provenant du piquage seront purgés de terre et cassés, s'il est nécessaire, avant d'être employés.

On opérera le remplissage des flaches ou traces de voitures, tant avec ces débris qu'avec la quantité nécessaire de matériaux neufs reçus par l'ingénieur. Ils seront battus avec soin, de manière à ce qu'ils fassent corps avec les couches inférieures, et ils seront ensuite arrasés suivant la forme de la chaussée.

Les parties ainsi restaurées devront être entretenues avec un soin particulier jusqu'à ce qu'elles soient complètement affermies.

Quant aux routes qui ne sont pas à l'état d'entretien, et sur lesquelles néanmoins le roulage est établi, on s'attachera à les maintenir en aussi bon état que possible en employant, avec les soins qui

viennent d'être indiqués, les matériaux dont on pourra disposer.

On observera d'ailleurs d'arracher les pierres trop grosses et les bordures saillantes qui deviendraient une cause de dégradation, et on ne les remettra en œuvre qu'après les avoir réduites en fragments de grosseur convenable.

Les rechargements plus ou moins étendus à faire sur les routes dégradées seront ordonnés par l'ingénieur qui désignera également les matériaux à y employer. Les flaches et ornières à recharger devront être préalablement purgées de boue et de terre, et leur surface sera ensuite piquée sur 4 à 5 centimètres de profondeur. L'on observera d'ailleurs de ne répandre les matériaux que par couches de 5 à 6 centimètres, qui seront battues et affermies avec soin.

Tâches à remplir. — Pour exciter et soutenir l'activité des cantonniers, les ingénieurs, les conducteurs ou les piqueurs leur assignent des tâches à remplir dans un temps donné, toutes les fois que les circonstances locales le permettent [1].

L'indication sommaire de ces tâches est inscrite sur la partie du livret réservée aux ordres de service.

Les travaux ainsi prescrits sont un des principaux objets de la surveillance, tant des chefs immédiats des cantonniers que des maires et commissaires voyers.

Fixation des heures de travail. — Du 1er mai au 1er septembre, les cantonniers doivent être sur les routes, sans désemparer, depuis cinq heures du matin jusqu'à sept heures du soir. Le reste de l'année, ils y sont depuis le lever jusqu'au coucher du soleil. Ils prennent leurs repas sur la route aux heures qui sont fixées par l'ingénieur en chef. La durée totale des repas ne doit pas excéder deux heures dans les plus longs jours de travail. Elle peut cependant être portée à trois heures durant les grandes chaleurs.

Déplacement des cantonniers. — Les cantonniers pourront être déplacés, soit isolément, soit en brigades, lorsque les besoins du service l'exigeront impérieusement, pour être dirigés sur les points qui leur seront indiqués.

Ces déplacements ne devront jamais avoir lieu que sur un ordre exprès de l'ingénieur.

Présence obligée des cantonniers en temps de pluie, de neige, etc. — Les pluies, les neiges ou autres intempéries ne peuvent être un prétexte d'absence pour les cantonniers ; ils doivent même, dans ce cas, redoubler de zèle et d'activité pour prévenir les dégradations et assurer une viabilité constante dans toute l'étendue de leurs cantons ; ils sont autorisés néanmoins à se faire des abris fixes ou portatifs qui n'embarrassent ni la voie publique ni les propriétés riveraines, et qui soient à la vue de la route, à moins de 10 mètres de distance, pour qu'on puisse toujours constater la présence de ces ouvriers.

---

1. Voir l'instruction du ministre des travaux publics du 21 janvier 1856.

Assistance gratuite aux voyageurs. — Les cantonniers doivent porter gratuitement aide et assistance aux voituriers et voyageurs, mais seulement dans les cas d'accidents.

Surveillance sur les contraventions en matière de grande voirie. — Pour prévenir autant que possible les délits de voirie, les cantonniers doivent avertir les riverains des routes qui, par des dispositions quelconques, feraient présumer qu'ils pourraient se mettre en contravention. Ils auront l'œil, en conséquence, sur les réparations, constructions, dépôts, anticipations et plantations qui auraient lieu sans autorisation sur la voie publique dans l'étendue de leurs cantons. Ils devront signaler ces contraventions aux agents de l'administration, lors des tournées de ces agents, ou même les leur faire connaître immédiatement, soit par correspondance, soit par l'intermédiaire des cantonniers-chefs.

Outils dont doivent être pourvus les cantonniers. — Chaque cantonnier sera pourvu, à ses frais :

1° D'une brouette ;
2° D'une pelle en fer ;
3° D'une pelle en bois ;
4° D'un outil dit *tournée*, formant pioche d'un côté et pic de l'autre ;
5° D'un rabot de fer ;
6° D'un rabot de bois ;
7° D'un râteau de fer ;
8° D'une pince en fer ;
9° D'une masse en fer ;
10° Enfin, d'un cordeau de 20 mètres.

Les cantonniers-chefs doivent être pourvus, en outre, de trois nivelettes ou voyants, d'un niveau à perpendicule gradué, pour indiquer les pentes, et d'un double-mètre.

Outils d'espèce particulière à fournir par l'administration. — Il est remis à chaque cantonnier un anneau en fer de 6 centimètres de diamètre, pour qu'il puisse reconnaître si le cassage de la pierre qu'il a à répandre sur la route est fait conformément aux prescriptions du devis.

Fourniture d'outils aux cantonniers à titre d'avance. — Il peut être fourni, *à titre d'avance*, aux cantonniers qui n'auraient pas le moyen de se les procurer, les outils qui leur manqueraient. Le remboursement de la valeur de ces outils est assuré à l'administration par des retenues successives qui, sauf le cas de renvoi d'un cantonnier, ne peuvent excéder le sixième du salaire mensuel.

Entretien des outils. — Les cantonniers doivent maintenir constamment leurs outils dans un bon état d'entretien. S'ils se rendaient coupables de négligence à cet égard, il y serait pourvu d'office par l'administration, qui se rembourserait de ses frais comme il est dit ci-dessus.

Les outils ne doivent être portés à la réparation que dans les intervalles des heures de travail. Les excuses d'absence motivées sur la nécessité de remettre les outils en état ne sont point admises.

Livrets des cantonniers. — Chaque cantonnier est porteur d'un livret. Ce livret est destiné à recevoir les notes sur le travail et la conduite de ces ouvriers, les ordres et instructions qui leur sont donnés, et l'indication des tâches qui peuvent leur être assignées. Il doit être représenté par eux aux agents chargés de la surveillance des routes, toutes les fois qu'ils en sont requis, sous peine d'une retenue d'une journée de salaire pour chaque fois qu'ils auront négligé de se munir de cette pièce, et d'une retenue triple dans le cas où ils l'auraient perdue.

Moyen de constater les absences des cantonniers. — Les absences et les négligences des cantonniers sont constatées par les ingénieurs et les agents de l'administration employés sous leurs ordres : il en est fait note par ces agents dans les livrets dont il vient d'être parlé.

Elles peuvent aussi être constatées par les gendarmes en tournée, par les maires des communes sur le territoire desquelles les cantons sont situés et par les commissaires voyers.

Congés lors des moissons. — Dans les temps de moissons, et lorsque la route est en bon état, les cantonniers peuvent obtenir des congés de l'ingénieur ordinaire, sous l'autorisation de l'ingénieur en chef. Ils ne reçoivent aucun traitement pendant la durée de ces congés, à l'expiration desquels ils doivent être exactement rendus à leur poste, sinon ils sont immédiatement remplacés.

Remise du livret et des signes distinctifs lors du renvoi d'un cantonnier. — Lorsqu'un cantonnier est renvoyé, il fait à l'ingénieur la remise de son livret, de son guidon, de son anneau et des signes distinctifs qu'il a portés à son bras et à son chapeau. Faute par lui de faire cette remise, il est opéré une retenue du double de la valeur de ces objets sur ce qui lui est dû pour salaire au moment de son renvoi.

Classement et salaires des cantonniers. — Les cantonniers de chaque département sont divisés en trois classes égales en nombre dont le salaire, pour chacune des classes, est fixé par le préfet, sur la proposition de l'ingénieur en chef.

Le classement se fait chaque année par l'ingénieur en chef, sur le rapport de l'ingénieur ordinaire, et d'après les services des cantonniers dans le courant de l'année précédente.

Les cantonniers-chefs sont divisés en deux classes égales en nombre. Leurs salaires sont fixés par le préfet sur la proposition de l'ingénieur en chef.

Indemnités de déplacement. — Les cantonniers qui sortent de leurs cantons par ordre de l'ingénieur reçoivent en indemnité un dixième en sus de leur salaire et un cinquième chaque jour qu'ils ont découché.

Il n'est point alloué d'indemnité de déplacement aux cantonniers-chefs, si ce n'est dans le cas où ils sortiraient de la circonscription de leurs brigades ; dans ce cas, les indemnités auxquelles ils ont droit sont réglées comme il vient d'être dit pour celles qui sont payées aux simples cantonniers.

Encouragements annuels. — Chaque année, sur le rapport de l'ingénieur en chef, il peut être accordé, par le préfet, au cantonnier le plus méritant de chaque arrondissement d'ingénieur ordinaire, une gratification qui n'excède pas un mois de salaire.

Une semblable gratification peut être également accordée à celui des cantonniers-chefs du département qui, pendant l'année, a rendu les meilleurs services.

Retenues pour causes d'absence. — Tout cantonnier qui n'est pas trouvé à son poste par l'un des agents ayant droit de surveillance sur la route peut subir une retenue de trois jours de solde la première fois, de six jours en cas de récidive, et être congédié la troisième fois.

Ceux qui, sans s'être absentés, n'ont pas assez travaillé pendant le mois, ou qui ont négligé le service dont ils étaient chargés, éprouvent une retenue suffisante pour payer la réparation des dégradations qui seraient résultées de leur négligence.

Une partie de ces retenues peut être allouée par l'ingénieur en chef, sur le rapport de l'ingénieur ordinaire, au profit de ceux des cantonniers qui, par leur zèle et leur travail, auront mérité des encouragements.

Pensions. — Les cantonniers de l'État de tout âge, de toute classe et de tout grade, employés sur les routes nationales, sur les rivières et canaux et dans les ports maritimes subissent une retenue dont le produit, sauf une exception (V. *infrà*), est versé à la Caisse nationale des retraites pour la vieillesse. (Décr. 22 fév. 1896, art. 1er.)

La retenue est fixée au vingtième du salaire, ledit vingtième augmenté ou diminué, s'il y a lieu, et conformément au barème annexé au décret de 1896, de la moindre quantité nécessaire pour former en une année un multiple de quatre francs (4 fr.). [M. D., art. 2.]

Un dixième de la retenue ainsi fixée pour l'année est retranché du salaire de chacun des cinq premiers mois de chaque semestre, commençant le 1er janvier et le 1er juillet, quelles que puissent être d'ailleurs les variations accidentelles de ce salaire.

En cas d'insuffisance dudit salaire pour le prélèvement dont il s'agit, la retenue est reportée sur le mois suivant. (M. D., art. 3.)

Les cantonniers ne sont soumis à la retenue qu'à partir du 1er janvier ou du 1er juillet qui suit leur entrée au service. (M. D., art. 4.)

Les retenues sont mandatées collectivement par semestre, au nom des régisseurs ; ceux-ci remettent, après les avoir acquittés, les mandats délivrés en leur nom aux caisses publiques désignées par l'article 1er du décret du 30 décembre 1886.

La remise desdits mandats doit être effectuée dans le courant du sixième mois de chaque semestre. (M. D., art. 5.)

Les versements sont faits à capital aliéné.

L'âge normal de l'entrée en jouissance de la pension est fixé pour le cantonnier à soixante ans. L'entrée en jouissance de la pension est ajournée jusqu'à soixante-cinq ans lorsque, sur sa demande, le cantonnier est maintenu en activité après soixante ans.

Toutefois, si le cantonnier quitte l'administration avant soixante-cinq ans, il a le droit d'obtenir la liquidation de sa pension à toute année d'âge accomplie de soixante et un à soixante-quatre ans.

L'entrée en jouissance de la pension de la femme du cantonnier doit coïncider avec l'entrée en jouissance de la pension du mari, à moins qu'à cette époque la femme n'ait dépassé soixante-cinq ans, ou n'ait pas encore atteint cinquante ans. (M. D., art. 6.)

Tout cantonnier maintenu en activité après soixante ans continue à subir sur son salaire la retenue indiquée à l'article 2. Mais toutes les retenues exercées après soixante ans sont déposées à la caisse d'épargne au nom du titulaire. (M. D., art. 7.)

Lorsqu'un cantonnier quitte l'administration, l'État verse à la Caisse nationale des retraites la somme nécessaire pour constituer une rente viagère qui, ajoutée à la pension du cantonnier, s'il est célibataire ou veuf, ou à l'ensemble des pensions du cantonnier et de sa femme, forme une rente viagère totale déterminée ainsi qu'il est dit à l'article ci-après. (M. D., art. 8.)

La rente viagère totale à assurer par l'État est basée sur la moyenne des salaires annuels des six dernières années. Ces salaires sont ceux qui ont servi au calcul des retenues versées à la Caisse des retraites ; aucune déduction n'est faite à raison des congés obtenus par le cantonnier, de telle sorte que le salaire annuel est égal à douze fois le salaire mensuel normal du cantonnier.

La rente viagère totale est calculée, pour chaque année de services effectifs, à un soixantième du salaire moyen annuel, sans pouvoir toutefois excéder la fraction de ce salaire qui sera fixée chaque année sur décret rendu en Conseil d'État dans la limite des crédits ouverts au budget.

Cette limitation n'est pas applicable à la pension à laquelle les cantonniers peuvent avoir droit par suite de leurs propres versements. (M. D., art. 9.)

La rente complémentaire n'est constituée par l'État que lorsque le cantonnier remplit les deux conditions suivantes :

1° Il doit être âgé de soixante ans au moins au moment où il quitte le service ;

2° Il doit avoir au moins vingt ans de services effectifs à dater de l'âge de vingt et un ans comme cantonnier de l'État.

Ces deux conditions ne sont toutefois pas exigées pour les cantonniers qui ont obtenu une pension de retraite par application de l'article 11 de la loi du 20 juillet 1886. (M. D., art. 10.)

Dans le cas où le cantonnier est marié au moment où il quitte l'administration, la rente complémentaire est constituée par l'État, moitié au nom du cantonnier, moitié au nom de sa femme. (M. D., art. 11.)

Lorsqu'un cantonnier vient à mourir en activité de service, l'État assure à sa veuve la rente complémentaire qu'il aurait constituée en son nom, si le cantonnier avait quitté l'administration le jour de son décès. (M. D., art. 12.)

Dans les cas prévus aux deux articles précédents, la rente viagère complémentaire à attribuer à la femme ou à la veuve du cantonnier ne peut être constituée qu'avec jouissance à partir de cinquante ans au moins. Si, au moment où le cantonnier quitte l'administration, sa femme n'a pas encore atteint cinquante ans, l'État assure annuellement à celle-ci, jusqu'à l'entrée en jouissance de la susdite rente viagère, une allocation égale au montant de cette rente. (M. D., art. 13.)

Lorsque des cantonniers font à la Caisse des retraites des versements volontaires en dehors des retenues obligatoires, les pensions à bonifier sont celles qui résultent uniquement du versement des retenues obligatoires. (M. D., art. 14.)

Le maximum de la rente viagère totale à laquelle les cantonniers pourront avoir droit par application du deuxième paragraphe de l'article 9 est fixé, pour l'exercice 1895, aux trois septièmes du traitement. (M. D., art. 15.)

Médailles d'honneur. — Un décret, en date du 1er mai 1897, a institué une médaille d'honneur pour les cantonniers et agents inférieurs de l'administration des travaux publics comptant au moins trente années de services ou qui se sont distingués d'une manière particulière dans l'exercice de leurs fonctions.

CHAPITRE VI

DE LA PLANTATION DES ROUTES

Section 1re. — Propriété des plantations anciennes.

Aux termes de la loi du 12 mai 1825 (art. 1er)[1], tous ceux qui, en vertu des règlements, ont, à quelque titre que ce soit, planté les arbres existant *sur le sol des routes* nationales et départementales ou les ont acquis à titre onéreux peuvent en revendiquer la propriété.

Mais la présomption de propriété est en faveur de l'État et, dès lors, c'est à celui qui revendique les arbres à justifier de sa propriété et non à l'État à faire la preuve du contraire. (Req. 22 janv. 1845, D. p. 45-1-122.)

Les arbres plantés sur un chemin public sont susceptibles d'une appropriation particulière, indépendante de la propriété du sol auquel ils sont attachés ; on peut, en conséquence, en acquérir la propriété par prescription. (Cass. civ. 18 mars 1858, D. p. 58-1-218 ; Req. 23 déc. 1861, D. p. 62-1-129 ; Cass. civ. 1er déc. 1874, D. p. 75-1-323 ; Req. 21 nov. 1877, D. p. 78-1-301.)

Quant aux arbres qui sont accrus le long des routes sur les *héritages riverains*, ils appartiennent au propriétaire des terrains dont ils font partie, même à l'encontre des tiers qui demanderaient à faire la preuve que ces arbres ont été plantés par eux ou par leurs auteurs. (Req. 7 juin 1827.)

Section 2. — Plantations nouvelles.

§ 1er. — Obligation de planter.

1. Routes nationales.

L'obligation de border d'arbres les routes qui en sont susceptibles a été mise à la charge des riverains par l'article 88 du décret du 16 décembre 1811[1].

Depuis cette époque, aucune loi n'a abrogé cette disposition qui doit être considérée comme toujours en vigueur.

Les anciennes ordonnances, rendues de 1522 à 1790, avaient obligé les propriétaires riverains à faire des plantations le long des routes, d'abord sur le *sol même* des routes et plus tard sur leur *propre terrain*, à une certaine distance des bords extérieurs des fossés.

La loi du 9 ventôse an XIII leur prescrivit de planter sur le *sol de la voie publique*, et, dans le cas où la largeur de la route ne le permettrait pas, sur leur *propre terrain*; elle leur interdit de planter sur celui-ci à une distance égale ou inférieure à six mètres sans avoir demandé et obtenu l'alignement.

Aujourd'hui, d'après le décret précité du 16 décembre 1811, les plantations ne sont faites que sur les *héritages riverains*, mais elles sont obligatoires[2].

2. Routes départementales.

L'obligation de planter peut s'appliquer aux routes départementales comme aux routes nationales, la

---

1. « Seront reconnus appartenir aux particuliers les arbres actuellement existants sur le sol des routes royales et départementales, et que ces particuliers justifieraient avoir légitimement acquis à titre onéreux, ou avoir planté à leurs frais, en exécution des anciens règlements.
Toutefois, ces arbres ne pourront être abattus que lorsqu'ils donneront des signes de dépérissement et sur une permission de l'administration.
La permission de l'administration sera également nécessaire pour en opérer l'élagage.
Les contestations qui pourront s'élever entre l'administration et les particuliers, relativement à la propriété des arbres plantés sur le sol des routes, seront portées devant les tribunaux ordinaires.
Les droits de l'État y seront défendus à la diligence de l'administration des domaines. » (L. 12 mai 1825, art. 1er.)

1. La légalité de cette disposition a été contestée ; mais le Conseil d'État a décidé que les articles 88, 95 et 97 du décret de 1811, bien qu'ils statuent sur une matière législative, ont force de loi, n'ayant pas été attaqués pour cause d'inconstitutionnalité. (Cons. d'Ét. 12 mars 1846.)
2. Toutefois, il n'est usé de ce droit que dans le cas de nécessité absolue. (Circ. 9 août 1850.)

loi ne distinguant pas entre les unes et les autres.

Cette plantation doit être ordonnée par décret. (V. Cons. d'Ét. 27 mai 1857 ; Aucoc, t. III, p. 161.)

Certains départements ont été l'objet d'un décret d'administration publique ordonnant la plantation des routes départementales, notamment le département de Seine-et-Oise. (Cons. d'Ét. 14 janv. 1869, D. p. 75-3-28.)

§ 2. — Propriété des plantations nouvelles.

Les riverains (propriétaires ou communes) qui, en conformité du décret de 1811, ont planté les arbres en sont propriétaires (Décr. 1811, art. 89), mais ils ne peuvent les élaguer ou les arracher sans autorisation. (Décr. 1811, art. 101, 102 et 105. V. *infrà*.)

D'après l'article 1er, § 3, de la loi du 12 mai 1825, les contestations qui peuvent s'élever entre l'administration et les particuliers, sur la propriété des arbres des routes, sont portées devant les tribunaux ordinaires et les droits de l'État sont défendus à la diligence de l'administration des domaines.

C'est dans ce cas seulement que les tribunaux ordinaires sont compétents pour statuer.

Il va sans dire d'ailleurs que si la question de propriété des arbres dépendait de l'interprétation d'un acte administratif, les tribunaux ordinaires devraient surseoir à statuer jusqu'à ce que la question préjudicielle ait été résolue par l'autorité administrative.

§ 3. — Distance à observer entre la plantation, la route ou les fonds riverains.

1. Plantation d'arbres.

Il faut à cet égard distinguer entre les plantations *imposées* par le décret de 1811 et les plantations effectuées *volontairement* par les riverains dans leur intérêt.

Pour les premières, c'est-à-dire pour les plantations obligatoires, le décret de 1811 fixe une distance minima d'un mètre en laissant aux préfets le droit de fixer l'alignement. Pour les arbres plantés par les riverains en vue de leur convenance particulière, l'article 5 de la loi du 9 ventôse an XIII fixe cette distance à six mètres ; mais le préfet peut la réduire à deux mètres. Si aucun arrêté préfectoral n'a déterminé la distance, l'intervalle de six mètres est obligatoire, et le propriétaire qui veut planter à moins de six mètres du bord de la route doit demander l'alignement. (Cons. d'Ét. 7 mars 1890, D. p. 91-5-125.)

Lorsque le riverain se retire au delà de six mètres, il a le droit de planter comme il l'entend, sans demander l'alignement et sans observer l'espacement entre chacun des arbres. (V. *infrà*.)

Le fait de planter à une distance autre que celle fixée par l'arrêté préfectoral constitue une contravention de grande voirie de la compétence du conseil de préfecture.

Celui-ci doit ordonner la suppression des plantations irrégulièrement faites et condamner en outre à l'amende prononcée par l'ordonnance du 4 août 1731, sauf les modérations apportées aux anciennes pénalités par la loi du 23 mars 1842.

2. Plantation de haies.

A) *Haie vive.* — Aux termes de l'arrêt du conseil du 17 juin 1721, il ne peut être établi, sans autorisation de l'administration, de haie vive à *moins de six pieds* des fossés et de *trente pieds* du pavé sur les routes où il n'existe pas de fossés.

En cas de contravention, il y a lieu d'appliquer l'amende de cinq cents francs édictée par l'ordonnance du 4 août 1731, sauf l'atténuation de peine spécifiée par l'article 1er de la loi du 23 mars 1842.

B) *Haie sèche.* — S'il s'agissait d'une haie sèche, il faudrait recourir à l'arrêt du conseil du 27 février 1765, qui prononce une amende de trois cents francs pour toute construction faite sans autorisation sur les propriétés joignant la voie publique. (Cons. d'Ét. 30 juin 1839.)

3. Distance à observer entre chaque arbre.

Dans le silence des lois nouvelles sur la distance à observer entre chaque arbre, il faut se référer aux anciens règlements. Or, l'article 6 de l'arrêt du conseil du 3 mai 1720, l'ordonnance du bureau des finances de Paris du 29 mars 1753, et enfin l'article 5 de celle du 17 juillet 1781, qui reproduit, sur ce point, les dispositions des règlements antérieurs, exigent qu'on observe trente pieds au plus et dix-huit pieds au moins de distance d'un arbre à l'autre.

C'est la distance de trente pieds qui a été adoptée comme principe par le ministère des travaux publics.

En effet, des termes mêmes des circulaires des 9 août 1850 et 17 juin 1851, la distance d'un arbre à l'autre, dans chaque rangée, doit être *généralement* de dix mètres ; sur beaucoup de routes, on peut réduire de moitié cet intervalle en ayant soin de faire alterner les arbres à croissance lente avec ceux à croissance rapide ; car, au bout d'un certain temps, l'abatage de ces derniers arbres laissera subsister une plantation régulière dont les sujets seront espacés de dix mètres. Dans certains départements du Midi qui ont à souffrir beaucoup de la sécheresse, les arbres peuvent être placés à moins de dix mètres d'intervalle, sans qu'il soit nécessaire de faire alterner les essences.

Avec l'espacement normal de dix mètres, il convient d'adopter d'une manière continue l'essence la plus propre au sol.

Sur les routes où il existe un bornage kilométrique bien fait, les arbres espacés de dix mètres peuvent concorder avec ce bornage et servent alors à le compléter ; dans les départements où l'on a procédé de cette manière, les arbres qui marquent les limites de chaque kilomètre et de chaque hectomètre sont d'une autre essence que le reste de la plantation.

4. Distance entre les arbres et les fonds riverains.

L'*État* est obligé de maintenir une distance de

deux mètres entre les arbres et les fonds riverains, conformément à l'article 671 du Code civil.

§ 4. — Choix des essences.

En ce qui concerne l'essence des arbres, l'article 6 de l'arrêt du conseil du 3 mai 1720 indiquait les ormes, hêtres, châtaigniers, arbres fruitiers ou autres, suivant la nature du terrain.

L'article 5 de l'ordonnance du 17 juillet 1781 se borne à dire que la plantation sera faite de tels arbres jugés propres au terrain.

L'article 1er de la loi du 9 ventôse an XIII désigne les arbres forestiers ou fruitiers, selon les localités.

L'article 91 du décret de 1811 charge l'ingénieur de donner son avis sur l'essence des arbres, sans en indiquer aucune nominativement, qu'il conviendra de choisir selon chaque localité ; et c'est l'arrêté du préfet qui, sur cet avis, fixe pour chaque localité les essences qui devront être améliorées.

D'après la circulaire de 1851, les essences à préférer dans chaque localité sont celles qui satisfont à la double condition d'être bien appropriées au sol et de donner un bois de bonne qualité. Quelques espèces ont d'ailleurs des avantages et des inconvénients particuliers dont il faut tenir compte.

1. Arbres spécialement recommandés.

Les arbres qui doivent être recommandés sont, pour les essences dures et à croissance lente : l'orme, le frêne, le hêtre, le chêne et le châtaignier ; pour les essences tendres et hâtives : les diverses espèces de peupliers, le platane, l'érable sycomore et l'acacia.

Orme. — L'orme réussit dans la plupart des terrains, surtout quand le climat est tempéré, et son bois est excellent. C'est, parmi les essences dures, celle qui est le plus généralement adoptée sur les routes, et elle devra continuer à l'être. Les variétés *à petites feuilles* sont généralement préférées comme donnant des produits de meilleure qualité. Cet arbre est attaqué dans beaucoup d'endroits par des insectes qui le font périr ; mais ces insectes, dont les larves cherchent leur nourriture dans la vieille écorce, n'en veulent pas aux jeunes plants et ménagent le plus souvent les arbres adultes. Ils sont donc plus à craindre pour les plantations séculaires que pour celles qu'on abat dès qu'elles sont parvenues à maturité. D'ailleurs, il y a, dans chaque localité, des variétés plus particulièrement menacées : on aura soin de les rejeter.

Frêne. — Le frêne a, comme l'orme, un feuillage léger qui donne peu de couvert ; son bois est presque aussi recherché que celui de l'orme. Il croît moins lentement et acquiert d'aussi grandes dimensions. Il se plaît particulièrement dans les terrains frais.

Hêtre. — Le hêtre ne convient pas à tous les pays ; mais dans les régions un peu froides, et surtout dans les montagnes, il mérite d'être plus souvent employé sur les routes qu'il ne l'a été jusqu'à présent. Il vient bien dans les terrains pierreux et secs.

Chêne. — Le chêne, dont les produits se font trop longtemps attendre et que l'on trouve rarement, d'ailleurs, dans les pépinières, est cependant une essence trop précieuse pour être exclue des routes nationales. On le plante assez fréquemment sur les grandes routes de Belgique et du nord de l'Allemagne, et il ne réussirait pas moins bien, avec des soins convenables, dans les départements de France où le climat est analogue. Il est admis dans les pépinières de l'État dont il sera parlé ci-après.

Châtaignier. — Le châtaignier a l'inconvénient d'être un arbre fruitier, ce qui lui donne, pour les grandes routes, un désavantage marqué sur les arbres précédents ; mais l'excellence de son bois, si recherché autrefois pour les constructions, ne permet pas de le rejeter. Il se plaît dans les terrains légers.

On peut aussi recommander, pour les départements du Midi, le micocoulier (*Celtis australis*) indigène dans les montagnes de cette région, et qui mérite d'être employé surtout comme arbre d'avenue.

Peupliers. — Quant aux essences tendres et hâtives, les peupliers de toute espèce occupent le premier rang, au moins par la rapidité de leur croissance, car ils peuvent être abattus au bout de vingt-cinq à trente ans. Ces arbres, de nature variée, sont d'un produit avantageux et viennent bien presque partout, notamment dans les lieux humides et dans les sols un peu argileux, où l'on peut les employer seuls ou les faire alterner avec les frênes.

Le peuplier d'Italie prospère même dans les terrains sablonneux, comme le prouve l'expérience faite sur une grande échelle dans le département des Landes. Sa taille élancée permet de diminuer l'espacement des sujets. Par ce dernier motif, il convient mieux que tout autre arbre pour les plantations un peu serrées qu'il y a lieu de faire quelquefois, dans l'intérêt de la sûreté publique, au bord des cours d'eau, sur l'arête des grands talus de remblai, etc.

Parmi les autres espèces de peuplier, l'ipréau ou blanc de Hollande est celle qui présente le plus d'avantages. Les peupliers de la Caroline et du Canada ont des qualités analogues, mais y joignent l'inconvénient de joncher la terre de feuilles à parenchyme épais et persistant.

Platane. — Le platane salit les routes encore davantage par le rejet successif de son écorce, de ses fruits et de ses feuilles ; mais cette essence se développe rapidement, est d'un beau port, fournit un bois assez recherché pour le charronnage et n'est attaquée par aucun insecte. C'est un arbre qui prospère surtout dans les départements voisins de la Méditerranée, où il vient bien dans tous les terrains, pourvu qu'ils ne soient pas trop secs. Les ingénieurs de ces départements doivent se défendre toutefois de la tendance qu'ils ont à proposer exclusivement le platane et à négliger des essences plus précieuses.

Sycomore. — L'érable sycomore et l'érable-plane sont encore de beaux arbres, peu difficiles sur les terrains, et dont le bois n'est guère inférieur à celui du platane.

Acacia. — L'acacia ou robinier réussit dans les terrains les plus ingrats, c'est là son principal mérite. Il a le défaut d'être très cassant. Dans les mauvais terrains exposés aux vents violents et dans les climats un peu froids, on peut le remplacer par le bouleau.

Plusieurs catégories d'arbres, recommandables à certains égards, doivent être presque toujours exclues des plantations à faire sur les grandes routes, savoir :

Arbres à fruits. — Les arbres à fruits, tels que les noyers et les merisiers, et à plus forte raison les pommiers. Ces arbres sont trop exposés à être mutilés par les passants, et la plupart projettent leurs branches trop horizontalement ;

Arbres résineux. — Les arbres résineux, qui ne conviennent pas aux plantations des routes, parce qu'ils s'élargissent trop à la base et couvrent le sol, et qui sont d'ailleurs arrêtés tout court dans leur croissance verticale dès qu'ils viennent à perdre leur flèche. Cependant, dans les montagnes, on peut admettre le mélèze, qui s'étale moins que les autres, se transplante bien et donne un bois de bonne qualité.

Tilleul, marronnier, etc. — Enfin, certains arbres de pur agrément et d'un mauvais produit, tels que le tilleul et le marronnier d'Inde, doivent être repoussés par les ingénieurs.

Lorsqu'on renouvelle une plantation, il importe que chaque plant occupe une autre position ou soit d'une autre essence que l'arbre qu'il est destiné à remplacer.

2. Provenance des arbres et conditions auxquelles ils doivent satisfaire.

Désignation des pépinières. — L'ingénieur ne peut pas laisser à l'entrepreneur le libre choix des pépinières d'où les plants doivent être tirés. Il doit désigner lui-même, dans le devis, les pépinières les mieux famées, celles où les jeunes arbres sont l'objet de soins éclairés. Il est essentiel aussi, toutes choses égales d'ailleurs, de donner la préférence à celles où le sol a le plus d'analogie avec le terrain des routes à planter. D'un autre côté, il faut éviter, si l'on peut, de ne désigner qu'une seule pépinière ; car ce serait, par le fait, anéantir la concurrence.

Dimension des plants. — La force des plants à extraire des pépinières diffère un peu, selon les essences et quelquefois selon les régions. Généralement, la circonférence, mesurée à un mètre du collet de la racine, doit être de 12 à 16 centimètres. La hauteur du fût, depuis le collet jusqu'à la couronne, peut varier de 1^m,80 à 2^m,40, et la hauteur totale de 2^m,30 à 3^m,50, suivant l'espèce des arbres et la disposition de leurs branches.

Leur âge. — Comme il peut arriver que des plants ayant les dimensions prescrites ne les aient atteintes qu'à la longue et soient des sujets mal venants, restés les derniers sur les planches, il faut ajouter à la condition de grosseur une condition d'âge. Ordinairement, les peupliers bons à planter et les acacias ont de trois à cinq ans ; les frênes, les hêtres, les platanes, les sycomores, de quatre à six ans ; les ormes et les chênes, de cinq à sept ans.

Comment doivent être disposées les racines et les branches. — Le plant doit être pourvu de racines nombreuses et garnies de chevelu. Celles qu'on aura été obligé de raccourcir, ou qui auront été écorchées ou meurtries au moment de l'extraction, devront être franchement coupées en biseau, de manière que cette coupe porte à plat sur la terre.

Il existe une relation intime entre les racines et les branches. Les premières (fussent-elles restées intactes) souffrent toujours de la transportation et, dès lors, elles ne transmettent plus à l'arbre assez de nourriture pour suffire à la fois à la tige et aux ramifications. De là, la nécessité de retrancher les branches inférieures et de raccourcir les branches latérales sans trop dégarnir toutefois la cime du jeune plant.

Exclusion des sujets étêtés. — Aucun sujet étêté ne sera reçu. L'habitude d'étêter les plants est mauvaise pour les arbres de ligne et devient un obstacle au développement utile de la végétation, en arrêtant ou gênant la croissance verticale et en provoquant des pousses parasites le long du tronc.

3. États d'indication. — Époque où les plantations doivent être faites.

Les états d'indication pour les plantations à effectuer pendant la campagne doivent être remis à l'entrepreneur aussitôt après la notification des crédits, c'est-à-dire d'assez bonne heure pour que les travaux puissent être généralement exécutés pendant l'automne, qui est, à tous égards, la saison la plus favorable pour les plantations. Le cahier des charges prévoit aussi des plantations à faire au printemps avant le 15 mars, mais celles-ci n'auront lieu que dans des cas exceptionnels.

Le terme fixé pour les plantations d'automne est le 15 décembre : et ce terme est de rigueur, car il ne reste pas trop de temps pour constater si les travaux sont bien exécutés et pour recourir, s'il y a lieu, aux mesures indiquées aux conditions générales.

4. Arrachage des arbres dans les pépinières et précautions à prendre entre l'arrachage et la plantation.

A) *Déplantation.* — L'arrachage des arbres à transplanter demande les plus grands soins, car c'est du bon état et de la quantité des racines que dépend principalement la réussite d'une plantation. Il est donc indispensable que cette opération soit bien surveillée.

Elle aura lieu, autant que possible, par un temps doux et humide ; il ne faut pas la faire sous l'action d'un vent desséchant. Les temps de gelée doivent être également évités. Pour procéder à l'arrachage, on fera autour de l'arbre une tranchée circulaire d'un diamètre proportionné à sa force et qui ne devra pas être inférieur à 60 centimètres. On coupera net les portions qui dépasseront cette circonférence, puis on mettra à nu avec précaution le collet et le surplus des racines, que l'on conservera avec tout leur chevelu et qu'on évitera de fendre, écorcher ou blesser d'une manière quelconque.

B) *Empaillage et transport.* — Les plants, après avoir été examinés, admis provisoirement et marqués par l'agent à qui ce soin aura été confié, seront préparés pour le transport comme il est dit dans le cahier des charges. L'arrachage et la replantation devront se suivre d'aussi près que possible et n'être séparés que par le temps strictement nécessaire pour la réception des arbres, l'empaillage de leurs racines et leur transport sur l'atelier. Si, pourtant, quelque raison légitime obligeait de retarder le transport, les arbres devraient être entreposés en bonne terre aussitôt après leur extraction.

Ils seront examinés de nouveau après leur arrivée sur la route, et l'on rebutera ceux qui seraient alors reconnus défectueux ou qui auraient trop souffert pendant le voyage. En attendant la plantation, il est avantageux de faire tremper les racines dans l'eau de fumier.

5. Ouverture des fosses.

A) *Temps qui doit s'écouler entre l'ouverture des fosses et la plantation.* — Il est d'usage d'ouvrir, plusieurs mois à l'avance, les fosses destinées à recevoir les jeunes arbres, parce qu'il est reconnu que l'action prolongée des agents atmosphériques sur les terres extraites est favorable à la végétation. Mais un si long aérage n'est pas indispensable, et il faut évidemment tenir compte du danger que l'ouverture des trous, quelque précaution qu'on prenne, peut offrir pour la sûreté publique. Les ingénieurs qui auront à fixer, dans chaque devis particulier, l'époque du creusement des fosses, chercheront à tout concilier ; mais, en général, il ne paraît pas convenable de les ouvrir plus d'un mois avant la plantation, et cet intervalle peut même être réduit à quinze jours aux abords des villes.

B) *Dimension des fosses.* — Les dimensions des trous peuvent et doivent varier avec l'essence des arbres et la nature des terrains. Quand les arbres sont très pivotants, il convient de donner à l'excavation un mètre en tous sens ; mais lorsque les racines tendent à s'étaler horizontalement, la profondeur doit être réduite à 0^m,70 et même à 0^m,60, et les dimensions horizontales peuvent être portées jusqu'à 1^m,50. Le plus communément, les fosses peuvent avoir 1^m,20 de côté ou 1^m,44 de superficie et 0^m,70 de profondeur, ce qui donne un cube d'un mètre environ.

Il faudra, en outre, piocher la terre au fond du trou pour l'ameublir.

C) *Retroussement des terres autour de l'excavation.* — Pendant que les fosses restent ouvertes, les terres qui en ont été retirées doivent former, tout autour, des espèces de banquettes qui suffiront, le plus souvent, pour empêcher les accidents ; mais auprès des villes ou sur les routes très fréquentées, il faudra quelquefois ajouter à cette précaution celle d'éclairer les fosses pendant la nuit et même d'y placer des gardiens. Dans le cas prévu par le cahier des charges, où l'entrepreneur recevrait l'ordre de faire des dispositions semblables, il lui serait tenu compte des frais sur le montant de la somme à valoir.

6. Emprunts de terre végétale.

En empruntant de la terre végétale pour remplacer en partie la terre retirée des fosses, on peut faire réussir des plantations variées sur des routes où le sol naturel n'est pas de bonne qualité.

Cette terre végétale sera souvent fournie par les fosses ou les accotements de la route, d'où elle devra être extraite par les cantonniers. Quelquefois, la nécessité de cet amendement ne sera reconnue qu'en cours d'exécution. Par ces motifs, le cahier des charges réserve à l'administration le soin de faire faire, par ses cantonniers ou par des tâcherons, les approvisionnements de terre végétale qui seront déposés à pied d'œuvre avant l'époque fixée pour la plantation, et que l'entrepreneur sera tenu d'employer comme si elle eût été retirée des fosses. C'est là la règle ordinaire, mais il sera loisible aux ingénieurs d'adopter d'autres combinaisons que les circonstances leur feraient juger préférables ; par exemple, de comprendre la fourniture dont il s'agit dans le prix de la plantation. •

7. Plantation des arbres et remplissage des fosses.

A) *Nécessité de rafraîchir les racines.* — Le premier soin qu'il faut avoir avant de procéder à la plantation est de rafraîchir les racines en recépant leurs extrémités et en supprimant les parties meurtries ou desséchées. Le chevelu doit être également rafraîchi, et s'il était trop sec, il faudrait le couper entièrement ou rebuter l'arbre.

B) *Main-d'œuvre de la plantation.* — La main-d'œuvre de la plantation proprement dite est indiquée avec détail dans le cahier des charges. Elle a pour objet principal de mettre en contact, avec les racines du jeune plant, la terre de la couche supérieure, qui est la plus meuble et la plus riche en principes nutritifs.

Il est avantageux de former au fond du trou un lit serré de gazons, morcelés et placés racines en l'air.

Au lieu de faire couler entre les racines de l'arbre, avec la pelle et les mains, de la terre réduite en poudre fine, on se contente quelquefois de soulever la tige en la secouant légèrement ; mais cette méthode a l'inconvénient de déranger de leur position naturelle les racines trop faibles.

Les jeunes arbres doivent être plantés de manière à se trouver, après le tassement de la terre, à peu près à la même profondeur que dans la pépinière. Il y a de l'inconvénient à trop enterrer les racines.

C) *Arrosage.* — L'arrosage, sans être indispensable pour le succès de la plantation, est utile et doit être recommandé. Il devra même, si l'eau se trouve à proximité, être formellement exigé par le devis.

D) *Drainage dans les terrains argileux.* — Dans les fonds argileux, il faut empêcher, autant que possible, que l'eau ne soit retenue dans les parois de l'excavation. On pourrait alors (si cela n'entraînait pas trop de frais) recourir à une espèce de drainage, c'est-à-dire fournir aux eaux un moyen d'écoulement vers les talus ou les fossés de la route, soit par un tuyau, soit par un petit empierrement ; mais ce moyen n'est complètement efficace que lorsque la route est fortement en remblai ou bordée d'un fossé profond.

8. Épinage et tuteurs. — Chasse-roues.

A) *Garniture d'épines.* — La garniture d'épines sera toujours exigée, parce que les jeunes plants ont à se défendre partout contre la main des hommes ou contre la dent des animaux. On pourra se procurer de l'aubépine, il fournit dans presque tous les départements ; à défaut de cette espèce, qui est la meilleure, on emploiera l'églantier ou d'autres arbustes épineux.

B) *Tuteurs.* — Les tuteurs, au contraire, ne sont pas toujours nécessaires, et comme ils coûtent assez cher, on doit en faire l'économie toutes les fois qu'elle sera possible.

La longueur totale des tuteurs, nécessairement proportionnée à la force et à la hauteur des arbres, varie de 2^m,60 à 3^m,20. Leur diamètre moyen est de 5 à 7 centimètres. Ils doivent être enfoncés en terre de 0^m,60 au moins.

Le chêne et le châtaignier sont les bois les plus convenables ; l'érable champêtre et l'acacia donnent aussi de bons tuteurs ; le pin, l'aulne, doivent être proscrits comme n'ayant pas assez de durée : il est essentiel d'enlever l'écorce, parce que les insectes pourraient s'y loger.

Les tuteurs doivent être plantés en même temps que les arbres, pour ne pas déchirer les racines, comme cela arrive quand on les enfonce plus tard au moyen d'un pieu ferré.

Il convient de les placer du côté de la chaussée.

Les tuteurs dont il vient d'être question consistent en une perche unique : ce sont les seuls qui soient mentionnés dans le modèle de devis ; mais il y a une autre espèce de tuteurs formés de l'assemblage de trois perches reliées par plusieurs cours de lisses horizontales : cette défense, très coûteuse, ne doit être adoptée que lorsqu'elle est indispensable, ce qui arrive rarement aux abords ou dans l'intérieur des villes, et jamais en plaine.

C) *Bourrelets en terre formant chasse-roues.* — Les épines et les tuteurs ne suffisent pas toujours pour protéger efficacement les arbres du côté de la chaussée : dans beaucoup de cas, surtout si la route est fréquentée par de nombreuses voitures, il y a lieu de défendre chaque plant au moyen d'une pierre brute, ou, mieux encore, de bourre-

lets en terre et gazon formant chasse-roue. Une partie des terres restant en excès après la plantation sera naturellement employée à la confection de ces bourrelets, qui peut être confiée soit à l'entrepreneur, soit aux cantonniers de la route. Ils ne produiront aucun effet disgracieux, si l'on a soin de leur donner des dimensions uniformes, de les dresser proprement et de les aligner.

9. Travaux d'entretien.

Les travaux d'entretien que l'entrepreneur doit exécuter pendant la durée de la garantie consistent principalement en labours, arrosages, échenillages, ébourgeonnement et taille des jeunes arbres.

A) *Binages ou labours.* — Les deux binages ou labours annuels doivent se faire, en général, le premier, au mois de mars ou d'avril, le second, au mois de novembre ; ils doivent être exécutés sur une superficie au moins égale à celle du trou de plantation.

B) *Arrosages.* — Les arrosages contribuent à la bonne venue des arbres : l'entrepreneur devra faire exécuter à ses frais tous ceux qu'il jugera lui-même nécessaires.

Partout où la proximité d'un cours d'eau ou de fontaines publiques permettra d'introduire un prix pour l'arrosage dans les sous-détails du projet, les ingénieurs ne manqueront pas d'insérer dans le devis une disposition qui rende cette opération obligatoire ; il sera bien de fixer le nombre des arrosages annuels aussi bien que la quantité d'eau à employer chaque fois.

C) *Échenillages.* — Il faudra tenir la main à l'exécution des échenillages, non seulement dans l'intérêt des arbres de la plantation, mais aussi dans l'intérêt général : car il existe une loi sur cet objet, et il appartient à l'administration de donner l'exemple.

D) *Taille et ébourgeonnement.* — La taille des arbres, ordinairement négligée ou livrée à des mains inhabiles, doit être conduite de manière à faire acquérir aux arbres de belles dimensions en grosseur et en hauteur. C'est un art dont il n'y a pas lieu de développer ici les principes ; on se contentera d'en rappeler deux qui sont importants, savoir : que la partie branchue d'un arbre doit occuper le tiers environ de sa hauteur totale, et que l'on doit répartir les branches le plus symétriquement possible autour de la flèche qui doit toujours dominer.

Les branches latérales, disposées à s'emporter et à absorber une trop grande quantité de nourriture, et celles qui s'étendent horizontalement, doivent être coupées d'abord à quelque distance du tronc (15 ou 20 centimètres) et ensuite retranchées tout à fait.

Les ébourgeonnements compléteront l'effet de la taille en supprimant, au moment même où elles se forment, les pousses qui naissent sur le tronc et à ses dépens.

E) *Invitation de consulter les inspecteurs des forêts.* — Il est recommandé aux ingénieurs de se mettre en rapport avec les inspecteurs des forêts de leurs départements respectifs pour se concerter avec eux, soit sur le choix des arbres, soit sur les précautions particulières que chaque essence et chaque terrain peuvent exiger.

§ 5. — Abatage et arrachage des arbres.

1. De l'autorisation.

Les anciens règlements défendaient aux particuliers propriétaires d'arbres plantés, soit sur le sol même de la route, soit sur les héritages riverains, de les abattre sans autorisation.

La loi du 9 ventôse an XIII avait apporté une modification à cette disposition. Elle faisait une distinction entre les arbres situés sur le sol de la route et ceux plantés sur les fonds riverains, elle défendait d'abattre les premiers sans autorisation (art. 3) et laissait les seconds à la libre disposition des propriétaires (art. 5).

Mais les articles 99 et 101 du décret de 1811 font retour à l'ancienne législation.

Sous l'empire de ce décret, les arbres plantés sur le terrain de la route et appartenant à l'État, ceux plantés sur les terres riveraines, soit par les communes, soit par les particuliers, ne peuvent être coupés et arrachés qu'avec l'autorisation de l'administration.

D'après l'article 99 du décret de 1811, l'autorisation d'abattre les arbres plantés sur ou le long des routes *nationales* était donnée par le directeur général des ponts et chaussées sur la demande du préfet. Mais, depuis la suppression des fonctions de ce directeur général, il n'appartient qu'au ministre des travaux publics de statuer en pareille matière.

La demande doit être formée seulement lorsque le *dépérissement* des arbres a été constaté par les ingénieurs, et toujours à la charge du remplacement immédiat (art. 99), sauf le cas où l'administration reporterait la plantation sur la route, conformément à la circulaire du 9 août 1850.

S'il s'agit d'arbres plantés le long des routes *départementales,* l'autorisation du préfet suffit. (O. 8 août 1821, art. 4.)

2. Sanction pénale de l'abatage [1] sans autorisation.

A) *Abatage d'arbres par le propriétaire sur son terrain.*

a) Abatage d'arbres de routes nationales. — Lorsque l'abatage des arbres sans autorisation a été effectué par le propriétaire sur son terrain, la peine applicable est celle qui est prononcée par

---

[1]. Quant à la *mutilation* des arbres, elle est prévue par les articles 446 et 448 du Code pénal, dont nous avons donné le commentaire page 520 de notre *Répertoire de police*. Nous rappelons que ces articles édictent une peine de vingt jours à six mois d'emprisonnement à raison de chaque arbre mutilé, coupé ou écorcé de manière à le faire périr.

Mais si la mutilation, l'écorcement, l'ébranchage des arbres n'ont pas pour résultat de les faire périr, à quelle disposition pénale faut-il recourir?

Dans un premier système, ce fait ne constituerait pas une infraction punissable. (Cons. d'Ét. 22 juin 1825 et Garnud, t. V, p. 677.)

Dans une seconde opinion, on doit appliquer, en ce cas, les peines édictées par l'article 43, titre II, de la loi des 28 septembre-6 octobre 1791. (Dijon 16 juill. 1880, D. p. 90-2-14; Blanche, t. VI, n° 614.)

l'article 101 du décret du 16 décembre 1811, qui déroge sur ce point à l'article 43, titre II, de la loi des 28 septembre-6 octobre 1791.

L'article 101 édicte contre le propriétaire coupable une amende égale au triple de la valeur de l'arbre détruit.

La preuve que les arbres seraient la propriété de celui qui les a abattus ne faisant pas disparaître la contravention, l'exception de propriété opposée par le délinquant ne met pas obstacle à ce qu'il soit statué par le conseil de préfecture. (Cons. d'Ét. 27 mai 1857, Leb. chr., p. 423: Comp. Cons. d'Ét. 20 juin 1865, Leb. chr., p. 642; 27 mars 1874, Leb. chr., p. 308; 7 avril 1876, p. 385; 10 mai 1878, Leb. chr., p. 448.)

b) Abatage d'arbres de routes départementales. — On n'est pas d'accord au sujet de la disposition pénale qu'il convient d'appliquer en ce cas.

D'après les uns, les dispositions du décret du 16 décembre 1811 qui protègent les plantations des routes sont applicables aux routes départementales comme aux routes nationales.

Dès lors, le particulier qui a coupé sans autorisation des arbres plantés sur le bord d'une route départementale doit être condamné à l'amende portée par l'article 101 du décret de 1811. (Cons. d'Ét. 27 mai 1857, Leb. chr., p. 423.)

D'autres distinguent selon qu'il s'agit ou non d'un département auquel les dispositions du décret du 16 décembre 1811, sur les plantations de routes, ont été déclarées applicables soit par le décret du 7 janvier 1813, rendu après avis des conseils généraux pour l'exécution du décret de 1811, soit par un règlement postérieur.

Si les dispositions du décret de 1811 ont été rendues applicables au département (et il suffit pour cela que le décret de 1813 ait rangé les routes de ce département parmi celles qui devaient être plantées) [Cons. d'Ét. 31 mars 1874, D. p. 75-3-28, Leb. chr., p. 330], les peines du décret de 1811 sont encourues.

Mais lorsque ni le décret du 7 janvier 1813, ni aucun règlement postérieur n'a rendu applicables aux routes départementales d'un département déterminé les dispositions des articles 99 et 101 du décret de 1811, le fait, par un propriétaire, d'avoir abattu des arbres, sur son terrain, le long d'une route départementale située dans ce département, ne constitue pas une contravention. (Cons. d'Ét. 14 janv. 1869, D. p. 75-3-28, Leb. chr., p. 51; 2 et 9 juill. 1880, Leb. chr., p. 660; Aucoc, t. III, p. 161.)

c) Abatage d'arbres sur les bords d'un canal. — L'article 101 du décret de 1811 est applicable aux arbres plantés sur les bords d'un canal, bien que le cahier des charges donne au concessionnaire le droit d'abattre ceux parvenus à une croissance et maturité complètes, à charge de les remplacer immédiatement. (Cons. d'Ét. 28 fév. 1831.)

B) *Abatage d'arbres par le propriétaire sur le sol de la route.*

Lorsque les arbres étaient plantés sur le sol de

la route et que celui qui les a abattus en est propriétaire, c'est la peine de l'article 101 du décret du 16 décembre 1811, et non celle de l'article 43 de la loi des 28 septembre-6 octobre 1791, qu'il convient d'appliquer.

Il ne faut, en effet, pas trop s'attacher à ces expressions du décret « arbres plantés sur son terrain », lesquelles ne paraissent pas avoir la portée restrictive qu'on serait, au premier abord, tenté de leur attribuer. (V. Cons. d'Ét. 27 mai 1857, Leb. chr., p. 423.)

En fait, la question offre peu d'intérêt, car l'amende contenue dans l'article 43 de la loi de 1791 est la même que celle du décret de 1811. Or, comme les tribunaux administratifs ne peuvent prononcer l'emprisonnement et qu'il est exceptionnel qu'un fait d'abatage d'arbres, qui a donné lieu à une condamnation pécuniaire devant les tribunaux administratifs, ait été renvoyé aux tribunaux de répression pour l'application de l'emprisonnement, il est assez indifférent au délinquant qu'il soit condamné en vertu de l'une ou de l'autre de ces lois. (V. Aucoc, t. III, p. 159.)

C) *Abatage d'arbres par un tiers non propriétaire sur le sol de la route.*

a) *Abatage par un tiers de mauvaise foi.* — Lorsque l'abatage des arbres est le fait d'un tiers, c'est-à-dire d'un individu qui sait n'en être pas propriétaire, ce fait constitue un délit correctionnel prévu par les articles 445 et 448 combinés du Code pénal. (V. p. 520 de notre *Répertoire*.)

Ces articles édictent une peine de vingt jours à six mois de prison pour chaque arbre abattu, sans que la totalité de la peine puisse excéder cinq ans de prison.

Une remarque importante, c'est que, pour l'application de ces articles, la mauvaise foi est requise. Il est donc nécessaire non seulement que les arbres abattus soient la propriété d'autrui, mais encore que celui qui a opéré l'abatage ait su que les arbres ne lui appartenaient pas.

Des arbres plantés sur un talus dépendant d'une route nationale doivent être considérés comme plantés sur cette route. (Cons. d'Ét. 12 déc. 1866, D. p. 69-5-413 ; 9 juill. 1880, D. p. 81-3-70.)

A quelle disposition faut-il avoir recours s'il s'agit d'arbres bordant une grande route, mais faisant corps avec la route et que traverse la route ?

L'article 448 du Code pénal n'est évidemment pas applicable, puisque cet article ne prévoit que le cas où les arbres étaient plantés sur les places, routes, chemins, rues ou voies publiques, ou vicinales, ou de traverse ; ce sont donc les articles 192 et 194 du Code forestier qu'il faut suivre.

b) *Abatage fait par un tiers de bonne foi.* — Lorsque le contrevenant a agi par erreur, lorsque, par exemple, il a abattu des arbres appartenant à l'État, croyant que ces arbres étaient sa propriété, la peine à infliger est non pas celle des articles 445 et 448 du Code pénal, mais celle de l'article 43, titre II, de la loi des 28 septembre-6 octobre 1791,

dont la disposition générale embrasse toutes les hypothèses. (Cons. d'Ét. 27 mai 1857, Leb. chr., p. 423.)

§ 6. — Élagage.

1. Obligation pour les propriétaires d'élaguer conformément aux prescriptions de l'administration[1].

L'élagage a été mis à la charge des riverains par l'ordonnance du bureau des finances de Paris du 17 juillet 1781 qui, par son article 6, enjoint aux propriétaires riverains d'ébrancher, d'élaguer les arbres plantés sur le bord des routes, sous la surveillance de l'administration.

Mais cette disposition, applicable d'ailleurs seulement aux propriétaires des arbres, n'est en vigueur que dans les communes qui dépendaient autrefois de la généralité de Paris.

L'élagage se fait en vertu d'un arrêté du préfet qui est, sauf prescriptions contraires, obligatoire pour le propriétaire dès qu'il a été publié. (Cass. 30 mai 1857, D. p. 57-1-320 ; Décr. 1811, art. 102 ; Cass. 28 sept. 1844, D. p. 46-4-439.)

Lorsque les arbres appartiennent non aux riverains mais à l'État ou aux communes, c'est évidemment à ceux-ci qu'incombe l'obligation de faire les frais de l'élagage.

Aux termes de l'article 103 du décret de 1811, ces travaux se font au rabais et par adjudication publique.

La vente des branches élaguées, des arbres chablis et de ceux qui seraient en partie déracinés est faite par voie d'adjudication publique ; le prix des bois appartenant à l'État est versé au Trésor ; le prix des bois appartenant aux communes est versé dans leurs caisses respectives.

2. Répression de l'élagage sans autorisation.

A) *Éléments constitutifs de l'infraction.*

Pour que l'infraction prévue par l'article 105 du décret de 1811 soit consommée, il suffit que l'élagage pratiqué sur ses arbres le long des grandes routes par le propriétaire ait eu lieu, soit sans permission de l'administration (Cons. d'Ét. 29 fév. 1860, D. p. 60-3-66), soit sans se conformer aux époques et aux indications contenues dans l'arrêté d'autorisation. (Cons. d'Ét. 6 août 1840, Sir. 41-2-103 ; Dufour, t. VII, p. 346.)

Une controverse existe sur le point de savoir jusqu'à quelle distance de la route s'étend la sur-

---

[1]. La plantation des forêts le long des routes est soumise à une obligation spéciale dite de l'essartement (O. des forêts de 1669, et art. 5 de l'arrêt du 6 fév. 1776). Aux termes de ces textes, les forêts doivent être essartées, c'est-à-dire coupées au ras du sol sur un espace de 60 pieds le long des routes. La façon de calculer cet espace de 60 pieds a donné lieu à des difficultés. On avait tout d'abord admis que l'essartement devait être pratiqué sur une largeur de 60 pieds ou 20 mètres de chaque côté de la route et à compter du bord extérieur de celle-ci (Av. Cons. d'Ét. 18 nov. 1824). Puis on a décidé que l'espace de 60 pieds était la largeur totale de l'essartement, y compris le sol de la route. Si donc la route a 10 mètres de largeur, l'essartement devra être pratiqué sur 5 mètres de chaque côté de la route. (Aucoc, t. III, p. 163.)

veillance de l'administration relativement aux élagages.

Trois textes se sont, en effet, occupés de cette question :

1° L'article 6 de l'arrêt du conseil du 3 mai 1720 et l'ordonnance du 4 août 1731 qui fixent à six pieds à partir de l'arête extérieure du fossé la largeur de la zone sur laquelle s'étend la surveillance de l'administration en matière de plantations ;

2° L'article 5 de la loi du 9 ventôse an XIII, d'après lequel les riverains ne peuvent planter sur leur propre terrain à moins de six mètres de distance de la route, sans demander préalablement l'alignement ;

3° Enfin, l'article 90 du décret de 1811 qui interdit de faire des plantations à moins d'un mètre du bord extérieur des fossés.

D'après une décision du Conseil d'État en date du 30 août 1842, il semble résulter que la distance au delà de laquelle cesse la surveillance de l'administration relativement à l'élagage serait celle fixée par l'article 90 du décret de 1811. c'est-à-dire un mètre à partir du bord extérieur du fossé.

Dans un autre système soutenu par Dalloz, la surveillance de l'administration porte sur tous les arbres bordant les routes qui sont plantés, *d'après les ordres de l'administration*, sur l'alignement déterminé par le préfet, dans les *six mètres* des bords de la route, conformément aux dispositions combinées de l'article 5 de la loi du 9 ventôse an XIII et de l'article 91 du décret du 16 décembre 1811.

Seulement, à l'égard des arbres qui sont plantés *volontairement* par les particuliers dans les six mètres des bords de la route, sur l'alignement donné par le préfet, en exécution de la loi de l'an XIII, bien qu'ils soient également soumis aux dispositions des arrêtés préfectoraux relatifs aux élagages des arbres bordant les routes, cependant, comme ces plantations ont été effectuées par le propriétaire dans son propre intérêt, pour l'aménagement de ses propriétés et non en vue des nécessités de la route, l'infraction aux dispositions de l'arrêté préfectoral ne sera pas considérée comme contravention de grande voirie, mais comme contravention de simple police passible des peines de l'article 471, § 15, du Code pénal. (Dalloz, Rép., v° *Voirie par terre*, n° 196. Cf. Aucoc, t. III, p. 163.)

Quant aux plantations effectuées au delà de six mètres, elles sont affranchies de toute surveillance.

B) *Peines.*

Le fait d'élaguer des arbres plantés sur les bords des routes est considéré comme une détérioration de ces arbres. Dès lors, la peine à appliquer est celle qui est prononcée par l'article 43, titre II, de la loi des 28 septembre-6 octobre 1791 contre ceux qui ont détérioré des arbres plantés sur les routes. (Cons. d'Ét. 29 fév. 1860, D. p. 60-3-66 ; Perrin, p. 135.)

C) *Dommages-intérêts.*

a) *Le contrevenant n'est pas propriétaire des arbres élagués.* — Dans ce cas, outre la peine, il y a lieu à allocation de dommages-intérêts au profit de l'État en représentation de la valeur du bois provenant de l'élagage et dont le domaine a été indûment privé.

b) *Le contrevenant est propriétaire des arbres élagués.* — Dans ce cas, pas de dommages-intérêts à allouer, puisque l'État n'a éprouvé aucun préjudice.

Une conséquence de ce principe, c'est que la question de propriété doit être tranchée par le conseil de préfecture avant qu'il adjuge les dommages-intérêts. (Cons. d'Ét. 24 juin 1858, D. p. 59-3-4.)

3. Interdiction de laisser séjourner les produits d'élagages sur le sol de la route.

Les propriétaires ou adjudicataires d'arbres plantés le long des routes ne doivent pas, lors des élagages, les laisser séjourner en tout ou en partie sur le sol de la route, leurs accotements et fossés ; ils doivent les faire exploiter immédiatement sur les champs où ils sont plantés, à peine d'amende. (O. du bur. des fin. de Paris 2 août 1774, art. 5.)

Cette amende étant arbitraire, on applique celle qui est prononcée par l'article 1er de la loi du 23 mars 1842.

4. Interdiction d'établir des cordages ou étalages.

Une partie de l'article 2 de l'ordonnance du bureau des finances de Paris du 2 août 1774 est ainsi conçue : « Défendons à tous blanchisseurs, manufacturiers, jardiniers et à tous autres, d'attacher aux arbres plantés le long des grands chemins aucuns cordages, soit pour faire sécher des linges, draperies ou habillements, ou des légumes, ou pour quelque autre cause que ce soit; d'établir lesdits étalages sur les haies bordant lesdites routes, à peine de cinquante livres d'amende, saisie et confiscation des linges et étalages..... »

Cet article est toujours en vigueur aux termes des lois de 1791 et de 1842.

§ 7. — Poursuite des contraventions prévues par les articles 97, 101 et 105 du décret de 1811.

La poursuite des contraventions prévues par les articles 97. 101 et 105 du décret du 16 décembre 1811 a lieu en matière de grande voirie. (V. *infrà.*)

La répression de toutes les contraventions qui peuvent être commises sur les arbres des routes appartient, selon la règle générale, aux conseils de préfecture, en vertu de l'article 4, § 5, de la loi du 28 pluviôse an VIII.

1. Compétence relative aux contraventions résultant de la plantation ou du défaut de plantation d'arbres.

Les infractions aux règles concernant les plantations des routes constituent des contraventions de grande voirie soumises à la compétence du conseil de préfecture. (Cass. 7 oct. 1825 ; Cons. d'Ét. 11 mai 1838.)

Ainsi, sont soumises à la compétence du conseil

de préfecture les contraventions résultant, soit du défaut de plantation d'arbres, soit du défaut de remplacement d'arbres.

Mais le conseil de préfecture, compétent pour appliquer l'amende portée soit par l'article 43 de la loi du 28 septembre 1791, soit par l'article 101 du décret de 1811, ne l'est pas pour prononcer l'emprisonnement dont parle la première de ces lois. (Cons. d'Ét. 27 mai 1857, Leb. chr.; 29 fév. 1860, D. p. 60-3-66.)

2. Compétence relative aux contraventions résultant de l'abatage ou de la mutilation d'arbres.

A) *Tribunal correctionnel.* — Les contraventions résultant de l'abatage ou de la mutilation d'arbres sont soumises au tribunal correctionnel, quand elles donnent lieu à l'application des articles 445, 446 et 448 du Code pénal. (V. la note *supra*.)

B) *Conseil de préfecture.* — Les mêmes contraventions sont déférées au conseil de préfecture, lorsqu'elles entraînent l'application soit de l'article 101 du décret du 16 décembre 1811, soit de l'article 43, titre II, de la loi des 28 septembre-6 octobre 1791.

3. Compétence relative aux contraventions résultant de l'élagage des arbres.

L'élagage des plantations effectué sans en avoir obtenu la permission et le refus d'élaguer au mépris d'arrêtés pris à cet effet par l'autorité administrative constituent toujours des contraventions.

Mais ces contraventions sont-elles dans tous les cas des contraventions de grande voirie à déférer aux conseils de préfecture ou y en a-t-il parmi elles quelques-unes qui soient de nature à être jugées par le tribunal de simple police ?

Dans un premier système, on soutient que les prescriptions des arrêtés préfectoraux enjoignant aux propriétaires d'élaguer, à une hauteur déterminée, le long des grandes routes, les arbres et haies servant de clôture à leurs propriétés, constituent des mesures de grande voirie, en ce qu'elles ont pour objet de pourvoir à la conservation du sol de ces routes que l'humidité entretenue par l'ombrage des arbres et haies des propriétés riveraines peut endommager.

Dès lors, c'est devant le conseil de préfecture, et non devant le tribunal de simple police, que doit être poursuivie l'application aux contrevenants,

s'il y a lieu, de l'amende prononcée par l'article 471, § 15, du Code pénal. (Cass. 25 juin 1859, D. P. 61-1-501 ; J^{al} pal. 62-397.)

Dans un second système, une distinction doit être établie.

C'est au conseil de préfecture que doivent être attribuées les infractions commises à l'occasion de plantations formant l'annexe des routes et exécutées par les ordres de l'administration, en vertu des articles 88 et 93 du décret de 1811, parce que ces plantations sont faites dans l'intérêt de la grande voirie.

Au contraire, l'administration puisant le droit de réglementer les plantations effectuées en dehors des routes dans la règle générale de la loi des 16-24 août 1790, titre X, article 3, les infractions, lorsqu'elles se produisent, ne sont pas des infractions à une loi ou à un règlement de grande voirie, mais des contraventions de simple police, passibles de la peine portée par l'article 471, § 15, du Code pénal contre ceux qui ont contrevenu aux règlements légalement faits par l'autorité administrative. Dès lors, il faut attribuer aux tribunaux ordinaires les infractions qui ont pour objet des arbres plantés volontairement par les particuliers dans les six mètres du bord de la route sur l'alignement donné par l'autorité (L. 9 vent. an XIII, art. 5), par la raison que ces plantations ont été effectuées dans un pur intérêt privé.

Cette seconde opinion est celle qui est admise par le Conseil d'État (V. Cons. d'Ét. 22 avril 1857, D. p. 58-3-17; 24 juin 1858, D. p. 59-3-4; 29 fév. 1860, D. p. 60-3-66; 6 août 1861, D. p. 61-3-81; Perrin, p. 136). Elle est préférable, croyons-nous, à celle qu'enseigne la Cour de cassation dans son arrêt de 1859, car il n'appartient, dans aucun cas, au conseil de préfecture de prononcer la pénalité édictée dans l'article 471, § 15, du Code pénal; ce tribunal administratif n'est compétent que pour appliquer les pénalités édictées par les règlements de grande voirie.

§ 8. — Recouvrement des amendes.

Le recouvrement des amendes relatives aux plantations d'arbres, comme celui de toutes les amendes de grande voirie, est, en vertu de l'article 25 de la loi du 29 décembre 1873, opéré par les percepteurs des contributions directes. (V. *infrà*.)

CHAPITRE VII

DES FOSSÉS

Section 1re. — *Établissement.*

Les anciens règlements qui prescrivent l'établissement de fossés de chaque côté des routes et édictent des pénalités sévères contre ceux qui les

détérioreront, sont toujours en vigueur, sauf les modifications introduites, quant aux frais d'entretien et de curage, par le décret du 16 décembre 1811 et par la loi du 12 mai 1825.

Sur certaines routes, la disposition du terrain s'oppose à l'établissement de fossés; on y supplée par des cuvettes, sorte de fossés discontinus. Les règles applicables aux fossés le sont également aux cuvettes.

La largeur et la profondeur des fossés sont indiquées d'une manière très variable dans les anciens règlements. L'administration les fixe aujourd'hui selon les lieux, les besoins et les circonstances.

Aucune disposition de loi ou de règlement n'interdit aux propriétaires riverains des routes nationales ou départementales de creuser des fossés de clôture sur leurs propriétés. C'est à tort qu'on prétendrait faire résulter cette interdiction des arrêts du conseil des 14 mars 1741, 5 avril 1772 et 17 septembre 1776, qui prohibent l'ouverture des carrières à moins de trente toises de distance du bord des routes. (Cons. d'Ét. 21 fév. 1856, D. p. 56-3-48.)

Toutefois, les propriétaires sont tenus de laisser entre le fossé et la route la distance prescrite par les usages locaux, relativement aux fossés creusés entre propriétés contiguës.

Sous l'empire des anciens règlements, les frais d'ouverture des fossés étaient à la charge de l'État (V. Arrêts du conseil du 26 mai 1705, 3 mai 1720, art. 3, et 17 juin 1821). Il en est encore ainsi aujourd'hui. (L. 12 mai 1825, art. 2; V. Dufour, t. VII, p. 282.)

Section 2. — Entretien et curage.

Les arrêts du conseil des 26 mai 1705, 3 mai 1720, article 4, et l'édit du 6 février 1776 mettaient à la charge des riverains les frais d'entretien des fossés.

Ces dispositions n'avaient pas été sans soulever de la part des propriétaires de nombreuses réclamations, très justifiées, il faut le reconnaître. Aussi, l'article 2 de la loi du 9 ventôse an XIII, voulant leur donner satisfaction, décida-t-il que les fossés seraient faits et entretenus par l'administration des ponts et chaussées.

Mais en 1811, on revint à l'ancienne législation, et les articles 109 et 110 du décret du 16 décembre transportèrent de nouveau aux propriétaires les frais d'entretien et de curage.

La loi du 12 mai 1825 a mis définitivement les frais d'entretien des fossés à la charge exclusive de l'État [1].

Le droit d'ordonner le curage des fossés des grandes routes appartient aux préfets, en vertu des pouvoirs que la loi leur a confiés en matière de grande voirie.

Si, dans les opérations de curage entrepris par les ordres et sous la direction de l'administration des ponts et chaussées, il s'élève des contestations entre les employés de cette administration et les propriétaires riverains, c'est au préfet à statuer en vertu de l'article 111 du décret du 16 décembre 1811.

L'article 4 de l'arrêt du conseil du 3 mai 1720 fait aux riverains une obligation de recevoir, sans indemnité pour les frais d'enlèvement, les terres et déblais provenant du curage des fossés. Cette disposition est, croyons-nous, toujours en vigueur, car la loi du 9 ventôse an XIII, le décret du 16 décembre 1811 et la loi du 12 mai 1825 ne règlent que la question des frais de curage et gardent le silence sur le rejet des terres.

Si les riverains rejetaient dans le fossé les terres provenant du curage, ils commettraient une contravention de grande voirie passible de l'amende de 500 livres, prononcée par l'ordonnance du 4 août 1731, sauf modération de cette amende, à raison des circonstances, en vertu de la loi du 23 mars 1842. (Cons. d'Ét. 2 avril 1849, D. p. 49-3-68.)

Section 8. — Propriété.

Les fossés établis le long des routes nationales, ayant surtout pour objet de faciliter l'écoulement des eaux et de prévenir les empiétements, sont présumés appartenir à l'État et non aux riverains. Ce principe est vrai, qu'il s'agisse de routes soit antérieures, soit, *à fortiori*, postérieures à la loi du 9 ventôse an XIII.

Ce n'est là cependant qu'une présomption légale qui n'exclut pas la preuve contraire et qui ne s'oppose pas à ce qu'un particulier établisse par titres son droit de propriété sur les fossés. (Perrin, page 136; Garnier, *Chemins*, n° 31.)

Mais, dans ce cas, ce serait le propriétaire du fossé et non l'État qui serait chargé de l'entretien et du curage, la loi du 12 mai 1825 n'étant pas applicable à cette hypothèse.

---

1. « A dater du 1er janvier 1827, le curage et l'entretien des fossés qui font partie de la propriété des routes royales et départementales, seront opérés par les soins de l'administration publique, et sur les fonds affectés au maintien de la viabilité desdites routes. » (L. 12 mai 1825, art. 2.)

CHAPITRE VIII

ÉCOULEMENT DES EAUX

Section 1re. — *Obligation, pour les riverains, de recevoir les eaux des routes.*

§ 1er. — Règle applicable dans l'ancienne généralité de Paris.

Aux termes des anciens règlements applicables dans la généralité de Paris [1] et maintenus en vigueur par la loi du 22 juillet 1791, les propriétaires riverains des routes et chemins, et inférieurs au sol de ces voies, sont assujettis à recevoir les eaux qui en découlent naturellement, dans les mêmes conditions que les propriétaires sont obligés de les recevoir de leurs voisins. (Paris 31 déc. 1861, D. p. 63-2-118; Cons. d'Ét. 14 août 1871, D. p. 72-3-66.)

§ 2. — Règle applicable en dehors de l'ancienne généralité de Paris.

En dehors de l'ancienne généralité de Paris, la doctrine et la jurisprudence admettent également que les propriétaires riverains des routes sont tenus de recevoir les eaux qui en découlent.

En effet, les ordonnances rendues dans la généralité de Paris ont, non pas eu pour objet de créer la règle qui est générale, mais seulement d'en assurer l'exécution. Ce qui, dans leurs dispositions, doit être considéré comme purement local, c'est la peine qu'ils établissent contre ceux qui, par leurs ouvrages, tendraient à intercepter l'écoulement des eaux. Quant au principe lui-même, il est, nous le répétons, d'un ordre supérieur et ne dépend pas des règlements locaux.

Cette servitude, d'ailleurs, ne doit grever les riverains que là où il n'existe aucun autre moyen de pourvoir à l'écoulement des eaux.

Section 2. — *Droit des riverains sur les eaux des routes.*

Dans certains cas, les propriétaires riverains, loin de souffrir de l'écoulement des eaux, ont intérêt à s'en emparer; nous avons vu, page 946, dans notre *Répertoire de police*, quelle est alors l'étendue de leur droit.

1. Ordonnances du bureau des finances de Paris des 3 février 1741, 22 juin 1751, 30 avril 1772 et 17 juillet 1781, article 8.

Section 3. — *Droit des riverains de déverser les eaux sur les routes.*

§ 1er. — Eaux pluviales.

Les riverains des routes ont le droit de faire écouler les eaux pluviales sur la voie publique, mais ils ne peuvent pas aggraver la servitude naturelle ; il leur est donc interdit de faire des travaux d'art qui, accumulant les eaux en un seul point, endommageraient les chaussées.

D'ailleurs, il appartient aux préfets, en vertu de leurs pouvoirs de police et de conservation du domaine public, d'édicter, pour le maintien de la viabilité des grands chemins, toutes les prescriptions qui leur semblent nécessaires.

Toutefois, en cas de contravention aux dispositions préfectorales, le délinquant devra être traduit, non devant le conseil de préfecture, mais devant le tribunal de simple police et ne sera passible que d'une amende de 1 à 5 francs (art. 471, § 15).

§ 2. — Eaux ménagères.

Si tout le monde est d'accord pour reconnaître que le riverain peut écouler sur la route les eaux qui tombent du ciel, la même unanimité ne se rencontre plus lorsqu'il s'agit de l'écoulement des eaux ménagères.

Tandis que M. Aucoc soutient le droit du riverain à l'écoulement de ses eaux ménagères, M. Féraud-Giraud, au contraire, estime que cet écoulement ne rentre nullement dans l'application de l'article 681 du Code civil, que les eaux ménagères ont, en effet, pour conséquence de dégrader les voies publiques et que, par suite, il n'y a pas là simplement exercice d'un simple droit de jouissance de la part du riverain, mais atteinte à la domanialité publique.

C'est cette dernière opinion qui est la plus généralement admise. (En ce sens : des Cilleuls, *Voirie urbaine*; Poggioli, *Des routes nationales*, p. 123.) En fait, l'administration use de tolérance, et, en outre, la question ne présente un véritable intérêt pratique, en dehors des rues qui sont le prolongement de grande route, que pour la voirie urbaine.

CHAPITRE IX

PROJETS ET PROPOSITIONS DE RÉFORMES

La décentralisation, l'unification des services de voirie comptent aujourd'hui de nombreux partisans. Soulevée une première fois devant le Parlement, en 1886, la question a été de nouveau agitée lors de la discussion de la loi de finances de l'exercice 1896 (art. 72). La commission du budget proposait de remettre aux départements l'entretien et la construction des routes nationales dans les conditions arrêtées pour chaque département par le ministre des travaux publics après entente avec le conseil général. M. Henry Boucher déposa un amendement qui tendait à une solution plus radicale : les routes nationales seraient déclassées et remises aux départements pour être incorporées au réseau des chemins de grande communication. (*Journal officiel*. Séance de la Chambre des députés, 30 nov. 1895.)

Nous allons résumer les arguments présentés à l'appui des projets de déclassement ; les raisons opposées par les adversaires de ces projets, et nous terminerons en énumérant les réformes acceptées par la commission du Sénat.

Section 1re. — Arguments des partisans du déclassement.

Les partisans du déclassement des routes nationales font surtout valoir une raison d'économie. L'entretien des routes et chemins est, disent-ils, confié à deux personnels : celui des ponts et chaussées relevant du ministère des travaux publics, celui des agents voyers placé sous les ordres du ministère de l'intérieur. N'y a-(t-)il pas un intérêt évident à supprimer cette dualité inutile et onéreuse ?

En outre, la classification actuelle de nos routes ne correspond plus, dit-on, à l'importance qu'elles ont dans la réalité. Ce qu'il faut « c'est, d'après les expressions de M. Boucher, c'est diviser toutes les routes de terre en deux catégories : les routes ou les chemins départementaux, ou plutôt, pour employer le terme propre, les chemins de grande communication, et les chemins ordinaires ou chemins communaux ».

Section 2. — Arguments des adversaires du déclassement.

§ 1er. — Intérêt du personnel.

Les adversaires élèvent plusieurs objections. On veut, disent-ils, faire des économies. Mais sur quoi entend-on les faire porter ? Pas sur l'entretien proprement dit, assurément, puisque les partisans du déclassement affirment qu'elles seront aussi bien entretenues que par le passé. C'est donc sur le personnel qu'on entend réaliser l'économie. Pourquoi sacrifier ce personnel si digne d'intérêt ?

§ 2. — Entraves possibles à la construction des grandes routes.

Il est, en France, des départements qui en sont encore à la période de construction des grandes routes.

Si la réforme est acceptée il faudra, lorsqu'il s'agira d'ouvrir une route dont le tracé traversera plusieurs départements, l'entente unanime des conseils généraux des départements traversés, et la mauvaise volonté d'un seul suffira pour empêcher la construction de la route votée par tous les autres.

§ 3. — Opinion des conseils généraux.

En 1888, les conseils généraux ont été consultés sur la question suivante : Y a-t-il lieu de déclasser les diverses catégories de voies nationales, départementales et communales? 15 départements ont répondu *oui* ; 26 se sont abstenus ou ont ajourné leur réponse et 46 ont répondu par la négative. En 1895, les conseils généraux se sont de nouveau prononcés contre le déclassement.

§ 4. — Intérêt de la défense nationale.

Bien que les chemins de fer soient devenus, à notre époque, l'instrument essentiel du transport des troupes et du matériel de guerre, les routes sont restées cependant des organes militaires indispensables, au bon état duquel il est nécessaire de veiller avec le plus grand soin.

Pendant la période de mobilisation et de concentration, le passage sur les voies ferrées peut se trouver interrompu sur un point quelconque du territoire par des ruptures d'ouvrages d'art dues aux faits des agents de l'ennemi. Les troupes et le matériel doivent alors emprunter les routes voisines pour tourner l'obstacle.

La concentration terminée, les manœuvres stratégiques commencent. Elles peuvent avoir pour théâtre, non seulement le territoire en avant de la ligne de concentration, mais encore, en cas de revers, le territoire en arrière. Or, pendant la période des manœuvres, c'est sur les routes qu'auront lieu presque exclusivement les mouvements militaires.

Il est donc indispensable à la défense que, sur toute l'étendue du territoire, l'armée trouve des routes en état de permettre le passage rapide des troupes et du matériel.

Les qualités requises d'une route militaire sont :
1º Une grande largeur ;
2º Une grande solidité de chaussée ;
3º La continuité.

Quand une colonne s'avance sur une route, il est indispensable qu'elle laisse sur l'un de ses côtés un espace libre suffisant pour permettre soit aux officiers de porter des ordres, soit à la cavalerie et à l'artillerie de se porter en avant. De là, nécessité d'une grande largeur.

Un corps d'armée comprend plus de 10,000 chevaux et près de 2,000 voitures (environ 8,000 colliers) dont un grand nombre de voitures d'artillerie qui peuvent avoir à marcher à une allure rapide. Le passage d'une telle charge occasionne une énorme usure de chaussées empierrées, d'où la nécessité d'une chaussée très solide.

Enfin, la continuité des moyens de circulation offerts par une route est une qualité maîtresse au point de vue militaire. Un passage rétréci, une partie de la chaussée mal entretenue qui se laisse couper sous la charge des premières voitures occasionnent un ralentissement local qui, rompant l'ordre général de la marche et se répercutant sur l'allure de toute la colonne, peut faire perdre le fruit des fatigues imposées précédemment aux hommes et aux chevaux pour gagner du terrain. Ni les routes départementales, ni les chemins de grande communication ne présentent ces qualités essentielles. Leur largeur de plate-forme n'est que de 6 à 7 mètres pour les chemins de grande communication, de 8 mètres en moyenne pour les routes départementales. Dans bien des départements, leur chaussée construite et entretenue en vue d'une circulation moyenne de 60 à 100 colliers par jour serait coupée et défoncée avant que n'aient défilé les 8,000 colliers d'un corps d'armée. Enfin, ces voies établies exclusivement en vue de la circulation locale présentent souvent, sur une même direction, des variations notables dans leur largeur comme dans leurs autres conditions d'établissement et manquent des qualités de continuité indispensables au mouvement rapide des troupes. Les routes nationales qui, presque toutes, ont été tracées et établies en vue des besoins stratégiques, sont éminemment propres à servir de routes militaires. Leur largeur moyenne de plate-forme est de 11 à 12 mètres et permet à la cavalerie ou à l'artillerie de doubler l'infanterie.

Leurs chaussées, entretenues avec soin, en vue d'une circulation moyenne qui ne descend presque nulle part au-dessous de 100 colliers et qui dépasse sur certaines sections 1,500 colliers, résisteraient dans d'excellentes conditions au passage de plusieurs corps d'armée. Enfin, aussi bien au point de vue des largeurs de plate-forme que de l'état de la chaussée, l'unité de vue que l'État a apportée dans la construction des routes nationales et dont il ne cesse de s'inspirer pour leur entretien assure à chaque route, dans les divers départements qu'elle traverse, la continuité nécessaire aux besoins militaires. Il y a donc un intérêt de premier ordre à conserver précieusement, pour la défense nationale, ces 37,000 kilomètres de grandes routes militaires dont le réseau couvre toute la France de ses mailles régulières, et à n'en laisser, sous aucun prétexte, diminuer les qualités de viabilité. Le réseau des routes nationales maintenues en état de parfait entretien étant un élément essentiel de la défense nationale, le ministre de la guerre ne saurait, sans compromettre cette défense, souscrire soit au déclassement de ces routes, soit à l'abandon de leur gestion directe par l'État.

Section 3. — Réformes proposées par la commission du Sénat.

La commission du Sénat chargée d'examiner le projet voté par la Chambre a pris les quatre résolutions suivantes :

1° Revision partielle du classement des routes nationales et départementales ;

2° Unification et simplification des règlements sur la comptabilité et de la législation de la voirie;

3° Modification du régime des prestations dans le sens d'une extension de leur application aux routes nationales ;

4° Pénétration mutuelle du personnel de la voirie nationale et du personnel de la voirie départementale [1].

---

1. Ces réformes sont sages. Nous ferons toutefois une réserve en ce qui touche les prestations. Ce mode d'entretien, déjà critiqué lorsqu'il s'applique aux chemins vicinaux, constituerait une capitation que les populations supporteraient difficilement et ne produirait que peu de résultats.

LIVRE II. — CHEMINS VICINAUX

CHAPITRE 1er

DÉFINITION ET CARACTÈRES DU CHEMIN VICINAL

On appelle chemins vicinaux[1] les voies que l'administration départementale a déclarées nécessaires aux communications de la généralité des habitants d'une ou de plusieurs communes et dont l'entretien, lorsqu'ils desservent une seule commune, la construction et l'entretien, quand ils en relient plusieurs, constituent une dépense communale obligatoire dans la limite de certaines ressources spéciales, auxquelles viennent s'ajouter des subventions des départements et de l'État pour les travaux de construction entrepris facultativement. (LL. 28 juill. 1824, art. 1er et 9; 21 mai 1836, art. 1er, 5, 6, 7 et 9; 10 août 1871, art. 44, 46-7° et 86; 5 avril 1884, art. 136-18°; 11 juill. 1868, 10 avril 1879, 12 mars 1880.)

Les caractères essentiels de la catégorie de voies publiques que l'on désigne sous le nom de chemins vicinaux sont les suivants :

1° Les chemins vicinaux sont destinés aux relations agricoles, commerciales et industrielles des habitants des communes, c'est-à-dire aux déplacements de personnes ou de produits entre les différentes parties d'une commune ou de commune à commune ;

2° Ils font partie du domaine communal et de la petite voirie ;

3° L'administration en est communo-départementale, c'est-à-dire décentralisée au regard de l'État et concentrée dans une certaine mesure entre les mains de l'autorité départementale au regard des communes ;

4° Les communes, à peine d'y être contraintes par l'administration départementale, sont tenues, dans de certaines limites, d'en assurer l'entretien et, lorsqu'ils présentent un intérêt collectif, de concourir à leur construction ;

5° Elles peuvent et doivent, pour cette dépense, se créer, à défaut de revenus ordinaires, certaines ressources spéciales ;

6° Le département et l'État leur viennent en aide pour les encourager et les aider à entreprendre, en dehors de leurs obligations strictes, les travaux de construction pour lesquels elles s'imposent volontairement des sacrifices, mais dont la dépense excède leurs facultés financières ;

7° Une décision expresse de l'administration départementale peut seule conférer ou enlever à une voie communale le titre vicinal, c'est-à-dire faire naître ou cesser, pour les communes desservies par cette voie, les obligations et les privilèges spéciaux aux communications d'intérêt vicinal.

Le caractère vicinal d'un chemin dépend donc de deux faits : l'un intrinsèque : la nécessité ou l'utilité de la voie pour les communications de la généralité des habitants ; l'autre extrinsèque et qui forme la preuve légale du premier : la constatation par l'administration départementale de la nécessité ou de l'utilité du chemin. (Hermann, *Traité de voirie vicinale*, t. Ier, p. 50; Fuzier-Hermann, v° *Chemin vicinal*, t. Ier, ch. Ier.)

[1]. Jusqu'à la loi du 21 mai 1836, le sens des mots *chemins vicinaux* est resté vague et incertain, et il ne paraît pas que, dans la pratique administrative, on se soit fait une idée bien nette de la distinction qui doit exister entre le chemin vicinal et le chemin rural.

Non seulement ces deux sortes de chemins étaient presque toujours confondues dans les arrêtés de classement, mais les dispositions légales qui se référaient uniquement aux chemins vicinaux ont été appliquées par un grand nombre d'arrêtés du Conseil d'État à tous les chemins publics classés ou non classés.

Souvent même, les chemins vicinaux, dans le sens large qu'on attribuait alors à cette expression, étaient qualifiés de chemins *communaux*, les deux termes étant considérés comme synonymes. (Dalloz, *Lois adm.*, t. III, 6e livr., v° *Voirie*, p. 1061.)

CHAPITRE II

DES DIVERSES CATÉGORIES DE CHEMINS VICINAUX

Selon qu'elles desservent une seule circonscription communale ou un plus ou moins grand nombre de localités, les voies classées comme vicinales sont divisées en trois catégories, au triple point de vue de la nature des dépenses, à la charge des

communes, de la répartition des ressources destinées à leur acquittement et de l'autorité chargée de la direction des travaux et de la police. On distingue : 1° les chemins vicinaux ordinaires ou de petite communication ; 2° les chemins vicinaux d'intérêt commun ; et 3° les chemins vicinaux de grande communication.

Les chemins de grande communication servent généralement aux relations des communes avec le chef-lieu d'arrondissement ou de département, avec les villes principales voisines, avec les stations importantes de chemins de fer et se continuent le plus souvent sur plusieurs arrondissements.

Les chemins d'intérêt commun établissent les communications d'un groupe de communes avec leur chef-lieu de canton, avec une gare de chemin de fer, avec un marché important. Ils s'étendent rarement au delà des limites de l'arrondissement.

Les chemins vicinaux ordinaires servent aux relations de commune à commune, de hameau à commune, et assurent les communications avec les voies d'un ordre plus élevé, mais sans sortir, en général, du territoire de la commune. (Fuzier-Hermann, v° *Chemin vicinal*, n° 33 ; Dall., Rép. Supp., v° *Voirie par terre*, n° 79.)

CHAPITRE III

DOMANIALITÉ ET PROPRIÉTÉ DES CHEMINS VICINAUX

Section 1re. — *Qui est propriétaire des chemins vicinaux ?*

Le droit des communes à la propriété des chemins qui, sous l'empire de la loi domaniale du 1er décembre 1790, avait été contesté par l'administration des domaines encore imbue de l'ancienne théorie du domaine éminent de la couronne sur toutes les terres, est hors de conteste depuis la rédaction du Code civil, car il est expressément consacré par les dispositions combinées des articles 538 et 542 de ce Code. (V. Av. Cons. d'Ét. 1er déc. 1889.)

Mais si, dès cette époque, la question de propriété était définitivement tranchée, l'on a discuté, jusqu'à la loi de 1836, le point de savoir quelle était la nature de ce droit de propriété. On se demandait si c'était une propriété ayant un caractère privé ou un caractère domanial avec les effets attachés à ce dernier caractère (indisponibilité et imprescriptibilité), en un mot si les chemins faisaient partie du domaine public. Le prétexte à cette discussion résidait dans la distinction et l'opposition que certains articles du Code civil semblaient établir entre le domaine public et les propriétés des communes.

Tranché en faveur des communes par la loi de 1836, le caractère de domanialité communale des chemins vicinaux a été reconnu, confirmé par plusieurs lois récentes. (L. 11 juin 1880 sur les tramways ; L. 20 août 1881, sur les chemins ruraux, art. 1er [*à contrario*] ; L. 28 juill. 1885, sur l'établissement de lignes télégraphiques et téléphoniques, art. 2.)

Il est donc aujourd'hui hors de doute que les chemins vicinaux font partie du domaine *public communal*, c'est-à-dire que le sol des chemins appartient aux communes, mais que cette propriété est frappée entre leurs mains d'indisponibilité tant que dure l'affectation de cette partie de leur domaine à l'usage public.

Par suite, l'exercice du droit des communes se trouve réduit aux simples actes d'administration et de jouissance : utilisation du sol suivant sa destination, faculté d'améliorer la propriété sous le contrôle de l'autorité supérieure, droit d'en récolter les produits, d'y permettre, moyennant redevances, certaines occupations privées n'ayant rien de contraire à l'affectation générale du sol.

Mais si l'État ne saurait prétendre à la propriété du sol des chemins, en est-il de même des départements, tout au moins pour les chemins de grande et de moyenne communication dont ils prononcent le classement et dont ils subventionnent le budget d'une façon pour ainsi dire permanente?

Soulevée incidemment en 1836 et résolue négativement par le ministre de l'intérieur, cette question s'est reproduite à la suite de la loi du 10 août 1871 par suite de la tendance qui s'est accentuée depuis cette époque, de la part des conseils généraux, de chercher à absorber de plus en plus le domaine de la grande vicinalité dans la voirie départementale.

Elle a reçu de l'administration supérieure et du Conseil d'État la même solution qu'en 1836.

La propriété du sol des chemins vicinaux, de quelque catégorie qu'ils fassent partie, appartient aux communes, lors même que ces chemins n'ont pas été construits exclusivement avec les ressources communales. En effet, si les chemins de grande communication et d'intérêt commun se distinguent à certains égards des chemins vicinaux ordinaires, notamment par la nature et l'importance des ressources qui y sont affectées, ils n'en demeurent pas moins à la charge des communes, suivant le principe général posé par la loi du 21 mai 1836. Le concours pécuniaire accordé par les départements aux communes en vertu de dispositions permanentes de la même loi, ou d'autorisations législatives spéciales, ne constitue que des subventions facultatives et ne saurait, pas plus que les crédits extraordinaires votés sur les fonds de l'État, altérer le caractère de la propriété des communes. (Av. Cons. d'Ét. 6 août 1873 ; Circ. int. 20 nov. 1873 ;

Déc. en Cons. d'Ét. 23 août 1873, 25 juin et 23 nov. 1874. *Sic :* Morgand, *Conseils généraux ;* Fuzier-Hermann, vº *Chemin vicinal,* nº 91.)

Le sol des chemins vicinaux de toutes catégories appartient aux communes, chacune pour la portion située sur son territoire (Instr. int. 24 juin 1836, Circ. 20 nov. 1873 et 6 août 1873). Toutefois, cette règle comporte certaines exceptions et il peut arriver que le chemin appartienne à une commune autre que celle sur le territoire de laquelle il est situé.

Ainsi, en ce qui concerne les chemins vicinaux ordinaires, une commune peut être autorisée à établir pour son utilité particulière un chemin vicinal empruntant le territoire d'une commune voisine et à acquérir, à cet effet, dans cette commune les terrains nécessaires.

De même en ce qui concerne les chemins de grande communication et d'intérêt commun, le refus d'une commune de céder un terrain lui appartenant, nécessaire pour ouvrir un chemin, peut obliger l'association des communes à l'exproprier. Dans ce cas, l'association est évidemment propriétaire du terrain qu'elle exproprie. (Fuzier-Hermann, *loc. cit.*)

Section 2. — *Étendue du droit de propriété des communes.*

Les lignes de façade sont considérées, en principe, comme indiquant les limites de la voie publique ; l'assiette du chemin comprend tout le sol livré à la circulation. Dans les traverses, il est admis que les terrains laissés par les riverains en dehors de leurs murs de clôture sont présumés, jusqu'à preuve contraire, dépendre de la voie publique. (Cass. 21 mai 1838, Sir. 38-1-522 ; 13 mars 1854, Sir. 54-1-542, D. p. 54-1-114 ; 28 juill. 1856, Sir. 57-1-283, D. p. 56-1-307 ; 8 fév. 1893, D. p. 93-1-168.)

Mais cette présomption peut, devant le juge du possessoire, céder à celle qui résulte, pour les riverains eux-mêmes, d'une possession annale exercée à titre non précaire. Il appartient à cet égard aux tribunaux civils de décider, par appréciation souveraine soit des témoignages recueillis dans les enquêtes, soit des indications fournies par les titres privés et par les documents administratifs versés aux débats, que, pendant plus d'une année avant le trouble, les riverains ont eu ainsi une possession exempte de tout vice de précarité permettant d'admettre de leur part une action en complainte sans avoir égard à la présomption de propriété invoquée par la commune. (Cass. 13 mars 1854, 28 juill. 1856, 8 fév. 1893 précités ; Cons. d'Ét. 11 mai 1854.)

La propriété comprend, en principe, le tréfonds aussi bien que la superficie de la voie livrée à la circulation. (Béquet, *Rép.,* vº *Domaine,* nº 322.)

Cependant, il y a quelques exceptions à cette règle.

Ainsi, lorsqu'un chemin passe au-dessus ou au-dessous d'une voie ferrée, soit que la voie ferrée soit établie en tunnel, soit que l'intersection des deux voies ait lieu au moyen d'un pont, le sous-sol du chemin vicinal cesse de faire partie du domaine communal. Le pont construit alors pour rétablir les communications interceptées sur la voie vicinale est même considéré lui-même comme une dépendance de la voie ferrée et comme en faisant partie intégrante. (Féraud-Giraud, *Des voies déviées pour l'établissement des chemins de fer ;* Picard, *Chemins de fer ;* Fuzier-Hermann, *loc. cit.*)

Il en est de même lorsqu'un chemin a été établi sur un terrain dont on n'a acquis que la superficie du sous-sol, ce sous-sol étant exploité comme carrière ou comme mine. Ce cas se présente pour certains chemins stratégiques du département de la Seine. (Béquet et Dupré, *Rép. de droit adm.,* vº *Domaine,* nº 323 ; Fuzier-Hermann, vº *Chemin vicinal,* nº 110.)

Le droit des communes sur leur domaine s'étend indéfiniment en hauteur comme en profondeur (Cons. d'Ét. 10 janv. 1867, Leb. chr., p. 33 ; 25 mars et 3 juin 1892, Leb. chr., p. 323 et 517). Toutefois, comme pour le tréfonds, il peut y avoir des exceptions à ce principe. Ainsi, quand un chemin passe au-dessous d'une voie ferrée, la propriété communale et le domaine de la voie vicinale ne s'étendent pas dans le sens superficiel ; ils s'arrêtent à la chaussée du passage inférieur. (Féraud-Giraud, *op. cit.,* nº 129 ; Aucoc, *Conférences,* t. III, p. 454 ; Lamé-Fleury, *Code annoté des chemins de fer 1872,* p. 100.)

La propriété des chemins embrasse non seulement le sol de la chaussée, mais encore tout ce qui en constitue l'accessoire et les dépendances naturelles et indispensables. Elle comprend tous les ouvrages qui servent à asseoir le chemin, à le soutenir, à le protéger, à l'orner, et qu'il peut être nécessaire d'établir en dehors du tracé livré à la circulation. L'emplacement et les dimensions en sont déterminés par la même autorité que pour la chaussée, et ils font partie intégrante du sol du chemin auquel ils se rattachent (Cons. d'Ét. 3 août 1877, D. p. 78-5-103 ; *Sic :* Grandvaux, *Code des chemins,* t. 1ᵉʳ, p. 23). Tels sont les accotements, banquettes, berges (Cass. 3 mars 1846, Sir. 46-1-289, D. p. 46-1-83), les fossés, talus en remblai ou en déblai ; percées ou revêtements des talus en pierres sèches pour les consolider et en empêcher la dégradation ; les ouvrages d'art en maçonnerie ou métal ; les ponts et viaducs pour franchir les vallées profondes, les ravins ou les cours d'eau ; les ponceaux et aqueducs et autres ouvrages pratiqués pour assurer l'écoulement des eaux ; les parapets et murs de soutènement (Cass. 16 juin 1856, Sir. 59-1-122 ; 7 nov. 1892, D. p. 93-1-61) ; les souterrains ; les bornes kilométriques, les poteaux et tableaux indicateurs ; les plantations ; les gares à matériaux ; les pépinières établies, pour la facilité du renouvellement des plantations, sur les excédents de largeur des chemins ; les maisons de cantonniers. (Guillaume, *Voirie vicinale,* Béquet et Dupré, *Rép.,* vº *Domaine publ.,* nᵒˢ 320 et suiv. ; Fuzier-Hermann, vº *Chemin vicinal ;* Dumay, *Chemins vicinaux,* p. 19 et 20.)

On sait que la loi du 28 août 1792 (art. 14) dé-
crète que les arbres existant sur les chemins publics autres que les grandes routes nationales seraient censés appartenir aux propriétaires riverains,
sauf aux communes à justifier, par titre ou prescription, qu'elles en étaient propriétaires ; quant
aux seigneurs voyers, elle leur enlève tout droit
sur ces plantations. (Garnier, p. 308.)

Mais, postérieurement à cette loi, on rencontre
l'article 553 du Code civil, et certains auteurs soutiennent que cet article, en décidant que le propriétaire du sol doit être, jusqu'à preuve contraire,
présumé propriétaire des plantations, a abrogé pour
l'avenir l'article 14 de la loi de 1792, qui édicte
une présomption contraire.

Dès lors, d'après cette opinion, l'attribution à
titre de propriété, que les lois du 26 juillet 1790
et du 28 août 1792 ont faite aux riverains, des
arbres plantés sur le sol des chemins vicinaux, ne
s'applique qu'aux arbres alors existant. Quant à
ceux plantés depuis, ils sont, conformément au
droit commun, présumés, jusqu'à preuve contraire,
la propriété des communes à qui les chemins appartiennent. (Isambert, *Voirie*, nᵒˢ 576 et 578 ;
Garnier, *Chemins*, p. 311 ; Rolland de Villargues,
Rép., vᵒ *Arbres*, nᵒˢ 79 et suiv. ; Grandvaux, *Code
prat. des ch. vic.*, t. II, p. 138 ; Cf. Douai 28 nov.
1865, Sir. 66-2-188.)

Mais cette doctrine est combattue par la Cour de
cassation et le Conseil d'État. D'après ces deux
hautes juridictions, la propriété des arbres plantés,
même sous l'empire du Code civil, par les riverains
sur le sol des chemins vicinaux appartient à ces
riverains et non à la commune : il y a, à cet égard,
dérogation au principe que la propriété du sol emporte la propriété du dessus.

Le motif donné par ces deux tribunaux est que
le texte de la loi du 9 ventôse an XIII, dont l'article 7 décide qu'à l'avenir nul ne pourra planter sur
le bord des chemins vicinaux, *même dans sa propriété*, sans leur conserver la largeur fixée en
exécution de l'article 6 (six mètres au maximum),
reconnaît implicitement aux riverains le droit de
planter sur *le sol* même du chemin quand ce chemin a plus de six mètres de largeur. (Cass. 3 fév.
1868, Sir. 68-1-55, D. p. 68-1-121 ; Cons. d'Ét. 19
mars 1820, P. adm. chr. ; 8 fév. 1851, P. adm.
chr.)

Quoi qu'il en soit de cette controverse, la loi du
21 mai 1836 (art. 21), en décidant que chaque
préfet devrait, dans l'année de la promulgation de
la loi, faire un règlement fixant, pour l'étendue de
son département, tout ce qui est relatif aux alignements, aux plantations, à l'élagage, a abrogé, de
fait, ce droit des riverains. Tous ces règlements
interdisent, en effet, aux particuliers, de planter
des arbres sur le sol des chemins vicinaux.

Les plantations des chemins postérieures à cette
date sont donc, en principe, la propriété des communes, mais la preuve contraire est toujours recevable. (Cass. 18 mai 1858, Sir. 58-1-661, D. p. 58-
1-218 ; 7 nov. 1860, Sir. 61-1-879, D. p. 60-1-486 ;

23 déc. 1861, Sir. 62-1-181, D. p. 62-1-129 ; 21
nov. 1877, Sir. 78-1-160, D. p. 78-1-301.)

Les fruits sont les accessoires du droit de propriété. Par conséquent, la commune est propriétaire
des fruits comme du chemin lui-même.

La commune a donc droit : 1ᵒ aux *fruits natu-
rels :* produits de l'élagage, de la vente des arbres
abattus, des matériaux, de l'amodiation des herbes
excrues (Av. Cons. d'Ét. 6 août 1873 ; Circ. int.
8 déc. 1882 ; Béquet et Dupré, *Rép. de dr. admin.*,
vᵒ *Domaine*, nᵒˢ 1000 et suiv.) ; 2ᵒ aux fruits civils :
les produits civils du domaine communal affecté à
la vicinalité consistent dans le produit des droits
qui peuvent être perçus à raison de la concession
de la faculté d'occuper une partie de ce domaine
d'une façon passagère ou prolongée. (L. 5 avril
1884, art. 98 et 133 ; Béquet et Dupré, *Rép.*, vᵒ
Domaine, nᵒ 648.)

Il y a lieu de distinguer, à cet égard, entre les
occupations ayant un but d'intérêt privé purement
personnel ou de spéculation et les occupations motivées par l'organisation d'un service d'utilité publique.

Les articles 98, § 2, et 133-7ᵒ de la loi du 5 avril
1884 autorisent les communes à exiger une rétri-
bution des personnes auxquelles il est accordé la
faculté de faire une installation sur la voie publique, ou d'y faire stationner des animaux ou des
voitures. Bien que ces perceptions aient plus spécialement leur raison d'être dans les voies urbaines,
elles peuvent aussi avoir lieu légalement sur les
voies vicinales à l'extérieur des agglomérations, et
certaines circonstances locales peuvent être de nature à en motiver la perception tel que le stationnement prolongé de voitures aux abords des champs
de courses.

Les occupations relatives à l'installation d'un service public ne sauraient, au contraire, être taxées.
C'est, en effet, la fonction du domaine public de
servir à des installations de cette nature ; si une
redevance était perçue, elle ne pourrait être que
nominale et ne devrait avoir d'autre objet que de
constater le droit de propriété de la commune ;
mais cette constatation est le plus souvent inutile,
le caractère du domaine occupé étant déterminé et
réservé dans l'acte de concession. (Fuzier-Hermann,
vᵒ *Chemin vicinal*, nᵒˢ 132 et 133.)

*Section 3. — Exceptions à la règle d'après laquelle les com-
munes sont propriétaires des chemins vicinaux.*

Dans certains cas et par exception, le sol des
chemins n'est pas la propriété des communes.

Ainsi, par exemple, des communes ayant intérêt
à assurer, pour leurs communications, la viabilité
d'un chemin dépendant du domaine de l'État (forestier, militaire, maritime ou fluvial), en obtiennent le classement au titre vicinal pour pouvoir y
affecter les ressources spéciales de la vicinalité. Le
classement est alors prononcé sous toutes réserves
des droits de propriété de l'État, et même de ses
pouvoirs d'administration de voirie et de police s'il
s'agit d'un chemin domanial affecté à un service
public.

C'est dans ces conditions qu'ont été classés des levées de canaux de navigation, plusieurs chemins forestiers, les chemins d'accès aux rivages de la Scarpe, les quais de halage à Paris, les digues de halage, en particulier dans les départements du Nord, où il existe de nombreux ouvrages de ce genre entretenus par des associations connues sous le nom de *watteringues*.

Tels sont encore les chemins vicinaux établis sur les dépendances du domaine militaire au passage des fortifications ou dans le voisinage des ouvrages de défense. De ce nombre sont les voies que l'on désigne sous le nom de chemins stratégiques. L'État en a le plus souvent conservé la propriété lorsqu'ils n'ont pas été construits en utilisant d'anciennes voies communales. Ce n'est que tout récemment (1890) que le département de la Seine est devenu propriétaire des nombreuses voies de ce genre qui sillonnent les environs de Paris. (Fuzier-Hermann, v° *Chemin vicinal*, n°s 148, 149 et 150.)

Le classement d'une ancienne route départementale comme chemin vicinal de grande communication ou d'intérêt commun n'entraîne pas, au profit des communes intéressées, la translation de propriété de cette ancienne route et des arbres qui en dépendent. En effet, les cessions de propriété ne se présument pas, et aucune disposition législative n'attribuant de plein droit à la transformation des routes départementales en chemins vicinaux, un effet translatif de propriété, le sol des anciennes routes départementales classées dans la voirie vicinale doit, en droit strict, à défaut par le conseil général d'une déclaration d'abandon de propriété au profit des communes, être considéré comme continuant à faire partie du domaine départemental. (Instr. min. int. au préfet des Ardennes 9 avril 1892.)

Section 4. — Des servitudes de voirie et d'utilité publique qui peuvent grever la propriété des chemins vicinaux.

Le droit de propriété des communes sur les chemins vicinaux n'est pas aussi étendu que celui des particuliers sur leurs biens personnels; il n'est pas aussi incommutable et est subordonné à l'intérêt général.

Ainsi, notamment, le ministre des travaux publics peut imposer la déviation d'un chemin vicinal toutes les fois que, pour l'établissement d'une route, d'un canal de navigation ou d'un chemin de fer, il y a lieu d'en changer le relief (Cotelle, t. IV, p. 334; Aucoc, *Conférences sur le droit adm.*, t. III, p. 478; Féraud-Giraud, *op. cit.*, p. 46; Picard, *Chemins de fer*). Le ministre peut même ordonner la suppression des voies existantes sans remplacement en les déclarant et en les incorporant aux routes nationales ou aux départementales. (Cons. d'Ét. 1er sept. 1858, P. adm. chr.)

Les conditions dans lesquelles a lieu l'incorporation des chemins aux routes nationales ont été réglées par une circulaire du ministre de l'intérieur du 19 février 1828. Ce n'est que par l'accomplissement de ces formalités de prise de possession effective que les portions de chemins englobés pas-

sent, en fait, sous le régime de la grande voirie, en devenant partie intégrante de la route. Jusque-là, l'entretien en demeure à la charge des communes. Le classement du chemin vicinal dans le tracé de la route n'a pas pour résultat d'exonérer *ipso facto* les communes de cette obligation et de la transférer à l'État. (Cons. d'Ét. 3 mars 1882, Sir. 84-3-15, D. p. 83-3-67.)

De même, le ministre des travaux publics et le conseil général ont le droit de comprendre l'assiette du chemin vicinal dans le tracé des routes départementales et *à fortiori* de simplement la modifier pour l'établissement de celles-ci, en vertu des attributions respectives qui leur sont conférées relativement à ces routes : classement, fixation de la direction, approbation des projets, plans et devis des travaux par le conseil général; fixation de la largeur et de l'alignement par décret, sur la proposition du ministre des travaux publics. (L. 10 août 1871, art. 46-6°; Fuzier-Hermann, v° *Chemin vicinal*, n° 163.)

L'assemblée départementale puise, en outre, à cet égard, les droits les plus étendus dans les pouvoirs dont elle est investie au point de vue des modifications à faire subir au réseau vicinal. (LL. 21 mai 1836, art. 7; 10 août 1871, art. 44 et 44-7° et 8°.)

Lorsque les modifications d'un chemin vicinal ont été régulièrement autorisées et exécutées conformément à ces autorisations, les communes ne peuvent prétendre à aucune indemnité à raison de l'augmentation de parcours ou d'entretien qui en résulte. (Cons. d'Ét. 1er sept. 1858, P. adm. chr.; 8 fév. 1864, Leb. chr., p. 91; 23 fév. 1870, Sir. 71-2-227.)

L'État a le droit d'exécuter, sur le sol ou dans le sous-sol des chemins publics ou de leur dépendance, tous les travaux nécessaires à la construction et à l'entretien des lignes télégraphiques ou téléphoniques. (L. 28 juill. 1885, art. 2.)

Un autre genre de servitude qui peut grever le domaine vicinal, c'est le passage, dans le sous-sol, des canalisations, servant soit à amener de plus ou moins loin, dans une ville ou commune, l'eau nécessaire à son alimentation, le gaz ou l'électricité destinés à son éclairage, soit à l'évacuation de ses eaux d'égout.

Cette servitude peut être imposée aux communes par une loi ou un décret lorsque le Gouvernement ou le pouvoir législatif intervient pour déclarer les travaux d'utilité publique. Dans les autres cas, il suffit d'une permission de voirie délivrée par le préfet, soit lorsqu'il s'agit d'un chemin de grande vicinalité, soit lorsque le maire refuse sans motif légitime de l'accorder sur un chemin vicinal ordinaire. C'est en vue de cette dernière hypothèse qu'a été édicté le troisième paragraphe de l'article 98 de la loi du 5 avril 1884. (V. *infrà : Permissions de voirie*.)

Section 5. — Imprescriptibilité et inaliénabilité.

Du principe que le sol des chemins vicinaux et ses accessoires font partie du domaine public découlent deux conséquences naturelles : leur inaliénabilité et leur imprescriptibilité.

§ 1er. — Imprescriptibilité.

Les chemins vicinaux reconnus et maintenus comme tels sont imprescriptibles. (L. 21 mai 1836, art. 10 ; Trib. confl. 22 juin 1889, D. p. 91-3-5.)

Le sol des chemins n'est pas susceptible d'être judiciairement exproprié ; les terrains qui le composent demeurent, en effet, indisponibles aussi longtemps qu'ils en font partie, et comme ils ne peuvent en être distraits que du consentement exprès ou tacite des services publics commis à leur garde, la sentence judiciaire qui en prononcerait l'expropriation contre le gré de ces services serait non avenue. Il en est à cet égard du domaine communal comme du domaine de l'État ou des départements. (Instr. dir. gén. des domaines 1er avril 1879, art. 48.)

Toutefois, ainsi que nous l'avons dit, l'expropriation d'une portion de chemin vicinal pourrait avoir lieu malgré l'avis des services compétents et intéressés, en vertu d'une décision du ministre des travaux publics dans l'intérêt de la grande voirie, en raison des pouvoirs exceptionnels dont il est investi pour la constitution du réseau des voies d'intérêt général.

L'imprescriptibilité des chemins rend irrecevable toute action possessoire ou pétitoire tendant à une maintenue en possession ou en réintégrande. (Cass. civ. 1er déc. 1874, D. p. 75-1-323 ; Cons. d'Ét. 5 sept. 1836 ; Leb. chr., p. 431, D. p. 38-3-216.)

L'imprescriptibilité des chemins vicinaux ne commence qu'à partir de la déclaration de vicinalité, sans que cet acte ait d'effet rétroactif, alors même qu'il énoncerait l'époque où la vicinalité a commencé.

Cette imprescriptibilité ne protège pas seulement le sol de la voie publique et ses accessoires, berges et fossés, contre les entreprises directes et matérielles des particuliers ; elle est également un obstacle à ce que les riverains puissent y acquérir des servitudes autres que celles qui dérivent de la situation des lieux. (Cod. civ., art. 640 et suiv.)

Ainsi, on ne pourrait acquérir par prescription : ni le droit d'envoyer sur des chemins des eaux naturelles que la pente originaire du terrain n'y dirigerait pas, ni, à plus forte raison, des eaux ménagères, ni la possession, sous la voie, d'aqueducs, de caves ou de toutes autres substructions quelconques, ni le droit de posséder des saillies, des encorbellements, des ponts ou galeries établis au-dessus du sol des chemins. Toutefois, ce principe n'est pas absolu et l'imprescriptibilité ne fait pas obstacle à ce que les riverains se servent de la voie suivant sa destination, en y ouvrant des jours, des accès, en y établissant des gouttières pour l'écoulement des eaux pluviales, etc. (Cons. d'Ét. 17 mars 1859, D. p. 59-3-68 ; Cass. civ. 20 mars 1866, D. p. 66-1-180.)

Les chemins vicinaux cessent de faire partie du domaine public et perdent le bénéfice de l'imprescriptibilité, lorsque la destination qui les affectait à l'usage et à la jouissance du public vient à être supprimée.

Le sol de ces chemins est alors remis dans le commerce ; il devient une simple propriété communale, susceptible de toutes les modifications que comporte la propriété d'après le droit commun (Cass. civ. 1er déc. 1874, D. p. 75-1-323). Et pour que cet effet se produise, un acte exprès de l'autorité publique supprimant l'affectation du chemin au service commun n'est pas nécessaire ; l'abandon du chemin par le public suffit, indépendamment de toute intervention de la part de l'autorité compétente. (Cass. 18 mars 1845, D. p. 45-1-243 ; 24 avril 1855, D. p. 55-1-206 ; 27 nov. 1861, D. p. 62-1-34 ; Proud'hon, Tr. du domaine public, nos 217 et suiv. ; Garnier, p. 52 ; Dumay, Chemins vicinaux, p. 113. Contrà : Pothier, Tr. de la prescription, n° 7 ; Isambert, Tr. de la voirie, n° 174 ; Cotelle, Cours de droit administratif, 2e édit., t. III, p. 364.)

L'abandon du chemin ne peut d'ailleurs résulter que de faits nombreux, persévérants et attestant une abstention prolongée dont il appartient aux juges du fait d'apprécier la valeur. (Req. 24 avril 1855, D. p. 55-1-206 ; 26 mai 1868, D. p. 68-1-256.)

§ 2. — Inaliénabilité.

Du principe que les chemins vicinaux sont imprescriptibles et asservis à l'usage public, il résulte que la commune elle-même ne peut, tant que le déclassement de ces chemins n'a pas été prononcé, en changer la destination, ni à plus forte raison disposer du sol et l'aliéner comme une simple propriété rurale. (Cons. d'Ét. 25 avril 1833, Dall., Jurgén., Voirie par terre, n° 575-1° ; Cass. 10 nov. 1841, Dall., Servitude, n° 71.)

Non seulement une commune ne peut vendre le sol d'un chemin vicinal, mais elle ne peut faire aucun acte de nature à amoindrir ou compromettre son droit de propriété. Ainsi, elle ne peut consentir une transaction relative à la propriété d'un mur de soutènement qui est la dépendance et l'accessoire d'un chemin appartenant au domaine public communal et par cela même imprescriptible et inaliénable. (Cass. 7 nov. 1891, D. p. 92-1-61.)

Il est à peine besoin d'ajouter que l'aliénation partielle est aussi impossible que l'aliénation totale ; par suite, la commune ne peut consentir à un particulier aucun droit réel sur le sol du chemin ; celui-ci n'est susceptible ni de servitude, ni d'hypothèque, etc. ; il ne peut pas davantage être donné à bail.

CHAPITRE IV

ADMINISTRATION DES CHEMINS VICINAUX

Section 1re. — Personnel.

Les auxiliaires des diverses autorités chargées de l'administration du service vicinal peuvent être classés en quatre catégories :

1° Les agents voyers, auxiliaires des préfets et des maires ;

2° Les cantonniers, auxiliaires des agents voyers et des maires ;

3° Les commissions cantonales de surveillance, organes destinés à éclairer les conseils généraux, les commissions départementales, les préfets et les maires ;

4° Le comité consultatif de vicinalité et le service d'inspection, établis auprès du ministre de l'intérieur pour pouvoir faciliter son pouvoir de contrôle.

Quelles sont, en ce qui touche le personnel, les attributions respectives du préfet et du conseil général ?

C'est au conseil général qu'il appartient d'apprécier les convenances et les besoins généraux du service, de créer les ressources et de contrôler leur emploi. (LL. 21 mai 1836, art. 9 ; 10 août 1871, art. 46-7° et 51.)

Au préfet, chef responsable de la marche du service, revient le soin d'organiser le service. On ne comprendrait pas, en effet, que ce fonctionnaire puisse assumer la responsabilité des fautes commises par un personnel sur lequel il n'aurait pas toute liberté d'action. (L. 21 mai 1836, art. 9, 11 et 21.)

C'est le conseil général qui statue définitivement, après instruction préalable par le préfet, sur la désignation des services auxquels sera confiée l'exécution des travaux sur les chemins vicinaux de grande communication et d'intérêt commun (L. 10 août 1871, art. 46-7°). Nous avons d'ailleurs dit dans notre *Répertoire de police* (V. *Organisation départementale*) que le choix du conseil général ne pouvait se porter que sur l'un des deux services légalement institués : le corps des ponts et chaussées et les agents voyers. D'autre part, le droit conféré au conseil général par la loi du 10 août 1871 de désigner le service auquel sera confiée l'exécution des travaux sur les chemins vicinaux est limité aux voies des deux premières catégories. Le préfet est, par conséquent, demeuré investi, comme sous la législation précédente, du pouvoir de faire cette désignation pour les chemins vicinaux ordinaires, et il lui appartiendrait, en principe, de maintenir aux agents voyers le service des chemins vicinaux ordinaires, alors même que le conseil général aurait donné la préférence aux ingénieurs pour les voies vicinales des deux premières catégories.

§ 1er. — Agents voyers.

Pour les travaux de la vicinalité, le préfet a sous ses ordres les agents voyers du département, savoir : l'agent voyer en chef, les agents voyers d'arrondissement, les agents voyers cantonaux.

1. Nomination.

L'article 11, § 1er, de la loi du 20 mai 1836 donne au préfet le droit de nommer les agents voyers.

En ce qui touche les agents voyers en chef, le préfet ne doit procéder à leur nomination qu'après avoir soumis leur choix à l'approbation du ministre de l'intérieur. (Circ. int. 3 sept. 1879.)

Pour les agents voyers d'arrondissement, le préfet est tenu d'adresser au ministre la copie des arrêtés qui les nomment. (Circ. int. 14 nov. 1882.)

L'article 45 de la loi du 10 août 1871, aux termes duquel le conseil général détermine les conditions auxquelles sont tenus de satisfaire les candidats aux fonctions rétribuées exclusivement sur les fonds départementaux et les règles des concours d'après lesquelles les nominations devront être faites, n'a pas enlevé aux préfets le droit de nomination des agents voyers, ces agents n'étant jamais rétribués exclusivement sur les fonds départementaux. (Décr. en Cons. d'Ét. 10 déc. 1872, D. p. 74-3-59.)

Toutefois, ce droit de nomination est subordonné à la décision du conseil général, en ce sens qu'il lui appartient de confier le service vicinal soit aux ingénieurs des ponts et chaussées, soit aux agents voyers, et de fixer le traitement de ces derniers.

Mais le conseil général ne peut intervenir dans le choix des agents voyers. (Décr. en Cons. d'Ét. 8 nov. 1873, D. p. 74-3-59, Bull. int. 1874, p. 537 et 5 déc. 1876, Bull. int. 1877, p. 126.)

Les conditions d'aptitude, pour être admis dans le service des agents voyers, sont déterminées dans la circulaire du ministre de l'intérieur en date du 11 octobre 1836, complétée par les circulaires des 20 octobre 1836, 5 janvier 1845, 25 septembre 1848 et 15 juin 1852.

Les agents voyers sont assujettis, à leur entrée dans la carrière, aux épreuves d'un concours. Les emplois supérieurs même ne sont accordés, dans la plupart des départements, qu'après une nouvelle épreuve. (Circ. int. 23 sept. 1871.)

Toutefois, plusieurs départements, désireux d'ouvrir l'accès de la carrière vicinale aux jeunes gens sortis de l'École centrale des arts et manufactures, munis du diplôme d'ingénieur civil, ont dispensé ceux-ci de l'épreuve initiale du concours. (Circ.

int. 27 avril 1887. Cf. Circ. int. 28 fév. 1870, Bull. int. 1870, p. 66.)

Les préfets ne doivent prononcer la mise à la retraite ou la révocation d'un agent voyer en chef qu'après en avoir référé au ministre de l'intérieur. (Circ. int. 3 sept. 1879.)

Quant aux agents voyers d'arrondissement, il est recommandé aux préfets d'adresser au ministre la copie des arrêtés qui les mettent à la retraite et, quand il s'agit de leur révocation, d'obtenir préalablement son assentiment. (Circ. int. 14 nov. 1882.)

Les préfets doivent tenir le ministre de l'intérieur au courant des vacances qui viendraient à se produire et lui indiquer les mesures qu'ils comptent prendre pour y pourvoir. (Circ. int. 27 avril 1887.)

Par un arrêté en date du 27 juillet 1853, le ministre de l'intérieur a assigné aux agents voyers un costume officiel, mais le port en est purement facultatif. (V. Circ. int. 2 août 1853.)

2. Serment.

L'article 11, § 4, de la loi de 1836 oblige les agents voyers à prêter serment, mais il n'indique pas devant quelle autorité la prestation de ce serment doit être faite. Aussi une controverse s'est-elle élevée à ce sujet.

D'après le ministre de l'intérieur, les agents voyers étant appelés à dresser des procès-verbaux pour constater des contraventions dont la connaissance appartient aux tribunaux ordinaires, le serment doit être prêté devant le tribunal de première instance de l'arrondissement où l'agent voyer exerce ses fonctions.

Dans une autre opinion, on soutient que le serment doit être reçu par le préfet.

C'est dans le premier sens que se sont prononcées tout récemment les sections réunies de législation et de l'intérieur du Conseil d'État.

Aux termes de cet avis, les agents voyers doivent prêter serment devant le tribunal civil d'arrondissement de leur résidence. En cas de changement de résidence ou d'élévation de grade, ils ne sont tenus par aucune disposition de loi à renouveler leur prestation de serment. Cependant, en cas de changement de résidence, il est bon qu'ils fassent enregistrer au greffe du tribunal de leur nouvelle résidence l'acte de prestation de serment antérieur. Enfin, la prestation de serment devant le tribunal siégeant au chef-lieu du département ne présente au point de vue légal aucun intérêt. (Av. Cons. d'Ét. 21 fév. 1893, Bull. int. 1893, p. 148 ; Circ. int. 20 avril 1893.)

L'acte de prestation de serment des agents voyers est soumis à un droit d'enregistrement de 3 fr., montant aujourd'hui à 5 fr. 63 c., avec le demi-droit en sus et le double décime et demi, si leur traitement n'excède pas 1,500 fr., et de 15 fr., s'élevant actuellement à 28 fr. 13 c., avec le demi-droit en sus et le double décime et demi, si le traitement excède 1,500 fr. (LL. 22 frim. an VII, art. 68, § 6-4° ; 28 fév. 1872, art. 4 ; 30 déc. 1873, art. 2.)

3. Résidence.

Il appartient au préfet, et non au conseil général, de déterminer la résidence des agents voyers. (Cons. d'Ét. 27 mai 1892, D. p. 93-3-81.)

4. Traitement. — Retraite.

La fixation des traitements des agents voyers est dans les attributions du conseil général. (L. 1836, art. 11, § 2.)

Ces traitements, prélevés sur les fonds affectés aux travaux (art. 11, § 3), doivent se composer d'une somme annuelle fixe, et jamais de remises sur le montant des travaux, ce dernier mode présentant de nombreux inconvénients. (Instr. min. int. 24 juin 1836 ; Cons. d'Ét. 23 juin 1876, Leb. chr., p. 602.)

Les retraites des agents voyers sont servies par les caisses départementales. (L. 10 août 1871, art. 46, § 21.)

5. Attributions.

A) *Attributions du service vicinal.* — Le service et les attributions des agents voyers sont définis dans un règlement soumis à l'approbation du ministre de l'intérieur. (Instr. min. int. 24 juin 1836, art. 11, n° 4.)

D'une façon générale, elles consistent dans la direction de tous les travaux concernant les chemins vicinaux. Les agents voyers ont mission d'étudier les projets des travaux à exécuter ; d'en dresser les plans, devis et cahiers des charges ; d'en surveiller les détails d'exécution ; d'en faire la réception sous l'autorité des maires et du préfet ; de viser les mandats de paiement délivrés aux entrepreneurs. Ils proposent au conseil général, par l'intermédiaire du préfet, la répartition des contingents communaux pour les dépenses afférentes aux chemins de grande communication et d'intérêt commun ; ils préparent les budgets des chemins vicinaux, de grande communication et d'intérêt commun pour être réglés par les préfets, ainsi que les budgets des chemins vicinaux ordinaires pour être réglés par les conseils municipaux sous le contrôle des préfets (Instr. gén., art. 15, 19, 38, 59, 60 ; V. *infrà*). Ils doivent tenir une comptabilité détaillée du service des chemins vicinaux sous l'autorité des préfets et des maires (Instr., art. 177 et suiv. ; V. *infrà*). Ils dressent également les plans d'alignement des chemins vicinaux de grande communication (Instr. min. 10 déc. 1839). Enfin, ils ont le droit de constater les contraventions et délits commis sur les chemins vicinaux et d'en dresser des procès-verbaux. (L. 21 mai 1836, art. 21 *in fine*.)

B) *Attributions étrangères au service vicinal.* — Les agents voyers peuvent être autorisés à s'occuper de travaux étrangers au service vicinal, notamment de travaux de voirie rurale ou d'autres travaux communaux.

Dans ce cas, il leur est ordinairement alloué une indemnité par le conseil général ou le conseil municipal. (Cons. d'Et. 10 janv. 1867, Leb. chr., p. 53.)

Mais ils sont, à cet égard, assimilés aux ingénieurs civils et peuvent, comme tels, être imposés à la patente. (Cons. d'Ét. 16 juill. 1870, Lcb. chr., p. 911.)

La loi du 30 mai 1851 sur la police du roulage et des messageries publiques charge les agents voyers, concurremment avec d'autres agents, de constater les contraventions et délits prévus par cette loi et d'en dresser procès-verbal (art. 15).

De même, la loi du 28 février 1872 pour la répression de la fraude sur les spiritueux appelle les agents du service des chemins vicinaux à constater les contraventions aux lois sur la circulation des boissons (art. 5).

Enfin, depuis la loi du 12 juillet 1865, certains agents voyers en chef ont été investis du contrôle des chemins de fer d'intérêt local construits en vertu de cette loi.

6. Incompatibilité. — Inéligibilité.

Les agents voyers en chef d'arrondissement sont inéligibles au Sénat, dans le département où ils exercent leurs fonctions.

Ils sont inéligibles à la Chambre des députés dans les arrondissements compris dans leur ressort.

Le mandat de conseiller général est incompatible avec les fonctions d'agent voyer dans le département où ils exercent leurs fonctions. (L. 10 août 1871, art. 10.)

Les agents voyers sont inéligibles au conseil municipal dans toute l'étendue de leur circonscription. (L. 5 avril 1884, art. 33-8°.)

§ 2. — Cantonniers.

Les cantonniers sont chargés de l'entretien journalier des chemins vicinaux.

Ils se subdivisent en cantonniers des chemins vicinaux de grande communication et d'intérêt commun et en cantonniers des chemins vicinaux ordinaires.

1. **Cantonniers des chemins vicinaux de grande communication et d'intérêt commun.**

Les cantonniers de chemins de grande communication et d'intérêt commun sont nommés par le préfet, sur la proposition de l'agent voyer en chef. (Instr. gén. 6 déc. 1870, art. 174, § 1er.)

Le conseil général est sans pouvoir à cet égard. (Décis. min. int. 16 juin 1873.)

C'est également au préfet seul qu'il appartient de fixer le montant des salaires. (Même décision.)

Compétent pour nommer les cantonniers, le préfet l'est également pour les révoquer. La révocation a lieu sur la proposition de l'agent voyer en chef. (Instr. 1870, art. 175, § 1er.)

Dans chaque département, le préfet doit arrêter, sur la proposition de l'agent voyer en chef, un règlement pour le service des cantonniers et des cantonniers chefs. (Instr. gén. 1870, art. 176.)

2. **Cantonniers des chemins vicinaux.**

Toutes les fois que les ressources inscrites au budget le permettent, il convient d'établir des can-

tonniers sur les chemins vicinaux ordinaires. (Instr. gén. 1870, art. 174, § 2.)

Ces cantonniers sont nommés par les maires, sur la proposition de l'agent voyer cantonal. (Instr. 1870, art. 174, § 2.)

Ils sont révoqués par le maire, sur la proposition de l'agent voyer cantonal (art. 175, § 2.)

Il est bon d'ailleurs de remarquer que le concours des agents voyers pour la nomination ou la révocation des cantonniers n'est nullement imposé au maire (Av. min. int. 28 oct. 1872). Il lui est parfaitement loisible de s'en priver.

Il appartient donc au maire, sans qu'il soit tenu de prendre au préalable l'avis du service vicinal, de prononcer, en exécution d'une délibération du conseil municipal, la suppression d'un emploi de cantonnier pour les chemins vicinaux. (Cons. d'Ét. 23 déc. 1892, D. p. 94-3-20.)

L'agent voyer en chef peut suspendre les cantonniers dont le service a été reconnu insuffisant ou qui ont manqué à la discipline ou à la probité.

Il doit en aviser immédiatement le préfet. (Instr. 1870, art. 175, §§ 3 et 4.)

Le salaire des cantonniers des chemins vicinaux ordinaires est fixé par le maire d'après le crédit voté à cet effet par le conseil municipal. (L. 5 avril 1884, art. 90, § 10, et art. 145.)

Les cantonniers communaux peuvent être assermentés et commissionnés pour constater les contraventions sur les chemins vicinaux ordinaires, sous réserve de l'agrément préalable du préfet ou du sous-préfet. (L. 5 avril 1884, art. 88.)

Les cantonniers des chemins vicinaux ordinaires, étant des agents salariés de la commune, sont inéligibles au conseil municipal, dans la circonscription où ils exercent leurs fonctions. (L. 5 avril 1884, art. 33, § 10; Morgand, *Loi municipale*, t. 1er, p. 196.)

3. Dispositions communes.

Un décret en date du 1er mai 1897 a institué, nous l'avons dit, une médaille d'honneur pour les cantonniers et agents inférieurs de l'administration des travaux publics comptant au moins trente années de services ou qui se sont distingués d'une manière particulière dans l'exercice de leurs fonctions.

Cette décision, qui vise exclusivement les agents attachés au service de l'État, avait créé, pour les agents de même ordre employés par les départements et les communes, une situation d'inégalité qui ne se justifiait à aucun point de vue. Quelle que soit leur origine, les cantonniers s'occupent de travaux de même nature; ils rendent les mêmes services et doivent, par suite, avoir un droit égal aux mêmes récompenses.

Ces considérations d'équité ont amené le Gouvernement à demander que la mesure bienveillante dont profitent seuls les cantonniers des routes nationales soit étendue à ceux de la voirie départementale et communale.

Le Parlement s'est immédiatement rallié à cette proposition, et une loi du 24 décembre 1897 a mis à la disposition du ministre de l'intérieur pour l'objet dont il s'agit un crédit de 3,000 fr.

Le décret du 26 mars 1898 a pour but d'assurer l'application d'une mesure qui intéresse à un très haut degré un nombreux personnel d'agents aussi modestes que dévoués.

Il est ainsi conçu :

Des médailles d'honneur peuvent être décernées par le ministre de l'intérieur aux cantonniers des services de voirie départementale et communale et comptant au moins trente années de services (art. 1er).

La durée des services exigée pour l'obtention de cette médaille pourra être réduite en faveur des agents qui, dans des conditions spéciales, se seront distingués d'une manière exceptionnelle (art. 2).

§ 3. — Commissions cantonales.

Il existe, dans un certain nombre de départements, des commissions cantonales chargées de la surveillance des chemins vicinaux, de grande communication et d'intérêt commun.

Ces commissions sont instituées par canton et comprennent chacune douze membres au plus. Le conseiller général et les conseillers d'arrondissement du canton ayant à s'occuper, au sein des assemblées dont ils font partie, des questions relatives à la vicinalité, sont naturellement désignés comme membres de droit. Les autres membres sont nommés pour trois ans par arrêtés spéciaux du préfet. Ils sont nommés dans le canton parmi des personnes habitant le pays toute l'année et que leurs professions ou leurs occupations habituelles obligent à parcourir fréquemment les chemins de leur canton ; les sénateurs et les députés peuvent, lorsqu'ils en expriment le désir, assister aux réunions dans leurs circonscriptions, afin de se rendre compte de l'état et des besoins de la vicinalité. (V. Règlement général 21 juill. 1854, art. 274 à 280, et Circ. int. 15 mars 1878.)

Les commissions se réunissent pour la première fois au chef-lieu du canton, sur la convocation et sous la présidence du préfet ou de son délégué, ou du sous-préfet de l'arrondissement, pour constituer leur bureau, composé d'un président, d'un vice-président et d'un secrétaire, déterminer le lieu habituel de leurs réunions et se concerter sur l'ordre de leurs travaux. L'agent voyer de l'arrondissement et celui du canton assistent à cette première réunion. (Arr. 18 fév. 1878, art. 4.)

Les agents voyers assistent aux réunions toutes les fois que les nécessités du service ne les en empêchent pas. Ils sont informés des réunions cinq jours à l'avance par le président ou par le secrétaire de la commission. Ils fournissent, de vive voix ou par écrit, les renseignements qui leur sont demandés par le président.

Lors de la première séance, les commissions répartissent entre leurs membres la surveillance des chemins de grande communication et d'intérêt commun du canton. Elles sont spécialement chargées de surveiller les cantonniers et de signaler au sous-préfet et aux agents voyers ceux qui ne feraient

pas leur devoir ; d'assister à la réception des ouvrages exécutés par entreprise, ainsi qu'à celle des matériaux d'entretien fournis par les entrepreneurs ou seulement cassés par eux ; de constater l'état de chaque chemin ; de reconnaître la manière dont les travaux ont été exécutés ; de signaler aux fonctionnaires préposés à la conservation et à la police des chemins les dégradations qui y seraient survenues et n'auraient pas été réparées, les délits qui s'y seraient commis et seraient restés sans répression ; enfin, de faire connaître à l'administration tout ce qui peut intéresser les communes chargées de contribuer aux dépenses des chemins de grande communication et d'intérêt commun.

Elles sont encore chargées de provoquer la réalisation de souscriptions ; d'obtenir la cession gratuite des terrains et des matériaux nécessaires à l'établissement et à l'entretien des chemins confiés à leur inspection ; de prêter leur concours pour aplanir les difficultés de toute nature relatives à la construction et à l'entretien des chemins.

Lorsqu'un chemin s'étend sur plusieurs cantons, les commissions qui en ont la surveillance peuvent, pour cette partie de leurs attributions, se concerter et se réunir, à cet effet, sur la convocation du préfet ou du sous-préfet. (M. A., art. 5.)

Les commissions cantonales donnent leur avis sur les réclamations relatives à la répartition des contingents ordinaires entre les communes intéressées aux chemins. Elles peuvent être consultées sur la répartition des dépenses autres que celles d'entretien entre les mêmes communes ; sur l'évaluation des indemnités de terrains et d'occupations temporaires, lorsque ces dernières indemnités doivent être payées par l'administration, et sur toutes les questions relatives aux tracés et à la bonne exécution des travaux ou intéressant seulement la vicinalité que l'administration jugerait utile de leur soumettre. (M. A., art. 6.)

Les commissions se réunissent dans les trois premiers mois de l'année pour répartir entre leurs membres les travaux qui leur incombent et pour désigner ceux de ces membres qui devront assister aux réceptions ou suivre l'exécution des travaux d'art. Elles adressent au préfet ou au sous-préfet, avant le 15 mai, leurs observations sur l'état des chemins et sur les améliorations ou les restaurations les plus urgentes à y faire. Elles présentent, au 15 décembre de chaque année, un rapport sur chaque chemin situé dans leur circonscription ; rendent compte du résultat de leurs travaux, ainsi que de ceux de leurs délégués, et présentent telles propositions ou observations qu'elles jugent nécessaires. Elles peuvent indiquer les améliorations dont le service vicinal et dont le réseau vicinal leur paraîtraient susceptibles. (M. A., art. 7.)

Les agents voyers chargés des réceptions informent cinq jours à l'avance, sauf les cas d'urgence, les membres de la commission délégués pour assister à ces réceptions. L'absence de ces membres n'empêche pas l'agent voyer de procéder à l'opération annoncée. Si les délégués de la commission ont des observations à faire sur les réceptions, ils en font l'objet d'un rapport qu'ils adressent au préfet ou au sous-préfet. (M. A., art. 8.)

Les membres à la nomination du préfet peuvent être suspendus et révoqués par lui.

L'investiture différente donnée aux membres de la commission ne saurait, du reste, avoir pour effet de créer entre eux des distinctions tirées de leur origine. Bien que les uns soient nommés par l'arrêté organique à raison de leurs fonctions et que les autres ne tiennent leur mandat que d'un arrêté spécial, tous sont également placés sous l'autorité du préfet et agissent uniquement en vertu de sa délégation.

En conséquence, les membres de la commission n'ont, soit collectivement, soit individuellement, aucune action directe sur les agents voyers, cantonniers, entrepreneurs et ouvriers. Ils ne peuvent prescrire aucune modification aux projets adoptés, ni donner aucun ordre aux agents ou aux ouvriers chargés de les exécuter.

Toutefois, les commissions doivent signaler à l'administration tous les abus ou irrégularités qui viendraient à leur connaissance et qu'elles auraient constatés ; dans ce but, elles peuvent entrer en relations directes avec les fonctionnaires et agents locaux, afin de rendre plus prompte et plus efficace leur intervention. (M. A., art. 9.)

§ 4. — Contrôle.

1. Comité consultatif de la vicinalité.

Il a été institué près du ministère de l'intérieur un comité consultatif de la vicinalité ayant pour mission de donner son avis sur les questions concernant le service vicinal qui seraient soumises à son examen par le ministre. (Décr. 9 juill. 1879, art. 1er.)

Ce comité se réunit sous la présidence du conseiller d'État directeur de l'administration départementale et communale.

Les membres sont nommés et remplacés par le ministre. (Décr. 1879, art. 2.)

Le nombre des membres, qui n'était que de sept au début, a été depuis porté à treize par diverses décisions ministérielles. Ils sont choisis pour la plupart parmi les ingénieurs des ponts et chaussées et les agents voyers en chef des départements.

2. Sous-comité technique.

Le sous-comité technique, tel qu'il a été réorganisé par arrêté ministériel du 31 décembre 1888, comprend un inspecteur général des ponts et chaussées en retraite, président, un ingénieur en chef, un ingénieur ordinaire, trois anciens agents voyers, quatre agents voyers en chef en retraite, le chef du bureau de la voirie urbaine, vicinale et rurale, et le chef du bureau de la construction vicinale au ministère de l'intérieur. Le sous-chef de ce dernier bureau remplit les fonctions de secrétaire. Le traitement des membres de ce sous-comité a été fixé à 4,000 fr. par an.

Le sous-comité reçoit la communication de tous les projets, marchés et décomptes des travaux à subventionner par l'État en vertu de la loi du 12 mars 1880.

Il est appelé à donner son avis :

1° Sur les projets d'ouvrages d'art, situés sur les chemins vicinaux, dont la dépense dépasse 10,000 fr. ;

2° Sur tous les projets inscrits par les conseils généraux au programme annuel des travaux à subventionner par l'État, en vertu de la loi du 12 mars 1880 ;

3° Sur tous les projets ayant pour objet la réparation des dégâts causés aux chemins par les inondations et autres catastrophes, lorsque les travaux sont subventionnés extraordinairement par l'État ;

4° Sur tous les projets de dépenses supplémentaires à faire en cours d'exécution de travaux précédemment approuvés ;

5° Sur le règlement des dépenses faites pour la construction des ouvrages d'art dépassant 10,000 fr. ;

6° Sur le règlement des dépenses concernant d'autres travaux et qui sont soumis à son examen ;

7° Sur les recours contentieux introduits devant le Conseil d'État, par les entrepreneurs de travaux vicinaux ou de voirie urbaine, contre les décisions de la juridiction administrative ;

8° Sur toutes les questions intéressant la vicinalité qui lui sont renvoyées par l'administration ;

Chaque projet fait, de la part d'un membre du sous-comité, l'objet d'un rapport dont les conclusions sont discutées en séance et forment la base d'un avis soumis à l'approbation du ministre. Dans le cas où le projet paraît devoir être adopté sans modifications importantes, ledit avis propose de le renvoyer au préfet pour approbation et exécution. Sinon, l'avis propose de renvoyer le projet aux agents voyers en vue de nouvelles études. (Instr. min. int. 25 mars 1893.)

3. Inspection du service vicinal.

Depuis 1889, il existe, dans les départements, une inspection du service vicinal qui a pour objet la visite des chantiers, l'examen de l'état d'entretien des chemins, la tenue des bureaux et de la comptabilité des agents voyers. (Arr. min. int. 31 déc. 1888, art. 3.)

Les fonctions d'inspecteur sont remplies par les six agents voyers en retraite du sous-comité.

Les départements sont répartis en six circonscriptions d'inspection ; chacun d'eux doit être visité au moins une fois tous les trois ans.

Les inspecteurs ne sauraient, en aucune façon, s'immiscer dans l'administration départementale, et ils n'ont aucune autorité directe sur le service qu'ils sont chargés de contrôler. Comme les inspecteurs des finances, comme ceux des ponts et chaussées, ils n'ont aucun ordre à donner, aucune critique à formuler sur place ; ils doivent se borner à constater les faits pour en rendre compte au ministre et le mettre en mesure de renseigner, sur les questions générales ou particulières de la vicinalité, le Parlement et les conseils généraux. (Circ. int. 16 mars 1878.)

Indépendamment des tournées ordinaires d'inspection, les membres du sous-comité peuvent être chargés de missions spéciales dans les départements.

Section 2. — Représentation en justice.

Le service vicinal, organisé dans chaque département pour centraliser toutes les affaires concernant les chemins vicinaux ordinaires, d'intérêt commun et de grande communication, est un simple agent d'exécution dépourvu de toute autorité propre; il ne peut, dans aucun cas, se substituer aux divers organes de la puissance publique entre lesquels la loi a réparti le droit de statuer sur l'exécution et sur l'entretien des voies vicinales des diverses catégories. (Cons. d'Ét. 19 déc. 1890, D. p. 92-3-70, Leb. chr., p. 973 ; 9 mars 1894, D. p. 95-3-28.)

C'est le préfet agissant comme représentant les communes intéressées qui a qualité pour intenter ou repousser les actions relatives aux chemins vicinaux de *grande communication* (L. 21 mai 1836, art. 9). Toutefois, cette solution n'a pas été admise immédiatement et pendant les premières années de l'application de la loi du 21 mai 1836 on laissait, même pour ces sortes de chemins, dans les attributions du maire, les actions relatives aux questions de propriété. Mais, depuis 1841, on a cessé de faire cette distinction, et l'on décide aujourd'hui que le préfet est seul compétent, même pour les litiges concernant la propriété. (Cass. 25 mai 1868, D. p. 68-1-404.)

Jusqu'en 1877, le Conseil d'État et la Cour de cassation étaient d'accord pour admettre que les maires des communes intéressées avaient seuls qualité, à l'exclusion du préfet, pour exercer les actions relatives aux chemins *d'intérêt commun*. (Cass. 4 fév. 1867 précité; Cons. d'Ét. 1er déc. 1876, Sir. 78-2-342, D. p. 77-3-9.)

Mais, à partir de 1877, le Conseil d'État a modifié sur ce point sa jurisprudence et a reconnu au préfet la même compétence pour agir à l'égard des chemins de moyenne communication qu'à l'égard des chemins de grande communication (Cons. d'Ét. 12 janv. 1877, Sir. 78-2-342, D. p. 77-3-9). Il s'est fondé, pour abandonner sa doctrine antérieure, sur les dispositions de la loi de 1871 qui assimilent les chemins d'intérêt commun à ceux de grande communication. Cette assimilation résulte, en effet, de l'article 44 de la loi, qui attribue au conseil général tout ce qui concerne la reconnaissance, l'ouverture, le redressement et les alignements des deux natures de chemins, et de l'article 46, § 7, qui défère au même conseil la désignation des services auxquels doit être confiée l'exécution des travaux sur les uns et sur les autres.

La Cour de cassation a jugé, au contraire, que si l'article 9 donne au préfet ce droit en ce qui concerne les chemins de grande communication, aucune disposition législative ne lui a accordé le même droit pour les chemins d'intérêt commun, et que, dès lors, c'est toujours aux maires qu'il appartient de représenter les communes dans les actions relatives à cette catégorie de chemins, notamment en matière d'indemnités de terrains. (Cass. 8 déc. 1885, Sir. 86-1-179, D. p. 87-1-492.)

En matière de chemins vicinaux *ordinaires*, le Conseil d'État et la Cour de cassation s'accordent à décider qu'il n'appartient qu'aux maires de représenter les communes en justice. (Cass. 4 fév. 1867 précité; Cons. d'Ét. 1er déc. 1876, Sir. 78-2-342, D. p. 77-3-9.)

Le maire ne saurait ester en justice, en cas de contestation relative aux chemins vicinaux ordinaires, sans l'autorisation du conseil municipal. (Cons. d'Ét. 4 mai 1894, Leb. chr., p. 304.)

Mais cette autorisation n'est pas nécessaire pour les actions exercées par le préfet au nom des communes, quand il s'agit de chemins de grande communication ou d'intérêt commun.

Les communes ne peuvent plaider dans les contestations concernant les chemins vicinaux de toute nature sans l'autorisation du conseil de préfecture.

CHAPITRE V

ASSIETTE DES CHEMINS

Section 1re. — Classement des chemins.

Il n'existe pas de chemin vicinal sans classement, et, s'il s'agit d'un chemin à créer, il ne peut être ouvert qu'après avoir été classé.

On désigne donc sous le nom générique de classement l'acte qui imprime à un chemin existant ou à ouvrir le caractère de chemin vicinal, soit ordinaire, soit d'intérêt commun, soit de grande communication.

Le classement prend parfois le nom de *reconnaissance*, lorsqu'il fait passer un chemin public de la voirie rurale dans la voirie vicinale ; de *désignation*, quand il place un chemin vicinal ordinaire dans la catégorie des chemins vicinaux d'intérêt commun ; de *déclaration*, dans le cas où il range parmi les chemins vicinaux de grande communication un chemin vicinal ordinaire ou d'intérêt commun.

§ 1er. — Classement des chemins vicinaux ordinaires.

Le classement, comme chemin vicinal, d'un chemin public existant ou d'une voie à ouvrir, peut être prononcé sur la demande des communes ou de tout intéressé. Cette demande doit être adressée au préfet. (L. 28 juill. 1824 ; Instr. gén. sur le service des chemins vicinaux du 6 déc. 1870, art. 1er.)

1. Chemins existants.

A) Enquête.

S'il s'agit d'un chemin existant, la reconnaissance en est faite par le maire et l'agent voyer. Il doit être dressé de cette reconnaissance un procès-verbal contenant tous les renseignements nécessaires pour faire apprécier le degré d'utilité du chemin, et indiquant les charges actuelles de la commune, en ce qui touche le service vicinal, ainsi que celles qui résulteraient du nouveau classement. Il y est joint un plan d'ensemble. (Instr. gén. 1870, art. 2 ; L. 21 mai 1836, art. 22.)

Le procès-verbal de reconnaissance prescrit par l'article précédent est déposé à la mairie pendant quinze jours, et avis de ce dépôt est donné aux habitants, par voie de publication et affiches en la forme ordinaire, pour qu'ils puissent présenter leurs réclamations ou observations, s'il y a lieu. (M. l., art. 3.)

B) Avis du conseil municipal.

À l'expiration du délai de dépôt, le conseil municipal délibère sur le projet ; il donne son avis sur l'utilité du classement, sur les observations qui pourraient avoir été faites, ainsi que sur la largeur à donner au chemin, et fait connaître les ressources qu'il entend consacrer à sa construction et à son entretien. (LL. 28 juill. 1824, art. 1er ; 10 août 1871, art. 86 ; 5 avril 1884, art. 61 et 68 ; Instr. gén. 1870, art. 4.)

Le préfet adresse le dossier de l'affaire avec son propre avis à la commission départementale à qui il appartient de statuer et de prononcer ou non le classement. (LL. 10 août 1871, art. 86 ; 5 avril 1884, art. 60.)

C) Décision de la commission départementale.

Sur le vu de la délibération du conseil municipal et des autres pièces à l'appui, il est statué par la commission départementale, tant sur le classement que sur la largeur à donner au chemin, tous droits des tiers réservés. (LL. 28 juill. 1824, art. 1er ; 21 mai 1836, art. 15, et 10 août 1871, art. 86 ; Instr. gén. 1870, art. 5.)

Dans le cas où la propriété du chemin public à classer est revendiquée par des tiers, il est sursis au classement jusqu'à ce que la question de propriété soit tranchée. (Cons. d'Et. 27 fév. 1862 et 12 janv. 1870.)

D) Effets du classement.

Les effets du classement sont les suivants :

1° L'entretien du chemin devient obligatoire pour la commune qui doit supporter les frais nécessaires pour sa réparation et peut y être contrainte par l'autorité supérieure ;

2° Les conseils de préfecture et les tribunaux de simple police ont, en ce qui concerne les usurpations et les anticipations commises sur la voie, une compétence respective dont le départ sera fait ultérieurement (V. infrà : Contraventions de voirie) ;

3° La reconnaissance du chemin consacre la jouissance légale du public sur le sol de la voie dans toute la largeur qui lui est donnée par l'arrêté de classement ;

4° Le sol du chemin déjà ouvert au public entre, d'une manière plus complète, dans le domaine public communal.

E) Voies de recours contre la décision de la commission départementale.

a) Recours administratifs. — Le classement en lui-même ne donne pas lieu à un recours contentieux proprement dit, il peut seulement donner ouverture : 1° à un recours par la voie gracieuse devant la commission départementale elle-même ou devant le conseil général ; 2° à un pourvoi devant le Conseil d'État pour excès de pouvoir, violation de la loi ou d'un règlement d'administration publique.

Ces recours, par dérogation aux principes et aux règles ordinaires, ont un effet suspensif de l'exécution des décisions prises par la commission départementale. (L. 10 août 1871, art. 88.)

Recours par voie gracieuse. — La décision de la commission départementale peut être, à la demande d'une partie intéressée, réformée par la commission elle-même mieux informée. Cette décision est en effet un acte d'administration, susceptible, tant du moins qu'il n'a pas reçu d'exécution quant au tracé et aux limites du chemin, d'être rapporté par cette commission, sans qu'il soit besoin de consulter à nouveau le conseil municipal.

---

[1] L'autorité compétente pour effectuer la reconnaissance des chemins vicinaux ordinaires était, jusqu'à la loi du 10 août 1871, le préfet. C'était le secrétaire du district qui avait cette mission d'après la loi du 6 octobre 1791 ; l'administration centrale et collective du département en avait été investie par l'arrêté du 28 messidor an V ; enfin, la loi du 28 pluviôse an VIII avait donné au préfet le droit de reconnaître les chemins vicinaux.

Mais cette loi n'était nullement explicite sur ce point ; elle donnait seulement, parmi les attributions des administrations centrales de département supprimées, l'administration aux préfets et le contentieux aux conseils de préfecture. On discuta le point de savoir si la déclaration de vicinalité ne constituait pas un acte contentieux, et une instruction ministérielle du 7 prairial an XIII répondit affirmativement. Le Conseil d'État jusqu'en 1813 fut

hésitant. (Cons. d'Et. 25 mars 1807, Sir. chr. ; 15 juin 1812, P. ad. chr.)

Mais depuis l'arrêt du 16 octobre 1813 (Sir. chr.) sa doctrine devient au contraire très formelle : c'est au préfet seul et non au conseil de préfecture qu'il appartient de déclarer si un chemin est vicinal. (Cf. 29 janv. 1814, P. ad. chr. ; 28 nov. 1821, P. ad. chr. ; 20 nov. 1822, P. ad. chr.)

L'article 1er de la loi de 1824 confirma cette solution qui se retrouve encore dans la loi du 21 mai 1836, art. 15. Depuis la loi de 1824, la compétence du préfet fut incontestée et les conseils de préfecture se déclarèrent eux-mêmes incompétents pour statuer sur une question de vicinalité d'un chemin. (Cons. d'Et. 19 avril 1838, P. ad. chr.)

On voit que la loi du 10 août 1871 a enlevé cette attribution au préfet pour la conférer exclusivement à la commission départementale. (Cons. d'Et. 28 juill. 1876, Sir. 76-2-309, D. p. 77-3-3.)

(L. 10 août 1871, art. 86; Cons. d'Ét. 13 juin 1873, Sir. 75-2-157, D. p. 74-3-84; Leb. chr., p. 522; 5 déc. 1879, Sir. 81-3-21, D. p. 80-3-52; Leb. chr., p. 773.)

En vertu de l'article 88 de la loi du 10 août 1871, la décision de la commission départementale peut être, pour cause d'inopportunité ou fausse appréciation des faits, frappée d'appel devant le conseil général par le préfet, les conseils municipaux ou les parties intéressées. L'appel doit être notifié dans le délai d'un mois au président de la commission départementale. Ce délai court du jour où la décision a été communiquée aux diverses personnes pouvant former appel, et le conseil général doit statuer dans sa prochaine session.

Lorsque le délai d'appel est expiré sans que les parties se soient encore pourvues, la décision de la commission ne peut plus être réformée par le conseil général; mais, toujours à la condition qu'elle n'ait pas reçu d'exécution, elle peut être rétractée par la commission elle-même. (Cons. d'Ét. 13 avril 1883, Leb. chr., p. 331.)

En cas d'annulation de la décision prise par la commission départementale, tout ce qui a été fait en vertu de cette décision est considéré comme non avenu. (Chevalier, t. Ier, p. 88; Cotelle, t. III, p. 437.)

Quand on ne peut attaquer la décision de la commission départementale que pour inopportunité ou fausse appréciation des faits, le recours par la voie gracieuse est seul ouvert. Il est donc impossible de se pourvoir devant le Conseil d'État, soit contre la décision elle-même (Cons. d'Ét. 13 nov. 1874, Leb. chr., p. 857; 17 juin 1881, Leb. chr., p. 624; 20 nov. 1896, Leb. chr., p. 734), soit même contre la décision rendue en appel par le conseil général, qui est définitive.

Le recours gracieux est encore le seul possible quand il y a eu erreur matérielle dans l'acte de classement. (Cons. d'Ét. 7 avril 1841, P. adm. chr.)

Recours pour cause d'excès de pouvoir. — Toute partie intéressée a le droit d'attaquer les décisions de la commission départementale devant le Conseil d'État pour excès de pouvoir, violation de la loi ou d'un règlement d'administration publique. (L. 10 août 1871, art. 88.)

Ce second mode de recours doit être soigneusement distingué de l'appel devant le conseil général.

Si la loi de 1871 a, en effet, organisé un système d'appel d'une nature toute spéciale en matière de classement de chemins vicinaux, elle a limité les causes de cet appel à l'inopportunité et à la fausse appréciation des faits. Dès lors, s'il y a un excès de pouvoir ou une violation de la loi, c'est seulement au Conseil d'État que l'on peut recourir. (Cons. d'Ét. 1er juin 1877, Leb. chr., p. 510; 9 fév. 1883, Leb. chr., p. 139; 1er fév. 1884, Leb. chr., p. 95.)

Le pourvoi devant le Conseil d'État étant suspensif doit avoir lieu dans les deux mois, à dater de la communication des décisions attaquées. (L. 10 août 1871, art. 88; Cons. d'Ét. 17 nov. 1877, Leb. chr., p. 873.)

Ce délai court sans qu'il soit besoin d'une notification individuelle : il suffit que les affiches aient averti les personnes intéressées. (Cons. d'Ét. 8 août 1882, Sir. 84-3-53.)

Le pourvoi est dispensé de tous frais de timbre et d'enregistrement aussi bien que de la formalité de constitution d'avocat (Cons. d'Ét. 1er fév. 1884, Leb. chr., p. 95); dans l'instance à laquelle il donne lieu, la partie qui succombe ne peut être condamnée aux dépens. (Cons. d'Ét. 13 juin 1873, Leb. chr., p. 522, Sir. 75-2-157, D. p. 74-3-84.)

Les recours, tant par voie gracieuse que par voie contentieuse, peuvent, nous l'avons dit, être exercés, tant par le préfet et les conseils municipaux que par toute autre partie intéressée (L. 10 août 1871, art. 88). Par le mot « partie intéressée », il faut entendre tous ceux qui ont un intérêt direct et personnel.

b) *Recours judiciaires.* — La décision emportant classement ne préjuge en rien la question de propriété. Il est donc toujours possible à qui se prétend propriétaire du sol de saisir les tribunaux judiciaires pour établir ses droits. (Cons. d'Ét. 5 mars 1886, Leb. chr., p. 203.)

Les actions civiles sur la propriété des chemins vicinaux sont jugées comme affaires sommaires et urgentes. (L. 21 mai 1836, art. 20.)

Quand une contestation relative à la propriété d'un chemin vicinal ou d'une partie de chemin vicinal est portée devant les tribunaux, c'est au particulier qu'incombe en principe le fardeau de la preuve s'il s'agit d'un terrain incorporé au domaine public. Mais si le particulier peut établir qu'il était en possession du sol avant sa réunion au chemin, c'est alors à la commune à fournir la preuve qu'elle était propriétaire. (Hermann, *Traité de voirie vicinale*, n° 64; Grandvaux, *Code*, t. Ier, p. 92 à 96.)

Dans le cas, au contraire, où le litige a pour objet, soit un terrain dont l'incorporation au domaine de la voirie n'est pas régulièrement démontrée, soit un terrain qui a été retranché de la voie publique, la charge de la preuve est soumise aux règles du droit commun.

Lorsque le chemin vicinal a fait, de la part de l'autorité compétente, l'objet d'un acte de reconnaissance régulier qui n'a pas été attaqué dans les délais légaux, l'action en revendication du sol de la part du propriétaire, alors même que son droit de propriété serait établi, ne peut se résoudre que par l'attribution de dommages-intérêts. (Cons. d'Ét. 26 juin 1896, Leb. chr., p. 521.)

F) *Interprétation des actes de classement.*

L'interprétation contentieuse d'un acte administratif devant être donnée par l'autorité de qui il émane, de tels arrêtés, quand le sens n'en est pas clair et peut prêter au doute, ne sont pas susceptibles d'une interprétation de la part des tribunaux judiciaires; cette interprétation appartient exclusivement à l'administration. (Cass. 6 août 1892, Sir. 92-1-480; Cons. d'Ét. 31 mars 1864, Sir. 64-2-118, D. p. 64-3-88.)

L'autorité qui doit interpréter l'acte de classement est celle de qui ce classement émane. (Cons. d'Ét. 9 mars 1836, Sir. chr.)

Avant la loi du 10 août 1871, les arrêtés de classement de ces chemins émanant du préfet, c'était à lui qu'il appartenait d'interpréter lesdits arrêtés. (Cons. d'Ét. 16 déc. 1830, Leb. chr., t. IV, p. 671 ; Cass. 22 janv. 1845. Sir. 45-1-90, D. p. 45-1-83.)

Mais la loi de 1871 ayant substitué aux préfets la commission départementale, c'est celle-ci seule qui est aujourd'hui compétente pour interpréter les arrêtés de classement, alors même qu'il s'agit d'anciens arrêtés préfectoraux. (Cass. civ. 19 juill. 1880, Bull. n° 150, Sir. 80-1-339, D. p. 80-1-413 ; Cons. d'Ét. 16 mai 1884, Leb. chr., p. 383.)

Il n'y a pas lieu de remplir, lorsqu'il s'agit d'une simple interprétation d'un arrêté de classement, les formalités qui accompagnent l'arrêté lui-même.

C'est ainsi que la commission départementale n'est pas tenue de prendre l'avis du conseil municipal et de faire procéder à une enquête, si elle se borne à statuer sur l'interprétation d'un arrêté préfectoral portant établissement d'un chemin vicinal. (Cons. d'Ét. 1er fév. 1884, Leb. chr., p. 96, Sir. 85-3-76 ; 6 mars 1885, Leb. chr., p. 265, D. p. 86-5-68.)

2. Chemins à ouvrir.

Le classement d'un chemin à ouvrir est précédé des formalités indiquées aux articles 15 et 16 de l'instruction de 1870 que nous rapportons plus loin. [Sect. 4, § 3.] (LL. 21 mai 1836, 3 mai 1841 et 8 juin 1864 ; Instr. gén. 1870, art. 6.)

§ 2. — Classement des chemins de grande communication et d'intérêt commun.

Lorsque le conseil général a pris en considération une proposition de classement d'un chemin de grande communication ou d'intérêt commun, ou lorsque le préfet croit devoir donner suite à une demande de classement, les agents voyers préparent un avant-projet et le préfet provoque l'avis des conseils municipaux et d'arrondissement. Le *conseil général* statue définitivement. (LL. 21 mai 1836 et 10 août 1871, art. 46 ; Instr. gén. 1870, art. 7.)

Ce dernier n'est d'ailleurs nullement lié par les avis émis par les conseils municipaux et d'arrondissement, et, s'il est obligé de prendre ces avis, il n'est pas tenu de les suivre. (Cons. d'Ét. 27 déc. 1878, Leb. chr., p. 1084 ; 28 mars 1884, Leb. chr., p. 247, Sir. 86-3-5 ; D. p. 85-3-117.)

Le conseil général peut, en vertu de l'article 77 de la loi du 10 août 1871, déléguer à la commission départementale le droit de classer un chemin de grande communication ou d'intérêt commun et de fixer son tracé. (Cons. d'Ét. 4 fév. 1876, Sir. 78-2-63, D. p. 76-3-70.)

Mais cette délégation doit être faite pour un cas déterminé seulement ; elle ne peut s'appliquer qu'aux affaires dont le conseil général a pu apprécier l'importance et la difficulté. (Cons. d'Ét. Avis 5 déc. 1872 et 13 mars 1873.)

Il est un cas où le conseil général n'est plus compétent pour ordonner le classement d'une voie comme chemin de grande communication ou d'intérêt commun, c'est lorsqu'il s'agit d'une portion de route nationale délaissée.

La loi du 24 mai 1842 étant toujours en vigueur, c'est par décret que cette portion de route est classée dans la voirie vicinale. (V. *infrà*, § 4.)

§ 3. — Rue formant le prolongement des chemins vicinaux.

Toute rue qui est reconnue, dans les formes légales, être le prolongement d'un chemin vicinal, en fait partie intégrante et est soumise aux mêmes lois et règlements. (L. 8 juin 1864, art. 1er ; Instr. gén. 1870, art. 8.)

La déclaration que la rue est le prolongement du chemin est faite dans les mêmes formes que le classement ; il y a donc lieu de distinguer suivant qu'il s'agit de petite, de moyenne ou de grande vicinalité.

§ 4. — Classement dans la voirie vicinale de portions délaissées de routes nationales ou d'anciennes routes départementales.

I. Routes ou portions de routes nationales délaissées.

En cas de délaissement de tout ou partie d'une route nationale, le classement de cette voie dans la voirie vicinale est prononcé par décret du Président de la République. Il entraîne translation à la commune du droit de propriété du sol de l'ancienne route, même pour les parcelles restant disponibles par suite de la diminution de sa largeur. De droit commun, une loi serait nécessaire pour atteindre un tel résultat, mais en notre hypothèse, un simple décret suffit pour gratifier ainsi la commune chargée de l'entretien de la voie. Telle est la solution universellement admise qui résulte, sinon expressément du texte, du moins des travaux préparatoires et de l'exposé des motifs de la loi du 24 mai 1842. (V. Guillaume, *op. cit.*, n° 15.)

L'initiative d'un tel classement peut émaner des conseils généraux ou municipaux ou de tout intéressé. La décision du chef de l'État est précédée de l'enquête prescrite par l'instruction du 6 décembre 1870 et de l'avis des conseils municipaux dans tous les cas, ainsi que de l'avis de la commission départementale s'il s'agit de classer la voie comme chemin vicinal ordinaire, ou des avis des conseils d'arrondissement et du conseil général s'il s'agit d'en faire un chemin vicinal de grande communication ou d'intérêt commun. On peut même conclure du texte de la loi de 1842 qui autorise ce classement « sur la demande ou avec l'*assentiment* des conseils municipaux », qu'il ne peut avoir lieu que si les conseils émettent un avis favorable. Le décret est rendu sur le rapport du ministre de l'intérieur, après avis du ministre des travaux publics.

Ce procédé de classement peut être employé pour les avenues conduisant aux gares ou stations de chemins de fer d'intérêt général qui, construits par l'État ou ses concessionnaires comme dépendances des voies ferrées, font partie du domaine public national. Rien ne s'oppose à ce qu'elles soient rangées avec cession gratuite dans la voirie vicinale par un décret du Président de la République, en vertu de la loi du 24 mai 1842. (Circ. min. 7 mars 1882.)

2. Routes départementales déclassées.

Quand il s'agit de classer dans le réseau vicinal une ancienne route départementale, les dispositions exceptionnelles de la loi de 1842 sont inapplicables.

Dès lors :

1° Le classement est opéré par le conseil général ou par la commission départementale, suivant qu'il y a lieu de faire de la voie un chemin vicinal de grande communication ou d'intérêt commun ou un chemin vicinal ordinaire, avec les formalités requises d'après le droit commun ; jamais un décret n'intervient pour cela ;

2° Ce classement ne transfère pas aux communes la propriété du sol de la voie. Dès lors, ce cas de classement comme chemin vicinal ordinaire n'est possible que si la commune acquiert du conseil général cession amiable de la propriété, ou du moins l'usage de la voie ; en cas de refus du conseil général, la commune doit demander l'autorisation d'ouvrir sur ce point un chemin vicinal et procéder contre le département à une expropriation des terrains nécessaires. (Guillaume, *op. cit.*, n° 16.)

Section 2. — Fixation de la largeur des chemins.

La largeur de chaque chemin vicinal est déterminée par le conseil général pour les chemins de grande communication et d'intérêt commun ; par la commission départementale pour les chemins vicinaux ordinaires. (L. 10 août 1871, art. 44 et 86.)

Les lois de 1836 et de 1871 ne contiennent aucune disposition limitant cette largeur ; elle peut donc varier suivant les contrées au gré des conseils généraux et des commissions départementales : l'intérêt d'une bonne viabilité est la seule règle à suivre[1]. (Husson, *Lég. des trav. publ.*, t. II, p. 550 ; Foucart, t. II, n° 423 ; Dumay, t. Ier, p. 94.)

La fixation de la largeur est faite d'ordinaire en même temps que le classement du chemin. L'enquête et les avis des conseils municipaux (et des conseils d'arrondissement s'il s'agit de chemins de grande communication ou d'intérêt commun) portent à la fois sur l'utilité du classement et sur la largeur à donner à la voie. Les avis des conseils municipaux sur ce point ne lient ni le conseil général ni même la commission départementale, alors du moins que la largeur du chemin déclaré vicinal ordinaire n'est pas augmentée. La fixation des limites a lieu en vertu d'une décision postérieure du conseil général ou de la commission départementale. Elle est précédée : 1° de la confection par l'agent voyer d'un plan conforme à la largeur prescrite ; 2° de la confection d'un état parcellaire ; 3° de l'émission par les conseils municipaux de leur avis sur ce point.

Il appartient aux conseils généraux ou aux commissions départementales de comprendre dans la largeur les fossés, parapets, banquettes, murs de soutènement, talus de remblai ou de déblai et les autres ouvrages accessoires qu'il peut être nécessaire d'établir en dehors de la voie livrée à la circulation. Ces ouvrages font partie intégrante du chemin vicinal auquel ils se rattachent. (Instr. gén. 1870, art. 11.)

Section 3. — Plan des chemins.

Dans les communes où les conseils municipaux ont voté les fonds nécessaires, il est dressé un plan des chemins vicinaux. (Instr. gén. 1870, art. 12.)

Section 4. — Élargissement, ouverture et redressement des chemins.

§ 1er. — Élargissement.

1. Formalités préparatoires.

Lorsque le chemin n'a pas la largeur fixée par l'arrêté ou la décision qui a prononcé le classement, l'agent voyer dresse un plan sur lequel il indique les limites de la largeur à donner et celles des ouvrages accessoires déterminés dans l'article 11 qui précède. Ce plan est accompagné d'un état faisant connaître la surface du terrain à occuper sur les parcelles de chaque riverain. Il est soumis aux conseils municipaux. (LL. 28 juill. 1824, 21 mai 1836 et 10 août 1871 ; Instr. gén. 1870, art. 13.)

Le plan et l'état parcellaire sont soumis, suivant le cas, à l'approbation du conseil général ou de la commission départementale[1].

Avant toute décision, il doit être procédé à une enquête. S'il s'agit d'un chemin vicinal ordinaire,

---

1. On donne d'ordinaire aux chemins vicinaux *ordinaires* une largeur de six mètres. Cette largeur est en effet presque toujours suffisante pour les besoins de la circulation, et il importe de ne pas imposer aux propriétaires riverains des sacrifices qui n'auraient pas une évidente nécessité. Quant aux *autres chemins* vicinaux, la largeur de six mètres ne suffirait pas le plus souvent. Mais elle ne paraît pas, en général, devoir excéder, non compris les fossés, sept mètres pour les chemins d'intérêt commun, et huit mètres pour les chemins de grande communication.

1. Les conseils d'arrondissement doivent être aussi consultés s'il s'agit de chemins d'intérêt commun ou de grande communication. Les avis formulés par ces conseils ne lient certainement pas le conseil général ou la commission départementale en ce qui concerne les chemins de grande communication et d'intérêt commun, et ces autorités peuvent prononcer l'élargissement de la voie même en cas d'avis défavorables, car ces chemins ont un véritable caractère d'utilité générale. La question est au contraire controversée en ce qui concerne les chemins vicinaux ordinaires (V. Cons. d'Ét. 19 nov. 1868, Leb. chr. p. 1073 ; 27 fév. 1880, Sir. 81-3-60, D. p. 81-3-27). On s'accorde d'ailleurs à reconnaître que si l'élargissement devait se produire dans de telles proportions qu'il y eût lieu de le considérer comme une véritable ouverture ou un redressement, la commission départementale ne peut pas y procéder contrairement à l'avis du conseil municipal. (Cons. d'Ét. 13 juill. 1877, D. p. 78-3-46.)

cette enquête peut avoir lieu dans les formes déterminées par la circulaire ministérielle du 20 mai 1825 ou par l'ordonnance du 23 août 1835.

S'il s'agit, au contraire, d'un chemin d'intérêt commun ou de grande communication, cette enquête doit être faite dans les formes de l'article 10 de la loi du 28 juillet 1824 qui n'a pas été abrogé, et ce à peine de nullité. (Cons. d'Ét. 2 mars 1888, Leb. chr., p. 215.)

L'instruction du 7 décembre 1870 (art. 21) exige que la décision ordonnant l'élargissement d'un chemin vicinal de l'une des trois catégories et en déterminant la limite soit notifiée aux propriétaires, au moins dix jours avant la prise de possession. (V. Cons. d'Ét. 2 mars 1888, Leb. chr., p. 215.)

2. Effets de la décision approuvant les limites nouvelles.

La décision par laquelle sont approuvées les limites nouvelles et élargies de la voie produit un effet considérable dérogeant au droit commun. Elle attribue définitivement au chemin les terrains compris dans les limites fixées par le plan, et la commune peut en prendre possession en remplissant les conditions indiquées dans les articles 21 et suivants de l'instruction de 1870. (LL. 28 juill. 1824, 21 mai 1836, art. 15, et 10 août 1871, art. 44 et 86; Instr. gén. 1870; V. *infrà*.)

Toutefois, si l'élargissement atteint des *propriétés bâties*, l'occupation ne peut avoir lieu qu'après le consentement amiable des propriétaires, ou après une expropriation poursuivie conformément aux dispositions de la loi. (L. 8 juin 1864; Instr. gén. 1870, art. 14; Cons. d'Ét. 4 août 1876, Sir. 78-2-340.)

§ 2. — Ouverture et redressement.

1. Chemins vicinaux ordinaires.

A) *Autorité compétente. — Formalités préparatoires.*

L'initiative de l'ouverture ou du redressement d'un chemin appartient à tout intéressé, fût-ce un particulier.

Lorsqu'il y a lieu d'ouvrir ou de redresser un chemin vicinal, il est dressé *un plan* auquel doivent être joints *un nivellement* et *un rapport*. Ces pièces sont déposées à la mairie, et il est procédé à une *enquête*, conformément à l'ordonnance du 23 août 1835. Le conseil municipal est appelé à *délibérer*, tant sur l'utilité du projet que sur les réclamations consignées au procès-verbal d'enquête. Les pièces sont ensuite transmises au préfet par le sous-préfet, qui y joint son avis ainsi que celui de l'agent voyer d'arrondissement. (LL. 21 mai 1836, 3 mai 1841 et 8 juin 1864; Instr. gén. 1870, art. 15.)

B) *Décision de la commission départementale. Effets.*

Sur le vu des délibérations et avis ci-dessus, et sur l'avis de l'agent voyer en chef, une décision rendue, s'il y a lieu, par la commission départementale, conformément à l'article 86 de la loi du 10 août 1871, après avoir classé les parties du chemin qui ne l'auraient pas été antérieurement, déclare d'utilité publique et autorise l'ouverture ou le redressement du chemin. Toutefois, lorsqu'il s'agit de *terrains bâtis*, l'utilité publique ne peut être déclarée que par un décret, conformément à la loi du 8 juin 1864 [1]. (LL. 21 mai 1836, 3 mai 1841 et 8 juin 1864; Instr. gén. 1870, art. 16.)

Par terrains bâtis, il faut entendre ici, comme en matière d'élargissement des chemins vicinaux, non seulement les terrains couverts de bâtiments, mais encore ceux qui sont clos de murs de tous côtés. (Cons. d'Ét. 31 mars 1882, Leb. chr., p. 302.)

La commission départementale ne peut, à peine d'excès de pouvoirs, prescrire, *contrairement à l'avis du conseil municipal,* l'ouverture ou le redressement d'un chemin vicinal ordinaire, ou bien fixer même la direction ou le tracé de cette voie sans l'assentiment dudit conseil, alors même qu'il accepterait le classement. (Cons. d'Ét. 23 fév. 1883, Leb. chr., p. 209, Sir. 85-3-7; 13 nov. 1891, Leb. chr., p. 650, D. p. 93-3-17.)

2. Chemins de grande communication ou d'intérêt commun.

Ce sont les conseils généraux qui prescrivent l'ouverture et le redressement des chemins de grande et de moyenne vicinalité. (L. 10 août 1871, art. 44. Sur les formalités, V. *infrà* : Sect. 5, § 1er, 1, B.)

Section 5. — Acquisitions et indemnités de terrains.

Les acquisitions de terrains dans l'intérêt du service vicinal sont faites, soit pour l'établissement ou l'ouverture des chemins vicinaux, soit pour l'élargissement, le changement de direction ou le redressement de ces chemins, soit enfin pour ouvrages accessoires.

Lorsque les parties peuvent s'entendre, l'acquisition a lieu à l'amiable; si elles ne peuvent pas tomber d'accord, il y a lieu de recourir à l'expropriation.

§ 1er. — Acquisitions amiables.

Il y a lieu de distinguer selon qu'il s'agit de terrains pour l'ouverture, le redressement d'un chemin, ou d'acquisition de terrains pour l'élargissement d'un chemin.

1. Ouverture ou redressement d'un chemin.

A) *Chemins vicinaux ordinaires.*

Ces acquisitions se font soit en vertu d'une déclaration d'utilité publique ou d'une décision équivalente, soit en dehors de toute déclaration ou dé-

---

1. Jusqu'à la loi du 10 août 1871, c'était le préfet qui autorisait l'ouverture et le redressement des chemins vicinaux ordinaires et qui en fixait la direction (L. 28 juill. 1824, art. 10, et L. 21 mai 1836, art. 16). Depuis la loi du 21 mai 1836, le préfet exerçait ce droit quelle que que dût être l'importance de la dépense, et il n'y avait plus lieu, dans aucun cas, de recourir à l'autorité royale pour faire autoriser l'ouverture ou le redressement d'un chemin.
La loi du 10 août 1871, ainsi que nous le disons, a transféré cette attribution du préfet à la commission départementale (art. 86).

cision. La distinction entre ces deux catégories a une grande importance au point de vue de la transcription, de la purge, des droits de timbre et d'enregistrement.

Il y a acquisition amiable en vertu d'une déclaration d'utilité publique ou d'une décision équivalente quand, après une enquête régulière et une décision de la commission départementale ou un décret, suivant qu'il s'agit de terrains non bâtis ou bâtis, les propriétaires des terrains les cèdent amiablement à la commune aux prix et conditions convenus. On y assimile les cessions amiables consenties pour l'ouverture d'un chemin qui est peu après déclaré d'utilité publique, dans le but de diminuer les frais des communes relativement à ces acquisitions.

Il y a acquisition amiable sans déclaration d'utilité publique ou décision équivalente quand elle a lieu pour des terrains non bâtis, sans qu'une décision ait été prise pour l'ouverture du chemin et ait été précédée des formalités d'enquête prescrites par la loi du 3 mai 1841, titre Ier, et quand elle porte sur des terrains bâtis ou clos de murs sans qu'il y ait eu de décret déclarant l'utilité publique. Ces dernières acquisitions amiables doivent, en principe, être précédées d'une enquête dans les formes fixées par l'instruction ministérielle du 20 août 1825 et l'ordonnance royale du 23 août 1835.

La loi du 3 mai 1841 favorise les cessions amiables en permettant aux représentants des incapables de les consentir en leur nom sous des conditions moins lentes que d'après le droit commun. Les règles qu'elle édicte sur ce point sont ici applicables. (Fuzier-Hermann, *loc. cit.*)

Dans toute acquisition amiable, les conditions de la cession et le prix doivent toujours être acceptés par une délibération du conseil municipal ; le *vote* est rendu exécutoire par le préfet en conseil de préfecture, toutefois l'approbation préfectorale n'est pas nécessaire lorsque la dépense, totalisée avec les dépenses de même nature pendant l'exercice suivant, n'excède pas les limites des ressources tant ordinaires qu'extraordinaires que les communes peuvent se créer sans autorisation spéciale. (Décr. 25 mars 1852, art. 1er, tab. A, n° 41 ; L. 5 avril 1884, art. 61, 68, 69.)

Ces acquisitions peuvent être constatées dans des actes dressés par les maires en la forme administrative ; c'est même cette forme qui est la plus employée. De quelque façon qu'ils soient dressés, *lesdits actes* ne sont pas soumis à l'approbation préfectorale (Cons. d'Ét. 28 juill. 1864, Leb. chr., p. 695), sauf, si, avant leur rédaction, approbation n'a pas été donnée, dans les cas où elle est nécessaire, aux délibérations par lesquelles le prix et les conditions des acquisitions ont été acceptés. (LL. 28 juill. 1824, art. 10 ; 5 avril 1884, art. 61, 68, 69.)

B) *Chemins de grande communication et d'intérêt commun.*

a) *Autorité compétente. — Formalités prépara-*

toires. — Lorsqu'il y a lieu d'ouvrir ou de redresser un chemin de grande communication ou d'intérêt commun, et que le conseil général a fixé sa largeur et sa direction, il est procédé conformément aux dispositions des articles 15 à 18 de l'instruction de 1870, sous la réserve que la décision prévue à l'article 16 (V. *suprà*) est rendue, comme nous l'avons dit, par le conseil général, et que l'arrêté prescrit par l'article 18 (V. *infrà*) est pris dans la limite fixée par le conseil général. L'enquête a lieu conformément aux dispositions de l'ordonnance du 18 février 1834, ou de celle du 23 août 1835, selon que les travaux intéressent plusieurs communes ou une seule. (LL. 21 mai 1836, 3 mai 1841, 8 juin 1864 et 10 août 1871 ; Instr. gén. 1870, art. 19.)

b) *Acquisition des terrains. — Transcription. — Purge.* — Il convient d'appliquer ici les règles exposées plus haut pour les chemins vicinaux ordinaires avec cette différence que ce sont les *préfets* qui concluent les marchés pour l'acquisition des terrains et qui, ayant pris l'arrêté de cessibilité d'après les limites fixées par le *conseil général* et la déclaration d'utilité publique résultant de la décision de ce conseil, ou d'un décret, suivant qu'il s'agit de terrains bâtis ou non, poursuivent par tous les moyens l'exécution des projets d'ouverture. Les chemins de grande ou de moyenne vicinalité sont, en effet, placés sous leur autorité. (L. 21 mai 1836, art. 9.)

2. Élargissement. (V. *infrà* à Indemnités de terrains.)

§ 2. — Acquisitions par voie d'expropriation.

Il faut distinguer le cas où il s'agit seulement d'élargissement du chemin et celui où il s'agit d'ouverture ou de redressement.

1. Élargissement.

Il ne peut y avoir ici une véritable expropriation, puisque les terrains destinés à l'élargissement sont incorporés au chemin par la décision même qui en fixe les limites, sauf le cas où les terrains sont *bâtis ou clos de murs*.

Ainsi que nous l'avons dit, la déclaration d'utilité publique résulte de l'arrêté qui fixe la largeur ; et le droit des propriétaires riverains se résout en une indemnité (L. 21 mai 1836, art. 15). Nous disons plus loin comment se règle cette indemnité.

2. Ouverture et redressement.

L'acquisition a nécessairement lieu par expropriation quand les propriétaires des terrains à occuper ne veulent ou ne peuvent les céder à l'amiable.

Il est alors procédé à l'accomplissement des formalités prescrites par les articles 4, 5, 6, 7 et 12 de la loi du 3 mai 1841. (LL. 21 mai 1836 et 3 mai 1841 ; Instr. gén. 1870, art. 17 ; V. dans notre *Répertoire de police* le mot *Expropriation*.)

Sur le vu des différentes pièces de l'instruction à laquelle il a été procédé pour arriver à l'expropriation, le préfet détermine, par un arrêté pris en conseil de préfecture et dans la limite fixée par la commission départementale, les propriétés qui doivent être cédées et indique l'époque à laquelle il est nécessaire d'en prendre possession. (L. 3 mai 1841, art. 11 et 12 ; Avis des sect. de l'int. et des trav. publ. du Cons. d'Ét. 12 déc. 1868 ; Instr. gén. 1870, art. 18.)

§ 3. — Disposition spéciale.

Les travaux concernant les chemins vicinaux de toutes classes, dans les limites de la zone frontière et dans le rayon des enceintes fortifiées, sont soumis aux dispositions des décrets des 16 août 1853, 15 mars 1862 et 3 mars 1874. (Instr. gén. 1870, art. 20.)

§ 4. — Indemnités de terrains.

1. Indemnité de terrains pour élargissement.

La décision qui prescrit l'élargissement d'un chemin vicinal de l'une des trois catégories et qui en détermine les limites doit, nous l'avons dit, être notifiée aux propriétaires des terrains au moins dix jours avant la prise de possession.

À l'expiration de ce délai, et sauf l'exception qui concerne les terrains bâtis, il peut être procédé à l'exécution des travaux *préalablement* au règlement de l'indemnité.

S'il existe sur les terrains à occuper des arbres fruitiers ou de haute futaie, il en est référé au préfet, et il peut être sursis à l'abatage jusqu'au règlement de l'indemnité. (Cass. 7 juin 1838, Bargheon ; 10 juill. 1854, Labarthe, D. p. 54-1-229 ; Instr. gén. 1870, art. 21 ; Cons. d'Ét. 2 juill. 1886, Leb. chr., p. 535 ; 2 mars 1888 ; Leb. chr., p. 214 ; Batbie, t. II, n° 383 ; Dufour, t. III, n° 284 ; Guillaume, n° 19 ; Serrigny, t. II, n° 723 ; *Contrà* : Dumay, t. II, n° 530 ; Aucoc, t. II, n° 790.)

Si le propriétaire ne consent pas à l'abandon gratuit de la partie de terrain à réunir au chemin, le maire, assisté de l'agent voyer, traite avec lui du montant de l'indemnité à allouer. *S'il y a accord*, le traité, signé par le maire et le propriétaire, est soumis à l'acceptation du conseil municipal (L. 28 juill. 1824, art. 10). Il n'est pas nécessaire qu'il soit approuvé par le préfet, quand la dépense totalisée avec les dépenses de même nature pendant l'exercice courant ne dépasse pas les limites des ressources ordinaires que les communes peuvent se créer sans autorisations spéciales (V. L. 5 avril 1884, art. 68, § 3). Mais dans le cas contraire, le traité est soumis à l'approbation du préfet. L'avis du conseil de préfecture n'est nullement exigé. (L. 28 juill. 1824 et Décr. 25 mars 1852 ; Instr. gén. 1870, art. 22 ; L. 5 avril 1884.)

Si l'indemnité *ne peut être réglée* à l'amiable, deux experts sont nommés, l'un par le propriétaire, l'autre par le sous-préfet (Cass. 25 juin 1878, Sir. 79-1-247, D. p. 79-1-24). Dans le cas où une partie n'aurait pas nommé son expert, il y est pourvu d'office par le juge de paix. En cas de discord, le juge de paix nomme un tiers expert [1], sur le rap-

port duquel il statue ensuite, à la requête de la partie la plus diligente. (L. 21 mai 1836, art. 15 et 17 ; Instr. gén. 1870, art. 23.)

La décision du juge de paix étant un véritable jugement, est susceptible d'appel selon le droit commun. (Cass. 19 juin 1843, Sir. 43-1-484, P. 43-2-214 ; 18 août 1845, Sir. 45-1-719, D. p. 45-1-413.)

De même, quand les jugements sont rendus en dernier ressort, ils sont attaquables par la voie du pourvoi en cassation. (Garnier, *Supp.*, p. 57 ; Bost, *Org. et attrib. mun.*, t. 1er, p. 487.)

2. Indemnité de terrains pour ouverture et redressement.

Si l'acquisition des terrains n'a pu avoir lieu à l'amiable, le préfet transmet au procureur de la République de l'arrondissement toutes les pièces constatant l'accomplissement des formalités prescrites pour faire prononcer l'expropriation, et il est procédé ensuite conformément aux dispositions de la loi du 3 mai 1841, sauf les modifications spécifiées par l'article 16 de celle du 21 mai 1836.

Les propriétaires peuvent consentir à l'occupation, sauf règlement ultérieur de l'indemnité par le jury, conformément au paragraphe 5 de l'article 14 de la loi du 3 mai 1841. (LL. 21 mai 1836 et 3 mai 1841 ; Instr. gén. 1870, art. 25.)

3. Acquisition de terrains pour ouvrages accessoires.

Les terrains nécessaires pour l'établissement des ouvrages destinés à recevoir ou à écouler les eaux et de tous autres ouvrages accessoires, peuvent être acquis conformément à l'article 16 de la loi du 21 mai 1836.

La déclaration d'utilité publique doit émaner, suivant les cas, soit du conseil général ou de la commission départementale, soit du chef du pouvoir exécutif. (LL. 8 juin 1864 et 10 août 1871 ; Instr. gén. 1870, art. 26.)

4. Dispositions générales.

Lorsque l'indemnité n'excède pas 500 fr., le maire, autorisé à cet effet par délibération du conseil municipal, approuvée par le préfet, peut se dispenser de remplir les formalités de la purge des hypothèques. (L. 3 mai 1841, art. 19 ; O. 18 avril 1842, art. 2, et Décr. 14 juill. 1866 ; Instr. gén. 1870, art. 27.)

5. Prescription de l'action en indemnité.

L'action en indemnité des propriétaires pour les

---

1. Si l'on s'en tenait strictement au texte des articles 15 et 17, on devrait faire nommer le tiers expert par le conseil de préfecture (V. Dumay, *Chemins vicinaux*, p. 96 ; Caron, *Juridiction civile des juges de paix*, t. 1er, n° 463). Mais l'esprit de la loi exige que l'autorité compétente pour fixer le chiffre de l'indemnité le soit aussi pour nommer non seulement les experts à défaut de désignation des parties, mais encore le tiers expert. Dès lors c'est au juge de paix, et non au conseil de préfecture, qu'il appartient de nommer le tiers expert pour l'évaluation de l'indemnité. (Cass. 11 août 1838, Sir. 38-1-878 ; 21 déc. 1864, Sir. 66-1-806, D. p. 66-1-225 ; Cons. d'Ét. 26 avril 1844, P. ad. chr. En ce sens : Féraud-Giraud, *Servitudes de voirie*, t. II, n° 618 ; Guillaume, p. 62, n° 24.)

terrains ayant servi à la confection des chemins vicinaux est prescrite par le laps de deux ans (L. 21 mai 1836, art. 18). Le délai de prescription court du jour de la prise de possession. (Agen 29 nov. 1888, Pand. franç. pér. 89-2-158.)

Cette date est généralement déterminée par le carnet de l'agent voyer cantonal qui doit la relater. (V. *infrà*, art. 76 de l'Instr. de 1870.)

Section 6. — *Déclassement des chemins.*

§ 1er. — Chemins vicinaux ordinaires.

1. Autorité compétente. — Formalités.

La demande de déclassement de tout ou partie d'un chemin vicinal est adressée au préfet, soit par le conseil municipal, soit par tout intéressé. (Instr. gén. 1870, art. 28.)

S'il y a lieu de donner suite à la demande de déclassement, il est dressé un plan d'ensemble qui est, avec cette demande, déposé pendant quinze jours à la mairie, afin que les intéressés puissent faire leurs observations, tant sur le déclassement que sur la destination ultérieure du chemin.

Avis de ce dépôt est donné aux habitants par voie de publication et affiches en la forme ordinaire. Pareil avis doit être publié et affiché dans les communes voisines que ce déclassement pourrait intéresser.

À l'expiration du délai de quinzaine, les conseils municipaux, et la commune sur le territoire de laquelle le chemin est situé que des communes intéressées, sont appelés à délibérer. (L. 28 juill. 1824 et Instr. gén. 1870, art. 29.)

Le conseil municipal de la commune sur le territoire de laquelle le chemin est situé doit exprimer, dans sa délibération, s'il est d'avis que le chemin soit conservé à la circulation comme chemin rural ou s'il doit être supprimé. (Instr. gén. 1870, art. 30.)

Les délibérations des conseils municipaux sont immédiatement transmises au préfet avec l'avis des agents voyers et du sous-préfet.

Sur le vu de ces pièces, et si l'avis du conseil municipal de la commune sur le territoire de laquelle se trouve le chemin est *favorable au déclassement,* il est statué par la commission départementale. (LL. 28 juill. 1824, 21 mai 1836 et Instr. gén. 1870, art. 31.)

Expédition de la décision de la commission départementale est adressée au maire de la commune sur le territoire de laquelle le chemin est situé. Si le déclassement est prononcé, cette expédition est annexée au tableau des chemins vicinaux. Avis de la décision est, dans tous les cas, donné au maire des communes dont les conseils municipaux ont été appelés à délibérer sur le déclassement. (Instr. gén. 1870, art. 32.)

2. Effets.

Les effets du déclassement peuvent se résumer d'un mot : le chemin redevient ce qu'il était avant le classement. Il ne cesse donc pas nécessairement

ipso facto de constituer une voie publique, c'est un chemin rural, propriété de la commune, mais celle-ci n'est plus tenue de l'entretenir.

Mais il importe de déterminer dans quelle catégorie de chemins ruraux tombe le chemin vicinal déclassé, car, tandis que le chemin rural *reconnu* est imprescriptible, la propriété d'une voie rurale non reconnue peut, au contraire, être acquise par prescription par les particuliers. Nous pensons que, le chemin vicinal redevenant ce qu'il était auparavant, si ce chemin a été ouvert *en même temps* que déclaré vicinal, il entrera dans la catégorie des chemins ruraux non reconnus par le seul effet du déclassement [1], si, au contraire, il était chemin rural reconnu et qu'il ait été classé comme vicinal, il reprend, par l'effet du déclassement, son premier état. (V. sur la question Cons. d'Ét. 16 fév. 1860, Leb. chr., p. 121 ; 1er fév. 1866, Leb. chr., p. 76, Sir. 67-2-93.)

3. Voies de recours.

Les décisions des commissions départementales relatives au déclassement des chemins vicinaux peuvent être l'objet d'*un appel* devant le conseil général pour inopportunité de la décision et fausse appréciation des faits, et d'un *recours* devant le Conseil d'État pour violation d'une loi ou d'un règlement d'administration publique, dans les formes et les délais fixés par l'article 88 de la loi du 10 août 1871. (V. *suprà*.)

4. Interprétation des décisions portant déclassement.

Les arrêtés de déclassement, comme ceux de classement, sont des actes administratifs dont l'interprétation n'appartient pas à l'autorité judiciaire et dans la connaissance desquels elle ne doit pas s'immiscer. (Cass. 6 août 1892, Gaz. trib. 17 août 1892.)

§ 2. — Chemins de grande communication et d'intérêt commun.

1. Autorité compétente. — Formalités.

Lorsque le conseil général a pris en considération une proposition de déclassement d'un chemin de grande communication ou d'intérêt commun, ou lorsque le préfet croit devoir donner suite à une demande de déclassement, le préfet provoque l'avis des conseils municipaux des communes intéressées et des conseils d'arrondissement, et le *conseil gé-*

---

1. D'après la jurisprudence administrative et une partie de la doctrine, seul le déclassement peut faire perdre à la voie le privilège de l'imprescriptibilité. Tant que l'autorité compétente n'est pas intervenue pour le prononcer, les particuliers ne peuvent acquérir aucun droit sur son sol par prescription. (O. de Blois, art. 346 ; Cons. d'Ét. 12 mai 1847, Sir. 47-2-548, D. p. 47-3-171 ; 18 juill. 1866, Leb. chr., p. 584 ; Cormonin, 3e édit., p. 266 ; Marcadé, sur l'art. 2226 du Cod. civ., no 4.)

Cependant, d'après la Cour suprême et un certain nombre d'auteurs, un arrêté de déclassement ne serait pas nécessaire et les chemins seraient prescriptibles dès qu'ils perdent leur destination ou ont été abandonnés depuis de longues années. (Duranton, t. XXI, no 176 ; Proudhon, *Du dom. publ.*, no 217 ; Cass. 24 avril 1855, Sir. 56-1-443, D. p. 55-2-206 ; 27 nov. 1861, Sir. 62-1-170, D. p. 62-1-34.)

néral statue définitivement. (L. 10 août 1871, art. 46; Instr. gén. 1870, art. 33.)

Quand le déclassement doit avoir pour effet d'interrompre ou de modifier la circulation à la limite d'un département voisin sur lequel le chemin se prolonge, un accord préalable avec ce département doit se conclure. Il est procédé, pour aboutir à ce résultat, dans les formes fixées par les articles 89 et 90 de la loi du 10 août 1871. (Circ. min. 23 sept. 1871 et 9 août 1879.)

2. Effets.

Il faut appliquer ici le principe que nous avons précédemment posé pour les chemins vicinaux ordinaires : sauf nouveau classement de la voie, le chemin déclassé redevient ce qu'il était avant le classement actuellement rapporté ; un chemin de grande communication peut donc redevenir chemin d'intérêt commun, ou chemin vicinal ordinaire, s'il avait été primitivement classé dans l'une ou l'autre de ces deux catégories ; sinon, il constitue un simple chemin rural.

3. Voies de recours.

Les recours admis contre les décisions du conseil général portant déclassement sont absolument les mêmes qu'en matière de classement. (V. *suprà*.)

§ 3. — Transformation des chemins vicinaux en routes nationales ou départementales.

Un chemin vicinal peut cesser d'avoir cette qualité pour devenir route nationale ou départementale. Il n'y a pas lieu, dans ce cas, à agir par voie d'expropriation contre la commune quant au sol faisant déjà partie de la voie. La raison en est que le sol était déjà dans le domaine public, et que le service chargé de l'entretenir ne fait que changer. Cette modification ne transfère nullement à l'État ou au département la propriété du chemin ; sauf le cas où il y a convention expresse sur ce point, la commune reste, en effet, propriétaire du sol (Av. Cons. d'Ét. 22 juill. 1858 ; 22 nov. 1860) et, au cas où la route venant ultérieurement à être déclassée, ce sol serait vendu, le prix d'aliénation lui reviendrait. (Guillaume, *op. cit.*, n° 31 *bis*.)

§ 4. — Droits des riverains.

La législation reconnaît divers droits aux riverains des chemins déclassés : tout d'abord, elle leur accorde la préférence pour l'achat des terrains désaffectés ; c'est le droit de préemption ; puis il peut leur être alloué certaines indemnités en réparation du préjudice que leur cause la suppression du chemin.

1. Droit de préemption.

Il existe, en faveur des riverains des chemins vicinaux déclassés, un droit analogue à celui qui est consacré par la loi du 24 mai 1842 pour les routes nationales délaissées. En effet, aux termes de l'article 19 de la loi du 21 mai 1836, « en cas de changement de direction ou d'abandon d'un chemin vicinal, en tout ou en partie, les propriétaires rive-

rains de la partie de ce chemin qui cesse de servir de voie de communication, peuvent faire soumission de s'en rendre acquéreurs et d'en payer la valeur, qui est fixée par des experts nommés dans la forme déterminée par l'article 17 ». Nous indiquons cette forme dans notre section 8, § 1er.

Le droit reconnu par l'article 19 de la loi de 1836 au riverain sur la parcelle de chemin vicinal désaffectée n'est qu'un simple droit de préemption et ne peut être exercé que si la commune veut vendre. (Besançon 26 fév. 1890, D. p. 91-2-151.)

Quant aux formalités à remplir lorsque l'aliénation a été autorisée, elles sont contenues dans les articles 37 et suivants de l'instruction générale de 1870. On les trouvera dans notre section 8, § 1er.

2. Indemnités.

Les droits de vue et d'accès que les propriétaires riverains exercent sur les chemins vicinaux, comme ceux dont ils jouissent sur les autres voies publiques, sont d'une nature *sui generis* en ce sens qu'ils sont subordonnés aux modifications ainsi qu'à l'existence de chemins comme voies publiques. Une conséquence de ce principe, c'est que ces droits cessent d'exister, soit sur le chemin qui en est grevé, lorsque le chemin perd le caractère de voie publique, soit sur les terrains retranchés du chemin et qui ne sont plus affectés à la circulation, en vertu d'une décision de l'autorité compétente.

Mais la commune à laquelle appartient le chemin est tenue de dédommager les propriétaires riverains, en leur procurant des avantages équivalents à ceux dont ils sont privés, par exemple en leur cédant le sol, déduction faite de la valeur des droits qu'ils exerçaient, en leur payant une indemnité et en établissant un nouveau passage. (Cass. 3 mai 1858, Sir. 58-1-751, D. p. 58-1-276 ; 16 mai 1877, D. p. 77-1-431.)

Section 7. — *Suppression des chemins vicinaux.*

La suppression est l'acte qui doit aboutir à la destruction matérielle du chemin et à la désaffectation de son sol à l'usage du public.

La suppression d'un chemin vicinal exige le déclassement préalable de la voie comme chemin vicinal. Lorsque le déclassement a été prononcé par l'autorité compétente, la suppression du chemin résultera d'une délibération prise en ce sens par le conseil municipal et approuvée par le préfet. Le déclassement est donc le préliminaire indispensable de la suppression, mais il n'y conduit pas toujours, car il peut être suivi d'un nouveau classement de la voie en qualité de chemin rural.

Par suite, c'est le préfet qui autorise, dans tous les cas, la suppression d'un chemin vicinal déclassé. (LL. 1836, 1866 et 5 avril 1884, art. 68 et 69.)

Mais le préfet ne fait qu'approuver la déclaration du conseil municipal demandant la suppression. Il ne pourrait donc, sans excès de pouvoir, ordonner, contrairement à une décision du conseil municipal, la suppression et la vente du chemin. Peu importerait qu'il y eût à ce sujet dissentiment entre les communes copropriétaires de la voie. (Cons. d'Ét. 16 fév. 1860, Sir. 60-2-632 ; 1er fév. 1866. Sir. 67-2-64.)

Mais, d'autre part, la commune ne pourrait pas, sans l'autorisation préfectorale, opérer la suppression de la voie en en abandonnant le sol à un particulier. (Rouen 17 juill. 1869, Sir. 70-2-181.)

La délibération du conseil municipal relative à la suppression d'un chemin vicinal sera prise le plus souvent même avant le déclassement, car ce sera en vue de sa suppression que le conseil municipal aura demandé son déclassement. Dans tous les cas, cette délibération doit être précédée d'une enquête *de commodo et incommodo*. Si donc la question de suppression n'a pas été étudiée et soumise au public en même temps que le déclassement, il y a lieu de procéder à cette mesure d'instruction. (V. *infrà*, Sect. 8, § 1er, art. 35 de l'instr. de 1870.)

L'enquête doit être annoncée par trois publications faites à quinze jours d'intervalle. Tel est le seul changement apporté par la loi du 20 août 1881 (art. 16) à la pratique suivie jusque-là sur ce point par application de la décision ministérielle du 20 août 1825. Le préambule du procès-verbal de l'enquête, dont il est donné connaissance aux déclarants, doit contenir un exposé exact de la nature, des motifs et des fins du projet. Tout habitant peut donner son avis motivé sur la question. Les déclarations sont insérées séparément et successivement au procès-verbal, lors même qu'elles sont identiques ; elles sont signées par les déclarants ou certifiées conformes à leur déclaration, s'ils ne savent pas écrire, par le commissaire enquêteur. Ce commissaire est choisi par le sous-préfet, qui ne doit désigner pour ce poste ni le maire de la commune, ni un agent dépendant de l'administration municipale, de façon à assurer la libre expression des opinions sur le projet.

Cette enquête n'est, il est vrai, exigée en termes exprès tant par l'article 10 de la loi de 1824 que par l'article 16 de la loi du 20 août 1881, qu'au cas où la suppression du chemin doit être suivie de l'*aliénation* des terrains (Guillaume, p. 74). Mais nous pensons avec plusieurs auteurs que la loi n'a eu là en vue que le *plerumque fit* et que l'enquête doit avoir lieu toutes les fois qu'il y a suppression de la voie, quelle que soit la destination future des terrains. Le droit reconnu aux riverains d'exiger la vente des terrains délaissés impose cette solution. (Fuzier-Hermann, v° *Chemin vicinal*, n° 876.)

Section 8. — *Aliénations et échanges de terrains.*

§ 1er. — *Aliénations.*

L'enquête prescrite pour l'ouverture ou le redressement des chemins vicinaux sert en même temps pour l'aliénation des parties de terrains inutiles abandonnées ou déclassées, lorsque cette aliénation a été prévue au projet. (Instr. gén. 1870, art. 35.)

Dans le cas où l'aliénation des terrains devenus inutiles à la voie publique n'a pas été décidée en même temps que le déclassement, le redressement ou la réduction de largeur d'un chemin vicinal, il ne peut, nous venons de le dire, y être procédé qu'à la suite d'une enquête faite dans les formes prescrites par l'instruction ministérielle du 20 août 1825. (L. 28 juill. 1824, art. 10 ; Instr. gén. 1870, art. 36.)

Lorsque l'aliénation du sol de tout ou partie d'un chemin a été autorisée, il est produit un plan parcellaire et un état estimatif. Le maire de la commune met les propriétaires riverains du chemin en demeure de déclarer, dans le délai de quinzaine, s'ils entendent user du bénéfice de l'article 19 de la loi du 21 mai 1836 et se rendre acquéreurs du sol en en payant la valeur déterminée soit à l'amiable, soit à dire d'experts.

Il est dressé procès-verbal de cette mise en demeure. (L. 21 mai 1836 et Décr. 25 mars 1852; Instr. gén. 1870, art. 37.)

Si les propriétaires font, dans le délai ci-dessus, leur soumission de se rendre acquéreurs du sol, et si l'accord s'établit sur le prix, la convention est soumise à l'approbation du conseil municipal et du préfet. S'il y a désaccord sur le prix, le propriétaire doit, dans le délai de quinze jours, nommer son expert, conformément à l'article 17 de la loi du 21 mai 1836. Un second expert est nommé par le sous-préfet.

Les deux experts, après avoir prêté serment, procèdent à l'évaluation du sol. En cas de discord, le tiers expert est nommé par le conseil de préfecture. (L. 21 mai 1836 et Instr. gén. 1870, art. 38.)

Si les propriétés situées sur les deux rives du chemin appartiennent au même propriétaire, c'est à lui seul qu'appartient le droit de soumissionner le sol du chemin.

Si les propriétés situées sur les deux rives du chemin appartiennent à des propriétaires différents, et que l'un d'eux seulement fasse sa soumission de se rendre acquéreur, c'est en faveur de ce propriétaire que se fait la concession de la totalité du sol du chemin.

Si les deux propriétaires riverains font tous deux leur soumission de se rendre acquéreurs, le sol est concédé à chacun d'eux jusqu'au milieu du chemin. (Instr. gén. 1870, art. 39.)

Quant aux difficultés qui s'élèvent entre les propriétaires sur l'exercice du droit de préemption établi en leur faveur par l'article 19 de la loi de 1836, elles sont en principe de la compétence exclusive des tribunaux de l'ordre judiciaire. (Cons. d'Ét. 26 juin 1869, Leb. chr., p. 626, Sir. 70-2-231 ; 27 avril 1877, Leb. chr., p. 374, D. p. 77-5-466.)

Dans le cas où les propriétaires riverains d'un chemin supprimé déclareraient renoncer au bénéfice de l'article 19 de la loi du 21 mai 1836, ou s'ils n'avaient pas fait leur soumission ou nommé leur expert dans les délais prescrits par les articlos 37 et 38 ci-dessus, le sol du chemin peut être aliéné dans les formes déterminées pour la vente des terrains communaux, c'est-à-dire par voie d'adjudication. (M. I., art. 40.)

Le prix des terrains aliénés, en exécution des dispositions qui précèdent, est versé à la caisse municipale à titre de ressource extraordinaire, et peut être affecté aux dépenses de la vicinalité, conformément à l'avis du conseil municipal. (M. I., art. 41.)

§ 2. — Échanges.

Il peut être procédé, par voie d'échange, avec ou sans soulte, à l'acquisition des terrains nécessaires pour l'élargissement, l'ouverture ou le redressement d'un chemin vicinal. (Instr. gén. 1870, art. 42.)

Les échanges ont lieu dans les formes déterminées par l'article 10 de la loi du 28 juillet 1824. (M. I., art. 43.)

A cet effet, il est produit un plan parcellaire avec un état estimatif indiquant, pour chaque propriétaire, les portions de terrains à échanger, et, le cas échéant, la soulte à payer. (M. I., art. 44.)

Les terrains communaux dépendant d'un chemin vicinal ne peuvent faire l'objet d'un échange qu'après avoir été préalablement distraits, dans les formes légales, du sol de ce chemin.

L'échange ne peut avoir lieu avec un tiers qu'autant que le propriétaire riverain n'a pas déclaré, dans les délais prescrits, vouloir bénéficier des dispositions de l'article 19 de la loi du 21 mai 1836. (M. I., art. 45.)

S'il y a soulte en faveur de la commune, le montant en est versé dans la caisse municipale, à titre de ressource extraordinaire, conformément aux dispositions de l'article 41 ci-dessus. (M. I., art. 46.)

Section 3. — Indemnités pour extraction de matériaux et pour occupation temporaire de terrains.

§ 1er. — Désignation des terrains.

Les projets rédigés pour la construction, la réparation ou l'entretien des chemins vicinaux doivent indiquer les carrières et les propriétés dont l'occupation temporaire est nécessaire, soit pour l'extraction, soit pour le dépôt de terres et matériaux, soit pour tout autre objet relatif à l'exécution des travaux. (Instr. gén. 1870, art. 47.)

Ils indiquent également avec le nom de la commune : 1° les numéros des parcelles sur le plan cadastral et leurs propriétaires d'après la matrice des rôles ; 2° les travaux à raison desquels l'occupation a lieu ; 3° les surfaces sur lesquelles elle portera ; 4° la nature et la durée de l'occupation ; 5° la voie d'accès. (L. 29 déc. 1892, art. 4.)

Enfin, lorsque l'occupation n'a pas pour objet unique le ramassage des matériaux, l'arrêté préfectoral doit être accompagné d'un plan faisant connaitre, par une teinte conventionnelle, la parcelle à occuper. Toutes ces diverses formalités doivent être strictement suivies. (Circ. int. 15 mars 1893.)

Dans le cas où, pendant le cours des travaux, il deviendrait nécessaire d'occuper des terrains au-tres que ceux indiqués aux devis, la désignation en est faite par le préfet, sur la proposition des agents voyers et sur l'avis du maire pour les chemins vicinaux ordinaires, sur la proposition des agents voyers pour les chemins vicinaux de grande communication et d'intérêt commun. (M. I., art. 48.)

Les propriétés communales et le lit des rivières et ruisseaux sont choisis de préférence pour le ramassage et l'extraction des matériaux ; à défaut seulement, les autres propriétés sont désignées à cet effet.

Les lieux plantés en arbres fruitiers ou en vignes sont exceptés autant que possible. (M. I., art. 49.)

Les propriétés fermées de murs ou autres clôtures équivalentes d'après les usages du pays, et attenantes à une habitation, ne peuvent être désignées sans le consentement formel et préalable des propriétaires. (L. 23 déc. 1892, art. 2 ; Arrêts du conseil 7 sept. 1755 et 20 mars 1780 ; Instr. gén. 1870, art. 50 ; Cons. d'Ét. 7 mars 1861, Sir. 61-2-236 ; 12 juill. 1864, Sir. 65-2-53 ; 2 mai 1867, Leb. chr., p. 512 ; 31 déc. 1869, Leb. chr., p. 1057.)

Les conditions de notification de l'arrêté de désignation sont indiquées dans l'article 4 de la loi de 1892. Cet article est ainsi conçu :

« Le préfet envoie ampliation de son arrêté et du plan annexé au chef du service public compétent et au maire de la commune.

Si l'administration ne doit pas occuper elle-même le terrain, le chef de service compétent remet une copie certifiée de l'arrêté à la personne à laquelle elle a délégué ses droits.

Le maire notifie l'arrêté au propriétaire du terrain ou, si celui-ci n'est pas domicilié dans la commune, au fermier, locataire, gardien ou régisseur de la propriété ; il y joint une copie du plan parcellaire et garde l'original de cette notification.

S'il n'y a dans la commune personne ayant qualité pour recevoir la notification, celle-ci est valablement faite par lettre chargée adressée au dernier domicile connu du propriétaire. L'arrêté et le plan parcellaire restent déposés à la mairie pour être communiqués sans déplacement aux intéressés, sur leur demande. »

En outre, le ministre prescrit aux préfets, pour mettre l'administration à l'abri du recours éventuel ouvert par l'article 12 de la loi, d'ordonner l'affichage de l'arrêté dans la commune et son insertion dans un journal de l'arrondissement, ou, à défaut, du département. (Circ. int. 15 mars 1893.)

§ 2. — Occupation de terrains par convention amiable.

Si le propriétaire d'un terrain désigné conformément aux dispositions qui précèdent ne consent à l'occupation pour le dépôt ou l'extraction des matériaux que moyennant indemnité, le taux de cette indemnité est, autant que possible, réglé à l'amiable. Les conventions souscrites à ce sujet, pour les chemins vicinaux ordinaires, sont soumises à l'approbation du conseil municipal, et la délibération intervenue est, s'il y a lieu, homologuée par le préfet.

Lorsque l'occupation doit avoir lieu pour le service des chemins de grande communication ou d'intérêt commun, le règlement amiable conclu avec le propriétaire est soumis au préfet, pour être approuvé, s'il y a lieu, sur le rapport de l'agent voyer en chef.

Ces dispositions ne sont pas applicables dans le cas où les indemnités sont à la charge des entrepreneurs. (L. 21 mai 1836 ; Instr. gén. 1870, art. 51.)

Les contestations s'élevant au sujet de l'exécution de semblables conventions sont de la compétence exclusive des tribunaux judiciaires. (Cons. d'Ét. 5 janv. 1860, Leb. chr., p. 10; 18 fév. 1864, Sir. 64-2-279, D. p. 64-3-106; 26 fév. 1870, Leb. chr., p. 192.)

§ 3. — Occupation d'office des terrains.

1. Formalités postérieures à la désignation des terrains et antérieures à l'occupation.

Après l'accomplissement des formalités exposées plus haut et à défaut de convention amiable, le chef de service ou la personne à laquelle l'administration a délégué ses droits fait au propriétaire du terrain, préalablement à toute occupation du terrain désigné, une notification par lettre recommandée, indiquant le jour et l'heure où il compte se rendre sur les lieux ou s'y faire représenter.

Il l'invite à s'y trouver ou à s'y faire représenter lui-même, pour procéder contradictoirement à la constatation de l'état des lieux.

En même temps, il informe par écrit le maire de la commune de la notification par lui faite au propriétaire.

Si le propriétaire n'est pas domicilié dans la commune, la notification est faite conformément aux stipulations de l'article 4.

Entre cette notification et la visite des lieux, il doit y avoir un intervalle de dix jours au moins. (L. 23 déc. 1892, art. 5.)

Lorsque l'occupation temporaire a pour objet exclusif le ramassage des matériaux à la surface du sol, les notifications individuelles prescrites par les articles 4 et 5 de la loi de 1892 sont remplacées par des notifications collectives par voie d'affichage et de publication à son de caisse ou de trompe dans la commune. En ce cas, le délai de dix jours, prescrit à l'article 5, court du jour de l'affichage. (M. L., art. 6.)

A défaut par le propriétaire de se faire représenter sur les lieux, le maire lui désigne d'office un représentant pour opérer contradictoirement avec celui de l'administration ou de la personne au profit de laquelle l'occupation a été autorisée.

Le procès-verbal de l'opération qui doit fournir les éléments nécessaires pour évaluer le dommage est dressé en trois expéditions destinées, l'une à être déposée à la mairie et les deux autres à être remises aux parties intéressées.

Si les parties ou les représentants sont d'accord, les travaux autorisés par l'arrêté peuvent être commencés aussitôt.

En cas de désaccord sur l'état des lieux, la partie la plus diligente saisit le conseil de préfecture et les travaux pourront commencer aussitôt que le conseil aura rendu sa décision. (M. L., art. 7.)

Tout arrêté qui autorise des études ou une occupation temporaire est périmé de plein droit s'il n'est suivi d'exécution dans les six mois de sa date. (M. L., art. 8.)

L'occupation des terrains ou des carrières nécessaires à l'exécution des travaux publics ne peut être ordonnée pour un délai supérieur à cinq années.

Si l'occupation doit se prolonger au delà de ce délai, et à défaut d'accord amiable, l'administration devra procéder à l'expropriation, qui pourra aussi être réclamée par le propriétaire dans les formes prescrites par la loi du 3 mai 1841. (M. L., art. 9.)

2. Règlement de l'indemnité.

A) Procédure. — Base de l'indemnité. — Immédiatement après la fin de l'occupation temporaire des terrains et à la fin de chaque campagne, si les travaux doivent durer plusieurs années, la partie la plus diligente, à défaut d'accord amiable sur l'indemnité, saisit le conseil de préfecture pour obtenir le règlement de cette indemnité conformément à la loi du 22 juillet 1889. (L. 23 déc. 1892, art. 10.)

Avant qu'il soit procédé au règlement de l'indemnité, le propriétaire figurant dans l'instance ou dûment appelé est tenu de mettre lui-même en cause ou de faire connaître à la partie adverse, soit par la demande introductive d'instance, soit dans un délai de quinzaine à compter de l'assignation qui lui est donnée, les fermiers, les locataires, les colons partiaires, ceux qui ont des droits d'usufruit ou d'usage tels qu'ils sont réglés par le Code civil, et ceux qui peuvent réclamer des servitudes résultant des titres mêmes du propriétaire ou d'autres actes dans lesquels il serait intervenu ; sinon, il reste seul chargé envers eux des indemnités que ces derniers pourront réclamer. (M. L., art. 11.)

Néanmoins, en cas d'insolvabilité du propriétaire, les tiers dénommés à l'article précédent ont, pendant le délai déterminé par l'article 17 de la loi de 1892, recours subsidiaire contre l'administration ou la personne à laquelle elle a délégué ses droits, à moins que l'arrêté autorisant l'occupation n'ait été affiché dans la commune et inséré dans un journal de l'arrondissement ou, à défaut, dans un journal du département. (M. L., art. 12.)

Dans l'évaluation de l'indemnité, il doit être tenu compte tant du dommage fait à la surface que de la valeur des matériaux extraits. La valeur des matériaux est estimée d'après les prix courants sur place, abstraction faite de l'existence et des besoins de la route pour laquelle ils sont pris ou des constructions auxquelles on les destine, et en tenant compte des frais de découverte et d'exploitation.

Les matériaux n'ayant d'autre valeur que celle qui résulte du travail de ramassage ne donnent lieu à indemnité que pour le dommage causé à la surface. (M. L., art. 13.)

Si l'exécution des travaux doit procurer une augmentation de valeur immédiate et spéciale à la propriété, cette augmentation est prise en considération dans l'évaluation du montant de l'indemnité. (M. L., art. 14.)

Les constructions, plantations et améliorations ne donnent lieu à aucune indemnité lorsque, à raison de l'époque où elles ont été faites ou de toute autre circonstance, il peut être établi qu'elles ont été faites dans le but d'obtenir une indemnité plus élevée. (M. L., art. 15.)

B) *Privilège.* — Les propriétaires des terrains occupés ou fouillés et les autres ayants droit ont, pour le recouvrement des indemnités qui leur sont dues, privilège et préférence à tous les créanciers sur les fonds déposés dans les caisses publiques pour être délivrés aux entrepreneurs ou autres personnes auxquelles l'administration a délégué ses droits, dans les conditions de la loi du 25 juillet 1891.

En cas d'insolvabilité de ces personnes, ils ont un recours subsidiaire contre l'administration, qui doit les indemniser intégralement. (L. 23 déc. 1892, art. 18.)

C) *Prescription de l'action.* — L'action en indemnité des propriétaires ou autres ayants droit, pour toute occupation temporaire de terrains autorisée dans les formes prévues par la loi de 1892, est prescrite par un délai de deux ans à compter

du moment où cesse l'occupation. (L. 23 déc. 1892, art. 17.)

D) *Infraction à l'emploi déterminé des matériaux.* — *Absence d'autorisation.* — Les matériaux dont l'extraction est autorisée ne peuvent, sans le consentement écrit du propriétaire, être employés soit à l'exécution de travaux privés, soit à l'exécution de travaux publics autres que ceux en vue desquels l'autorisation a été accordée.

En cas d'infraction, le contrevenant paie la valeur des matériaux extraits et est puni correctionnellement d'une amende qui sera fixée ainsi qu'il suit :

Par charretée ou tombereau, de dix francs (10 fr.) à trente francs (30 fr.) par chaque bête attelée ;

Par charge de bête de somme, de cinq francs (5 fr.) à quinze francs (15 fr.) ;

Par charge d'homme, de deux francs (2 fr.) à six francs (6 fr.).

Les mêmes peines sont applicables au cas où l'extraction n'aurait pas été précédée de l'autorisation administrative.

Il peut être fait application de l'article 463 du Code pénal. (L. 23 déc. 1892, art. 16.)

E) *Timbre et enregistrement.* — Les plans, procès-verbaux, certificats, significations, jugements, contrats, quittances et autres actes faits en vertu de la loi de 1892 sont visés pour timbre et enregistrés gratis, quand il y a lieu à la formalité de l'enregistrement. (L. 23 déc. 1892, art. 19.)

CHAPITRE VI

CRÉATION ET RÉPARTITION DES RESSOURCES

Les ressources applicables aux dépenses des chemins vicinaux se composent :

1° De ressources ordinaires et de ressources extraordinaires créées par les communes ;

2° De ressources éventuelles.

Elles se divisent comme il suit :

| 1° Ressources créées par les communes. | Ressources ordinaires. (*Loi 21 mai 1836, art. 2.*) | Revenus ordinaires. Prestations en nature. Centimes spéciaux ordinaires. |
| | Ressources extraordinaires [1]. | Centimes spéciaux extraordinaires. (*Loi du 5 avril 1884.*) Impositions extraordinaires autorisées par des décisions ou des lois spéciales. Emprunts. Allocations sur les fonds libres, sur les produits de coupes extraordinaires de bois, de ventes de terrains, etc. |

2° Ressources éventuelles.		Souscriptions particulières.
		Subventions industrielles. (*Loi du 21 mai 1836, art. 14.*)
	Subventions départementales	sur centimes spéciaux et sur centimes facultatifs (*Loi du 21 mai 1836, art. 8, et loi annuelle des finances*); sur impositions extraordinaires ou sur emprunts autorisés soit par des lois spéciales, soit en vertu de la loi du 11 juillet 1868 ;
	Subventions de l'État.	sur les fonds créés par la loi du 11 juillet 1868 et 12 mars 1880 [1]; sur d'autres fonds.
		Les prestations par suite de condamnations judiciaires. (*Loi du 18 juill. 1859. Décr. 21 déc. 1859.*)

A ces ressources s'ajoutent les restes en caisse

---

1. Autrefois il était permis aux communes de recourir à la ressource d'une quatrième journée de prestation. Cette faculté, consacrée par l'article 3 de la loi du 11 juillet 1868, a pris fin en 1882.

1. La loi du 12 mars 1880 porte ouverture au ministre de l'intérieur et des cultes d'un crédit extraordinaire de 80 millions de francs pour subvention aux chemins vicinaux, et le décret réglementaire du 3 juin 1880 indique le mode de répartition des subventions aux départements et aux communes.

Nous donnons, à la fin du traité, le texte de l'instruction spéciale pour l'exécution de la loi de 1880.

ou à recouvrer, à la clôture de chaque exercice, sur les fonds affectés au service vicinal pendant l'année précédente. (Instr. gén. 1870, art. 63.)

Certaines de ces ressources sont applicables aux trois catégories de chemins vicinaux ; d'autres sont spécialement affectées à l'une d'elles.

Les diverses ressources dont la loi autorise la création en faveur des chemins vicinaux ne peuvent être, en principe, employées sans illégalité à des dépenses étrangères à ce service. Un tel emploi doit être rejeté des comptes où il figure et peut en outre donner lieu à une action en dommages-intérêts contre le fonctionnaire qui l'a autorisé et l'agent qui l'a réalisé.

Par exception à cette règle :

1° Les lois des 12 juillet 1865, article 3, et 11 juin 1880, articles 12 et 39, permettent d'affecter aux dépenses des chemins de fer d'intérêt local et aux tramways partie des ressources créées en vertu de la loi du 21 mai 1836, quand les communes ont assuré l'exécution de leur réseau subventionné et l'entretien de tous leurs chemins classés ;

2° La loi du 21 juillet 1870 permet aux communes, sous certaines restrictions, d'appliquer aux chemins publics ruraux les prestations restant disponibles (V. *infrà* à *Chemins ruraux*) ;

3° Les départements qui n'ont pas besoin d'employer la totalité des centimes spéciaux établis par la loi du 21 mai 1836 pour assurer le service des chemins vicinaux peuvent affecter le surplus aux autres dépenses de leur budget ordinaire. (L. 10 août 1871, art. 60.)

Section 1re. — Ressources à créer par les communes.

§ 1er. — Opérations préliminaires et votes des ressources.

Afin de mettre à même le conseil général de fixer chaque année les contingents ordinaires communaux pour les chemins de grande communication et d'intérêt commun, l'agent voyer en chef prépare, dans le courant du mois de mars, un état sommaire des besoins auxquels il y a lieu de faire face l'année suivante sur chaque chemin. Il indique les contingents que les communes pourraient être appelées à fournir, et pour quelle part ces contingents doivent être prélevés sur les revenus ordinaires et sur le produit des prestations et des centimes spéciaux ordinaires. (Mod. n° 1 ; Règl. gén., art. 62 ; Instr. gén. 1870, art. 64.)

Du 1er au 15 avril de chaque année, il est dressé, par l'agent voyer cantonal, un état sommaire indiquant : la situation des chemins vicinaux ordinaires de la commune ; les dépenses à faire, pendant l'année suivante, tant pour l'entretien que pour l'achèvement complet de ces chemins ; les ressources qui peuvent être affectées à ces dépenses ; l'emploi à faire du reliquat de l'exercice précédent. (Mod. n° 2.)

Cet état comprend les contingents demandés pour les chemins de grande communication et d'intérêt commun, conformément à l'article précédent.

L'état, vérifié par l'agent voyer d'arrondissement et présenté par l'agent voyer en chef, est transmis au maire pour être communiqué au conseil municipal, dans la session de mai, avec l'arrêté de mise en demeure prescrit par l'article 5 de la loi du 21 mai 1836. (Mod. n° 3 ; Règl. gén., art. 63 ; Instr. gén. 1870, art. 65.)

Dans la session de mai, le conseil municipal est appelé à voter, pour l'année suivante, les contingents proposés pour les chemins de grande communication et d'intérêt commun, ainsi que les ressources qu'il entend affecter aux chemins vicinaux ordinaires, en distinguant le réseau subventionné du réseau non subventionné. Il est invité, en même temps, à arrêter le tarif de la conversion des prestations en tâches et à délibérer sur l'emploi des reliquats des exercices précédents.

La délibération du conseil (mod. n° 3) est transmise à la préfecture, avec l'avis du sous-préfet, dans les quinze jours qui suivent la clôture de la session. L'agent voyer en chef consulté sur cette délibération, qui ne devient exécutoire, selon la loi, qu'après l'approbation du conseil général, pour ce qui concerne la fixation des contingents dus aux chemins de grande communication et d'intérêt commun, et du préfet pour les ressources destinées aux chemins vicinaux ordinaires. Il est donné au directeur des contributions directes avis de cette approbation, en ce qui concerne le vote des journées de prestation et des centimes. (M. R., art. 64 ; M. l., art. 66.)

§ 2. — Ressources ordinaires.

Les ressources au moyen desquelles le conseil municipal doit d'abord faire face aux dépenses des chemins sont :

1° Les revenus ordinaires ;

2° Et *en cas d'insuffisance*, les prestations et les centimes spéciaux ordinaires[1], soit concurremment, soit indépendamment les uns des autres.

---

1. La délibération prise par le conseil municipal au sujet des centimes ordinaires de la vicinalité est soumise à l'approbation préfectorale (L. 28 juill. 1824, art. 5), puis adressée au directeur des contributions directes pour faire figurer ces centimes au rôle des contributions à percevoir l'année suivante dans chaque commune. Qu'ils aient été votés par le conseil ou imposés d'office par le préfet, ils sont recouvrés par les percepteurs dans la même forme et en même temps que les contributions à la principal desquelles ils sont adjoints. Le montant en est mis à la disposition des communes selon les règles sur le service de la comptabilité qui ont été fixées par l'instruction générale du ministre des finances en date du 20 juin 1859 (art. 199-203).

Ces centimes, étant additionnels au principal des quatre contributions directes, sont dus par toute personne passible dans la commune d'une ou de plusieurs de ces contributions, notamment par tout propriétaire, fût-ce l'État lui-même à raison de ses propriétés productives de revenus ; un rôle spécial est alors dressé par le préfet. (L. 21 mai 1836, art. 13 ; 5 avril 1884, art. 14d.)

Lorsque l'État doit ainsi contribuer aux dépenses des chemins vicinaux, il ne peut s'affranchir de cette contribution en opposant aux parties intéressées la déchéance prévue par l'article 9 de la loi du 29 janvier 1831, relative aux règles du paiement des dépenses ordinaires de l'État. Dans ce cas, il est appelé à prendre part aux dépenses au même titre et aux mêmes conditions que les autres propriétaires ; s'il doit être imposé en vertu d'un rôle spécial dressé par le préfet, il reste soumis, en ce qui concerne le recouvrement, aux règles établies par rapport à tous les contribuables. (Cons. d'Ét. 22 déc. 1852, Sir. 53-2-426, D. p. 53-3-23.)

Les demandes en décharge ou en réduction des cen-

Ces ressources sont votées sans le concours des plus imposés[1]. (L. 21 mai 1836, art. 2; Instr. gén. 1870, art. 67.)

L'allocation des crédits sur les revenus ordinaires a lieu dans la limite des sommes disponibles et des besoins de la vicinalité. (Instr. gén. 1870, art. 68.)

La prestation ne peut être votée que par journées entières, jusqu'à concurrence du maximum déterminé par la loi[2]. Le même nombre de journées est appliqué à tous les éléments imposables. (M. L., art. 69.)

Si le conseil municipal néglige ou refuse de voter, dans la session de mai, les ressources nécessaires pour les chemins vicinaux, le préfet y pourvoit d'office.

Il prend, en conseil de préfecture, un arrêté pour inscrire au budget de la commune le crédit disponible sur les revenus ordinaires.

En cas d'insuffisance de ce crédit, et si le conseil n'a pas voté le maximum des journées et des centimes, un arrêté est pris par le préfet pour l'imposition d'office des centimes spéciaux ordinaires et des journées de prestation nécessaires, dans les limites de ce maximum.

Cet arrêté est notifié au maire de la commune, ainsi qu'au directeur des contributions directes pour servir à l'assiette des rôles. (L. 21 mai 1836, art. 5; Instr. gén. 1870, art. 70.)

Les communes dans lesquelles les chemins vicinaux classés sont entièrement terminés peuvent, nous l'avons dit, sur la proposition du conseil municipal et après autorisation du conseil général, appliquer aux chemins publics ruraux l'excédent de leurs prestations disponibles, après avoir assuré l'entretien de leurs chemins vicinaux et fourni le contingent qui leur est assigné pour les chemins de grande communication et d'intérêt commun. Toutefois, elles ne peuvent jouir de cette faculté que dans la limite maxima du tiers des prestations et lorsque, en outre, elles ne reçoivent, pour l'entretien de leurs chemins vicinaux ordinaires, aucune subvention de l'État ou du département. (L. 21 juill. 1870; Instr. gén. 1870, art. 71.)

§ 8. — Ressources extraordinaires.

1. Ressources extraordinaires spéciales à la vicinalité.

Le conseil municipal peut voter, jusqu'à concurrence de trois, les centimes spéciaux extraordinaires autorisés par la loi du 5 avril 1884 (art. 141).

[1] Ces ressources spéciaux doivent être faites comme en matière de contributions directes devant le conseil de préfecture, sauf appel au Conseil d'État. Elles peuvent être écrites sur papier libre. (L. 28 juill. 1824, art. 5.)
Les demandes en remise ou modération doivent être soumises au conseil municipal, qui les accueille ou les rejette avec l'autorisation du préfet.
La loi du 24 juillet 1867 exigeait pour une pareille délibération l'adjonction des plus imposés au conseil municipal quand la commune avait moins de 100,000 fr. de revenus ordinaires, mais cette nécessité n'existe plus depuis la loi du 5 avril 1882, qui n'admet plus en aucun cas l'intervention des plus imposés en matière de gestion communale.
[2] Ce maximum est de trois journées.

Sous l'empire de la loi du 11 juillet 1868, si les charges extraordinaires de la commune excédaient 10 centimes, le conseil pouvait, pendant la période d'exécution de cette loi, opter entre les trois centimes et une quatrième journée de prestation; mais depuis le 31 décembre 1881, les conseils municipaux ne peuvent plus opter entre la quatrième journée de prestation et les trois centimes[1], et seule la seconde de ces ressources extraordinaires peut être votée par eux dans ce but. (Circ. int. 2 mai 1882.)

Les ressources extraordinaires ne peuvent être appliquées qu'aux travaux des chemins vicinaux ordinaires. (LL. 11 juill. 1868 et 5 avril 1884; Instr. gén. 1870, art. 72.)

D'après la loi du 24 juillet 1867, la délibération contenant vote de centimes extraordinaires pour la vicinalité n'était exécutoire par elle-même, sauf le droit d'annulation ou de suspension reconnu au préfet dans les trente jours pour violation d'une loi ou d'un règlement d'administration publique, que s'il y avait accord entre le maire et le conseil municipal. Dans le cas contraire, la délibération était soumise à l'approbation préfectorale.

Aujourd'hui, la délibération du conseil municipal est toujours exécutoire par elle-même, un mois après le dépôt de l'expédition, à la préfecture ou à la sous-préfecture; le préfet peut, toutefois, dans certains cas prévus par la loi, en prononcer la nullité ou l'annulation. (L. 5 avril 1884, art. 61, 66, 68, 141.)

2. Impositions extraordinaires et emprunts.

A) *Impositions extraordinaires.* — En cas d'insuffisance des ressources ordinaires et des trois centimes extraordinaires, les conseils municipaux peuvent voter l'imposition de centimes additionnels au principal des quatre contributions directes, soit pour les chemins vicinaux ordinaires, soit même en faveur des chemins de grande communication ou d'intérêt commun. Leur délibération est réglementaire sur ce point si l'imposition n'est pas votée pour plus de cinq ans et n'excède ni cinq centimes ni le maximum annuellement fixé par le conseil général. (L. 5 avril 1884, art. 141.)

Quand les impositions ne réunissaient pas ces conditions, elles étaient, jusqu'en 1882, votées avec le concours des plus imposés dans les communes n'ayant pas 100,000 fr. de revenus ordinaires (LL. 18 avril 1837, art. 42; 24 juill. 1867, art. 6). La loi du 5 avril 1882 a supprimé cette adjonction des plus imposés au conseil municipal. Mais, aujourd'hui encore, de telles contributions extraordinaires doivent être autorisées par l'autorité supérieure. Un arrêté préfectoral suffit quand, dépassant cinq centimes, elles n'excèdent pas le maximum fixé

[1] La faculté d'option est, au contraire, restée entière en ce qui touche les chemins ruraux. (LL. 20 août 1881, art. 10; 5 avril 1884, art. 141.)
Il suit de là que, dans certains cas, les conseils municipaux peuvent voter quatre journées de prestation, trois pour les besoins de la vicinalité et une pour ceux des chemins ruraux reconnus.

par le conseil général et quand elles sont votées pour plus de cinq ans, mais pour moins de trente ans ; il faut un décret si la contribution excède le maximum fixé par le conseil général, et ce décret doit être rendu en Conseil d'État si elle est établie pour plus de trente ans ; enfin, une loi est nécessaire si l'imposition sert à gager un emprunt de plus d'un million ou d'une somme qui, réunie aux autres emprunts non remboursés de la commune, dépasse un million. (L. 5 avril 1884, art. 142 et 143.)

B) *Emprunts.* — Les communes peuvent suppléer encore à l'insuffisance de leurs ressources affectées à la vicinalité en acceptant des avances remboursables ou en contractant des emprunts. Les délibérations des conseils municipaux sur ce point ne sont plus prises avec le concours des plus forts contribuables de la commune, ainsi que le prescrivait l'article 42 de la loi du 18 juillet 1837 toutes les fois que la commune n'avait pas 100,000 fr. de revenus ordinaires (L. 5 avril 1882); comme celles qui sont relatives à des impositions extraordinaires, elles sont exécutoires par elles-mêmes ou soumises à l'approbation soit du préfet, soit du chef de l'État, soit du législateur, suivant les distinctions posées par les articles 141 et 143 de la loi du 5 avril 1884.

La délibération doit assurer le remboursement des avances et le service des emprunts ; elle ne peut le faire au moyen du produit des prestations et des centimes spéciaux ordinaires (Mêmes lois et L. 21 mai 1836); elle doit avoir recours aux impositions extraordinaires ou autres ressources dont les communes disposent.

3. Allocations sur des ressources extraordinaires.

Les conseils municipaux peuvent voter en faveur des chemins vicinaux des allocations prises sur des ressources extraordinaires autres que les impositions ou les emprunts, notamment sur le produit de la vente de coupes extraordinaires de bois ou de biens-fonds. Ils peuvent ainsi consacrer à l'établissement et à l'entretien des chemins vicinaux les différentes sommes versées dans leurs caisses à titre de recette accidentelle et, par exemple, la valeur des chemins aliénés, conformément à l'article 18 de la loi du 21 mai 1836 en cas de suppression.

Ces allocations sont soumises à l'approbation de l'autorité supérieure, c'est-à-dire du chef de l'État ou du préfet, selon que les revenus ordinaires de la commune excèdent ou non trois millions. Si elles figurent au budget, elles sont approuvées par le fait même de la décision réglant le budget; si elles ne sont votées qu'après, elles sont l'objet d'une décision spéciale. (L. 5 avril 1884, art. 145, 146.)

§ 4. — Prestations.

1. Origine et nature des prestations.

Les prestations sont un impôt direct de quotité établi pour subvenir aux dépenses des chemins vicinaux, à la fois sur les habitants de la commune et sur les moyens d'exploitation qu'ils y possèdent.

Elles se divisent en deux catégories : elles peuvent, en effet, être acquittées, soit en argent, soit en nature, au gré du redevable.

L'origine des prestations remonte à l'ancien régime : la corvée, appliquée aux routes, fut, nous l'avons dit, supprimée par un édit de février 1776 rendu sur la proposition de Turgot. Rétablie quelque temps après, elle fut supprimée définitivement par une déclaration royale du 27 juin 1787.

La prestation en nature fut rétablie pendant la période révolutionnaire (Décr. 4 therm. an X) avec un caractère facultatif, puis maintenue par les lois des 28 juillet 1824 et 21 mai 1836. Cette dernière loi demeure la loi organique des prestations pour tout ce qui concerne l'assiette et la répartition de l'impôt.

2. Assiette de la prestation.

Est passible de la prestation tout habitant de la commune, mâle, valide, âgé de dix-huit ans au moins et de soixante ans au plus, célibataire ou marié, quelle que soit sa profession, pourvu qu'il soit porté au rôle des contributions directes [1].

S'il est chef de famille ou d'établissement, à titre de propriétaire, de régisseur, de fermier ou de colon partiaire, il doit la prestation, non seulement pour sa personne, mais encore pour chaque individu, valide, âgé de dix-huit ans au moins et de soixante ans au plus, membre ou serviteur de la famille et résidant dans la commune, ainsi que pour chaque bête de trait, de somme ou de selle [2], et pour chaque charrette ou voiture attelée [3] au service de la famille ou de l'établissement dans la commune.

Tout individu, même non habitant de la commune, même du sexe féminin, même invalide, même âgé de moins de dix-huit ans et de plus de soixante, même non porté nominativement aux rôles des contributions directes, s'il est chef d'une famille qui habite la commune, ou si, à titre de propriétaire, de régisseur, de fermier ou de colon partiaire, il est chef d'une exploitation agricole ou d'un établissement situé dans la commune, doit la prestation, non pour sa personne, mais pour tout ce qui, personnes ou choses, dans les conditions indiquées à l'alinéa précédent, dépend de l'exploitation ou de l'établissement dont il est propriétaire ou qu'il gère à quelque titre que ce soit. (L. 21 mai 1836, art. 3 ; Instr. gén. 1870, art. 76.)

---

1. À ce point de vue, l'impôt des prestations rappelle l'impôt personnel et mobilier, mais il frappe moins de personnes.

2. Par bêtes de somme, de trait, on doit entendre non seulement les chevaux, mais encore les mulets, bœufs, ânes et même les vaches, dans les pays où on les attelle aux voitures ou à la charrette. (Cons. d'Et. 25 janv. 1851; Sir. 54-2-281.)

3. Sous la dénomination de charrettes et de voitures, on comprend tout ce qu'on peut concevoir en ce genre, même les diligences, berlines, calèches, etc., et sans s'inquiéter s'il peut ou non être fait usage de ces voitures pour le transport des matériaux propres à la réparation des chemins. (Cons. d'Et. 22 juill. 1867, Sir. 68-2-289, D. P. 72-5-468 ; 8 nov. 1872, Leb. chr., p. 531; 15 mai 1874, Leb. chr., p. 436; 17 mars 1876, Leb. chr., p. 262.)

Le propriétaire qui a plusieurs résidences, qu'il habite alternativement. est passible de la prestation en nature dans la commune où il a son principal établissement et est imposé à la contribution personnelle. (Cons. d'Ét. 19 mars 1845, Lecomte, P. adm. chr. ; 14 juin 1845, Pringer ; 15 juill. 1855, Maniez, D. p. 56-3-10 ; 30 avril 1875, Leb. chr., p. 380 ; 4 fév. 1876, Leb. chr., p. 105 ; 26 déc. 1885, Leb. chr., p. 1001 ; 28 mars et 16 nov. 1888, Leb. chr., p. 325 et 835.)

S'il a, dans chacune de ces résidences, un établissement permanent en domestiques, voitures, bêtes de somme, de trait ou de selle, il doit être imposé, dans chaque commune, pour ce qui lui appartient dans cette commune. (Cons. d'Ét. 22 août 1838, Ramel, Dall. Rép., v° *Voirie par terre*, n° 77 ; 25 juin 1857, Gennivra, Leb. chr., p. 531 ; 7 sept. 1861, Parrot, Leb. chr., p. 794 ; 14 juin 1874, Jouty, Leb. chr., p. 546 ; 7 mai 1875, Leb. chr., p. 427.)

Si ses domestiques, ses animaux et ses voitures passent avec lui temporairement d'une résidence à une autre, il ne doit être imposé pour ses moyens d'exploitation que dans le lieu de son principal établissement. (Cons. d'Ét. 21 juill. 1859, Adam ; 30 juin 1858, Ménage, Leb. chr., p. 482 ; 27 janv. 1859, Boivin, Leb. chr., p. 74 ; 28 mai 1862, commune de Château-d'Oléron, Leb. chr., p. 424 ; 10 juill. 1885, Leb. chr., p. 654 ; Instr. gén. 1870, art. 77.)

Sont considérés comme serviteurs tous ceux qui ont dans la maison des fonctions subordonnées à la volonté du maître, et qui reçoivent des gages ou un salaire annuel et permanent. (Cons. d'Ét. 27 juin 1838, Pagart, Sir. 39-2-167 ; 20 nov. 1856, Babillot, Sir. 57-2-580, D. p. 57-3-37 ; 27 nov. 1885, Leb. chr., p. 877 ; 30 nov. 1888, Leb. chr., p. 889 ; 26 déc. 1891, Leb. chr., p. 796.)

Sont considérés comme membres de la famille les enfants qui habitent chez leur père, alors même qu'ils sont portés au rôle des contributions directes. (Cons. d'Ét. 3 juin 1852, Bucquet, Dall. Rép., v° *Voirie par terre*, n° 742, Leb. chr., p. 214. Toutefois, voir, en sens contraire, Cons. d'Ét., 18 fév. 1854, P. adm. chr. ; 4 avril 1862, Clémot, Leb. chr., p. 274.)

Ne sont pas considérés comme serviteurs : 1° les ouvriers qui travaillent à la journée ou à la tâche, ou qui ne sont employés que passagèrement, par exemple, pendant le temps de la moisson ou pour un travail temporaire (Cons. d'Ét. 21 mars 1868, Leb. chr., p. 338 ; 15 nov. 1890, Leb. chr., p. 836) ; 2° les employés, contremaîtres, chefs d'ateliers et maîtres ouvriers attachés à l'exploitation d'établissements industriels (Cons. d'Ét. 11 mars 1848, Leb. chr., p. 134, Sir. 43-2-359, D. p. 43-3-222) ; 3° les postillons titulaires des relais de poste ; 4° l'individu qui vit dans son ménage (Cons. d'Ét. 24 avril 1874, Leb. chr., p. 358.)

Les individus compris dans ces différentes catégories doivent, s'il y a lieu, être imposés à la prestation en nature pour leur propre compte dans la

commune de leur domicile ou du domicile de leur famille. (Cons. d'Ét., 27 juin 1838, Pagart ; 25 janv. 1839, Guyot ; 27 avril 1840, Barsalou ; 11 mars 1843, Barsalou ; 17 fév. 1848, Petit-Guyot ; 18 août 1857, chemin de fer de Lyon à la Méditerranée ; 1er déc. 1858, Horlaviele ; 7 janv. 1859, Lebrun ; 3 mai 1861, Robelin ; Instr. gén. 1870, art. 78.)

Ne donnent pas lieu à l'imposition de la prestation en nature : 1°. les bêtes de somme, de trait ou de selle que leur âge[1], ou toute autre cause, ne permet pas d'assujettir au travail (Cons. d'Ét. 10 janv. 1845, P. adm. chr. ; 13 déc. 1872, Leb. chr., p. 699 ; 14 mai 1875, Leb. chr., p. 460) ; 2° celles qui sont destinées à la consommation, à la reproduction, et celles qui ne sont possédées que comme objet de commerce, à moins que, nonobstant leur destination, le possesseur n'en retire un travail (Cons. d'Ét. 24 janv. 1845, P. adm. chr. ; 15 déc. 1876, Sir. 78-2-343) ; 3° les chevaux que les agents du Gouvernement sont tenus, par les règlements émanés de leur administration, de posséder pour l'accomplissement de leur service[2]. (Cons. d'Ét. 27 juill. 1853, Sir. 54-2-214, D. p. 54-3-13 ; 13 fév. 1856, Sir. 56-2-726, D. p. 56-3-45 ; Instr. gén. 1870, art. 79.)

Ne doivent être considérées comme attelées et, par conséquent, donner lieu à l'imposition de la prestation en nature, que les voitures dont le propriétaire possède d'une manière permanente le nombre de chevaux ou d'animaux de trait nécessaire pour qu'elles puissent être employées simultanément. (Cons. d'Ét. 14 déc. 1837, Davoust, P. adm. chr. ; 12 juin 1845, Hesse, Sir. 45-2-614 ; 23 avril 1852, Épailly ; 27 nov. 1885, Leb. chr., p. 877 ; 14 mai 1891, Leb. chr., p. 365 ; Instr. gén. 1870, art. 80.)

3. Confection et publication des rôles.

Il doit être rédigé, pour chaque commune, par le contrôleur des contributions directes, assisté du maire, des répartiteurs et du receveur municipal, un état matrice des contribuables soumis à la prestation.

Pour faciliter la rédaction de cette matrice, le receveur municipal est tenu de garder état de tous les changements survenus dans la situation des contribuables et dont il a connaissance. Il prend note de tous les individus qui, par oubli ou autrement, n'auraient pas été compris dans les matrices précédentes, ainsi que des erreurs signalées par

---

1. D'une façon générale, il a été décidé que la taxe n'est pas due pour des chevaux âgés de moins de deux ans (Cons. d'Ét. 9 nov. 1889, Leb. chr., p. 1005). Mais si le propriétaire, malgré leur jeune âge, les utilisait, la taxe serait due. (Cons. d'Ét. 6 août 1886, Leb. chr., p. 707 ; Cf. 19 juin 1885, Leb. chr. p. 590.)
2. Autrefois, il y avait exemption pour les chevaux des relais de poste, mais seulement dans la limite du nombre fixé pour chaque relai par les règlements de l'administration des postes (Cons. d'Ét. 23 juin 1808, Sir. 69-2-220). Il n'en est plus de même aujourd'hui. Aucune disposition législative ne dispense les entrepreneurs du service des dépêches de fournir les prestations en nature à raison des voitures et chevaux qu'ils emploient pour l'exécution de leur entreprise. (Cons. d'Ét. 13 déc. 1889, Leb. chr., p. 1155 ; 12 fév. 1892, Leb. chr., p. 131.)

les agents voyers. (Règl. gén., art. 1 et 2 ; Instr. gén. 1870, art. 81.)

L'ordre des tournées du contrôleur est réglé par le directeur des contributions directes, qui en informe le préfet. Les maires en sont prévenus à l'avance par les soins de l'administration des contributions directes pour qu'ils convoquent les répartiteurs en temps utile. Le receveur municipal est averti par le trésorier-payeur général. (M. R., art. 3 ; M. I., art. 82.)

Si le maire et les répartiteurs refusent de prêter leur concours pour la rédaction de l'état matrice, le contrôleur, assisté du receveur municipal, procède à la formation de cet état, qui est, dans ce cas, soumis, par le directeur et avec son avis, à l'approbation du préfet.

Toutes les difficultés relatives à la confection de l'état matrice sont soumises au préfet. (M. R., art. 4 et 5 ; M. I., art. 83.)

L'état matrice présente pour chaque article : 1° les nom et prénoms et le domicile de l'individu sur lequel la cote est assise ; 2° le nombre des membres ou serviteurs de la famille, celui des bêtes de trait ou de selle et celui des charrettes ou des voitures attelées qui doivent servir de base à l'imposition.

L'état matrice est divisé en sections correspondant à celles du cadastre et dressé par ordre alphabétique des noms des contribuables ; il est disposé de manière à pouvoir servir pendant quatre ans. Un certain nombre d'articles sont laissés en blanc à la fin de l'état, pour recevoir les additions qui deviendraient nécessaires au moment de chaque revision annuelle.

L'état matrice est soumis à l'approbation du préfet lors de son renouvellement intégral. (M. R., art. 6 et 7 ; M. I., art. 84.)

L'état matrice est, aussitôt après sa confection ou sa revision, transmis au directeur ; il sert de base à la rédaction du rôle que le directeur doit préparer pour la commune, en raison du nombre de journées votées ou imposées d'office et suivant la notification qu'il en a reçue du préfet. (M. R., art. 8 ; M. I., art. 85.)

Le rôle présente, pour chaque article, le montant total en argent de chaque cote et le détail de son évaluation, par chaque espèce de journées, d'après l'état matrice et d'après le tarif arrêté par le conseil général du département, conformément aux dispositions du premier paragraphe de l'article 4 de la loi du 21 mai 1836.

Il porte en tête la mention de la délibération du conseil municipal qui a voté la prestation, ou de l'arrêté du préfet qui a ordonné une imposition d'office.

Il est arrêté et certifié par le directeur des contributions directes et rendu exécutoire par le préfet.

Si un rôle supplémentaire est nécessaire, il est dressé de la même manière que le rôle primitif. (M. R., art. 9 ; M. I., art. 86.)

Indépendamment du rôle, le directeur des contributions directes prépare les avertissements aux contribuables et les remet au préfet en même temps que le rôle.

Ces avertissements (mod. n° 4) comprennent tous les détails portés au rôle ; ils indiquent la date de la délibération du conseil municipal ou de l'arrêté d'imposition d'office du préfet, ainsi que celle de la décision rendant le rôle exécutoire, et contiennent une mise en demeure aux contribuables de déclarer, dans le délai d'un mois, à dater de la publication du rôle, s'ils entendent se libérer en nature, avec avis qu'à défaut de déclaration leur cote est de droit exigible en argent, aux termes de l'article 4 de la loi du 21 mai 1836. (M. R., art. 10 ; M. I., art. 87.)

Le rôle et les avertissements sont transmis au préfet par le directeur, au fur et à mesure de leur rédaction, et de manière que la publication du rôle ait lieu au plus tard le 1er novembre. (M. R., art. 11 ; M. I., art. 88.)

Le préfet envoie ces pièces, par l'intermédiaire du trésorier-payeur général, au receveur municipal.

Ce dernier remet immédiatement le rôle au maire de la commune, qui doit en faire la publication à l'époque fixée à l'article précédent et dans les formes prescrites pour les rôles des contributions directes. Aussitôt après cette publication, qui est certifiée par le maire sur le rôle même, le receveur municipal fait parvenir sans frais les avertissements aux contribuables. (M. R., art. 12 ; M. I., art.

Si le maire néglige ou refuse de faire la publication du rôle, ainsi que de recevoir les déclarations d'option dont il va être parlé, le préfet y fait procéder par un délégué spécial en vertu de l'article 85 de la loi du 5 avril 1884. (M. R., art. 13 ; M. I., art. 90.)

Les déclarations d'option sont reçues par le maire et inscrites immédiatement à leur date, sur un registre spécial (mod. n° 5) ; elles sont constatées soit par la signature du déclarant, soit par une croix apposée par lui en présence de deux témoins, soit par l'annexion, au registre, du bulletin rempli, daté, signé par le contribuable et envoyé au maire après avoir été détaché de la feuille d'avertissement. (Mod. n° 4.)

A défaut de l'accomplissement de ces formalités, la cote est exigible en argent. (M. R., art. 14 ; M. I., art. 91.)

A l'expiration du délai d'un mois fixé par l'article 87, le registre des déclarations est clos par le maire, puis transmis au receveur municipal qui le vérifie et en annote les indications dans une colonne spéciale du rôle. (M. R., art. 15 ; M. I., art. 92.)

Dans la quinzaine qui suit, le receveur municipal dresse et envoie au préfet, pour être transmis au maire, un extrait du rôle comprenant, suivant l'ordre des articles, le nom de chacun des contribuables qui a déclaré vouloir s'acquitter en nature, ainsi que le nombre des journées d'hommes, d'animaux et de charrois qu'il doit exécuter et le montant total de sa cote. (Mod. n° 6.)

Cet extrait du rôle sera totalisé et certifié exact par le receveur municipal; il comportera le résumé des cotes inscrites au rôle et l'indication du total des cotes exigibles en argent par suite de la non-déclaration d'option.

Le receveur municipal joindra à cet extrait un état comprenant, pour chacune des communes de sa perception, le montant total du rôle et sa division en nature et en argent, d'après les déclarations d'option. (Mod. n° 7; M. R., art. 16; M. I., art. 98.)

4. Réclamations relatives à l'inscription au rôle.

A) *Demandes en décharge ou réduction.* — Les demandes en dégrèvement de la part des contribuables doivent être présentées, avant le 31 mars, au sous-préfet de l'arrondissement; elles peuvent être libellées sur papier libre.

Ces demandes sont instruites et jugées comme celles concernant les contributions directes; elles sont communiquées aux répartiteurs, puis vérifiées par le contrôleur et par le directeur des contributions directes.

Si l'avis du directeur est défavorable au réclamant, ce dernier en reçoit communication, peut faire ses observations et même demander une expertise. (Cons. d'Ét. 13 mai 1869, Leb. chr., p. 461; 25 juin 1875, Leb. chr., p. 606.)

Les opérations de l'expertise sont confiées à deux experts nommés l'un par le sous-préfet, l'autre par le réclamant (Arr. consul 24 flor. an VIII, art. 1). S'il y a désaccord entre eux, l'administration ou le réclamant peuvent demander une tierce expertise (L. 29 déc. 1884, art. 5). Le tiers expert est désigné par le juge de paix du canton, sur simple requête de la partie la plus diligente; il doit déposer son rapport dans les quinze jours de sa nomination, à peine de n'être pas compris par le conseil de préfecture, s'il est en retard, dans la liquidation des dépens.

Les experts ne sont pas tenus de prêter serment avant de procéder à leurs opérations. (Cons. d'Ét. 23 mai 1873, Leb. chr., p. 442.)

Les frais d'expertise et de tierce expertise sont à la charge de la partie qui succombe. (L. 29 déc. 1884, art. 5.)

Il est ensuite statué par le conseil de préfecture, sauf recours au Conseil d'État.

Ce recours pouvant, comme en matière de contributions directes, être exercé sans le ministère d'un avocat, les pourvois des intéressés sont adressés au préfet qui y donne suite. (LL. 28 juill. 1824, art. 5; 21 avril 1832, art. 28 à 30; 4 août 1844, art. 8; Guillaume, n° 80; Chauveau et Tambour, t. II, p. 159.)

Les pourvois doivent être formés dans les deux mois qui suivent la notification de l'arrêté à peine de déchéance. (L. 22 juill. 1889, art. 57; Cons. d'Ét. 23 juill. 1892, Leb. chr., p. 664; Instr. gén. 1870, art. 94.)

Les communes peuvent, de la même manière et par la même voie, se pourvoir, dans leur intérêt, contre un arrêté du conseil de préfecture dégrevant un prestataire. Les pourvois sont formés par les maires sur la seule délibération du conseil municipal, sans qu'il soit besoin de l'autorisation du conseil de préfecture. (L. 18 juill. 1837, art. 10 et 19; Instr. gén. 1870, art. 95.)

B) *Demandes en remise ou modération.* — On peut, en matière de prestations comme en matière de contributions directes, formuler des demandes en remise ou modération de taxe; les décisions rendues sur ces demandes sont de simples faveurs, dues à des circonstances spéciales et constituent par conséquent de simples actes de juridiction gracieuse.

L'autorité qui les rend n'est pas un tribunal comme pour les demandes en décharge ou en réduction. Elles sont en effet accordées par le préfet (Cons. d'Ét. 27 déc. 1854, D. p. 55-3-61) sur délibération du conseil municipal de la commune intéressée. (L. 5 avril 1884, art. 61, 68, 69; Cons. d'Ét. 14 juin 1864, Leb. chr., p. 556.)

C) *Demande d'inscription au rôle.* — Une personne passible des prestations qui ne figure pas au rôle a le droit de s'y faire inscrire. Les demandes relatives à cet objet sont soumises aux mêmes règles de procédure et de compétence que les demandes en décharge ou en réduction de cote. (Cons. d'Ét. 4 mai 1877, Leb. chr.)

5. Recouvrement de l'impôt.

Les cotes payables en argent pour défaut de déclaration sont exigibles par douzièmes.

Il en est de même de celles à payer en argent par suite de l'inexécution ou de l'exécution incomplète des travaux ou des journées demandées au prestataire; mais le premier paiement fait par le contribuable doit comprendre les douzièmes échus. (L. 24 juill. 1824, art. 5; Instr. gén. 1870, art. 97.)

Les poursuites à exercer, pour la rentrée des cotes exigibles en argent, sont faites comme en matière de contributions directes. (M. L.; M. I., art. 98.)

Le receveur municipal présente au maire une liste des contribuables en retard avec indication de la somme due par chacun d'eux, et lui demande l'autorisation de leur envoyer un avertissement avec frais. Le maire engage d'abord les contribuables à se libérer sans frais, puis, s'il y a lieu, donne son autorisation au pied de l'état qui est alors remis au receveur des finances. Celui-ci délivre la contrainte et le sous-préfet la rend exécutoire. Le receveur municipal ne peut poursuivre, d'ailleurs, qu'après un avertissement gratuit et une nouvelle publication dans la commune. (Instr. gén. min. fin. 20 juin 1859.)

Après quoi, on procède comme en matière de contributions directes: sommation avec frais, commandement, saisie et vente du mobilier. Au cas de saisie-exécution pratiquée pour avoir paiement de taxes ou cotisations dues en matière de prestations en nature pour les chemins vicinaux, c'est aux tribunaux, à l'exclusion de l'autorité administrative, qu'il appartient d'apprécier la régularité et la validité de la saisie, comme aussi de statuer sur les dommages-intérêts que le contribuable prétendrait lui être dus à raison de cette saisie-exécution. (Cons. d'Ét. 31 mai 1854, Sir. 54-2-717.)

Les percepteurs-receveurs municipaux sont responsables envers les communes du recouvrement des rôles de prestation, comme du recouvrement de toute autre ressource communale.

Si, à l'époque de la clôture de l'exercice, ces rôles ne sont pas entièrement soldés, les restes à recouvrer sont reportés au budget supplémentaire de la commune pour l'exercice suivant. Le comptable s'expose à être forcé en recette s'il ne prend soin de justifier, au moment où le compte de l'exercice clos est rendu au conseil municipal, qu'il a fait toutes diligences pour opérer le recouvrement exact des rôles, et s'il ne prouve que la rentrée des ressources encore dues n'a été retardée que par des obstacles qu'il lui a été impossible de surmonter. Dans ce cas, il doit demander l'approbation de l'état des cotes qu'il n'a pu recouvrer. (L. 5 avril 1884, art. 153, 158 ; Décr. 31 mai 1862, art. 512, 516, 518, 543 ; Instr. gén. 1870, art. 99.)

Les contrôleurs des contributions directes reçoivent un centime et demi par article pour la rédaction des états matrices et l'examen des réclamations présentées par les contribuables.

Il est alloué au directeur des contributions directes quatre centimes par article pour la rédaction des rôles de prestations, l'expédition des avertissements et la fourniture des imprimés nécessaires pour ces pièces et pour les états matrices.

Les remises sont acquittées sur les ressources communales et leur montant est centralisé à la caisse du trésorier-payeur général au compte des cotisations municipales. (Régl. gén., art. 17 ; Instr. gén. 1870, art. 100.)

6. Critique de la prestation. — Propositions de réforme.

L'impôt de la prestation a de tout temps suscité de nombreuses critiques ; on lui reproche, non sans raison peut-être, de n'être pas conforme au principe de notre droit public qui dispose que « chaque citoyen doit contribuer aux charges publiques en proportion de ses facultés et de ses revenus ».

La prestation individuelle notamment, c'est-à-dire la prestation qui permet d'appeler « tout individu mâle, valide, âgé de dix-huit ans au moins, « de soixante ans au plus, résidant dans la commune, à fournir, chaque année, trois journées « de travail » (art. 3 de la loi du 21 mai 1836), est, dit-on, un véritable impôt de capitation qui présente tous les inconvénients de cette nature d'impôts.

Toutefois, la mesure édictée par le législateur de 1836 peut trouver sa justification dans les services qu'elle a rendus et dans la nécessité où se trouvait alors le législateur d'y avoir recours.

En 1836, l'État, les départements, les communes n'avaient pas les ressources qui sont aujourd'hui à leur disposition ; — les bras inoccupés étaient nombreux, l'argent était rare et il eût été alors impossible d'obtenir, par l'impôt seul, les ressources nécessaires à la construction et à l'entretien des chemins.

La situation s'est heureusement modifiée dans la plupart des départements et dans le plus grand nombre de communes.

Si les inconvénients du système actuel des prestations ne peuvent pas être supprimés, sur tout le territoire, au moyen d'une mesure d'ensemble, que les charges du budget ne permettent de demander ni à l'État, ni aux départements, ni à toutes les communes sans exception, il est du moins possible de supprimer les inconvénients de la prestation dans un certain nombre de communes et de les atténuer considérablement dans un plus grand nombre.

Déjà les habitants des communes les plus importantes sont exemptés de la prestation. En 1892, 627 communes n'ont pas voté de prestation.

Sur ce nombre, il y en a :

525 qui n'ont pas eu à recourir à la prestation, les revenus ordinaires ou les cinq centimes vicinaux suffisant à faire face aux dépenses de vicinalité ;

56 qui se sont rédimées, grâce à la tolérance de l'administration, par le vote de centimes extraordinaires ;

44 qui se sont rédimées au moyen de centimes pour insuffisance de revenus, centimes devenus nécessaires par suite d'un prélèvement, plus ou moins régulier, sur les revenus ordinaires, pour les dépenses vicinales ;

2 enfin se sont rédimées par prélèvements sur taxes d'octroi ou produits divers.

627 au total.

La proposition votée par la Chambre, et dont la commission du Sénat a proposé l'adoption, avec quelques modifications (V. infrà), n'a pas pour objet de changer radicalement le système appliqué depuis 1836, elle n'a pas pour but de supprimer la prestation comme mesure générale, mais seulement de permettre à un grand nombre de communes d'user d'un privilège réservé jusqu'à présent aux communes les plus peuplées et les plus riches, c'est-à-dire de leur donner la faculté de substituer aux prestations, exigibles en vertu de la législation actuelle, une taxe communale répartie sur les quatre contributions directes, et suffisante pour produire une ressource équivalente à celle que donne la prestation.

Il ne s'agit que d'étendre l'application d'un principe posé par l'article 2 de la loi de 1836, rappelé par l'article 8 de la loi du 11 juillet 1868 (institution de la caisse vicinale), et par l'article 20 de la loi du 21 août 1881 sur les chemins ruraux.

La proposition laisse aux prestataires, même en cas de conversion de la taxe en centimes, la faculté de s'acquitter en nature par des journées ou des travaux d'une valeur égale à celle de la taxe vicinale qui leur incombe.

D'après les rôles de l'exercice de 1894, la valeur totale des prestations s'est élevée à 59,089,860 fr. 60 c. se subdivisant ainsi :

Pour la prestation individuelle (prestation des hommes) 25,675,981ᶠ 50

Pour la prestation des voitures, bêtes de somme, etc. 33,413,879 10

Il était difficile d'espérer que la situation budgétaire des communes permettrait de supprimer l'ensemble des prestations sans imposer à beaucoup de ces communes un nombre de centimes excessif.

Le résumé du travail que la commission sénatoriale a obtenu de l'administration donne les résultats suivants :

Pour arriver à la suppression complète des prestations, par la substitution d'une taxe vicinale à l'impôt actuel, sur les 35,492 communes imposées en 1894 aux deux prestations (hommes et voitures) :

443	communes auraient à s'imposer moins de . .		10 c. addl.	
1,085	—	—	de	10 à 15ᶜ
3,578	—	—	de	15 20
5,402	—	—	de	20 25
6,123	—	—	de	25 30
5,856	—	—	de	30 35
3,995	—	—	de	35 40
2,885	—	—	de	40 45
2,047	—	—	de	45 50
2,214	—	—	de	50 55
968	—	—	de	60 70
480	—	—	de	70 80
194	—	—	de	80 90
94	—	—	de	90 100
62	—	—	de	100 125
18	—	—	de	125 150
3	—	—	de	150 175
Total. 35,492				

Il résulte de ce tableau que, si les conseils municipaux devaient opter entre le maintien du système actuel ou la suppression de l'ensemble des prestations, sans distinction possible entre la prestation des hommes et celle des voitures et animaux, la plupart des communes seraient dans la nécessité de renoncer à modifier le régime appliqué depuis la loi de 1836.

En effet, sur 35,492 communes, 5,706 seulement pourraient substituer la taxe vicinale à la prestation, sans s'imposer un nombre de centimes additionnels supérieur à vingt, par conséquent 29,786 communes auraient à s'imposer un nombre de centimes supérieur et qui serait le plus souvent excessif.

Il ne faut pas oublier que les quatre contributions directes supportent déjà une grande partie des charges nécessitées par le service de la vicinalité.

Dans son très intéressant rapport (n° 1557, session de 1891), M. Dupuy-Dutemps fait remarquer que le produit des centimes départementaux affectés aux chemins vicinaux s'élève, en chiffres ronds, à 63 millions, et que celui des centimes communaux, ayant la même destination, est de plus de 30 millions. L'impôt direct a donc fourni, en 1888,

à la vicinalité plus de 92 millions, c'est-à-dire 35 millions de plus que la prestation.

La préoccupation très légitime du nombre de centimes à établir sur les quatre contributions directes, pour arriver à la suppression complète des prestations, explique les résultats de l'enquête entreprise auprès des conseils généraux, sur le projet de loi du 30 juin 1888.

Ce projet remplaçait, obligatoirement, dans toutes les communes, toutes les prestations, sans distinction, au moyen d'une taxe communale de rachat, répartie proportionnellement au total du principal des quatre contributions directes.

Soixante-sept conseils généraux se prononcèrent contre le système de la suppression totale et obligatoire des prestations dans toutes les communes.

La part considérable que supporte l'impôt direct dans les dépenses de la vicinalité (92 millions) — les délibérations des conseils généraux, lors de l'enquête de 1888 — les conséquences financières qui seraient résultées pour un grand nombre de communes de la suppression complète des prestations, justifient le rejet par la Chambre des divers projets imposant à toutes les communes, sans exception, le rachat de l'ensemble de leurs prestations, au moyen d'une taxe vicinale fournie par des centimes additionnels aux quatre contributions directes.

A) Proposition adoptée par la Chambre. — La proposition soumise, en 1895, au Sénat par la Chambre des députés ne présente pas les inconvénients graves qu'on reprochait, avec raison, au projet de loi de 1888 et à la plupart des propositions qui tendaient au même but.

Elle s'est inspirée principalement d'une proposition de M. Antonin Dubost (n° 123, session extraordinaire de 1889) et de deux propositions de M. Brincard et de plusieurs de ses collègues (n°ˢ 131 de la session extraordinaire de 1889 et 453 de la session 1890) reproduites, en partie, dans une dernière proposition de M. Bourgeois, du Jura (n° 666, session 1890).

M. Antonin Dubost accorde aux conseils municipaux *la faculté* de substituer aux journées de prestation le nombre de centimes additionnels au principal des quatre contributions directes nécessaires pour fournir une somme équivalente.

M. Brincard complète cette proposition en maintenant aux contribuables la faculté de se libérer, par des travaux, de la taxe vicinale (n° 131, session extraordinaire de 1889) ; puis, par une disposition nouvelle (n° 453, session de 1890), il établit une distinction — entre la prestation individuelle (dont nous avons constaté que le produit s'est élevé en 1894 à 25,675,981 fr. 50 c.) — et la prestation des voitures et animaux (qui a produit, en 1894, 33,413,879 fr. 10 c.).

Cette distinction entre les deux prestations, qui était sollicitée, depuis bien des années, par le conseil général d'Eure-et-Loir, et qui avait été rappelée, par ce conseil général, dans l'enquête de 1888, a été accueillie par la Chambre.

La Chambre a accepté également de réserver aux contribuables la faculté de se libérer par des travaux de la taxe vicinale, ainsi que la loi de 1836 (art. 4) réservait aux prestataires la faculté de se libérer en nature.

Mais la Chambre n'a pas accueilli la dernière partie de la proposition de M. Brincard, qui consistait à mettre à la charge du budget de l'État une subvention de 18 millions à répartir entre les communes afin de compenser, au moins en partie, le déficit devant résulter de la suppression obligatoire de la prestation individuelle.

En résumé, la proposition adoptée par la Chambre emprunte au système de M. Antonin Dubost le caractère facultatif, pour les communes, de la substitution d'une taxe vicinale à la prestation ; et elle emprunte au système de M. Brincard la faculté réservée au contribuable de se libérer par des travaux, ainsi que la distinction à établir entre la prestation des hommes et la prestation des voitures et chevaux.

En vertu de la nouvelle loi, les conseils municipaux auront la faculté de supprimer, soit les deux prestations réunies, soit la prestation individuelle seule en totalité ou en partie ; mais en aucun cas la prestation des voitures et animaux ne pourra être supprimée, même en partie, sans que la prestation individuelle ait été au préalable supprimée en totalité.

La préférence édictée en faveur de la suppression de la prestation individuelle paraît justifiée par les considérations suivantes :

Les critiques élevées contre la prestation individuelle, comme impôt de capitation, ne peuvent s'appliquer au même degré à la prestation des voitures, animaux, etc.

En effet, les propriétaires de ces voitures, de ces animaux, se trouvent imposés en proportion des moyens de transport dont ils se servent. De plus, il n'y a rien de contraire à l'équité à ce qu'ils contribuent, dans une certaine mesure, à l'entretien des voies de communication qu'ils détériorent.

C'est par application de ces principes que le législateur a édicté les subventions industrielles (art. 14 de la loi du 21 mai 1836).

La préférence donnée à la suppression des prestations individuelles se justifie encore à un autre point de vue.

La prestation des voitures et des animaux est un des rares impôts qui rapportent plus à la commune qu'ils ne coûtent au contribuable. Lorsque les services vicinaux sont dirigés avec intelligence et avec la préoccupation des intérêts des prestataires, c'est en temps de chômage, lorsque les voitures et les attelages ne peuvent être utilisés par leurs propriétaires, que les prestataires, usant des délais qui leur sont accordés, s'acquittent de leur dette, soit en journées, soit en travaux à la tâche.

L'expérience prouve que, quelque faible que soit l'évaluation en argent des prestations de voitures et d'animaux, les habitants des campagnes préfèrent exécuter leurs prestations en nature.

Tout en donnant son adhésion au système adopté par la Chambre, la commission sénatoriale a cependant été d'avis que la faculté donnée, sans aucun contrôle, sans aucune restriction, aux conseils municipaux, de substituer l'impôt à la prestation, pouvait entraîner des inconvénients.

Il pourrait y avoir, en effet, dit le rapporteur, dans certaines communes, des entraînements irréfléchis qui auraient pour résultat de porter les contributions directes à un chiffre excessif.

Il a donc paru prudent à la commission, dans l'intérêt même de la réforme, de prémunir les conseils municipaux contre les entraînements qui pourraient porter atteinte à la bonne administration des communes et qui pourraient même compromettre le recouvrement des impôts de l'État par l'exagération des contributions directes.

Cette préoccupation l'a décidée à proposer au Sénat de confier aux conseils généraux et aux préfets un droit de contrôle sur les délibérations des conseils municipaux, toutes les fois que la transformation de la prestation en taxe communale devrait exiger une élévation considérable de l'impôt direct.

Cette intervention de l'assemblée départementale, tutrice des communes, et du préfet représentant des intérêts de l'État, lui a paru légitimée par la possibilité d'entraînements de la part de certains conseillers municipaux, qui peuvent être insuffisamment éclairés sur les conséquences de leurs votes, ou qui peuvent même être inspirés par des préoccupations étrangères à l'intérêt des communes.

La loi sur la suppression de la vaine pâture a d'ailleurs déjà fait une application utile de ce contrôle des conseils généraux sur les décisions des conseils municipaux.

Le nouvel article 8 édicte ce droit de contrôle en le déterminant d'après l'importance de l'aggravation de l'impôt direct.

Cette modification est la principale qu'il a paru à la commission nécessaire d'apporter au projet, afin d'éviter les inconvénients qu'aurait pu amener une application de la nouvelle loi laissée, sans contrôle et sans limite, à l'initiative des conseils municipaux.

Quant aux autres changements apportés au projet de la Chambre, la plupart sont de simples modifications de texte.

B) *Proposition de la commission sénatoriale.* — Les conseils municipaux auront la faculté de substituer aux journées de prestations édictées par la loi du 21 mai 1836, une taxe vicinale constituée par des centimes additionnels au principal des quatre contributions directes, représentant la valeur des prestations supprimées.

Ces centimes seront indépendants des centimes spéciaux déjà affectés à la vicinalité.

Cette substitution pourra porter soit sur l'ensemble de la prestation, soit sur la prestation individuelle seule.

Elle pourra n'être votée que pour une partie des journées de prestations.

Dans aucun cas, la prestation des charrettes ou voitures attelées, des bêtes de somme, de trait, de selle, ne pourra être transformée en centimes, pour le tout ou pour partie, sans que la totalité de la prestation individuelle ait été transformée en centimes (art. 1er).

Les états-matrices de la taxe des prestations continueront à être revisés chaque année d'après les lois et règlements en vigueur, même dans les communes qui remplaceront par une taxe vicinale tout ou partie de leurs prestations (art. 2).

En cas de transformation totale ou partielle des prestations en centimes additionnels, la taxe vicinale de la commune sera déterminée en prenant pour base le produit des divers éléments d'imposition que feront ressortir les états-matrices par le nombre et le prix des journées correspondantes.

Les rôles des prestations continueront, dans tous les cas, à être distincts des rôles des contributions directes (art. 3).

Les redevables auront la faculté de se libérer par des travaux effectués sur les chemins vicinaux, soit de la prestation, soit de la taxe vicinale, lorsque la prestation aura été transformée en centimes, en tout ou en partie.

Pour user de cette faculté, ils devront, dans le mois de la publication des rôles, faire une déclaration à la mairie de la commune ou des communes où ils sont imposés.

A défaut de cette déclaration, la prestation ou la taxe vicinale sera exigible en argent (art. 4).

Chaque année, le conseil municipal vote, pour l'exercice suivant, un tarif fixant la valeur, par unité, des diverses natures de travaux à effectuer sur le territoire de la commune. Ce tarif est rendu exécutoire par le préfet, après avis conforme de la commission départementale, qui peut y introduire les modifications qu'elle aura jugées nécessaires (art. 5).

Il sera assigné à chaque redevable, qui aura déclaré vouloir se libérer en travaux, une tâche déterminée représentant la valeur de sa contribution ou les journées de travail auxquelles il peut être astreint.

L'avis qui notifie la tâche en indique la date et les délais d'exécution.

Les travaux ou les journées ne pourront être imposés à plus de six kilomètres de la résidence du redevable, ou, s'il n'habite pas la commune, à plus de six kilomètres du centre des habitations (art. 6).

A l'époque fixée pour l'exécution des journées ou pour l'achèvement des travaux, les cotes des redevables qui n'auront pas exécuté les journées ou les tâches qui leur auront été assignées seront mises en recouvrement. Il sera fait déduction des journées ou du travail fourni par les redevables qui ne seraient pas complètement libérés de leurs obligations (art. 7).

Lorsque les taxes vicinales votées dans les conditions prévues par l'article 1er ci-dessus ne dépasseront pas vingt centimes, les délibérations des conseils municipaux seront exécutoires par elles-mêmes.

Les taxes vicinales dépassant vingt centimes devront, après avis conforme du conseil général, être autorisées par le préfet (art. 8).

Un règlement d'administration publique assurera l'exécution de la présente loi qui sera applicable à l'Algérie et aux colonies, dans lesquelles la loi du 21 mai 1836 a été promulguée (art. 9).

Toutes les dispositions des lois ou règlements contraires à la présente loi sont et demeurent abrogées (art. 10).

Section 2. — Ressources éventuelles.
§ 1er. — Souscriptions particulières.

Les souscriptions particulières applicables aux dépenses des chemins vicinaux ordinaires ou d'une rue lui faisant suite sont acceptées [1] par le maire après délibération conforme du conseil municipal et approbation de l'autorité supérieure compétente, c'est-à-dire du préfet ou du Président de la République, suivant que les revenus ordinaires de la commune sont inférieurs ou supérieurs à trois millions. (L. 5 avril 1884, art. 61, 68, 69, 90, 115.)

Les souscriptions applicables aux chemins de grande communication et aux rues qui en sont le prolongement sont acceptées par le préfet, sur la proposition de l'agent voyer en chef. (L. 1836, art. 7.)

C'est également le préfet qui a qualité pour accepter les souscriptions faites en faveur d'un chemin d'intérêt commun ou de la rue qui le prolonge. (Cons. d'Ét. 12 janv. 1877, Leb. chr., p. 43, D. p. 77-3-9; 9 mars 1877, Leb. chr., p. 249; 25 mars 1881, D. p. 82-3-92.)

Avis de l'acceptation est donné aux souscripteurs. Si la souscription est faite par listes collectives, cette acceptation est portée à la connaissance des souscripteurs par une simple publication faite dans la commune suivant la forme ordinaire (L. 21 mai 1836, art. 7, et Décr. 25 mars 1852). Les divers actes constatant les offres des particuliers et leur acceptation sont exempts des droits de timbre et d'enregistrement. (LL. 13 brum. an VII, art. 16, no 2, et 22 frim. an VII, art. 70, § 3, no 6; Instr. gén. 1870, art. 101.)

Le recouvrement des souscriptions en argent est fait conformément aux dispositions de l'article 154 de la loi du 5 avril 1884. (Guillaume, op. cit., no 118.)

Le maire dresse un état qui est rendu exécutoire par le préfet ou le sous-préfet, et cet exécutoire constitue le titre de la perception.

Si les souscriptions ont été faites en journées de prestation, et qu'il y ait lieu d'en poursuivre le recouvrement en argent, elles peuvent être évaluées

---

1. Conformément aux règles générales sur la formation des contrats, les offres à elles seules ne sont que des pollicitations insuffisantes pour lier le souscripteur tant qu'elles n'ont pas été acceptées par l'administration. Jusqu'à cet échange de consentements, elles peuvent être rétractées. (Cons. d'Ét. 6 janv. 1849, Sir. 49-2-245; 4 fév. 1869, Leb. chr., p. 102.)

conformément au tarif adopté pour la prestation dans la commune sur le territoire de laquelle les travaux auraient dû être exécutés. Dans les autres cas, le recouvrement est fait d'après la valeur indiquée sur la liste de souscription. (Instr. gén. 1870, art. 102.)

§ 2. — Offres de concours des communes, pour les chemins de grande communication et d'intérêt commun.

Indépendamment des contingents fixés par le préfet, les communes peuvent faire offre, à titre de concours, de sommes prélevées sur leurs revenus ordinaires, sur les fonds libres, sur ceux restés sans emploi à la fin de l'exercice, sur le produit des cinq centimes spéciaux et des prestations, ou sur toute autre ressource.

L'assistance des plus imposés était nécessaire, avant 1882, lorsque l'offre de concours comportait une imposition extraordinaire, sauf l'exception prévue par l'article 42 de la loi du 18 juillet 1837. (Instr. gén. 1870, art. 103.) Il n'en est plus de même aujourd'hui.

Les offres de concours des communes sont acceptées par le préfet sur l'avis de l'agent voyer en chef. Notification de cette acceptation est faite au maire. (L. 21 mai 1836, art. 7; Instr. gén. 1870, art. 104.)

L'acceptation régulière de l'offre de concours d'une commune constitue pour celle-ci un engagement obligatoire, sauf exécution des conditions auxquelles le concours a été offert. (Instr. gén. 1870, art. 105.)

Si le conseil municipal se refuse à inscrire au budget le montant de la souscription communale régulièrement autorisée, le préfet doit inscrire d'office le crédit au budget et, au besoin, imposer extraordinairement la commune. Mais si le conseil municipal conteste la validité de sa souscription, il faut que le litige ait été préalablement tranché par le conseil de préfecture (art. 105).

§ 3. — Subventions industrielles.

Chaque année, au commencement du mois de janvier, il est publié et affiché, dans les communes où il y a lieu d'appliquer l'article 14 de la loi du 21 mai 1836 [1], un tableau des chemins vicinaux, d'intérêt commun et de grande commu-

nication entretenus à l'état de viabilité. (Mod. n° 9.)

Ce tableau est préparé par l'agent voyer cantonal et arrêté par le maire pour les chemins vicinaux ordinaires, et par le préfet pour ceux de grande communication et d'intérêt commun. (Instr. gén. 1870, art. 106.)

La publication et l'affichage sont constatés par un certificat délivré par le maire et contenant les énonciations du tableau. (Mod. n° 10.)

Ce certificat est adressé au sous-préfet de l'arrondissement dix jours après la publication. (M. I. art. 107.)

Dans les dix jours qui suivent la publication, les intéressés sont admis à présenter leurs observations sur l'état des chemins, et à demander que cet état soit constaté contradictoirement entre eux ou leurs représentants et les agents de l'administration.

Cette constatation a lieu dans les dix jours de la réclamation. Elle est faite par l'agent voyer cantonal en présence du maire, pour les chemins vicinaux ordinaires, et par l'agent voyer d'arrondissement ou son délégué, pour les chemins de grande communication et d'intérêt commun.

Faute par les intéressés ou leurs représentants de se rendre à la convocation qui leur est adressée, la constatation est faite par l'agent voyer.

Le procès-verbal constatant le résultat de cette opération est déposé, pour y rester à la disposition des parties, à la mairie pour les chemins vicinaux ordinaires, et à la préfecture pour les chemins de grande communication et d'intérêt commun.

Les chemins qui n'ont fait l'objet d'aucune observation sont considérés comme étant en état de viabilité par le seul fait de la publication du tableau, et leur dégradation ultérieure peut donner lieu à des demandes de subventions. (M. I., art. 108.)

Le droit reste ouvert à tout intéressé, dont les transports ne commencent que dans le courant de l'année, de demander que la constatation de l'état du chemin soit faite à une époque voisine du commencement de son exploitation. Dans ce cas, il doit adresser sa réclamation au maire pour les chemins vicinaux ordinaires, ou au sous-préfet pour les chemins de grande communication et d'intérêt commun, au moins vingt jours avant le commencement de ses transports. La reconnaissance de l'état du chemin a lieu comme il a été dit ci-dessus. (M. I., art. 109.)

Dans le courant du mois de janvier de chaque année, l'agent voyer cantonal pour les chemins vicinaux ordinaires, l'agent voyer d'arrondissement pour ceux de grande communication et d'intérêt commun, préparent un état, par commune ou par chemin, des subventions à réclamer en raison des

---

1. Cet article est ainsi conçu : « Toutes les fois qu'un chemin vicinal, entretenu à l'état de viabilité par une commune, est habituellement ou temporairement dégradé par des exploitations de mines, de carrières, de forêts ou de toutes entreprises industrielles appartenant à des particuliers, à des établissements publics, à la Couronne ou à l'État, il peut y avoir lieu à imposer aux entrepreneurs ou propriétaires suivant que l'exploitation ou les transports ont lieu pour les uns ou pour les autres, des subventions spéciales dont la quotité est proportionnée à la dégradation extraordinaire, qui doit être attribuée aux exploitations.

Des termes mêmes de cet article, on voit que pour qu'une subvention spéciale puisse être réclamée à une exploitation pour les dégradations extraordinaires qu'elle cause à un chemin, il faut : 1° qu'il s'agisse d'une voie classée comme chemin vicinal (Cons. d'Ét. 3 mai 1837, Sir. 37-2-412); 2° que cette voie soit en bon état de viabilité (Cons. d'Ét. 26 oct. 1888, Leb. chr., p. 761); 3° qu'elle ait subi du chef de l'exploitation une dégradation, habituelle ou temporaire, peu importe, mais dans tous les cas

extraordinaire, c'est-à-dire notable (Cons. d'Ét. 23 janv. et 17 juin 1892, Leb. chr., p. 51 et 549); 4° qu'il s'agisse de l'exploitation d'une mine, d'une carrière, d'une forêt ou d'une entreprise industrielle. (Cons. d'Ét. 28 juin 1878, Sir. 80-2-94, D. p. 78-3-94; 3 août 1888, Leb. chr., p. 705.)

dégradations commises dans le courant de l'année précédente.

Si la dégradation a été temporaire et si les transports se sont terminés avant la fin de l'année, l'agent voyer prépare l'état des subventions dans le mois qui suit l'achèvement des transports. (M. I., art. 110.)

L'état relatif aux chemins vicinaux ordinaires est remis au maire, après avoir été visé par l'agent voyer d'arrondissement ; celui relatif aux chemins vicinaux de grande communication et d'intérêt commun est remis au préfet, après avoir été visé par l'agent voyer en chef.

Les subventions dues pour les dégradations de chemins de *grande communication et d'intérêt commun* sont réclamées par le préfet (L. 21 mai 1836, art. 9 ; Cons. d'Et. 9 mars 1877, Leb. chr., p. 249 ; 11 mai 1883, Leb. chr., p. 443) au nom des communes, mais sans qu'il ait besoin de leur autorisation ; celles concernant les chemins vicinaux *ordinaires* sont réclamées par les maires des communes intéressées (LL. 21 mai 1836, art. 14 ; 5 avril 1884, art. 90) ; seuls les maires sont compétents, et ils ne pourraient pas demander au préfet (Cons. d'Ét. 23 janv. 1892, Leb. chr., p. 50 et 51) d'ordonner et de suivre, au nom de la commune, l'accomplissement des formalités et des opérations nécessaires pour arriver au règlement des subventions (Cons. d'Ét. 20 fév. 1880, Leb. chr., p. 191, Sir. 81-3-57, D. p. 80-3-109 ; 11 mai 1883, Leb. chr., p. 445). Mais ils peuvent déléguer un adjoint ou un membre du conseil municipal. (L. 5 avril 1884, art. 82 ; Instr. gén. 1870, art. 111.)

Notification de la demande de subvention est faite, par voie administrative, à chaque industriel ou propriétaire, avec invitation de faire connaître, dans le délai de dix jours, au préfet pour les chemins de grande communication et d'intérêt commun, au maire pour les chemins vicinaux ordinaires, s'il adhère à la demande de l'administration. (Instr. gén. 1870, art. 112.)

Dans le cas où il ne donne pas son adhésion, il faut appliquer les articles 1 à 9 de la loi de 1889, relative à la procédure à suivre devant les conseils de préfecture. (L. 22 juill. 1889, art. 11.)

La demande, faite sur papier timbré lorsque la réclamation est supérieure à 30 fr. et doublée d'une copie sur papier libre qui sera notifiée à l'adversaire, est déposée contre récépissé au greffe du conseil de préfecture. La copie est exigée à peine de péremption de l'instance. Le président du conseil de préfecture désigne un rapporteur auquel le dossier est transmis, et dans les huit jours de cette transmission, le conseil de préfecture règle la notification à faire aux défendeurs et le délai à eux accordé pour produire leurs moyens de défense. Cette notification est faite en la forme administrative ; il en est donné récépissé ; sinon, l'agent qui l'a faite en dresse procès-verbal. Les parties peuvent prendre connaissance des pièces de l'affaire au greffe, mais sans déplacement, sauf permission spéciale du président. Les mémoires en défense et les répliques sont déposés au greffe et communiqués comme les requêtes introductives d'instance. Lorsque l'affaire est ainsi en état, le rapport est préparé et transmis au commissaire du Gouvernement.

En cas d'urgence, pour constater, par exemple, l'état des chemins dès la fin des transports d'un industriel ou avant les réparations à faire, les parties, communes ou industriels, peuvent faire désigner un expert pour procéder à ces constatations en s'adressant au président du conseil par voie de référé administratif. (L. 22 juill. 1889, art. 24.)

L'expert désigné se bornera à faire un simple constat des lieux sans formuler aucune appréciation sur les différences entre cet état de la voie et sa condition ordinaire. Ledit constat n'est pas, en principe, contradictoire. L'arrêté du président qui l'ordonne n'est pas susceptible d'opposition. C'est la partie qui a introduit le référé qui notifie cet arrêté à l'expert désigné et qui doit avancer les frais nécessaires, sauf à en être déchargée s'il est établi qu'il était utile et que ses prétentions étaient fondées.

L'intervention est admise de la part de tout intéressé à la solution du litige (L. 22 juill. 1889, art. 40). Tels seront les créanciers, sous-acquéreurs ou sous-traitants, associés ou cessionnaires des industriels, des personnes civilement responsables des subventions à eux imposées.

Le conseil de préfecture saisi peut ordonner un moyen de vérification, une visite de lieux ou une enquête. Il y est procédé conformément aux articles 25 et suivants de la loi du 22 juillet 1889.

Avant 1889, l'expertise était toujours obligatoire pour le conseil de préfecture, sauf quand la contestation s'élevait sur une question de droit tout à fait indépendante du chiffre de la subvention et pour la solution de laquelle une expertise n'était pas nécessaire. (L. 21 mai 1836, art. 14 ; Cons. d'Ét. 11 déc. 1885, Leb. chr., p. 944 ; 30 juill. 1886, Leb. chr., p. 668.)

La nouvelle loi ne rend, au contraire, l'expertise obligatoire que si elle est demandée par une partie et même, dans ce cas, la demande de subvention peut-elle être rejetée même sans expertise si les faits allégués, en les supposant établis, ne sont pas de nature à justifier la réclamation ou si le conseil estime que la demande est trop tardive. (Cons. d'Ét. 9 fév. 1889, Leb. chr., p. 191.)

Avant 1889, on reconnaissait que si, en principe, l'expertise devait être ordonnée par le conseil de préfecture, cette opération n'était cependant pas nulle pour avoir été prescrite par le préfet ou le sous-préfet (Cons. d'Ét. 11 mai 1883, D. p. 84-5-74, 15 juin 1888, Leb. chr., p. 520). Aujourd'hui, la compétence du conseil de préfecture est exclusive. (L. 1889, art. 11 et 13 ; Cons. d'Ét. 26 fév. 1892, Leb. chr., p. 188.)

L'expertise est faite en *une* fois par trois experts ou par un seul si les parties y consentent (L. 1889, art. 14). La tierce expertise, qui était autrefois prescrite en cas de désaccord, a été supprimée par la loi de 1889.

Les experts sont nommés l'un par le conseil de préfecture, les autres par chacune des parties. (L. 22 juill. 1889, art. 14.)

Les parties non présentes à l'audience sont invitées par une notification administrative à choisir leur expert. Il leur est laissé un délai de huit jours, délai qui peut être prolongé (Instr. 31 juill. 1890), pour faire ce choix ou pour s'entendre sur la désignation d'un seul expert. (L. 22 juill. 1889, art. 15.)

Si, dans le délai ainsi imparti, la désignation de l'expert n'est pas faite par la partie, l'expert est nommé d'office par le conseil de préfecture. (Cons. d'Ét. 17 juin 1892, Leb. chr., p. 548, 549.)

Toute nomination d'expert faite d'office doit être notifiée aux parties intéressées. (Cons. d'Ét. 3 juill. 1852, Sir. 53-2-84.)

Faute de la nomination d'un expert par la partie ou, à son défaut, par le conseil de préfecture, il ne peut être procédé à l'expertise. (Cons. d'Ét. 26 avril 1851, P. adm. chr. ; 28 juin 1855, Sir. 56-2-122, D. p. 56-3-5.)

En principe, toute personne, jouissant des droits civiques, civils et de famille peut être expert. Toutefois, d'après la loi du 22 juillet 1889, les règles établies par le Code de procédure civile sur les récusations sont applicables aux experts désignés d'office par le conseil de préfecture (art. 17).

Même désigné par une partie, l'expert peut être récusé par l'autre partie : 1° si cette partie se désigne elle-même (Cons. d'Ét. 23 mars 1877, Sir. 80-2-159 ; 13 déc. 1878, Sir. 80-2-159, D. p. 79-3-40) ; 2° si l'on a choisi un fonctionnaire ayant exprimé une opinion dans l'affaire litigieuse. (L. 22 juill. 1889, art. 17.)

Les experts chargés du règlement des subventions spéciales doivent, à peine de nullité, prêter serment avant de procéder à leurs opérations (Cons. d'Ét. 11 août 1859, Leb. chr., p. 581, P. adm. chr.). Le conseil de préfecture ne peut les dispenser de cette formalité que du consentement des parties.

Ce serment doit être, en principe, reçu par le tribunal qui a ordonné l'expertise, c'est-à-dire par le conseil de préfecture, mais celui-ci, pour éviter les déplacements, peut valablement désigner l'autorité qui le recevra. (Cons. d'Ét. 18 janv. 1862, Leb. chr., p. 41 ; 12 mars 1880, Leb. chr., p. 280 ; 5 août 1881, Leb. chr., p. 775, D. p. 83-5-131.)

Les parties doivent *nécessairement* être averties par le ou les experts du jour et de l'heure où ils procéderont. Cette convocation est adressée au moins quatre jours à l'avance, par lettre recommandée, aux parties dont les observations devront être consignées au procès-verbal. (L. 1889, art. 19 ; Cons. d'Ét. 7 et 14 nov. 1891, Leb. chr., p. 640 et 670.)

S'il y a plusieurs experts, un seul rapport est dressé, mais, en cas d'avis différents, il indique l'opinion de chacun avec les motifs à l'appui. (L. 1889, art. 20.)

Le rapport des experts est déposé au greffe du conseil. Les parties ont quinze jours pour en prendre connaissance et présenter leurs observations. (L. 22 juill. 1889, art. 21.)

Les experts joignent à leur rapport un état de leurs frais et honoraires sur papier timbré et sur feuille séparée (L. 1889, art. 23). La liquidation des frais d'expertise, qui sont compris dans les dépens, est faite par le conseil de préfecture en même temps qu'il statue sur le litige (L. 1889, art. 64 et suiv.). La taxe des experts doit être faite conformément au tarif fixé par le décret du 18 janvier 1890. (V. notre *Répertoire de police*, v° *Conseil de préfecture*.)

Les parties sont averties quatre jours au moins à l'avance du jour où l'affaire viendra en audience publique. Elles présentent, si elles le veulent, en personne ou par mandataires, leurs observations orales ; le commissaire du Gouvernement prend des conclusions et la décision est rendue en audience publique. (L. 1889, art. 44, 47, § 3.)

L'industriel ne peut être condamné à payer plus qu'il ne lui était réclamé. (Cons. d'Ét. 23 mars 1888, Leb. chr., p. 295.)

Les arrêtés rendus par défaut sont susceptibles d'opposition dans le délai d'un mois à dater de la notification qui en est faite. (V. dans notre *Répertoire de police* au mot *Conseil de préfecture*; L. 22 juill. 1889, art. 52 et suiv.)

Tout intéressé peut former tierce opposition à la décision à laquelle il n'a pas été appelé et qui préjudicie à ses droits.

Les arrêtés peuvent aussi être frappés d'appel devant le Conseil d'Etat, à condition qu'il s'agisse d'arrêtés définitifs ou interlocutoires et non de simples arrêtés préparatoires. (Cons. d'Ét. 16 nov. 1883, Sir. 85-3-54 ; 11 juin 1886, Leb. chr., p. 510.)

L'appel n'est pas recevable pendant les délais d'opposition (Cons. d'Ét. 9 fév. 1889, Leb. chr., p. 191) et seules le peuvent former les parties qui ont figuré en première instance. (Cons. d'Ét. 25 fév. 1843, P. adm. chr.)

Le délai pour se pourvoir devant le Conseil d'État est de deux mois (L. 1889, art. 57), sauf augmentation si le requérant habite hors de France (art. 58). Ce délai court à dater de la notification de l'arrêté aux parties. (Art. 59 ; Cons. d'Ét. 18 nov. 1892, Leb. chr., p. 771.)

Le recours n'est pas suspensif, mais l'administration peut toujours s'abstenir de poursuivre l'exécution immédiate de la décision du conseil de préfecture. (Instr. 31 juill. 1890, art. 49.)

Le recours au Conseil d'Etat a lieu comme en matière de contributions directes sans frais ni constitution obligatoire d'un avocat. (L. 22 juill. 1889, art. 61.)

La notification des décisions du conseil de préfecture qui est faite aux industriels, aux propriétaires ou aux entrepreneurs, soit par la voie administrative, soit par exploit d'huissier, doit contenir l'invitation de faire connaître, dans le délai de quinze jours, s'ils entendent se libérer *en nature ou en argent*.

Leur déclaration doit être adressée au préfet pour les chemins de grande communication et d'intérêt commun, et au maire pour les chemins vicinaux ordinaires.

L'absence de déclaration dans le délai fixé est considérée comme une *option* pour le *paiement en argent*, et le montant de la subvention est immédiatement exigible. (Instr. gén. 1870, art. 113.)

Si le subventionnaire a déclaré vouloir se libérer en nature, il est procédé selon les règles indiquées pour l'exécution de la *prestation*. (M. I., art. 114; V. *suprà.*)

Les subventions peuvent être réglées par voie *d'abonnement*.

Dans ce cas, le montant en est arrêté à une somme fixe payable chaque année, en nature ou en argent, pour une période déterminée.

Cet abonnement est réglé définitivement par la commission départementale. En ce qui concerne les chemins vicinaux ordinaires, le conseil municipal est préalablement consulté. (LL. 21 mai 1836 et 10 août 1871, art. 86; Instr. gén. 1870, art. 115.)

L'abonnement a toujours le caractère d'un arrangement amiable : il ne saurait, dès lors, être imposé au subventionnaire. (Cons. d'Ét. 24 fév. 1843, Leb. chr., p. 98.)

D'autre part, le conseil municipal, pour les chemins ordinaires, le préfet, pour la grande vicinalité, sont toujours libres de ne pas accepter l'abonnement. (Circ. int. 20 mars 1877; Cons. d'Et. 9 mars 1877, Leb. chr., p. 246.)

Le recouvrement des subventions en argent est opéré comme en matière de contributions directes.

Les subventions dues pour les chemins de grande communication et d'intérêt commun sont recouvrées à la diligence du trésorier-payeur général. (L. 21 mai 1836, art. 14; Instr. gén. 1870, art. 116.)

Le produit des subventions industrielles est exclusivement appliqué à la réparation du chemin qui a subi les dégradations ou employé au remboursement des dépenses faites pour cette réparation. (Instr. gén. 1870, art. 117; L. 21 mai 1836, art. 14.)

§ 4. — Prestations par suite de condamnations judiciaires.

En cas de *délits forestiers*, les conservateurs des forêts peuvent admettre les délinquants insolvables à s'acquitter au moyen de prestations en nature, des amendes, frais et réparations civiles dues par eux à la suite de condamnations ou de transactions consenties. (L. 18 juin 1859, art. 1er; Décr. 21 déc. 1859, art. 3.)

Les prestations ainsi fixées sont appliquées, si les contraventions et délits ont été commis dans des forêts domaniales, à ces forêts ou aux chemins vicinaux servant à la vidange des coupes. (Décr. 21 déc. 1859, art. 10.)

Si ces faits délictueux se sont produits dans les bois des *communes ou des établissements publics,* les prestations sont applicables aux forêts domaniales et aux chemins vicinaux les desservant pour la part représentative des amendes et des frais

avancés par l'État, aux bois des communes et des établissements publics qui ont souffert le dommage et aux chemins vicinaux qui les desservent pour la somme représentant la réparation civile.

Les délinquants doivent recevoir des communes ou établissements publics propriétaires des bois une somme représentative de leurs frais de nourriture (Décr. 21 déc. 1859, art. 10). Dans ces divers cas, les prestations ainsi réglées ne peuvent être affectées qu'aux chemins vicinaux servant à la vidange des coupes. Le préfet a le droit de désigner ceux de ces chemins qui, en raison de leur état, en doivent profiter de préférence.

Quand il y a eu délit ou contravention dans les bois des *particuliers,* les délinquants dont l'insolvabilité est reconnue par le receveur de l'enregistrement peuvent demander à se libérer, au moyen de prestations en nature, des condamnations à l'amende et aux frais prononcées contre eux. Ils adressent leur demande au maire qui la transmet au sous-préfet. Celui-ci statue et fixe le nombre de journées dues. Les prestations ne sont applicables qu'aux chemins vicinaux de la commune sur le territoire de laquelle le délit a été commis. Les délinquants reçoivent, à titre de frais de nourriture, une somme fixée par le préfet et prise sur les fonds affectés à la construction et à l'entretien des chemins vicinaux. (Décr. 21 déc. 1859, art. 11-13.)

S'il n'y a dans la commune que des chemins vicinaux ordinaires, le conseil municipal choisit, avec l'approbation du préfet, les chemins qui bénéficieront de ces prestations. S'il n'y a que des chemins de grande communication ou d'intérêt commun, le choix doit appartenir au préfet. S'il y a plusieurs classes de chemins, le préfet décide à laquelle les prestations devront s'appliquer, et le conseil municipal ne doit intervenir que si le préfet a désigné les chemins vicinaux ordinaires et qu'il faille choisir sous cette catégorie le ou les chemins à doter de cette ressource. (Guillaume, p. 224.)

Si les délinquants n'exécutent pas le travail fixé en journées ou converti en tâches par les agents voyers, et s'ils commettent des fautes graves dans cette exécution, l'agent voyer en avertit le maire et il est passé outre à l'exécution des poursuites, en tenant compte toutefois du travail accompli. (Décr. 21 déc. 1859, art. 12, 14.)

§ 5. — Subventions du département.

La loi du 21 mai 1836, dans son article 8, *permet* aux conseils généraux, non seulement d'*accorder* au *service vicinal* des subventions prises sur le produit des centimes facultatifs, mais encore d'*imposer,* pour accroître ces subventions, des centimes spéciaux, dont le maximum est fixé chaque année par la loi de finances. D'après l'article 12 de la même loi, ce maximum a été d'abord fixé pendant longtemps à cinq centimes, mais, depuis la loi de finances du 31 juillet 1867 réglant le budget de 1868, il a été porté à sept centimes chaque année.

Le maximum des centimes facultatifs ordinaires est également fixé annuellement par la loi de finances. Depuis la loi du 4 septembre 1871, il est limité chaque année à vingt-cinq centimes additionnels au principal des deux premières contributions directes, plus un centime additionnel au principal des quatre contributions.

Le conseil général peut aussi voter en faveur des chemins vicinaux des subventions sur le produit d'impositions extraordinaires ou d'emprunts. Ses délibérations, en ce sens, sont exécutoires par elles-mêmes, sauf si l'emprunt est remboursable en plus de trente ans ou si l'imposition excède le maximum fixé par la loi annuelle du budget : un décret rendu en Conseil d'État est alors nécessaire. (L. 10 août 1871, art. 40 et 41 ainsi mod. par L. 12 juill. 1898.)

Le conseil général a reçu de la loi du 18 juillet 1866 le pouvoir de procéder, au lieu du préfet, à la répartition des subventions départementales pour les chemins de grande communication ou d'intérêt commun, et, de la loi du 11 juillet 1868, le même pouvoir quant aux subventions créées en vertu de cette loi sur les fonds de l'État ou du département pour hâter l'achèvement des chemins vicinaux ordinaires. Depuis la loi du 10 août 1871 (art. 46, n° 7, et 81), le conseil général répartit toutes les subventions sur les fonds de l'État ou du département entre tous les chemins vicinaux, à quelque catégorie qu'ils appartiennent, et, s'il ne se réserve pas cette répartition quant aux fonds départementaux, celle-ci est faite par la commission départementale.

§ 6. — Concours financier de l'État.

L'article 53 de la loi de finances du 26 juillet 1893 a supprimé la caisse des chemins vicinaux en même temps que celle des écoles et liquidé par une consolidation des comptes d'avances et de subventions faites aux communes et aux départements pour la construction des chemins vicinaux.

La création de ces caisses qui n'avaient pas de ressources propres et qui se bornaient à faire l'emploi des subventions qui leur étaient allouées par la loi et qui étaient obtenues pour la plupart sur la dette flottante au moyen de l'emprunt, a été critiquée par M. Boulanger, rapporteur de la loi au Sénat.

Les sommes absorbées par la caisse des chemins vicinaux depuis son origine se sont élevées à 546,759,413 fr., mais une partie de cette énorme dette est aujourd'hui éteinte.

La dette qui subsiste et que la nouvelle loi a pour objet de consolider se compose de deux éléments. Pour effectuer le service des subventions et avances en capital, le Trésor a dû prendre sur les ressources de la dette flottante à laquelle pendant longtemps on a confié le soin d'alimenter la caisse des chemins vicinaux. Il a été autorisé, en second lieu, à émettre, pour compléter ces ressources, des obligations à long terme qui sont dans le portefeuille de la Caisse des dépôts et consignations.

L'amortissement total des avances aura lieu en 1907 et celui des obligations à long terme en 1915. (Rapp. Boulanger.)

Pour atténuer les effets de la suppression de la caisse vicinale, le Gouvernement s'est efforcé d'alléger le sacrifice à faire désormais par les communes et les départements qui se trouveront dans l'obligation de recourir à l'emprunt pour subvenir aux dépenses de construction de chemins vicinaux. Grâce au concours de la Caisse nationale des retraites pour la vieillesse, les départements et les communes peuvent se procurer, à des conditions privilégiées, les avances qui leur seront nécessaires pour couvrir la part de dépenses mise à leur charge par le décret du 3 juin 1880.

Par décision du 8 mai 1895, le ministre des finances a donné son approbation à la délibération par laquelle la commission supérieure de la Caisse des retraites a réglé les conditions des avances applicables à l'objet dont il s'agit.

D'après le résumé de ces conditions, les prêts de la Caisse nationale des retraites sont destinés aux travaux subventionnés par l'État et ne peuvent, par suite, excéder les limites déterminées par les programmes annuels dressés en exécution de la loi du 12 mars 1880[1]. Ils peuvent aussi être demandés pour le rachat des ponts à péage.

Ces prêts sont consentis, quelle que soit la période d'amortissement, au taux d'intérêt de 3 fr. 63 c. p. 100 et remboursés par annuités ou par semestrialités, au gré des emprunteurs. Le montant de l'annuité, nécessairement variable suivant la durée de l'opération, est calculé d'après les indications du barème annexé à la circulaire du 8 juin 1895.

Les dossiers constitués en vue de l'autorisation des emprunts pour lesquels une loi ou un décret sont nécessaires, sont adressés au ministre de l'intérieur. Après que la décision autorisant ces emprunts a été rendue, les préfets et les maires ont à faire le nécessaire et se mettent directement en rapport avec la Caisse pour la passation des contrats et la réalisation des emprunts.

Cependant, pour les emprunts départementaux soumis à la sanction législative, les contrats ne deviennent définitifs qu'après l'approbation du ministre de l'intérieur.

Les demandes tendant à la concession d'emprunts autorisés par arrêté préfectoral ou réglés par simple délibération municipale, en exécution des articles 141 et 142 de la loi du 5 avril 1884, doivent parvenir à la Caisse par l'intermédiaire du ministre de l'intérieur.

Comme il importe de limiter les engagements de la Caisse aux besoins constatés, il a été entendu que les communes ne lui soumettraient leurs projets de contrat qu'après l'adjudication des travaux, c'est-à-dire lorsque le montant réel des dépenses a pu être déterminé.

A raison des difficultés pratiques que pourrait

---

1. Voir à la fin l'instruction spéciale pour l'exécution de la loi du 12 mars 1880.

faire naître l'application de cette règle aux départements, ceux-ci n'y sont pas soumis ; en conséquence, les emprunts demandés par les départements peuvent être contractés au moment où le préfet le juge opportun. (Circ. int. 8 juin 1895.)

Section 3. — Dispositions générales.

Toutes les décisions relatives à la création de ressources applicables aux chemins vicinaux sont notifiées à l'agent voyer en chef par le préfet. (Règl. gén., art. 66 ; Instr. gén. 1870, art. 120.)

Section 4. — Répartition des ressources et formation des budgets.

Les ressources créées pour le service des chemins vicinaux, quelle que soit leur origine, et qu'elles consistent en argent ou en prestations en nature, ne peuvent, nous l'avons dit, sous aucun prétexte, être appliquées à des dépenses étrangères à ce service, ni à des chemins qui n'auraient pas été légalement reconnus et classés vicinaux.

Les ressources créées en vue d'une dépense spéciale ne peuvent recevoir une autre destination, à moins d'une autorisation régulière.

Tout emploi, soit de fonds, soit de prestations en nature, effectué contrairement aux règles ci-dessus, doit être rejeté des comptes et mis à la charge du comptable ou de l'ordonnateur, selon le cas. (M. R., art. 67 ; M. I., art. 121.)

Toutefois, le principe d'après lequel les ressources de la voirie vicinale ne peuvent être appliquées à d'autres dépenses que celles de la vicinalité, reçoit un certain nombre d'exceptions que nous avons fait déjà connaître. (V. suprà, Chap. VI, in initio.)

CHAPITRE VII

COMPTABILITÉ DES CHEMINS VICINAUX

Sous-chapitre Ier. — Budget de la voirie vicinale.

Section 1re. — Budget ordinaire.

§ 1er. — Chemins de grande communication et d'intérêt commun.

Chaque année, l'agent voyer d'arrondissement fournit à l'agent voyer en chef, pour chaque chemin de grande communication et d'intérêt commun, un projet de budget faisant connaître les dépenses à effectuer dans l'exercice suivant, les travaux auxquels les dépenses seront affectées et les ressources qui pourront y être appliquées. (Mod. n° 11.)

L'agent voyer en chef remet ensuite au préfet, pour être soumises au conseil général, ses propositions pour la fixation du contingent de chaque commune, pour l'allocation de subventions par le département et pour la répartition, sur chaque chemin, de ces subventions et de celles de l'État, tant pour les travaux d'entretien que pour les travaux neufs et de grosses réparations. (Mod. n° 12.)

Il propose en même temps l'allocation des crédits destinés aux dépenses générales : traitement du personnel, frais d'impression, etc. (Règl. gén., art. 68.)

La commission départementale, après avoir entendu l'avis ou les propositions du préfet, répartit les subventions diverses portées au budget départemental, et dont le conseil général ne s'est pas réservé la distribution, ainsi que les fonds provenant du rachat des prestations en nature, sur les lignes que ces prestations concernent. Elle détermine l'ordre de priorité des travaux à la charge du département, lorsque cet ordre n'a pas été fixé par le conseil général. (L. 10 août 1871, art. 81 ; Instr. gén. 1870, art. 122.)

Après avoir reçu la notification des crédits alloués au budget départemental, l'agent voyer en chef propose, pour être soumise à l'approbation du préfet, la sous-répartition des crédits de chaque chemin et la composition définitive des budgets. (Mod. n° 11 ; Règl. gén., art. 69 ; Instr. gén. 1870, art. 123.)

§ 2. — Chemins vicinaux ordinaires.

Dans la session du mois de novembre, le conseil municipal de chaque commune est appelé à délibérer sur l'emploi des ressources applicables aux travaux pour l'année suivante, d'après un budget préparé par l'agent voyer cantonal, de concert avec le maire, et vérifié par l'agent voyer d'arrondissement. (Mod. n° 13 ; Règl. gén., art. 70 ; Instr. gén. 1870, art. 124.)

Les budgets des chemins vicinaux ordinaires sont soumis à la ratification du préfet. (M. R., art. 71 ; M. I., art. 125.)

§ 3. — Dispositions générales.

Dans les premiers mois de chaque année, la répartition dans chaque commune, par catégorie de chemins, des ressources créées en vertu de l'article 2 de la loi du 21 mai 1836, est publiée dans le Recueil des Actes administratifs.

Cette répartition est notifiée aux maires, aux receveurs et aux agents voyers. (Règl. gén., art. 72 ; Instr. gén. 1870, art. 126.)

Les dépenses à faire sur les chemins, au moyen des ressources créées après l'approbation de leur budget, sont rattachées à l'un des articles de ces budgets par la décision qui les approuve. (M. R., art. 73 ; M. I., art. 127.)

Section 2. — Budgets supplémentaire et additionnel.

§ 1er. — Chemins de grande communication et d'intérêt
commun.

Aussitôt après la clôture de l'exercice, l'agent
voyer en chef prépare pour chaque chemin le budget supplémentaire de l'année courante (Mod. n° 15).
Il y inscrit en ressources le reste en caisse, les
sommes restant à recouvrer de l'exercice précédent
et les ressources nouvelles créées depuis la rédaction du budget primitif.

Il inscrit en dépense les sommes restant dues à
la clôture de l'exercice précédent et celles qui,
n'ayant pas été employées, doivent conserver leur
affectation spéciale.

Il propose l'emploi des ressources nouvelles et
de celles qui, restant libres sur les prévisions du
budget du chemin, peuvent recevoir une autre destination. (Règl. gén., art. 74 ; Instr. gén. 1870,
art. 128.)

§ 2. — Chemins vicinaux ordinaires.

Chaque année, dans sa session du mois de mai,
le conseil municipal prend une délibération par laquelle il détermine l'emploi des sommes restées
libres sur les ressources vicinales de l'exercice
précédent, comme il a été dit à l'article 65. Il reporte, en même temps, au budget additionnel de
la commune les crédits disponibles, en leur conservant leur affectation spéciale. Ce report est, s'il
y a lieu, opéré d'office par le préfet, sur la proposition de l'agent voyer en chef. (Règl. gén., art. 75 ;
Instr. gén. 1870, art. 129.)

Sous-chapitre II. — Recouvrement des ressources.

Les ressources sont en nature ou en argent. Nous
avons dit précédemment comment sont recouvrées
les ressources en nature les plus importantes :
prestations, subventions spéciales ou industrielles.
Nous ne reviendrons pas sur ce sujet.

Quant aux ressources en argent destinées aux
chemins vicinaux ordinaires, elles sont recouvrées
par les receveurs municipaux, tandis que celles
affectées aux chemins vicinaux de grande communication ou d'intérêt commun sont recouvrées par
les trésoriers-payeurs généraux.

Toute personne autre que le receveur municipal
qui, sans autorisation légale, se serait ingérée dans
le maniement des deniers de la commune affectés
aux chemins vicinaux, est, par ce seul fait, constituée comptable ; elle peut en outre être poursuivie, en vertu de l'article 258 du Code pénal, comme
s'étant immiscée sans titre dans des fonctions publiques. (M. R., art. 123 ; M. I., art. 224.)

Les receveurs municipaux recouvrent les divers
produits aux échéances déterminées par les titres
de perception ou par l'administration, et d'après le
mode de recouvrement prescrit par les lois et règlements. (M. R., art. 124 ; M. I., art. 225.)

Ils adressent le 5 de chaque mois, aux maires
des communes de leur circonscription, un état faisant connaître le montant des recouvrements effectués pendant le mois écoulé sur les ressources des

chemins vicinaux (mod. n° 65). [M. R., art. 125 ;
M. I., art. 226.]

Le recouvrement des produits de chaque exercice
doit être terminé le 31 mars de la seconde année,
et le receveur municipal peut être tenu de verser
dans sa caisse, sauf à exercer personnellement son
recours contre les débiteurs, le montant des restes
à recouvrer pour le recouvrement desquels il ne
justifie pas avoir fait les diligences nécessaires.
(M. R., art. 126 ; M. I., art. 227.)

Les ressources créées pour le service des chemins vicinaux, quelle que soit leur origine et qu'elles
consistent en argent ou en prestations en nature,
ne peuvent, sous aucun prétexte, être appliquées
à des travaux étrangers à ce service, soit à l'entretien, soit à la réparation ou à la construction de
chemins qui n'auraient pas été légalement reconnus et classés comme chemins vicinaux, sauf les
cas prévus par les lois des 12 juillet 1865 et 21
juillet 1870.

Tout emploi, soit de fonds, soit de prestations en
nature, qui serait effectué contrairement à cette
règle, est rayé des comptes et mis à la charge du
comptable ou de l'ordonnateur, suivant le cas. (M. R.,
art. 127 ; M. I., art. 228 ; V. art. 251 de l'Instr.
gén.)

Sous-chapitre III. — Des recettes et des dépenses.

Section 1re. — Ordonnancement.

Le maire est l'ordonnateur de toutes les dépenses
relatives aux chemins vicinaux pour lesquelles un
crédit a été ouvert au budget communal ; mais il
ne peut en effectuer aucune par lui-même, et il lui
est interdit de disposer, autrement que par mandats sur les receveurs municipaux, des fonds affectés aux travaux des chemins vicinaux, quelle
que soit l'origine de ces fonds. (Règl. gén., art. 110 ;
Instr. gén. 1870, art. 211.)

Tout mandat, pour être valable, doit porter sur
un crédit régulièrement ouvert, et énoncer l'exercice, le chapitre, les articles et paragraphes du
budget auxquels il s'applique, ainsi que le titre et
le montant du crédit en vertu duquel il est délivré.

Les mandats sont remis par l'ordonnateur aux
créanciers des communes, sur la justification de
leur individualité, ou à leurs représentants munis
de titres ou de pouvoirs en due forme. (M. R.,
art. 111 ; M. I., art. 212.)

Les crédits accordés pour le même exercice et le
même service sont successivement ajoutés les uns
aux autres et forment, ainsi cumulés, un crédit
unique par chapitre, article ou paragraphe, selon
le mode d'après lequel ils ont été ouverts. (M. R.,
art. 112 ; M. I., art. 213.)

Les crédits étant ouverts spécialement pour chaque nature de dépenses, les maires ne doivent,
pour quelque motif que ce soit, en changer l'affectation. Ils ne peuvent non plus en outrepasser le
montant par la délivrance de leurs mandats. (M. R.,
art. 113 ; M. I., art. 214.)

Toutes les dépenses d'un exercice doivent être

mandatées depuis le 1er janvier jusqu'au 15 mars de la seconde année.

Toute créance mandatée qui n'a pas été acquittée sur les crédits de l'exercice auquel elle se rapporte, dans les délais de la durée de cet exercice, doit être mandatée à nouveau sur les crédits reportés des exercices clos. (M. R., art. 114; M. I., art. 215.)

Tout mandat émis par le maire indique le nombre et la nature des pièces justificatives qui s'y trouvent jointes. (M. R., art. 115; M. I., art. 216.)

Au fur et à mesure de chaque opération de mandatement, il en est tenu écriture sur deux registres ouverts à la mairie. (M. R., art. 116; M. I., art. 217.)

Le premier est désigné sous le nom de *Journal des mandats* (mod. n° 63).

Le maire y inscrit tous les mandats au fur et à mesure de leur délivrance et indique pour chacun d'eux : 1° son numéro d'ordre; 2° l'article du budget en vertu duquel il a été délivré; 3° la date de sa délivrance; 4° le nom de la partie prenante; 5° l'objet de la dette; 6° le montant total du mandat.

Chaque page est additionnée, et le total obtenu reporté à la page suivante, et ainsi de suite jusqu'à la clôture de l'exercice. (M. R., art. 117; M. I., art. 218.)

Le second livre porte le nom de *Livre de détail* (mod. n° 64).

Dès que le maire reçoit le budget approuvé, il ouvre dans le *livre de détail* un compte à chaque article de crédit porté dans le budget, en suivant le même ordre d'inscription que dans le budget et en maintenant, à chaque article, le numéro qui lui a été attribué. (M. R., art. 118; M. I., art. 219.)

Il indique d'abord pour chacun des crédits le numéro de l'article du budget ou le titre qui les a ouverts, leur libellé tel qu'il est formulé dans les budgets ou dans les autorisations supplémentaires, la date de leur ouverture et leur montant. (M. R., art. 119; M. I., art. 220.)

Les mandats délivrés sur chaque crédit sont ensuite inscrits au fur et à mesure de leur délivrance. Le maire indique, pour chacun d'eux, le numéro la partie prenante et le motif de la délivrance, enfin le montant, dans la colonne réservée au chemin auquel il se rapporte. (M. R., art. 120; M. I., art. 221.)

Le *livre de détail* est clos au 16 mars. Les résultats en sont résumés sur la dernière page et doivent reproduire le total général des mandatements donnés par le journal. (M. R., art. 121; M. I., art. 222.)

C'est le préfet qui mandate les dépenses relatives aux chemins de grande communication et d'intérêt commun (Instr. gén., art. 242). Quant aux mandats de paiement pour dépenses relatives aux chemins de grande communication et d'intérêt commun, ils doivent être appuyés, suivant les cas, soit des pièces indiquées à l'article 239 de l'instruction générale, modifiée par la circulaire du 10 juin 1877, soit des pièces exigées par les règlements en vigueur.

Les dépenses communales relatives aux chemins vicinaux sont effectuées par le receveur municipal, chargé seul et sous sa responsabilité d'acquitter les dépenses mandatées par le maire jusqu'à concurrence des crédits régulièrement accordés.

Avant de procéder au paiement des mandats délivrés par les maires, les receveurs municipaux doivent s'assurer sous leur responsabilité :

1° Que la dépense porte sur un crédit régulièrement ouvert et qu'elle ne dépasse pas le montant de ce crédit;

2° Que la date de la dépense constate une dette à la charge de l'exercice auquel on l'impute, et que l'objet de cette dépense ressortit bien au service particulier que le crédit a en vue d'assurer;

3° Que les pièces justificatives, dont le tableau est donné à l'article 239, ont été produites à l'appui de la dépense.

Tout paiement qui serait effectué sans l'accomplissement de ces formalités reste à la charge du comptable. (M. R., art. 128; M. I., art. 229.)

Les comptables n'ont pas qualité pour apprécier le mérite des faits auxquels se rapportent les pièces produites à l'appui de chaque mandat. Il suffit, pour garantir leur responsabilité, qu'elles soient certifiées et visées par les agents du service vicinal et par les maires, et que le mandatement concorde avec elles. (M. R., art. 129; M. I., art. 230.)

Pour les chemins de grande communication et d'intérêt commun, le paiement est effectué par les trésoriers-payeurs généraux. (Instr. gén. 1870, art. 248, 256.)

§ 1er. — Comptabilité de l'agent voyer cantonal.

L'agent voyer cantonal tient un carnet d'attachements (mod. n° 19) sur lequel il inscrit tous les faits de dépense à mesure qu'ils se produisent, par ordre de date, sans lacune, sans classification, pour tous les ateliers confiés à sa surveillance, qu'ils soient situés dans les chemins de grande communication, d'intérêt commun ou de petite vicinalité, en ayant soin d'indiquer le chemin auquel ces faits se rapportent, avec distinction entre les réseaux subventionnés et non subventionnés.

Ce carnet présente, sur la page de gauche, le libellé des opérations et leurs résultats, soit en quantités, soit en deniers, soit à la fois en quantités et en deniers. Il ne comprend que les faits de dépense; les observations relatives aux autres parties du service ne doivent pas y figurer.

En regard de chaque article, il reçoit, sur la page de droite, les croquis et tous les renseignements propres à justifier les quantités et les sommes portées sur la page de gauche, ainsi que la mention des pièces dont les détails ne peuvent pas être inscrits sur le carnet.

Dans le cas de prise de possession de terrains

avant le règlement de l'indemnité, la date en est portée pour ordre au carnet. Un nouvel article, indiquant le montant de la dépense, est ouvert lors de la fixation de l'indemnité. Mention est également faite des terrains cédés gratuitement.

Les travaux ou approvisionnements exécutés par entreprise sont inscrits au carnet, au fur et à mesure qu'il est possible d'en vérifier partiellement les métrés, les quantités ou les poids. On se conformera, pour ces inscriptions, aux désignations ainsi qu'aux conditions de règlement des comptes, des devis ou projets approuvés.

Lorsque les travaux ou approvisionnements exécutés par entreprise doivent donner lieu à des paiements d'acompte, avant de se trouver en état d'être métrés *exactement,* ils sont inscrits au carnet, sous le nom de *travaux non terminés,* avec les métrés approximatifs. Ces métrés sont refaits complètement, à chaque nouvelle constatation, sans qu'on puisse procéder par différence. L'ancien article est rayé, et une annotation renvoie à la nouvelle situation.

La distinction en *travaux terminés* et *non terminés* pourra être supprimée par l'agent voyer en chef, suivant l'importance ou la nature des ouvrages.

Lorsque des travaux ou approvisionnements par entreprise auront été l'objet d'une réception accompagnée d'un décompte accepté par l'entrepreneur, et qu'ils n'auront donné lieu, en raison de leur faible importance, à aucune inscription antérieure sur le carnet, il suffit de mentionner la date de la réception et du décompte, et de porter en bloc le résultat final de ce décompte.

Pour les prestations à la journée ou à la tâche, la dépense est portée en bloc sur le carnet, à mesure que les états d'indication (mod. n° 16) sont arrêtés et certifiés par les agents voyers.

Les souscriptions et les subventions industrielles acquittées en nature sont aussi inscrites au fur et à mesure de leur exécution.

Lorsque l'entrepreneur est tenu par le cahier des charges de prendre en compte des travaux ou fournitures effectués par des prestataires, la remise de ces travaux ou fournitures donne lieu à une nouvelle inscription qui indique leur montant aux prix du bordereau ; dans le cas où les prestations remises auraient été effectuées dans le courant de l'année, on fait ressortir sur la page de droite la plus ou moins-value sur les prix de l'entreprise.

Pour les travaux en régie à la journée, la dépense est portée en bloc sur le carnet, à mesure que les rôles sont arrêtés et certifiés par les agents voyers. Pour les travaux en régie à la tâche, on procède de la même manière, en séparant, s'il y a lieu, les comptes des tâcherons portés sur un même état. Pour les mémoires et les factures, la dépense est portée en bloc sur la page de gauche à mesure que ces pièces sont arrêtées et certifiées.

Les surveillants sont pourvus, au besoin, de carnets auxiliaires, dont les résultats sont reportés, par masses, sur le carnet tenu par l'agent voyer cantonal sous les ordres duquel ils sont placés. (Règl. gén., art. 76 ; Instr. gén. 1870, art. 177.)

Les carnets sont délivrés, par l'agent voyer en chef, à l'agent voyer d'arrondissement, qui en numérote les feuillets et les parafe par premier et dernier avant de les remettre à l'agent voyer cantonal. Les carnets successivement délivrés, dans une même année, à chaque agent voyer cantonal sont numérotés suivant l'ordre de la remise.

Chaque agent est responsable de toutes les indications qu'il consigne sur son carnet et des omissions commises dans ses écritures.

L'agent voyer cantonal ne doit se dessaisir de son carnet que sur l'ordre de ses chefs ; quand il reçoit une autre destination, il arrête ce carnet et l'adresse à l'agent voyer d'arrondissement.

A la fin de l'année, tous les carnets, remplis ou non, sont transmis à l'agent voyer d'arrondissement qui les vise *ne varietur.*

Les carnets restent déposés au bureau de l'agent voyer cantonal jusqu'à la clôture de l'exercice; ils sont ensuite déposés dans les archives de l'agent voyer d'arrondissement. (M. R., art. 77 ; M. I., art. 178.)

Tout est écrit à l'encre sur les carnets.

Les attachements sont précédés de la date à laquelle ils se rapportent ; ils reçoivent des numéros dont la série se continue, sans interruption, du 1er janvier au 31 décembre.

Ceux qui, par leur nature, doivent être contradictoires sont acceptés sur le carnet par la signature de la partie intéressée. En cas de refus de celle-ci, l'agent voyer cantonal prévient aussitôt l'agent voyer d'arrondissement. La signature de l'entrepreneur n'est réclamée que pour les attachements définitifs ; elle n'est jamais demandée pour les travaux ou approvisionnements non terminés. Les acceptations données sur les carnets auxiliaires des surveillants ne doivent pas être reproduites sur le carnet de l'agent voyer cantonal.

L'inscription sur le carnet ne constitue pas titre contre l'administration.

Le carnet est fréquemment visé par l'agent voyer d'arrondissement. Le visa doit porter la mention *vu et vérifié,* avec la date et la signature. (M. R., art. 78 ; M. I., art. 179.)

Aucune inscription faite sur le carnet ne doit être ni grattée ni surchargée. Toutes les rectifications reconnues nécessaires sont faites et datées avec une encre de couleur différente et écrites au-dessus des lignes auxquelles elles se rapportent. On se borne à passer sur les inscriptions rectifiées un simple trait qui les laisse parfaitement lisibles.

Dans les cas où les rectifications s'appliquent à un attachement contradictoire qui a déjà reçu la signature de la partie intéressée, cette signature doit être apposée une seconde fois avec la mention de l'approbation de la correction. (M. R., art. 79 ; M. I., art. 180.)

Les journées d'ouvriers sont constatées par des feuilles d'attachements (mod. n° 20) tenues par le surveillant de chaque atelier.

La case réservée à chaque ouvrier contient, pour chaque journée, autant de divisions qu'il y a de reprises de travail. On pointe comme absent l'ouvrier qui ne se présente pas au commencement d'une reprise ou quitte le travail avant la fin. Les cases *restées en blanc au bas de la feuille sont également pointées* à chaque reprise, comme si elles concernaient des absents. Si un ouvrier travaille isolément à la journée, sa présence et son travail sont constatés de la même manière que pour les cantonniers.

Les feuilles d'attachements sont remises à la fin du mois, ou plus fréquemment s'il est nécessaire, à l'agent voyer cantonal, qui les arrête et en inscrit immédiatement les résultats sur son carnet. (M. R., art. 80; M. l., art. 181.)

Les travaux en régie exécutés à la tâche sont détaillés sur des états (mod. nᵒˢ 21 et 41) qui, lorsqu'ils doivent être produits à l'appui du paiement, sont soumis à l'approbation du préfet ou du maire, suivant le cas, et acquittés par les parties prenantes au moment du paiement. (M. R., art. 81; M. l., art. 182.)

Les mémoires sont détaillés sur des états conformes au modèle nᵒ 22.

On emploie le modèle nᵒ 22 *bis* pour les quittances des sommes n'excédant pas 10 fr. (M. R., art. 82; M. l., art. 183.)

Les situations des fournitures de matériaux ou des ouvrages terminés et non terminés, exécutés par un entrepreneur, sont dressées conformément aux inscriptions faites au carnet (mod. nᵒ 23). [M. R., art. 83; M. l., art. 184.]

Lorsque des approvisionnements ou des travaux provenant des prestations en nature ou de toute autre origine sont remis en compte aux entrepreneurs, la remise en est constatée par un procès-verbal (mod. nᵒ 24) sur lequel le détail de ces approvisionnements et travaux est indiqué aux prix du bordereau, en tenant compte du rabais de l'adjudication. (M. R., art. 84; M. l., art. 185.)

Le décompte des cantonniers est établi sur un état modèle nᵒ 25 pour les chemins de grande communication et d'intérêt commun, et modèle nᵒ 25 *bis* pour les chemins vicinaux ordinaires. (M. R., art. 85; M. l., art. 186.)

Toutes les dépenses constatées par l'agent voyer cantonal sont reportées sommairement dans un registre désigné sous le nom de *Livre de comptabilité de l'agent voyer cantonal* (mod. nᵒ 26).

Ce registre, composé de trois parties, est subdivisé, pour chacune d'elles, en *réseau subventionné* et *non subventionné*.

La première est relative aux chemins de grande communication, la deuxième concerne les chemins d'intérêt commun, et la troisième les chemins vicinaux ordinaires. (M. R., art. 86; M. l., art. 187.)

La première et la deuxième partie du livre de comptabilité de l'agent voyer cantonal sont composées d'une manière identique et comprennent :

1ᵒ Le répertoire des chemins formant table des matières (mod. nᵒ 26 A);

2ᵒ Pour chaque chemin, un compte dans lequel est inscrit, en trois divisions séparées, pour l'entretien, les grosses réparations et les travaux neufs, le montant total des dépenses faites, avec désignation des pièces sur lesquelles elles sont relevées, et en distinguant, dans chacune de ces divisions, les entreprises et les régies. Les indemnités de terrains, les dommages, les dépenses diverses et le salaire des cantonniers font l'objet de divisions spéciales (mod. nᵒ 26 B). [M. R., art. 87; M. l., art. 188.]

La troisième partie du livre de comptabilité de l'agent voyer cantonal comprend :

1ᵒ Le répertoire des communes formant table des matières (mod. nᵒ 26 C);

2ᵒ Pour chaque commune un compte (mod. nᵒ 26 D) dans lequel est inscrit, en trois divisions séparées, pour l'entretien, les grosses réparations et les travaux neufs, le montant total des dépenses faites, avec désignation des pièces sur lesquelles elles sont justifiées, et en distinguant, dans chacune de ces divisions, les entreprises et les régies. Les indemnités de terrains, les dommages, les dépenses diverses et le salaire des cantonniers font l'objet de divisions spéciales;

3ᵒ Pour chaque commune, un compte récapitulatif des certificats de paiement et des mandats délivrés (mod. nᵒ 26 E). [M. R., art. 88; M. l., art. 189.]

Un décompte, pour ordre, de l'emploi des prestations applicables aux différentes catégories de chemins est établi, par l'agent voyer cantonal, sur une formule spéciale placée à la fin de son livre de comptabilité (mod. nᵒ 26 F). [M. R., art. 89; M. l., art. 190.]

A la fin de chaque mois, l'agent voyer cantonal transmet, s'il y a lieu, à l'agent voyer d'arrondissement, les pièces suivantes (M. R., art. 90) :

Chemins vicinaux de grande communication et d'intérêt commun. — Les feuilles d'attachements des journées d'ouvriers (mod. nᵒ 20); les états des travaux à la tâche (mod. nᵒ 21); les mémoires ou quittances (mod. nᵒˢ 22 et 22 *bis*); les situations des travaux exécutés par entreprise (mod. nᵒ 23), accompagnées au besoin d'un métré (mod. nᵒ 27); les procès-verbaux de constatation des travaux exécutés par prestation (mod. nᵒ 16); les procès-verbaux de remise de travaux et approvisionnements aux entrepreneurs (mod. nᵒ 24); le décompte des cantonniers (mod. nᵒ 25), et toutes les pièces relatives aux indemnités de terrains, dommages et dépenses diverses.

Chemins vicinaux ordinaires. — Pour chaque commune : les rôles des journées d'ouvriers employés en régie (mod. nᵒ 28), accompagnés des feuilles d'attachements (mod. nᵒ 20); les états des travaux à la tâche (mod. nᵒ 21); les mémoires ou quittances (mod. nᵒˢ 22 et 22 *bis*); les situations des travaux exécutés par entreprise (mod. nᵒ 23), appuyées au besoin d'un métré et accompagnées d'un certificat de paiement (mod. nᵒ 29); les décomptes des cantonniers (mod. nᵒ 25 *bis*), et toutes les pièces relatives aux indemnités de terrains et dépenses diverses.

Chaque envoi de pièces de comptabilité, fait par l'agent voyer cantonal, est accompagné d'un bordereau (mod. n° 30), sur lequel il est fait mention des terrains dont la prise de possession a été effectuée. (M. I., art. 191.)

A la fin de chaque trimestre, ou plus souvent si l'agent voyer en chef le juge nécessaire, l'agent voyer cantonal adresse à l'agent voyer d'arrondissement un état sommaire indiquant, par commune, pour les chemins vicinaux ordinaires, la situation des dépenses faites et les certificats de paiement délivrés (mod. n° 31). [Règl. gén., art. 91 ; M. I., art. 192.]

A la fin de l'année, l'agent voyer cantonal dresse, pour les chemins vicinaux ordinaires, les décomptes (mod. n° 32) de toutes les entreprises de son service qui n'ont pas fait l'objet d'une réception provisoire ou définitive. Il les notifie aux entrepreneurs, dans les formes indiquées aux clauses et conditions générales, et les adresse à l'agent voyer d'arrondissement. (M. R., art. 92 ; M. I., art. 193.)

A la clôture de l'exercice, il dresse également, pour les chemins vicinaux ordinaires, des états faisant connaître pour toutes les communes de sa circonscription :

1° Les ressources constatées (mod. n° 33) ;

2° Les dépenses effectuées (mod. n° 34) ;

3° L'état d'avancement des chemins (mod. n°s 35 et 35 *bis*) ;

4° Divers renseignements statistiques et la situation financière du réseau subventionné (mod. n° 36).

Ces états sont établis avec distinction entre les réseaux subventionnés et non subventionnés. Ils sont adressés le 10 mai, au plus tard, à l'agent voyer d'arrondissement, qui, après en avoir certifié l'exactitude, les transmet, le 25 mai, à l'agent voyer en chef. Ce dernier, après les avoir vérifiés, les fait parvenir au préfet pour être soumis au conseil général. (M. R., art. 93 ; M. I., art. 194.)

§ 2. — Comptabilité du régisseur comptable.

Dans le cas de régie pour le compte d'un entrepreneur, le régisseur comptable tient un journal spécial de la même forme que le carnet (mod. n° 19) pour les faits de dépenses relatifs à cette régie.

L'agent voyer cantonal, qu'il soit ou non régisseur comptable, doit en outre inscrire sur son carnet les travaux effectués comme s'ils étaient exécutés par l'entrepreneur. (Règl. gén., art. 94 ; Instr. gén. 1870, art. 195.)

Les avances de fonds à faire à un régisseur comptable ont lieu sur sa demande, formulée sur un imprimé (mod. n° 37).

Pour les chemins de grande communication et d'intérêt commun, cette demande, visée par l'agent voyer d'arrondissement, certifiée par l'agent voyer en chef, est transmise par ce dernier au préfet pour la délivrance du mandat.

S'il s'agit d'un chemin vicinal ordinaire, la demande, dans le cas où l'agent voyer cantonal n'est

pas régisseur, est certifiée par ce dernier et visée par l'agent voyer d'arrondissement. Dans le cas contraire, elle est certifiée par l'agent voyer d'arrondissement. Cette demande est ensuite transmise au maire pour le mandatement. (M. I., art. 196.)

Les recettes et les paiements effectués par le régisseur comptable sont enregistrés sur un livret de caisse (mod. n° 38).

Ce livre contient, sur la page de gauche : 1° l'indication des numéros et des dates des mandats délivrés au nom du régisseur comptable ; 2° l'inscription, de la main de l'agent, du paiement, de la date, de la destination des avances et du montant, en toutes lettres, des sommes payées ; 3° l'indication en chiffres des sommes payées.

La page de droite indique, par ordre chronologique : 1° les dates des paiements successivement effectués par le régisseur ; 2° la nature des dépenses ; 3° le montant des sommes payées ; 4° celui des pièces justificatives produites.

L'agent voyer d'arrondissement constate, sur le livret de caisse, les résultats des vérifications qu'il doit faire des écritures, des pièces de dépenses et de la caisse du régisseur. (Règl. gén., art. 96 ; M. I., art. 197.)

Le régisseur comptable justifie de l'emploi des avances qui lui sont faites par la production des mémoires des fournisseurs et des rôles des ouvriers employés à la journée ou à la tâche. Ces pièces doivent être revêtues de l'acquit des parties prenantes.

La justification doit être faite dans le mois qui suit l'encaissement du mandat et comprendre, autant que possible, une dépense égale au montant de ce mandat. Les pièces justificatives font l'objet d'un bordereau (mod. n° 39) dressé en double expédition par le régisseur comptable.

Pour les chemins de grande communication et d'intérêt commun, ce bordereau est vérifié par l'agent voyer en chef et le préfet. Pour les chemins vicinaux ordinaires, il est vérifié par l'agent voyer cantonal et par l'agent voyer d'arrondissement et visé par le maire.

Les deux expéditions de ce bordereau sont transmises à l'agent du paiement, qui est tenu de renvoyer immédiatement au régisseur comptable, par l'intermédiaire des agents voyers, une des expéditions signée pour récépissé. (M. R., art. 97 ; M. I., art. 198.)

Les certificats de paiement délivrés au nom d'un régisseur comptable sont inscrits sur les livres de comptabilité comme les autres dépenses ; s'il s'agit d'une régie au compte d'un entrepreneur, les dépenses justifiées sont portées comme acompte délivré à ce dernier. (M. R., art. 98 ; M. I., art. 199.)

§ 3. — Comptabilité de l'agent voyer d'arrondissement.

L'agent voyer d'arrondissement centralise, vérifie et coordonne les résultats constatés et produits par les agents placés sous ses ordres. (Règl. gén., art. 99 ; Instr. gén. 1870, art. 200.)

Il dresse, au commencement de chaque mois, pour les chemins de grande communication et d'intérêt commun, d'après les pièces de dépenses qui lui ont été transmises par les agents voyers cantonaux : 1° le décompte mensuel (mod. n° 40) des sommes dues à tous les cantonniers ; 2° l'état récapitulatif (mod. n° 41) des feuilles d'attachements des journées d'ouvriers, des états des travaux à la tâche, des mémoires et des quittances ; 3° des propositions de paiement en faveur des entrepreneurs et les décomptes à l'appui (mod. n° 42).

Il envoie à l'agent voyer en chef ces pièces, en y joignant, après les avoir revêtues de son visa, celles mentionnées à l'état récapitulatif (mod. n° 41) ; le tout accompagné d'un bordereau (mod. n° 30).

En ce qui concerne les chemins vicinaux ordinaires, il vérifie les pièces qui lui sont adressées par l'agent voyer cantonal ; il les vise et les renvoie à ce dernier qui les transmet au maire pour le mandatement. (M. R., art. 100 ; M. I., art. 201.)

Les réceptions de matériaux d'entretien sont constatées sur une formule (mod. n° 46) et font connaître les quantités de matériaux reçus.

Les procès-verbaux de réception provisoire et de réception définitive pour les travaux neufs et de grosses réparations sont dressés sur les modèles n°s 43 et 44. Ils sont accompagnés du décompte des travaux exécutés (mod. n° 45).

Tous les procès-verbaux de réception relatifs aux chemins de grande communication et d'intérêt commun sont immédiatement transmis à l'agent voyer en chef. Les procès-verbaux qui concernent les chemins vicinaux ordinaires sont conservés par l'agent voyer cantonal, à l'exception de ceux qui doivent être joints à l'appui des paiements.

Les réceptions sont mentionnées avec leur date au carnet. (M. R., art. 101 ; M. I., art. 202.)

Tous les faits de comptabilité concernant le service de l'agent voyer d'arrondissement sont classés dans un registre (mod. n° 47) désigné sous le nom de : *Livre de comptabilité de l'agent voyer d'arrondissement.*

Ce livre se compose de trois parties, subdivisées chacune en *réseau subventionné* et *réseau non subventionné.* La première partie est relative aux chemins de grande communication, la deuxième aux chemins d'intérêt commun, et la troisième aux chemins vicinaux ordinaires.

La première et la deuxième partie sont identiques : en tête de chacune d'elles est placé un *répertoire* formant table des matières (mod. n° 47 A). Elles comprennent ensuite une série de comptes ouverts indiquant les dépenses faites et les propositions de paiement délivrées. Ces comptes sont groupés de la manière suivante : 1° *entreprises ;* un compte spécial est ouvert à chacune d'elles (mod. n° 47 B) ; 2° *travaux en régie* (mod. n° 47 C) ; l'entretien, les grosses réparations et les travaux neufs donnent lieu à l'ouverture de comptes distincts, pour chaque chemin ou partie de chemin, s'il y a lieu ; 3° *cantonniers* (mod. n° 47 D) ; 4° *in-*

demnités de terrains (mod. n° 47 E) ; 5° *dommages* (mod. n° 47 F) ; 6° *dépenses diverses* (mod. n° 47 G) [ces quatre derniers comptes comprennent toutes les dépenses faites et les certificats délivrés par chaque arrondissement ; mais à chacun d'eux un article est ouvert par chemin] ; 7° *comptes rendus,* par chemin, de l'emploi des prestations (mod. n° 47 H).

La troisième partie comprend : 1° un *répertoire* des communes formant table des matières (mod. n° 47 I) ; 2° un *résumé,* par commune, des dépenses faites et des visas des certificats de paiement (mod. n° 47 J) ; 3° un compte des *indemnités de terrains* (mod. n° 47 K), dans lequel un article est ouvert par commune. (M. R., art. 102 ; M. I., art. 203.)

A la fin de chaque trimestre, et plus souvent si l'agent voyer en chef le juge nécessaire, l'agent voyer d'arrondissement dresse des *états sommaires* des dépenses de son service, pour les chemins de grande communication et d'intérêt commun (mod. n° 48) et pour les chemins vicinaux ordinaires (mod. n° 48 bis).

Ces états sont adressés à l'agent voyer en chef. (M. R., art. 103 ; M. I., art. 204.)

A la fin de l'année, l'agent voyer d'arrondissement dresse, pour les chemins de grande communication et d'intérêt commun, les décomptes (mod. n° 32) de toutes les entreprises de son service qui n'ont pas fait l'objet d'une réception provisoire ou définitive. Il les notifie aux entrepreneurs, dans les formes indiquées au cahier des charges, et les adresse à l'agent voyer en chef. (M. R., art. 104 ; M. I., art. 205.)

L'agent voyer d'arrondissement dresse à la clôture de l'exercice, pour les chemins ou parties de chemins de grande communication et d'intérêt commun dont il est chargé, des états conformes aux modèles n°s 33, 34, 35 et 36.

Ces états, établis par ligne avec distinction entre les réseaux subventionnés et non subventionnés, sont adressés le 25 mai au plus tard à l'agent voyer en chef. (M. R., art. 105 ; M. I., art. 206.)

§ 4. — Comptabilité de l'agent voyer en chef.

L'agent voyer en chef centralise tous les faits de dépenses, tant ceux qui résultent des pièces fournies par les agents voyers d'arrondissement que ceux dont il rend personnellement compte. Il les inscrit sur un *livre de comptabilité* qui se compose de trois parties. La première partie est relative aux chemins de grande communication, la deuxième aux chemins d'intérêt commun, la troisième aux dépenses dont il rend personnellement compte.

Les deux premières sont subdivisées chacune en *réseau subventionné* et en *réseau non subventionné ;* elles sont identiques et comprennent :

1° La *situation,* à la fin de chaque mois, tant en nature qu'en argent, *des dépenses faites par chemin* et par service d'agent voyer d'arrondissement (mod. n° 49 A) ;

2° Le *journal d'inscription* (mod. n° 49 B) *des*

certificats de paiement délivrés par l'agent voyer en chef, indiquant le montant des ordonnances de fonds, celui des certificats et leur imputation, la date de la délivrance et de l'envoi des mandats ;

3° L'*état, par chemin, des certificats délivrés*, avec distinction de l'objet de la dépense et de son imputation (mod. n° 49 C).

La troisième partie comprend :

1° Un *état des dépenses du personnel* des agents voyers (mod. n° 49 D) ;

2° Un état des dépenses diverses de toute nature dont l'agent voyer en chef rend personnellement compte. Cet état est dressé dans la forme des modèles n°s 49 A et 49 C. (Règl. gén., art. 106 ; Instr. gén. 1870, art. 207.)

En ce qui concerne les chemins de grande communication et d'intérêt commun, l'agent voyer en chef tient, comme annexe de ses livres de comptabilité, un registre (mod. n° 50) où des comptes sont ouverts pour les travaux exécutés par entreprise.

Chacun de ces comptes reçoit toutes les indications qui concernent la comptabilité de l'entreprise ; il fait connaître la situation, les autorisations données, les crédits ouverts, les dépenses faites, les certificats et les mandats délivrés. (M. R., art. 107 ; M. I., art. 208.)

Les certificats de paiement, délivrés par l'agent voyer en chef, sont établis conformément aux modèles ci-après :

1° Pour les entrepreneurs (mod. n° 51) ;

2° Pour les indemnités de terrains (mod. n° 52) ;

3° Pour le personnel (mod. n°s 53 et 53 *bis*) ;

4° Pour les autres dépenses (mod. n° 54).

Ces certificats, ainsi que ceux relatifs au salaire des cantonniers (mod. n° 40), au paiement des travaux en régie (mod. n° 41), sont adressés au préfet, accompagnés des pièces justificatives et d'un bordereau (mod. n° 55). [M. R., art. 108 ; M. I., art. 209.]

L'agent voyer en chef dresse :

A la fin de l'année, pour les chemins de grande communication et d'intérêt commun, un tableau sommaire des certificats de paiement et des mandats délivrés, pendant l'année, pour les entreprises de travaux neufs et de grosses réparations en cours d'exécution (mod. n° 56) ;

A la fin de l'exercice : 1° une situation comparative des crédits ouverts et des dépenses faites pour les chemins de grande communication et d'intérêt commun, avec distinction des chapitres du budget sur lesquels les dépenses ont été imputées (mod. n° 57) ; 2° un état des dépenses dont il rend personnellement compte (mod. n° 58) ; 3° pour les chemins de grande communication et d'intérêt commun, des états conformes aux modèles 33, 34, 35 et 36. Les états établis avec distinction entre les réseaux subventionnés et non subventionnés sont adressés au préfet qui les soumet, dans la session d'août, au conseil général, conformément à la loi du 10 août 1871 (art. 66) ; 4° des états présentant, pour les chemins du département, les ressources et les dépenses de l'exercice, ainsi que la situation

de ces chemins à la fin de l'année (mod. n°s 59, 60, 61, 62). Ces derniers états, visés par le préfet, sont adressés au ministre de l'intérieur le 15 juillet. (M. R., art. 109 ; M. I., art. 210.)

§ 5. — Comptabilité du maire. (V. *suprà*, p. 78.)

§ 6. — Comptabilité des receveurs municipaux.

Les règles à suivre pour le recouvrement des ressources et le paiement des dépenses ont été précédemment indiquées. (V. *suprà*.)

Les receveurs municipaux, en outre des livres généraux dont la tenue est prescrite par les instructions sur la comptabilité communale, tiennent deux registres spéciaux pour la comptabilité des chemins vicinaux. (M. R., art. 130 ; M. I., art. 231.)

Le premier, désigné sous le nom de *Livre de détail* des recettes et des dépenses pour les chemins vicinaux (mod. n° 66) et destiné à présenter d'une manière distincte les opérations relatives à ce service, est tenu par exercice. Il est divisé en deux parties.

La première est relative aux ressources. Le receveur municipal ouvre un compte spécial à chacun des articles de recette admis par les budgets primitifs ou supplémentaires, ou par des autorisations spéciales, en suivant le même ordre d'inscription que dans le budget et en maintenant à chaque article le numéro qui lui a été attribué. Il y inscrit, au fur et à mesure de leur réception, les différents titres qui lui sont adressés par les receveurs des finances, et jour par jour les recettes qu'il effectue en numéraire, en extraits de rôles constatant les travaux effectués ou en déclarations de retenues pour centimes additionnels. Chaque recette figure dans la colonne du *livre de détail* à laquelle elle s'applique.

Les ordonnances de décharge et de réduction figurent en bloc à chaque compte au-dessous des produits constatés.

La deuxième partie est relative aux dépenses effectuées. Un compte distinct est également ouvert par chaque crédit inscrit aux budgets primitif ou additionnel, ou accordé par des autorisations spéciales, en suivant le même ordre d'inscription que dans le budget et en maintenant à chaque article le numéro qui lui a été attribué. Le receveur municipal y inscrit, jour par jour, les diverses dépenses qu'il a effectuées en distinguant les différents chemins auxquels elles se rapportent. (M. R., art. 131 ; M. I., art. 232.)

Le second registre, désigné sous le nom de *Carnet des ordonnances de dégrèvements* (mod. n° 67), sert à inscrire toutes les réductions et décharges prononcées dans le cours de l'exercice sur les produits relatifs à la vicinalité. Un compte est ouvert *pour chaque nature de produits*. Il est totalisé le 31 mars de la seconde année, et les résultats en sont reportés sur le *livre de détail*. (M. R., art. 132, M. I., art. 233.)

Les receveurs municipaux sont tenus de rendre chaque année un compte spécial par commune pour les opérations relatives aux chemins vicinaux qu'ils ont effectuées (mod. n° 68).

Ce compte, dressé à la clôture de l'exercice, est transmis le 5 avril au plus tard au receveur des finances qui, après l'avoir vérifié et certifié, le fait parvenir au préfet le 15 avril pour tout délai. (M. R., art. 133 ; M. I., art. 234.)

Chaque compte, formé d'après les écritures, doit présenter la *situation* du comptable d'après le compte précédent, la *totalité des opérations* faites par le receveur pendant l'exercice, tant en recette qu'en dépense, et le *résultat général* des recettes et des paiements à la clôture de l'exercice. (M. R., art. 134 ; M. I., art. 235.)

Le receveur municipal transcrit littéralement sur ces comptes tous les articles de recette et de dépense ouverts par les budgets primitifs ou supplémentaires ou par des autorisations spéciales, et qui sont relatifs aux chemins vicinaux. (M. R., art. 135 ; M. I., art. 236.)

Les recettes et les paiements relatifs aux chemins vicinaux sont justifiés de la manière suivante dans les comptes communaux soumis aux conseils de préfecture ou à la Cour des comptes. (M. R., art. 136 ; M. I., art. 237.)

1. Justification des recettes.

A) *Produits des centimes spéciaux ou des centimes extraordinaires.*

Extrait des rôles généraux ou spéciaux des contributions directes délivré par le percepteur, visé par le maire et le receveur des finances. (Règl. gén., art. 137 ; Instr. gén. 1870, art. 238, § 1er.)

B) *Prestations.*

Les pièces justificatives de ce produit sont : *la copie, certifiée par le maire, de l'exécutoire des rôles de prestations, et, pour établir le montant des réductions, les ordonnances de décharge.* (Circ. int. 1er août 1874.)

C) *Subventions spéciales.*

Arrêtés de fixation rendus par le conseil de préfecture ou décision de la commission départementale, selon que ces subventions auront été réglées dans la forme des expertises ou dans celle des abonnements.

D) *Souscriptions particulières ou provenant d'associations particulières.*

Copie ou extrait du titre de souscription ou le titre lui-même appuyé de l'acceptation donnée par le préfet, et, dans le cas de réduction du titre, les ordonnances de décharge.

E) *Emprunts à la caisse des chemins vicinaux ou à toute autre caisse.*

Copie de la délibération du conseil municipal, de l'arrêté du préfet, du décret ou de la loi autorisant l'emprunt. Copie, certifiée par le maire, des actes qui ont réglé les conditions de l'emprunt.

F) *Aliénation de délaissés d'anciens chemins déclassés.*

Arrêté préfectoral autorisant la vente ; expédition T de l'adjudication ou de l'acte de vente à l'amiable ; décompte des intérêts, s'il y a lieu. Si le titre n'est pas apuré à la fin de l'exercice, il ne sera produit qu'un extrait sur papier libre, avec mention que le titre T sera produit ultérieurement.

G) *Subvention de l'État ou du département.*

Certificat du receveur des finances, visé par le maire, établissant le montant des subventions accordées.

2. Justification des dépenses.

Toutes les pièces justificatives à produire à l'appui des mandats doivent être visées par l'ordonnateur. (Règl. gén., art. 138 ; Instr. 1870, art. 239.)

A) *Prestations en nature.*

Extrait du rôle établissant le relevé des journées ou des tâches effectuées en nature, émargé par le surveillant des travaux, certifié par l'agent voyer cantonal, visé par l'agent voyer d'arrondissement et revêtu de l'attestation du maire que les travaux ont été accomplis[1].

B) *Travaux en régie.*

Autorisation du préfet de faire les travaux en régie, si les travaux à exécuter sur un même chemin s'élèvent à plus de 300 fr.

Et, selon les cas :

S'il y a un entrepreneur à la tâche, l'état T de ses travaux ou fournitures, certifié par lui et par l'agent voyer cantonal, visé par l'agent voyer d'arrondissement ;

S'il n'y a que des fournisseurs et ouvriers employés sous la surveillance du maire ou d'un agent voyer : 1° les mémoires ou factures T certifiés par les fournisseurs, par l'agent voyer cantonal et visés par l'agent voyer d'arrondissement ; 2° les états nominatifs[2] des journées d'ouvriers dûment émargés pour acquit par la signature des ouvriers ou par celle de deux témoins du paiement, certifiés par l'agent voyer cantonal et par l'agent voyer d'arrondissement ; lesdits états devront indiquer distinctement, pour chaque ouvrier, le lieu des travaux, les dates exactes des journées de chacun, leur nombre, le prix de la journée et le total revenant à chaque ouvrier. Les avances faites à un régisseur seront justifiées par lui, suivant le cas, par les pièces ci-dessus indiquées ; à l'appui du premier paiement, on produira, en outre, copie de l'arrêté du maire nommant le régisseur.

C) *Travaux à exécuter en vertu d'adjudication ou de marché de gré à gré.*

À l'appui du premier acompte, décision approbative des travaux ; copie ou extrait du procès-verbal d'adjudication ou du marché, non timbré, mais avec

---

1. Quittance à souche du receveur municipal à l'effet d'établir l'inscription en recette de la somme portée en dépense, comme évaluation de cotes ou partie de cotes acquittées en nature.

2. T, si la somme à payer à l'un des ouvriers est supérieure à 10 fr.

mention que l'expédition T sera fournie avec le mandat pour solde. Justification de la réalisation du cautionnement par le récépissé du receveur municipal ou une déclaration de versement, et, suivant le cas, déclaration du maire, approuvée par le préfet, constatant qu'il n'y a pas eu lieu d'exiger ce cautionnement. Certificat T de l'agent voyer cantonal, visé par l'agent voyer d'arrondissement et le maire, constatant l'avancement des travaux et le montant de la somme à payer.

Pour les acomptes subséquents, certificat T de l'agent voyer cantonal, visé par l'agent voyer d'arrondissement, rappelant les sommes payées antérieurement et le montant du nouveau mandat à payer.

Quant au solde des travaux, expédition en due forme du procès-verbal d'adjudication ou du marché T; devis estimatif T[1]; bordereau des prix; procès-verbal de réception définitive T et décompte général T dressés par l'agent voyer cantonal et visés par l'agent voyer d'arrondissement.

Dans le cas d'adjudication à prix ferme, il n'est pas nécessaire de produire un décompte général, mais le procès-verbal de réception définitive seulement.

D) *Acquisition d'immeubles en cas de convention amiable pour ouverture et redressement du chemin.*

a) *Convention portant à la fois sur la cession et sur le prix.*

Terrains non bâtis ni clos de murs. — 1° Extrait de l'acte déclarant les travaux d'utilité publique :

Savoir :

Décision du conseil général lorsqu'il s'agit de chemins de grande communication et d'intérêt commun. (L. 10 août 1871, art. 44.)

Décision de la commission départementale, s'il s'agit de chemins vicinaux ordinaires. (M.L., art. 86.)

Lesdites décisions accompagnées de la mention expresse qu'elles n'ont été l'objet d'aucun des recours énumérés par les articles 47 et 88 de la loi du 10 août 1871.

Et, *dans le cas où la décision de la commission départementale aurait été frappée d'appel :*

Décision du conseil général ;

2° Délibération du conseil municipal[2] si la dépense totalisée avec celles des autres acquisitions déjà votées dans le même exercice ne dépasse pas le dixième des revenus ordinaires de la commune. (L. 24 juill. 1867, art. 1er, § 1er, et art. 6.)

Et, de plus, ampliation de l'arrêté pris par le préfet en conseil de préfecture pour autoriser l'acquisition (L. 18 juill. 1837, art. 46; Décr. 25 mars 1852, art. 1er, tableau A). Si la dépense totalisée

avec celle des autres acquisitions déjà votées dans le même exercice dépasse le dixième des revenus ordinaires de la commune ;

3° Expédition ou extrait de l'acte de cession amiable, timbré lorsqu'il est produit avec le compte final, et non timbré, lorsqu'il s'agit d'une justification provisoire ; ladite expédition ou ledit extrait portant mention de la transcription et de l'enregistrement (L. 3 mai 1841, art. 16 et 19), et constatant que le vendeur a produit les titres qui établissent sa possession.

NOTA. — Les portions contiguës appartenant à un même propriétaire doivent faire l'objet d'un seul acte de vente.

Si le vendeur n'est pas l'individu dénommé à la matrice des rôles, le contrat doit indiquer comment la propriété est passée du propriétaire désigné par la matrice des rôles à celui qui consent la vente.

Si la désignation portée à la matrice des rôles est inexacte ou incomplète, le vendeur doit prouver l'inexactitude ou l'erreur par la production d'un bail, d'un acte de vente, d'un partage ou d'un acte authentique.

A défaut d'acte authentique, l'identité sera prouvée par un certificat du maire délivré sur la déclaration de deux témoins au moins. Ces justifications seront énoncées au contrat ;

4° Certificat du maire constatant que, préalablement à la transcription, l'acte de vente a été publié et affiché conformément à l'article 15 de la loi du 3 mai 1841, et suivant les formes de l'article 6 ;

5° Exemplaire certifié du journal où l'insertion a été faite. (Les formalités de publication dont l'accomplissement doit être constaté par le certificat, portent sur l'acte de cession.)

NOTA. — Les formalités de publication et d'insertion doivent toujours précéder la transcription, à peine de nullité de la transcription ;

6° Certificat du maire délivré huit jours au moins après les publications et affiches ci-dessus mentionnées, et constatant qu'aucun tiers ne s'est fait connaître comme intéressé au règlement de l'indemnité (L. 3 mai 1841, art. 21, § 2) ;

7° Certificat négatif (T) ou état (T) des inscriptions, délivré par le conservateur des hypothèques, quinze jours au moins après la transcription.

NOTA. — Les inscriptions dont la non-existence ou la radiation doit être justifiée sont exclusivement celles dont l'immeuble se trouve grevé du chef, soit du vendeur, soit du propriétaire désigné par la matrice cadastrale, ou de leurs auteurs ;

Dans le cas où il existe des inscriptions, et si le montant du prix n'est pas versé à la caisse des consignations :

8° Certificat (T) de radiation délivré par le conservateur des hypothèques, ou quittance notariée portant mainlevée des inscriptions ;

9° Décompte en principal et intérêts du prix d'acquisition ;

10° Certificat de paiement délivré par l'agent voyer cantonal et visé par l'agent voyer d'arrondissement pour les chemins vicinaux ordinaires ; et

---

1. La soumission tiendra lieu du devis lorsqu'elle énoncera les quantités, les prix et les conditions d'exécution des ouvrages.
2. Dans ce cas, la délibération du conseil municipal ne doit être approuvée par le préfet que s'il y a désaccord entre le conseil municipal et le maire.

délivré par l'agent voyer en chef, pour les chemins de grande communication et d'intérêt commun ;

11° Quittance de l'ayant droit.

Les quittances peuvent être passées dans la forme des actes administratifs. (L. 3 mai 1841, art. 56.)

Nota. — Lorsque l'indemnité ne dépassera pas 500 fr., les pièces relatives à la purge des hypothèques et le certificat du conservateur pourront être remplacés par une délibération du conseil municipal approuvé par le préfet, dispensant le maire de faire remplir les formalités de la purge des hypothèques ; en outre, en vertu de la même délibération, et quand même elle ne l'aurait pas spécifié, l'acte ne sera pas soumis à la transcription. (L. 3 mai 1841, art. 19, et O. 18 avril 1842, art. 2.)

En cas de consignation du montant du prix de vente à la Caisse des dépôts et consignations, on produira les pièces mentionnées ci-dessus, à l'exception de la quittance de l'ayant droit et, lorsque la consignation est motivée par l'existence d'inscriptions hypothécaires, des états d'inscriptions qui sont remis à la Caisse des dépôts et consignations ;

Et en outre :

12° Arrêté du maire pour les chemins vicinaux ou du préfet pour les chemins de grande communication et d'intérêt commun, prescrivant la consignation et en énonçant les motifs ; si la consignation a pour cause l'existence d'inscriptions hypothécaires, l'arrêté visera la date de la délivrance par le conservateur de l'état d'inscription ;

13° Récépissé du préposé de la Caisse des dépôts et consignations.

Terrains bâtis ou clos de murs.

Si l'utilité publique a été déclarée :

1° Copie du décret déclarant les travaux d'utilité publique (L. 8 juin 1864) ;

2° Les pièces mentionnées au paragraphe 1er, 2° à 13°.

Si l'utilité publique n'a pas été déclarée :

1° Délibération du conseil municipal[1], si la dépense totalisée avec celles des autres acquisitions déjà votées dans le même exercice ne dépasse pas le dixième des revenus ordinaires de la commune. (L. 24 juill. 1867, art. 1er, § 1er, et art. 6.)

Et, de plus, ampliation de l'arrêté pris par le préfet en conseil de préfecture pour autoriser l'acquisition (L. 18 juill. 1837. art. 46, et Décr. 25 mars 1852, art. 1er, tableau A), si la dépense totalisée avec celles des autres acquisitions déjà votées dans le même exercice dépasse le dixième des revenus ordinaires de la commune ;

2° Copie certifiée du contrat, timbrée lorsqu'elle est produite avec le compte final, non timbrée lorsqu'il s'agit d'une justification provisoire ; ladite copie portant mention de la transcription et de l'enregistrement, indiquant les précédents propriétaires, et constatant que le vendeur a produit les titres qui établissent sa possession ;

---

[1]. Dans ce cas, la délibération du conseil municipal ne doit être approuvée par le préfet que s'il y a désaccord entre le conseil municipal et le maire.

3° Certificat (T) négatif délivré après transcription par le conservateur des hypothèques, relatant expressément qu'il s'applique aux mentions et transcriptions désignées par les articles 1 et 2 de la loi du 23 mars 1855 ainsi qu'aux transcriptions de saisies, de donations ou de substitutions ;

Ou, s'il y a lieu, état (T) des inscriptions, et, en outre, desdites transcriptions et mentions.

Nota. — Les inscriptions dont la non-existence ou la radiation doit être justifiée sont exclusivement celles qui intéressent les tiers, c'est-à-dire celles dont l'immeuble pourrait être grevé du chef du vendeur ou des précédents propriétaires ; il est inutile de justifier de la radiation de l'inscription prise d'office au profit du vendeur lorsqu'il a traité avec la commune ;

Dans le cas où ledit certificat ou état ne serait pas délivré quarante-cinq jours au moins après l'acte d'acquisition et s'il ne résulte pas, d'ailleurs, des énonciations mêmes de l'acte, que la propriété appartenait, depuis plus de quarante-cinq jours avant la transcription, à ceux de qui la commune acquiert :

4° Certificat (T) spécial, constatant, après l'expiration du délai précité, qu'il n'a pas été pris d'inscription en vertu de l'article 6 de la loi du 23 mars 1855 ;

Ou, s'il y a lieu, état (T) de ces inscriptions ;

Dans le cas où il existerait des inscriptions, si le montant du prix n'est pas versé à la caisse des consignations :

5° Certificat (T) de radiation desdites inscriptions, délivré par le conservateur des hypothèques, ou quittance notariée portant mainlevée des inscriptions ;

6° Décompte en principal et intérêts du prix d'acquisition ;

7° Certificat de paiement délivré par l'agent voyer cantonal et visé par l'agent voyer d'arrondissement, si l'acquisition concerne les chemins vicinaux ordinaires ; délivré par l'agent voyer en chef, si l'acquisition s'applique à un chemin de grande communication ou à un chemin d'intérêt commun ;

Et, pour établir la purge des hypothèques légales :

8° Certificat (T) du greffier du tribunal civil constatant le dépôt de l'acte d'acquisition après la transcription et son affichage au greffe, pendant deux mois ;

9° Exploit (T) de notification de ce dépôt au procureur de la République et aux parties désignées à l'article 2194 du Code civil ;

10° Exemplaire certifié du journal ou de la feuille d'annonces dans lequel a été inséré l'exploit de notification ;

11° Certificat (T) du conservateur des hypothèques constatant que, depuis la transcription jusqu'à l'expiration du délai de deux mois à dater de l'insertion (Av. Cons. d'Ét. 1er juin 1807) de l'exploit dans la feuille d'annonces, il n'a été pris aucune inscription sur l'immeuble vendu ;

Ou, s'il y a lieu, état (T) des inscriptions ;

Dans le cas où il existerait des inscriptions, si

le montant du prix n'est pas versé à la caisse des consignations :

12° Certificat (T) de radiation desdites inscriptions, délivré par le conservateur des hypothèques, ou quittance notariée portant mainlevée des inscriptions.

Nota. — Les maires des communes, autorisés à cet effet par les délibérations des conseils municipaux, approuvées par les préfets, peuvent se dispenser de remplir les formalités de purge des hypothèques pour les acquisitions d'immeubles faites de gré à gré et dont le prix n'excède pas 500 fr. (Décr. 14 juill. 1866). Dans ce cas, les communes peuvent se libérer entre les mains des vendeurs sans avoir besoin de produire un certificat du conservateur des hypothèques constatant l'existence ou la non-existence d'inscriptions hypothécaires, mais elles ne peuvent se dispenser de faire transcrire leur contrat d'acquisition que lorsque les immeubles ont été acquis en vertu de la loi du 3 mai 1841.

En cas d'acquisition sur saisie immobilière, les créanciers n'ayant plus d'action que sur le prix, il n'y a pas lieu de procéder à la purge des hypothèques légales, attendu que le jugement d'adjudication dûment transcrit purge toutes les hypothèques. Il n'y a pas lieu de procéder non plus à la purge des hypothèques sur les immeubles vendus par l'État, ni à celles des hypothèques légales des immeubles vendus par les départements, des communes et des établissements publics, sauf le cas exceptionnel où l'immeuble récemment acquis par le département, la commune ou l'établissement vendeur pourrait être grevé du chef des précédents propriétaires.

Si le montant du prix d'acquisition est versé à la Caisse des dépôts et consignations par suite d'obstacles au paiement, tels que l'existence d'inscriptions hypothécaires ou oppositions, il y a lieu de produire les pièces ci-dessus, à l'exception, lorsque la consignation est motivée par l'existence d'inscriptions hypothécaires, des états d'inscription n°s 3° et 11° qui sont remis à la Caisse des dépôts ;

Et en outre :

13° Arrêté du maire pour les chemins vicinaux ordinaires ou du préfet pour les chemins de grande communication et d'intérêt commun, prescrivant la consignation, en énonçant les motifs, et si elle a pour cause l'existence d'inscriptions hypothécaires, visant la date de la délivrance des états d'inscriptions ;

14° Récépissé du préposé de la Caisse des dépôts et consignations.

b) *Convention portant accord sur la cession, mais réservant au jury la fixation du prix.*

S'il s'agit de terrains non bâtis, ni clos de murs. — Toutes les justifications indiquées au paragraphe 1er de l'article 1er ;

Et en outre : décision du jury rendue exécutoire par le magistrat directeur, contenant règlement de l'indemnité et, s'il y a lieu, répartition des dépens.

S'il s'agit de terrains bâtis ou clos de murs. — 1° Copie du décret déclarant les travaux d'utilité publique (L. 8 juin 1864) ;

2° Les pièces indiquées au paragraphe 1er de l'article 1er, sous les n°s 2° à 13° ;

3° Et en outre : décision du jury rendue exécutoire par le magistrat directeur, contenant règlement de l'indemnité et, s'il y a lieu, répartition des dépens.

c) *Convention sur le prix seulement, postérieure à la translation de propriété par voie d'expropriation, qu'il s'agisse de terrains bâtis ou clos de murs ou de terrains non bâtis ni clos de murs.*

1° Copie (T) ou extrait (T) du jugement d'expropriation relatant textuellement la mention de la transcription et énonçant la date de la notification ;

2° Certificat du maire constatant que, préalablement à la transcription, le jugement a été publié et affiché conformément à l'article 15 de la loi du 3 mai 1841, et suivant les formes de l'article 6 de ladite loi ;

3° Exemplaire certifié du journal où l'insertion a été faite (l'insertion doit être faite antérieurement à la transcription) ;

4° Convention (T) dûment approuvée, contenant règlement de l'indemnité ;

Et de plus :

Les justifications mentionnées à l'article 1er, § 1er, sous les n°s 6°, 7°, 8°, 9°, 10°, 11°, 12°, 13°.

E) *Acquisition faite en dehors de toute convention amiable pour ouverture redressement.*

1° Copie (T) ou extrait (T) du jugement d'expropriation, mentionnant textuellement la transcription et énonçant la date de la notification ;

2° Certificat du maire constatant que, préalablement à la transcription, le jugement a été publié et affiché conformément à l'article 15 de la loi du 3 mai 1841 et suivant les formes édictées par l'article 6 de ladite loi ;

3° Exemplaire certifié de la feuille d'annonces judiciaires dans laquelle a été inséré l'extrait du jugement. (L'insertion doit être faite antérieurement à la transcription.)

Nota. — Les formalités de publication, d'affichage et d'insertion mentionnées ci-dessus doivent avoir été remplies antérieurement à la transcription, à peine de nullité de la transcription ;

4° Certificat négatif (T) ou état (T) des inscriptions, délivré par le conservateur des hypothèques, quinze jours au moins après la transcription (L. 3 mai 1841, art. 17) ;

Dans le cas où il existe des inscriptions, et si le montant du prix n'est pas versé à la caisse des consignations :

5° Certificat (T) de radiation délivré par le conservateur des hypothèques ou quittance notariée portant mainlevée des inscriptions.

Nota. — Les inscriptions dont la non-existence ou la radiation doit être justifiée sont exclusivement celles dont l'immeuble pouvait être grevé du chef des propriétaires désignés par le jugement d'expropriation ;

6° Certificat du maire délivré au moins huit jours après les publications et affiches ci-dessus mentionnées, et constatant qu'aucun tiers ne s'est fait connaître comme intéressé au règlement de l'indemnité (L. 3 mai 1841, art. 21) ;

7° Décision du jury rendue exécutoire par le magistrat directeur et contenant règlement de l'indemnité et, s'il y a lieu, répartition des dépens ;

8° Décompte en principal et intérêt du prix d'acquisition.

La portion des dépens mis à la charge du veudeur peut être réduite du montant du prix d'acquisition ;

9° Certificat de paiement délivré par l'agent voyer cantonal et visé par l'agent voyer d'arrondissement pour les chemins vicinaux ordinaires, et délivré par l'agent voyer en chef pour les chemins de grande communication et d'intérêt commun ;

10° Quittance de l'ayant droit ;

En outre :

En cas de consignation du prix de vente, voir *suprà.*

NOTA. — Si, par application de l'article 53 de la loi du 3 mai 1841, l'administration a fait des offres réelles, il doit être produit une expédition du procès-verbal des offres constatant le refus de l'ayant droit, ou, dans le cas d'acceptation, le paiement de la somme due, et lorsque la consignation a eu lieu, une expédition du procès-verbal de consignation.

F) *Prise de possession, pour cause d'urgence, de terrains non bâtis.*

a) *Consignation provisoire.*

1° Copie (T) ou extrait (T) du jugement d'expropriation relatant textuellement la mention de la transcription et énonçant la date de la notification ;

2° Certificat du maire, constatant que, préalablement à la transcription, le jugement a été publié et affiché, conformément à l'article 15 de la loi du 3 mai 1841, et suivant les formes prescrites par l'article 6 de ladite loi ;

3° Exemplaire certifié du journal dans lequel a été inséré l'extrait du jugement ;

(Cette mention doit être faite antérieurement à la transcription.)

4° Extrait ou mention du décret qui déclare l'urgence ;

5° Jugement qui fixe le montant de la somme à consigner par l'expropriant ;

6° Arrêté du préfet pour les chemins de grande communication et d'intérêt commun, ou du maire pour les chemins vicinaux ordinaires, motivant et prescrivant la consignation provisoire, qui doit comprendre, indépendamment de la somme fixée par le tribunal, les deux années d'intérêts exigées par l'article 69 de la loi du 3 mai 1841 ;

7° Récépissé du préposé de la Caisse des consignations.

b) *Paiement du complément dans le cas où la consignation est inférieure au montant de l'indemnité.*

1° Indication du mandat, auquel copie ou extrait du jugement d'expropriation a été joint au moment de la consignation provisoire ;

2° Décision du jury suivie de l'ordonnance d'exécution rendue par le magistrat directeur, contenant règlement de l'indemnité et, s'il y a lieu, répartition des dépens ;

3° Décompte en principal et intérêts du prix d'acquisition portant, s'il y a lieu, déduction des dépens mis à la charge des vendeurs. Les intérêts courent du jour où l'administration est entrée en possession ;

4° Arrêté du préfet pour les chemins de grande communication et d'intérêt commun, ou du maire pour les chemins vicinaux ordinaires, rappelant la somme précédemment consignée, ainsi que la date et le numéro du mandat primitif, déterminant le solde à consigner et ordonnant la consignation de ce solde, ainsi que la conversion de la consignation provisoire en consignation définitive ;

(Cet arrêté doit expliquer si la consignation est faite à la charge ou non d'inscriptions hypothécaires, et s'il existe ou non d'autres obstacles au paiement entre les mains du propriétaire dépossédé ; il doit relater, en outre, la date du certificat négatif ou de l'état des inscriptions délivré par le conservateur des hypothèques ; le certificat ou l'état lui-même est remis à la caisse des consignations.)

5° Déclaration de l'agent de la caisse des consignations constatant la conversion de la consignation provisoire en consignation définitive ;

6° Récépissé du préposé de la caisse des consignations.

G) *Acquisition d'immeubles en cas d'élargissement du chemin.*

La largeur de chaque chemin vicinal est déterminée, nous l'avons dit, par le conseil général pour les chemins de grande communication et d'intérêt commun et par la commission départementale pour les chemins vicinaux ordinaires. (L. 10 août 1871, art. 44 et 86.)

Aux termes de l'article 15 de la loi du 21 mai 1836, la décision prescrivant l'élargissement d'un chemin vicinal attribue définitivement au chemin le sol compris dans les nouvelles limites qu'elle détermine. Cette décision dépossède le propriétaire des terrains nus à occuper : elle est translative de propriété et doit être nécessairement rendue pour permettre l'élargissement de la voie. Il ne peut donc y avoir entre le propriétaire et l'administration qu'un arrangement sur le prix du terrain, quand il s'agit d'un immeuble non bâti ni clos de murs.

a) *En cas d'accord sur le prix.*

Terrains non bâtis ni clos de murs. — 1° Ampliation de la décision approuvant le règlement de prix ou la fixation de la soulte ;

2° Expédition ou extrait de l'acte portant arrangement amiable timbré, lorsqu'il est produit avec le compte final, et non timbré lorsqu'il s'agit d'une justification provisoire; ladite expédition ou ledit extrait constatant que le vendeur a produit les titres qui établissent sa possession;

3° L'acte qui a prescrit l'élargissement, savoir :

Décision du conseil général, s'il s'agit de chemins de grande communication et d'intérêt commun (L. 10 août 1871, art. 44);

Décision de la commission départementale s'il s'agit de chemins vicinaux ordinaires. (M. L., art. 86.)

Ladite décision portant mention de la transcription et de l'enregistrement et spécifiant qu'elle n'a été l'objet d'aucun des recours énoncés par les articles 47 et 88 de la loi du 10 août 1871.

Et, dans le cas où la décision de la commission départementale aurait été frappée d'appel :

Décision du conseil général;

4° Toutes les pièces spécifiées au chapitre I⁰ʳ, section 1ʳᵉ, article 1⁰ʳ, § 1⁰ʳ, sous les n⁰ˢ 4°, 5°, 6°, 7°, 8°, 9°, 10°, 11°, 12° et 13°.

Terrains bâtis ou clos de murs. — En cas de convention amiable portant à la fois sur la cession et sur le prix :

Les pièces mentionnées au chapitre I⁰ʳ, section 1ʳᵉ, article 1⁰ʳ, § 2.

En cas de convention portant accord sur la cession mais réservant au jury la fixation du prix :

Les pièces mentionnées au chapitre I⁰ʳ, section 1ʳᵉ, article 2, § 2.

En cas de convention sur le prix seulement, postérieure à la translation de propriété par voie d'expropriation :

Les pièces mentionnées au chapitre I⁰ʳ, section 1ʳᵉ, article 3.

b) *En cas de désaccord sur le prix.*

Terrains non bâtis ni clos de murs. — 1° L'acte qui a prescrit l'élargissement,

Savoir :

Décision du conseil général, s'il s'agit de chemins de grande communication et d'intérêt commun. (L. 10 août 1871, art. 44.)

Ou :

Décision de la commission départementale, s'il s'agit de chemins vicinaux ordinaires. (M. L., art. 86.)

La copie de ladite décision mentionnant textuellement la transcription, énonçant la date de la notification et spécifiant que la décision n'a été l'objet d'aucun des recours énumérés par les articles 47 et 88 de la loi du 10 août 1871.

Et, *dans le cas où la décision de la commission départementale aurait été frappée d'appel :*

Décision du conseil général;

2° Expédition de la décision du juge de paix fixant le chiffre de l'indemnité, ou jugement du tribunal civil, s'il y a eu appel de la sentence du juge de paix ;

3° Les pièces spécifiées au chapitre I⁰ʳ, section 2, sous les n⁰ˢ 2°, 3°, 4°, 5°, 6°, 7°, 8°, 9° et 10°.

En cas de consignation du prix de vente, voir le chapitre I⁰ʳ, section 1ʳᵉ, article 1⁰ʳ, § 1⁰ʳ.

Terrains bâtis ou clos de murs. — Les pièces spécifiées au chapitre I⁰ʳ, section 2.

c) *Alignement.*

Terrains non bâtis ni clos de murs. — Il y a lieu d'appliquer les règles posées en matière d'élargissement.

Terrains bâtis ou clos de murs. — En cas d'acquisition par voie d'alignement, lorsqu'il existe un plan général dûment homologué, et lorsque le propriétaire fait démolir sa maison, ou qu'il est forcé de la démolir pour cause de péril ou de vétusté, l'arrêté d'alignement individuel délivré soit par le maire pour les chemins vicinaux ordinaires, soit par le préfet ou par le sous-préfet pour les chemins de grande communication et d'intérêt commun, emporte dépossession de la partie retranchable, et les formalités de purge, s'il y a lieu, doivent s'effectuer conformément à la loi du 3 mai 1841. (L. 16 sept. 1807, art. 50; Cour de cass., chambre civ., arr. 19 juin 1848, 12 mai 1869.)

1° Arrêté individuel d'alignement, visant la date de l'homologation du plan général, en conformité duquel il doit être donné, relatant textuellement la mention de la transcription et énonçant la date de la notification;

2° Les pièces spécifiées au chapitre I⁰ʳ, section 1ʳᵉ, article 1⁰ʳ, § 1⁰ʳ, sous les n⁰ˢ 4°, 5°, 6°, 7°, 8°, 9°, 10°, 11°, 12°, 13°;

(L'arrêté d'alignement tient la place du jugement.)

3° Convention amiable (T), dûment approuvée, s'il y a lieu, ou, à défaut, décision du jury rendue exécutoire par le magistrat directeur contenant règlement de l'indemnité et, s'il y a lieu, répartition des dépens.

Lorsque, pour l'exécution du plan d'alignement, on n'attend pas que le propriétaire démolisse, soit volontairement, soit pour cause de péril ou de vétusté, les constructions frappées à la servitude de reculement, il faut distinguer si la commune acquiert, en vertu d'un décret déclaratif d'utilité publique, l'immeuble dont le sol doit être incorporé à la voie publique, ou si elle l'acquiert en vertu d'un simple arrangement amiable sans un pareil décret.

Il est procédé à la purge des hypothèques, dans le premier cas, conformément aux prescriptions de la loi du 3 mai 1841; dans le second cas, selon les prescriptions du Code civil. (Cour de cass., 19 juin 1844, villes de Saint-Étienne et de Montpellier.)

Les pièces justificatives à produire sont :

Dans le premier cas :

S'il y a eu convention amiable :

Toutes les pièces spécifiées au chapitre I⁰ʳ, section 1ʳᵉ.

A défaut de convention amiable :

Toutes les pièces spécifiées au chapitre I⁰ʳ, section 2.

Dans le second cas :

1° La décision homologuant le plan ;

2° Toutes les pièces mentionnées au chapitre Ier, section 1re, article 1er, § 2, dans le cas où l'utilité publique n'a pas été déclarée.

II) *Indemnités accessoires en cas d'expropriation. Indemnités mobilières locatives ou industrielles.*

1° En cas de convention amiable :
Convention (T) dûment approuvée s'il y a lieu ;

2° En cas de règlement par le jury :
Décision du jury suivie de l'ordonnance d'exécution rendue par le magistrat directeur, contenant règlement de l'indemnité et, s'il y a lieu, répartition des dépens ;

Ou 3° en cas de règlement par le juge de paix :
Expédition de la décision du juge de paix fixant le chiffre de l'indemnité ou jugement du tribunal civil, s'il y a eu appel de la sentence du juge de paix.

I) *Dispositions relatives au timbre et à l'enregistrement.*

Tous les actes passés soit en vertu d'une déclaration d'utilité publique, soit pour l'exécution d'un plan d'alignement dans le cas où le propriétaire riverain est obligé de s'y soumettre, sont visés pour timbre et enregistrés gratis, lorsqu'il y a lieu à la formalité de l'enregistrement. (L. 3 mai 1841, art. 58 ; Cour de cass., arr. 19 juin 1844 ; 6 mars 1848 ; 31 janv. 1849 ; Circ. min. int. 2 déc. 1848.)

Il en est de même à l'égard des actes ayant pour objet les acquisitions de terrains bâtis ou non bâtis faites en exécution du décret du 26 mars 1852, pour l'ouverture, le redressement et l'élargissement des rues formant le prolongement des chemins vicinaux, dans les communes auxquelles les dispositions de ce décret ont été déclarées applicables en vertu de son article 9. (Décr. 26 mars 1852, art. 2 ; Déc. min. des fin. 28 mai 1857.)

Les quittances pures et simples sont passibles du droit de timbre créé par l'article 18 de la loi du 23 août 1871.

a) *Indemnités relatives soit à des extractions de matériaux, soit à des dépôts ou enlèvements de terre, soit à des occupations temporaires de terrains.*

Si l'indemnité a été fixée à l'amiable. — 1° L'accord T, fait entre l'administration et le propriétaire, et approuvé par le préfet ;

2° Certificat de paiement délivré par l'agent voyer cantonal et visé par l'agent voyer d'arrondissement.

Si l'indemnité n'a pas été fixée à l'amiable.
— 1° Extrait de l'arrêté préfectoral qui autorise les extractions de matériaux ou les occupations temporaires de terrains ;

2° Arrêté du conseil de préfecture qui a fixé l'indemnité ;

3° Certificat de paiement délivré par l'agent voyer cantonal, visé par l'agent voyer d'arrondissement.

b) *Contingent de la commune dans les travaux des chemins vicinaux de grande communication et d'intérêt commun, si le contingent doit être acquitté en tout ou en partie en argent.*

Extrait de la décision du conseil général qui a fixé les contingents.
Récépissé du receveur des finances.

c) *Concours dans le traitement des agents voyers.*

Extrait de l'arrêté du préfet.
Récépissé du receveur des finances.

d) *Frais de confection de rôles et d'états-matrices.*

Extrait de l'arrêté du préfet.
Récépissé du receveur des finances.

e) *Salaire des cantonniers employés sur les chemins vicinaux ordinaires.*

Certificat de paiement dressé par l'agent voyer cantonal et visé par l'agent voyer d'arrondissement, indiquant le montant du traitement des cantonniers et le nombre des jours pour le paiement desquels le mandat est délivré.

f) *Travaux entrepris en commun par plusieurs communes et salaires y relatifs.*

Extrait de l'arrêté du préfet.
Récépissé du receveur des finances.
Le tout sans préjudice des titres des parties suivant les cas.

Toutes les dépenses autres que celles énoncées ci-dessus seront justifiées comme il est prescrit par les règlements sur la comptabilité communale. Un certificat de paiement délivré par l'agent voyer cantonal et visé par l'agent voyer d'arrondissement devra être joint à l'appui de chaque mandat. (Règl. gén., art. 139.)

§ 7. — Comptabilité du préfet.

Les ressources de toute provenance afférentes aux travaux des chemins de grande communication et d'intérêt commun sont rattachées au budget départemental. (L. 10 août 1871, art. 58 et 60 ; Règl. gén., art. 140 ; Circ. int. 16 nov. 1877.)

Le préfet mandate les dépenses relatives aux chemins de grande communication et d'intérêt commun. (M. R., art. 141.)

Les mandats sont délivrés sur des formules conformes au modèle annexé au règlement ministériel du 30 novembre 1840, sur la comptabilité publique. (M. R., art. 142.)

Indépendamment des divers journaux, du grand-livre et des livres auxiliaires prescrits par les articles 299 à 302 du décret du 31 mai 1862, et la circulaire du 20 octobre 1877, le préfet tient, par exercice, pour le service de la vicinalité, un livre de comptabilité divisé en quatre parties (M. R., art. 143), savoir :

1. Chemins de grande communication.

La première partie est relative aux chemins de

grande communication. Elle se divise en trois sections :

La première section (mod. n° 69 A) se compose d'un journal sur lequel les opérations concernant des produits éventuels en argent, c'est-à-dire la fixation définitive des contingents, la délivrance des titres, des ordonnances et des mandats, et la constatation des recouvrements, sont inscrits par ordre chronologique.

Les titres et les ordonnances sont détaillés sur cette section du livre. Les contingents peuvent y être portés collectivement.

La deuxième section (mod. n° 69 B) indique, pour chaque ligne : 1° le montant détaillé des contingents et des autres ressources à recouvrer en argent ; 2° le montant des titres délivrés, avec désignation de la provenance des ressources à recouvrer ; 3° le montant des recouvrements effectués et des mandats délivrés sur produits éventuels ; 4° le montant des subventions allouées et des mandats délivrés sur les fonds départementaux et de l'État ; 5° le montant des non-valeurs accordées.

La troisième section (mod. n° 69 C) comprend le relevé détaillé des titres restant à délivrer à la clôture de l'exercice.

2. Chemins d'intérêt commun.

La seconde partie concerne les chemins d'intérêt commun. Elle est identique à la première.

3. Prestations.

La troisième partie (mod. n° 69 D), afférente aux prestations applicables aux chemins de grande communication et d'intérêt commun, indique, par commune : 1° le montant des prestations exigibles en argent, à défaut d'option ou d'exécution ; 2° le montant des prestations effectuées en nature ; 3° le montant des titres délivrés sur prestations à recouvrer en argent, à défaut d'exécution.

4. Dégrèvements.

La quatrième partie est spéciale aux dégrèvements ; elle se divise en deux sections.

La première section (mod. 69 E) concerne les dégrèvements accordés sur ressources spécialement applicables aux chemins de grande communication et d'intérêt commun.

La deuxième section (mod. n° 69 F) indique le montant, par ordonnance, des dégrèvements accordés sur l'ensemble des prestations et sur toutes autres ressources applicables à la petite vicinalité, avec distinction, s'il y a lieu, de la partie des non-valeurs sur prestations, qui est afférente aux chemins de grande communication et d'intérêt commun.

Les titres de perception des ressources éventuelles applicables aux chemins de grande communication et d'intérêt commun sont délivrés par le préfet sur des formules (mod. n° 70, 70 A, 70 B, 70 C, 70 D, 70 E, 70 F). Ils sont dressés par arrondissement et indiquent le chapitre et le paragraphe de la nomenclature des produits départementaux, arrêtée de concert entre les départements de l'intérieur et des finances et reproduite dans l'instruction du 20 octobre 1877.

Lorsqu'il s'agit de prestations à recouvrer en argent, à défaut d'exécution des travaux en nature, la formule peut être remplacée par l'état visé par l'agent voyer en chef et approuvé par le préfet, que l'agent voyer d'arrondissement doit dresser, en exécution de l'article 147 de la présente instruction.

La minute des titres est communiquée à l'agent voyer en chef et envoyée ensuite au trésorier-payeur général, chargé de poursuivre le recouvrement des sommes dues. *Une expédition de chaque titre est adressée au ministre de l'intérieur.* (Règl. gén., art. 144, et Circ. 20 oct. 1877, § 1er, dernier alinéa.)

Justification des recettes. — Le préfet fournit, à l'appui des titres de recette concernant les chemins de grande communication et d'intérêt commun, les pièces suivantes exigées par l'instruction du 20 octobre 1877 :

Ressources éventuelles du service vicinal.

Chemins vicinaux de grande communication.	Subventions de l'État.	1° Titre de perception (modèle n° 70 A) ; 2° Ampliation du décret ou de la décision ministérielle qui a alloué la subvention ; 3° Mandat de paiement délivré au nom du trésorier-payeur général, au vu de l'ordonnance émise par le ministre compétent sur les crédits du budget général de son ministère.
	Contingents et offres des communes.	1° État (modèle n° 70 B) arrêté par le préfet, indiquant, par ligne vicinale, les sommes à percevoir sur chaque commune ; 2° Copie de la délibération par laquelle le conseil général a fixé les contingents à exiger des communes, ou de l'arrêté préfectoral qui contient acceptation des offres faites par les communes de concourir à l'exécution des travaux.
	Souscriptions particulières.	1° État (modèle n° 70 C) arrêté par le préfet, indiquant le nom et la demeure des débiteurs, la date des engagements, la nature des ressources à centraliser et le montant de ces ressources par ligne vicinale ; 2° Copie de l'arrêté par lequel le préfet a accepté ces souscriptions ; 3° Actes constatant l'engagement des souscripteurs.
	Subventions industrielles.	1° État (modèle n° 70 C) ; 2° En cas de convention amiable, copie de la délibération de la commission départementale qui a fixé la subvention ; si la subvention a été réglée par voie contentieuse, copie de l'arrêté du conseil de préfecture.
	Bacs et passages d'eau.	I. *En cas de bail.* 1° Titre de perception (modèle n° 70) ; 2° La première année, copie certifiée du bail ou du procès-verbal d'adjudication. Pour les années suivantes, indication dans le titre de perception de l'exercice pen-

Chemins vicinaux de grande communication. (Suite.)	**Bacs et passages d'eau. (Suite.)**	dant lequel ces pièces ont été produites. A l'expiration du bail, les expéditions elles-mêmes (T). II. *Lorsque le recouvrement s'opère par les soins de l'administration des contributions indirectes.* 1° Titre de perception (modèle n° 70); 2° Copie de l'arrêté préfectoral qui fixe les tarifs du péage; 3° État dressé par le receveur principal des contributions indirectes, visé par le directeur des contributions indirectes du département et certifié par le préfet. III. *Lorsque le recouvrement est opéré par les agents du département.* 1° Titre de perception (modèle n° 70); 2° Copie de l'arrêté préfectoral qui fixe les tarifs du péage; 3° État dressé par le préposé au péage, vérifié par l'agent voyer en chef et certifié par le préfet.
Chemins d'intérêt commun.	**Subventions de l'État.**	1° Titre de perception (modèle n° 70 A) visant le décret de répartition du crédit inscrit au budget général de l'État, quand il s'agit de subventions accordées en vertu de la loi du 11 juillet 1868; accompagné de l'ampliation du décret ou de la copie de la décision ministérielle qui a alloué la subvention, dans tous les autres cas; 2° Mandat de paiement délivré au nom du trésorier-payeur général, au vu de l'ordonnance émise par le ministre compétent sur les crédits du budget général de son ministère.
	Contingents et offres des communes.	Mêmes pièces que pour les chemins de grande communication.
	Souscriptions particulières.	Mêmes pièces que pour les chemins de grande communication.
	Subventions industrielles.	Mêmes pièces que pour les chemins de grande communication.
Chemins vicinaux ordinaires 1.	**Subventions de l'État.**	Mêmes pièces que pour les chemins de grande communication.
	Contingents et offres des communes.	Mêmes pièces que pour les chemins de grande communication.
	Souscriptions particulières.	Mêmes pièces que pour les chemins de grande communication.
	Subventions industrielles.	Mêmes pièces que pour les chemins de grande communication.
Contingents des communes pour les dépenses qui intéressent les trois catégories de chemins vicinaux.		1° État (modèle n° 70 D) indiquant, par commune, les sommes à percevoir pour les dépenses d'intérêt collectif; 2° Copie de la délibération par laquelle le conseil général a fixé les contingents à exiger des communes.

1. Les trois dernières subdivisions de cet article ne concernent que les départements autorisés par une loi spéciale à construire leur réseau subventionné, d'après le mode de comptabilité adopté par les chemins vicinaux d'intérêt commun.

Reversement pour trop payé sur les ressources spéciales à la vicinalité.	1° Titre de perception (modèle n° 70); 2° Ordre de reversement (modèle n° 70 F) indiquant le numéro du mandat sur lequel doit porter le reversement à opérer et le montant de la somme à réserver.

Justification des dépenses. — Les mandats de paiement pour dépenses relatives aux chemins de grande communication et d'intérêt commun doivent être appuyés, suivant le cas, soit des pièces indiquées à l'article 239 ci-dessus, soit de celles qui sont exigées par les règlements en vigueur.

§ 8. — Comptabilité du trésorier-payeur général.

Le trésorier-payeur général est chargé de recouvrer les divers produits afférents aux chemins de grande communication et d'intérêt commun. (Circ. 16 nov. 1877; Instr. gén. 1870, art. 248.)

Il tient, à cet effet, pour la constatation des opérations d'ensemble du service des produits éventuels, deux livres affectés, l'un, à l'enregistrement des titres de perception qui lui sont remis par le préfet, l'autre, à l'inscription des recouvrements effectués. Chacun de ces livres contient une partie distincte (mod. n°s 71 et 71 A), consacrée aux titres de perception et aux recouvrements du service de la vicinalité.

Ces deux livres sont tenus par année et non par exercice. (M. I., art. 249.)

Indépendamment de ces livres, le trésorier-payeur général tient un *carnet auxiliaire* (mod. n° 71 B) dans lequel un compte distinct est ouvert : 1° à chaque ligne, pour les chemins de grande communication et d'intérêt commun; 2° pour les contingents intéressant les trois catégories de chemins vicinaux. Ce carnet donne le détail, d'une part, des titres de perception et des recouvrements, et, d'autre part, des paiements effectués. (M. I., art. 250.)

A la fin de chaque mois, le trésorier-payeur général dresse en triple expédition : 1° pour chacune des quatre subdivisions afférentes aux ressources éventuelles du service vicinal, un *relevé spécial mensuel* (mod. n° 72) des recouvrements opérés ; 2° une *récapitulation mensuelle* (mod. n° 73) établie d'après les résultats du carnet auxiliaire susmentionné (mod. n° 71 B) et présentant, par ligne, pour les chemins de grande communication et d'intérêt commun, et, s'il y a lieu, pour les chemins vicinaux ordinaires : les titres de perception délivrés, les recouvrements effectués, les restes à recouvrer et les paiements faits.

Ces trois expéditions sont adressées dans les premiers jours du mois suivant, au préfet, qui, après les avoir vérifiées, les transmet au ministre de l'intérieur, le 10 de chaque mois au plus tard.

La désignation de l'exercice est faite sur ces deux états par le préfet, dans les colonnes destinées à cet effet. (M. I., art. 251.)

Le montant des recouvrements opérés sur les titres de perception émis au profit des chemins vicinaux est arrêté au 31 décembre de chaque année, comme celui des autres produits éventuels.

Les produits non réalisés à cette époque sont

inscrits dans le cadre n° 2 de l'état des restes à recouvrer dont le modèle est joint sous le n° 27, à l'instruction du 20 octobre 1877 (mod. n° 74).

Le détail en est donné par ligne et par débiteur, et les lignes sont classées dans l'ordre numérique, en commençant par les chemins de grande communication. Chacune des subdivisions dont se compose le paragraphe 5 (ressources éventuelles du service vicinal) est totalisée distinctement, et les totaux partiels sont réunis dans la situation qui forme le cadre n° 1 de l'état de restes.

Suivant la marche indiquée au paragraphe 4 de l'instruction du 20 octobre 1877 pour les restes à recouvrer sur les autres produits éventuels, le préfet détermine et fait inscrire sur cet état (col. 7 à 9), en ce qui concerne le service de la vicinalité :

1° La portion de l'arriéré qu'il y a lieu d'admettre en reprise au 1er janvier de l'année suivante ;

2° La portion irrécouvrable à admettre en non-valeurs ;

3° Celle qui doit demeurer à la charge du comptable, dans les conditions de l'article 445 de l'instruction générale du 20 juin 1859.

L'état des restes à recouvrer est remis, dans les premiers jours du mois de janvier, au préfet qui le transmet au ministre de l'intérieur avant la fin du même mois au plus tard. (M. I., art. 252.)

Lorsque l'état des restes à recouvrer est définitivement arrêté, le trésorier-payeur général opère sur les titres de perception qu'il a reçus pendant l'année expirée la réduction des sommes à appliquer à l'année suivante, et il prend charge de l'état des restes, comme titre de perception du nouvel exercice. (M. I., art. 253.)

Dans la quinzaine qui suit l'époque fixée pour la clôture de l'exercice départemental au point de vue des paiements, le trésorier général adresse au préfet :

1° Un état (mod. n° 75) indiquant le montant des crédits ouverts, des mandats délivrés et des mandats payés ou restant à payer.

Ces renseignements sont donnés : *par ligne*, pour les chemins de grande communication, d'intérêt commun et, s'il y a lieu, pour les chemins vicinaux ordinaires ; *cumulativement*, pour le traitement des agents voyers, ainsi que pour les dépenses d'intérêt collectif imputables sur les contingents communaux pour les trois catégories de chemins ;

2° Un état détaillé (mod. n° 76) en ce qui concerne le service vicinal des mandats impayés au moment de la clôture de l'exercice.

Le préfet, après avoir vérifié ces deux états, les transmet au ministre de l'intérieur dans le courant du mois de mai. (M. I., art. 254.)

Le trésorier général est tenu de faire connaître au préfet, chaque fois que ce dernier le juge convenable, le montant, pour chaque ligne vicinale, des titres délivrés, des recouvrements effectués, des dépenses soldées et des mandats restant à payer. (M. I., art. 255.)

Toutes les prescriptions de la présente instruction, relatives à la comptabilité des chemins de grande communication et d'intérêt commun sont applicables aux chemins vicinaux ordinaires dont l'achèvement, suivant le mode adopté pour les chemins d'intérêt commun, a été autorisé par une loi spéciale. Elles s'appliquent également aux ouvrages d'art dépendant des chemins vicinaux ordinaires qui, intéressant plusieurs communes, peuvent bénéficier des dispositions de l'article 72 de la loi du 18 juillet 1837. (M. I., art. 256.)

Section 4. — *Inventaires.*

§ 1er. — Conservation et mouvement des objets appartenant au service.

1. Agent voyer cantonal.

L'agent voyer cantonal tient, pour les chemins de grande communication et d'intérêt commun, un registre d'inventaire (mod. n° 77) sur lequel sont inscrits tous les objets appartenant au service vicinal et existant, soit dans son bureau, soit dans les divers lieux de dépôts ou magasins.

Ce registre est divisé en quatre parties :

La première partie comprend les outils et les machines (mod. n° 77 A) ;

La deuxième partie comprend les instruments de précision (mod. n° 77 B) ;

La troisième partie comprend le mobilier des bureaux (mod. n° 77 C) ;

La quatrième partie comprend les livres, cartes et dessins (mod. n° 77 D).

Dans chaque partie, les objets sont classés par ordre alphabétique. (Règl. gén., art. 156 ; Instr. gén. 1870, art. 257.)

Les numéros d'ordre de classement des objets se continuent dans les quatre parties de l'inventaire. A cet effet, on réserve à la suite de chaque partie et de chaque nature d'objets les nombres de pages et de numéros d'ordre présumés nécessaires pour que le même registre puisse recevoir l'inscription de nouveaux articles pendant une période de dix ans environ. (M. R., art. 157 ; M. I., art. 258.)

Tous les objets appartenant au service seront recensés et inscrits sur l'inventaire lors de la mise en vigueur du présent règlement.

Chaque objet nouveau sera porté ensuite sur l'inventaire au moment de l'acquisition ou de la remise qui en sera faite.

Les objets inscrits sur les trois premières parties seront marqués des lettres S V incrustées dans le bois ou gravées sur le métal, et, autant que possible, ils porteront leur numéro de classement dans l'inventaire.

Les objets inscrits dans la quatrième partie recevront un timbre de forme circulaire, avec encre noire. (M. R., art. 158 ; M. I., art. 259.)

Lorsque des outils, achetés aux frais du service, seront remis à des cantonniers, ces outils seront, en outre, inscrits sur leurs livrets. (M. R., art. 159 ; M. I., art. 260.)

Les objets inscrits sur l'inventaire d'une circonscription cantonale ne peuvent passer dans une autre circonscription que d'après un ordre (mod. n° 78) extrait d'un registre à souche tenu par l'agent voyer d'arrondissement ou l'agent voyer en chef.

L'agent voyer détenteur de l'objet qui doit être déplacé le remet à la personne désignée (mod. n° 78) contre le reçu annexé à cet ordre, et il mentionne dans la colonne d'observations de son registre la date de la remise.

Si l'objet est rendu à l'agent qui l'a délivré, cet agent remet le reçu et constate la rentrée de l'objet par une nouvelle note dans la colonne d'observations. (M. R., art. 160; M. I., art. 261.)

Au commencement de l'année, l'agent voyer cantonal envoie à l'agent voyer d'arrondissement :

1° Son registre d'inventaire, qui lui est retourné après que copie en a été prise dans le bureau de l'agent voyer d'arrondissement;

2° Deux bulletins (mod. n° 79), l'un pour les chemins de grande communication, l'autre pour les chemins d'intérêt commun, sur lesquels sont portés les objets usés ou ne pouvant plus être utilisés et dont la vente ou la radiation est proposée.

Lorsque les bulletins sont retournés à l'agent voyer cantonal avec des annotations indiquant soit l'autorisation de vente, soit l'ordre de faire réparer, soit toute autre mesure à prendre, celui-ci mentionne à l'encre rouge, dans la colonne d'observations de son inventaire, la suite donnée à sa proposition; puis, au moment où il se dessaisit des objets, il biffe en rouge toutes les inscriptions qui les concernent. (M. R., art. 161; M. I., art. 262.)

2. Agent voyer d'arrondissement.

L'agent voyer d'arrondissement tient, pour l'inscription et le mouvement des objets appartenant au service vicinal, les registres suivants :

1° Un inventaire destiné à l'inscription des objets qui lui sont confiés directement et qui ne sont point affectés spécialement à une circonscription cantonale; cet inventaire est composé conformément aux articles 257, 258 et 259 ci-dessus;

2° Une copie de chacun des inventaires des circonscriptions cantonales de son ressort; ces copies sont mises à jour au commencement de l'année, au moyen des registres originaux communiqués par les agents voyers cantonaux, et qui leur sont renvoyés aussitôt;

3° Un journal de déplacement des objets portés sur les inventaires (mod. n° 78) sur la souche duquel il conserve la trace des ordres donnés par lui aux agents voyers cantonaux. (Règl. gén., art. 162; Instr. gén. 1870, art. 263.)

Les bulletins des objets dont la vente est proposée et qui dépendent du service des chemins de grande communication et d'intérêt commun, sont vérifiés par l'agent voyer d'arrondissement et transmis avec ses propositions à l'agent voyer en chef. L'agent voyer d'arrondissement fait connaître ultérieurement à l'agent voyer cantonal les mesures ordonnées au sujet de ces bulletins. (M. R., art. 163; M. I., art. 264.)

Les dépôts des objets portés sur les inventaires des agents voyers cantonaux sont vérifiés par les agents voyers d'arrondissement, aux époques fixées par l'agent voyer en chef et au moins une fois par an.

Les résultats de ces vérifications sont adressés à l'agent voyer en chef, sous forme de procès-verbaux, avec les propositions jugées nécessaires. (M. R., art. 164; M. I., art. 265.)

Au commencement de l'année, l'agent voyer d'arrondissement envoie à l'agent voyer en chef :

1° Son registre d'inventaire, qui lui est retourné après que la copie en a été prise;

2° Un bulletin (mod. n° 79) sur lequel sont portés les objets dudit inventaire usés ou ne pouvant plus être utilisés, et dont la vente ou la radiation est proposée. (M. R., art. 165; M. I., art. 266.)

3. Agent voyer en chef.

L'agent voyer en chef tient, pour l'inscription et le mouvement des objets appartenant au service vicinal, les registres suivants :

1° Un inventaire destiné à l'inscription des objets qui lui sont confiés directement et qui ne sont point affectés spécialement à un arrondissement; cet inventaire est composé conformément aux articles 257, 258 et 259 ci-dessus;

2° Une copie de chacun des inventaires des agents voyers d'arrondissement; ces copies sont mises à jour, au commencement de l'année, au moyen des registres originaux communiqués par les agents voyers d'arrondissement;

3° Un journal de déplacement des objets portés sur les inventaires (mod. n° 78), sur la souche duquel il conserve la trace des ordres donnés par lui aux agents voyers d'arrondissement. (Règl. gén., art. 166; Instr. gén. 1870, art. 267.)

Les bulletins des objets dont la vente ou la radiation est proposée par les agents voyers d'arrondissement, et qui dépendent du service des chemins vicinaux de grande communication ou d'intérêt commun, sont visés par l'agent voyer en chef et adressés avec ses propositions au préfet.

L'agent voyer en chef fait connaître ensuite aux agents voyers d'arrondissement les mesures prises par le préfet. (M. R., art. 167; M. I., art. 268.)

Les dépôts des objets portés sur les inventaires des agents voyers d'arrondissement et des agents voyers cantonaux sont visités par l'agent voyer en chef pendant ses tournées. (M. R., art. 168; M. I., art. 269.)

§ 2. — Mesures à prendre en cas de remplacement ou de décès d'un agent voyer.

Lorsqu'un agent voyer est remplacé, il doit, avant son départ, procéder à la vérification des objets portés sur l'inventaire, de concert avec son successeur. Il lui en fait en même temps la remise.

Le nouvel agent donne son reçu sur une des dernières pages de l'inventaire. Il y ajoute, s'il y a lieu, des observations qui sont visées par son prédécesseur.

Un procès-verbal, dressé contradictoirement entre les deux agents, constate la vérification et la remise de l'inventaire, et mentionne, le cas échéant, les observations faites. Ce procès-verbal est transmis immédiatement à l'agent voyer d'arrondissement, si c'est un agent voyer cantonal qui est remplacé, et à l'agent voyer en chef, si c'est un agent voyer d'arrondissement qui est remplacé. Les procès-verbaux dressés lors du remplacement des agents voyers cantonaux sont communiqués à l'agent voyer en chef toutes les fois qu'ils contiennent des observations. (Règl. gén., art. 169; Instr. gén. 1870, art. 270.)

Lorsqu'un agent est obligé de partir avant l'arrivée de son successeur, il fait provisoirement la remise de l'inventaire : si c'est un agent voyer en chef, à l'un des agents voyers d'arrondissement; si c'est un agent voyer d'arrondissement, à l'un des agents voyers cantonaux désignés par l'agent voyer en chef; et si c'est un agent voyer cantonal, à un autre agent de même grade désigné par l'agent voyer d'arrondissement.

Cette remise est, dans tous les cas, constatée par un procès-verbal dressé comme il est dit à l'article précédent. (M. R., art. 170; M. I., art. 271.)

En cas de décès d'un agent voyer, il est procédé sans délai au récolement de l'inventaire de cet agent.

L'opération est faite, savoir : par le successeur, s'il est nommé immédiatement, sinon par l'agent intérimaire, en attendant la nomination du successeur.

Il est dressé procès-verbal de cette opération, et toutes les mesures sont prises pour que les objets appartenant au service ne se trouvent pas confondus avec ceux qui dépendent de la succession de la famille. (M. R., art. 171; M. I., art. 272.)

CHAPITRE VIII

EXÉCUTION DES TRAVAUX

Section 1re. — Mode d'exécution des travaux.

Les travaux des chemins vicinaux de grande communication et d'intérêt commun[1] sont effectués sous l'autorité du préfet ; ceux des chemins vicinaux ordinaires sous l'autorité des maires.

Le préfet a toujours le droit d'ordonner l'exécution des travaux quand le maire s'abstient de le faire par négligence ou mauvais vouloir.

Les agents voyers sont chargés d'assurer, de surveiller et de constater leur bonne exécution.

L'agent voyer en chef a la direction du service vicinal du département ; tous les agents du service sont sous ses ordres. Il procède lui-même, quand il le juge utile, aux opérations prescrites par le règlement à ses subordonnés. Les agents voyers d'arrondissement ont la même faculté dans leurs arrondissements respectifs. L'agent voyer en chef peut les substituer, pour certaines opérations, aux agents placés sous leurs ordres. (Règl. gén., art. 18; Instr. gén. 1870, art. 130.)

Aucune dépense en nature ou en argent, quelle qu'en soit l'importance, ne peut être admise dans les comptes qu'après avoir été reconnue, vérifiée et certifiée par les agents du service vicinal. (M. R., art. 19; M. I., art. 131.)

§ 1er. — Prestations en nature.

Les travaux de prestation sont exécutés aux époques fixées par le règlement préfectoral[1]. (L. 21 mai 1836, art. 21.)

Chaque année, un arrêté spécial du préfet fixe l'époque à laquelle les travaux de prestation doivent être terminés sur les chemins vicinaux de grande communication et d'intérêt commun.

S'il devenait nécessaire de changer ces époques pour certaines communes, les modifications feraient l'objet d'un arrêté spécial du préfet, rendu sur la demande du maire, l'avis du conseil municipal et du sous-préfet et le rapport des agents voyers.

Les prestations doivent être effectuées dans l'année pour laquelle elles ont été votées.

Les fermiers ou colons qui, par suite de fin de bail, devraient quitter la commune avant l'époque fixée pour l'emploi des prestations, peuvent être admis à effectuer leurs travaux avant leur départ. (Règl. gén., art. 20; Instr. gén. 1870, art. 132.)

---

[1]. On a contesté au préfet le droit de diriger les travaux en ce qui concerne les chemins d'intérêt commun et jusqu'en 1877 l'administration elle-même, d'accord avec la jurisprudence statuant au contentieux, appliquait à ces voies l'article 9 de la loi de 1836. L'intervention des maires de toutes les communes intéressées était donc indispensable dans chaque acte d'administration en matière de travaux. L'accomplissement de cette formalité n'était pas sans entraver la marche du service vicinal et restreindre ses ressources.

Mais, en 1877, le Conseil d'État a rendu un arrêt donnant qualité pour le préfet pour représenter les communes dans les contestations relatives aux travaux des chemins d'intérêt commun. (12 janv. 1877, Sir. 79-2-29, D. p. 77-3-9.)

Il faut cependant reconnaître que si cette solution présente un intérêt pratique considérable, elle est plutôt en désaccord avec les textes législatifs. La loi de 1836 a fait des chemins de grande communication une classe tout à fait exceptionnelle, et il n'est nullement démontré que le législateur ait voulu, dans la loi du 10 août 1871, assimiler à un autre point de vue qu'à celui de l'autorité compétente pour les classer ou les déclasser, les chemins d'intérêt commun, dont, à vrai dire, la pratique avait fait, jusqu'en 1866, une classe distincte des chemins de grande communication ayant leur situation à part réglée par la loi.

[1]. Le motif de cette disposition a été la volonté de couper court à un abus provenant de ce que les maires, préoccupés avant tout des intérêts de l'agriculture, choisissaient trop souvent, sous l'empire de la loi du 28 juillet 1824, les époques les moins favorables pour l'exécution des prestations.

1. Prestations à la journée.

Par journée de travail, il faut entendre le temps compris entre le soleil levant et le soleil couchant, déduction faite du temps ordinairement consacré dans le pays au repos et à la nourriture des ouvriers.

La durée minimum du travail des prestataires, des bêtes de somme et de trait est fixée par le règlement préfectoral.

Lorsque les prestataires sont appelés hors des limites de la commune à laquelle ils appartiennent, le temps employé à l'aller et au retour, pour parcourir les distances excédant la limite fixée par le règlement, est compté comme passé sur l'atelier. (Règl. gén., art. 21 ; Instr. gén. 1870, art. 133.)

Le maire et l'agent voyer cantonal se concertent chaque année, après la publication ou la notification des contingents et après la remise de l'extrait du rôle (mod. n° 6) par le receveur municipal, pour déterminer :

1° La répartition des travailleurs entre chaque chemin ;

2° Les jours d'ouverture et de clôture des travaux de prestation pour chaque chantier.

L'agent voyer cantonal dresse, pour chaque chemin de grande communication et d'intérêt commun, pour les chemins vicinaux ordinaires du réseau subventionné et pour ceux du réseau non subventionné, un état (mod. n° 16) indiquant les prestataires qui y sont appelés et les travaux qui leur sont demandés. Cet état est visé par le maire. (M. R., art. 22 ; M. I., art. 134.)

Cinq jours au moins avant l'époque fixée pour l'ouverture des travaux, le maire fait remettre à chaque contribuable soumis à la prestation un bulletin (mod. n° 17) signé de lui, portant réquisition de se rendre, muni des outils indiqués, tel jour et à telle heure sur tel chemin. (M. R., art. 23 ; M. I., art. 135.)

Lorsqu'un prestataire est empêché par maladie ou tout autre motif grave de se rendre sur le chantier, il doit le faire connaître au moins dans les vingt-quatre heures qui précèdent le jour fixé pour l'exécution des travaux.

En ce cas, le maire et l'agent voyer s'entendent pour la remise de la prestation à une autre époque, qui est fixée d'après la nature de l'empêchement. (M. R., art. 24 ; M. I., art. 136.)

Le maire et l'agent voyer désignent de concert, pour la surveillance spéciale des travailleurs sur chaque chantier, les cantonniers des chemins, ou, à leur défaut, toute autre personne présentant des garanties suffisantes. (M. R., art. 25 ; M. I., art. 137.)

L'état d'indication des travaux à faire et des prestataires convoqués (mod. n° 16) est remis au surveillant, qui fait l'appel de ces prestataires sur le lieu indiqué dans le bulletin de réquisition, marque les absents et tient note de l'emploi des journées effectuées. (M. R., art. 26 ; M. I., art. 138.)

Chaque prestataire doit porter sur l'atelier les

outils qui lui ont été indiqués dans le bulletin de réquisition.

Les bêtes de somme et les bêtes de trait sont garnies de leurs harnais, et les voitures sont attelées et accompagnées d'un conducteur.

Ce conducteur n'est astreint à travailler avec les autres ouvriers commis au chargement qu'autant que le propriétaire de la voiture est imposé pour des journées d'homme. Dans ce cas seulement, la journée du conducteur est comptée en acquit de celles à fournir par le propriétaire. (M. R., art. 27 ; M. I., art. 139. *Contrà :* Cons. d'Ét. 12 août 1879[1], Sir. 81-3-10, D. p. 80-3-4.)

Les prestataires peuvent se faire remplacer, pour leur personne et celle des membres de leur famille, par des ouvriers à leurs gages.

Les remplaçants doivent être valides, âgés de dix-huit ans au moins et de soixante au plus. Ils doivent être agréés par le surveillant des travaux, sauf appel au maire de la commune.

Les prestataires en nom restent responsables du travail de leurs remplaçants. (M. R., art. 28 ; M. I., art. 140.)

Le prestataire doit fournir la journée de prestation tout entière et sans interruption, sauf les cas exceptionnels autorisés par le maire ou l'agent voyer cantonal.

Si le mauvais temps exige la fermeture du chantier, il n'est tenu compte que des journées ou fractions de journées effectuées, et les contribuables sont tenus de compléter plus tard leurs prestations. (M. R., art. 29 ; M. I., art. 141.)

La journée de prestation n'est réputée acquittée que si le surveillant reconnaît qu'elle a été convenablement employée. Dans le cas contraire, il n'est tenu compte au prestataire que de la fraction de journée répondant au temps pendant lequel il a travaillé.

Le surveillant indique, à la fin de chaque jour, au dos du bulletin de réquisition, le nombre et l'espèce de journées ou de fractions de journées dont le prestataire doit être acquitté. Il certifie, en même temps, cet acquit dans la colonne d'émargement de l'extrait de rôle qui lui a été remis.

Les difficultés qui pourraient s'élever sont résolues par le maire et l'agent voyer cantonal, et, en cas de désaccord, par le préfet, sur l'avis de l'agent voyer en chef, sauf recours devant l'autorité compétente. (M. R., art. 30 ; M. I., art. 142.)

Ce recours est porté devant le conseil de préfecture et subsidiairement devant le Conseil d'Etat, s'il y a, ce qui se présente fréquemment, difficulté sur le point de savoir si les prestataires se sont valablement libérés (L. 28 juill. 1824) ; sinon, la décision du préfet est déférée au ministre de l'intérieur.

Lorsque les prestations sont terminées sur un chemin de grande communication ou d'intérêt com-

---

1. D'après le Conseil d'État, le particulier imposé à raison d'un cheval et d'une voiture seulement n'est pas obligé de fournir un homme pour les conduire.

mun, ou sur l'ensemble des chemins vicinaux ordinaires de chaque réseau, le surveillant remet l'état d'indication émargé (mod. n° 16) à l'agent voyer cantonal. Celui-ci fait, en présence du maire, la réception des travaux effectués sur les chemins de grande communication et d'intérêt commun. Le maire fait la réception des travaux exécutés sur les chemins vicinaux ordinaires. L'agent voyer cantonal inscrit le décompte résumé des divers travaux sur la dernière page de l'état d'indication, porte le résultat sur son carnet et adresse l'état à l'agent voyer d'arrondissement, après avoir émargé sur l'extrait de rôle (mod. n° 6) les cotes ou parties de cotes acquittées en nature.

L'agent voyer d'arrondissement, après inscription des dépenses faites, transmet cet état au receveur municipal par l'intermédiaire du receveur des finances. Le receveur municipal émarge sur le rôle général de la commune les cotes et parties de cotes acquittées en nature, totalise lesdites cotes et en inscrit le montant en un seul article sur son registre à souche. Il opère ensuite le recouvrement des journées ou portions de journées restant dues.

Après l'achèvement complet des travaux de prestations de la commune, l'agent voyer cantonal envoie l'extrait de rôles (mod. n° 6) émargé à l'agent voyer d'arrondissement, qui le fait remettre au receveur municipal en échange des différents états d'indication adressés à ce comptable pendant l'exécution des travaux. (M. R., art. 31 ; M. I., art. 143.)

2. Prestations à la tâche.

Lorsqu'en exécution de l'article 4 de la loi du 21 mai 1836[1], le conseil municipal d'une commune a adopté un tarif pour la conversion des journées de prestation en tâches, le préfet, pour les chemins de grande communication et d'intérêt commun, le maire, pour les chemins vicinaux ordinaires, décident si ce tarif sera appliqué à tout ou partie des travaux de prestation.

Le maire et l'agent voyer cantonal doivent se concerter pour la fixation des délais d'exécution des travaux et pour la répartition des tâches à faire sur chaque chemin par les prestataires.

L'agent voyer cantonal dresse les états d'indication des travaux à effectuer par chaque prestataire. (Mod. n° 16 ; Règl. gén., art. 32 ; Instr. gén. 1870, art. 144.)

Le maire adresse à chaque contribuable soumis à la prestation en tâches un bulletin de réquisition (Mod. n° 17 bis) indiquant les travaux à effectuer ou les matériaux à transporter, ainsi que le délai dans lequel ces tâches doivent être exécutées. Le détail et l'emplacement des travaux à faire sont inscrits sur le bulletin et indiqués sur le terrain par les soins de l'agent voyer cantonal. (M. R., art. 33 ; M. I., art. 145.)

1. La loi de 1836 n'ayant pas dit si la délibération du conseil municipal était soumise à une autorisation de l'autorité supérieure, il faut s'en référer aux principes généraux et décider que cette délibération est exécutoire par elle-même. (L. 5 avril 1884, art. 68.)

La réception des travaux en tâches est faite par le maire assisté de l'agent voyer cantonal, soit au fur et à mesure de l'avancement des travaux, soit à l'expiration du délai fixé pour leur achèvement. Le prestataire est convoqué pour cette réception. Il n'est complètement libéré que si les travaux satisfont, pour la quantité et la qualité, aux conditions du tarif de conversion en tâches. Dans le cas contraire, sa cote n'est acquittée que pour la valeur des travaux effectués. La retenue à faire pour mettre les travaux en état de réception est déterminée de concert par le maire et l'agent voyer cantonal. En cas de difficultés, il est statué par le préfet sur l'avis de l'agent voyer en chef, et sauf recours devant l'autorité compétente (conseil de préfecture et Conseil d'État). [Cons. d'Ét. 7 août 1874, D. p. 75-3-74.]

L'agent voyer cantonal inscrit le décompte résumé des travaux effectués sur la dernière page du modèle n° 16, le soumet à la signature du maire, porte les résultats sur son carnet et adresse l'état à l'agent voyer d'arrondissement, après avoir émargé les cotes ou parties de cotes acquittées sur l'extrait de rôle. (Mod. n° 6.)

Il est ensuite procédé conformément aux deux derniers paragraphes de l'article 143. (M. R., art. 34 ; M. I., art. 146.)

3. Dispositions communes aux prestations à la journée et à la tâche.

Après l'exécution des prestations, l'agent voyer d'arrondissement adresse à l'agent voyer en chef, pour chaque chemin de grande communication ou d'intérêt commun, un état (mod. n° 18) faisant connaître, d'après le relevé des états d'indication, le montant des prestations demandées, celui des prestations exécutées et les sommes à recouvrer en argent. Ces états sont visés par l'agent voyer en chef et transmis au préfet avec ses observations et propositions, pour servir de titre de recette au trésorier-payeur général. (Règl. gén., art. 35 ; Instr. gén. 1870, art. 147.)

Lorsque le maire refuse de prêter son concours pour l'exécution des prestations, il en est référé au préfet qui statue. (M. R., art. 36 ; M. I., art. 148.)

§ 2. — Travaux à prix d'argent.

1. Dispositions générales.

Les travaux à prix d'argent sont exécutés par voie d'adjudication.

Toutefois, il peut être traité de gré à gré sur série de prix ou à forfait, avec l'autorisation du préfet :

1° Pour les ouvrages et fournitures dont la dépense n'excéderait pas 3,000 fr. ;

2° Pour ceux dont l'exécution ne comporterait pas les délais d'une adjudication ;

3° Pour ceux qui, par leur nature ou leur spécialité, exigeraient des conditions particulières d'aptitude de la part de l'entrepreneur ;

4° Enfin pour ceux dont la mise en adjudication

n'aurait pas abouti, comme il est expliqué ci-après.

Les travaux peuvent aussi, avec l'autorisation du préfet, être effectués par voie de régie, soit en cas d'urgence, soit lorsque les autres modes d'exécution ont été reconnus impossibles ou moins avantageux. Cette autorisation n'est pas nécessaire toutes les fois que la dépense en argent ne dépasse pas 300 fr. (Règl. gén., art. 37 ; Instr. gén. 1870, art. 149.)

Les projets se composent des pièces indiquées par l'agent voyer en chef, suivant l'importance de la nature des travaux à effectuer ; ces pièces sont rédigées conformément au programme annexé à l'instruction de 1870.

Tous les projets sont approuvés par le conseil général pour les chemins de grande communication et d'intérêt commun, par le préfet pour les chemins vicinaux ordinaires. (M. R., art. 38 ; Circ. 20 nov. 1873 ; M. I., art. 150.)

Les devis ou cahiers des charges des adjudications et des marchés de gré à gré doivent toujours contenir la condition que les soumissionnaires seront assujettis aux clauses et conditions générales imposées aux entrepreneurs des travaux des chemins vicinaux que nous rapportons plus loin. (M. R., art. 39 ; M. I., art. 151.)

2. Formes à suivre pour les adjudications.

Les adjudications des travaux des chemins de grande communication et d'intérêt commun sont passées à la préfecture par le préfet ou son délégué, président, et deux membres du conseil général ou d'arrondissement, assistés de l'agent voyer en chef.

Lorsque les travaux doivent s'exécuter sur le territoire d'un seul arrondissement, l'adjudication peut être passée à la sous-préfecture par le sous-préfet, président, deux membres du conseil général ou d'arrondissement, et en présence de l'agent voyer en chef ou de l'agent voyer d'arrondissement.

Les membres du conseil général ou d'arrondissement appelés à assister aux adjudications sont, suivant les cas, désignés par le préfet ou le sous-préfet.

Pour les chemins vicinaux ordinaires, les adjudications sont passées soit dans la commune de la situation des travaux, soit au chef-lieu de canton, soit à la sous-préfecture. Le bureau se compose du maire, président, et de deux conseillers municipaux. Le receveur municipal et l'agent voyer assistent à ces adjudications.

L'absence des personnes ci-dessus désignées, autres que le président, et dûment convoquées, n'empêche pas l'adjudication. (Règl. gén., art. 40 ; Instr. gén. 1870, art. 152.)

Les travaux des chemins de grande communication et d'intérêt commun doivent généralement être adjugés par ligne, sauf la division en plusieurs lots pour une même ligne, si l'importance des travaux l'exige.

Pour les chemins vicinaux ordinaires seulement,

on peut réunir dans un même lot tous les travaux à faire dans une commune, à la condition de les diviser, s'il y a lieu, en trois sections : entretien, grosses réparations, travaux neufs. (M. R., art. 41 ; M. I., art. 153.)

Les adjudications sont annoncées au moins vingt jours à l'avance par des affiches placardées tant au chef-lieu du département que dans les principales communes des arrondissements et dans celles où sont situés les travaux. Elles sont portées à la connaissance des entrepreneurs par tous les moyens de publicité.

Les affiches indiquent sommairement :

Le lieu, le jour, l'heure et le mode fixés pour l'adjudication et le dépôt des soumissions ;

Les autorités chargées d'y procéder ;

La nature des travaux, le montant de la dépense prévue et du cautionnement à fournir, et le lieu où l'on peut prendre connaissance des pièces du projet ;

Enfin, le modèle des soumissions.

Dans le cas d'urgence, le délai de vingt jours ci-dessus indiqué peut être réduit, sans jamais être inférieur à dix jours. (M. R., art. 42 ; M. I., art. 154.)

Les adjudications se font au rabais et sur soumissions cachetées ; le rabais s'applique non au montant total du devis, mais aux prix de la série servant de base aux évaluations. Dans le cas où il serait nécessaire de fixer préalablement un minimum de rabais, ce minimum est déterminé par le président, sur l'avis de l'agent voyer assistant à l'adjudication, et déposé, sous enveloppe cachetée, sur le bureau à l'ouverture de la séance. (M. R., art. 43 ; M. I., art. 155.)

Les soumissions sont toujours placées seules dans une enveloppe cachetée portant la désignation des travaux et le nom de l'entrepreneur. Cette première enveloppe forme, avec les certificats de capacité, s'ils sont exigés, et les pièces constatant le versement du cautionnement ou un engagement valable de le fournir, un paquet également cacheté portant aussi la désignation des travaux.

Tous les paquets déposés sont rangés sur le bureau par le fonctionnaire qui préside l'adjudication et reçoivent un numéro d'ordre. (M. R., art. 44 ; M. I., art. 156.)

A l'instant fixé par l'affiche, le premier cachet de chaque paquet est rompu publiquement, et il est dressé un état des pièces qui s'y trouvent renfermées. Le public et les concurrents se retirent de la salle d'adjudication, et le bureau, après avoir pris l'avis de l'agent voyer et du comptable présents, arrête la liste des concurrents agréés [1]. En cas de partage dans le vote du bureau, la voix du président est prépondérante. Il en est de même

---

1. Les décisions refusant d'agréer un entrepreneur comme concurrent dans une adjudication ou prononçant la résiliation d'une adjudication sont des actes de pure administration insusceptibles d'un recours contentieux proprement dit devant le Conseil d'État. Mais un recours pour excès de pouvoir est possible s'il y a eu omission des formalités prescrites par les lois et règlements.

pour toutes les questions qui pourraient être soulevées pendant l'adjudication. (M. R., art. 45 ; M. I., art. 157.)

Immédiatement après, la séance redevient publique, et le président fait connaître les concurrents agréés. Les soumissions présentées par ces derniers sont ouvertes publiquement. Toute soumission non conforme au modèle indiqué par les affiches est déclarée nulle.

Les concurrents qui ne sauraient pas écrire peuvent faire signer leur soumission par un fondé de procuration verbale, sous la condition de le déclarer, avant l'ouverture de leur soumission, au fonctionnaire qui préside l'adjudication. (M. R., art. 46 ; M. I., art. 158.)

Le concurrent qui a fait l'offre d'exécuter les travaux aux conditions les plus avantageuses est déclaré adjudicataire si son rabais remplit les conditions de minimum fixé conformément à l'article 155, et si, à défaut de la fixation de ce minimum, sa soumission ne comporte pas d'augmentation sur les prix prévus.

Dans le cas où le rabais le plus avantageux serait offert par plusieurs concurrents, il est procédé, séance tenante, entre ceux-ci, à une nouvelle adjudication sur soumissions cachetées. Les rabais de la nouvelle adjudication ne peuvent être inférieurs à ceux de la première.

Si les concurrents maintiennent les rabais primitifs, le bureau désigne, après avoir pris l'avis de l'agent voyer, celui des concurrents qui doit être déclaré adjudicataire. (M. R., art. 47 ; M. I., art. 159.)

Il est dressé, pour chaque adjudication, un procès-verbal qui relate toutes les circonstances de l'opération. (M. R., art. 48 ; M. I., art. 160.)

Les adjudications ne sont définitives qu'après l'approbation du préfet.

Dans les vingt jours de la date de cette approbation, la minute du procès-verbal est soumise à l'enregistrement. Il ne peut en être délivré ni expédition, ni extrait, qu'après l'accomplissement de cette formalité. (M. R., art. 49 ; M. I., art. 161.)

Le cautionnement à fournir par les adjudicataires est versé à la caisse du trésorier-payeur général ou à celle des receveurs particuliers pour les chemins de grande communication et d'intérêt commun, et à la caisse du receveur municipal pour les chemins vicinaux ordinaires. (M. R., art. 50 ; M. I., art. 162.)

Les adjudicataires paient les frais de timbre et d'enregistrement des procès-verbaux d'adjudication, ceux d'expédition sur papier timbré des devis et cahier des charges dont il leur est fait remise, ainsi que ceux d'affiches et autres publications, s'il y a lieu. Il ne peut être rien exigé d'eux au delà de ces frais. (M. R., art. 51 ; M. I., art. 163.)

Après une tentative infructueuse d'adjudication, les travaux peuvent, avec l'autorisation du préfet, donner lieu à un marché de gré à gré lorsqu'on trouve un soumissionnaire s'engageant à les exécuter sans augmentation de prix, aux conditions du devis et du cahier des charges.

Mais si, à défaut de cette soumission, on reconnaît la nécessité d'augmenter certains prix et de modifier les conditions du cahier des charges, il est procédé à une nouvelle tentative d'adjudication, après avoir opéré sur les pièces du projet les changements adoptés.

Dans le cas où cette seconde tentative serait infructueuse, on peut recourir à un marché de gré à gré pour l'ensemble du projet ou bien à plusieurs marchés distincts en scindant les travaux, soit en lots moins importants, soit selon leur nature.

Le préfet peut aussi autoriser l'exécution par voie de régie après la seconde tentative infructueuse d'adjudication. (M. R., art. 52 ; M. I., art. 164.)

3. Marchés de gré à gré.

Lorsqu'il y a lieu de faire exécuter les travaux par voie de marché de gré à gré, l'agent voyer en chef pour les chemins de grande communication et d'intérêt commun, l'agent voyer d'arrondissement pour les chemins vicinaux ordinaires invitent les entrepreneurs à prendre connaissance des conditions de l'entreprise, à formuler et à leur remettre dans un délai déterminé leurs propositions par soumissions écrites.

Les soumissions ainsi déposées doivent contenir l'engagement de se soumettre aux conditions du devis particulier des ouvrages et aux clauses et conditions générales. (V. infrà.)

Elles tiennent lieu de devis lorsqu'elles énoncent en outre les quantités, les prix et les conditions d'exécution des ouvrages.

Les agents voyers transmettent les soumissions, avec leur avis, au préfet pour les chemins de grande communication et d'intérêt commun, et aux maires pour les chemins vicinaux ordinaires. (Règl. gén., art. 53 ; Instr. gén. 1870, art. 165.)

La soumission la plus avantageuse est acceptée par le préfet pour les chemins de grande communication et d'intérêt commun, par le maire, dûment autorisé, pour les chemins vicinaux ordinaires. Cette dernière acceptation est soumise à l'approbation du préfet. (M. R., art. 54 ; M. I., art. 166.)

La soumission à forfait des ouvrages à exécuter doit toujours contenir la mention en toutes lettres de la somme fixe à payer à l'entrepreneur, laquelle somme ne peut jamais excéder l'estimation du projet. (M. R., art. 55 ; M. I., art. 167.)

Les dispositions des articles 162 et 163 sont applicables aux soumissionnaires des marchés de gré à gré. Néanmoins, le préfet peut, sur l'avis de l'agent voyer en chef pour les chemins de grande communication et d'intérêt commun, et sur l'avis du maire pour les chemins vicinaux ordinaires, dispenser les soumissionnaires de fournir un cautionnement. (M. R., art. 56 ; M. I., art. 168.)

4. Travaux en régie.

Les travaux en régie sont exécutés, autant que possible, à la tâche. A moins de difficultés, les ouvriers et les tâcherons sont payés par mandats individuels. (Règl. gén., art. 57 ; Instr. gén. 1870, art. 169.)

Lorsque les ouvriers ne peuvent pas être payés par mandats individuels, l'arrêté autorisant la régie nomme le régisseur au nom duquel doivent être faites les avances de fonds et fixe la somme qu'elles ne doivent pas dépasser.

Cet arrêté est pris par le préfet, sur la proposition de l'agent voyer en chef pour les chemins de grande communication et d'intérêt commun, et par le maire, sur la proposition de l'agent voyer d'arroudissement, pour les chemins vicinaux ordinaires. (M. R., art. 58 ; M. I., art. 170.)

§ 3. — Réception des travaux.

Les réceptions provisoires ou définitives des travaux et fournitures effectués sur les chemins de grande communication ou d'intérêt commun sont faites par l'agent voyer d'arrondissement, assisté de l'agent voyer cantonal, en présence de l'entrepreneur dûment convoqué. (Règl. gén., art. 59 ; Instr. gén. 1870, art. 171.)

Les mêmes réceptions pour les chemins vicinaux ordinaires sont faites par le maire en présence de l'agent voyer cantonal, de deux conseillers municipaux de la commune et de l'entrepreneur dûment convoqués. (M. R., art. 60 ; M. I., art. 172.)

Les réceptions font l'objet de procès-verbaux dont la forme sera indiquée au chapitre IV ci-après.

L'absence de l'entrepreneur ou des autres personnes indiquées aux deux articles qui précèdent ne fait pas obstacle à la réception. (M. R., art. 61 ; M. I., art. 173.)

Section 2. — *Difficultés relatives à l'exécution des travaux de la voirie vicinale.* — *Compétence.*

Les travaux de la voirie vicinale peuvent donner lieu à deux catégories de difficultés bien distinctes. Les unes se soulèvent entre l'administration et les entrepreneurs au sujet des marchés conclus par voie d'adjudication ou de gré à gré ; les autres entre l'administration ou les entrepreneurs et les particuliers à raison de dommages causés à ces derniers : le principe de responsabilité inscrit dans les articles 1382, 1383 du Code civil contre l'auteur d'un dommage est consacré en matière de travaux publics par l'article 4 de la loi du 28 pluviôse an VIII.

Toutes les difficultés relatives à *l'exécution* d'un travail de la voirie vicinale ont été pendant longtemps raugées dans la compétence des tribunaux judiciaires. Le motif donné, c'est qu'on ne pouvait

assimiler ces travaux à des travaux publics. (Cons. d'Ét. 28 juill. 1820, Sir. chr. ; 31 juill. 1822, Sir. chr. ; 2 avril 1828, P. adm. chr.)

Plus tard, le Conseil d'État consacra la compétence de l'autorité administrative pour statuer sur les difficultés relatives aux travaux de la vicinalité quand les projets avaient été préparés, approuvés et adjugés d'après les formes usitées pour les travaux des ponts et chaussées ; ces travaux, en ce cas, étaient assimilés à ce point de vue aux travaux publics. (Cons. d'Ét. 9 nov. 1836, Sir. chr. ; 15 juill. 1841, Sir. 42-2-42.)

Mais l'autorité judiciaire restait compétente en principe. (Cons. d'Ét. 6 mars 1835, Sir. 35-2-498.)

A partir de 1843, le Conseil a fait, dans tous les cas, application de la loi du 28 pluviôse an VIII, article 4. Qu'il y ait ou non des marchés et quelle qu'en soit la forme, les travaux relatifs à l'ouverture, au redressement, à l'élargissement, à la réparation ou à l'entretien des chemins vicinaux sont, suivant lui, des travaux publics, et toutes les contestations auxquelles ils donnent naissance, sauf quand il y a expropriation d'une propriété particulière, une dépossession matérielle du terrain, relèvent de la juridiction des conseils de préfecture, sauf recours au Conseil d'État délibérant au contentieux. (Cons. d'Ét. 28 août 1844, P. adm. chr. ; 23 déc. 1845, Sir. 46-2-284 ; 24 juill. 1847, P. adm. chr.)

Les opérations préparatoires faites dans l'intérêt des chemins vicinaux, telles qu'étude des projets, rédaction des plans, devis, cahiers des charges, arpentage et bornage, constituent des travaux exécutés pour l'établissement ou l'entretien de ces chemins. Les difficultés qu'elles soulèvent sont donc aussi tranchées par le conseil de préfecture. (Cons. d'Ét. 9 janv. 1849, P. adm. chr.)

Seuls les *marchés de fournitures* rentrent dans la compétence des tribunaux judiciaires, car les tribunaux administratifs ne connaissent des marchés de fournitures que s'ils sont passés au nom de l'État. Mais les conseils de préfecture redeviennent compétents, parce qu'il y a marché de travaux publics, si les fournisseurs s'engagent à mettre leurs *matériaux en œuvre.* (Cons. d'Ét. 17 mai 1855, Sir. 55-2-794, D. p. 55-3-82.)

Les actions contre l'administration ou la commune peuvent être exercées pendant trente ans, aucune prescription particulière n'étant établie sur ce point par la loi. (Cons. d'Ét. 13 mars 1874, Sir. 76-2-30, D. p. 75-3-22 ; 12 déc. 1890, Sir. 92-3-148.)

CHAPITRE IX

CONSERVATION ET POLICE DES CHEMINS

Section 1re. — Alignements et autorisations diverses.

§ 1er. — Dispositions générales.

Nul ne peut, sans y être préalablement autorisé, faire aucun ouvrage de nature à intéresser la conservation de la voie publique ou la facilité de la circulation, sur le sol ou le long des chemins vicinaux, et spécialement :

1° Faire sur ces chemins ou leurs dépendances aucune tranchée, ouverture, dépôt de pierres, terres, fumiers, décombres ou autres matières ;

2° Y enlever du gazon, du gravier, du sable, de la terre ou autres matériaux ;

3° Y étendre aucune espèce de produits ou matières ;

4° Y déverser des eaux quelconques, de manière à causer des dégradations ;

5° Établir sur les fossés des barrages, écluses, passages permanents ou temporaires ;

6° Construire, reconstruire ou réparer aucun bâtiment, mur ou clôture quelconque, à la limite des chemins ;

7° Ouvrir des fossés, planter des arbres, bois, taillis ou haies le long desdits chemins ;

8° Établir des puits ou citernes à une distance moindre que celle fixée par le règlement général.

Toute demande à fin d'autorisation desdits ouvrages ou travaux doit être présentée sur papier timbré. (L. 13 brumaire an VII, art. 12 ; Règl. gén., art. 172 ; Instr. gén. 1870, art. 273.)

Les autorisations, en ce qui concerne les chemins vicinaux ordinaires, sont données par le maire, sur l'avis de l'agent voyer. (M. R., art. 173 ; M. I., art. 274.)

Dans aucun cas, les maires ne peuvent donner d'autorisations verbales. Les autorisations doivent faire l'objet d'un arrêté dont une expédition est remise aux parties intéressées. (M. R., art. 174 ; M. I., art. 275.)

Les autorisations, en ce qui concerne les chemins de grande communication et d'intérêt commun, sont données par le préfet, sur le rapport des agents voyers, ou par le sous-préfet, sur le rapport des mêmes agents, lorsqu'il existe un plan régulièrement approuvé. (L. 4 mai 1864, art. 2 ; M. R., art. 175 ; M. I., art. 276.)

Toute autorisation, de quelque nature qu'elle soit, réserve expressément les droits des tiers ; elle stipule, pour les ouvrages à établir sur la voie publique ou sur ses dépendances, l'obligation d'entretenir constamment ces ouvrages en bon état. Les arrêtés d'autorisation portent que ces autorisations sont révocables, soit dans le cas où le permissionnaire ne remplirait pas les conditions imposées, soit si la nécessité en était reconnue dans un but d'utilité publique. (M. R., art. 176 ; M. I., art. 277.)

§ 2. — Constructions.

Lorsqu'il a été dressé des plans d'alignement pour les chemins vicinaux, il est procédé à une enquête, conformément à l'ordonnance du 23 août 1835, s'il s'agit des chemins vicinaux ordinaires, et dans les formes déterminées par l'ordonnance du 18 février 1834, s'il s'agit des chemins de grande communication ou d'intérêt commun. Le conseil municipal est toujours appelé à délibérer sur les plans. Les plans sont ultérieurement, comme l'exigent les articles 44 et 86 de la loi du 10 août 1871, soumis, avec le rapport de l'agent voyer en chef, les observations du préfet et les documents à l'appui, à l'approbation du conseil général pour les chemins de grande communication et d'intérêt commun, et à celle de la commission départementale pour les chemins vicinaux ordinaires. (M. R., art. 177 ; M. I., art. 278 ; sur les alignements, v. *infrà*, p. 155.)

Lorsque les chemins vicinaux ont la largeur légale, les alignements à donner pour constructions et reconstructions sont tracés de manière à ce que l'impétrant puisse construire sur la limite séparative de sa propriété et du chemin.

Lorsque les chemins n'ont pas la largeur qui leur a été attribuée par l'autorité compétente, les alignements pour constructions et reconstructions sont délivrés conformément aux limites déterminées par le plan, régulièrement approuvé.

Lorsque les chemins ont plus que la largeur légale et que les propriétaires riverains sont autorisés, par mesure d'alignement, à avancer leur construction jusqu'à l'extrême limite de cette largeur, ils doivent payer la valeur du sol du chemin ainsi concédé et de ses dépendances.

Cette valeur est réglée, soit à l'amiable entre les propriétaires et l'administration, soit à dire d'experts, par application de l'article 19 de la loi du 21 mai 1836.

L'arrêté d'alignement doit faire connaître que la prise de possession ne peut avoir lieu qu'en vertu d'une délibération du conseil municipal régulièrement approuvée. (M. R., art. 178 ; M. I., art. 279.)

Tout ce qui concerne le mode d'ouverture des portes et fenêtres et les saillies de toute espèce sur les chemins vicinaux est déterminé par un règlement spécial arrêté par le préfet. (M. R., art. 179 ; M. I., art. 280.)

Les travaux à faire à des constructions en saillie sur les alignements d'un plan régulièrement approuvé, ne sont autorisés que dans le cas où ces travaux n'ont pas pour effet de consolider le mur de face. (M. R., art. 180; M. l., art. 281.)

L'arrêté portant l'autorisation de construire ou de réparer fait connaître, si la demande en est faite par les intéressés, et dans les limites nécessaires pour assurer la circulation, l'espace que peuvent occuper les échafaudages et les dépôts, et la durée de cette occupation. (M. R., art. 181; M. l., art. 282.)

D'après l'article 182 du Règlement général, lorsqu'une construction sise le long d'un chemin vicinal menace ruine, et que la conservation en est dangereuse pour la sûreté publique, le péril est constaté par un agent voyer, dont le rapport est communiqué au propriétaire avec injonction de démolir dans un délai déterminé. En cas de refus, il est procédé à une expertise contradictoire, dans la forme prescrite par les déclarations du roi en date des 18 juillet 1729 et 18 août 1730.

Toutefois, en cas de péril imminent, la démolition d'office des constructions peut être ordonnée d'urgence. Nous pensons qu'il faut suivre aujourd'hui les prescriptions de la loi du 21 juin 1898. (Code rural.)

Lorsqu'un chemin vicinal n'a pas encore sa largeur légale et que les propriétaires de constructions bordant ce chemin font volontairement démolir leurs bâtiments ou murs, ou lorsqu'ils sont contraints de les démolir pour cause de vétusté et de péril, ils n'ont droit à indemnité que pour la valeur du sol qu'ils délaissent à la voie publique. (L. 16 sept. 1807, art. 50; M. l., art. 284.)

Les autorisations de construire ou reconstruire le long des chemins vicinaux doivent stipuler les réserves et conditions nécessaires pour garantir le libre écoulement des eaux, sans qu'il en puisse résulter de dommage pour ces chemins. (M. R., art. 183; M. l., art. 285.)

§ 3. — Plantation d'arbres.

Aucune plantation d'arbres ne peut être effectuée le long et joignant les chemins vicinaux qu'en observant les distances fixées par le règlement préfectoral. (Règl. gén., art. 184; Instr. gén. 1870, art. 286.)

Les plantations faites antérieurement à la publication du règlement et à des distances moindres que celles qu'il prescrit peuvent être conservées, mais elles ne peuvent être renouvelées qu'à la charge d'observer les distances fixées. (M. R., art. 185; M. l., art. 287.)

Les plantations faites par des particuliers sur le sol des chemins vicinaux, avant la publication du règlement de 1870, peuvent être conservées si les besoins de la circulation le permettent, mais elles ne peuvent dans aucun cas être renouvelées. (M. R., art. 186; M. l., art. 288.)

Si l'intérêt de la viabilité exigeait la destruction des plantations existant sur le sol des chemins vicinaux, les propriétaires seraient mis en demeure, par un arrêté du maire pour les chemins vicinaux ordinaires, et du préfet pour les chemins de grande communication et d'intérêt commun, d'enlever, dans un délai déterminé, les arbres qui leur appartiendraient, sauf à eux à faire valoir le droit qu'ils croiraient avoir à une indemnité. Si les particuliers n'obtempéraient pas à cette mise en demeure, il serait dressé un procès-verbal pour être statué par l'autorité compétente. (M. R., art. 187; M. l., art. 289.)

Les communes qui en font la demande peuvent être autorisées par le préfet à faire des plantations sur le sol des chemins vicinaux. Les conditions auxquelles ces plantations sont faites, l'espacement des arbres entre eux, ainsi que la distance à observer entre les plantations et les propriétés riveraines, sont déterminés par le préfet dans son arrêté d'autorisation. (M. R., art. 188; M. l., art. 290.)

§ 4. — Plantation de haies.

Les haies vives ne peuvent être plantées à une distance de la limite extérieure des chemins moindre que celle fixée par le règlement. (Règl. gén., art. 189; Instr. gén. 1870, art. 291.)

La hauteur des haies ne doit jamais excéder celle prescrite par le règlement, sauf les exceptions exigées par des circonstances particulières et pour lesquelles il est donné des autorisations spéciales. (M. R., art. 190; M. l., art. 292.)

Les haies plantées antérieurement à la publication du règlement, à des distances moindres que celles prescrites par l'article 291, peuvent être conservées; mais elles ne peuvent être renouvelées qu'à la charge d'observer cette distance. (M. R., art. 191; M. l., art. 293.)

§ 5. — Élagage.

Les arbres, les branches, les haies et les racines qui avancent sur le sol des chemins vicinaux doivent être coupés à l'aplomb des limites de ces chemins, à la diligence des propriétaires ou des fermiers. (Règl. gén., art. 192; Instr. gén. 1870, art. 294.)

Si le propriétaire ou le fermier néglige ou refuse de se conformer aux prescriptions qui précèdent, il en est dressé procès-verbal pour être statué par l'autorité compétente. (M. R., art. 193; M. l., art. 295.)

§ 6. — Fossés appartenant à des particuliers.

Les propriétaires riverains ne peuvent ouvrir de fossés le long d'un chemin vicinal à une distance de la limite du chemin moindre que celle fixée par le règlement. Ces fossés doivent avoir un talus de 1 mètre de base au moins pour 1 mètre de hauteur. (Règl. gén., art. 194; Instr. gén. 1870, art. 296.)

Tout propriétaire qui a fait ouvrir des fossés sur son terrain, le long d'un chemin vicinal, doit entretenir ces fossés de manière à empêcher que les eaux nuisent à la viabilité du chemin. (M. R., art. 195; M. l., art. 297.)

Si les fossés ouverts par des particuliers sur leur terrain, le long d'un chemin vicinal, ont une profondeur telle qu'elle peut présenter des dangers pour la circulation, les propriétaires sont tenus de prendre les dispositions qui leur sont prescrites pour assurer la sécurité du passage : injonction leur est faite à cet effet par arrêté du maire ou du préfet, selon le cas. (M. R., art. 196 ; M. I., art. 298.)

§ 7. — Établissement d'ouvrages divers joignant ou traversant la voie publique.

Les autorisations pour l'établissement, par les propriétaires riverains, d'aqueducs et de ponceaux sur les fossés des chemins vicinaux, règlent le mode de construction, les dimensions à donner aux ouvrages et les matériaux à employer ; elles stipulent toujours la charge de l'entretien par l'impétrant et le retrait de l'autorisation donnée dans le cas où les conditions posées ne seraient pas remplies ou qu'il serait reconnu que ces ouvrages nuisent à l'écoulement des eaux ou à la circulation. (Règl. gén., art. 197 ; M. I., art. 299.)

Les autorisations de conduire les eaux d'un côté à l'autre du chemin doivent prescrire le mode de constructions et les dimensions des travaux à effectuer par le pétitionnaire. (M. R., art. 198 ; M. I., art. 300.)

Les autorisations pour l'établissement de communications devant traverser les chemins vicinaux indiquent les mesures à prendre pour assurer la facilité et la sécurité de la circulation. (M. R., art. 199 ; M. I., art. 301.)

Les autorisations pour établissement de barrages ou écluses sur les fossés des chemins ne sont données que lorsque la surélévation des eaux ne peut nuire au bon état de la voie publique. Elles prescrivent les mesures nécessaires pour que les chemins ne puissent jamais être submergés. Elles sont toujours révocables sans indemnité si les travaux étaient reconnus nuisibles à la viabilité. (M. R., art. 200 ; M. I., art. 302.)

Section 2. — Mesures de police et de conservation.

§ 1er. — Dispositions générales.

Il est défendu d'une manière absolue :

1° De laisser stationner, sans nécessité, sur les chemins vicinaux et leurs dépendances, aucune voiture, machine ou instrument aratoire, ni aucun troupeau, bête de somme ou de trait ;

2° De mutiler les arbres qui y sont plantés, de dégrader les bornes, poteaux et tableaux indicateurs, parapets des ponts et autres ouvrages ;

3° De les dépaver ;

4° D'enlever les pierres, les fers, bois et autres matériaux destinés aux travaux ou déjà mis en œuvre ;

5° D'y jeter des pierres ou autres matières provenant des terrains voisins ;

6° De les parcourir avec des instruments aratoires, sans avoir pris les précautions nécessaires pour éviter toute dégradation ;

7° De détériorer les berges, talus, fossés ou les marques indicatives de leur largeur ;

8° De labourer ou cultiver leur sol ;

9° D'y faire ou d'y laisser paître aucune espèce d'animaux ;

10° De mettre rouir le chanvre dans les fossés ;

11° D'y faire aucune anticipation ou usurpation ou aucun ouvrage qui puisse apporter un empêchement au libre écoulement des eaux ;

12° D'établir aucune excavation ou construction sous la voie publique ou ses dépendances. (Règl. gén., art. 201 ; Instr. gén. 1870, art. 303.)

Les préfets, dans chaque département, déterminent les chemins de grande communication sur lesquels des barrières peuvent être établies pour restreindre la circulation pendant le dégel.

Ils prennent, sur l'avis des ingénieurs des ponts et chaussées ou des agents voyers, les mesures que la fermeture ou l'ouverture des barrières rendent nécessaires.

Peuvent seuls circuler pendant la fermeture des barrières de dégel :

1° Les courriers de la malle ;

2° Les voitures de voyage suspendues, étrangères à toute entreprise publique de messageries ;

3° Les voitures non chargées ;

4° Les voitures chargées montées sur roues à jantes d'au moins 11 centimètres de largeur et dont l'attelage n'excède pas le nombre de chevaux qui est fixé par le préfet, à raison du climat, du mode de construction et de l'état des chaussées, de la nature du sol, du nombre des roues de la voiture et des autres circonstances locales.

Toute voiture prise en contravention aux dispositions du présent article est arrêtée, et les chevaux doivent être mis en fourrière dans l'auberge la plus rapprochée : le tout sans préjudice de l'amende stipulée à l'article 4, titre II, de la loi du 30 mai 1851, et des frais de réparation mentionnés dans l'article 9 de ladite loi.

Les préfets doivent rendre compte immédiatement au ministre de l'agriculture des mesures qu'ils ont arrêtées en vertu du décret. (L. 30 mai 1851, art. 2, et Décr. 29 août 1863 ; M. I., art. 304.)

Les propriétaires des terrains supérieurs bordant les chemins vicinaux sont tenus d'entretenir toujours en bon état les revêtements ou les murs construits par eux et destinés à soutenir ces terrains. (M. R., art. 202 ; M. I., art. 305.)

Si la circulation sur un chemin vicinal venait à être interceptée par une œuvre quelconque, le maire y pourvoirait d'urgence.

En conséquence, après une simple sommation administrative, l'œuvre serait détruite d'office et les lieux rétablis dans leur ancien état, aux frais et risques de qui il appartiendrait et sans préjudice des poursuites à exercer contre qui de droit. (M. R., art. 203 ; M. I., art. 306.)

§ 2. — Écoulement naturel des eaux.

Les propriétés riveraines situées en contre-bas des chemins vicinaux sont assujetties, aux termes de l'article 640 du Code civil, à recevoir les eaux qui découlent naturellement de ces chemins.

Les propriétaires de ces terrains ne peuvent faire

aucune œuvre qui tende à empêcher le libre écoulement des eaux qu'ils sont tenus de recevoir, et à les faire séjourner dans les fossés ou refluer sur le sol du chemin. (Règl. gén., art. 204; Instr. gén. 1870, art. 307.)

L'autorisation de transporter les eaux d'un côté à l'autre d'un chemin vicinal ne peut être donnée que sous la réserve des droits des tiers. Il y est toujours stipulé, pour l'administration, la faculté de faire supprimer les constructions faites, si elles étaient mal entretenues ou si elles devenaient nuisibles à la viabilité du chemin. (M. I., art. 205; M. I., art. 308.)

§ 3. — Mesures ayant pour objet la sûreté des voyageurs.

Il est interdit de pratiquer, dans le voisinage des chemins vicinaux, des excavations de quelque nature que ce soit, si ce n'est aux distances fixées par le règlement préfectoral, à partir de la limite desdits chemins.

Les propriétaires de toutes excavations peuvent être tenus de les couvrir ou de les entourer de clôtures propres à prévenir tout danger pour les voyageurs. (Règl. gén., art. 206; Instr. gén. 1870, art. 309.)

Les maires doivent veiller à la solidité des constructions bordant les chemins vicinaux et prendre les mesures nécessaires pour sauvegarder la sécurité des passants. (M. R., art. 207; M. I., art. 310.)

Section 8. — Poursuites et répression des contraventions.

Les contraventions de voirie vicinale peuvent relever de deux juridictions : du conseil de préfecture et des tribunaux judiciaires. Nous les étudierons dans notre livre IX.

CHAPITRE X

CLAUSES ET CONDITIONS IMPOSÉES AUX ENTREPRENEURS DES TRAVAUX DES CHEMINS

VICINAUX

Tous les marchés relatifs à l'exécution des travaux des chemins vicinaux, qu'ils soient passés dans la forme d'adjudications publiques ou qu'ils résultent de conventions faites de gré à gré, sont soumis, en tout ce qui leur est applicable, aux dispositions suivantes :

Section 1re. — Adjudications.

Conditions à remplir pour être admis aux adjudications. — Nul n'est admis à concourir aux adjudications s'il ne justifie qu'il a les qualités requises pour garantir la bonne exécution des travaux.

A cet effet, chaque concurrent est tenu de fournir un certificat constatant sa capacité et de justifier du versement du cautionnement dans la caisse d'un trésorier-payeur général ou d'un receveur particulier des finances pour les adjudications des travaux des chemins de grande communication et d'intérêt commun, ou dans la caisse du receveur municipal de la commune pour les chemins vicinaux ordinaires.

La justification du versement du cautionnement peut être remplacée par un engagement valable de le fournir. (Annexe n° 2 à l'instruction générale sur les chemins vicinaux, art. 2.)

Certificat de capacité. — Les certificats de capacité sont délivrés par des hommes de l'art. Ils ne doivent pas avoir plus de trois ans de date au moment de l'adjudication. Il y est fait mention de la manière dont les soumissionnaires ont rempli leurs engagements, soit envers l'administration, soit envers les tiers, soit envers les ouvriers, dans les travaux qu'ils ont exécutés, surveillés ou suivis.

Ces travaux doivent avoir été faits dans les dix dernières années.

Les certificats de capacité sont présentés, huit jours avant l'adjudication, pour être visés, à titre de communication à l'agent voyer en chef pour les chemins de grande communication et d'intérêt commun, à l'agent voyer d'arrondissement pour les chemins vicinaux ordinaires.

Il n'est pas exigé de certificats de capacité pour la fourniture des matériaux destinés à l'entretien des chemins en empierrement, ni pour les travaux de terrassement dont l'estimation ne s'élève pas à plus de 1,000 fr. (art. 3).

Cautionnement. — Le cahier des charges détermine, dans chaque cas particulier, la nature et le montant du cautionnement que l'entrepreneur doit fournir.

S'il ne stipule rien à cet égard, le cautionnement est fait soit en numéraire, soit en inscription de rentes sur l'État, et le montant en est fixé au trentième de l'estimation des travaux, déduction faite de toutes les sommes portées à valoir pour dépenses imprévues et ouvrages en régie, ou pour indemnités de terrain.

Le cautionnement reste affecté à la garantie des engagements contractés par l'adjudicataire jusqu'à la liquidation définitive des travaux. Toutefois, le préfet peut, dans le cours de l'entreprise, autoriser la restitution de tout ou partie du cautionnement (art. 4).

Approbation de l'adjudication. — L'adjudication n'est valable qu'après l'approbation du préfet. L'entrepreneur ne peut prétendre à aucune indemnité dans le cas où l'adjudication n'est pas approuvée (art. 5).

Pièces à délivrer à l'entrepreneur. — Après l'approbation de l'adjudication, le préfet, le sous-préfet ou le maire délivre à l'entrepreneur, sur son récépissé, une expédition dûment légalisée du devis, du bordereau des prix et du détail estimatif, ainsi qu'une copie certifiée du procès-verbal d'adjudication et un exemplaire imprimé des présentes clauses et conditions générales.

Les agents voyers lui délivrent en outre, gratuitement, une expédition certifiée des dessins et autres pièces qu'ils jugent nécessaires à l'exécution des travaux (art. 6).

Frais d'adjudication. — L'entrepreneur verse le montant des frais du marché à la caisse du trésorier-payeur général ou à celle du receveur particulier pour les chemins de grande communication ou d'intérêt commun. Pour les chemins vicinaux ordinaires, le versement pourra être fait, suivant le cas, dans la caisse du receveur particulier ou dans celle du receveur municipal. Ces frais, dont l'état est arrêté par le fonctionnaire qui a présidé l'adjudication, ne peuvent être autres que ceux d'affiches et de publication, ceux de timbre et d'expédition du devis, du bordereau des prix, du détail estimatif et du procès-verbal d'adjudication, et le droit fixe d'enregistrement d'un franc (art. 7).

Domicile de l'entrepreneur. — L'adjudicataire est tenu d'élire un domicile à proximité des travaux et de faire connaître le lieu de ce domicile au préfet pour les chemins de grande communication ou d'intérêt commun, et au maire de la commune pour les chemins vicinaux ordinaires. Faute par lui de remplir cette obligation dans un délai de quinze jours, à partir de l'approbation de l'adjudication, toutes les notifications qui se rattachent à son entreprise sont valables lorsqu'elles ont été faites à la mairie de la commune désignée à cet effet par le devis ou par l'affiche d'adjudication (art. 8).

Section 2. — *Exécution des travaux.*

Défense de sous-traiter sans autorisation. — L'entrepreneur ne peut céder à des sous-traitants une ou plusieurs parties de son entreprise sans le consentement de l'administration. Il demeure toujours personnellement responsable, tant envers l'administration qu'envers les ouvriers et les tiers.

Si un sous-traité est passé sans autorisation, l'administration peut, suivant les cas, soit prononcer la résiliation pure et simple de l'entreprise, soit procéder à une nouvelle adjudication à la folle enchère de l'entrepreneur (art. 9).

Ordres de services pour l'exécution des travaux. — L'entrepreneur doit commencer les travaux dès qu'il en a reçu l'ordre de l'agent voyer. Il se conforme strictement aux plans, profils, tracés, ordres de service, et aux types et modèles qui lui sont donnés pour l'exécution des travaux.

L'entrepreneur se conforme également aux changements qui lui sont prescrits pendant le cours du travail, mais seulement lorsque l'agent voyer d'ar-

rondissement les a ordonnés par écrit et sous sa responsabilité. Il ne lui est tenu compte de ces changements qu'autant qu'il justifie de l'ordre écrit de cet agent (art. 10).

Règlements pour le bon ordre des chantiers. — L'entrepreneur est tenu d'observer tous les règlements qui sont faits par le préfet, sur la proposition de l'agent voyer en chef pour le bon ordre des travaux et la police des chantiers.

Il est interdit à l'entrepreneur de faire travailler les ouvriers les dimanches et jours fériés.

Il ne peut être dérogé à cette règle que dans le cas d'urgence, et en vertu d'une autorisation écrite ou d'un ordre de service de l'agent voyer d'arrondissement (art. 11).

Présence de l'entrepreneur sur le lieu des travaux. — Pendant la durée de l'entreprise, l'adjudicataire ne peut s'éloigner du lieu des travaux qu'après avoir fait agréer par l'agent voyer d'arrondissement un représentant capable de le remplacer, de manière qu'aucune opération ne puisse être retardée ou suspendue à raison de son absence.

L'entrepreneur accompagne les agents voyers dans leurs tournées toutes les fois qu'il en est requis (art. 12).

Choix des commis, chefs d'ateliers et ouvriers. — L'entrepreneur ne peut prendre pour commis et chefs d'ateliers que des hommes capables de l'aider et de le remplacer au besoin dans la conduite et le métrage des travaux.

Les agents voyers ont le droit d'exiger le changement ou le renvoi des agents et ouvriers de l'entrepreneur pour insubordination, incapacité ou défaut de probité.

L'entrepreneur demeure d'ailleurs responsable des fraudes ou malfaçons qui seraient commises par ses agents et ouvriers dans la fourniture et dans l'emploi des matériaux (art. 13).

Liste nominative des ouvriers. — Le nombre des ouvriers de chaque profession est toujours proportionné à la quantité d'ouvrage à faire. Pour mettre l'agent voyer à même d'assurer l'accomplissement de cette condition, il lui est remis, périodiquement et aux époques par lui fixées, une liste nominative des ouvriers (art. 14).

Paiement des ouvriers. — L'entrepreneur paye les ouvriers tous les mois, ou à des époques plus rapprochées, si l'administration le juge nécessaire (art. 15).

Caisse de secours pour les ouvriers blessés ou malades. — Une retenue d'un centième est exercée sur les sommes dues à l'entrepreneur, à l'effet d'assurer, sous le contrôle de l'administration, des secours aux ouvriers atteints de blessures ou de maladies occasionnées par les travaux, à leurs veuves et à leurs enfants, et de subvenir aux dépenses du service médical.

La partie de cette retenue qui reste sans emploi à la fin de l'entreprise est remise à l'entrepreneur (art. 16).

Dépenses imputables sur la somme à valoir. — Lorsqu'il y a lieu de faire des épuisements ou autres travaux non prévus, l'entrepreneur doit, s'il en est requis, fournir les outils et machines nécessaires pour l'exécution de ces travaux (art. 17).

Outils, équipages et faux frais de l'entreprise. — L'entrepreneur est tenu de fournir à ses frais les magasins, équipages, voitures, ustensiles et outils de toute espèce nécessaires à l'exécution des travaux, sauf les exceptions stipulées au devis.

Sont également à sa charge l'établissement des chantiers et chemins de service et les indemnités y relatives, les frais de tracé des ouvrages, les cordeaux, piquets et jalons, les frais d'éclairage des chantiers, s'il y a lieu, et généralement toutes les menues dépenses et tous les faux frais relatifs à l'entreprise (art. 18).

Carrières désignées au devis. — Les matériaux sont pris dans les lieux indiqués au devis. L'entrepreneur y ouvre, au besoin, des carrières à ses frais.

Il est tenu, avant de commencer les extractions, de justifier de l'autorisation des propriétaires, s'il a traité à l'amiable pour l'occupation des terrains, ou de les prévenir suivant les formes déterminées par le règlement général des chemins vicinaux.

Il paye, sans recours contre l'administration, et en se conformant aux lois et règlements sur la matière, tous les dommages qu'ont pu occasionner la prise ou l'extraction, le transport ou le dépôt des matériaux.

Dans le cas où le devis prescrit d'extraire des matériaux dans des bois soumis au régime forestier, l'entrepreneur doit se conformer, en outre, aux prescriptions de l'article 145 du Code forestier, ainsi que des articles 172, 173 et 175 de l'ordonnance du 1er août 1827, concernant l'exécution de ce Code.

L'entrepreneur doit justifier, toutes les fois qu'il en est requis, de l'accomplissement des obligations énoncées dans le présent article, ainsi que du paiement des indemnités pour établissement de chantiers et chemins de service (art. 19).

Carrières proposées par l'entrepreneur. — Si l'entrepreneur demande à substituer aux lieux ou carrières indiqués dans le devis d'autres lieux ou carrières fournissant des matériaux d'une qualité que les agents voyers reconnaissent au moins égale, il reçoit l'autorisation de les exploiter, sans aucune modification sur les prix de l'adjudication. Si les transports doivent être faits par les prestataires, la substitution ne pourra avoir lieu que si la nouvelle carrière n'est pas à une distance plus grande que celle indiquée au devis ni d'un accès plus difficile (art. 20).

Défense de livrer au commerce les matériaux extraits des carrières désignées. — L'entrepreneur ne peut livrer au commerce, sans l'autorisation du propriétaire, les matériaux qu'il a fait extraire dans les carrières exploitées par lui en vertu du droit qui lui a été conféré par l'administration (art. 21).

Qualité des matériaux. — Les matériaux doivent être de la meilleure qualité dans chaque espèce, être parfaitement travaillés et mis en œuvre con-

formément aux règles de l'art; ils ne peuvent être employés qu'après avoir été vérifiés et provisoirement acceptés par l'agent voyer chargé de la direction des travaux ou par ses préposés. Nonobstant cette réception provisoire, et jusqu'à la réception définitive des travaux, ils peuvent, en cas de surprise, de mauvaise qualité ou de malfaçon, être rebutés par l'agent voyer, et ils sont alors remplacés par l'entrepreneur (art. 22).

Dimensions et dispositions des matériaux et des ouvrages. — L'entrepreneur ne peut de lui-même apporter aucun changement au projet.

Il est tenu de faire immédiatement, sur l'ordre des agents voyers, remplacer les matériaux ou reconstruire les ouvrages dont les dimensions ou les dispositions ne sont pas conformes au devis.

Toutefois, si les agents voyers reconnaissent que les changements faits par l'entrepreneur ne sont contraires ni à la solidité ni au goût, les nouvelles dispositions peuvent être maintenues, mais alors l'entrepreneur n'a droit à aucune augmentation de prix, à raison de dimensions plus fortes ou de la valeur plus considérable que peuvent avoir les matériaux ou les ouvrages. Dans ce cas, les métrages sont basés sur les dimensions prescrites par le devis. Si, au contraire, les dimensions sont plus faibles ou la valeur des matériaux moindre, les prix sont réduits en conséquence (art. 23).

Démolition d'anciens ouvrages. — Dans le cas où l'entrepreneur devra démolir d'anciens ouvrages, les matériaux seront déplacés avec soin, pour qu'ils puissent être façonnés de nouveau et réemployés s'il y a lieu (art. 24).

Objets trouvés dans les fouilles. — L'administration se réserve la propriété des matériaux qui se trouvent dans les fouilles et démolitions, sauf à indemniser l'entrepreneur de ses soins particuliers.

Elle se réserve également les objets d'art et de toute nature qui pourraient s'y trouver, sauf indemnité à qui de droit (art. 25).

Emploi des prestations, des matières neuves ou de démolition. — Lorsque les agents voyers jugent à propos d'employer des matières neuves ou de démolitions, l'entrepreneur n'est payé que des frais de main-d'œuvre et d'emploi, d'après les éléments des prix du bordereau, rabais déduit.

L'entrepreneur doit recevoir en compte, suivant les conditions stipulées au devis particulier de son entreprise, les journées ou les matériaux provenant, soit de prestations, soit de souscriptions, ou appartenant aux communes.

Il ne peut demander aucun dommage ni aucune indemnité pour manque de gain sur les travaux que l'administration fait exécuter par la prestation en nature ou par l'acquit des souscriptions en nature (art. 26).

Vices de construction. — Lorsque les agents voyers présument qu'il existe dans les ouvrages des vices de construction, ils ordonnent, soit en cours d'exécution, soit avant la réception définitive, la démolition et la reconstruction des ouvrages présumés défectueux.

Les dépenses résultant de cette vérification sont à la charge de l'entrepreneur, lorsque les vices de construction sont constatés et reconnus (art. 27).

Pertes et avaries, cas de force majeure. — Il n'est alloué aucune indemnité à raison des pertes, avaries ou dommages occasionnés par négligence, imprévoyance, défaut de moyens ou fausses manœuvres.

Ne sont pas compris, toutefois, dans la disposition précédente, les cas de force majeure qui, dans le délai de dix jours au plus après l'événement, ont été signalés par l'entrepreneur; dans tous les cas, il ne peut être rien alloué qu'avec l'approbation de l'administration. Passé le délai de dix jours, l'entrepreneur n'est plus admis à réclamer (art. 28).

Règlements de prix des ouvrages non prévus. — Lorsqu'il est jugé nécessaire d'exécuter des ouvrages non prévus, ou d'extraire des matériaux dans des lieux autres que ceux qui sont désignés dans le devis, les prix en sont réglés d'après les éléments de ceux de l'adjudication, ou par assimilation aux ouvrages les plus analogues. Dans le cas d'impossibilité absolue d'assimilation, on prend pour terme de comparaison les prix courants du pays.

Les nouveaux prix, après avoir été débattus par les agents voyers avec l'entrepreneur, sont soumis à l'approbation de l'autorité compétente. Si l'entrepreneur n'accepte pas la décision de l'administration, il est statué par le conseil de préfecture (art. 29).

Augmentation dans la masse des travaux. — En cas d'augmentation dans la masse des travaux, l'entrepreneur est tenu d'en continuer l'exécution jusqu'à concurrence d'un sixième en sus du montant de l'entreprise. Au delà de cette limite, l'entrepreneur a droit à la résiliation de son marché (art. 30).

Diminution dans la masse des travaux. — En cas de diminution dans la masse des ouvrages, l'entrepreneur ne peut élever aucune réclamation tant que la diminution n'excède pas le sixième du montant de l'entreprise. Si la diminution est de plus du sixième, il reçoit, s'il y a lieu, à titre de dédommagement, une indemnité qui, en cas de contestations, est réglée par le conseil de préfecture. Dans aucun cas, il ne peut élever de réclamation si cette diminution résulte de l'exécution des travaux de prestations ou de souscriptions en nature, ainsi qu'il a été dit à l'article 26 (art. 31).

Changements dans l'importance des diverses espèces d'ouvrages. — Lorsque les changements ordonnés ont pour résultat de modifier l'importance de certaines natures d'ouvrages, de telle sorte que les quantités prescrites diffèrent de plus d'un tiers, en plus ou en moins, des quantités portées au détail estimatif, l'entrepreneur peut présenter, en fin de compte, toujours sous la condition que la différence ne résultera pas de l'exécution des prestations ou des souscriptions en nature, une demande en indemnité, basée sur le préjudice que lui auraient causé les modifications apportées à cet égard dans les prévisions du projet (art. 32).

Variation dans les prix. — Si, pendant le cours de l'entreprise, les prix subissent une augmentation telle que la dépense totale des ouvrages restant à exécuter, d'après le devis, se trouve augmentée d'un sixième comparativement aux estimations du projet, le marché peut être résilié sur la demande de l'entrepreneur (art. 33).

Cessation absolue ou ajournement des travaux. — Lorsque l'administration ordonne la cessation absolue des travaux, l'entreprise est immédiatement résiliée. Lorsqu'elle prescrit leur ajournement pour plus d'une année, soit avant, soit après le commencement d'exécution, l'entrepreneur a le droit de demander la résiliation de son marché, sans préjudice de l'indemnité qui, dans ce cas comme dans l'autre, peut lui être allouée.

Si les travaux ont reçu un commencement d'exécution, l'entrepreneur peut requérir qu'il soit procédé immédiatement à la réception provisoire des ouvrages exécutés, et à leur réception définitive après l'expiration du délai de garantie (art. 34).

Mesures coercitives. — Lorsque l'entrepreneur ne se conforme pas, soit aux dispositions du devis, soit aux ordres de service qui lui sont donnés par les agents voyers, un arrêté du préfet le met en demeure d'y satisfaire dans un délai déterminé. Ce délai, sauf les cas d'urgence, n'est pas de moins de dix jours, à dater de la notification de l'arrêté de mise en demeure.

À l'expiration de ce délai, si l'entrepreneur n'a pas exécuté les dispositions prescrites, le préfet, par un second arrêté, ordonne l'établissement d'une régie aux frais de l'entrepreneur. Dans ce cas, il est procédé immédiatement, en sa présence, ou lui dûment appelé, à l'inventaire descriptif du matériel de l'entreprise.

L'administration peut, selon les circonstances, soit ordonner une nouvelle adjudication à la folle enchère de l'entrepreneur, soit prononcer la résiliation pure et simple du marché, soit prescrire la continuation des travaux par voie de régie.

Pendant la durée de la régie, l'entrepreneur est autorisé à en suivre les opérations, sans qu'il puisse toutefois entraver l'exécution des ordres des agents voyers.

Il peut d'ailleurs être relevé de la régie s'il justifie des moyens nécessaires pour reprendre les travaux et les mener à bonne fin.

Les excédents de dépenses qui résultent de la régie ou de l'adjudication sur folle enchère sont prélevés sur les sommes qui peuvent être dues à l'entrepreneur, sans préjudice des droits à exercer contre lui, en cas d'insuffisance.

Si la régie ou l'adjudication sur folle enchère amène au contraire une diminution dans les dépenses, l'entrepreneur ne peut réclamer aucune part de ce bénéfice, qui reste acquis à l'administration (art. 35).

Décès de l'entrepreneur. — En cas de décès de l'entrepreneur, le contrat est résilié de droit, sauf à l'administration à accepter, s'il y a lieu, les offres qui peuvent être faites par les héritiers pour la continuation des travaux (art. 36).

Faillite de l'entrepreneur. — En cas de faillite de l'entrepreneur, le contrat est également résilié de plein droit, sauf à l'administration à accepter, s'il y a lieu, les offres qui peuvent être faites par les créanciers, pour la continuation de l'entreprise (art. 37).

Section 3. — Règlement des dépenses.

Bases du règlement des comptes. — A défaut de stipulations spéciales dans le devis, les comptes sont établis d'après les quantités d'ouvrages réellement effectuées, suivant les dimensions et les poids constatés par des métrés définitifs et des pesages faits en cours ou en fin d'exécution, sauf les cas prévus par l'article 23, et les dépenses sont réglées d'après les prix de l'adjudication.

L'entrepreneur ne peut, dans aucun cas, pour les métrés et pesages, invoquer en sa faveur les us et coutumes (art. 38).

Attachements. — Les attachements sont pris, au fur et à mesure de l'avancement des travaux, par l'agent chargé de leur surveillance, en présence de l'entrepreneur et contradictoirement avec lui ; celui-ci doit les signer au moment de la présentation qui lui en est faite.

Lorsque l'entrepreneur refuse de signer ces attachements, ou ne les signe qu'avec réserve, il lui est accordé un délai de dix jours, à dater de la présentation des pièces, pour formuler par écrit ses observations. Passé ce délai, les attachements sont censés acceptés par lui, comme s'ils étaient signés sans réserve. Dans ce cas, il est dressé procès-verbal de la présentation et des circonstances qui l'ont accompagnée. Ce procès-verbal est annexé aux pièces non acceptées.

Les résultats des attachements inscrits sur les carnets des surveillants ne sont portés en compte qu'autant qu'ils ont été admis par les agents voyers (art. 39).

Décomptes mensuels. — Il est dressé, s'il y a lieu, à la fin de chaque mois, un décompte des ouvrages exécutés et des dépenses faites pour servir de base aux paiements à faire à l'entrepreneur (art. 40).

Décomptes annuels et décomptes définitifs. — A la fin de chaque année, il est dressé un décompte de l'entreprise, divisé en deux parties : la première comprend les ouvrages et portions d'ouvrages dont le métré a pu être arrêté définitivement, et la seconde les ouvrages et portions d'ouvrages dont la situation n'a pu être établie que d'une manière provisoire.

Ce décompte, auquel sont joints les métrés et les pièces à l'appui, est présenté, sans déplacement, à l'acceptation de l'entrepreneur ; il est dressé procès-verbal de la présentation.

En ce qui concerne la première partie du décompte, l'acceptation de l'entrepreneur est définitive, tant pour l'application des prix que pour les quantités d'ouvrages.

S'il refuse d'accepter ou s'il ne signe qu'avec réserve, il doit déduire ses motifs par écrit, dans les vingt jours qui suivent la présentation des pièces.

Il est expressément stipulé que l'entrepreneur n'est point admis à élever de réclamations, au sujet de ces pièces, après le délai de vingt jours, et que, passé ce délai, le décompte est censé accepté par lui, quand même il ne l'aurait pas signé ou ne l'aurait signé qu'avec une réserve dont les motifs ne seraient pas spécifiés.

Le procès-verbal de présentation doit toujours être annexé aux pièces non acceptées.

En ce qui concerne la deuxième partie du décompte, l'acceptation de l'entrepreneur n'est considérée que comme provisoire.

Les stipulations des paragraphes 2, 3, 4, 5 et 6 du présent article s'appliquent au décompte général et définitif de l'entreprise.

Elles s'appliquent aussi aux décomptes définitifs partiels qui peuvent être présentés à l'entrepreneur dans le courant de la campagne.

L'entrepreneur est autorisé à faire transcrire par ses commis, dans les bureaux des agents voyers, les pièces dont il veut se procurer des expéditions (art. 41).

L'entrepreneur ne peut revenir sur les prix du marché. — L'entrepreneur ne peut, sous aucun prétexte, revenir sur les prix du marché qui ont été consentis par lui (art. 42).

Évacuation des chantiers. — Dans tous les cas de résiliation, l'entrepreneur est tenu d'évacuer les chantiers, magasins et emplacements utiles à l'entreprise, dans le délai qui est fixé par l'administration (art. 43).

Section 4. — Paiements.

Paiements d'acompte. — Les paiements d'acompte s'effectuent autant que possible tous les mois, en raison de la situation des travaux exécutés, sauf retenue d'un dixième pour la garantie et d'un centième pour la caisse de secours des ouvriers, sous la réserve énoncée à l'article 49 ci-après (art. 44).

Maximum de la retenue. — Si la retenue du dixième est jugée devoir excéder la proportion nécessaire pour la garantie de l'entreprise, il peut être stipulé au devis ou décidé en cours d'exécution qu'elle cessera de s'accroître lorsqu'elle aura atteint un maximum déterminé (art. 45).

Réception provisoire. — Immédiatement après l'achèvement des travaux, il sera procédé, s'il y a lieu, à une réception provisoire, en présence de l'entrepreneur ou lui dûment appelé par écrit. En cas d'absence de l'entrepreneur, il en est fait mention au procès-verbal (art. 46).

Réception définitive. — Il est procédé de la même manière à la réception définitive, après l'expiration du délai de garantie.

A défaut de stipulation expresse dans le devis, le délai est de six mois, à dater de la réception provisoire, pour les travaux d'entretien, les terrassements et les chaussées d'empierrement, et d'un an pour les ouvrages d'art. Pendant la durée de ce délai, l'entrepreneur demeure responsable de ses ouvrages et est tenu de les entretenir (art. 47).

Paiements de solde. — L'entrepreneur ne reçoit son solde qu'après la réception définitive et lorsqu'il a justifié de l'accomplissement des obligations énoncées dans l'article 19. Faute par l'entrepreneur de faire cette justification dans un délai fixé par un arrêté du préfet ou du maire, suivant le cas, ce solde peut être versé à la Caisse des dépôts et consignations (art. 48).

Intérêts pour retards de paiements. — Les paiements ne pouvant être faits qu'au fur et à mesure de la disponibilité des fonds, il n'est pas alloué d'indemnités pour retard de paiement pendant l'exécution des travaux.

Si l'entrepreneur ne peut être entièrement soldé dans les trois mois qui suivent la réception définitive régulièrement constatée, il a droit, à moins de conventions expresses, à des intérêts calculés d'après le taux légal pour la somme qui lui reste due à partir de l'expiration de ce délai. Toutefois, ces intérêts ne sont payés que sur sa demande et à partir du jour de cette demande (art. 49).

Section 5. — Contestations.

Intervention de l'agent voyer en chef. — Si, dans le cours de l'entreprise, des difficultés s'élèvent entre l'agent voyer et l'entrepreneur, il en est référé à l'agent voyer en chef.

Dans les cas prévus par l'article 22, par le deuxième paragraphe de l'article 23 et par le deuxième paragraphe de l'article 27, si l'entrepreneur conteste les faits, l'agent voyer dresse procès-verbal des circonstances de la contestation et le notifie à l'entrepreneur, qui doit présenter ses observations dans un délai de vingt-quatre heures; ce procès-verbal est transmis par l'agent voyer d'arrondissement à l'agent voyer en chef pour qu'il y soit donné telle suite que de droit (art. 50).

Intervention de l'administration. — En cas de contestation avec les agents voyers, l'entrepreneur doit adresser au préfet un mémoire où il indique les motifs et le montant de ses réclamations. Ce mémoire est communiqué à l'agent voyer en chef pour avoir un rapport dans le délai d'un mois.

Si, dans le délai de trois mois à partir de la remise du mémoire, le préfet n'a pas fait connaître sa réponse, l'entrepreneur peut, comme dans le cas où ses réclamations ne seraient pas admises, saisir desdites réclamations la juridiction contentieuse (art. 51).

Jugement des contestations. — Conformément aux dispositions de la loi du 28 pluviôse an VIII, toute difficulté entre l'administration et l'entrepreneur, concernant le sens ou l'exécution des clauses du marché, est portée devant le conseil de préfecture, qui statue, sauf recours au Conseil d'État (art. 52).

LIVRE III. — CHEMINS RURAUX

CHAPITRE Ier

NOTIONS HISTORIQUES

Les communes possèdent, en dehors de la voirie vicinale, de nombreux chemins publics qui en sont les ramifications ou les auxiliaires et que l'on désigne sous le nom de chemins ruraux. Ces chemins sont, pour les relations locales, l'agriculture, l'industrie et le commerce, d'une utilité incontestable, bien qu'ils n'aient pas l'importance des autres voies publiques de communication. La législation, cependant, était, avant 1881, très incomplète en ce qui les concernait. Ils étaient soumis aux règles générales de la propriété et de la police municipale ou rurale. Mais le législateur n'avait pas pourvu d'une manière spéciale à la création, à l'entretien et à la conservation de ces chemins par des dispositions analogues à celles qui régissaient les voies vicinales. L'administration supérieure s'était attachée à y suppléer, dans une certaine mesure, au moyen d'instructions générales ou particulières. Dès 1839, le ministre de l'intérieur, par une circulaire du 16 no-

vembre, invitait les préfets à faire dresser, dans chaque commune, l'état de tous les chemins ruraux. Cet état devait être une sorte d'inventaire ou de répertoire destiné à faciliter la répression des usurpations et contraventions commises sur les chemins ruraux. Mais, établi en vertu d'une simple instruction ministérielle, il ne pouvait constituer un titre légal pour les communes et concourir efficacement à la constatation de leur droit de possession ou de propriété. Les communes restaient d'autant plus exposées à être dépouillées des chemins ruraux, que, d'après la jurisprudence de la Cour de cassation, ils n'étaient protégés ni par l'imprescriptibilité, comme les autres voies publiques communales, ni par les servitudes imposées aux fonds riverains en faveur des routes nationales ou départementales et des chemins vicinaux relativement aux alignements, constructions et plantations. D'un autre côté, tout en reconnaissant l'utilité des chemins ruraux, l'administration supérieure était obligée d'admettre, selon la jurisprudence du Conseil d'État, qu'il ne lui appartenait pas de contraindre soit les communes, soit les particuliers à subvenir à l'entretien des voies rurales. L'esprit sinon le texte de la loi du 21 mai 1836 s'opposait, en outre, à ce que les communes fussent autorisées à appliquer aux chemins ruraux les ressources spéciales de la vicinalité, c'est-à-dire les centimes et 3. Il fut même décidé, conformément aux avis du Conseil d'État des 21 août 1839 et 8 février 1855, que les communes ne pouvaient, en principe, recourir, pour les travaux des chemins ruraux, à des expropriations pour cause d'utilité publique, à des emprunts ou à des impositions extraordinaires, et qu'elles ne devaient affecter à ces travaux que les ressources provenant de souscriptions ou de cotisations volontaires et les revenus ordinaires dont elles disposaient, quand elles avaient satisfait aux besoins de la voirie vicinale et aux diverses dépenses obligatoires. Elles avaient obtenu, il est vrai, quelque temps après, un peu plus de liberté à l'égard des chemins publics ruraux. Une loi du 21 juillet 1870 leur permit d'employer à l'amélioration de ces chemins l'excédent de leurs prestations disponibles. Mais elles ne pouvaient le faire qu'avec l'autorisation du conseil général et dans la limite du tiers des prestations. Il leur fallait en outre, pour jouir de cette faculté, avoir assuré l'entretien de leurs chemins vicinaux ordinaires, avoir fourni les contingents qui leur sont assignés dans les dépenses des chemins vicinaux de grande communication ou d'intérêt commun, et n'avoir reçu, pour l'entretien des chemins vici-

naux ordinaires, aucune subvention de l'État ou du département. Avec de semblables restrictions, la dérogation à la règle de la spécialité des ressources vicinales en faveur de la voirie rurale n'était pas appliquée dans beaucoup de localités. Il n'y avait qu'un nombre restreint de communes qui étaient en situation d'en profiter. Dans les autres communes, les centimes spéciaux et les prestations suffisaient à peine ou ne suffisaient pas pour couvrir les dépenses ordinaires de la vicinalité. De même que le législateur, la jurisprudence de l'administration était devenue moins rigoureuse envers les chemins ruraux. Elle reconnaissait que, sous l'empire de la loi du 21 juillet 1870, les communes pouvaient être autorisées à recourir, pour les travaux de la voirie rurale, à l'application de la loi du 3 mai 1841 et à la création de ressources extraordinaires. Mais depuis la promulgation de la loi du 21 juillet 1870, les communes, généralement, avaient été dans la nécessité de réserver les ressources de cette nature pour des dépenses plus urgentes ou plus utiles que celles de la voirie rurale.

La plupart des communes s'étaient trouvées, dès lors, dans l'impossibilité non seulement de défendre avec succès les chemins ruraux contre les empiétements des propriétaires riverains, mais encore d'en assurer l'entretien et l'amélioration. Aussi étaient-ils, sur presque tous les points de la France, soit usurpés ou interceptés, soit en très mauvais état ou impraticables. Les conseils généraux de beaucoup de départements avaient demandé instamment, à de nombreuses reprises, que le législateur remédiât à ces graves inconvénients. C'est ce qui a été fait par la loi du 20 août 1881.

CHAPITRE II

LÉGISLATION ACTUELLE

Sous-chapitre Ier. — **Définition des chemins ruraux. Propriété.** — **Des diverses catégories de chemins.**

Section Ire. — Définition.

L'article 1er de la loi du 20 août 1881 définit les chemins ruraux : les chemins *appartenant aux communes*, affectés *à l'usage du public* et qui n'ont pas été classés comme chemins vicinaux.

Cette définition empêche de les confondre soit avec les autres voies publiques, soit avec les chemins d'exploitation, propriétés privées soumises au droit commun et à quelques règles spéciales déterminées par une loi portant la même date que la loi sur les chemins ruraux. Celle-ci, d'ailleurs, n'admet pas, au point de vue du caractère légal, de distinction entre les chemins qui sont de simples sentiers et ceux dont la largeur comporte le pas-

sage des voitures. Tout chemin non vicinal qui est une propriété communale rentre dans la catégorie des chemins ruraux lorsqu'il est public.

Aux termes de l'article de la loi du 8 juin 1864, « les rues reconnues dans les formes légales être le *prolongement des chemins vicinaux* font partie intégrante de ces chemins et sont régies par les mêmes règles ».

Les rues *faisant suite aux chemins ruraux* ne peuvent être l'objet d'une reconnaissance analogue. Elles restent en dehors des règles édictées par la loi de 1881 (Cons. d'Ét. 7 déc. 1888, Sir. 90-3-68, D. p. 90-3-22). Il y a, parfois, doute sur le point de savoir si une voie publique communale est une rue ou un chemin rural. Le doute cesse lorsqu'il est établi que la voie a reçu formellement ou implicitement d'une décision de l'autorité compétente le caractère légal de rue. Dans le cas contraire, la voie ne peut tenir ce caractère que de l'usage qui le lui attribuerait d'après les circonstances locales, telles que celle de mettre en communication deux rues ou d'être bordée d'un certain nombre d'habitations. (Cass. ch. crim. 4 fév. 1825, Rouche; 13 juill. 1861, Chicard, D. p. 61-1-497; Cons. d'Ét. 16 avril 1886, D. p. 87-3-103, Sir. 88-3-6.)

L'affectation d'un chemin à l'usage du public consiste dans la faculté accordée ou laissée à chacun de s'en servir.

Aux termes de l'article 2, elle peut s'établir notamment par la destination du chemin, jointe, soit au fait d'une circulation générale et continue, soit à des actes réitérés de surveillance et de voirie de l'autorité municipale.

Cette destination ne saurait avoir d'autre but que de satisfaire à des intérêts généraux. Telle est la destination d'un chemin établi pour relier le chef-lieu de la commune à un ou plusieurs hameaux la composant; mettre en communication une voie vicinale avec une autre voie de même nature, une route, un chemin de fer, un canal; donner accès à l'église, au cimetière, à la mairie, à l'école, à une fontaine publique, à un abreuvoir communal, etc.

La circulation, concourant avec une pareille destination à constater l'affectation du chemin à l'usage du public, doit être générale et continue : *générale*, c'est-à-dire exercée par la généralité des habitants de la commune ou de l'une de ses sections; *continue*, c'est-à-dire avoir lieu d'une manière non accidentelle et ne permettant pas de supposer qu'elle est le résultat d'une pure tolérance.

Quant aux actes réitérés de surveillance et de voirie de l'autorité municipale qui peuvent être invoqués pour prouver la publicité d'un chemin, ce sont les actes ayant pour objet, par exemple, la poursuite de la répression des usurpations, la réglementation des alignements individuels, la délivrance de ces alignements, l'exécution des travaux d'entretien ou d'amélioration du chemin. (V. *infrà*.)

Section 2. — *Propriété.*

L'article 3 de la loi de 1881 décide que tout chemin *affecté à l'usage public* est présumé, jusqu'à preuve contraire, appartenir à la commune sur le territoire de laquelle il est situé.

Cette disposition met fin à la controverse qui existait sur ce point en doctrine (sens de l'affirmative: Flandin, *Rev. crit.*, t. XX, p. 202, et Pazé, *id.*, t. XXIII, p. 143; négative: Féraud-Giraud, t. Ier, p. 67); elle consacre la jurisprudence de la Cour de cassation. La présomption qu'elle crée est subordonnée aux conditions de publicité du chemin assurant des garanties suffisantes à la propriété privée. (Cass. 6 août 1888, Sir. 89-1-219; Lyon 30 oct. 1891, Pand. fr. 92-2-118.)

Encore que les cas dans lesquels la présomption pourra être invoquée soient rares, il n'est cepen-

dant pas impossible de les voir se produire. Supposons, par exemple, le fait de l'affectation au public étant manifeste, que le propriétaire qui revendique le chemin soutienne que la circulation du public n'est que le résultat d'une tolérance remontant à plusieurs années. En pareil cas, la commune a tout intérêt à invoquer la présomption établie par la loi du 20 août 1881; elle puise dans l'article 3 de cette loi le droit d'exiger de son adversaire la justification de son dire sans être tenue d'établir elle-même le caractère de la circulation.

Il convient d'ajouter que, pouvant être combattue par la preuve contraire, cette présomption prend rang parmi les présomptions *juris tantum*.

En résumé, dans les cas douteux, la balance doit justement pencher du côté de la commune, parce qu'elle éprouve infiniment plus de difficultés que les particuliers à établir ses droits et qu'elle est beaucoup moins bien armée qu'eux pour les défendre et pour repousser les attaques de l'intérêt privé. (Debaune, *Dictionnaire des travaux publics*, v° *Chemins ruraux*.)

Section 3. — *Des diverses catégories de chemins ruraux.*

La nouvelle loi admet deux classes de chemins ruraux : les chemins *reconnus* et les chemins *non reconnus*.

Sous-chapitre II. — Chemins ruraux reconnus.

Section 1re. — *Reconnaissance.*

§ 1er. — Formalités.

D'après l'article 4 de la loi de 1881, les chemins ruraux sont reconnus par des arrêtés que la commission départementale prend sur la proposition du préfet. Ces arrêtés doivent être précédés et suivis de formalités ayant pour but de sauvegarder les intérêts de la commune et des tiers.

D'abord, le conseil municipal est appelé à désigner, *sur la proposition du maire*[1], ceux des chemins ruraux qui lui paraissent devoir être l'objet d'un arrêté de reconnaissance. Il est procédé, ensuite, dans les formes de l'ordonnance du 23 août 1835, à une enquête sur un projet comprenant un tableau qui indique, à l'aide du nombre nécessaire de colonnes, non seulement le numéro d'ordre et le nom de chaque chemin, mais encore, d'après l'état des lieux, sa direction, c'est-à-dire le point d'où il part, les principaux points qu'il traverse, tels que les hameaux, les ruisseaux, etc., et le point auquel il aboutit; sa longueur sur le territoire de la commune et sa largeur sur les différentes parties de son parcours. Un plan d'ensemble des chemins doit être joint à ce tableau.

Le plan qui doit être annexé à l'état de reconnaissance et doit, avec cet état, servir de base à l'enquête prescrite par l'article 4 de la loi du 20 août 1881, comprendra le nombre nécessaire de

---

1. C'est au maire qu'il appartient de faire la proposition de reconnaissance et le conseil municipal ou ses membres ne peuvent pas individuellement prendre cette initiative.

feuilles ou de sections. Il sera coté et dressé suivant une échelle assez grande pour permettre d'y indiquer les détails ci-après, qui devront y être soigneusement consignés : longueurs partielles et totale de chaque chemin, différentes largeurs, détails de toutes les parcelles riveraines avec numéros du cadastre et noms des propriétaires, lignes d'opération se rattachant à des points de repère invariables.

Un croquis d'ensemble du territoire de la commune indiquant, par des lignes de différentes couleurs, les routes nationales et départementales, les chemins vicinaux de grande et de moyenne communication, les chemins vicinaux ordinaires et les chemins ruraux, sera joint, pour l'enquête, au plan parcellaire et à l'état de reconnaissance et sera soumis, avec ces documents, à la commission départementale [1].

Lorsque l'enquête est terminée, le conseil municipal délibère de nouveau, le maire et le sous-préfet donnent leur avis, les pièces de l'affaire sont transmises au préfet et celui-ci les soumet, avec ses propositions, à la commission départementale, qui prend, s'il y a lieu, un arrêté de reconnaissance.

En tête de cet arrêté, est placé un tableau auquel il se réfère. Ce tableau doit être semblable à celui qui a servi de base à l'enquête, sauf les retranchements que la commission aurait considérés comme nécessaires ou opportuns. Dans tous les cas, la loi exige qu'un plan des chemins reconnus y soit annexé.

Elle prescrit, de plus, d'afficher l'arrêté de relative à chaque riverain et de le notifier par voie administrative à chaque riverain, en ce qui concerne sa propriété [2].

Le tableau doit être affiché intégralement avec l'arrêté de reconnaissance. La notification individuelle faite à chaque riverain ne comprendra avec l'arrêté que la partie du tableau qui l'intéressera.

L'affichage du plan n'est pas indispensable; mais lorsqu'il n'y sera pas procédé, l'affiche de l'arrêté devra faire connaître que chacun pourra consulter le plan à la mairie.

C'est ce que prescrit en ces termes l'article 2 du règlement de 1883 :

« Lorsque, après la décision de la commission départementale, le plan parcellaire qu'elle aura visé ne sera pas affiché en même temps que l'état annexé à l'arrêté de reconnaissance, l'affiche de l'arrêté portera que le plan est déposé à la mairie, où chacun pourra le consulter. »

La commission départementale n'est pas obligée de reconnaître un chemin rural par cela seul que la commune en demande la reconnaissance. D'un autre côté, il lui appartiendrait de reconnaître un chemin si elle jugeait la mesure utile ou opportune, lors même que le conseil municipal considérerait le chemin comme ne devant pas être reconnu. Mais elle ne doit jamais prononcer la reconnaissance d'un chemin sans que le conseil municipal ait été consulté et sans l'accomplissement des autres formalités préalables édictées par la loi. (Cons. d'Ét. 15 mai 1891, Leb. chr., p. 389; 24 juin 1892, Leb. chr., p. 564.) Elle devrait, en outre, surseoir à statuer à l'égard des chemins dont la propriété serait revendiquée, si utile ou opportune que lui parût leur reconnaissance. (Cons. d'Ét. 9 nov. 1888, Leb. chr., p. 803; 17 mai 1889, Leb. chr., p. 598 et 1155; 15 mai 1891, Leb. chr., p. 388.)

§ 2. — Voies de recours.

1. Recours au conseil général.

Les voies de recours dont peuvent être l'objet les décisions de la commission départementale en cette matière sont les mêmes que celles admises contre ses décisions concernant les chemins vicinaux ordinaires, par l'article 88 de la loi du 10 août 1871. Il appartient, dès lors, au préfet, ainsi qu'au conseil municipal ou à toute autre partie intéressée, de déférer les décisions de la commission départementale sur les chemins ruraux au *conseil général*, pour cause d'inopportunité ou fausse appréciation des faits. (Cons. d'Ét. 18 nov. 1892, Bardou, Leb. chr., p. 769; 27 nov. 1887, Mouliade; 26 juin 1891, d'Herbonez, Leb. chr., p. 490). Ce recours doit être notifié au président de la commission dans le délai d'un mois à partir de la communication de la décision. Le conseil général statue définitivement dans sa prochaine session.

2. Recours au Conseil d'État.

Le préfet a, en outre, comme toute partie intéressée, la faculté d'attaquer les décisions de la commission devant le Conseil d'État au contentieux pour *excès de pouvoirs, violation d'une loi ou d'un règlement d'administration publique* [1]. Le recours au Conseil d'État doit avoir lieu, sous peine de déchéance, dans les *deux mois* qui suivent la communication de la décision attaquée. Il peut être formé *sans frais*, c'est-à-dire sans constituer avocat. (Cons. d'Ét. 15 mai 1891, Cossé, Leb. chr., p. 388.) Il est *suspensif* dans tous les cas.

§ 3. — Effets de l'arrêté.

Prise de possession.

L'arrêté de reconnaissance produit un premier effet important : il vaut *prise de possession* des chemins par la commune. Cette possession ne peut

---

1. Pour la rédaction de l'état de reconnaissance et de la décision de la commission départementale, voir les modèles qui se trouvent à la suite du règlement de 1883.
2. Pour être valable, la notification doit être faite au propriétaire et non à un tiers qui ne le représenterait pas régulièrement. (Nancy 23 déc. 1893, D. p. 94-2-408.)

1. Mais le Conseil d'État ne pourrait connaître d'un recours simplement contentieux, c'est-à-dire fondé sur l'inopportunité de la mesure ou l'inexacte appréciation des faits. (Cons. d'Ét. 28 mai 1886, Leb. chr., p. 457; 23 mai 1890, Leb. chr., p. 525; 3 mai 1895; Leb. chr., p. 369.)

Les décisions rendues par le conseil général, statuant en appel sur les délibérations de la commission départementale, ne peuvent, elles non plus, être attaquées devant le Conseil d'État pour inopportunité ou fausse appréciation des faits; elles ne seraient susceptibles de recours que pour excès de pouvoir, vice de forme, etc. (Cons. d'Ét. 20 juin 1884, Leb. chr., p. 492; 26 juin 1891, Leb. chr., p. 490, D. p. 92-3-116; 18 nov. 1892, Leb. chr., p. 769.)

être contestée que dans l'année qui suit la notification de l'arrêté [1]. Elle est inattaquable après l'expiration de ce délai. Elle ne saurait, d'ailleurs, empêcher la commune de se prévaloir d'une possession antérieure acquise conformément à l'article 23 du Code de procédure civile. (V. L. 20 août 1881, art. 5.)

Les décisions produisent également des effets au point de vue de l'imprescriptibilité du sol des chemins et de la compétence relative aux contestations élevées sur la propriété ou la possession.

Nous allons examiner immédiatement ces effets qui ont pour but d'assurer la conservation du chemin.

Section 2. — Conservation.

§ 1er. — Imprescriptibilité.

Le second avantage très considérable, conféré par la reconnaissance aux chemins ruraux qui en sont l'objet, est, avons-nous dit, l'imprescriptibilité. Les chemins ruraux reconnus sont aujourd'hui protégés contre les usurpations aussi efficacement que les autres voies publiques d'un ordre supérieur [2]. Les chemins non reconnus restent, au contraire, prescriptibles contre les communes. (Cass. 10 nov. 1886, D. p. 87-1-209.) Les maires doivent donc veiller à ce que les empiétements commis sur les divers chemins ruraux soient promptement réprimés. Ce devoir leur incombe aujourd'hui d'une manière plus rigoureuse à l'égard des voies que les propriétaires riverains peuvent encore acquérir par prescription.

De son côté, la commune peut prescrire la propriété d'un chemin privé et le transformer en chemin public. Pour cela la loi de 1881 exige deux conditions : 1° la circulation générale et continue des habitants dans un intérêt public; 2° des actes d'entretien du chemin par la commune. (Trib. civ. Saint-Étienne 5 nov. 1888, Bull. int. 1888, p. 282.)

La prescription est acquise par 30 ans. (Trib. Loudun 18 janv. 1884, Bull. int. 1884, p. 51.)

§ 2. — Contestations.

Les contestations élevées par toute partie intéressée sur *la propriété ou la possession* soit totale, soit partielle, des chemins ruraux sont jugées par les tribunaux ordinaires, c'est-à-dire par les juges de paix au possessoire et les tribunaux civils au pétitoire, sauf les recours de droit (L. 1881, art. 7 ;

Req. 6 mars 1883, D. p. 83-1-265 ; Nancy 23 déc. 1893, D. p. 94-2-408). Cette disposition n'est que la consécration des principes fondamentaux de la compétence. (Féraud-Giraud, *loc. cit.*)

Depuis que l'article 4 de la loi du 20 août 1881 a attribué à la commission départementale le pouvoir de reconnaître ou classer les chemins, c'est à cette commission qu'il appartient d'*interpréter les arrêtés de reconnaissance ou de classement* émanés, soit du préfet antérieurement à la loi de 1881, soit de cette commission postérieurement à la même loi.

§ 3. — Gestion. — Entretien.

1. Police.

Le chef de l'État est ordinairement chargé de faire les règlements nécessaires pour compléter les lois et en assurer l'exécution. Toutefois, le législateur ne lui a pas laissé cette mission en ce qui touche la loi du 21 mai 1836 sur les chemins vicinaux. Il a cru devoir la confier aux préfets, parce que la voirie vicinale exige des règles de détail variant selon les localités, les diverses circonstances, et dont le besoin est mieux apprécié par les autorités qui le constatent directement. C'est par une semblable considération que, pour l'exécution de la loi du 20 août 1881 relative à la voirie rurale, le préfet a été appelé, aux termes de l'article 8, à édicter un règlement général sur les chemins ruraux reconnus. Ce règlement, comme celui sur les chemins vicinaux, doit, aux termes de la loi, pour toute formalité, être communiqué au conseil général du département et soumis avec ses observations à l'approbation du ministre.

Malheureusement, l'expérience a démontré que la latitude laissée aux préfets ne pouvait être absolue, en raison des inconvénients que présentait l'adoption, dans des départements limitrophes, de textes complètement dissemblables. Certains règlements reproduisaient presque intégralement les dispositions applicables en matière de chemins vicinaux, malgré les différences notables qui distinguent ces chemins des chemins ruraux ; d'autres, au contraire, s'inspiraient des décisions de la jurisprudence que l'on avait, pour ainsi dire, codifiées et réunies en un corps de doctrine.

En vue d'obvier à ces inconvénients, une circulaire du ministre de l'intérieur, en date du 3 janvier 1883, a transmis aux préfets un modèle de règlement général dont il doit être tenu compte dans la mesure du possible. Nous en parlerons plus loin.

L'article 9 de la loi de 1881 charge l'autorité municipale de la police et de la conservation des chemins ruraux. Il consacre une attribution qui appartenait déjà aux maires (LL. 16-24 août 1790, tit. XI, art. 3 ; 18 juill. 1837, art. 10 et 11). Il leur permet de réglementer non seulement les objets de police concernant les chemins ruraux non reconnus, mais encore ceux relatifs aux chemins reconnus lorsqu'ils ne l'ont pas été par le préfet en vertu de l'article 8 de la nouvelle loi. Les maires

---

1. La notification de l'arrêté de reconnaissance ne transforme pas, comme l'arrêté de classement d'un chemin vicinal (L. 21 mai 1836, art. 15), tous les droits de propriété ou de possession en un simple droit à indemnité. L'arrêté de reconnaissance constitue seulement, suivant l'expression du rapporteur à la Chambre des députés, un acte matériel de possession, une voie de fait. (Req. 29 juin 1891, D. p. 92-1-270.) Contre cet acte, le particulier qui se croit lésé a le droit de protester par tous les moyens du droit commun, notamment *pendant une année* en contestant la possession. L'action en complainte de la part du particulier, *jusque-là en possession*, serait donc admissible. (Cass. 15 avril 1891, Sir. 91-1-125, D. p. 90-1-442; Trib. civ. Andelys 23 déc. 1890, Pand. fr. 92-2-98.)

2. Avant la loi de 1881, les chemins ruraux étaient assimilés aux propriétés ordinaires de la commune et ne faisaient pas partie du domaine public. (Trib. confl. 29 juill. 1882, Sir. 84-3-51.)

exercent cette attribution sous le contrôle du préfet, et conformément à l'article 91 de la loi du 5 avril 1884. Les infractions aux arrêtés qu'ils prennent tombent sous l'application de l'article 471 du Code pénal. Enfin, les tribunaux de simple police sont seuls compétents, sauf le recours de droit, pour connaître de ces infractions et des usurpations ou des détériorations commises sur les divers chemins dans les cas prévus par l'article 479 (nos 11 et 12) du même Code.

2. Entretien.

Aux termes de l'article 10 de la loi du 20 août 1881, l'autorité municipale pourvoit à l'entretien des chemins ruraux reconnus, dans la mesure des ressources dont elle peut disposer.

En cas d'insuffisance des ressources ordinaires, les communes sont autorisées à pourvoir aux dépenses des chemins ruraux reconnus à l'aide soit d'une journée de prestation, soit de centimes extraordinaires en addition au principal des quatre contributions directes.

Enfin, on doit ajouter aux ressources dont les communes peuvent faire emploi : 1° les subventions spéciales ; 2° les souscriptions particulières ou provenant d'associations ; 3° les produits des emprunts ; 4° les produits de la vente des délaissés d'anciens chemins.

Ajoutons que les dispositions spéciales de la loi du 20 août 1881 ne paraissent pas devoir empêcher les communes d'agir, si leurs intérêts paraissent les y engager, de préférence par les moyens que leur assure la loi du 22 mars 1890 relative aux syndicats de communes.

De plus, il faut remarquer que le préfet n'a pas le droit d'imposer d'office la commune. L'article 10 énonce une *faculté* dont elle peut user ou non, à son gré, sans qu'elle puisse y être obligée.

Sous l'empire de la loi du 20 août 1881, les communes ont-elles le droit d'affecter à l'entretien ou à l'amélioration des chemins ruraux *non reconnus* les ressources dont elles disposent ?

D'après l'esprit sinon le texte de cette loi, les communes ne peuvent être autorisées à affecter aux dépenses des chemins ruraux non reconnus que leurs revenus ordinaires et l'excédent de prestations prévu par la loi du 21 juillet 1870, lorsqu'elles pourvoient à toutes les dépenses, non seulement des chemins vicinaux et des chemins ruraux reconnus, mais encore des autres services municipaux ayant un caractère obligatoire. Il serait d'ailleurs, en règle générale, d'une bonne administration communale de n'employer les ressources quelconques d'une commune sur un chemin rural qu'après la reconnaissance de ce chemin. Il ne devrait en être autrement que dans des cas rares et exceptionnels, où la nécessité d'exécuter des travaux urgents ne permettrait pas d'attendre l'accomplissement des formalités de la reconnaissance.

A) *Centimes extraordinaires.* — L'article 141 de la loi du 5 avril 1884 donne, comme l'article 10 de la loi de 1881, le droit au conseil municipal de voter trois centimes pour les chemins ruraux reconnus. Mais il supprime la distinction qui existait antérieurement entre les délibérations pour lesquelles le maire était d'accord avec le conseil municipal et celles pour lesquelles cet accord n'existait pas.

Aujourd'hui il appartient donc au conseil municipal de voter, *sans approbation* de l'autorité supérieure les trois centimes extraordinaires exclusivement affectés aux chemins reconnus.

L'article 10 de la loi du 20 août 1881 portait, d'autre part, que les dispositions des articles 5 et 7 de la loi du 24 juillet 1867 étaient applicables lorsque l'imposition extraordinaire *excédait* trois centimes. Ces dispositions sont également aujourd'hui remplacées par celles des articles 142 et 143 de la loi du 5 avril 1884. Sous l'empire de la loi municipale du 5 avril 1884, les contributions extraordinaires qui dépassent *cinq centimes* sans excéder le maximum fixé par le conseil général et dont la durée, excédant cinq ans, n'est pas supérieure à trente ans, ne sont votées par les conseils municipaux qu'après approbation du préfet. La contribution extraordinaire dépassant le maximum fixé par le conseil général doit être autorisée par un décret ; le décret doit être rendu en Conseil d'État, si la contribution est établie pour une durée de plus de trente ans.

B) *Prestations.* — Il faut remarquer tout d'abord que la loi n'autorise pas le conseil municipal à voter concurremment pour les dépenses des chemins ruraux reconnus une journée de prestation et des centimes extraordinaires ; elle lui confère seulement le pouvoir de choisir entre ces deux genres de ressources.

Les individus, les animaux, les véhicules passibles de la journée de prestation sont les mêmes que ceux assujettis aux prestations imposées en vertu de la loi du 21 mai 1836 (V. *suprà*). La matrice servant à dresser le rôle de ces dernières prestations sera employée, dès lors, à la rédaction du rôle des contribuables soumis à la journée à réclamer en faveur des chemins ruraux reconnus. Ce rôle doit être dressé par les mêmes agents, rendu exécutoire et recouvré dans les mêmes formes que le rôle des prestations concernant la voirie vicinale.

Voici d'ailleurs les règles que trace à cet égard l'arrêté ministériel du 3 janvier 1883.

L'état-matrice des contribuables soumis à la prestation vicinale servira à la rédaction du rôle des contribuables soumis à la journée de prestation votée en faveur des chemins ruraux reconnus. (Règl. 1883, art. 3.)

Le rôle, préparé, arrêté et certifié par le directeur des contributions directes, présentera les mêmes dispositions que celui concernant les prestations des chemins vicinaux. Le détail d'évaluation de chaque espèce de journée résultera de l'application du tarif adopté par le conseil général pour la vicinalité.

Il sera rendu exécutoire par le préfet.

Si un rôle supplémentaire est reconnu nécessaire, il sera dressé de la même manière que le rôle primitif (art. 4).

Indépendamment du rôle, le directeur des contributions directes préparera les avertissements aux contribuables.

Ces avertissements comprendront tous les détails portés au rôle ; ils indiqueront la date de la délibération du conseil municipal, ainsi que celle de la décision rendant le rôle exécutoire, et contiendront une mise en demeure aux contribuables de déclarer, dans le délai d'un mois à dater de la publication du rôle, s'ils entendent se libérer en nature, avec avis qu'à défaut de déclaration leur cote sera de droit exigible en argent (art. 5).

Au fur et à mesure de leur rédaction, et de manière que la publication du rôle ait lieu au plus tard le 1er novembre, le directeur transmettra le rôle et les avertissements au préfet, qui les fera parvenir, par l'intermédiaire du trésorier-payeur général, au receveur municipal.

Ce dernier remettra immédiatement le rôle au maire de la commune, qui devra en faire la publication à l'époque fixée à l'article précédent et dans les formes prescrites pour les rôles des contributions directes. Aussitôt après cette publication, qui sera certifiée par le maire sur le rôle même, le receveur municipal fera parvenir sans frais les avertissements aux contribuables (art. 6).

Si le maire négligeait ou refusait de faire la publication du rôle, ainsi que de recevoir les déclarations d'option dont il va être parlé, le préfet y ferait procéder par un délégué spécial, en vertu de l'article 15 de la loi du 18 juillet 1837 [1] (art. 7).

Les déclarations d'option seront reçues par le maire et inscrites immédiatement, et à leur date, sur un registre spécial ; elles seront constatées, soit par la signature du déclarant, soit par une croix apposée par lui en présence de deux témoins, soit par l'annexion au registre du bulletin d'option rempli, daté, signé par le contribuable et envoyé au maire après avoir été détaché de la feuille d'avertissement.

A défaut de l'accomplissement de ces formalités, la cote sera exigible en argent (art. 8).

A l'expiration du délai d'un mois fixé par l'article 5, le registre des déclarations sera clos par le maire, puis transmis au receveur municipal, qui le vérifiera et en annotera les indications dans une colonne spéciale du rôle (art. 9).

Dans la quinzaine qui suivra, le receveur municipal dressera et enverra au préfet, pour être transmis au maire, un extrait du rôle comprenant, suivant l'ordre des articles, le nom de chacun des contribuables qui aura déclaré vouloir s'acquitter en nature, ainsi que le nombre des journées d'hommes, d'animaux et de charrois qu'il devra exécuter, et le montant total de sa cote.

Cet extrait du rôle sera totalisé et certifié exact par le receveur municipal ; il comportera le résumé des cotes inscrites au rôle et l'indication du total des cotes exigibles en argent par suite de non-déclaration d'option.

Le receveur municipal joindra à cet extrait un état comprenant, pour chacune des communes de sa perception, le montant total du rôle et sa division en nature et en argent, d'après les déclarations d'option (art. 10).

Il sera alloué au directeur des contributions directes trois centimes et demi par article pour la rédaction des rôles de prestation, l'expédition des avertissements et la fourniture des imprimés nécessaires pour ces pièces.

Les remises seront acquittées sur les ressources communales, et leur montant sera centralisé à la caisse du trésorier-payeur général, au compte des cotisations municipales (art. 11).

C) *Subventions spéciales.* — L'article 14 de la loi du 21 mai 1836 donne aux communes le droit d'imposer des subventions spéciales pour réparer les dégradations extraordinaires que les exploitations de mines, de carrières, de forêts ou d'entreprises industrielles causent aux chemins vicinaux entretenus à l'état de viabilité.

La loi du 20 août 1881 (art. 11) édicte des dispositions semblables en faveur des chemins ruraux reconnus. Ces dispositions sont pleinement justifiées. En effet, les propriétaires de mines, de carrières, de forêts et d'établissements industriels faisant un usage exceptionnel des chemins ruraux reconnus doivent subir les conséquences de cet usage. D'un autre côté, si une pareille obligation, imposée dans l'intérêt des chemins vicinaux, n'existait pas également en faveur des chemins ruraux reconnus, tous les transports susceptibles d'occasionner des dégradations extraordinaires s'effectueraient de préférence sur ces derniers chemins. Ils les rendraient souvent impraticables, sans qu'on pût les réparer faute de ressources, après les avoir construits ou améliorés dans des conditions suffisantes pour la circulation habituelle. Les sacrifices qui auraient pesé sur la généralité des habitants pour les dépenses de cette nature ne profiteraient presque jamais qu'à un petit nombre de particuliers.

En principe, c'est au maire de la commune sur le territoire de laquelle est situé le chemin rural reconnu, dégradé extraordinairement, qu'il appartient de réclamer la subvention spéciale due à raison des dégradations. Mais lorsque le chemin reconnu est entretenu à l'état de viabilité par un syndicat organisé conformément aux articles 19 et suivants de la loi de 1881, la demande de subvention pour les dégradations extraordinaires causées à ce chemin peut être formée par le syndicat.

L'abonnement ayant pour objet de régler amiablement les subventions qui sont dues au moment où l'abonnement intervient ou qui peuvent être dues ultérieurement pour un certain laps de temps, est, en règle générale, consenti par le maire avec l'autorisation du conseil municipal. Le syndicat a également la faculté de consentir l'abonnement

---

1. Aujourd'hui de la loi du 5 avril 1884.

dans le cas où il a le droit de réclamer la subvention. Dans l'une ou l'autre hypothèse, l'abonnement doit être soumis à l'approbation de la commission départementale.

Sur les autres points, l'article 11 de la loi du 20 août 1881 est appliqué comme l'article 14 de la loi du 21 mai 1836. (V. *suprà* et art. 14 et 15 ; L. 22 juill. 1889 pour la nomination des experts.)

D) *Souscriptions.* — Les propriétaires intéressés s'imposent parfois des sacrifices consistant en terrains, en travaux ou en argent pour l'établissement, l'entretien ou l'amélioration des chemins ruraux, à raison des avantages particuliers que la nouvelle loi assure à ces chemins.

D'après l'article 12, les sacrifices de cette nature, que l'on désigne ordinairement sous le nom de *souscriptions volontaires*, doivent être acceptés par le maire. Il n'y a pas à distinguer, à leur égard, si le chemin en vue duquel les souscriptions sont consenties, est reconnu ou non. L'acceptation, sous l'empire de la loi de 1837, devait être autorisée ou approuvée par le conseil municipal et le préfet (L. 18 juill. 1837, art. 19 et 20 ; Décr. 25 mars 1852, art. 1er, tab. A) ; il nous semble que le texte de la loi du 5 avril 1884 ne rend plus obligatoire l'approbation préfectorale. (Fuzier-Hermann, vo *Chemins ruraux*, no 74. *Contrà* : Naudier, no 52.)

Si cette approbation était encore nécessaire, le maire dresserait l'état des souscriptions. Le préfet le rendrait exécutoire. Les souscriptions consistant en journées de prestation seraient, après mise en demeure restée sans effet, converties en argent suivant le tarif adopté pour les prestations de la vicinalité.

Quant aux difficultés qui s'élèvent au sujet des souscriptions comprenant à la fois des sommes d'argent, des prestations et des terrains, ou ressources soit à deux, soit à une seule de ces ressources, elles doivent, à défaut d'arrangement amiable, être soumises au conseil de préfecture, sauf recours au Conseil d'État.

Les tribunaux civils sont, au contraire, compétents si la question soulevée est de pur droit commun, par exemple s'il s'agit de savoir si la personne qui a fait la promesse est, ou non, capable au moment de la pollicitation. (Féraud-Giraud, t. II, p. 56.)

E) *Emprunts.* (V. *Organisation communale*.)

F) *Produits de la vente des délaissés.* (V. *infrà* à *Suppression et aliénation*, sect. 4.)

§ 4. — Exécution des travaux.

Les travaux des chemins ruraux sont effectués sous l'autorité du maire, chargé d'assurer, de surveiller et de constater leur bonne exécution.

Tous les agents employés au service de ces chemins sont sous ses ordres. (Règl. 1883, art. 12.)

1. Prestations en nature.

Les travaux de prestations sont exécutés du 1er mars au 15 novembre.

S'il devenait nécessaire de changer ces époques,

les modifications feraient l'objet d'un arrêté spécial du préfet, rendu sur la demande du maire et l'avis du conseil municipal.

Les prestations doivent être effectuées dans l'année pour laquelle elles ont été votées.

Les fermiers ou colons, qui, par suite de fin de bail, devraient quitter la commune avant l'époque fixée pour l'emploi des prestations, peuvent être admis à effectuer leurs travaux avant leur départ (Règl. 1883, art. 13).

A) *Prestations à la journée.* — La durée du travail des prestataires, des bêtes de somme et de trait est fixée au minimum de dix heures par jour, non compris les heures de repas et de repos.

Lorsque les prestataires sont appelés hors des limites de la commune à laquelle ils appartiennent et à plus de 4 kilomètres, le temps employé, à l'aller et au retour, pour parcourir les distances excédant la limite fixée, est compté comme passé à l'atelier (Règl. 1883, art. 14).

Le maire détermine :

1o La répartition des travailleurs entre chaque chemin ;

2o Les jours d'ouverture et de clôture des travaux de prestation pour chaque chantier.

Il dresse pour chaque chemin un état indiquant les prestataires qui y sont appelés et les travaux qui leur sont demandés (art. 15).

Cinq jours au moins avant l'époque fixée pour l'ouverture des travaux, le maire fait remettre à chaque contribuable soumis à la prestation un bulletin signé de lui, portant réquisition de se rendre, muni des outils indiqués, tel jour et à telle heure sur tel chemin (art. 16).

Lorsqu'un prestataire est empêché, par maladie ou tout autre motif grave, de se rendre sur le chantier, il doit le faire connaître au moins dans les vingt-quatre heures qui précèdent le jour fixé pour l'exécution des travaux.

En ce cas, le maire remet la prestation à une autre époque, qui est fixée d'après la nature de l'empêchement (art. 17).

Le maire désigne pour la surveillance spéciale des travailleurs sur chaque chantier une personne présentant des garanties suffisantes (art. 18).

L'état d'indication des travaux à faire et des prestataires convoqués est remis au surveillant, qui fait l'appel de ces prestataires sur le lieu indiqué dans le bulletin de réquisition, marque leur absence et tient note de l'emploi des journées effectuées (art. 19).

Chaque prestataire doit porter sur l'atelier les outils qui lui ont été indiqués dans le bulletin de réquisition.

Les bêtes de somme et les bêtes de trait sont garnies de leurs harnais ; les voitures sont attelées et accompagnées d'un conducteur. (V. la note *suprà*.)

Ce conducteur n'est astreint à travailler avec les autres ouvriers commis au chargement qu'autant que le propriétaire de la voiture est imposé pour des journées d'homme. Dans ce cas, seulement, la journée du conducteur est comptée en acquit de celles à fournir par le propriétaire (art. 20).

Les prestataires peuvent se faire remplacer, pour leur personne et celles des membres de leur famille, par des ouvriers à leurs gages.

Les remplaçants seront valides, âgés de dix-huit ans au moins et de soixante ans au plus. Ils devront être agréés par le surveillant des travaux, sauf appel au maire de la commune.

Les prestataires en nom restent responsables du travail de leurs remplaçants (art. 21).

Le prestataire doit fournir la journée de prestation tout entière et sans interruption, sauf les cas exceptionnels autorisés par le maire.

Si le mauvais temps exige la fermeture du chantier, il n'est tenu compte que des journées ou fractions de journées effectuées, et les contribuables sont tenus de compléter plus tard leurs prestations (art. 22).

La journée de prestation n'est réputée acquittée que si le surveillant reconnaît qu'elle a été convenablement employée. Dans le cas contraire, il n'est tenu compte au prestataire que de la fraction de journée répondant au temps pendant lequel il a travaillé.

Le surveillant indique, à la fin de chaque jour, au dos du bulletin de réquisition, le nombre et l'espèce de journées ou de fractions de journées dont le prestataire doit être acquitté. Il certifie en même temps cet acquit dans la colonne d'émargement de l'état d'indication qui lui a été remis.

Les difficultés qui pourraient s'élever sont résolues par le maire, sauf recours devant l'autorité compétente (Règl. 1883, art. 23).

Lorsque les prestations sont terminées, le surveillant remet l'état d'indication émargé au maire, qui fait la réception des travaux, en inscrit le décompte sur la dernière page de l'état d'indication et envoie l'extrait de rôle, après l'avoir émargé, au receveur municipal, chargé d'opérer ensuite le recouvrement des journées ou portions de journées restant dues (art. 24).

B) *Prestations à la tâche.* — Lorsque le conseil municipal d'une commune a adopté un tarif pour la conversion des journées de prestation en tâches, le maire décide si ce tarif sera appliqué à tout ou partie des travaux de prestation.

Le maire fixe les délais d'exécution des travaux et la répartition des tâches à faire sur chaque chemin par les prestataires. Il dresse les états d'indication des travaux à effectuer par chaque prestataire (art. 25).

Le maire adresse à chaque contribuable soumis à la prestation en tâches un bulletin de réquisition indiquant les travaux à effectuer ou les matériaux à fournir, ainsi que le délai dans lequel ces tâches doivent être exécutées. Le détail et l'emplacement des travaux à faire doivent être inscrits sur le bulletin et indiqués sur le terrain par les soins du maire ou de l'agent préposé à cet effet (art. 26).

La réception des travaux en tâches est faite par le maire, soit au fur et à mesure de l'avancement des travaux, soit à l'expiration du délai fixé pour leur achèvement. Le prestataire est convoqué pour cette réception. Il n'est complètement libéré que si les travaux satisfont, pour la quantité et la qualité, aux conditions du tarif de conversion en tâches. Dans le cas contraire, sa cote n'est acquittée que pour la valeur des travaux effectués. La retenue à faire pour mettre les travaux en état de réception est déterminée par le maire, sauf recours devant l'autorité compétente.

Le maire, après avoir inscrit sur la dernière page des états d'indication le décompte résumé des travaux effectués, émarge les cotes ou parties de cotes acquittées sur l'extrait de rôle et l'envoie au receveur municipal, chargé d'opérer ensuite le recouvrement des cotes ou parties de cotes restant dues (art. 27).

2. Travaux à prix d'argent.

A) *Dispositions générales.* — Les travaux à prix d'argent sont exécutés par voie d'adjudication.

Toutefois, il peut être traité de gré à gré, sur série de prix ou à forfait, avec l'autorisation du préfet :

1° Pour les ouvrages et fournitures dont la dépense n'excéderait pas 3,000 fr. ;

2° Pour ceux dont l'exécution ne comporterait pas les délais d'une adjudication ;

3° Pour ceux qui, par leur nature ou leur spécialité, exigeraient des conditions particulières d'aptitude de la part de l'entrepreneur ;

4° Enfin, pour ceux dont la mise en adjudication n'aurait pas abouti, comme il est expliqué ci-après.

Les travaux peuvent aussi, sur l'avis favorable du conseil municipal, avec l'autorisation du préfet, être effectués par voie de régie, soit en cas d'urgence, soit lorsque les autres modes d'exécution ont été reconnus impossibles ou moins avantageux. L'autorisation du préfet n'est pas nécessaire toutes les fois que la dépense en argent ne dépasse pas 300 fr. (Règl. 1883, art. 28).

Les projets se composent, suivant l'importance et la nature des travaux à effectuer, des pièces indiquées au programme annexé à l'instruction générale sur les chemins vicinaux (art. 29). [V. *suprà.*]

Les devis ou cahiers des charges des adjudications et des marchés de gré à gré doivent toujours contenir la condition que les soumissionnaires sont assujettis aux clauses et conditions générales imposées aux entrepreneurs de travaux des chemins vicinaux (art. 30).

B) *Formes à suivre pour les adjudications.* — Les adjudications sont passées soit dans la commune de la situation des travaux, soit au chef-lieu de canton ou à la sous-préfecture. Le bureau se compose du maire, président, et de deux conseillers municipaux. Le receveur municipal assiste à ces adjudications.

L'absence des personnes ci-dessus désignées, autres que le président, et dûment convoquées, n'empêche pas l'adjudication (Règl. 1883, art. 31).

Les adjudications sont annoncées au moins vingt jours à l'avance, par des affiches placardées tant au chef-lieu du département que dans les principales communes de l'arrondissement et dans celles où sont situés les travaux. Elles peuvent être portées à la connaissance des entrepreneurs par tous les mêmes moyens de publicité.

Les affiches indiquent sommairement :

Le lieu, le jour, l'heure et le mode fixés pour l'adjudication et le dépôt des soumissions ;

Le fonctionnaire chargé d'y procéder ;

La nature des travaux, le montant de la dépense prévue et du cautionnement à fournir, le lieu où l'on peu prendre connaissance des pièces du projet ;

Enfin, le modèle des soumissions.

Dans le cas d'urgence, le délai de vingt jours ci-dessus indiqué pourra être réduit par le préfet, sans jamais être inférieur à dix jours (art. 32).

Les adjudications se font au rabais et sur soumissions cachetées ; le rabais s'applique, non au montant total du devis, mais au prix de la série servant de base aux évaluations. Dans le cas où il serait nécessaire de fixer préalablement un minimum de rabais, ce minimum est déterminé par le président, sur l'avis du bureau, et déposé, sous enveloppe cachetée, sur le bureau, à l'ouverture de la séance (art. 33).

Les soumissions sont toujours placées seules dans une enveloppe cachetée portant la désignation des travaux et le nom de l'entrepreneur. Cette première enveloppe forme, avec les certificats de capacité, s'ils sont exigés, et les pièces constatant le versement du cautionnement ou un engagement valable de le fournir, un paquet également cacheté portant aussi la désignation des travaux.

Tous les paquets déposés par les concurrents sont rangés sur le bureau par le président et reçoivent un numéro d'ordre (art. 34).

À l'instant fixé par l'affiche, le premier cachet de chaque paquet est rompu publiquement, et il est dressé un état des pièces qui s'y trouvent renfermées. Le public et les concurrents se retirent de la salle d'adjudication, et le bureau, après avoir pris l'avis du comptable présent, arrête la liste des concurrents agréés. En cas de partage dans le vote du bureau, la voix du président est prépondérante ; il en est de même pour toutes les questions qui pourraient être soulevées pendant l'adjudication (art. 35).

Immédiatement après, la séance redevient publique, et le président fait connaître les concurrents agréés. Les soumissions présentées par ces derniers sont ouvertes publiquement. Toute soumission non conforme au modèle indiqué par les affiches est déclarée nulle.

Les concurrents qui ne sauraient pas écrire peuvent faire signer leur soumission par un fondé de procuration verbale, sous la condition de le déclarer, avant l'ouverture de leur soumission, au président (art. 36).

Le concurrent qui a fait l'offre d'exécuter les travaux aux conditions les plus avantageuses est déclaré adjudicataire, si son rabais remplit les conditions de minimum fixé conformément à l'article 32 et si, à défaut de la fixation de ce minimum, sa soumission ne comporte pas d'augmentation sur les prix prévus.

Dans le cas où le rabais le plus avantageux serait offert par plusieurs concurrents, il est procédé, séance tenante, entre ceux-ci, à une nouvelle adjudication sur soumissions cachetées. Les rabais de la nouvelle adjudication ne peuvent être inférieurs à ceux de la première.

Si les concurrents maintiennent les rabais primitifs, le bureau désigne celui des concurrents qui doit être déclaré adjudicataire (art. 37).

Il est dressé, pour chaque adjudication, un procès-verbal qui relate toutes les circonstances de l'opération (art. 38).

Les adjudications ne sont définitives qu'après l'approbation du préfet.

Dans les vingt jours de la date de cette approbation, la minute du procès-verbal est soumise à l'enregistrement. Il ne peut en être délivré ni expédition, ni extrait, qu'après l'accomplissement de cette formalité (art. 39).

Le cautionnement à fournir par les adjudicataires est versé à la caisse du receveur municipal (art. 40).

Les adjudicataires paient les frais de timbre et d'enregistrement des procès-verbaux d'adjudication, ceux d'expédition sur papier timbré des devis et cahier des charges dont il leur est fait remise, ainsi que ceux d'affiches et autres publications, s'il y a lieu. Il ne peut être rien exigé d'eux au delà de ces frais (art. 41).

Après une tentative infructueuse d'adjudication, les travaux peuvent, avec l'autorisation du préfet, donner lieu à un marché de gré à gré, lorsqu'on trouve un soumissionnaire s'engageant à les exécuter sans augmentation de prix, aux conditions du devis et du cahier des charges.

Mais si, à défaut de cette soumission, on reconnaît la nécessité d'augmenter certains prix et de modifier les conditions du cahier des charges, il est procédé à une nouvelle tentative d'adjudication, après avoir opéré sur les pièces du projet les changements adoptés.

Dans le cas où cette seconde tentative serait infructueuse, on peut recourir à un marché de gré à gré pour l'ensemble du projet, ou bien à plusieurs marchés distincts, en scindant les travaux soit en lots moins importants, soit selon leur nature.

Le préfet peut aussi autoriser l'exécution par voie de régie, après la seconde tentative infructueuse d'adjudication (art. 42).

C) *Marchés de gré à gré.* — Lorsqu'il y a lieu de faire exécuter les travaux par voie de marché de gré à gré, le maire invite les entrepreneurs à prendre connaissance des conditions de l'entreprise, à formuler et à lui remettre, dans un délai déterminé, leurs propositions par soumissions écrites.

Les soumissions ainsi déposées doivent contenir l'engagement de se soumettre aux conditions du devis particulier des ouvrages et aux clauses et conditions générales imposées aux entrepreneurs de travaux des chemins vicinaux.

Elles tiennent lieu de devis lorsqu'elles énoncent, en outre, les quantités, les prix et les conditions d'exécution des ouvrages (Règl. 1883, art. 43).

La soumission la plus avantageuse est acceptée par le maire, dûment autorisé par le conseil municipal. Cette acceptation est soumise à l'approbation du préfet (art. 44).

La soumission à forfait des ouvrages à exécuter doit toujours contenir la mention en toutes lettres de la somme fixe à payer à l'entrepreneur, laquelle somme ne peut jamais excéder l'estimation du projet (art. 45).

Les dispositions des articles 40 et 41 sont applicables aux soumissionnaires des marchés de gré à gré. Néanmoins, le préfet peut, sur l'avis du maire, dispenser les soumissionnaires de fournir un cautionnement (art. 46).

D) *Travaux en régie*. — Les travaux en régie sont exécutés sous la direction et la responsabilité du maire, autant que possible, à la tâche. A moins de difficultés, les ouvriers et les tâcherons sont payés par mandats individuels (Règl. 1883, art. 47).

Lorsque les ouvriers ne peuvent pas être payés par mandats individuels, l'arrêté autorisant la régie nomme le régisseur au nom duquel sont faites les avances de fonds, et fixe la somme qu'elles ne doivent pas dépasser (art. 48).

Cet arrêté est pris par le maire, si la dépense ne dépasse pas 300 fr. ; il doit être approuvé par le préfet si elle dépasse cette somme (art. 49).

3. Réception des travaux.

Les réceptions provisoires ou définitives des travaux et fournitures effectués sont faites par le maire, assisté de deux conseillers municipaux désignés par le conseil municipal, en présence de l'entrepreneur (Règl. 1883, art. 50).

Les réceptions font l'objet de procès-verbaux.

L'absence de l'entrepreneur ou des deux conseillers municipaux ne fait pas obstacle à la réception, s'ils ont été régulièrement convoqués (art. 51).

§ 5. — Comptabilité des chemins ruraux.

1. Vote et répartition des ressources.

Dans la session de mai, le conseil municipal est appelé à voter pour l'année suivante les ressources qu'il entend affecter aux chemins ruraux. Il est invité en même temps à arrêter le tarif de la conversion des prestations en tâches et à délibérer sur l'emploi du reliquat des exercices précédents. La délibération ne devient exécutoire qu'après l'approbation de l'autorité compétente, s'il y a lieu.

Il est donné au directeur des contributions directes avis des votes de prestations et de centimes.

Les reliquats sont reportés au budget additionnel, en conservant leur affectation spéciale, s'il y a lieu.

Le conseil municipal répartit ultérieurement, par délibérations spéciales, l'emploi des ressources en argent et en nature, selon les besoins (Règl. 1883, art. 52).

2. Dispositions générales.

Les ressources créées pour le service des chemins ruraux, quelle que soit leur origine, et qu'elles consistent en argent ou en prestations en nature, ne peuvent, sous aucun prétexte, être appliquées à des dépenses étrangères à ce service, ni à des chemins qui n'auraient pas été légalement reconnus.

Les ressources créées en vue d'une dépense spéciale ne peuvent recevoir une autre destination, à moins d'une autorisation régulière.

Tout emploi, soit de fonds, soit de prestations en nature, effectué contrairement aux règles ci-dessus, doit être rejeté des comptes et mis à la charge du comptable ou de l'ordonnateur, selon le cas (Règl. 1883, art. 53).

3. Comptabilité du maire.

Le maire est l'ordonnateur de toutes les dépenses relatives aux chemins ruraux pour lesquelles un crédit a été ouvert au budget communal ; il lui est interdit de disposer, autrement que par mandat sur les receveurs municipaux, des fonds affectés aux travaux des chemins ruraux, quelle que soit l'origine de ces fonds (Règl. 1883, art. 54).

Tout mandat, pour être valable, doit porter sur un crédit régulièrement ouvert et énoncer l'exercice, le chapitre, les articles et paragraphe du budget auxquels il s'applique, ainsi que le titre et le montant du crédit en vertu duquel il est délivré.

Les mandats sont remis par l'ordonnateur aux créanciers des communes, sur la justification de leur individualité, ou à leurs représentants munis de titres ou de pouvoirs en due forme (art. 55).

Les crédits accordés pour le même exercice et le même service sont successivement ajoutés les uns aux autres et forment, ainsi cumulés, un crédit unique par chapitre, article ou paragraphe, selon le mode d'après lequel ils ont été ouverts (art. 56).

Les crédits étant ouverts spécialement pour chaque nature de dépenses, les maires ne doivent pas, pour quelque motif que ce soit, en changer l'affectation. Ils ne peuvent non plus en outrepasser le montant par la délivrance de leurs mandats (art. 57).

Toutes les dépenses d'un exercice doivent être mandatées depuis le 1er janvier jusqu'au 15 mars de la seconde année.

Toute créance mandatée qui n'a pas été acquittée sur les crédits de l'exercice auquel elle se rapporte et dans les délais de la durée de cet exercice, doit être mandatée à nouveau sur les crédits reportés des exercices clos.

Tout mandat émis par le maire doit indiquer le nombre et la nature des pièces justificatives qui s'y trouvent jointes (art. 58).

Au fur et à mesure de chaque opération de mandatement, il en est tenu écriture sur le registre des mandats, qui doit exister dans chaque mairie. Le maire y inscrit tous les mandats au fur et à mesure de leur délivrance et indique pour chacun d'eux : 1° son numéro d'ordre ; 2° l'article du budget en vertu duquel il a été délivré ; 3° la date de sa délivrance ; 4° le nom de la partie prenante ; 5° l'objet de la dette ; 6° le montant total du mandat (art. 59).

4. Comptabilité des receveurs municipaux.

Les recettes et les dépenses communales relatives aux chemins ruraux sont effectuées par le receveur municipal, chargé seul et sous sa responsabilité de poursuivre la rentrée de tous les revenus de la commune et de toutes les sommes qui lui seraient dues, ainsi que d'acquitter les dépenses mandatées par le maire, jusqu'à concurrence des crédits régulièrement accordés.

Tous les rôles de taxes, de sous-répartition et de prestations locales doivent parvenir à ce comptable par l'intermédiaire du receveur des finances (Règl. 1883, art. 60).

Toute personne autre que le receveur municipal qui, sans autorisation légale, se serait ingérée dans le maniement des deniers de la commune affectés aux chemins ruraux, est, par ce seul fait, constituée comptable ; elle peut, en outre, être poursuivie, en vertu de l'article 258 du Code pénal, comme s'étant immiscée sans titre dans des fonctions publiques (art. 61).

Les receveurs municipaux recouvrent les divers produits aux échéances déterminées par les titres de perception ou par l'administration, et d'après le mode de recouvrement prescrit par les lois et règlements (art. 62).

Ils adressent, le 5 de chaque mois, aux maires des communes de leur circonscription, un état faisant connaître le montant des recouvrements effectués pendant le mois écoulé sur les ressources des chemins ruraux (art. 63).

Le recouvrement des produits de chaque exercice doit être terminé le 31 mars de la seconde année et le receveur municipal peut être tenu de verser dans sa caisse, sauf à exercer personnellement son recours contre les débiteurs, le montant des restes à recouvrer pour le recouvrement desquels il ne justifie pas avoir fait les diligences nécessaires (art. 64).

Avant de procéder au paiement des mandats délivrés par les maires, les receveurs municipaux doivent s'assurer, sous leur responsabilité :

1° Que la dépense porte sur un crédit régulièrement ouvert et qu'elle ne dépasse pas le montant de ce crédit ;

2° Que la date de la dépense constate une dette à la charge de l'exercice auquel on l'impute, et

que l'objet de cette dépense ressortit bien au service particulier que le crédit a en vue d'assurer ;

3° Que les pièces justificatives, dont le tableau est donné à l'article 71 ci-après, ont été produites à l'appui de la dépense.

Tout paiement qui serait effectué sans l'accomplissement de ces formalités resterait à la charge du comptable (art. 65).

Les comptables n'ont pas qualité pour apprécier le mérite des faits auxquels se rapportent les pièces produites à l'appui de chaque mandat. Il suffit, pour garantir leur responsabilité, qu'elles soient certifiées et visées par les maires, et que le mandatement concorde avec elles (art. 66).

Les receveurs municipaux sont tenus de rendre chaque année un compte spécial, par commune, pour les opérations relatives aux chemins ruraux qu'ils ont effectuées.

Ce compte, dressé à la clôture de l'exercice, est transmis, le 5 avril au plus tard, au receveur des finances, qui, après l'avoir vérifié et certifié, le fait parvenir au maire le 15 avril, pour tout délai (art. 67).

Chaque compte, formé d'après les écritures, doit présenter la *situation* du comptable d'après le compte précédent, la *totalité des opérations* faites pendant l'exercice, tant en recettes qu'en paiements, et le *résultat général* des recettes et des paiements à la clôture de l'exercice (art. 68).

Les recettes et les paiements relatifs aux chemins ruraux sont justifiés de la manière suivante dans les comptes communaux soumis au conseil de préfecture ou à la Cour des comptes (art. 69) :

A) *Justification des recettes.*

Produit des centimes spéciaux. — Extrait des rôles généraux ou spéciaux des contributions directes délivré par le percepteur, visé par le maire et le receveur des finances.

Prestations. — Copie de l'exécutoire et, pour établir le montant des réductions, les ordonnances de décharge.

Subventions spéciales. — Arrêtés de fixation rendus par le conseil de préfecture ou décision de la commission départementale, selon que ces subventions ont été réglées dans la forme des expertises ou dans celle des abonnements.

Souscriptions particulières ou provenant d'associations particulières. — Copie ou extrait du titre de souscription, ou le titre lui-même revêtu de l'acceptation du maire et rendu exécutoire par le préfet et, dans le cas de réduction du titre, les ordonnances de décharge.

Emprunts. — Copie de la délibération du conseil municipal, de l'arrêté du préfet, du décret ou de la loi autorisant l'emprunt. Copie certifiée par le maire des actes qui ont réglé les conditions de l'emprunt.

Aliénation de délaissés d'anciens chemins. — Arrêté préfectoral autorisant la vente ; expédition (T) du procès-verbal de l'adjudication ou de l'acte de vente à l'amiable ; décompte des intérêts, s'il y a lieu. Si le titre n'est pas apuré à la fin de l'exercice, il ne sera produit qu'un extrait sur papier libre, avec mention que le titre (T) sera produit ultérieurement (art. 70).

B) *Justification des dépenses.*

Toutes les pièces justificatives à produire à l'appui des mandats doivent être visées par l'ordonnateur.

Prestations en nature. — Extrait du rôle établissant le relevé des journées ou des tâches effectuées en nature, émargé par le maire et revêtu par lui de l'attestation que les travaux ont été accomplis.

Travaux en régie. — Autorisation du préfet de faire les travaux en régie, si les travaux à exécuter sur un même chemin s'élèvent à plus de 300 fr.

Et, selon le cas :

S'il y a un entrepreneur à la tâche, l'état (T) de ses travaux ou fournitures, certifié par lui et visé par le maire.

S'il n'y a que des fournisseurs et ouvriers employés sous la surveillance du maire : 1° les mémoires ou factures (T) certifiés par les fournisseurs et visés par les maires ; 2° les états nominatifs [1] des journées d'ouvriers dûment émargés pour acquit par la signature des ouvriers ou par celle de deux témoins du paiement, certifiés par le maire ; lesdits états devront indiquer distinctement, pour chaque ouvrier, le lieu des travaux, le nombre des journées de chacun, leur prix et le total revenant à chaque ouvrier. Les avances faites à un régisseur seront justifiées par lui, suivant le cas, par les pièces ci-dessus indiquées ; à l'appui du premier paiement, on produira, en outre, copie de l'arrêté du maire nommant le régisseur.

Travaux à exécuter en vertu d'adjudication ou de marché de gré à gré. — A l'appui du premier acompte, décision approbative des travaux ; copie ou extrait du procès-verbal d'adjudication ou du marché, non timbré, mais avec mention que l'expédition (T) sera fournie avec le mandat pour solde. Justification de la réalisation du cautionnement par le récépissé du receveur municipal, ou une déclaration de versement, et, suivant le cas, déclaration du maire, approuvée par le préfet, constatant qu'il n'y a pas eu lieu d'exiger ce cautionnement. Certificat (T) du maire constatant l'avancement des travaux et le montant de la somme à payer.

Pour les acomptes subséquents, certificat (T) du maire rappelant les sommes payées antérieurement et le montant du nouveau mandat à payer.

Quant au solde des travaux, expédition en due forme du procès-verbal d'adjudication ou du marché ; devis estimatif [2] ; bordereau des prix ; procès-verbal de réception définitive et décompte général, dressés par le maire. Toutes ces pièces (T).

Dans le cas d'adjudication à prix ferme, il n'est pas nécessaire de produire un décompte général, mais le procès-verbal de réception définitive seulement.

Indemnités relatives aux acquisitions d'immeubles pour travaux d'ouverture, de redressement et d'élargissement.

a) *Acquisition d'immeubles en cas de convention amiable.*

Art. 1er. — *Convention portant à la fois sur la cession et sur le prix.*

1) *Terrains nus et non clos de murs ou de haies vives, indépendants des habitations.* — 1° La décision de la commission départementale déclarant les travaux d'utilité publique ; cette décision accompagnée de la mention expresse qu'elle n'a été l'objet d'aucun recours.

Et, dans le cas où la décision aurait été frappée d'appel : décision du conseil général ou du Conseil d'État ;

2° Délibération du conseil municipal [1], si la dépense totalisée avec celles des autres acquisitions déjà votées dans le même exercice ne dépasse pas le dixième des revenus ordinaires de la commune.

Et, de plus, ampliation de l'arrêté pris par le préfet en conseil de préfecture pour autoriser l'acquisition, si la dépense totalisée avec celles des autres acquisitions déjà votées dans le même exercice dépasse le dixième des revenus ordinaires de la commune ;

3° Expédition ou extrait de l'acte de cession amiable (T), lorsqu'il est produit avec le compte final, et non timbré lorsqu'il s'agit d'une justification provisoire ; ladite expédition ou ledit extrait portant mention de la transcription et de l'enregistrement, et constatant que le vendeur a produit les titres qui établissent sa possession.

Nota. — Les portions contiguës appartenant à un même propriétaire doivent faire l'objet d'un seul acte de vente.

Si le vendeur n'est pas l'individu dénommé à la matrice des rôles, le contrat doit indiquer comment la propriété est passée du propriétaire désigné par la matrice des rôles à celui qui consent la vente.

Si la désignation portée à la matrice des rôles est inexacte ou incomplète, le vendeur doit prouver l'inexactitude ou l'erreur par la production d'un bail, d'un acte de vente, d'un partage ou d'un acte authentique.

A défaut d'acte authentique, l'identité sera prouvée par un certificat du maire délivré sur la déclaration de deux témoins au moins. Ces justifications seront énoncées au contrat [2] ; ·

---

1. (T), si la somme à payer à l'un des ouvriers est supérieure à 10 fr.
2. La soumission tiendra lieu de devis lorsqu'elle énoncera les quantités, les prix et les conditions d'exécution des ouvrages.

1. Dans ce cas, la délibération du conseil municipal ne doit être approuvée par le préfet que s'il y a désaccord entre le conseil municipal et le maire.
2. Si la propriété vendue appartient en totalité ou en partie à des mineurs, interdits, absents ou incapables, ce contrat doit rappeler l'autorisation donnée par le tribunal d'accepter les offres de la commune, et, si l'immeuble est

4° Certificat du maire constatant que, préalablement à la transcription, l'acte de vente a été publié et affiché, conformément à l'article 15 de la loi du 3 mai 1841 et suivant les formes de l'article 6 ;

5° Exemplaire certifié du journal où l'insertion a été faite (les formalités de publication, dont l'accomplissement doit être constaté par le certificat, porteut sur l'acte de cession).

NOTA. — Les formalités de publication et d'insertion doivent toujours précéder la transcription, à peine de nullité de la transcription ;

6° Certificat du maire délivré huit jours au moins après les publications et affiches ci-dessus mentionnées, et constatant qu'aucun tiers ne s'est fait connaître comme intéressé au règlement de l'indemnité ;

7° Certificat négatif (T) ou état (T) des inscriptions, délivré par le conservateur quinze jours au moins après la transcription.

NOTA. — Les inscriptions dont la non-existence ou la radiation doit être justifiée sont exclusivement celles dont l'immeuble se trouve grevé du chef soit du vendeur, soit du propriétaire désigné par la matrice cadastrale, ou de leurs auteurs; il est inutile de justifier de la radiation de l'inscription prise d'office au profit du vendeur qui a traité avec la commune.

Dans le cas où il existe des inscriptions, et si le montant du prix n'est pas versé à la Caisse des dépôts et consignations :

8° Certificat (T) de radiation délivré par le conservateur des hypothèques, ou quittance notariée portant mainlevée des inscriptions ;

9° Décompte en principal et intérêts du prix d'acquisition ;

10° Certificat de paiement délivré par le maire ;

11° Quittance de l'ayant droit.

Les quittances peuvent être passées dans la forme des actes administratifs.

NOTA. — Lorsque l'indemnité ne dépassera pas 500 fr., les pièces relatives à la purge des hypothèques et le certificat du conservateur pourront être remplacés par une délibération du conseil municipal approuvée par le préfet dispensant le maire de remplir les formalités de la purge des hypothèques ; en outre, en vertu de la même délibération, et quand même elle ne l'aurait pas spécifié, l'acte ne sera pas soumis à la transcription.

En cas de consignation du montant du prix de vente à la Caisse des dépôts et consignations, on produira les pièces mentionnées ci-dessus, à l'exception de la quittance de l'ayant droit, et, lorsque la consignation est motivée par l'existence d'inscriptions hypothécaires, des états d'inscriptions qui

seront remis à la Caisse des dépôts et consignations ;

Et, en outre :

12° Arrêté du maire prescrivant la consignation et en énonçant les motifs ; si la consignation a pour cause l'existence d'inscriptions hypothécaires, l'arrêté visera la date de la délivrance par le conservateur de l'état d'inscription ;

13° Récépissé du préposé de la Caisse des dépôts et consignations.

2) *Bâtiments, cours ou jardins y attenants, terrains clos de murs ou de haies vives.* — Si l'utilité publique a été déclarée :

1° Copie du décret déclarant les travaux d'utilité publique ;

2° Les pièces mentionnées au paragraphe 1er, 2° à 13°.

Si l'utilité publique n'a pas été déclarée :

1° Délibération du conseil municipal [1], si la dépense totalisée avec celles des autres acquisitions déjà votées dans le même exercice ne dépasse pas le dixième des revenus ordinaires de la commune.

Et, de plus, ampliation de l'arrêté pris par le préfet en conseil de préfecture pour autoriser l'acquisition, si la dépense totalisée avec celles des autres acquisitions déjà votées dans le même exercice dépasse le dixième des revenus ordinaires de la commune ;

2° Copie certifiée du contrat (T), lorsqu'elle est produite avec le compte final, non timbrée lorsqu'il s'agit d'une justification provisoire ; ladite copie portant mention de la transcription et de l'enregistrement, indiquant les précédents propriétaires et constatant que le vendeur a produit les titres qui établissent sa possession ;

3° Certificat (T) négatif délivré après transcription par le conservateur des hypothèques, relatant expressément qu'il s'applique aux mentions et transcriptions désignées par les articles 1er et 2 de la loi du 23 mars 1855, ainsi qu'aux transcriptions de saisies, de donations ou de substitutions ;

Ou, s'il y a lieu, état (T) des inscriptions, et, en outre, desdites transcriptions et mentions.

NOTA. — Les inscriptions dont la non-existence ou la radiation doit être justifiée sont exclusivement celles qui intéressent les tiers, c'est-à-dire celles dont l'immeuble pourrait être grevé du chef du vendeur ou des précédents propriétaires ; il est inutile de justifier de la radiation de l'inscription prise d'office au profit du vendeur qui a traité avec la commune ;

Dans le cas où ledit certificat ou état ne serait pas délivré quarante-cinq jours au moins après l'acte d'acquisition, et s'il ne résulte pas, d'ailleurs, des énonciations mêmes de l'acte que la propriété appartenait, depuis plus de quarante-cinq jours avant la transcription, à ceux de qui la commune acquiert :

---

d'une valeur qui n'excède pas 100 fr., relater la délibération du conseil municipal acceptant l'offre du tuteur de se porter fort pour le mineur et de faire ratifier l'acte à sa majorité.

Pour les immeubles dotaux, on devra exiger l'autorisation donnée par le tribunal d'accepter les offres de la commune, et la justification du remploi lorsqu'il est ordonné.

---

1. Dans ce cas, la délibération du conseil municipal ne doit être approuvée par le préfet que s'il y a désaccord entre le conseil municipal et le maire.

4° Certificat (T) spécial constatant, après l'expiration du délai précité, qu'il n'a pas été pris d'inscription en vertu de l'article 6 de la loi du 23 mars 1855.

Ou, s'il y a lieu, état (T) de ces inscriptions ;

Dans le cas où il existerait des inscriptions, si le montant du prix n'est pas versé à la Caisse des consignations :

5° Certificat (T) de radiation desdites inscriptions, délivré par le conservateur des hypothèques, ou quittance notariée portant mainlevée des inscriptions ;

6° Décompte en principal et intérêts du prix d'acquisition ;

7° Certificat de paiement délivré par le maire ;

Et pour établir la purge des hypothèques légales :

8° Certificat (T) du greffier du tribunal civil constatant le dépôt de l'acte d'acquisition après la transcription et son affichage au greffe pendant deux mois ;

9° Exploit (T) de notification de ce dépôt au procureur de la République et aux parties désignées à l'article 2194 du Code civil ;

10° Exemplaire certifié du journal ou de la feuille d'annonces dans lequel a été inséré l'exploit de notification ;

11° Certificat (T) du conservateur des hypothèques constatant que, depuis la transcription jusqu'à l'expiration du délai de deux mois à dater de l'insertion de l'exploit dans la feuille d'annonces, il n'a été pris aucune inscription sur l'immeuble vendu ;

Ou, s'il y a lieu, état (T) des inscriptions ;

Dans le cas où il existerait des inscriptions, si le montant du prix n'est pas versé à la Caisse des consignations :

12° Certificat (T) de radiation desdites inscriptions, délivré par le conservateur des hypothèques, ou quittance notariée portant mainlevée des inscriptions.

Nota. — Les maires des communes, autorisés à cet effet par les délibérations des conseils municipaux, approuvées par le préfet, peuvent se dispenser de remplir les formalités de purge des hypothèques pour les acquisitions d'immeubles faites de gré à gré et dont le prix n'excède pas 500 fr. Dans ce cas, les communes peuvent se libérer entre les mains des vendeurs, sans avoir besoin de produire un certificat du conservateur des hypothèques constatant l'existence ou la non-existence d'inscriptions hypothécaires, mais elles ne peuvent se dispenser de faire transcrire leur contrat d'acquisition que lorsque les immeubles ont été acquis en vertu de la loi du 3 mai 1841.

En cas d'acquisition sur saisie immobilière, les créanciers n'ayant plus d'action que sur le prix, il n'y a pas lieu de procéder à la purge des hypothèques légales, attendu que le jugement d'adjudication, dûment transcrit, purge toutes les hypothèques. Il n'y a pas lieu, non plus, de procéder à la purge des hypothèques sur les immeubles vendus

par l'État, ni à celle des hypothèques légales des immeubles vendus par des départements, des communes et des établissements publics, sauf le cas exceptionnel où l'immeuble récemment acquis par le département, la commune ou l'établissement vendeur pourrait être grevé du chef des précédents propriétaires.

Si le montant du prix d'acquisition est versé à la Caisse des dépôts et consignations par suite d'obstacles au paiement, tels que l'existence d'inscriptions hypothécaires ou oppositions :

Il y a lieu de produire les pièces ci-dessus, à l'exception, lorsque la consignation est motivée par l'existence d'inscriptions hypothécaires, des états d'inscriptions n°s 3° et 11°, qui sont remis à la Caisse des dépôts et consignations ;

Et, en outre :

13° Arrêté du maire prescrivant la consignation, en énonçant les motifs et, si elle a pour cause l'existence d'inscriptions hypothécaires, visant la date de la délivrance des états d'inscriptions ;

14° Récépissé du préposé de la Caisse des dépôts et consignations.

Art. 2. — *Convention portant accord sur la cession, mais réservant au jury la fixation du prix.*

S'il s'agit de terrains nus et non clos de murs ou de haies vives, indépendants des habitations : — Toutes les justifications indiquées au paragraphe 1er de l'article 1er, et, en outre : décision du jury rendue exécutoire par le magistrat-directeur, contenant règlement de l'indemnité, et, s'il y a lieu, répartition des dépens.

S'il s'agit de bâtiments, de cours ou jardins y attenants, de terrains clos de murs ou de haies vives : — 1° Copie du décret déclarant les travaux d'utilité publique ;

2° Les pièces indiquées au paragraphe 1er de l'article 1er, sous les n°s 2° à 13° ;

3° Et, en outre, décision du jury rendue exécutoire par le magistrat-directeur, contenant règlement de l'indemnité, et, s'il y a lieu, répartition des dépens.

Art. 3. — *Convention sur le prix seulement, postérieure à la translation de propriété par voie d'expropriation, quelle que soit la nature des terrains.*

1° Copie T ou extrait (T) du jugement d'expropriation, relatant textuellement la mention de la transcription et énonçant la date de la notification ;

2° Certificat du maire constatant que, préalablement à la transcription, le jugement a été publié et affiché, conformément à l'article 15 de la loi du 3 mai 1841 et suivant les formes de l'article 6 de ladite loi ;

3° Exemplaire certifié du journal où l'insertion de l'extrait du jugement a été faite (l'insertion doit être faite antérieurement à la transcription) ;

4° Convention (T), dûment approuvée, contenant règlement de l'indemnité.

Et, de plus :

Les justifications mentionnées à l'article 1er, § 1er, sous les nos 6°, 7°, 8°, 9°, 10°, 11°, 12° et 13°.

b) *Acquisition faite en dehors de toute convention amiable.*

1° Copie (T) ou extrait (T) du jugement d'expropriation, relatant textuellement la transcription et énonçant la date de la notification ;

2° Certificat du maire constatant que, préalablement à la transcription, le jugement a été publié et affiché, conformément à l'article 15 de la loi du 3 mai 1841 et suivant les formes édictées par l'article 6 de ladite loi ;

3° Exemplaire certifié de la feuille d'annonces judiciaires dans laquelle a été inséré l'extrait du jugement (l'insertion doit être faite antérieurement à la transcription) ;

Nota. — Les formalités de publication, d'affichage et d'insertion mentionnées ci-dessus doivent avoir été remplies antérieurement à la transcription, à peine de nullité de la transcription ;

4° Certificat négatif (T) ou état (T) des inscriptions, délivré par le conservateur des hypothèques quinze jours au moins après la transcription ;

Dans le cas où il existe des inscriptions et si le montant du prix n'est pas versé à la Caisse des consignations :

5° Certificat de radiation (T), délivré par le conservateur des hypothèques, ou quittance notariée portant mainlevée des inscriptions ;

Nota. — Les inscriptions dont la non-existence ou la radiation doit être justifiée sont exclusivement celles dont l'immeuble pouvait être grevé du chef des propriétaires désignés par le jugement d'expropriation ;

6° Certificat du maire délivré au moins huit jours après les publications et affiches ci-dessus mentionnées et constatant qu'aucun tiers ne s'est fait connaître comme intéressé au règlement de l'indemnité ;

7° Décision du jury, rendue exécutoire par le magistrat-directeur, contenant règlement de l'indemnité, et, s'il y a lieu, répartition des dépens ;

8° Décompte en principal et intérêts du prix d'acquisition ;

La portion des dépens mise à la charge du vendeur peut être déduite du montant du prix d'acquisition ;

9° Certificat de paiement délivré par le maire ;

10° Quittance de l'ayant droit.

En outre :

En cas de consignation du prix de vente, voir section 1re, article 1er.

Nota. — Si, par application de l'article 53 de la loi du 3 mai 1841, l'administration a fait des offres réelles, il doit être produit une expédition du procès-verbal des offres constatant le refus de l'ayant droit, ou, dans le cas d'acceptation, le paiement de la somme due, et, lorsque la consignation a eu lieu, une expédition du procès-verbal de consignation.

c) *Prise de possession, pour cause d'urgence, de terrains non bâtis.*

Art. 1er. — *Consignation provisoire.*

1° Copie (T) ou extrait (T) du jugement d'expropriation, relatant textuellement la mention de la transcription et énonçant la date de la notification ;

2° Certificat du maire constatant que, préalablement à la transcription, le jugement a été publié et affiché, conformément à l'article 15 de la loi du 3 mai 1841 et suivant les formes prescrites par l'article 6 de ladite loi ;

3° Exemplaire certifié du journal dans lequel a été inséré l'extrait du jugement ;

(Cette mention doit être faite antérieurement à la transcription.)

4° Extrait ou mention du décret qui déclare l'urgence ;

5° Jugement qui fixe le montant de la somme à consigner par l'expropriant ;

6° Arrêté du maire motivant et prescrivant la consignation provisoire, qui doit comprendre, indépendamment de la somme fixée par le tribunal, les deux années d'intérêts exigées par l'article 69 de la loi du 3 mai 1841 ;

7° Récépissé du préposé de la Caisse des consignations.

Art. 2. — *Paiement du complément dans le cas où la consignation est inférieure au montant de l'indemnité.*

1° Indication du mandat, auquel copie ou extrait du jugement d'expropriation a été joint au moment de la consignation provisoire ;

2° Décision du jury, suivie de l'ordonnance d'exécution rendue par le magistrat-directeur, contenant règlement de l'indemnité, et, s'il y a lieu, répartition des dépens ;

3° Décompte en principal et intérêts du prix d'acquisition portant, s'il y a lieu, déduction des dépens mis à la charge des vendeurs. Les intérêts courent du jour où l'administration est entrée en possession ;

4° Arrêté du maire rappelant la somme précédemment consignée, ainsi que la date et le numéro du mandat primitif, déterminant le solde à consigner et ordonnant la consignation de ce solde, ainsi que la conversion de la consignation provisoire en consignation définitive ;

(Cet arrêté doit expliquer si la consignation est faite à la charge ou non d'inscriptions hypothécaires, et s'il existe ou non d'autres obstacles au paiement entre les mains du propriétaire dépossédé ; il doit relater, en outre, la date du certificat négatif ou de l'état des inscriptions délivré par le conservateur des hypothèques ; le certificat ou l'état lui-même est remis à la Caisse des consignations.)

5° Déclaration de l'agent de la Caisse des consignations, constatant la conversion de la consignation provisoire en consignation définitive ;

6° Récépissé du préposé de la Caisse des consignations.

d) *Indemnités accessoires en cas d'expropriation.* — *Indemnités mobilières, locatives ou industrielles.*

1° En cas de conventions amiables :

Convention (T) dûment approuvée, s'il y a lieu.

2° En cas de règlement par le jury :

Décision du jury, suivie de l'ordonnance d'exécution rendue par le magistrat-directeur, contenant
règlement de l'indemnité, et, s'il y a lieu, répartition
des dépens.

e) *Dispositions relatives au timbre et à l'enregistrement.*

Tous les actes passés en vertu d'une déclaration
d'utilité publique sont visés pour timbre et enregistrés gratis, lorsqu'il y a lieu à la formalité de
l'enregistrement.

Les quittances pures et simples sont passibles
du droit de timbre créé par l'article 18 de la loi du
23 août 1871.

f) *Indemnités relatives soit à des extractions de
matériaux, soit à des dépôts ou enlèvements de
terre, soit à des occupations temporaires de terrains.*

Si l'indemnité a été fixée à l'amiable :

1° L'accord (T) fait entre l'administration et le
propriétaire et approuvé par le préfet ;

2° Certificat de paiement délivré par le maire.

Si l'indemnité n'a pas été fixée à l'amiable :

1° Extrait de l'arrêté préfectoral qui autorise les
extractions de matériaux ou les occupations temporaires de terrains ;

2° Arrêté du conseil de préfecture qui a fixé l'indemnité ;

3° Certificat de paiement délivré par le maire.

Frais de confection de rôles. — Extrait de l'arrêté du préfet.

Récépissé du receveur des finances.

*Salaires des cantonniers employés sur les che-
mins ruraux.* — Certificat de paiement dressé par
le maire, indiquant le montant du traitement des
cantonniers et le nombre des journées pour le paiement desquelles le mandat est délivré (art. 71).

Toutes les dépenses autres que celles énoncées
ci-dessus seront justifiées comme il est prescrit par
les règlements sur la comptabilité communale
(art. 72).

5. Inventaires. — Conservation et mouvement
des objets appartenant au service.

Le maire tient un registre d'inventaire sur lequel
sont inscrits tous les objets appartenant au service
rural et existant soit à la mairie, soit dans les divers lieux de dépôt ou magasins (art. 73).

Chaque objet nouveau est porté sur l'inventaire
au moment de l'acquisition.

Les objets inscrits sont marqués des lettres S.
R. incrustées dans le bois ou gravées sur le métal,
et, autant que possible, ils portent leur numéro de
classement dans l'inventaire (Règl. 1883, art. 74).

Lorsque des outils achetés aux frais du service
sont remis à des cantonniers, ces outils sont, en
outre, inscrits sur leurs livrets (art. 75).

§ 6. — Conservation et police des chemins.

1. Alignement et autorisations diverses.

A) *Dispositions générales.* — Nul ne peut, sans
y être préalablement autorisé, faire aucun ouvrage
de nature à intéresser la conservation de la voie
publique ou la facilité de la circulation de sol
ou le long des chemins ruraux, et spécialement :

1° Faire sur ces chemins ou leurs dépendances
aucune tranchée, ouverture, dépôt de pierres, terres, fumiers, décombres ou autres matières ;

2° Y enlever du gazon, du gravier, du sable, de
la terre ou autres matériaux ;

3° Y étendre aucune espèce de produits ou matières ;

4° Y déverser des eaux quelconques, de manière
à y causer des dégradations ;

5° Établir sur les fossés des barrages, écluses,
passages permanents ou temporaires ;

6° Construire, reconstruire ou réparer aucun bâtiment, mur ou clôture quelconque à la limite des
chemins ;

7° Ouvrir des fossés, planter des arbres, bois
taillis ou haies le long desdits chemins ;

8° Établir des puits ou citernes à moins de 5 mètres des limites de la voie publique.

Toute demande à fin d'autorisation desdits ouvrages ou travaux doit être présentée sur papier
timbré (Règl. 1883, art. 77).

Les autorisations sont données par le maire.

Dans aucun cas, les maires ne peuvent donner
d'autorisations verbales. Les autorisations doivent
faire l'objet d'un arrêté. Lorsque les parties intéressées le réclament, il leur en est délivré une
expédition sur papier timbré. Dans le cas contraire,
il leur est remis, sur papier libre, une note indiquant sommairement la date et l'objet des autorisations (art. 78).

Toute autorisation, de quelque nature qu'elle soit,
doit réserver expressément les droits des tiers ; elle
stipulera, pour les ouvrages à établir sur la voie
publique ou sur ses dépendances, l'obligation d'entretenir constamment ces ouvrages en bon état.
Les arrêtés d'autorisation porteront que ces autorisations seront révocables, soit dans le cas où le
permissionnaire ne remplirait pas les conditions
imposées, soit si la nécessité en était reconnue
dans un but d'utilité publique (art. 79).

B) *Constructions.* — Lorsqu'il y a lieu de dresser des plans d'alignement pour les chemins ruraux, il est procédé à une enquête, conformément à l'ordonnance du 23 août 1835. Le conseil
municipal est toujours appelé à délibérer sur les
plans. Les plans sont ultérieurement soumis, avec
l'avis du maire, les observations du préfet et les
documents à l'appui, à l'approbation de la commission départementale. La décision approbative
est affichée et notifiée selon les prescriptions des
articles 4 et 13 de la loi du 20 août 1881 (Règl.
1883, art. 80 ; sur tous ces points, v. *infrà*, p. 164).

Lorsque les chemins ruraux ont la largeur légale, les alignements à donner pour constructions
et reconstructions sont tracés de manière à ce que

l'impétrant puisse construire sur la limite séparative de sa propriété et du chemin.

Lorsque les chemins n'ont pas la largeur qui leur a été attribuée par l'autorité compétente, les alignements pour constructions et reconstructions sont délivrés conformément aux limites déterminées par le plan régulièrement approuvé, si la commune acquiert préalablement, à l'amiable ou par expropriation, les terrains à réunir à la voie publique, et, dans le cas contraire, conformément aux limites actuelles des chemins.

Lorsque les chemins ont plus que la largeur légale, et que les propriétaires riverains sont autorisés, par mesure d'alignement, à avancer leur construction jusqu'à l'extrême limite de cette largeur, ils doivent payer la valeur du sol du chemin ainsi concédé et de ses dépendances.

Cette valeur est réglée, soit à l'amiable entre les propriétaires et l'administration communale, soit à dire d'experts, conformément à l'article 17 de la loi du 20 août 1881.

L'arrêté d'alignement doit faire connaître que la prise de possession ne peut avoir lieu qu'en vertu d'une délibération du conseil municipal régulièrement approuvée (art. 81).

Tout ce qui concerne le mode d'ouverture des portes et fenêtres et les saillies de toute espèce sur les chemins ruraux est déterminé par un règlement spécial arrêté par le maire, sur l'avis du conseil municipal, et approuvé par le préfet (art. 82).

Les travaux à faire à des constructions en saillie sur les alignements d'un plan régulièrement approuvé ne sont autorisés que dans le cas où ces travaux n'ont pas pour effet de consolider le mur de face (art. 83).

L'arrêté du maire portant autorisation de construire ou de réparer doit faire connaître, si la demande en est faite par les intéressés, et dans les limites nécessaires pour assurer la circulation, l'espace que peuvent occuper les échafaudages et les dépôts et la durée de cette occupation (art. 84).

D'après l'article 85, « lorsqu'une construction sise le long d'un chemin rural présente des dangers pour la sûreté publique, le péril est constaté par le rapport d'un homme de l'art désigné par le maire. Ce rapport est communiqué au propriétaire avec injonction de faire cesser le péril dans un délai déterminé, ou, s'il conteste le danger, de nommer un expert pour procéder, contradictoirement avec l'expert de la commune qui est désigné dans l'arrêté municipal de mise en demeure, ainsi que le jour et l'heure de l'opération.

Si le propriétaire refuse ou néglige de nommer son expert, il est procédé par l'autre expert seul au jour et à l'heure indiqués.

Dans le cas où l'expertise a lieu contradictoirement et où il n'y a pas accord entre les deux experts, le tiers expert est nommé par le maire.

Le maire prend ensuite un arrêté prescrivant les mesures reconnues nécessaires et fixant un délai pour l'exécution.

Si le propriétaire ne se conforme pas à l'injonction dans le délai imparti, il est dressé contre lui un procès-verbal qui est déféré au tribunal de simple police.

Toutefois, en cas de péril imminent, les mesures reconnues nécessaires peuvent être prises d'office, sans jugement préalable, si le propriétaire, après avoir reçu communication du rapport de l'homme de l'art constatant le péril, refuse ou néglige d'aviser lui-même dans le délai imparti par l'arrêté de mise en demeure.

Dans tous les cas, la communication du rapport de l'homme de l'art et la notification de l'arrêté de mise en demeure au propriétaire sont constatées par un certificat. » Mais aujourd'hui la matière est régie par la loi du 21 juin 1898 (V. *infrà*).

Les autorisations de construire ou reconstruire le long des chemins ruraux doivent stipuler les réserves et conditions nécessaires pour garantir le libre écoulement des eaux, sans qu'il en puisse résulter du dommage pour les chemins (art. 86).

C) *Plantations d'arbres.* — Aucune plantation d'arbres ne peut être effectuée le long et joignant les chemins ruraux qu'en observant les distances ci-après, qui sont calculées à partir de la limite extérieure soit des chemins, soit des fossés, soit des talus qui les borderaient :

Pour les arbres fruitiers	2 mètres.
Pour les arbres forestiers	2 —
Pour les bois taillis	1 —

La distance des arbres entre eux ne peut être inférieure à 4 mètres pour les arbres fruitiers, 3 mètres pour les arbres forestiers, à l'exception des peupliers d'Italie qui peuvent être espacés de 2 mètres seulement (Règl. 1883, art. 87).

Les plantations faites antérieurement à la publication du présent règlement à des distances moindres que celles ci-dessus peuvent être conservées, mais elles ne peuvent être renouvelées qu'à la charge d'observer les distances prescrites par l'article précédent (art. 88).

Les plantations faites par des particuliers sur le sol des chemins ruraux avant la publication du présent règlement peuvent être conservées si les besoins de la circulation le permettent, mais elles ne peuvent dans aucun cas être renouvelées (art. 89).

Si l'intérêt de la viabilité exigeait la destruction des plantations existant sur le sol des chemins ruraux, les propriétaires seraient mis en demeure, par un arrêté du maire, d'enlever, dans un délai déterminé, les arbres qui leur appartiendraient, sauf à eux à faire valoir le droit qu'ils croiraient avoir à une indemnité. Si les particuliers n'obtempéraient pas à cette mise en demeure, il serait dressé un procès-verbal pour être statué par l'autorité compétente (art. 90).

D) *Plantations de haies.* — Les haies vives ne peuvent être plantées à moins de 50 centimètres de la limite extérieure des chemins (Règl. 1883, art. 91).

La hauteur des haies ne doit jamais excéder

1^m,50, sauf les exceptions exigées par des circonstances particulières, et pour lesquelles il est donné des autorisations spéciales (art. 92).

Les haies plantées antérieurement à la publication du présent règlement à des distances moindres que celles prescrites par l'article 91 peuvent être conservées, mais elles ne peuvent être renouvelées qu'à la charge d'observer cette distance (art. 93).

E) *Élagage.* — Les arbres, les branches, les haies et les racines qui avanceraient sur le sol des chemins ruraux doivent être coupés à l'aplomb des limites de ces chemins, à la diligence des propriétaires ou des fermiers (Règl. 1883, art. 94).

Si le propriétaire ou le fermier négligeait ou refusait de se conformer aux prescriptions qui précèdent, il en serait dressé procès-verbal, pour être statué par l'autorité compétente (art. 95).

F) *Fossés appartenant à des particuliers.* — Les propriétaires riverains ne peuvent ouvrir des fossés le long d'un chemin rural à moins de 60 centimètres de la limite du chemin. Ces fossés doivent avoir un talus de 1 mètre de base au moins pour 1 mètre de hauteur (art. 96).

Tout propriétaire qui a fait ouvrir des fossés sur son terrain, le long d'un chemin rural, doit entretenir ces fossés de manière à empêcher que les eaux ne nuisent à la viabilité du chemin (art. 97).

Si les fossés ouverts par des particuliers sur leur terrain, le long d'un chemin rural, avaient une profondeur telle qu'elle pût présenter des dangers pour la circulation, les propriétaires sont tenus de prendre les dispositions qui leur sont prescrites pour assurer la sécurité du passage ; injonction leur est faite, à cet effet, par arrêté du maire (art. 98).

G) *Établissement d'ouvrages divers joignant ou traversant la voie publique.* — Les autorisations pour l'établissement, par les propriétaires riverains, d'aqueducs et de ponceaux sur les fossés des chemins ruraux, doivent régler le mode de construction, les dimensions à donner aux ouvrages et les matériaux à employer ; elles stipuleront toujours la charge de l'entretien par l'impétrant et le retrait de l'autorisation donnée, soit dans le cas où les conditions posées ne seraient pas remplies, soit s'il était constaté que ces ouvrages nuisent à l'écoulement des eaux ou à la circulation, soit si la suppression en était reconnue nécessaire dans un but quelconque d'utilité publique (Règl. 1883, art. 99).

Les autorisations de conduire les eaux d'un côté à l'autre du chemin prescriront le mode de construction et les dimensions des travaux à effectuer par les pétitionnaires (art. 100).

Les autorisations pour l'établissement de communications devant traverser les chemins ruraux indiqueront les mesures à prendre pour assurer la facilité et la sécurité de la circulation (art. 101).

Les autorisations pour l'établissement de barrages ou écluses sur les fossés des chemins ne seront données que lorsque la surélévation des eaux ne pourra nuire au bon état de la voie publique. Elles prescriront les mesures nécessaires pour que les chemins ne puissent jamais être submergés. Elles seront toujours révocables sans indemnité, soit que les travaux étaient reconnus nuisibles à la viabilité, soit pour tout autre motif d'utilité publique (art. 102).

2. Mesures de police et de conservation.

A) *Dispositions générales.* — Il est défendu d'une manière absolue :

1° De laisser stationner, sans nécessité, sur les chemins ruraux et leurs dépendances, aucune voiture, machine ou instrument aratoire, ni aucun troupeau, bête de somme ou de trait ;

2° De mutiler les arbres qui y sont plantés, de dégrader les bornes, poteaux et tableaux indicateurs, parapets des ponts et autres ouvrages ;

3° De les dépaver ;

4° D'enlever les pierres, les fers, bois et autres matériaux destinés aux travaux ou déjà mis en œuvre ;

5° D'y jeter des pierres ou autres matières provenant des terrains voisins ;

6° De les parcourir avec des instruments aratoires, sans avoir pris les précautions nécessaires pour éviter toute dégradation ;

7° De détériorer les berges, talus, fossés ou les marques indicatives de leur largeur ;

8° De labourer ou cultiver leur sol ;

9° D'y faire ou d'y laisser paître aucune espèce d'animaux ;

10° De mettre rouir le chanvre dans les fossés ;

11° D'y faire aucune anticipation ou usurpation, ou aucun ouvrage qui puisse apporter un empêchement au libre écoulement des eaux ;

12° D'établir aucune excavation ou construction sous la voie publique ou ses dépendances (Règl. 1883, art. 103).

Les propriétaires des terrains supérieurs bordant les chemins ruraux sont tenus d'entretenir toujours en bon état les revêtements ou les murs construits par eux et destinés à soutenir ces terrains (art. 104).

Si la circulation sur un chemin rural venait à être interceptée par une œuvre quelconque, le maire y pourvoirait d'urgence.

En conséquence, après une simple sommation administrative, l'œuvre serait détruite d'office, et les lieux rétablis dans leur ancien état aux frais et risques de qui il appartiendrait, et sans préjudice des poursuites à exercer contre qui de droit (art. 105).

B) *Écoulement naturel et dérivation des eaux.* — Les propriétés riveraines situées en contrebas des chemins ruraux sont assujetties, aux termes de l'article 640 du Code civil, à recevoir les eaux qui découlent naturellement de ces chemins.

Les propriétaires de ces terrains ne peuvent faire aucune œuvre qui tende à empêcher le libre écoulement des eaux qu'ils sont tenus de recevoir, et à les faire séjourner dans les fossés ou refluer sur le sol du chemin (Règl. 1883, art. 106).

L'autorisation de transporter les eaux d'un côté à l'autre d'un chemin rural ne peut être donnée que sous la réserve des droits des tiers. Il y sera toujours stipulé, pour la commune, la faculté de faire supprimer les constructions faites, soit si elles étaient mal entretenues ou si elles devenaient nuisibles à la viabilité du chemin, soit dans le cas où tout autre intérêt public, quel qu'il fût, rendrait la mesure utile ou nécessaire (art. 107).

C) *Mesures ayant pour objet la sûreté des voyageurs.* — Il est interdit de pratiquer, dans le voisinage des chemins ruraux, des excavations de quelque nature que ce soit, si ce n'est aux distandits ci-après déterminées, à partir de la limite desdits chemins, savoir :

Pour les carrières et galeries souterraines . 8 mètres.
Les carrières à ciel ouvert. . . . . 5 —
Les mares publiques ou particulières . . . 2 —

Les propriétaires de toutes excavations peuvent être tenus de les couvrir ou de les entourer de murs ou clôtures propres à prévenir tout danger pour les voyageurs et toute dégradation du chemin (Règl. 1883, art. 108).

Section 3. — Ouverture, redressement et élargissement.

L'ouverture, le redressement[1], la fixation de la largeur et de la limite des chemins ruraux sont prononcés par la commission départementale, conformément aux dispositions des cinq derniers paragraphes de l'article 4. (L. 1881, art. 13, § 1er.)

Il en résulte que la commission départementale ne peut se prononcer qu'après l'accomplissement des formalités prévues par cet article 4, c'est-à-dire : avis du conseil municipal, enquête, publication et notification du tableau et du plan. (V. *supra.*)

À défaut du consentement des propriétaires, l'occupation des terrains nécessaires pour l'exécution des travaux d'ouverture, de redressement ou d'élargissement, ne peut avoir lieu qu'après une expropriation poursuivie conformément aux dispositions des paragraphes 2 et suivants de l'article 16 de la loi du 21 mai 1836.

Quand il y a lieu à l'occupation, soit des maisons, soit de cours ou jardins y attenant, soit de terrains clos de murs ou de haies vives, la déclaration d'utilité publique doit être prononcée par un *décret, le Conseil d'État entendu,* et l'expropriation est poursuivie comme il est dit dans le paragraphe précédent. (L. 1881, art. 13, §§ 2 et 3.)

Dans tous les autres cas, la décision de la commission départementale vaut déclaration d'utilité publique et suffit à permettre l'expropriation à laquelle procède le petit jury. (V. dans notre *Répertoire de police* le mot *Expropriation pour cause*

[1. Il n'y a rien de prévu dans la loi en ce qui concerne le personnel chargé de préparer tous ces travaux et de les diriger ; c'est là une lacune regrettable.

TRAITÉ DE LA VOIRIE.]

d'utilité publique et Cons. d'Ét. 3 mai 1895, Leb. chr., p. 369.)

La commune ne peut prendre possession des terrains expropriés avant le paiement de l'indemnité. (L. 1881, art. 13 *in fine.*)

Toutefois, en cas d'urgence, le règlement de 1883 autorise, nous l'avons vu, la prise de possession des terrains non bâtis après une simple consignation provisoire de l'indemnité, moyennant la production des pièces que nous avons énumérées. (V. *supra.*)

L'article 13 de la loi du 20 août 1881 consacre deux différences importantes entre le régime des chemins ruraux et celui des chemins vicinaux.

La première, c'est que la décision de l'autorité municipale ne peut, en matière de chemins ruraux, produire les effets attributifs de propriété que la loi de 1836 a reconnus aux arrêtés de classement des chemins vicinaux. (Féraud-Giraud, t. II, p. 64.)

Les conséquences de ce principe sont nombreuses et importantes. Tout d'abord, la commission départementale ne peut arbitrairement reconnaître comme rural un chemin revendiqué à titre de propriété particulière par les riverains. (Cons. d'Ét. 9 août 1889 et 13 déc. 1889, Leb. chr., p. 964 et 1155.)

Ensuite, dans le cas où le prévenu d'usurpation commise sur un chemin rural excipe d'un droit de propriété, le tribunal de répression doit surseoir jusqu'au jugement de cette question préjudicielle par les tribunaux compétents. (Cass. 18 juin 1853, Sir. 54-1-72.)

Pour arriver à l'élargissement projeté, la commune ne pourrait évidemment, au cours de l'instance, faire classer le chemin en cause comme vicinal en lui attribuant une plus grande largeur, de manière à bénéficier des effets incorporatifs reconnus par l'article 15 de la loi du 21 mai 1836 aux arrêtés préfectoraux rendus en cette matière. L'article 15 de la loi de 1836 n'est applicable qu'au simple élargissement d'un chemin vicinal préexistant et nullement à l'ouverture d'un nouveau chemin. (Cons. d'Ét. 26 janv. 1870, D. p. 71-3-10.)

La seconde différence, c'est que, tandis que pour les chemins vicinaux, la loi du 21 mai 1836 n'oblige à recourir à l'expropriation que lorsque les terrains à incorporer au chemin sont bâtis ou clos de murs, l'expropriation est nécessaire, en matière de chemins ruraux, dès que les immeubles à occuper sont, ou bien des cours ou jardins même non clos de murs, pourvu qu'ils soient attenants à une maison, ou bien des terrains clos de haies vives dépendant, *ou non,* d'une habitation. (Féraud-Giraud, t. II, p. 64.)

L'article 14 de la loi du 20 août 1881 est ainsi conçu :

« Lorsque des extractions de matériaux, des dépôts ou enlèvements de terres, ou des occupations temporaires de terrains sont nécessaires pour les travaux de réparation ou d'entretien des chemins ruraux, effectués par les communes, il est procédé à la désignation et à la délimitation des lieux et à la fixation de l'indemnité, conformément à l'article

9

17 de la loi du 21 mai 1836. » Il y a lieu en conséquence d'observer les prescriptions : 1° de la loi du 29 décembre 1892 sur les fouilles, extractions et occupations temporaires ; 2° celles des circulaires du ministre de l'intérieur des 15 mars 1893 et 25 janvier 1894, et 3° le nouveau texte des articles 47 à 62 de l'instruction générale du 6 décembre 1870 sur les chemins vicinaux. (V. *suprà*.)

L'action en indemnité, dans les cas prévus par les articles 13 et 14, se prescrit par le laps de deux ans, conformément à l'article 18 de la même loi. (L. 1881, art. 15.)

Ainsi que cela se passe pour les autres voies, on doit admettre que le point de départ de cette prescription est le moment où l'occupation temporaire a pris fin (Cons. d'Ét. 19 juill. 1871, Sir. 73-2-93, D. p. 72-3-46). On retombe d'ailleurs dans les règles du droit commun quand l'indemnité a été réglée par convention particulière, et la prescription trentenaire (art. 2262) devient alors seule applicable.

Les exceptions sont de droit strict : aussi ne doit-on pas admettre la prescription biennale pour les demandes d'indemnité fondées sur un dommage quelconque résultant de l'exécution de travaux sur un chemin rural. (Cass. 22 oct. 1890, Sir. 90-1-271 ; 11 juill. 1892, Sir. 93-1-39.)

Section 4. — Suppression et aliénation.

En principe, les chemins ruraux reconnus conservent ce caractère tant que l'arrêté qui le leur donne n'est pas rapporté dans les formes prescrites par l'article 4 (L. 1881, art. 16). Ils le perdent, par exception à cette règle, lorsqu'ils sont transformés en rues ou rangés, par une décision de l'autorité compétente, dans la grande voirie ou dans la voirie vicinale.

De ce que les arrêtés portant reconnaissance de chemins ruraux doivent être rapportés en observant les mêmes formes que pour le classement, il s'ensuit que la commission départementale ne peut rapporter un arrêté précédemment pris, sans qu'il ait été procédé à une enquête préalable et que le conseil municipal ait été consulté. (Cons. d'Ét. 10 déc. 1886, Sir. 88-3-45, D. p. 88-3-25.)

On doit même ajouter qu'on ne pourrait, sans excès de pouvoirs, prononcer la désaffectation d'un chemin rural contrairement à l'avis du conseil municipal. Cela résulte implicitement des articles 61 et suivants de la loi du 5 avril 1884. (Naudier, n° 179.)

Une telle décision pourrait être attaquée devant le conseil général ou devant le Conseil d'État pour excès de pouvoirs.

Lorsqu'un chemin rural reconnu ou non reconnu cesse d'être affecté à l'usage du public, la vente peut en être autorisée par un arrêté du préfet rendu conformément à la délibération du conseil municipal et après une enquête précédée de trois publications faites à quinze jours d'intervalle. Les autres formalités de cette enquête doivent être celles qui sont remplies en matière d'aliénation de biens communaux, selon les prescriptions de l'instruction du ministre de l'intérieur en date du 20 août 1825 combinée avec la loi du 5 avril 1884.

Le préfet n'est jamais obligé d'autoriser la vente quand elle lui paraît inopportune ou contraire aux intérêts de la commune. D'un autre côté, il ne lui appartient de l'autoriser qu'autant qu'elle est votée par le conseil municipal et que, dans les trois mois qui suivent l'enquête, les intéressés constitués en syndicat, conformément aux articles 19, 20, 21, 22, 23 et 24 de la loi de 1881, n'ont pas déclaré se charger de l'entretien. (L. 1881, art. 16.)

La suppression d'un chemin rural est de nature à causer, dans certains cas, un grave préjudice aux propriétaires riverains en les privant du droit de vue ou d'accès que leur assurait la proximité de la voie publique. Quels sont les tribunaux qui doivent statuer sur les réclamations des riverains ?

La question est controversée.

D'après certains auteurs, la réparation du préjudice causé par la suppression d'une voie rurale doit être demandée aux tribunaux judiciaires. (Naudier, n° 181 ; Féraud-Giraud, *Servit. de voirie*, t. II, n° 451.)

D'autres soutiennent qu'il faut s'adresser au conseil de préfecture, sauf recours au Conseil d'État. (Guillaume, n° 64.)

Quand un ancien chemin doit être aliéné, l'équité exige que les propriétaires riverains puissent l'acquérir de préférence à tous autres. En effet, ils ont ordinairement fourni l'emplacement, et l'occupation de cet emplacement par un tiers entraverait souvent l'exploitation de leurs fonds. C'est pourquoi la loi du 21 mai 1836 (art. 19) a conféré, en pareil cas, un droit de préemption aux propriétaires riverains des chemins vicinaux déclassés ou rectifiés. La Cour de cassation avait décidé que le même droit appartenait aux propriétaires riverains des chemins ruraux. (Req. 10 mai 1858, Sir. 59-1-152, D. p. 58-1-204.) La loi du 20 août 1881 a consacré ce droit. Elle en règle ainsi l'exercice relativement aux terrains retranchés de la voirie rurale, c'est-à-dire provenant des chemins ruraux reconnus ou non reconnus :

Les propriétaires riverains sont mis en demeure d'acquérir les terrains attenant à leurs propriétés, par un avertissement, notifié en la forme administrative remis, à la personne ou au domicile des propriétaires (Bourges 17 nov. 1887, Sir. 88-2-92). Si, dans le délai d'un mois, à partir de cet avertissement, les propriétaires ne font pas de soumission, les terrains sont aliénés selon les règles suivies pour la vente des propriétés communales. Si, dans le délai précité, ils soumissionnent les terrains, le prix de chaque parcelle est fixé à l'amiable ou par deux experts nommés l'un par la commune, l'autre par le propriétaire intéressé. Dans le cas où les deux experts ne se mettent pas d'accord, ils désignent un tiers expert. S'ils ne parviennent pas à s'entendre pour cette désignation, celle-ci est faite par le juge de paix.

Quand le droit de préemption est exercé, le préfet n'a aucune décision à prendre au sujet de l'expertise. Toutes les difficultés qu'elle soulève, comme toutes les contestations qui concernent l'existence ou l'exercice du droit de préemption revendiqué par les propriétaires riverains, sont de la compétence des tribunaux judiciaires. (Cons. d'Ét. 25 fév. et 10 mars 1864, Leb. chr., p. 201 et 232.)

Les actions intentées par les communes ou dirigées contre elles relativement à leurs chemins ruraux sont jugées comme affaires sommaires, conformément à l'article 405 du Code de procédure civile.

Section 5. — Des syndicats pour l'ouverture, le redressement, l'élargissement, la réparation et l'entretien des chemins ruraux.

L'article 10 de la loi du 20 août 1881 donne aux communes la faculté de créer des ressources importantes. Il ne faut pas cependant se dissimuler que souvent elles seront insuffisantes, non seulement pour entretenir et améliorer, comme ils devraient l'être, les anciens chemins ruraux reconnus, mais encore pour ouvrir les nouvelles voies rurales dont l'utilité ou la nécessité se ferait sentir. Il est, en outre, à remarquer que parfois la dépense ne présentera pas un assez grand intérêt public pour justifier une contribution imposée à la généralité des habitants.

Dans l'une ou l'autre hypothèse, il importe que les propriétaires qui se servent ou se serviront habituellement des chemins puissent s'unir, par un accord unanime, ou sur la demande de la majorité, pour assurer l'exécution des travaux. La loi du 20 août 1881 leur permet de former à cet effet des associations syndicales analogues à celles qui sont constituées en vertu de la loi du 21 juin 1865 pour les ouvrages de défense contre la mer, les fleuves, etc., pour le curage des cours d'eau non navigables ni flottables, le dessèchement des marais, l'assainissement des terres humides et insalubres, l'irrigation et le drainage, l'établissement et l'entretien des chemins d'exploitation. Le législateur n'avait pas cru devoir autoriser la formation d'associations syndicales pour les chemins ruraux. Ces chemins appartenant aux communes et ayant un caractère public, il lui semblait que l'autorité municipale pouvait seule en avoir la police et l'administration. Après un examen approfondi de la question, il a pensé que, si la police des chemins ruraux ne devait pas être attribuée à une simple association de propriétaires, les actes de gestion concernant ces chemins pouvaient, sans graves inconvénients, être confiés à une pareille association, sous la surveillance et le contrôle du maire et du préfet.

Les articles 19 à 32 de la loi du 20 août 1881 déterminent les conditions et les formes de l'institution des associations syndicales en matière de voirie rurale, l'organisation, la nature, les limites et le mode d'exercice des pouvoirs de ces associations, les règles de compétence à suivre pour la solution des difficultés qui seront soulevées par leur création ou leur action.

« Lorsque l'*ouverture, le redressement ou l'élar-*

gissement d'un chemin a été autorisé conformément à l'article 13 et que les travaux ne sont *pas exécutés,* ou lorsqu'un chemin reconnu n'est pas *entretenu* par la commune, le maire peut d'office ou doit, sur la demande qui lui est faite par *trois intéressés* au moins, convoquer individuellement tous les intéressés. Il les invite à délibérer sur la nécessité des travaux et à se charger de leur exécution, tous les droits de la commune restant réservés. Il recueille les suffrages, constate le vote des personnes présentes qui ne savent pas signer et mentionne les adhésions envoyées par écrit. (L. 1881, art. 19.)

Les convocations individuelles pour la formation de l'association syndicale sont faites par le maire au moins huit jours à l'avance.

Les bulletins de convocation doivent indiquer l'objet, le lieu, le jour et l'heure de la réunion.

Les mêmes indications sont, en outre, portées à la connaissance des habitants de la commune par voie de publication et d'affiche. (Règl. 1883, art. 76.)

On doit entendre par intéressés, au sens de l'article 19, non seulement les propriétaires du sol, mais encore les fermiers, usufruitiers, usagers, etc., et non seulement les riverains du chemin à ouvrir ou à redresser, mais encore ceux dont les fonds, bien qu'à une certaine distance de ce chemin, sont appelés à bénéficier de la nouvelle voie pour leurs exploitations.

Les mineurs, interdits et femmes mariées sont représentés par leurs tuteurs et maris, les prodigues par leur curateur, les absents ou aliénés par les administrateurs de leurs biens.

Si la moitié plus un des intéressés représentant au moins les deux tiers de la superficie des propriétés desservies par le chemin, ou si les deux tiers des intéressés représentant plus de la moitié de la superficie consentent à se charger des travaux pour *mettre ou maintenir la voie en état de viabilité,* l'association est constituée.

Elle existe même à l'égard des intéressés qui n'ont pas donné leur adhésion.

Pour les travaux d'*amélioration et d'élargissement partiel,* l'assentiment de la moitié plus un des intéressés représentant au moins les trois quarts de la superficie des propriétés desservies, ou des trois quarts des intéressés représentant plus de la moitié de la superficie est exigé.

Pour les travaux d'*ouverture, de redressement et d'élargissement d'ensemble,* le consentement unanime des intéressés est nécessaire. (L. 1881, art. 20.)

On remarquera que plus les charges des propriétaires intéressés peuvent être grandes, plus les conditions de la formation de l'association sont rigoureuses. Le législateur a voulu protéger la minorité des intéressés contre les exigences excessives de la majorité. Il ne permet pas qu'on lui impose les frais souvent considérables de l'ouverture d'un nouveau chemin ou de modifications radicales d'un ancien. Mais il donne à la majorité le moyen de vaincre une résistance qui ne saurait être justifiée lorsqu'il s'agit seulement, à l'aide de légers sacrifices, de remettre en état de viabilité ou d'élargir partiellement un chemin d'une utilité incontestable pour tous les propriétaires dont il dessert les fonds.

On remarquera, en outre, que la base de l'intérêt des personnes appelées à constituer une association syndicale n'est pas la valeur, mais la superficie des propriétés. On doit y recourir exclusivement pour résoudre la question de savoir s'il y a lieu de former l'association dans le cas où l'assentiment unanime des intéressés n'est pas indispensable. Une fois l'association constituée, la participation de chacun des associés aux charges doit être proportionnelle, non à la superficie de ses propriétés, mais à l'intérêt véritable que présente pour lui l'entreprise.

Lorsqu'une association est créée, le maire dresse un procès-verbal qui en constate la formation, en spécifie le but, fait connaître la durée de l'association, le mode d'administration adopté, le nombre de syndics, l'étendue de leurs pouvoirs, enfin les voies et moyens votés. (L. 1881, art. 21.)

Ce procès-verbal est transmis au préfet par le maire avec son avis et celui du conseil municipal.

Le préfet examine si toutes les formalités exigées par la loi ont été remplies. Dans le cas de l'affirmative, il autorise l'association. Dans le cas contraire, il refuse cette autorisation. Il n'a pas à se préoccuper de la question d'utilité des travaux. L'esprit sinon le texte de la loi en laisse l'appréciation exclusive aux intéressés. Mais quand la commune consent à contribuer à la dépense, il appartient au préfet de n'approuver son concours que si le mode et le montant de la subvention promise par le conseil municipal lui semblent le permettre sans inconvénients. (L. 1881, art. 22.)

Un extrait du procès-verbal constatant la constitution de l'association et l'arrêté préfectoral qui l'approuve doivent être affichés dans la commune où est situé le chemin. Ils doivent, en outre, être publiés dans le recueil des actes de la préfecture. Dans le cas où le préfet ne croit pas devoir autoriser l'association, son arrêté est seul soumis à cette double formalité de publicité. (L. 1881, art. 23.)

Les syndics de l'association sont élus en assemblée générale.

Si la commune accorde une subvention, le maire nomme un nombre de syndics proportionné à la part que cette subvention représentera dans l'ensemble de l'entreprise.

Les autres syndics doivent être nommés par le préfet dans le cas où l'assemblée générale, après deux convocations, ne se serait pas réunie ou n'aurait pas procédé à leur élection. (L. 1881, art. 24.)

Les associations ainsi constituées peuvent ester en justice par leurs syndics, elles peuvent em-

prunter. Elles peuvent aussi acquérir les parcelles de terrain nécessaires pour l'amélioration, l'élargissement, le redressement ou l'ouverture du chemin régulièrement entrepris. Les terrains réunis à la voie publique deviennent la propriété de la commune.

La décision de la commission départementale ou du chef de l'État qui a déclaré d'utilité publique l'ouverture, le redressement ou l'élargissement du chemin, autorise formellement ou implicitement l'acquisition des terrains à occuper. Les syndics peuvent y procéder à l'amiable ou par voie d'expropriation selon les prescriptions de l'article 13. Ils doivent au surplus se conformer à cet égard aux restrictions que les statuts auraient apportées à leurs pouvoirs. Ils doivent également se conformer aux dispositions de cette nature que contiendraient les statuts de l'association relativement soit aux actions à intenter ou à soutenir, soit aux emprunts à contracter.

Aux termes de l'article 26, le syndicat détermine le mode d'exécution des travaux, soit en nature, soit en taxe ; il répartit les charges entre les associés proportionnellement à leur intérêt ; il règle l'accomplissement des travaux en nature ou le recouvrement des taxes en un ou plusieurs exercices.

Les rôles pour le recouvrement de la taxe due par chaque intéressé sont dressés par le syndicat, approuvés, s'il y a lieu, et rendus exécutoires par le préfet. Il appartient à celui-ci d'ordonner préalablement la vérification des travaux. Les rôles sont recouvrés, dans la forme des contributions directes, par le receveur municipal. Ils comprennent les frais de perception que le préfet détermine le montant sur l'avis du trésorier-payeur général (art. 27).

Dans le cas où l'exécution des travaux entrepris par l'association syndicale exige l'expropriation des terrains, il y est procédé conformément à l'article 13, ainsi que nous l'avons fait remarquer plus haut (art. 28).

Quand une association syndicale refuse d'entreprendre les travaux en vue desquels elle est constituée, le préfet a le droit de rapporter l'arrêté d'autorisation. D'un autre côté, dans le cas où l'interruption ou le défaut d'entretien d'ouvrages entrepris par une association pourrait avoir des conséquences nuisibles à l'intérêt général, il appartient au préfet, après une mise en demeure restée sans résultat, d'obvier à ces inconvénients, en faisant procéder d'office, aux frais de l'association, à l'exécution des travaux nécessaires (art. 29).

Les intéressés et les tiers peuvent déférer au ministre de l'intérieur, dans le délai d'un mois, à partir de l'affiche, les arrêtés préfectoraux autorisant ou refusant d'autoriser les associations syndicales. Ils déposent leur recours à la préfecture. Le préfet doit le transmettre, dans le délai de quinzaine, avec les pièces produites à l'appui, ses observations et tous les autres documents qu'exige l'instruction de l'affaire. Le ministre provoque ensuite le décret par lequel il est statué après l'avis du Conseil d'État [1] (art. 30).

Les contestations relatives au défaut de convocation d'une partie intéressée, à l'absence ou au degré d'intérêt des associés, ainsi qu'à la répartition, à la perception et à l'accomplissement des taxes et prestations, à la nomination des syndics, à l'exécution des travaux et aux mesures ordonnées en vertu du dernier paragraphe de l'article 29, sont jugées par le conseil de préfecture, sauf recours au Conseil d'État.

Il est procédé à l'apurement des comptes de chaque association selon les règles établies pour les comptes des receveurs municipaux (art. 31).

Aux termes de l'article 32 et dernier de la loi, nulle personne comprise dans une association ne peut contester sa qualité d'associé ou la validité de l'acte d'association, après le délai de trois mois à partir de la notification du premier rôle des taxes ou prestations.

La loi du 22 mars 1890 autorise les communes ayant un intérêt identique à se grouper en syndicats intercommunaux. Rien ne s'oppose à ce que des syndicats de cette nature soient formés en vue de l'ouverture, du redressement ou de l'entretien de chemins ruraux ayant une utilité régionale. Cela se présentera rarement sans doute, les voies de cette espèce étant généralement classées dans la voirie vicinale ; mais cela est possible légalement. Ces syndicats sont alors gouvernés par les règles tracées dans la loi de 1890 incorporée dans la loi du 5 avril 1884. (V. dans notre *Répertoire de police* le mot *Organisation communale*.)

Section 6. — *Avantage de la loi de 1881.*

Les dispositions de la loi du 20 août 1881 ont répondu à de pressants besoins, à des vœux souvent exprimés dans l'intérêt de l'agriculture et des campagnes. Elles ont fait disparaître de regrettables lacunes de notre législation en établissant, pour les chemins ruraux les plus utiles, une sorte d'état civil qui met fin à leur situation précaire et incertaine, source de nombreux procès ; en protégeant ces chemins par l'imprescriptibilité comme les voies de communication d'ordre supérieur, dont ils sont les ramifications indispensables et complètent le réseau ; en leur accordant les avantages d'une procédure rapide pour les instances ordinaires et pour les expropriations ; en les assimilant, sauf certaines modifications, aux chemins vicinaux, non seulement sur les points que nous venons de rappeler, mais encore en ce qui concerne les subventions spéciales pour dégradations extraordinaires, les oc-

cupations temporaires de terrains pour extraction, enlèvements en dépôt de matériaux, le pouvoir réglementaire qui est confié au préfet, etc. ; enfin en dotant la voirie rurale de ressources spéciales, soit pour rendre et maintenir praticables les chemins qui existent, soit pour les améliorer ou en créer de nouveaux.

Sous-chapitre III. — Chemins non reconnus.

Les chemins non reconnus sont restés, au point de vue de la domanialité publique, dans la condition où se trouvaient, avant la loi du 20 août 1881, tous les chemins ruraux ; c'est dire qu'ils constituent de simples propriétés communales, prescriptibles dans les conditions du droit commun. (Batbie, t. VIII, v° *Chem. rur.*, p. 101 ; Naudier, n° 63, p. 66 ; Fuzier-Hermann, v° *Chem. rur.*, n° 288 ; Féraud-Giraud, t. II, p. 184.)

En outre, les ressources spéciales créées par la loi du 20 août 1881 : prestations, centimes extraordinaires, subventions industrielles, ne peuvent être affectées qu'aux chemins reconnus. Les chemins non reconnus ne peuvent, en principe, bénéficier que des ressources municipales disponibles, ainsi que de l'application des excédents de prestations de chemins vicinaux dans les conditions prévues par la loi du 21 juillet 1870. (Circ. int. 27 août 1881. V. *suprà*.)

Mais ce ne sont pas là les seules différences qui séparent les chemins non reconnus des chemins qui ont fait l'objet d'un arrêté de reconnaissance. Plusieurs autres très importantes sont à signaler.

La première, c'est que les travaux de redressement ou d'élargissement des chemins non reconnus ne peuvent être déclarés d'utilité publique qu'autant qu'il est procédé préalablement à la reconnaissance de ces chemins. La constitution de syndicats ayant pour objet la réalisation de semblables travaux est également subordonnée à l'émission d'un arrêté de reconnaissance. Cela ne veut pas dire que les particuliers ne puissent participer à l'établissement de ces voies rurales ; mais ils ne peuvent le faire que par le moyen de cotisations consenties suivant les formes que nous avons indiquées plus haut, et non en constituant des associations syndicales fonctionnant d'après les règles posées par les articles 19 et suivants de la loi du 20 août 1881. (V. *suprà*.)

La seconde différence, c'est que les actions possessoires peuvent être exercées à n'importe quel moment par les particuliers contre les prétentions de la commune revendiquant un chemin non reconnu. Il n'y a pas évidemment de règle analogue à celle que l'article 5 a consacrée pour les chemins reconnus. (Féraud-Giraud, t. II, n° 549.)

La troisième différence, c'est que la servitude d'alignement n'existe pas pour les chemins ruraux non reconnus (Cass. 4 juill. 1857, Sir. 58-1-93, D. p. 57-1-378 ; 17 juill. 1863, Sir. 63-1-553, D. p. 64-1-500). Il n'y a donc à tenir compte que des règlements locaux pris par les maires dans la limite

---

1. Cette disposition est quelque peu anormale. En principe, en effet, l'arrêté préfectoral devrait faire l'objet, soit d'un pourvoi devant le ministre, supérieur hiérarchique du préfet, soit d'un recours pour excès de pouvoir, recours dont le Conseil d'État pourrait être saisi *omisso medio*. On ne s'explique donc pas bien la compétence accordée par la loi au Président de la République, statuant après avis du Conseil d'État. Il convient d'ailleurs d'ajouter que la mesure est sans grande portée, puisque la décision du Président de la République pourrait, elle aussi, être attaquée pour excès de pouvoir, vice de forme ou violation de la loi, devant le Conseil d'État.

de leurs attributions. Les maires peuvent prendre des arrêtés défendant aux particuliers de construire le long des chemins non reconnus sans avoir obtenu l'autorisation ; ils peuvent même, en vue d'observer dans la délivrance de ces autorisations une régularité suffisante, faire dresser un plan figuratif du chemin avec ses dimensions actuelles. Mais ils seraient évidemment sans droit pour contraindre les riverains à accepter contre leur gré les limites ainsi définies. (Cass. 12 janv. 1856, Sir. 56-1-555, D. p. 56-1-142 ; Cons. d'Ét. 2 sept. 1862, Sir. 62-2-489, D. p. 63-3-17 ; 8 août 1865, Sir. 66-2-206.)

Si donc il n'est intervenu aucun règlement municipal, les riverains d'un chemin rural non reconnu peuvent construire à leurs risques et périls sans demander l'alignement, et on ne saurait, pour cette omission, verbaliser contre eux. (Cass. 17 août 1865, Sir. 66-1-183, D. p. 66-1-43.)

Mais il est bien évident que les riverains doivent obéir aux prescriptions du Code pénal qui, on le sait, sont obligatoires, indépendamment de tout règlement municipal les rappelant ou les reproduisant, et notamment à l'article 479 de ce Code qui interdit et punit les faits de nature à porter atteinte à la circulation : dégradations, dépôts, enlèvement de terres. (Cass. 13 janv. 1888, Bull. n° 18.)

Signalons en terminant quelques dispositions qui s'appliquent aux chemins non reconnus comme aux chemins reconnus.

En premier lieu les charges imposées aux riverains des voies publiques et qui les obligent à souffrir l'occupation temporaire de leurs propriétés pour fouilles et extractions de matériaux ou autre cause, dans le but de faciliter l'entretien de ces voies, sont applicables aux riverains des chemins publics communaux, même non reconnus, pourvu qu'ils soient régulièrement affectés à l'usage public. (Naudier, n° 54, p. 58 ; Fuzier-Hermann, loc. cit., n° 297 ; Féraud-Giraud, t. II, n° 555.)

En second lieu, les articles 16 et 17 de la loi de 1881 sont applicables aux chemins reconnus et aux chemins non reconnus.

Il en résulte, d'une part, qu'un chemin rural non reconnu qui cesse d'être affecté à l'usage du public peut être aliéné conformément aux articles 16 et 17 de la loi de 1881, et d'autre part, qu'un droit de préemption existe en faveur des riverains. (Féraud-Giraud, t. II, n° 557. V. suprà, Sect. 4.)

De même, l'application de la réduction des droits dont nous parlons dans notre sous-chapitre 4, s'applique aux deux catégories de chemins ruraux. (V. infrà.)

Enfin, les actions en justice doivent être jugées, ainsi que celles relatives aux chemins ruraux reconnus, comme affaires sommaires, conformément à l'article 405 du Code de procédure civile.

Sous-chapitre IV. — Enregistrement et timbre.

Section 1re. — Enregistrement.

Les plans, procès-verbaux, certificats, significations, jugements, contrats, marchés, adjudications de travaux, quittances et autres actes ayant pour objet exclusif la construction, l'entretien et la réparation des chemins ruraux sont enregistrés moyennant le droit fixe de 1 fr. 50 c. en principal. (L. 1881, art. 18.)

Mais le bénéfice de ce tarif réduit n'est acquis aux communes que si elles justifient, préalablement à l'enregistrement, du caractère rural du chemin faisant l'objet de l'acte.

Lorsqu'il s'agit de chemins reconnus, il suffit que l'acte présenté à la formalité mentionne l'arrêté de reconnaissance qui a été pris dans les formes réglementaires. (V. suprà.)

Pour les chemins non reconnus, la justification nécessaire est établie, soit par un certificat du maire, visé par le préfet et joint à l'acte soumis à la formalité, soit par tout autre document contenant la preuve des faits constitutifs de la nature de la voie.

La disposition précitée de la loi du 20 août 1881 n'est que la reproduction de celle de la loi du 21 mai 1836 (art. 20) relative aux chemins vicinaux. Il en résulte que toutes les règles particulières à ces derniers chemins sont applicables aux chemins ruraux.

Section 2. — Timbre.

Tous les actes énumérés dans notre section 1re restent soumis à la formalité du timbre, tant sur la minute que sur l'expédition, suivant les règles et les tarifs ordinaires.

Remarquons d'ailleurs que ces diverses dispositions ne forment pas obstacle à ce que les communes bénéficient de l'exemption complète des droits d'enregistrement et de timbre accordée par l'article 58 de la loi du 3 mai 1841 lorsqu'elles acquièrent des terrains pour l'ouverture, le redressement ou l'élargissement de leurs chemins ruraux, en vertu d'une déclaration d'utilité publique ou d'une décision équivalente émanant du chef de l'État ou de la commission départementale. (Circ. int. 27 août 1881.)

LIVRE IV. — CHEMINS D'EXPLOITATION OU CHEMINS PRIVÉS [1]

CHAPITRE Ier

CARACTÈRES DES CHEMINS D'EXPLOITATION

D'après l'article 33 de la loi du 20 août 1881, « les chemins et sentiers d'exploitation sont ceux qui servent exclusivement à la communication entre divers héritages et à leur exploitation. Ils sont, en l'absence de titre, présumés appartenir aux propriétaires riverains chacun en droit soi; mais l'usage en est commun à tous les intéressés.

L'usage de ces chemins peut être interdit au public. »

Les termes mêmes de cet article différencient les chemins d'exploitation des *chemins ruraux* sous un double rapport. Tandis qu'en effet les chemins ruraux sont affectés *à l'usage du public* et appartiennent aux *communes*, les chemins d'exploitation ou de desserte ne sont affectés qu'à la communication entre *quelques héritages* et appartiennent aux *propriétaires* des héritages desservis par ces voies de communication.

CHAPITRE II

DROITS DES RIVERAINS SUR LES CHEMINS D'EXPLOITATION

L'article 33, §§ 1 et 2, et les articles 34 à 37 de la loi du 20 août 1881 sont ainsi conçus :

« Les chemins sont, en l'absence de titre, présumés appartenir aux propriétaires riverains, chacun en droit soi; mais l'usage en est commun à tous les intéressés.

L'usage de ces chemins peut être interdit au public » (art. 33).

« Tous les propriétaires dont ils desservent les héritages sont tenus les uns envers les autres de contribuer, dans la proportion de leur intérêt, aux travaux nécessaires à leur entretien et à leur mise en état de viabilité » (art. 34).

« Les chemins et sentiers d'exploitation ne peuvent être supprimés que du consentement de tous les propriétaires qui ont le droit de s'en servir » (art. 35).

« Toutes les contestations relatives à la propriété et à la suppression de ces chemins et sentiers sont jugées par les tribunaux comme en matière sommaire.

Le juge de paix statue, sauf appel, s'il y a lieu, sur toutes les difficultés relatives aux travaux prévus par l'article 34 » (art. 36).

« Dans les cas prévus par l'article 34, les intéressés pourront toujours s'affranchir de toute con-

tribution en renonçant à leurs droits soit d'usage, soit de propriété, sur les chemins d'exploitation » (art. 37).

Section Ire. — Propriété des chemins d'exploitation.

§ 1er. — Principe.

Les chemins de desserte ou d'exploitation sont présumés des voies privées et non des chemins publics, à moins de preuves contraires (Req. 5 mai 1868, Sir. 68-1-247, D. p. 68-1-386). Ils sont réputés appartenir aux riverains et dès lors ils sont susceptibles de possession et de prescription. (Req. 24 juin 1856, D. p. 57-1-91.)

Mais si les chemins appartiennent aux riverains, cette propriété est-elle commune ou privative [1] ?

Avant la loi de 1881, la question était controversée.

Dans un premier système, on décidait que les chemins d'exploitation étaient présumés exister en vertu d'une convention tacite des propriétaires riverains, et réputés, sauf la preuve contraire, *appartenir en commun* à tous les propriétaires des héritages qu'ils desservaient. (Cass. 5 janv. 1874, D. p. 74-1-391, Sir. 75-1-27; 5 janv. 1875, D. p. 77-1-483, Sir. 75-1-159; 3 déc. 1878, D. p. 79-1-23; 18 août 1879, Sir. 80-1-464, D. p. 80-1-383.)

---

1. On appelle souvent les chemins d'exploitation chemins de culture, chemins de desserte, chemins de contrées, sentes, etc. M. Féraud-Giraud manifeste une préférence pour l'expression chemins de quartier. C'était là, en effet, l'expression employée dans l'ancienne Provence, avec celle de chemins voisinaux.

1. Cette question ne peut se poser évidemment que pour une seule catégorie de chemins, ceux appartenant à plusieurs propriétaires. Quant à ceux qui appartiennent à un seul individu, qui les a établis sur son propre terrain et qui ne servent qu'à lui, ils ne sont soumis à d'autres règles que celles qui régissent toute propriété privée.

D'après une seconde opinion, les chemins d'exploitation étaient censés *appartenir en propre à chacun des riverains* pour la part qui bordait ou traversait son fonds; mais leur *usage* était *commun* à tous les propriétaires. (Lyon 5 janv. 1849, D. p. 50-2-207, Sir. 50-2-166; Bordeaux 6 août 1873, D. p. 74-2-233.)

Ainsi donc, selon que l'on adoptait l'un ou l'autre de ces systèmes, c'était ou à titre de *copropriété* ou seulement à titre de *servitude réciproque* que le droit de passage pouvait être revendiqué ou exercé par chacun des coïntéressés.

Aujourd'hui, aux termes de l'article 33 de la loi du 20 août 1881, les chemins et sentiers d'exploitation sont, en l'absence de titres, présumés appartenir aux propriétaires riverains, chacun en droit soi; mais l'usage en est commun à tous les intéressés, c'est-à-dire que chaque parcelle du chemin est assujettie en faveur des fonds des autres riverains à un *droit de passage*[1]. C'est la consécration du second système exposé plus haut. (Cf. Cass. 2 mai 1888, Sir. 88-1-381, D. p. 88-1-275; Montpellier 13 déc. 1890, D. p. 91-2-374, Sir. 92-2-218.)

La présomption de l'article 33 n'est pas absolue: elle peut être combattue par la preuve contraire (Cass. 6 nov. 1889, D. p. 91-1-389, Sir. 89-1-309; 8 mars 1892, D. p. 92-1-211). D'autre part, rien n'empêche d'acquérir par prescription, non pas évidemment le droit de passage à titre de servitude, ce qui serait en effet contraire aux règles du droit civil, mais la propriété ou la copropriété du chemin. (Req. 6 nov. 1888 précité.)

Quelle est la situation juridique des plantations? Elles suivent, comme accessoires, le sort du principal et doivent dès lors être présumées appartenir aux riverains chacun en droit soi.

§ 2. — Effets du caractère de propriété privée des chemins d'exploitation.

Le caractère de propriété privée des chemins d'exploitation entraîne des conséquences au point de vue de la compétence.

Ainsi, l'on ne saurait regarder comme des contraventions de simple police prévues par le Code pénal: l'encombrement ou l'embarras du chemin, sa dégradation ou son anticipation.

L'encombrement ou la dégradation du chemin ne peut donner lieu qu'à une action civile en maintenue du passage et en réparation du dommage. (V. Cass. 3 mai 1861, D. p. 61-1-360; Féraud-Giraud, t. II, n° 627.)

De même les contestations auxquelles peut donner lieu une anticipation faite sur des sentiers servant à l'exploitation des propriétés rurales sont du ressort des tribunaux et non de l'autorité administrative.

---

1. On a soutenu cependant que, malgré les termes de l'article 33 de la loi de 1881, le système de la copropriété des chemins d'exploitation entre les riverains doit continuer à être suivi. (V. Req. 5 nov. 1888, D. p. 89-1-230; 7 déc. 1892, D. p. 93-1-221.)

Section 2. — *Usage des chemins d'exploitation.*

Jusqu'en 1881, nous l'avons dit, il était admis que, les chemins d'exploitation appartenant à titre de copropriété indivise aux propriétaires riverains, chacun de ceux-ci pouvait réclamer passage sur le chemin dans son entier, sans rapporter un titre, comme il y serait obligé s'il s'agissait de l'exercice d'une simple servitude (Cod. civ., art. 691), cette jouissance étant exercée, non à titre de servitude, mais à titre de propriété.

Depuis la loi du 20 août 1881, dont, on l'a vu, l'article 33 dispose que les chemins d'exploitation sont, en l'absence de titre, présumés appartenir aux propriétaires riverains, chacun en droit soi; mais que l'*usage* en est *commun à tous les intéressés*, le passage sur ces chemins de la part des riverains doit être considéré comme s'exerçant *à titre de servitude.* (Cass. 2 mai 1888, Sir. 88-1-381, D. p. 88-1-275; Chambéry 15 juill. 1890, Sir. 92-2-218.)

En principe, les propriétaires des fonds riverains des chemins d'exploitation ont seuls droit à l'usage commun de ces chemins, qui sont présumés avoir été formés au moyen de l'abandon, par chacun des propriétaires auxquels ils profitent, de la portion de terrain nécessaire à leur établissement. (Cass. 25 mars 1891, D. p. 94-1-335, Sir. 91-1-245.)

Toutefois, l'article 33, en partageant entre les riverains la propriété du sol des chemins d'exploitation, ne supprime ni modifie les droits d'usage existant au profit des divers propriétaires dont ces chemins desservent les héritages. Ainsi le propriétaire du fonds auquel aboutit et finit un chemin d'exploitation qui traverse ou borde d'autres héritages, doit être considéré comme étant au nombre de ceux qui ont droit à l'usage en commun de ce chemin, alors du moins qu'il n'a pas d'autre moyen de se desservir. (Limoges 21 nov. 1892, D. p. 94-2-186; Comp. Cass. 14 avril 1891, D. p. 91-1-179, et 3 août 1887, D. p. 88-1-273.)

Il a été décidé, au temps où était en vigueur le système qui présumait chez tous les riverains un droit de copropriété sur l'ensemble du chemin, que l'usage de ce chemin ne pouvait être étendu aux fonds acquis postérieurement par l'un des propriétaires qu'à la charge par lui de payer une indemnité à ses communistes.

Il ne saurait en être de même aujourd'hui. Si le propriétaire dont il s'agit avait déjà d'autres fonds en bordure du chemin, il jouissait d'un droit de passage sur toute l'étendue du chemin, que rien dans les termes de la loi du 20 août 1881 (art. 33) n'autorise à formuler ici une restriction, contraire d'ailleurs au bon sens, puisque la propriété doit être accessible par quelque extrémité du chemin qu'on se présente. (Fuzier-Hermann, v° *Chemins d'exploitation*, n° 23.)

Le même droit peut évidemment être réclamé, et pour des motifs identiques alors même que ce serait seulement du fait de sa nouvelle acquisition que le propriétaire se trouverait appelé à se servir du chemin. Dans aucun des cas, on ne voit pour ce propriétaire d'autres obligations que celles résultant de la participation aux dépenses d'entretien. (V. *infrà*.)

Les droits de jour, de vue, d'issue et d'égout de toits, existent à l'égard des chemins publics ; il faut les admettre aussi sur les chemins privés, au profit de chacun des propriétaires, sous la réserve qu'un riverain ne doit pas nuire à l'usage commun et au passage des autres.

Par suite, les communistes peuvent conserver toutes les ouvertures, jours ou issues qu'ils ont pratiqués dans les murs de leurs bâtiments, et dans la largeur du passage, des toits avancés, couvertures ou abris, à la condition que ces abris, en couvrant le passage, n'y gênent en aucune manière la circulation commune. (Cass. 19 juin 1876, Sir. 77-1-267 ; Aubry et Rau, t. II, § 221 *ter ;* Demolombe, *Servitudes*, t. Ier, n° 446 ; Perrin et Rendu, *Dict. des constructeurs*, n° 1256.)

CHAPITRE III

OUVERTURE, ENTRETIEN ET MISE EN VIABILITÉ

Lorsque l'origine des chemins privés ne se trouve pas dans un accord tacite des propriétaires riverains, elle vient souvent de la destination du père de famille : les propriétaires de vastes domaines avaient fréquemment crée, pour l'exploitation, des chemins qui ont subsisté après le morcellement. (Féraud-Giraud, t. II, n° 617.)

Les chemins peuvent être établis, soit par les propriétaires, en vertu de l'accord tacite dont nous venons de parler, soit par des syndicats, dans les conditions que nous étudions plus loin.

La largeur de ces chemins a pu être déterminée par un accord intervenu entre les intéressés, et dont les termes sont rapportés en cas de contestation. Mais c'est là le cas le plus rare. (Féraud-Giraud, t. II, p. 619.)

Dès lors, à défaut de ce mode de preuve, il faut s'en rapporter aux usages locaux, aux coutumes et anciens règlements. (V. Cass. 10 août 1840, D. p. 40-1-302.)

Si l'élargissement du chemin devient nécessaire, il pourra y être procédé moyennant indemnité. Les tribunaux civils statueront sur les difficultés élevées en cette matière. (Féraud-Giraud, t. II, n° 620.)

L'article 33 de la loi du 20 août 1881 porte que la circulation peut être interdite au public sur les chemins d'exploitation ; il en résulte que ces chemins doivent être entretenus aux frais exclusifs de ceux qui sont appelés à bénéficier de leur usage. A moins de les considérer comme des chemins ruraux non reconnus, dont elle ne cherche pas à revendiquer la propriété, la commune n'interviendra donc pas dans les dépenses qu'ils peuvent occasionner.

La loi du 20 août 1881 a réglementé comme suit la participation des divers intéressés.

Tous les propriétaires dont les chemins desservent les héritages sont tenus les uns envers les autres de contribuer, dans la proportion de leur *intérêt*, aux travaux *nécessaires* à leur entretien et à leur mise en état de *viabilité*. (L. 20 août 1881, art. 34.)

Le projet de loi primitif employait au lieu de « mise en état de viabilité » l'expression de « réparation ». La substitution a eu pour but d'indiquer qu'il n'était pas nécessaire que les travaux eussent pour objet de rétablir un état déterminé de viabilité antérieure dont le demandeur devrait établir la preuve. Cet état de viabilité antérieure doit être présumé par cela même que la destination du chemin est de servir aux communications. L'importance de ces communications varie suivant l'affectation des propriétés desservies, et par suite les conditions de la mise en état de viabilité peuvent se trouver modifiées.

La part contributive, dont chaque propriétaire est tenu, est proportionnelle à son intérêt. Les circonstances qui peuvent servir à apprécier cet intérêt sont : l'étendue de l'exploitation, la longueur du parcours utilisé, enfin tout ce qui constitue l'importance de l'usage. (L. 20 août 1881 ; Rapport de M. Labiche au Sénat.)

L'article 34 s'applique, sans aucune distinction, à tous les chemins servant à l'exploitation des héritages.

Dès lors, les propriétaires de deux forêts séparées par un chemin commun destiné à l'exploitation de ces forêts sont tenus de contribuer aux travaux nécessaires à l'entretien et à la mise en état de viabilité de ce chemin proportionnellement à leur intérêt.

Et le jugement qui déclare par une appréciation souveraine que les travaux réclamés sont nécessaires à la mise en état de viabilité du chemin justifie suffisamment l'application de l'article 34. (Req. 10 juin 1890, D. p. 91-1-480, Sir. 91-1-253.)

Un chemin privé ne devient pas public par cela seul que le propriétaire n'en interdit pas l'usage au public ; la tolérance de celui-ci ne saurait donc l'obliger à maintenir libre et en bon état de viabilité un chemin qu'il ne doit à personne. (Cass. 5 août 1859, D. p. 62-5-347.)

Aux termes de l'article 37, dans les cas prévus

par l'article 34, les intéressés peuvent toujours s'affranchir de toute contribution en renonçant à leurs droits soit d'usage, soit de propriété, sur les chemins d'exploitation.

Cette faculté est la conséquence du caractère de droit réel dont sont empreints les droits d'usage ou de propriété des intéressés. (V. Cod. civ., art. 711 et 712.)

CHAPITRE IV

SUPPRESSION. — DÉPLACEMENT DE L'ASSIETTE DU CHEMIN

Section 1re. — Suppression.

Les chemins d'exploitation, quoique servant à un usage commun, n'en restent pas moins des chemins privés, appartenant aux propriétaires des fonds qu'ils desservent; ceux-ci, dès lors, peuvent les supprimer sans que la commune ait le droit de s'y opposer. (Paris 11 mars 1861, D. p. 61-2-191, Sir. 61-2-97; Féraud-Giraud, t. II, n° 630.)

Mais le consentement de tous les propriétaires qui ont le droit de se servir du chemin d'exploitation est nécessaire pour la suppression de celui-ci. (L. 1881, art. 35.)

Section 2. — Déplacement.

Aujourd'hui qu'il est admis que le propriétaire riverain ne doit qu'une servitude réelle, on doit conclure que chacun des propriétaires peut se prévaloir de la disposition de l'article 701 du Code civil qui permet au maître d'un fonds grevé de servitude de changer l'assignation primitive, s'il ne doit en résulter aucune aggravation pour les bénéficiaires de la servitude. (Chambéry 15 juill. 1890, Sir. 92-2-218; Pardessus, *Des servitudes*, t. II, n° 217; Garnier, *Chemins*, p. 477; Curasson, *Compétence des juges de paix*, t. II, p. 189; *Contrà:* Féraud-Giraud, t. II, p. 598.)

Cette question était résolue par la négative au temps où la jurisprudence se prononçait en faveur de la copropriété des riverains. (Cass. 15 fév. 1858, Sir. 58-1-347, D. p. 58-1-125; Paris 15 mars 1856, Sir. 57-2-61, D. p. 57-2-11.)

CHAPITRE V

CONTESTATIONS RELATIVES A LA PROPRIÉTÉ, A LA SUPPRESSION, A L'ENTRETIEN ET A LA VIABILITÉ DES CHEMINS D'EXPLOITATION

Section 1re. — Compétence concernant la propriété et la suppression des chemins d'exploitation.

Toutes les contestations relatives à la propriété et à la suppression des chemins et sentiers d'exploitation sont jugées par les tribunaux ordinaires. C'est là une conséquence de leur caractère de propriété privée.

L'article 36 veut que ces contestations soient jugées comme *affaires sommaires.*.

Cette simplification de la procédure se justifie par leur nature, et le plus souvent par leur peu d'importance. (Rapp. de M. Labiche au Sénat.)

Section 2. — Compétence concernant l'entretien et la viabilité des chemins d'exploitation.

Dans un but d'économie et de célérité, l'article 36 attribue aux juges de paix la connaissance, sauf appel, s'il y a lieu, de toutes les difficultés concernant les travaux d'entretien et de mise en état de viabilité des chemins d'exploitation. (Rapp. de M. Labiche au Sénat.)

S'il appartient au juge de paix de statuer sur les difficultés relatives aux travaux nécessaires à l'entretien et à la mise en état de viabilité d'un chemin d'exploitation, le tribunal civil peut connaître des contestations ayant pour objet, outre la fixation du tracé d'un pareil chemin, l'exécution des travaux destinés à protéger les héritages contre l'envahissement des eaux d'une rivière contiguë. Et il en est ainsi, quoique ces travaux dussent en réalité servir à mettre le chemin en état de viabilité. (Cass. 4 avril 1892, D. p. 92-1-304.)

CHAPITRE VI

CONSTITUTION D'ASSOCIATIONS SYNDICALES

Aux différentes entreprises qui peuvent faire l'objet d'une association syndicale, la loi du 22 décembre 1888 reproduisant, d'ailleurs, le texte de la loi de 1865, comprend « l'exécution et l'entretien de travaux de chemins d'exploitation ». Ces travaux ne rentrent cependant que dans la catégorie des améliorations, et l'on sait qu'en pareil cas le législateur exige l'observation de conditions plus rigoureuses qu'en matière d'entreprises de défense.

Bien entendu, rien ne s'oppose à ce que l'association se constitue sous la forme d'association syndicale libre, par le consentement unanime et écrit de tous les intéressés.

Mais l'association syndicale ayant pour objet la construction ou l'entretien de chemins d'exploitation ne pourrait être transformée en association autorisée que si les travaux avaient été reconnus d'utilité publique par un décret rendu en Conseil d'État.

En outre, aucun travail de la nature de ceux qui nous occupent ne peut être entrepris que sur l'autorisation du préfet. Cette autorisation ne peut être donnée qu'après paiement préalable des indemnités de délaissement et d'expropriation et sous cette condition que les membres de l'association syndicale autorisée auront garanti le paiement des travaux, des fournitures et des indemnités pour dommages au moyen de sociétés acceptées par les parties intéressées ou déterminées, en cas de désaccord, par le tribunal civil. (L. 22 déc. 1888, art. 3.)

Le préfet ne peut autoriser l'association qu'au cas d'adhésion des trois quarts des intéressés représentant plus des deux tiers de l'impôt foncier afférent aux immeubles.

Un extrait de l'acte d'association et l'arrêté du préfet, en cas d'autorisation, et, en cas de refus, les arrêtés du préfet sont affichés dans les communes de la situation des lieux et insérés dans le *Recueil des actes de la préfecture*. (L. 22 déc. 1888, art. 5.)

Les propriétaires qui n'ont pas adhéré au projet d'association peuvent, dans le délai d'un mois, à partir de l'affichage de l'arrêté d'autorisation, déclarer à la préfecture qu'ils entendent délaisser, moyennant indemnité, les terrains leur appartenant et compris dans le périmètre. Il est donné récépissé de la déclaration. L'indemnité est fixée conformément à l'article 16 de la loi du 21 mai 1836. (M. L., art. 6.)

Si la commune croit devoir accorder une subvention à l'association, elle est autorisée à faire désigner par le conseil municipal un nombre de syndics proportionné à la part que la subvention représente dans l'ensemble de l'entreprise. (M. L., art. 8.)

CHAPITRE VII

CHEMINS ANALOGUES AUX CHEMINS D'EXPLOITATION

Section 1re. — Chemins voisinaux.

Il existe dans les départements du Midi des chemins qu'on appelle voisinaux ou de quartier; ces chemins sont d'une nature analogue aux chemins d'exploitation; ils servent aux propriétaires d'un même quartier et leur sol est ainsi en quelque sorte public entre les co-usagers. (V. Req. 20 fév. 1866, D. p. 66-1-384.)

En Normandie, ces mêmes chemins reçoivent le nom de *sentes de voisiné*. Comme les chemins d'exploitation, ces sentes sont réputées avoir été établies en commun par les propriétaires auxquels elles sont nécessaires.

Section 2. — Chemins de servitude.

Sur certains chemins le passage n'est dû qu'à titre de simple servitude. Ces chemins ne peuvent être fréquentés que par ceux auxquels le droit de passer a été concédé par la convention.

Cette servitude est régie par les principes du Code civil : elle doit être établie par titre (Cod. civ., art. 691; Cass. 16 juill. 1891, D. p. 93-1-130), et ne peut être acquise par prescription. (Pardessus, *Servit.*, n° 216; Garnier, *Des Chem.*, p. 291; Demolombe, t. II, p. 310; Féraud-Giraud, t. II, p. 309.)

CHAPITRE VIII

CARRAIRES

On trouve, dans quelques départements du Midi, des chemins connus sous le nom de carraires, et qui sont exclusivement destinés au passage des troupeaux qui, chaque année, se rendent alternativement de la plaine à la montagne et de la montagne à la plaine.

Ces chemins ne sont pas à proprement parler des chemins publics ; car ils font partie des propriétés qu'ils traversent et n'existent, à vrai dire, qu'à titre de servitude. (Cappeau, t. 1er, p. 695 ; Dalloz, n° 1452 ; Hermann, n° 942 ; Jousselin, t. II, p. 438 ; Féraud-Giraud, t. II, p. 201 ; *Contrà :* Bourguignat, *Droit rural,* p. 195.)

· Toutefois, à raison de leur utilité, de leur nécessité même, ils sont généralement assimilés aux chemins ruraux.

Les carraires sont régies par un règlement homologué au parlement de Provence, le 21 juillet 1783, et toujours en vigueur. (Dalloz, *Voirie par terre,* n° 1452 ; Tavernier, *Usages locaux des Bouches-du-Rhône,* p. 88 ; Bourguignat, *Droit rural,* p. 195, n° 618 ; Féraud-Giraud, t. II, p. 198.)

Aux termes de ce règlement, c'est à l'administration qu'appartient le droit de rétablir les carraires dans tous les lieux où il doit y en avoir, et d'en déterminer la direction et les dimensions. (Cons. d'Ét. 26 déc. 1827, Dall. J. G., v° *Voirie par terre,* n° 1453 ; 19 janv. 1850 ; Jousselin, *Servit. d'utilité publique,* t. II, p. 439 ; Cappeau, *Législ. rurale,* t. 1er, p. 691 ; Hermann, n° 942 ; Féraud-Giraud, t. II, p. 203.)

En 1807 et 1819 notamment, il a été pris par le préfet du Var diverses résolutions en exécution de l'arrêté de 1783, mais l'acte le plus important fondé sur ses dispositions paraît être l'arrêté pris le 1er avril 1806 par le préfet des Bouches-du-Rhône, dont M. Féraud-Giraud rapporte le texte dans son tome II, page 199.

Les actes administratifs concernant le rétablissement des carraires ne sauraient faire l'objet d'un recours contentieux, à moins qu'ils ne fussent attaqués pour excès de pouvoirs.

D'un autre côté, ils laissent intacts les droits de propriété, que les tiers pourront faire reconnaître par les tribunaux, s'ils croient avoir à se plaindre de ce qu'on les aurait méconnus. (Cappeau, t. 1er, p. 699, n° 53 ; Dalloz, n° 1451 ; Hermann, n° 943.)

Si la direction donnée à la carraire par l'administration portait une atteinte à la propriété, et que celui qui en souffrirait crût devoir se borner à réclamer une indemnité, l'autorité judiciaire serait compétente pour reconnaître s'il y a lieu à indemnité, et pour fixer le montant de cette indemnité. (Cons. d'Ét. 26 déc. 1827, 19 juill. 1850 ; Féraud-Giraud, t. II, p. 205.)

D'après le règlement de 1783, les grandes carraires devaient avoir un maximum de largeur de 20 mètres et un minimum de 10 mètres, la largeur des petites devait être, autant que possible, de 5 mètres. L'arrêté de 1806 pour les Bouches-du-Rhône a fixé le minimum de largeur des grandes carraires à 10 mètres, sans que la plus grande largeur qu'elles avaient alors pût être diminuée, les carraires particulières des communes devaient avoir 5 mètres de large. MM. Cappeau et Tavernier pensent que ces prescriptions doivent être actuellement suivies. (Féraud-Giraud, *loc. cit.*)

Les carraires sont prescriptibles comme les autres simples propriétés communales et particulières. (Cass. 13 nov. 1849 ; Dalloz, n° 1456.)

Les maires ont un droit de police et de surveillance sur les carraires. Il leur appartient de constater et de faire réprimer les anticipations et les détériorations dont elles seraient l'objet.

Mais les tribunaux de simple police sont seuls compétents pour statuer sur ces contraventions, qui ne sauraient être rangées parmi celles que les lois des 29 floréal an X et 9 ventôse an XIII ont déférées aux conseils de préfecture. (Cons. d'Ét. 26 avril 1848-21 avril 1848 ; Cass. 13 nov. 1849 ; Dalloz, n° 1455 ; Hermann, n° 944 ; Bourguignat, *Droit rural,* p. 195 ; Féraud-Giraud, t. II, p. 207.)

LIVRE V. — VOIRIE URBAINE [1]

CHAPITRE Ier

NATURE ET CLASSEMENT DES VOIES PUBLIQUES URBAINES

Section 1re. — Voies publiques urbaines proprement dites.

Les voies de communication intérieures qui desservent les divers centres de population, c'est-à-dire les rues, passages, boulevards, impasses, carrefours, places et promenades publiques, forment ce qu'on appelle la voirie urbaine. Elles font partie de la petite voirie. C'est par exception que les rues de Paris sont classées dans la grande voirie.

§ 1er. — Voies qui ont le caractère de voies urbaines, en l'absence d'arrêté de classement.

À la différence de la grande voirie et de la voirie vicinale, il n'est pas nécessaire qu'un acte spécial de l'administration ait classé les voies urbaines; il suffit qu'elles soient livrées à la libre circulation

1. Comme dans toutes les matières de droit public en France, dit Blanche, v° *Voirie*, c'est au droit romain qu'il faut se reporter pour trouver l'origine et la base de notre législation sur la police de la voie publique.

L'organisation de cette branche de l'administration dans l'ancienne Rome offrait effectivement beaucoup d'analogie avec le régime en vigueur aujourd'hui à Paris et dans nos principales villes.

Au temps de la république, les édiles, en qualité de délégués du préteur, étaient chargés de veiller à la conservation et à l'entretien des chemins et des rues, ainsi que des édifices riverains, dont la décoration était alors considérée comme objet d'intérêt public. On sait quel prix l'orgueil romain attachait à la splendeur de la Cité, et quels sacrifices l'État et les particuliers s'imposaient pour y concourir. De là, le haut rang que les édiles occupaient dans l'ordre de la magistrature, à Rome. Ils étaient assistés, dans l'exercice de leurs fonctions, par des officiers au nombre de quatre : *Quatuor viri viarum curandarum*, chargés d'inspecter les chemins et les rues, de les tenir en bon état, de surveiller les ouvriers employés aux réparations, et de faire leur rapport sur les transgressions dont ceux-ci se rendraient coupables.

Vers la fin de la république et pendant les guerres civiles, la forme du gouvernement ayant changé, la charge de préteur fut divisé, et l'édilité elle-même subit diverses modifications qui en amoindrirent l'importance. Ce n'est que sous le règne d'Auguste que cette institution fut réorganisée, mais sur un pied différent. Un premier magistrat, créé sous le titre de *Prœfectus urbis*, reçut la mission d'exercer la police sur toute l'étendue de la ville. Rome fut divisée en quatorze quartiers, à chacun desquels fut attaché, pour la police de la voie publique, un commissaire, *curator*, chargé, avec l'aide d'agents subordonnés, de rechercher les abus, de signaler les contraventions à la loi, *de œdilitio edictio*, et les constater et d'en faire son rapport au préfet.

Cette organisation s'est maintenue sous l'empire, dans les villes de la domination romaine, et jusque dans les provinces conquises; ce qui explique comment elle fut introduite dans les Gaules et particulièrement en France. Les premiers édits de nos rois qui ont réglementé la voirie prouvent, en effet, qu'ils prirent exemple sur l'administration romaine dans le mode qu'ils adoptèrent pour l'institution de cette partie de la police publique. C'est ainsi qu'à Paris il a existé de tout temps, indépendamment du prévôt, un voyer dont la fonction consistait, de même que celle de l'édile romain, à délivrer les alignements et permissions de bâtir sur la voie publique, assisté dans cet office par des commissaires distribués dans les seize quartiers de la ville, comme les *curatores regionum urbis*, à Rome.

du public, qu'elles soient établies sur des terrains faisant partie du domaine communal et conformément à des plans d'alignement approuvés par les autorités compétentes, pour prendre le caractère de voies publiques. (Cons. d'Ét. 16 août 1860, D. p. 61-3-74; Des Cilleuls, n° 101, p. 170; Guillaume, n° 8, p. 25; Blanche, *Dict. gén. d'admin.*, t. II, v° *Voirie*, p. 1913.)

En cas de contestation sur le caractère d'une voie ou d'une place urbaine qui n'a pas été l'objet d'un classement régulier, cette question doit être résolue en fait. (Cons. d'Ét. 27 déc. 1865, D. p. 66-3-68; 11 mars 1887, Leb. chr., 211, D. p. 88-3-70; 2 mai 1890, Leb. chr., p. 438, D. p. 91-3-108; 4 déc. 1891, Leb. chr., p. 724, D. p. 93-3-46; 5 août 1892, D. p. 94-3-4.)

Lorsqu'il existe un arrêté d'alignement, émané du maire, cet arrêté n'est pas, à la vérité, attributif du terrain à la voie publique, mais il en implique la publicité préexistante et par suite il peut servir de base à la déclaration de publicité reconnue par le juge. (Cass. 25 janv. 1859, D. p. 59-1-85; Guillaume, n° 10, p. 27.)

En l'absence de tout acte constatant officiellement le caractère légal d'une voie, on doit considérer comme urbaine celle qui met en communication deux rues et est bordée d'un certain nombre d'habitations. (Cons. d'Ét. 7 déc. 1888, Leb. chr., p. 929; D. p. 90-3-22; Comp. Cons. d'Ét. 16 fév. 1894, Leb. chr., p. 131, D. p. 95-3-30.)

Lorsqu'il y a nécessité de déterminer si une voie publique est une rue ou un chemin public, cette détermination ne peut, en principe, être faite que par l'autorité administrative. (Cons. d'Ét. 19 déc. 1890, Leb. chr., p. 982, D. p. 92-3-66; 5 août 1892, D. p. 94-3-4.)

Cependant, quand cette question est préjudicielle à la décision du tribunal de simple police saisi d'une contravention de petite voirie, cette juridiction a qualité pour déclarer, en dehors de tout acte administratif de classement, si la voie est ou non publique. En pareil cas, il n'y a pas lieu à renvoi. (Cass. 18 janv. 1890, D. p. 90-1-287.)

§ 2. — Classement des voies publiques urbaines.

Les voies publiques urbaines existantes [1] peu-

1. Quand la voie n'est encore qu'à l'état de simple projet, son classement résulte de l'acte administratif qui en autorise l'ouverture; les formalités de celle-ci aboutissent donc au classement sans procédure spéciale. (Des Cilleuls, n° 101; Guillaume, n° 11, p. 35.)

vent, nous venons de le dire, avoir ce caractère indépendamment de tout classement, mais la plupart du temps, elles font l'objet d'une mesure de cette nature, notamment dans les grandes villes.

Le classement doit faire d'abord l'objet d'une délibération du conseil municipal. (L. 5 avril 1884, art. 68, § 7.)

Il est ensuite procédé à une enquête *de commodo et incommodo,* conformément à l'ordonnance du 23 août 1835 ; sur le vu de la délibération originaire du procès-verbal d'enquête et de la délibération, qui a suivi cette opération, le classement, s'il y a lieu, est prononcé par le préfet, en vertu de l'article 1er et du tableau A, § 55, du décret du 25 mars 1852, ainsi que de l'article 1er et du tableau A, § 67, du décret du 13 avril 1861, qui sont encore aujourd'hui en vigueur ; car l'article 68, § 7 de la loi du 5 avril 1884 subordonne à l'approbation de l'autorité supérieure les délibérations du conseil municipal sur cet objet.

L'arrêté de classement peut être l'objet d'un recours pour excès de pouvoir. Le délai de recours au Conseil d'État part du jour de l'affichage de l'arrêté attaqué, puisqu'aucune disposition de loi ou de règlement ne prescrit la notification à chaque riverain des arrêtés portant classement des voies urbaines. (Cons. d'Ét. 15 mars 1895, Leb. chr., p. 245.)

Section 2. — *Voies privées.*

Lorsque le terrain sur lequel le passage est pris par le public appartient à un particulier, ce terrain ne peut être assimilé à une voie publique et soumis aux *règlements de la voirie* urbaine qu'autant qu'un acte exprès de l'autorité lui a conféré ce caractère. (Limoges 26 janv. 1886, D. p. 87-2-27.)

Cependant, au point de vue de la *police municipale,* un terrain privé dont le public, ou même un certain nombre seulement d'habitants ont l'usage, peut être considéré comme faisant partie de la voie publique. (V. Cass. 11 août 1883, D. p. 84-1-211, D. p., 96-3-4.)

S'il s'agit de classer dans le réseau urbain une rue privée, deux hypothèses peuvent se présenter : ou bien le classement est accepté par les propriétaires du sol, et alors la décision de l'autorité préfectorale approuvant la délibération doit être précédée d'une enquête dans les termes des ordonnances des 18 février 1834 et 23 août 1835 ; ou bien les propriétaires s'opposent au classement, ou n'y accèdent qu'en réclamant une indemnité que l'administration conteste, et il faut alors recourir à un décret d'utilité publique et procéder par voie d'expropriation. (Des Cilleuls, n° 102 ; Guillaume, n° 11 *bis*, p. 36 ; 23 janv. 1890, Sir. 90-1-240.)

Section 3. — *Voies formant le prolongement des routes nationales ou départementales.*

Les rues et places des villes, bourgs et villages, qui forment le prolongement des routes nationales et départementales, quoique faisant partie de la voirie urbaine, sont, sous certains rapports[1], soumises au même régime que les routes dont elles sont la suite et doivent, dès lors, être considérées comme des dépendances de la grande voirie.

La désignation dans les villes, bourgs et villages, des rues qui sont le prolongement des routes nationales et départementales, doit être faite d'après les règles établies pour le classement de ces routes, c'est-à-dire par un décret s'il s'agit de routes nationales, et par le conseil général s'il s'agit de routes départementales.

Section 4. — *Voies formant le prolongement des chemins vicinaux.*

Toute rue qui, dans les formes légales, est reconnue être le prolongement d'un chemin vicinal quelconque, en fait partie intégrante et se trouve soumise aux mêmes lois et règlements.

La déclaration que la rue est le prolongement du chemin est faite dans les mêmes formes que le classement.

Des difficultés se sont élevées au sujet du classement, dans la voirie vicinale, des avenues construites par l'État ou les concessionnaires pour accéder aux gares ou stations de chemins de fer d'intérêt général.

Ces avenues faisant, en principe, partie du domaine public national, le ministre des finances avait d'abord pensé qu'elles ne devaient être remises aux communes qu'après déclaration d'utilité publique et indemnité.

Mais plus tard, il a reconnu, d'une part, que leur classement parmi les chemins vicinaux ayant pour résultat d'exonérer l'État ou les compagnies de l'obligation de les entretenir, il serait rigoureux de réclamer un prix pour l'abandon de terrains dont la conservation constituerait seulement une charge ; que, d'autre part, les avenues des chemins de fer d'intérêt général pouvant être assimilées aux routes nationales ou au moins aux chemins domaniaux, rien ne s'oppose à ce qu'elles soient rangées, avec cession gratuite, dans la voirie vicinale par un décret en vertu de la loi du 24 mai 1842. Cette opinion a été adoptée par le ministre des travaux publics et par celui de l'intérieur.

En conséquence, le préfet doit adresser au ministre de l'intérieur toutes les demandes qui sont formées, soit par les communes pour le classement des avenues, dont s'agit, au nombre de leurs chemins vicinaux ordinaires en joignant à ses propositions l'avis de la commission départementale précédé de l'accomplissement des formalités énoncées aux articles 2, 3 et 4 de l'instruction du 6 décembre 1870, soit par les conseils généraux afin de faire passer ces avenues dans la catégorie des voies vicinales de grande ou de moyenne communication, auquel cas il convient d'observer les prescriptions de l'article 7 de la même instruction.

Il convient, avant de provoquer le décret à intervenir, de consulter le ministre des travaux pu-

---

1. Notamment au point de vue de l'obligation de pour-

voir aux frais de construction et d'entretien, de l'autorité compétente soit pour délivrer les alignements, soit pour juger les contestations, soit pour réprimer les contraventions.

blics sur l'opportunité de la mesure et de produire un rapport des ingénieurs du service de contrôle des chemins de fer.

Il y a lieu de classer comme chemins de grande ou de moyenne communication les avenues des stations de chemins de fer d'intérêt général qui sont utiles à plusieurs communes, lors même qu'elles ne s'étendent pas au delà des limites d'une seule. (Circ. int. 7 mars 1882 : Cf. Circ. trav. publ. 5 avril 1882.)

CHAPITRE II

OUVERTURE ET REDRESSEMENT DES VOIES PUBLIQUES URBAINES [1]

Section 1re. — *Ouverture de voies publiques par l'administration.*

§ 1er. — Ouverture de voies publiques sur des terrains appartenant à des tiers.

Si la rue à ouvrir doit faire partie de la grande voirie, les études et projets sont dressés en ce qui touche les rues ayant le caractère de routes nationales, soit sur l'initiative directe des préfets, ingénieurs des ponts et chaussées ou du ministre des travaux publics, soit à la suite de vœux des conseils généraux, d'arrondissement ou municipaux. En ce qui touche les rues ayant le caractère de routes départementales, l'initiative appartient aussi aux ingénieurs et préfets ; elle peut être prise encore par le conseil général, et les autres conseils électifs peuvent formuler des vœux dans le même sens (Des Cilleuls, n° 23). Pour les rues de petite vicinalité et celles rentrant dans la notion stricte de voirie urbaine, leur ouverture doit être précédée d'une délibération du conseil municipal, approuvée par l'autorité supérieure, en vertu de l'article 68, § 7, de la loi du 5 avril 1884.

Cette autorité est le préfet, sauf l'application des dispositions relatives à l'expropriation publique.

Lorsque le maire a reconnu la nécessité de percer une voie nouvelle, il doit en faire dresser le plan par un architecte ou un ingénieur.

Ce plan est soumis au conseil municipal pour en délibérer et voter les fonds nécessaires à l'exécution des travaux et à l'acquisition des terrains destinés à l'emplacement de la rue projetée, dans le cas où le plan atteint des propriétés particulières.

Il est dressé, publié et arrêté conformément aux règles tracées pour la confection des plans d'alignement des villes.

Les plans, approuvés par le préfet, sont ensuite transmis avec les pièces au ministre de l'intérieur, qui provoque le décret portant déclaration d'utilité publique.

Mais auparavant, il y a lieu de procéder à une enquête administrative, dans les formes prescrites par l'ordonnance du 23 août 1835.

Tant que le décret d'autorisation n'a pas été rendu, et, ce décret une fois rendu, tant que l'acquisition des terrains, soit à l'amiable, soit par la voie de l'expropriation, n'a pas eu lieu, l'administration n'a aucun droit sur les propriétés que le projet doit atteindre ; c'est en vain qu'elle voudrait argumenter du plan légalement approuvé d'une rue projetée, pour soutenir que les propriétaires des terrains destinés à l'emplacement de cette rue ont perdu tout à la fois le droit d'y élever des constructions neuves et de consolider les constructions anciennes qui s'y trouvent. (Cons. d'Ét. 1877, Leb. chr., p. 412.)

§ 2. — Ouverture de voies publiques sur des terrains appartenant à la commune.

Si la rue projetée doit être ouverte sur des terrains appartenant à la commune, il suffit, pour autoriser la ville à commencer les travaux, de l'approbation du plan par le préfet et d'un décret autorisant l'ouverture de la rue nouvelle.

Comme il n'y a pas lieu à expropriation, il n'est pas nécessaire que le décret approbatif contienne une déclaration d'utilité publique.

Si la commune veut vendre les terrains lui appartenant qui bordent la nouvelle rue, elle doit procéder à la vente dans les formes prescrites par la loi du 5 avril 1884 (art. 68).

Section 2. — *Ouverture de voies par des particuliers.*

§ 1er. — Ouverture de voies publiques.

1. Ouverture sur des terrains appartenant à des tiers.

Il arrive quelquefois que les communes passent des conventions avec des particuliers, qui se forment, en général, en société, pour l'ouverture de voies publiques sur des terrains appartenant à des tiers.

Mais que le plan de la rue projetée ait été proposé par un certain nombre de particuliers à la ville ou qu'il émane de la ville elle-même, il ne peut être mis à exécution qu'après avoir été l'objet d'un décret portant déclaration d'utilité publique.

Dans leurs rapports avec les tiers, les particuliers ou associés chargés de l'établissement de la rue sont, en vertu des traités approuvés par l'autorité compétente, subrogés aux droits de la ville elle-même et peuvent poursuivre les expropriations nécessaires.

Dans leurs rapports avec la ville, ils doivent être considérés comme de véritables entrepreneurs de

---

1. Sur l'occupation temporaire, les dommages ou les plus-values résultant de travaux, voir *suprà*, livre Ier.

travaux publics. (Dalloz, *Lois administratives*, v°
Voirie.)

2. Ouverture sur leurs terrains par les particuliers.

Aucun règlement n'a expressément étendu aux
autres villes de France la nécessité de l'autorisation
établie pour la ville de Paris par la déclaration du
10 avril 1783 pour l'ouverture de nouvelles rues;
cependant, la prohibition d'ouvrir des rues nouvelles résulte nécessairement pour les autres communes de l'édit de 1607 et de la loi du 16 septembre 1807 (art. 52), qui, exigeant un alignement
pour toutes les constructions joignant la voie publique, imposent à ceux qui veulent ouvrir une
voie nouvelle l'obligation d'obtenir un alignement
et, dès lors, de soumettre à l'approbation de l'autorité le plan qu'ils se proposent de suivre. (Cass.
13 mai 1854, Bull. nos 145 et 156, D. p. 55-1-31;
27 juill. 1854, Bull. n° 240.)

Les propriétaires qui veulent ouvrir une rue sur
leurs terrains doivent adresser au maire leur demande accompagnée d'un plan des lieux.

Bien que le projet ne puisse donner lieu à aucune
expropriation, comme il s'agit d'une entreprise d'un
intérêt général sur laquelle chacun doit être admis
à faire valoir ses réclamations, l'administration le
porte généralement à la connaissance du public et
fait procéder à l'enquête administrative dont les
formes ont été tracées par l'ordonnance du 23 août
1835 et la circulaire du 21 septembre suivant.

Le plan peut être rectifié par l'autorité municipale; il est arrêté dans les formes prescrites pour
les plans d'alignement des villes.

L'administration, en accordant l'autorisation, impose ordinairement un certain nombre de conditions
à remplir : 1° donner à la rue la largeur nécessaire;
2° donner à la rue une direction droite entre des
lignes parallèles; 3° abandonner gratuitement à la
commune le terrain à convertir en rue; 4° supporter
les frais de premier établissement du pavage eu
chaussée bombée et en pavés durs d'échantillon,
et ceux du premier relevé à bout; 5° faire établir
de chaque côté de la voie des trottoirs en granit
dont les bordures doivent être posées en même
temps que le pavé et dont le dallage peut être
ajourné jusqu'à la construction des maisons ou murs
de clôture; 6° faire les premiers frais de l'établissement de l'éclairage; 7° pourvoir à l'écoulement
des eaux.

L'abandon gratuit à la commune du terrain à
convertir en rue est réputé fait par cela seul que
la rue, dûment autorisée, est livrée à la circulation
(Req. 20 juin 1842; Dall. Rép., v° *Voirie par terre*,
n° 1517). Mais le particulier qui a ouvert une voie
sur son terrain en reste propriétaire, tant qu'il n'a
pas rempli les formalités exigées par les règlements
pour la faire classer comme voie publique. (Cons.
d'Ét. 24 janv. 1879, D. p. 79-3-56; Cass. 21 mai
1886, D. p. 86-1-427.)

Les propriétaires autorisés ne sont, pas plus que
la ville, lorsqu'elle ouvre elle-même une nouvelle
rue, tenus d'exécuter immédiatement les travaux;

ils peuvent même y renoncer complètement. Mais
une fois les travaux commencés, le contrat est définitivement formé et ceux qui l'ont consenti doivent
rigoureusement se conformer aux conditions qui
leur ont été imposées.

Les obligations consenties par les entrepreneurs
sont *personnelles* et *solidaires*. Il en résulte : 1° que
si les particuliers ont cédé à des tiers leurs droits
et obligations, ils n'en restent pas moins tenus
de les remplir eux-mêmes, et que la ville est fondée à y pourvoir à leurs frais (Cons. d'Ét. 21 mars
1844); et 2° qu'ils sont tenus solidairement du
paiement des travaux exécutés d'office par l'administration. (Cons. d'Ét. 17 déc. 1841.)

L'administration a le droit de surveiller l'exécution des travaux pour s'assurer de l'accomplissement des conditions insérées dans l'autorisation.

Lorsque les travaux sont terminés, le maire doit,
avant de livrer la nouvelle rue à la circulation,
constater par un procès-verbal qu'elles ont été
toutes exactement observées. Une expédition de
ce procès-verbal est délivrée à celui qui a ouvert
la rue.

Celle-ci est alors reçue dans la classe des rues
soumises aux règles de la voirie, et ne peut plus
être supprimée que dans les formes ordinaires.

En cas d'inexécution de conditions imposées aux
propriétaires et acceptées par eux, l'autorité ou
reçoit la rue et fait exécuter les travaux aux frais
des propriétaires (Cons. d'Ét. 21 mars 1844), ou
bien, au contraire, refuse de recevoir la nouvelle
rue parmi les voies publiques de la ville. (Cons.
d'Ét. 15 janv. et 1er juin 1849, D. p. 49-3-82.)

Dans ce dernier cas, elle enjoint de la fermer
aux deux extrémités par des grilles et la transforme ainsi en simple passage. (Dalloz, *Lois administratives*, v° *Voirie*.)

§ 2. — Ouverture de voies privées.

1. Ouverture de rues.

Tout propriétaire a droit, même dans les villes,
d'établir sans autorisation, *sur son fonds*, et sans
traiter avec la ville, des chemins, des passages,
qui, communiquant avec la voie publique, donnent
accès aux différentes parties de son domaine, lorsque, par leur destination, leur position, le nombre
de personnes qui les fréquentent, ces passages ne
peuvent être considérés que comme des chemins
privés. (Req. 28 janv. 1874, D. p. 74-1-190; 16 fév.
1883. D. p. 83-1-436.)

Lorsqu'une rue, après avoir été ouverte sans autorisation ou sans observation des conditions sous
lesquelles l'ouverture en avait été autorisée, n'a pas
été reconnue par l'administration et a été transformée en simple passage par l'établissement de
grilles à ses deux extrémités, ou lorsqu'un propriétaire a ouvert une rue sans avoir jamais eu l'intention d'en faire une voie publique, la question
s'est élevée de savoir à quel régime cette rue est
soumise.

On fait à cet égard une distinction entre les mesures de voirie proprement dites, c'est-à-dire les

règles concernant l'alignement, les saillies, la hauteur des maisons, etc., et les règles de police concernant la liberté, la sûreté, la salubrité du passage.

En ce qui touche les mesures de voirie, le maire ne saurait prescrire de donner à la rue privée la largeur réglementaire, de faire des travaux de pavage, de construction de trottoirs, de pose de gargouilles, etc. (Cass. 14 déc. 1844, D. p. 45-4-545; 9 janv.-7 mars 1862. D. p. 63-1-269-270; 20 nov. 1863, D. p. 64-1-56; 16 déc. 1881, D. p. 82-1-185; 16 fév. 1883, D. p. 83-1-436; 21 mai 1886, Pand. fr. 88-1-245; Guillaume, *Voirie urbaine*, n° 11 *bis*.)

Toutefois, le ministre de l'intérieur a émis l'avis que l'autorité municipale a le droit d'exiger des propriétaires riverains qu'ils demandent l'alignement pour construire, non dans le but d'arriver à donner à la rue plus de largeur, mais afin d'en prévenir l'envahissement. (Lett. min. int. au préfet de la Seine 5 oct.-23 nov. 1844.)

Quant à la police et à la sûreté de la circulation, à la salubrité, etc., que les rues soient propriétés privées ou dépendent du domaine public communal, les pouvoirs de l'autorité municipale sont les mêmes. Il suffit qu'une rue soit livrée à la libre circulation du public pour que l'action de la police s'y exerce dans toute son étendue. L'autorité municipale a donc le droit d'y prescrire toutes les mesures nécessaires pour y garantir la liberté et la sûreté de la circulation. (Cass. 20 mai-25 nov. 1892, D. p. 93-1-299; 16 juin 1893, D. p. 95-1-495; Cf. Cass. 9 janv. 1862, D. p. 63-1-269; 23 janv. 1890, D. p. 90-1-240; 13 mai 1854, D. p. 55-1-32.)

L'autorité municipale peut même, s'il y a danger pour le public, faire interdire et fermer le passage par mesure de police. (Cass. 13 août 1846, D. p. 46-4-533; Frémy-Ligneville et Perriquet, t. 1er, n° 421.)

Les voies privées ne peuvent être supprimées qu'au moyen de l'expropriation ou de l'acquisition amiable. Lorsqu'un projet entraîne la suppression d'une voie privée, l'enquête doit donc porter sur ce point spécial. (Note sect. int. 19 avril 1882; Notes de jurisprudence du Cons. d'Ét. 1892, p. 82.)

2. Ouverture de passages.

Les passages étant en général couverts et accessibles seulement aux piétons, ne peuvent être assimilés aux rues. L'administration centrale n'a pas à intervenir dans leur établissement.

Toutefois, si un propriétaire est libre de disposer de sa chose comme il l'entend et de livrer passage au public sur son terrain, il n'en doit pas moins se conformer aux lois de police. Son droit est donc nécessairement subordonné aux convenances d'intérêt général et d'ordre public qui ne permettent à personne de faire de sa chose un usage susceptible de nuire soit à des tiers, soit au public ou qui est prohibé par les lois et règlements. (Cass. 23 janv. 1890, D. p. 90-1-240.)

De même que les rues privées construites sans autorisation ou en contravention à l'autorisation donnée, les passages ne sont soumis à la surveillance de l'autorité municipale qu'en ce qui regarde les mesures de police relatives à la sûreté et à la commodité de la circulation, à la salubrité, etc.; mais ils ne sont pas soumis aux mesures de voirie proprement dites. (Cons. d'Ét. 1er juill. 1840; 13 mai 1854, D. p. 55-1-31; Sanlaville, *Rev. gén. d'adm. 1898*, t. II, p. 160.)

CHAPITRE III

LARGEUR ET ÉLARGISSEMENT DES VOIES PUBLIQUES URBAINES

La largeur des rues est généralement fixée dans les plans d'alignement. Nous en parlerons plus loin.

Rappelons que le règlement municipal fixant une largeur minimum pour les rues nouvelles, ne régit pas les rues ouvertes sur des terrains privés. (Cass. 20 nov. 1863, D. p. 66-5-501.)

Nous traiterons également de l'élargissement des rues quand nous examinerons les effets des plans généraux d'alignement.

CHAPITRE IV

DÉCLASSEMENT ET SUPPRESSION DES VOIES PUBLIQUES URBAINES

Section 1re. — *Déclassement des voies publiques urbaines.*

Lorsqu'une voie urbaine vient à être affectée à un réseau d'un usage moins important, l'opération qui lui retire son affectation actuelle s'appelle déclassement.

En principe, le déclassement des rues et places

a pour but leur suppression. Toutefois, lorsque l'administration reconnaît l'inutilité d'une rue, elle se contente souvent de l'exclure du réseau des voies communales entretenues, sans en prononcer la suppression.

La délibération du conseil municipal tendant au déclassement d'une rue ou place publique n'est exécutoire qu'après avoir été approuvée par l'autorité supérieure (L. 5 avril 1884, art. 68, § 7), c'est-à-dire par le préfet, qui a qualité pour statuer sur tous les objets d'administration communale qui n'ont pas été réservés à une autre autorité. (Décr. 25 mars 1852, art. 1er, et tabl. A, § 55.)

Section 2. — Suppression des voies publiques urbaines.

Les formalités prescrites pour la suppression sont les mêmes que pour l'ouverture. (V. suprà.)

La suppression peut être prononcée, soit sur la proposition du maire ou d'un conseiller municipal, soit sur la demande de toute personne intéressée. Dans tous les cas, il doit être procédé à une enquête publique, car il importe que les propriétaires riverains soient avertis, afin de présenter leurs réclamations.

C'est au conseil municipal seul, à la suite de l'enquête, et non au maire, qu'appartient le droit de prononcer la suppression d'une rue ou place publique. Mais la délibération qu'il prend à cet égard, quel que soit le chiffre de la population de la commune, est soumise à l'approbation de l'autorité supérieure, c'est-à-dire du préfet. (Décr. 25 mars 1852; 13 avril 1861, art. 1er, tabl. A, § 67; L. 5 avril 1884, art. 68, § 7.) Elle doit donc être adressée, avec les observations reçues pendant l'enquête, à ce fonctionnaire qui, sur le vu de ces pièces, donne ou refuse son approbation. À cela se borne le rôle du préfet qui ne pourrait évidemment substituer sa volonté à celle du conseil municipal. (Cons. d'Ét. 5 avril 1862, D. p. 63-3-60.)

L'arrêté qui prononce la suppression d'une rue ne peut être l'objet d'un recours au Conseil d'État par la voie contentieuse. (V. Cons. d'Ét. 6 août 1852.)

À la suite de la suppression des voies urbaines, le sol qui les constituait tombant dans le domaine privé, soit de l'État, soit du département, soit de la commune, devient aliénable et prescriptible[1].

Si le sol de la rue supprimée est vendu, le prix doit en être versé : au Trésor public si la rue était le prolongement d'une route nationale; dans la caisse du département si elle faisait suite à une route départementale; dans la caisse communale pour les autres rues.

Aux termes de l'article 3 de la loi du 24 mai 1842 et de l'article 19 de la loi du 21 mai 1836, les riverains ont un droit de préemption sur les portions de routes (L. 1842) ou de chemins vicinaux (L. 1836) délaissés; en ce qui touche les voies urbaines, ce droit ne peut être invoqué que dans le cas prévu par l'article 2, § 3, du décret du 26 mars 1852, et seulement à Paris et dans les villes où ce décret a été rendu applicable. Pour les autres communes, l'administration donne aux propriétaires toutes facilités pour acquérir à l'amiable le terrain de la rue supprimée.

1. Cette aliénabilité et cette prescriptibilité résulteraient du fait seul de l'abandon par le public de la voie de communication. (Troplong, De la prescription, n° 162, p. 344, et Proudhon.) Ce point est controversé. (Contrà : Huot, Des routes nationales, p. 114.)

CHAPITRE V

PROPRIÉTÉ ET CARACTÈRES DES VOIES PUBLIQUES URBAINES

Section 1re. — Rues et places.

§ 1er. — Propriété.

La commune est présumée avoir fourni à l'origine le terrain sur lequel ont été établies les rues et places des villes, bourgs et villages ont été établies, et le sol de ces voies de communication lui appartient, alors même qu'elles servent de prolongement aux grandes routes, si ces voies existaient et faisaient partie de la voirie municipale antérieurement au classement des traverses comme routes nationales ou départementales[1]. (Cass. 9 janv. 1866, D. p. 66-1-395.)

1. Lorsque des maisons s'établissent successivement le long d'une route, de manière à la transformer en rue dans une partie de son parcours, il est bien évident que ce changement dans le caractère de la chose ne peut avoir pour effet de déplacer la propriété. Le sol de la rue appartient donc toujours à l'État ou au département, suivant que la route est nationale ou départementale.

Les rues et places privées entrent dans le domaine public, soit par titre, c'est-à-dire par acquisition amiable ou par expropriation pour cause d'utilité publique, soit par prescription. Mais ce dernier mode d'acquisition ne peut être invoqué qu'autant que la commune a accompli sur le terrain des actes de propriété, qu'elle a agi animo domini, le simple passage des habitants de la commune ne serait pas suffisant, car ce passage doit être considéré comme de pure tolérance. (Dall., Rép., v° Voirie par terre, n° 1549.)

§ 2. — Caractère de domaine public des rues et places.

Les rues et places font partie du domaine public (L. 22 nov.-1er déc. 1790, art. 2) : domaine public communal, lorsque le sol en appartient aux communes; domaine public départemental, quand le sol est la propriété du département; domaine public de l'*État*, lorsque le sol est la propriété de l'État. (Cod. civ., art. 538; Cass. 16 juill. 1877, Sir. 77-1-753.)

Les rues et places publiques faisant partie du domaine public sont, par suite, inaliénables et imprescriptibles (Toulouse 18 fév. 1888, D. p. 89-2-55) et ne peuvent être l'objet d'une action possessoire de la part d'un particulier contre la ville. (Cass. civ. 6 nov. 1866, D. p. 66-1-434; Des Cilleuls, n°s 86 et suiv.)

Une conséquence du principe que les rues et places des villes, bourgs et villages, ainsi que leurs dépendances, font partie du domaine public, c'est que personne, pas même l'État ni les communes, ne peut y exercer de droits de propriété privée, non plus qu'y acquérir des servitudes ou autres droits réels. (Cass. 1er mars 1842, Dall., Rép., v° *Voirie par terre*, n° 1534-2°.)

Section 2. — Dépendances des rues et places.

§ 1er. — Terrains contigus aux maisons qui bordent les rues et places.

Dans les villes et villages, les terrains laissés par les riverains, en dehors de leurs murs de clôture, le long des rues ou places publiques, sont présumés faire partie de ces voies et, par conséquent, jusqu'à preuve contraire, appartenir au domaine public communal (Cass. civ. 13 mars 1854, D. p. 54-1-114; 28 juill. 1856, D. p. 56-1-307; 8 fév. 1893, D. p. 93-1-168), alors même qu'une partie de ces terrains ne serait pas livrée à la circulation. Il y a en effet présomption que l'espace compris entre des constructions à droite et à gauche de la rue a été affecté primitivement au sol de cette rue et que les riverains ont construit sur les limites de la voie. (Dall., Rép., v° *Voirie par terre*, n° 1537; Des Cilleuls, n°s 90 et 91.)

Les terrains laissés par les riverains le long des rues et places publiques dépendant de ces rues et places publiques sont, par suite, inaliénables et imprescriptibles (Cass. 13 mars 1854, D. p. 54-1-114), et ne peuvent donner lieu à une action possessoire. (Cass. 21 mai 1838; Dall., Rép., v° *Voirie par terre*, n° 1537-1°.)

§ 2. — Arcades.

Il existe dans beaucoup de villes, notamment à Paris, des galeries couvertes bordant les rues; ces galeries appartiennent au *propriétaire de la maison* dont elles font partie et ne sont affectées à l'usage du public qu'à titre de servitude. (Dall., Rép., v° *Voirie par terre*, n° 1539.)

Mais les propriétaires riverains d'une place publique, qui ont fait élever des maisons avec arceaux de manière à abandonner à la circulation un espace de leur terrain resté libre au-devant des boutiques du rez-de-chaussée, sont soumis pour cet espace de terrain, tant que subsiste la disposition dont il s'agit, à toutes les mesures de police et de petite voirie qui régissent la voie publique.

Ainsi, ils ne peuvent établir sous leurs arceaux des bancs et étalages de marchandises, si un règlement local prohibe ces étalages, dans l'intérêt de la liberté de la circulation, ou ne les permet que sous la condition d'une permission préalable de police. (Cass. 5 mars 1863, D. p. 64-1-52; Cons. d'Ét. 11 mai 1888, D. p. 89-3-84; Romieu, *Rev. gén. d'admin. 1888*, t. II, p. 188.)

§ 3. — Trottoirs. — Murs de soutènement.

Les trottoirs sont des dépendances du domaine public qui ne peuvent être aliénées. (Cons. d'Ét. 25 avril 1828; Dall., Rép., v° *Voirie par terre*, n° 1547.)

Le mur de soutènement d'une place publique d'une ville ou d'un village fait, comme cette place elle-même, partie du domaine public, et, dès lors, est, comme elle, inaliénable. (Aix 24 juill. 1855, D. p. 56-2-10; Cass. 10 juin 1856, D. p. 56-1-423.)

§ 4. — Sous-sol des voies publiques.

Aux termes de l'article 552 du Code civil, la propriété du sol emporte la propriété du dessous; il faut en conclure que le sous-sol des voies publiques appartient, en principe, aux communes.

Il en résulte que les particuliers n'ont pas le droit de pratiquer des égouts, des canaux de dérivation, des caves, etc., sous les rues et places, sans la permission de l'autorité municipale. (V. *infrà*.)

En droit romain et dans l'ancien droit français, les rues et les places des villes faisaient partie du domaine public municipal, et, à ce titre, elles étaient inaliénables et imprescriptibles, tant pour le tréfonds que pour la superficie.

Il en est encore ainsi aujourd'hui, et le sous-sol de la voie publique est imprescriptible comme la voie elle-même. (Req. 16 juill. 1877, D. p. 78-1-77.) L'autorité peut donc ordonner la suppression d'une cave établie sous la voie publique, quelque longue qu'en ait été la possession.

Par application du même principe, un particulier n'est pas fondé à revendiquer la propriété des caves situées sous une rue et dont il a la possession immémoriale, à moins qu'il ne représente un titre établissant qu'au moment de la création de la rue la propriété de ces caves a été réservée à son auteur par un contrat passé avec l'autorité administrative. (Paris 11 juill. 1871, D. p. 71-2-148; V. *infrà*.)

Section 3. — Voies urbaines autres que les rues et places.

§ 1er. — Impasses.

Comme les rues, une impasse fait, en principe, partie du domaine public communal. (Cass. 4 août 1837; Dall., Rép., v° *Voirie par terre*, n° 1541; 19 nov. 1840, *eod. verbo*, n° 1964.)

§ 2. — Passages.

Les passages communiquant d'une rue à une autre à travers la cour d'un bâtiment sont toujours présumés appartenir au propriétaire de la maison, qui n'en laisse l'usage au public que par tolérance, et qui, par conséquent, a le droit de les supprimer quand bon lui semble, à moins que la ville ne produise un titre contraire. (Dall., Rép., v° *Voirie par terre*, n° 1543.)

On doit attribuer le même caractère aux passages couverts. Ils dépendent des maisons entre lesquelles ils sont établis, et appartiennent en commun aux propriétaires de ces maisons. (Dall., *loc. cit.*)

§ 3. — Promenades publiques.

En principe, les promenades publiques sont une dépendance du domaine public communal.

Cependant, dans beaucoup de villes, il est un certain nombre de promenades ou jardins entourés de murs qui appartiennent véritablement au domaine communal ordinaire ; ces jardins sont soumis au même régime que les propriétés particulières. Les riverains ne pourraient y ouvrir des jours ou des issues qu'à titre de servitude et avec le consentement de la ville. (Dall., Rép., v° *Voirie par terre*, n° 1544.)

§ 4. — Champs de foire. — Vacants.

Champs de foire. — Les emplacements destinés aux foires et marchés n'ont pas, par le seul fait de cette destination, le caractère de dépendances de la voirie urbaine (Cons. d'Ét. 5 août 1892, D. p. 94-3-4) et il faut distinguer s'il existe ou non un arrêté de classement.

Lorsqu'il existe un arrêté de classement, nulle difficulté, ce caractère leur appartient incontestablement. (Cons. d'Ét. 20 avril 1888, D. p. 89-3-78.)

Mais lorsqu'il n'a pas été pris d'arrêté de classement, la solution dépend des circonstances spéciales de chaque affaire. (V. Cass. 26 fév. 1895, D. p. 95-1-449 ; Cons d'Ét. 11 mars 1887, D. p. 88-3-70 ; 5 août 1892, D. p. 94-3-4.)

Vacants. — Dans certaines communes, il y a des emplacements où les citoyens ont l'habitude de se réunir les jours de fête et qui forment des vacants. Ces terrains doivent être considérés comme des biens communaux ordinaires.

Section 4. — *Arbres qui bordent les voies publiques urbaines.*

La propriété des arbres qui bordent les *rues* est régie par les mêmes principes que celle des arbres plantés sur les chemins vicinaux. (V. *suprà*.)

Cependant, il faut établir une distinction entre les arbres des rues et ceux des places. Les premiers sont présumés appartenir aux riverains, s'ils sont antérieurs à la loi du 28 août 1792, et à la commune, dans le cas contraire.

Quant aux arbres qui sont plantés sur les *quais et promenades*, ils sont présumés, en vertu du principe *accessorium sequitur principale*, appartenir aux communes comme le sol lui-même, et la coupe et l'élagage se font au profit desdites communes. (Dall., Rép., v° *Commune*, n° 1834.)

Section 5. — *Compétence concernant la propriété des voies publiques urbaines.*

Les contestations sur la *propriété du sol* des rues soit entre l'État et les communes, soit entre les communes et les particuliers, sont de la compétence de l'autorité judiciaire, toutes les fois qu'elles doivent trouver leur solution dans des titres privés ou dans l'application des règles du droit civil. (Cons. d'Ét. 29 mars 1855, D. p. 55-3-85 ; 27 nov. 1856.)

Mais c'est à l'autorité administrative qu'il appartient de *délimiter* le domaine public (Trib. conf. 29 juill. 1851, D. p. 52-3-1). C'est à cette autorité seule qu'il est réservé de déterminer, s'il y a lieu, préalablement au jugement de la question de propriété : 1° quel était, antérieurement à l'arrêté de classement, le caractère comme voie publique de la rue litigieuse ; 2° quels ont été les effets du classement de cette rue comme route nationale ; 3° si le classement ainsi opéré a été ultérieurement modifié par des actes de l'autorité compétente. (Cons. d'Ét. 29 mars 1855, D. p. 55-3-85.)

CHAPITRE VI

DROITS DU PUBLIC ET DES RIVERAINS SUR LES VOIES PUBLIQUES

Section 1re. — *Droits du public.*

Chacun peut user de la voie publique suivant sa destination. On peut y circuler, à toute heure du jour et de la nuit, sans que l'autorité municipale puisse s'y opposer. (Dall., Rép., v° *Voirie par terre*, n° 1551.)

Section 2. — *Droits des riverains.*

§ 1er. — Droits de vue et d'accès.

Les riverains ont sur les voies publiques, en compensation des charges qui leur incombent, de véritables droits de vue et d'accès[1]. (Rouen 26 janv. 1853, D. p. 54-2-36 ; Orléans 18 juill. 1863, D. p. 63-2-136 ; Nancy 31 août 1867, D. p. 68-2-150.)

Le maire excéderait donc ses pouvoirs en insérant, dans un arrêté d'alignement délivré à un riverain d'un terrain communal servant de champ de

---

1. Nous avons dit que, d'après la jurisprudence, les droits d'accès et de vue des riverains sont, non pas de véritables servitudes, mais des droits *sui generis* dérivant de la nature même et de la destination de la chose (Rouen 2 juin 1892, D. p. 92-2-448 ; des Cilleuls, n° 89. V. *suprà*, p. 15.)

foire et *ayant le caractère de voie publique*, l'interdiction d'ouvrir, dans la construction projetée, des portes donnant accès sur ce terrain. (Cons. d'Ét. 20 avril 1888, D. p. 89-3-78.)

Mais que deviennent les droits des riverains en cas de suppression des voies publiques?

On est divisé sur ce point.

Dans une première opinion, on prétend que les concessionnaires du terrain des rues et places supprimées ne peuvent exiger la suppression des jours ou vues, et empêcher le passage dont les citoyens jouissaient auparavant. (Orléans 30 juill. 1861, D. p. 61-2-163; Caen 16 nov. 1874, D. p. 76-2-84.)

Suivant un deuxième système, quand une voie publique a été supprimée, cette suppression entraîne l'extinction des droits réels, notamment des droits de jour et d'accès que les riverains avaient acquis sur cette voie, mais moyennant une indemnité au profit des riverains.

Cette doctrine est la plus généralement adoptée.

A quel moment cette indemnité doit-elle être payée?

Suivant les uns, l'indemnité doit être préalable à la suppression. (Bourges 6 avril 1829; Besançon 29 avril 1841.)

D'autres, et c'est là ce qui est couramment enseigné, pensent que la suppression des jours et vues ouverts sur la voie publique résulte de plein droit de la suppression de la voie, sauf le recours des riverains contre l'administration. (Cass. 15 juill. 1851, D. p. 51-1-234; 8 avril 1856, D. p. 56-1-242; 3 mai 1858, D. p. 58-1-276; 5 fév. 1879, D. p. 79-1-52; 4 août 1880, D. p. 80-1-446; Cons. d'Ét. 8 août 1890, D. p. 92-3-38; 4 janv. 1895, Leb. chr., p. 18.)

On n'est également pas d'accord pour déterminer l'autorité compétente pour connaître des réclamations formées, à raison de la suppression, par les propriétaires riverains de la voie publique supprimée.

La plupart du temps, c'est par suite d'opérations de voirie que la voie publique est supprimée. Dans ce cas, la juridiction qui doit connaître de la demande n'est pas douteuse; le dommage éprouvé par les riverains ayant pour cause l'exécution d'un travail public, la fixation de l'indemnité sera faite par le conseil de préfecture. (Trib. confl. 15 nov. 1879, D. p. 80-3-33; 26 juin 1880, D. p. 81-3-59.)

Mais si une commune par une économie mal entendue ou par une spéculation singulière supprimait purement et simplement une voie ou un chemin pour faire argent du prix du sol, c'est au contraire l'autorité judiciaire qui serait compétente. (V. note dans D. p. 80-1-33.)

Pareillement les tribunaux judiciaires seraient seuls compétents si l'action en indemnité avait pour base l'exécution d'un contrat civil. (Cons. d'Ét. 11 fév. 1862; Dall., Rép., vᵒ *Voirie par terre*, nᵒ 1572.)

§ 2. — Écoulement des eaux. (V. *suprà*, p. 34.)

*Section 3. — Actions appartenant aux habitants ut singuli
ou aux riverains en matière de voies publiques.*

§ 1ᵉʳ. — Actions appartenant aux habitants *ut singuli*.

Les *habitants* d'une commune peuvent-ils exercer une action *ut singuli* relativement à des voies publiques, sans observer les formalités prescrites par l'article 123 de la loi du 5 avril 1884, c'est-à-dire sans l'autorisation du conseil de préfecture et l'avis du conseil municipal? C'est là une question très controversée. L'opinion généralement adoptée, c'est que les habitants peuvent agir *ut singuli*, soit quand la contestation s'élève seulement sur l'usage d'un chemin public, auquel cas il n'y a qu'une action personnelle et individuelle entre les parties, soit lorsque la nature du domaine communal étant contestée, le particulier qui prétend y exercer le passage fonde son droit sur une cause qui lui est personnellement acquise et qui est autre que la simple qualité d'habitant. (V. Cass. 12 nov. 1889, D. p. 90-5-95.)

§ 2. — Actions appartenant aux riverains.

Quand il est reconnu en fait que des individus ont agi dans leur intérêt privé et comme *propriétaires* du chemin intercepté, il est suffisamment démontré qu'ils ont agi dans un intérêt distinct et séparé de celui des habitants, et ils peuvent s'opposer à toutes entreprises de la part des tiers.

Ainsi, les propriétaires de fonds qui joignent un chemin public sont recevables, en vertu d'un droit qui leur est propre, à réclamer sur ce chemin l'exercice d'une servitude indispensable à l'exploitation de leurs héritages et qui résulte pour eux de la nature des choses. (Orléans 18 juill. 1863, D. p. 63-2-126.)

Il a été également décidé que le propriétaire riverain d'un chemin public peut faire valoir contre un tiers les droits qu'il tient sur ce chemin de la situation des lieux et de la loi, sans être forcé d'emprunter l'action de la commune et d'observer les formalités prescrites par l'article 123 de la loi du 5 avril 1884, ni d'agir contre la commune, ni d'invoquer, pour faire valoir ses droits, soit un titre, soit, à défaut de titre, la prescription. (Cass. 2 mars 1892, D. p. 92-1-227; 15 juin 1895, D. p. 95-1-506.)

CHAPITRE VII

ENTRETIEN ET CONSERVATION DES VOIES PUBLIQUES URBAINES

Section 1re. — Du pavage.

§ 1er. — Notions générales.

Dans beaucoup de villes en France, il est pourvu aux frais d'entretien du pavé des rues par les propriétaires, suivant des usages plus ou moins anciens qui mettent cette dépense à leur charge. (V. l'Éd. de déc. 1607, art. 12.)

Dans quelques-unes, et à Paris notamment, il en est de même du premier établissement, en vertu de cette maxime du droit romain suivant laquelle chaque propriétaire bordant la voie publique était tenu de fournir et de conserver en bon état la partie de la rue correspondant à sa maison (*construat autem vias publicas unusquisque secundum propriam domum. L. ædiles de viâ publ.*).

Lorsqu'à l'époque de la Révolution de 1789, il s'agit de mettre en harmonie ces anciens usages avec les principes nouveaux de la législation générale, on reconnut bientôt la difficulté de les faire rentrer sous la règle inflexible du droit commun, et comme en définitive ils intéressaient bien plus les localités que l'universalité du royaume, le législateur jugea prudent de n'y rien changer.

Ce ne fut que plus tard, par la loi du 11 frimaire an VII sur les recettes et dépenses publiques, qu'une règle nouvelle parut se substituer à l'ancien droit communal en matière de pavage.

Cette loi classa, parmi les dépenses communales, celles de l'entretien du pavé pour les parties qui ne sont pas grandes routes. Mais elle ne fut pas sans soulever des difficultés, et le Conseil d'État fut appelé à émettre son avis sur la portée de cette disposition.

Il rendit le 25 mars 1807 un avis ainsi conçu :

« Le Conseil d'État, qui, d'après le renvoi ordonné, a entendu le rapport de la section de l'intérieur sur celui du ministre de ce département, en date du 21 janvier dernier, par lequel le ministre demande qu'il soit statué sur la question de savoir si dans toutes les communes le pavé des rues *non grandes routes* doit être mis à la charge des propriétaires des maisons, lorsque l'usage l'a ainsi établi et si l'article 4 de la loi du 11 frimaire an VII n'y apporte pas d'obstacle ;

« Estime que la loi du 11 frimaire an VII, en distinguant la partie du pavé des villes à la charge de l'État, de celle à la charge des villes, n'a point entendu régler de quelle manière cette dépense serait acquittée dans chaque ville, et qu'on doit continuer de suivre à ce sujet l'usage établi pour chaque localité, jusqu'à ce qu'il ait été statué par un règlement général sur cette partie de la police publique.

« En conséquence, que, dans les villes où les revenus ordinaires ne suffisent pas à l'établissement, restauration ou entretien du pavé, les préfets peuvent en autoriser la dépense à la charge des propriétaires, ainsi qu'il s'est pratiqué avant la loi du 11 frimaire an VII. »

Cet avis du Conseil d'État, approuvé par l'Empereur et inséré au *Bulletin des lois*, n'ayant pas été déféré au Sénat conservateur pour cause d'inconstitutionnalité, doit aujourd'hui être considéré comme ayant force de loi. Il a été d'ailleurs confirmé, et son exécution en a été rendue plus facile par l'article 28 de la loi du 25 juin 1841, article modifié lui-même par le décret du 25 mars 1852, tableau A, n° 55, et par le décret du 13 avril 1861, tableau A, n° 67. (Des Cilleuls, n° 195, p. 438; Guillaume, n° 17, p. 44.)

§ 2. — Conditions nécessaires pour que les riverains puissent être tenus de contribuer aux frais du pavage.

Pour que les riverains soient obligés de contribuer aux frais du pavage, deux conditions sont nécessaires ; il faut : 1° que les revenus de la commune soient insuffisants, et 2° qu'il existe un ancien usage[1].

1. Insuffisance des revenus de la commune.

Des termes mêmes de l'avis du Conseil d'État du 25 mars 1807, il résulte que le concours des riverains n'est exigible qu'autant que les revenus ordinaires de la commune sont insuffisants pour pourvoir à la dépense (Cons. d'Ét. 31 août 1863, D. p. 34-3-9; 28 janv. 1876, D. p. 76-3-51; 6 août 1886, Leb. chr., p. 697, Sir. 88-3-30; Cass. 16 avril 1891, Pand. fr. 92-1-61). Mais c'est au riverain qui se dit imposé indûment à prouver que les revenus ordinaires de la commune étaient suffisants pour couvrir la dépense. (Cons. d'Ét. 21 juill. 1870, D. p. 72-3-19.)

Pour déterminer s'il y a insuffisance des revenus ordinaires de la commune, il y a lieu de vérifier s'ils peuvent pourvoir non seulement aux dépenses ordinaires, mais aussi aux dépenses obligatoires,

---

1. En dehors de l'hypothèse de l'avis du Conseil d'État, les frais de pavage peuvent encore être mis à la charge des riverains : 1° si cette dépense a été la condition mise à la permission d'ouvrir une rue ou un passage; 2° si la ville leur a imposé cette obligation en leur vendant un terrain et en faisant avec eux un traité pour l'exécution des travaux de voirie, et, dans ce cas, les conditions et les limites de l'obligation dépendent uniquement des termes de la convention intervenue; 3° s'il est résulté pour leurs héritages des travaux de voirie une plus-value telle qu'une partie de la dépense ait été mise à leur charge dans les conditions prévues par l'article 30 de la loi du 16 septembre 1807. (V. sur ces différents points : Cons. d'Ét. 2 août 1870, Leb. chr., p. 971; 27 mai 1887, D. p. 88-3-96; Guillaume, n° 23, p. 51.)

quel qu'en soit le caractère. (Cons. d'Ét. 6 août 1886 précité.)

2. Existence d'un ancien usage.

La seconde condition exigée par l'avis du Conseil d'État du 25 mars 1807 est l'existence d'un ancien usage. Cet usage doit avoir été suivi depuis longtemps sans réclamation et être antérieur à l'an VII. (Cons. d'Ét. 24 juill. 1845, 23 juin 1846, 24 fév. 1866, D. p. 66-3-105; 16 mars 1870, Leb. chr., p. 290; 27 nov. 1874, D. p. 75-2-327; Guillaume, n° 20, p. 45.)

Dès lors, si, depuis cette loi, des particuliers avaient volontairement fait paver le devant de leurs maisons, la commune ne saurait évidemment se prévaloir de cette circonstance pour les contraindre plus tard à cette dépense. (Cons. d'Ét. 1er fév. 1866, Leb. chr., p. 71.) Mais les usages relatifs au pavage dans une ville deviennent applicables, par le fait de l'annexion, aux territoires que des actes administratifs réunissent à cette ville. (Cons. d'Ét. 22 avril 1868, Leb. chr., p. 959; 29 déc. 1870, D. 80-3-29, Sir. 81-3-13.)

Toutefois, les riverains d'une rue sise dans la partie annexée peuvent s'affranchir des frais de premier pavage en justifiant que cette rue avait reçu, avant l'annexion, un pavage ou un empierrement équivalent. (Cons. d'Ét. 14 nov. 1889 précité.)

Spécialement, les riverains d'une voie publique sise dans une commune annexée à la ville de Paris, ne sont pas tenus de contribuer aux frais d'établissement d'un nouveau pavage de cette voie si, antérieurement à l'annexion, ladite voie avait reçu un pavage conforme aux usages en vigueur dans la commune. (Cons. d'Ét. 6 janv. 1882, Sir. 83-3-53.)

Pour que la commune puisse réclamer à l'encontre des riverains l'application des usages anciens, il n'est pas nécessaire que cette application ait été faite sans discontinuer depuis la loi de l'an VII. Le non-usage pendant plus de trente ans ne les abroge pas; il s'agit en effet là d'une véritable loi locale, l'avis du Conseil d'Etat de 1807, qui, nous l'avons dit, a force législative, leur a, en les consacrant, donné ce caractère; or il est de règle que la désuétude ne suffit pas à abroger les lois. (Guillaume, n° 31, p. 55.)

§ 3. — Personnes qui doivent être considérées comme riverains au point de vue des obligations relatives au pavage.

Le propriétaire de la maison doit être réellement riverain de la voie publique pour qu'on puisse lui imposer la taxe du pavage. (Cons. d'Ét. 22 avril 1857, D. p. 58-3-18, Sir. 58-2-222.)

Les copropriétaires par indivis d'une maison en bordure contribuent chacun pour sa quote-part. Si chaque étage de la maison appartient divisément à un propriétaire distinct, les frais de pavage au droit de l'immeuble se répartissent entre les divers propriétaires au prorata de la valeur respec-

tive de leurs droits. Cette solution résulte par analogie de la disposition édictée par l'article 664 du Code civil, pour la réparation des gros murs et des toitures. (Dalloz, v° *Voirie*, n° 534.)

Les compagnies de chemins de fer d'intérêt général ne sont point passibles de la taxe de pavage concernant les rues qui longent ces chemins. (Cons. d'Ét. 21 déc. 1861, Leb. chr., p. 880.)

Les anciens usages de la ville de Paris ne permettent pas de distinguer entre les terrains bâtis et non bâtis, quant à l'obligation pour les propriétaires riverains de payer les frais de premier pavage. (Cons. d'Ét. 2 août 1878, Leb. chr., p. 773; Guillaume, n° 22, p. 50.)

A Bordeaux, les anciens usages ne permettent pas de distinguer si les maisons sont bâties en bordure ou en retraite (Cons. d'Ét. 2 déc. 1881, Leb. chr., p. 946), et cette règle est applicable *partout où n'existe pas un usage contraire*.

La partie de la rue dont le pavage est à la charge de chaque riverain est déterminée par une perpendiculaire tirée sur la limite de sa propriété. (Cons. d'Ét. 20 nov. 1874, D. p. 76-3-2.)

La question de savoir si l'obligation de pavage constitue une charge réelle pouvant donner lieu à réclamation non seulement personnelle contre le riverain qui était propriétaire lors des travaux, mais contre tout tiers détenteur n'ayant acquis l'immeuble que depuis ce moment, a fait l'objet de sérieuses difficultés.

Pendant fort longtemps la thèse du droit réel, d'une sorte de servitude légale comportant un droit de suite sur l'immeuble riverain de la voie, a prévalu en doctrine et en jurisprudence. Dans cette opinion, le droit de suite ne résulterait ni d'un privilège ni d'une servitude conventionnelle, et il pourrait s'exercer indépendamment de toute inscription ou transcription, sauf au tiers détenteur, contraint d'acquitter la dépense, à se retourner contre celui qui était propriétaire quand elle a été faite. (Paris 14 déc. 1871, D. p. 76-3-81; des Cilleuls, n° 198, p. 487; Guillaume, n° 18, p. 44; de Royou, n° 274.)

Pour nous, la taxe de premier pavage incombe *personnellement* à celui qui est propriétaire de l'immeuble au moment de la mise en viabilité. En effet, lorsque les dépenses de pavage sont recouvrées sous forme de taxe, le rôle émis vis-à-vis de chaque propriétaire est *individuel* et l'administration doit être considérée comme ayant choisi elle-même son débiteur. Par suite, décharge doit être accordée au propriétaire porté sur le rôle, alors qu'il n'a acquis l'immeuble que plusieurs années après l'achèvement des travaux. (Cons. d'Ét. 12 mai 1876, Leb. chr., p. 420, D. p. 76-3-81; 2 août 1878, D. p. 79-3-8; 16 juill. 1886, D. p. 87-3-120.)

La Cour de cassation a confirmé cette doctrine et décide que le recouvrement des taxes de premier pavage n'est garanti, au profit des villes, par aucun privilège sur les immeubles des contribuables. (Cass. 31 mai 1880, D. p. 80-1-271; 8 janv. 1895, D. p. 95-1-377.)

§ 4. — Voies dont le pavage peut être à la charge des riverains.

L'exécution et l'entretien des rues faisant suite aux grandes routes sont à la charge de l'État s'il s'agit de routes nationales, du département s'il s'agit de routes départementales (L. 11 frimaire an VII; Cons. d'Ét. 28 nov. 1873, Leb. chr., p. 861), du moins en ce qui regarde la chaussée proprement dite, mais non les revers et les accotements. Toutefois, lorsque la chaussée est trop étroite, l'État ou les départements se chargent d'une partie des revers. (Av. Cons. gén. des ponts et chaussées 22 mars 1853.)

Des taxes de pavage peuvent-elles être réclamées aux riverains de voies comprises dans les limites d'une ville, mais qui forment le prolongement d'un chemin vicinal et *n'ont pas été classées comme rues ?*

La question a été soulevée devant le Conseil d'État qui ne l'a pas résolue. (V. Cons. d'Ét. 2 déc. 1881, Leb. chr., p. 947, Sir. 83-3-39.)

M. Baudenet soutient l'affirmative dans la *Revue générale d'administration* (1882, t. Ier, p. 178).

En tous cas, la taxe de pavage peut être réclamée aux riverains lorsque la voie publique, en supposant qu'elle ait été anciennement un chemin vicinal, *avait été classée comme rue* avant l'exécution du pavage. (Cons. d'Ét. 2 déc. 1881 précité; 1er avril 1869, D. p. 71-3-2; Guillaume, no 25, p. 52.)

Lorsque l'usage est établi à l'égard des rues et places publiques[1] en général, on doit le considérer comme s'appliquant aux boulevards. (Cons. d'Ét. 22 avril 1857, D. p. 58-3-18, Sir. 58-2-222.)

Lorsqu'il s'agit, soit des ponts qui n'ont point de propriétaires riverains, soit des quais qui n'en ont que d'un seul côté, l'administration[2] supporte tous les frais dans le premier cas, et la moitié de la dépense dans le second.

Si le quai avait une largeur exceptionnelle, les riverains ne pourraient être obligés que pour la moitié de la largeur normale assignée aux rues.

§ 5 — Étendue des obligations pouvant être imposées aux riverains en vertu des anciens usages.

D'après le texte de l'avis du Conseil d'État du 25 mars 1807, les frais pouvant être mis à la charge des riverains sont ceux d'établissement, de restauration ou d'entretien *du pavé;* mais, dans chaque localité, l'obligation est limitée aux frais que les usages spéciaux à cette localité mettent à la charge des riverains.

Dans le cas où les riverains sont tenus de supporter les frais du premier pavage, ils doivent mettre le sol des rues en état de recevoir le premier pavage, ce qui ne comprend pas d'ailleurs les travaux de déblai et de remblai ayant pour objet l'ouverture et la construction de la chaussée. (Cons. d'Ét. 14 avril 1853, Leb. chr., p. 470.)

L'avis du Conseil d'État du 25 mars 1807 ne parle que du pavé, parce que ce mode d'empierrement était le seul anciennement pratiqué; mais il est bien évident que si l'administration a adopté le système de l'empierrement ou du macadam, les riverains sont également tenus des frais de revêtement[1]. (Cons. d'Ét. 23 juin 1846, Dall., Rép., vo *Voirie.*)

Mais les anciens usages n'ayant été maintenus, par l'avis de 1807, qu'en ce qui concerne la mise en état de viabilité, les riverains ne peuvent être tenus de supporter ni l'établissement des égouts, ni celui des appareils d'éclairage. (Cons. d'Ét. 6 août 1878, Leb. chr., p. 809.)

L'obligation des riverains est limitée aux dépenses du pavage de la rue sur une largeur suffisante pour les besoins de la circulation. C'est au conseil de préfecture qu'il appartient d'apprécier la largeur dont le pavage doit être mis à la charge des riverains (Cons. d'Ét. 17 juill.-20 nov. 1874, D. p. 76-3-2; 25 juin 1875, D. p. 76-3-5). Il y a donc là une question de pur fait et l'on ne saurait fixer *à priori* une largeur *maxima,* car les nécessités de la circulation peuvent varier, suivant les quartiers, dans la même ville[2].

Lorsqu'une rue est élargie, les riverains doivent supporter les frais du pavage des élargissements, lorsque ceux-ci ne sont effectués qu'en vue des besoins de la circulation (Cons. d'Ét. 28 déc. 1853, Dall., Rép., vo *Voirie,* nos 1614 et 1615; 7 mars 1890, D. p. 91-3-90), mais les riverains ne sont pas tenus des dépenses par suite des élargissements exceptionnels. (Cons. d'Ét. 23 mars 1850, Dall., *loc. cit.;* 6 janv. 1882, D. p. 84-5-378.)

En principe, chaque propriétaire doit payer le pavage de son côté depuis le pied de sa propriété jusqu'au milieu de la chaussée bombée ou fendue, et dans l'étendue de sa façade.

La largeur du pavage qui incombe aux riverains doit être comptée à partir de la ligne séparative de leurs propriétés et de la voie publique. Dès lors, si la ville laisse subsister, entre le pavage exécuté et la limite de l'immeuble, une bande de terrain non pavée, le propriétaire ne doit les frais du pavage sur la largeur normale mise à sa charge par les usages que réduction faite de cette bande non pavée. (Cons. d'Ét. 13 déc. 1860, Rép., vo *Voirie;* 9 janv. 1861, Dall., *loc. cit.*)

Qui doit supporter la dépense lorsque la rue est élargie d'un seul côté ?

Cette question a été résolue de façons différentes. On fit d'abord supporter aux riverains de chaque

---

1. On doit considérer les places publiques comme des rues d'une largeur exceptionnelle, et par suite les riverains ne doivent être taxés que pour la moitié de la largeur normale assignée aux rues.

2. C'est-à-dire l'État s'il s'agit de voies qui forment le prolongement ou la traverse des grandes routes, la municipalité pour les autres voies ne dépendant que de la voirie urbaine.

---

1. A Paris (V. *infrà*), les articles 8 et 9 du décret du 26 mars 1852 ont expressément assimilé l'empierrement au pavage au point de vue des obligations des riverains.

2. Il est fâcheux que la juridiction contentieuse soit obligée de se livrer à des appréciations de cette nature, et un règlement précis sur la matière présenterait, croyons-nous, des avantages incontestables tant pour les contribuables que pour l'administration.

côté de la rue la dépense du pavage, chacun pour la moitié de la nouvelle largeur. (Cons. d'Ét. 17 avril 1856, Dall., *loc. cit.*; 29 déc. 1859, *eod. loc.*)

On jugea ensuite que les règlements qui obligent tout propriétaire riverain à supporter les frais du premier pavage des rues, n'ont voulu lui imposer cette obligation que quant au premier pavage exécuté dans la moitié de la rue qui borde sa propriété et nullement quant aux frais du pavage exécuté seulement dans l'autre moitié de la rue, en face de sa propriété. (Cons. d'Ét. 21 juill. 1864, aff. Cottin; 14 janv. 1865, D. p. 65-3-52; 14 janv. 1869, D. p. 70-3-24; 3 juin 1869, Leb. chr., p. 570.)

Enfin, le Conseil d'État a fait retour à sa première jurisprudence, à laquelle il s'est depuis toujours arrêté. (Cons. d'Ét. 5 mars 1875, D. p. 76-3-2; 27 mai 1887, Pand. fr. 87-4-28. *Sic :* des Cilleuls, n° 198, p. 463; Guillaume, n° 22, p. 48. *Contrà :* Bathie, t. VI, n° 582.)

Quelle est l'autorité compétente pour constater l'existence des anciens usages?

D'après plusieurs arrêts du Conseil d'État (2 janv.- 14 fév. 1838, Dall., Rép., v° *Voirie;* 2 mars 1839), ce pouvoir appartient à l'administration. (Cf. L. 11 frimaire an VII; Av. Cons. d'Ét. 25 mars 1807.)

Les formes à suivre ne sont indiquées par aucun texte. En pratique, lorsqu'il s'agit pour la première fois de faire application d'anciens usages, le maire appelle le conseil municipal à délibérer sur la nécessité de reconnaître ces usages. Puis, une enquête a lieu suivant les formes tracées par l'ordonnance du 23 août 1835 pour rechercher et constater l'usage de la localité. Les réclamations provoquées par cette enquête sont examinées dans une seconde délibération qui déclare le résultat de l'enquête. Le maire reconnaît l'existence de l'usage, et le préfet rend un arrêté par lequel il approuve la décision du maire et déclare l'usage.

Mais cette manière de procéder n'est, ainsi que nous l'avons dit, nullement obligatoire (Cons. d'Ét. 16 déc. 1852). Cependant, les instructions ministérielles exigent que cette formalité soit observée quand les communes demandent à convertir l'obligation des riverains en une taxe municipale.

§ 6. — Exécution des obligations incombant aux riverains dans les cas où ces obligations n'ont pas été converties en taxe municipale.

Lorsque le maire juge qu'il y a lieu de procéder au pavage d'une rue, il prend, à la suite d'une délibération du conseil municipal, un arrêté par lequel il ordonne soit l'établissement, soit la réparation du pavé dans les rues où cela est nécessaire.

Les usages suivis pour procéder aux travaux varient suivant les localités.

Dans les unes, ce sont les riverains qui doivent faire exécuter eux-mêmes et à leurs frais les travaux dont il s'agit; dans les autres, c'est la commune qui procède elle-même à l'exécution des travaux, sauf recouvrement de ses dépenses par l'établissement de taxes de pavage.

Un projet des travaux est dressé par le maire et soumis au conseil municipal avec un rôle de répar-

tition de la dépense entre les riverains qui en sont débiteurs. Ce rôle est arrêté et rendu exécutoire contre eux, comme dans le cas prévu par la loi du 25 juin 1841.

Si les riverains préfèrent se charger eux-mêmes de l'entreprise, l'autorité municipale doit les mettre en demeure de commencer immédiatement les travaux.

Lorsque les propriétaires ou quelques-uns d'entre eux ne répondent pas à l'appel du maire, celui-ci leur accorde un certain délai pour déclarer leur intention.

Dans le cas où le propriétaire refuse d'exécuter les travaux, l'administration a le choix entre deux procédés :

Elle peut faire exécuter d'office les travaux, et émettre ensuite un rôle qui sera recouvré dans les mêmes formes que les contributions directes ;

Elle peut aussi prendre un arrêté portant injonction d'exécuter le travail. La Cour de cassation reconnaît aux arrêtés pris dans ce but le caractère d'arrêtés de police. Par suite, en cas de contravention à cet arrêté, les riverains peuvent être traduits devant le juge de paix, par application de l'article 471, § 15, du Code pénal. (Cass. 25 avril 1856, D. p. 56-1-267; 21 juin 1878, D. p. 78-1-441; 10 mars 1881, Bull. n° 116; V. Cons. d'Ét. 6 août 1886, Leb. chr., p. 696.)

Si l'existence des anciens usages est contestée, le juge de police doit renvoyer cette question préjudicielle non devant le conseil de préfecture, mais devant l'autorité administrative, sauf recours au Conseil d'État. (Cons. d'Ét. 6 août 1886. Leb. chr., p. 696.)

La valeur des pavés de rebut doit être déduite de la dépense du pavé neuf à la charge des riverains. (Cons. d'Ét. 9 mars 1853, Leb. chr., p. 288.)

§ 7. — Conversion de l'obligation des riverains en une taxe municipale.

Aux termes de l'article 28 de la loi du 25 juin 1841, combiné avec le décret du 25 mars 1852, tableau A, n° 54, reproduit par le décret du 13 avril 1861, tableau A, n° 67, l'obligation résultant pour les riverains des anciens usages peut être, en vertu d'une délibération du conseil municipal et sur un tarif approuvé par le préfet, convertie en une taxe payable en numéraire et recouvrable comme cotisation municipale.

Les formalités qui doivent précéder l'établissement de la taxe autorisée par la loi du 25 juin 1841, sont : 1° délibération du conseil municipal contenant le tarif; 2° enquête conformément à l'ordonnance du 23 août 1835; 3° seconde délibération statuant sur les réclamations annexées ou consignées au procès-verbal d'enquête; 4° avis des ingénieurs des ponts et chaussées; 5° avis du sous-préfet; 6°, enfin, approbation du tarif par le préfet. (Circ. int. 5 mai 1852.)

Après que la taxe a été approuvée, le conseil municipal arrête le rôle de répartition qui est rendu exécutoire par le préfet et mis en recouvrement dans les formes prescrites par l'article 140 de la loi du 5 avril 1884, c'est-à-dire dans les formes usitées pour les contributions directes. (*V. infrà.*)

§ 8. — Recouvrement de la taxe. — Réclamations. — Compétence.

Le recouvrement des taxes de pavage, soit dans le cas de travaux exécutés d'office par la ville, soit dans celui d'application de la loi de 1841, a lieu dans les mêmes formes que pour les contributions directes.

Par exception aux règles de perception des contributions directes et taxes assimilées, les rôles des taxes de pavage peuvent être émis plusieurs années après l'exécution des travaux, la loi ne fixant à cet effet aucun délai fatal. (Cons. d'Ét. 5 mai 1876, Leb. chr., p. 420, D. p. 76-3-81 ; 2 fév. 1883, Leb. chr., p. 100 ; 7 mars 1890, D. p. 91-3-90.)

Le délai de réclamation contre une taxe de pavage s'ouvre, en principe, du jour de la publication du rôle ; il est de trois mois. (Cons. d'Ét. 1877, Leb. chr., p. 766.)

A défaut de publication ou lorsque la publication ne remplit pas les conditions légales, le délai de trois mois court pour chaque contribuable du jour où il a reçu un avertissement effectif ou un commandement. (Cons. d'Ét. 18 janv. 1884, Leb. chr., p. 52, D. p. 85-3-86.)

Cette jurisprudence, qui est en contradiction avec les dispositions de la loi du 2 messidor an VII, articles 13, 14 et 17 ; de l'arrêté du 16 thermidor an VIII, articles 14 et 15 ; du règlement du 26 août 1824, article 9 ; de la loi du 4 août 1844, article 4, peut être critiquée.

En principe, la totalité de la dépense est exigible en une seule fois.

La prescription contre la taxe de pavage est acquise par trois années, passées sans poursuites, depuis le jour où le rôle a été rendu exécutoire. (Cons. d'Ét. 4 fév. 1881, D. p. 82-3-65.)

Les contestations auxquelles donne lieu la perception des taxes de pavage sont de la compétence des conseils de préfecture, sauf recours au Conseil d'État. (Cons. d'Ét. 28 avril 1869, D. p. 71-3-2.)

Section 2. — Trottoirs.

Aux termes de la loi du 7 juin 1845, les communes peuvent, sous certaines conditions et dans certaines limites, obliger les riverains aux frais d'établissement des trottoirs sans être tenues de justifier de l'insuffisance de leurs revenus. (Cons. d'Ét. 3 août 1877, Leb. chr., p. 758, D. p. 77-3-106.)

Au contraire, dans les villes qui n'ont pas usé de la faculté que leur donne la loi de 1845, les riverains ne sont tenus de contribuer à la dépense des trottoirs que dans le cas où cette charge leur incombe en vertu d'anciens usages.

§ 1er. — Taxes dues par les riverains dans les communes qui ont usé de la faculté que leur donne la loi du 7 juin 1845.

1. Conditions nécessaires pour que les riverains soient tenus des charges que la loi du 7 juin 1845 permet de leur imposer.

Quatre conditions sont exigées pour que les riverains soient tenus des charges de la loi de 1845 ; il faut :

1° Que les plans d'alignement aient été régulièrement approuvés ;

2° Que le conseil municipal ait pris une délibération par laquelle, en même temps qu'il demande que l'établissement des trottoirs soit déclaré d'utilité publique, il désigne les rues et places auxquelles s'appliquera la déclaration, arrête le devis, désigne les matériaux et répartit la dépense dans les limites déterminées par la loi ;

3° Qu'il procède, dans les formes tracées par l'ordonnance du 23 août 1835, à une enquête de *commodo et incommodo* ;

4° Enfin, que le préfet statue définitivement tant sur l'utilité publique que sur les autres objets compris dans la délibération. (L. 25 juin 1845, art. 1 et 2 ; Décr. 25 mars 1852.)

2. Voies auxquelles s'applique l'obligation des riverains.

La loi du 7 juin 1845 est applicable sans distinction aux rues comprises dans la grande voirie comme faisant suite aux grandes routes et à celles de la voirie urbaine. (Cons. d'Ét. 11 juin 1886, Leb. chr., p. 507.) Cette question, déjà posée, en 1878, devant le Conseil d'État, n'avait pas été résolue. (Leb. chr., p. 540.)

3. Matériaux dont l'emploi est autorisé.

Le conseil municipal détermine les matériaux entre lesquels les riverains pourront choisir ; il doit s'abstenir de désigner des matériaux d'un prix excessif et de compromettre, par là, la fortune des riverains pour l'uniformité et le simple agrément de la commune. (Cons. d'Ét. 22 août 1868, Dall., Rép. suppl., v° *Commune*, n° 53.)

Si le conseil municipal ne désignait qu'une seule espèce de matériaux, les propriétaires taxés pour l'établissement de trottoirs pourraient demander décharge. (Cons. d'Ét. 5 janv. 1860.)

Mais le choix que les propriétaires sont en droit de réclamer, aux termes de l'article 2 de la loi de 1845, est limité aux matériaux en usage dans la ville. (Cons. d'Ét. 9 déc. 1864, Leb. chr., p. 963.)

4. Travaux susceptibles d'être mis à la charge des riverains.

La loi de 1845 n'autorise à mettre à la charge des riverains que les frais de *premier établissement* des trottoirs ; les riverains ne peuvent donc être tenus de contribuer soit aux *modifications* apportées aux dimensions du trottoir à la suite de l'élargissement ou du changement de niveau de la rue (Cons. d'Ét. 1er août 1884, D. p. 85-5-509), soit des frais de *reconstruction* de trottoirs établis antérieurement à la loi de 1845. (Cons. d'Ét. 9 avril 1868, D. p. 69-3-41; 11 mars 1869, Leb. chr., p. 243.)

5. Montant de la contribution des riverains.

La part de la charge des contribuables est déterminée par le conseil municipal, mais elle ne peut jamais dépasser la moitié des dépenses, à moins que d'anciens usages ne mettent ces dépenses à la charge des riverains, soit en totalité, soit dans une proportion supérieure à la moitié. (L. 1845, art. 2 et 4.)

6. Recouvrement de la taxe.

La taxe est recouvrée dans la forme des taxes communales et des contributions directes (L. 1845, art. 3; L. 25 juin 1841, art. 28). Dès lors, une délibération du conseil municipal est nécessaire pour la formation du rôle.

§ 2. — Contribution des riverains en vertu d'anciens usages.

Les anciens usages doivent être suivis, soit lorsque la commune n'a pas usé de la faculté que lui donne la loi de 1845, soit lorsqu'elle a usé de cette faculté, si les anciens usages mettent à la charge des riverains une part de dépense supérieure au maximum fixé par l'article 2 de la loi précitée. (L. 1845, art. 4.)

Le droit de la ville d'invoquer les anciens usages se fonde sur l'avis du Conseil d'État du 25 mars 1807, qui doit être suivi aussi bien lorsqu'il s'agit de trottoirs que de pavage. On aura donc ici à appliquer, en cas de contestation ou d'application des usages, les mêmes principes que nous avons exposés en traitant du pavage. (V. suprà.)

Les trottoirs n'étant qu'un pavage perfectionné, dans les villes où il n'existe pas d'ancien usage spécial aux trottoirs et où leur construction n'est pas régie par la loi du 7 juin 1845, les riverains sont tenus de contribuer à la dépense dans la limite où les anciens usages mettent à leur charge les dépenses du pavage. (Cons. d'Ét. 3 août 1877, Leb. chr., p. 757; 14 nov. 1879, D. p. 80-3-29.)

La désignation des matériaux n'appartient au conseil municipal que dans le cas où il a usé des droits que lui donne l'article 2 de la loi de 1845; lorsque la ville n'invoque que les anciens usages, elle ne peut imposer l'emploi de matériaux plus onéreux que ceux qui étaient admis par ces usages. (Cons. d'Ét. 22 août 1868, Leb. chr., p. 959.)

Le fait que la loi de 1845 ne mentionne comme pouvant être mis à la charge des riverains que les frais de premier établissement, n'a pas pour conséquence d'exonérer les riverains des frais d'entretien et de reconstruction, lorsque ces frais leur sont réclamés, non en vertu de cette loi, mais en vertu d'anciens usages. Mais pour que les riverains soient légalement tenus des frais d'entretien ou de reconstruction des trottoirs et des ouvrages qui en sont les dépendances, il faut que ces frais soient nécessités par des causes naturelles telles que la vétusté, l'usage du public; si la ville, adoptant un nouveau système de trottoirs, voulait reconstruire de nouveau ceux qui se trouvent encore en bon état, cette charge ne pourrait être imposée aux riverains (Cons. d'Ét. 7 avril 1841, Dall., Rép., v° Voirie). Bien entendu, si les anciens usages concernaient exclusivement les frais de premier établissement, les frais de reconstruction et d'entretien ne pourraient être réclamés aux riverains. (Cons. d'Ét. 12 janv. 1860, Dall., Rép., v° cit.; 17 juill. 1861, Dall., Rép., v° cit.; 1er août 1884, D. p. 85-5-503.)

Dans les villes où les riverains sont tenus de contribuer aux dépenses de construction des trottoirs, la taxe est due par celui qui était propriétaire lors de l'établissement du trottoir et non par celui qui est propriétaire lors de l'émission du rôle. (Cons. d'Ét. 14 nov. 1879, Leb. chr., p. 680, D. p. 80-3-34.)

LIVRE VI. — ALIGNEMENT

CHAPITRE Ier

NOTIONS GÉNÉRALES

Le mot « alignement » présente une double signification. Il sert à désigner la décision de l'autorité fixant, soit par une mesure d'ensemble, soit par un acte isolé, la ligne qui sépare ou doit séparer la voie publique des propriétés riveraines. De cette décision résulte un ensemble de charges assez lourdes qui constituent une véritable servitude réelle; celle-ci est communément dénommée servitude d'a-

lignement; elle a pour objet la conservation de la voie publique.

Mais le mot « alignement » présente un autre sens et s'entend de la régularisation procurée au moyen des servitudes de reculement et d'avancement.

Lorsqu'un propriétaire fait volontairement démolir sa maison, lorsqu'il est forcé de la démolir pour cause de vétusté, il n'a droit à indemnité que pour la valeur du terrain délaissé si l'alignement qui lui est donné le force à reculer sa construction. C'est la servitude forcée de reculement.

Si, à l'inverse, le tracé exige une réduction de largeur, le riverain, lorsqu'il demande l'alignement, peut être mis en demeure d'acquérir la portion de voie inutile, sous peine de se voir enlever sa propriété tout entière. C'est la servitude d'avancement.

Dans ces deux derniers cas, l'alignement aboutit à un déplacement de limites et occasionne une translation forcée de propriété.

Par ce qui précède on voit que si, dans certains cas, l'alignement se confond avec le bornage, plus souvent il s'en sépare par une grande différence. Le bornage est fait par l'autorité judiciaire d'après les titres, sans préoccupation de l'irrégularité de la ligne séparative; c'est une simple reconnaissance d'un état ancien dont la rectification dépend du consentement unanime des ayants droit. L'alignement permet, au contraire, à l'une des parties, l'administration, de modifier et même d'élargir son domaine, la voie publique, aux dépens de l'héritage des autres intéressés. (Delanney, *De l'Alignement*, p. 35; Batbie, *Traité théor. et prat. de droit publ. et administ.*, t. VI, n° 25.)

De même, ce mode de translation de propriété n'a aucun rapport avec l'expropriation pour cause d'utilité publique. Celle-ci s'applique à toute la propriété, quelles qu'en soient la situation et l'importance, alors que l'alignement ne frappe que les immeubles riverains des voies publiques et ne les entame que pour partie. La première produit ses effets sur-le-champ et simultanément à l'égard de tous les fonds qu'elle comprend; l'autre n'opère qu'à la longue et successivement. L'indemnité, enfin, au cas d'expropriation, est préalable et tient compte de tout le préjudice causé au particulier, tandis que l'alignement ne donne droit qu'au paiement ultérieur du sol nu. (Delanney, *loc. cit.*)

Les règles qui régissent actuellement la matière de l'alignement sont empruntées à des actes royaux antérieurs à 1789. Maintenus provisoirement en vigueur par la législation intermédiaire, ils sont reconnus aujourd'hui comme ayant force légale.

Dès le moyen âge apparaissent des tentatives nombreuses du pouvoir royal pour réprimer les empiétements des particuliers sur les voies publiques. A Paris, notamment, depuis longtemps, le prévôt, assisté d'un voyer, avait qualité pour délimiter la voie publique d'avec les propriétés privées. Le voyer et les commissaires qu'il avait sous ses ordres délivraient les alignements et accordaient les permissions de bâtir. (Delanney, p. 22.)

Philippe-Auguste créa, sous l'autorité directe du roi, des commissaires généraux, chargés dans toute l'étendue du royaume de la police des chemins. Sous le règne de son successeur, ces fonctions furent tour à tour dévolues aux juges de droit commun, baillis, sénéchaux, prévôts, etc. Mais Louis XII les confia définitivement aux trésoriers royaux par un édit du 20 octobre 1508. Plus tard, Henri IV, par un édit de mai 1599, attribua à un fonctionnaire

qu'il créa, le grand voyer, la direction et la surveillance générale des chemins, et délimita ses fonctions, dans un édit de décembre 1607, sur « les attributions du grand voyer, la juridiction en matière de voirie, la police des rues et chemins, etc. »

Les articles 4 et 5 de cet édit règlent les alignements; il importe d'en faire connaître la teneur.

L'article 4 dispose :

« Deffendons à nostredict grand voyer ou ses commis de permettre qu'il soit fait aucunes saillies, avances et pans de bois aux bâtimens neufs, et mesme à ceux où il y en a à présent de contraindre les rééédifier, ny faire ouvrages qui les puissent conforter, conserver et soutenir, ni faire aucun encorbellement en avance pour porter aucun mur, pan de bois ou autres choses en saillie, et porter à faux sur lesdites rues, ainsi faire le tout continuer à plomb, depuis le rez-de-chaussée tout contremont, et pourvoir à ce que les rues s'embellissent et élargissent au mieux que faire se pourra, et en baillant par luy les allignemens, redresser les murs où il y aura ply ou coude. »

L'article 5 ajoute :

« Comme aussi nous deffendons à tous nosdits sujets de ladite ville, fauxbourgs, prévôté et vicomté de Paris, et autres villes de ce royaume, faire aucun édifice, pan de mur, jambes estriers, encoignures, caves ny caval, forme ronde en saillie, sièges, barrières, contre-fenestre, huis de caves, bornes, pas, marches, sièges, montoirs à cheval, auvents, enseignes establies, cages de menuiserie, châssis à verres et autres avances sur ladite voyrie, sans le congé et allignement de notre dict grand voyer ou desdits commis. »

Enfin l'article 7 porte :

« Faisons aussi deffenses à toutes personnes..., et pour le regard de ceux qui voudront faire degrez pour monter à leurs maisons, par le moyen desquels les rues estrécisent, faire sièges esdites rues, estail ou auvent, clorre ou fermer aucunes rues, faire planter bornes au coin d'icelles, ès entrées de maisons, poser enseignes nouvelles, ou faire le tout réparer, prennent congé dudit grand voyer ou commis. »

Les fonctions de grand voyer furent supprimées en 1626, et la législation sur l'alignement par l'arrêt du Conseil de 1765. L'édit de 1607 s'appliquait aux rues des villes et « aux grands chemins vulgairement appelés chemins royaux ».

L'arrêt du Conseil du 27 février 1765 concerne les permissions de construire et les alignements sur les routes entretenues aux frais du roi. En voici un extrait :

« Le roi étant informé que l'exécution des plans pour les traverses des routes construites par ses ordres dans les villes, bourgs et villages de quelques généralités, souffre différents retardements et même quelquefois totalement intervertie par des alignements donnés aux propriétaires des maisons ou autres édifices sur lesdites routes, par des officiers de justice, ou prétendus voyers, qui, n'ayant aucune connaissance desdits plans, s'ingèrent, sous différents prétextes, dans l'exercice d'une fonction que Sa Majesté ne leur a pas confiée; et s'étant fait rendre compte de ce qui se pratique à cet égard, au bureau des finances de la généralité de Paris, dans le ressort duquel, pour prévenir de pareils abus, ledit bureau a prescrit, par son ordonnance du 29 mars 1754, que tous les alignements pour constructions, reconstructions et permissions relatives à toute espèce d'ouvrages à la face desdites routes étant sur lesdites routes, ainsi que pour établissement d'échoppes et choses saillantes, seraient donnés par les trésoriers de France, commissaires de Sa Majesté, ou, en l'absence desdits sieurs commissaires, par un autre desdits trésoriers de France, et ce, dans l'un ou l'autre cas, conformément aux plans, levés et arrêtés par ordre de Sa Majesté, qui sont ou seraient déposés par la suite, ainsi que les minutes desdits alignements et permissions, au greffe dudit bureau des finances, pour être, par ledit bureau, statué sur toutes les contraventions et exécutions des édits et déclarations de Sa Majesté; et ayant reconnu que les dispositions de cette ordonnance, en conservant et maintenant la compétence des bureaux des finances sur cette matière, parent à tous les inconvénients, Sa Majesté aurait cru, en confirmant les dispositions de ladite ordonnance, devoir les étendre à tous les bureaux des finances du royaume.

« A quoi voulant pourvoir : vu la susdite ordonnance du bureau des finances de Paris du 29 mars 1754, et ouï le rapport du sieur de l'Averdy, conseiller ordinaire du Roi au conseil royal, contrôleur général des finances, le Roi étant en son conseil, a ordonné et ordonne que, conformément à ce qui se pratique au bureau des finances de la généralité de Paris, dont Sa Majesté a confirmé et confirme l'ordonnance du 29 mars 1754, articles 4 et 12, les alignements pour constructions ou reconstructions de maisons, édifices ou bâtiments généralement quelconques, en tout ou partie, étant le long et joignent les routes construites par ses ordres, soit dans les traverses des villes, bourgs et villages, soit en pleine campagne, ainsi que les permissions pour toute espèce d'ouvrages aux faces desdites maisons, édifices et bâtiments, et pour établissement d'échoppes ou choses saillantes le long desdites routes, ne pourront être donnés, en aucun cas, par autres que les trésoriers de France, commissaire de Sa Majesté, pour les ponts et chaussées en chaque généralité, ou, en leur défaut et en leur absence, par un autre trésorier de France de ladite généralité, qui serait présent sur les lieux, et pour ce requis; le tout sans frais et en se conformant aux plans, levés et arrêtés par les ordres de Sa Majesté, qui sont ou seront déposés par la suite au greffe du bureau des finances de leur généralité; et dans le cas où les plans ne seraient pas encore déposés audit greffe veut, Sa Majesté, qu'avant de donner lesdits alignements ou permissions, lesdits trésoriers de France, commissaires de Sa Majesté, ou autres à leur défaut, se fassent remettre un rapport circonstancié de l'état des

lieux par l'ingénieur ou l'un des sous-ingénieurs des ponts et chaussées de ladite généralité, et que, dudit alignement ou de ladite permission, il soit déposé minute au greffe dudit bureau des finances, à laquelle ledit rapport sera et demeurera annexé.

« Fait Sa Majesté défenses à tous particuliers, propriétaires ou autres, de construire, reconstruire ou réparer aucuns édifices, poser échoppes ou choses saillantes le long des routes, sans en avoir obtenu les alignements ou permissions desdits trésoriers de France, commissaires de Sa Majesté, ou, dans le cas ci-dessus spécifié, d'un autre trésorier de France dudit bureau des finances, à peine de démolition desdits ouvrages, confiscation des matériaux, et de 300 livres d'amende; et contre les maçons, charpentiers et ouvriers, de pareille amende, et même de plus grande peine en cas de récidive. Fait pareillement Sa Majesté défenses à tous autres (qu'aux fonctionnaires ayant qualité), sous quelque prétexte et à quelque titre que ce soit, de donner lesdits alignements et permissions à peine de répondre en leur propre et privé nom des condamnations prononcées contre les particuliers, propriétaires, locataires et ouvriers qui seront, en cas de contravention, poursuivis à la requête des procureurs de Sa Majesté auxdits bureaux des finances, et punis suivant l'exigence des cas. Enjoint Sa Majesté aux sieurs intendants et commissaires départis dans toutes les généralités, ainsi qu'aux commissaires des ponts et chaussées, et aux officiers des bureaux des finances, de tenir, chacun en droit soi, la main à l'exécution du présent arrêt. »

Ces dispositions de l'ancien régime relatives à la voirie ont été maintenues en vigueur par l'article 29 de la loi des 19-22 juillet 1791 qui, il est vrai, n'avait qu'un caractère provisoire; mais comme ce texte n'a jamais été abrogé et qu'en outre il a été formellement visé par des lois postérieures, notamment par l'article 484 du Code pénal, il est devenu définitif.

Toutefois, jusqu'en 1833, il s'est manifesté quelque hésitation sur l'application de ces règlements dans le ressort des parlements où ils n'avaient pas été enregistrés. (Daviel, *Traité des cours d'eau;* Isambert, *Traité de la voirie.*) Mais il n'existe plus, depuis cette époque, de controverse sur ce point ni en jurisprudence ni en doctrine, d'autant plus que l'acte qui sert de base à toute la législation de l'alignement, l'édit de 1607, a été enregistré dans tous les parlements de notre ancienne France. (Cass. 30 août 1833, Sir. 34-1-493; Cons. d'Ét. 23 fév. 1837, Sir. 37-2-302 ; 19 avril 1844, Sir. 44-2-356; Cotelle, *Droit adm.,* t. 1er, n° 382; Dufour, *Droit adm. appliqué,* t. 1er, n° 33; Féraud-Giraud, *Servitudes de voirie,* t. 1er, nos 8, 9 et 10; Delanney, p. 29.)

A ces textes, il convient d'ajouter les articles 50, 52, 53, 54 de la loi du 16 septembre 1807 sur le desséchement des marais. Ces articles sont ainsi conçus :

« Lorsqu'un propriétaire fait volontairement démolir sa maison, lorsqu'il est forcé de la démolir pour cause de vétusté, il n'a droit à indemnité que pour la valeur du terrain délaissé, si l'alignement qui lui est donné par les autorités compétentes le force à reculer sa construction » (art. 50).

« Dans les villes, les alignements pour l'ouverture des nouvelles rues, pour l'élargissement des anciennes qui ne font point partie d'une grande route ou pour tout autre objet d'utilité publique, seront donnés par les maires, conformément au plan dont les projets auront été adressés aux préfets, transmis avec leur avis au ministre de l'intérieur et arrêtés en Conseil d'État. En cas de réclamations de tiers intéressés, il sera de même statué en Conseil d'État sur le rapport du ministre de l'intérieur » (art. 52).

« Au cas où, par les alignements arrêtés, un propriétaire pourrait recevoir la faculté de s'avancer sur la voie publique, il sera tenu de payer la valeur du terrain qui lui sera cédé. Dans la fixation de cette valeur, les experts auront égard à ce que le plus ou moins de profondeur du terrain cédé, la nature de la propriété, le reculement du reste du terrain bâti ou non bâti loin de la nouvelle voie, peut ajouter ou diminuer de valeur relative pour le propriétaire. Au cas où le propriétaire ne voudrait point acquérir, l'administration publique est autorisée à le déposséder de l'ensemble de sa propriété en lui payant la valeur telle qu'elle était avant l'entreprise des travaux. La cession et la vente sont faites comme il est dit en l'article 51 » (art. 53).

« Lorsqu'il y aura lieu en même temps à payer une indemnité à un propriétaire pour terrains occupés, et à recevoir de lui une plus-value pour des avantages acquis à ses propriétés restantes, il y aura compensation jusqu'à concurrence; le surplus seulement, selon les résultats, sera payé au propriétaire ou acquitté par lui » (art. 54).

CHAPITRE II

ALIGNEMENT GÉNÉRAL

Section 1re. — Confection des plans généraux d'alignement.

Les règles à suivre pour la confection des plans généraux d'alignement varient selon qu'il s'agit de voies appartenant à la grande voirie ou de voies qui dépendent de la petite voirie.

§ 1er. — Grande voirie.

La grande voirie comprend, avons-nous dit dans notre titre Ier, les routes nationales et départementales, les chemins de fer, les rivières navigables, les canaux et la voirie parisienne.

1. Routes nationales.

Lorsqu'il s'agit d'une voie nouvelle à créer, le plan d'alignement se confond avec celui de la route elle-même; les formalités ici suivies sont celles qui accompagnent l'ouverture des routes. (Batbie, t. VI, n° 32.)

Dans le cas, au contraire, où il s'agit d'arrêter le plan général d'alignement d'une route déjà ouverte, certaines règles spéciales de procédure doivent être suivies. Elles ont été posées dans une série de circulaires du directeur général des ponts et chaussées et du ministre des travaux publics, dont les plus importantes sont des 24 octobre 1845, 27 décembre 1849, 20 août 1852 et 22 novembre 1853.

Aux termes de la circulaire de 1845, les alignements sont tracés dans le but principal de donner aux traverses la largeur qu'exige la facilité de la circulation. Sans doute, on ne doit pas négliger les dispositions propres à assurer la régularité et l'embellissement des villes, mais seulement lorsqu'on peut obtenir ces avantages sans aggraver d'une manière notable la servitude des propriétés riveraines.

Il convient donc :

De ne pas s'attacher à établir un parallélisme rigoureux ;

D'éviter, autant que possible, de faire avancer les constructions sur la voie publique, ce qui réduirait sans utilité la largeur actuelle; et, lorsqu'un redressement est indispensable, de combiner les alignements de manière que la circulation ne puisse jamais être entravée par l'exécution partielle du plan ;

De prendre l'élargissement du côté où le dommage doit être moindre pour les propriétaires riverains ;

De maintenir, autant que possible, les alignements résultant d'autorisations régulières ;

De conserver toutes les façades qui différeraient peu de l'alignement à suivre ;

De faire choix de repères fixes et bien déterminés, en évitant avec soin de briser la façade d'un bâtiment ;

De ne jamais proposer d'alignements curvilignes, mais d'y substituer des portions de polygones rectilignes, dont la forme est plus favorable aux constructions.

Le plan parcellaire, dressé par les ingénieurs, est examiné, avant toute enquête, par le conseil général des ponts et chaussées. Le travail technique achevé, il est procédé à la formalité de l'enquête, telle que l'organisent les articles 5, 6, 7, 8, 9 et 10 de la loi du 3 mai 1841. Nous avons déjà exposé cette procédure, nous la rappelons en quelques mots.

Le plan des propriétés particulières, indicatif des noms de chaque propriétaire, tels qu'ils sont inscrits sur la matrice des rôles, reste déposé, pendant huit jours, à la mairie de la commune où les propriétés sont situées, afin que chacun puisse en prendre connaissance. (L. 3 mai 1841, art. 5.)

Le délai ne part qu'à dater de l'avertissement qui est donné collectivement aux parties intéressées, de prendre communication du plan déposé à la mairie. Cet avertissement est publié à son de trompe ou de caisse dans la commune et affiché tant à la principale porte de l'église du lieu qu'à celle de la maison commune. Il est, en outre, inséré dans l'un des journaux publiés dans l'arrondissement, ou, s'il n'en existe aucun, dans l'un des journaux du département. (M. L., art. 6.)

Le maire certifie ces publications et affiches, il mentionne sur un procès-verbal qu'il ouvre à cet effet, et que les parties qui comparaissent sont requises de signer, les déclarations et réclamations qui lui ont été faites verbalement et y annexe celles qui lui sont transmises par écrit. (M. L., art. 7.)

À l'expiration du délai de huitaine, une commission réunie au chef-lieu de la sous-préfecture, présidée par le sous-préfet de l'arrondissement, et composée de quatre membres du conseil général du département ou du conseil de l'arrondissement désignés par le préfet, du maire de la commune où les propriétés sont situées, et de l'un des ingénieurs chargés de l'exécution des travaux, reçoit pendant huit jours les observations des propriétaires. Elle les appelle toutes les fois qu'elle le juge convenable. Elle donne son avis.

Si la commission propose quelques changements au tracé indiqué par les ingénieurs, le sous-préfet doit en donner immédiatement avis aux propriétaires que ces changements peuvent intéresser. Pendant la huitaine à dater de cet avertissement, le procès-verbal et les pièces restent déposés à la sous-préfecture, et les parties intéressées peuvent en prendre communication sans déplacement et sans frais, et fournir leurs observations écrites. Dans les trois jours suivants, le sous-préfet transmet toutes les pièces à la préfecture. (M. L., art. 10.)

En outre, avant la réunion de la commission d'enquête, le conseil municipal doit être appelé à donner son avis sur les plans d'alignement, lorsque ceux-ci concernent l'intérieur des villes, bourgs et villages. (L. 5 avril 1884, art. 70, § 3.)

Le plan est ensuite soumis à un nouvel examen des ponts et chaussées, dont l'objet est d'apprécier, au point de vue technique, les modifications proposées au cours de l'enquête, et adressé au ministre des travaux publics.

Enfin, le dossier est transmis au Conseil d'État, le projet de décret, élaboré par la section des travaux publics, est porté à l'assemblée générale du Conseil, puis soumis à la signature du chef de l'État. La nécessité d'un décret a son origine dans l'arrêt du Conseil du 27 février 1765, qui disposait que les plans généraux d'alignement devaient être dressés et arrêtés par le souverain. À la Révolution, toute

règle disparut; pendant vingt ans, les alignements généraux furent fixés tantôt par les administrateurs départementaux, tantôt par des décisions ministérielles. En 1809 seulement, une circulaire du 22 juin soumit ces plans aux prescriptions admises pour la voirie urbaine, par la loi du 16 septembre 1807, c'est-à-dire à l'approbation du chef de l'État. On a fait remarquer que l'intervention de ce dernier n'était exigée par aucun texte (Gillon et Stourm, *Traité de la voirie*, n° 38). Cela est vrai. Mais il est bien évident que, puisque la loi de 1807 exige l'intervention du chef de l'État pour les *voies urbaines*, elle entend à *fortiori* attribuer compétence au chef du pouvoir exécutif pour les *routes nationales*, qui répondent à des besoins plus généraux. (Cons. d'Ét. 10 sept. 1835, P. ad. chr.; 22 fév. 1844, P. ad. chr.; En ce sens : Aucoc, t. III, n° 1036; Delanney, p. 62; Ducrocq, t. II, n° 852; Féraud-Giraud, *Servitudes de voirie*, t. 1er, n° 227.)

Lorsque les formalités ont été régulièrement remplies, le décret homologuant un plan général d'alignement ne peut faire l'objet d'aucun recours, soit contentieux (Cons. d'Ét. 8 janv. 1836, Sir. 36-2-215; 10 juill. 1874, Sir. 76-2-158), soit gracieux (Batbie, t. VI, n° 35; Delanney, p. 63; Féraud-Giraud, t. 1er, n° 216; Aucoc, t. III, n° 1067.)

La voie contentieuse n'est pas ouverte, parce que le décret constitue un acte de pure administration. Le recours par voie gracieuse ne peut exister par la raison que les plans d'alignement sont l'œuvre du chef de l'État, c'est-à-dire du fonctionnaire le plus élevé dans l'ordre hiérarchique.

Mais il est bien évident que le chef de l'État, qui, dans l'approbation des plans d'alignement, jouit d'une liberté complète, peut, lorsqu'il le juge utile, les modifier ou substituer un plan nouveau à celui qu'il avait précédemment arrêté.

Si les formalités d'instruction prescrites par la loi avaient été omises ou n'avaient pas été strictement observées, comme elles sont essentielles, il y aurait alors ouverture à un pourvoi pour excès de pouvoirs, qui serait directement porté devant le Conseil d'État. (Cons. d'Ét. 6 déc. 1866, Leb. chr., p. 1102; Aucoc, t. III, n° 1067; Batbie, n° 35; Delanney, p. 63.)

S'il s'élève des difficultés sur l'interprétation de l'acte approbatif du plan, il doit, en vertu de la règle *ejus est interpretari, cujus est condere*, en être référé au ministre des travaux publics, sur le rapport duquel il est statué par le chef du pouvoir exécutif en Conseil d'État. (Cons. d'Ét. 14 fév. 1861, Leb. chr., p. 96; Féraud-Giraud, t. 1er, n° 221; Aucoc, t. III, n° 1068.)

Les décrets portant approbation d'un plan d'alignement ne deviennent obligatoires que par leur insertion au *Bulletin des lois*, ou, au cas où cette formalité a été omise, par la connaissance qui en est donnée aux personnes dont ils grèvent la propriété, par affiches, signification ou notification. (Cons. d'Ét. 23 juill. 1875, Sir. 77-2-222, D. p. 76-3-24; 14 nov. 1884, Sir. 86-3-36, D. p. 86-3-50; Delanney, p. 54; des Cilleuls, n° 140.)

En l'absence d'une publication régulière, l'inobservation des alignements approuvés ne constitue pas une contravention pouvant entraîner une peine. (Cass. 22 mars 1884, Sir. 85-1-472, D. p. 85-1-272.)

2. Routes départementales.

Toutes les règles suivies pour les routes nationales s'appliquent aux routes départementales. On est d'accord sur ce point qui, quelque temps après la loi du 10 août 1871 sur les conseils généraux, a fait difficulté. On s'est demandé à cette époque si la loi de 1871 n'avait pas attribué compétence aux conseils généraux pour statuer sur les plans d'alignement. Consulté sur cette question, le Conseil d'État émit l'avis qu'aucun texte de loi ne confère expressément cette prérogative aux conseils généraux ; que, s'agissant d'une décision dont les effets dommageables pour la propriété privée sont à peu près analogues à ceux d'une déclaration d'utilité publique pour laquelle le législateur a expressément réservé l'intervention du Gouvernement, on ne saurait admettre que l'approbation de ces plans ne soit pas entourée des mêmes garanties. Toutefois, il est convenable que les conseils généraux soient appelés à donner leur avis sur les plans avant que le Gouvernement les approuve par décrets délibérés en Conseil d'État. (Av. Cons. d'Ét. 15 juill. 1873 ; *Sic :* Delanney, p. 63 ; Aucoc, t. III, n° 1037 ; Batbie, t. VI, n° 34.)

3. Chemins de fer.

Les chemins de fer d'intérêt général ou d'intérêt local font partie de la grande voirie. (L. 15 juill. 1845, art. 1er ; L. 11 juin 1880, art. 20.)

L'article 3 de la loi de 1845 impose la servitude d'alignement aux propriétés riveraines des chemins de fer.

L'établissement de plans généraux présente, en cette matière, une importance particulière ; car non seulement ces plans doivent servir à tracer exactement les limites séparant le domaine public affecté aux voies ferrées des héritages voisins et faciliter ainsi la répression des usurpations, mais ils doivent encore permettre de constater l'étendue des terrains que les compagnies doivent entretenir en bon état et rendre à l'expiration de leur concession.

Aussi l'article 29 du cahier des charges, type des concessions de chemins de fer, prend-il soin d'indiquer dans quelles conditions ces plans doivent être dressés. « Après l'achèvement total des travaux et dans le délai qui sera fixé par l'administration, porte cet article, la compagnie fera faire à ses frais un bornage contradictoire et un plan cadastral du chemin de fer et de ses dépendances. Les terrains acquis postérieurement, en vue de satisfaire aux besoins de l'exploitation et qui, par cela même, deviendront partie intégrante du chemin de fer, donneront lieu, au fur et à mesure de leur acquisition, à des bornages supplémentaires et seront ajoutés sur le plan cadastral. »

Comment se font le bornage et le plan cadastral ?

Lorsque les chemins ont été exécutés par l'État, le bornage et le lever du plan sont opérés par les ingénieurs chargés de la construction. Ils sont communiqués aux compagnies pour qu'elles les acceptent ou fassent leurs observations.

Ces opérations incombent, au contraire, aux compagnies lorsque les chemins qu'elles exploitent ont été construits par elles ; le travail est alors effectué à leurs frais par les ingénieurs à leur service ; mais les agents du contrôle doivent intervenir pour s'assurer que le bornage s'étend à tous les terrains qu'il convient d'y comprendre.

Expéditions des procès-verbaux de bornage et du plan cadastral sont adressées au ministre des travaux publics. (Circ. trav. publ. 31 déc. 1853.)

En résumé, les plans généraux des lignes de chemins de fer constatent simplement l'état des voies à l'instant où ils sont dressés ; ils servent à établir la situation actuelle des lieux et ne portent nullement sur les changements à opérer ultérieurement ; ils ne sauraient, par suite, entraîner les effets produits, dans les autres branches de la voirie, par les plans d'alignement.

Donc, point de servitudes d'avancement ni de reculement ; pas d'interdiction des travaux confortatifs. Toute l'obligation des riverains se réduit à demander l'alignement ou l'autorisation de bâtir ou de réparer. (Delanney, p. 66.)

4. Cours d'eau.

Les fleuves et rivières navigables, ainsi que les canaux, présentent le caractère de voies de communication d'intérêt général, on les avait astreints à toutes les règles de police et de conservation de la grande voirie : les riverains devaient se munir d'une permission administrative toutes les fois qu'ils voulaient construire ou se clore le long des chemins de halage (Cormenin, *Questions de droit administratif*, t. 1er, p. 509 ; Daviel, *Traité des cours d'eau*, n°s 85 et 201 ; Dumay, sur Proud'hon, *Traité du domaine public*, t. III, p. 118 ; Cons. d'Ét. 16 juill. 1840, P. adm. chr. ; 8 juin 1842, P. adm. chr.). Il a été reconnu depuis que les propriétaires ont le droit de construire le long des canaux et rivières navigables, à leurs risques et périls, sans être tenus de demander l'alignement. (Circ. trav. publ. 27 mai 1861 ; Delanney, p. 68.)

Toutefois, des règlements spéciaux ont assujetti à la servitude d'alignement les propriétés bordant certains cours d'eau, notamment les arrêts du Conseil du 26 février 1732 sur la police de la Bièvre, du 23 juillet 1783 concernant la Loire et ses affluents navigables et le décret impérial du 29 mai 1808 relatif à la Sèvre. D'après ces différents documents, ces cours d'eau doivent être rangés dans la grande voirie. Mais il convient de remarquer qu'ils ne prévoient pas de plans généraux d'alignement ; une pareille mesure serait, en effet, impossible, parce que c'est la nature elle-même qui trace et déplace les rives des cours dont dépendent l'emplacement et la direction des chemins de halage. (Delanney, *loc. cit.*)

5. Rues de Paris.

Les lettres patentes du 10 avril 1783 avaient ordonné la levée d'un plan général d'alignement des rues de Paris. Ce grand travail, à peine terminé au moment de la Révolution, ne put recevoir aucune exécution. Le Directoire exécutif, par un arrêté en date du 18 germinal an V, autorisa le ministre de l'intérieur à arrêter les plans d'alignement des rues de Paris. Le ministre usa de cette faculté jusqu'à la loi de 1807 et même quelque temps après, cette loi n'ayant pas, de prime abord, paru concerner la capitale. Mais ce point fut tranché par un avis du Conseil d'État du 3 septembre 1811, inséré au *Bulletin des lois*, et qui déclara la loi de 1807 applicable à Paris comme aux autres villes de l'Empire. (Delanney, p. 70.)

Mais les anciens règlements, et surtout les lettres patentes de 1783, avaient soumis les rues de la capitale au régime sous lequel l'arrêt de 1765 avait placé les routes entretenues par le roi. Le décret du 27 octobre 1808 a maintenu cette législation. Il s'ensuit que les plans généraux d'alignement des rues de Paris, au lieu d'être arrêtés par le conseil municipal de la capitale, sauf approbation du préfet de la Seine, sont fixés par décret en Conseil d'État, comme en matière de grande voirie. Le Gouvernement, au lieu d'exercer, par lui ou son délégué, un simple acte de tutelle, statue en pleine souveraineté. Il y a, avec la grande voirie, cette seule différence que c'est du ministre de l'intérieur et non du ministre des travaux publics que relèvent les rues de Paris. (L. 1807, art. 52 ; Fuzier-Hermann, v° *Alignement*, n° 105 ; Delanney, p. 71.)

Voici comment on procède. Le plan est déposé à la mairie de l'arrondissement où les rues sont situées ; il y demeure pendant quinze jours pour que chaque habitant puisse en prendre connaissance. A l'expiration de ce délai, un commissaire nommé par le préfet de la Seine, auquel revient l'administration de la grande voirie à Paris (L. 28 pluv. an VIII, Arrêté cons. 12 mess. an VIII), reçoit à la mairie, pendant trois jours consécutifs, les déclarations des habitants sur le mérite des tracés proposés et des alignements projetés. (Delanney, p. 153.)

Ces délais peuvent être prolongés. Ils ne courent d'ailleurs qu'à partir de l'avertissement dont la publication et l'affichage doivent être certifiés par le maire. (O. 1835, art. 3.)

Après avoir clos et signé le registre des réclamations, le commissaire enquêteur le transmet au maire, avec son avis et les autres pièces de l'enquête. Le maire, en y joignant également son avis, adresse le dossier au préfet qui le soumet au conseil municipal. Celui-ci, s'il a été fait des déclarations contraires à l'adoption du projet, ou si l'avis du commissaire lui est défavorable, examine ces oppositions et exprime son opinion dans une délibération motivée. (O. 1835, art. 4 ; Cons. d'Ét. 10 juill. 1874 ; Delanney, *loc. cit.*)

Le ministre de l'intérieur est alors saisi par un rapport du préfet (O. 1835, art. 5 ; L. 1807, art. 52). Le ministre, s'il le juge utile, consulte le conseil général des bâtiments civils ; il y est obligé si les alignements projetés affectent un monument historique ou précieux au point de vue de l'art, soit encore un bâtiment dépendant du domaine de l'État ; dans ce dernier cas, il doit en outre consulter le ministre des finances. (O. 1835, art. 7 ; Circ. 5 mai 1852 ; Décr. 3 mars 1891, art. 8, § 3.)

Ces formalités remplies, les plans sont arrêtés en Conseil d'État, dans la forme des règlements d'administration publique [1]. Cette approbation ne peut apporter aucun changement, et, contrairement aux règles suivies pour les routes, l'autorité supérieure est obligée de se conformer aux délibérations du conseil municipal. C'est qu'en effet si les rues de Paris appartiennent à la grande voirie pour la police et l'administration, elles n'en font pas moins, en ce qui concerne la propriété du sol, partie du domaine public *communal*, dont on ne saurait disposer sans l'assentiment de l'assemblée communale. (Delanney, p. 75. *Contrà* : Fuzier-Hermann, v° *Alignement*, n° 110.)

Malgré les termes de l'article 52, alinéa 2°, de la loi du 16 septembre 1807, les décrets approbatifs des plans d'alignement de la ville de Paris ne sont pas susceptibles de recours contentieux en tant qu'actes émanant du pouvoir souverain de l'administration. Toutefois, la voie contentieuse serait ouverte si le pourvoi se fondait sur une irrégularité de procédure, dans laquelle les intéressés verraient une diminution des garanties que la loi a entendu leur assurer. (L. 7-14 oct. 1790. L. 24 mai 1872, art. 9 ; Décr. 22 juill. 1806, art. 11.)

§ 2. — De la petite voirie.

1. Voirie urbaine.

Tandis que la grande voirie est placée dans les attributions du ministre des travaux publics, la voirie urbaine ressortit à la compétence du ministre de l'intérieur, qui, d'une façon générale, est chargé de l'administration communale.

On s'est demandé si la confection de plans d'alignement est légalement imposée à toutes les communes de France, grandes villes et villages de minime importance. Le doute est venu de la rédaction de l'article 52 de la loi du 16 septembre 1807 qui,

---

1. Après le vote de la loi du 24 juillet 1867 sur les conseils municipaux, le ministre de l'intérieur crut pouvoir conclure de l'article 17, § 1er, que le préfet de la Seine était désormais compétent pour statuer sur le classement des rues nouvelles à Paris et la fixation des alignements. Par application de cette jurisprudence un certain nombre de plans furent arrêtés par simples décisions préfectorales. Mais la section de l'intérieur du Conseil d'État vint mettre un terme à ce mode de procéder en contradiction avec le décret du 26 mars 1852, qui, en maintenant les rues de Paris dans la grande voirie, exigeait, par voie de conséquence, que leur classement, la fixation et la modification de leurs alignements continuassent à être approuvés par le chef du Gouvernement en Conseil d'État. (V. Instr. au préfet de la Seine, 9 avril 1870, Delanney, p. 76.)

en prescrivant aux maires, dans les *villes*, de donner les alignements des rues conformément aux plans, semble avoir limité à certaines localités l'obligation de la levée des plans. Tandis que le Conseil d'État, par un avis du 3 septembre 1811, décidait que le mot *ville* était synonyme de *commune*, le ministre de l'intérieur soutenait au contraire que l'on devait entendre, sous le nom de villes, les communes contenant au moins 2,000 habitants de population agglomérée. (Circ. int. 17 août 1813 et 7 avril 1818.)

Aujourd'hui que l'article 136 de la loi du 5 avril 1884 a classé parmi les dépenses obligatoires du budget municipal les frais d'établissement et de conservation des plans d'alignement, la question ne saurait être douteuse *en droit*, et nous pensons que les plans doivent être dressés dans toutes les communes, quelle qu'en soit l'importance (Cf. Batbie, t. VI, n° 27 ; Delanney, p. 80). Mais, *en fait*, comme la confection d'un plan donne lieu à des dépenses assez considérables, l'administration supérieure n'exige guère les plans d'alignement que pour les villes importantes et laisse une grande latitude aux maires des bourgs et villages. C'est à ces derniers à apprécier si la dépense résultant de la confection de plans d'ensemble est en rapport avec l'utilité que ceux-ci procureront à la commune. (Circ. int. 15 mai 1884 ; Batbie, *loc. cit.*; Delanney, *loc. cit.*; Féraud-Giraud, t. Ier, n° 209.)

Les formes préalables à observer pour la préparation des plans d'alignement sont tracées dans un avis du Conseil d'État en date du 1er avril 1841 et dans deux circulaires du ministre de l'intérieur en date du 23 août 1841 et du 5 mai 1852.

Le plan, qui ne comprend pas nécessairement l'ensemble des rues de la ville et peut n'être que partiel (Cass. 27 juill. 1882, Sir. 83-1-75, D. p. 82-1-332), est dressé par un agent voyer, un architecte ou tout autre homme de l'art, d'après les principes posés par la circulaire du 2 octobre 1815 ; il indique les cotes de nivellement. (L. 5 avril 1884, art. 136, n° 4.)

On le soumet, en cet état, à l'examen du conseil municipal (L. 5 avril 1884, art. 68, § 7). Mais la délibération de celui-ci n'est exécutoire qu'après l'approbation du préfet. Ce n'est là, d'ailleurs, qu'un simple droit de veto, car si le préfet peut refuser sa sanction, il n'a pas qualité pour substituer à la mesure rejetée des dispositions qui n'auraient pas été accueillies par le conseil municipal, alors même que ces dispositions nouvelles n'occasionneraient aucune augmentation de dépenses. (Cons. d'Ét. 4 juill. 1884, D. p. 86-3-10 ; 25 juill. 1890, Dall., v° *Voirie*; Delanney, p. 82.)

Ce n'est donc qu'après l'assentiment du conseil municipal que l'on peut ouvrir l'enquête de l'ordonnance du 23 août 1835.

Le projet doit être déposé à la mairie pendant quinze jours pour que le public en prenne connaissance. Un commissaire enquêteur nommé par le préfet reçoit ensuite à la mairie, pendant un délai

de trois jours, les déclarations des habitants. Après avoir clos et signé le registre, le commissaire le transmet au maire avec son avis et les autres pièces de l'enquête. Si le registre contient des déclarations contraires au projet ou si l'avis du commissaire lui est opposé, le conseil municipal est de nouveau saisi ; mais son examen doit être limité aux oppositions sur lesquelles il doit prendre une délibération motivée. (Féraud-Giraud, t. Ier, n° 213 ; des Cilleuls, n° 138.)

Le dossier est alors adressé au sous-préfet, qui le transmet au préfet avec son avis motivé.

Afin d'éclairer sa décision sur le mérite du tracé, le préfet prend l'avis du conseil départemental des bâtiments civils. Si celui-ci propose quelques rectifications, une autre enquête est nécessaire, et le conseil municipal doit en délibérer de nouveau. (Circ. int. 5 mai 1852.)

Les plans sont en outre communiqués au ministère de l'intérieur, lorsque les alignements affectent un monument historique ou des constructions dépendant du domaine de l'État. (V. L. 30 mars 1887, art. 4, § 3.)

Lorsque la ville est une place de guerre, les plans d'alignement : 1° des rues qui servent de communication directe avec la place d'armes, les bâtiments ou établissements militaires et la rue du rempart ; 2° des rues, carrefours et places qui environnent les bâtiments ou établissements militaires ou qui sont consacrés, par le temps et l'usage, aux exercices ou rassemblements de troupes, doivent être concertés avec l'autorité militaire. Par suite, le préfet doit toujours communiquer à l'autorité supérieure les plans en cours d'instruction qui affectent les voies publiques. (Décr. 8 sept. 1878.)

Enfin si les plans comprennent des rues situées dans une enceinte fortifiée ou dans la zone frontière, il faut procéder conformément à la loi du 7 avril 1851 et au décret du 16 août 1853 sur les travaux mixtes.

Les différentes phases d'instruction que nous venons d'énumérer accomplies, les plans sont approuvés par le préfet, qui tient ce pouvoir du décret du 25 mars 1852.

Mais ce fonctionnaire est-il compétent pour sanctionner les modifications apportées aux plans approuvés avant 1852 par le chef de l'État ?

Consulté à ce sujet par le ministre de l'intérieur, le Conseil d'État s'est prononcé pour l'affirmative. S'il est, en effet, de principe qu'un acte administratif ne puisse être réformé ou rapporté que par l'autorité dont il émane ou par l'autorité supérieure, il n'en appartient pas moins au pouvoir législatif d'autoriser, sur des matières déterminées, des dérogations à l'application de ce principe. Le décret du 25 mars 1852, qui a force de loi, en plaçant les plans d'alignement des villes dans les attributions des préfets, n'a fait aucune réserve en ce qui concerne les plans déjà revêtus de la sanction de l'autorité supérieure. Dès lors, il y a lieu de reconnaître que les attributions nouvelles conférées aux préfets s'appliquent à tous les plans d'alignement sans distinction. (Av. sect. int. 20 avril 1852 ; Cf. Cons. d'Ét. 13 mai 1892, Leb. chr., p. 438.)

Le décret du 25 mars 1852 a également eu pour conséquence de donner aux préfets le pouvoir d'interpréter les plans d'alignement, alors que ceux-ci ont été originairement l'œuvre du chef de l'État. (Cons. d'Ét. 4 juill. 1884, D. p. 86-3-10.)

Quant aux voies de recours contre l'arrêté préfectoral approbatif d'un alignement, il n'en existe aucune, comme pour la grande voirie, bien que le contraire ait été soutenu (V. Serrigny, *Questions et traité de droit administratif*, p. 87). On pourrait seulement, selon le droit commun, s'adresser au ministre de l'intérieur, supérieur hiérarchique du préfet, car la loi de 1807 a été abrogée par le décret de 1852, aussi bien sur ce point qu'en ce qui concerne l'approbation (Cons. d'Ét. 19 juill. 1855). La loi ne fixe aucun délai pour ce recours.

2. Chemins vicinaux.

Avant la loi du 21 mai 1836, on disputait sur le point de savoir si les propriétés riveraines des chemins vicinaux étaient assujetties à la servitude d'alignement. La jurisprudence s'était prononcée pour l'affirmative (Cons. d'Ét. 28 juill. 1824 ; 11 oct. 1833, *Contrà* : Garnier, *Traité des chemins*, p. 364 et 384). Cette jurisprudence a été sanctionnée par l'article 21 de la loi de 1836 qui fait un devoir aux préfets de régler tout ce qui a rapport à cette servitude.

L'approbation du plan d'alignement est précédée de toutes les formalités d'instruction exigées par la loi pour les actes pouvant aboutir à la dépossession des particuliers.

Il est nécessairement procédé à une enquête (Instr. gén. 6 déc. 1870, art. 15, 16 et 19), le nouveau tracé n'entraînât-il la réunion à la voie publique que de terrains appartenant à la commune (Cons. d'Ét. 2 mars 1888, Leb. chr., p. 216). Pour les chemins de grande communication et d'intérêt commun, l'enquête a lieu selon les dispositions de l'ordonnance du 18 février 1834 ou de celle du 23 août 1835, quand le tracé ne dépasse pas le territoire d'une seule commune. Pour les chemins vicinaux ordinaires, cette dernière ordonnance est toujours applicable.

Après l'enquête, le projet est communiqué au conseil municipal, qui doit, en tout cas, être mis à même d'en délibérer. Sa délibération lie-t-elle l'administration supérieure ?

Pour les chemins vicinaux *ordinaires*, il faut distinguer suivant qu'il s'agit d'*ouvrir* une voie nouvelle, ou simplement d'*élargir* une voie *préexistante*. Dans le premier cas, l'avis conforme du conseil municipal est exigé, et il *s'impose à la commission départementale*. Aucun texte ne classant parmi les dépenses obligatoires des travaux de cette nature, on a pensé qu'il était illogique de faire exécuter à la charge des communes des travaux qu'elles pourraient très légalement se refuser de payer. Mais le principe de la dépense accepté par la commune, le règlement des alignements n'est

plus qu'un simple détail d'exécution sur lequel il appartient à la commission départementale seule de statuer, et sur lequel celle-ci n'est point tenue de suivre les indications du conseil municipal.

Lorsqu'au contraire il s'agit d'élargir un chemin vicinal ordinaire, le conseil municipal ne peut, sans contestation possible, exercer aucune influence sur la confection des plans. En effet, son avis conforme n'est pas exigé ; le conseil est simplement consulté. La *commission départementale* fixe *souverainement* les limites du chemin et en arrête seule les alignements. (Fuzier-Hermann, v° *Alignement*, n°s 144 et 145.)

Pour les chemins vicinaux de *grande communication et d'intérêt commun*, qu'il s'agisse de les ouvrir, redresser ou élargir, le *conseil général*, à qui il revient, dans ces diverses hypothèses, d'approuver le plan (L. 1871, art. 44), est obligé de consulter les conseils municipaux intéressés, mais non point de se conformer à leur avis. On a estimé que les chemins dont il s'agit constituent une voirie à part, rentrant plutôt dans la voirie départementale que dans la voirie communale. (Av. Cons. d'Ét. 29 juill. 1870.)

On voit par ce qui précède qu'en matière de voirie vicinale la détermination des plans d'alignement est entièrement abandonnée aux *assemblées locales*. On n'y rencontre ni l'intervention directe du pouvoir central comme pour les grandes routes, ni même celle de son représentant, le préfet, comme cela a lieu pour la voirie urbaine (V. Cons. d'Ét. 13 mars 1885, Simon, D. p. 86-5-67). Toutefois, si, au lieu de s'appliquer à des parties de chemins s'étendant en rase campagne, le plan englobait des *propriétés bâties*, il faudrait que la déclaration d'utilité publique fût faite par décret en Conseil d'État, par application de la loi du 8 juin 1864.

Avant d'être exécutoires vis-à-vis des tiers, les plans généraux d'alignement des chemins vicinaux, une fois approuvés, doivent être publiés. (Cons. d'Ét. 14 nov. 1884, D. p. 86-3-51.)

Mais aucune disposition légale ou réglementaire n'exige la notification individuelle à chacun des riverains de la délibération de la commission départementale homologuant le plan d'alignement d'un chemin vicinal. (Cons. d'Ét. 29 avril 1892, D. p. 93-3-79.)

En vertu du principe général que nous avons déjà énoncé, les décisions approbatives ne sont pas susceptibles de recours par la voie contentieuse (Cons. d'Ét. 5 janv. 1874 ; 17 juin 1881, Leb. chr., p. 624). Mais elles peuvent être déférées au Conseil d'État pour excès de pouvoir ou violation d'une loi ou d'un règlement d'administration publique.

S'agit-il d'une délibération du conseil général, le préfet doit en poursuivre l'annulation dans le délai de dix jours à partir de la clôture de la session. Si l'annulation, à prononcer dans la forme des règlements d'administration publique, n'est pas intervenue dans les deux mois qui suivent la notification du recours au président du conseil général et à celui de la commission départementale, la délibération est exécutoire (L. 10 août 1871, art. 47). De plus, aux termes des lois des 7-14 octobre 1790 et 24 mai 1872, article 9, tout intéressé est admis à se pourvoir dans le délai de trois mois après la publication ou la notification. (Décr. 22 juill. 1806, art. 11; Cons. d'Ét. 28 juill. 1876, Leb. chr., p. 715.)

Contre les décisions de la commission départementale, le recours au Conseil d'État est ouvert pendant deux mois, après connaissance acquise par notification ou tout autre procédé. (L. 10 août 1871, art. 88, §§ 3 et 4; Cons. d'Ét. 9 mars 1888, Leb. chr., p. 236.)

Ces décisions peuvent encore être frappées d'appel devant le conseil général pour cause d'inopportunité ou de fausse appréciation des faits par le préfet, par le conseil municipal ou par toute autre partie intéressée (L. 10 août 1871, art. 88, § 2; Cons. d'Ét. 11 fév. 1887, Leb. chr., p. 125). L'appel doit être notifié au président de la commission départementale dans le délai d'un mois à partir de la communication. Bien que la loi prescrive au conseil général de statuer dans sa plus prochaine session, cette assemblée a le droit d'ajourner la solution à une session ultérieure pour plus ample informé (Cons. d'Ét. 17 janv. 1879). La délibération du conseil général sur appel est définitive et sans recours contentieux possible. (Cons. d'Ét. 25 juin 1880, Leb. chr., p. 593.)

3. Chemins ruraux.

Depuis la loi du 20 août 1881, les chemins qui réunissent les trois caractères : d'appartenir à la commune, d'être livrés à la circulation publique et de n'être pas classés dans le réseau vicinal, peuvent faire l'objet d'une reconnaissance qui les range parmi les chemins ruraux. (V. *supra*.)

L'arrêté de reconnaissance auquel un plan est annexé est pris par la commission départementale sur la proposition du préfet et après enquête.

Les règles de l'alignement ne s'appliquent pas *de droit* aux chemins *ruraux reconnus*, mais seulement *en vertu du règlement*, que, dans chaque département, le préfet est chargé de faire pour assurer l'exécution de la loi. Par suite, il ne peut être question de plans généraux d'alignement. Les plans dressés pour l'ouverture, le redressement, la fixation de la largeur et de la limite des chemins ruraux, ne sont que des plans d'exécution : ils ne peuvent être appliqués que du consentement des riverains ou par mesure d'expropriation. (Delanney, p. 97 ; Batbie, t. VI, n° 47.)

Les maires qui ont dans leurs attributions toutes les affaires d'intérêt communal peuvent, sans doute, prendre des arrêtés permanents pour défendre aux habitants, sous la sanction de l'article 471, § 15, du Code pénal, de construire sur le bord des chemins ruraux avant d'en avoir obtenu l'autorisation ; mais cette interdiction ne résulte pas de la loi elle-même. (Cons. d'Ét. 2 sept. 1862; Cass. 12 janv. 1856 ; Aucoc, *Chemins publ. ruraux [École des communes 1863,* p. 57] ; Delanney, p. 95.)

Quant aux chemins ruraux *non reconnus*, l'ali-

gnement ne leur est, à plus forte raison, pas applicable, sauf le droit pour les maires de prendre des arrêtés comme en matière de chemins ruraux reconnus. (Cass. 30 janv. 1893, Pand. fr. 93-1-269, V. *supra*.)

Section 2. — *Modification aux plans.*

Les plans d'alignement une fois établis ne sont évidemment pas immuables et l'administration peut faire subir aux constructions élevées, en vertu d'un premier plan, un nouveau retranchement. (Cons. d'Ét. 16 déc. 1864, D. p. 65-3-68.) Mais les modifications de cette nature ne doivent être faites qu'avec une extrême réserve. (Av. Cons. d'Ét. 7 avril 1839 ; Aucoc, t. III, n° 1039 ; Féraud-Giraud, t. Ier, n° 217 ; Dumay, t. II, p. 725.)

L'administration, lorsqu'elle modifie le plan, doit se conformer, soit aux règles auxquelles les plans de cette nature sont soumis, soit, en cas d'exécution de travaux par voie d'expropriation pour cause d'utilité publique, à celles qui sont tracées par la loi du 3 mai 1841 pour la déclaration de cette utilité. (Cons. d'Ét. 15 mai 1869, Leb. chr., p. 474.)

Lorsque le plan a été modifié, c'est le nouveau plan seul qui devient exécutoire. Ainsi, lorsque le plan d'alignement est modifié après que la demande d'alignement est envoyée au maire, mais avant que le maire l'ait délivré, l'alignement ne peut plus être donné qu'en se conformant au tracé du plan rectifié. (Cons. d'Ét. 13 mai 1892, Leb. chr., p. 439.)

En principe, la simple modification aux plans n'ouvre pas de droit à indemnité aux propriétaires riverains. Ainsi, des maisons sont construites le long d'une voie publique, conformément à des alignements dûment arrêtés. Si, quelque temps après, l'administration juge utile d'élargir la voie, elle fera dresser un nouveau plan, et la servitude de reculement frappera les constructions nouvelles, tout comme s'il s'agissait d'une vieille maison, sans que le propriétaire puisse réclamer aucune indemnité. (Cons. d'Ét. 13 juin 1879, Sir. 81-3-4, D. p. 79-3-103 ; 2 avril 1880, Leb. chr., p. 405 ; Aucoc, t. III, n° 1066.)

Mais il y aurait lieu à indemnité si la modification aux plans causait quelque préjudice aux riverains, par exemple lorsque le nouveau plan, mettant la construction en arrière de la voie publique, la prive de jours et d'accès. Dans ce cas et d'autres analogues, le préjudice étant certain, il serait incontestablement la source d'une indemnité. (Aucoc, *loc. cit.* ; Cons. d'Ét. 4 juill. 1873, Sir. 75-2-188 ; 19 déc. 1873, Sir. 74-2-310, D. p. 74-3-69 ; 18 juin 1879 précité ; 4 juill. 1884, Sir. 86-3-23 ; 24 avril 1891, Sir. 93-3-44.)

Section 3. — *Effets des plans généraux d'alignement.*

§ 1er. — Élargissement de la voie publique.

Les plans généraux d'alignement produisent des effets différents, selon qu'il s'agit de les appliquer à des terrains non bâtis ou à des terrains bâtis.

1. Terrain non bâti.

Les parcelles non bâties, comprises entre les

lignes du plan, se trouvent par ce fait incorporées à la voie, sauf indemnité. Le plan revêt ainsi les caractères d'un acte d'expropriation ; l'administration n'a pas à s'entendre avec chacun des propriétaires, pour obtenir d'eux une cession amiable, pas plus qu'à s'adresser au tribunal, afin de faire prononcer l'expropriation forcée. (Delanney, p. 43 ; Batbie, t. VI, n° 37 ; Aucoc, t. III, n° 1063 ; Cons. d'Ét. 11 mai 1888 ; 21 nov. 1890, Sir. 92-3-143 ; Cass. 11 août 1883, D. p. 84-1-311 ; 18 juill. 1887.)

Mais à quel moment précis la cession des parcelles est-elle consommée ?

La jurisprudence est très hésitante à cet égard. Le Conseil d'État a d'abord décidé que le décret qui homologue un plan d'alignement, lorsqu'il a été rendu avec toutes les formalités prescrites, opère expropriation pour les terrains nécessaires à la voie publique et convertit *ipso facto* le droit des propriétaires en un droit à indemnité (Cons. d'Ét. 15 mars 1826, Sir. chr. ; 31 août 1828, Sir. chr.). Puis, dans un autre arrêt du 5 février 1857 (Sir. 57-2-709), il pense, au contraire, que la simple adoption du plan ne saurait opérer la cession, celle-ci ne pouvant résulter que de la délivrance de l'alignement individuel. Enfin, tout récemment, il revient à sa première jurisprudence et estime que l'approbation du plan général d'alignement d'une route nationale existante a pour effet de réunir à la voie publique les terrains non bâtis compris dans ses limites. (Cons. d'Ét. 21 nov. 1890, Sir. 92-3-143.)

Si la jurisprudence du Conseil d'État est très flottante, celle de la Cour de cassation ne l'est pas moins.

Cette Cour, tout d'abord, place la transmission de propriété au jour du paiement de l'indemnité ou de l'offre qui en est faite. (Cass. 19 mars 1838, Sir. 38-1-212.)

Puis, elle décide que les plans d'alignement des villes et bourgs ont pour effet légal, lorsqu'ils ont reçu la publicité de droit, d'attribuer à la voie publique les terrains destinés à l'élargir et de les soumettre de suite aux règlements de la petite voirie. (Cass. 5 nov. 1868, Sir. 69-1-488, D. p. 69-1-383 ; 7 mars 1874, Sir. 75-1-95, D. p. 75-5-480.)

Enfin, plus récemment, la Cour de cassation a décidé que le plan général n'est qu'une prévision ; que les mutations de parcelles qu'il consacre doivent être ajournées jusqu'au jour de son application ; que, d'autre part, au cas où des parcelles sont retranchées de la voie publique et annexées à la propriété riveraine, la mutation n'a lieu qu'au prix de l'application du plan et qu'il en est de même au cas d'addition de parcelle à la voie publique. (Cass. 21 avril 1885, Sir. 85-1-294, D. p. 85-1-343.)

2. Terrain bâti.

A) *Servitude* non ædificandi *à l'égard des terrains couverts de constructions.* — L'acte administratif qui homologue un plan général d'alignement a pour effet de réunir à la voie publique, mais seulement lorsque les bâtiments viennent à disparaître, les terrains qui les portent, sauf tout

droit à indemnité pour les propriétaires ainsi dépossédés[1]. Jusqu'à leur démolition, les propriétaires ne peuvent faire à leurs immeubles aucuns travaux qui auraient pour résultat de les consolider, les immeubles étant condamnés à périr par vétusté. (Cass. 19 juin 1857, Sir. 57-1-871, D. p. 57-1-373 ; 20 déc. 1862, Sir. 63-1-167, D. p. 63-1-48 ; Cf. Aucoc, t. III, n° 1062 ; Delanney, p. 43 ; Batbie, t. VI, n° 37.)

A partir de l'instant de la démolition, les propriétaires ne peuvent ni élever de nouvelles constructions ni faire de dépôts de matériaux, et cela bien que l'indemnité à eux due ne leur ait pas encore été payée. C'est sur la limite fixée par l'alignement que les nouvelles constructions doivent être élevées. (Cass. 10 juin 1843, Sir. 44-1-280 ; 19 juin 1857 précité.)

Si donc le propriétaire exécutait des travaux sur la partie retranchée, il devrait être condamné à les supprimer. (Cons. d'Ét. 30 avril 1863, P. adm. chr.)

L'incorporation à la voie publique de la portion de terrain mise à nu se produit, quelle que soit la cause qui ait amené la démolition du bâtiment ; peu importe que celui-ci ait disparu par la volonté du propriétaire, à la suite d'un cas de force majeure, d'un incendie ou d'une inondation, ou même qu'il soit tombé de vétusté. (Cons. d'Ét. 11 mai 1870, Sir. 72-2-119, D. p. 71-3-63.)

Quant aux immeubles eux-mêmes, dès que le plan général a été régulièrement approuvé et qu'il a été publié ou notifié aux intéressés, la servitude légale d'alignement frappe immédiatement les parcelles de terrain sujettes à retranchement, sans qu'il y ait lieu d'appliquer les règles relatives à l'expropriation pour cause d'utilité publique, et avant toute prise de possession par la ville et tout règlement de l'indemnité due pour la valeur de ces parcelles. (Cass. 11 août 1883, Sir. 85-1-508, D. p. 84-1-311 ; 24 août 1883, D. p. 84-1-311.)

B) *Travaux confortatifs.* — La conséquence de la servitude de reculement, en ce qui concerne les immeubles bâtis qui avancent sur les lignes démarcatives, c'est que le propriétaire ne peut faire au mur de façade aucune réparation, sans avoir obtenu la permission, et qu'il ne peut pas être autorisé à faire des réparations de toute nature. Il faut distinguer les ouvrages *confortatifs*, qui ne doivent jamais être autorisés, parce que leur exécution irait droit contre le but qui a fait établir la servitude, et les travaux *non confortatifs*, qui, au contraire, peuvent être autorisés.

L'édifice frappé par la servitude se trouve donc condamné à s'écrouler, et, le jour où il menacera ruine, le maire prendra un arrêté en ordonnant la démolition. Aucune indemnité ne sera allouée en représentation des bâtiments ainsi démolis. Cette législation, dit Batbie (t. VI, n° 37), est d'une ri-

---

1. Mais alors l'incorporation à la voie publique s'opère de plein droit, sans qu'il soit besoin d'aucun acte administratif ou judiciaire. (Av. Cons. d'Ét. 7 juin 1843 ; Cass. 19 juin 1857, D. p. 57-1-373.)

gueur qu'il est permis de trouver excessive. (Sur ce point, V. *infrà*.)

Mais que doit-on entendre par travaux confortatifs ?

C'est là une question difficile à résoudre : sa solution dépend, en effet, non seulement de la nature des travaux, mais encore des circonstances de la cause. D'une manière générale, il faut considérer comme confortatifs les travaux qui tendent soit à réconforter le mur de face sur la voie publique, soit à le conserver et à différer le moment de sa ruine. (Batbie, t. VI, n° 41 ; Féraud-Giraud, t. 1er, n° 110.)

Le ministre de l'intérieur a rédigé en 1858, pour la grande voirie, un modèle de règlement énumérant les travaux qu'on doit considérer comme confortatifs. Ce règlement n'est évidemment qu'une simple indication pour les tribunaux qui n'en suivent pas toujours les termes ; il n'est peut-être pas inutile cependant d'en rapporter les articles 9 à 17 qui s'en occupent spécialement :

« Tous ouvrages confortatifs sont interdits dans les constructions en saillie sur l'alignement, tant aux étages supérieurs qu'au rez-de-chaussée. Sont compris notamment dans cette interdiction : les reprises en sous-œuvre ; la pose de tirants, d'ancres ou d'équerres, et tous ouvrages destinés à relier le mur de face, avec les parties situées en arrière de l'alignement ; le remplacement par une grille de la partie supérieure d'un mur en mauvais état ; des changements assez nombreux pour exiger la réfection d'une partie importante de la façade » (art. 9).

« Peuvent être autorisés, dans les cas et sous les conditions énoncées par les articles 11 à 17, les ouvrages suivants : les crépis ou rejointoiements ; l'établissement d'un poitrail ; l'exhaussement ou l'abaissement des murs et façades ; la réparation totale ou partielle du chaperon d'un mur et la pose de dalles de recouvrement ; l'établissement d'une devanture de boutique ; le revêtement des façades ; l'ouverture et la suppression des baies » (art. 10).

« L'exécution de crépis ou rejointoiements, la pose ou le renouvellement d'un poitrail, l'abaissement ou l'exhaussement des murs et façades, la réparation des chaperons d'un mur et la pose des dalles de recouvrement ne seront permis que pour les murs et façades en bon état, qui ne présentent ni surplomb ni crevasses profondes, et dont ces ouvrages ne puissent augmenter la solidité et la durée. Il ne pourra être fait, dans les nouveaux crépis, aucun lancis en pierres ou autres matériaux durs. Les reprises des maçonneries autour d'un poitrail ou de nouvelles baies seront faites seulement en moellons ou briques et n'auront pas plus de 0m,25 de largeur. L'exhaussement des façades ne pourra avoir lieu que dans le cas où le mur inférieur sera reconnu assez solide pour pouvoir supporter les nouvelles constructions. Les travaux seront exécutés de manière qu'il n'en résulte aucune consolidation du mur de façade » (art. 11).

« Les devantures se composeront d'ouvrages en menuiserie ; il n'y sera employé que du bois de 0m,10 d'équarrissage au plus. Elles seront simplement appliquées sur la façade, sans être engagées sous le poitrail et sans addition d'aucune pièce formant support pour les parties supérieures de la maison » (art. 12).

« L'épaisseur des dalles, briques, bois ou carreaux employés pour les revêtements des soubassements ne dépassera pas 0m,05. Le revêtement au-dessus des soubassements, au moyen de planches, ardoises ou feuilles métalliques, ne pourra être autorisé que pour les murs et façades en bon état » (art. 13).

« Les linteaux des baies de portes bâtardes ou fenêtres à ouvrir seront en bois ; leur épaisseur dans le plan vertical n'excédera pas 0m,16, ni leur portée sur les points d'appui, 0m,20. Le raccordement des anciennes maçonneries avec les linteaux et les reprises autour des baies ne seront faits qu'en petits matériaux et n'auront pas plus de 0m,25 de largeur » (art. 14).

« Les portes charretières pratiquées dans les murs de clôture ne pourront s'appuyer que sur les anciennes maçonneries ou sur des poteaux en bois. Les reprises autour des baies seront assujetties aux conditions fixées dans l'article précédent » (art. 15).

« La suppression des baies pourra être autorisée sans conditions pour les façades en très bon état ; lorsque la façade sera reconnue ne pas remplir cette condition, les baies à supprimer seront fermées par une simple cloison en petits matériaux de 0m,16 d'épaisseur au plus, dont le parement effleurera le nu intérieur du mur de face, le vide restant apparent à l'extérieur et sans addition d'aucun montant ni support en fer ou en bois » (art. 16).

« Tout propriétaire autorisé à faire une réparation doit indiquer à l'avance à l'ingénieur de l'arrondissement le jour où les travaux seront entrepris. L'administration désigne, lorsqu'il y a lieu, ceux qui ne doivent être exécutés qu'en présence d'un de ses agents » (art. 17).

La jurisprudence du Conseil d'État, qui statue sur les matières de grande voirie, et de la Cour de cassation, qui statue dans les questions de petite voirie, est assez divergente sur le caractère confortatif ou non des travaux à exécuter aux murs de face. Le Conseil d'État s'inspire plutôt de l'équité ; la Cour de cassation applique la lettre de la loi.

Ainsi le Conseil d'État ne considère pas comme confortatifs : 1° les peintures et badigeons (26 juill. 1854, D. p. 55-3-35) ; 2° les crépissages, lorsqu'ils s'appliquent aux murs de façades en bon état[1].

---

1. Mais que le Conseil d'État admet que le travail est confortatif si le crépissage a pour résultat de consolider le mur de face. Il en est ainsi : 1° du crépissage qui consiste à regarnir les joints d'un mur en mauvais état, puis à couvrir et unir le tout d'un enduit de plusieurs couches (8 nov. 1863, Lab. chr., p. 929) ; 2° du crépissage fait sur un mur construit en moellons ou en pierres de dimensions inégales (11 déc. 1838, Sir. 39-2-554) ; 3° de rejointoiements en mortier et sable faits à l'intérieur du mur de face

(9 janv. 1861, Leb. chr., p. 14 ; 19 juin 1872, Leb. chr., p. 393.)

Au contraire, la Cour de cassation a décidé que le badigeon à la chaux n'est pas nécessairement dépourvu d'un caractère de réparation confortative, et que c'est à l'autorité administrative à constater si cette opération n'a pas eu pour but de dissimuler des remplissages de creux et de crevasses opérés sans autorisation, et s'il peut y avoir lieu de la considérer dès lors comme un travail de confortation ou au moins de conservation. (11 fév. 1859, D. p. 61-5-535.)

De même, sans entrer dans les distinctions faites par le Conseil d'État, la Cour de cassation a jugé que le recrépissage d'un mur de façade était un travail confortatif ne pouvant être exécuté sans l'autorisation de l'autorité administrative. (Cass. 19 nov. 1840, Sir. 42-1-72 ; 23 mai 1863, D. p. 63-1-263 ; 28 août 1863, D. p. 65-5-411.)

La durée d'un bâtiment dépend de celle des fondations et du rez-de-chaussée.

Les étages supérieurs peuvent donc être réparés tant que le mur de face, dans la partie des fondements et du rez-de-chaussée, est reconnu solide. On doit notamment autoriser les changements de corniches, d'entablements, remplacement des poutres, réfection des combles, couvertures et autres ouvrages d'entretien et de réparations quelconques dans les parties supérieures du bâtiment[1]. (Daguenne, p. 75 et suiv. ; Frémy-Ligneville et Perriquet, t. 1er, n° 278 ; Foucard, t. III, n° 1278 ; Féraud-Giraud, t. 1er, n° 111 ; Cons. d'Ét. 22 fév. 1838, Leb. p. 44 ; 17 juin 1848, D. p. 49-5-402.)

Au contraire, il faut considérer comme confortatifs des travaux exécutés au rez-de-chaussée de la maison, surtout lorsqu'ils ont eu pour effet d'en consolider un des points d'appui. (Cons. d'Ét. 29 août 1834, P. adm. chr.)

L'élévation d'un mur a pour conséquence d'en charger les fondations et, par suite, de les affaiblir ; aussi l'exhaussement des maisons par l'addition de nouveaux étages est-il généralement autorisé (Cons. d'Ét. 15 juin 1842, P. adm. chr. ; 30 mai 1844, P. adm. chr. ; Husson, p. 441 ; Féraud-Giraud, t. 1er, n° 111, Jousselin, t. II, p. 301 ; Perriquet, t. 1er,

---

[1] (2 juill. 1843, P. ad. chr.); 4° de réparations importantes en ciment de Vassy à un mur de clôture formant saillie (2 mai 1861, Leb. chr., p. 348), et 5° même d'un simple plâtrage. (22 fév. 1821, P. ad. chr.; V. également, Cons. d'Ét. 28 nov. 1884, Sir. 86-3-41, D. p. 86-3-15; 20 mars 1885, Leb. chr., p. 356.)

Mais il convient de remarquer, comme l'a fait le préfet de la Seine dans une instruction aux maires du département, du 31 mars 1862, « qu'il ne peut y avoir de régies absolues à ce sujet, attendu que, même sans certaines dispositions habilement exécutées, augmenter la solidier la base de l'édifice, on peut, au moyen de certaines durée de l'ensemble de la construction ». (Des Cilleuls, n° 149, Husson, Trav. publ., p. 424; Frémy-Ligneville et Perriquet, t. 1er, n° 277.)

Ainsi, on a considéré comme travaux confortatifs la reconstruction en moellons et en plâtre d'une partie du mur de face de la maison qui offrait des symptômes de péril au-dessus du portail de la baie de boutique, alors que ces travaux n'avaient eu lieu que dans les étages supérieurs. (Cons. d'Ét. 12 avril 1838, Leb. chr., p. 79; Cf. Cons. d'Ét. 21 janv. 1842, Leb. chr., p. 84.)

---

n° 278 ; *Contrà :* des Cilleuls, n° 149). Il en est toutefois autrement si l'exhaussement a un caractère confortatif. (Cons. d'Ét. 23 juill. 1840, Leb. chr., p. 262; Cotelle, t. III, n° 696; Husson, p. 441.)

On autorise encore les ouvertures de portes et de fenêtres, même au rez-de-chaussée, parce que ces ouvertures, en substituant le vide à une façade pleine, ne peuvent que diminuer la solidité de l'édifice (Cons. d'Ét. 1831, Leb. chr., p. 66 ; 27 juill. 1853, Leb. chr., p. 798; Féraud-Giraud, t. 1er, n° 111 ; Jousselin, t. II. p. 303 ; Instr. du préfet de la Seine aux maires du département du 31 mars 1862 citée par des Cilleuls, p. 290). On peut donc ouvrir des croisées dans la maison, lors même que, pour faire ces ouvertures, on serait obligé de refaire une partie du mur avec des matériaux neufs (Cons. d'Ét. 25 janv. 1838, P. adm. chr.). Mais il n'en serait plus de même si, à l'aide de travaux habilement exécutés, les ouvertures augmentaient la solidité du mur de face au lieu de la diminuer (Fremy-Ligneville et Perriquet, *loc. cit.*). Il y a notamment lieu à la suppression des travaux lorsque, en ouvrant et en agrandissant plusieurs portes au rez-de-chaussée, on a exécuté des travaux qui ont renouvelé, dans cette hauteur, toute la façade. (Cons. d'Ét. 10 fév. 1842, Leb. chr., p. 38.)

Par application du principe que la solidité du bâtiment dépend de celle des fondations du mur de face, on a décidé que toutes les réparations intérieures sont licites même sur la partie retranchable de l'immeuble, quelle qu'en soit la nature, lorsqu'elles ne se raccordent pas au mur de face et n'en augmentent pas la solidité. (Cons. d'Ét. 12 juill. 1837, P. adm. chr. ; 3 fév. 1843, P. adm. chr. ; 21 sept. 1859, D. p. 60-3-66.)

Lorsque le mur mitoyen d'une maison sujette à reculement a été mis à découvert par la démolition de la maison voisine ou lorsque le mur de face a été déchiré par cette démolition, l'administration, appliquant la jurisprudence du Conseil d'État, autorise la réparation ou la reconstruction, pourvu qu'elle ne soit pas confortative du mur de face, et maintient les travaux faits sans autorisation, sauf la condamnation à l'amende (Cons. d'Ét. 24 juill. 1848, Sir. 48-2-767, D. p. 49-5-398; 15 janv. 1849, D. p. 50-3-22 ; 25 nov. 1852, P. adm. chr.; Féraud-Giraud, t. 1er, n° 111 ; Delanney, p. 119). La Cour de cassation, se séparant encore sur ce point du Conseil d'État, ordonne la destruction des travaux sans qu'on puisse alléguer qu'ils sont le résultat d'une force majeure. (Cass. 20 nov. 1873, D. p. 74-1-324.)

On ne considère pas comme travaux confortatifs les réparations aux toitures. (Cass. 15 oct. 1853, Sir. 54-1-77, D. p. 53-5-476 ; 15 fév. 1862, Sir. 63-1-167, D. p. 62-5-346 ; 10 déc. 1864, D. p. 67-5-473 ; Cons. d'Ét. 9 juin 1882, Sir. 84-3-41, D. p. 83-3-12? ; 19 mars 1886, D. p. 87-3-83; Delanney, *loc. cit.*)

Quant aux poitrails et poteaux montants, leur remplacement ou leur pose paraît être, avant tout, une question de fait, le travail étant ou non confortatif suivant les matériaux employés et l'état de la maison.

À l'égard des poitrails, le conseil général des bâtiments civils a émis, le 27 décembre 1847, l'avis suivant : 1° il y a lieu de permettre les poitrails dans les maisons non alignées toutes les fois qu'ils sont destinés à remplacer des points d'appui préexistants en bon état et qu'on supprime pour ouvrir de nouvelles baies ou agrandir des baies anciennes, attendu que ce changement ne peut avoir pour résultat que d'affaiblir les constructions (Cf. Cons. d'Ét. 23 fév. 1841, P. adm. chr. ; 19 mai 1843, P. adm. chr. ; 24 déc. 1844, P. adm. chr.) ; 2° il n'y a pas lieu de permettre le renouvellement des poitrails existants, attendu que ce remplacement tend à prolonger la durée des constructions actuelles et notamment du mur de face, et qu'il doit être considéré comme une confortation interdite par la loi. (Cf. Cons. d'Ét. 6 janv. 1849, Leb. chr., p. 18 ; 15 juin 1850, Leb. chr., p. 586 ; 1er mars 1851, Leb. chr., p. 159 ; 15 mai 1856, Leb. chr., p. 376 ; 16 fév. 1860, D. p. 62-3-56 ; 20 mars 1885, Leb. chr., p. 356 ; Husson, p. 425 et suiv. ; Jousselin, t. II, p. 299 ; des Cilleuls, n° 149.)

En ce qui concerne les perrons qui font saillie sur les plans, le Conseil d'État a adopté une règle particulière.

Si le perron seul se trouve dans ce cas, on lui applique la servitude d'alignement. Si, au contraire, il dépend d'une maison sujette elle-même à reculement, on admet qu'il peut être entretenu tant que celle-ci n'est pas en état d'être démolie. S'il en était autrement, l'impossibilité où serait le propriétaire de reconstruire un perron indispensable à l'accès de sa maison aurait pour conséquence d'avancer l'époque où celle-ci devrait être démolie ; la servitude d'alignement s'en trouverait aggravée. (Av. de la sect. des trav. publ. du Cons. d'Ét. 27 janv. 1875 ; Aucoc, t. III, n° 1035.)

En résumé, de tout ce qui précède il résulte que la question de savoir si tel travail est ou non confortatif dépend des circonstances. La jurisprudence du Conseil d'État ne saurait donc être regardée comme une règle invariable ; mais elle est utile à consulter à titre d'indication.

L'administration, on le voit, est investie, en ce qui regarde le redressement des voies publiques, d'un double pouvoir sur les propriétés riveraines : un droit préventif qui lui permet d'empêcher la reconstruction ou réparation des immeubles situés dans l'alignement ; un droit répressif qui lui permet d'ordonner la démolition de tout ouvrage édifié au mépris de la prohibition dont nous venons de parler. (Batbie, t. VI, p. 24.)

Notons d'ailleurs que ces principes ne s'appliquent qu'aux voies de communication dont l'ouverture entraîne la servitude d'alignement. Et par exemple si l'approbation du plan général par l'autorité compétente, et moyennant l'observation des formalités requises, suffit, d'ordinaire, à incorporer les parcelles non bâties et à frapper les constructions de la servitude de reculement, il n'en est

plus de même à l'égard des chemins ruraux. Les effets de l'alignement n'atteignent pas cette catégorie de chemins (V. suprà). Après comme avant la loi du 20 août 1881, il faut décider que les propriétés bâties qui les bordent ne sont grevées ni de la servitude de reculement ni de celle d'avancement (Delanney, loc. cit.). Par suite, lorsque la commune voudra acquérir des parcelles, dans le but d'élargir ou de redresser un chemin dont elle a obtenu la reconnaissance, force lui sera de procéder par voie d'acquisition amiable ou d'expropriation.

D'autre part, même à l'égard des voies urbaines, l'adoption d'un plan d'alignement n'atteint, nous l'avons fait remarquer, que les propriétés riveraines d'une voie déjà existante, qu'il s'agisse d'élargir ou de rétrécir la rue. Mais lorsqu'il y a lieu d'ouvrir une rue nouvelle ou de créer une place publique nouvelle, l'adoption d'un plan d'alignement ne confère aucun droit à la commune, et il n'en résulte aucune servitude pour les propriétés qui y sont désignées ; il faudra donc procéder par la voie d'acquisition amiable ou d'expropriation publique.

§ 2. — Diminution de la voie publique. — Droit de préemption.

En compensation de la servitude de reculement qui grève leurs propriétés, les riverains ont un droit de préemption sur le terrain délaissé par l'administration lorsqu'elle réduit la largeur de la voie ou en reporte l'assiette sur un autre point.

Ce droit est consacré par l'article 53 de la loi du 15 septembre 1807 ainsi conçu : « Au cas où, par les alignements arrêtés, un propriétaire pourrait recevoir la faculté de s'avancer sur la voie publique, il sera tenu de payer la valeur du terrain qui lui sera cédé. Dans la fixation de cette valeur, les experts auront égard à ce que le plus ou moins de profondeur du terrain cédé, la nature de la propriété, le reculement du reste du terrain bâti ou non bâti loin de la nouvelle voie, peuvent ajouter ou diminuer de valeur relative pour le propriétaire. Au cas où le propriétaire ne voudrait pas acquérir, l'administration publique est autorisée à le déposséder de l'ensemble de sa propriété, en lui payant la valeur telle qu'elle était avant l'entreprise des travaux. »

Plusieurs remarques sont à faire au sujet de cet article :

En premier lieu, il ne subordonne à aucun délai l'exercice du droit qu'il confère aux riverains. Quel que soit le temps qui s'est écoulé depuis que les nouveaux alignements ont été arrêtés, le propriétaire qui demande l'alignement est en droit d'acquérir l'espace délaissé entre son terrain et la voie publique, par l'effet des alignements arrêtés. Il ne saurait, en effet, être ici question de prescription, car, ainsi que le fait remarquer M. Ducrocq, « l'État ne peut prescrire les parcelles ainsi retranchées des routes, puisqu'il en est propriétaire jusqu'à l'exercice du droit de préemption appartenant au riverain et que, d'autre part, il n'a qu'à s'imputer à lui-même de n'avoir pas usé du droit que lui confère l'article 53, § 3, pour triompher de la négligence ou de la résistance du propriétaire ». (Ducrocq, t. II, n° 854 ; Delanney, p. 133.)

En second lieu, le droit que l'article 53, § 1er, confère aux propriétaires riverains ne dépend nullement des convenances ou de la volonté de l'administration. Alors même que l'administration se servirait de la portion de la route délaissée par suite de l'alignement nouveau, notamment pour y établir des dépôts de matériaux ou des voies de garage, l'alignement, conforme aux plans arrêtés, avec acquisition par le riverain de la partie délaissée, doit être délivré au propriétaire qui le réclame, sous peine d'excès de pouvoir. Tout ce que pourrait faire l'administration, ce serait, après avoir délivré l'alignement, de recourir à l'expropriation pour cause d'utilité publique pour reprendre les portions de terrains qu'elle avait été obligée d'abandonner par application de l'article 53 de la loi de 1807. (Ducrocq, t. II, n° 855 ; Delanney, p. 133.)

En définitive, la préemption constitue pour l'administration une obligation, et non pas seulement une faculté : décider autrement, ce serait attribuer à l'État le droit exorbitant de s'interposer définitivement entre la nouvelle assiette de la route et la propriété précédemment riveraine, et de priver les riverains des avantages de la contiguïté de la voie publique. (Ducrocq, t. II, n° 855 ; Daubanton, art. 45, note 1 ; Davenne, t. Ier, p. 93 ; Féraud-Giraud, Servit. de voirie, t. Ier, n° 81 ; Guillaume, n° 248 ; Cons. d'Ét. 29 juin 1832, P. adm. chr.)

D'ailleurs, l'homologation du plan général d'alignement n'a pas pour effet immédiat d'*enlever à la voie publique* les portions de terrains qui se trouvent en dehors de l'alignement et qui sont destinées à être réunies aux propriétés riveraines : ce n'est qu'à partir de l'exécution même du plan que ces portions de terrain perdent leur caractère de voie publique et peuvent, par suite, faire l'objet d'un droit de préemption. (Cass. 31 mai 1855, Sir. 55-1-763, D. p. 55-1-255 ; Cons. d'Ét. 27 mai 1892, Sir. 94-3-44.)

Lorsque, sur le refus du propriétaire riverain d'exercer le droit de préemption, l'administration se décide à l'exproprier, conformément à la disposition finale de l'article 53 de la loi de 1807, elle doit, pour opérer cette dépossession, se conformer aux règles sur l'expropriation publique posées par la loi du 3 mai 1841[1]. (Daubanton, t. Ier, p. 23 ; Dumay, sur Proudhon, t. II, p. 673 ; Féraud-Giraud,

1. A propos de l'article 53 de la loi de 1807, on s'est demandé si les communes n'auraient pas le même droit d'expropriation contre les propriétaires de terrains nus bordant la voie publique qui *refuseraient d'y élever des constructions.*
On a fait valoir dans le sens de l'affirmative les termes d'une ordonnance de juillet 1609 qui obligeait les propriétaires de terrains vagues à Paris à construire dans les six mois sous peine d'expropriation.
Mais on a répondu avec raison que cette ordonnance n'avait qu'un caractère transitoire et avait été abrogée par l'arrivée du terme fixé pour son exécution. Tout ce que l'administration peut exiger, c'est que le terrain vacant soit clos sur la voie publique.

Servit. de voirie, t. Ier, n° 195 ; *Contrà* : Husson, *Tr. sur l'exprop.*, n° 432.)

Toutefois, il n'est point nécessaire de remplir, avant d'obtenir le jugement, toutes les formalités prescrites par la loi du 3 mai 1841 pour arriver au jugement. « L'application, dit M. Féraud-Giraud, de la loi de 1841 aux matières qui nous occupent, doit être faite rationnellement ; le plan d'alignement est adopté, tout est arrêté, il est fort inutile d'assembler des commissions, de prendre des arrêtés, de faire des enquêtes, lorsqu'en définitive toutes ces formalités n'aboutiront et ne pourront aboutir à aucune modification, à aucun changement. Pour que le tribunal puisse être à même de prononcer l'expropriation par application de l'article 53 de la loi du 16 septembre 1807, il suffira qu'il lui soit justifié d'un plan d'alignement régulièrement approuvé et du refus du propriétaire légalement mis en demeure d'acquérir la portion de terrain placée entre la voie publique et sa maison... »

La faculté accordée à l'administration, lorsque, par suite d'alignement, un terrain vacant se trouve en dehors d'une propriété bâtie et que le propriétaire n'use pas du droit de préemption qui lui est réservé par la loi du 16 septembre 1807, de le déposséder de l'ensemble de sa propriété, ne peut être exercée qu'autant que le jugement d'expropriation constate le refus du propriétaire de profiter de son droit de préemption. (Cass. 8 avril 1861, Sir. 61-1-795, D. p. 61-1-284.)

On s'est demandé suivant quelles limites latérales doit être délimitée la portion de voie publique cédée aux riverains.

Deux modes de procéder se peuvent concevoir : on peut ou bien abaisser des extrémités de la façade de la propriété des perpendiculaires sur l'axe de la voie publique, ou bien prolonger jusqu'à l'alignement les lignes séparatives des propriétés en conservant leur direction primitive.

Ce second procédé n'est pas sans danger, notamment dans l'hypothèse qui peut parfaitement se présenter où les limites séparatives des propriétés riveraines seraient obliques par rapport à l'alignement nouveau. Aussi le ministre des finances, par une décision du 29 janvier 1859, a posé en règle que les limites latérales devaient se déterminer par le premier procédé, c'est-à-dire au moyen de perpendiculaires abaissées sur l'axe de la voie (Morin, *De l'alignement*, p. 94). Toutefois, ce principe pourrait fléchir dans quelques circonstances particulières où l'intérêt de la propriété privée commanderait de suivre une ligne oblique, pourvu qu'il n'en résulte aucun préjudice pour les autres riverains, et que l'État, le département ou la commune ne soient exposés à aucune difficulté. (Morin, *loc. cit.*)

Le droit de préemption, nous l'avons dit, a été institué pour conserver aux bâtiments riverains de la voie publique les avantages de la contiguïté ; on ne saurait dès lors l'invoquer au profit de *propriétés non bâties* situées en dehors de toute agglomération d'habitants. On ne saurait notamment en faire bénéficier les riverains des grandes routes dont les terrains ne supportent pas de construction ; dans ce cas, l'administration est tenue de conserver à ces propriétés leur accès à la voie publique. (Féraud-Giraud, *Servit. de voirie*, t. Ier, n° 196 ; Grandvaux, *Code prat. des chemins vicinaux*, t. II, p. 99.)

Mais l'article 53 de la loi de 1807 s'applique indistinctement à toutes les voies de communication terrestre, nationales, départementales et communales lorsqu'elles sont bordées de constructions. (Ducrocq, t. II, n° 856 ; Simonet, n° 1092.)

Le riverain qui, après avoir usé du droit de préemption, construit sa maison à la nouvelle limite, n'est pas admis à prétendre à des jours ou accès sur les parcelles également retranchées de la route qui se trouvent des deux côtés de son immeuble. Il ne peut point, en effet, invoquer ici le principe que tout riverain a sur la voie publique des droits absolus de vue et d'issue, car les délaissés dont il s'agit ont été, par le fait de l'approbation du plan, détachés de la rue ou de la route : ce sont, par suite, des terrains sur lesquels n'existe plus désormais d'autre charge que le droit de préemption des voisins. En conséquence, si l'administration autorisait l'établissement de fenêtres et de portes dans les murs latéraux, ce ne serait jamais qu'à titre précaire et sous la condition que le jour où les voisins voudraient aussi se mettre à l'alignement, la suppression en aurait lieu à première réquisition et sans indemnité. (Delanney, p. 144.)

Des difficultés peuvent se produire au sujet du partage des portions retranchées ; quelle est, dans ce cas, l'autorité compétente pour les trancher ?

Autrefois, l'administration prétendait que, chargée de procéder à la répartition, elle avait également à connaître des difficultés suscitées par l'opération. Sous l'empire de cette jurisprudence, les différends étaient résolus par ordonnances royales, rendues en Conseil d'État, dans les formes indiquées par l'article 52, § 2, de la loi du 16 septembre 1807. (Cons. d'Ét. 9 juin 1824 et 17 août 1825.)

Mais cette interprétation est aujourd'hui abandonnée, et l'on décide, avec raison, que si l'administration donne l'alignement, c'est aux risques et périls de celui qui l'obtient ; que, dès lors, le débat existant entre riverains et non entre les riverains et l'administration, il n'y a aucun prétexte d'en réserver la connaissance à celle-ci, ses actes étant hors de cause, et que, s'agissant de contestations privées, c'est aux tribunaux judiciaires qu'il appartient de prononcer. (Trib. confl. 24 nov. 1888, Leb. chr., p. 883 ; Cons. d'Ét. 12 janv. 1854, Sir. 54-2-468 ; 6 déc. 1855, Sir. 56-2-441 ; 22 janv. 1886 ; Cass. 9 juin 1885 ; Aucoc, t. III, n° 1041 ; Isambert, t. III, p. 358 ; Serrigny, p. 164.)

La compétence fixée, quelles prétentions peut faire valoir le demandeur ? A-t-il le droit d'exiger de l'acquéreur la restitution des parcelles aliénées par l'administration et qui auraient dû lui être attribuées ? N'a-t-il droit qu'à une indemnité ?

La question est controversée.

Ceux qui soutiennent le droit à indemnité comparent le droit de préemption à un contrat civil produisant des effets de même nature, le pacte de préférence ; or, ce dernier ne donne à celui au profit duquel il est passé qu'une créance sur le promettant. De plus, le particulier qui use du privilège que lui confère la loi ne devient propriétaire que du jour de la vente ; jusque-là, il n'avait donc pas de droit réel. (Bordeaux 24 mars 1885 ; Serrigny, *Questions et traités de droit administratif*, p. 157.)

Les partisans de la restitution soutiennent que l'intention du législateur ayant été de sauvegarder les intérêts du riverain, il n'est pas d'arme plus efficace, à cette fin, qu'un droit réel.

C'est cette seconde opinion que nous adopterons pour les raisons suivantes.

D'abord, l'analogie avec le pacte de préférence, qu'invoquent les défenseurs du premier système, n'est qu'apparente : celui-ci est passé entre des parties librement consentantes, tandis que la préemption est imposée par la loi, et on ne saurait assimiler deux actes d'origine aussi dissemblable. D'un autre côté, c'est à tort que l'on refuse au riverain toute qualité avant l'acquisition, car, du jour de l'approbation du plan, il obtient un titre de propriété conditionnel, que l'exercice du droit de préemption fait réaliser et qu'il ne crée pas.

Il faut donc reconnaître au riverain la faculté d'agir contre le détenteur de la portion de la voie délaissée et de se faire mettre en possession. (Dijon 11 janv. 1895, Gaz. trib. 7 mars 1895 ; Delanney, p. 143 ; Dumay, *Traité du domaine public*, de Proud'hon, t. II, p. 338 ; Féraud-Giraud, *Servit. de voirie*, t. II, n° 674 ; Hermann, *Traité des chemins vicinaux*, n° 282.)

CHAPITRE III

ALIGNEMENTS INDIVIDUELS

Section 1re. — Autorisation de construire et de réparer.

Nul ne peut construire un édifice, maison ou mur de clôture le long ou joignant la voie publique, sans avoir demandé et obtenu l'alignement. En outre, nul ne peut réparer la face des édifices, bâtiments ou murs de clôture le long ou joignant les routes, sans avoir demandé ou obtenu l'autorisation de l'administration ; cette formalité, on le sait, a pour objet d'empêcher que les constructions en saillie soient réconfortées.

Toute propriété confinant une voie publique, dépendant de la grande comme de la petite voirie, fleuve, rivière, canal, route ou chemin, est assujettie à la demande préalable d'un alignement, soit qu'il s'agisse d'établir une clôture ou de réparer d'anciennes clôtures, d'y élever des constructions ou de réparer des bâtiments déjà existants, soit qu'il s'agisse d'y faire des plantations, toutes les fois que ces clôtures, constructions ou plantations sont faites sur la partie qui confine la voie publique. (Arrêt Cons. 27 fév. 1765 ; LL. 29 flor. an X, art. 1er ; 13 vent. an XIII, art. 5 ; 16 sept. 1807, art. 52 ; Décr. 27 juill. 1808 ; L. 21 mai 1836, art. 22 ; Cass. 9 fév. 1833, Sir. 33-1-584 ; Cons. d'Ét. 12 janv. 1825, P. adm. chr.)

Ainsi donc, lorsqu'il s'agit d'une *construction* ou d'une *reconstruction* le long et joignant les routes, c'est *l'alignement* qu'il faut demander et obtenir de l'administration, sous peine de la condamnation à l'amende et à la démolition (Cons. d'Ét. 15 juill. 1841, Sir. 42-2-38). S'il s'agit, au contraire, d'une *réparation* à exécuter à une construction existante, c'est la *permission* qu'il faut solliciter de l'administration. et la nécessité de cette autorisation préalable s'applique à toute espèce d'ouvrages aux faces des maisons, édifices et bâtiments généralement quelconques étant le long et joignant les routes. La sanction de cette disposition de l'arrêt du Conseil de 1765, c'est que le propriétaire qui a procédé à ces réparations sans autorisation est condamné à l'amende.

L'autorisation demandée n'est pas toujours accordée. Elle doit l'être si la maison n'est pas sujette à reculement, quelles que soient les réparations projetées ; elle ne peut, au contraire, être accordée lorsque, la maison étant sujette à reculement, les réparations sont confortatives. (V. *suprà*.)

Si le propriétaire a fait des travaux au mépris d'un refus d'autorisation ou sans solliciter la permission préalable, il doit toujours être condamné à l'amende ; de plus, si la maison est sujette à reculement et que les travaux soient confortatifs, la démolition doit en être ordonnée ; si les travaux n'ont pas ce caractère, ils peuvent être conservés.

L'autorisation préalable est nécessaire pour toute construction ou réparation, l'absence d'un règlement de police, d'un plan général d'alignement ou le défaut d'approbation de ce plan ne saurait y apporter d'exception (Cass. 18 juin 1831, Sir. 31-1-252 ; 30 janv. 1847, Sir. 47-1-222, D. p. 47-1-158 ; 24 avril 1885, Sir. 87-1-347 ; Marchand, *Encyclop. du dr.*, v° *Alignement*, n° 11 ; Cormenin, v° *Voirie*, t. II, p. 456). Toutefois, si le propriétaire était, par suite de circonstances de force majeure (une occupation étrangère, par exemple), dans l'impossibilité de demander et d'obtenir l'autorisation qui lui était nécessaire pour des travaux urgents, il ne saurait y avoir contravention. (Cons. d'Ét. 16 janv. 1874, Sir. 75-2-339, D. p. 75-3-4 ; Delanney, *loc. cit.*)

Ce n'est pas seulement dans les villes, mais dans toutes les communes indistinctement, qu'aucune construction ne peut être entreprise sur ou joignant la voie publique sans l'autorisation préalable de l'autorité compétente. (Cass. 22 fév. 1839, P. 43-2-776.)

D'autre part, la nécessité de demander l'alignement pour construire s'applique à toutes les catégories de voies publiques, aussi bien aux voies terrestres, routes nationales et départementales, rues des villes et chemins vicinaux, qu'aux voies maritimes et fluviales, quais de ports maritimes, quais des fleuves et rivières navigables et chemins de halage.

Il faut seulement excepter les chemins ruraux pour lesquels la nécessité de la demande d'alignement ne résulte pas de la loi (Cass. 2 mars 1865, Sir. 65-1-387 ; Féraud-Giraud, t. 1er, n° 206). Mais à l'égard des chemins ruraux *reconnus*, le préfet peut, dans le règlement qu'il est chargé de faire pour assurer l'exécution de la loi de 1881, subordonner les constructions le long de ces chemins à l'autorisation préalable, et c'est même ce que lui recommande l'article 77, 6°, du règlement dressé par le ministre de l'intérieur (V. *supra*). En cas de silence de la part du préfet, le maire puise dans ses pouvoirs généraux le droit de prendre un arrêté permanent, sous la sanction de l'article 471, 15°, défendant aux riverains d'élever aucune construction le long de ces chemins, qu'ils soient reconnus ou non, sans s'être pourvus de l'autorisation de l'autorité administrative. (Cass. 12 janv. 1856, Sir. 56-1-555, D. p. 56-1-142 ; 17 août 1865, Sir. 66-1-183, D. p. 66-1-43.)

L'alignement, ayant pour objet de prévenir les empiétements, est exigé même pour les parties de routes qui ne sont pas bâties. (Arrêt du Conseil 27 fév. 1765 ; Isambert, *Tr. de la voirie*, t. II. n° 410.)

La nécessité de demander l'autorisation pour construire ne s'applique qu'aux propriétés *bordant la voie publique*. En sont affranchies celles qui sont situées le long des passages qui, bien que fréquentés habituellement par le public, ne sont pas reconnus comme faisant partie du domaine public. (Cass. 13 mai et 27 juill. 1854, Sir. 55-1-476, D. p. 55-1-31 ; 9 janv. 1862, Sir. 64-1-100, D. p. 63-1-269 ; Cons. d'Ét. 24 juill. 1848, Sir. 48-2-767, D. p. 49-5-400.)

Il en est de même des propriétés bordant le domaine privé de la commune, du département ou de l'État, lorsque le terrain domanial n'est pas affecté en outre à l'usage de route, rue ou chemin public. (Cass. 2 juin 1854, n° 181 ; 25 juill. 1856, Sir. 56-1-848, D. p. 61-5-534 ; 21 janv. 1859, D. p. 60-5-418.)

Il est aujourd'hui universellement reconnu que les terrains, compris dans le tracé d'une rue à ouvrir ultérieurement en conformité d'un plan général d'alignement, ne sont pas frappés des servitudes d'alignement et qu'il peut y être fait, soit des constructions, soit des réparations aux bâtiments existants sans l'autorisation de l'administration. Le plan d'alignement ne peut, en effet, recevoir d'exécution pour les terrains y compris qu'après acquisition amiable ou expropriation, il ne constitue par lui-même que l'indication d'un tracé. (Aucoc, t. III, n° 1032 ; Batbie, t. VI, n° 36 ; des Cilleuls, n° 142 ; Cons. d'Ét. 4 juill. 1884, D. p. 86-3-11 ; Cass. 21 avril 1885, D. p. 85-1-343.)

Les immeubles réservés, soit dans l'acte d'homologation d'un plan, soit dans une déclaration d'utilité publique, échappent également aux servitudes de voirie. (Cons. d'Ét. 19 mai 1858 et 13 juill. 1866, P. adm. chr.)

Les seules règles à observer dans ces hypothèses découlent de l'observation des principes posés par le Code civil en matière de voisinage.

La jurisprudence, nous l'avons dit, donne aux mots « construire et reconstruire » contenus dans l'arrêt du Conseil du 27 février 1765 un sens *extensif* et exige l'autorisation, quelle que soit la nature de la construction (Féraud-Giraud, *Servit. de voirie*, t. 1er, n° 13 ; Batbie, t. VI, n° 52 ; Aucoc, t. III, n° 1044). Ainsi l'autorisation est exigée pour construire un hangar (Cass. 5 juill. 1833, Sir. 33-1-863) et même une simple clôture en bois à un jardin attenant à la voie publique. (Cass. 28 juill. 1835, P. chr. : Cf. Cass. 13 juill. 1838, Sir. 39-1-146 ; Cons. d'Ét. 15 mars 1844, P. adm. chr.)

L'autorisation préalable est nécessaire pour tous travaux à exécuter aux murs de face des bâtiments joignant la voie publique. Mais d'après le Conseil d'État l'autorisation ne paraît pas nécessaire pour exécuter de simples travaux d'entretien ou de propreté. (19 juill. 1851, Sir. 51-2-816, D. p. 51-3-69.)

Il existe une divergence entre la jurisprudence de la Cour de cassation et celle du Conseil d'État sur le point de savoir si l'autorisation préalable est requise pour les travaux faits soit à l'intérieur des maisons en saillie, soit derrière un mur de clôture sur un terrain retranchable.

Le Conseil d'État, s'appuyant sur la lettre même des anciens textes, estime que les propriétaires n'ont à demander une autorisation que pour les travaux à exécuter aux murs de face construits le long de la voie publique. Ceux-ci, en effet, parlent constamment d'ouvrages faits aux faces desdites maisons, aux murs de face, etc. L'autorisation n'est donc pas nécessaire pour faire des travaux intérieurs au bâtiment en saillie sur l'alignement, pourvu toutefois que ces travaux n'aient pas pour effet de réconforter le mur de face. La seule réserve admise consiste dans le droit reconnu aux agents de l'administration de pénétrer à l'intérieur des habitations pour vérifier si les travaux ne sont pas confortatifs et, dans ce cas, en exiger la démolition. (Cons. d'Ét. 1er sept. 1832, Sir. 33-2-166 ; 3 juin 1858, Sir. 59-2-261, D. p. 61-5-534 ; 19 mars 1886, Leb. chr., p. 248 ; Jousselin, t. II, p. 304 ; Batbie, t. VI, n° 42 ; Aucoc, t. III, n° 1050 ; Dufour, t. VIII, n° 401 ; *Contrà* : Féraud-Giraud, *Servitudes de voirie*, t. 1er, n° 18 ; Dumay, t. II, p. 635.)

La Cour de cassation décide au contraire qu'un propriétaire ne peut faire sans autorisation aucun travail à l'intérieur de sa maison, dans la partie sujette à reculement ; peu importe que ce travail soit confortatif ou non. Suivant elle, dès l'instant que la fixation des alignements a déterminé les retranchements qui doivent être faits sur les propriétés riveraines pour élargir la voie publique actuellement existante, les parties retranchables sont frappées d'une servitude *non ædificandi*, qui a pour effet d'y interdire toute construction, même non confortative, sans la permission de l'autorité municipale. (Cass. 5 juill. 1833, Sir. 33-1-863 ; 3 déc. 1847, Sir. 49-1-383, D. p. 48-5-369 ; 17 juill. 1863, D. p. 64-1-397 ; 20 juin 1864, Sir. 64-1-428, D. p. 64-1-397 ; 2 fév. 1878, Sir. 80-1-48, D. p. 79-1-320 ; Féraud-Giraud, *Servitudes de voirie*, t. 1er, n° 18.)

Section 2. — De l'autorité compétente pour délivrer l'alignement et les permissions de voirie.

L'alignement doit être donné par des autorités administratives différentes selon qu'il s'agit de grande ou de petite voirie.

§ 1er. — Grande voirie.

1. Routes nationales et départementales.

Aux termes de l'arrêt du Conseil, du 27 février 1765, « les alignements pour construction ou reconstruction de maisons, édifices ou bâtiments généralement quelconques en tout ou en partie étant le long et joignant les routes, soit dans les traverses des villes, bourgs et villages, soit en pleine campagne, ainsi que les permissions pour toute espèce d'ouvrage aux faces desdites maisons, édifices et bâtiments et pour établissement d'échoppes ou choses saillantes le long desdites routes, ne pouvaient être donnés en aucun cas que « par les trésoriers de France..., le tout sans frais et en se conformant aux plans levés et arrêtés par les ordres de Sa Majesté, déposés par la suite au greffe du bureau des finances de leur généralité ».

Le décret des 7-14 octobre 1790 a conféré aux corps administratifs (aujourd'hui les préfets) l'administration et l'alignement en matière de grande voirie, tandis que la loi du 28 pluviôse an VIII et celle du 29 floréal an X leur ont donné compétence en matière de grande voirie. C'est donc aux préfets qu'il appartient de délivrer, qu'il existe ou non des plans approuvés, les alignements pour les routes nationales et départementales, et ils les font exécuter par les ingénieurs des ponts et chaussées. (Aucoc, t. III, n° 1042 ; Féraud-Giraud, *Servitudes de voirie*, t. 1er, n°s 32 et suiv., *Voirie urbaine*, n° 123 ; Ducrocq, t. II, n° 858.)

En l'absence d'un plan général d'alignement, les pouvoirs des préfets en matière d'alignement s'étendent aussi aux rues des villes, bourgs ou villages et qui sont la continuation des routes nationales et départementales. (L. 7-14 oct. 1790, art. 1er ; Dervenne, t. 1er, p. 19 ; Aucoc, t. III, n° 1043 ; Féraud-Giraud, *Servitudes de voirie*, t. 1er, n° 35 ; Serrigny, t. II, n° 632 ; Cons. d'Ét. 28 nov. 1861, Leb. chr., p. 839, Sir. 62-2-40, D. p. 62-3-10 ; 27 mars 1862, Sir. 63-2-71.)

Mais toutes les fois qu'il existe pour la route un plan général d'alignement, c'est le sous-préfet qui est compétent[1]. (L. 4 mai 1864; Batbie, t. VI, n° 48; Aucoc, t. III, n° 1042; Ducrocq, t. II, n° 858.)

Au cas où l'alignement est demandé pour une maison sise au point d'intersection de deux voies publiques qui dépendent, l'une de la grande et l'autre de la petite voirie, le préfet ou le sous-préfet, suivant le cas, est compétent pour la façade riveraine de la route, et le maire pour celle riveraine de la rue. (Cass. 22 mars 1862, Sir. 62-1-899, D. p. 62-1-441; Aucoc, t. III, n° 1043; Féraud-Giraud, Voirie urbaine, n° 126; Servitudes de voirie, t. Ier, n° 38.)

Si, pour les traverses des villes et villages, les maires n'ont pas qualité pour délivrer l'alignement, ils peuvent, du moins, donner leur avis en vertu de l'article 98, § 3, de la loi du 5 avril 1884, ce qui peut avoir de l'intérêt au point de vue de la commodité et de la sécurité de la circulation, car ils sont mieux placés que quiconque pour éclairer l'administration. Si le préfet ne tient pas compte de leur avis, il leur est loisible d'en référer au ministre de l'intérieur, qui statue après entente avec le ministre des travaux publics. (Circ. int. 15 mai 1884.)

Lorsqu'une route traverse des rues ou places plus larges qu'elle, c'est à l'autorité municipale, et non au préfet, qu'il appartient de déterminer les alignements sur ces rues ou places. (Cons. d'Ét. 6 juill. 1850, D. p. 51-3-26; 16 déc. 1852, Leb. chr., p. 632; 19 fév. 1857, D. p. 57-3-81; Aucoc, t. III, n° 1043; Féraud-Giraud, Servitudes de voirie, t. Ier, n° 50.)

C'est exclusivement au préfet qu'il appartient de délivrer l'alignement pour les routes, un maire est incompétent pour donner les alignements sur une route nationale ou départementale. Dès lors, celui qui construit, en ce cas, avec la seule autorisation du maire contrevient aux règlements de la grande voirie. (Cons. d'Ét. 8 déc. 1876, D. p. 77-3-14; Féraud-Giraud, Voirie urbaine, n° 126, Servitudes de voirie, t. Ier, n° 39; V. aussi Cons. d'Ét., 9 fév. 1883, D. p. 84-3-100.)

2. Chemins de fer.

L'alignement est donné par le préfet. (Arr. min. 15 avril 1850.)

La demande d'autorisation pour construire aux abords d'un chemin de fer doit être adressée au préfet du département de la situation du terrain sur lequel on se propose de bâtir. Celui-ci délivre l'alignement après enquête par l'ingénieur en chef du contrôle. (Arr. min. 15 avril 1850.)

Le préfet, en accordant la permission de bâtir,

[1] La substitution du sous-préfet au préfet est basée sur les considérations suivantes: quand il existe un plan général, la délivrance de l'alignement aux propriétaires intéressés est une opération simple et facile; l'administration départementale se trouve ainsi déchargée d'une multitude de demandes pour lesquelles son intervention n'était pas nécessaire; et enfin les décisions à intervenir deviennent plus promptes. (Rapp. de M. Boucaumont au Corps législatif, D. p. 64-4-42.)

doit imposer au propriétaire l'obligation d'établir à ses frais une barrière du côté de la voie dans l'intérêt de la sécurité publique, afin d'empêcher la circulation des ouvriers ou le dépôt de matériaux dans l'enceinte du chemin de fer. (Delanney, op. cit.)

Les riverains des chemins de fer sont soumis à une servitude spéciale qui résulte de la loi du 15 juillet 1845. En effet, aux termes de l'article 5 de cette loi, un propriétaire ne peut élever aucune construction dans une distance moindre de deux mètres du chemin de fer. Cette distance est mesurée, soit de l'arête supérieure du déblai, soit de l'arête inférieure du remblai, soit des bords extérieurs du fossé du chemin, et à défaut, d'une ligne tracée à 1m,50 des rails extérieurs. (L. 15 juill. 1845, art. 5, § 2; Cotelle, Droit adm., t. IV, n° 171; Aucoc, t. III, n° 1615.)

La loi de 1845 excepte de cette prohibition les murs de clôture percés ou non d'ouvertures. Ces murs peuvent être élevés à une distance moindre parce que leur voisinage ne présente pas les mêmes dangers pour la sécurité publique. (Picard, Traité des chemins de fer, t. II, p. 936; Aucoc, t. III, n° 1615; Batbie, t. IV, n° 56.)

En dehors de la limite de deux mètres, le riverain n'est plus soumis à aucune obligation. On ne doit pas, comme sur les grandes routes, le contraindre à clore sa propriété à l'alignement pour éviter les retraits ou enfoncements, cette mesure ne présentant aucune utilité en raison du devoir imposé aux compagnies de se clore elles-mêmes. (Circ. trav. publ. 27 déc. 1855.)

3. Cours d'eau.

Les seuls cours d'eau soumis au régime de la voirie relativement à l'alignement sont la Bièvre, la Loire et ses affluents et la Sèvre. Les fleuves ou rivières navigables et les rivières non navigables n'y sont pas soumis. Il n'est, par suite, besoin d'aucune autorisation pour construire le long des chemins de halage.

Il faut cependant excepter les fleuves et rivières navigables lorsqu'ils sont bordés de quais, et c'est au préfet qu'il appartient de délivrer l'alignement. (L. 29 flor. an X; Décr. 10 avril 1812; Féraud-Giraud, Servitudes de voirie, t. Ier; n° 36, Voirie urbaine, n° 125.)

Quant aux riverains des canaux, ils ne sont soumis à la nécessité de demander l'alignement que dans le cas où ces canaux traversent une ville ou un village; ils rentrent alors, en effet, dans le cas des fleuves bordés de quais.

Les rivières non navigables ni flottables n'ont pas le caractère de voies publiques; il n'y a donc pas lieu pour les riverains de demander l'alignement avant de construire. (Cass. 3 avril 1856, Sir. 56-1-556, D. p. 56-1-222; 29 août 1867, Sir. 68-1-143, D. p. 68-1-48; Morin, p. 203.)

Mais le préfet peut, comme en matière de grande voirie, régler l'alignement d'une usine établie sur un ruisseau si cet alignement est utile à la conservation d'un pont contigu qui dessert une route nationale, le mur de l'usine devant s'appuyer à une pile du pont. (Cons. d'Ét. 15 juill. 1835, P. ad. chr.)

La distance à laquelle on peut construire est différente suivant qu'il s'agit de la Bièvre, de la Loire ou de la Sèvre. En ce qui concerne la Bièvre, cette distance est de deux mètres environ (Arr. cons. 26 fév. 1732, 5 déc. 1741; Arr. gouv. 25 vend. an IX, art. 26 et 42; L. 19-22 juill. 1791; Cons. d'Ét. 30 juill. 1863, Leb. chr., p. 626). Sur les bords de la Loire ou de ses affluents, la distance est d'une toise du pied des glacis (Arr. cons. 23 juill. 1783, art. 15; Cons. d'Ét. 11 fév. 1836, P. ad. chr.; 7 janv. 1869, Leb. chr., p. 35). Pour la Sèvre la distance est plus longue, on ne peut, en effet, construire à moins de 10 mètres des rivages et bords extérieurs des chemins de halage. (Décr. 29 mai 1808, art. 16.)

L'alignement, autrefois délivré par les agents des eaux et forêts, l'est aujourd'hui par le préfet sur l'avis des ponts et chaussées ou des ingénieurs de la navigation.

4. Rues de Paris.

Conformément au principe général en matière de grande voirie, l'alignement pour les rues de Paris est donné par le préfet de la Seine. (Cons. d'Ét. 21 nov. 1884, Sir. 86-3-37; 19 mars 1886, Leb. chr., p. 248; 21 fév. 1890, Sir. 92-3-73.)

Aux termes du décret du 26 mars 1852, complété par le décret du 14 juin 1876, les propriétaires doivent joindre à leur demande d'alignement le plan et les coupes cotées des constructions qu'ils veulent élever et la coupe géologique des fouilles pour fondations (art. 4). En vertu de l'article 3 du même décret, ils doivent demander le nivellement de la voie publique au-devant de leur terrain et s'y conformer pour les obligations spéciales auxquelles sont astreints les propriétaires.

Alors même que l'alignement lui a été délivré, le constructeur ne peut commencer à construire que si, dans les vingt jours après le dépôt de son projet, il n'a reçu aucun contre-ordre (art. 4; Cons. d'Ét. 25 fév. 1864, Sir. 64-2-87.)

§ 2. — Petite voirie.

1. Voirie urbaine.

En matière de voirie urbaine, l'alignement est donné par le maire à ceux qui veulent construire le long des rues ou des places. (Cons. d'Ét. 4 nov. 1836, Sir. 36-2-543; 28 nov. 1861, Sir. 62-2-40, D. p. 62-3-10.)

Ce droit qui appartenait à l'autorité municipale, avant la loi de 1807, ne lui a pas été enlevé par l'article 52 de cette loi, lequel oblige les maires à donner les alignements conformément aux plans généraux arrêtés en Conseil d'État. En outre, il s'exerce en dehors de toute intervention du conseil municipal. Pourtant, si les constructions autorisées devaient porter sur un terrain appartenant à la commune, le conseil municipal serait fondé à dis-

cuter l'alignement; mais il interviendrait alors, comme un simple particulier, en qualité de représentant des intérêts patrimoniaux de la commune. (Cass. 6 avril 1837, Sir. 37-1-1001.)

On avait soutenu que le droit pour les maires de délivrer l'alignement ne s'appliquait qu'aux villes et non aux bourgs et aux villages. On s'appuyait, d'une part, sur l'article 52 de la loi du 16 septembre 1807 qui porte en effet : « Dans les villes, les alignements... seront délivrés par les maires... », et, d'autre part, sur les circulaires ministérielles interprétatives de la loi de 1807, en date des 17 août 1813 et 7 avril 1818, qui décident que l'article 52 ne s'applique qu'aux rues des villes d'une population agglomérée de 2,000 habitants et au-dessus. L'opinion contraire est généralement admise. On fait remarquer que les circulaires de 1813 et de 1818 ne s'occupent des villes que pour y faire dresser les plans généraux d'alignement et qu'il faut par suite résoudre la question sans s'appuyer sur ces textes. D'ailleurs, les lois de l'époque intermédiaire ont confié aux municipalités le soin de veiller à la police et à la sûreté et commodité des rues, et ces attributions des municipalités sont passées aux maires en vertu de la loi du 28 pluviôse au VIII, de l'arrêté du 2 pluviôse an IX, et enfin de la loi sur l'organisation municipale du 5 avril 1884. D'une part, ces lois n'ont jamais distingué entre les communes de plus de 2,000 habitants et celles d'une population inférieure. D'autre part, les maires étant chargés de pourvoir à la sûreté et à la commodité de la voie publique, la délivrance des alignements est le meilleur moyen d'obtenir ce résultat et doit par suite leur appartenir. (Cass. 15 mai 1835, Sir. 35-1-801; 22 fév. 1839, P. 42-2-776; 23 janv. 1841, Sir. 42-1-52; 14 déc. 1846, Sir. 47-1-49, D. p. 47-1-22; Féraud-Giraud, *Servitudes de voirie*, t. Ier, n° 49 ; Proudhon, *Dom. publ.*, t. Ier, n° 397 ; de Cormenin, v° *Voirie*, § 1er.)

L'alignement est délivré par le maire ou, en cas d'absence ou d'empêchement, par un adjoint. Mais il ne peut émaner de l'autorité municipale; celui qui serait délivré par tout autre fonctionnaire, même par le préfet ou le sous-préfet, serait nul. (Cons. d'Ét. 4 mai 1826, P. adm. chr.; 6 juill. 1837, Sir. 37-1-687; 5 sept. 1846, Sir. 47-1-400, D. p. 46-4-516.)

Toutefois, en cas de refus du maire, l'alignement serait valablement délivré par le préfet. (Cons. d'Ét. 2 fév. 1894, Leb. chr., p. 86, D. p. 95-5-22; L. 5 avril 1884, art. 85.)

Avant la loi du 5 avril 1884 et dans les villes où le décret du 26 mars 1852 n'était pas applicable, les riverains des voies publiques n'étaient pas tenus, sous peine de contravention, de se conformer au nivellement indiqué dans les arrêtés d'alignement. Que faut-il décider depuis la loi de 1884 ? Une circulaire du ministre de l'intérieur, du 15 mai 1884, s'appuyant sur l'article 126, § 14, de la loi de 1884, qui range parmi les dépenses obligatoires des communes les frais d'établissement et de conservation des plans d'alignement et de nivellement, porte qu'il est difficile sinon impossible, que le législa teur, en imposant aux communes l'obligation de faire établir officiellement les cotes de nivellement de leurs rues et places, n'ait pas entendu, par réciprocité, obliger les propriétaires à demander, avant de construire au bord de la voie publique, l'indication des cotes de nivellement assignées par l'autorité compétente à cette voie et à s'y conformer. (*Contrà* : Morgand, *Loi municipale,* t. Ier, p. 362, et t. II, p. 383.)

Pour les villes où le décret de 1852 a été déclaré applicable, la situation est expressément réglée par l'article 3 de ce décret, qui est ainsi conçu : « A l'avenir, l'étude de tout plan d'alignement de rue devra nécessairement comprendre le nivellement ; celui-ci sera soumis à toutes les formalités qui régissent l'alignement. Tout constructeur de maisons, avant de se mettre à l'œuvre, devra demander l'alignement et le nivellement de la voie publique audevant de son terrain et s'y conformer. »

En principe, avons-nous dit, le maire est seul compétent pour délimiter les alignements en matière de voirie urbaine ; toutefois, par exception, l'alignement doit être demandé au préfet ou au sous-préfet pour toutes les dépendances de la grande voirie, notamment pour les rues de Paris, et, dans les autres villes, pour les rues ou places qui sont la continuation d'une route nationale, départementale ou d'un chemin vicinal de grande ou de moyenne communication. (V. *suprà*.)

De même, il faut considérer comme faisant partie de la grande voirie une avenue donnant accès à une gare de chemin de fer, si cette avenue, ouverte sur des terrains acquis par la compagnie du chemin de fer dans les termes de l'expropriation pour cause d'utilité publique, est une dépendance de la voie ferrée, et si, reliant entre elles les deux voies publiques, elle est, comme ces dernières, livrée à la circulation. Dès lors, c'est au préfet qu'il appartient de donner un alignement pour construire le long d'une semblable avenue. (Cons. d'Ét. 1er juill. 1869, Sir. 69-2-339, D. p. 70-3-21.)

Enfin, pour les places de guerre, c'est au génie militaire seul, à l'exclusion de l'autorité municipale, qu'il appartient de donner les alignements pour les constructions sur la rue du rempart. (L. 10 juill. 1791, tit. Ier, art. 13 et 17 ; Cass. 25 juill. 1845, Sir. 45-1-720, D. p. 45-1-345.)

2. Chemins vicinaux.

L'alignement individuel pour les chemins vicinaux *ordinaires* est délivré par le maire. (V. Instr. 1870, art. 173.) C'est également l'autorité municipale qui délivre, par délégation préfectorale autorisée par la loi elle-même, l'alignement des rues qui sont la continuation des chemins vicinaux ordinaires. (L. 8 juin 1864.)

Pour les chemins de *grande et de moyenne communication*, en l'absence d'un plan général, l'alignement est délivré par le préfet, sur le rapport des agents voyers (L. 21 mai 1836, art. 7 et 9 ; Circ. int. 15 mai 1884) s'il existe un plan général,

c'est le sous-préfet qui délivre l'alignement. (L. 4 mai 1864, art. 2.)

Le préfet peut d'ailleurs valablement déléguer au maire le droit de déterminer l'alignement pour les constructions à élever même le long des chemins vicinaux de grande et de moyenne communication, et ceux qui contreviennent à un alignement ainsi délivré par le maire sont passibles des peines. portées en l'article 471, § 15, du Code pénal. (Cass. 26 août 1848, D. p. 51-5-546.)

Si le chemin vicinal de grande et de moyenne communication traverse une ville, un bourg ou un village, c'est au préfet ou au sous-préfet, suivant qu'il existe ou non un plan général d'alignement, qu'il appartient de délivrer l'alignement dans les rues qui en forment le prolongement, ces rues étant considérées par la loi du 8 juin 1864 comme faisant partie intégrante de ce chemin. (Circ. int. 15 mai 1884 ; 4 mai 1864 ; Inst. gén. 6 déc. 1870, art. 175.)

3. Chemins ruraux.

Pour les chemins ruraux classés, les seuls qui soient d'ailleurs soumis aux règles de l'alignement, c'est au maire que l'alignement doit être demandé puisque, d'après l'article 9 de la loi du 20 août 1881, « l'autorité municipale est chargée de la police de et de la conservation des chemins ruraux ».

Section 8. — Délivrance des alignements.
Péremption de l'autorisation.

La demande d'alignement doit être présentée par le propriétaire ou en son nom, sur papier timbré. Elle doit contenir les noms et domicile du requérant, l'indication des travaux à exécuter, une désignation précise de l'immeuble et celle de la voie publique auquel il se rapporte.

Tant que l'alignement n'a pas été donné, les travaux ne peuvent commencer. On ne saurait considérer le silence de l'autorité comme une autorisation. (Cass. 13 juill. 1850, D. p. 50-5-466 ; 29 déc. 1866, Sir. 67-1-306 ; Cons. d'Ét. 20 juill. 1832, P. ad. chr. ; Féraud-Giraud, *Servitudes de voirie,* t. Ier, n° 70, *Voirie urbaine,* n° 135 ; Frémy-Ligneville et Perriquet, t. Ier, n° 305.)

L'alignement ne peut même être donné verbalement. Il doit de toute nécessité être rédigé par écrit ayant date certaine avant le commencement des travaux (Cass. 14 fév. 1874, D. p. 74-1-280 ; 23 fév. 1878, D. p. 78-1-397 ; Cons. d'Ét. 23 fév. 1839, Sir. 40-2-39 ; Aucoc, t. III, n° 1054 ; Féraud-Giraud, *Servitudes de voirie,* t. Ier, n° 72, *Voirie urbaine,* n°s 134 et 137). Dès lors, des travaux exécutés sans autorisation écrite constituent une contravention quoiqu'ils aient été autorisés verbalement par le maire. (Cass. 12 juill. 1849, D. p. 49-5-398 ; 13 juill. 1850, D. p. 50-5-466 ; 4 déc. 1857, Sir. 58-1-556, D. p. 58-1-93.)

L'alignement doit être donné en la forme administrative, c'est-à-dire par voie d'arrêté. (Delanney, Cabantous, *Droit admin.,* n° 563 ; Féraud-Giraud, *Voirie urbaine,* n° 134.)

D'après le Conseil d'État, la décision doit être portée à la connaissance de l'intéressé par voie de notification (Av. Cons. d'Ét. 16 nov. 1825; Cons. d'Ét. 5 fév. 1857, Leb. chr., p. 103). La Cour de cassation décide, au contraire, qu'aucune signification n'est nécessaire, que c'est au propriétaire à venir lui-même réclamer sa permission et que, jusque-là, il doit éviter de commencer les travaux. (Cass. 6 juill. 1837, Sir. 37-1-687; 8 juin 1844, P. 45-1-75; 9 mai 1885, Sir. 87-1-34; Féraud-Giraud, *Servitudes de voirie*, t. Ier, n° 68.)

Le propriétaire qui veut construire ou réparer son immeuble doit, après avoir obtenu l'autorisation, prévenir l'ingénieur de l'arrondissement ou l'agent voyer, et lui indiquer l'époque du commencement des travaux. Il est alors procédé à une première vérification ou au tracé de l'alignement, en présence du propriétaire par le commissaire voyer.

Quand les fondations des constructions sont achevées, le propriétaire ou l'entrepreneur peut exiger de l'administration le récolement par le commissaire voyer. Ce récolement, qui est aux frais du propriétaire, doit être fait dans les trois jours de la réquisition. (Frémy-Ligneville et Perriquet, t. Ier, n° 308; Féraud-Giraud, *Voirie urbaine*, n° 152.) Il en est dressé procès-verbal en double expédition, et l'une de ces expéditions visée par les ingénieurs est remise au propriétaire[1].

Au cas où d'après les constatations des agents, les constructions dépassent les limites de l'autorisation, le procès-verbal de récolement est remplacé par un procès-verbal de contravention déféré au tribunal compétent.

En matière de grande voirie et de voirie urbaine, les autorisations délivrées par l'administration ne sont valables que pour un an, car les lettres patentes, du 22 octobre 1733, qui établissent cette règle ont été maintenues, en 1791, avec les autres règlements de voirie et appliquées, bien que spéciales à la généralité de Paris, à la France entière. (Cass. 16 nov. 1893, D. p. 95-1-537.) Toutefois, il suffit que les constructions ou réparations aient été commencées dans l'année, pour qu'elles puissent être achevées beaucoup plus tard sans une nouvelle permission. (Féraud-Giraud, *Servitudes de voirie*, t. Ier, n° 85, *Voirie urbaine*, n° 150; Des Cilleuls, n° 122; Cass. 20 déc. 1862, Sir. 64-1-101, D. p. 63-1-388; 23 avril 1887, D. p. 88-1-396; Règl. min. de 1858, art. 35.)

Pareille déchéance n'existe pas en matière de voirie vicinale, et le propriétaire riverain d'une voie publique vicinale peut user de la permission de construire qui lui a été accordée tant que le retrait ne lui en a pas été notifié[2]. (Cass. 22 juill. 1859, Sir. 60-1-87, D. p. 59-5-407.)

---

1. Le récolement, malgré la sécurité qu'il donne aux propriétaires, est à peu près partout négligé.
2. Le Conseil d'État (14 juin 1836, Sir. 36-2-447) et certains auteurs, notamment Dumay (t. II, p. 709) et Husson (p. 408) admettent le principe de la pérennité de l'autorisation, même en matière de grande voirie et de voirie urbaine, et considèrent comme abrogés l'article 5 de l'édit de décembre 1607 et l'arrêt du conseil du 6 octobre 1733, confirmé par les lettres patentes du 22 octobre 1733.

Section 4. — *Pouvoirs de l'autorité chargée de donner l'alignement.*

L'autorité compétente pour délivrer l'alignement n'a pas le droit de le refuser au riverain qui le lui demande. (Cons. d'Ét. 11 juill. 1879, Sir. 81-3-9, D. p. 80-3-18; Aucoc, t. III, n° 1051; Féraud-Giraud, *Servitudes de voirie*, t. Ier, n° 86; Circ. int. 15 mai 1884.)

L'autorité administrative ne peut même pas ajourner sa réponse en se basant sur ce que des projets actuellement à l'étude engloberaient la parcelle sur laquelle le riverain veut construire. (Cons. d'Ét. 31 août 1861, Sir. 62-2-496, D. p. 61-5-532; 23 fév. 1883, Sir. 85-3-6; Aucoc, t. III, n° 1051.) Mais, dans ce cas, le propriétaire qui persiste dans son intention de continuer, bâtit à ses risques et périls et le jury d'expropriation peut, en fixant l'indemnité, lui appliquer l'article 52 de la loi du 3 mai 1841, d'après lequel, s'il acquiert la conviction que les constructions n'ont été faites que dans le but d'obtenir une indemnité plus élevée, il n'est pas tenu compte de cette amélioration. (Aucoc, t. III, n° 1051.)

Lorsque le fonctionnaire auquel appartient le droit de donner l'alignement se refuse à le délivrer, le recours à l'autorité supérieure est ouvert (du maire au préfet, du préfet au ministre). [Cass. 14 fév. 1874, D. p. 74-1-280; Cons. d'Ét. 16 juill. 1886; Leb. chr., p. 614.]

Si l'intéressé n'obtient pas satisfaction par la voie gracieuse, il peut introduire un recours devant le Conseil d'État pour excès de pouvoirs. (LL. 7-14 oct. 1790; 24 mai 1872, art. 9; Cons. d'Ét. 26 mai 1869, D. p. 70-3-69.)

En dehors de ces deux moyens il n'existe aucune autre voie de recours. Le propriétaire ne saurait notamment demander au conseil de préfecture ou à l'autorité judiciaire de prescrire au maire de délivrer l'alignement. (Trib. confl. 18 mars 1882, Sir. 84-3-19, D. p. 83-3-84.)

Le dommage résultant du refus de l'alignement ou du retard dans sa délivrance imputable à l'administration, est, en principe, de nature à créer ouverture à une indemnité. (Cons. d'Ét. 12 janv., 98 fév., 22 juin 1883, Leb. chr., p. 32, 207 et 580; 5 avril 1889, D. p. 90-3-72, Sir. 91-3-46; Aucoc, t. III, n° 1076; Féraud-Giraud, *Servitudes de voirie*, t. Ier, n° 87.)

En délivrant l'autorisation, l'agent administratif ne peut imposer au propriétaire des conditions autres que celles établies par les lois, dans un intérêt de voirie; toute autre devrait être tenue pour non écrite (Cons. d'Ét. 17 avril 1869, Sir. 69-2-219, D. p. 70-3-22; Batbie, t. VI, n° 44; Aucoc, t. III, n° 1052; Féraud-Giraud, *Servitudes de voirie*, t. Ier, n° 79). Ainsi, et à titre d'exemple, on ne saurait imposer au riverain l'obligation de construire en façade sur la voie, s'il veut construire en arrière, ou de construire en retraite, s'il veut établir sa maison sur l'alignement même. (Cons. d'Ét. 6 déc. 1844, Sir. 45-2-188, D. p. 45-3-98; 14 mars 1845, D. p. 45-3-98; Cf. Cons. d'Ét. 15 déc. 1859, Sir.

66-2-497, D. p. 63-3-40 ; 20 avril 1888, Sir. 90-3-25, D. p. 89-3-798.)

Un autre principe également important consiste en ce que l'autorité qui délivre l'alignement doit se conformer aux plans régulièrement dressés et approuvés.

Ainsi, un préfet ne peut, sans excès de pouvoir, donner un alignement individuel autre que celui qui résulte du plan général d'alignement (Cons. d'Ét. 17 janv. 1890, Sir. 92-3-44, D. p. 91-3-61). De même, si, en l'absence de plans généraux, il existe des plans partiels régulièrement approuvés, les maires non seulement peuvent mais doivent se conformer à ces plans pour la délivrance des alignements. (Cass. 27 juill. 1882, Sir. 83-1-75, D. p. 82-1-332 ; 13 mai 1892, D. p. 93-3-98.)

À défaut de plan général ou de plan partiel, l'alignement doit être donné à la limite même de la voie, qu'il s'agisse d'une route, d'un chemin vicinal ou d'une voie urbaine. (Cons. d'Ét. 10 fév. 1865, Sir. 65-2-354, D. p. 65-3-72 ; 31 mars 1865, D. p. 65-3-90 ; 21 mars 1879, Sir. 80-2-305, D. p. 79-3-76 ; 23 janv. 1892, D. p. 92-1-448 ; 15 fév. 1895, D. p. 96-3-19.)

Section 5. — Des recours contre les plans d'alignement individuels.

Tout arrêté d'alignement individuel qui s'écarte du plan général d'alignement d'une voie publique peut être déféré à la juridiction administrative. S'agit-il d'un alignement délivré par le sous-préfet : sur les routes nationales et départementales, sur les chemins vicinaux de grande communication et d'intérêt commun, le riverain qui prétend que ce fonctionnaire ne s'est pas conformé aux plans portera son recours, par la voie hiérarchique, successivement devant le préfet et le ministre des travaux publics, et, si ce dernier ne réforme pas la décision de ses subordonnés, le recours, devenu contentieux, pourra être déféré au Conseil d'État.

Les mêmes règles de fond sont applicables en ce qui touche les chemins vicinaux ordinaires, avec cette différence étant prise par le maire, le recours par la voie hiérarchique sera porté devant le préfet, pour arriver ensuite devant le ministre de l'intérieur, avant de prendre la forme contentieuse.

En matière de voirie urbaine, au lieu du recours contentieux, on rencontre un recours administratif dont les conditions d'exercice ont été réglées par le décret de décentralisation du 25 mars 1852.

Les recours contre les arrêtés des maires s'écartant de l'alignement général s'arrêtent au préfet ; très rarement on s'adressera au ministre, jamais au Conseil d'État. Cette solution est exacte, même en l'absence d'un plan général. L'alignement délivré par le maire ne pourrait être attaqué que devant le préfet, puis le ministre de l'intérieur. (Cons. d'Ét. 19 juill. 1855, Sir. 56-2-309, D. p. 56-3-9 ; Ducrocq, t. II, n° 857.)

Mais qu'il s'agisse de grande ou de petite voirie, qu'il y ait ou non un plan général, le recours au

Conseil d'État pour excès de pouvoir est toujours possible.

Le délai du recours est de deux mois à partir de la notification de la décision attaquée suivant le droit commun. L'intéressé est dispensé de se faire assister d'un avocat au Conseil. (Delanney.)

Les tiers ne peuvent attaquer les arrêtés d'alignement qu'au cas où ils y auraient un intérêt personnel : si, par exemple, il leur causait un préjudice. C'est ce qui arriverait, notamment, au cas où l'alignement délivré à un propriétaire aurait pour effet de le faire avancer sur la rue et de reculer dans une impasse les propriétaires voisins. (Cons. d'Ét. 25 juill. 1834, P. adm. chr. ; 13 avril 1881, Sir. 82-3-29.)

Section 6. — Questions préjudicielles.

Le propriétaire poursuivi pour contravention peut opposer une exception préjudicielle en soutenant, soit qu'il a un droit de propriété sur le terrain, soit que les travaux ne sont pas confortatifs, soit que le terrain n'est pas compris dans les limites de la voie publique.

Les questions de propriétés ne sont jamais de la compétence des tribunaux administratifs, non plus que de celle du juge de répression, mais exclusivement de celle des tribunaux civils. (Trib. confl. 5 nov. 1850, D. p. 51-3-5.)

Les alignements donnés par l'administration sur les terrains longeant la voie publique ne préjugent donc en aucune manière les droits de propriété ou de servitude que les tiers prétendraient avoir sur ces terrains, et ne font pas obstacle à ce que l'autorité judiciaire statue sur les contestations relatives à des droits de cette nature. (Cass. 23 nov. 1868, Sir. 69-1-175, D. p. 69-1-33 ; 9 janv. 1872, Sir. 72-1-225, D. p. 72-1-41 ; Cons. d'Ét. 31 mai 1855, D. p. 55-8-83 ; 23 nov. 1888, Sir. 90-3-63, D. p. 90-3-2.)

Mais afin de ne pas admettre des exceptions qui pourraient n'être que des moyens dilatoires, le juge de répression n'est pas obligé d'ordonner d'office le renvoi devant les tribunaux civils. Il doit apprécier la valeur des exceptions et ne renvoyer que si la demande lui paraît fondée avec preuves à l'appui, possession ou titre apparent.

Si la compétence administrative est tenue en suspens par la compétence civile, il peut arriver, au contraire, que l'autorité judiciaire soit obligée de surseoir à statuer par suite d'une demande d'interprétation des plans d'alignement ou d'une question de publicité donnée à ces plans soulevée devant elle. (Cass. 27 déc. 1856, D. p. 57-5-340 ; 24 déc. 1859, Sir. 60-1-680, D. p. 63-5-410 ; 13 mars 1863, D. p. 63-1-206 ; 25 janv. 1895, Gaz. trib. 27 janv. 1895.)

La question de propriété peut quelquefois être jugée par l'autorité administrative. Il en est ainsi, par exemple, lorsqu'un propriétaire, autorisé par le préfet à s'avancer sur la voie publique, construit sur l'alignement qui lui a été tracé et accepte implicitement la cession de terrains résultant de cette autorisation. L'exception de propriété qu'il oppose ensuite aux poursuites dirigées contre lui par l'administration, à fin de paiement de la valeur du terrain cédé, n'étant qu'une contestation relative à l'exécution d'un acte administratif, c'est par l'autorité administrative seule qu'il doit y être statué. (Rennes 27 août 1851, D. p. 54-5-146.)

Quant à la question de savoir si les travaux ont un caractère confortatif ou non, le juge de répression doit surseoir à statuer, l'appréciation de la nature des travaux étant du ressort exclusif de l'autorité administrative.

Section 7. — Des droits de voirie.

Les droits de voirie sont d'une très ancienne origine ; ils ont toujours eu pour principal objet de rétribuer les officiers publics chargés de l'édilité dans les villes. Ces droits, calculés en raison du prix des offices de voyer et des charges des commissaires généraux de la voirie à Paris, étaient réputés domaniaux et qualifiés droits utiles. (Perrot, p. 87.)

Une déclaration royale du 16 juin 1693, enregistrée au Parlement le 25 du même mois (*ibid.*, p. 507), et un édit de novembre 1697, enregistré le 7 décembre suivant (*ibid.*, p. 511), régularisèrent, par des tarifs généraux, une perception jusqu'alors mal réglée, et dont les titres pouvaient donner lieu à contestation.

Par le second de ces actes, portant suppression des offices des petits voyers, les droits de petite voirie (ou voirie urbaine) dans toutes les villes furent attribués aux experts-priseurs, arpenteurs-jurés et greffiers de l'écritoire. Le tarif de ces droits qui y fait suite en déterminait la quotité selon l'importance des villes où la perception en serait autorisée.

Ce fut en vertu de ces anciens règlements, maintenus par la loi du 22 juillet 1791, qu'à Paris et dans quelques autres villes les droits de voirie continuèrent à être perçus, mais au profit de la caisse municipale, les dépenses du service de la voirie rentrant désormais dans les frais d'administration auxquels les villes sont tenues de pourvoir.

Bientôt ce qui n'était d'abord qu'exceptionnel et réservé à de grandes cités s'est étendu, par les mêmes motifs, à des villes moins considérables. Enfin, le Gouvernement comprit que rien ne faisait légalement obstacle à ce que de semblables taxes fussent admises au nombre des ressources communales ordinaires, partout où elles pouvaient procurer un produit de quelque valeur : en conséquence, un article spécial fut inséré dans la loi des recettes du 21 avril 1832.

« Est également autorisée, dit l'article 3 de cette loi, la perception des droits de voirie dont les tarifs auront été approuvés par le gouvernement sur la demande et au profit des communes, conformément à l'édit du mois de novembre 1697, maintenu en vigueur par la loi du 22 juillet 1791. »

La même disposition est reproduite par les lois de finances postérieures.

Or, l'édit de 1697 ne statuait que pour les permissions relatives à l'établissement de certaines saillies dénommées dans le tarif qui y fait suite ; d'où il résultait que pour le fait de la délivrance des alignements et des permissions de construire ou de réparer, en un mot, pour tout ce qui n'avait pas été prévu et spécifié dans cet édit, la légalité de la taxe pouvait être justement contestée.

Cette difficulté fut levée par la loi municipale du 18 juillet 1837, qui classe (art. 31, n° 8) les *droits de voirie* au nombre des recettes ordinaires des communes et décide (art. 43) que les tarifs seraient réglés par ordonnance du roi, rendue sous la forme des règlements d'administration publique, c'est-à-dire après délibération du Conseil d'État.

De ce moment, la perception des droits de voirie se trouve légalement consacrée, sans distinction comme sans réserve, au profit des communes.

Il ne restait plus qu'à tracer la marche à suivre pour la préparation et l'approbation des tarifs ; c'est ce qui fit l'objet d'une instruction du ministre de l'intérieur en date du 2 avril 1841.

Par cette instruction, le ministre faisait connaître : 1° que les droits de voirie pouvaient être perçus dans l'enceinte des villes ou communes d'une certaine population agglomérée, sans distinction des rues formant prolongement des grandes routes ou de celles qui sont classées comme voies urbaines ;

2° Que ces droits s'appliquaient à la délivrance des alignements et permis de bâtir, et à toutes les saillies fixes et mobiles que les propriétaires obtiennent l'autorisation d'établir sur la voie publique ;

3° Qu'en conséquence, pour les rues qui font partie des routes nationales ou départementales, le préfet devait procéder relativement à la désignation des objets qui pouvaient donner lieu à la perception des droits, en déterminant par un arrêté spécial, sur l'avis de l'ingénieur en chef des ponts et chaussées, la dimension des saillies susceptibles d'être autorisées sans inconvénients pour la circulation ;

4° Que, de son côté, le maire devait prendre comme règlement permanent un arrêté semblable pour les rues de voirie urbaine ;

5° Enfin, que, sur le vu de ces deux arrêtés ayant force exécutoire, le conseil municipal, appelé à délibérer sur l'assiette et la quotité des droits, proposerait un tarif qui serait transmis par le préfet, avec son avis, au ministre, pour être approuvé dans la forme prescrite par l'article 43 de la loi du 18 juillet 1837.

Le ministre ajoutait que le préfet pouvait se guider, dans ses propositions, sur les dispositions de l'ordonnance royale du 24 décembre 1823, rendue pour la ville de Paris. La même recommandation était adressée aux maires.

Quant au mode d'exécution, la circulaire expliquait que rien ne s'opposait à ce que les maires fissent percevoir les droits sur les rues de grande voirie, bien qu'ils n'eussent point à délivrer les permissions et qu'il suffisait, pour en assurer le versement à la caisse municipale, d'obliger par la permission même les propriétaires ou constructeurs à rapporter la quittance de la taxe fixée par le tarif.

D'autre part, il n'y avait pas lieu d'admettre dans les tarifs des droits de voirie, comme dans ceux des droits de place à percevoir au profit des communes, des taxes payables soit pour des bancs ou autres objets à exposer sur les trottoirs, soit pour des matériaux à déposer sur la voie publique (hors le cas de construction ou de démolition). Le comité de l'intérieur et le ministre lui-même avaient reconnu que l'introduction de semblables dispositions, autorisées par un tarif, aurait eu pour résultat de consacrer des tolérances fâcheuses et abusives, que l'autorité municipale doit toujours pouvoir faire cesser à l'instant même où les besoins de la circulation l'exigent. (Av. com. int. 18 nov. 1847.)

Quelques autres questions restaient à décider touchant l'application du principe de la perception, posé dans la loi du 18 juillet 1837, comme on l'a vu plus haut. Il s'agissait de savoir si les droits étaient dus par les compagnies de chemin de fer pour les travaux qu'elles font exécuter dans l'enceinte des communes, et par l'État pour les constructions publiques destinées soit au service militaire, soit aux services civils : s'ils devaient être perçus en dehors des centres d'habitations agglomérés, c'est-à-dire en rase campagne ; et, enfin, dans quelle forme ils doivent être recouvrés.

Le Conseil d'État (comité de l'intérieur), consulté sur ces questions par le ministre, concluait, dans un avis du 11 janvier 1848 :

1° Qu'il n'y avait pas lieu de percevoir de droits de voirie sur les points du territoire de la commune, où il n'y a pas d'habitations agglomérées ;

2° Que dans ces limites les droits de voirie étaient applicables à toutes les constructions, *quel qu'en fût le propriétaire ;*

3° Que le recouvrement de ces droits doit être poursuivi dans les formes indiquées par l'article 63 de la loi du 18 juillet 1837.

Cet avis fut adopté par le ministre.

Aujourd'hui la loi du 5 avril 1884 a remplacé celle du 18 juillet 1837, mais elle autorise également dans son article 133, paragraphe 8, la perception de droits de cette nature au profit des communes, non seulement le long des voies ressortissant à celles-ci, mais encore le long des grandes routes ou des chemins vicinaux. Une réserve cependant doit être faite : c'est que les perceptions fiscales dont il s'agit ne sont autorisées que dans les parties du territoire communal où se trouvent des agglomérations.

Autrefois, nous l'avons vu, la faculté de dresser des tarifs n'appartenait pas de plein droit aux conseils municipaux ; l'autorisation devait en être demandée au Gouvernement qui était libre de l'accorder ou de la refuser. Aujourd'hui cette catégorie de revenus est classée parmi les recettes ordinaires du budget municipal et le recours au Gouvernement n'est plus nécessaire. Mais pour que les tarifs n'aient rien de vexatoire, la délibération du conseil

municipal prise en cette matière ne devient exécutoire qu'après avoir été soumise à l'agrément du préfet. (L. 5 avril 1884, art. 68, 7°, et 13, § 38.)

Les tarifs, qui varient suivant les localités, prévoient les différentes catégories de travaux de nature à motiver la demande d'autorisation, ainsi que les droits correspondants. Les tarifs pour la ville de Paris, établis par le décret du 27 octobre 1808, ont été revisés par un décret du 28 juillet 1874. (V. *infrà.*)

Les modifications aux tarifs existants font l'objet, comme la confection des tarifs originaires, d'une délibération du conseil municipal. Mais celle-ci, pour être exécutoire, devant recevoir l'approbation du préfet, il en résulte que l'opposition de ce fonctionnaire a pour conséquence le maintien du *statu quo.*

Pour que les droits de voirie puissent être exigés, il faut qu'il y ait lieu à demande d'alignement, c'est-à-dire qu'il s'agisse d'une voie publique où cette demande soit obligatoire et que la construction soit élevée sur l'alignement même et non en deçà des limites de la rue.

Les droits de voirie étant le prix des permissions de bâtir ou de réparer, sont dus dès l'instant que ces permissions ont été accordées ; il importe peu, soit que les propriétaires qui avaient sollicité ces autorisations y renoncent, soit qu'elles ne leur aient pas encore été délivrées. (Des Cilleuls, n° 176.)

Les droits de voirie sont dus pour les travaux à exécuter aux édifices publics comme pour ceux à exécuter aux propriétés privées, une autorisation étant nécessaire pour construire ou réparer dans les deux cas.

Pour le recouvrement, des états que le préfet rend exécutoires sont dressés par l'administration municipale ; ils indiquent, avec le nom des redevables les sommes dont ceux-ci sont débiteurs. (L. 5 avril 1884, art. 154.)

En province, le recouvrement est fait suivant le droit commun, et les contestations relatives à ce recouvrement sont, par suite, du ressort de l'autorité judiciaire (Cons. d'Ét. 16 déc. 1858, Sir. 59-2-464). A Paris, le décret spécial du 27 octobre 1808 décide que le recouvrement des droits de voirie doit avoir lieu dans les mêmes formes qu'en matière de contributions directes. Il suit de là que les réclamations doivent être présentées dans le délai de trois mois à partir du moment où les droits de voirie imposés ont été portés à la connaissance du redevable par un avertissement. Le délai ne commence à courir que du jour où l'avertissement a été notifié. Mais aucun délai n'est imparti à l'administration pour faire confectionner les états de perception. D'ailleurs, si le contribuable prouve que les poursuites dirigées contre lui sont tardives, en vertu des articles 149 de la loi du 3 frimaire an VII et 17 du 16 thermidor an VIII, il pourra s'adresser à l'autorité judiciaire pour en demander la nullité. (Cons. d'Ét. 5 mai 1876, D. p. 76-3-81, D. p. 78-2-191.)

CHAPITRE IV

DES INDEMNITÉS D'ALIGNEMENT

*Section 1re. — Dans quels cas et pour quelles causes
l'indemnité est due.*

L'application d'un plan général d'alignement peut
obliger les propriétaires riverains d'une voie publique, soit à céder une portion de leur terrain au
cas d'élargissement de cette voie, soit à acquérir
les terrains retranchés, si mieux ils n'aiment abandonner leur immeuble au cas de rétrécissement.
Dans les deux cas, il est dû une indemnité : dans
le premier, par la commune, le département ou
l'État au riverain ; dans le second, par celui-ci.

§ 1er. — Reculement.

Sous l'ancienne jurisprudence, les propriétaires
n'avaient aucun droit à indemnité à raison des terrains qu'ils livraient à la voie publique, en exécution de l'alignement, ou, du moins, leur droit était
fort contesté. (V. Perrot, *Dict. de la voirie*, v° *Indemnité*.)

Aujourd'hui, le droit du riverain est reconnu,
mais il est limité. La loi de 1807 a admis le droit
du propriétaire riverain à une indemnité, mais cette
indemnité a pour objet non de réparer le dommage
que le reculement ou la prohibition d'exécuter à
l'immeuble des travaux confortatifs cause au propriétaire, mais celui qu'occasionnent les servitudes
qui, comme toutes celles d'utilité publique, grèvent
gratuitement sa propriété ; l'indemnité ne représente que la valeur du fonds après la démolition
des constructions. Il y a là, on le voit, une dérogation grave à ce principe fondamental en matière
d'expropriation, que, si l'indemnité allouée au propriétaire ne doit pas excéder le préjudice souffert,
du moins doit-elle représenter ce préjudice tout
entier. (L. 16 sept. 1807, art. 50 ; Aucoc, t. III,
n° 631 ; Féraud-Giraud, *Serv. de voirie*, t. 1er,
n° 182 ; Cass. 20 nov. 1876, Sir. 77-1-136, D. p.
78-1-71 ; 10 juill. 1889, Sir. 89-1-436, D. p. 90-5-
24 ; Cons. d'Ét. 24 mars 1820, Sir. chr. ; 2 juill.
1820, Sir. chr.)

Le propriétaire a le droit d'exiger l'emprise totale dans les conditions prévues à l'article 50 de la
loi du 3 mai 1841, lorsque la partie restante ne
saurait être utilement employée. Il ne peut y avoir
doute sur la légalité de l'application de ce texte à
la matière de l'alignement. Il ne serait pas juste
que le propriétaire, forcé de démolir sa maison
pour cause de vétusté, et qui, par suite de l'abandon qu'il est obligé de faire de la moitié du terrain
où elle était bâtie, se trouve dans l'impossibilité
de tirer parti de l'autre moitié de ce terrain, fût
obligé de garder en sa possession une propriété

frappée de non-valeur. (Aucoc, t. III, n° 1063 ; Féraud-Giraud, *Servit. de voirie*, t. 1er, n° 191.)

Si, au contraire, le terrain entier sur lequel était
construite la maison est réuni à la voie publique
de sorte que le propriétaire ne puisse plus songer
à reconstruire, l'indemnité n'est due que pour la
valeur du terrain. (Dumay, t. II, p. 644 ; Daubenton, p. 60.)

Lorsque le propriétaire fait démolir sa maison,
soit volontairement, soit par ordre de l'autorité,
lorsqu'elle menace ruine, il peut disposer de tous
les matériaux provenant de ces démolitions. Rien
n'autorise l'administration à s'en charger et à lui
en payer la valeur, il ne peut pas la forcer à les
lui acheter. (Dumay, p. 653 ; Féraud-Giraud, *Servit.
de voirie*, t. 1er, n° 183.)

La mensuration à faire sur le terrain, et sur laquelle l'indemnité sera basée, doit comprendre tout
le sol qui s'étend entre la ligne extérieure des fondations du mur de face, sans avoir égard ni aux
saillies, ni aux enfoncements, non plus qu'aux
constructions souterraines qui pourraient avancer
sous la voie publique. (Féraud-Giraud, *Servit. de
voirie*, t. 1er, n° 184.)

Une divergence existe entre la doctrine et la jurisprudence sur le point de savoir si l'indemnité
doit être ou non préalable à la prise de possession
du terrain cédé à la voie publique.

D'après les auteurs, puisque l'on prend pour base
le principe que l'alignement aboutit à une expropriation, il faut tendre à imiter, autant que possible, la législation sur l'expropriation dans les garanties qu'elle donne aux propriétaires. D'autre part,
aux termes de l'article 545 du Code civil, nul ne
peut être contraint de céder sa propriété, si ce
n'est pour cause d'utilité publique, et moyennant
une juste et *préalable* indemnité. (Aucoc, t. III,
n° 1064 ; Frémy-Ligneville et Perriquet, t. 1er,
n° 346.)

Au contraire, d'après la jurisprudence administrative et judiciaire, le propriétaire ne peut prétendre conserver la possession jusqu'à ce qu'il ait
été indemnisé. (Règl. 1858 ; Cass. 10 juin 1843, Sir.
44-1-280 ; 19 juin 1857, Sir. 57-1-871, D. p. 57-1-
373 ; 5 nov. 1868, D. p. 69-1-383.)

En matière d'expropriation publique, on le sait
(V. dans notre *Répertoire* le mot *Expropriation
pour cause d'utilité publique*), les différents titulaires de droits réels sur la parcelle expropriée,
le locataire lui-même, peuvent réclamer une indemnité spéciale et en leur nom propre ; il n'en est pas
de même en matière d'alignement. Tout ayant droit

secondaire est donc privé du droit d'agir en indemnité, sauf son recours, s'il y a lieu, contre le propriétaire en réparation du dommage ou en diminution du prix de bail. (Paris 31 mars 1863, Sir. 63-2-160.)

Les voisins auraient un recours contre le propriétaire en vertu de l'article 1386 du Code civil, s'il résulte pour eux un préjudice quelconque de la ruine de l'immeuble. Quant aux locataires, ils ont le droit de demander au propriétaire des dommages-intérêts, que la démolition soit volontaire ou qu'elle soit forcée, en vertu de l'article 1721 du Code civil.

§ 2. — Avancement.

Dans le cas où la rue est réduite par suite du plan d'alignement, l'exécution du plan peut avoir pour effet de laisser, entre la voie publique et la propriété riveraine, une bande de terrain tombant dans le domaine privé de l'État, du département ou de la commune; cette bande de terrain peut être aliénée et le riverain est, nous l'avons dit, investi d'un droit de préemption.

Les propriétaires riverains peuvent-ils prendre immédiatement possession des portions de terrain, alors même que la valeur n'en a pas été fixée, ou sont-ils tenus de payer préalablement ou tout au moins de consigner le prix?

La première opinion est soutenue par la Cour de cassation, par cette raison que les cessions réciproques de terrains entre l'exproprient et les propriétaires riverains ont lieu à l'instant même où le plan d'alignement est rendu exécutoire.

Le second système est celui de M. Delanney. (*De l'alignement.*)

Si le propriétaire riverain refuse d'exercer cette faculté d'acquérir, il pourra être placé sous le coup de l'expropriation relativement au terrain dont il est propriétaire. Il faudra recourir au jugement d'expropriation pour le désinvestir, et, par conséquent, au règlement, par le jury, de l'indemnité qui pourra être due.

Pour l'évaluation de l'indemnité à payer par le propriétaire, les bases sont différentes de celles qui servent au cas de reculement. Il faut tenir compte non seulement de la valeur du sol, mais encore de son plus ou moins de profondeur, de la position du terrain qui appartient au propriétaire, du fait qu'il est bâti ou non.

Section 2. — Règlement de l'indemnité. — Juridiction compétente.

L'indemnité, dans le cas où elle est due, peut être réglée amiablement entre l'État, le département, la commune et le propriétaire.

S'il n'y a pas entente amiable, il y a lieu à un règlement judiciaire.

L'autorité compétente, pour arbitrer le montant de l'indemnité, est différente suivant qu'il s'agit de grande ou de petite voirie.

En matière de grande voirie et de voirie urbaine, c'est le jury qui est compétent pour l'indemnité due [1] (Cass. 11 août 1845, Sir. 45-1-769, D. p. 45-1-331; Cons. d'Ét. 27 janv. 1853, D. p. 53-3-17; 13 fév. 1869, Sir. 70-2-91). Il faut observer que, lorsqu'il s'agit de régler une indemnité due en exécution d'un plan, il n'y a pas lieu de suivre toutes les formalités qui, aux termes de la loi du 3 mai 1841, doivent précéder la convocation du jury. Le décret ou l'arrêté préfectoral qui approuve le plan général, étant précédé d'enquêtes et de formalités analogues à celles que prescrivent les articles 2 à 12 de la loi du 3 mai 1841, équivaut à la déclaration d'utilité publique; l'arrêté individuel qui fait application du plan à une propriété privée tient lieu d'arrêté de cessibilité. Par suite, il suffit que le préfet adresse au tribunal le décret ou l'arrêté général approbatif du plan, avec l'arrêté spécial qui l'applique. Le tribunal donne acte de cette production, nomme le magistrat-directeur, et les formes établies par la loi du 3 mai 1841 suivent leur cours. Si l'administration ne provoquait pas la nomination du magistrat-directeur, le propriétaire pourrait s'adresser lui-même au tribunal, conformément à l'article 55 de ladite loi.

En matière de voirie vicinale, la procédure du règlement des indemnités est très simplifiée. C'est le petit jury qui est chargé de régler les indemnités dues par les communes à l'occasion de l'ouverture des chemins vicinaux, et c'est le juge de paix qui, au cas de simple élargissement, est compétent pour en fixer le chiffre, sans autre limitation que la faculté laissée aux parties de recourir devant le tribunal civil. De plus, le juge de paix doit, *à peine de nullité*, procéder à une expertise préalable dont les formes sont fixées par l'article 17 de la loi du 21 mai 1836. (Delanney.)

Dans l'instance introduite devant le juge de paix, il peut s'élever des questions préjudicielles. Ainsi, par exemple, le riverain demande une indemnité pour une parcelle qui a été incorporée à la voie. A l'action formée contre elle, la commune répond par l'exception de propriété. Il faudra alors renvoyer devant le tribunal civil. Sur cette question elle-même, de nouvelles difficultés pourront naître; notamment, on pourra avoir à se demander qui, de la commune ou du riverain, a, jusque-là, exercé la possession. Saisi de cette question, le tribunal civil devra, à son tour, la renvoyer préjudiciellement au juge de paix. Mais qu'on élève ou non la question pétitoire, qu'on agisse ou non au possessoire, la commune n'en a pas moins acquis la propriété et la possession par le fait même de la décision qui a incorporé le chemin. L'exception soulevée n'aboutit jamais à une restitution, elle n'influe que sur la fixation de l'indemnité. (Fuzier-Hermann, v° *Alignement,* n° 753; Cass. 9 mars 1847, Sir. 47-1-774, D. p. 47-1-289; Cons. d'Ét. 28 nov. 1873, Leb. chr., p. 863; 19 mars 1875, Leb. chr., p. 271.)

---

1. Cette solution a l'inconvénient d'exiger la réunion du grand jury pour statuer sur des indemnités en général assez faibles puisqu'elles portent sur de simples bandes de terrain. Il serait à souhaiter que la loi fût modifiée sur ce point.

En matière de chemins ruraux classés, il n'y a aucune différence à faire entre l'ouverture ou le redressement de la voie et son élargissement par suite de l'adoption d'un nouveau plan. Qu'il s'agisse d'une ouverture, d'un redressement ou d'un simple élargissement, il faut procéder suivant les formes d'expropriation fixées par la loi du 21 mai

1836 (art. 16). L'indemnité, au lieu d'être, comme en matière de voirie vicinale, arbitrée par le juge de paix, est fixée par le petit jury. Enfin, aux termes de l'article 13 de la loi du 20 août 1881, la commune ne peut prendre possession des terrains expropriés avant le paiement de l'indemnité.

CHAPITRE V

POURSUITE ET RÉPRESSION DES CONTRAVENTIONS RELATIVES A L'ALIGNEMENT

Section 1re. — Constatation.

Les agents qui ont qualité pour relever les contraventions commises en matière d'alignement sur la grande voirie sont : les maires et adjoints, les ingénieurs et conducteurs des ponts et chaussées (L. 29 flor. an X, art. 2); les commis des ponts et chaussées et cantonniers chefs (L. 23 mars 1842, art. 2); les commissaires de police (L. 29 flor. an X, art. 2); les cantonniers et gardes champêtres (Décr. 16 déc. 1811, art. 112); les gendarmes. (L. 29 flor. an X, art. 2; Décr. 1er mars 1854.)

Pour la voirie vicinale, les ingénieurs des ponts et chaussées sont, depuis la loi du 10 août 1871, remplacés par le corps des agents voyers dans la plupart des départements.

Pour la ville de Paris, le pouvoir de constater les contraventions aux lois sur l'alignement appartient, en dehors des agents des ponts et chaussées, à des commissaires voyers. (Cons. d'Ét. 5 sept. 1836, Sir. 37-2-63.)

En matière de petite voirie, la compétence appartient seulement aux maires et adjoints, commissaires de police, gardes champêtres et gendarmes.

La constatation des contraventions est faite au moyen de procès-verbaux, lesquels ne font foi en justice que jusqu'à preuve contraire. (Cod. inst. crim., art. 154; Cons. d'Ét. 17 mai 1851, Leb. chr., p. 373.)

En l'absence de procès-verbal, la contravention peut être prouvée par témoins, par l'aveu du prévenu ou de toute autre manière. (Cass. 17 fév. 1837, Sir. 38-1-99.)

Section 2. — Poursuite.

§ 1er. — Personnes ayant qualité pour poursuivre.

Les contraventions de grande voirie sont poursuivies par la voie administrative, c'est-à-dire par le préfet (L. 29 flor. an X, art. 1er). En matière de petite voirie, ce pouvoir appartient à la personne qui remplit les fonctions de ministère public près le tribunal de simple police du lieu de la contravention. On suit les règles établies par le titre 1er, livre II, du Code d'instruction criminelle et par la loi du 27 janvier 1873.

§ 2. — Personnes poursuivables.

La poursuite peut être dirigée à la fois contre le propriétaire de la maison et contre l'entrepreneur qui a construit ou réparé contrairement aux prescriptions de la matière. (Cass. 12 mars 1869, Sir. 70-1-90, D. p. 70-1-192; Cf. Cass. 17 déc. 1840, n° 351; 13 juill. 1850, n° 281, D. p. 61-5-417.)

§ 3. — Mesures provisoires.

Les préfets peuvent, pour la grande voirie et dans l'intérêt public, prescrire les mesures provisoires nécessaires, afin d'obvier aux inconvénients qui résultent d'une contravention, avant même qu'elle ait été réprimée. L'opposition formée par les délinquants est déférée au conseil de préfecture, qui statue tant sur l'opposition que sur la contravention. (Décr. 16 déc. 1811, art. 114.)

En vertu de l'article 3 de la loi du 29 floréal an X, le sous-préfet peut également, à la réception du procès-verbal, par provision et sauf recours au préfet, prévenir les suites de l'infraction; mais le décret du 16 décembre 1811 (art. 113) a restreint ce pouvoir aux seuls cas de dégradation, et de dépôt de fumiers, immondices et autres substances.

Pour la petite voirie, les maires peuvent aussi prendre des mesures provisoires dans les limites qui sont assignées aux sous-préfets en matière de grande voirie.

Lorsqu'il est reconnu qu'il n'y a pas eu contravention et que la mesure provisoire a été prise à tort, il y a lieu à indemnité.

Section 3. — Tribunaux compétents.

En cas de contravention aux dispositions législatives qui défendent de construire ou de réparer sans alignement ou permission, la répression des infractions commises en matière de grande voirie, d'abord conférée aux tribunaux correctionnels, appartient aujourd'hui aux conseils de préfecture, conformément à l'article 4 de la loi du 29 floréal an X, sauf recours au Conseil d'État. (Cass. 18 août 1864, n° 302; Cons. d'Ét. 11 oct. 1851, D. p. 51-1-551.)

Une longue controverse s'était élevée sur le point de savoir à quelle juridiction appartient le droit de statuer sur les contraventions commises, au mépris des lois sur l'alignement, en matière de *voirie vicinale*. La compétence du tribunal de simple police avait d'abord été admise. (Cod. pén., art. 471, §§ 4, 5, 15 ; 479, § 12.)

Il est aujourd'hui reconnu que l'*usurpation* d'un chemin vicinal donne lieu à une double compétence : celle du conseil de préfecture, chargé de faire cesser l'usurpation, et celle du tribunal de simple police chargé d'appliquer la peine.

La connaissance des contraventions à l'alignement, commises sur les lieux dépendant de la *voirie urbaine* et de la *voirie rurale,* est du ressort du tribunal de simple police. (Cass. 22 nov. et 6 déc. 1860, n⁰ˢ 252 et 275.)

Section 4. — Pénalités.

§ 1ᵉʳ. — Grande voirie.

La sanction pénale des obligations imposées aux riverains de la grande voirie se trouve dans l'arrêt du Conseil du 27 février 1765.

Ce document prononce contre les propriétaires qui n'ont pas demandé l'alignement ou la permission de construire ou de réparer le long des routes les peines suivantes : une amende de 300 livres, la démolition des ouvrages et la confiscation des matériaux. En outre, pareille amende peut être prononcée contre les maçons, charpentiers et ouvriers.

L'article 1ᵉʳ de la loi du 23 mars 1842 permet de modérer l'amende eu égard au degré d'importance et aux circonstances atténuantes des délits, jusqu'au vingtième desdites amendes, sans toutefois que ce minimum puisse descendre au-dessous de seize francs.

La peine de la confiscation n'étant plus conforme aux principes de notre droit pénal, ne doit pas être appliquée. (Cons. d'Èt. 9 juin 1882, Sir. 84-3-41, D. p. 83-3-122.)

§ 2. — Petite voirie.

En matière de petite voirie, la peine est prononcée par l'article 479, § 11, du Code pénal, et peut s'élever de onze à quinze francs d'amende, et, en cas de récidive, à cinq jours d'emprisonnement (Cod. pén., art. 482), lorsqu'il y a eu dégradation de la voie publique ou empiétement.

Dans le cas contraire, les peines applicables, en matière de petite voirie, sont prévues à l'article 471-5° du Code pénal, ainsi conçu : « Seront punis d'amende, depuis un franc jusqu'à cinq francs inclusivement :.... 5° ceux qui auront négligé ou refusé d'exécuter les règlements ou arrêtés concernant la petite voirie. »

L'article 474 du même Code dispose, en outre, « que la peine d'emprisonnement contre toutes les personnes mentionnées à l'article 471 aura toujours lieu, en cas de récidive, pendant trois jours au plus ».

Si le fait seul d'avoir construit sans autorisation sur ou joignant la voie publique urbaine, constitue une contravention tombant sous l'application de l'article 471, § 5, du Code pénal, la démolition des travaux irrégulièrement faits ne peut être ordonnée qu'autant que ces travaux ont eu lieu en contravention à un plan d'alignement *légalement approuvé*. (Cass. 13 juill. 1894, Bull. n° 195.)

Lorsqu'on se trouve en présence d'un alignement *régulièrement approuvé*, la démolition doit toujours être ordonnée lorsqu'il y a *empiétement* sur la voie publique. (Cons. d'Èt. 27 avril 1870, Leb. chr., p. 485.)

Mais en *dehors de tout empiétement*, il n'y a pas lieu de recourir à cette mesure. (Cons. d'Èt. 20 mars 1885, Leb. chr., p. 356.)

CHAPITRE VI

CRITIQUE DE LA SERVITUDE D'ALIGNEMENT

L'obligation imposée au propriétaire riverain qui désire construire de demander, au préalable, une délimitation contradictoire de son fonds se justifie pleinement et aucune plainte ne s'est jamais élevée à ce sujet ; mais il n'en est pas de même des charges qui résultent de la servitude d'alignement et on a fait à celle-ci des reproches aussi vifs que nombreux.

Tout d'abord, a-t-on dit, il y a là une dérogation formelle aux principes posés dans la loi du 3 mai 1841 sur l'expropriation pour cause d'utilité publique. D'après cette loi, en effet, tout dommage causé à la propriété privée, en vue d'un intérêt général, doit trouver sa réparation complète dans le paiement d'une indemnité préalable. Ici, rien de tel :

le propriétaire riverain, qui est tenu de laisser tomber en ruines la portion de son édifice comprise entre les lignes d'un nouveau tracé de la voie publique, ne touche, de ce chef, aucune indemnité pour la perte de la construction. Il y a là évidemment un dommage qui, dans certains cas, peut mettre en perte très notable celui qui l'éprouve, et excéder de beaucoup les avantages indirects que procure à sa propriété le travail de voirie exécuté.

En outre, dit Fuzier-Hermann, à qui nous empruntons ces lignes, la servitude qui pèse sur les fonds riverains et dont l'objet est d'interdire toute réparation pouvant prévenir ou retarder la ruine des édifices en bordure, est de nature à troubler les bons rapports entre les administrés et les autorités. Certains travaux seront permis, parce qu'ils sont sans influence sur le sort de la construction ; d'autres seront prohibés parce qu'ils sont confortatifs. L'appréciation de ces travaux comporte une somme inévitable d'arbitraire propre à engendrer les procès. Pour s'assurer que le propriétaire ne fait à l'intérieur de sa maison, sujette à reculement, aucun travail prohibé, pour veiller à ce que la servitude ne reste pas lettre morte, l'administration doit être armée du droit de pénétrer dans les habitations et d'examiner l'état des lieux ; l'inviolabilité du domicile se trouve indirectement atteinte en vue d'un simple intérêt de voirie.

Il serait donc plus équitable, dit le même auteur, d'appliquer purement et simplement les règles ordinaires de l'expropriation. Rien de plus sage que

d'ouvrir à l'administration le droit de prendre les parcelles nécessaires à l'élargissement de la voie, dès l'instant que l'intérêt public l'exige ; mais à l'inverse, il paraît juste de laisser au propriétaire la jouissance la plus large de son droit jusqu'au moment où, par le paiement d'une indemnité calculée sur le montant total du dommage éprouvé par lui, il se trouvera désintéressé.

En résumé, telle qu'elle existe dans notre législation, la servitude d'alignement doit être condamnée, par cette raison que, sans motif, elle apporte une exception non justifiée aux règles sur l'expropriation. Pour sa défense, à peine peut-on invoquer cette raison qu'elle existe depuis longtemps, ou qu'elle est consacrée par un usage immémorial qui la fait accepter des populations sans une trop vive résistance. (V° *Alignement*, nᵒˢ 4, 5, 6.)

LIVRE VII. — PERMISSIONS DE VOIRIE

CHAPITRE Iᵉʳ

CARACTÈRES DES PERMISSIONS DE VOIRIE

L'expression « permission de voirie » est parfois employée pour désigner les diverses autorisations ou permissions délivrées par les préfets, les sous-préfets et les maires, relativement aux voies publiques, et notamment les alignements individuels et les autorisations de bâtir ou de réparer.

Mais cette acception n'est pas conforme au langage juridique. Il convient, en effet, de distinguer, d'une part, les alignements individuels et les autorisations de bâtir ou de réparer dont nous avons précédemment parlé et, d'autre part, les permissions de voirie proprement dites, que l'on nomme souvent simples permissions de voirie pour en préciser davantage le sens.

Les permissions de voirie ne doivent pas également être confondues avec les marchés de concession. Ce qu'on entend, à proprement parler, par

permission de voirie, c'est le droit de faire de la voie publique un usage autre que celui qui, d'après le droit commun, appartient à tous les habitants. (V. Cons. d'Ét. 29 nov. 1890, D. p. 92-3-48.)

En principe, ces permissions doivent être refusées ou accordées par des motifs de police, en raison de ce qu'elles peuvent ou non nuire à la liberté et à la sécurité de la circulation.

L'administration fait un fréquent usage de son pouvoir de police, pour assurer certains services publics, en s'engageant à n'accorder les permissions d'établir des canalisations ou autres ouvrages qu'à des concessionnaires avec qui la commune a traité.

Tel est le cas de presque tous les traités conclus par les communes, soit pour l'éclairage, soit pour les distributions d'eau. (V. note dans D. p. 84-3-17.)

CHAPITRE II

CONCESSION DE PERMISSIONS DE VOIRIE

Section 1ʳᵉ. — Autorités compétentes pour délivrer les permissions de voirie.

§ 1ᵉʳ. — **Routes nationales et départementales. — Chemins de grande communication et d'intérêt commun.**

Le préfet a seul qualité pour délivrer les permissions de voirie concernant les routes nationales

et départementales, les chemins de grande communication et d'intérêt commun et les rues ou places formant le prolongement de ces voies de communication. (Circ. int. 15 mai 1884 ; Cf. Cons. d'Ét. 17 nov. 1882, D. p. 84-3-17 ; Trib. confl. 13 janv. 1883, D. p. 84-3-84.)

Il en est ainsi, spécialement, pour les permissions de voirie relatives aux conduites de gaz, d'eau ou d'électricité.

Le préfet étant seul compétent pour autoriser des travaux sous le sol des chemins vicinaux de grande communication, le particulier qui a commis une contravention dans l'exécution des travaux de cette nature ne peut se prévaloir d'un traité qu'il aurait conclu avec la commune sur le territoire de laquelle est situé le chemin. (Trib. confl. 13 janv. 1883, D. p. 84-3-84.)

§ 2. — Chemins vicinaux ordinaires.

En principe, le préfet étant investi d'une manière générale de la surveillance des chemins vicinaux, toutes les autorisations individuelles réclamées par les riverains pour dépôt de matériaux, constructions, etc., devraient être données par lui, à l'exclusion du maire.

Cependant, ce sont surtout les maires qui sont aujourd'hui chargés de délivrer les permissions de voirie sur les chemins vicinaux ordinaires, en vertu de l'article 173 du règlement général du 6 décembre 1870, par délégation préfectorale, dans les mêmes conditions que pour les alignements individuels et les autorisations de bâtir. (V. suprà.)

§ 3. — Voirie urbaine.

En matière de voies urbaines, c'est au maire qu'il appartient de délivrer les permissions de voirie, sauf le cas où il s'agit de rues formant le prolongement soit de routes, soit de chemins vicinaux de grande communication ou d'intérêt commun. (Circ. int. 15 mai 1884; V. Cass. 16 nov. 1893, Bull. n° 304.)

Section 2. — Formalités préalables à la délivrance des permissions.

§ 1er. — Routes nationales et départementales. — Chemins vicinaux de grande communication et d'intérêt commun.

Aux termes de l'article 98, § 3, de la loi du 5 avril 1884, les permissions de voirie sont délivrées par l'autorité compétente, après que le maire a donné son avis dans les cas où il ne lui appartient pas de les délivrer lui-même. (Circ. int. 15 mai 1884.)

Cet avis est obligatoire, et le préfet commet un excès de pouvoir s'il statue sur une demande tendant à établir une canalisation sous le sol d'une route départementale, sans avoir pris l'avis de ce magistrat. (Cons. d'Et. 12 fév. 1886, Leb. chr., p. 151; D. p. 87-3-75; 26 nov. 1886, Leb. chr., p. 840; D. p. 88-3-22, Pand. franç., 87-2-70.)

§ 2. — Chemins vicinaux ordinaires. — Voirie urbaine.

Les voies de cette nature ne sont pas, pour les permissions de voirie, soumises à une procédure spéciale. (V. suprà.)

Section 3. — Recours contre l'arrêté portant délivrance d'une permission.

§ 1er. — Recours par la voie gracieuse.

1. Grande voirie.

L'arrêté préfectoral qui a accordé la permission de voirie peut être l'objet d'un recours hiérarchique devant le ministre des travaux publics

2. Petite voirie.

En matière de petite voirie, l'arrêté du préfet qui a accordé la permission de voirie sur un chemin vicinal de grande communication ou d'intérêt commun est susceptible de recours au ministre de l'intérieur; celui du maire peut être déféré au préfet. En outre, l'arrêté préfectoral intervenu sur ce recours peut lui-même être déféré au ministre de l'intérieur.

§ 2. — Recours au Conseil d'État.

1. Recours contentieux.

Les arrêtés des préfets ou des maires portant délivrance de permission de voirie ne sont pas susceptibles de recours au Conseil d'État par la voie contentieuse.

2. Recours pour excès de pouvoirs.

A) *Grande voirie.* — L'arrêté préfectoral qui a donné une permission de voirie est susceptible de recours au Conseil d'État pour excès de pouvoir. (Cons. d'Et. 12 fév. 1886, D. p. 87-3-75; 4 janv. 1895, D. p. 96-3-6.)

B) *Petite voirie.* — L'arrêté du maire portant délivrance d'une permission de voirie peut être déféré au Conseil d'État par la voie du recours pour excès de pouvoir.

Mais les tiers, notamment les voisins de celui auquel un arrêté municipal a accordé une permission d'établir des tables, chaises, etc., sur la voie publique, ne peuvent demander au Conseil d'État l'annulation de cet arrêté pour excès de pouvoir. Le recours pour excès de pouvoir est en effet absolument distinct de l'action fondée à la fois sur un préjudice justifié et sur des droits acquis. (Cons. d'Et. 8 janv. 1875, D. p. 75-3-93.)

CHAPITRE III

REFUS DE PERMISSIONS DE VOIRIE

Section 1re. — *Autorités compétentes pour refuser les permissions de voirie.*

Les autorités compétentes pour refuser les permissions de voirie sont les mêmes que celles qui ont qualité pour les accorder. (V. *suprà.*)

Section 2. — *Recours contre l'arrêté portant refus de délivrance d'une permission.*

§ 1er. — Recours par la voie gracieuse.

1. Grande voirie.

Les règles sont, à cet égard, les mêmes que celles que nous avons exposées précédemment (Sect. 3, § 1er, 1).

2. Petite voirie.

Avant la loi du 5 avril 1884, le préfet ne pouvait régulièrement se substituer au maire en ce qui concerne les simples permissions de voirie, car ces permissions, contrairement aux alignements individuels et aux autorisations de bâtir sont purement facultatives de la part de l'autorité compétente.

Le Conseil d'État, statuant au contentieux, s'était prononcé dans ce sens. (Cons. d'Ét. 10 déc. 1880, Leb. chr., p. 980.)

Cependant, dans certains cas, le refus du maire concernant les simples permissions de voirie ne se justifiait ni par les nécessités de la viabilité, ni par aucune considération d'intérêt général. Le dernier paragraphe de l'article 98 de la loi du 5 avril 1884 a prévu cette situation, et il donne au préfet le moyen d'y pourvoir.

En vertu de cette disposition, lorsque l'intérêt général de l'État, du département ou de la commune ne justifie pas le refus du maire de délivrer une permission de voirie, à titre précaire ou essentiellement révocable, ayant pour objet notamment l'établissement dans le sol de la petite voirie d'une canalisation destinée au passage ou à la conduite soit de l'eau, soit du gaz, il appartient au préfet d'accorder cette permission. (Circ. int. 15 mai 1884 ; Cf. Cons. d'Ét. 27 mai 1887, Leb. chr., p. 421 ; Pand. franç., 87-4-31.)

Mais le préfet ne peut réformer la décision du maire que si elle n'est pas justifiée par des motifs tirés de l'intérêt général. Le préfet a donc à rechercher et à apprécier si la permission refusée ne peut être accordée sans compromettre l'intérêt public ; et il est appelé à résoudre définitivement cette question. (Concl. de M. le comm. du Gouv. Valabrègue, Leb. chr., p. 421 ; D. p. 88-3-99.)

En conséquence, lorsque le préfet a accordé à un particulier une permission de voirie qui lui avait été refusée par le maire, la commune n'est pas recevable à soutenir devant le Conseil d'État, à l'effet d'obtenir l'annulation de l'arrêté préfectoral pour excès de pouvoir, que le refus du maire était justifié par un motif d'intérêt général. (Cons. d'Ét. 27 mai 1887, Leb. chr., p. 421, D. p. 88-3-99 ; 31 janv. 1890, Leb. chr., p. 92, D. p. 91-3-68 ; 12 juin 1891, D. p. 92-3-123.)

§ 2. — Recours au Conseil d'État.

1. Recours contentieux.

On ne saurait déférer au Conseil d'État par la voie contentieuse l'arrêté du maire ou du préfet portant refus de délivrance d'une permission de voirie.

2. Recours pour excès de pouvoir.

L'arrêté du préfet ou du maire portant refus de permission de voirie peut être l'objet d'un recours au Conseil d'État pour excès de pouvoir, notamment pour incompétence ou violation des formalités prescrites par la loi. (Cons. d'Ét. 26 nov. 1886, D. p. 88-3-22.)

Mais le Conseil d'État s'est constamment refusé à examiner par la voie du recours pour excès de pouvoir les motifs qui ont déterminé l'administration à refuser l'autorisation d'établir des conduites sous le sol d'une voie publique, ce refus d'autorisation ne pouvant jamais léser un droit acquis. (Cons. d'Ét. 6 mars 1885, D. p. 86-3-113.)

Le droit d'accorder ou de refuser une permission de voirie étant discrétionnaire et ne pouvant jamais léser un droit acquis, il en résulte également que l'impétrant ne saurait contester au fond sur les conditions auxquelles la permission a été subordonnée. (Cons. d'Ét. 19 mars 1880, D. p. 80-3-109 ; 25 nov. 1892, D. p. 94-3-7.)

CHAPITRE IV

RETRAIT DES PERMISSIONS DE VOIRIE

Section 1re. — Autorités compétentes pour retirer les permissions de voirie.

Les permissions de voirie peuvent être *retirées* par les autorités qui sont compétentes pour les délivrer. (V. *suprà*.)

Section 2. — Motifs du retrait des permissions de voirie ; recours au Conseil d'Etat pour excès de pouvoir.

Les permissions de voirie sont essentiellement précaires. L'administration qui les a accordées a toujours, en effet, le droit de les révoquer lorsqu'elle estime que cette mesure doit être prise dans l'intérêt de la conservation de la voie ou de la sécurité et de la liberté de la circulation et, en prenant cette décision, elle ne porte atteinte à aucun droit acquis.

Toutefois, d'après la jurisprudence qui s'est formée en ce qui concerne les détournements de pouvoirs, l'administration ne peut révoquer les autorisations qu'elle a données dans un intérêt autre que celui de la voirie (intérêt de la viabilité, conservation du domaine public).

Par application de cette règle, l'arrêté du maire qui retire une autorisation de voirie pour prémunir la commune contre l'éventualité d'un procès étant pris, non dans l'intérêt de la voirie, mais dans l'intérêt privé de la commune, n'est pas légal et obligatoire et ne peut avoir pour sanction les peines de simple police. (Cass. 27 juill. 1893, Bull. n° 203,

D. p. 94-1-197 ; 3 août 1893, Bull. n° 217, Pand. franç., 95-1-135.)

Pareillement, si le préfet a le droit, dans l'intérêt de la conservation et de la police du domaine public, de retirer l'autorisation donnée à un particulier d'établir des conduites dans le sous-sol d'une voie publique, il ne peut, sans excès de pouvoir, user de ce droit dans l'intérêt financier de l'État, pour obliger le permissionnaire à se soumettre à une redevance dont celui-ci conteste la légalité. (Cons. d'Ét. 29 nov. 1878, D. p. 79-3-33 ; 19 mars 1880, D. p. 80-3-109 ; 8 fév. 1889, Leb. chr., p. 163, D. p. 90-3-51 ; Cass. 27 juill. et 3 août 1893, D. p. 94-1-197.)

Le Conseil d'Etat, saisi par le recours pour excès ou détournement de pouvoir, a qualité pour rechercher si l'intérêt de viabilité allégué par l'arrêté de retrait ressort ou non de l'instruction administrative. Dans le premier cas, il n'a pas à se prononcer sur l'utilité ou l'opportunité plus ou moins grande de la mesure (Cons. d'Ét. 31 juill. 1891, D. p. 92-3-127) ; dans le second cas, l'annulation doit être prononcée, quels que soient les motifs apparents donnés par l'arrêté, notamment en vue d'échapper à l'annulation antérieurement prononcée d'un arrêté tendant aux mêmes fins. (Cons. d'Ét. 9 juin 1893, Leb. chr., p. 449, D. p. 94-3-64 ; 8 août 1894, D. p. 95-3-13.)

CHAPITRE V

DROITS DES TIERS. — COMPÉTENCE

L'acte administratif qui accorde une autorisation de voirie à un riverain de la voie publique ne saurait évidemment préjudicier aux droits des tiers.

En conséquence, il ne fait pas obstacle à ce que le tiers qui se prétend lésé dans ses droits de propriété, de servitude ou de possession par le travail autorisé, porte la contestation devant les tribunaux civils, seuls compétents pour en connaître (Req. 9 juin 1885, Sir. 87-1-109, D. p. 85-1-445 ; 26 nov. 1887, D. p. 88-1-285). Il en est ainsi surtout quand les droits des tiers sont déjà consacrés par

des décisions ayant force de chose jugée, et, dans ce cas, le tiers sur le terrain duquel les ouvrages ont été établis a pu les détruire en vertu des décisions dont il s'agit sans commettre ni contravention à l'arrêté administratif, pris depuis pour les autoriser, ni dommage à la propriété mobilière du permissionnaire (Cass. 26 nov. 1887, D. p. 88-1-285), et encore que lesdits ouvrages aient été établis par une commune dans un intérêt public. (Cons. d'Ét. 18 mai 1870, D. p. 71-3-88.)

LIVRE VIII. — SAILLIES SUR LA VOIE PUBLIQUE

CHAPITRE Ier

GÉNÉRALITÉS

On entend par saillie proprement dite tout ce qui est en avant de la ligne verticale d'un bâtiment au delà de l'alignement et n'est pas à plomb sur les fondements.

Les saillies sont fixes ou mobiles.

Les saillies fixes adhèrent au bâtiment et font corps avec lui ; tels sont les balcons, colonnes, pilastres, marches, corniches, tuyaux, etc.; les saillies mobiles, comme la plupart des enseignes de magasins, ne sont qu'apposées sur le mur extérieur du bâtiment et n'y adhèrent pas. (Simonet, *Droit publ. et admin.*, n° 1095.)

L'arrêt du Parlement de 1508 défendit pour la première fois « à tous, de quelque estat et condition qu'ils soient, que dorénavant ils ne fassent ni ne renouvellent aucunes saillies ». Cette défense fut reproduite par la déclaration du 14 mai 1554, par les ordonnances de 1560, 1563 et 1564 et par l'article 4 de l'édit de décembre 1607 qui défendait d'autoriser aucun encorbellement en avance pour porter aucun mur, pan de bois ou autres choses en saillie et porter à faux sur lesdites rues.

L'ordonnance du 26 octobre 1666 et divers règlements qui suivirent jusqu'à l'ordonnance du 31 décembre 1781, notamment l'ordonnance du bureau des finances de Paris du 1er avril 1697, l'arrêt du Conseil du 27 février 1765, l'article 3 de l'ordonnance du bureau des finances de Paris du 17 juillet 1781, ne défendirent pas absolument l'établissement de saillies, mais en fixèrent la nature et les dimensions.

L'ordonnance du bureau des finances de Paris, du 14 décembre 1725, détermina les saillies à permettre dans la ville de Paris. Ce règlement servit de type à l'ordonnance du 24 décembre 1823. Cette ordonnance, qui résumait ce qui restait obligatoire dans les anciens règlements alors applicables à cette ville, a été abrogée par l'article 17 du décret du 22 juillet 1882.

La mesure des saillies doit toujours être prise sur l'alignement de la façade, c'est-à-dire à partir du nu du mur au-dessus de la retraite de soubassement.

C'est ce qui résulte de l'article 19 du projet de règlement du 20 septembre 1858 pour la grande voirie et des règlements municipaux pour la petite voirie.

Quant à la ville de Paris, voir *infrà*.

CHAPITRE II

AUTORISATION D'ÉTABLIR DES SAILLIES SUR LA VOIE PUBLIQUE

Section 1re. — Nécessité d'une autorisation pour l'établissement des saillies.

D'après les anciens règlements, et notamment d'après l'article 5 de l'édit de décembre 1607, nul ne peut établir des saillies fixes ou mobiles sur la voie publique sans autorisation.

L'édit de 1607, dont l'article 5 soumet à la nécessité d'une autorisation préalable la confection des ouvrages faits en saillie sur la voie publique, forme aujourd'hui un règlement de police et de voirie commun à toute la France. (Cass. 26 août 1859, D. p. 59-1-519 ; 31 janv. 1890, Bull. n° 29, D. p. 90-1-403, Sir. 90-1-492.)

Il doit recevoir son application, même dans les villes où l'autorité municipale n'a pris aucun arrêté pour rappeler à l'exécution de ses dispositions. (Arrêté précité 26 août 1859.)

L'arrêté municipal qui rappelle les prescriptions de l'édit de 1607 peut être appliqué, sans effet rétroactif, à des constructions antérieures à la date de cet arrêté.

Alors même que lesdites constructions seraient la reproduction ou la réparation de constructions anciennes. (Arrêt précité 31 janv. 1890.)

Section 2. — Autorités compétentes pour autoriser les saillies. Règlements locaux sur les saillies.

La faculté d'établir une saillie ne saurait jamais constituer un droit ; c'est un acte de tolérance auquel il est loisible à l'administration de ne pas accéder.

§ 1er. — Grande voirie.

On est aujourd'hui d'accord qu'en matière de

grande voirie, c'est au préfet qu'il appartient de donner l'autorisation pour établir des saillies.

La question avait fait doute pendant quelque temps pour le motif suivant : comme l'établissement de saillies donne lieu à la perception de droits de voirie qui sont versés dans les caisses communales, alors même qu'il s'agit de saillies établies sur les grandes routes, on en avait conclu que l'autorisation d'établir des saillies appartenait, dans tous les cas, aux maires. Mais un avis du Conseil d'État du 20 novembre 1839 a fait disparaître toute incertitude en décidant que, bien que les articles 80 de la loi du 14 décembre 1789 et 46 de la loi du 19 juillet 1791 confient à l'autorité municipale ce qui intéresse la sûreté et la commodité du passage sur les voies publiques, ils ne l'ont pas investie du droit de déterminer les alignements de la grande voirie, droit toujours réservé aux préfets, mais seulement de constater les contraventions qui peuvent se commettre en matière de grande voirie.

En matière de grande voirie, un règlement général des saillies a été indiqué par l'administration supérieure dans le projet annexé à la circulaire du 20 septembre 1858.

Cet arrêté n'est obligatoire qu'autant que les préfets ont reproduit ses dispositions en tout ou en partie dans leurs arrêtés. Mais, à défaut de cette reproduction, il peut être consulté comme contenant les règles les plus sages.

Ce projet de règlement prévoit spécialement : la nature et la dimension maximum des saillies ; l'établissement, le remplacement et la réparation des marches, bornes, entrées de cave ou tous ouvrages de maçonnerie en saillie sur les alignements ; l'enlèvement des bornes en saillie sur la façade des constructions ; l'ouverture des portes, fenêtres et volets du rez-de-chaussée en saillie sur la voie publique.

L'établissement d'une saillie sans autorisation constitue une contravention de grande voirie.

§ 2. — Chemins vicinaux.

Aux termes de l'article 179 du règlement général sur le service des chemins vicinaux, tout ce qui concerne le mode d'ouverture des portes et fenêtres et les saillies de toute espèce sur les chemins vicinaux est déterminé par un règlement spécial arrêté par le préfet. (Circ. min. int. 25 mars 1889, Bull. min. int. 1889, p. 107.)

Le même article 179 ajoute que jusqu'à ce que ce règlement ait été fait, il y est pourvu, dans chaque cas particulier, par le maire pour les chemins vicinaux ordinaires, et par le préfet pour les chemins vicinaux de grande communication et d'intérêt commun.

Avant 1864, le règlement général sur les chemins vicinaux d'un département était, notamment dans

la disposition qui fixe la saillie que peuvent avoir les toits des constructions riveraines, inapplicable aux rues qui, dans les villes, servent de prolongement à ces chemins. (Cass. 19 mars 1858, D. p. 58-5-379.)

Il en est autrement depuis la loi du 8 juin 1864.

§ 3. — Voirie urbaine.

En matière de petite voirie, c'est au maire qu'il appartient d'autoriser les saillies et de régler leurs dimensions, de même que c'est à lui de donner les alignements.

Le règlement des saillies diffère donc selon les localités ; il n'y a pas à cet égard de règle uniforme.

Dans les communes, les maires déterminent les saillies par un arrêté pris conformément à l'article 94 de la loi du 5 avril 1884, qui reproduit les dispositions de l'article 11 de la loi du 18 juillet 1837.

Le droit pour les maires de régler les saillies par des arrêtés généraux ne saurait être sérieusement contesté ; il dérive de l'article 3, titre XI, de la loi des 16-24 août 1790 ; de l'article 46, titre Ier, de la loi des 19-22 juillet 1791 ; de l'article 11 précité de la loi du 18 juillet 1837 ; de l'article 94 précité et de l'article 97 de la loi du 5 avril 1884.

On doit regarder comme obligatoire le règlement qui défend de faire aucun ouvrage en saillie sur la voie publique, ou même qui règle les conditions d'après lesquelles de semblables ouvrages pourront être faits. (Cass. 23 sept. 1836, 13 mai 1842, 12 août 1853, D. p. 53-5-479.)

Pour être intermittente et ne pas apparaître d'une façon continue, la saillie n'en existe pas moins et n'en constitue pas moins une entrave à la libre circulation. (D. p. 90-1-403, note 5 ; Cass. 27 juill. 1872, D. p. 72-1-279.)

Les maires peuvent interdire la pose de volets, persiennes ou jalousies sans leur autorisation. (Cass. 20 oct. 1841, 12 fév. 1847, D. p. 47-4-501 ; 31 janv. 1890, D. p. 00-1-403, Sir. 90-1-492.)

Les arrêtés rendus par l'autorité municipale en matière de voirie, à l'effet de régler ce qui intéresse la sûreté et la commodité du passage, ne peuvent, non plus que les décisions ministérielles approbatives de ces arrêtés, être déférés au Conseil d'État par la voie contentieuse. (Cons. d'Ét. 7 janv. 1858, D. p. 58-3-59.)

Section 8. — Retrait de l'autorisation d'établir des saillies.

L'administration peut retirer l'autorisation qu'elle a accordée d'établir des saillies. (Féraud-Giraud, t. Ier, no 271.) Par suite, le refus d'enlever des bornes faisant saillie sur la voie publique, après révocation de l'autorisation de les établir, constitue une contravention. (Cass. 18 août 1847, Bull. no 186, D. p. 47-4-500.)

CHAPITRE III

DROIT, POUR L'ADMINISTRATION, D'ORDONNER LA DÉMOLITION DES SAILLIES

Les préfets et les maires peuvent ordonner la démolition des saillies déjà existantes, si elles gênent la circulation ou si elles sont un péril pour la sûreté publique. (Cass. 11 sept. 1847, Bull. n° 220, D. p. 47-4-501; 26 août 1859, D. p. 59-1-519; 17 nov. 1859, n° 251, D. p. 60-1-152; 22 août 1862, n° 219.)

Ce droit dérive de l'obligation qui leur est imposée de veiller à tout ce qui intéresse la sûreté et la commodité du passage sur la voie publique, obligation imposée autrefois par l'article 3, titre XI, de la loi des 16-24 août 1790 et actuellement par l'article 97 de la loi du 5 avril 1884. (Cass. 20 juin 1863, Bull. n° 173, D. p. 63-1-484; Cons. d'Ét. 31 mai 1889, D. p. 90-3-102.)

Bien que le maire ait toléré tacitement ou même expressément les constructions en saillie sur la voie publique, il n'en est pas moins autorisé à les faire détruire, alors même qu'une année s'était écoulée, la contravention se trouverait prescrite. (Cass. 3 fév. 1844, D. p. 45-1-17; 17 fév. 1844, D. p. 45-1-18; 27 oct. 1892, Bull. n° 261.)

L'arrêté par lequel un maire ordonne la suppression de toutes les bornes placées, contrairement à l'édit de 1607, en saillie sur les voies publiques, le long et aux angles des maisons sujettes à reculement, n'est pas de nature à être déféré au Conseil d'État par la voie contentieuse. (Cons. d'Ét. 7 janv. 1858, Leb. chr., p. 45, D. p. 58-3-59.)

Mais les intéressés peuvent, s'ils s'y croient fondés, faire valoir devant l'autorité compétente les droits qu'ils prétendraient résulter pour eux de la propriété du sol sur lequel les bornes ont été établies. (Même arrêt.)

CHAPITRE IV

POURSUITE ET RÉPRESSION DES CONTRAVENTIONS

Section 1re. — Compétence.

Les contraventions relatives à l'établissement non autorisé de saillies sur la voie publique sont de la compétence du conseil de préfecture en matière de grande voirie et du tribunal de simple police en matière de petite voirie.

La question de savoir si les infractions aux règlements concernant les saillies *mobiles,* sur les voies faisant partie de la grande voirie, sont des contraventions de grande voirie, a donné lieu à des difficultés.

Dans le sens de l'affirmative, il a été jugé que le fait d'avoir placé sans autorisation des auvents ou des tablettes mobiles sur la façade d'une maison sise le long d'une grande route, dans la traverse d'une ville, constitue une contravention à l'arrêt du Conseil du 27 février 1765 de la compétence du conseil de préfecture. (Cons. d'Ét. 16 janv. 1846, Leb. chr., p. 31.)

L'opinion contraire a prévalu dans d'autres affaires plus récentes. Le Conseil d'État a dénié le caractère de contravention de grande voirie aux mêmes faits qui lui étaient déférés, attendu qu'ils n'étaient pas de nature à porter atteinte à la conservation de la route et ne constituaient ni occupation, ni entreprise sur le sol de la voie, et qu'ils n'intéressaient que la sécurité ou la facilité de la circulation. (D. p.

71-3-62, note 2; 85-3-123, note 2; Cons. d'Ét. 29 déc. 1852, 14 déc. 1859.)

Section 2. — Amende.

La contravention résultant du fait d'établissement non autorisé de saillies sur la voie publique donne lieu à une amende.

Section 3. — Démolition.

§ 1er — Grande voirie.

En cas d'établissement de saillies sans autorisation, soit sur une route nationale ou départementale, soit sur un chemin de grande communication ou d'intérêt commun, le conseil de préfecture doit ordonner la démolition des saillies. (Cons. d'Ét. 28 juill. 1853, Leb. chr., p. 830; 23 mai 1879, Leb. chr., p. 418.)

Toutefois, en cas de contravention à un règlement de grande voirie concernant les saillies permises en dehors de l'alignement, la juridiction administrative peut, tout en appliquant l'amende, déclarer si les conditions dans lesquelles la construction a été élevée ne s'y opposent pas, que le contrevenant ne sera pas tenu de réduire la saillie de colonnes en pierre situées aux étages supérieurs d'une maison, saillie à raison de laquelle il a été poursuivi. (Cons. d'Ét. 19 avril 1859, D. p. 60-3-5.)

§ 2. — Petite voirie.

En matière de petite voirie, le tribunal de simple police est tenu, en prononçant la condamnation à l'amende, d'ordonner la démolition des travaux effectués sans autorisation et faisant saillie sur la voie publique. (Cass. 24 août 1883, D. p. 84-1-311; 25 janv. 1873, D. p. 73-1-47.)

La circonstance qu'une construction faite en saillie sur la voie publique remonterait à plus de trente ans ne saurait, dans le cas où la démolition de cette construction est réclamée par le ministère public sur la poursuite d'une contravention résultant de ce qu'elle a été refaite sans autorisation,

fournir au prévenu un moyen de prescription et de justification de son droit prétendu au maintien de la construction réédifiée. Un tel moyen, d'ailleurs, soulève une question préjudicielle de la compétence de la juridiction civile; et le juge de police ne peut accorder de sursis pour la faire juger qu'autant qu'il est saisi de conclusions du prévenu tendant à être admis à prouver la possession alléguée, et qu'il lui est produit des pièces et documents de nature à la rendre vraisemblable. (Cass. 25 janv. 1873, D. p. 73-1-47; 13 nov. 1847, D. p. 47-4-501; 3 janv. 1847, D. p. 74-1-324; 20 juin 1863, D. p. 63-1-484.)

LIVRE IX. — CONTRAVENTIONS DE VOIRIE

Dans l'examen des contraventions de voirie, nous suivrons l'ordre suivant : 1° contraventions de grande voirie ; 2° contraventions de voirie vicinale; 3° contraventions de voirie rurale ; 4° contraventions de voirie urbaine.

Quant aux contraventions d'alignement, que nous avons déjà examinées au titre *alignement*, elles rentrent, selon la nature des voies publiques sur lesquelles elles ont été commises, dans l'une ou l'autre des contraventions mentionnées ci-dessus.

CHAPITRE Iᵉʳ

CONTRAVENTIONS DE GRANDE VOIRIE

Sous-chapitre Iᵉʳ. — Caractères généraux des contraventions de grande voirie.

Section 1ʳᵉ. — Nature des contraventions de grande voirie.

Les contraventions de grande voirie consistent en des faits matériels pouvant compromettre la conservation du domaine public ou nuire à l'usage auquel il est destiné.

Au nombre de ces faits, l'article 1ᵉʳ de la loi du 29 floréal an X indique les anticipations de terrains, les dépôts d'objets et toutes espèces de détériorations commises sur les grandes routes, sur les arbres qui les bordent, les fossés, ouvrages d'art et matériaux destinés à leur entretien.

Cet article appelle deux remarques :

1° Le mot « contravention » a dans cet article un sens plus étendu que dans l'article 1ᵉʳ du Code pénal; il comprend toutes les dégradations quelconques commises sur les objets de grande voirie ;

2° L'énumération comprise dans l'article 1ᵉʳ de la loi du 29 floréal an X n'est pas limitative, et cet article embrasse dans son application d'une manière générale toutes les infractions qui, par leur nature, ont le caractère de contraventions de grande

voirie. (Cass. 13 janv. 1887, D. p. 87-1-416 ; Cons. d'Ét. 4 déc. 1891, D. p. 93-3-45.)

Les contraventions aux arrêtés préfectoraux intéressant uniquement la *sécurité ou la facilité de la circulation* et ayant pour objet de réprimer des faits qui ne constituent pas une entreprise sur la voie publique, ne sont que des contraventions de simple police et ne donnent lieu qu'à l'application de l'article 471, § 5, du Code pénal. (Cons. préf. de la Seine 14 déc. 1877 et les renvois, D. p. 78-3-76.)

La plupart des contraventions qui peuvent être commises sur les grandes routes ont été spécialement prévues et punies par les anciens règlements dont les dispositions ont été maintenues en vigueur par les lois des 19 juillet 1791 et 23 mars 1842; V. *infrà*, S.-chap. II.)

Section 2. — Lieu de la contravention.

Les contraventions de grande voirie embrassent toutes les entreprises commises non seulement sur les routes, mais sur un terrain soumis au régime de la grande voirie.

Les voies dépendant de la grande voirie sont les voies de communication d'un intérêt général.

§ 1er. — Routes nationales et départementales.

1. Sol des routes nationales et départementales.

La grande voirie comprend en première ligne les routes nationales et les routes départementales.

Les contraventions commises sur ces dernières routes sont donc des contraventions de grande voirie. (Cons. d'Ét. 1er sept. 1819 ; 15 juin 1870, D. p. 71-3-81.)

Dès lors, c'est devant le conseil de préfecture que doivent être poursuivies les contraventions en matière d'alignement, commises sur les routes départementales, et spécialement la contravention résultant de la reconstruction sans alignement préalable d'une maison contiguë à une route de cette classe. (Cons. d'Ét. 11 oct. 1851, D. p. 51-5-551 ; V. suprà : Alignement.)

2. Prolongement des routes.

Les rues et places des villes, bourgs et villages qui sont le prolongement des routes nationales et départementales, bien que faisant partie de la voirie urbaine, sont, à certains égards, soumises au même régime que les routes dont elles sont la suite et doivent, par conséquent, être considérées comme des dépendances de la grande voirie, notamment en ce qui concerne la répression des contraventions.

Mais le conseil de préfecture est-il exclusivement compétent, dans tous les cas, pour connaître des contraventions commises dans une rue formant le prolongement d'une grande route, ou y a-t-il lieu de faire une distinction suivant la nature des contraventions poursuivies ?

La jurisprudence du Conseil d'État et celle de la Cour de cassation sont singulièrement hésitantes sur cette question, et il est difficile d'apercevoir nettement le système qu'elles entendent adopter.

Dans des arrêts assez anciens, il le faut reconnaître, le Conseil d'État s'est prononcé sans distinction pour la compétence administrative, en se fondant sur l'article 4 de la loi du 28 pluviôse an VIII, sur les lois du 29 floréal an X, du 9 ventôse an XIII, sur l'article 114 du décret du 16 décembre 1811.

À l'appui de cette opinion, on fait valoir que les portions de routes qui traversent les villes ou villages ne perdent pas pour cela leur qualité de routes, et qu'étant d'ailleurs les plus exposées aux usurpations et aux encombrements, il serait étrange qu'elles ne fussent pas protégées par des dispositions pénales aussi sévères que les autres parties des grandes routes. (Cons. d'Ét. 29 juill. 1820, Dall. J. G., v° Voirie par terre, n° 1912 ; 20 fév. 1822, eod. loc. ; 31 juill. 1822, eod. loc. ; 17 nov. 1824, eod. loc. ; 24 avril 1837, 11 déc. 1816.)

Plusieurs arrêts de la Cour de cassation consacrent un système également absolu, mais diamétralement opposé à celui du Conseil d'État, et se prononcent pour la compétence exclusive du tribunal de police. (Cass. 7 déc. 1826 ; Dall. J. G., v° Voirie par terre, n° 1915 ; 3 oct. 1851, D. p. 51-1-304 ; 27 sept. 1851, D. p. 51-5-550.)

Nous croyons qu'il est plus juridique d'établir une distinction : tout ce qui concerne la conservation du sol des rues rentrant dans les attributions exclusives du préfet, les infractions aux règlements qui régissent cette matière sont, à notre avis, de la compétence du conseil de préfecture.

C'est une distinction de ce genre que le Conseil d'État semble avoir admise récemment en décidant que l'article 98 de la loi du 5 avril 1884, n'ayant chargé le maire de la police des routes nationales dans l'intérieur des agglomérations qu'en ce qui touche la circulation, n'a pas enlevé aux contraventions concernant la conservation de ces routes le caractère de contraventions de grande voirie de la compétence du conseil de préfecture. (Cons. d'Ét. 28 avril 1893, Leb. chr., p. 351, D. p. 94-3-46 ; V. également Cass. 22 fév. 1895, n° 69 ; Cf. Aucoc, t. III, p. 222.)

Mais il existe une classe de faits qui présentent un double caractère ; tels sont les dépôts faits, les embarras occasionnés dans une rue dépendant de la grande voirie. Ces faits constituent un dommage pour deux sortes d'intérêt : l'intérêt général de transit et l'intérêt particulier de la localité ; il y a donc pour ainsi dire deux parties lésées ; l'une doit porter sa plainte à l'autorité administrative, l'autre peut en saisir les tribunaux de simple police.

Toutefois, comme il n'est pas possible de poursuivre l'auteur du délit devant deux juridictions, il paraît juste de décider que, du moment que les conseils de préfecture ont commencé à connaître d'un procès-verbal de contravention, les tribunaux de simple police doivent s'abstenir et réciproquement que les conseils de préfecture n'ont plus à statuer, lorsque les poursuites ont commencé devant l'autorité judiciaire. (Dall. J. G., v° Voirie par terre, n° 1914.)

Quelques arrêts de la Cour de cassation ont fait ressortir le double caractère des faits dont il s'agit et ont admis la concurrence des deux juridictions. (Cass. 8 avril 1839, Pand. franç. t. 2-1-249 ; 24 fév. 1842, 30 oct. 1851.)

Le Conseil d'État décide, au contraire, que c'est exclusivement à la juridiction administrative qu'il appartient de statuer, parce que, la voie urbaine étant absorbée dans la grande voirie, la direction des poursuites et la répression des contraventions doit appartenir exclusivement à l'autorité chargée de statuer en matière de grande voirie. (Cons. d'Ét. 16 mars 1836, Grouls ; 30 juin 1839, min. trav. publ. ; 17 juin 1848, Pochet. Sic : Aucoc, t. III, p. 221.)

Le sol des rues et places qui se trouve en dehors des limites assignées aux routes reste soumis au régime de la petite voirie ; et, par conséquent, les contraventions commises sur ce sol sont de la compétence du tribunal de simple police. (Cons. d'Ét. 16 janv. 1828, 23 août 1836, 16 déc. 1852, 19 fév. 1857, Leb. chr., p. 160 ; 20 janv. 1859, Leb. chr., p. 53 ; 28 nov. 1861, D. p. 62-3-10.)

Il en est ainsi, notamment, en matière d'alignement. (Cons. d'Ét. 9 août 1892, Leb. chr., p. 734 ; Cass. 16 mai 1839, 3 août 1837 ; V. suprà.)

3. Dépendances des routes nationales et départementales.

Les entreprises commises sur les dépendances des routes nationales ou départementales ont le caractère de contraventions de grande voirie.

Il faut donc considérer comme contravention de grande voirie un dépôt de pierres sur une dépendance d'une grande route, bien que l'endroit où il a été effectué soit inaccessible à la circulation, en raison de la saillie des constructions : dans ce cas, c'est à tort que le conseil de préfecture ordonne l'enlèvement du dépôt sans prononcer l'amende contre le contrevenant. (Cons. d'Ét. 29 juin 1853 ; Dall. J. G., v° *Voirie par terre*, n° 220.)

Mais la contravention n'existe qu'autant que le sol où elle aurait été commise appartient *actuellement* à la grande voirie.

On ne saurait donc voir une contravention de cette nature dans un fait qui se serait accompli sur un terrain qui n'a été que plus tard réuni à la grande route. (Cons. d'Ét. 20 mai 1843, Dall., *loc. cit.*, n° 250.)

Il n'y a pas non plus contravention de grande voirie lorsque le terrain sur lequel le dépôt a eu lieu, a régulièrement cessé de faire partie de la route. (Cons. d'Ét. 4 juin 1839 ; Dall., *loc. cit.*, n° 283 ; 13 avril 1853, D. p. 53-3-53.)

Mais la partie d'une route qui se trouve abandonnée par suite d'une rectification de direction ordonnée par l'autorité, n'en continue pas moins d'être soumise au régime de la grande voirie jusqu'à ce que le déclassement en ait été prononcé. (Cons. d'Ét. 19 nov. 1852, D. p. 54-3-26.)

Le fait accompli par un particulier sur son propre terrain, même en dehors des limites de la route, peut, tout aussi bien que celui qui a eu lieu sur la route elle-même, constituer une contravention de grande voirie, donnant lieu à la compétence du conseil de préfecture, si ce fait a causé à la route un dommage. (Cons. d'Ét. 26 janv. 1894, Leb. chr., p. 74, P. p. 95-3-9.)

Il en est ainsi notamment des travaux qui ont pour effet de faire refluer les eaux sur la route. (Cons. d'Ét. 13 janv. 1882, Sir. 83-3-56.)

Mais si ce fait a eu lieu en dehors du territoire de l'ancienne généralité de Paris, il n'est passible d'aucune peine, et le conseil de préfecture doit se borner à condamner le contrevenant à la réparation du dommage. (Même arrêt. Cf. Aucoc, *Conf. sur le droit administratif*, t. III, n° 1139.)

Un égout, établi pour recevoir les eaux d'une ou plusieurs routes, doit être considéré comme une dépendance de la grande voirie, même dans la partie de son parcours où il passe sous le sol d'une voie publique dépendant de la petite voirie et si les routes dont s'agit sont situées sur le territoire de l'ancienne généralité de Paris, le fait d'avoir déversé des vidanges dans l'égout constitue une contravention à l'ordonnance du 17 juillet 1781, contravention dont le conseil de préfecture doit connaître. (Cons. d'Ét. 28 janv. 1887, Leb. chr., p. 99, Sir. 88-3-57.)

Sous-chapitre II. — Dispositions légales ou réglementaires applicables aux contraventions de grande voirie.

Les anciens règlements en matière de grande voirie ont été, nous l'avons dit précédemment, *confirmés* par l'article 29, § 2, du titre Ier de la loi des 19-22 juillet 1791, par l'article 484 du Code pénal et par l'article 1er de la loi du 23 mars 1842. (Cons. d'Ét. 19 avril 1844, Pand. franç., t. II, 3-67 ; 11 avril 1848, Pand. franç., t. III, 3-13 ; Cass. [Ch. réun.] 14 déc. 1846, Pand. franç., t. III, 1-57.)

Parmi ces anciens règlements qui ont encore actuellement conservé, dans une certaine mesure, leur application pour les contraventions de grande voirie, il convient de mentionner principalement les articles 3 et 9 de l'édit de décembre 1607 ; l'article 6, titre XXVIII, de l'édit d'août 1669 sur les eaux et forêts ; l'ordonnance du 4 août 1731 ; l'arrêt du Conseil du 14 mars 1741, dont les dispositions ont été reproduites par celui du 5 avril 1772, par la déclaration du 17 mars 1780 et par l'article 15 de l'ordonnance du bureau des finances de Paris du 17 juillet 1781, celui du 16 décembre 1759 ; l'arrêt du Conseil du 27 février 1765 ; le règlement du conseil d'Artois du 13 juillet 1774 ; l'article 7 de l'ordonnance du bureau des finances de la généralité de Paris du 2 août 1774 sur la police dans les ateliers des paveurs ; les articles 1er et 2 de l'ordonnance de la même date sur la police des grands chemins ; les articles 1er, 3, 8, 9, 10, 13 et 15 de celle du 17 juillet 1781.

Les anciens règlements n'ont pas tous la même autorité.

Les uns, émanés de l'autorité souveraine ou d'un pouvoir ayant juridiction sur tout le royaume, édits, ordonnances du roi, arrêts du Conseil d'État, ont force de loi dans toutes les parties du territoire, et cela, alors même qu'ils n'auraient pas été publiés, ou qu'ils n'auraient pas été enregistrés au parlement dans le ressort duquel se trouve le département où la contravention a été commise. (Cons. d'Ét. 19 avril 1844, Pand. franç., t. II, 3-67.)

Les autres règlements, au contraire, rendus par des juridictions locales, comme, par exemple, les ordonnances des bureaux des finances, n'étaient exécutoires autrefois que dans l'étendue du territoire qui était alors soumis à la juridiction de laquelle ils émanaient.

Ces ordonnances, en conservant leur force obligatoire, n'ont pas changé de caractère ; elles sont toujours purement locales, et dès lors ne peuvent être appliquées à des contraventions commises hors du territoire qu'elles régissaient autrefois. (Cons. d'Ét. 9 mai 1866, D. p. 67-3-13.)

Sous-chapitre III. — Contraventions de grande voirie tombant ou non sous l'application des anciens règlements.

Section 1re. — Contraventions de grande voirie tombant sous l'application des anciens règlements.

§ 1er. — Anticipations.

Dans les départements toute anticipation ou usurpation sur les routes, de quelque manière que ce soit, tombe sous l'application de l'arrêt du Conseil du 17 juin 1721, de l'ordonnance royale du 4 août 1731 et de l'article 1er de l'ordonnance du bureau des finances de Paris du 17 juillet 1781.

Cette dernière ordonnance a reproduit, en les résumant, les dispositions de l'ordonnance du bureau des finances de la généralité de Paris du 29 mars 1754 et de l'ordonnance des trésoriers de France de la même généralité du 15 juillet 1766.

Des textes précités il résulte que l'anticipation est passible d'une amende de cinq cents francs, sauf la modération de peine autorisée par l'article 1er de la loi du 23 mars 1842. (Cons. d'Ét. 11 mai 1850, 10 nov. 1833, 6 août 1855 ; 7 avril 1876, Leb. chr., p. 386.)

A Paris, celui qui a anticipé par des fondations sur le sol de la voie est passible de l'amende de cent francs prévue par l'article 7 de l'ordonnance du 2 août 1774. (Cons. d'Ét. 8 août 1885, D. p. 87-3-30.)

Tout terrain usurpé par empiétement doit être restitué et remis dans son premier état, à quelque date qu'ait eu lieu l'empiétement. (Cons. d'Ét. 27 avril 1877, Leb. chr., p. 404 ; 27 déc. 1878, Leb. chr., p. 1114.)

§ 2. — Embarras de la voie publique par des dépôts d'objets.

L'ordonnance du 4 août 1731 prévoit et punit d'une amende de cinq cents livres l'embarras de la voie publique par des dépôts de graviers, fumiers, immondices ou par tous autres empêchements au passage public, tant sur les chaussées des pavés et les chemins de terre que sur les ponts et dans les rues des bourgs et villages. Mais par rues, il faut seulement entendre ici celles qui sont le prolongement de routes nationales ou départementales.

Les dispositions de l'ordonnance de 1731, relatives à l'encombrement des routes, n'ont pas été abrogées par l'article 471, § 4, du Code pénal, qui punit de peines de simple police ceux qui ont embarrassé la voie publique en y déposant sans nécessité des matériaux ou des choses quelconques qui empêchent ou diminuent la liberté et la sûreté du passage, et qui concerne uniquement la voirie vicinale, rurale ou urbaine. (Cons. d'Ét. 20 juin 1844, Leb. chr., p. 370.)

En conséquence, c'est, en principe, l'amende de cinq cents francs portée par l'ordonnance du 4 août 1731 qui doit être prononcée contre ceux qui se sont rendus coupables de dépôt de matériaux, fumiers et immondices sur une route nationale ou départementale, et non l'amende de un à cinq francs portée par l'article 471, § 4, du Code pénal pour embarras de la voie publique. (Cons. d'Ét. 14 janv. 1842, Leb. chr., p. 22 ; 18 janv. 1845, Leb. chr., p. 22 ; 24 janv. 1845, Leb. chr., p. 37.)

L'amende de cinq cents francs peut, bien entendu, être réduite, conformément à la loi du 23 mars 1842.

Dans la généralité de Paris, d'après l'ordon-nance du bureau des finances de Paris du 29 mars 1754, les dépôts et encombrements sur les routes dépendant de cette généralité n'étaient passibles que d'une amende de cinquante francs ; mais cette disposition n'est plus applicable aujourd'hui. L'amende, pour les localités qui faisaient autrefois partie de la généralité de Paris, a, en effet, été portée à cent francs par l'article 9 de l'ordonnance du 17 juillet 1781. (Cons. d'Ét. 2 mai 1845, Leb. chr., p. 245.)

Dans les localités qui faisaient partie de l'ancienne *généralité d'Orléans,* l'amende applicable aux dépôts de matériaux ou autres sur les grandes routes est celle de cinquante francs portée par l'ordonnance du 26 avril 1780, rendue par les trésoriers de France de cette généralité, et non celle de cinq cents francs portée par l'ordonnance du roi du 4 août 1731. (Cons. d'Ét. 5 mars 1841, Leb. chr., p. 107; 23 août 1843, Leb. chr., p. 489.)

§ 3. — Dégradation des routes.

La dégradation des routes constitue une contravention de grande voirie, prévue et punie, en principe, non par l'article 479 du Code pénal, mais par l'arrêt du Conseil du 17 juin 1721 et l'ordonnance du 4 août 1731 (Cons. d'Ét. 18 janv. 1845, Leb. chr., p. 23) et, dans les localités comprises dans l'ancienne généralité de Paris, par l'article 7 de l'ordonnance du bureau des finances du 2 août 1774 et l'article 9 de celle du 17 juillet 1781. (Cons. d'Ét. 16 mars 1836, Pand. franç., t. II, 3-34 ; 16 mai 1884, D. p. 85-3-114 ; 3 juin 1892, D. p. 93-3-101 ; 28 janv. 1887, D. p. 88-3-52 ; 11 fév. 1881, D. p. 82-3-65 ; 18 déc. 1885, D. p. 87-5-485 ; 26 janv. 1883, D. p. 84-3-72.)

L'amende prononcée par l'arrêt du Conseil du 4 août 1731 ne s'applique qu'aux détériorations des routes et des ouvrages en dépendant, la contravention consistant dans l'enlèvement et la dispersion sur la route de pierres qui y étaient déposées en tas pour son entretien, ne donne lieu qu'à une simple réparation du dommage causé à l'État par cette contravention. (Cons. d'Ét. 13 janv. 1853, D. p. 53-3-40.)

§ 4. — Fouilles. — Enlèvement de gazon, terres ou pierres.

On recourt généralement, pour réprimer le fait de pratiquer des *fouilles,* à l'arrêt du Conseil du 17 juin 1721 qui défend expressément de faire aucune fouille sur les routes, à peine d'amende. (D. p. 94-3-46, note 3.)

Mais le taux de cette amende, n'ayant pas été fixé par l'arrêt du Conseil de 1721, doit, suivant la disposition de l'article 1er, § 2, de la loi du 23 mars 1842, varier entre seize et trois cents francs. (Cons. d'Ét. 28 avril 1893, Leb. chr., p. 351 ; D. p. 94-3-46 ; 30 mai 1884, D. p. 85-3-106-107.)

Dans certains arrêts, le Conseil d'État n'a visé que l'ordonnance du roi du 4 août 1731. (D. p. 84-3-46, note 3 ; Cons. d'Ét. 4 fév. 1887, D. p. 88-3-68 ; 13 nov. 1891.)

Dans les localités dépendant autrefois de la généralité de Paris, l'établissement non autorisé de tranchées ou ouvertures quelconques est prévu par plusieurs textes.

L'article 7 de l'ordonnance du bureau des finances du 2 août 1774 le punit d'une amende de 100 livres; l'article 9 de l'ordonnance du bureau des finances de Paris du 17 juillet 1781 prononce également une amende de cent francs.

L'article 479, § 12, du Code pénal, qui punit d'une amende de onze à quinze francs « ceux qui, sans y être dûment autorisés, auront enlevé des chemins publics des *gazons, terres ou pierres* », ne serait pas applicable si la contravention était commise sur une grande route, le Code pénal n'ayant pas dérogé aux règlements de la grande voirie.

§ 5. — Abatage des berges, bornes, poteaux et talus.

L'*abatage des berges et talus* des routes est puni d'une amende de cinq cents francs par l'ordonnance du 4 août 1731. (V. Cons. d'Ét. 13 avril 1883, Leb. chr., p. 352; 27 juin 1884, Leb. chr., p. 543.)

Pour les localités comprises dans l'ancienne généralité de Paris, l'amende a été réduite à cent francs par l'ordonnance du bureau des finances du 2 août 1774.

Il est défendu de rompre les *poteaux indicateurs* placés aux angles des routes forestières, à peine de trois cents francs d'amende. (O. août 1669, tit. XXVIII, art. 6.)

Il est également interdit d'abattre les *bornes* placées sur les accotements des chaussées et des routes pour empêcher le passage des voitures et celles qui défendent les murs de soutènement et les parapets des ponts.

La peine est, en général, de cinq cents francs d'amende, en vertu de l'ordonnance du 4 août 1731; toutefois, elle est seulement de trois cents francs, dans l'ancienne généralité de Paris, par application de l'article 13 de l'ordonnance du bureau des finances du 17 juillet 1781.

La défense s'étend aux *bornes milliaires*, grandes et petites, aux termes de l'article 13 précité.

L'article 3 de la même ordonnance de 1781 défend d'établir des *embatoirs* (trous ouverts par les charrons pour ferrer les bandes des roues) à peine de trois cents francs d'amende. (Cons. d'Ét. 29 sept. 1810.)

§ 6. — Conduite de bestiaux sur les bords des routes.

L'arrêt du Conseil d'État du 16 décembre 1759 défend de conduire des bestiaux en pâturage ou de les laisser se répandre sur les bords des grands chemins plantés soit d'arbres, soit de haies d'épines ou autres, à peine de cent francs d'amende et de confiscation des animaux. (Cons. d'Ét. 7 août 1891, Leb. chr., p. 618.)

Le dégât causé par des troupeaux sur les talus de la chaussée d'une route (hors la généralité de Paris) rend le conducteur passible de l'amende portée par l'arrêt du Conseil du 16 décembre 1759, et non de celle fixée par l'ordonnance du 17 juillet 1781 qui ne statuait que pour le ressort de la gé-

néralité de Paris, et le conseil de préfecture qui, dans ce cas, applique cette dernière, commet un excès de pouvoir. (Cons. d'Ét. 11 janv. 1837; 7 août 1891 précité.)

Le fait de laisser paître et vaguer des bestiaux sur des routes *non plantées* et les dégradations qui en résultent ne sauraient donner lieu à aucune amende; ils ne sont punissables ni des peines portées par l'arrêt du Conseil du 16 décembre 1759, qui concerne uniquement les routes plantées, ni des peines écrites dans l'ordonnance de 1731, de telles dégradations ne rentrant pas dans la catégorie de celles prévues par cette ordonnance. (Cons. d'Ét. 28 mai 1852, Leb. chr., p. 201, D. p. 52-3-42; 4 déc. 1853, Leb. chr., p. 1069; 17 janv. 1873, D. p. 73-3-61.)

Mais, toute dégradation sur une route constituant une contravention de grande voirie, le conseil de préfecture doit, s'il y a eu dommage, condamner le contrevenant à le réparer et mettre à sa charge les frais du procès-verbal. (Arrêt précité 17 janv. 1873.)

§ 7. — Transport ou dépôt de bêtes mortes sur la voie publique.

Dans les localités faisant partie de l'ancienne généralité de Paris, l'article 10 de l'ordonnance du 17 juillet 1781 défend de transporter et déposer, sur les grands chemins ou à moins de cent toises de distance, des charognes ou bêtes mortes, sous peine d'une amende de dix francs.

§ 8. — Établissement d'éviers plus haut que les rez-de-chaussée.

D'après l'article 9 de l'édit du mois de décembre 1607, il est défendu de faire des éviers plus haut que les rez-de-chaussée, et même de les faire au rez-de-chaussée sans la permission de l'administration.

A Paris, les saillies des tuyaux de descente ne peuvent excéder 16 centimètres, aux termes de l'article 5 du décret du 22 juillet 1882 et du tableau annexé à ce décret. (V. *infrà*.)

§ 9. — Comblement des fossés.

Le comblement des fossés, de quelque manière qu'il soit opéré et quel qu'en soit le but, est puni de l'amende de cinq cents francs portée par l'arrêt du Conseil du 4 août 1731, sauf réduction, s'il y a lieu, conformément à l'article 1er de la loi du 23 mars 1842.

On a prétendu que l'amende de cinq cents francs édictée par l'arrêt du Conseil de 1731 avait été réduite à cent francs pour les localités comprises dans l'ancien ressort de la généralité de Paris par l'ordonnance du bureau des finances du 17 juillet 1781.

Mais le seul article de cette ordonnance qui paraisse pouvoir être appliqué au cas dont il s'agit, est l'article 9.

Or, il paraît difficile de voir dans cet article une modification de l'arrêt de 1731. L'arrêt de 1781 parle de dépôt de matériaux, immondices, etc., sur les routes, c'est-à-dire de dépôts de nature à embarrasser le passage, à entraver la circulation ; celui de 1731, du comblement des fossés : ce sont là, il nous semble, des choses tout à fait différentes.

Bien que l'ordonnance de 1731 ne punisse que le comblement des fossés, il a été cependant décidé que le fait, par le propriétaire riverain d'une route, d'*augmenter la profondeur* des fossés qui séparent cette route de sa propriété, constitue une contravention à cette ordonnance, passible de l'amende, indépendamment de l'obligation de rétablir les lieux dans leur état primitif. (Cons. d'Ét. 23 avril 1836.)

§ 10. — Obstacles apportés à l'écoulement des eaux.

Il faut tenir comme toujours en vigueur, dans les localités faisant autrefois partie de la généralité de Paris, l'article 8 de l'ordonnance du bureau des finances de cette généralité du 17 juillet 1781 qui, reproduisant les dispositions de plusieurs ordonnances antérieures, défend à tous propriétaires, dont les héritages sont plus bas que le chemin et en reçoivent les eaux, d'en interrompre le cours soit par l'exhaussement, soit par la clôture de leurs terrains, à peine de cinquante francs d'amende. (Cons. d'Ét. 6 janv. 1853.)

Mais, en dehors du territoire de l'ancienne généralité de Paris, aucune disposition de loi ou de règlement ancien maintenu en vigueur ne permet de prononcer d'*amende* contre lui. (V. cependant Cons. d'Ét. 7 avril 1859, Leb. chr., p. 276.)

Toutefois, le fait constituant une contravention de grande voirie, le contrevenant peut être condamné à la réparation du dommage et aux frais du procès-verbal. (Cons. d'Ét. 23 janv. et 2 juill. 1880, Leb. chr., p. 112 et 645 ; 13 janv. 1882, Leb. chr., p. 52.)

§ 11. — Ouverture de carrières à une distance prohibée des routes.

L'interdiction d'ouvrir des carrières et de faire des extractions à une distance trop rapprochée des routes et chemins a été édictée, sous peine de trois cents livres d'amende, par les arrêts du Conseil des 9 mars 1633, 14 mars 1741, 5 avril 1772 et 15 septembre 1776, par la déclaration du 17 mars 1780 et par l'article 15 de l'ordonnance du bureau des finances de Paris du 17 juillet 1781.

Ces dispositions ont continué d'être en vigueur après la promulgation de la loi du 21 avril 1810, du moins dans les départements où il n'existait pas de règlements locaux sur les carrières.

Dans les départements où il en existait, les règlements anciens conservèrent leur force jusqu'en 1880, du moins en tant qu'ils n'étaient pas contraires à ces règlements locaux.

Mais aujourd'hui les anciens règlements sur les carrières sont abrogés d'une manière absolue par les règlements locaux, en vertu de la loi du 27 juillet 1880, modificative de l'article 81 de la loi du 21 avril 1810. (Voir dans notre *Répertoire*, vº *Mines, minières et carrières*.)

§ 12. — Moulins à vent.

En Artois, un règlement du 13 juillet 1774 défend de placer les moulins à vent à une distance moindre de deux cents pieds des chemins royaux et cent cinquante pieds des autres chemins. Ce règlement est toujours en vigueur. (Aucoc, nº 1091.)

C'est au préfet ou à l'administration supérieure, et non au maire, qu'il appartient de statuer, par des règlements pris selon les distinctions indiquées par la loi, sur le lieu où peuvent être formés les établissements qui en font l'objet, et sur les restrictions dont l'industrie qu'ils comportent est susceptible, dans l'intérêt de la salubrité ou de la commodité publique.

Dans les localités où aucun règlement de ce genre n'a été fait, le propriétaire d'un moulin ne pourrait être astreint à se pourvoir d'une autorisation pour y faire les changements qu'il croirait nécessaires : c'est à tort qu'on appliquerait dans ce cas l'arrêt du Conseil du 27 février 1765, relatif aux alignements. (Cons. d'Ét. 7 avril 1819 ; Aucoc, t. III, nºˢ 1091 et 1093.)

§ 13. — Contraventions relatives aux plantations d'arbres.

Doivent être considérés comme contraventions de grande voirie relatives aux plantations d'arbres : 1º le fait de faire des plantations d'arbres ou de haies à une distance de la route inférieure à la distance réglementaire ; 2º l'abatage d'arbres ; 3º la mutilation d'arbres ; 4º l'élagage non autorisé des arbres des routes. (V. *suprà* au Livre Iᵉʳ.)

§ 14. — Contraventions en matière d'alignement.

Le premier règlement qui ait édicté une amende pour contravention à l'alignement est l'édit de décembre 1607, dont l'article 5 autorisait à Paris le prévôt ou son lieutenant à condamner ceux dont les contraventions avaient été déférées, à telle amende qu'il estimerait, sauf le droit d'appel dans le cas où l'amende s'élèverait à plus de dix livres parisis.

L'arrêt du Conseil du 27 février 1765 a fixé l'amende à trois cents livres, et cette amende, prononcée contre le constructeur, devait l'être en outre contre les maçons, charpentiers, et sans préjudice de plus grande peine en cas de récidive.

Dans l'état actuel de la législation, il n'est pas douteux que cette amende de trois cents francs contre les contrevenants à l'alignement ne soit encore applicable, sauf les réductions permises par l'article 1ᵉʳ de la loi du 23 mars 1842.

Depuis la loi du 24 mars 1872, le Conseil d'État ne peut plus réduire l'amende au-dessous des limites posées par la loi de 1842. (V. *suprà* à *Alignement*.)

Section 2. — *Contraventions de grande voirie ne tombant pas sous l'application des anciens règlements.*

§ 1ᵉʳ. — Généralités.

Lorsqu'une contravention a, par sa nature, le caractère d'une contravention de grande voirie, elle doit être soumise aux règles concernant ces contraventions, soit qu'elle fasse l'objet d'un arrêté préfectoral, soit même qu'il n'existe pas de règlement applicable et que, par suite, aucune amende ne puisse être appliquée.

L'article 1er de la loi du 29 floréal an X a formulé une règle générale en ordonnant que les contraventions de grande voirie seraient poursuivies par voie administrative, et les contraventions qu'il énonce spécialement n'y figurent qu'à titre d'exemple, sans que les autres soient soustraites à son application. (Cass. 13 janv. 1887, D. p. 87-1-416 ; Aucoc, t. III, p. 185.)

Dès lors tout acte ayant pour effet direct la *dégradation* d'une dépendance de la grande voirie constitue une contravention de la compétence du conseil de préfecture, alors même qu'il a été accompli sur la propriété des contrevenants et qu'il ne rentre dans aucun des cas pour lesquels des amendes sont édictées. (Cons. d'Et. 17 janv. 1873, D. p. 73-3-61 ; 13 janv. 1882, D. p. 83-3-46 ; 4 déc. 1891, D. p. 93-3-45.)

Mais dans le cas où la contravention n'a pas été spécialement prévue par les anciens règlements, le conseil de préfecture ne peut prononcer d'amende, en raison du principe de droit pénal, qui interdit d'étendre les peines par analogie. Le conseil de préfecture doit ordonner seulement la réparation du dommage et condamner, en outre, le contrevenant aux frais du procès-verbal. (Cons. d'Ét. 23 janv. et 2 juill. 1880, Leb. chr., p. 112 et 645 ; Aucoc, t. III, n° 1140.)

Il faut également noter que toutes les contraventions commises sur des routes et contraires à la *police* de ces routes ne constituent pas nécessairement des contraventions de grande voirie. L'article 1er de la loi du 29 floréal an X n'attribue aux conseils de préfecture que la répression des anticipations, dépôts de fumiers et autres objets, et toutes espèces de détériorations commises sur les grandes routes, sur les arbres qui les bordent, sur les fossés, ouvrages d'art et matériaux destinés à leur entretien, sur les canaux, fleuves et rivières navigables, leurs chemins de halage, francs-bords, fossés et ouvrages d'art. (Cass. 16 fév. 1855, D. p. 55-1-350.)

§ 2.—Infractions à la loi du 5 avril 1887, interdisant les constructions à proximité des frontières belge et luxembourgeoise.

Des déclarations modifiant le traité de Courtrai ont été signées le 15 janvier 1886 entre la France et la Belgique, et le 31 mai suivant entre la France et le grand-duché de Luxembourg, et ont interdit les constructions à proximité des frontières belge et luxembourgeoise.

Ces déclarations ont été approuvées par la loi du 5 avril 1887 et promulguées par décret du 9 avril 1887.

D'après l'article 2 de la loi du 5 avril 1887, les infractions résultant de constructions à proximité des frontières belge et luxembourgeoise sont passibles d'amende et entraînent la démolition des constructions indûment élevées.

Le même article assimile ces infractions aux contraventions de grande voirie pour la constatation, la répression et la poursuite.

Sous-chapitre IV. — Constatation des contraventions. Mesures provisoires.

Section 1re. — *Constatation.*

§ 1er. — Procès-verbaux.

Les constatations se font par rapports ou procès-verbaux. L'Académie française définit ainsi le procès-verbal : « Un narré, par écrit, dans lequel un officier de justice ou autre agent ayant droit ou qualité rend témoignage de ce qu'il a vu et entendu. »

Le mot *procès-verbal*, ainsi que nous l'avons fait remarquer au mot *Procédure criminelle* dans notre *Répertoire,* exprime un moyen de constatation qui, originairement, était tout verbal. Au xive siècle, l'usage de l'écriture était trop peu répandu en France pour que l'on pût exiger des rapports écrits des agents, qui se bornaient à faire une déposition, un verbal, devant le juge, sous la foi du serment. Un édit de 1319 sur l'administration des forêts royales ordonnait que « chacun sergent ès forêts sera cru par son serment des prises qu'il fera » ; le roi Charles V, par son édit de juillet 1376, exige que « les maîtres des forêts sachent écrire et registrer les états desdites forêts ; que chaque gruyer, verdier, garde ou maître-sergent rapporte par écrit les malfaits qui y seront faits ». Enfin, les progrès de l'instruction deviennent tels, que dans l'ordonnance de Henri IV de 1597 il est dit : « Sergents et gardes forestiers ne seront reçus qu'après qu'il sera apparu qu'ils sachent lire et écrire. »

1. Conditions de capacité des fonctionnaires appelés à verbaliser.

A) *Qualité pour verbaliser.* — Aux termes de l'article 2 de la loi du 29 floréal an X et de l'article 112 du 16 décembre 1811, les contraventions de grande voirie doivent être constatées *administrativement.*

Elles sont relevées concurremment par les maires et adjoints (29 flor. an X, art. 2) ; les ingénieurs des ponts et chaussées, les conducteurs des ponts et chaussées (L. 29 flor. an X, art. 2 ; Décr. 7 fruct. an XII) ; les commis des ponts et chaussées (L. 22 mars 1842, art. 2) ; les cantonniers (L. 23 mars 1842, art. 2 ; Décr. 16 déc. 1811, art. 112) ; les agents de la navigation (L. 29 flor. an X) ; les commissaires de police (L. 29 flor. an X) ; les gendarmes (L. 29 flor. an X, art. 2 ; Décr. 16 déc. 1811, art. 112 ; Décr. 1er mars 1854, art. 313 et suiv., D. p. 54-4-541) ; les gardes champêtres (Décr. 16 déc. 1811, art. 112) ; les préposés des contributions indirectes et des octrois. (Décr. 18 août 1810.)

Les règles formulées ci-dessus s'appliquent aux contraventions d'alignement commises sur les routes aussi bien qu'aux autres contraventions de grande voirie. (V. *supra.*)

La compétence territoriale d'un agent résulte ou de sa commission, ou de la nature de l'intérêt qu'elle a pour objet de protéger.

Les gendarmes peuvent verbaliser en matière de grande voirie sur tout le territoire français. (Cons. d'Ét. 7 juin 1851, Leb. chr., p. 425 ; Décr. 1er mars 1854 ; Aucoc, t. III, p. 214.)

B) *Prestation de serment.* — Les fonctionnaires ou agents chargés de constater les contraventions de grande voirie doivent avoir prêté serment.

Les agents dont les actes principaux ressortissent à l'autorité administrative prêtent serment devant le préfet ; ceux dont les actes les plus importants ressortissent à l'autorité judiciaire prêtent serment devant elle.

Pour avoir qualité à l'effet de constater les contraventions de grande voirie dans l'étendue du parcours soumis à leur surveillance, il suffit que les fonctionnaires et agents commissionnés par l'administration, tels que les gardes de navigation, aient prêté serment devant le juge de paix de l'une des localités comprises dans ce parcours ou devant le préfet. (Cons. d'Ét. 11 fév. 1857, Leb. chr., p. 132, D. p. 58-3-58.)

Il n'est pas exigé que ce serment soit renouvelé devant le juge de paix de chaque ressort, même lorsque les localités sur lesquelles s'étend la commission appartiennent à plusieurs départements. (Même arrêt.)

Il est de principe que le caractère public du fonctionnaire ne résulte que de la prestation de serment, d'où il suit que tout acte de l'autorité publique fait par un officier non assermenté peut être considéré comme nul. Cependant si quelque irrégularité a été commise dans la nomination des agents, par exemple s'il y a eu erreur sur leur nationalité, cette erreur, qui tient à une cause éloignée et indépendante de ces agents, ne peut faire préjudice à leur capacité. Dès qu'un agent est embrigadé ou commissionné et qu'il a prêté serment, nul n'a le droit de discuter s'il a rempli les conditions nécessaires pour être nommé, et on ne peut pas, en discutant la qualité de la personne, prétendre infirmer le procès-verbal de contravention qu'il aura d'ailleurs dressé et affirmé. (*Error communis facit jus. Non fuit prætor, sed prætura functus est.*)

C'est ainsi qu'à Rome un esclave avait été élevé à la dignité de préteur, et on demandait si les actes qu'il avait faits pendant sa préture étaient nuls, ou si, au contraire, l'intérêt de ceux qui avaient fait des actes devant lui sous la foi publique devait l'emporter ? Le jurisconsulte Ulpien répond que ces actes ne pouvaient être annulés : *et verum puto nihil eorum reprobari.* (Dig. *de Officio prætorum* ; Cotelle, *Traité des procès-verbaux*, p. 28.)

2. Visite domiciliaire.

Les agents chargés de la constatation des contraventions à l'alignement peuvent pénétrer dans la maison des contrevenants et y faire une visite domiciliaire, quand il s'agit de constater une réparation faite sans autorisation à un bâtiment sujet à reculement.

Toutefois, il y a, à cet égard, quelques formalités auxquelles les agents doivent se conformer.

L'article 184 du Code pénal défend aux officiers de police ou de justice de pénétrer dans le domicile des citoyens hors des deux cas que cet article prévoit.

Mais l'article 209 du même Code punit toute résistance aux officiers ou agents de la police administrative ou judiciaire agissant pour l'exécution des lois ou par les ordres de l'autorité publique.

Pour concilier les deux dispositions de lois et permettre aux officiers de police d'accomplir le mandat qu'ils tiennent de l'article 11 du Code d'instruction criminelle, l'autorité municipale doit enjoindre aux propriétaires supposés en contravention de laisser pénétrer dans leur propriété le commissaire de police accompagné des agents de l'administration et architectes à l'effet de constater la contravention. Dans le cas de refus persistant, le commissaire de police peut user de son autorité pour faire cesser toute résistance.

3. Formes des procès-verbaux en matière de grande voirie.

L'intérêt public exige que la répression soit prompte et que la constatation soit dégagée de toute formalité qui n'est pas rigoureusement essentielle. Aussi les lois n'imposent-elles aux rédacteurs des procès-verbaux en matière de voirie que des formes très simples auxquelles on ne doit rien ajouter, quand même des formalités analogues seraient exigées dans d'autres matières[1].

Ces procès-verbaux demeurent valables s'il n'y a pas eu omission de formalités générales essentielles. (Cotelle, p. 66.)

A) *Rédaction.*

a) *Délai dans lequel les procès-verbaux doivent être dressés.* — Bien qu'aucun délai n'ait été imposé aux agents pour la rédaction de leurs procès-verbaux (Cons. d'Ét. 20 fév. 1880, Leb. chr., p. 210), il importe, dans l'intérêt de la vérité, que ces procès-verbaux soient clos le plus promptement possible.

b) *Écriture.* — Aucune disposition de loi n'exi-

---

1. La loi peut exiger, pour chaque service, des formalités particulières. Elle peut vouloir que le procès-verbal soit écrit de la main même de l'agent (V. Décr. 21 août 1852 sur les agents des ports du bassin de la Seine). Elle peut exiger que les agents soient revêtus d'un costume, d'une plaque comme certains agents des chemins de fer (O. 15 nov. 1846, art. 73) et les gardes champêtres (Décr. 6 oct. 1791). Il doit en être fait mention dans le procès-verbal. Mais le défaut de cette mention n'entraîne pas la nullité du procès-verbal. (Cass. 24 sept. 1833, Cotelle, p. 68.)

Il en serait autrement si le procès-verbal était dressé par un gendarme, le procès-verbal serait nul s'il était articulé et avéré que ce gendarme n'était pas revêtu de son uniforme ; car la gendarmerie est un corps armé dont l'uniforme est le costume nécessaire et légal. (Cotelle, *Procès-verbaux*, p. 69.)

En règle générale, il suffit en matière de grande voirie d'un seul agent pour verbaliser et spécialement d'un seul gendarme. (Cons. d'Ét. 19 janv. 1836, Leb. chr., p. 43.)

C'est ce que déclare le décret du 1er mars 1854 relatif au service de la gendarmerie (art. 469) ; mais ce même décret ajoute « qu'il est à désirer que tous les actes de la gendarmerie soient constatés par deux gendarmes, afin de leur donner toute la force possible en opposant en justice leurs témoignages aux dénégations des délinquants ».

geant, à peine de nullité, que les procès-verbaux constatant les contraventions de grande voirie soient entièrement écrits de la main de l'agent verbalisateur, l'authenticité en est suffisamment constatée par la signature de celui-ci. (Cons. d'Ét. 14 août 1850, Leb. chr., p. 792, D. p. 89-3-30, note 1; 20 janv. 1888, Leb. chr., p. 77, D. p. 89-3-30, Sir. 90-3-3; Laferrière, t. II, p. 626.)

D'autre part, il n'est pas nécessaire de signer les additions, corrections, renvois et ratures, il suffit de les parapher. (Cass. 30 juill. 1824; Cotelle, p. 66.)

c) *Énonciation des procès-verbaux.* — La loi n'a pas spécifié les énonciations que doivent contenir les procès-verbaux en matière de contravention de grande voirie. Cependant on peut, par analogie, appliquer à cet égard les dispositions de l'article 16 du Code d'instruction criminelle relatives aux procès-verbaux des gardes champêtres et forestiers, et d'après lesquelles ces procès-verbaux doivent constater la nature, les circonstances, le temps, le lieu des délits et des contraventions, ainsi que les preuves et les indices que les rédacteurs auront pu recueillir. Mais aucune disposition de loi ou de règlement n'exige que les procès-verbaux constatant la contravention de grande voirie contiennent l'indication des textes de lois servant de base à la poursuite. (Cons. d'Ét. 28 déc. 1894, Leb. chr., p. 733.)

d) *Signature des procès-verbaux.* — Tout procès-verbal doit être signé par son auteur. (Cons. d'Ét. 14 août 1850, Leb. chr., p. 792.)

e) *Date.* — Un procès-verbal non daté est régulier s'il renferme dans ses énonciations l'indication du jour où il a été dressé. (Cons. d'Ét. 29 mars 1889, Leb. chr., p. 443.)

B) *Affirmation des procès-verbaux.*

a) *Procès-verbaux soumis ou non à l'affirmation.* — La formalité de l'affirmation est obligatoire pour tous les agents de la grande voirie, quel que soit leur grade, bien que les agents de la petite voirie en soient dispensés. (DD. 18 août 1810, art. 1er; Leb. chr., p. 22; 15 juin 1842, Leb. chr., p. 305; 30 juin 1864, Leb. chr., p. 171.)

Toutefois, la loi du 17 juillet 1856 dispense formellement et d'une manière absolue les gendarmes d'affirmer leurs procès-verbaux.

Sont également exceptés les procès-verbaux dressés par les commissaires de surveillance administrative des chemins de fer (Cons. d'Ét. 28 mai 1880, Leb. chr., p. 505) et ceux des conducteurs des ponts et chaussées en matière de *police des chemins de fer.* (LL. 29 fév. 1850 et 15 juill. 1845; Aucoc, t. III, p. 216.)

L'affirmation du procès-verbal est suffisamment constatée par la mention qui en est faite audit procès-verbal, et qui est signée par l'officier public devant qui elle a eu lieu. Il n'est pas nécessaire qu'elle soit signée par l'agent qui a dressé le procès-verbal. (Cons. d'Ét. 22 juin 1883, Sir. 85-3-34.)

b) *Délai d'affirmation.* — Le délai de l'affirmation a été fixé par la *jurisprudence* à trois jours, à partir du moment où le procès-verbal est clos et signé.

Mais comme aucune disposition de loi ne prescrit expressément que l'affirmation doit avoir lieu dans ce délai, l'inobservation n'entraîne pas nullité des procès-verbaux. (Cons. d'Ét. 13 juill. 1870; 20 fév. 1880, Leb. chr., p. 210; 11 fév. 1881, D. p. 82-3-65, Sir. 82-3-45; 22 juin 1883, Sir. 85-3-34, D. p. 85-3-18; 23 mai 1885, Leb. chr., p. 101; 4 mai 1894, Leb. chr., p. 324, D. p. 95-5-587-588; Féraud-Giraud, *Traité de la grande voirie*, n° 57; Dufour, t. VII, p. 370; Aucoc, t. III, p. 215.)

Il y a un défaut d'harmonie entre la procédure devant le conseil de préfecture et celle qui est suivie par les tribunaux de simple police ou de police correctionnelle. Devant ces tribunaux, en effet, la validité de l'affirmation est toujours subordonnée à l'observation d'un délai déterminé. (Cass. 9 mars 1866, D. p. 66-1-285.) Le Conseil d'État au contraire s'est toujours montré beaucoup moins sévère que la Cour de cassation pour toutes les questions relatives à la formalité de l'affirmation. (Cons. d'Ét. 25 fév. 1881, Leb. chr., p. 213; 4 mars 1881, Leb. chr., p. 267; 22 juin 1883, Leb. chr., p. 595; 23 janv. 1885, Leb. chr., p. 101.)

c) *Fonctionnaires qui ont qualité pour recevoir l'affirmation.* — L'affirmation peut avoir lieu soit devant le juge de paix ou son suppléant, soit devant le maire ou l'adjoint. (Décr. 18 août 1810, art. 2, et 16 déc. 1811, art. 112.)

Les textes précités ne déterminent pas d'une manière précise le lieu où l'affirmation doit être faite; la doctrine et la jurisprudence admettent que cette formalité peut être remplie devant le juge de paix, le maire ou l'adjoint, soit du lieu de la contravention, soit de la résidence de l'agent rédacteur. (Cons. d'Ét. 31 août 1828, 21 oct. 1831, 9 mars 1836, 14 déc. 1837, 15 juin 1842, aff. Lelièvre; 22 juin 1843, aff. Pondès; Aucoc, t. III, p. 214.)

d) *Refus de recevoir l'affirmation.* — La loi n'a pas prévu le cas où l'un des officiers publics désignés pour recevoir l'affirmation des procès-verbaux en matière de grande voirie néglige ou refuse d'accomplir son ministère.

C) *Réitération des procès-verbaux.*

En cas de perte du procès-verbal dressé en matière de contravention de grande voirie, un nouveau procès-verbal peut être dressé pour constater les mêmes faits. (Cons. d'Ét. 8 août 1885, Leb. chr., p. 801, D. p. 87-3-30.)

D) *Enregistrement et timbre des procès-verbaux.*

a) *Visa pour timbre et enregistrement en débet.* — Les procès-verbaux rédigés, tant par les agents spéciaux que par la gendarmerie, en exécution de la loi du 29 floréal an X relative à la police des routes, pour contraventions en matière de grande voirie, doivent être visés pour timbre et enregistrés en débet, conformément à l'article 70, § 1er, 3° et 4°, de la loi du 22 frimaire an VII et à l'article 74 de celle du 25 mars 1817. (Décis. min. fin. 11 frim. et 4 germ. an XI; Instr. adm. enreg. 3 fruct. an XIII, n° 290, § 61, et 30 janv. 1809, n° 415, § 1er.)

b) *Défaut de timbre et d'enregistrement.* — En matière de grande voirie, les formalités du timbre et de l'enregistrement ne sont pas indispensables pour la validité des procès-verbaux. (Cons. d'Ét. 1er fév. 1851, D. p. 51-3-59; 29 juin 1853, D. p. 54-3-54; 29 août 1867, Leb. chr., p. 842; 19 déc. 1867, Leb. chr., p. 944; 4 mars 1881, D. p. 82-3-84; 8 août 1882, D. p. 84-3-33, 1885, Leb. chr., p. 101.)

E) Transmission des procès-verbaux.

Le procès-verbal remis au sous-préfet est adressé par ce fonctionnaire au préfet, lequel à son tour le transmet au conseil de préfecture. (L. 29 floréal an X, art. 3 et 4.)

Les procès-verbaux dressés par les agents des ponts et chaussées, notamment en matière d'alignement, sont transmis, par l'intermédiaire de l'ingénieur en chef, au préfet, qui les fait parvenir au conseil de préfecture.

F) Force probante des procès-verbaux.

Les procès-verbaux dressés en matière de grande voirie font, à l'égard des faits dont le *rédacteur a été témoin,* foi seulement jusqu'à *preuve contraire,* aucune loi n'ayant attribué à leurs rédacteurs le privilège d'être crus jusqu'à inscription de faux (V. Cons. d'Ét. 17 mai 1851, aff. Grimard; 29 mars 1889, Leb. chr., p. 443). Pour les autres indications constatées sur le rapport *d'un tiers,* ils peuvent être admis à titre de simples renseignements dont l'appréciation appartient au juge. (Cons. d'Ét. 27 juin 1865, D. p. 66-3-60; 16 mai 1884, D. p. 85-3-114, Sir. 86-3-16; 1885, Leb. chr., p. 101; 1888, Leb. chr., p. 470.)

§ 2. — Preuve par témoins. — Aveu de la partie.

Si les procès-verbaux sont le mode de constatation le plus ordinaire des contraventions en matière de grande voirie, ce n'est pas le seul. Il n'est pas douteux que, par application de l'article 154 du Code d'instruction criminelle, ces contraventions ne puissent être prouvées par tout moyen, même par témoins.

En dehors du procès-verbal, déclaré irrégulier, la contravention peut être établie par l'aveu de la partie (Cons. d'Ét. 7 déc. 1859, aff. Blanc) ou par l'instruction. (Cons. d'Et. 13 avril 1853, D. p. 53-3-53.)

Mais le conseil de préfecture, saisi d'une contravention spécifiée dans un procès-verbal, ne peut réprimer une autre contravention établie par l'aveu fait par le délinquant, au cours de l'instance motivée par la contravention relevée dans ledit procès-verbal. (Cons. d'Ét. 2 août 1889, Leb. chr., p. 936.)

Section 2. — Mesures provisoires.

§ 1er. — Qualité pour prescrire des mesures provisoires.

Le sous-préfet, auquel sont transmis les procès-verbaux dûment dressés par les agents ayant qualité à cet effet, doit, avant tout jugement et en vertu de l'article 3 de la loi du 29 floréal an X, prescrire les mesures provisoires *urgentes,* nécessaires pour faire cesser les dommages causés par les contrevenants.

Quoique la loi semble n'attribuer qu'aux sous-préfets le pouvoir de prendre des mesures provisoires, il n'en est pas moins évident que, à plus forte raison, le préfet a le même droit, puisqu'il est administrateur d'un degré plus élevé, et que le sous-préfet ne fait que le remplacer dans son arrondissement. D'ailleurs, il remplit seul les fonctions de ce dernier dans l'arrondissement du chef-lieu de la préfecture.

En aucun cas, un maire ne pourrait revendiquer le pouvoir accordé au sous-préfet par la loi de l'an X.

§ 2. — Caractères des mesures provisoires.

L'arrêté pris par le sous-préfet ou le préfet n'appartient pas à la juridiction contentieuse; c'est un acte d'administration et de commandement ayant pour objet de faire rétablir la libre circulation des routes, au moyen de l'enlèvement des obstacles ou la réparation des dégradations, parce que ce sont là des mesures essentiellement urgentes de leur nature.

Ainsi, malgré la généralité des termes de l'article 3 de la loi du 29 floréal an X, le droit conféré par cette disposition au sous-préfet, et, par suite, au préfet, ne saurait s'exercer que s'il y a urgence, c'est-à-dire quand un obstacle est apporté à la circulation.

L'article 113 du décret du 16 décembre 1811 a limité les pouvoirs du sous-préfet (et du préfet) aux cas où il s'agit de *dégradations, dépôts de fumiers, immondices et autres substances.*

§ 3. — Exécution immédiate des mesures provisoires.

L'arrêté pris par le sous-préfet ou le préfet, en vertu de l'article 3 de la loi du 29 floréal an X, est immédiatement exécutoire; il n'est pas nécessaire qu'il soit précédé d'une mise en demeure adressée aux contrevenants, afin qu'ils puissent produire leurs moyens de défense. (Cons. d'Ét. 14 juill. 1841.)

§ 4. — Recours en matière de mesures provisoires.

1. Recours par la voie gracieuse.

Les arrêtés pris par le sous-préfet par application de l'article 3 de la loi du 29 floréal an X sont, en vertu du même article, susceptibles de recours hiérarchique au préfet.

L'arrêté pris par le préfet peut être déféré au ministre des travaux publics.

2. Opposition au conseil de préfecture.

L'opposition devant le conseil de préfecture ne

serait pas recevable contre l'arrêté du sous-préfet. (V. Cons. d'Ét. 16 nov. 1850, aff. Decaze.)

3. Recours au Conseil d'État.

L'arrêté du sous-préfet ou du préfet, étant un acte d'administration, n'est pas susceptible de recours au Conseil d'État par la voie contentieuse. Mais l'arrêté du sous-préfet ou du préfet pourrait être déféré au Conseil d'État par la voie du recours pour excès de pouvoir. (Cons. d'Ét. 30 juill. 1863, aff. Martin.)

§ 5. — Frais d'exécution des mesures provisoires.

L'exécution des mesures provisoires prévues par l'article 3 de la loi du 29 floréal an X a lieu aux frais des contrevenants, alors qu'il est jugé que celui-ci a commis une contravention.

Sous-chapitre V. — Poursuite et répression.

Section 1re. — Action publique.

§ 1er. — Personnes ayant qualité pour exercer l'action publique.

L'action publique, en matière de contravention de grande voirie, n'appartient qu'à l'administration et spécialement au préfet à l'exclusion du maire. (Cons. d'Ét. 21 nov. 1873, Leb. chr., p. 852; L. 22 juill. 1889, art 10.)

§ 2. — Personnes contre lesquelles l'action publique peut être exercée.

En règle générale, la personnalité des peines s'oppose à ce que des poursuites soient exercées contre d'autres personnes que celles qui *ont commis elles-mêmes* l'infraction punissable.

Toutefois, ce principe admet de nombreuses exceptions.

Ainsi lorsque la contravention a été commise par un individu agissant pour le compte d'autrui, l'amende est à la charge des maîtres ou commettants, responsables, aux termes du droit commun, du dommage causé par leurs domestiques ou préposés dans les fonctions auxquelles ils les ont employés. (Cons. d'Ét. 5 janv. 1877, D. p. 77-3-57; 8 mai 1896, Leb. chr., p. 387.)

C'est ainsi encore que, en matière d'alignement, l'arrêt du Conseil du 27 février 1765 prescrit d'appliquer l'amende qu'il prononce contre ceux qui *font exécuter* ou qui exécutent des travaux non autorisés, les propriétaires, maçons, charpentiers et ouvriers.

Ainsi encore les entrepreneurs, architectes, maçons, ouvriers, peuvent être recherchés pour les contraventions d'alignement, s'ils ont dirigé ou exécuté les travaux, bien qu'ils n'aient fait qu'exécuter les ordres du propriétaire. Les anciens règlements sont formels sur ce point. (Cons. d'Ét. 31 juill. 1843.)

A raison du principe de la personnalité des peines, la Cour de cassation décide que, en thèse générale, les *personnes morales* ne sauraient être frappées d'une condamnation pénale. (V. Suppl. au Cod. pén. annoté de Dalloz, art. 1er, et D. p. 92-1-365, note 1.)

Cependant, on admet que l'amende doit être prononcée même contre les administrations publiques ou autres personnes morales à la charge desquelles une contravention de grande voirie a été constatée : ces administrations sont punissables comme les simples particuliers et peuvent être condamnées à l'amende et à la réparation du dommage. Il en est ainsi, spécialement, en matière d'alignement. (Cons. d'Ét. 23 juill. 1841; 14 juin 1851, D. p. 52-3-3; 1er août 1848; 13 sept. 1864, Leb. chr., p. 931; 23 nov. 1865, Leb. chr., p. 947; 31 mars 1874, Leb. chr., p. 331; 14 nov. 1884, D. p. 86-3-52.)

Pour justifier cette dérogation à la règle générale, on fait remarquer que les condamnations de grande voirie ne peuvent jamais aboutir, comme en matière de simple police, à l'emprisonnement en cas de récidive. (Laferrière, t. II, p. 643.)

§ 3. — Suspension de l'exercice de l'action publique. Exceptions préjudicielles.

L'exercice de l'action publique, en matière de grande voirie, peut être suspendu par une exception préjudicielle, dont la solution doit influer sur le sort de cette action.

Deux choses sont à examiner au sujet des exceptions préjudicielles : 1° la compétence ; 2° les conditions qu'elles doivent réunir pour être admises.

1. Compétence concernant les exceptions préjudicielles.

A) Généralités. — Si le prévenu soulève devant le conseil de préfecture une question préjudicielle qui soit de nature *à faire disparaître la contravention,* le devoir du conseil de préfecture est de surseoir à statuer jusqu'à ce que cette question ait été résolue par l'autorité compétente.

Il peut se faire que l'*action civile* donne lieu à une question préjudicielle qui ne peut être résolue que par l'autorité administrative. Dans ce cas, le tribunal doit, non pas se dessaisir, mais surseoir à statuer et renvoyer cette question devant l'autorité compétente.

B) Caractère de grande voirie du terrain où a eu lieu le fait incriminé. — La juridiction administrative saisie d'un procès-verbal de contravention de grande voirie a pleine compétence pour vérifier si, en fait, l'emplacement où a eu lieu le fait incriminé est compris dans les limites du domaine public, cette condition étant essentielle pour qu'il puisse y avoir contravention (D. p. 88-3-7, note 3). Et cela soit lorsqu'il n'existe pas d'acte administratif ayant pour objet de délimiter le domaine public, soit même dans le cas où il existe un arrêté de délimitation. (Cons. d'Ét. 23 mai 1884, D. p. 86-3-13.)

C) Caractère confortatif ou non confortatif des travaux. — En matière de grande voirie, le Conseil d'État a toujours reconnu aux conseils de préfecture, juges de la contravention, le droit de statuer sur la question de savoir si les travaux sont ou non confortatifs (Cons. d'Ét. 27 août 1840), sans avoir besoin de renvoyer la solution de cette question préjudicielle à l'administration active, comme on doit le faire en matière de petite voirie.

D) *Questions de propriété.* — Les questions de propriété, de servitude, même intéressant l'État, pourvu qu'il agisse comme propriétaire et non comme administrateur, appartiennent essentiellement à l'autorité judiciaire, et en général il en est de même de toutes les contestations qui donnent lieu à l'application des règles du droit commun.

E) *Questions concernant la possession de la voie.* — On s'est demandé si les riverains pouvaient, en présence du principe de l'imprescriptibilité des routes, se pourvoir au possessoire, à raison des terrains compris dans la voie publique.

L'action possessoire est recevable, non pas à l'effet, pour celui qui l'intente, de se faire maintenir dans sa possession, mais afin de se prévaloir plus tard devant le juge civil de cette possession comme faisant présumer, à défaut de preuve contraire, qu'il est propriétaire de ces terrains et que, par suite, il a droit à une indemnité.

Mais, si l'action possessoire a seulement pour objet de faire maintenir le réclamant en possession d'un terrain faisant partie de la route, il est évident que les tribunaux ne peuvent satisfaire à cette demande. (Cons. d'Ét. 23 déc. 1845, D. p. 46-3-84.)

Les actions possessoires sont de la compétence du juge de paix, alors même que le défendeur prétend que le terrain litigieux est une propriété de l'État ou d'une commune (Cons. d'Ét. 19 déc. 1821), ou que ce terrain fait partie d'une rue ou place publique. (Cons. d'Ét. 3 août 1808, 12 déc. 1836 ; Dall. J. G., v^{is} *Voirie par terre*, n° 311 ; *Commune*, n° 2307 et *Compétence admin.*, n° 146.)

F) *Exceptions concernant les servitudes.* — Il appartient aux tribunaux de statuer sur la question de savoir si les propriétés riveraines des routes sont soumises à une servitude pour l'écoulement des eaux, et sur l'indemnité qui pourrait être due dans le cas où la question de servitude serait jugée en faveur des propriétaires. (Cons. d'Ét. 21 mai 1817 ; 9 juill. 1861 ; Dall. J. G., v° *Voirie par terre*, n° 303.)

La condamnation pour contravention de grande voirie prononcée contre le riverain d'une route ne fait pas obstacle à ce qu'il exerce devant l'autorité compétente telle action que de droit, à raison des servitudes qui lui auraient été imposées ou des dommages qui lui auraient été causés. (Cons. d'Ét. 13 janv. 1882, D. p. 83-3-46.)

2. Conditions auxquelles est subordonnée l'admission de l'exception préjudicielle.

L'admission de l'exception préjudicielle est subordonnée à trois conditions. Il faut : 1° qu'elle soit de nature à faire disparaître la contravention ; 2° qu'elle soit personnelle au prévenu ; 3° qu'elle soit accompagnée d'un commencement de preuve. (V. dans notre *Répertoire* le mot : *Procédure criminelle*.)

§ 4. — Extinction de l'action publique.

En matière de grande voirie, comme en toute autre matière, l'exercice de l'action publique s'éteint par le décès de l'inculpé, par la prescription, par l'amnistie, par la chose jugée.

1. Décès de l'inculpé.

Il est unanimement reconnu aujourd'hui que si l'amende présente, en matière de grande voirie, un certain caractère de réparation civile, elle n'en constitue pas moins une véritable peine personnelle. Dès lors, le décès du contrevenant survenu pendant l'instruction anéantit la poursuite sur ce point, et l'amende encourue ne saurait être prononcée contre les héritiers du délinquant défunt. (Cons. d'Ét. 13 avril et 30 nov. 1850, Leb. chr., p. 863 et 899 ; 24 mai et 26 juill. 1851, Leb. chr., p. 393 et 544.)

2. Prescription.

A) *Caractères généraux de la prescription.* — La prescription de l'action publique a lieu en matière de grande voirie comme en toute autre matière.

Il en est ainsi, spécialement, en cas de contravention d'alignement.

Quand la prescription est acquise avant le jugement de la contravention, le contrevenant ne peut plus être condamné à l'amende (Cons. d'Ét. 26 déc. 1890, Leb. chr., p. 1012 ; 1er fév. 1895, Leb. chr., p. 117), tandis que la prescription de la contravention n'éteint pas l'action en réparation des dégradations ou des usurpations du domaine public. (Cons. d'Ét. 4 fév. et 11 mars 1887, Leb. chr., p. 122 et 227 ; 26 déc. 1890, Leb. chr., p. 1012 ; 1893, Leb. chr., p. 588 et 701.)

C'est à la juridiction administrative qu'il appartient de déclarer éteintes par prescription les poursuites pour contravention de grande voirie.

B) *Délai requis pour la prescription.* — On n'est pas d'accord sur ce point. Selon un premier système soutenu à plusieurs reprises devant le Conseil d'État par l'administration, la prescription de l'action publique, en matière de contravention de grande voirie, serait soumise au délai de trois ans fixé par l'article 638 du Code d'instruction criminelle pour les délits correctionnels.

On soutient dans ce système qu'il faut appliquer l'article 638 du Code d'instruction criminelle par la raison que, bien qu'il s'agisse d'un fait réputé contravention, l'amende est supérieure à celle que prononcent les tribunaux de police.

Cette opinion, qui nous paraît très juridique et absolument conforme aux principes qui régissent les délais de la prescription, a été consacrée par plusieurs arrêts de la Cour de cassation. (Arr. 16 mars 1895, D. p. 95-1-156 ; Pand. franç. 95-1-322 ; Cf. Gillon et Stourm ; Muteau, *Traité de la prescription*.)

D'après un second système, qui a pour lui la jurisprudence administrative, il convient d'assimiler à cet égard les contraventions de grande voirie aux contraventions de simple police ; par conséquent, l'action publique, pour les unes et les autres, se trouve prescrite après une année révolue, à compter du jour où l'infraction a été commise, conformément à l'article 640 du Code d'instruction criminelle.

Le caractère de la contravention, dit-on dans ce système, s'estime, non par le taux de l'amende, mais par la nature du fait qui la constitue, et il est évident qu'on ne pourra jamais, sans forcer la nature des choses, placer le fait d'une construction non autorisée parmi les délits. (Cons. d'Ét. 4 juill. 1884, D. p. 86-3-14 ; 8 janv. 1886, D. p. 87-3-58 ; 17 fév. 1888, D. p. 89-3-47 ; 8 août 1894, D. p. 95-3-79 ; Cf. Dalloz et Féraud-Giraud.)

En principe, les contraventions sont prescriptibles à compter du jour où elles ont été commises. Toutefois, si la contravention est occulte, la prescription ne court que du jour du procès-verbal qui l'a constatée. (Cons. d'Ét. 2 sept. 1829 ; Dall. J.-G., v° *Voirie par terre*, n° 268.)

Lorsque la contravention est permanente et successive, la prescription ne commence à courir que du jour où la contravention a cessé. (Dall. J. G., v° *Voirie par terre*, n° 269 ; Cons. d'Ét. 13 avril 1870, D. p. 71-3-76.)

C) *Interruption de la prescription*. — En matière de contravention de grande voirie, la prescription est interrompue par un arrêté du conseil de préfecture rendu par défaut. (Cons. d'Ét. 8 fév. 1865 [trois arrêts], D. p. 65-3-71 ; 17 fév. 1888, Leb. chr., p. 172, D. p. 89-3-47.)

Cette prescription recommence à courir non du jour de l'opposition à l'arrêté, mais du jour de la notification de cette opposition, mais l'arrêté rendu sur une procédure irrégulière n'interrompt pas la prescription. (Cons. d'Ét. 8 août 1894, Leb. chr., p. 574.)

Pour empêcher la prescription au profit du contrevenant, il n'est pas nécessaire que le conseil de préfecture ait prononcé une condamnation dans le délai fixé à partir du jour où la contravention a été commise ; il suffit qu'il ait statué définitivement, par exemple, en se déclarant incompétent. (Cons. d'Ét. 2 mai 1879, D. p. 79-3-91 ; 17 fév. 1888, D. p. 89-3-47.)

Il est admis par la jurisprudence administrative que le recours au Conseil d'État *formé par un ministre*, contre un arrêté du conseil de préfecture, interrompt la prescription, mais qu'il n'en suspend pas le cours pendant la durée de l'instance. Dès lors la prescription de l'action publique est acquise au prévenu lorsque le Conseil d'État ne statue que dans le délai légal à partir de la notification dudit recours à la partie intéressée. (Cons. d'Ét. 14 déc. 1883, D. p. 85-3-75 ; 8 janv. 1886, D. p. 87-3-58 ; 17 fév. 1888, D. p. 89-3-47.)

Si c'est le *contrevenant lui-même* qui se pourvoit contre un arrêté de condamnation du conseil de préfecture, l'action publique n'est, au contraire, pas éteinte. (Cons. d'Ét. 23 mai 1884, D. p. 86-3-13.)

3. Amnistie.

L'amnistie est une cause d'extinction de l'action publique, en matière de contravention de grande voirie et notamment de contravention d'alignement. (Cons. d'Ét. 12 janv. 1860, D. p. 62-3-57.)

4. Chose jugée.

L'action publique relative à une contravention de grande voirie peut être écartée par l'exception de la chose jugée, lorsque l'infraction a déjà fait l'objet d'une première poursuite terminée par un jugement soit de condamnation, soit d'acquittement. (Cons. d'Ét. 4 juin 1823 ; Dall. J. G., v° *Voirie par terre*, n° 2379.)

Section 2. — Action civile.

§ 1er. — Qualité pour exercer l'action civile.

Les particuliers qui ont à souffrir du fait d'une contravention dans leur droit individuel ont la faculté d'intenter une action civile ou privée pour obtenir la réparation des dommages que cette contravention leur cause. (Dall. J. G., v° *Voirie par terre*, n° 2337.)

Une telle action peut notamment être intentée si, par suite de la contravention, un particulier était privé d'un droit de vue ou gêné dans l'accès de son habitation. (Cass. 12 juin 1880, D. p. 81-1-95 ; 19 oct. 1887, D. p. 88-1-458.)

§ 2. — Suspension de l'exercice de l'action civile.

L'exercice de l'action civile devant la juridiction civile est suspendu, en matière de grande voirie, à raison d'une exception préjudicielle. (V. *suprà*.)

§ 3. — Extinction de l'action civile.

L'action civile en matière de grande voirie s'éteint par la prescription, par la chose jugée, par la transaction, par l'acquiescement et par le désistement.

1. Prescription.

A) *Prescription de l'action civile exercée par un tiers, devant les tribunaux civils, à fin de dommages-intérêts.*

En thèse générale, l'action civile en réparation d'un dommage résultant d'une infraction réprimée par la loi pénale se prescrit par le même laps de temps que l'action publique, soit qu'on l'intente simultanément avec cette dernière, soit qu'on l'exerce séparément devant les tribunaux civils.

Par suite, l'action civile à laquelle peut donner lieu une contravention de grande voirie se prescrit, selon l'opinion que l'on admet pour le délai de prescription de l'action publique, soit par un an (Cons. d'Ét. 30 juin 1842, Leb. chr., p. 349 ; 8 août 1894, D. p. 95-3-79), soit par trois ans. (Cass. 18 mars 1895, D. p. 95-1-156 ; Nancy, 6 fév., 1892, D. p. 93-2-133.)

B) *Prescription de l'action civile exercée par l'administration devant la juridiction administrative.*

a) *Prescription de l'action à fin de rétablissement de l'état des lieux ou de démolition.* — Si l'action publique, au point de vue de l'application de la peine encourue, peut se prescrire, il n'en est pas de même de l'action administrative tendant au *maintien ou au rétablissement* de la voie publique endommagée par la contravention : cette action n'est jamais atteinte par la prescription. Le dommage causé aux routes constitue, en effet, une infraction permanente, perpétuellement réparable, dans l'intérêt toujours subsistant de la grande voirie. (Cons. d'Ét. 22 oct. 1830, 30 juin 1839.)

De même, bien que la peine soit prescrite, les conseils de préfecture doivent ordonner, dans l'intérêt toujours subsistant de la grande voirie, soit la *destruction* des bâtiments élevés sur les bords des grandes routes sans permission ni alignement (Cons. d'Ét. 18 juill. 1866, Leb. chr., p. 854 ; 16 janv. 1874, 27 avril 1877, 27 déc. 1878), soit l'*abatage des plantations* effectuées sans autorisation sur les terrains dépendant des cours d'eau navigables ou flottables.

b) *Prescription de l'action à fin de réparation du dommage.* — Dans le cas où, à raison de la prescription acquise de l'action publique, aucune condamnation à l'amende ne peut plus être prononcée contre l'auteur d'une contravention de grande voirie, celui-ci n'en doit pas moins être condamné à la réparation du dommage causé. (Cons. d'Ét. 4 fév. et 11 mars 1887, Leb. chr., p. 122 et 227 ; 26 déc. 1890, Leb. chr., p. 1012 ; 7 juill. 1893, Leb. chr., p. 701, D. p. 94-3-69.)

2. Chose jugée. (V. dans notre *Répertoire de police*, p. 1558.)

3. Transaction. (V. *op. cit.*, p. 1557.)

4. Acquiescement. (V. *op. cit.*, p. 1557.)

5. Désistement. (V. *op. cit.*, p. 1557.)

Section 3. — Compétence.

La loi du 28 pluviôse an VIII, qui a créé les conseils de préfecture, avait bien, par son article 3, conféré d'une manière générale aux conseils de préfecture la connaissance des « *difficultés* qui peuvent s'élever en matière de grande voirie », mais elle n'avait pas réellement donné un pouvoir répressif à ces tribunaux.

Ce sont les articles 1er et 4 de la loi du 29 floréal an X qui ont consacré spécialement la compétence des conseils de préfecture en matière répressive et leur ont attribué la connaissance des *contraventions* de grande voirie. (V. Dufour, *Droit administratif appliqué*, t. IV, p. 614 ; Aucoc, t. Ier, p. 515.)

On pourrait croire que l'expression employée dans l'article 4 : « Il sera statué... en conseil de préfecture » signifie le préfet en conseil de préfecture.

Ce serait là une erreur. C'est le conseil de préfecture, et non le préfet, qui est appelé à juger les contraventions de grande voirie, matière éminemment contentieuse.

On a prétendu que les lois qui ont établi la compétence des conseils de préfecture en matière de contravention de grande voirie ont été virtuellement abrogées par le Code pénal (art. 471, § 4 ; art. 479, §§ 11 et 12.)

Mais le décret du 16 décembre 1811, qui a, postérieurement au Code pénal, maintenu la compétence des conseils de préfecture, démontre bien que les articles 471 et 479 du Code pénal sont étrangers à cette matière.

Enfin, et si un doute eût pu subsister sur ce point, il a disparu depuis la loi du 23 mars 1842. (Cons. d'Ét. 22 août 1839, Dalloz, J. G., v° *Voirie par terre*, n° 277 ; 23 juill. 1840, *eod. loc.*, 3 fév. 1882, D. p. 83-2-60.)

Il est de principe que les conseils de préfecture ne sont que des tribunaux d'exception et que leur juridiction n'embrasse que les objets dont la disposition leur délègue la connaissance par une disposition formelle. Mais il ne faut pas conclure de là que la compétence des conseils de préfecture en matière de grande voirie ne peut s'exercer que sur les contraventions spécialement énumérées dans les lois des 29 floréal an X et 9 ventôse an XIII.

Les dispositions des lois de l'an X et de l'an XIII doivent être considérées comme purement énonciatives et à titre d'exemple. (Cons. d'Ét. 15 août 1839, Leb. chr., p. 452 ; 6 nov. 1839, Leb. chr., p. 523 ; 30 juin 1842, Leb. chr., p. 351.)

De là, il suit que les conseils de préfecture sont compétents pour statuer sur les contraventions de grande voirie qui consistent dans les constructions ou réparations sans avoir obtenu l'alignement ou la permission de bâtir ou de réparer, bien que la loi de l'an X n'ait pas énoncé cette contravention parmi celles dont on défère la connaissance aux conseils de préfecture. (V. *suprà.*)

Quant aux contraventions qui peuvent être commises relativement aux arbres plantés sur les routes ou le long de ces voies, nous avons dit qu'il faut établir des distinctions : elles peuvent, selon les circonstances, donner lieu à la compétence soit du conseil de préfecture, soit du tribunal correctionnel. (V. *suprà*, p. 2431.)

Les conseils de préfecture, étant juges des contraventions de grande voirie, sont appréciateurs des faits qui les constituent.

Le conseil de préfecture ne sort pas de sa compétence en admettant la discussion des faits relatifs à la contravention et aux circonstances qui la rendent excusable. (Cons. d'Ét. 18 janv. 1831, 8 juin 1832, 20 juill. 1832.)

Les infractions de grande voirie commises par des militaires ou des marins ne sont pas soumises à la juridiction des conseils de guerre (V. Cod. just. milit. 9 juin 1857, art. 273), ou des tribunaux de la marine. (V. Cod. just. marit. 4 juin 1858, art. 273.)

Le conseil de préfecture ne peut statuer que sur les faits qui se sont accomplis dans les limites de sa juridiction territoriale. (Cons. d'Ét. 29 janv. 1873, Dall. J. G., v° *Voirie par terre*, n° 289, Comp. Cons. d'Ét., 20 déc. 1889, Leb. chr., p. 1200.)

Section 4. — Procédure.

§ 1er. — Procédure devant le conseil de préfecture.

L'article 10 de la loi du 22 juillet 1889 détermine

la procédure qui doit être suivie devant le conseil de préfecture en matière de grande voirie.

1.

Introduction des instances et mesures générales d'instruction. — Citation et notification du procès-verbal.

L'introduction des instances et les mesures générales d'instruction sont réglées par les articles 1er et suivants de la loi du 22 juillet 1889 [1].

Le conseil de préfecture, quand il statue comme tribunal de répression, ne peut être saisi que par un procès-verbal. (Cons. d'Ét. 25 juill. 1871, D. p. 72-3-52.)

Aux termes de l'article 10 de la loi de 1889, dans les dix jours qui suivent la rédaction du procès-verbal et son affirmation, le préfet peut faire au contrevenant notification de la copie du procès-verbal, ainsi que de l'affirmation avec citation à comparaître dans le délai d'un mois devant le conseil de préfecture.

L'article 10 ne portant pas que l'observation de ces dispositions est prescrite à peine de nullité, les irrégularités qui n'auraient pas porté préjudice à la partie n'entraînent pas l'annulation de l'arrêté.

Ainsi, le fait que la notification du procès-verbal a eu lieu après l'expiration du délai de dix jours fixé par cet article n'entraîne pas l'annulation de l'arrêté, alors surtout que le contrevenant a reçu cette notification et a été mis en demeure de produire ses moyens de défense. (Cons. d'Ét. 27 nov. et 18 déc. 1874, D. p. 75-3-76-77 ; 8 août 1890, Leb. chr., p. 798; D. p. 92-3-38.)

Mais un arrêté de préfecture condamnant un individu pour contravention de grande voirie, sans que le procès-verbal lui ait été notifié, sans qu'il ait été cité à comparaître dans le délai d'un mois et sans qu'il ait été appelé à fournir ses moyens de défense, doit être annulé comme rendu en violation des dispositions de l'article 10 de la loi du 22 juillet 1889. (Cons. d'Ét. 21 mars 1890, Leb. chr., p. 326; 8 août 1894, Leb. chr., p. 574, D. p. 95-3-79.)

L'irrégularité de la notification du procès-verbal n'autorise pas le conseil de préfecture à relaxer l'inculpé, sauf à ce conseil à ordonner les mesures nécessaires pour régulariser la procédure. (Cons. d'Ét. 27 déc. 1854, D. p. 55-3-64.)

D'après l'article 10 de la loi du 22 juillet 1889, la notification et la citation sont faites dans la forme administrative.

La citation doit indiquer à l'inculpé qu'il est tenu,

---

1. Voici le texte de ces articles :

« Les requêtes introductives d'instance concernant les affaires sur lesquelles le conseil de préfecture est appelé à statuer par la voie contentieuse doivent être déposées au greffe du conseil, sauf disposition contraire contenue dans une loi spéciale.

Ces requêtes sont inscrites, à leur arrivée, sur le registre d'ordre, qui doit être tenu par le secrétaire-greffier; elles sont en outre marquées, ainsi que les pièces qui y sont jointes, d'un timbre indiquant la date de l'arrivée.

Le secrétaire-greffier délivre, aux parties qui en font la demande, un certificat qui constate l'arrivée au greffe de la réclamation et des différents mémoires produits » (art. 1er).

« La requête introductive d'instance doit contenir les noms, profession et domicile du demandeur, les nom et domicile du défendeur, l'objet de la demande et l'énonciation des pièces dont le requérant entend se servir et qui y sont jointes » (art. 2).

« Les requêtes présentées, soit par les particuliers, soit par l'administration, doivent être accompagnées de copies certifiées conformes par le requérant, destinées à être notifiées aux parties en cause. Ces copies ne sont pas soumises au droit du timbre.

Lorsqu'une copie n'est pas produite, ou lorsque le nombre des copies n'est pas égal à celui des parties ayant un intérêt distinct, auxquelles le conseil de préfecture aurait donné la communication prévue par l'article 6, le demandeur est averti par le secrétaire-greffier que si la production n'en est pas faite dans le délai de quinze jours, à partir de cet avertissement, le conseil de préfecture déclarera la requête non avenue » (art. 3).

« Les parties peuvent faire signifier leur demande par exploit d'huissier. Dans ce cas, l'original de l'exploit est déposé au greffe. Si ce dépôt n'est pas fait dans le délai de quinze jours, à dater de la signification, l'exploit est périmé » (art. 4).

Les frais de la signification par huissier n'entrent pas en taxe » (art. 4).

« Immédiatement après l'enregistrement au greffe des requêtes introductives d'instance, le président du conseil de préfecture désigne un rapporteur, auquel le dossier est transmis dans les vingt-quatre heures » (art. 5).

« Dans les huit jours qui suivent cette transmission, le rapporteur entendu, le conseil de préfecture, réuni en chambre du conseil, règle, d'après les requêtes introductives d'instance, les notifications aux parties défenderesses, et fixe, en égard aux circonstances de l'affaire, le délai accordé aux parties pour fournir leur défense, et désigne l'agent qui sera chargé de cette notification » (art. 6).

« Les décisions prises par le conseil de préfecture pour l'instruction des affaires, dans les cas prévus par l'article précédent, sont notifiées aux parties défenderesses, dans la forme administrative et dans les délais fixés par le conseil, par l'agent qu'il a désigné, en même temps que les copies des requêtes et mémoires déposés au greffe, en exécution de l'article 3.

Il est donné récépissé de cette notification.

A défaut de récépissé, il est dressé procès-verbal de la notification par l'agent qui l'a faite.

Le récépissé ou le procès-verbal est transmis immédiatement au greffe du conseil de préfecture » (art. 7).

« Les parties ou leurs mandataires peuvent prendre connaissance au greffe, mais sans déplacement, des pièces de l'affaire.

Toutefois, le président du conseil peut autoriser le déplacement des pièces, pendant un délai qu'il détermine, sur la demande des avocats ou des avoués chargés de défendre les parties.

Si le mandataire d'une partie n'est ni avoué exerçant dans le département, ni avocat, il doit justifier de son mandat par un acte sous seing privé légalisé par le maire et enregistré par un acte authentique.

L'individu privé du droit de témoigner en justice ne peut être admis comme mandataire d'une partie.

Lorsque la partie est domiciliée en dehors du département, elle doit faire élection de domicile au chef-lieu » (art. 8).

« Les mémoires en défense et les répliques sont déposés au greffe dans les conditions fixées par les articles 1, 2, 3 et 4 de la présente loi.

La communication en est ordonnée par le conseil de préfecture comme pour les requêtes introductives d'instance » (art. 9).

« Lorsqu'il s'agit de contravention, il est procédé comme il suit, à défaut de règles établies par des lois spéciales :

Dans les dix jours qui suivent la rédaction d'un procès-verbal de contravention et son affirmation quand elle est exigée, le préfet fait faire au contrevenant notification de la copie du procès-verbal ainsi que de l'affirmation, avec citation à comparaître, dans le délai d'un mois, devant le conseil de préfecture. La notification et la citation sont faites dans la forme administrative.

La citation doit indiquer à l'inculpé qu'il est tenu, s'il veut fournir des défenses écrites, de les déposer dans le délai de quinzaine à partir de la notification qui lui est faite et l'inviter à faire connaître, en produisant sa défense écrite, s'il entend user du droit de présenter des observations orales à l'audience.

Il est dressé acte de la notification et de la citation; cet acte doit être adressé au conseil de préfecture et y être enregistré comme il est dit à l'article 1er.

Le conseil de préfecture ordonne, s'il y a lieu, la communication à l'administration compétente du mémoire en défense produit par l'inculpé et la communication à l'inculpé de la réponse faite par l'administration » (art. 10).

s'il veut former des défenses écrites, de les déposer dans le délai de quinzaine, à partir de la notification qui lui est faite, et l'inviter à faire connaître, en produisant sa défense écrite, s'il entend user du droit de présenter des observations orales à l'audience.

Il est dressé acte de la notification et de la citation ; cet acte doit être adressé au conseil de préfecture et y être enregistré.

Le conseil de préfecture ordonne, s'il y a lieu, la communication à l'administration compétente du mémoire en défense produit par l'inculpé et la communication à l'inculpé de la réponse faite par l'administration (art. 10).

2. Moyens de vérification.

A) *Généralités*. — Le conseil de préfecture, saisi d'une contravention de grande voirie, peut recourir à tous les moyens de vérification ou d'instruction qu'il juge nécessaires pour apprécier les charges alléguées contre le contrevenant ou ses moyens de défense, notamment pour rechercher si l'acte incriminé a été commis sur les dépendances du domaine public. (Cons. d'Ét. Leb. chr. 1886, p. 912, aff. Duffaut, D. p. 86-3-13, note 1.)

Quand le Conseil d'État recourt à cette vérification, il a soin de prescrire qu'elle aura lieu en présence des intéressés ; cette prescription est si utile et si équitable que les conseils de préfecture doivent se faire une règle de l'inscrire également dans les arrêtés ordonnant des vérifications administratives. Mais, lorsqu'ils omettent cette précaution, le fait que le fonctionnaire a procédé à la vérification en l'absence soit des représentants de l'administration, soit de la partie, peut bien infirmer, dans une certaine mesure, l'autorité de son rapport, mais ne constitue pas une irrégularité de nature à entraîner l'annulation des opérations. (D. p. 88-3-89, note 7.)

B) *Expertise*. — Parmi les moyens auxquels le conseil de préfecture peut recourir, il convient de mentionner surtout les expertises, qui sont régies par les articles 13 et suivants de la loi du 22 juillet 1889 [1].

Lorsque le procès-verbal ne fournit pas les éléments nécessaires pour fixer le montant du dommage dont la réparation incombe au contrevenant, le conseil de préfecture peut ordonner sur ce point une expertise. (Cons. d'Ét. 8 mai 1874, D. p. 75-3-41.)

Mais cette mesure est purement facultative, et le conseil de préfecture peut se dispenser de la prescrire si l'instruction lui permet de déterminer d'ores et déjà les dépenses à la charge du contrevenant. (Cons. d'Ét. 13 janv. 1882, D. p. 83-3-46 ; 8 août 1885, Leb. chr., p. 801, D. p. 87-3-30 ; 18 déc. 1885, Leb. chr., p. 993, D. p. 87-5-486, 1894, Leb. chr., p. 379.)

C) *Visite des lieux*. — Le conseil peut, lorsqu'il le croit nécessaire, ordonner qu'il se transportera tout entier ou que l'un ou plusieurs de ses membres se transporteront sur les lieux pour y faire les constatations et vérifications déterminées par son arrêté.

---

[1] « Le conseil de préfecture peut, soit d'office, soit sur la demande des parties ou de l'une d'elles, ordonner, avant faire droit, qu'il sera procédé à une expertise sur les points déterminés par sa décision (art. 13, § 1er).

« L'expertise sera faite par trois experts, à moins que les parties ne consentent qu'il y soit procédé par un seul. Dans ce dernier cas, l'expert est nommé par le conseil, à moins que les parties ne s'accordent pour les désigner. Si l'expertise est confiée à trois experts, l'un d'eux est nommé par le conseil de préfecture, et chacune des parties est appelée à nommer son expert » (art. 14).

« Les parties qui ne sont pas présentes à la séance publique où l'expertise est ordonnée, ou qui n'ont pas dans leurs requêtes et mémoires, désigné leur expert, sont invitées, par une notification faite conformément à l'article 7, à le désigner dans le délai de huit jours. Si cette désignation n'est pas parvenue au greffe dans ce délai, la nomination est faite d'office par le conseil de préfecture » (art. 15).

« L'arrêté du conseil de préfecture qui ordonne l'expertise et en fixe l'objet, et qui nomme, s'il y a lieu, le ou les experts, désigne l'autorité devant laquelle ils doivent prêter serment, à moins que le conseil ne les en dispense, du consentement des parties.

« La prestation du serment et l'expédition du procès-verbal ne donnent lieu à aucun droit d'enregistrement. Le conseil de préfecture fixe, en outre, le délai dans lequel les experts seront tenus de déposer leur rapport au greffe » (art. 16).

« Les fonctionnaires qui ont exprimé une opinion dans l'affaire litigieuse, ou qui ont pris part aux travaux qui donnent lieu à une réclamation, ne peuvent être désignés comme experts.

« Les règles établies par le Code de procédure civile pour la récusation des experts sont applicables dans le cas où les experts sont désignés d'office par le conseil de préfecture.

« La récusation doit être proposée dans les huit jours de la notification de l'arrêté qui a désigné l'expert. Elle est jugée d'urgence » (art. 17).

« Dans le cas où un expert n'accepte pas la mission qui lui a été confiée, il en est désigné un autre à sa place. L'expert qui, après avoir accepté sa mission, ne la remplit pas, et celui qui ne dépose pas son rapport dans le délai fixé par le conseil de préfecture peuvent être condamnés à tous les frais frustratoires, et même à des dommages-intérêts, s'il y a lieu. L'expert est, en outre, remplacé, s'il y a lieu » (art. 18).

« Les parties doivent être averties par le ou les experts des jours et heures auxquels il sera procédé à l'expertise ; cet avis leur est adressé quatre jours au moins à l'avance, par lettre recommandée.

« Les observations faites par les parties, dans le cours des opérations, doivent être consignées dans le rapport » (art. 19).

« S'il y a plusieurs experts, ils procèdent ensemble à la visite des lieux et dressent un seul rapport. Dans le cas où ils sont d'avis différents, ils indiquent l'opinion de chacun d'eux et les motifs à l'appui » (art. 20).

« Le rapport est déposé au greffe du conseil. Les parties sont invitées, par une notification faite conformément à l'article 7, à en prendre connaissance et à fournir leurs observations dans le délai de quinze jours ; une prorogation de délai peut être accordée » (art. 21).

« Si le conseil ne trouve pas dans le rapport d'expertise des éclaircissements suffisants, il peut donner un supplément d'instruction ou bien ordonner que les experts comparaîtront devant lui pour fournir les explications et renseignements nécessaires.

« En aucun cas, le conseil n'est obligé de suivre l'avis des experts » (art. 22).

« Les experts joignent à leur rapport un état de leurs vacations, frais et honoraires.

« La liquidation et la taxe en sont faites par arrêté du président du conseil de préfecture, même en matière de contributions directes ou de taxes assimilées, conformément au tarif qui sera fixé par un règlement d'administration publique ; mais les experts ou les parties peuvent, dans le délai de trois jours à partir de la notification qui leur est faite dudit arrêté, contester la liquidation devant le conseil de préfecture, statuant en chambre du conseil » (art. 23).

« En cas d'urgence, le président du conseil de préfecture peut, sur la demande des parties, désigner un expert pour constater des faits qui seraient de nature à motiver une réclamation devant ce conseil.

« Avis en est immédiatement donné au défendeur éventuel » (art. 24).

Le conseil ou ses membres peuvent en outre, dans le cours de la visite, entendre à titre de renseignements les personnes qu'ils désignent et faire faire en leur présence les opérations qu'ils jugent utiles.

Les parties sont averties, par une notification faite conformément à l'article 7 de la loi de 1889, du jour et de l'heure auxquels la visite des lieux doit se faire.

Il est dressé procès-verbal de l'opération.

Les frais de cette visite sont compris dans les dépens de l'instance. (L. 22 juill. 1889, art. 25.)

D) *Enquêtes et interrogatoires.* — Le conseil peut, soit sur la demande des parties, soit d'office, ordonner une enquête sur les faits dont la constatation lui paraît utile à l'instruction de l'affaire. (L. 22 juill. 1889, art. 26.)

L'arrêté qui ordonne l'enquête indique les faits sur lesquels elle doit porter et décide, suivant le cas, si elle aura lieu soit devant le conseil en séance publique, soit devant un membre du conseil qui se transportera sur les lieux. (M. L., art. 27.)

Les parties sont averties, par une notification faite conformément à l'article 7, qu'elles peuvent prendre connaissance au greffe de l'arrêté qui ordonne l'enquête, et elles sont invitées à présenter leurs témoins au jour fixé par cet arrêté.

Les parties peuvent assigner les témoins, à leurs frais, par exploit d'huissier. (M. L., art. 28.)

Ne peuvent être entendus comme témoins les parents ou alliés en ligne directe de l'une des parties ou leurs conjoints.

Toutes autres personnes sont admises comme témoins, à l'exception de celles qui sont incapables de témoigner en justice. (M. L., art. 29.)

Les témoins sont entendus séparément, tant en présence qu'en l'absence des parties. Chaque témoin, avant d'être entendu, déclare ses nom, prénoms, profession, âge et demeure, s'il est parent ou allié des parties et à quel degré; s'il n'est domestique ou serviteur de l'une d'elles. Il fait, à peine de nullité, le serment de dire la vérité.

Les individus qui n'ont pas l'âge de quinze ans révolus ne sont pas admis à prêter serment et ne peuvent être entendus qu'à titre de renseignements.

Les témoins peuvent être entendus de nouveau et confrontés les uns avec les autres. (M. L., art. 30.)

Dans le cas où l'enquête a lieu à l'audience publique, le secrétaire-greffier dresse procès-verbal de l'audition des témoins.

Ce procès-verbal est visé par le président et annexé à la minute de l'arrêté. (M. L., art. 31.)

Si l'enquête est confiée à un des membres du conseil, il est dressé procès-verbal contenant l'énoncé des jour, lieu et heure de l'enquête, la mention de l'absence ou de la présence des parties, les noms, prénoms, professions et demeures des témoins, les reproches proposés, le serment prêté par les témoins ou les causes qui les ont empêchés de le prêter, leur déposition.

Il est donné lecture à chaque témoin de sa déposition, et le témoin la signe, ou mention est faite qu'il ne sait, ne peut ou ne veut signer.

Le procès-verbal dressé par le commissaire enquêteur est déposé au greffe du conseil. (M. L., art. 32.)

Si les parties n'ont pas assisté à l'enquête, elles sont averties, par une notification faite conformément à l'article 7, qu'elles peuvent prendre connaissance du procès-verbal au greffe dans le délai fixé par le conseil de préfecture. (M. L., art. 33.)

L'article 7 indique que la notification est faite dans la forme administrative et qu'il doit en être donné récépissé. (V. le texte de cet article à la page 205 en note.)

Les notifications prévues aux articles 28 et 33 peuvent également être faites conformément aux derniers paragraphes de l'article 44. (M. L., art. 34.)

Si les témoins entendus dans une enquête requièrent taxe, la taxe est faite par le président du conseil ou le commissaire enquêteur, suivant le cas, conformément au tarif qui est fixé par l'article 14 du règlement d'administration publique du 18 janvier 1890. (M. L., art. 35.)

Nous avons reproduit ce règlement au mot *Conseil de préfecture.*

Le conseil peut, soit d'office, soit sur la demande des parties, ordonner que les parties seront interrogées soit à la séance publique, soit en chambre du conseil. (M. L., art. 36.)

E) *Des vérifications d'écritures et de l'inscription de faux.* — Le conseil peut ordonner une vérification d'écritures par un ou plusieurs experts qu'il nomme, en présence d'un des membres du conseil désigné à cet effet. (L. 22 juill. 1889, art. 37.)

Dans le cas de demande en inscription en faux contre une pièce produite, le conseil fixe le délai dans lequel la partie qui l'a produite sera tenue de déclarer si elle entend s'en servir.

Si la partie déclare qu'elle n'entend pas se servir de la pièce, ou ne fait pas de déclaration, la pièce est rejetée.

Si la partie déclare qu'elle entend se servir de la pièce, le conseil peut soit surseoir à statuer sur l'instance principale jusqu'après le jugement du faux par le tribunal compétent, soit statuer au fond, s'il reconnaît que la décision ne dépend pas de la pièce arguée de faux. (M. L., art. 38.)

3. Des incidents.

Sont applicables aux demandes incidentes les règles établies par les articles 1 à 9 de la loi du 22 juillet 1889. (L. 22 juill. 1889, art. 39. V. *suprà.*)

L'intervention est admise de la part de ceux qui ont intérêt à la décision du litige engagé devant le conseil de préfecture. (M. L., art. 40.)

Les dispositions des articles 378 à 389 du Code de procédure civile sur la récusation des juges sont applicables devant les conseils de préfecture. (M. L., art. 41.)

Le désistement peut être fait et accepté par des actes signés des parties ou de leurs mandataires et déposés au greffe.

Les frais du procès sont à la charge de la partie qui se désiste. (M. L., art. 42.)

4. Du jugement.

Le rôle de chaque séance publique est arrêté par le président du conseil ; il est communiqué au commissaire du Gouvernement et affiché à la porte de la salle d'audience. (L. 22 juill. 1889, art. 43.)

En matière de contraventions, la notification du jour où l'affaire sera portée en séance publique, n'est donnée qu'aux parties qui ont fait connaître, antérieurement à la fixation du rôle, leur intention de présenter des observations orales.

Elle peut être donnée par lettre recommandée exempte de toute taxe postale (art. 44).

Après le rapport qui est fait sur chaque affaire par un des conseillers, les parties peuvent présenter, soit en personne, soit par mandataire, des observations orales à l'appui de leurs conclusions écrites.

Le conseil de préfecture peut également entendre les agents de l'administration compétente ou les appeler devant lui pour fournir des explications.

Si les parties présentent des conclusions nouvelles ou des moyens nouveaux, le conseil ne peut les adopter sans ordonner un supplément d'instruction. (M. L., art. 45.)

Le commissaire du Gouvernement donne ses conclusions sur toutes les affaires. (M. L., art. 46.)

En toute matière, les arrêtés des conseils de préfecture sont rendus par des conseillers délibérant en nombre impair.

Ils sont rendus par trois conseillers au moins, président compris.

La décision est prononcée à l'audience publique, après délibéré hors la présence des parties. (M. L., art. 47.)

Les arrêtés pris par le conseil de préfecture mentionnent qu'il a été statué en séance publique.

Ils contiennent les noms et conclusions des parties, le vu des pièces et des dispositions législatives dont ils font l'application. Ces dispositions, en matière de contraventions de grande voirie, doivent être textuellement rapportées. (Cons. d'Ét. 7 août 1891, Leb. chr., p. 617, D. p. 93-3-12.)

Mention y est faite que les parties ou leurs mandataires ou défenseurs et le commissaire du Gouvernement ont été entendus.

Ils sont motivés.

Les noms des membres qui ont concouru à la décision y sont mentionnés.

La minute de la décision est signée, dans les vingt-quatre heures, par le président, le rapporteur et le secrétaire-greffier. (M. L., art. 48.)

La minute des décisions du conseil de préfecture est conservée au greffe pour chaque affaire, avec la correspondance et les pièces relatives à l'instruction. Les pièces qui appartiennent aux parties sont remises sur récépissé, à moins que le conseil de préfecture n'ait ordonné que quelques-unes de ces pièces resteraient annexées à la décision. (M. L., art. 49.)

5. Notification des décisions du conseil de préfecture.

La notification des décisions des conseils de préfecture en matière répressive est faite par les soins du préfet, sans préjudice du droit qu'a la partie de faire la notification par exploit d'huissier.

6. Exécution des décisions du conseil de préfecture.

Les arrêtés des conseils de préfecture n'ont pas besoin, pour être exécutés, du visa ou du mandement des tribunaux judiciaires. L'article 4 de la loi du 24 floréal an X le déclare d'une manière expresse pour les arrêtés rendus en matière de grande voirie. (Cf. L. 22 juill. 1889, art. 49.)

Si une partie condamnée refuse d'obéir à la décision du conseil de préfecture qui prescrit des travaux, c'est aux agents administratifs seuls, préfets, sous-préfets, maires, commissaires de police, qu'il appartient de pourvoir à cette exécution. On doit alors, conformément à la loi du 22 germinal an IV, relative aux travaux nécessaires pour l'exécution des jugements, requérir les ouvriers nécessaires pour opérer les travaux que la partie condamnée refuse d'exécuter. Les ingénieurs des ponts et chaussées sont tenus de prêter aide et assistance aux autorités administratives, tant pour la direction que pour la surveillance de ces opérations.

En dehors des cas où la nature de l'affaire exige l'intervention des agents administratifs, les décisions des conseils de préfecture, comme celles des autres juridictions administratives, sont exécutoires par les mêmes voies que les décisions judiciaires, et, par suite, c'est à l'autorité judiciaire qu'il appartient de statuer sur les difficultés auxquelles peuvent donner lieu les mesures exécutoires, telles que les saisies. (Cons. d'Ét. 28 juin 1887, D. p. 88-3-51.)

Aux termes de l'instruction du 4 vendémiaire an XIII, les décisions des conseils de préfecture en matière de contravention à l'alignement sont soumises au timbre et à l'enregistrement comme les jugements des tribunaux de simple police.

L'article 4 de la loi du 29 floréal an X énonce expressément que les arrêtés du conseil de préfecture rendus en vertu de ladite loi entraîneront hypothèque. (Cf. L. 22 juill. 1889, art. 49.)

Quant aux garnisaires mentionnés dans le même article, il convient de remarquer que la loi du 9 février 1877 a supprimé la garnison individuelle.

7. Voies de recours contre les arrêtés du conseil de préfecture.

A) *Recours contre les arrêtés définitifs du conseil de préfecture.*

a) *Recours au Conseil d'État par la voie d'appel.* — La disposition de l'article 4 de la loi du 29 floréal an X, qui porte qu'il sera statué définitivement par le conseil de préfecture, ne veut pas dire que la décision du conseil de préfecture est souveraine et sans recours : elle n'est mise ici que par opposition aux mots « par provision » de l'article précédent.

Les décisions des conseils de préfecture sur les contraventions de grande voirie sont susceptibles de recours au Conseil d'État, selon la règle générale.

Délai de recours. — Le délai de recours est aujourd'hui de deux mois, à peine de déchéance.

Ce délai court, contre la partie, à partir de la notification de l'arrêté du conseil de préfecture, quand cet arrêté est contradictoire [1], et à dater de l'expiration du délai d'opposition, s'il a été rendu par défaut. (L. 22 juill. 1889, art. 57.)

Ce délai de deux mois est augmenté, conformément à l'article 73 du Code de procédure civile, modifié par la loi du 3 mai 1862, lorsque le requérant est domicilié hors de la France continentale. (M. L., art. 58.)

Lorsque le conseil de préfecture a statué en matière répressive, le délai court contre l'administration à partir de la date de l'arrêté. (M. L., art. 59, § 2.)

Personnes qui peuvent former un recours. — En matière de contravention de grande voirie, le droit de se pourvoir au Conseil d'État contre les arrêtés du conseil de préfecture, au nom de l'administration, n'appartient qu'au ministre des travaux publics, sous l'autorité duquel sont placées les voies publiques dépendant de la grande voirie, et spécialement les routes départementales. (Cons. d'Ét. 23 avril 1880, D. p. 81-3-23 ; 21 nov. 1890, Leb. chr., p. 864 ; 15 mai 1891, Leb. chr., p. 407, D. p. 92-5-177.)

En matière de contravention de grande voirie, le ministre des travaux publics n'est pas recevable à former un pourvoi incident. (Cons. d'Ét. 24 juin 1887, Leb. chr., p. 519, D. p. 88-3-89 et la note 5.)

Formes du recours. — Le recours peut être déposé soit au secrétariat général du Conseil d'État, soit à la préfecture, soit à la sous-préfecture. Dans ces deux derniers cas, il est marqué d'un timbre qui indique la date de l'arrivée, et il est transmis par le préfet au secrétariat général du Conseil d'État. Il en est délivré récépissé à la partie qui le demande.

En matière de contraventions de grande voirie, les recours au Conseil d'État contre les arrêtés des conseils de préfecture peuvent avoir lieu sans frais et sans l'intervention d'un avocat au Conseil d'État. (L. 22 juill. 1889, art. 61.)

Caractère non suspensif du recours. — Le principe général, énoncé dans l'article 3 du décret du

22 juillet 1806 et confirmé par l'article 24 de la loi du 24 mai 1872, que le pourvoi n'a pas d'effet suspensif, à moins qu'il n'en ait été ordonné autrement par le Conseil d'État, est appliqué d'une manière spéciale à la matière de la grande voirie par l'article 4 de la loi du 29 floréal an X.

Cependant, l'administration est dans l'usage de ne profiter du caractère non suspensif du pourvoi que lorsque l'urgence le réclame.

Dans les circonstances où il n'y a point péril en la demeure, et lorsque d'ailleurs l'exécution ne permettrait plus d'apprécier exactement la nature de la contravention et entraînerait des dommages irréparables, le Conseil d'État accorde des sursis jusqu'à la décision du fond.

b) *Recours au Conseil d'État pour excès de pouvoir.* — Les arrêtés du conseil de préfecture étant susceptibles de recours au Conseil d'État par la voie d'appel ne sauraient être l'objet d'un recours pour excès de pouvoir.

B) *Recours contre les arrêtés par défaut du conseil de préfecture.*

a) *Opposition aux arrêtés par défaut du conseil de préfecture.* — Les arrêtés non contradictoires des conseils de préfecture en matière contentieuse peuvent être attaqués par voie d'opposition dans le délai d'un mois, à dater de la notification qui en est faite à la partie.

L'acte de notification doit indiquer à la partie que, après l'expiration dudit délai, elle sera déchue du droit de former opposition.

L'opposition est formée suivant les règles établies par les articles 1er à 4 de la loi du 22 juillet 1889 (V. la note *suprà*). Les communications sont ordonnées comme pour les requêtes introductives d'instance. (L. 22 juill. 1889, art. 52.)

L'opposition suspend l'exécution, à moins qu'il n'en ait été autrement ordonné par la décision du préfet qui a statué par défaut. (M. L., art. 55.)

b) *Recours au Conseil d'État.* — En ce qui concerne le recours au Conseil d'État par voie d'appel contre les arrêtés par défaut du conseil de préfecture, voyez *suprà*.

C) *Voies de recours extraordinaires.*

Les voies de recours extraordinaires auxquelles sont soumis les arrêtés des conseils de préfecture sont la tierce opposition et la requête civile.

Toute partie peut former tierce opposition à une décision qui préjudicie à ses droits, et lors de laquelle ni elle ni ceux qu'elle représente n'ont été appelés.

Il est procédé à l'instruction dans les formes établies par les articles 1er à 9 de la loi du 22 juillet 1889. (L. 1889, art. 56.)

8. Frais et dépens.

A) *Généralités.* — En matière de grande voirie, comme en toute autre matière administrative, la partie qui succombe est condamnée aux dépens. Ceux-ci peuvent, en raison des circonstances de l'affaire, être compensés, mais la partie acquittée

[1] « Sont considérés comme contradictoires les arrêtés rendus sur les requêtes ou mémoires en défense des parties, alors même que les parties ou leurs mandataires n'auraient pas présenté d'observations orales à la séance publique.
Toutefois, si après une expertise les parties n'ont pas été appelées à prendre connaissance du rapport d'experts, elles pourront former opposition contre la décision du conseil de préfecture » (art. 53).

est relaxée sans dépens. (L. 22 juill. 1889, art. 52, § 2; Cons. d'Ét. 1894, Leb. chr., p. 33.)

B) *Frais du procès-verbal.* — En matière de grande voirie les conseils de préfecture qui constatent l'existence de la contravention doivent condamner les parties au paiement des frais de timbre et d'enregistrement des procès-verbaux, recouvrement de l'amende et des autres frais de poursuite. (Cons. d'Ét. 15 juin 1842, 24 fév. 1843.)

D'après une jurisprudence encore récente du Conseil d'État la condamnation aux frais du procès-verbal de contravention de grande voirie ne pouvait être prononcée qu'accessoirement à une autre condamnation, soit à l'amende, soit à la réparation du dommage causé. (Cons. d'Ét. 6 juill. 1877, Leb. chr., p. 676; 2 juill. 1880, Leb. chr., p. 643; 14 déc. 1883, Leb. chr., p. 352, D. p. 85-3-75; 8 janv. 1886, D. p. 87-3-58.)

On justifiait cette doctrine par des motifs très juridiques. Il est, en effet, peu conforme aux principes de saisir un tribunal de répression d'une contravention, alors qu'il ne peut prononcer aucune condamnation, et de transformer le remboursement des frais du procès-verbal en une peine principale. (D. p. 88-3-98, note 2.)

Mais, en pratique, l'application de cette doctrine assurait l'impunité à des contraventions de nature à compromettre la sécurité de la voie publique, toutes les fois que l'infraction aux règlements n'avait pas eu en fait de conséquences dommageables. (Cons. d'Ét. 1er fév. 1895, Leb. chr., p. 117.)

Aussi le Conseil d'État est-il revenu tout dernièrement sur cette jurisprudence et a-t-il décidé qu'alors même qu'une contravention de grande voirie ne serait punie d'amende par aucune disposition, le contrevenant n'en doit pas moins être condamné aux frais du procès-verbal. (Cons. d'Ét. 15 fév. 1895, Rev. gén. d'adm. 95-2-41, Leb. chr., p. 164.)

Et ce n'est pas dire que la partie poursuivie ne peut être condamnée aux dépens lorsque le conseil de préfecture juge que la contravention qui lui est déférée n'existe pas, il n'en est pas de même lorsque la contravention existe. La constatation en est alors légitime; les dépens ont été exposés à juste titre; ils l'ont été par la faute du contrevenant et il y a lieu de permettre à l'administration d'en poursuivre le recouvrement.

Il n'a d'ailleurs jamais été contesté que la circonstance que le contrevenant n'est pas condamné à l'amende ne suffit pas pour l'exonérer des frais du procès-verbal.

Ainsi, dans le cas où l'auteur d'une contravention de grande voirie est condamné à la réparation du dommage causé, les frais de timbre et d'enregistrement auxquels a donné lieu la poursuite devant le conseil de préfecture peuvent être mis à sa charge. (Cons. d'Ét. 13 janv. 1882, D. p. 83-3-46.)

Et comme la prescription ne fait pas obstacle à ce que le contrevenant soit condamné à la réparation des dommages causés, cette condamnation suffit pour mettre à sa charge les frais du procès-verbal.

(Cons. d'Ét. 11 mars 1887, D. p. 88-3-68; 7 juill. 1893, D. p. 94-3-69.)

C) *Frais de vérification administrative.* — En cas de condamnation, les frais de la vérification administrative peuvent être mis à la charge du contrevenant. (Cons. d'Ét. 24 juin 1887 [2e espèce], D. p. 88-3-89.)

Il en est de même des frais d'expertise. (Cons. d'Ét. 8 mai 1874, D. p. 75-3-44. V. *suprà.*)

D) *Frais de recours au Conseil d'État.* — Dans les recours formés devant le Conseil d'État, en matière de grande voirie, l'État ne peut être condamné aux dépens, cette matière ne rentrant dans aucun des cas dans lesquels l'article 2 du décret du 2 novembre 1864 permet de mettre les dépens à sa charge.

Mais il peut y avoir difficulté, quand les conclusions à fin de dépens sont dirigées contre une compagnie ou une commune. (D. p. 89-3-24, note 3.)

D'après l'opinion qui a prévalu, le recours au Conseil d'État contre les arrêtés des conseils de préfecture en matière de contravention de grande voirie pouvant être introduit sans frais, il n'y a lieu de prononcer dans ce cas aucune condamnation aux dépens. (Cons. d'Ét. 13 déc. 1866, D. p. 67-3-82; 18 mai 1870, D. p. 71-3-88.)

§ 2. — Procédure devant le tribunal correctionnel.

Lorsque les contraventions de voirie entraînent la peine de l'emprisonnement, l'autorité administrative ne doit pas moins en connaître. Mais elle doit se borner à prononcer les peines pécuniaires et à renvoyer devant le tribunal correctionnel pour la peine corporelle. (Husson, p. 483.)

Nous avons longuement étudié au mot *Procédure criminelle* la procédure à suivre devant cette juridiction, et nous ne pouvons que renvoyer aux explications que nous avons fournies.

Section 5. — Pénalités proprement dites.

§ 1er. — Peines pécuniaires.

1. Amendes.

A) *Généralités.*

L'auteur d'une contravention de grande voirie peut être condamné à une amende, dans le cas où d'anciens règlements de voirie rendent cette peine applicable.

Il en est ainsi spécialement en matière d'alignement.

Mais il existe certaines contraventions de grande voirie qui ne sont passibles d'aucune amende et qui donnent seulement lieu à la démolition. (Cons. d'Ét. 10 mai 1878, Leb. chr., p. 450; 13 fév. 1885, Leb. chr., p. 198; 4 déc. 1891, Leb. chr., p. 740.)

Il n'appartient jamais aux conseils de préfecture d'appliquer les peines prononcées par le Code pénal, quelle que soit la nature de la contravention, dépôts ou embarras sur la voie publique. (Cons. d'Ét. 30 déc. 1843.)

B) *Taux des amendes.*

a) *Amendes fixées par les anciens règlements.* — *Modération de ces amendes.* — Les amendes prononcées par les anciens règlements étaient d'une sévérité souvent excessive (1,000 fr., 500 fr., 300 fr.; en matière de voirie urbaine, il en est même qui vont jusqu'à 3,000 fr.). Aussi les conseils de préfecture hésitaient-ils à appliquer des peines aussi énormes à de simples contraventions; ils ont tenté pendant longtemps de s'attribuer le droit de modérer l'amende et d'en proportionner le chiffre à la moralité du fait qu'ils avaient à punir; quelquefois même ils ont réduit l'amende jusqu'à cinq francs.

Cette réduction de peines était illégale, car les conseils de préfecture, remplissant le rôle de juridiction répressive, n'avaient pas, en l'absence d'une disposition de loi à cet effet, le pouvoir de modérer les peines établies d'une manière fixe par les anciens règlements.

Aussi, le Conseil d'État a-t-il fréquemment annulé des arrêtés des conseils de préfecture infligeant des amendes inférieures au taux légal. Toutefois, cette réduction était alors prononcée, non par le Conseil d'État considéré comme tribunal, mais par le souverain duquel seul émanaient les décisions que proposait le Conseil d'État au contentieux, et en vertu du droit de grâce que la Constitution lui conférait.

Cet état de choses, qui obligeait les parties à recourir, dans toutes les affaires, au Conseil d'État pour obtenir une atténuation de peine qui n'était presque jamais refusée, a pris fin après la promulgation de la loi du 23 mars 1842, dont l'article 1er permet au conseil de préfecture de modérer les amendes, eu égard au degré d'importance ou aux circonstances des délits, jusqu'au vingtième de ces amendes, sans toutefois que le minimum puisse descendre au-dessous de seize francs. (Cons. d'Ét. 8 août 1890, Leb. chr., p. 798; Aucoc, t. III, p. 232.)

Cette loi doit être entendue en ce sens que l'amende de mille francs pourra être réduite à cinquante francs, celle de cinq cents francs à vingt-cinq francs sans pouvoir descendre au-dessous, la somme de seize francs dont il est parlé dans la loi ne devant être prise comme minimum que dans le cas seulement où le vingtième de l'amende serait inférieur à seize francs. Ainsi, le vingtième de trois cents francs étant quinze francs, le vingtième de cent francs étant cinq francs, dans ces deux cas le juge ne pourra pas faire descendre l'amende au-dessous de seize francs; mais quant aux amendes dont le vingtième est supérieur à seize francs, c'est ce vingtième qui forme le minimum. (Cons. d'Ét. 6 juin 1844, Leb. chr., p. 341; Aucoc, loc. cit.)

Néanmoins, après comme avant la loi du 23 mars 1842, le chef de l'État, statuant en Conseil d'État, pouvait réduire la peine encourue et même en refuser l'application.

Mais, depuis la loi du 24 mai 1872, qui a conféré un pouvoir de juridiction propre au Conseil d'État, celui-ci ne peut plus réduire les amendes au-dessous du minimum fixé par la loi. (Cons. d'Ét. 24 janv. 1873, D. p. 73-3-94; 16 fév. 1883, D. p. 84-

5-113; 24 juin 1887, Leb. chr., p. 519; 1888, Leb. chr., p. 415; 8 août 1890, Leb. chr., p. 798, D. p. 92-3-38.)

b) *Amendes laissées par les anciens règlements à l'arbitraire du juge.* — Dans certains règlements, la peine n'est pas fixée, elle est laissée à l'arbitraire du juge.

Il avait été autrefois jugé que, dans l'état de la législation, on ne pouvait appliquer les amendes arbitraires prescrites par les anciens règlements, et que, dès lors, les contrevenants ne devaient être condamnés qu'à la réparation des dommages. (Cons. d'Ét. 20 avril 1840, Leb. chr., p. 112, 11 août 1841, Leb. chr., p. 443; 29 juin 1844, Leb. chr., p. 407.)

L'article 1er de la loi du 23 mars 1842 a comblé cette lacune, elle permet d'appliquer en ce cas une amende pouvant varier entre seize et trois cents francs.

C) *Caractères des amendes de grande voirie.*

On admet généralement, en doctrine comme en jurisprudence, que les amendes édictées contre les infractions de grande voirie sont de véritables peines et n'ont, à aucun titre, le caractère de réparation et de dommages-intérêts que diverses lois attribuent aux amendes fiscales.

Cependant, tandis qu'en matière correctionnelle ou de simple police les pénalités ne peuvent atteindre des êtres impersonnels tels que des départements, des communes et autres personnes morales, les amendes pour contraventions de grande voirie peuvent être prononcées contre une personne morale. (Cons. d'Ét. 13 sept. 1864, Leb. chr., p. 931; 23 nov. 1865, Leb. chr., p. 947; 31 mars 1874, Leb. chr., p. 331; V. *suprà*.)

D) *Recouvrement des amendes.*

Le recouvrement des amendes de grande voirie a été successivement confié aux trésoriers généraux par l'article 116 du décret du 16 décembre 1811, aux receveurs de l'enregistrement par l'article 1er du décret du 29 août 1813 et enfin aux percepteurs par l'article 25 de la loi du 29 décembre 1873.

E) *Attribution des amendes.*

Les articles 107 et 115 du décret du 16 décembre 1811 attribuaient les amendes de grande voirie pour un tiers à l'agent verbalisateur, pour un tiers à la commune au lieu où la contravention avait été commise et pour un tiers à l'État.

Cette répartition a été modifiée par l'article 11 de la loi du 26 décembre 1890, qui a établi des règles nouvelles sur l'attribution des amendes et condamnations pécuniaires prononcées par les tribunaux de répression. La loi du 26 décembre 1890 a été elle-même modifiée par les lois de finances de 1893 et de 1898. (V. les deux premières lois au mot *Chasse* et celle de 1898 au supplément.)

2. Confiscation.

La peine de la confiscation prononcée, en matière de grande voirie, par les anciens règlements, et notamment par l'arrêt du Conseil du 27 février 1765, paraît abrogée par les principes nouveaux de notre législation pénale. (Cons. d'Ét. 9 juin 1882, D. p. 83-3-122.)

§ 2. — Peines corporelles.

1. Emprisonnement.

Il n'est permis au conseil de préfecture, même en ce qui touche les contraventions de grande voirie, de prononcer que les peines purement pécuniaires. Dans le cas où, aux termes de la loi applicable, la contravention emporterait une peine correctionnelle, l'emprisonnement, par exemple, l'application de cette peine sortirait de ses attributions.

Cette division d'attributions pourrait occasionner de graves inconvénients d'une part en exposant le contrevenant à une double poursuite et, par conséquent, à de doubles frais et, d'autre part, en laissant dans l'incertitude les tribunaux correctionnels auxquels une condamnation est réclamée, sur l'autorité de la décision préalable du conseil de préfecture. Heureusement dans la pratique, ces inconvénients ne se produisent pas, et la jurisprudence ne fournit que de bien rares exemples d'une poursuite devant les tribunaux, après une condamnation à l'amende prononcée par les juges administratifs.

2. Peines infamantes.

Parmi les peines que prononcent les anciens règlements, il en est qui ne sont plus en rapport avec nos institutions actuelles : telles sont les peines du carcan, du fouet ; ces peines ne pourraient plus être appliquées.

§ 3. — Excuses.

1. Absence d'intention criminelle. — Bonne foi. Erreur.

Les règles applicables aux excuses dans le cas de contraventions ordinaires doivent recevoir leur application en matière de contraventions de grande voirie.

Dès que la contravention est prouvée, la peine est encourue sans que le prévenu puisse présenter sa bonne foi comme excuse. En cette matière, l'intention n'est pas un élément essentiel de la contravention. (Cons. d'Ét. 31 déc. 1838 ; Ferté 26 nov. 1842 ; Finet 28 déc. 1858 ; Aucoc, t. III, p. 234.)

2. Autorisation ou tolérance de l'administration.

Une contravention de grande voirie ne saurait être excusée à raison de l'autorisation ou de la tolérance de l'administration, en dehors des cas où le fait incriminé peut légalement être autorisé. (Cass. 3 janv. 1874, D. p. 74-1-324.)

3. Absence ou peu d'importance du dommage.

Les contraventions de grande voirie ne peuvent être excusées, de manière à éviter au prévenu l'application de l'amende, à raison de l'absence de dommage, de l'absence de gêne de la circulation, du peu d'importance des travaux ou .u peu de durée du fait incriminé.

4. Faits justificatifs.

A) *Démence.* — La démence de l'auteur de la contravention, impliquant l'absence de toute volonté, exclut toute responsabilité pénale.

B) *Force majeure.* — Il n'y aurait pas de contravention si le dommage causé à la route était le résultat de la force majeure. (Cass. 10 janv. 1879, D. p. 79-1-388.)

§ 4. — Cumul des peines.

La règle prohibitive du cumul des peines est inapplicable aux amendes prononcées en vertu des règlements de grande voirie, et spécialement en matière d'alignement.

En effet, l'article 365 du Code d'instruction criminelle concerne uniquement les crimes et les délits proprement dits. (Cons. d'Ét. 22 fév. 1838 ; Dall., J. G., vo *Voirie par terre*, no 265-1o ; 23 juill. 1840, eod. loc. ; 17 nov. 1843, eod. loc. ; 4 août 1876, *Chemin de fer de Lille à Valenciennes*; Aucoc, t. III, p. 235.)

Mais pour que le cumul soit possible, il faut que les contraventions soient indépendantes l'une de l'autre. Il ne faut pas confondre les divers actes d'une même contravention, comme serait l'emploi du maçon, puis du charpentier pour une même construction faite sans autorisation, avec les actes multiples de plusieurs contraventions distinctes. (Cons. d'Ét. 26 oct. 1836 ; Dall., J. G., vo *Voirie par terre*, no 265.)

§ 5. — Proscription de la peine.

La prescription de la peine, c'est-à-dire de l'amende, en matière de contraventions de grande voirie, a lieu par deux ans, conformément à l'article 639 du Code d'instruction criminelle, si l'on adopte le système qui assimile ces infractions aux contraventions de simple police. C'est la solution admise par le Conseil d'État (Cons. d'Ét. 1er fév. 1895, Leb. chr., p. 117). La prescription est au contraire de cinq ans, en vertu de l'article 636 du même Code, si l'on suit le système qui considère les contraventions de grande voirie comme des délits correctionnels. C'est ce système que nous préférons.

Section c. — *Réparations civiles.*

§ 1er. — Caractères des réparations civiles.

1. Réparation des dégradations.

La condamnation à la réparation des dégradations commises sur les routes, qui est la conséquence de l'inaliénabilité du domaine public, peut toujours être prononcée, alors même que, la contravention n'étant pas spécialement prévue par les anciens règlements, aucune amende n'est applicable, ou lorsque la prescription fait obstacle à une condamnation à l'amende. (Cons. d'Ét. 4 fév. 1887, Leb. chr., p. 227 ; 4 déc. 1891, Leb. chr., p. 740, D. p. 93-3-45.)

Mais, pour que le conseil de préfecture, saisi d'un procès-verbal de contravention en matière de grande voirie, puisse condamner à la réparation du dommage sans prononcer l'amende, il faut nécessairement qu'il reconnaisse l'existence de cette contravention, et que ce soit seulement parce que le fait prévu par les lois et règlements n'est pas puni ou parce que l'action pénale est prescrite, qu'il ne puisse y avoir lieu à l'application de la peine. (Cons. d'Ét. 9 fév. 1850.)

2. Restitutions des terrains usurpés.

Tout terrain usurpé par empiétement doit être restitué et remis dans son premier état, à quelque date qu'ait eu lieu l'empiétement. (V. *suprà*.)

3. Démolition.

A) *Cas où la démolition doit ou non être ordonnée par la juridiction administrative.*

a) *Cas où la démolition doit être ordonnée.* — La démolition a pour objet de réparer le dommage résultant de la contravention aux règlements de voirie. L'application de cette sanction des règlements édictée en matière de grande voirie par l'article 5 de l'édit de décembre 1607, les arrêts du Conseil du 27 février 1765, l'ordonnance du bureau des finances du 17 juillet 1781, la déclaration du 10 avril 1783, doit avoir lieu cumulativement avec la peine de l'amende, aux termes de ces règlements, et ne peut être éludée sous aucun prétexte toutes les fois que la construction ou la réparation faite sans autorisation est telle qu'elle n'eût pu être autorisée.

1° *Constructions et reconstructions.*

Travaux exécutés sans autorisation. — Le conseil de préfecture doit toujours ordonner la démolition des constructions élevées sans autorisation, quand elles empiètent sur l'alignement arrêté. (Cons. d'Ét. 7 août 1886, D. p. 88-3-12.)

Travaux exécutés contrairement à l'autorisation. — Les travaux exécutés contrairement à l'autorisation obtenue sont réputés faits sans autorisation ; en conséquence, le propriétaire doit être condamné à l'amende et, en outre, à la démolition s'il y a lieu. (Cons. d'Ét. 11 janv. 1846.)

2° *Réparations et travaux confortatifs.*

Travaux confortatifs exécutés sans autorisation. — L'administration, aux termes des règlements, doit ordonner la suppression des travaux confortatifs, lorsqu'ils sont faits sans permission aux constructions en saillie sur l'alignement. (Cons. d'Ét. 28 nov. 1884, D. p. 86-3-45.)

Travaux confortatifs exécutés contrairement à l'autorisation. — Il y a lieu de prescrire la démolition des travaux confortatifs qui ont été exécutés contrairement à l'autorisation. (Cons. d'Ét. 4 août 1893, Leb. chr., p. 642.)

b) *Cas où la démolition ne doit pas être ordonnée.*

1° *Bâtiments en saillie sur l'alignement.*

Travaux non confortatifs. — Le propriétaire qui exécute sans autorisation des travaux non confortatifs est passible d'amende, mais il ne peut être condamné à la démolition des travaux exécutés.

La raison en est que, tandis que les travaux confortatifs ne sauraient jamais être autorisés, les travaux non confortatifs peuvent l'être.

D'ailleurs, aux termes mêmes de l'article 5 de l'édit de 1607, la destruction n'est obligatoire que pour la besogne mal plantée, c'est-à-dire pour celle dont le maintien serait contraire à l'intérêt public. (Cons. d'Ét. 9 juin 1882, D. p. 83-3-122 ; 9 mars 1883, D. p. 84-5-17 ; 21 nov. 1884, D. p. 86-3-65.)

Travaux confortatifs exécutés sans autorisation à un bâtiment retranchable sur une grande profondeur. — La jurisprudence étant établie en ce sens que les servitudes d'alignement ne sont pas applicables aux bâtiments qui, par suite de l'application des plans généraux, doivent subir un retranchement considérable, et que les terrains nécessaires à l'exécution des plans ne peuvent être acquis que par voie d'expropriation publique et non à l'amiable, le conseil de préfecture ne peut ordonner la suppression des travaux même confortatifs exécutés sans autorisation sur la partie retranchable de ces bâtiments. (Cons. d'Ét. 19 janv. 1894, D. p. 95-5-22, Leb. chr., p. 60-61.)

2° *Bâtiments à l'alignement.* — Lorsqu'un particulier construit, sans autorisation, un ouvrage longeant une route, il commet une contravention de grande voirie passible de l'amende ; mais, si cet ouvrage est à l'alignement, la démolition ne peut en être ordonnée à raison de cette contravention. (Cons. d'Ét. 14 août 1871, D. p. 72-3-66 ; 1er fév. 1893, Leb. chr., p. 117.)

3° *Autorisation des travaux.* — Quand l'autorisation de construire ou de continuer les travaux, commencés sans autorisation préalable, intervient avant ou même pendant l'instance, la démolition ne peut plus être ordonnée.

4° *Inutilité de la démolition.* — Il résulte de la jurisprudence du Conseil d'État que la démolition des ouvrages faits en contravention n'ayant pour objet que de donner satisfaction à l'intérêt public, il n'y a pas lieu de l'ordonner, alors que par un fait postérieur la démolition cesserait d'être utile. (Cons. d'Ét. 16 janv. 1846.)

c) *Cas où la démolition peut ne pas être ordonnée.* — En matière d'alignement, le Conseil d'État maintient parfois, à raison de certaines circonstances spéciales, les travaux de construction ou les travaux confortatifs faits en contravention.

Il en est ainsi, notamment, lorsqu'ils sont peu importants et que le dommage en résulte peu pour la voie publique est à peine appréciable. (Cons. d'Ét. 19 avril 1859, D. p. 60-3-5.)

B) *Droit, pour l'administration, de dispenser le contrevenant de la démolition.*

L'administration peut, renonçant au bénéfice de la condamnation prononcée, autoriser le contrevenant à conserver les constructions, objet de la poursuite.

L'autorité compétente pour accorder cette permission est celle qui aurait eu qualité pour la délivrer dans le principe, c'est-à-dire le préfet en matière de grande voirie, sauf le droit de réformation qui appartient dans tous les cas à l'autorité supérieure. (Cons. d'Ét. 12 avril 1866, D. p. 67-5-472.)

C) Étendue de la démolition.

La démolition ne peut s'appliquer qu'aux ouvrages faits en contravention, et non aux anciennes parties de l'édifice auxquelles on n'a pas touché. En effet, l'arrêt du Conseil du 27 février 1765, en prohibant les constructions et réparations dans le cas qu'il indique, ajoute : « À peine de démolition desdits ouvrages, etc. »

D) Délai pour démolir.

Le Conseil d'État fixe quelquefois pour opérer la démolition un délai qu'il fait partir du jour des réquisitions de l'administration locale.

§ 2. — Compétence concernant les réparations civiles.

1. Compétence concernant les réparations civiles demandées par l'administration.

Les conseils de préfecture ont compétence en matière de grande voirie, non seulement pour prononcer les amendes encourues, mais aussi pour statuer sur les réparations matérielles ou pécuniaires auxquelles la contravention peut donner lieu, pourvu que ces réparations soient requises au nom de l'administration.

2. Compétence concernant les réparations civiles demandées par les particuliers.

La disposition de l'article 4 de la loi du 28 pluviôse an VIII, qui confère au conseil de préfecture le droit de statuer « sur les difficultés qui pourront s'élever en matière de grande voirie », doit, en raison de la généralité de ses termes, être réputée attribuer à ce conseil, non seulement la répression des contraventions de grande voirie, mais aussi le jugement des contestations civiles qui peuvent s'élever en cette matière, pourvu toutefois que l'administration y soit intéressée.

C'est également à l'autorité administrative qu'il appartient de connaître de l'action en dommages-intérêts intentée contre l'administration par l'acquéreur d'un immeuble à raison du préjudice que lui cause la démolition de cet immeuble effectuée par suite d'une contravention de grande voirie commise par le vendeur. (Cons. d'Ét. 14 fév. 1861, D. p. 61-3-73.)

Mais les actions qui concernent uniquement les intérêts privés et dans lesquelles le domaine public n'est pas en cause sont en dehors de la juridiction des conseils de préfecture.

En conséquence, toute action purement civile, serait-elle élevée à l'occasion d'une contravention de grande voirie, doit être portée devant les tribunaux civils, seuls compétents pour en connaître. Le principe de l'article 3 du Code d'instruction criminelle, suivant lequel l'action civile peut être poursuivie en même temps et devant les mêmes juges que l'action publique, n'est pas applicable devant les tribunaux administratifs.

Du reste, l'article 114 du décret de 1811 consacre expressément cette incompétence des tribunaux administratifs, déjà reconnue auparavant par l'avis du Conseil d'État du 20 septembre 1809.

§ 3. — Prescription des condamnations civiles.

Les condamnations civiles relatives aux contraventions de grande voirie, quand elles sont devenues irrévocables, se prescrivent par le délai de trente ans.

Il convient, à cet égard, de regarder comme des condamnations civiles celles qui concernent les dommages-intérêts, les restitutions et les frais du procès-verbal.

§ 4. — Amnistie. — Non-extinction de l'action à fin de réparation du dommage.

De même que la prescription, l'amnistie ne fait pas obstacle à ce que l'administration poursuive la réparation du dommage, ou la démolition des constructions faites en contravention aux règlements de voirie, ou l'abatage des plantations effectuées au mépris des mêmes règlements. (Cons. d'Ét. 3 nov. 1853, D. p. 54-3-12 ; 12 janv. 1860, D. p. 62-3-57 ; 30 mars 1870, D. p. 71-3-60.)

En général, d'après les actes d'amnistie, l'amnistie n'est pas applicable aux frais avancés par l'État et aux restitutions ou dommages-intérêts qui lui ont été alloués par les conseils de préfecture ; les sommes recouvrées avant la date de l'amnistie ne sont pas restituées. (Décr. 6 janv. 1852, art. 1er et 2, D. p. 52-4-32.)

CHAPITRE II

CONTRAVENTIONS DE VOIRIE VICINALE

Sous-chapitre Ier. — Généralités.

Les infractions à l'article 201 et aux articles suivants du règlement général du 6 décembre 1870 (V. suprà) constituent des contraventions de police réprimées, suivant les cas, par l'article 471, §§ 4 et 15, et l'article 479, §§ 11 et 12, du Code pénal.

L'article 471, § 4, du Code pénal punit, on le sait, ceux qui, en contravention aux lois ou aux règlements, auraient négligé d'éclairer les matériaux par eux entreposés ou les excavations faites dans les rues et places. Mais ce texte, nous l'avons dit, est inapplicable aux chemins vicinaux (V. p. 527). Toutefois, nous pensons que l'autorité municipale a le droit, en vertu de l'article 97 de la loi du 5 avril 1884, de prescrire l'éclairage des matériaux et des excavations sur tous les chemins publics de la commune.

La première partie du paragraphe 4 de l'article 471 du Code pénal punit « ceux qui auront *embarrassé* la voie publique, en y déposant ou y laissant sans nécessité des matériaux ou des choses quelconques qui empêchent ou diminuent la liberté ou la sûreté du passage ». Cet article est applicable aux chemins vicinaux de toute catégorie.

Parmi les contraventions de voirie vicinale, il faut mentionner l'usurpation ou anticipation sur la largeur des chemins vicinaux, la dégradation ou détérioration de ces chemins, l'enlèvement non autorisé de gazons, terres ou pierres, sur les mêmes voies.

Est applicable aux chemins vicinaux l'article 438 du Code pénal qui punit quiconque, par des voies de fait, s'oppose à la confection des travaux autorisés par le Gouvernement.

La mutilation des arbres plantés sur les bords des chemins vicinaux tombe sous l'application, selon les cas, soit des articles 446 à 448 du Code pénal, soit de l'article 14 de la loi des 28 septembre-6 octobre 1791.

Sous-chapitre II. — Usurpation ou anticipation sur les chemins vicinaux.

Section 1re. — *Caractères généraux de la contravention d'usurpation.*

La contravention d'usurpation ou anticipation sur les chemins vicinaux est prévue et punie par l'article 479, § 11, du Code pénal.

Cette disposition est applicable aux contraventions d'alignement quand elles comportent une usurpation.

Section 2. — *Éléments constitutifs de la contravention d'usurpation.*

§ 1er. — Usurpation ou anticipation.

La contravention d'usurpation prévue par l'article 479, § 11, du Code pénal suppose tout d'abord qu'un fait d'usurpation ou anticipation sur la largeur d'un chemin a été commis.

Tout acte qui a pour effet de soustraire à l'usage du public, d'une *manière permanente* [1], une portion quelconque d'un chemin vicinal constitue une usurpation, et le conseil de préfecture est compétent pour en connaître.

Tels seraient, par exemple, l'établissement de barrières cadenassées (Cass. 2 août 1828, n° 228), l'ouverture de fossés (Cass. 13 déc. 1843, n° 307) ou tout autre moyen analogue qui apporte un obstacle permanent à la circulation, la plantation d'arbres ou de haies sur le sol du chemin, l'établissement d'une clôture sur le sol d'un chemin dont les limites ont été régulièrement déterminées (Cons. d'Ét. 24 mars 1893, D. p. 94-3-42), etc.

[1]. C'est ce caractère de permanence qui différencie l'usurpation de la dégradation.

Par cette énumération, on voit que l'usurpation ne peut exister que par un fait matériel. Elle ne saurait donc se trouver dans des actes de procédure, dans des conclusions orales ou écrites, en un mot dans des prétentions formulées d'une manière quelconque où l'on revendique la propriété d'une voie publique ou d'une partie de cette voie. (Cass. 24 déc. 1880, n° 246.)

La loi du 9 ventôse an XIII n'attribuant compétence au conseil de préfecture que pour la répression des usurpations commises sur le sol des chemins vicinaux, il n'appartient pas à ce conseil de statuer sur une action intentée par la commune et tendant à l'allocation de dommages-intérêts à raison de la *coupe d'arbres* existant sur les dépendances d'un chemin vicinal. (Cons. d'Ét. 31 janv. 1890, D. p. 91-3-68.)

§ 2. — Lieu de la contravention.

Chemins vicinaux.

A) *Sol des chemins vicinaux.* — La contravention d'usurpation spécifiée dans l'article 479, § 11, du Code pénal n'existe qu'autant que l'usurpation a lieu sur la largeur d'un chemin public (Cass. 27 mars 1886, n° 135), et spécialement d'un chemin rural ou vicinal, ou encore, selon une opinion, d'une voie urbaine, à l'exclusion des routes nationales ou départementales, à l'égard desquelles l'anticipation tombe sous l'application des anciens règlements. (V. *suprà.*)

Mais, pour que l'usurpation donne lieu à la compétence du conseil de préfecture, il faut qu'elle ait lieu sur les chemins réellement vicinaux, car la loi du 9 ventôse an XIII ne s'occupe que de ces chemins.

Tout chemin non classé comme vicinal, quelle qu'en soit l'importance, n'est pas vicinal, et, dès lors, les usurpations qui y auraient été commises ne pourraient être déférées au conseil de préfecture (Cons. d'Ét. 13 mars 1856, D. p. 56-3-58; 14 janv. 1881, D. p. 82-5-88; 11 mars 1887, Leb. chr., p. 214.)

On ne peut reconnaître comme chemins vicinaux que ceux qui ont reçu ce caractère dans la forme légale, c'est-à-dire qui ont été classés ou reconnus comme tels par le préfet sur la commission départementale s'il s'agit de chemins vicinaux ordinaires, ou par le conseil général s'il s'agit de chemins de grande communication ou d'intérêt commun.

B) *Rues et places formant le prolongement des chemins vicinaux.* — Jusqu'en 1864, les rues et places des bourgs et villages formant le prolongement des chemins vicinaux ordinaires ne faisant pas partie de ces chemins, les contraventions qui y étaient commises n'étaient pas de la compétence des conseils de préfecture. (Cass. 10 mars 1859, D. p. 63-1-382 ; 22 nov. 1860, D. p. 63-1-383.)

Il en était de même pour les chemins d'intérêt commun.

Mais il en était autrement des rues formant le prolongement des chemins vicinaux de grande communication.

Aujourd'hui, d'après l'article 1er de la loi du 8 juin 1864, toute rue qui, dans les formes légales, est reconnue être le prolongement d'un chemin vicinal quelconque, en fait partie intégrante et est soumise aux mêmes lois et règlements.

C) *Dépendances des chemins vicinaux.* — Les dépendances des chemins vicinaux faisant partie intégrante du chemin auquel elles appartiennent et étant soumises au même régime, il en résulte que les anticipations commises sur ces dépendances sont de la compétence des conseils de préfecture comme si elles avaient eu lieu sur le chemin lui-même.

Il en est de même des anticipations sur des terrains faisant autrefois partie du chemin qui, bien qu'excédant sa largeur légale, ont été conservés par le préfet dans son arrêté de classement.

Section 3. — Poursuite et répression. (V. *infrà* Sous-chapitre VI.)

Sous-chapitre III. — Dégradation ou détérioration des chemins vicinaux.

Section 1re. — Caractères généraux de la contravention.

Le paragraphe 11 de l'article 479 punit « ceux qui auront dégradé ou détérioré, de quelque manière que ce soit, les chemins publics ».

Il y a *dégradation* d'un chemin public dans tout acte qui a pour résultat de l'endommager, si peu que ce puisse être ; il y a plutôt *détérioration* lorsque le fait incriminé a apporté à l'état d'un chemin une modification quelconque sans que la viabilité ait eu à en souffrir. (Cass. 10 nov. 1870, n° 179.)

Section 2. — Éléments constitutifs.

§ 1er. — Dégradation et détérioration.

Le règlement général sur les chemins vicinaux prévoit plusieurs cas de dégradation ou de détérioration de ces voies publiques, notamment : le déversement d'eaux sur ces chemins de manière à les dégrader ; l'établissement de barrages, écluses ou passages sur les fossés qui les bordent ; l'ouverture de fossés ; le dépavage des voies ; le fait de les parcourir avec des instruments aratoires sans prendre les précautions nécessaires pour éviter de les dégrader ; le labourage et la culture de leur sol [1]. (Règl. 1870, art. 172 à 201.)

Comme autres exemples de dégradations ou de détériorations d'une voie publique on peut citer, d'après la jurisprudence, le fait d'y creuser des tranchées ou rigoles quelconques sans avoir obtenu l'autorisation de l'administration qui peut l'accorder par des motifs spéciaux (Cass. 17 janv. 1845, n° 16) ; l'exécution de tels travaux sans permission ne serait pas excusable, même lorsqu'elle aurait eu pour but de détourner les eaux du chemin des fondations

d'un édifice en construction, ou encore d'user d'une servitude judiciairement établie au profit du contrevenant. (Cass. 10 nov. 1870, n° 179 ; 4 déc. 1886, n° 414.)

Il y a encore dégradation dans le fait de déplacer les terres du chemin et d'y occasionner ainsi des excavations (Cass. 26 avril 1867, n° 100), ou d'endommager les fossés du chemin en faisant passer dessus des charrettes, ou d'établir des barrages sur les fossés de la voie (Cass. 18 mars 1848, n° 75) ou de les combler. (Cass. 5 juin 1856, n° 204.)

§ 2. — Chemin public.

Pour que la contravention existe, il est nécessaire que la dégradation ait été commise sur un chemin public (Cass. 27 mars 1886, n° 135) et spécialement sur un chemin vicinal.

Les dépendances des chemins, telles que les berges, les talus, les fossés, sont assimilées au sol de la chaussée elle-même, et l'article 479 les protège aussi bien que cette dernière contre toute dégradation.

Les chemins vicinaux comprennent non seulement la voie charretière, mais aussi les relais de terrain qui la bordent. (Cass. 27 juill. 1855, n° 265.)

On ne doit considérer comme dépendances d'un chemin public que ses dépendances normales, régulièrement élevées et entretenues. Ainsi on ne peut regarder comme faisant partie de la voie publique un pont de bois, jeté par quelques habitants sur une rivière, pour rétablir les communications entre les deux tronçons d'un chemin vicinal, interrompues par la rupture de l'ancien pont. (Cass. 8 mars 1844, n° 92.)

Il n'y a pas contravention si la dégradation a été commise sur des propriétés particulières, telles que des chemins privés, ou des chemins faisant partie du domaine privé d'une commune (Cass. 27 fév. 1869, n° 50 ; 28 nov. 1884, n° 328), et notamment si elle a eu lieu sur un chemin de cette espèce ouvert par le contrevenant. (Cass. 21 janv. 1882, n° 28 ; 7 juill. 1887, n° 259.)

L'article 479, § 11, n'est pas non plus applicable s'il s'agit d'un chemin abandonné, hors service, impraticable même pour les piétons. (Cass. 14 fév. 1874, n° 52.)

Section 3. — Poursuite et répression. (V. *infrà* Sous-chapitre VI.)

Sous-chapitre IV. — Embarras de la voie publique sans nécessité.

Section 1re. — Éléments constitutifs.

Les dépôts sur les chemins vicinaux de toutes classes sont punissables lorsqu'ils sont faits *sans nécessité*, par la raison qu'ils embarrassent, empêchent ou diminuent le passage. Vainement prétendrait-on qu'il n'y a pas eu embarras ; cette excuse n'est point admissible (Cass. ch. crim. 2 juin 1825, Sonnet ; 20 fév. 1862, n° 55 ; 21 nov. 1884, n° 316 ; 7 déc. 1889, n° 380). S'il y a *nécessité*, le fait cesse d'être punissable (*Id.*, 1er juill. 1826, Brault). C'est

---

[1]. Le fait de labourer le sol d'un chemin lorsque les circonstances indiquent que cet acte est exécuté dans le but d'accroître la surface cultivable de la propriété riveraine aux dépens de la voie publique, constitue une usurpation. C'est une dégradation si le terrain appartient au chemin n'a été labouré qu'accidentellement, par suite d'une maladresse ou d'une négligence du contrevenant.

au prévenu à prouver la nécessité alléguée par lui (*Id.*, 18 sept. 1828, Chesnel, n° 264). La nécessité peut être prouvée par l'impossibilité de déposer les matériaux ailleurs (*Id.*, 27 déc. 1828, Lebuothel; 12 déc. 1862, n° 275; 21 mars 1868, n° 81). Les faits de nécessité n'étant pas déterminés par la loi, c'est au juge à les apprécier (*Id.*, 10 oct. 1822, Ragliano; 6 août 1886, n° 298; 31 mai 1889, n° 199). Il suffit, pour que le renvoi du prévenu soit légalement prononcé, qu'il soit constaté par le juge que c'est dans le cas d'absolue nécessité, pour l'exécution de travaux et réparations à sa maison, qu'un citoyen a déposé des matériaux qui ont embarrassé la voie publique (*Id.*, 27 déc. 1828, Lebuothel; 16 fév. 1833, Straboni; 21 nov. 1833, André). S'il a été déclaré par le tribunal que le prévenu a très momentanément embarrassé la voie, et qu'il ne l'a pas fait sans nécessité, celui-ci doit être également renvoyé de l'action intentée contre lui. (*Id.*, 7 mai 1819, Larue.)

L'autorité ne peut d'ailleurs, sans s'écarter de la loi, défendre, d'une manière absolue, tout dépôt sur la voie publique. Les citoyens ont le droit d'user des lieux publics en cas de nécessité, l'administration ne peut les en priver. Un règlement qui n'admettrait pas cette distinction serait donc contraire à la raison autant qu'à la loi. (V. *suprà* les défenses portées dans le règlement général de 1870, art. 172 et suiv.)

Les arrêtés pris par les préfets pour tolérer les dépôts sur les lieux publics ne peuvent d'ailleurs engager ou compromettre les droits des tiers. (*Id.*, Ch. des req. 12 juill. 1836, Damay c. Poncelet et Isard.)

Hors le cas de nécessité, l'autorité est juge légitime de ce qu'exigent la commodité et la sûreté du passage sur la voie publique (*Id.*, 7 déc. 1826, Rigaud). Les préfets peuvent donc prendre des arrêtés pour défendre de déposer des bois autrement que provisoirement sous certaines conditions, en certains endroits et à moins d'un permis (*Id.*, 13 déc. 1852, Carel), d'établir sur le chemin des dépôts permanents de fumier et décombres (Cass. 19 prairial an II), et de prescrire l'enlèvement de ceux qui auraient été précédemment faits; les tribunaux ne peuvent refuser de condamner les contrevenants à de semblables arrêtés, sous prétexte que le fumier a été déposé sur leurs terrains, ou qu'il n'occasionne pas d'exhalaisons nuisibles (19 prairial an II; 6 fév. 1823). L'autorité préfectorale a également le droit de faire disparaître tous les embarras qui peuvent obstruer la voie publique. (22 nov. 1838, ch. crim., Métadier; 20 avril 1844, Bernardo, et autres espèces.)

Section 2. — Poursuite et répression. (V. infrà Sous-chapitre VI.)

Sous-chapitre V. — Contraventions aux règlements ou arrêtés de petite voirie.

La première disposition du paragraphe 5 de l'article 471 du Code pénal punit ceux qui ont négligé ou refusé d'exécuter les règlements ou arrêtés concernant la petite voirie.

Section 1re. — Éléments constitutifs de la contravention.

§ 1er. — Lieux auxquels s'applique la contravention.

L'article 471, § 5, du Code pénal vise les contraventions aux règlements ou arrêtés concernant les chemins vicinaux et leurs dépendances et les rues ou places formant le prolongement desdits chemins.

§ 2. — Négligence ou refus d'exécuter les règlements de petite voirie.

On commet la contravention prévue dans la première disposition du paragraphe 5 de l'article 471 du Code pénal non seulement en refusant de se soumettre aux règlements ou arrêtés concernant la petite voirie, mais encore en négligeant de les exécuter.

§ 3. — Caractères des règlements de petite voirie auxquels s'applique la contravention.

Toutes les dispositions édictées par le règlement général du 6 décembre 1870, qui ne rentrent pas dans un des cas spécialement prévus par l'article 471, § 4, et l'article 479, §§ 11 et 12, du Code pénal trouvent leur sanction soit dans l'article 471, § 5, que nous étudions, soit encore dans l'article 471, § 15.

On doit notamment considérer comme passibles de la peine portée par l'article 471, § 5, le jet sur les chemins des pierres ou autres matières provenant des terrains voisins (art. 201, § 5), l'action de faire paître sur les chemins vicinaux ou sur leurs dépendances aucune espèce d'animaux (art. 201, § 9), l'établissement d'excavations ou de constructions sur la voie publique ou ses dépendances (art. 201, § 12), etc.

Pareillement, constituent des contraventions réprimées par l'article 471, § 5 : l'ouverture, sans autorisation, de fossés le long des chemins vicinaux et sans observer la distance réglementaire (Règl., art. 172, § 7, art. 184); la plantation d'arbres, bois taillis ou haies le long des chemins vicinaux, si ce n'est à la distance réglementaire et après en avoir obtenu l'alignement (art. 172, § 7; art. 184).

Section 2. — Poursuite et répression. (V. infrà Sous-chapitre VI.)

Sous-chapitre VI. — Poursuite et répression.

Section 1re. — Contraventions dont la répression appartient aux conseils de préfecture.

§ 1er. — Anticipations. — Usurpations.

1. Constatation.

Toute anticipation sur le sol d'un chemin vicinal ou de ses dépendances, de quelque manière qu'elle ait été commise, est constatée par les maires, adjoints, commissaires de police, agents voyers et gardes champêtres. (Cod. instr. crim., art. 9, 11, 12 et 16; L. 21 mai 1836, art. 11; Cass. 17 janv. 1845; Instr. gén. 1870, art. 311.)

Les procès-verbaux rédigés par les fonctionnaires et agents désignés par l'article précédent doivent être soumis au timbre et à l'enregistrement, en débet, dans les quatre jours de leur rédaction; ceux rédigés par les gardes champêtres doivent, préalablement, être affirmés dans la forme ordinaire et dans les vingt-quatre heures de leur rédaction. (LL. 28 sep.; 6 octobre 1791, titre 1er, section 7; 13 brumaire an VII, titre II, art. 12; 22 frimaire an VII, art. 20, 68 et 70; 28 floréal an XII, art. 11; Cons. d'Ét. 1er août 1884, Leb. chr., p. 671, D. p. 85-3-21; Instr. gén. 1870, art. 312.)

Ils sont adressés au sous-préfet de l'arrondissement où l'usurpation a été commise, dans les cinq jours qui suivent leur rédaction ou leur affirmation quand elle est exigée.

2. Mesures provisoires.

A) *Caractères des mesures provisoires. — Qualité pour les prescrire.*

Avant toute poursuite et sans attendre la décision sur le fond du procès, le maire et le préfet ont le droit, dans l'intérêt de la viabilité publique, de prescrire des mesures provisoires, et notamment d'ordonner par provision l'enlèvement, la destruction des obstacles apportés à la circulation, sauf à la juridiction compétente à décider plus tard si elles ont été prises à bon droit.

Ce droit, dont la jurisprudence a toujours reconnu l'existence, dérive de l'article 3, § 1er, titre XI, de la loi des 16-24 août 1790.

Cet article a été reproduit par l'article 97, § 1er, de la loi du 5 avril 1884 qui confie à la vigilance des corps municipaux tout ce qui intéresse la commodité du passage dans les voies publiques, ce qui comprend l'enlèvement des encombrements et la destruction des travaux qui obstruent le passage.

Toutefois, de même qu'en matière de grande voirie, les mesures provisoires pour le rétablissement de la circulation ne peuvent être ordonnées que dans le cas d'urgence et, comme le dit l'article 113 du décret du 16 décembre 1811, lorsqu'il s'agit de dégradations, dépôts de fumiers, d'immondices et autres substances.

Dès lors, en thèse générale, le maire et le préfet n'ont pas le droit de prescrire avant tout jugement des démolitions et des restitutions de terrains.

B) *Exécution immédiate des mesures provisoires.*

L'arrêté du maire ou du préfet qui ordonne le rétablissement de la circulation est immédiatement exécutoire, sauf recours à l'autorité supérieure, c'est-à-dire devant le préfet et ensuite devant le ministre de l'intérieur. (Cons. d'Ét. 16 fév. 1825.)

Et ni l'une ni l'autre des décisions rendues par ces autorités n'est de nature à être attaquée devant le Conseil d'État par la voie contentieuse. (Cons. d'Ét. 16 janv. 1846.)

Le refus d'obéir à cet arrêté constitue une contravention qui doit être punie des peines de l'article 471, §§ 5 et 15, du Code pénal. (Cass. 4 avril 1835; 2 juin 1854, D. p. 54-5-783.)

Les tribunaux ne peuvent sous aucun prétexte

suspendre l'effet de cette injonction. (Cass. 3 sept. 1857, D. p. 57-1-449.)

S'il appartient à l'autorité administrative de faire immédiatement exécuter les travaux nécessaires pour rétablir la circulation interceptée sur un chemin vicinal, c'est ensuite au tribunal soit judiciaire, soit administratif, devant lequel est renvoyé le procès-verbal constatant la contravention, qu'il appartient de prononcer la condamnation aux dépens qui ont pu être nécessaires pour rétablir le chemin dans son état primitif. (Décis. min. int. 2 juin 1839.)

3. Poursuite.

A) *Saisine du conseil de préfecture.*

Le conseil de préfecture n'est compétent pour juger si un riverain a anticipé sur le sol d'un chemin vicinal que lorsqu'il est saisi d'un procès-verbal de contravention. (Cons. d'Ét. 25 juill. 1871, D. p. 72-3-52.)

En effet, le droit conféré aux conseils de préfecture par l'article 8 de la loi du 9 ventôse an XIII a un caractère tout à fait exceptionnel et ne peut, dès lors, être exercé que dans le cas prévu par cette loi, c'est-à-dire lorsqu'il s'agit de poursuites en contravention. (D. p. 72-3-52, note 3.)

B) *Qualité pour agir.*

La commune, propriétaire du chemin vicinal, peut toujours saisir les tribunaux administratifs des usurpations à raison de son intérêt à voir réprimer l'action commise. Il faut donc reconnaître au maire le droit d'agir, concurremment avec le sous-préfet ou à son défaut, devant le conseil de préfecture pour faire constater et réprimer les usurpations, et même devant le tribunal de simple police. (Cod. instr. crim., art. 145.)

Non seulement les communes, propriétaires du sol des chemins publics, peuvent intervenir à l'instance, mais le Conseil d'État les met d'ordinaire lui-même en cause en leur donnant communication des requêtes en matière d'usurpation sur le sol de ces chemins. C'est le pendant de la constitution de partie civile devant les tribunaux judiciaires. Il se montre seulement plus rigoureux en ce qui concerne la recevabilité d'une tierce opposition formée par une commune contre un arrêt rendu par lui et dans ce cas la commune doit être représentée dans l'instance par le ministre de l'intérieur. (Cons. d'Ét. 7 mars 1890, Sir. 92-3-79.)

Toutefois, si la commune a qualité pour poursuivre la répression des usurpations, il n'en est pas de même de ses habitants agissant en leur nom personnel, alors que les usurpations sont commises au préjudice de la commune. (Cons. d'Ét. 24 janv. 1872, Leb. chr., p. 20.)

C) *Contre qui doivent être exercées les poursuites?*

Les poursuites sont exercées contre les auteurs de l'infraction et contre les autres personnes qui en sont responsables. (Cod. civ., art. 1384; Cod. instr. crim., art. 368.)

L'auteur de l'infraction peut toujours être poursuivi. (Cons. d'Ét. 14 nov. 1884, Sir. 86-3-36, b. p. 86-3-51.)

Lorsque la contravention émane d'un locataire, le propriétaire du sol peut également être poursuivi. (Aucoc, t. III, n° 1188.)

D) Obstacles à l'action.

a) *Prescription.* — Nous avons dit qu'en cas d'usurpation ou d'anticipation sur un chemin vicinal deux *actions* naissent au profit de la commune : l'une, ayant pour objet l'application de l'amende, se prescrit conformément aux règles de l'article 640 du Code d'instruction criminelle ; l'autre, tendant à la restitution du sol usurpé, peut toujours être exercée, car ce sol est imprescriptible.

Si ancienne donc que soit l'usurpation sur une voie classée comme vicinale, si elle est constante, le conseil de préfecture doit rétablir les lieux dans leur ancien état. (Cons. d'Ét. 28 fév. 1828, P. ad. chr.; 4 sept. 1841, Sir. 42-2-182; Cass. 27 oct. 1891, J^{al} le Droit du 24 mars 1892.)

b) *Amnistie.* — L'amnistie entraîne l'extinction de l'action publique, mais elle ne touche en rien au droit de poursuivre les réparations civiles.

4. Procédure devant le conseil de préfecture.

A) *Introduction des instances et mesures générales d'instruction.*

a) *Concours de l'action publique devant le tribunal de police et de l'action civile devant le conseil de préfecture.* — L'introduction des instances et les mesures générales d'instruction sont réglées par les articles 1er et suivants de la loi du 22 juillet 1889. (V. *suprà.*)

Les poursuites qui ont pour objet les usurpations commises sur les chemins vicinaux devant être portées devant deux tribunaux différents, le conseil de préfecture et le juge de simple police, il y a lieu de se demander devant lequel elles doivent être dirigées en premier lieu.

Dans l'origine, la jurisprudence semblait admettre que l'on pouvait indifféremment traduire le prévenu devant l'une ou devant l'autre juridiction.

Mais aujourd'hui il est établi, dans la pratique administrative, que la priorité appartient nécessairement au conseil de préfecture, et ce n'est qu'après qu'il a statué sur l'existence de la contravention et ordonné la réintégration du sol usurpé, que les poursuites doivent être portées devant le tribunal de police pour l'application de la peine.

Ce point a été reconnu par une circulaire du ministre de l'intérieur du 11 mai 1889 et consacré par les articles 313 et 317 de l'instruction générale du 6 décembre 1870.

Toutefois, comme aucune loi ne donne en ce cas la priorité au conseil de préfecture, si le tribunal de police est saisi le premier, il n'est pas tenu de surseoir. (Cass. 10 mars 1859, D. p. 63-1-382.)

b) *Citation devant le conseil de préfecture.* — *Notification du procès-verbal.* — L'article 10 de la loi du 22 juillet 1889 détermine les conditions dans lesquelles le conseil de préfecture doit être saisi.

Le sous-préfet fait faire aux contrevenants, en la forme administrative, notification de la copie de chaque procès-verbal et de son affirmation avec citation devant le conseil dans le délai d'un mois.

La citation doit indiquer au contrevenant qu'il a quinze jours, à compter de la notification, pour produire ses défenses écrites et l'inviter à déclarer s'il a l'intention de présenter des observations orales.

Acte est dressé de la notification et de la citation et le sous-préfet l'adresse sans délai au préfet, qui le transmet au conseil de préfecture pour y être enregistré. (L. 22 juill. 1889, art. 10.)

c) *Moyens de vérification.* — Il suffit, à cet égard, de se référer aux explications présentées, pour les contraventions de grande voirie, *suprà.*

B) *Incident.* (V. également *suprà.*)

C) *Jugement.*

Le conseil de préfecture, après avoir fait constater (s'il y a contestation sur ce point) la vicinalité de la voie, doit apprécier s'il y a eu véritablement anticipation sur le domaine public communal. Pour atteindre ce but, il est maître de recourir à toutes les mesures d'instruction qu'il juge propres à éclairer sa religion ; mais les éléments les plus sûrs seront ordinairement puisés dans les procès-verbaux qui formeront la base des poursuites. (Dufour, *Droit administratif appliqué,* n° 665.)

Diverses questions préjudicielles peuvent d'ailleurs être soulevées par le prévenu : il peut, en effet, ou contester la légalité de la décision qui a classé le chemin ou invoquer le défaut de cette même décision quant aux limites de la voie ou se prétendre propriétaire de l'assiette du chemin.

1° Le conseil de préfecture, juge de la contestation, a qualité pour apprécier si le chemin a été légalement reconnu (Cons. d'Ét. 11 juin 1891, Sir. 93-3-71);

2° Il appartient, en principe, au conseil de préfecture, saisi du procès-verbal dressé contre le prévenu d'anticipation sur un chemin vicinal, de vérifier les limites de la voie. Il fait cette vérification soit d'après la décision qui a opéré le classement, soit à l'aide de tous les documents dont il peut disposer (Cons. d'Ét. 2 juin 1866, Leb. chr., p. 584; 17 déc. 1880, D. p. 82-3-43);

3° Le prévenu d'anticipation peut devant le conseil de préfecture soulever la question de propriété relativement au sol du chemin. Il y a là une question préjudicielle qui a toujours été considérée comme de la compétence des tribunaux judiciaires. Quand elle est posée, le conseil de préfecture est tenu de surseoir jusqu'à ce qu'elle ait été tranchée par les tribunaux compétents, alors du moins que la prétention du prévenu s'appuie sur des titres ou des faits qui, s'ils sont reconnus par la juridiction compétente, sont de nature à enlever tout caractère de contravention à l'usurpation alléguée. (Cons. d'Ét. 27 avril 1877, Leb. chr., p. 375; 15 juin

1883, Leb. chr., p. 554; 19 juin 1891, Sir. 93-3-71.)

C'est à celui qui, prévenu d'usurpation d'un chemin vicinal, oppose l'exception préjudicielle de prouver qu'il est en effet propriétaire. (Cass. 12 juill. 1834, Sir. 35-1-279; 25 sept. 1835, Sir. 36-1-150.)

D) *Notification et exécution des arrêtés du conseil de préfecture.*

Lorsqu'un arrêté du conseil de préfecture porte injonction de restituer le sol anticipé, cet arrêté peut, pour éviter les frais, être notifié administrativement au contrevenant, sous la condition que ce dernier donne reçu de cette notification et déclare la tenir pour suffisante.

Dans le cas où cette déclaration n'est pas immédiatement donnée, le maire fait notifier l'arrêté par huissier. (L. 22 juill. 1889, art. 51.)

Si, à l'expiration du délai fixé par le conseil de préfecture, ou, à défaut, dans les trois jours qui suivent la notification, le contrevenant n'a pas obéi, le maire fait procéder d'office à la reprise des terrains indûment occupés, ainsi qu'à la destruction des œuvres condamnées par ledit arrêté.

Toutefois, s'il n'y a pas urgence à l'exécution immédiate de cet arrêté ou s'il s'agit de la destruction de bâtiments ou autres constructions, le maire peut surseoir à l'exécution jusqu'à l'expiration du délai de pourvoi ou jusqu'à ce qu'il ait été statué définitivement.

Il est rendu compte au préfet de tout sursis ainsi accordé, afin qu'il puisse, au besoin, donner les instructions nécessaires. (Instr. gén. 1870, art. 315.)

Lorsque la décision du conseil de préfecture est devenue définitive, soit par l'expiration du délai de pourvoi, soit par le rejet de ce pourvoi, le maire veille à ce qu'elle reçoive aussitôt son exécution. (M. I., art. 317.)

Lorsqu'une anticipation sur le sol d'un chemin vicinal ou de ses dépendances a été déclarée constante par le conseil de préfecture, le procès-verbal constatant cette contravention est déféré au tribunal de simple police, pour y être requis l'application, s'il y a lieu, de l'amende prononcée par l'article 479, nº 11, du Code pénal[1].

d) *Frais et dépens.* — Le conseil de préfecture doit condamner le contrevenant aux dépens et, par

exemple, aux frais du procès-verbal et de la poursuite.

Si le contrevenant est insolvable, les frais retombent à la charge de la commune, considérée comme partie civile. (Décr. 18 juin 1811, art. 157 et 158.)

5. Voies de recours contre les décisions du conseil de préfecture.

A) *Appel au Conseil d'État.* — L'arrêté définitif du conseil de préfecture, intervenu en matière de contravention d'usurpation sur un chemin vicinal, est susceptible de recours au Conseil d'État par voie d'appel. (V. L. 22 juill. 1889, art. 57.)

a) *Délai de recours.* — Le délai de recours est actuellement de deux mois à partir de la notification de l'arrêté attaqué, quand ce dernier est contradictoire, et à dater de l'expiration du délai d'opposition, lorsqu'il a été rendu par défaut, à peine de déchéance.

b) *Formes du recours.* — Avant la loi du 22 juillet 1889, la jurisprudence admettait déjà, par application de l'article 12 de la loi du 21 juin 1865, que les recours contre les arrêtés des conseils de préfecture en matière d'anticipation sur le sol des chemins vicinaux peuvent être formés sans ministère d'avocat. (Cons. d'Ét. 13 avril 1870, D. p. 71-3-59; 4 août 1876, D. p. 76-3-97.)

Cette règle est aujourd'hui formulée expressément par l'article 61 de la loi du 22 juillet 1889.

B) *Opposition.* — L'arrêté du conseil de préfecture, s'il est par défaut, peut être attaqué par opposition devant le conseil lui-même dans le délai d'un mois, à dater de la notification qui en est faite à la partie.

C) *Tierce opposition.* — Une commune n'est pas recevable à former tierce opposition à un arrêt du Conseil d'État qui a relaxé un particulier des fins d'un procès-verbal dressé contre lui pour usurpation commise sur un chemin de grande communication, alors que le ministre de l'intérieur a représenté dans l'instance l'administration chargée de réprimer les entreprises commises sur le domaine public communal. (Cons. d'Ét. 7 mars 1890, D. p. 91-3-90.)

§ 2. — Dégradations. — Détériorations. — Dommages.

La question de compétence, si vivement contro-

---

[1]. La connaissance des usurpations des chemins vicinaux appartient donc à deux juridictions : au conseil de préfecture, en ce qui concerne le pouvoir de faire cesser ces usurpations, et au tribunal de police, en ce qui touche l'application de la peine. (Cass. 19 juin 1851, D. p. 51-5-547; 27 août 1858, D. p. 68-5-413; 7 janv. 1860, D. p. 61-5-537; 14 fév. 1863, D. p. 63-1-271; 1er fév. 1877, D. p. 68-1-95.)

Il est clair, d'ailleurs, que chacune de ces juridictions doit statuer dans sa sphère particulière et en toute indépendance ; par suite, chacune appréciera à son point de vue les faits dénoncés comme constituant des usurpations de chemins vicinaux, et il pourra arriver, dès lors, que l'une des juridictions leur reconnaisse ce caractère, tandis que l'autre le leur déniera. (Cass. 27 août 1858 précité.)

La juridiction des conseils de préfecture s'exerce seulement sur les chemins vicinaux ; or un chemin appartenant à la commune ne devient vicinal qu'à compter du classement ; à moins donc d'attribuer à l'acte de classement un effet rétroactif, ce qui est contraire à la règle générale écrite dans l'article 2 du Code civil, on ne saurait attribuer compétence aux conseils sur les usurpations qui

l'ont précédé. (Cons. d'Ét. 22 mai 1874, Leb. chr., p. 478; Guillaume, p. 299, nº 182.)

En pareil cas, l'anticipation constituant toujours une contravention dès lors qu'elle a lieu sur un chemin public, quoique non vicinal, doit être réprimée par les tribunaux judiciaires (Herman, nº 175), et il appartient aux tribunaux d'apprécier la publicité de la voie. (Cass. 4 janv. 1828, Sir. et P. chr.)

D'autre part, les conseils de préfecture n'ayant reçu de la loi du 9 ventôse an XIII un pouvoir répressif qu'en ce qui concerne les chemins vicinaux classés comme tels, il faut admettre que ce pouvoir ne survit pas au caractère vicinal d'un chemin. Dès lors, lorsqu'après une anticipation commise sur un chemin classé comme vicinal, ce chemin vient à être déclassé, le conseil de préfecture cesse d'être compétent pour connaître de l'anticipation. Elle ne peut plus être poursuivie que par voie d'action publique que devant le tribunal de simple police du canton. (Cons. d'Ét. 22 déc. 1853, Sir. 54-1-405, D. p. 51-3-30.)

versée entre le Conseil d'État et la Cour de cassation, à l'occasion des anticipations ou usurpations sur la voie publique, s'est agitée de nouveau au sujet des dégradations, détériorations ou simples dommages causés à ces voies.

Après bien des hésitations, les autorités administrative et judiciaire se sont mises absolument d'accord. (V. *infrà*, Sous-chapitre VII, § 2-2.)

Depuis 1870, la Cour de cassation, adoptant la jurisprudence du Conseil d'État, juge que les dispositions des articles 6, 7 et 8 de la loi du 9 ventôse an III, relatives à la compétence des conseils de préfecture pour statuer sur la réparation du dommage résultant des usurpations et anticipations commises sur les chemins vicinaux, n'étendent pas cette compétence à tous les autres cas de dommages commis sur ces chemins, et notamment aux dégradations et aux entraves apportées à la circulation. (Cass. 27 juill. 1872, Sir. 73-1-48, D. p. 72-1-279; 14 fév. 1880, Sir. 81-1-238; Cons. d'Ét. 18 janv. 1889, Sir. 91-3-6; 6 mars 1891, Leb. chr., p. 184.)

Section 2. — *Contraventions dont la répression appartient à l'autorité judiciaire.*

§ 1er. — Constatation.

Toutes contraventions aux dispositions du règlement préfectoral, autres que l'anticipation du sol des chemins vicinaux et de leurs dépendances[1], sont constatées par procès-verbaux des fonctionnaires et agents énumérés en l'article 311 du règlement de 1870 ou de tout autre agent ayant qualité pour le faire.

Les dispositions de l'article 312 du règlement de 1870 sont applicables à ces procès-verbaux. (Instr. gén. 1870, art. 318.)

Tout procès-verbal constatant une contravention au règlement préfectoral, autre qu'une anticipation, est, après enregistrement et affirmation, s'il y a lieu, transmis soit au procureur de la République de l'arrondissement, soit au fonctionnaire chargé des attributions du ministère public près le tribunal de simple police du canton, selon que le fait constaté constitue un délit ou une simple contravention. (Cod. instr. crim., art. 15, 20 et 53 ; M. I., art. 319.)

[1] Il convient toutefois de faire une remarque au sujet des plantations. Lorsque la plantation est faite sur le sol même du chemin, on peut, jusqu'à un certain point, la considérer comme une usurpation, ce qui, nous l'avons dit, entraîne la compétence des conseils de préfecture. Il y a en effet anticipation sur le sol même de la voie, et cette contravention doit être poursuivie, à la fois devant le conseil de préfecture, pour obtenir la répression de l'usurpation, et devant le tribunal de simple police, pour obtenir la condamnation à l'amende. (Cormenin, *Appendice*, p. 84 ; Serrigny, t. II, n° 710; Cons. d'Ét. 6 fév. 1837, P. adm. chr.; Cass. 12 avril 1867, Sir. 68-1-91.)

Si la plantation est faite sur le fonds d'un particulier, deux cas peuvent se présenter : ou il existe un règlement préfectoral fixant une distance minima pour ces plantations, ou, au contraire, il n'en existe pas. S'il n'y a pas de règlement préfectoral, il est de toute évidence que le conseil de préfecture est incompétent; s'il y a un arrêté préfectoral, le conseil de préfecture est encore incompétent, car l'infraction constitue une simple contravention à un arrêté administratif, contravention qui doit être poursuivie devant le tribunal de simple police, en vertu de l'article 471, n° 15, du Code pénal. (Serrigny, n° 711, Cormenin, p. 84.)

§ 2. — Poursuites.

1. Qualité pour agir.

L'action publique devant les tribunaux judiciaires ne peut être dirigée qu'au nom de la société par le ministère public, mais la commune, propriétaire du chemin vicinal, peut toujours saisir le tribunal répressif de la question à raison de son intérêt à voir réprimer l'infraction commise. (Cod. instr. crim., art. 145, 152 et 183.)

2. Contre qui doivent être exercées les poursuites.

Les poursuites à raison des infractions aux lois et règlements relatifs à la voirie vicinale sont exercées contre les auteurs des infractions et contre les autres personnes qui en sont responsables d'après l'article 1384 du Code civil, et les articles 66 du Code pénal et 368 du Code d'instruction criminelle.

3. Jugement.

Le tribunal de simple police doit, avant tout, examiner, si du moins le prévenu soulève cette objection, la légalité de l'arrêté préfectoral; il doit vérifier si toutes les formalités nécessaires à son élaboration et à sa publication ont été remplies. En effet, les dispositions du règlement préfectoral ne sont obligatoires pour les particuliers que si celui-ci est légal et s'il a été publié dans les formes usitées, c'est-à-dire soit par voie d'affiches, soit à son de trompe ou de caisse (Cass. 6 juill. 1843, D. p. 45-1-377). Mais il est obligatoire, nonobstant le pourvoi formé devant le conseil général, contre la déclaration de vicinalité. (V. Cass. 28 sept. 1832, Sir. 33-1-793.)

Les faits sont ensuite examinés et si, d'une part, ils sont constants, si, d'autre part, ils constituent véritablement une usurpation ou une contravention au règlement préfectoral, le tribunal prononce dans tous les cas l'amende et, s'il y a lieu, la réparation des dégradations ou dommages.

Le prévenu peut, en cas do poursuite pour anticipation, exciper devant le tribunal de simple police, soit de ce fait que le terrain prétendu usurpé n'est pas compris dans les limites du chemin, soit de ce qu'il est sa propriété.

Au premier cas, le tribunal doit prendre pour base la largeur légale du chemin, si cette largeur a été déterminée par un arrêté du préfet; et, dans le cas contraire, renvoyer à l'autorité administrative pour cette fixation. (Cass. 13 nov. 1841, P. 42-1-663 ; 13 mars 1854, P. 55-1-462, D. p. 54-1-114 ; 3 déc. 1858, Sir. 59-1-281, P. 59-1211.)

Si le prévenu excipe de son droit de propriété, il y a lieu de faire la même distinction qu'en ce qui concerne le conseil de préfecture. Pour qu'il y ait lieu à une amende, il faut évidemment que la dégradation ou le dommage ait été commis sur un chemin public; par suite, le tribunal doit surseoir à sa décision quand l'exception de propriété est soulevée et porte sur le sol du chemin tout entier. Il convient, d'ailleurs, que le tribunal n'accueille ce moyen qu'autant qu'il est fondé sur des titres sérieux et de nature à faire disparaître la contravention. (Cass. 5 juin 1856, Sir. 56-1-921, D. p. 56-1-309; 27 nov. 1880, Sir. 81-1-388; 27 oct. 1892, J^{al} le Droit du 24 mars 1893.)

4. Voies de recours contre les jugements des tribunaux de simple police.

Les jugements rendus par les tribunaux de simple police en matière de voirie vicinale sont susceptibles d'appel devant les tribunaux correctionnels dans les cas prévus par l'article 172 du Code d'instruction criminelle, c'est-à-dire quand, outre les dépens, la peine prononcée consiste en un emprisonnement ou une amende excédant, avec les réparations civiles, la somme de cinq francs.

Toute décision en dernier ressort émanant du tribunal de simple police peut être attaquée par la voie du recours en cassation. (Cod. instr. crim., art. 177.)

Les délais à observer pour l'appel et le pourvoi sont ceux que nous avons indiqués dans notre *Répertoire* au mot *Procédure criminelle*. (V. p. 1827 et 1859.)

§ 3. — Obstacles à l'action publique et à l'action civile.

1. Prescription.

L'article 640, qui s'applique ici, déclare l'action publique et l'action civile prescrites après une année révolue, à compter du jour où la contravention a été commise, même lorsqu'il y a eu procès-verbal, saisie, instruction ou poursuite, si, dans cet intervalle, il n'est point intervenu de condamnation; et même, lorsqu'il est intervenu un jugement définitif de première instance de nature à être attaqué par la voie de l'appel, l'action publique et l'action civile se prescrivent après une année révolue, à compter de la notification de l'appel qui en a été interjeté. (Cass. 15 mars 1844; 12 déc. 1845, Sir. 46-1-303, D. p. 46-1-524.)

Le point de départ de cette prescription est toujours, en l'absence de toute poursuite, l'acte incriminé lui-même. Les dégradations des chemins vicinaux, bien que leurs effets soient successifs et permanents, n'ont pas le caractère de contraventions successives, et par cela même imprescriptibles, mais constituent des contraventions ordinaires, dont la prescription court à partir du jour de leur perpétration. (Cass. 24 déc. 1858, Sir. 59-1-281, D. p. 65-1-403.)

La prescription est suspendue pendant le temps où il est sursis au jugement sur l'action publique par suite du renvoi devant une autre juridiction d'une question préjudicielle. (Cass. 7 mai 1851, Sir. 51-1-802, D. p. 51-5-406.)

Les tribunaux judiciaires de répression ne peuvent prononcer une réparation civile qu'accessoirement à l'application d'une peine. D'où il résulte que :

1° Si, en appliquant l'amende encourue pour travaux indûment exécutés, ces tribunaux omettent d'ordonner la suppression des travaux, ils ne peuvent réparer ultérieurement cette omission (Cass. 7 juill. 1860, Sir. 60-1-914);

2° Si l'action publique résultant d'une contravention est prescrite, le juge de police, ne pouvant prononcer d'amende, ne peut ordonner la démolition de travaux exécutés à un mur frappé de la servitude de reculement. (Cass. 28 nov. 1856, Sir. 57-1-386, D. p. 57-1-29.)

La prescription de l'action publique et de l'action civile résultant d'une contravention ne porte d'ailleurs aucune atteinte aux droits résultant de la propriété ou de l'imprescriptibilité du sol. Il en est de même de l'omission dans un jugement d'une disposition relative aux réparations civiles. Dès lors, les parties intéressées peuvent s'adresser aux tribunaux civils pour faire reconnaître l'existence de ces droits. (Cass. 28 nov. 1856 précité.)

2. Amnistie.

L'amnistie entraîne l'extinction de l'action publique ou de la condamnation en ce qui concerne l'application de la peine, mais elle ne touche en rien au droit de poursuivre les réparations civiles ou l'exécution des jugements relativement à ces réparations. (Cass. 31 déc. 1869, Sir. 70-1-228, p. 70-1-378.)

Seulement, le tribunal de police ne pouvant connaître de l'action civile qu'accessoirement à l'action publique (Cod. inst. crim., art. 3), la contravention ne peut lui être déférée postérieurement à l'amnistie, même en ce qui concerne uniquement la réparation du dommage et le rétablissement des lieux dans leur état primitif. (Cass. 22 déc. 1870, D. p. 71-1-192.)

La commune pourrait en ce cas, néanmoins, invoquer ses droits de propriété imprescriptible sur la voie et réclamer des dommages-intérêts devant les tribunaux civils.

Sous-chapitre VII. — Pénalités.

Section 1re — Anticipations ou usurpations.

§ 1er. — Peines proprement dites.

1. Nature et quotité des peines.

La contravention d'usurpation sur les chemins vicinaux est passible d'une amende de onze à quinze francs inclusivement, en vertu de l'article 479, § 11, du Code pénal.

Il en est ainsi, notamment, pour les contraventions d'alignement quand elles comportent une usurpation.

2. Compétence du tribunal de simple police concernant les peines.

Les peines encourues à raison de la contravention d'usurpation des chemins vicinaux sont de la compétence exclusive du tribunal de simple police.

Il est en effet de jurisprudence constante que, si le conseil de préfecture est compétent pour réprimer les anticipations, il ne lui appartient pas de prononcer l'amende. (Cons. d'Ét. 1er mars 1826, 25 janv. 1831.)

3. Prescription concernant les peines.

Les peines se prescrivent par deux ans, conformément aux dispositions de l'article 639 du Code d'instruction criminelle.

§ 2. — Réparations civiles.

1. Caractère des réparations civiles.

Les réparations civiles relatives à la contravention d'usurpation ont pour objet la restitution des terrains usurpés et la démolition des constructions indûment élevées sur le sol du chemin, notamment en cas de contravention d'alignement.

Elles ont un caractère civil, en ce sens qu'elles ont pour but la réparation du dommage causé par la contravention.

2. Compétence du conseil de préfecture concernant les réparations civiles.

D'après l'opinion qui a prévalu dans la jurisprudence tant administrative que judiciaire, le droit pour les tribunaux de police de connaître des réparations civiles, accessoirement à l'action publique, n'existe pas en ce qui touche les usurpations commises sur les chemins vicinaux; le juge de police, compétent pour appliquer la peine, ne l'est pas pour ordonner la restitution du sol usurpé; seul, le conseil de préfecture a qualité pour prononcer cette dernière condamnation.

Cette interprétation, admise pour la première fois par le ministre de l'intérieur dans une circulaire du 7 prairial an XIII, a été adoptée par le Conseil d'État qui a décidé, par de nombreux arrêts, que les articles 6, 7 et 8 de la loi du 9 ventôse an XIII attribuent la police de conservation des chemins vicinaux, en ce qui concerne leur direction, leur étendue et leur largeur, à l'autorité administrative, et le contentieux y relatif aux conseils de préfecture, et que, par conséquent, le conseil de préfecture, à l'exclusion des tribunaux ordinaires, est compétent pour statuer sur les usurpations commises par les propriétaires riverains d'un chemin dont la vicinalité ou les limites ont été précédemment reconnues et déclarées par le préfet. (Cons. d'Ét. 28 fév., 25 avril et 1er juin 1828, 4 mars 1830, 6 juin 1830 et 25 janv. 1831, 23 nov. 1832, 23 déc. 1835, 14 août 1837, 22 fév. 1838, 5 mars 1841.)

Jusqu'en 1850, la Cour de cassation a décidé que le tribunal de police était seul compétent non seulement pour prononcer les peines encourues à raison des usurpations commises sur les chemins vicinaux, mais aussi, et d'une manière absolue, pour statuer sur la réparation civile des dommages causés par ces contraventions, et spécialement pour faire cesser ces anticipations.

Cette opinion s'appuyait sur ce que les juridictions d'exception comme les conseils de préfecture ne peuvent connaître que des affaires qui leur sont attribuées par une disposition formelle et qu'aucun texte ne donne compétence à l'autorité administrative pour les dégradations ou usurpations, et par la raison, d'autre part, que la loi du 9 ventôse an XIII sur laquelle le Conseil d'État s'appuyait ne parle

que des contraventions résultant de plantations trop avancées dans le chemin. (Cass. 30 janv. 1807, 7 avril 1827.)

La jurisprudence du Conseil d'État a été maintenue par le Tribunal des conflits, qui a décidé que l'autorité administrative est seule compétente pour statuer sur l'existence d'usurpations commises sur les chemins vicinaux et pour ordonner le rétablissement des lieux dans leur état primitif, mais que c'est aux tribunaux qu'il appartient de prononcer les peines encourues par suite de cette usurpation. (Trib. confl. 21 mars 1850, D. p. 50-3-33 ; 7 nov. 1850.)

La Cour de cassation s'est rangée à cette jurisprudence, et les deux juridictions se sont ainsi trouvées d'accord pour reconnaître que, si l'application de la peine rentre dans les attributions exclusives de l'autorité judiciaire, c'est à l'autorité administrative qu'il appartient d'ordonner la restitution des portions de chemin usurpées. (Cass. 19 juin 1851, D. p. 51-5-547 ; Cons. d'Ét. 21 avril 1854, D. p. 54-3-66 ; Cass. 15 fév. 1856, D. p. 56-1-349.)

Mais une nouvelle dissidence n'a pas tardé à se produire : la Cour de cassation a en effet décidé, par un revirement complet de jurisprudence, que le conseil de préfecture était seul compétent, à l'exclusion de l'autorité judiciaire, pour prescrire la démolition des travaux exécutés sans autorisation aux bâtiments situés le long des chemins vicinaux de toutes catégories et pour ordonner la réparation des dégradations commises sur ces chemins. (Cass. 19 juin 1851, D. p. 51-5-547 ; 30 déc. 1859, D. p. 63-1-383 ; 17 mars 1865, D. p. 66-1-138 ; 1er fév. 1867, D. p. 68-1-95 ; 12 avril 1867, D. p. 67-1-415-416.)

Le Conseil d'État et le Tribunal des conflits ont, au contraire, persisté à décider, conformément à leur jurisprudence antérieure, que les conseils de préfecture ne sont compétents, en cas de contravention sur les chemins vicinaux, que pour faire cesser les usurpations commises sur ces chemins. (Cons. d'Ét. 30 janv. 1868, D. p. 68-3-49 ; 17 janv. 1873, D. p. 73-3-59 ; Trib. confl. 17 mai 1873 ; 13 mars 1875, D. p. 75-3-108 ; Cons. d'Ét. 18 janv. 1889, D. p. 90-3-30 ; 28 avril 1893, D. p. 94-3-55 ; 19 mai 1893, ibid.)

A la suite de l'arrêt du Conseil d'État du 30 janvier 1868, la Cour de cassation s'est ralliée à cette jurisprudence, et elle est aujourd'hui d'accord avec le Conseil d'État et le Tribunal des conflits pour décider que le conseil de préfecture ne peut connaître que des dommages résultant des usurpations et anticipations commises sur les chemins vicinaux, et que sa compétence ne s'étend pas aux autres cas de dommages causés à cette catégorie de voies publiques. (Cass. 27 juill. 1872, D. p. 72-1-279 ; 30 nov. 1872, D. p. 73-5-492 ; 23 fév. 1878, D. p. 78-1-396 ; 20 déc. 1878, D. p. 81-1-191, note 3 ; 20 nov. 1879, D. p. 80-1-480 ; 14 fév. 1880, D. p. 81-1-191.)

Le déclassement du chemin fait cesser la compétence du conseil de préfecture soit pour les anticipations postérieures à ce déclassement, soit pour les anticipations qui lui sont antérieures.

Mais le déclassement ne fait pas disparaître la contravention, qui n'en doit pas moins être poursuivie devant le tribunal de police.

3. Prescription concernant les réparations civiles.

A) *Prescription de l'action civile exercée par l'administration devant la juridiction administrative.* — La prescription de l'article 640 du Code d'instruction criminelle est restreinte à l'action en répression pénale de la contravention ; elle n'est pas applicable à l'action civile en réparation du dommage causé à la voie, laquelle peut être poursuivie, dans l'intérêt toujours subsistant de la viabilité publique, à quelque époque que remonte l'accomplissement de la contravention, au moins lorsqu'il s'agit de chemins vicinaux, ces chemins étant déclarés imprescriptibles par la loi.

B) *Prescription pour condamnations civiles.* — Les condamnations civiles relatives à la contravention, lorsqu'elles sont devenues irrévocables, se prescrivent par le délai de trente ans. (Cod. instr. crim., art. 642.)

Section 2. — *Dégradation ou détérioration.*
§ 1er. — Peines proprement dites.
1. Amende.

La dégradation ou la détérioration des chemins vicinaux est passible d'une amende de onze à quinze francs inclusivement. (Cod. pén., art. 479, § 11.)

2. Emprisonnement.

En cas de *récidive*, le contrevenant doit être condamné à un emprisonnement pendant cinq jours.

3. Circonstances atténuantes.

Dans le cas où le juge de répression reconnaît qu'il existe en faveur du prévenu des circonstances atténuantes, il peut réduire l'amende à un chiffre inférieur à onze francs et, en cas de récidive, il peut réduire l'emprisonnement à un jour ou même ne condamner le prévenu qu'à l'amende.

§ 2. — Réparations civiles.

L'article 161 du Code d'instruction criminelle oblige le juge de police à statuer sur les réparations civiles, c'est-à-dire à ordonner la remise des lieux dans l'état où ils se trouvaient avant l'infraction.

Le juge doit ordonner ces réparations civiles, qu'il y ait ou non une partie civile en cause, si même le ministère public n'y conclut pas expressément, cette mesure n'étant que la conséquence forcée de la constatation de l'infraction.

Il n'a pas le droit d'accorder un délai pour la suppression des travaux et la remise du chemin dans son état normal. (Cass. 18 déc. 1840, n° 357 ; 27 juill. 1872, n° 195 ; 23 fév. 1878, n° 57 ; 14 fév. 1880, n° 37 ; 6 août 1886, n° 291.)

§ 3. — Extinction de la peine.
1. Prescription.

D'après l'article 639 du Code d'instruction criminelle, qui s'applique ici, les peines portées par les jugements rendus pour contraventions de police sont prescrites après deux années révolues à dater du jugement ou de l'arrêt ou du jour où le jugement est devenu inattaquable par la voie de l'appel, suivant qu'il s'agit d'une décision en premier ou en dernier ressort.

Quant aux condamnations à des réparations civiles, elles sont soumises, au point de vue de la prescription, aux règles ordinaires du Code civil. Ce sont des créances comme les autres pour les communes. (Cod. instr. crim., art. 642.)

2. Amnistie. — Grâce.

L'amnistie entraîne l'extinction de la condamnation, en ce qui concerne l'application de la peine, mais elle ne touche en rien au droit de poursuivre l'exécution des jugements relativement aux réparations civiles.

La *grâce* est accordée par le Président de la République (L. 25 févr. 1875, art. 3). La décision portant remise des peines est rendue sur le rapport du ministre des travaux publics.

La grâce n'éteint pas l'action publique mais entraîne seulement remise de la peine. L'exécution du jugement reste donc possible quant aux frais et aux réparations civiles.

Section 3. — *Embarras des chemins.*

§ 1er. — Peines proprement dites.

L'embarras sans nécessité d'un chemin vicinal est puni d'une *amende* de un à cinq francs et, en cas de *récidive*, d'un *emprisonnement* de trois jours au plus. (Cod. pén., art. 471, § 4.)

§ 2. — Réparations civiles.

Le juge doit, dans l'intérêt public, prescrire la réparation du dommage qui peut résulter de la contravention. (Cod. instr. crim., art. 161.)

Le juge de simple police devra donc ordonner que le délinquant sera tenu d'enlever le dépôt par lui fait sur la voie publique et le ministère public devra y conclure (Cass. 17 juin 1858, D. p. 58-5-384). Le délinquant sera aussi condamné à rembourser à l'autorité locale les frais de cet enlèvement, lorsque celle-ci l'aura fait effectuer pour rétablir la circulation. (Cass. 31 mars 1832, n° 117.)

§ 3. — Extinction de la peine. (V. *supra* Sect. 2, § 3.)

Section 4. — *Contraventions aux règlements de petite voirie.*

§ 1er. — Peines proprement dites.

L'individu convaincu d'avoir négligé ou refusé d'exécuter les règlements ou arrêtés concernant les chemins vicinaux est, en principe, passible d'une amende de un à cinq francs et, en cas de récidive, d'un emprisonnement de trois jours au plus. (Cod. pén., art. 471, § 5.)

§ 2. — Réparations civiles.

Le juge de police doit, non seulement punir l'in-fraction aux règlements par l'application de la peine, mais encore ordonner la réparation du préjudice causé.

Cette réparation consiste dans la démolition des travaux faits en contravention aux prescriptions de l'autorité et le rétablissement des lieux.

CHAPITRE III

CONTRAVENTIONS DE VOIRIE RURALE

Sous-chapitre Iᵉʳ. — Généralités.

La disposition de l'article 471, § 5, du Code pénal, qui prévoit et punit les contraventions aux règle-ments ou arrêtés de petite voirie, est applicable aux chemins ruraux.

Ce texte réprime les infractions aux règlements pris relativement aux chemins ruraux par le maire, dans la limite de ses pouvoirs, et la violation du règlement général sur les chemins ruraux [1].

Nous avons dit précédemment de quelles peines étaient passibles les contrevenants. (V. suprà.)

Le Code pénal prévoit aussi spécialement cer-taines contraventions commises sur les chemins publics, qui concernent les chemins ruraux aussi bien que les chemins vicinaux, notamment : l'em-barras de la voie publique (Cod. pén., art. 471, § 4 ; V. suprà) ; l'enlèvement non autorisé des ga-zons, terres ou pierres, sur les mêmes voies (Cod. pén., art. 479, § 12) ; la dégradation des chemins publics (Cod. pén., art. 479, § 11) et l'usurpation ou anticipation des chemins publics. (Cod. pén., art. 479, § 11. Sur tous ces points, V. suprà.)

Nous ferons toutefois remarquer, en ce qui con-cerne l'usurpation ou l'anticipation des chemins ruraux, que le conseil de préfecture n'est pas com-pétent comme pour les chemins vicinaux.

Sous-chapitre II. — Constatation des contraventions commises sur les chemins ruraux.

Section Iʳᵉ. — Procès-verbaux.

§ 1ᵉʳ. — Conditions de capacité des fonctionnaires ou agents appelés à verbaliser.

1. Qualité pour verbaliser.

Les procès-verbaux des contraventions commises sur les chemins ruraux sont rédigés par les fonc-tionnaires ou agents ayant qualité pour verbaliser sur les délits ruraux, c'est-à-dire par les commis-saires de police, les maires, les adjoints et les gardes champêtres et par les gendarmes. (Décr. 1ᵉʳ mars 1854, art. 315.)

---

1. Voici le texte du règlement de 1883 qui édicte des mesures de police et de conservation des chemins ru-raux :

Il est défendu d'une manière absolue :

1° De laisser stationner, sans nécessité sur les chemins ruraux et leurs dépendances, aucune voiture, machine ou instrument aratoire, ni aucun troupeau, bête de somme ou de trait;

2° De mutiler les arbres qui y sont plantés, de dégrader les bornes, poteaux et tableaux indicateurs, parapets ou ponts et autres ouvrages;

3° De les dégrader;

4° D'enlever les pierres, les fers, bois et autres maté-riaux destinés aux travaux ou déjà mis en œuvre;

5° D'y jeter des pierres ou autres matières provenant des terrains voisins;

6° De les parcourir avec des instruments aratoires, sans avoir pris les précautions nécessaires pour éviter toute dégradation;

7° De détériorer les berges, talus, fossés ou les marques indicatives de leur largeur;

8° De labourer ou cultiver leur sol;

9° D'y faire ou d'y laisser paître aucune espèce d'ani-maux;

10° De mettre rouir le chanvre dans les fossés.

11° D'y faire aucune anticipation ou usurpation, ou au-cun ouvrage qui puisse apporter un empêchement au libre écoulement des eaux;

12° D'établir aucune excavation ou construction sous la voie publique ou ses dépendances (Règl. 1883, art. 103).

Les propriétaires des terrains supérieurs bordant les chemins ruraux sont tenus d'entretenir toujours en bon état les revêtements ou les murs construits par eux et des-tinés à soutenir ces terrains (art. 104).

Si la circulation sur un chemin rural venait à être in-

terceptée par une œuvre quelconque, le maire y pour-voirait d'urgence.

En conséquence, après une simple sommation adminis-trative, l'œuvre serait détruite d'office, et les lieux réta-blis dans leur ancien état aux frais et risques de qui il appartiendrait, et sans préjudice des poursuites à exercer contre qui de droit (art. 105).

Les propriétés riveraines situées en contrebas des che-mins ruraux sont assujetties, aux termes de l'article 640 du Code civil, à recevoir les eaux qui découlent naturel-lement de ces chemins.

Les propriétaires de ces terrains ne peuvent faire au-cune œuvre qui tende à empêcher le libre écoulement des eaux qu'ils sont tenus de recevoir, et à les faire sé-journer dans les fossés ou refluer sur le sol du chemin (Règl. 1883, art. 106).

L'autorisation de transporter les eaux d'un côté à l'autre d'un chemin rural ne peut être donnée que sous la ré-serve des droits des tiers. Il y sera toujours stipulé, pour la commune, la faculté de faire supprimer les construc-tions faites, soit si elles étaient mal entretenues ou si elles devenaient nuisibles à la viabilité du chemin, soit dans le cas où tout autre intérêt public, quel qu'il fût, ren-drait la mesure utile ou nécessaire (art. 107).

Il est interdit de pratiquer, dans le voisinage des che-mins ruraux, des excavations de quelque nature que ce soit, si ce n'est aux distances ci-après déterminées, à partir de la limite desdits chemins, savoir :

Pour les carrières et galeries souterraines, 2 mètres;

Les carrières à ciel ouvert, 5 mètres;

Les mares publiques ou particulières, 2 mètres.

Les propriétaires de toutes excavations peuvent être tenus de les couvrir ou de les entourer de murs ou clô-tures propres à prévenir tout danger pour les voyageurs et toute dégradation du chemin (Règl. 1883, art. 108).

2. Prestation de serment.

Les fonctionnaires et agents appelés à verbaliser en matière de contravention de voirie rurale doivent avoir prêté serment.

§ 2. — Visites domiciliaires. (V. *suprà.*)

§ 3. — Formes et force probante des procès-verbaux.

Sur la forme des procès-verbaux dressés par les commissaires de police, maires, etc., leur force probante, voyez dans notre *Répertoire, Procédure criminelle.*

Section 2. — *Preuve par témoins. — Aveu de la partie.*
(V. dans notre *Répertoire, Procédure criminelle.*)

Sous-chapitre III. — Mesures provisoires.

On s'est demandé si, après la constatation des contraventions commises sur les chemins non classés comme vicinaux, c'est-à-dire sur les chemins ruraux, le préfet peut, sans attendre le jugement, ordonner par provision ce que de droit pour faire cesser le dommage causé à la voie publique.

En ce qui concerne ces derniers chemins, la question se présente encore à un autre point de vue. Les chemins ruraux non reconnus étant susceptibles de possession et de propriété privée, la question s'est élevée de savoir si, lorsque la commune conteste le droit de celui qui, se prétendant propriétaire d'un chemin de cette catégorie, y fait des travaux qui interceptent le passage, l'administration a le droit d'ordonner le rétablissement provisoire de la circulation et la destruction des ouvrages qui y mettent obstacle.

La jurisprudence du Conseil d'État, antérieure à la loi du 10 août 1881, est assez incertaine sur ce point. Dans un assez grand nombre d'arrêts qui, d'ailleurs, remontent tous à une époque éloignée, elle a reconnu à l'administration, en cas de litige sur la propriété d'un chemin rural, le droit de maintenir le public en possession provisoire du passage; mais, dans ses arrêts, elle a varié constamment sur l'autorité à laquelle ce droit appartient; elle l'a attribué tantôt au préfet, tantôt au maire, et quelquefois même aux autorités contentieuses administratives. (Cons. d'Ét. 24 mars, 4 juin 1809; 11 avril 1810, Dall., J. G., v° *Voirie par terre,* n° 1448.)

Dans d'autres décisions, le Conseil d'État semble s'être prononcé en sens contraire; il a décidé que, quand un particulier affirme qu'un chemin est établi sur sa propriété et qu'il ne doit pas la servitude de passage, il résulte de là une question de propriété qui est du ressort des tribunaux, et le préfet ne peut ordonner la suppression d'un fossé ouvert par ce particulier à l'entrée du chemin. (Cons. d'Ét. 27 mai 1816; 13 mai 1818; Dall., *loc. cit.*)

La jurisprudence de la Cour de cassation présente également sur ce point des décisions contradictoires. Ainsi, un ancien arrêt a décidé que les maires et les préfets peuvent maintenir provisoirement les communes en possession des chemins qui leur sont contestés par des particuliers, jusqu'à ce que la question de propriété soit jugée. (Req. 12 fév. 1834; Dall., J. G., v° *Voirie par terre,* n° 1450.)

Mais, dans des arrêts plus récents, elle a constamment et formellement répudié cette jurisprudence. Elle a décidé que, lorsqu'un tribunal de police, saisi d'une prévention d'empiétement sur un chemin rural, a sursis à statuer jusqu'à ce que les tribunaux civils aient prononcé sur l'exception de propriété opposée par le prévenu, l'arrêté du maire qui, pendant la durée du sursis, ordonne le rétablissement du chemin dans son état primitif, est illégal et ne peut donner lieu à l'application d'aucune peine. (Cass. 6 sept. 1850, D. p. 50-5-396; 21 août 1856, D. p. 56-1-413; 16 mai 1857, D. p. 57-1-315.)

Cette dernière solution se justifie aisément.

En matière de grandes routes, de chemins vicinaux, on conçoit que l'administration ait été investie du droit de faire cesser provisoirement les obstacles apportés à la circulation par les particuliers, car les routes, les chemins vicinaux sont placés irrévocablement dans le domaine public, et, d'ailleurs, l'intérêt général exige que la circulation n'y soit jamais entravée; mais il en est tout autrement à l'égard des chemins ruraux, qui sont d'une utilité restreinte et qui perdent leur caractère de chemin public, dès qu'ils sont reconnus appartenir aux particuliers.

Ni le préfet, ni à plus forte raison le conseil de préfecture, incompétent sur ce point lors même qu'il s'agirait des chemins vicinaux, n'ont reçu de la loi un pareil pouvoir.

Quant au maire, il est vrai que la loi des 16-24 août 1790 (aujourd'hui, l'article 97 de la loi du 5 avril 1884) qui confie à sa surveillance la sûreté et la commodité du passage sur les voies publiques, semblerait lui attribuer ce droit; mais, pour qu'il puisse s'exercer, il faut que le chemin soit public, or, dans l'espèce, c'est précisément ce caractère qui est mis en question.

Ces solutions sont encore admissibles aujourd'hui tout au moins pour les chemins *ruraux non reconnus* qui continuent à être susceptibles d'action possessoire. (Dall., J. G., v° *Voirie par terre,* n° 1451, V. *suprà.*)

Mais il en est autrement pour les *chemins ruraux reconnus,* à l'égard desquels la commune est regardée comme investie de la possession légale en vertu de la reconnaissance par application de l'article 5 de la loi du 20 août 1881 et qui, par conséquent, ne sont plus susceptibles d'action possessoire, de la part des tiers. (Dall., L. admin., v° *Voirie par terre,* n° 8367, V. *suprà.*)

Sous-chapitre IV. — Poursuite et répression.

Section 1re. — *Action publique.*

§ 1er. — Agents compétents.

La poursuite, en ce qui touche l'application des peines, est exercée devant les tribunaux de simple police par les agents chargés des fonctions du ministère public.

§ 2. — Obstacles à l'action publique.

1. Prescription.

La prescription de l'action publique en matière de voirie rurale est la même qu'en matière de voirie vicinale. (V. *suprà*.)

2. Questions préjudicielles.

A) *Compétence concernant la publicité des chemins.*

Le prévenu peut présenter comme défense à l'action répressive une exception tirée de la non-publicité du chemin. Cette exception est péremptoire, car s'il est reconnu que le chemin n'est pas public il n'y a plus contravention.

Mais l'autorité administrative est-elle exclusivement compétente pour reconnaître et déclarer qu'un chemin est ou n'est pas public et le juge de police devant lequel l'exception est soulevée est-il tenu de renvoyer le jugement de cette exception à cette autorité ou peut-il, au contraire, apprécier lui-même les faits de publicité ?

Une distinction doit, à cet égard, être établie.

Si le chemin est inscrit au tableau des chemins publics de la commune, régulièrement arrêté par le préfet, la publicité doit être réputée constante ; car il n'est jamais permis aux tribunaux de méconnaître la foi due aux actes pris par l'autorité administrative dans la limite de ses pouvoirs, et, par conséquent, il n'y aura lieu ni à renvoi devant cette autorité, ni à un examen par le juge du fait de non-publicité invoqué par le prévenu.

Si, au contraire, le chemin n'a jamais été l'objet d'aucun classement, la question de publicité ou de non-publicité reste entière, et c'est au juge saisi qu'il appartient de la résoudre.

B) *Compétence concernant le caractère rural des chemins.*

La question de savoir si le terrain sur lequel une contravention de voirie a été commise constitue un chemin rural ou une rue, ne peut être appréciée que par l'autorité administrative.

C) *Question de propriété.*

a) *Législation antérieure à la loi du 20 août 1881.* — Avant la loi du 20 août 1881, on admettait que lorsque, devant le tribunal de police, le prévenu allègue pour sa défense que le chemin sur lequel la prétendue contravention a été commise est sa propriété, cette exception préjudicielle est recevable, car, si elle était justifiée, elle ferait disparaître la contravention, même dans le cas où le chemin serait compris dans le tableau des chemins publics de la commune, le classement des chemins ruraux n'ayant pas pour effet de déplacer la propriété ni la possession ; que, dès lors, le juge doit avoir égard à l'exception de propriété et accorder un sursis ; mais que ce n'est pas au tribunal de police qu'il appartient de juger cette exception ; que ce tribunal doit, devant l'exception, surseoir à statuer et en renvoyer l'examen aux tribunaux civils, seuls

compétents pour statuer sur les questions de propriété. (Cass. 6 fév. 1845, D. p. 45-4-540 ; 29 mars 1855, D. p. 56-5-373.)

b) *Loi du 20 août 1881.* — Aux termes de l'article 6 de la loi du 20 août 1881 les chemins ruraux deviennent imprescriptibles quand ils ont été l'objet d'un arrêté de reconnaissance notifié par voie administrative à chaque riverain, et non suivi de contestation dans l'année qui suit cette notification.

Par suite les tribunaux de répression ne doivent plus surseoir à statuer sur les contraventions commises sur les *chemins ruraux qui ont été reconnus*.

Mais la question préjudicielle de propriété peut toujours être soulevée, s'il s'agit de chemins ruraux *non reconnus*.

Section 2. — *Action civile.*

En matière de contravention de voirie rurale, et notamment d'usurpation, l'action civile est exercée par le maire à l'exclusion du préfet.

Section 3. — *Compétence.*

Les peines encourues à raison des contraventions commises sur les chemins vicinaux sont de la compétence exclusive du tribunal de simple police.

Section 4. — *Pénalités.*

§ 1er. — Peines proprement dites.

1. Nature et quotité des peines.

Les contraventions commises sur les chemins ruraux sont frappées des peines d'amende portées par les articles 471 et 475 du Code pénal et, en cas de récidive, des peines d'emprisonnement spécifiées par les articles 474 et 482 du même code. (V. *suprà*.)

2. Prescription concernant les peines.

La prescription de l'action publique et celle des peines relatives aux contraventions de voirie rurale sont soumises aux mêmes règles qu'en matière de voirie vicinale. (V. *suprà*.)

§ 2. — Réparations civiles.

1. Caractère des réparations civiles.

Les réparations civiles concernant les contraventions de voirie rurale consistent, en thèse générale, en des dommages-intérêts.

En matière d'usurpation, elles ont pour objet la restitution des terrains usurpés, et la démolition des constructions indûment élevées sur le sol du chemin.

2. Compétence concernant les réparations civiles.

Le tribunal de simple police est compétent, à l'exclusion du conseil de préfecture, pour connaître des réparations civiles relatives aux contraventions commises sur les chemins ruraux et notamment pour ordonner la restitution des terrains usurpés par les riverains. (Cass. 7 juill. 1860, D. p. 60-1-417 ; 14 fév. 1863, D. p. 63-1-270.)

3. Prescription concernant les réparations civiles.

En principe, l'action civile relative à une contravention de voirie rurale se prescrit, comme l'action publique, par le délai d'un an, conformément à l'article 640 du Code d'instruction criminelle.

Le juge de police, ne pouvant être saisi de la demande en réparation civile qu'accessoirement à la poursuite de la contravention et comme conséquence de la condamnation, devient incompétent pour statuer sur cette demande, lorsque l'action pénale est prescrite. (Cass. 27 mars 1852, D. p. 52-5-568.)

CHAPITRE IV

CONTRAVENTIONS DE VOIRIE URBAINE.

Sous-chapitre Ier. — Généralités.

Les contraventions de voirie urbaine consistent en des faits matériels pouvant compromettre la conservation du domaine public municipal dans les villes, bourgs et villages, ou nuire à l'usage auquel il est destiné.

Elles peuvent avoir pour objet l'embarras de la voie publique sans nécessité prévu par l'article 471, § 4, du Code pénal, l'enlèvement non autorisé de gazons, terres ou pierres sur la voie publique, réprimé par l'article 479, § 12, du Code pénal; la dégradation ou détérioration de la voie publique, punie par l'article 479, § 11, du Code pénal; l'usurpation ou anticipation de la voie publique, prévue par l'article 479, § 11, du Code pénal; l'infraction aux règlements de petite voirie, réprimée par l'article 471, § 5, du Code pénal. (V. dans notre *Répertoire* le mot : *Crimes, délits, contraventions.*)

Les contraventions de voirie urbaine rentrent parmi les contraventions de petite voirie.

Mais cette dernière expression est, on l'a déjà vu, bien plus large et comprend les chemins vicinaux, les chemins ruraux et les rues et places des villes, bourgs et villages.

On doit, toutefois, en excepter les rues qui sont le prolongement des grandes routes.

Sous-chapitre II. — Constatation des contraventions de voirie urbaine.

Section 1re. — Procès-verbaux.

§ 1er. — Conditions de capacité des fonctionnaires et agents appelés à verbaliser.

1. Qualité pour verbaliser.

Les contraventions en matière de voirie urbaine sont constatées par les maires ou adjoints, par les commissaires de police et par les gendarmes. (Cod. instr. crim., art. 11; Décr. 1er mars 1854, art. 315.)

Un procès-verbal dressé par un simple agent de police ne fait pas foi en justice, et le juge peut préférer aux dépositions orales de cet agent les dires et renseignements fournis par le prévenu.

Les sergents de ville, les appariteurs n'ont pas qualité pour verbaliser en cette matière, ils ne peuvent faire que de simples rapports qui, pour faire foi en justice, doivent être corroborés par des dépositions de témoins.

Jusqu'en 1867, on admettait généralement que les gardes champêtres n'avaient pas qualité pour constater les contraventions de voirie urbaine. (Cass. 13 janv. 1865, D. p. 65-1-454.)

Mais l'article 20 de la loi du 24 juillet 1867 a étendu les pouvoirs des gardes champêtres, en chargeant ces agents « de rechercher, chacun dans le territoire pour lequel il est assermenté, les contraventions aux règlements et arrêtés de police municipale ».

Cette disposition a été reproduite par l'article 102 de la loi du 5 avril 1884.

Les agents voyers n'ont pas qualité pour constater, par des procès-verbaux faisant foi jusqu'à preuve contraire, les contraventions à la petite voirie dans l'intérieur des villes, bourgs et villages. (Cass. 9 mars 1867, D. p. 67-1-232.)

Les agents du balayage public, même à Paris, n'ont aucun caractère légal, et, par suite, n'ont pas qualité pour constater les contraventions jusqu'à preuve contraire. C'est à tort que l'on considérerait que leurs rapports doivent avoir l'autorité d'un procès-verbal au moins dans le cas où l'exactitude des déclarations y contenues est affirmée par eux sous serment à l'appui de la prévention, lors de leur comparution comme témoins devant le tribunal de police. (Cass. 13 mars 1862, D. p. 62-1-391.)

Les contraventions commises dans une rue peuvent être constatées par les fonctionnaires ou agents qui ont qualité pour verbaliser en matière de grande voirie, s'il s'agit d'une rue formant le prolongement d'une route nationale ou départementale, et par les fonctionnaires ou agents appelés à constater les contraventions de voirie vicinale, s'il s'agit d'une rue formant le prolongement d'un chemin vicinal.

2. Prestation de serment.

Les fonctionnaires ou agents chargés de constater les contraventions commises dans les rues et places publiques doivent avoir prêté serment.

§ 2. — Visites domiciliaires.

Sur les visites domiciliaires, voir dans notre *Répertoire* le mot *Procédure criminelle.*

§ 3. — Forme des procès-verbaux.

Sur la forme des procès-verbaux et leur affirmation, voir *op. cit.* le mot *Procédure criminelle.*

§ 4. — Enregistrement et timbre des procès-verbaux.

Les procès-verbaux dressés en matière de voirie urbaine sont visés pour timbre et enregistrés en débet, dans les quatre jours de leur date.

§ 5. — Force probante des procès-verbaux.

Les procès-verbaux relatifs à des contraventions de voirie urbaine ne font foi que jusqu'à preuve contraire. (Cass. 3 juill. 1874, D. p. 75-5-360.)

§ 6. — Transmission des procès-verbaux.

En matière de petite voirie ou de voirie urbaine, les procès-verbaux ou rapports sont adressés au commissaire de police ou au maire chargé des fonctions du ministère public près le tribunal de simple police.

Section 2. — Preuve par témoins; aveu de la partie.

Indépendamment des procès-verbaux, les contraventions de voirie urbaine peuvent être prouvées par témoins, par l'aveu du prévenu ou par l'instruction. (Cass. 29 nov. 1851, D. p. 51-5-445.)

Sous-chapitre III. — Mesures provisoires.

Les maires ont le droit de prescrire les mesures provisoires propres à faire cesser les embarras et les dangers qu'une contravention de voirie, et spécialement une contravention en matière d'alignement, pourrait occasionner pour la viabilité.

Ce droit dérive de l'article 3, § 1er, titre XI, de la loi des 16-24 août 1790, dont la disposition a été reproduite par l'article 97, § 1er, de la loi du 5 avril 1884.

Les arrêtés du maire prescrivant des mesures provisoires ne peuvent être attaqués par la voie de l'opposition devant le conseil de préfecture.

Ils doivent être d'abord déférés au préfet; et la décision de ce dernier au ministre de l'intérieur, s'il y a lieu.

Sous-chapitre IV. — Poursuite et répression.

Section 1re. — Action publique.

§ 1er. — Fonctionnaires compétents pour l'exercer.

L'action publique relative aux contraventions de voirie urbaine est exercée par le commissaire de police ou le maire chargé des fonctions du ministère public près le tribunal de simple police.

§ 2. — Obstacles à l'action publique.

1. Prescription.

En matière de petite voirie, l'action publique se prescrit par un an à compter du jour où la contravention a été commise, en vertu de l'article 640 du Code d'instruction criminelle.

2. Amnistie.

L'amnistie accordée pour les contraventions de petite voirie dispense bien le juge de police, dans une poursuite pour construction irrégulièrement élevée sur une voie publique, d'appliquer l'amende au contrevenant, mais non de le condamner au rétablissement des lieux, accessoirement requis par le ministère public dans l'intérêt communal, alors que l'acte d'amnistie réserve formellement les droits des tiers. (Cass. 27 déc. 1869, D. p. 70-1-378.)

3. Exceptions préjudicielles.

A) *Exceptions préjudicielles dont le juge de police peut ou non connaître.*

Devant le juge de police, il peut s'élever des questions préjudicielles dont les unes peuvent être résolues par lui et dont les autres doivent être renvoyées devant l'autorité compétente.

Cette autorité peut être, selon les cas, soit l'autorité administrative, soit le tribunal civil.

a) *Exceptions concernant la publicité de la voie.* — En l'absence de tout document administratif attribuant un caractère public à la voie sur laquelle une contravention a été commise, il appartient au juge de police de rechercher et de déclarer en fait si la voie est publique ou privée. (Cass. 14 fév. 1874, n° 52; 17 avril 1874, n° 120; 18 janv. 1890, n° 17, D. p. 90-1-287.)

b) *Exceptions concernant le caractère de voie urbaine.* — Il n'appartient qu'à l'autorité administrative de statuer sur la question de savoir si tel ou tel terrain constitue un chemin rural ou une rue d'une ville (Cass. 7 fév. 1845, D. p. 45-4-539; 8 août 1862, D. p. 62-5-346) ou si, à l'époque où un procès-verbal a constaté une prétendue contravention de voirie, la voie sur laquelle cette contravention aurait été commise était déjà devenue urbaine et se trouvait affectée à l'usage du public. (Cass. 13 juill. 1861, D. p. 61-1-497.)

c) *Exceptions concernant la largeur, l'assiette et les limites des rues et places.*

1° *Question de savoir si les travaux incriminés ont été faits ou non sur l'alignement.* — La question de savoir si le propriétaire qui a élevé des constructions sur une voie publique sans autorisation a construit ou n'a pas construit à l'alignement, est du ressort de l'administration.

Si cette question est soulevée devant le tribunal de police, le juge, avant de condamner le contrevenant à démolir ou de le relaxer de la poursuite sur ce chef, doit surseoir à statuer au fond et renvoyer les parties devant qui de droit à l'effet de faire vider la question administrative. (Cass. 27 déc. 1856, D. p. 57-5-340; 28 août 1862, D. p. 63-5-408; 27 nov. 1875, D. p. 77-1-234; 25 janv. 1895, D. p. 95-1-537.)

2° *Question concernant l'exécution de l'arrêté d'alignement ou de l'autorisation de bâtir.* — Quand un propriétaire a construit après avoir pris l'alignement, la question de savoir s'il s'est conformé à l'alignement ou s'il s'en est écarté doit être renvoyée devant l'administration. (Cass. 14 juill. 1860, D. p. 60-1-370.)

3° *Question concernant l'obtention d'un aligne-*

ment individuel. — Le tribunal de police ne peut, par voie d'interprétation des actes produits, décider la question de savoir si un individu qui a construit sur la voie publique avait préalablement obtenu l'alignement de l'autorité administrative ; c'est là, en effet, une exception préjudicielle qui oblige le tribunal à surseoir jusqu'à ce qu'elle ait été jugée par cette autorité, seule compétente pour la résoudre.

d) *Exceptions concernant le caractère confortatif ou non confortatif des réparations.* — D'après la jurisprudence de la Cour suprême, l'autorité administrative est seule compétente pour décider préjudiciellement si les travaux entrepris à des bâtiments sujets à reculement sont ou ne sont pas confortatifs. (Cass. 22 avril 1864, D. p. 64-1-398 ; 10 déc. 1864, D. p. 67-5-473 ; 29 nov. 1872, D. p. 73-5-387 ; 7 déc. 1872, D. p. 72-5-377 ; 3 janv. 1879, D. p. 79-5-15 ; 4 avril 1879, n° 85 ; 5 nov. 1881, D. p. 82-5-17.)

Le Conseil d'État a une doctrine tout opposée et reconnaît la compétence du tribunal de police pour apprécier le caractère confortatif ou non des travaux exécutés. (Cons. d'Ét. 25 avril 1873, D. p. 74-3-35.)

e) *Exceptions concernant la propriété de la voie.* — Les exceptions de propriété soulevées devant le juge saisi de la contravention ne l'autorisent pas à surseoir au jugement lorsqu'elles ne doivent avoir *aucune influence* sur le litige, c'est-à-dire lorsque, même en admettant le droit de propriété allégué par le prévenu, la contravention n'en serait pas moins punissable. (Cass. 5 mars 1863, D. p. 64-1-52.)

B) *Conditions auxquelles est subordonnée l'admission de l'exception préjudicielle.*

L'admission de l'exception préjudicielle est subordonnée à trois conditions. Il faut qu'elle soit de nature à faire disparaître la contravention (Cass. 5 avril 1872, n° 84), qu'elle soit personnelle au prévenu, en ce sens qu'elle doit reposer sur un droit existant à son profit, et non sur le droit d'autrui et qu'elle soit accompagnée d'un commencement de preuve. (Cass. 14 juill. 1860, n° 165 ; 23 août 1879, n° 110 ; 20 nov. 1886, n° 391.)

Section 2. — *Action civile.*

1. Qualité pour exercer l'action civile.

Le maire pourrait intervenir pour demander, conjointement avec le ministère public, la démolition des travaux ou le rétablissement des lieux. (V. Cass. 4 nov. 1859, D. p. 61-5-321.)

Dans ce cas, il n'a pas besoin de l'autorisation du conseil de préfecture, car il agit alors au nom de l'intérêt public et non comme représentant de la commune.

Si les particuliers n'ont pas le droit, à défaut des agents désignés par la loi, de poursuivre *ut singuli* la répression des contraventions, on leur reconnaît du moins le droit d'agir civilement lorsque le fait qui constitue la contravention leur cause

un *préjudice direct* et *personnel.* (V. Cons. d'Ét. 14 déc. 1854 ; Dall., J. G., v° *Voirie par terre,* n° 1922.)

2. Personnes contre lesquelles l'action civile peut être exercée.

Les poursuites ne doivent pas être dirigées contre l'entrepreneur seul, le propriétaire doit nécessairement être mis en cause. (Cass. 4 avril 1851, D. p. 51-5-549.)

3. Prescription de l'action civile.

L'action en réparation civile est prescrite après une année révolue à compter du jour où la contravention a été commise. (Nancy 14 déc. 1883, Sir. 84-2-157.)

Mais la démolition des constructions illégales peut toujours être requise. (Cass. 28 nov. 1856, D. p. 57-1-29.)

Section 3. — *Compétence.*

Les contraventions de voirie urbaine sont soumises à la compétence non du conseil de préfecture mais de l'autorité judiciaire. (Cons. d'Ét. 22 fév. 1855, D. p. 55-3-52.)

L'article 273 du Code de justice militaire, aux termes duquel les infractions commises par les militaires aux lois sur la grande voirie ne sont pas soumises à la juridiction des conseils de guerre, ne parle pas des contraventions de petite voirie.

La Cour de cassation, interprétant restrictivement cet article, a décidé qu'une telle contravention commise par un officier de l'armée, alors que cet officier se trouve ou reste seul en cause, ne peut être poursuivie que devant l'autorité militaire et non devant le tribunal de police. (Cass. 30 mars 1863, D. p. 63-1-440.)

Section 4. — *Procédure.*

§ 1er. — Procédure devant le tribunal de simple police.

1. Généralités.

La procédure à suivre devant le tribunal de police est soumise aux mêmes règles qu'en matière ordinaire. (V. dans notre *Répertoire* le mot *Procédure criminelle.*)

2. Jugement en matière de contravention de voirie urbaine.

Les jugements des tribunaux de police en matière de contraventions de petite voirie et spécialement en matière d'alignement sont soumis aux formalités ordinaires. (V. *Procédure criminelle.*)

§ 2. — Frais et dépens.

Devant le tribunal de police les frais sont avancés par le Trésor, qui les supporte s'il y a acquittement.

Les frais ne sont à la charge de la commune que lorsqu'elle est partie civile.

Section 5. — *Pénalités.*

§ 1er. — Peines proprement dites.

Les peines applicables aux contraventions de voirie urbaine, comme aux autres contraventions de petite voirie, sont édictées par le Code pénal, qui a aboli les anciens règlements en cette matière. (Cass. 17 déc. 1840; Dall. J. G., v° *Voirie par terre*, n° 1926.)

1. Nature et quotité des peines.

A) *Amende.*

a) *Taux de l'amende.* — Une amende de un à cinq francs réprime les contraventions *d'embarras de la voie publique* sans nécessité (Cod. pén., art. 471, § 4), *d'infraction aux règlements ou arrêtés de petite voirie* (Cod. pén., art. 471, § 5), d'infraction aux arrêtés ou règlements *légalement* faits *par l'autorité administrative* (Cod. pén., art. 471, § 15).

Une amende de onze à quinze francs inclusivement frappe les contraventions de *dégradation* ou *d'usurpation* de la voie publique et d'*enlèvement* non autorisé de gazons, terres ou pierres sur la voie publique. (Cod. pén., art. 479.)

Les contraventions *d'alignement* entraînent l'amende de onze à quinze francs quand elles comportent une *usurpation* et de un à cinq francs dans le cas contraire.

b) *Recouvrement des amendes.* — Le recouvrement des amendes de voirie urbaine, comme celui de toutes les amendes de condamnation, est aujourd'hui confié aux percepteurs en vertu de l'article 25 de la loi du 29 décembre 1873.

c) *Attribution des amendes.* — Les amendes de voirie urbaine, comme les autres amendes de police municipale, étaient autrefois exclusivement attribuées aux communes sur le territoire desquelles les infractions avaient été commises.

Cette attribution a été modifiée par l'article 11 de la loi du 26 décembre 1890 modifiée elle-même par l'article 45 de la loi du 28 avril 1893 (V. p. 192) et la loi de finances de 1898. (V. au *Supplément* dans notre *Répertoire*.)

B) *Emprisonnement. — Récidive.*

Quand il y a récidive, les contraventions de voirie urbaine entraînent la peine d'emprisonnement, savoir, d'une part, de un à trois jours en cas d'embarras de la voie publique sans nécessité et d'infraction aux règlements ou arrêtés de petite voirie.

D'autre part, de cinq jours en cas de dégradation ou d'usurpation et d'enlèvement non autorisé de gazons, terres ou pierres sur la voie publique.

Les contraventions d'alignement donnent lieu, en cas de récidive, à un emprisonnement de cinq jours, quand elles comportent une usurpation, et de un à trois jours dans le cas contraire.

C) *Confiscation.*

La peine de la confiscation prononcée par les anciens règlements, et spécialement par l'arrêt du Conseil du 27 février 1765, paraît abrogée par les principes nouveaux de notre législation pénale.

D) *Circonstances atténuantes.*

Dans le cas où le juge de répression reconnaît qu'il existe en faveur du prévenu des circonstances atténuantes, il peut réduire l'amende au minimum spécifié par les articles 471 et 479 du Code pénal, et, en cas de récidive, réduire l'emprisonnement à un jour, ou même ne condamner le prévenu qu'à l'amende.

E) *Cumul des peines.*

La règle prohibitive du cumul des peines, édictée par l'article 365 du Code d'instruction criminelle, est inapplicable aux contraventions de voirie urbaine, de même qu'aux autres contraventions de simple police. (Cass. 5 août 1869, n° 189; 23 mars 1878, n° 82.)

F) *Prescription des peines.*

Aux termes de l'article 639 du Code d'instruction criminelle, les condamnations prononcées par les tribunaux de police se prescrivent par deux ans. Pour les arrêts et jugements en dernier ressort, la prescription court à partir du jour de l'arrêt ou du jugement; pour les peines prononcées en premier ressort, la prescription court à compter du jour où le jugement ne peut plus être attaqué par la voie de l'appel. A l'expiration de ce délai de deux ans ainsi calculé, le contrevenant condamné est affranchi de la peine de l'amende et de l'emprisonnement, s'il y a eu condamnation à l'emprisonnement. (Dall. J. G., v° *Voirie par terre,* n° 2409.)

G) *Excuses.*

a) *Absence d'intention criminelle; bonne foi; erreur.* — Les contraventions de voirie urbaine ne sauraient être excusées à raison de l'absence d'intention criminelle ou de la bonne foi du contrevenant. (Cass. 23 janv. 1861, D. p. 61-5-537; 13 mars 1863, D. p. 63-1-206.)

b) *Autorisation ou tolérance de l'administration.* — La contravention d'embarras de la voie publique sans nécessité ne saurait être excusée à raison d'une autorisation donnée par l'autorité municipale. (Cass. 4 mai 1848, D. p. 48-5-371) et *à fortiori* de la tolérance de l'administration (Cass. 3 janv. 1874, D. p. 74-1-324).

c) *Absence ou peu d'importance du dommage.*

Absence du dommage. — L'absence du dommage ne constitue pas une excuse de nature à empêcher la répression des contraventions de dégradation de la voie publique, d'usurpation, d'enlèvement non autorisé de gazons, terres ou pierres sur la voie publique d'alignement. (Cass. 6 juill. 1833; Dall., J. G., v° *Voirie par terre,* n° 2282.)

Absence de gêne de la circulation. — La circonstance que le fait incriminé n'aurait pas gêné la circulation ne saurait excuser la contravention d'embarras de la voie publique sans nécessité, de dégradation, d'usurpation ou d'alignement, par exemple, en cas de travaux faits sans autorisation. (Cass. 27 sept. 1833; Dall., J. G., v° *Voirie par terre,* n° 2371.)

H) *Faits justificatifs.*

a) *Démence.* — La démence de l'auteur d'une contravention exclut toute responsabilité. (Cod. pén. art. 64; Cass. 14 mai 1866, D. p. 67-1-296.)

b) *Force majeure.* — La force majeure est exclusive de toute criminalité, notamment en ce qui concerne les contraventions résultant de l'embarras de la voie publique sans nécessité, de l'usurpation sur la largeur de la voie publique. (Cass. 8 août 1840, n° 226; 23 janv. 1874, n° 27; 28 juill. 1881, n° 186.)

§ 2. — Réparations civiles.

1. Caractères des réparations civiles.

A) *Réparation des dégradations.*

Les réparations civiles comprennent notamment les réparations des dégradations causées aux voies urbaines ou à leurs dépendances.

B) *Restitution des terrains usurpés.*

En cas de contravention d'usurpation de la voie publique, le tribunal de police doit ordonner la restitution des terrains usurpés.

C) *Démolition.*

En matière de petite voirie, la réparation à titre de restitution ou de dommages-intérêts consiste dans la démolition de l'œuvre construite en contravention.

a) *Cas où la démolition doit ou non être ordonnée.* — En cas de contravention de petite voirie, la démolition est prononcée par les tribunaux de simple police, en vertu soit de l'article 5 de l'édit d'août 1607 qui veut que la besogne mal plantée soit abattue, soit de l'article 161 du Code d'instruction criminelle qui donne aux tribunaux de police le droit de statuer, par le même jugement qui prononce la peine, sur les demandes en restitution et en dommages-intérêts, la démolition étant considérée comme la réparation des dommages causés à la voie par la contravention. (Cass. 26 juin 1851, D. p. 51-5-548; 22 nov. 1860, D. p. 63-1-183.)

Pendant longtemps, la Cour de cassation a refusé d'admettre la distinction suivie par le Conseil d'État, entre les travaux qui auraient pu être autorisés et ceux qui n'étaient pas susceptibles d'autorisation ; suivant elle, la démolition devait toujours être ordonnée sans qu'il fût permis aux tribunaux de rechercher si la construction irrégulièrement faite était de nature à pouvoir être autorisée, c'est-à-dire si elle était ou non sur l'alignement. (Cass. 2 mars 1844, D. p. 45-4-533; 14 nov. 1844, D. p. 45-4-533; 15 fév. 1845, D. p. 45-1-165.)

Aujourd'hui, il est constant, selon la jurisprudence de la Cour de cassation, que la démolition ne doit être ordonnée qu'autant que les constructions causent un dommage à la voirie, c'est-à-dire lorsqu'elles présentent un empiétement sur la lar-

geur légale de la voie publique. (Cass. 11 sept. 1847, D. p. 47-4-496; 26 déc. 1856, D. p. 57-5-340; 14 déc. 1859, D. p. 63-5-419; 11 avril 1862, D. p. 63-1-48.)

b) *Étendue de la démolition.* — La condamnation à la démolition supposant une contravention ne peut être prononcée dans les lieux qui ne sont pas sujets à l'alignement. (Cass. 4 déc. 1856, D. p. 57-1-43; 23 fév. 1878, D. p. 79-1-391.)

La démolition de la construction tout entière doit être ordonnée si cette construction dans sa totalité a été élevée en contravention aux règlements. (Cass. 12 mai 1843, Dall., J. G., v° *Voirie par terre*, n° 2305.)

c) *Délai pour démolir.* — En matière de petite voirie, et notamment en cas de contravention d'alignement, le juge de simple police qui prononce une amende et ordonne la démolition des travaux indûment faits, doit prononcer cette condamnation purement et simplement et sans délai. (Cass. 17 fév. 1860, D. p. 61-5-539; 26 juill. 1878, D. p. 78-1-441.)

C'est à l'administration seule qu'il appartient d'apprécier s'il peut être apporté quelque adoucissement aux mesures prescrites par le juge. Elle peut donc tolérer l'existence de travaux indûment construits ou accorder un sursis au contrevenant pour en opérer la démolition, pourvu que l'intérêt public n'ait pas à en souffrir. (Décis. min. 10 nov. 1837 et 25 mars 1842.)

d) *Formes de la condamnation prononçant la démolition.* — Il n'est pas nécessaire que le juge prononce la démolition en termes exprès ; il peut se servir d'une expression équivalente qui renferme explicitement ou même implicitement l'injonction de démolir. (Cass. 2 fév. 1861, D. p. 61-5-539; 7 mai 1887, D. p. 88-1-334.)

2. Compétence du tribunal de simple police concernant les réparations civiles.

Le tribunal de simple police est compétent pour statuer sur les réparations civiles accessoirement à l'action pénale, et notamment pour ordonner la démolition des ouvrages indûment entrepris et le rétablissement des lieux dans leur état primitif. (Cass. 3 mai 1850, D. p. 50-5-467; 14 oct. 1852, n° 348; 29 août 1872, n° 234; Cons. d'Ét. 22 mars 1895, D. p. 96-3-28.)

3. Prescription des condamnations civiles.

La démolition étant moins une peine qu'une réparation, la condamnation qui l'a prononcée et qui est devenue irrévocable se prescrit d'après les règles établies par le Code civil, c'est-à-dire par le délai de trente ans. (Dall., J. G., v° *Voirie par terre*, n° 2409.)

LIVRE X. — POLICE DES VOIES PUBLIQUES

CHAPITRE Ier

POLICE DES ROUTES ET CHEMINS PUBLICS

Section 1re. — Routes nationales et départementales.

Aux termes des articles 57 à 85 du décret du 16 décembre 1811 (V. p. 17), la surveillance des routes nationales et départementales est confiée aux maires, aux préfets, aux sous-préfets et aux ingénieurs.

Section 2. — Chemins vicinaux.

Le droit de statuer sur tout ce qui est relatif à la surveillance et à la conservation des chemins vicinaux est attribué aux préfets par l'article 21 de la loi du 21 mai 1836.

Mais nous avons vu que le ministre de l'intérieur, en vertu de son pouvoir hiérarchique, a adressé aux préfets un modèle de règlement qu'il leur a recommandé de suivre. (V. p. 51.)

Section 3. — Chemins ruraux.

D'après l'article 9 de la loi du 20 août 1881, c'est à l'autorité municipale que revient le soin d'assurer la police et la conservation des chemins ruraux. Comme pour les chemins vicinaux, le ministre de l'intérieur a tracé en 1883 dans un règlement-type les règles qu'il convient d'adopter. (V. p. 114.)

CHAPITRE II

POLICE DES VOIES PUBLIQUES URBAINES

Sous-chapitre Ier. — Règlements de police.

Section 1re. — Pouvoirs généraux de police exercés par les maires sur les voies publiques.

Le maire tient des attributions de police municipale que lui confère l'article 98 de la loi du 5 avril 1884, comme le faisait déjà l'article 10 de la loi du 18 juillet 1837, le droit de prendre les mesures nécessaires pour assurer, dans les *agglomérations d'habitations,* la commodité, la liberté et la sécurité du passage sur toutes les voies publiques de la *grande ou de la petite voirie.* L'article 98 de la loi municipale de 1884 reconnaît au maire ce droit d'une manière formelle. En ajoutant qu'il l'exerce seulement en ce qui touche la circulation, le législateur a voulu faire une réserve au sujet des pouvoirs qui appartiennent, sur d'autres objets, à l'autorité supérieure en matière de grande voirie, de grande ou de moyenne vicinalité : par exemple, en ce qui concerne les autorisations de bâtir le long de la voie publique, les alignements individuels, les simples permissions de voiric. Il n'a pas entendu restreindre, en dehors de cette réserve, les attributions de police municipale du maire à l'égard des mesures ayant pour objet le bon ordre, la sécurité ou la salubrité publique.

Section 2. — Caractères des règlements de police.

Le pouvoir réglementaire ne doit, en matière de voirie comme en toute autre matière, être exercé que dans l'intérêt général. Sans doute, il est rendu fréquemment des arrêtés individuels, mais ces arrêtés doivent être pris au profit et dans l'intérêt de tous et non pour avoir pour but de procurer certains avantages à un particulier. (V. Cass. 30 juill. 1873, D. p. 75-1-133.)

Les arrêtés des maires sont ou permanents ou temporaires.

Section 3. — Voies de recours contre les arrêtés ou règlements municipaux.

§ 1er. — Recours par la voie gracieuse.

Les particuliers qui se croient lésés par un arrêté municipal, soit individuel, soit général, peuvent se pourvoir auprès du préfet et ensuite devant le ministre de l'intérieur.

§ 2. — Recours au Conseil d'État.

Les arrêtés municipaux ne peuvent être attaqués devant le Conseil d'État par la voie contentieuse. (Cons. d'Ét. 7 janv. 1858, D. p. 58-3-59 ; 22 déc. 1859.)

Mais ils peuvent être l'objet d'un recours pour excès de pouvoir.

§ 3. — Pouvoir de l'autorité judiciaire.

Les arrêtés municipaux étant des actes administratifs ne peuvent être annulés par l'autorité judiciaire. Mais celle-ci a le droit de les déclarer non obligatoires, s'ils ont été pris dans des conditions illégales.

Section 4. — Sanction des règlements de police.

Les arrêtés légalement rendus par les maires ont pour sanction les peines prononcées par les articles 471, 474 et 475 du Code pénal et sont obligatoires pour les tribunaux.

Sous-chapitre II. — Matières sur lesquelles s'exerce la police municipale.

Section 1re. — Noms des rues.

§ 1er. — Inscription.

Parmi les servitudes ou charges foncières de la propriété privée dans les villes, figure l'obligation, à l'égard des maisons formant encoignures, de réserver sur la façade la place nécessaire à l'établissement des plaques ou écriteaux indicatifs du nom des rues. Cette obligation date, pour Paris, d'une ordonnance du lieutenant de police du 30 juillet 1729 ; jusque-là on ne connaissait les noms des rues que par la tradition (Delamare, t. IV, p. 347). Les plaques furent d'abord établies en tôle peinte, et l'ordonnance enjoignait, à peine de cent livres d'amende, aux propriétaires de veiller à ce qu'elles ne fussent enlevées, changées, ni effacées, et de les remplacer, lors de la reconstruction des maisons, par des plaques en pierre de liais, portant le nom de la rue, gravé en lettres de dimensions déterminées. Une autre ordonnance de police, du 3 juin 1730 (*Ibid.*), a confirmé la précédente et chargé les propriétaires de l'entretien des plaques indicatives.

Cette dernière disposition a été maintenue par le décret du 23 mars 1806, qui a ordonné la réinscription des rues de Paris[1]. Toutefois, M. Daubenton (p. 277) affirme qu'elle n'a jamais été exécutée : « En effet, ajoute cet auteur, on ne voit pas la raison pour laquelle les propriétaires des maisons, qui reçoivent les inscriptions, seraient seuls chargés de pourvoir à l'entretien d'un objet qui est d'utilité

---

[1]. Voici le texte de ce décret :
« Il sera procédé, dans le délai de trois mois, à la réinscription des noms actuels des rues, places, quais, halles et marchés de la ville de Paris, d'après les ordres et instructions de notre ministre de l'intérieur » (art. 1er).
« Les inscriptions seront exécutées à l'huile et, pour la première fois, à la charge de la commune de Paris. »
Elles sont aujourd'hui en lave émaillée, en tôle émaillée ou en zinc laminé, avec des dimensions variant suivant l'importance du nom à inscrire. Les plaques en lave et en tôle sont émaillées sur fond bleu d'azur avec lettres blanches de 0m,06 de hauteur. Les lettres des plaques en zinc laminé sont gravées en creux et formées d'un enduit blanc ressortant sur un fond bleu uni et mat ; leur hauteur est également de 0m,06.
« Cette dépense sera supportée par le fonds de 300,000 francs alloué à la ville de Paris, en 1806, pour dépenses imprévues » (art. 2).
« Ces inscriptions seront en caractères d'une grandeur moyenne entre celle des anciennes inscriptions des rues et celle des numéros actuels des maisons ; les couleurs en seront les mêmes que celle de ces nouveaux numéros et indiqueront comme eux la direction de chaque rue » (art. 3).
« Les anciennes inscriptions gravées sur pierre et qui se trouvent en bon état pourront néanmoins être conservées

générale. » Il se peut que l'administration municipale ait cru devoir renoncer alors à exercer le droit qu'elle tenait, sur ce point, des anciens règlements cités plus haut, ainsi que du décret qui les confirme, et cela se conçoit d'autant mieux qu'elle n'avait pas de système arrêté pour la confection des plaques, les divers modes qu'elle a mis à l'essai ayant été successivement abandonnés comme défectueux. Mais ce droit, selon nous, n'en subsiste pas moins pour la ville de Paris, tant que les actes dont il s'agit n'auront pas été formellement abrogés.

Quant au principe général, les premiers frais d'inscription, ainsi que les frais d'entretien et de renouvellement des plaques indicatives, sont une charge communale, hors le cas, toutefois, où il existerait, comme à Paris, une disposition de l'ancienne législation spéciale à la localité, en vertu de laquelle les propriétaires seraient tenus de les supporter. (V. L. 11 frim. an VII, art. 4, §§ 2 et 9.)

À Paris, c'est au préfet de la Seine et dans les autres villes c'est aux maires qu'il appartient de régler le mode d'inscription du nom des rues.

À Paris, le refus fait par un propriétaire de disposer l'encoignure de sa maison de façon à recevoir l'inscription indicative de la rue constitue une contravention de petite voirie de la compétence du tribunal de simple police. (Cons. d'Ét. 29 juin 1850.)

Il est défendu de dégrader ni masquer les inscriptions indicatives des rues et les numéros des maisons. Dans le cas où l'exécution des ouvrages nécessite momentanément la dépose des inscriptions des rues, il ne peut y être procédé qu'avec l'autorisation du préfet de la Seine. Les numéros des maisons qui ont été effacés ou dégradés à l'occasion des mêmes ouvrages doivent être rétablis en se conformant aux règlements sur la matière. (O. préf. pol. 9 juin 1824, art. 6.)

§ 2. — Dénomination.

Avant la loi du 5 avril 1884, des difficultés se

---

vées en donnant au fond et aux caractères les couleurs indiquées par l'article précédent » (art. 4).
« Il ne sera placé ou réparé d'inscriptions que sur une face de chaque angle de rue ; mais elles seront établies de manière que le passant, en arrivant dans une rue, aperçoive toujours, à l'un des angles de celle qui lui fera face ou dans laquelle il entrera, le nom que porte cette rue » (art. 5).
Les plaques indicatives sont en général posées non seulement sur les maisons, mais aussi sur les candélabres (au-dessous de la lanterne) placés aux angles des voies publiques.
Ces plaques sont également posées sur les maisons situées dans l'axe des voies qui viennent déboucher perpendiculairement sur ces maisons.
« Pour l'exécution de cette réinscription générale, il sera passé, par-devant le préfet du département de la Seine, une adjudication au rabais, d'après un cahier des charges dressé par le préfet et approuvé par notre ministre de l'intérieur » (art. 6).
« L'entretien de ces inscriptions sera à la charge des propriétaires des maisons sur lesquelles elles seront placées ; les propriétaires pourront, en conséquence, les faire exécuter à leurs frais d'une manière plus durable, soit en tôle vernissée, soit en faïence ou en terre à poêle émaillée, en se conformant cependant aux autres dispositions du présent décret sur la couleur et la dimension desdites inscriptions » (art. 7).

sont élevées dans quelques départements entre les maires et les conseils municipaux au sujet des dénominations à attribuer aux rues et places publiques et des changements à apporter à ces dénominations.

L'administration reconnaissait que ces dénominations devaient être déterminées par le maire de la commune. C'est là, en effet, un objet de police et de voirie municipale. Il n'était point classé parmi ceux que la loi du 18 juillet 1837 a fait entrer dans l'énumération des attributions des conseils municipaux, et qui doivent être *réglés* par ces conseils (art. 17), ou sur lesquels ils sont appelés à *délibérer* (art. 19), ou sur lesquels ils sont appelés à *donner des avis* (art. 21). Il n'était pas non plus compris implicitement dans les attributions des conseils municipaux, en vertu des derniers paragraphes de l'article 19 et de l'article 21, ainsi conçus : « Et tous les autres objets sur lesquels les conseils municipaux sont appelés par les *lois ou règlements* à délibérer ou à donner un avis. » On ne trouvait alors ni loi, ni règlement qui les chargeât de délibérer ou de donner nécessairement un avis en pareille matière.

A la vérité, il arrivait quelquefois que les conseils municipaux, usant, selon l'article 24 de la loi du 18 juillet 1837, du droit d'exprimer un vœu sur tous les objets d'intérêt local, donnaient leur avis soit sur des dénominations de rues nouvelles, soit sur des changements d'anciens noms. Mais ce n'était point là une de leurs attributions fixes et permanentes : ce n'était que l'usage d'une faculté, et le maire n'était pas dans l'obligation de consulter à cet égard le conseil municipal.

Aujourd'hui, quand le nom d'une rue n'a pas été fixé sur la proposition de l'administration locale par l'acte de l'administration qui en ordonne l'ouverture, c'est au conseil municipal que la loi du 5 avril 1884 confère expressément le droit de déterminer sa dénomination (art. 68, § 7, et 69).

La délibération que le conseil municipal prend à cet effet doit être soumise à l'approbation du préfet, conformément aux dispositions combinées de l'article 1er, tableau A, § 55, du décret du 25 mars 1852 sur la décentralisation administrative reproduit par l'article 1er, tableau A, § 67, du décret du 13 avril 1861.

A Paris, cette délibération est transmise par le préfet au ministre de l'intérieur qui l'approuve ou la rejette.

Parmi les dénominations qui sont attribuées soit à de nouvelles rues et places publiques, soit à des rues et places dont il s'agit de changer les anciens noms, il en est qui ont pour objet de conserver ou rappeler le souvenir de personnages illustres, de citoyens distingués par leur mérite ou leurs services; quelquefois, c'est un honneur que l'on veut déférer à des personnages vivants. Ces dénominations ont alors le caractère d'hommages publics, décernés par une autorité constituée; et l'acte qui les décerne doit être soumis à l'approbation du chef de l'État en vertu de l'ordonnance du 10 juillet

1816[1], et la loi du 5 avril 1884 n'a apporté aucun changement à cet égard.

La proposition peut émaner du maire ou faire l'objet d'un vœu du conseil municipal. Mais, dans l'un et l'autre cas, et soit que la proposition concerne une ville pour laquelle il est nécessaire de dresser un plan d'alignement ou une commune qui, ayant moins de 2,000 habitants, est, d'après la jurisprudence ministérielle, exempte de cette obligation, soit que l'hommage s'adresse à un homme vivant ou à un personnage historique, l'arrêté administratif ou la délibération qui le décerne doit être transmis au ministre de l'intérieur pour être soumis par lui à l'approbation du chef de l'État. Les propositions tendant à décerner des hommages de reconnaissance publique à des personnages vivants ou sur la vie desquels l'histoire ne s'est pas encore prononcée, doivent d'ailleurs être exceptionnelles. (Circ. int. 7 déc. 1872, 8 déc. 1873, 27 janv. 1874.)

L'approbation ministérielle n'est pas nécessaire quand il s'agit de donner à une rue le nom du propriétaire ou de l'entrepreneur qui la fait ouvrir. L'attribution d'un nom de personne n'est point, dans ce cas, une récompense ou un hommage, et ne rentre nullement dans l'application de l'ordonnance du 10 juillet 1816. Elle est seulement soumise aux mêmes règles que celles qui régissent en général les dénominations des rues et places publiques, c'est-à-dire qu'elle est donnée par le conseil municipal et approuvée par le préfet.

§ 3. — Numérotage des maisons.

1. Numérotage des maisons à Paris.

Le numérotage des maisons à Paris est réglementé par le décret du 15 pluviôse an XII (4 fév. 1805).

Avant ce texte les maisons étaient numérotées par quartiers, d'après une seule série de numéros, en sorte qu'une maison située dans une rue très courte portait quelquefois un numéro très élevé, 2,000 par exemple.

Voici le texte du décret de pluviôse :

Il sera procédé, dans le délai de trois mois, au numérotage des maisons de Paris, d'après les ordres et instructions du ministre de l'intérieur (art. 1er).

Ce numérotage sera établi par une même suite de numéros pour la même rue, lors même qu'elle dépendrait de plusieurs arrondissements communaux, et par un seul numéro qui sera placé sur la porte principale de l'habitation. Ce numéro pourra être répété sur les autres portes de la même maison, lorsqu'elles s'ouvriront sur la même rue que la porte principale ; dans le cas où elles s'ouvriraient sur une rue différente, elles prendront le numéro de la série appartenant à cette rue (art. 2).

Les rues dites des *faubourgs*, quoique formant

---

1. A l'avenir aucun don, aucun hommage, aucune récompense ne pourront être votés, offerts ou décernés comme témoignage de la reconnaissance publique par les conseils généraux, conseils municipaux, gardes nationales ou tout autre corps civil ou militaire sans notre autorisation préalable. (Ord. 10 juill. 1816, art. 1er.)

continuation à une rue du même nom, prendront une nouvelle suite de numéros (art. 3).

La série des numéros sera formée des nombres pairs pour le côté droit de la rue, et des nombres impairs pour le côté gauche (art. 4).

Le côté droit d'une rue sera déterminé, dans les rues perpendiculaires ou obliques au cours de la Seine, par la droite du passant se dirigeant vers [1] la rivière et dans celles parallèles, par la droite du passant marchant dans le sens du cours de la rivière (art. 5).

Dans les îles, le grand canal de la rivière coulant au nord déterminera seul la position des rues (art. 6).

Le premier numéro de la série, soit paire, soit impaire, commencera, dans les rues perpendiculaires ou obliques au cours de la Seine, à côté de la rue prise au point le plus rapproché de la rivière, et, dans les rues parallèles, à l'entrée prise en remontant le cours de la rivière, de manière que, dans les premières, les nombres croissent en s'éloignant de la rivière, et, dans les secondes, en la descendant (art. 7).

Dans les rues perpendiculaires ou obliques au cours de la rivière, le numérotage sera exécuté en noir sur un fond d'ocre ; dans les rues parallèles, il sera en rouge sur le même fond (art. 8).

Le numérotage sera exécuté à l'huile [2] et, pour la première fois, à la charge de la commune de Paris (art. 9).

A cet effet, il sera passé, par-devant le préfet du département de la Seine, une adjudication au rabais de l'entreprise du numérotage exécuté à l'huile, à tant par numéro de grandeur, de forme et couleur déterminées par le cahier des charges (art. 10).

L'entretien du numérotage est à la charge des propriétaires ; ils pourront, en conséquence, le faire exécuter à leurs frais, d'une manière plus durable, soit en tôle vernissée, soit en faïence ou terre à poêle émaillée, en se conformant aux autres dispositions du présent décret, sur la couleur des numéros et la hauteur à laquelle ils doivent être placés (art. 11). [V. également *supra*.]

2. Numérotage des maisons dans les villes autres que Paris.

Une ordonnance royale du 23 avril 1823 a étendu, à toutes les villes et communes, la disposition des articles 9 et 11 du décret du 15 pluviôse an XII portant, le premier, que le numérotage sera exécuté à l'huile, et, pour la première fois, à la charge de la commune ; le second, que l'entretien est à la charge des propriétaires, qui pourront, en conséquence, faire exécuter le numérotage à leurs frais, d'une manière plus durable, soit en tôle vernissée, soit en faïence ou terre à poêle émaillée, etc.

La légalité de cette ordonnance est admise par tous les auteurs. (Guillaume, n° 84, p. 85 ; Dalloz, suppl., v° *Voirie*, n° 627.)

Bien que l'ordonnance de 1823 ne prescrive rien de plus, il ne peut cependant qu'être utile de rendre applicables, en pareil cas, toutes les dispositions du décret de 1805, dont l'expérience a fait reconnaître les avantages, et les maires peuvent les rendre obligatoires en les consignant dans leur arrêté réglementaire.

D'après une opinion, c'est à l'autorité locale qu'il appartient d'apprécier la convenance et l'opportunité de cette mesure, qui doit être proposée par le maire et délibérée par le conseil municipal. (Blanche, v° *Voirie*.)

Mais nous croyons plus juridique de reconnaître ce droit au conseil municipal. D'une part, en effet, il entraîne toujours des dépenses à la charge de la commune et, d'autre part, il est inadmissible que le maire puisse, par une abstention systématique, paralyser le pouvoir du conseil municipal dans l'hypothèse où celui-ci jugerait le numérotage nécessaire. (Dalloz, *loc. cit.*)

En cas de renouvellement du numérotage, il est nécessaire de dresser un procès-verbal qui constate le numéro ancien de chaque maison et sa concordance avec celui qui est substitué. M. Daubenton nous apprend (p. 278) que cette précaution ayant été négligée à Paris, lors de l'exécution du décret de 1805, l'absence de ce renseignement s'est fait sentir d'une manière fâcheuse dans un grand nombre de cas.

Section 2. — Éclairage des voies publiques.

Les droits de police du maire en ce qui concerne les obligations à imposer aux particuliers relativement à l'éclairage des voies publiques et des objets déposés sur ces voies sont réglés par l'article 97, § 1er, de la loi du 5 avril 1884 qui remplace aujourd'hui l'article 14 de la loi des 16-24 août 1790.

Le pouvoir du maire s'applique également aux rues privées quand elles sont ouvertes à la circulation publique. (Cass. 23 janv. 1890, D. p. 90-1-240.)

Ces droits de police sont applicables même dans les villes pourvues d'un éclairage général.

Dans les communes où l'éclairage n'est pas prescrit d'une manière générale, les maires peuvent prendre, en vertu de l'article 471, § 3, des arrêtés pour obliger à l'éclairage devant leurs maisons certaines classes d'habitants dont la profession rend cette précaution particulièrement nécessaire, tels sont les aubergistes, les hôteliers, etc. (Cass. 16 sept. 1853, n° 469, D. p. 53-5-37 ; 30 janv. 1879, n° 31.)

Lorsque l'autorité compétente a décidé de pourvoir la ville d'un système d'éclairage général, les dépenses qui en résultent sont à la charge du budget communal [1], sauf pour les rues ouvertes par les particuliers et dont l'ouverture a été subordon-

---

1. Lisez : s'éloignant de la rivière.
2. Aujourd'hui les plaques de numéros des maisons sont en lave émaillée sur fond bleu d'azur, avec chiffres en blanc de 0m,13 de hauteur. La hauteur des plaques est de 0m,17 avec une épaisseur de 0m,01 au minimum et une longueur variant suivant le nombre de chiffres à inscrire (0m,17, 0m,24 ou 0m,28).

---

1. C'est ce qui résulte pour Paris de la loi du 6 juin 1790 et pour les autres villes de l'article 4 de la loi du 11 frimaire an VII.

née par la ville à l'obligation pour les riverains de les éclairer. Peu importe que les anciens usages mettent la dépense des appareils d'éclairage à la charge des riverains, puisque le Conseil d'État n'admet l'application de ces usages qu'en ce qui touche les frais concernant la viabilité (Av. Cons. d'Ét. 25 mars 1807; 6 août 1878, Lcb. chr., p. 809). Mais si les propriétaires ne supportent pas l'installation et les frais d'éclairage général au droit de leurs bâtiments, ils sont du moins obligés de laisser poser sur leurs façades les appareils et conduites nécessaires, le tout sans indemnité.

C'est aujourd'hui le conseil municipal et non le maire qui est compétent pour décider qu'une ville sera munie de l'éclairage public.

Lorsque l'éclairage général de la ville est confié à un entrepreneur, celui-ci est substitué *ipso facto* aux habitants pour l'exécution des règlements municipaux et il devient responsable même pénalement des infractions relevées. (Dalloz, suppl., v° *Voirie*, n° 631; Béquet, v° *Commune*, n° 1492.)

Section 3. — *Police des constructions.*

§ 1er. — Emploi de certains matériaux.

1. Généralités.

Le mode de construction des maisons rentre dans les attributions des maires, en vertu de l'article 97, §§ 1 et 6, de la loi du 5 avril 1884, qui reproduit à cet égard les dispositions de l'article 3, titre XI, de la loi des 16-24 août 1790 et qui confie à la vigilance de l'autorité municipale tout ce qui intéresse la sûreté et la commodité du passage dans les rues, quais, places et voies publiques, ainsi que le soin de prévenir par des précautions convenables les accidents et les fléaux calamiteux, tels que les incendies. (Dall., suppl., v° *Voirie*, n° 633; Guillaume, n° 294, p. 268.)

Par application de cette disposition, le maire peut, ainsi que nous l'avons dit dans notre *Répertoire* au mot *Incendie*, imposer certaines obligations aux propriétaires et aux constructeurs. Il peut notamment leur interdire un mode de construction ou l'emploi de matériaux qui présenteraient un danger permanent de chute ou d'incendie. (Cass. 24 janv. et 1er juill. 1853.)

2. Ville de Paris.

Le préfet de police, chargé de prévenir les incendies, a, pour Paris, les mêmes pouvoirs que les maires des villes de province.

§ 2. — Pans de bois.

Par pans de bois on entend un assemblage de charpentes qui sert de mur de face à un bâtiment.

1. Ville de Paris.

A) *Étendue de l'interdiction.*

À Paris, l'usage des pans de bois est interdit par l'article 4 de l'édit de décembre 1607, confirmé par la déclaration du 16 juin 1693 et par l'arrêt du conseil du 27 février 1765.

Ces anciens règlements sont maintenus en vigueur par l'article 29, titre Ier, de la loi des 19-22 juillet 1791 et par la loi du 23 mars 1842.

L'interdiction ainsi posée est-elle absolue et n'admet-elle aucune autorisation ?

C'est ce qu'avait pensé le préfet de la Seine s'appuyant sur deux arrêts du Conseil d'État, en date des 22 juin 1811 et 2 août 1826 portant que les règlements ne prohibent qu'à Paris la construction des façades en pans de bois.

Mais il faut reconnaître que cette solution est bien rigoureuse et en opposition avec d'autres règlements et notamment avec la déclaration du 10 avril 1783 qui, en fixant à 48 pieds seulement la hauteur des constructions en pans de bois, reconnaît par cela même le droit de les élever.

Il faut donc conclure que les règlements que nous avons cités au début n'ont voulu défendre que la construction des pans de bois sans autorisation préalable. (Cons. d'Ét. 17 fév. 1859. Cf. De Royou, n° 179; Dall., suppl., v° *Voirie*, n° 635.)

Quoi qu'il en soit, l'interdiction d'élever des pans de bois sans autorisation ne s'applique qu'aux constructions et reconstructions joignant la voie publique. (Cons. d'Ét. 16 août 1860.)

B) *Sanction.*

a) *Amende.* — Toute construction en pans de bois élevée à Paris sans autorisation ou malgré les défenses de l'autorité, constitue une contravention à l'édit de décembre 1607 et à la déclaration du 16 juin 1693, à raison de laquelle il y a lieu de condamner le propriétaire et l'entrepreneur à l'amende.

L'amende à appliquer est non pas celle qui est indiquée par la déclaration du 16 juin 1693 (20 fr.), mais celle que prononce l'arrêt du conseil du 27 février 1765. Elle est de trois cents francs, tant contre les propriétaires que contre les maçons, charpentiers et ouvriers. (Cons. d'Ét. 5 déc. 1834; 9 nov. 1836; 6 déc. 1844.)

Cette amende peut être réduite par application de la loi du 23 mars 1842.

b) *Démolition.* — La démolition de la construction doit être ordonnée par application de l'arrêt du conseil du 27 février 1765 (Cons. d'Ét. 9 nov. 1836; 16 août 1860). Toutefois, le conseil de préfecture peut se dispenser de prononcer cette démolition lorsque le contrevenant a modifié sa construction de manière à ne donner lieu à aucune poursuite. (Cons. d'Ét. 5 déc. 1834.)

Le conseil de préfecture peut également permettre de conserver les parties de la construction qui ne doivent avoir qu'une durée passagère et qui ont une solidité convenable à leur destination. (Cons. d'Ét. 2 août 1826; 6 janv. 1830.)

c) *Compétence.* — La connaissance des contraventions relatives aux pans de bois appartient au conseil de préfecture. À Paris, en effet, toutes les rues sont réputées faire partie de la grande voirie et ne sont soumises au régime de la petite voirie que pour ce qui intéresse la viabilité journalière ainsi que la salubrité. (V. toutefois de Royou, n° 179.)

2. Autres villes.

A) *Principe.* — Dans les villes autres que Paris, il n'existe pas de règlement spécial aux pans de bois; mais le droit de les interdire ou de les réglementer est compris dans celui que l'article 97 de la loi du 5 avril 1884 attribue aux maires d'interdire les matériaux pouvant favoriser les incendies. (V. Cass. 23 nov. 1872, D. p. 73-1-400.)

B) *Sanction.* — Le fait d'élever des constructions en pans de bois, sans autorisation ou contrairement à l'arrêté qui les a interdites, tombe sous l'application de l'article 471, § 15, du Code pénal (1 à 5 fr. d'amende).

La démolition doit, en outre, être ordonnée par application de l'article 161 du Code d'instruction criminelle. (Cass. 5 sept. 1835.)

C) *Compétence.* — La contravention à l'interdiction d'élever des pans de bois sans autorisation, étant punie par l'article 471, § 15, du Code pénal, est de la compétence du tribunal de simple police.

Mais la question de savoir si le mur d'une maison est un mur d'encadrement dont la construction ou la surélévation en pan de bois est défendue par un arrêté préfectoral, ou un mur de face affranchi de cette prohibition constitue une question préjudicielle de la compétence de l'autorité administrative. (Cass. 2 oct. 1852, D. p. 52-5-311.)

§ 3. — Pointes de pignon.

Les pointes de pignon sont interdites par l'ordonnance du 18 août 1667, confirmée par l'article 29, titre 1er, de la loi des 19-22 juillet 1791.

Leur démolition, si elles ont été établies sans autorisation, doit toujours être ordonnée, même quand elles sont en charpente et n'ont qu'un caractère tout à fait provisoire. (Cons. d'Ét. 1er déc. 1853.)

§ 4. — Mesures ayant pour but l'embellissement des voies publiques.

Le maire ne peut imposer aux propriétaires l'obligation de construire les façades de leurs maisons sur un plan donné, d'exécuter tels ou tels ornements, d'observer telle ou telle disposition pour le placement des ouvertures, dans le but de maintenir la régularité et la symétrie dans toutes les rues. (Cons. d'Ét. 1er déc. 1859, D. p. 59-3-85; 19 juin 1863, D. p. 63-3-63.)

L'autorité municipale excède également ses pouvoirs lorsqu'elle ordonne de badigeonner, de recrépir toutes les maisons, les murailles quelconques, donnant sur les rues, promenades, routes et faubourgs. (Cass. 7 mars 1863, D. p. 63-1-200.)

Toutefois, il en est autrement pour la ville de Paris et pour les autres villes auxquelles le décret du 26 mars 1852 a été déclaré applicable. En 1890 ce décret avait été appliqué à 162 villes. (V. *infrà.*)

§ 5. — Hauteur des bâtiments.

1. Limitation de la hauteur.

A) *Règles générales.* — La limitation de la hauteur des bâtiments peut être légalement établie par le maire[1]. (Cass. 30 mars et 7 déc. 1827; 2 et 8 août 1833; 16 mai 1887, Sir. 87-1-439.)

Celui-ci, avant de rendre son arrêté, n'est nullement tenu de consulter le conseil municipal.

La hauteur des maisons doit être limitée en raison de la largeur des rues.

Les arrêtés municipaux peuvent restreindre la hauteur des constructions, même faites dans l'intérieur des propriétés et ne donnant pas sur la voie publique, à raison des inconvénients de la privation d'air, de jour et des dangers d'incendie.

B) *Législation particulière à Paris.* (V. *infrà*, Liv. XI, chap. IV, sous-chap. VII, sect. 2.)

2. Sanction.

A) *Amende.* — L'infraction aux règlements municipaux sur la hauteur des maisons est une contravention de petite voirie passible, par application de l'article 471, § 15, d'une amende de un à cinq francs. (Cass. 18 sept. 1828.)

B) *Démolition.* — Le tribunal de simple police doit ordonner la démolition des travaux exécutés au mépris des règlements. (Cod. instr. crim., art. 161; Cass. 20 nov. 1885, D. p. 86-1-392.)

C) *Compétence.* — La contravention relative à la hauteur des maisons est de la compétence des tribunaux de simple police.

§ 6. — Dimensions et hauteur des cheminées.

Le maire peut déterminer les dimensions et la hauteur des cheminées.

Pour Paris, voir *infrà*, Liv. XI, chap. IV, sous-chap. VII, sect. 5.

Section 4. — *Édifices menaçant ruine.*

La loi des 16-24 août 1790 (art. 3), confirmée par la loi du 5 avril 1884 (art. 97), et plus récemment par la loi du 21 juin 1898, ayant rangé parmi les objets confiés à la vigilance des municipalités, le soin de prescrire la démolition ou la réparation des bâtiments menaçant ruine, et celle du 22 juillet 1791 ayant maintenu provisoirement (art. 29) les règlements existants touchant la voirie, « ainsi que ceux actuellement existants à l'égard de la construction des bâtiments, et relatifs à leur solidité et sûreté », le pouvoir municipal se trouve armé à cet égard d'un droit qui ne saurait lui être contesté, du moins lorsqu'il s'agit de bâtiments riverains des rues de voirie urbaine, des chemins vicinaux ordinaires et des chemins ruraux. (L. 21 juin 1898, art. 3; V. le texte plus loin.)

Mais c'est au préfet qu'il appartient de prescrire la démolition des bâtiments qui menacent ruine le long soit d'une route nationale ou départementale, soit d'un chemin vicinal de grande communication ou d'intérêt commun.

Dans les rues formant le prolongement des routes nationales ou départementales, des chemins de grande communication ou d'intérêt commun, le

---

1. A Montpellier la hauteur des constructions est fixée par deux arrêts du conseil en date du 4 février 1775 et du 31 octobre 1778. Dans cette ville, la connaissance des contraventions appartient au conseil de préfecture. (Cons. d'Ét. 21 mars 1861.)

préfet et le maire exercent concurremment le droit de prescrire la démolition des édifices menaçant ruine. (V. art. 82 de l'arrêté réglementaire sur les chemins vicinaux, et l'article 85 de l'arrêté concernant les chemins ruraux.)

Mais dès que le péril existe et que la sûreté publique est compromise, l'administration active est-elle investie, en vertu de la loi suprême du salut commun, du droit de prononcer elle-même, de prescrire ce que réclame l'imminence du danger, et de faire exécuter ses propres décisions sans l'intervention du juge ?

La question pouvait, jusqu'en 1898, prêter à la controverse et elle a, en effet, donné lieu à plusieurs systèmes.

Dans le premier, soutenu notamment par Blanche, le pouvoir de l'administration était absolu.

C'est principalement dans les dispositions de la loi des 16-24 août 1790 (art. 3, tit. XI), reproduite par la loi du 5 avril 1884 (art. 97, § 1er), que Blanche puisait sa conviction, conviction que d'ailleurs, dit-il, l'examen raisonné des divers actes de la jurisprudence tendait à confirmer.

En effet, si l'on peut citer une ordonnance rendue au contentieux, le 19 mars 1823 (Granner), portant qu'attendu qu'il s'agit d'une maison située sur la route départementale de Lorient à Brest, dans la ville de Quimper, *le conseil de préfecture était compétent pour faire l'application des règlements de voirie*, *etc.*, Blanche rappelait, avec raison, outre un avis de principe du comité de l'intérieur du 27 avril 1818, rapporté plus loin, d'autres arrêts du conseil qui contredisent celui de 1823 ; ainsi, en matière de voirie urbaine, le Conseil d'État a décidé (16 juin 1824, Versigny) : « Qu'aux termes des lois, décrets et règlements sur la voirie urbaine, le maire de la ville de Gray était compétent pour faire exécuter la démolition des bâtiments menaçant ruine, sauf le recours au préfet ; que le préfet du département de la Haute-Saône ayant approuvé les mesures prescrites par le maire, c'était à notre ministre de l'intérieur que ces arrêtés devaient être déférés, si l'on croyait avoir à s'en plaindre ; qu'ainsi, le tribunal de Gray était incompétent pour connaître de la contestation dont il s'agit, etc.

Le Conseil d'État a même été jusqu'à déclarer que la décision par laquelle le ministre de l'intérieur approuvait un arrêté préfectoral confirmatif d'un arrêté municipal qui ordonnait, pour cause de péril, la démolition de la façade d'une maison, ne pouvait lui être déféré par la voie contentieuse (Av. Cons. d'Ét. 26 mai 1845, Chauvin). Il ne s'était pas moins explicitement prononcé contre l'intervention du conseil de préfecture en pareille matière pour ce qui concerne la grande voirie. (8 sept. 1832, Laffitte.)

« Considérant, disait-il dans cette dernière espèce, qu'aux termes de l'article 21 de l'arrêté du 12 messidor an VIII, il n'appartient qu'au préfet de police de prescrire, pour cause de sûreté publique, la destruction des bâtiments menaçant ruine, 'cé'

qui a eu lieu dans l'espèce, et que le conseil de préfecture du département de la Seine n'a pu, sans excéder les bornes de sa compétence, ordonner, pour ladite cause, la démolition du mur dont il s'agit, etc. »

Une autre ordonnance du 23 juillet 1841 (Hervet) était plus explicite encore.

De son côté, la Cour de cassation, tout en admettant que l'administration pouvait s'adresser, soit aux tribunaux civils, soit aux tribunaux de police, selon qu'elle poursuivait la démolition par voie d'action civile ou criminelle (14 août 1832, Albaret), a établi que l'autorité administrative pouvait faire démolir, pour cause de sûreté publique et d'intérêt général, les édifices appartenant à des particuliers, lorsqu'ils étaient reconnus en état de dégradation et de vétusté par les deux experts du propriétaire et de l'administration, encore que l'expert du propriétaire fût d'avis qu'il avait possibilité de les conserver (24 mars 1820, Jollet).

Elle a décidé, en outre, ce qui est digne de remarque, qu'un tribunal de police devant lequel un prévenu était traduit pour avoir refusé d'obéir à un arrêté du maire qui lui enjoignait de démolir un édifice menaçant ruine sur la voie publique, ne pouvait surseoir à prononcer sur l'action intentée jusqu'à ce qu'il ait été vérifié par experts si le danger signalé par le maire existait. (30 janv. 1836, Despictières ; 12 janv. et 24 fév. 1882, nos 13 et 54 ; 5 août 1887, Sir. 89-1-94.)

On lit dans un autre arrêt (30 août 1833, Guerlin-Houël) ce considérant non moins significatif : « que l'autorité municipale, lorsqu'elle croit, *au lieu d'user du pouvoir qu'elle tient, à cet égard, des articles 3, no 1, titre II de la loi des 16-24 août 1790, 46, titre Ier, de celles des 19-22 juillet 1791, et 471, no 5, du Code pénal*, devoir faire ordonner judiciairement la démolition ou la réparation, qu'elle a jugé nécessaire de prescrire, des bâtiments ou édifices qui menacent ruine imminente dûment constatée, et compromettent incessamment la sûreté publique, n'est tenue de se conformer, dans l'assignation par elle donnée à cet effet, qu'aux dispositions dudit article, etc. ».

Enfin, la Cour, par un autre arrêt du 3 mai 1841 (ch. crim.), a statué en ces termes : « Attendu que l'arrêté du maire de Saint-Mihiel, du 28 mai 1835, a ordonné la démolition de la maison du sieur Barré, pour cause de sûreté publique, qu'en prenant cet arrêté qui n'a été attaqué par aucune voie légale, et qui a reçu son entière exécution, le maire de la ville de Saint-Mihiel a fait un acte de pure administration dont la connaissance n'appartient pas à l'autorité judiciaire, etc. »

Il était évident que dans l'opinion de la Cour suprême, l'autorité municipale, dans certains cas qu'elle seule était en mesure d'apprécier, pouvait, *en usant du pouvoir qu'elle tient des dispositions des lois citées*, ordonner et faire exécuter elle-même la démolition des bâtiments menaçant ruine, sans être astreinte à s'y faire *préalablement* autoriser par un jugement du tribunal de police, et que si elle croyait devoir déférer à ce tribunal les contraventions à ses arrêtés portant injonction au propriétaire de démolir, ce ne pouvait être que lorsqu'il n'y avait pas péril imminent, et en vue de faire appliquer l'amende encourue aux termes de l'article 471 du Code pénal pour désobéissance à un règlement de police municipale, et qu'elle restait, d'ailleurs, parfaitement libre d'ordonner et d'agir en vertu du pouvoir qui lui est propre, selon ce que lui semblait commander le degré d'imminence du péril.

Dans le second système, on soutenait une doctrine opposée.

Dès lors, en matière de grande voirie, les préfets devaient assigner le propriétaire devant le conseil de préfecture et c'était seulement lorsqu'ils étaient armés de l'arrêté du conseil qu'ils pouvaient faire procéder à la démolition.

De même, en matière de petite voirie, le maire devait poursuivre le propriétaire devant le tribunal de police pour le faire condamner à l'amende et à la démolition. (Cass. 25 avril 1857, D. p. 57-1-267.)

Si l'on n'était pas d'accord sur la compétence, on ne l'était guère plus sur les formes à suivre. On avait adopté les deux déclarations du roi des 18 juillet 1729 et 18 août 1730 [1] (Perrot, p. 329

et 331), qui, bien que rendues spécialement pour la ville de Paris, étaient considérées comme règlements généraux (Cass. 30 août 1833, Guerlin-Houël). La marche tracée par ces anciens règlements devait donc continuer d'être observée. (Cons. d'Ét. 16 déc. 1881, Caumel; 20 janv. et 10 nov. 1882, Dauboin et Chassiguon.)

Toutefois, d'après la Cour de cassation les déclarations de 1729 et 1730 ne s'appliquaient qu'en cas de *péril imminent* résultant de l'état de ruine. (Cass. 20 juin 1863, D. p. 63-1-484.)

De la combinaison de ce principe avec les formes prescrites par les déclarations royales de 1729 et 1730, ressortaient des règles qui peuvent se résumer ainsi qu'il suit :

1° Aussitôt que le maire était informé qu'une maison ou édifice donnant sur la voie publique menaçait ruine et présentait quelque péril, il devait se transporter sur les lieux, ou charger le commissaire de s'y transporter, à l'effet de dresser procès-verbal de l'état du bâtiment (Déclaration du 18 août 1730, art. 2);

2° Ce procès-verbal était signifié au propriétaire avec sommation d'avoir à faire cesser le péril dans un délai déterminé;

3° La signification était faite au domicile du propriétaire, s'il résidait dans l'étendue de la commune,

---

1. **Déclaration du roi du 18 juillet 1729**
concernant les périls évidents qui peuvent se rencontrer dans les maisons et bâtiments de la ville de Paris.

LOUIS, etc.

La sûreté des habitants de notre bonne ville de Paris, et l'attention nécessaire pour prévenir les accidents qui n'arrivent que trop fréquemment par la négligence que l'on apporte à réparer les maisons et les bâtiments de ladite ville, devant être un des principaux objets de la vigilance des officiers de notre Châtelet de Paris, auxquels les soins de la police sont confiés, et la longueur des procédures formant souvent des prétextes aux propriétaires pour éluder des réparations dont le moindre retardement entraîne quelquefois des suites si funestes, nous avons cru, dans cette partie importante de la police de notre bonne ville de Paris, devoir établir une procédure fixe et certaine qui pût, par sa régularité et par sa simplicité, donner en même temps aux juges une connaissance exacte de l'état des maisons, et aux parties un moyen facile pour se faire entendre; mais qui pût aussi, en cas de refus ou délai de la part des propriétaires, ouvrir une voie régulière pour faire cesser promptement le péril, et pour mettre nos sujets dans une pleine et entière sûreté.

A ces causes....., nous avons dit et déclaré, disons et déclarons par ces présentes signées de notre main, voulons et nous plaît, qu'en cas de péril éminent des maisons et bâtiments de notre bonne ville de Paris, il en soit usé par les officiers du Châtelet en la forme et manière qui s'ensuit.

Les commissaires auront une attention particulière, chacun dans leur quartier, pour être instruits des maisons et bâtiments où il y aurait quelque péril (art. 1er).

Aussitôt qu'ils en auront avis, ils se transporteront sur le lieu, et dresseront procès-verbal de ce qu'ils y auront remarqué, et il ne pourrait rien être contraire à la sûreté publique (art. 2).

Ils devront assigner sans retardement, à la requête de notre procureur au Châtelet, les propriétaires au premier jour d'audience de la police du Châtelet de Paris (art. 3).

Les assignations seront données au domicile du propriétaire s'il est connu et s'il est dans l'étendue de notre bonne ville de Paris ou faubourgs d'icelle, sinon les assignations pourront être données à la maison même où se trouvera le péril, en parlant au principal locataire ou à quelqu'un des locataires, en cas qu'il n'y en ait point de principal, et vaudront lesdites assignations comme si elles avaient été données au propriétaire (art. 4).

Au jour marqué par l'assignation, le commissaire fera

son rapport à l'audience, et, si la partie ne comparaît pas, le lieutenant général de police, sur les conclusions d'un de nos avocats, ordonnera, s'il y échet, que les lieux seront visités par un expert qui sera par lui nommé d'office (art. 5).

Si la partie comparaît, et qu'elle ne dénie point le péril, le lieutenant général de police ordonnera, sur lesdites conclusions, que la partie sera tenue de faire cesser le péril dans le temps qui sera par lui prescrit, et sera enjoint audit commissaire d'y veiller (art. 6).

Au cas que la partie soutienne qu'il n'y ait aucun danger, elle aura la faculté de nommer un expert de sa part pour faire la visite conjointement avec l'expert qui sera nommé par notre procureur au Châtelet, ou qu'elle sera tenue de faire sur-le-champ, sinon sera passé outre à la visite par l'expert seul qui aura été nommé par notredit procureur (art. 7).

La visite sera faite dans le temps qui aura été prescrit par la sentence, en présence de la partie, ou elle dûment appelée au domicile de son procureur, et elle a comparu, sinon au domicile prescrit par l'article 4 ci-dessus, et ce, soit que la sentence ait été donnée contradictoirement ou par défaut, sans qu'il soit nécessaire même dans le cas de rendue par défaut, d'attendre l'expiration de la huitaine; et, en cas qu'il y ait deux experts, et qu'ils se trouvent de différents avis, il en sera nommé un tiers par le lieutenant général de police à la première audience, partie pareillement présente ou dûment appelée au domicile de son procureur (art. 8).

Sur le vu du rapport de l'expert, la partie ouïe à l'audience, ou elle dûment appelée au domicile de son procureur, s'il y a point, en la forme prescrite par l'article 4 ci-dessus et ouï le commissaire en son rapport, ensemble notre avocat en ses conclusions, le lieutenant général de police ordonnera, s'il y a lieu, que, dans le temps qui sera par lui prescrit, le propriétaire de la maison sera tenu de faire cesser le péril, et d'y mettre, à cet effet, des ouvriers; à faute de quoi, ledit temps passé, et sans qu'il soit besoin d'autre jugement, sur le simple rapport du commissaire, portant qu'il n'y a été mis d'ouvriers, il en sera mis de l'autorité dudit commissaire, aux frais de la partie, à la diligence du receveur des amendes qui en avancera les deniers, dont il lui sera délivré, par le lieutenant général de police, exécutoire sur la partie, pour en être remboursé par privilège et préférence à tous autres sur le prix des matériaux provenant des démolitions, et subsidiairement sur le fonds et superficie des bâtiments desdites maisons (art. 9).

Dans les occasions où le péril serait si urgent que l'on ne pourrait attendre le jour d'audience ni observer les et si sa demeure était connue ; sinon elle pouvait être donnée à la maison même où était le péril, en parlant au principal locataire ou à quelqu'un des locataires, en cas qu'il n'y en eût pas de principal [v. Cons. d'Ét. 20 janv. et 10 nov. 1882] (art. 5) ;

4° Au jour fixé, si le propriétaire n'avait pas fait cesser le péril et n'avait pas répondu à la sommation du maire, celui-ci, après avoir fait visiter de nouveau le bâtiment par l'architecte voyer (comme

expert), ordonnait la démolition ou accordait un nouveau délai ;

5° Si le propriétaire soutenait que le danger n'existait pas, il avait la faculté de nommer un expert pour faire la visite des lieux conjointement avec l'expert nommé par le maire. Faute par la partie de faire sur-le-champ cette nomination, il était passé outre à la visite par l'expert municipal seul (art. 7) ;

---

formalités ci-dessus prescrites sans risquer quelque accident fâcheux, en ce cas, les commissaires du Châtelet pourront on faire leur rapport au lieutenant général de police en son hôtel et y faire appeler les parties en la forme prescrite par l'article 4 au-dessus, lequel pourra ordonner par provision ce qu'il jugera absolument nécessaire pour la sûreté publique (art. 10).

Seront les sentences et ordonnances rendues à ce sujet exécutées par provision, nonobstant et sans préjudice de l'appel (art. 11).

Donné à Versailles, le 18e jour de juillet 1729 et de notre règne le 14e. *Signé* : LOUIS.

DÉCLARATION DU ROI DU 18 AOUT 1730
concernant les maisons et bâtiments de la ville de Paris.

LOUIS, etc.

Par notre déclaration du 18 juillet 1729, nous avons établi la forme des procédures qui devaient être suivies par les officiers de notre Châtelet de Paris, auxquels les soins de la police sont confiés au sujet des périls éminents qui pourraient se rencontrer dans les maisons de notre bonne ville et faubourgs de Paris ; mais comme cette partie de la police, en ce qui regarde seulement les bâtiments ayant face sur rue, est exercée concurremment, tant par notre bureau des finances que par les officiers de la police de notre Châtelet de Paris nous avons jugé nécessaire de fixer aussi les procédures qui seraient suivies par les officiers du bureau des finances dans les cas qui se trouveraient être de leur compétence, afin que chacun desdits officiers étant assuré de la voie qu'ils doivent suivre dans une portion si importante de la police de ladite ville, et concourant avec le même zèle au bien public, nos sujets puissent trouver dans ces règles que nous établissons une sûreté entière contre des accidents aussi fréquents depuis quelques années. A ces causes, de notre certaine science, pleine puissance et autorité royale, avons dit et déclaré, disons et déclarons par ces présentes signées de notre main, voulons et nous plaît, qu'en cas de péril éminent des maisons et bâtiments de notre bonne ville de Paris, il en soit usé par les officiers du Châtelet en la forme et manière qui s'ensuit (art. 1er).

On en cas de périls éminents des maisons et bâtiments de notre bonne ville et faubourgs de Paris, en ce qui regarde les murs ayant face sur rue, et tout ce qui pourrait par sa chute nuire à la voie publique, les commissaires de la voirie aient une attention particulière pour s'on instruire (art. 1er).

Aussitôt qu'ils en auront avis, ils se transporteront sur les lieux, dresseront procès-verbal de ce qu'ils y auront remarqué, et qui pourrait être contraire à la sûreté de la voie publique (art. 2).

Ils feront assigner sans retardement, à la requête de notre procureur général au bureau des finances, les propriétaires au premier jour d'audience dudit bureau, même à des jours extraordinaires, s'il y échet (art. 3).

Les assignations seront données au domicile du propriétaire, s'il est connu, et s'il est dans l'étendue de notre bonne ville ou faubourgs de Paris ; sinon les assignations pourront être données à la maison même où se trouvera le péril, en parlant au principal locataire ou à quelqu'un des locataires, en cas qu'il n'y en ait point de principal, et vaudront lesdites assignations comme si elles avaient été données aux propriétaires (art. 4).

Au jour marqué par l'assignation, le commissaire de la voirie fera son rapport à l'audience, et si la partie ne comparo pas, il sera, sur les conclusions de notre avocat ou dit bureau, ordonné, s'il y échet, que les lieux seront visités par expert qui sera nommé par ledit bureau (art. 5).

Si la partie comparaît et qu'elle ne dénie point le péril, ledit bureau ordonnera, sur les conclusions de notredit avocat, que la partie sera tenue de faire cesser le péril dans le temps qui sera prescrit par le jugement, et enjoint au commissaire de la voirie d'y veiller (art. 6).

Au cas que la partie soutienne qu'il n'y a aucun danger,

elle aura la faculté de nommer un expert de sa part, pour faire la visite conjointement avec celui qui sera nommé par notre procureur audit bureau et sera tenue la partie de le nommer sur-le-champ, sinon sera passé outre à la visite par l'expert seul qui aura été nommé par notredit procureur (art. 7).

La visite sera faite dans le temps qui aura été fixé par la sentence en présence de la partie. ou elle dûment appelée au domicile de son procureur si elle a comparu, sinon en la forme prescrite par l'article 4 ci-dessus, et ce, soit que la sentence ait été donnée contradictoirement ou par défaut, sans qu'il soit nécessaire, même dans le cas de la sentence rendue par défaut, d'attendre l'expiration de la huitaine ; et en cas que la partie ait nommé un expert de sa part et que les experts se trouvent d'avis différents, il sera nommé un tiers expert au premier jour d'audience, la partie présente, ou dûment appelée au domicile de son procureur art. 8).

Sur le vu du rapport de l'expert ou des experts, la partie ouïe à l'audience ou elle dûment appelée au domicile de son procureur, s'il y en a, ou s'il n'y en a point, en la forme prescrite par l'article 4 ci-dessus, et oui le commissaire de la voirie, ensemble notre avocat audit bureau en ses conclusions, il sera ordonné, s'il y a lieu, que, dans un certain temps le propriétaire de la maison sera tenu de faire cesser le péril et d'y mettre à cet effet ouvriers ; à faute de quoi, ledit temps passé, et sans qu'il soit besoin d'appeler les parties, sur le simple rapport verbal du commissaire de la voirie au bureau, portant qu'il n'y a été mis ouvriers, les juges ordonneront que il sera mis à la requête de notre procureur audit bureau, poursuite et diligence dudit commissaire de la voirie, à l'effet de quoi les deniers seront avancés par le receveur des amendes, dont lui sera délivré exécutoire sur la partie, pour en être remboursé par privilège et préférence à tous autres sur le prix des matériaux provenant des démolitions, et subsidiairement sur le fonds et superficie des bâtiments desdites maisons, ce qui sera pareillement observé dans le cas de l'article 6 ci-dessus (art. 9).

Dans les occasions où le péril serait si urgent qu'on ne pourrait attendre le jour de l'audience, et observer les formalités ci-dessus sans risquer quelques accidents fâcheux, sur le rapport qui sera fait par le commissaire de la voirie à l'un des trésoriers de France, qui sera commis à cet effet par le président du service audit bureau au commencement de chaque semestre, même qui pourra être continué au delà dudit semestre, et les parties appelées en la forme prescrite par l'article 4, sera statué par ledit juge en son hôtel par provision, ce qu'il jugera absolument nécessaire pour la sûreté publique art. 10).

Le bureau des finances et le lieutenant général de police connaîtront, comme par le passé, concurremment et par prévention des périls éminents des maisons et bâtiments de notre ville et faubourgs de Paris en ce qui regarde les murs ayant face sur rue, et tout ce qui pourrait par sa chute nuire à la sûreté ou à la voie publique ; et celui desdits juges devant lequel la première assignation aura été donnée, en connaîtra exclusivement à l'autre jusqu'à jugement définitif, sauf l'appel en notre cour de parlement. Voulons que s'il y a des assignations données le même jour dans les deux juridictions, la connaissance en appartienne audit lieutenant général de police, et qu'en cas de contestation sur la compétence, nos procureurs soient tenus de se pourvoir devant nos avocat et procureur général en notre cour de parlement, et y être par notredite cour statué ainsi qu'il appartiendra, sans qu'il soit besoin d'y appeler les parties intéressées, ni qu'elles puissent se pourvoir contre les arrêts rendus entre nosdits procureurs art. 11).

Voulons que les jugements interlocutoires ou définitifs qui seront rendus par le bureau des finances sur ce qui concerne lesdits périls éminents, soient exécutés par provision, nonobstant et sans préjudice d'appel (art. 12).

Donnée à Compiègne le 18e jour d'août 1730, et de notre règne le 15e.

Signé : LOUIS.

6° Si, lorsqu'il y avait eu visite contradictoire, les deux experts ne s'accordaient pas, un tiers expert pouvait être nommé par le préfet;

7° Sur le vu du rapport de l'expert ou des experts, le maire prenait un arrêté pour ordonner la démolition dans un délai fixé; passé lequel délai, la démolition était exécutée à la diligence du maire et aux frais du propriétaire, sauf son recours devant le préfet;

8° Le maire se pourvoyait ensuite devant le tribunal, à l'effet d'obtenir le remboursement des frais par privilège et préférence à toutes autres créances (Av. com. int. 27 avril 1818);

9° Les frais de démolition devaient être avancés et supportés par la commune, quand ils ne pouvaient être prélevés ni sur les matériaux ni sur le fonds (*Ibid.*).

En cas d'urgence absolue, c'est-à-dire de péril imminent, le maire, après avoir fait dresser un procès-verbal par des gens de l'art, et l'avoir dénoncé au propriétaire, avait le droit d'ordonner sans délai, sous sa responsabilité légale, ce qu'il jugeait absolument nécessaire à la sûreté publique. (Jurisp. du comité de l'int.)

Les mêmes règles s'appliquaient en matière de grande voirie; ainsi, pour la ville de Paris, lorsque jusqu'au décret de 1859, le préfet de police, et, après 1859, le préfet de la Seine, croyaient reconnaître qu'un bâtiment était en péril, ils adressaient au propriétaire l'injonction de faire cesser ce péril, soit en démolissant les parties de bâtiment signalées comme menaçant ruine, soit en faisant les réparations nécessaires après avoir obtenu, s'il y avait lieu, l'autorisation de l'autorité compétente (le préfet de la Seine).

Si le propriétaire contestait le péril, il désignait un expert pour procéder à la visite des lieux par un tiers expert nommé par le préfet de police.

Dans le cas où le tiers expert reconnaissait l'existence du péril, le préfet de police ou le préfet de la Seine enjoignait au propriétaire d'exécuter la démolition dans un délai déterminé. Ce délai passé, si le propriétaire n'avait point satisfait à l'injonction, la démolition était faite par les agents de la préfecture de police.

Les frais de démolition étaient avancés et supportés par la préfecture de police ou la préfecture de la Seine, lorsque ces frais ne pouvaient être prélevés ni sur les matériaux ni sur le fonds.

Le remboursement de ces frais était poursuivi devant les tribunaux, par privilège et préférence sur toutes autres créances. (Daubenton, p. 143.)

Aujourd'hui, toute espèce de doute sur les divers points que nous venons d'examiner est levé, sauf pour Paris[1] (V. *infra*), par la loi du 21 juin 1898 sur la police rurale. Nous reproduisons textuelle-

ment tout ce qui, dans cette loi, a trait aux bâtiments menaçant ruine :

« Le maire peut prescrire la réparation ou la démolition des murs, bâtiments ou édifices quelconques longeant la voie ou la place publique, lorsqu'ils menacent ruine et qu'ils pourraient, par leur effondrement, compromettre la sécurité » (art. 3).

« Dans les cas prévus par l'article 3, l'arrêté prescrivant la réparation ou la démolition du bâtiment *menaçant ruine* est notifié au propriétaire, avec sommation d'avoir à effectuer les travaux dans un délai déterminé et, s'il conteste le péril, de faire commettre un expert chargé de procéder contradictoirement, et au jour fixé par l'arrêté, à la constatation de l'état du bâtiment et de dresser rapport.

Si, au jour indiqué, le propriétaire n'a point fait cesser le péril et s'il n'a pas cru devoir désigner un expert, il sera passé outre à la visite par l'expert seul nommé par l'administration.

L'arrêté et les rapports d'experts sont transmis immédiatement au conseil de préfecture. Dans les huit jours qui suivent le dépôt au greffe, le conseil, s'il y a désaccord entre les deux experts, désigne un homme de l'art pour procéder à la même opération.

Dans le cas d'une constatation unique, le conseil de préfecture peut ordonner telles vérifications qu'il croit nécessaires.

Le conseil de préfecture, après avoir entendu les parties dûment convoquées conformément à la loi, statue sur le litige de l'expertise, fixe, s'il y a lieu, le délai pour l'exécution des travaux ou pour la démolition; il peut autoriser le maire à y faire procéder d'office et aux frais du propriétaire, si cette exécution n'a point eu lieu à l'époque prescrite.

Notification de l'arrêté du conseil est faite au propriétaire par la voie administrative.

Recours contre la décision peut être porté devant le Conseil d'État » (art. 4).

« En cas de *péril imminent*, le maire, après avertissement adressé au propriétaire, provoque la nomination, par le juge de paix, d'un homme de l'art, qui est chargé d'examiner l'état des bâtiments dans les vingt-quatre heures qui suivent sa nomination.

Si le rapport de cet expert constate l'urgence ou le péril grave et imminent, le maire ordonne les mesures provisoires nécessaires pour garantir la sécurité.

Dans le cas où ces mesures n'auraient point été exécutées dans le délai imparti par la sommation, le maire a le droit de faire exécuter d'office, et aux frais du propriétaire, les mesures indispensables.

Il est ensuite procédé conformément aux dispositions édictées dans l'article précédent » (art. 5).

« Lorsqu'à défaut du propriétaire le maire a dû prescrire l'exécution des travaux, ainsi qu'il a été

---

1. Dans cette ville, on peut continuer à suivre la procédure tracée par les ordonnances de 1729 et de 1730. Telle est du moins notre opinion; car le champ d'application de la loi de 1898 est mal défini et les administrations intéressées n'ont pu se mettre d'accord jusqu'à ce jour.

Tandis que le ministère des travaux publics soutient que la loi de 1898 ne régit que les chemins ruraux, le ministère de l'intérieur est d'avis que cette loi doit être étendue à toutes les voies terrestres parce que les ordonnances de 1729 et de 1730 sont des dispositions surannées et exceptionnelles que le nouveau texte a abrogées. Le Conseil d'État est aujourd'hui saisi de la question et fera prochainement connaître son avis.

prévu aux articles 4 et 5, le montant des frais est avancé par la commune; il est recouvré comme en matière de contributions directes » (art. 6).

On tient qu'il y a lieu d'ordonner la démolition d'un bâtiment pour cause de péril :

1° Lorsque c'est par vétusté ou autrement qu'une ou plusieurs jambes étrières, trumeaux ou pieds-droits, sont en mauvais état;

2° Lorsque le mur de face sur la rue est en surplomb de la moitié de son épaisseur, en quelque état que soient les jambes étrières, trumeaux ou pieds-droits;

3° Si le mur sur la rue est à fruit, c'est-à-dire incliné en arrière, et qu'il ait occasionné sur la face opposée un surplomb égal au fruit de la façade sur la rue;

4° Si les fondations sont mauvaises, alors même qu'il ne se serait manifesté dans la hauteur du bâtiment aucun fruit ni surplomb;

5° S'il y a un bombement égal au surplomb dans les parties inférieures du mur de face. (Fleurigeon, *Code admin.*; Daubenton, *Code de la voirie;* Cf. Cons. d'Ét. 6 juill. 1825; 26 déc. 1827.)

On voit, par cet énoncé des causes les plus générales du péril des bâtiments, que c'est surtout lorsque les parties inférieures menacent ruine qu'il y a lieu de prononcer la démolition. Si le péril se manifestait dans les étages supérieurs, ce ne serait pas une raison suffisante pour que la démolition entière de l'édifice fût ordonnée, puisque le pouvoir donné à l'administration, en pareil cas, se borne à faire cesser le péril, et que, si le propriétaire satisfait sous ce rapport à l'injonction du maire, la sûreté publique étant désormais désintéressée, l'autorité n'a plus rien à exiger de lui.

Nous avons dit plus haut que les réparations et travaux de toute nature peuvent être permis, aux maisons non alignées, au-dessus du rez-de-chaussée, lorsque cette partie est en bon état; d'où il suit que si un propriétaire a fait démolir, pour cause de sûreté publique, un ou plusieurs étages de sa maison, on ne peut lui refuser l'autorisation de les reconstruire lorsque les bases de l'édifice sont reconnues suffisamment solides, ou tout au moins de les couvrir d'un nouveau comble, si les fondations, trumeaux, jambes étrières, etc., ne semblent pas pouvoir supporter sans danger le poids des étages à rebâtir.

On peut citer, il est vrai, un arrêt de cassation du 8 janvier 1830 (Bourgeois), qui semblerait laisser quelques doutes sur ce point de droit; mais il faut considérer, d'une part, que, dans l'espèce qui a motivé cet arrêt, il s'agissait d'un simple mur de clôture, et non d'une façade de maison, différence dont il faut nécessairement tenir compte, un mur de clôture ne dépassant pas d'ordinaire la hauteur d'un rez-de-chaussée; de l'autre, que le droit de l'administration fût-il constaté par la jurisprudence des arrêts, elle demeure toujours libre de n'en point user lorsqu'elle le croit utile en règle d'équité.

Section 5. — Travaux sous les rues.

§ 1er. — Caves.

L'édit du mois de décembre 1607 porte textuellement : « Faisons aussi défenses à toutes personnes de faire et creuser aucunes caves sous les rues. » Toutefois, un arrêt du conseil du 3 août 1685 (Perrot, p. 58) admet que les caves des maisons retranchées ou à retrancher peuvent être maintenues :

« Le roi étant en son conseil a ordonné et ordonne que les propriétaires des maisons retranchées et à retrancher, suivant les arrêts de son conseil, jouiront des caves qu'ils ont sous les rues, conformément aux contrats faits entre eux et les prévôts des marchands et échevins de la ville; les voûtes desdites caves préalablement vues et visitées par les trésoriers de France commis à cet effet... »

Les caves qui subsistent actuellement sous les rues, autres que celles de la ville de Paris où l'exception ainsi faite par l'arrêt du 3 août 1685 n'a jamais été appliquée, ont donc une sorte d'existence légale qui ne permet pas d'en prononcer la suppression autrement que par une mesure de voirie. En sorte que, tant que les murs et les voûtes ne sont pas arrivés à un tel état de vétusté et de dégradation que l'autorité puisse et doive en ordonner le comblement, il ne peut y être procédé qu'en vertu d'un décret déclaratif de l'utilité publique. (Décis. min. 4 juin 1839, dame Goissel.)

Mais l'arrêt du conseil du 3 juillet 1685 s'applique exclusivement au cas où la jouissance des caves a été conservée aux propriétaires par une clause expresse et fait partie du dédommagement à eux accordé.

La possession immémoriale ne serait pas suffisante puisque le sous-sol de la voie publique est imprescriptible; la production d'un titre établissant qu'au moment de la création de la rue la propriété de ces caves a été réservée à son auteur par un contrat passé avec l'autorité administrative est indispensable. (Paris 11 juill. 1871, D. p. 71-2-148.)

Pour la généralité de Paris, voy. Cons. d'Ét. 22 nov. 1866, D. p. 67-3-21.

Il est du reste interdit, sous les peines de droit, de faire aucune fouille ni tranchée dans le sol de la voie publique, sans une autorisation spéciale du maire.

§ 2. — Égouts.

1. Égouts établis par les villes.

Les anciens usages mettaient à la charge des riverains les frais de construction des égouts dans les voies urbaines. Mais ces textes n'ont été maintenus par aucune loi et un décret serait évidemment insuffisant pour les faire revivre. Une ville ne pourrait donc mettre en recouvrement une taxe représentant lesdits frais alors même qu'un acte du pouvoir exécutif aurait confirmé les anciens usages. (Cons. d'Ét. 11 fév. 1881, D. p. 82-3-68.)

A Paris toute construction nouvelle dans une rue

pourvue d'égouts doit être disposée de manière à y conduire les eaux pluviales et ménagères. La même disposition doit être prise pour toute maison ancienne en cas de grosses réparations, et, en tout cas, avant dix ans. (Décr. 26 mars 1852, art. 6.)

La loi du 10 juillet 1894 a établi l'écoulement direct de toutes les matières à l'égout. (V. *infrà*.)

2. Égouts établis par les particuliers.

Là où il n'existe pas d'égouts, le riverain possède le droit de faire écouler ses eaux pluviales et ménagères sur la voie publique, sous réserve des mesures que l'autorité municipale peut prendre en vue d'empêcher que cette faculté ne nuise à la circulation ou à la salubrité publique. (Cons. d'Ét. 27 juin 1889, D. p. 85-3-122 ; 13 déc. 1889, D. p. 91-3-51.)

Les égouts sont présumés faire partie du domaine public municipal, tant qu'un particulier ne prouve pas qu'il en a la propriété. (Proud'hon et Dumay ; *Domaine public*, t. IV, p. 1314 ; Féraud-Giraud, *Servit. de voirie*, t. II, n° 446 ; Aix 6 avril 1870, D. p. 71-2-146.)

Section 6. — Nettoiement et balayage. (V. dans notre Répertoire : *Organisation communale*, p. 1084 et *Crimes, délits, contraventions*, p. 525.)

LIVRE XI. — DÉPARTEMENT DE LA SEINE ET VILLE DE PARIS

CHAPITRE Ier

ROUTES NATIONALES ET DÉPARTEMENTALES

Les routes nationales et départementales du département de la Seine sont soumises aux mêmes règlements que celles des autres départements.

CHAPITRE II

CHEMINS VICINAUX

Nous avons reproduit dans notre livre II la plus grande partie de l'instruction générale sur les chemins vicinaux, rendue, en 1870, par le ministre de l'intérieur, pour servir de type aux arrêtés des préfets des départements.

Toutefois, nous ne croyons pas inutile de rapporter ici le texte de l'arrêté du préfet de la Seine, en date du 13 novembre 1854, car ce document approuvé, le 16 mars 1855, par le ministre de l'intérieur est encore en vigueur dans le département de la Seine. Mais pour conserver la symétrie de notre division générale, nous convertissons les titres en sous-chapitres et les chapitres en sections.

Nous indiquons également par des notes les modifications apportées au texte préfectoral par la législation postérieure.

Sous-chapitre Ier. — Dispositions relatives à l'assiette des chemins.

Section 1re. — Maintien des classements effectués.

Le classement actuel des chemins vicinaux est maintenu dans les communes où il a été régulièrement opéré. Néanmoins, la revision pourra en être ordonnée par nous, s'il y a lieu. (A. P. S. 13 nov. 1854, art. 1er.)

Section 2. — Fixation de la largeur des chemins et règlement des indemnités.

Le maximum de largeur des chemins vicinaux ordinaires est fixé à 12 mètres. Le maximum de largeur des chemins vicinaux de grande communication est fixé à 15 mètres.

Toutefois, les chemins qui ont actuellement une largeur plus considérable la conserveront jusqu'à ce qu'il en soit autrement ordonné. (A. P. S. 13 nov. 1854, art. 2.)

Ne sont pas compris dans le maximum de largeur, les fossés, talus et autres ouvrages accessoires situés en dehors de la voie.

Ces ouvrages font partie intégrante du sol du chemin auquel ils se rattachent. (M. A., art. 3.)

Dans le cas où, pour satisfaire les besoins de la circulation, ou pour faciliter l'entrée des villes, bourgs et villages, il y aurait nécessité de dépasser les limites du maximum fixé par l'article 2, l'excédent de largeur qu'il conviendra de donner au chemin sera déterminé par nous, sur la proposition de l'agent voyer[1] après délibération du conseil municipal, et sur l'avis du maire et du sous-préfet. (M. A., art. 4.)

Conformément à l'article 15 de la loi du 21 mai 1836, l'arrêté qui fixe la largeur d'un chemin vicinal dépossède au profit de la commune le propriétaire dont les terrains doivent servir à l'élargissement du chemin. Cet arrêté devra être notifié au propriétaire au moins huit jours avant l'occupation des terrains. À l'expiration de ce délai, ils seront immédiatement incorporés à la voie publique. Toutefois, s'ils sont occupés par des constructions ou des plantations, il pourra être sursis à la prise de possession[2]. (M. A., art. 5.)

Si le propriétaire ne consent pas à faire l'abandon gratuit du terrain à réunir au chemin, le maire débattra avec lui le montant de l'indemnité à allouer. S'il y a accord, les conditions de la cession, constatées par écrit et signées par le maire et le propriétaire, seront soumises à l'acceptation du conseil municipal. Elles seront ensuite, s'il y a lieu, approuvées par nous[3], en conseil de préfecture, par application de l'article 10 de la loi du 28 juillet 1824. (M. A., art. 6.)

Si l'indemnité ne peut être réglée à l'amiable, le juge de paix sera appelé à la fixer, en exécution de l'article 15 de la loi du 21 mai 1836. À cet effet, et conformément à l'article 51 de la loi du 18 juillet 1837[4], le propriétaire dépossédé devra nous adresser un mémoire exposant les motifs de sa réclamation.

Si la commune n'obtient pas l'autorisation de défendre à l'action à elle intentée, elle devra payer la somme réclamée par le propriétaire.

Dans le cas, au contraire, où l'autorisation serait accordée, le propriétaire nommera un expert et mettra l'administration en demeure de désigner le sien. L'expert de l'administration sera nommé par le sous-préfet[5], conformément à l'article 17 de la loi du 21 mai 1836. À défaut, il sera désigné d'office par le juge de paix. Les deux experts, après avoir prêté serment entre les mains du même juge, se réuniront pour faire l'évaluation du montant de l'indemnité due. En cas de désaccord, il sera procédé à la nomination d'un tiers expert par le juge de paix, à la requête de la partie la plus diligente. (M. A., art. 7.)

L'indemnité, fixée à l'amiable ou par le juge de paix, est à la charge de la commune.

Le montant de cette indemnité, dont le paiement n'est pas exigible avant l'occupation du sol, sera prélevé sur les premiers fonds disponibles.

Il pourra être précompté à la commune sur le contingent qu'elle doit fournir, s'il s'agit d'un chemin vicinal de grande communication. (M. A., art. 8.)

Section 3. — *Abornement des chemins.*

Dans toutes les communes du département, il sera procédé au bornage des chemins vicinaux, soit de petite, soit de grande communication, d'après les plans de délimitation qui auront été approuvés. (A. P. S. 13 nov. 1854, art. 9.)

Le bornage sera opéré contradictoirement entre le maire de la commune et les propriétaires des terrains situés sur les deux rives.

Le maire sera assisté de deux membres du conseil municipal choisis par lui, et d'un agent voyer. (M. A., art. 10.)

Le maire donnera avis aux propriétaires riverains du jour où l'opération devra se faire, et les invitera à se trouver sur les lieux. S'ils ne se rendent pas à son invitation, il sera passé outre à l'opération. (M. A., art. 11.)

Dans toutes les parties du chemin qui auront déjà la largeur fixée par l'arrêté préfectoral, de distance en distance, et à 100 mètres d'intervalle au plus, ainsi qu'à l'intersection des directions d'alignement, il sera placé des bornes aux points de rencontre du sol appartenant au chemin et des propriétés particulières. (M. A., art. 12.)

Les bornes seront, autant que possible, en pierre dure, de 20 centimètres de côté, et saillantes hors de terre de 25 centimètres au moins. Elles seront placées vis-à-vis l'une de l'autre toutes les fois que le chemin aura sa largeur légale. (M. A., art. 13.)

Dans les parties du chemin qui auront une largeur plus grande que celle fixée par l'arrêté, l'excédent de largeur devant être conservé jusqu'à ce qu'il en soit autrement ordonné, les bornes seront placées à l'extrême limite du sol dépendant du chemin. (M. A., art. 14.)

Dans les parties qui n'auront pas encore la largeur légale, cette largeur sera obtenue, autant que possible, au moment de l'abornement, et il sera procédé, à cet effet, comme il est dit au chapitre précédent.

Si la largeur légale ne peut être actuellement donnée au chemin, il ne sera pas placé de bornes sur les côtés de la voie publique. Pour y suppléer, on établira, au milieu du chemin, de distance en distance, et à 100 mètres d'intervalle au plus, ainsi qu'à l'intersection des directions d'alignement, des bornes en pierre brute, qui seront arasées au niveau du sol de manière à ne pas gêner la circulation.

Ces bornes seront entourées, au pied, de tuiles ou fragments de briques ou de charbon, destinés à leur servir de témoins.

Les bornes médiaires serviront elles-mêmes de points de repère, soit lorsque arrivera le moment de donner au chemin sa largeur légale, soit lorsqu'il y aura lieu de rechercher les usurpations qui

---

1. L'agent voyer, c'est-à-dire, dans l'organisation actuelle du service vicinal, l'agent voyer en chef du département.
2. La prise de possession des terrains bâtis ne pourra avoir lieu, à défaut de cession amiable, qu'après une déclaration d'utilité publique, qui sera prononcée par décret et après paiement de l'indemnité qui sera fixée par le jury. (L. 3 juin 1841.)
3. Aujourd'hui conformément à l'article 68 de la loi du 5 avril 1884.
4. Aujourd'hui conformément à l'article 124 de la loi du 5 avril 1884.
5. Par le préfet, la loi du 12 avril 1880 ayant supprimé les sous-préfectures de Sceaux et de Saint-Denis.

auraient été commises depuis leur placement. (M. A., art. 15.)

Il sera dressé, lors du bornage, un procès-verbal dans lequel seront spécialement indiqués : 1° tous les points où les bornes, soit latérales, soit médiaires, auront été placées; 2° la distance entre ces points et les repères nécessaires pour les retrouver; 3° la largeur actuelle du chemin, tant aux points abornés qu'à ceux où il n'a pas encore la largeur légale; 4° les noms des propriétaires riverains des parties où le chemin a moins que cette largeur; 5° les parties où le chemin a plus que cette même largeur; 6° enfin, les autres faits qu'il pourrait être utile de constater dans l'intérêt de la commune. (M. A., art. 16.)

Les procès-verbaux de bornage seront signés par le maire, par les conseillers municipaux présents à l'opération, par les propriétaires riverains qui y auront assisté, ainsi que par l'agent voyer qui y aura concouru. Si quelques propriétaires riverains s'étaient abstenus d'y prendre part, mention en serait faite au procès-verbal; on y consignerait également les observations de ceux qui, étant présents, refuseraient de signer. (M. A., art. 17.)

Les procès-verbaux de bornage seront dressés en double expédition pour les chemins vicinaux de petite communication, et en triple expédition pour les chemins de grande communication; ils seront aussitôt adressés au sous-préfet, qui nous les transmettra avec son avis, pour être approuvés par nous, s'il y a lieu.

Après cette approbation, une des expéditions sera déposée dans les archives de la commune; une autre aux archives de la sous-préfecture; enfin, la troisième expédition, pour les chemins vicinaux de grande communication, restera déposée à la préfecture. (M. A., art. 18.)

Les frais auxquels donnera lieu l'opération du bornage seront imputés sur les ressources affectées au service des chemins vicinaux, soit de petite, soit de grande communication, selon la catégorie à laquelle appartiendra le chemin aborné. (M. A., art. 19.)

Dans toutes les communes, il sera dressé, aussitôt après le bornage des chemins vicinaux, un plan à l'échelle de vingt-cinq millimètres par mètre, sur lequel seront tracés tous ces chemins, de manière à ce que l'on puisse toujours reconnaître les anticipations qui seraient faites par la suite. (M. A., art. 20.)

Section 4. — Classement des chemins.

Lorsque les besoins de la circulation paraîtront exiger qu'un chemin existant soit déclaré vicinal, la demande pourra en être faite, soit par le maire de la commune sur le territoire de laquelle le chemin est situé, soit par les maires des communes limitrophes, soit, enfin, par tout propriétaire intéressé. (A. P. S. 13 nov. 1854, art. 21.)

Sur le vu de cette demande, un agent voyer sera chargé de reconnaître, conjointement avec le maire de la commune, le chemin dont le classement est demandé. Il sera dressé de la reconnaissance un procès-verbal contenant tous les renseignements nécessaires pour faire apprécier le degré d'utilité du chemin. (M. A., art. 22.)

Ce procès-verbal sera déposé à la mairie pendant un mois; avis du dépôt sera donné aux habitants, par voie de publication et d'affiches, en la forme ordinaire, pour qu'ils puissent présenter leurs réclamations ou observations, s'il y a lieu. (M. A., art. 23.)

À l'expiration du délai de dépôt, le maire soumettra au conseil municipal la proposition de classement et lui communiquera le procès-verbal de reconnaissance, ainsi que les réclamations et observations auxquelles le projet aurait donné lieu. (M. A., art. 24.)

Le conseil municipal délibérera tant sur ce projet que sur la largeur à donner au chemin et sur les réclamations qui auront été faites.

Dans le cas où la propriété du chemin à classer serait revendiquée par des tiers, le conseil fera ses observations et donnera son avis[1].

Il fera connaître, en outre, les ressources au moyen desquelles les indemnités seraient payées, si les prétentions des tiers étaient reconnues fondées. (M. A., art. 25.)

Sur le vu de la délibération du conseil municipal et des autres pièces à l'appui, il sera par nous statué sur le classement, abstraction faite de toute question de propriété et les droits des tiers réservés. (M. A., art. 26.)

Dans le cas où la valeur du sol devrait être payée à des tiers, le prix en sera réglé conformément aux articles 6, 7 et 8 ci-dessus. (M. A., art. 27.)

Section 5. — Déclassement des chemins.

Lorsqu'un chemin vicinal paraîtra n'être plus utile aux communications, ou, au moins, n'être plus d'un intérêt assez général pour que son entretien reste à la charge de la commune, le déclassement pourra en être demandé par le maire. (A. P. S. 13 nov. 1854, art. 28.)

Si la demande nous paraît susceptible de recevoir une suite, elle sera envoyée au maire, pour être déposée, pendant un mois, à la mairie de la commune; avis du dépôt sera donné aux habitants, par voie de publication et d'affiches, en la forme ordinaire.

Des copies de la demande seront transmises aux mairies des communes voisines qui pourraient être intéressées à ce que le chemin fût conservé comme vicinal; dépôt en sera également fait aux mairies de ces communes, pendant un mois, et les habitants en seront prévenus par publication et affiches. (M. A., art. 29.)

---

1. Modifié. Lorsque la propriété du chemin à classer est contestée à la commune, ou appartient sans conteste à des particuliers, il sera procédé comme en matière d'ouverture de chemin; c'est l'article 16 de la loi du 21 mai 1836 et non l'article 15 qui servira de règle dans la procédure à suivre. (Cass. ch. des req. 9 mars 1847, aff. Ronard; Cons. d'Et. 27 fév. 1862, aff. Massé; Dalloz, *Voirie par terre*, t. XLIV, n° 427.)

À l'expiration du délai de dépôt, le conseil municipal de la commune sur le territoire de laquelle le chemin est situé, et ceux des communes voisines, seront appelés à délibérer sur la question de savoir s'il y a lieu ou non de rayer ce chemin du tableau des chemins vicinaux.

Le conseil municipal de la commune sur le territoire de laquelle le chemin est situé devra exprimer en outre, dans sa délibération, s'il est d'avis que le chemin soit conservé à la circulation comme chemin rural, ou bien s'il doit être supprimé, pour le sol en être vendu au profit de la commune. (M. A., art. 30.)

Les délibérations qui auront été prises nous seront immédiatement transmises avec l'avis du sous-préfet et de l'agent voyer [1].

Si toutes les délibérations ne sont pas favorables au déclassement d'un chemin, il pourra être ouvert une enquête dans les différentes communes, afin que l'administration soit à même de mieux apprécier les véritables intérêts des localités. (M. A., art. 31.)

Si le déclassement est prononcé, l'arrêté pris par nous à cet effet déclarera si le chemin doit être conservé à la circulation, ou s'il doit être supprimé, pour le sol en être vendu au profit de la commune. (M. A., art. 32.)

Expédition de notre arrêté sera adressée au maire de la commune sur le territoire de laquelle le chemin est situé, pour être publié et annexé au tableau des chemins vicinaux.

Avis en sera donné aux maires des communes dont les conseils municipaux auront été appelés à délibérer sur le déclassement. (M. A., art. 33.)

Section 6. — Aliénation des portions de chemins inutiles.

Lorsque la suppression d'un chemin aura été prononcée, si le conseil municipal de la commune sur le territoire de laquelle il est situé a voté l'aliénation du sol, cette aliénation pourra être autorisée par nous, en conseil de préfecture. (A. P. S. 13 nov. 1854, art. 34.)

Si l'aliénation est autorisée, le maire en préviendra par écrit, et individuellement, chacun des propriétaires riverains. Son avis contiendra l'invitation de déclarer, dans le délai de quinzaine, s'ils entendent user du bénéfice de l'article 19 de la loi du 21 mai 1836 et se rendre acquéreurs du sol en en payant la valeur à dire d'experts.

La notification de cet avis sera faite par le garde champêtre ou tout autre agent de la commune, qui devra en tirer reçu ou rédiger procès-verbal de la remise. (M. A., art. 35.)

Si les propriétaires riverains du chemin font, dans la quinzaine de la notification, leur soumission de se rendre acquéreurs du sol, ils devront en même temps nommer leur expert, conformément à l'article 17 de la loi du 21 mai 1836 ; le second expert sera nommé par le sous-préfet.

Les deux experts, après avoir prêté serment entre les mains du sous-préfet, procéderont à l'évaluation du sol. En cas de désaccord entre eux, il nous en sera référé, et nous provoquerons la nomination d'un tiers expert par le conseil de préfecture.

L'expertise sera soumise à notre homologation. (M. A., art. 36.)

Si les propriétés situées sur les deux rives du chemin appartiennent au même propriétaire, lui seul aura le droit de soumissionner le sol du chemin.

Si elles appartiennent à des propriétaires différents, et que l'un d'eux, seulement, fasse sa soumission, c'est en sa faveur que se fera la concession de la totalité du sol du chemin.

Si les deux propriétaires riverains font, tous deux, leur soumission, le sol sera concédé à chacun d'eux jusqu'au milieu du chemin. (M. A., art. 37.)

Dans le cas où les propriétaires riverains d'un chemin supprimé déclareraient renoncer au bénéfice de l'article 19 de la loi du 21 mai 1836, ou bien s'ils n'avaient pas fait leur soumission dans le délai imparti par l'article 36 ci-dessus, le sol du chemin pourra être aliéné dans les formes prescrites pour la vente des terrains communaux. (M. A., art. 38.)

Lorsqu'un chemin vicinal aura une largeur plus grande que celle fixée par nos arrêtés, et que le conseil municipal aura voté l'aliénation du sol qui excède la largeur légale, il sera procédé ainsi qu'il est dit aux articles 34 à 36 ci-dessus. (M. A., art. 39.)

Le prix des terrains aliénés en exécution des dispositions du présent chapitre sera versé à la caisse municipale à titre de recette accidentelle. (M. A., art. 40.)

Section 7. — Ouverture et redressement des chemins.

§ 1er. — Formalités préliminaires.

Lorsque l'administration aura reconnu la nécessité d'ouvrir un nouveau chemin sur le territoire d'une ou de plusieurs communes, ou de redresser un chemin existant, il sera procédé à une enquête, conformément à l'ordonnance royale du 23 août 1835, et les conseils municipaux seront appelés à délibérer tant sur l'utilité du projet que sur les réclamations consignées au procès-verbal d'enquête.

Les pièces de l'affaire nous seront ensuite transmises par le sous-préfet, qui y joindra son avis et celui de l'agent voyer principal de l'arrondissement [1]. (A. P. S. 13 nov. 1854, art. 41.)

Sur le vu de ces délibérations et avis [2], un arrêté pris par nous, conformément à l'article 16 de la loi du 21 mai 1836, déclarera l'utilité publique, s'il y a lieu, et autorisera l'ouverture du nouveau chemin ou le redressement de l'ancien [3]. (M. A., art. 42.)

---

1. De l'agent voyer cantonal.

---

1. Aujourd'hui, de l'agent voyer cantonal.
2. Et sur le rapport de l'agent voyer en chef du département.
3. La déclaration d'utilité publique sera prononcée par décret, si l'ouverture du nouveau chemin ou le redresse-

Cet arrêté[1] sera publié dans la commune ou les communes sur le territoire desquelles les travaux devront être exécutés, et aussitôt après il sera procédé à l'accomplissement des formalités prescrites par les articles 4, 5, 6 et 7 de la loi du 3 mai 1841. (M. A., art. 43.)

Sur le vu des différentes pièces de l'instruction à laquelle il aura été procédé, nous déterminerons, par un arrêté pris en conseil de préfecture, les propriétés qui doivent être cédées, et nous indiquerons l'époque à laquelle il sera nécessaire d'en prendre possession.

Cet arrêté sera soumis à l'approbation du ministre de l'intérieur, conformément à l'article 11 de la loi du 3 mai 1841[2]. (M. A., art. 44.)

§ 2. — Acquisitions de terrains, soit à l'amiable, soit par voie d'expropriation.

Après l'accomplissement des formalités prescrites par les articles 41 à 44 ci-dessus, et si les propriétaires des terrains à occuper ne consentent pas à en faire l'abandon gratuit à la commune, il sera procédé, autant que possible, à l'acquisition à l'amiable de ces terrains.

A cet effet, le maire débattra, avec les propriétaires intéressés, les conditions de l'acquisition; ces conditions seront soumises au conseil municipal, et, si elles nous paraissent de nature à être acceptées, l'acquisition sera autorisée par nous en conseil de préfecture[3]. (A. P. S. 13 nov. 1854, art. 45.)

Lorsque l'acquisition à l'amiable aura été ainsi autorisée, l'acte en sera passé devant notaire, ou fera l'objet d'un sous-seing privé entre le maire et le vendeur.

Ces actes et tous ceux qui seront faits pour arriver à l'acquisition seront présentés au visa pour timbre et enregistrés gratis, ainsi qu'il est prescrit par l'article 58 de la loi du 3 mai 1841. (M. A., art. 46.)

Si l'acquisition des terrains à occuper ne peut être faite à l'amiable, soit parce que les propriétaires refuseraient de consentir à l'occupation, soit parce qu'il n'aurait pas pu y avoir accord sur le prix, il y aura lieu de recourir à l'expropriation.

A cet effet, et en conformité de l'article 13 de la loi du 3 mai 1841, nous transmettrons au procureur impérial toutes les pièces constatant l'accomplissement des formalités prescrites, pour qu'il soit procédé conformément aux titres III, IV et V de ladite loi, sauf les modifications qui y sont apportées par l'article 16 de celle du 21 mai 1836.

Toutefois, les propriétaires pourront consentir à la cession, sauf règlement ultérieur de l'indemnité par le jury, conformément au paragraphe 5 de l'article 14 de la loi du 3 mai 1841. (M. A., art. 47.)

Le montant des indemnités est à la charge des communes sur le territoire desquelles les travaux sont opérés.

Il pourra leur être précompté sur les contingents qui leur sont assignés, lorsqu'il s'agira d'un chemin vicinal de grande communication. (M. A., art. 48.)

Sous-chapitre II. — Création des ressources.

Section Ire. — Ressources communales.

§ Ier. — Appréciation des besoins.

Tous les ans, du 1er au 15 avril, il sera fait, par l'agent voyer principal de l'arrondissement[1], une appréciation sommaire des dépenses de toute nature à effectuer sur les chemins vicinaux de petite communication de chaque commune.

Cette appréciation sera communiquée au maire par le sous-préfet et mise, dans la session de mai, sous les yeux du conseil municipal.

Le maire fera également connaître à cette assemblée le montant des contingents demandés à la commune pour les chemins vicinaux de grande communication auxquels elle a été déclarée intéressée. (A. P. S. 13 nov. 1854, art. 49.)

Le conseil municipal délibérera sur les documents qui lui auront été communiqués en vertu de l'article précédent.

En ce qui concerne les chemins vicinaux de petite communication, il déterminera ceux de ces chemins qui devront être réparés ou améliorés, ainsi que la nature des travaux à y faire, en donnant la priorité aux travaux d'entretien. Il recherchera ensuite les moyens de pourvoir tant à la dépense qu'il aura votée qu'à celle résultant du contingent assigné à la commune dans le service des chemins vicinaux de grande communication.

Les délibérations ne seront exécutoires que sur notre approbation. (M. A., art. 50.)

§ 2. — Allocation sur les revenus communaux.

Dans les cas où les revenus ordinaires de la commune seraient suffisants pour pourvoir, en tout ou en partie, aux besoins du service vicinal, le conseil municipal affectera à ces besoins la portion desdits revenus que d'autres dépenses plus urgentes ne réclameraient pas. (A. P. S. 13 nov. 1854, art. 51.)

§ 3. — Insuffisance des revenus ordinaires.

Dans le cas où aucune portion des revenus ordinaires de la commune ne pourrait être affectée au service des chemins vicinaux, ou bien si les prélèvements qui pourraient être faits sur ces revenus ne pouvaient suffire aux besoins de ce service, le conseil municipal examinera comment il peut y être suppléé, et votera soit des prestations en nature, soit des centimes spéciaux, soit enfin l'une et l'autre de ces deux ressources concurremment. (A. P. S. 13 nov. 1854, art. 52.)

§ 4. — Vote et assiette de la prestation en nature.

Si le conseil municipal reconnaît la nécessité de

---

ment de l'ancien exige l'occupation de terrains couverts de constructions. (L. 8 juin 1864.)
1. Ou ce décret.
2. D'après un avis du Conseil d'État, en date du 12 décembre 1868, cette approbation n'est nécessaire qu'au cas où le conseil municipal demanderait une modification au tracé adopté.
3. Aujourd'hui, conformément à l'article 68 de la loi du 5 avril 1884.

1. Aujourd'hui, l'agent voyer en chef.

recourir à l'emploi de la prestation en nature, il votera, sans injonction des plus imposés[1], un nombre de journées qui ne pourra dépasser trois. Sa délibération sera prise pendant la session du mois de mai.

Il ne sera pas voté de fractions de journées, et il ne pourra être voté qu'un nombre égal de journées sur chaque nature d'objets imposables aux termes de la loi. (A. P. S. 13 nov. 1854, art. 53.)

Les délibérations prises en conformité de l'article précédent seront par nous, s'il y a lieu, rendues exécutoires, et transmises au directeur des contributions directes, pour la rédaction des rôles. (M. A., art. 54.)

Dans la même session, les conseils municipaux seront également appelés à fixer les bases et évaluations d'un tarif de conversion en tâches des prestations en nature déjà votées, ou à réviser le tarif précédemment adopté, ainsi que le porte le troisième paragraphe de l'article 4 de la loi du 21 mai 1836.

Ce tarif sera rédigé de manière que chaque journée de bras, d'animaux ou de voitures soit représentée par une quantité déterminée de travail à exécuter ou de matériaux à extraire, à transporter, etc.

Le conseil municipal prendra pour base de ce tarif la valeur en argent des prestations, telle qu'elle aura été réglée par le conseil général, et le prix des différentes espèces de travaux ou de transports dans le pays.

Dans le courant d'avril, et pour chaque commune de sa circonscription, l'agent voyer d'arrondissement[2] préparera un tarif de conversion qui sera communiqué par le maire au conseil, pour faciliter ses opérations. (M. A., art. 55.)

La délibération du conseil municipal et le tarif arrêté seront adressés au sous-préfet, qui y joindra son avis et qui nous les transmettra pour être approuvés par nous, s'il y a lieu. (M. A., art. 56.)

Il sera rédigé, dans chaque commune du département, par le contrôleur des contributions directes, assisté du maire et des répartiteurs[3], un état-matrice des contribuables soumis à la prestation[4]. (M. A., art. 57.)

Sur le refus du maire et des répartiteurs de prêter leur concours pour la rédaction de l'état-matrice, le contrôleur, assisté du percepteur-receveur municipal, procédera à sa formation. Dans ce cas, cet état-matrice serait, sur l'avis du directeur, soumis à notre approbation[5]. (M. A., art. 58.)

1. La loi du 5 avril 1884 n'exige dans aucun cas que le conseil municipal soit assisté des plus imposés.
2. Cantonal.
3. Et du receveur municipal.
4. Pour faciliter la rédaction de cette matrice, le receveur municipal est tenu de garder état de tous les changements survenus dans la situation des contribuables, et dont il a connaissance. Il prend note de tous les individus qui, par oubli ou autrement, n'auraient pas été compris dans les matrices précédentes, ainsi que des erreurs signalées par les agents voyers.
5. Toutes les difficultés relatives à la confection de l'état-matrice doivent être soumises au préfet.

L'état-matrice sera disposé de manière à pouvoir servir pendant quatre ans; il sera révisé chaque année, à l'époque de la tournée ordinaire des contrôleurs; il sera soumis à notre approbation à chaque renouvellement intégral. (M. A., art. 59.)

L'ordre des tournées des contrôleurs sera réglé par le directeur qui nous le fera connaître. Les maires recevront, quelque temps à l'avance, avis du jour où les contrôleurs doivent se trouver dans leurs communes respectives, afin qu'ils puissent, en temps utile, convoquer les autres membres de la commission de répartition, et préparer les éléments du travail[1]. (M. A., art. 60.)

L'état-matrice sera divisé en sections correspondant à celles du cadastre. Dans les communes peu populeuses, la distinction par section n'aura pas lieu.

Les noms des contribuables seront classés sur l'état-matrice par ordre alphabétique. Un certain nombre d'articles seront laissés en blanc à la fin de chaque section, pour recevoir, à l'époque de chaque revision annuelle, les additions qui deviendraient nécessaires. (M. A., art. 61.)

L'état-matrice présentera, dans chaque article : 1° les noms et prénoms de l'individu sur lequel la cote est assise; 2° le nombre des membres ou serviteurs de la famille qui donnent lieu à imposition; 3° le nombre des charrettes ou des voitures attelées et celui des bêtes de somme, de trait ou de selle, qui sont au service de la famille ou de l'établissement. (M. A., art. 62.)

En exécution de l'article 3 de la loi du 21 mai 1836, tout habitant de la commune, mâle, valide et âgé de 18 ans au moins et de 60 ans au plus, quelle que soit sa profession, si d'ailleurs il est porté au rôle des contributions directes, est passible de la prestation en nature pour sa personne.

Tout chef de famille ou d'établissement, à titre de propriétaire, de régisseur, de fermier ou de colon partiaire, indépendamment de l'obligation personnelle et directe à laquelle il est soumis s'il se trouve dans les conditions ci-dessus relatées, doit la prestation en nature : 1° pour chaque individu mâle, valide, âgé de 18 ans au moins et de 60 ans au plus, membre ou serviteur de la famille et résidant dans la commune; 2° pour chaque bête de somme, de trait ou de selle, et pour chaque charrette ou voiture attelée, au service de la famille ou de l'établissement dans la commune. Cette obligation indirecte lui est imposée lors même qu'il n'habiterait pas la commune, qu'il serait du sexe féminin, non valide, âgé de moins de 18 ans ou de plus de 60 ans, et qu'il ne serait pas porté nominativement au rôle des contributions directes. (M. A., art. 63.)

Le propriétaire qui a plusieurs résidences qu'il habite alternativement est passible de la prestation en nature dans la commune où il a son principal établissement, ou qu'il habite le plus longtemps.

S'il a, dans chacune de ces résidences, un éta-

1. Le même avis sera donné au receveur municipal.

blissement permanent en domestiques, voitures, bêtes de somme, de trait ou de selle, il doit être imposé dans chaque commune, suivant les limites de la loi, pour ce qui lui appartient dans cette commune.

Si ses domestiques, ses animaux et ses voitures passent avec lui temporairement d'une résidence à une autre, il ne doit être imposé, pour ces moyens d'exploitation, que dans le lieu de son principal établissement. (M. A., art. 64.)

Sont considérés comme serviteurs tous ceux qui ont dans la maison des fonctions subordonnées à la volonté du maître, et qui reçoivent des gages ou un salaire annuel et permanent.

Sont considérés comme membres de la famille, les enfants qui habitent chez leur père, alors même qu'ils sont portés au rôle des contributions directes. (M. A., art. 65.)

Ne sont pas considérés comme serviteurs : 1° les ouvriers qui travaillent à la journée ou à la tâche, ou qui ne sont employés que pour la moisson ou tout autre travail temporaire; 2° les employés, contremaîtres, chefs d'atelier et maîtres ouvriers attachés à l'exploitation d'établissements industriels; 3° les postillons titulaires des relais de poste.

Les individus compris dans ces différentes catégories doivent, s'il y a lieu, être imposés à la prestation en nature pour leur propre compte, dans la commune de leur domicile ou du domicile de leur famille. (M. A., art. 66.)

Ne donnent pas lieu à l'imposition de la prestation en nature : 1° les bêtes de somme, de trait ou de selle que leur âge ou toute autre cause ne permet pas d'assujettir au travail; 2° celles qui sont destinées à la consommation, à la reproduction, et celles qui ne sont possédées que comme objet de commerce, à moins que, nonobstant leur destination, le possesseur n'en retire un travail; 3° les chevaux des relais de poste, mais seulement dans la limite du nombre fixé pour chaque relais par les règlements de l'administration des postes; 4° les chevaux des agents du Gouvernement, tenus, par les règlements émanés de leur administration, de posséder un cheval pour l'accomplissement de leur service. (M. A., art. 67.)

Ne doivent être considérées comme attelées et, par conséquent, donner lieu à l'imposition de la prestation en nature, que les voitures appartenant à un propriétaire qui possède d'une manière permanente le nombre de chevaux ou d'animaux de trait nécessaire pour qu'elles puissent être employées simultanément. (M. A., art. 68.)

Les états-matrices seront, au fur et à mesure de leur confection ou de leur révision, transmis au directeur des contributions directes, qui, après les avoir additionnés et récapitulés, procédera à la rédaction des rôles et des avertissements, pour toutes les communes qui auront voté des journées de prestations ou qui auront été imposées d'office, et dont la nomenclature lui sera donnée par nous avec l'indication du nombre de journées à imposer. (M. A., art. 69.)

Les rôles présenteront pour chaque article :

Premièrement, le nombre de journées dues : 1° tant pour la personne du chef de la famille ou de l'établissement que pour chacun des membres ou serviteurs de la famille, et, enfin, pour chacune des personnes attachées à l'établissement; 2° pour les charrettes ou les voitures attelées; 3° pour les chevaux ou mulets de somme ou de trait; 4° pour les chevaux de selle; 5° pour les ânes.

Secondement, le montant, en argent, de la cote, d'après le tarif de conversion arrêté, pour chaque espèce de journées, par le conseil général du département.

Une colonne sera ménagée au rôle pour inscrire les déclarations d'option qui sont reçues ultérieurement.

La date de la délibération du conseil municipal qui vote la prestation, ou de l'arrêté du préfet qui en ordonne l'imposition d'office, devra être indiquée en tête du rôle. (M. A., art. 70.)

Les avertissements aux contribuables seront également rédigés par le directeur des contributions directes; ils devront indiquer, comme le rôle, la date de la délibération du conseil municipal ou de l'arrêté du préfet; contenir, pour chaque cotisation, les détails y relatifs portés au rôle, et se terminer par l'invitation aux cotisés de déclarer, dans le mois de la publication du rôle, s'ils entendent se libérer en nature ou en argent. Mention sera faite aussi, sur chaque avertissement, qu'aux termes de l'article 4 de la loi du 21 mai 1836, la cote sera, de droit, exigible en argent, si le contribuable n'avait pas, dans ledit délai d'un mois, déclaré devant le maire de sa commune son option d'acquitter sa prestation en nature. (M. A., art. 71.)

Les rôles de prestations nous seront remis par le directeur des contributions directes au fur et à mesure de leur rédaction, et de manière à ce que la publication puisse en avoir lieu, dans les communes, dans le courant du mois de décembre antérieur à l'année à laquelle le rôle s'applique. Ils seront par nous rendus exécutoires, et transmis aux percepteurs-receveurs municipaux, par l'intermédiaire du receveur central du département, avec les avertissements rédigés par le directeur. (M. A., art. 72.)

Les percepteurs-receveurs municipaux communiqueront immédiatement les rôles aux maires, qui devront en faire faire la publication dans les mêmes formes que pour ceux des contributions directes.

Aussitôt après cette publication, qui sera certifiée par le maire sur le rôle même, les percepteurs-receveurs municipaux feront parvenir, sans frais, aux contribuables les avertissements qui les concernent. (M. A., art. 73.)

Les demandes en dégrèvement de la part des cotisés aux rôles de prestations devront être présentées dans les trois mois de la publication des rôles.

Ces demandes seront instruites et jugées comme celles qui concernent les contributions directes; en conséquence, elles seront communiquées aux répartiteurs, vérifiées par le contrôleur et par le directeur desdites contributions.

Lorsque l'avis du directeur sera défavorable au réclamant, il sera communiqué à ce dernier pour avoir ses observations; il y sera ensuite statué par le conseil de préfecture, sauf recours au Conseil d'État.

Le recours au Conseil d'État pouvant, comme en matière de contributions directes, être exercé sans le ministère d'avocat, les pourvois nous seront transmis par les parties intéressées, pour y être, par nous, donné cours. (M. A., art. 74.)

Les pourvois que les communes croiraient devoir former, dans leur intérêt, contre l'arrêté du conseil de préfecture dégrevant un prestataire, peuvent être également présentés sans le ministère d'avocat. Ils seront, à cet effet, formés par les maires, sur la seule délibération du conseil municipal et sans qu'il soit besoin de l'autorisation du conseil de préfecture; ils nous seront transmis par le maire, pour y être, par nous, donné cours. (M. A., art. 75.)

Les déclarations d'option seront reçues par le maire, ou par l'adjoint, s'il est délégué à cet effet; elles seront, en présence des déclarants, consignées sur un registre qui sera clos à l'expiration du mois, et transmis immédiatement au percepteur-receveur municipal, pour être, lesdites déclarations, annotées au rôle, en regard des noms des contribuables, dans la colonne à ce destinée. (M. A., art. 76.)

Dans la quinzaine qui suivra l'expiration du délai d'option, les percepteurs-receveurs municipaux formeront et adresseront aux maires un relevé du rôle des prestations divisé en deux parties : la première comprendra, pour chaque contribuable, nominativement, les journées de prestations d'hommes, d'animaux et de charrois que le contribuable aura déclaré vouloir acquitter en nature; la seconde comprendra seulement le montant total des cotes qui seront exigibles en argent, soit parcé que les contribuables auront préféré ce mode de libération, soit parce que, à défaut d'option dans le délai voulu, les cotes seront devenues exigibles en argent.

Dans le même délai de quinzaine, le percepteur-receveur municipal adressera au préfet un état sommaire faisant connaître, pour chacune des communes de sa perception, le nombre des journées de prestations de diverses espèces que les contribuables ont déclaré vouloir acquitter en nature, et le montant des cotes exigibles en argent. (M. A., art. 77.)

Les cotes du rôle de prestations que les contribuables auront déclaré vouloir acquitter en argent, et celles qui devront également être payées en argent faute de déclaration d'option dans le délai voulu, sont exigibles par douzièmes, comme les contributions directes.

Quant aux cotes que les contribuables auraient d'abord déclaré vouloir acquitter en nature, et dont ils auraient ensuite négligé ou refusé de se libérer de cette manière, quoiqu'ils en aient été requis,

elles seront aussi exigibles en argent, et par douzièmes. Toutefois, le premier paiement devra comprendre les douzièmes échus. (M. A., art. 78.)

Les poursuites à exercer pour la rentrée des cotes exigibles en argent seront faites, sous la surveillance du receveur central, selon le mode en vigueur pour les contributions directes, en se conformant aux dispositions du règlement sur les poursuites spécial aux communes rurales du département.

Lorsque les percepteurs-receveurs municipaux seront dans le cas d'exercer des poursuites de cette nature, ils remettront au maire de la commune une liste des contribuables en retard, indicative de la somme due par chacun d'eux, et ils lui demanderont l'autorisation de poursuivre par voie de sommation avec frais et de garnison collective. Le maire, après avoir engagé les contribuables à se libérer sans frais, donnera, s'il y a lieu, son autorisation au bas de l'état, et cet état, ainsi approuvé, sera transmis au receveur central pour y donner la suite prescrite par le règlement sur les poursuites en matière de contributions directes. Le percepteur-receveur municipal ne devra, au reste, donner cours aux poursuites qu'après les avoir fait précéder d'une sommation gratis. Outre cette sommation, qui est obligatoire, le percepteur-receveur municipal pourra, s'il le croit utile, faire faire une nouvelle publication dans la commune, ou employer tel moyen efficace qu'il jugera convenable pour épargner des frais aux contribuables.

Les poursuites par voie de commandement, de saisie et de vente ne pourront être exercées qu'après qu'il nous en aura été référé. (M. A., art. 79.)

Les percepteurs-receveurs municipaux sont responsables envers les communes du recouvrement des rôles de prestations, comme du recouvrement de toute autre ressource communale, conformément aux règles tracées par les circulaires du ministre de l'intérieur des 31 août 1842 et 18 novembre 1845.

En conséquence, si, à l'époque de la clôture de l'exercice, ces rôles n'étaient pas entièrement soldés, les restes à recouvrer seraient reportés au budget supplémentaire de la commune pour l'exercice suivant, et le comptable s'exposerait à être forcé en recette, s'il ne prenait le soin de justifier, au moment où le compte de l'exercice clos est rendu au conseil municipal, qu'il a fait toutes diligences pour opérer le recouvrement exact des rôles, et s'il ne prouvait que la rentrée des ressources encore dues n'a été retardée que par des obstacles qu'il lui a été impossible de surmonter. Dans ce cas, il doit demander l'approbation de l'état des cotes qu'il n'a pu recouvrer. (M. A., art. 80.)

Les contrôleurs des contributions directes recevront un centime et demi par article, pour la rédaction des états-matrices et l'examen des réclamations présentées par les contribuables.

Il sera alloué au directeur des contributions directes quatre centimes par article pour la rédaction des rôles de prestations, l'expédition des avertissements et la fourniture des imprimés nécessaires, tant pour ces dernières pièces que pour les états-matrices.

Ces remises seront acquittées sur les ressources communales affectées aux chemins vicinaux, et leur montant sera centralisé à la caisse du receveur central du département au compte du fonds de cotisations municipales. (M. A., art. 81.)

Les rôles de prestations en nature étant portés en recette et en dépense aux budgets des communes, les remises dues aux percepteurs-receveurs municipaux, sur le montant total de ces rôles, seront établies conformément aux ordonnances royales des 17 avril et 23 mai 1839. (M. A., art. 82.)

§ 5. — Vote de centimes spéciaux.

Lorsque, en raison de l'insuffisance des revenus ordinaires de la commune pour pourvoir au service des chemins vicinaux, le conseil municipal voudra user de la faculté que lui donne l'article 2 de la loi du 21 mai 1836 de voter des centimes spéciaux, dont le nombre ne pourra dépasser cinq, la délibération devra être prise dans la session de mai, sans le concours des plus imposés[1], et elle nous sera aussitôt transmise par le sous-préfet, avec son avis. Après qu'elle aura été approuvée par nous, s'il y a lieu, elle sera adressée au directeur des contributions directes, qui fera comprendre le montant de cette imposition dans le rôle de la commune. (A. P. S. 13 nov. 1854, art. 83.)

§ 6. — Vote de centimes extraordinaires.

Dans le cas où, après avoir affecté aux dépenses des chemins vicinaux toute la portion disponible des revenus ordinaires et le maximum légal du nombre des journées de prestations et des centimes spéciaux, un conseil municipal voudrait affecter à ce service des ressources plus considérables, le conseil municipal pourrait, avec l'adjonction des plus imposés, voter une imposition extraordinaire.

La délibération nous serait transmise par le sous-préfet, avec son avis, et serait par nous adressée au ministère de l'intérieur, pour être, s'il y a lieu, homologuée par décret impérial[2]. (A. P. S. 13 nov. 1854, art. 84.)

En aucun cas, il ne sera affecté de centimes extraordinaires au service des chemins vicinaux, avant que le maximum des journées de prestations et des centimes spéciaux n'ait été voté. (M. A., art. 85.)

§ 7. — Impositions d'office.

Dans le courant du mois de juin, les sous-préfets dresseront et nous feront parvenir l'état des communes dont les conseils municipaux auraient négligé ou refusé d'affecter des ressources à la réparation et à l'entretien des chemins vicinaux. Ils

accompagneront cet état d'un rapport sur l'état des chemins de ces communes, et de leur avis sur la nécessité de pourvoir à leur réparation au moyen d'impositions d'office. (A. P. S. 13 nov. 1854, art. 86.)

Lorsque, soit par les rapports des sous-préfets, soit par l'envoi d'un agent voyer sur les lieux, soit enfin par tout autre moyen, nous aurons reconnu la nécessité de contraindre une commune à affecter à la réparation des chemins vicinaux, des ressources qu'elle aurait négligé ou refusé de voter, un arrêté motivé, pris par nous, mettra le conseil municipal en demeure de voter ces ressources, et fixera le délai dans lequel ce conseil devra en délibérer.

Lorsqu'il s'agira du contingent à fournir par une commune pour les chemins vicinaux de grande communication, la mise en demeure résultera de la fixation de ce contingent, qui aura été notifiée au conseil municipal dans sa session de mai, conformément au troisième paragraphe de l'article 49 du présent règlement. (M. A., art. 87.)

Si, à l'expiration du délai fixé par l'arrêté mentionné au premier paragraphe de l'article précédent, le conseil municipal n'avait pas voté, dans les limites de la loi, les ressources nécessaires au service vicinal, ou s'il les avait votées en partie seulement, il y sera pourvu d'office par nous, en exécution de l'article 5 de la loi du 21 mai 1836, ainsi qu'il va être dit ci-après. (M. A., art. 88.)

Dans le cas où les revenus ordinaires de la commune retardataire permettraient de faire face, en tout ou en partie, aux besoins du service vicinal, l'allocation nécessaire sera inscrite au budget par un arrêté pris par nous en conseil de préfecture. (M. A., art. 89.)

Lorsque nous aurons reconnu nécessaire d'imposer d'office des journées de prestations, un arrêté pris par nous déterminera, dans les limites de la loi, le nombre de journées à imposer; il sera immédiatement transmis au directeur des contributions indirectes, avec invitation de faire rédiger le rôle.

Cet arrêté sera également notifié par nous au maire de la commune, pour être porté, par voie de publication, à la connaissance des habitants. (M. A., art. 90.)

Lorsque le rôle rédigé en vertu de l'article précédent aura été par nous rendu exécutoire, il sera, en conformité de l'article 72 ci-dessus, transmis au percepteur-receveur municipal, par l'entremise du receveur central du département, pour être publié dans la forme accoutumée. Les avertissements aux contribuables seront aussitôt distribués par les soins du percepteur-receveur municipal. (M. A., art. 91.)

Si le maire de la commune négligeait ou si, après une mise en demeure, il refusait de faire la publication du rôle rédigé d'office, un délégué nommé par nous, en vertu de l'article 15 de la loi du 18 juillet 1837, ferait faire cette publication[1]. (M. A., art. 92.)

---

1. Voir page 249 le renvoi 1.
2. Les conseils municipaux peuvent voter trois centimes extraordinaires, exclusivement affectés aux chemins vicinaux (L. 24 juill. 1867 et 11 juill. 1868). Les délibérations prises à cet effet deviennent exécutoires après le délai prescrit par l'article 68 de la loi du 5 avril 1884.

---

1. Aujourd'hui en vertu de l'article 85 de la loi du 5 avril 1884.

Lorsque nous aurons reconnu nécessaire d'imposer d'office des centimes spéciaux, un arrêté pris par nous déterminera, dans les limites de la loi, le nombre de ces centimes. Il sera immédiatement transmis au directeur des contributions directes, pour que lesdits centimes soient compris au rôle des contributions directes de la commune.

Cet arrêté sera également notifié par nous au maire de la commune, pour être porté, par voie de publication, à la connaissance des habitants. (M. A., art. 93.)

Dans le cas où le rôle des contributions directes de la commune serait rédigé à l'époque où le directeur recevrait l'arrêté ordonnant une imposition d'office, il serait dressé un rôle supplémentaire comprenant le nombre de centimes portés dans cet arrêté. (M. A., art. 94.)

Section 2. — *Concours des propriétés de l'État et de la couronne.*

Les propriétés de l'État productives de revenus devant, aux termes de l'article 13 de la loi du 21 mai 1836, contribuer aux dépenses des chemins vicinaux suivant les mêmes proportions que les propriétés particulières, dans les communes où elles ne sont pas déjà classées pour mémoire sur les matrices des états de sections, les répartiteurs, assistés du contrôleur des contributions directes, rédigeront une matrice spéciale, où elles seront évaluées dans les mêmes proportions que les autres propriétés particulières, comme s'il s'agissait de les cotiser à la contribution foncière.

Les évaluations seront, dans tous les cas, communiquées par le directeur des contributions directes aux agents des administrations des forêts et des domaines, qui présenteront telles observations qu'ils jugeront convenables. Le directeur nous adressera sur le tout un rapport motivé, et nous arrêterons les bases de cotisation.

Ces bases serviront tous les ans à régler la cote des propriétés de l'État dans les impositions communales, ordinaires ou extraordinaires, votées par les conseils municipaux pour les chemins vicinaux, et dans les centimes départementaux votés, pour la même destination, par le conseil général du département, en exécution des articles 2 et 8 de la loi du 21 mai 1836. (A. P. S. 13 nov. 1854, art. 95.)

Les cotisations seront inscrites à la fin du rôle général des contributions directes de la commune, au nom du domaine de l'État, et les avertissements d'en payer le montant seront remis par le percepteur au receveur de l'enregistrement et des domaines dans l'arrondissement duquel les propriétés sont situées. (M. A., art. 96.)

Si des réclamations s'élevaient au sujet de ces cotisations, soit de la part des communes, soit de la part des agents de l'administration des forêts ou des domaines, elles seraient portées, comme les réclamations en matière de contributions directes, devant le conseil de préfecture. (M. A., art. 97.)

Les propriétés de la couronne contribueront aux dépenses des chemins vicinaux dans les mêmes proportions que les propriétés particulières, ainsi qu'il résulte de l'article 13 de la loi du 21 mai 1836 et de l'article 12 du sénatus-consulte du 12 décembre 1852.

Les réclamations contre ces cotisations seront également jugées comme en matière de contributions directes. (M. A., art. 98.)

Section 3. — *Subventions spéciales pour dégradations habituelles ou temporaires.*

§ 1er. — Exploitations imposables.

Lorsque des exploitations de mines, de carrières, de forêts ou de toute entreprise industrielle appartenant à des particuliers, à des établissements publics, à la couronne ou à l'État, causeront habituellement ou temporairement des dégradations extraordinaires à un chemin vicinal entretenu à l'état de viabilité, il pourra, en exécution de l'article 14 de la loi du 21 mai 1836, être imposé des subventions spéciales aux entrepreneurs ou aux propriétaires, suivant que l'exploitation ou les transports auront eu lieu pour le compte des uns ou des autres. (A. P. S. 13 nov. 1854, art. 99.)

Ces subventions seront réclamées, pour les chemins vicinaux ordinaires, par les maires des communes intéressées. Nous réclamerons nous-même celles qui concernent les chemins vicinaux de grande communication. (M. A., art. 100.)

Il y a dégradation habituelle lorsqu'une exploitation de mines, de carrières, de forêt et de toute autre entreprise industrielle se sert du même chemin pendant toute l'année, ou la plus grande partie de l'année.

Il y a dégradation temporaire lorsque l'exploitation ne dure pas toute l'année, ni la plus grande partie de l'année, mais ne se fait que temporairement.

Si, se continuant toute l'année, l'exploitation empruntait successivement plusieurs chemins, il y aurait lieu de la considérer comme temporaire à l'égard de chacun des chemins dont elle se servirait. (M. A., art. 101.)

Si l'exploitation ou les transports se font pour le compte du propriétaire de l'exploitation ou de l'établissement, c'est à ce propriétaire que la demande doit être adressée.

Si l'exploitation ou les transports ne se font pas pour le compte du propriétaire; si la mine ou l'entreprise industrielle est louée à un fermier; si la carrière est exploitée par un entrepreneur permanent; si la forêt est louée par bail : la demande de subvention devra être adressée, non pas au propriétaire, mais à celui qui exerce les droits du propriétaire d'une manière permanente.

Lorsqu'une exploitation de forêts ou de bois sera divisée en lots et livrée à divers adjudicataires, c'est au propriétaire que la subvention devra être demandée. (M. A., art. 102.)

Les subventions pourront être réclamées même par des communes autres que celles sur le territoire desquelles les exploitations sont situées. (M. A., art. 103.)

§ 2. — Constatation de l'état de viabilité.

Aux termes de l'article 14 de la loi du 21 mai 1836, les chemins pour lesquels les subventions sont demandées doivent être entretenus à l'état de viabilité. Il sera procédé à la constatation de cet état de la manière suivante : tous les ans il sera publié et affiché dans chaque commune un tableau des chemins vicinaux de petite et de grande communication entretenus à l'état de viabilité. Le tableau des chemins de la première catégorie sera arrêté par le maire sur une délibération du conseil municipal; celui de la deuxième par le préfet, sur un rapport de l'agent voyer en chef.

La publication aura lieu dans le courant du mois de janvier. (A. P. S. 13 nov. 1854, art. 104.)

Les propriétaires, industriels ou entrepreneurs qui se servent pour leur exploitation des chemins indiqués au tableau seront admis à présenter, dans la quinzaine de sa publication, leurs réclamations sur l'état de viabilité desdits chemins. (M. A., art. 105.)

Les chemins qui n'auront été l'objet d'aucune observation seront considérés comme étant à l'état de viabilité et pourront donner lieu à des demandes de subventions spéciales; à l'égard de ceux dont la viabilité serait contestée, il sera procédé à une reconnaissance contradictoire de leur état, entre les agents de l'administration et les parties intéressées ou leurs représentants. Le résultat de cette reconnaissance sera consigné dans un procès-verbal. (M. A., art. 106.)

§ 3. — Constatation des dégradations.

Les subventions réclamées par les communes devant être proportionnées aux dégradations causées par les exploitations ou autres entreprises industrielles, l'importance de ces dégradations sera constatée par des experts nommés dans la forme prescrite par l'article 17 de la loi du 21 mai 1836. (A. P. S. 13 nov. 1854, art. 107.)

Si la partie intéressée refusait ou négligeait de nommer son expert, après l'invitation qui lui en aurait été faite par le sous-préfet, il nous en sera rendu compte, et nous provoquerons, près du conseil de préfecture, la nomination d'office de cet expert. (M. A., art. 108.)

Avant d'opérer, les experts prêteront serment devant le conseil de préfecture. Il en sera rédigé procès-verbal. (M. A., art. 109.)

L'expertise se fera à la fin de l'exploitation, si cette exploitation est temporaire; elle se fera à la fin de l'année, si l'exploitation est permanente. (M. A., art. 110.)

S'il y a désaccord entre les experts, il nous en sera rendu compte, et nous provoquerons, près du conseil de préfecture, la nomination d'un tiers expert. (M. A., art. 111.)

Les procès-verbaux de prestation de serment des experts, et ceux constatant leurs opérations, seront rédigés sur papier timbré et soumis à l'enregistrement; ils nous seront ensuite adressés. (M. A., art. 112.)

§ 4. — Règlement des subventions.

Les procès-verbaux d'expertise seront soumis au conseil de préfecture, qui règlera la subvention due à la commune, conformément au troisième paragraphe de l'article 14 de la loi du 21 mai 1836. (A. P. S. 13 nov. 1854, art. 113.)

Les subventions seront réglées annuellement, sans que la décision rendue puisse, en aucun cas, s'étendre à plusieurs années. (M. A., art. 114.)

§ 5. — Recouvrement des subventions.

La décision du conseil de préfecture qui aura déterminé le montant de la subvention sera notifiée au propriétaire ou à l'exploitant à la charge duquel elle sera mise. Il sera tiré reçu ou dressé procès-verbal de la notification.

Une expédition de la même décision sera, en outre, remise au percepteur-receveur municipal pour servir de titre à ses poursuites. (A. P. S. 13 nov. 1854, art. 115.)

Il sera également remis une expédition de la décision, savoir :

Au conservateur des forêts, si la subvention concerne une forêt impériale ;

A l'inspecteur des domaines et forêts de la couronne, s'il s'agit d'une propriété de la couronne ;

Enfin, aux administrateurs ou chefs des établissements publics, s'il s'agit de ces établissements. (M. A., art. 116.)

Les subventionnaires pouvant, aux termes du deuxième paragraphe de l'article 14 de la loi du 21 mai 1836, acquitter les subventions en argent ou en prestations en nature, à leur choix, devront déclarer leur option au maire de la commune, dans le délai de quinze jours, à partir de la notification de la décision du conseil de préfecture. Faute par les subventionnaires d'avoir opté dans ce délai, ils ne pourront plus se libérer qu'en argent. (M. A., art. 117.)

Les subventions exigibles en argent seront recouvrées comme en matière de contributions directes. (M. A., art. 118.)

Lorsque les subventionnaires auront déclaré vouloir acquitter leurs subventions en prestations en nature, ils seront soumis à toutes les règles relatives aux travaux de prestations dans la commune.

Dans ce cas, la subvention fixée en argent par le conseil de préfecture sera convertie, soit en journées de prestations, d'après le tarif de conversion arrêté pour la commune par le conseil général du département, soit en tâches, conformément au tarif voté par le conseil municipal.

Les travaux devront être exécutés par des hommes valides, qui travailleront sous l'inspection de l'autorité locale et aux époques indiquées par elle. Des quittances régulières seront données au fur et à mesure de l'emploi des journées; elles opéreront la libération des subventionnaires. (M. A., art. 119.)

Si un subventionnaire, après avoir opté pour acquitter sa subvention en prestations, n'obtempérait pas aux réquisitions qui lui seraient régulièrement adressées, il serait déclaré déchu du bénéfice de son option, et le recouvrement de la subvention serait poursuivi en argent par le percepteur-receveur municipal. (M. A., art. 120.)

Les subventions à acquitter, soit en nature, soit en argent, seront exclusivement affectées à ceux des chemins qui y auront donné lieu.

S'il s'agit d'un chemin vicinal de petite communication, le produit en sera versé à la caisse communale. Si elles s'appliquent à un chemin vicinal de grande communication, il sera versé à la caisse du receveur central du département, pour être ajouté au crédit de ce chemin. (M. A., art. 121.)

§ 6. — Fixation des subventions par abonnement.

Les subventions dont il s'agit dans le paragraphe précédent seront, s'il est possible, réglées entre le maire et la partie intéressée, par voie d'abonnement en argent.

Les conditions de l'abonnement, signées par les parties, seront d'abord soumises par le maire à l'approbation du conseil municipal. (A. P. S. 13 nov. 1854, art. 122.)

Si le conseil est d'avis de les admettre, la proposition, ainsi que la délibération à laquelle elle aura donné lieu, nous sera transmise par l'intermédiaire du sous-préfet pour être statué par nous, en conseil de préfecture. (M. A., art. 123.)

L'exécution des engagements souscrits sera poursuivie comme en matière de contributions directes. (M. A., art. 124.)

Les abonnements consentis pour plusieurs années consécutives ne continueront à être valables qu'autant que l'exploitation ne changerait pas de nature pendant le délai pour lequel ils ont été souscrits.

Dans tous les cas, les abonnements devront être renouvelés tous les trois ans, afin que l'administration soit mise à portée de reconnaître si les conditions en sont toujours en rapport avec les dégradations que peuvent occasionner les exploitations. (M. A., art. 125.)

Section 4. — Offres de concours faites par des communes ou des particuliers.

Lorsqu'une commune aura intérêt à ce que les travaux d'un chemin vicinal de grande communication soient commencés ou promptement achevés, le conseil municipal pourra consacrer à leur exécution des ressources supérieures au contingent assigné à la commune.

La délibération du conseil municipal sera prise sans l'assistance des plus imposés, si le concours doit être fourni sur les revenus de la commune; elle sera prise avec l'assistance des plus imposés, si, pour réaliser l'offre de concours, il y a nécessité de recourir à une imposition extraordinaire.

Dans aucun cas, l'offre de concours extraordinaire ne pourra être réalisée au moyen de journées de prestations dépassant le maximum fixé par la loi. (A. P. S. 13 nov. 1854, art. 126.)

Lorsque les offres de concours consisteront en allocations sur les revenus communaux, la délibération sera approuvée par nous, s'il y a lieu. Si elles doivent être réalisées au moyen d'impositions extraordinaires, nous nous réservons de provoquer le décret impérial nécessaire en pareil cas [1].

Après que l'offre de concours d'une commune aura été régulièrement approuvée, la dépense qui en résultera deviendra une dépense obligatoire, et, en cas de refus de remplir l'engagement contracté, il sera procédé conformément à l'article 39 de la loi du 18 juillet 1837. (M. A., art. 127.)

Lorsque des particuliers ou des associations de particuliers offriront de concourir, soit par des travaux en nature, soit par des fournitures de matériaux, soit par des cessions de terrains, soit enfin par des subventions en argent, à la construction ou à l'amélioration d'un chemin vicinal, l'acte contenant la proposition nous sera adressé directement; il devra mentionner la nature, la quotité et la condition des offres, ainsi que les époques auxquelles elles seront réalisées.

Lorsque la proposition émanera d'une réunion de propriétaires, ceux-ci devront signer individuellement la liste de souscription. (M. A., art. 128.)

Si les offres de concours ont pour objet un chemin vicinal de grande communication, il sera statué par nous directement.

Si les offres ont pour objet un chemin vicinal de petite communication, elles seront soumises au conseil municipal, et la délibération nous sera transmise avec l'avis du sous-préfet, pour que nous autorisions, s'il y a lieu, le maire à accepter. (M. A., art. 129.)

La déclaration portant acceptation des offres de concours sera toujours notifiée aux parties intéressées.

Si, après leur acceptation, la réalisation des offres éprouvait des difficultés, l'accomplissement des engagements pris serait poursuivi par voie administrative, sauf recours des parties devant le conseil de préfecture. (M. A., art. 130.)

Les sommes provenant des offres de concours ne pourront être employées qu'à la réparation ou à la construction du chemin pour lequel elles auront été offertes. Il en sera de même pour les fournitures de matériaux ou les journées de travail. (M. A., art. 131.)

Section 5. — Spécialité de l'emploi des ressources.

Les ressources de toute nature affectées au service des chemins vicinaux ne peuvent, sous aucun prétexte, quelle que soit leur origine, être appliquées, soit à des travaux étrangers à ce service, soit à la réparation de chemins qui ne seraient pas classés comme chemins vicinaux.

Tout emploi, soit de fonds, soit de prestations en nature, qui serait effectué contrairement à cette règle, sera rejeté des comptes, et mis, selon le cas,

---

1. Aujourd'hui, en vertu de l'article 142 de la loi du 5 avril 1884, les conseils municipaux votent, sauf approbation préfectorale, les contributions extraordinaires qui dépasseraient cinq centimes, sans excéder le maximum fixé par le conseil général et dont la durée excédant cinq années ne serait pas supérieure à trente ans.

à la charge du comptable ou de l'ordonnateur. (A.
P. S. 13 nov. 1854, art. 132.)

Sous-chapitre III. — Dispositions relatives à l'exécution des travaux.

Section 1re. — Travaux de prestations en nature.

§ 1er. — Emploi de la prestation en journées.

1. Époques de l'emploi de la prestation.

Les travaux de prestations en nature à effectuer
en journées seront exécutés à deux époques de
l'année : la première, du 15 avril au 15 juin; la
seconde, du 15 octobre au 31 décembre. Les maires
détermineront, dans ce laps de temps, le moment
le plus convenable à la bonne exécution des travaux, en ayant soin de fixer l'ouverture de ces
travaux de manière à ce qu'ils puissent être achevés à l'expiration du délai indiqué. (A. P. S. 13 nov.
1854, art. 133.)

Si, pour quelques communes, ces époques étaient
reconnues moins favorables que d'autres à la bonne
exécution des travaux, ou moins en rapport avec
les besoins de l'agriculture, nous nous réservons
de les modifier, sur la demande des maires et l'avis
des sous-préfets. (M. A., art. 134.)

Dans tous les cas, les prestations acquittables
en nature devront toujours être effectuées dans
l'année même pour laquelle elles auront été votées, ou au moins au 31 mars de l'année suivante,
date de la clôture de l'exercice; il est expressément interdit de les mettre en réserve d'une année
sur l'autre. (M. A., art. 135.)

Les fermiers ou colons qui viendraient à quitter
la commune avant d'avoir effectué les journées de
prestations pour lesquelles ils sont portés au rôle,
n'étant pas libérés par le seul fait de leur départ,
mais ne pouvant être dès lors que difficilement convoqués pour exécuter ces prestations, les maires
auront soin d'appeler aux travaux, avant l'époque où
il est d'usage de changer de ferme, ceux d'entre
eux dont le bail serait près de finir. (M. A., art.
136.)

2. Ouverture et surveillance des travaux de prestations.

Le maire fixera dans les limites déterminées par
l'article 133 ci-dessus l'époque à laquelle devront
s'ouvrir les travaux de prestations en journées.

Quinze jours avant cette époque, et le dimanche,
le maire fera publier à son de caisse, et afficher à
la porte de la mairie, l'avis que les travaux de
prestations en nature vont commencer dans la commune; la publication sera répétée le dimanche
suivant. (A. P. S. 13 nov. 1854, art. 137.)

Cinq jours au moins avant l'époque fixée pour
les travaux, le maire fera remettre à chaque contribuable soumis à la prestation un bulletin signé
de lui, portant réquisition de se rendre tel jour, à
telle heure, sur tel chemin, pour y faire les travaux qui lui seront indiqués.

Ces avis porteront aussi la mention que, à défaut
par le contribuable d'obtempérer à la réquisition

qui lui est faite, sa cote deviendrait de droit exigible en argent. (M. A., art. 138.)

Lorsqu'un prestataire sera empêché par maladie
ou par quelque autre cause, il devra le faire savoir
au maire dans les vingt-quatre heures qui suivront
la réception de la réquisition.

Il pourra lui être accordé par le maire un délai
dont la durée sera basée sur la nature de l'empêchement. Dans aucun cas, ce délai ne pourra se
prolonger au delà de l'époque fixée pour la clôture
de l'exercice.

Toute cote non acquittée en nature à cette époque sera exigible en argent. (M. A., art. 139.)

Dans le cas de l'application des articles 6 et 8
de la loi du 21 mai 1836, les prestataires pourront
être requis d'effectuer leurs travaux de prestations
hors des limites de la commune à laquelle ils appartiennent; si les ateliers de travail étaient situés
à plus de 5 kilomètres de ces limites, il serait tenu
compte aux prestataires du temps nécessaire pour
l'aller et le retour. (M. A., art. 140.)

Il ne sera requis à la fois que le nombre de travailleurs et d'attelages qui pourront être employés
simultanément, sans encombrement ni perte de
temps, et avec le plus d'avantage pour la bonne
exécution des travaux. Les réquisitions ne seront
donc envoyées que successivement et au fur et à
mesure de l'avancement et de l'exigence des travaux; elles devront toujours parvenir aux prestataires au moins cinq jours à l'avance. (M. A., art.
141.)

Si la commune est désignée comme devant fournir des journées de prestations en nature pour le
service des chemins vicinaux de grande communication, le maire n'adressera de réquisition aux
prestataires dont les journées seront réservées à
cet effet que lorsque nous lui aurons fait connaître
le jour où les travaux devront commencer sur ces
chemins. (M. A., art. 142.)

La direction des travaux de prestations sur les
chemins vicinaux de petite communication appartiendra au maire de la commune sur le territoire
de laquelle ils seront exécutés; ce fonctionnaire
sera assisté d'un agent voyer. Il pourra se faire
remplacer par un membre du conseil municipal, à
son choix. (M. A., art. 143.)

Le maire, sur l'avis favorable du conseil municipal et avec notre autorisation, pourra choisir un
piqueur ou un cantonnier qui sera chargé, sous
l'inspection d'un agent voyer, de la surveillance
des travaux, et qui rendra compte au fonctionnaire
chargé de la direction de la manière dont l'emploi
des journées aura eu lieu; ce compte servira de
base à la délivrance des certificats de libération.

Le salaire de cet agent fera partie de la dépense
des chemins vicinaux, et sera soldé sur les fonds
affectés aux travaux. (M. A., art. 144.)

Le garde champêtre devra se trouver sur le lieu
des travaux pour exécuter les ordres du fonctionnaire chargé de les diriger. (M. A., art. 145.)

Le maire ou le membre du conseil municipal
chargé par délégation de la direction des travaux

sera porteur de la liste des prestataires requis pour acquitter leurs prestations; cette liste, qui fera connaître, en regard du nom de chaque prestataire, les outils dont il devra être muni, sera précédée d'une note indicative de l'heure assignée pour l'ouverture des travaux. (M. A., art. 146.)

A l'heure indiquée, le maire ou son délégué fera l'appel des prestataires requis; il s'assurera qu'ils sont pourvus des outils demandés par l'avis de réquisition; il leur assignera l'atelier où ils auront à travailler et la nature de leur travail.

Les prestataires arriveront sur les ateliers porteurs du billet de réquisition; les absents seront notés avec soin par le directeur des travaux sur la liste qui lui aura été fournie, en exécution de l'article précédent. (M. A., art. 147.)

3. Obligations des prestataires.

Chaque prestataire devra porter sur l'atelier dont il fera partie les pelles, pioches et autres outils en sa possession qui lui auront été indiqués par l'avis du maire; quant aux masses, brouettes et autres objets dont les prestataires ne sont pas ordinairement munis, chaque commune devra se les procurer sur les fonds des travaux.

Les bêtes de somme seront garnies de leurs bât, paniers et bride; les voitures seront attelées et les bêtes de trait garnies de leurs harnais. Le conducteur sera fourni par le propriétaire; il devra être muni d'une pelle en fer, et travailler avec les autres ouvriers commis au chargement de la charrette ou du tombereau. Le prix de sa journée sera imputé sur la cotisation du propriétaire porté en nom au rôle. (A. P. S. 13 nov. 1854, art. 148.)

Les prestataires qui n'auraient pas les instruments nécessaires pour l'emploi de leurs prestations, et qui se trouveraient dans l'impossibilité absolue de se les procurer, seront tenus d'en avertir le maire quarante-huit heures après la réception de leur réquisition. (M. A., art. 149.)

Sur l'avis qui lui sera donné, conformément à l'article précédent, le maire, s'il n'a pas à sa disposition ou ne trouve pas à se procurer tous les instruments nécessaires pour en fournir à ses travailleurs, contremandera ceux qui ne pourraient être occupés utilement, et leur assignera un autre jour pour acquitter leurs prestations. (M. A., art. 150.)

Les prestataires pourront se faire remplacer, pour leur personne et celle des membres de leur famille, par des ouvriers à leurs gages, pourvu que les remplaçants soient valides, âgé de dix-huit ans au moins et de moins de soixante ans; ces ouvriers devront être agréés par le maire ou son délégué. Les prestataires en nom ne seront d'ailleurs libérés qu'autant que le maire sera satisfait du travail des remplaçants; et si le maire renvoie ces derniers de l'atelier avant l'acquittement complet des journées qu'ils devaient fournir, les prestataires en nom seront redevables de la portion non acquittée. (M. A., art. 151.)

Les prestataires devront se trouver sur l'atelier,

savoir : du 1er avril au 1er octobre, depuis 6 heures du matin jusqu'à 5 heures du soir; le reste de l'année, depuis 7 heures du matin jusqu'à 5 heures du soir.

La durée totale du temps des repas et du repos ne devra pas excéder deux heures. (M. A., art. 152.)

La durée du travail pour les bêtes de somme et de trait sera de neuf heures, en deux reprises. (M. A., art. 153.)

La journée de prestations est indivisible; pour en être libéré, le prestataire devra la fournir tout entière et sans interruption.

En cas d'interruption de la journée par empêchements légitimes ou par le mauvais temps, les contribuables seront tenus de compléter plus tard leurs prestations. (M. A., art. 154.)

La journée de prestations ne sera réputée acquittée qu'autant que le prestataire l'aura convenablement employée.

En conséquence, quand un prestataire ne sera pas rendu sur l'atelier à l'heure qui lui aura été indiquée, ou qu'il n'aura fourni qu'une partie des journées par lui dues, soit en manquant aux heures de travail, soit autrement, sa cote, ou le restant de sa cote, sera exigible en argent. (M. A., art. 155.)

Dans le cas prévu par l'article précédent, le maire adressera au percepteur-receveur municipal le nom du prestataire récalcitrant ou retardataire; il invitera ce comptable à opérer le recouvrement en argent des journées ou portions de journées restant dues.

Toutefois, le maire restera juge des cas de force majeure dans lesquels il y aurait lieu de modérer l'application de ces dispositions, et d'accorder au prestataire un nouveau délai pour se libérer. Ce délai ne devra jamais dépasser l'année ou au moins la durée de l'exercice. (M. A., art. 156.)

La police des ateliers appartiendra au maire ou à son délégué; les prestataires seront tenus de lui obéir en tout ce qu'il leur commandera pour la bonne exécution des travaux. (M. A., art. 157.)

Tout prestataire qui ne se soumettra pas aux règles établies pour les travaux, ou qui troublera l'ordre, qui ne sera pas muni des outils exigés par sa réquisition, qui n'aura pas équipé ses bêtes de somme et disposé ses attelages de manière à servir utilement, sous les réserves portées en l'article 149 ci-dessus, ou enfin qui ne travaillera pas comme s'il était salarié, sera renvoyé de l'atelier par le fonctionnaire chargé de la direction des travaux, et sa cote, ou le restant de sa cote, sera exigible en argent. (M. A., art. 158.)

4. Libération des prestataires.

Le fonctionnaire chargé de la direction des travaux devra être muni du relevé des prestations acquittables en nature, qui aura été remis par le percepteur-receveur municipal, en conformité de l'article 77 ci-dessus.

A la fin de chaque journée, le même fonctionnaire émargera, en regard du nom de chaque prestataire, le nombre de journées de diverses espèces que celui-ci aura acquittées ou fait acquitter pour son compte; il déchargera en même temps la réquisition qui aura été envoyée au prestataire. (A. P. S. 13 nov. 1854, art. 159.)

Après l'exécution des travaux, le relevé, émargé comme il est dit en l'article précédent, sera visé par le maire et remis par lui au percepteur-receveur municipal, qui devra également émarger sur le rôle de prestations les cotes ou parties de cotes acquittées en nature. Ce comptable totalisera lesdites cotes et en inscrira le montant, en un seul article, sur son journal à souche; le bulletin n'en sera pas détaché, mais on aura soin de le biffer en le laissant tenir à la souche. (M. A., art. 160.)

§ 2. — Emploi de la prestation en tâches.

Lorsque, en exécution des articles 55 et 56 du présent règlement, le conseil municipal d'une commune aura arrêté les bases de la conversion en tâches des journées de prestations, et que cette délibération aura reçu notre approbation, le maire décidera, en ce qui concerne les chemins vicinaux de petite communication, si les travaux de prestations en nature se feront, dans la commune, en journées ou en tâches, selon qu'il le jugera le plus utile dans l'intérêt de la réparation de ces chemins. Sa décision sera obligatoire pour tous les prestataires, qui ont déclaré opter pour l'acquittement de leurs cotes en nature.

Il sera statué par nous en ce qui concerne les chemins vicinaux de grande communication et d'intérêt commun. (A. P. S. 13 nov. 1854, art. 161.)

Lorsque les travaux de prestations en nature devront être exécutés en tâches, la réquisition adressée aux prestataires, en conformité de l'article 138 ci-dessus, en fera mention, et indiquera l'espèce et la quantité de travaux qu'ils devront effectuer, ainsi que le délai dans lequel les tâches devront être exécutées.

Les travaux à faire seront, en outre, indiqués sur le terrain, s'il en est besoin, par le maire ou l'agent voyer. Si ces travaux consistent en terrassements ou en étendage de matériaux, le chemin sera, autant que possible, piqueté par des jalons numérotés indiquant l'étendue des tâches. (M. A., art. 162.)

La réception des travaux en tâches sera faite par le maire ou l'agent voyer, soit au fur et à mesure de leur avancement, soit à l'expiration du délai fixé pour leur achèvement; les prestataires en seront responsables jusqu'à leur réception. (M. A., art. 163.)

Les travaux dont la réception sera refusée pour vice d'exécution seront refaits dans un délai qui n'excédera pas quinze jours.

Ce délai pourra être prolongé dans le cas prévu par l'article 139 ci-dessus, et dans les limites de cet article. (M. A., art. 164.)

Le maire ou son délégué acquittera, pour les tâches reçues, le bulletin de réquisition; il mentionnera également la libération des prestataires sur le relevé dont il est question en l'article 77 ci-dessus, et il remettra ce relevé au percepteur-receveur municipal, qui émargera le rôle de prestations, comme il est dit pour l'acquittement des prestations en journées. (M. A., art. 165.)

§ 3. — Concours des entrepreneurs dans les travaux de prestations.

Les prestataires, même lorsque les prestations seront converties en tâches, ne pourront jamais être tenus d'effectuer leurs travaux sous le contrôle ni pour le compte d'un entrepreneur. (A. P. S. 13 nov. 1854, art. 166.)

Toutefois, lorsque les travaux à faire sur un chemin seront mis en adjudication, le cahier des charges pourra obliger les adjudicataires à recevoir pour comptant, soit les journées de prestations, d'après le tarif de conversion en argent arrêté par le conseil général du département, soit les tâches, d'après le tarif arrêté par le conseil municipal et approuvé par nous.

Dans ce cas, les prestations en nature, en journées ou en tâches, seront requises, surveillées et constatées par les agents de l'administration exclusivement, les entrepreneurs devant rester entièrement étrangers à ces différentes dispositions. Si les prestataires ne remplissaient pas leurs obligations, les entrepreneurs s'adresseraient aux maires ou agents voyers pour en obtenir l'accomplissement. (M. A., art. 167.)

§ 4. — Emploi d'office des prestations en nature.

Lorsque, dans une commune, des journées de prestations auront été votées par le conseil municipal et que le rôle aura été rendu exécutoire, mais que les travaux n'auront pas été effectués dans le délai fixé, ou au plus tard le dernier mois de l'année, il nous en sera rendu compte par le sous-préfet, afin que nous puissions ordonner l'exécution d'office des travaux avant l'expiration de l'exercice. (A. P. S. 1854, art. 168.)

A cet effet, un arrêté spécial, pris par nous, mettra le maire de la commune en demeure de faire exécuter les travaux dans un délai de quinze jours. Cet arrêté préviendra en outre les contribuables que, faute par eux d'avoir fourni leurs prestations en nature dans le délai fixé, leurs cotes deviendraient exigibles en argent. (M. A., art. 169.)

L'arrêté de mise en demeure devra être publié dans la commune par les soins du maire. Si ce fonctionnaire négligeait ou refusait d'en faire la publication, il y serait pourvu par nous, conformément à l'article 15 de la loi du 18 juillet 1837[1]. (M. A., art. 170.)

Les travaux de prestations à exécuter d'office seront surveillés par un agent voyer commis à cet effet par nous ou par le sous-préfet de l'arrondissement. Les certificats de libération seront délivrés par le maire, sur l'attestation de l'agent voyer. A défaut de l'intervention du maire, les certificats de

---

1. Article 85 de la loi du 5 avril 1884.

l'agent voyer opéreront la libération des prestataires. (M. A., art. 171.)

Les mesures prescrites par les quatre articles qui précèdent recevront également leur application dans le cas où les prestations non employées auraient été imposées d'office, en exécution de l'article 5 de la loi du 21 mai 1836. (M. A., art. 172.)

§ 5. — Spécialité de l'emploi des prestations.

Aucune partie des prestations fournies en nature, ou de celles rachetées en argent, ne pourra être employée sur des chemins qui n'auraient pas été légalement déclarés vicinaux. Il ne pourra non plus en être fait emploi pour aucune espèce de travaux autres que ceux des chemins vicinaux.

Le fonctionnaire qui contreviendrait à cette défense demeurerait personnellement responsable de la valeur des prestations qu'il aurait indûment fait employer. (A. P. S. 13 nov. 1854, art. 173.)

Section 2. — Travaux à prix d'argent.

§ 1er. — Rédaction des projets et devis.

Les travaux à exécuter à prix d'argent, sur les chemins vicinaux, devront être l'objet de projets dressés par les agents voyers et appuyés de devis. Ces projets seront soumis à notre approbation.

Toutefois, ils pourront être approuvés par le sous-préfet, lorsqu'il s'agira de travaux de simple réparation ou d'entretien dont la dépense ne dépasserait pas 300 fr. (A. P. S. 13 nov. 1854, art. 174.)

Les projets et devis des travaux à prix d'argent devront être présentés, chaque année, au plus tard dans le courant de novembre. (M. A., art. 175.)

§ 2. — Mode d'exécution des travaux.

Les travaux à prix d'argent pourront être exécutés, selon leur importance, par voie d'adjudication, de marché passé de gré à gré ou de régie. (A. P. S. 13 nov. 1854, art. 176.)

Lorsque la dépense portée au devis ne s'élèvera pas à 300 fr., le maire pourra faire exécuter les travaux par voie de marché passé de gré à gré ou par voie de régie, sans avoir besoin de recourir à une autorisation spéciale.

Entre 300 fr. et 1,000 fr., les travaux pourront encore être exécutés par voie de marché ou de régie, mais seulement avec notre autorisation.

Lorsque la dépense portée au devis excédera 1,000 fr., les travaux devront nécessairement être mis en adjudication. Après une ou deux tentatives infructueuses d'adjudication, il nous en sera rendu compte, et nous autoriserons, s'il y a lieu, l'exécution des travaux par voie de marché passé de gré à gré ou par voie de régie. (M. A., art. 177.)

§ 3. — Travaux à faire par voie d'adjudication.

Les adjudications seront faites à la sous-préfecture; à cet effet, le sous-préfet se concertera avec les maires, pour réunir dans une même affiche et adjuger dans une même séance, par lots distincts, les travaux à faire dans les différentes communes

de l'arrondissement. (A. P. S., 13 nov. 1854, art. 178.)

Le sous-préfet déterminera, selon la nature et l'importance des travaux à exécuter dans une commune, si l'adjudication aura lieu pour la totalité et en bloc, ou si elle se fera par nature d'ouvrages et sur séries de prix.

Il déterminera également si l'adjudication aura lieu sur soumissions cachetées, à la criée ou à l'extinction des feux. (M. A., art. 179.)

Les adjudications seront annoncées au moins quinze jours à l'avance, par des affiches placardées tant au chef-lieu que dans les principales communes de l'arrondissement.

Ces affiches indiqueront sommairement la nature des travaux, le montant de la dépense, les conditions et le mode de l'adjudication, le lieu, le jour et l'heure où il y sera procédé, le lieu et le moment où devra se faire le dépôt des soumissions, enfin le montant du cautionnement à fournir par le soumissionnaire qui sera déclaré adjudicataire. (M. A., art. 180.)

Lors de l'adjudication, le sous-préfet sera assisté du maire et d'un membre du conseil municipal de chacune des communes intéressées, du percepteur-receveur municipal et de l'agent voyer de l'arrondissement[1]. L'absence d'un ou de plusieurs de ces fonctionnaires, eux dûment appelés, ne fera pas obstacle à ce que l'adjudication ait lieu. (M. A., art. 181.)

Avant l'ouverture de la séance, il sera arrêté, pour chaque adjudication, de concert entre le maire et le sous-préfet, et après que l'agent voyer aura été consulté, un minimum de rabais qui sera déposé cacheté sur le bureau. (M. A., art. 182.)

Nul ne sera admis à concourir s'il n'a les qualités requises pour entreprendre les travaux et en garantir le succès. A cet effet, chaque concurrent sera tenu de fournir un certificat constatant sa capacité[2], et de présenter un acte régulier ou au moins une promesse valable de cautionnement. Ce certificat et cet acte ou cette promesse seront joints à la soumission; mais celle-ci sera placée sous un second cachet.

Il ne sera pas exigé de certificat de capacité pour la fourniture des matériaux destinés à l'entretien des chemins, ni pour les travaux de terrassement dont l'estimation ne s'élève pas à mille francs. (M. A., art. 183.)

Les paquets seront reçus cachetés, par le sous-préfet, en présence des fonctionnaires dont il devra être assisté; ils seront immédiatement rangés sur le bureau, et recevront un numéro dans l'ordre de leur présentation. (M. A., art. 184.)

A l'instant fixé pour l'ouverture des paquets, le premier cachet sera rompu publiquement, et il sera dressé un état des pièces contenues sous ce premier cachet. L'état dressé, les concurrents se reti-

---

1. Lisez: de l'agent voyer en chef.
2. Ce certificat de capacité sera visé par l'agent voyer en chef, huit jours au moins avant l'adjudication. Il ne devra pas avoir plus de trois ans de date.

reront de la salle de l'adjudication, et le président, après avoir consulté les fonctionnaires qui l'assisteront, arrêtera la liste des concurrents agréés. (M. A., art. 185.)

Immédiatement après, la séance redeviendra publique, et le président donnera connaissance de la liste des concurrents agréés. Les soumissions présentées par ces derniers seulement seront alors ouvertes publiquement. Toute soumission qui ne sera pas conforme au modèle indiqué par les affiches sera déclarée nulle. (M. A., art. 186.)

Le soumissionnaire qui aura fait l'offre d'exécuter les travaux aux conditions les plus avantageuses sera déclaré adjudicataire.

Toutefois, si le rabais offert dans les soumissions n'atteignait pas le minimum fixé, l'adjudication n'aurait pas lieu. (M. A., art. 187.)

Dans le cas où plusieurs soumissionnaires auraient offert le même rabais, il sera procédé, séance tenante, à une adjudication entre ces soumissionnaires seulement, soit sur de nouvelles soumissions, soit à l'extinction des feux. (M. A., art. 188.)

Pour les travaux dont l'importance ne dépasserait pas mille francs, les adjudications se feront au rabais, à la criée ou à l'extinction des feux. Le mode adopté sera toujours indiqué dans l'affiche. (M. A., art. 189.)

Il sera dressé, pour chaque adjudication, soit effectuée par voie de soumissions cachetées, soit à la criée, soit à l'extinction des feux, un procès-verbal qui relatera toutes les circonstances de l'opération.

La minute du procès-verbal d'adjudication sera écrite sur papier timbré. (M. A., art. 190.)

Les adjudications ne seront définitives qu'après notre approbation. (M. A., art. 191.)

Dans les vingt jours de la date de notre approbation, la minute du procès-verbal de l'adjudication sera enregistrée; il ne pourra en être délivré expédition ou extrait qu'après l'accomplissement de cette formalité. (M. A., art. 192.)

Les adjudicataires payeront les frais de timbre et d'enregistrement des procès-verbaux[1], ceux de l'expédition sur papier timbré des devis et cahier des charges qui leur sera remise, ainsi que les frais d'affiches et autres publications, s'il y a lieu. Il ne pourra rien être exigé d'eux au delà. (M. A., art. 193.)

Le cautionnement à fournir par les adjudicataires sera réalisé à la diligence du receveur municipal,

1. Les adjudications et marchés relatifs aux travaux des chemins vicinaux doivent continuer à être enregistrés au droit fixe d'un franc, conformément aux dispositions de l'article 20 de la loi du 21 mai 1836, attendu que l'article 8 de la loi du 18 mai 1850, qui a porté à 2 fr. le moindre droit fixe d'enregistrement, n'est pas applicable à l'espèce. (Décis. min. fin. 21 mai 1852.)[Note de la première édition.]
La note qui précède a pour objet de constater que la disposition spéciale de la loi du 21 mai 1836 n'a pas pu être abrogée par la disposition générale de la loi du 18 mai 1850.
Mais le droit fixe de 1 fr. se trouve aujourd'hui porté à 1 fr. 50 c. par l'article 4 de la loi du 28 février 1872, lequel, sans abroger les dispositions de lois antérieures, augmente de moitié tous les droits fixes en vigueur. (Décis. min. fin. mars 1872 et Circ. min. int. 17 août 1872.)

conformément aux dispositions de l'article 5 de l'ordonnance royale du 15 novembre 1837. (M. A., art. 194.)

§ 4. — Travaux à faire par voie de marchés.

Lorsque, en raison du montant des devis (art. 177), ou bien parce qu'une ou deux tentatives d'adjudication seront restées infructueuses, il y aura lieu de faire exécuter les travaux par voie de marché passé de gré à gré, les soumissions seront reçues par le maire et rédigées d'après le modèle qu'il aura donné. Elles seront soumises à notre approbation. Les dispositions des articles 183, 193 et 194 sont applicables aux soumissionnaires. (A. P. S. 13 nov. 1854, art. 195.)

§ 5. — Surveillance et réception des travaux.

Les travaux à exécuter par voie d'adjudication ou de marché passé de gré à gré seront dirigés par le maire de la commune, assisté d'un agent voyer. Suivant leur importance, le maire pourra nommer un ou plusieurs piqueurs ou cantonniers qui se tiendront constamment sur l'atelier. Le salaire de ces agents sera prélevé sur les fonds applicables aux dépenses des travaux. (A. P. S. 13 nov. 1854, art. 196.)

En cas de retard dans l'ouverture ou l'exécution progressive des travaux, le maire notifiera à l'entrepreneur auquel ils auront été confiés l'ordre de les commencer ou de les continuer sans délai.

Si, dans la huitaine, à dater du jour de la notification, cet ordre reste sans effet, il nous en sera rendu compte, et nous prendrons un arrêté de mise en vigueur, lequel portera que, si, à une époque que nous fixerons, l'entrepreneur n'a pas satisfait à ses obligations, il sera établi une régie à ses frais; ou bien que la résiliation du marché sera prononcée, et une nouvelle adjudication sur folle enchère passée à ses risques et périls. (M. A., art. 197.)

En cas de résiliation, les sommes dues à l'entrepreneur pour les travaux exécutés et les matériaux fournis qui seront jugés de nature à être reçus lui seront payées; les ouvrages défectueux seront démolis et les matériaux de mauvaise qualité seront enlevés aux frais de l'entrepreneur, en déduction des sommes qui lui seraient dues. (M. A., art. 198.)

La réception, soit provisoire, soit définitive, sera faite par le maire, assisté de l'agent voyer, et en présence de l'entrepreneur ou lui dûment appelé. Il en sera dressé procès-verbal.

Le procès-verbal de la réception définitive contiendra le décompte général des travaux.

Si l'entrepreneur n'a pas assisté à cette réception, ou s'il n'a pas signé le procès-verbal, le maire et l'agent voyer, ce procès-verbal, ainsi que le décompte, lui sera communiqué par le maire, avec invitation de produire dans le délai de dix jours les observations qu'il aurait à présenter. Passé ce délai, l'entrepreneur ne sera plus admis à élever des réclamations. (M. A., art. 199.)

Le procès-verbal de réception définitive sera annexé au mandat de paiement pour solde. (M. A., art. 200.)

Les maires pourront délivrer aux entrepreneurs des mandats partiels de paiement, à raison de l'avancement des travaux ou de l'importance des approvisionnements faits. Ces mandats seront basés sur un certificat qui sera donné par l'agent voyer et joint au mandat. (M. A., art. 201.)

Les mandats partiels ne devront jamais excéder les quatre cinquièmes du montant des travaux effectués ou des approvisionnements faits, le dernier cinquième devant servir de garantie jusqu'à la réception définitive. (M. A., art. 202.)

Le paiement total n'aura lieu, et la remise des cautionnements ne sera faite, qu'après l'achèvement et la réception définitive des travaux, et ce, sans préjudice des délais de garantie stipulés dans le cahier des charges ou résultant des dispositions du Code Napoléon. (M. A., art. 203.)

§ 6. — Travaux en régie.

Lorsque, en raison du montant des devis ou en vertu d'autorisations spéciales, les travaux devront être faits en régie, ces travaux seront exécutés sous la direction du maire ou son délégué, avec l'assistance d'un agent voyer. (A. P. S. 13 nov. 1854, art. 204.)

Le maire pourra charger de la surveillance des ateliers un conducteur, un piqueur ou un cantonnier qui exercera les fonctions de régisseur. (M. A., art. 205.)

Le régisseur devra tenir un carnet sur lequel seront journellement indiqués les divers ouvriers employés à l'atelier, le temps de leur présence, la nature et la quantité des travaux exécutés.

Ce carnet devra être, chaque jour, visé et paraphé par le maire. (M. A., art. 206.)

Le régisseur dressera en double expédition, à l'expiration de chaque mois, l'état de la dépense faite et le remettra au maire qui, après l'avoir fait vérifier par l'agent voyer, y apposera son visa et délivrera sur le receveur municipal, au nom du régisseur, un mandat du montant de ladite dépense. (M. A., art. 207.)

Le régisseur opérera le paiement des ouvriers en présence du maire ; les états de dépenses seront émargés par les parties prenantes : lorsque celles-ci ne sauront pas signer, le paiement sera attesté par deux témoins.

L'un des doubles des états de dépenses sera remis au receveur municipal pour être annexé au mandat, l'autre sera déposé à la mairie. (M. A., art. 208.)

Lorsqu'il y aura nécessité, le maire pourra faire remettre, par avance, au régisseur, les fonds nécessaires au paiement des salaires journaliers, à charge par ce dernier d'en rendre compte et de produire des états émargés par les parties prenantes. (M. A., art. 209.)

§ 7. — Nomination des cantonniers.

Sur la demande des maires et des conseils municipaux, le rapport des agents voyers et l'avis du sous-préfet, nous autoriserons, s'il y a lieu, l'emploi de cantonniers communaux pour l'entretien des chemins vicinaux. (A. P. S. 13 nov. 1854, art. 210.)

Ces cantonniers seront nommés par le maire, sous l'approbation du sous-préfet [1].

Leur traitement sera fixé par les conseils municipaux. Les délibérations prises à cet effet seront soumises à notre approbation. (M. A., art. 211.)

Section 3. — Comptabilité des recettes et des dépenses relatives aux chemins.

Les percepteurs-receveurs municipaux sont exclusivement chargés de toutes les recettes et de toutes les dépenses relatives aux chemins vicinaux. Le maire est l'ordonnateur de toutes ces dépenses, mais il ne peut en effectuer aucune par lui-même, et il lui est interdit de disposer des fonds qui y sont affectés, quelle que soit leur origine, autrement que par des mandats sur les percepteurs-receveurs municipaux. (A. P. S. 13 nov. 1854, art. 212.)

Les recettes relatives au service des chemins vicinaux seront justifiées, savoir :

1° Celle du produit des centimes spéciaux et des centimes extraordinaires, par des extraits du rôle des contributions directes ou du rôle spécial, délivrés par le percepteur et visés par le maire de la commune ;

2° Celle des prestations en nature, par le rôle même des prestations, dont le montant intégral sera porté en recette sous un seul article ;

3° Celle des subventions spéciales, par les arrêtés de fixation pris par le conseil de préfecture ou par le préfet, selon que ces subventions auront été réglées dans la forme des expertises ou dans celle des abonnements ;

4° Celle enfin des fonds provenant de souscriptions de particuliers ou d'associations de particuliers, par le titre de souscriptions, appuyé de l'acceptation donnée par le préfet. (M. A., art. 213.)

Les dépenses seront justifiées par la production des pièces ci-après, savoir :

1° Pour les prestations fournies en nature :

I. Le relevé émargé des journées ou des tâches effectuées en nature, tel qu'il est indiqué à l'article 77 ci-dessus, ledit relevé revêtu du certificat du maire attestant l'exécution des travaux ;

II. Les ordonnances de décharge ou de réduction, revêtues du certificat du maire constatant l'émargement au rôle, et, s'il y a lieu, la quittance du remboursement fait aux prestataires des journées ou tâches qu'ils auraient indûment acquittées.

2° Pour les travaux exécutés par entreprise :

I. Une expédition du devis ou du détail estimatif ;

II. Une expédition du cahier des charges, du procès-verbal d'adjudication, ou, lorsqu'il n'y a pas eu d'adjudication, de la soumission dûment approuvée ;

---

1. Aujourd'hui, cette approbation n'est plus nécessaire. Voir l'instruction générale du ministre de l'intérieur en date du 6 décembre 1870, sur le service des chemins vicinaux.

III. Les certificats de l'agent voyer visés par le maire pour les paiements d'acompte ;

IV. Le procès-verbal de réception définitive des matériaux ou des travaux, visé par le maire pour les paiements pour solde ;

V. Les mandats du maire dûment acquittés.

3° Pour les travaux en régie :

I. L'état d'indication des travaux, ou le devis, s'il en a été fait un, et le détail estimatif ;

II. L'autorisation donnée par le sous-préfet ou le préfet d'exécuter les travaux en régie si, en raison du chiffre de la dépense, cette autorisation a dû être demandée ;

III. L'état des tâches ou des journées faites par les ouvriers salariés, lequel sera émargé par eux ou par deux témoins ;

IV. Les mémoires quittancés des fournitures de matériaux ;

V. Les mandats du maire délivrés au nom du régisseur ou du chef d'atelier.

4° Pour les indemnités relatives aux acquisitions de terrains :

S'il y a eu cession à l'amiable par les propriétaires,

I. L'arrêté préfectoral [1] qui a prescrit l'ouverture, le redressement ou l'élargissement du chemin ;

II. Une expédition de l'acte de cession à l'amiable ;

III. Un certificat de non-inscription d'hypothèque, si l'indemnité est de 100 fr. et au-dessus [2], en matière d'élargissement, ou au-dessus de 500 fr., dans les cas d'ouverture ou de redressement ;

IV. Délibération du conseil municipal dûment approuvée, dispensant de la purge des hypothèques, si l'indemnité est au-dessous de 100 fr. [3], s'il s'agit d'élargissement, et au-dessous de 500 fr., en fait d'ouverture et de redressement ;

V. Un certificat de non-inscription, si, bien que l'indemnité n'atteigne pas les sommes ci-dessus indiquées, le conseil municipal n'a pas cru devoir dispenser de la purge des hypothèques, ou si la délibération tendant à la dispense n'a pas été approuvée ;

VI. Les mandats du maire dûment acquittés.

Si, à défaut de cession à l'amiable par les propriétaires des terrains nécessaires à l'élargissement, l'indemnité a été réglée par le juge de paix,

I. L'arrêté préfectoral qui a prescrit l'élargissement ;

II. La décision du juge de paix, ou le jugement du tribunal, s'il y a eu appel de la sentence du juge de paix ;

III. Un certificat de non-inscription, si l'indemnité est de 100 fr. [4] et au-dessus ;

IV. Délibération du conseil municipal, dûment

approuvée, dispensant de la purge des hypothèques, si l'indemnité est de moins de 100 fr. [1] ;

V. Un certificat de non-inscription, si, bien que l'indemnité n'atteigne pas 100 fr. [2], le conseil municipal n'a pas cru devoir dispenser de la purge des hypothèques, ou si la délibération tendant à la dispense n'a pas été approuvée ;

VI. Les mandats du maire acquittés.

Si, à défaut de cession à l'amiable par les propriétaires, il a fallu recourir à l'expropriation pour cause d'utilité publique,

I. L'arrêté préfectoral [3] qui a prescrit les travaux d'ouverture ou de redressement ;

II. Un extrait du jugement d'expropriation et de la décision du jury fixant le chiffre de l'indemnité ;

III. Un certificat de non-inscription, si l'indemnité est de 500 fr. et au-dessus ;

IV. Délibération du conseil municipal, dûment approuvée, dispensant de la purge des hypothèques, si l'indemnité est de moins de 500 fr. ;

V. Un certificat de non-inscription, si, bien que l'indemnité n'atteigne pas 500 fr., le conseil municipal n'a pas cru devoir dispenser de la purge des hypothèques, ou si la délibération tendant à la dispense n'a pas été approuvée ;

VI. Les mandats du maire dûment acquittés.

Ou, enfin, si les propriétaires ont consenti à l'occupation des terrains, sauf règlement ultérieur des indemnités par le jury,

I. L'arrêté [4] qui a prescrit l'ouverture ou le redressement ;

II. Un extrait du jugement donnant acte du consentement des propriétaires à l'occupation des terrains, sauf règlement ultérieur des indemnités ;

III. Un extrait de la décision du jury fixant le chiffre de l'indemnité ;

IV. Un certificat de non-inscription, si l'indemnité est de 500 fr. et au-dessus ;

V. Délibération du conseil municipal, dûment approuvée, dispensant de la purge des hypothèques, si l'indemnité ne dépasse pas 500 fr. ;

VI. Un certificat de non-inscription, si, bien que l'indemnité n'atteigne pas 500 fr., le conseil municipal n'a pas cru devoir dispenser de la purge des hypothèques, ou si la délibération tendant à la dispense n'a pas été approuvée ;

VII. Les mandats du maire dûment acquittés.

5° Pour les indemnités relatives, soit à des extractions de matériaux, soit à des dépôts ou enlèvements de terre, soit à des occupations temporaires de terrains :

Si l'indemnité a pu être fixée à l'amiable,

I. L'arrêté préfectoral qui a autorisé les extractions de matériaux ou les occupations temporaires de terrains ;

II. L'accord fait entre l'administration et le propriétaire, accepté par le conseil municipal et approuvé par le préfet ;

---

1. Ou le décret. (L. 8 juin 1864.)
2. Modifié par le décret du 14 juillet 1866. Le maximum pour la dispense des formalités de purge est fixé d'une manière générale par ce décret à 50 fr. Il n'y a donc plus à distinguer entre le cas d'élargissement et celui d'ouverture ou de redressement.
3. Voir la note précédente.
4. 500 fr. (Décr. 14 juill. 1866.)

1. Même observation.
2. Même observation.
3. Ou le décret. (L. 8 juin 1864.)
4. Ou le décret. (L. 8 juin 1864.)

III. Les mandats du maire dûment acquittés.

Si l'indemnité n'a pu être réglée à l'amiable,

I. L'arrêté préfectoral qui a autorisé les extractions de matériaux ou les occupations temporaires de terrains ;

II. L'arrêté du conseil de préfecture qui a fixé l'indemnité ;

III. Les mandats du maire dûment acquittés.

6° Pour le contingent de la commune dans les travaux des chemins vicinaux de grande communication, s'il a été acquitté, en argent, en tout ou en partie :

I. La notification faite par le préfet du montant de ce contingent ;

II. Le mandat délivré par le maire, au profit du receveur central du département, auquel mandat sera joint le récépissé à talon donné par ce comptable.

Le tout sans préjudice de la justification des titres des parties suivant les cas. (M. A., art. 214.)

Toutes les dépenses autres que celles énumérées en l'article précédent seront justifiées comme il est prescrit par les règlements sur la comptabilité communale. (M. A., art. 215.)

Section 4. — Des chemins vicinaux d'intérêt commun.

§ 1er. — Fixation des contingents communaux.

Lorsque nous reconnaîtrons qu'un chemin vicinal intéresse plusieurs communes, il sera classé par un arrêté spécial comme chemin vicinal d'intérêt commun. (A. P. S. 13 nov. 1854, art. 216.)

Nous désignerons, après avoir pris l'avis des conseils municipaux, celles des communes qui devront concourir à la construction ou à l'entretien du chemin, et nous fixerons la proportion dans laquelle chacune d'elles y contribuera[1]. (M. A., art. 217.)

Le conseil municipal sera mis en demeure, comme pour les chemins vicinaux de grande communication, de voter, dans les limites fixées par la loi, les ressources nécessaires au paiement du contingent assigné à la commune. (M. A., art. 218.)

Les fonds provenant des contingents communaux et toutes les autres ressources communales applicables à ces chemins seront centralisés à la caisse du receveur central du département et portés au titre des cotisations municipales.

Les dépenses seront mandatées directement par nous sur la caisse dudit receveur. (M. A., art. 219.)

§ 2. — Travaux de prestations en nature.

Un arrêté pris par nous sur le rapport de l'agent voyer principal de l'arrondissement déterminera le jour de l'ouverture des travaux de prestations sur chaque chemin vicinal d'intérêt commun.

Cet arrêté sera publié dans chaque commune par les soins du maire. (A. P. S. 13 nov. 1854, art. 220.)

À l'époque fixée pour l'exécution des travaux,

l'agent voyer se transportera dans chaque commune et se concertera avec le maire, qui lui remettra la liste nominative des prestataires devant fournir soit des journées, soit des tâches. (M. A., art. 221.)

Aussitôt après, le maire adressera aux prestataires les réquisitions prescrites par l'article 138 ci-dessus. (M. A., art. 222.)

Les travaux de prestations, soit en journées, soit en tâches, s'exécuteront comme il est dit aux articles 139 à 173 du présent règlement.

Toutefois, leur direction matérielle appartiendra, sous notre autorité, à l'agent voyer principal de l'arrondissement[2], qui devra se trouver présent sur les ateliers ou y être représenté par un agent voyer cantonal, le maire n'ayant qu'à veiller à ce que chaque prestataire remplisse ses obligations. (M. A., art. 223.)

Lorsque les travaux seront terminés, l'agent voyer qui aura été chargé de leur direction délivrera aux prestataires leur certificat de libération. (M. A., art. 224.)

Si les travaux n'avaient pas été exécutés dans le délai par nous fixé, ou bien s'ils n'avaient été exécutés qu'en partie et d'une manière défectueuse, l'agent voyer nous en rendrait compte, et nous aviserions à ce que de droit. (M. A., art. 225.)

Les prestations qu'une commune aura à fournir sur un chemin vicinal d'intérêt commun pourront, sur la proposition du maire et avec notre autorisation, être converties en fournitures d'une quantité convenue de matériaux bruts ou cassés, rendus sur place ou à prendre dans un lieu déterminé, et que le maire fera livrer par les prestataires, conformément aux conventions ainsi arrêtées.

Dans ce cas, nous ferons connaître au maire, assez tôt pour que les prestataires puissent être prévenus quinze jours d'avance par publications, et huit jours d'avance par réquisitions individuelles, l'époque où la livraison devra avoir lieu. (M. A., art. 226.)

Les matériaux approvisionnés en vertu de l'article précédent pourront, sur notre autorisation, être remis à l'adjudicataire des travaux à faire à prix d'argent, lequel devra les recevoir au prix de son marché. La remise lui en sera faite par le maire de la commune, en présence de l'agent voyer, mais seulement après que ces matériaux auront été reçus des prestataires, afin d'éviter toute difficulté entre ces derniers et l'adjudicataire.

Il sera dressé un procès-verbal de la remise pour la décharge de la commune, et ce procès-verbal nous sera transmis pour être annexé aux pièces justificatives du compte des travaux exécutés sur le chemin (M. A., art. 227.)

§ 3. — Travaux à faire à prix d'argent.

Les dispositions des articles 248 et suivants du présent règlement, relatives aux travaux à exécuter, par voie d'adjudication, de marché passé de gré à gré ou de régie, sur les chemins vicinaux de

---

1. La loi du 18 juillet 1866 a dérogé aux dispositions des articles 216 et 217 en attribuant au conseil général le classement des chemins d'intérêt commun et la désignation des communes qui doivent concourir à la construction et à l'entretien desdits chemins.

2. Lisez : à l'agent voyer en chef du département.

grande communication, sont déclarées applicables aux chemins vicinaux d'intérêt commun. (A. P. S. 13 nov. 1854, art. 228.)

Sous-chapitre IV. — Dispositions générales aux chemins vicinaux de grande communication.

Section 1re. — Classement et déclassement des chemins vicinaux de grande communication.

§ 1er. — Classement.

Lorsque, par suite de son importance et de son utilité, un chemin vicinal déjà existant nous paraîtra devoir être érigé en chemin vicinal de grande communication, nous chargerons l'agent voyer en chef de préparer un projet de restauration ou de rectification de ce chemin. (A. P. S. 13 nov. 1854, art. 229.)

L'agent voyer s'aidera du concours des maires des communes intéressées, pour la fixation de la direction définitive dudit chemin, la largeur à lui donner et la nature ou les dimensions des ouvrages d'art à exécuter.

Le projet indiquera, aussi approximativement que possible, la dépense de l'ensemble des travaux. (M. A., art. 230.)

Le projet, ainsi rédigé, sera transmis par nous, s'il y a lieu, au sous-préfet de l'arrondissement qui le fera communiquer aux conseils municipaux des communes intéressées, lesquels émettront leur avis, tant sur le classement proposé que sur la direction du chemin à ériger et sur la désignation des communes qui devraient contribuer à sa construction et à son entretien. Les délibérations des conseils municipaux seront adressées par les maires au sous-préfet qui les réunira, les examinera et les fera compléter ou régulariser s'il y a lieu. (M. A., art. 231.)

Le sous-préfet mettra lesdites délibérations et le projet lui-même, ainsi que tous les autres documents y relatifs, sous les yeux du conseil d'arrondissement, lors de sa plus prochaine session, pour que ce conseil émette également son avis sur les questions soumises aux conseils municipaux. (M. A., art. 232.)

Dès que les diverses pièces mentionnées en l'article précédent et l'avis du sous-préfet nous seront parvenus, nous examinerons s'il convient de proposer au conseil général du département de classer ledit chemin au nombre des chemins vicinaux de grande communication. (M. A., art. 233.)

Sur notre proposition, le conseil général prononcera, s'il y a lieu, le classement du chemin et en fixera la direction. Sur le vu de sa délibération, nous assignerons, par un arrêté spécial, la largeur et les limites de ce nouveau chemin vicinal de grande communication, et nous déterminerons annuellement la proportion dans laquelle chaque commune devra contribuer à la dépense des travaux. (M. A., art. 234.)

Si la voie à classer comme chemin vicinal de grande communication n'existait pas déjà, et qu'il y eût nécessité d'en autoriser l'ouverture, il y au-

rait lieu de remplir les formalités prescrites en matière d'expropriation. (M. A., art. 235.)

§ 2. — Déclassement.

Lorsqu'il nous paraîtra convenable de provoquer, près du conseil général du département, le déclassement d'un chemin vicinal de grande communication, les conseils municipaux de toutes les communes intéressées seront préalablement consultés; le conseil d'arrondissement sera également appelé à émettre son avis.

Toutes les délibérations intervenues nous seront transmises avec l'avis du sous-préfet. (A. P. S. 13 nov. 1854, art. 236.)

Après l'examen des documents indiqués en l'article précédent, nous soumettrons, s'il y a lieu, la proposition de déclassement au conseil général. (M. A., art. 237.)

Il serait procédé de même dans le cas où un chemin vicinal n'aurait été déclaré de grande communication que sur des offres de concours qui ne se réaliseraient pas. (M. A., art. 238.)

Section 2. — Création et réalisation des ressources.

§ 1er. — Fixation des contingents communaux.

Chaque année, avant le 1er avril, l'agent voyer en chef nous remettra un état sommaire des travaux neufs et de ceux de réparation et d'entretien à exécuter dans le courant de l'année suivante sur chacun des chemins vicinaux de grande communication, ainsi que ses propositions sur la fixation du contingent à demander à chacune des communes intéressées. (A. P. S. 13 nov. 1854, art. 239.)

Sur le vu de cet état, nous déterminerons la proportion dans laquelle chaque commune devra concourir à la dépense de la limite vicinale qui l'intéresse.

Les contingents seront toujours évalués en argent, dans les limites du maximum fixé par l'article 8 de la loi du 21 mai 1836, si les communes sont obligées de recourir aux ressources spéciales créées par cette loi; mais ils pourront, aux termes du même article, être fournis, soit en argent, soit en prestations en nature calculées suivant la valeur donnée par le conseil général à chaque espèce de journée. (M. A., art. 240.)

Un extrait de l'arrêté portant répartition du contingent sera notifié au maire de chaque commune intéressée pour être mis, dans la session de mai, sous les yeux du conseil municipal, qui en délibérera et votera les ressources nécessaires à l'acquittement de ce contingent.

Dans le cas où le conseil municipal refuserait ou négligerait d'obtempérer à cette obligation, il sera procédé ainsi qu'il est dit aux articles 86 à 94 ci-dessus. (M. A., art. 241.)

§ 2. — Concours volontaire des communes et des particuliers.

Les offres de concours faites par les communes ou les particuliers, pour les travaux des chemins vicinaux de grande communication, seront proposées, acceptées et réalisées comme il a été dit aux articles 126 à 130 ci-dessus. (A. P. S. 13 nov. 1854, art. 242.)

§ 3. — Subventions départementales.

Lorsque le conseil général du département aura voté les fonds qu'il croira pouvoir consacrer aux besoins du service vicinal au moyen, soit de prélèvements sur les centimes facultatifs, soit de centimes spéciaux, soit enfin de centimes extraordinaires ou d'un emprunt, et que son vote sera devenu définitif par l'approbation du budget pour les deux premières natures de ressources et par une autorisation législative pour la troisième[1], nous opérerons la répartition des subventions départementales entre les divers chemins vicinaux de grande communication qui devront y prendre part[2].

Cette répartition sera basée sur l'importance des travaux à exécuter dans le cours de l'année à laquelle elle s'appliquera et suivant le vœu de la loi, nous aurons égard aux ressources, aux sacrifices et aux besoins des communes.

Nous prendrons également en considération, pour cette répartition, les offres de concours volontaires qui auraient été faites, tant par les communes, en dehors de leurs contingents obligatoires, que par des particuliers ou associations de particuliers. (A. P. S. 13 nov. 1854, art. 243.)

Section 3. — Centralisation et mandatement des ressources applicables aux chemins vicinaux de grande communication.

Toutes les ressources en argent, autres que les subventions départementales, soit qu'elles proviennent des revenus ordinaires des communes, de centimes spéciaux communaux, d'impositions communales extraordinaires, de prestations converties en argent, de subventions spéciales prévues par l'article 14 de la loi du 21 mai 1836, ou enfin de souscriptions volontaires de particuliers ou d'associations de particuliers, et destinées aux chemins vicinaux de grande communication, seront recouvrées par le receveur central du département, d'après des états que nous aurons rendus exécutoires. (A. P. S. 13 nov. 1854, art. 244.)

Ces ressources seront portées au compte des produits éventuels du département, sous le titre de contingents des chemins vicinaux de grande communication, et conserveront leur spécialité pour les lignes auxquelles elles auront été affectées. (M. A., art. 245.)

Section 4. — Exécution des travaux.

§ 1er. — Dispositions générales.

Les travaux de toute nature à faire sur les chemins vicinaux de grande communication s'exécu-

teront sous notre autorité immédiate et sous la direction et surveillance des agents voyers. (A. P. S. 13 nov. 1854, art. 246.)

Ces travaux seront l'objet de projets et devis rédigés par les mêmes agents et ne seront entrepris qu'après que nous les aurons approuvés.

Les projets et devis seront accompagnés de plans et de profils quand l'importance des travaux l'exigera. (M. A., art. 247.)

§ 2. — Travaux à faire par voie d'adjudication.

Les travaux seront adjugés au rabais sur soumissions cachetées.

Toutefois, il pourra être fait exception à cette règle pour les travaux d'une valeur au-dessous de 1,000 fr. et pour ceux qui, ayant une valeur de 1,000 fr. et au-dessus, auraient été l'objet d'une ou de deux tentatives infructueuses d'adjudication. (A. P. S. 13 nov. 1854, art. 248.)

Les travaux d'entretien pourront, dans les cas d'exception que nous déterminerons, être exécutés en régie. (M. A., art. 249.)

Les entrepreneurs seront soumis aux clauses et conditions générales, en 42 articles, imposées aux entrepreneurs des ponts et chaussées, par une décision de M. le directeur général de cette administration en date du 25 août 1833[1].

Quant aux clauses spéciales à chaque adjudication, elles seront arrêtées par nous. (M. A., art. 250.)

Les adjudications seront passées par nous, en conseil de préfecture, avec l'assistance de l'agent voyer en chef.

Elles seront faites par ligne vicinale, sauf la division par lots dans chaque ligne, si l'importance des travaux l'exige.

Elles auront lieu dans les formes prescrites par les articles 183 à 194 du présent règlement. (M. A., art. 251.)

§ 3. — Travaux par voie de marché.

Lorsqu'en raison du montant des devis (art. 240), ou bien parce qu'une ou deux tentatives d'adjudication seront restées infructueuses, il y aura lieu de faire exécuter les travaux par voie de marché passé de gré à gré, les soumissions seront reçues par nous. (A. P. S. 13 nov. 1854, art. 252.)

§ 4. — Surveillance et réception des travaux.

L'article 197 du présent règlement est applicable aux travaux des chemins vicinaux de grande communication, sauf la substitution de notre autorité à celle du maire, pour les actes à exercer contre les entrepreneurs. (A. P. S. 13 nov. 1854, art. 253.)

Le paiement des entrepreneurs aura lieu sur nos mandats, d'après les règles suivies pour les travaux des routes départementales. (M. A., art. 254.)

§ 5. — Travaux en régie.

Lorsque nous aurons autorisé l'exécution de tra-

---

1. L'autorisation législative n'est pas nécessaire, et la délibération du conseil général est suffisante lorsque le vote des centimes extraordinaires a été pris dans la limite du maximum fixé annuellement par la loi de finances, et lorsque les emprunts votés sont remboursables, dans un délai n'excédant pas douze années sur ces centimes extraordinaires ou sur les ressources ordinaires. (L. 18 juill. 18 6, art. 2.)

2. La répartition de ces subventions est faite actuellement par le conseil général. (L. 18 juill. 1866, art. 1er, 7v.)

---

1. Modifié ainsi qu'il suit : Les entrepreneurs seront soumis aux clauses et conditions générales imposées aux entrepreneurs des travaux des ponts et chaussées par un arrêté de M. le ministre de l'agriculture, du commerce et des travaux publics, en date du 16 novembre 1866.

vaux en régie, le régisseur sera présenté à notre choix par l'agent voyer en chef, qui veillera, sous sa responsabilité personnelle, à l'exécution des formalités prescrites pour la justification des dépenses.

Ces formalités seront les mêmes que celles qui sont applicables au service des routes départementales. (A. P. S. 13 nov. 1854, art. 255.)

§ 6. — Travaux d'entretien.

Lorsqu'un chemin vicinal de grande communication sera terminé en totalité ou en partie et mis en état de viabilité, il pourra être établi, pour son entretien, des cantonniers qui seront employés sous la direction et la surveillance des agents voyers. (A. P. S. 13 nov. 1854, art. 256.)

Les cantonniers seront nommés et leur traitement sera fixé par nous, sur la proposition de l'agent voyer en chef. Leur salaire sera payé sur les fonds affectés au chemin. Le règlement relatif aux cantonniers des routes leur sera applicable [1]. (M. A., art. 257.)

Section 5. — Mandatement et justification des dépenses.

Toutes les dépenses relatives au service des chemins vicinaux de grande communication seront mandatées par nous sur la caisse du payeur du département, par assimilation aux dépenses départementales proprement dites. Il en sera de même pour les indemnités de terrains qui seraient, par exception, dans le cas d'être soldées sur les fonds destinés aux travaux des chemins. (A. P. S. 13 nov. 1854, art. 258.)

Ces dépenses seront justifiées dans les formes prescrites par les règlements pour les dépenses relatives aux routes départementales. (M. A., art. 259.)

Les comptes de l'emploi des ressources de toute nature, produits par les agents voyers en fin d'exercice, pour chaque chemin vicinal de grande communication, après avoir été vérifiés et arrêtés par nous, seront soumis au conseil général, avec un résumé de l'ensemble des travaux.

Lorsque ces comptes auront été examinés par le conseil général, le résumé en sera imprimé et adressé aux maires des communes intéressées, et, s'il y a lieu, aux associations de souscripteurs. (M. A., art. 260.)

Sous-chapitre V. — Dispositions relatives à la conservation des chemins en général et à la commodité du passage.

Section 1re. — Alignements et autorisations de construire.

Il est interdit de construire, reconstruire ou réparer aucun bâtiment, aucun mur ou aucune clôture de quelque nature qu'elle soit, d'ouvrir des fossés, de planter des arbres ou des haies, le long des chemins vicinaux, sans en avoir demandé et

1. Un règlement spécial a été approuvé par arrêté préfectoral du 19 octobre 1872.

obtenu l'autorisation. (A. P. S. 13 nov. 1854, art. 261.)

Toute demande d'autorisation devra être écrite sur papier timbré. (M. A., art. 262.)

En ce qui concerne les chemins vicinaux ordinaires et d'intérêt commun, les autorisations seront données par le maire, après qu'il aura pris avis de l'agent voyer principal de l'arrondissement [1].

Elles ne seront jamais verbales et devront faire l'objet d'un arrêté qui sera transcrit sur le registre des arrêtés municipaux.

Une expédition en sera remise aux parties intéressées. (M. A., art. 263.)

En ce qui concerne les chemins vicinaux de grande communication, les autorisations seront données par nous, sur le rapport de l'agent voyer en chef du département. (M. A., art. 264.)

Dans les traverses des bourgs et villages, pour lesquelles il existe des plans dressés en exécution de l'article 52 de la loi du 16 septembre 1807, les alignements seront délivrés conformément à ces plans. (M. A., art. 265.)

Quant aux autres traverses, les agents voyers en lèveront successivement les plans, sur lesquels ils traceront un projet d'alignement général, approprié aux besoins de la localité et à ceux de la circulation.

Les projets seront déposés, pendant un mois, à la mairie de la commune; les habitants seront invités, par publications et affiches, à en prendre connaissance; un registre sera ouvert, pendant le mois du dépôt, pour recevoir leurs réclamations et observations; le conseil municipal en délibérera. Toutes les pièces seront ensuite transmises par le sous-préfet, avec son avis et celui de l'agent voyer, pour être statué par nous.

Les plans, approuvés par nous, seront suivis pour les alignements à donner. (M. A., art. 266.)

Lorsque les chemins vicinaux, soit de grande, soit de petite communication, auront la largeur légale, les alignements seront donnés de manière à ce que l'impétrant puisse construire sur la limite séparative de sa propriété et du chemin.

Lorsque ces chemins n'auront pas la largeur légale, les alignements seront délivrés de manière à procurer cette largeur aux chemins, sauf règlement de l'indemnité due pour la valeur du sol à occuper, si les propriétaires ne consentent pas à en faire l'abandon gratuit.

Lorsque les chemins auront plus que la largeur légale, les propriétaires riverains pourront être autorisés à avancer leurs constructions jusqu'à l'extrême limite de cette largeur, sauf par eux à payer à la commune la valeur du sol qui leur sera ainsi concédé. Cette valeur sera réglée, soit à l'amiable entre les propriétaires et l'administration, soit à dire d'experts, par application de l'article 19 de la loi du 21 mai 1836. (M. A., art. 267.)

Toutes les fois que des constructions nouvelles auront été autorisées le long des chemins vicinaux,

1. De l'agent voyer en chef du département.

les portes en seront disposées de manière à ce qu'elles ne s'ouvrent pas en dehors.

Les toits devront être élevés à 4 mètres au moins du sol, afin de ne point gêner la circulation des voitures chargées.

Ces constructions pourront d'ailleurs être protégées, à défaut de trottoirs, par des bornes ayant au plus 50 centimètres de hauteur et 33 centimètres de saillie. (M. A., art. 268.)

Les clôtures en terre, gazon ou pierres sèches ne pourront être placées à moins de 50 centimètres du bord extérieur du fossé ou de la limite du chemin, afin de prévenir les éboulements qui pourraient combler les fossés ou entraver la circulation. (M. A., art. 269.)

Lorsqu'une demande aura pour objet des réparations à opérer à un mur de face sujet à reculement, il sera examiné si ces réparations doivent avoir pour effet de consolider ce mur. Dans le cas de l'affirmative, l'autorisation ne pourra être accordée. (M. A., art. 270.)

Lorsqu'un chemin vicinal n'aura pas encore sa largeur légale et que les propriétaires de constructions bordant ce chemin feront volontairement démolir leurs bâtiments ou murs, ou lorsqu'ils seront contraints de les démolir pour cause de vétusté ou de péril, ils n'auront droit à indemnité que pour la valeur du sol qu'ils délaisseront à la voie publique. Ce n'est que dans le cas où l'autorité exigerait la démolition des constructions, afin de donner immédiatement à la voie publique sa largeur légale, que les propriétaires pourraient prétendre à une indemnité basée sur le préjudice causé par cette démolition anticipée. (M. A., art. 271.)

Les personnes autorisées à élever des constructions le long des chemins vicinaux ne pourront, à moins de nécessité, embarrasser la voie publique du dépôt de leurs matériaux ; elles feront mention, dans leurs demandes d'autorisation, du besoin qu'elles ont d'occuper une partie du sol du chemin. La permission qui leur sera donnée prescrira de laisser libres les deux tiers au moins de la voie publique. (M. A., art. 272.)

Section 2. — Plantations.

§ 1er. — Plantations d'arbres et de haies.

Les propriétaires riverains des chemins vicinaux ne pourront faire aucune plantation d'arbres ou de haies, même dans leurs propriétés closes, sans, au préalable, avoir demandé et obtenu alignement.

Il est fait exception à cette obligation pour les plantations qu'ils se proposeraient de faire, sur leurs terres, à plus de 3 mètres en arrière du bord des fossés ou de la limite légale des chemins s'il s'agit d'arbres, et à plus de 2 mètres s'il s'agit de haies. (A. P. S. 13 nov. 1854, art. 273.)

Les alignements seront donnés par les maires pour les chemins vicinaux de petite communication ou d'intérêt commun, et par nous pour les chemins vicinaux de grande communication. (M. A., art. 274.)

Aucune plantation d'arbres ou de haies ne pourra être effectuée sur le bord des chemins vicinaux qu'en observant les distances ci-après, qui seront mesurées à partir de la limite extérieure, soit des chemins, soit des fossés, soit des talus qui les borderaient :

Pour les pommiers, poiriers et autres arbres formant parasol, ainsi que pour les joncs marins et bois taillis, à 3 mètres ;

Pour les arbres qui croissent en forme pyramidale, tels que les ormes, peupliers, etc., à 2 mètres ;

Pour les haies vives, à 50 centimètres. (M. A., art. 275.)

L'intervalle d'un arbre à l'autre ne pourra être inférieur à 5 mètres.

La hauteur des haies ne pourra jamais excéder $1^m,30$, sauf les exceptions exigées par les circonstances particulières et pour lesquelles il sera donné des autorisations spéciales.

Il est interdit de laisser croître dans les haies aucuns baliveaux ou grands arbres. (M. A., art. 276.)

Les plantations d'arbres ou de haies qui existent actuellement à des distances moindres que celles relatées ci-dessus pourront être conservées ; mais on ne pourra les renouveler qu'en se conformant aux prescriptions des deux articles précédents. (M. A., art. 277.)

Tout chemin vicinal traversant un terrain communal sera, autant que possible, planté de chaque côté, en observant les distances réglementaires. (M. A., art. 278.)

Les communes pourront faire planter des arbres sur les terrains vagues existant entre les chemins vicinaux et les propriétés particulières, ou sur les terrains qui seront distraits du sol actuel de ces chemins par suite de leur réduction à la largeur légale, dans le cas où l'aliénation n'en aurait pas lieu immédiatement.

Les plantations de cette nature ne pourront être effectuées qu'en observant, relativement aux chemins, les distances prescrites par l'article 275 ci-dessus, et relativement aux propriétés riveraines, les distances exigées par l'article 671 du Code Napoléon. (M. A., art. 279.)

Il est défendu à tout propriétaire riverain d'effectuer aucune plantation sur le sol des chemins vicinaux.

Celles que des particuliers y ont faites avant la publication du présent règlement pourront être conservées si l'administration n'y voit pas d'inconvénients, mais elles ne pourront, dans aucun cas, être renouvelées. (M. A., art. 280.)

Si l'administration jugeait que ces plantations dussent être supprimées, les propriétaires seraient mis en demeure de les enlever dans le délai d'un mois, sauf à eux à faire valoir le droit qu'ils croiraient avoir à une indemnité.

Dans le cas où ils n'obtempéreraient pas à l'injonction qui leur serait faite à ce sujet, l'abatage des arbres et l'arrachage des haies seront opérés d'office et à leurs frais. Ces frais seront prélevés sur le produit de la vente des arbres, lequel sera versé provisoirement dans la caisse municipale et tenu à la disposition du propriétaire. (M. A., art. 281.)

Les communes qui en feront la demande pourront être autorisées par nous à faire des plantations sur le sol des chemins vicinaux.

Les conditions auxquelles ces plantations seront faites, l'espacement des arbres entre eux, ainsi que la distance à observer entre les plantations et les propriétés riveraines, seront déterminés dans notre arrêté d'autorisation. (M. A., art. 282.)

§ 2. — Élagage et recepage des arbres et des haies.

Les arbres plantés le long des chemins vicinaux, soit de petite, soit de grande communication, seront élagués tous les trois ans. L'élagage aura lieu jusqu'à 6 mètres de hauteur et dans tout le pourtour des arbres.

Tous les ans, les haies seront élaguées et tondues de manière à être réduites à la hauteur prescrite par l'article 276 ci-dessus. (A. P. S. 13 nov. 1854, art. 283.)

Les branches qui avanceraient sur le chemin au delà des fossés seront coupées, quelle que soit la distance entre le tronc de l'arbre et le chemin.

Il en sera de même des racines des arbres et des haies qui avanceraient soit sur les fossés, soit sur le sol des chemins. (M. A., art. 284.)

Les arbres qui pencheraient sur les chemins de manière à gêner la circulation seront abattus et enlevés aux frais des propriétaires ou fermiers des terrains sur lesquels ils seraient plantés. (M. A., art. 285.)

Tous les ans, au mois de septembre, les maires publieront, dans leurs communes respectives, un arrêté prescrivant l'exécution des élagages à faire, en vertu de l'article 283 ci-dessus, la tonte des haies et le recepage des racines partout où besoin sera.

Cet arrêté fixera l'époque à laquelle ces diverses opérations devront être terminées. (M. A., art. 286.)

À l'expiration du délai fixé, il sera fait, par les agents voyers et les gardes champêtres, une inspection générale pour constater si les dispositions de l'arrêté ont été exactement suivies. (M. A., art. 287.)

Dans le cas où ils trouveraient des arbres ou des haies dont l'élagage ou le recepage n'aurait pas été opéré ou ne l'aurait été qu'incomplètement, il en sera dressé procès-verbal. (M. A., art. 288.)

Ce procès-verbal sera notifié aux propriétaires retardataires, avec injonction d'avoir à procéder à l'élagage ou au recepage dans la huitaine, et déclaration que, faute de ce faire, il y sera pourvu d'office et à leurs frais.

Si, dans le délai fixé, il n'a pas été satisfait à cette injonction, les maires, pour les chemins vicinaux de petite communication, et le préfet, pour les chemins vicinaux de grande communication, commettront des ouvriers de leur choix pour faire l'élagage et le recepage aux dépens des propriétaires.

Ils feront rédiger, en même temps, un procès-verbal de la contravention et le déféreront au tribunal de police, pour le contrevenant y être condamné à l'amende encourue et aux frais de l'exécution des travaux. (M. A., art. 289.)

Section 3. — Fossés et talus.

§ 1er. — Établissement et conservation des fossés dépendant des chemins.

Lorsque les chemins vicinaux, soit de petite, soit de grande communication, seront établis au niveau du terrain naturel ou en déblai, ils seront, s'il y a lieu, bordés de fossés dont la largeur et la profondeur seront réglées d'après les besoins de la viabilité, et qui n'auront pas moins de 1 mètre d'ouverture en gueule et de 33 centimètres au fond.

Les talus seront à l'angle de 45 degrés. (A. P. S. 13 nov. 1854, art. 290.)

Les frais d'établissement des fossés creusés par les ordres de l'administration font partie des dépenses des chemins vicinaux, dont ces fossés dépendent, et seront soldés sur les ressources affectées aux travaux des chemins. (M. A., art. 291.)

Ces mêmes fossés seront curés tous les ans au moins, et plus souvent si la nécessité en est reconnue. Le curage sera effectué sur les ordres des maires pour ceux qui bordent les chemins vicinaux de petite communication, et d'après nos instructions pour ceux qui bordent les chemins vicinaux de grande communication. (M. A., art. 292.)

Les frais de curage sont payés comme les frais d'ouverture.

Toutefois, si les fossés étaient une propriété mitoyenne entre la commune et les riverains, le curage serait exécuté à frais communs entre ces derniers et l'administration. (M. A., art. 293.)

Des déblais provenant du curage des fossés pourront, au besoin, mais seulement après l'enlèvement des récoltes, être déposés sur les propriétés riveraines. Lorsque des déblais seront de nature à nuire et lorsqu'il y aura réclamation, il sera statué comme en matière d'occupation temporaire de terrain. (M. A., art. 294.)

Les propriétaires qui voudront profiter, comme engrais, du limon déposé dans les fossés dépendant des chemins vicinaux pourront obtenir l'autorisation de l'enlever, mais sous la condition expresse de curer les fossés à vif fond et vif bord et de les entretenir dans leurs profondeur et largeur réglementaires.

Les autorisations seront données par les maires pour les fossés dépendant des chemins vicinaux de petite communication, et par nous pour ceux qui dépendent des chemins vicinaux de grande communication.

Après le curage ainsi fait, les agents voyers constateront si les propriétaires qui l'ont effectué ont observé les conditions prescrites, et rédigeront, s'il y a lieu, un procès-verbal des contraventions commises. (M. A., art. 295.)

Nul ne pourra, sous aucun prétexte, traverser

les fossés avec voitures ou charrettes pour le service de ces propriétés.

Il est également interdit de combler les fossés pour donner passage aux voitures. (M. A., art. 296.)

Les riverains, pour accéder à leurs propriétés, pourront être autorisés à établir sur les fossés des ponceaux permanents ou temporaires ; ils seront tenus de les disposer de telle sorte que les eaux conservent le débouché qui leur est nécessaire, et les fossés, ainsi que la voie publique, toute leur largeur. (M. A., art. 297.)

Les ponts et ponceaux permanents ne pourront être établis que sur l'autorisation des maires pour les fossés dépendant des chemins vicinaux de petite communication, et sur la nôtre pour les fossés dépendant des chemins vicinaux de grande communication.

Les autorisations régleront le mode de conservation, les dimensions à donner aux ouvrages et les matériaux à employer ; elles porteront toujours que la charge de l'entretien perpétuel incombe à l'impétrant. (M. A., art. 298.)

Toute œuvre qui tendrait à rétrécir ou à supprimer les fossés dépendant des chemins vicinaux est formellement interdite ; elle serait considérée comme une usurpation commise sur le sol de ces chemins et constatée et poursuivie comme telle. (M. A., art. 299.)

Il est interdit de détériorer les berges des fossés, de cultiver le fond ou les talus de ces fossés, ou d'y faire ou laisser paître des bestiaux, de quelque espèce qu'ils soient.

Les herbes qui croîtront spontanément dans les fossés seront la propriété des communes, et elles pourront être vendues à leur profit, mais sous la condition qu'elles seront coupées à la main. (M. A., art. 300.)

Il est interdit de mettre rouir du chanvre dans les fossés dépendant des chemins vicinaux, d'y déposer des fumiers, terres, matériaux et autres objets de nature à les combler ou à empêcher le libre cours des eaux. (M. A., art. 301.)

Nul ne pourra, sans y avoir été autorisé, établir des barrages ou écluses sur ces mêmes fossés.

Les autorisations seront données par les maires pour les chemins vicinaux de petite communication, et par nous pour les chemins vicinaux de grande communication. Elles sont toujours révocables, sans indemnité, s'il était reconnu que la faculté accordée fût nuisible à la viabilité. (M. A., art. 302.)

Aucune autorisation de construire le long d'un chemin vicinal bordé de fossés ne sera donnée qu'à la charge d'établir à la place du fossé soit un aqueduc ayant un débouché suffisant pour l'écoulement des eaux, soit des caniveaux pavés. (M. A., art. 303.)

§ 2. — Fossés appartenant à des particuliers.

Lorsqu'il n'existera pas de fossés le long d'un chemin vicinal et que l'administration n'aura pas l'intention d'en ouvrir, les propriétaires riverains pourront en faire creuser à leurs frais sur leurs terrains. (A. P. S. 13 nov. 1854, art. 304.)

Tout propriétaire qui voudra faire ouvrir des fossés sur son terrain devra demander alignement au maire pour les chemins vicinaux de petite communication, et au préfet pour les chemins vicinaux de grande communication.

Ces fossés ne pourront jamais être ouverts à moins de 50 centimètres de la limite légale du chemin ou du talus et, afin de prévenir tout éboulement, ils devront avoir un talus d'un mètre de base au moins pour un mètre de hauteur. (M. A., art. 305.)

Tout propriétaire devra faire curer à ses frais, lorsqu'il en sera besoin, les fossés qu'il aura fait ouvrir sur son terrain, le long d'un chemin vicinal, afin d'empêcher que les eaux qui y séjourneraient ne nuisent à la viabilité du chemin. (M. A., art. 306.)

Si les fossés présentaient, par leur profondeur ou leur largeur, des inconvénients pour la circulation, les propriétaires seront tenus d'en défendre l'approche par des murs ou des barrières assez fortes pour prévenir tout danger ; injonction leur sera faite, à cet effet, par le maire de la commune, et faute par eux d'y obtempérer, ils seront traduits devant le tribunal de simple police. (M. A., art. 307.)

§ 2. — Talus.

Lorsque les chemins vicinaux seront construits en déblai ou en remblai, le sol constituant leur largeur légale comprendra le terrain nécessaire à l'établissement des talus. (A. P. S. 13 nov. 1854, art. 308.)

Toute œuvre qui aurait pour effet d'anticiper sur ces talus sera considérée et poursuivie comme une usurpation du sol du chemin. (M. A., art. 309.)

Il est interdit de dégrader les talus des chemins vicinaux ou d'y faire ou laisser paître des bestiaux, de quelque espèce qu'ils soient.

Les communes auront la propriété des herbes qui y croîtront et pourront les vendre à leur profit sous la condition exprimée en l'article 300. (M. A., art. 310.)

Section 4. — Écoulement des eaux.
§ 1er. — Écoulement naturel des eaux.

Les propriétés riveraines dont le sol est plus bas que celui des chemins vicinaux sont assujetties, aux termes de l'article 640 du Code Napoléon, à recevoir les eaux qui découlent naturellement de ces chemins.

Les propriétaires ne pourront y faire aucune œuvre tendant soit à empêcher le libre écoulement des eaux qu'ils sont tenus de recevoir, soit à les faire séjourner dans les fossés ou refluer sur le sol du chemin. (A. P. S. 13 nov. 1854, art. 311.)

Les autorisations de construire ou reconstruire le long des chemins vicinaux devront stipuler les réserves et conditions nécessaires pour garantir le libre écoulement des eaux, sans qu'il en puisse résulter de dommage pour les chemins. (M. A., art. 312.)

§ 2. — Dérivation des eaux.

Lorsque les eaux provenant d'un chemin vicinal n'auront pas un écoulement suffisant, des puisards pourront être établis de distance en distance pour les recevoir provisoirement.

La création de ces puisards aura lieu, autant que possible, en vertu de traités à l'amiable avec les propriétaires des terrains sur lesquels ils devront être établis. A défaut d'accord, il sera procédé à l'occupation de ces terrains, conformément à l'article 16 de la loi du 21 mai 1836. (A. P. S. 13 nov. 1854, art. 313.)

Lorsque, pour empêcher les eaux de séjourner sur les chemins vicinaux et de nuire à leur viabilité, il y aura nécessité de les diriger par des rigoles ou des pentes artificielles sur des propriétés qui ne sont pas naturellement assujetties à les recevoir, l'indemnité qui pourrait être due sera préablement réglée à l'amiable avec les propriétaires. Si leur consentement ne peut être obtenu, il sera procédé ainsi qu'il est dit à l'article précédent. (M. A., art. 314.)

Lorsqu'un propriétaire demandera à conduire des eaux d'un côté à l'autre d'un chemin vicinal, l'autorisation pourra lui en être accordée, à la charge de construire un aqueduc en maçonnerie dans toute la largeur du chemin, et suivant les indications qui lui seront prescrites.

Il sera statué par les maires pour les chemins vicinaux de petite communication, et par nous pour les chemins vicinaux de grande communication.

Les autorisations ne seront données que sous la réserve des droits des tiers. Il y sera toujours stipulé la faculté, par l'administration, de faire supprimer les constructions, si elles étaient mal entretenues ou si elles devenaient nuisibles à la viabilité du chemin. (M. A., art. 315.)

Section 5. — Extraction de matériaux et occupation temporaire de terrains.

§ 1er. — Désignation des terrains.

Les devis pour la construction ou la réparation des chemins vicinaux indiqueront les carrières ou les propriétés dans lesquelles devra avoir lieu l'extraction des matériaux nécessaires aux travaux. (A. P. S. 13 nov. 1854, art. 316.)

Si, pendant le cours des travaux, il devenait nécessaire de désigner des terrains autres que ceux indiqués aux devis, cette désignation serait faite par nous, sur la proposition du maire et du sous-préfet, pour les chemins vicinaux de petite communication, et sur celle de l'agent voyer en chef pour les chemins de grande communication. (M. A., art. 317.)

Les propriétés communales et le lit des rivières et ruisseaux non navigables seront choisis de préférence pour l'extraction des matériaux. A leur défaut seulement, les extractions pourront avoir lieu sur les propriétés particulières qui ne seront pas fermées de murs ou autres clôtures équivalentes,

suivant les usages du pays, et attenantes à une habitation. Les lieux plantés en bois, arbres fruitiers ou vignes, seront exceptés, autant que possible.

Les cailloux ou pierres roulantes ne pourront être ramassés à la surface des terres labourables, à partir du moment de leur ensemencement jusqu'à celui de l'enlèvement des récoltes. (M. A., art. 318.)

§ 2. — Occupation des terrains par convention amiable.

Lorsqu'il sera nécessaire d'occuper temporairement des terrains, soit pour extraction ou transport de matériaux, soit pour enlèvement ou dépôt de terres, soit pour toute autre cause relative au service des chemins vicinaux, le maire de la commune demandera d'abord au propriétaire de consentir à l'occupation sans indemnité. (A. P. S. 13 nov. 1854, art. 319.)

Si le consentement n'est donné que moyennant indemnité, le taux de cette indemnité sera, pour les chemins vicinaux de petite communication, réglé à l'amiable, autant que possible, entre le maire et le propriétaire. Les conventions souscrites à ce sujet seront soumises à l'acceptation du conseil municipal, et la délibération intervenue sera approuvée par nous, s'il y a lieu.

Lorsque l'occupation devra avoir lieu pour le service des chemins vicinaux de grande communication, l'accord à l'amiable convenu entre le maire et les propriétaires sera également approuvé par nous, sur le rapport de l'agent voyer en chef. (M. A., art. 320.)

§ 3. — Occupation d'office des terrains.

Lorsque le propriétaire d'un terrain dont l'occupation aura été reconnue nécessaire refusera, soit de consentir à cette occupation, soit d'acquiescer aux offres d'indemnité qui lui auront été faites par le maire, un arrêté sera pris par nous pour autoriser l'occupation.

Cet arrêté mettra le propriétaire en demeure de désigner un expert dans un délai de quinze jours au plus à partir de la notification. (A. P. S. 13 nov. 1854, art. 321.)

La notification sera faite par l'intermédiaire du maire et sans frais au propriétaire, locataire ou fermier, dix jours au moins avant l'ouverture des travaux. Elle sera constatée par un procès-verbal de l'agent qui en aura été chargé ou par un reçu de la partie intéressée. (M. A., art. 322.)

Immédiatement après l'extraction de matériaux ou l'occupation temporaire des terrains, les experts, nommés dans la forme voulue par l'article 17 de la loi du 21 mai 1836, procéderont contradictoirement à l'appréciation des dommages causés. (M. A., art. 323.)

Les experts devront, préalablement à toute opération, prêter serment devant le conseil de préfecture. (M. A., art. 324.)

Si le propriétaire, locataire ou fermier avait refusé ou négligé de nommer son expert, il nous en serait rendu compte, et nous provoquerions la nomination d'office de cet expert près le conseil de préfecture. (M. A., art. 325.)

Les experts rédigeront procès-verbal de l'appréciation des dommages et indiqueront le taux de l'indemnité qui leur paraîtra être due.

S'ils ne sont pas d'accord entre eux, il nous en sera donné avis, et nous provoquerons la nomination d'un tiers expert, qui devra également prêter serment. (M. A., art. 326.)

Après que les procès-verbaux d'appréciation des dommages nous auront été transmis, il sera statué sur le règlement de l'indemnité par le conseil de préfecture. (M. A., art. 327.)

Les frais d'expertise seront taxés par le conseil de préfecture. Les mémoires des experts lui seront présentés en double minute, dont une sera écrite sur papier timbré. (M. A., art. 328.)

La décision du conseil de préfecture fixant l'indemnité due pour l'occupation temporaire du terrain ou l'extraction des matériaux sera notifiée administrativement aux parties intéressées. La notification sera constatée, soit par un reçu des personnes auxquelles elle aura été faite, soit par un procès-verbal de l'agent chargé de l'effectuer. (M. A., art. 329.)

Les indemnités réglées ainsi qu'il vient d'être dit seront payées par l'entrepreneur des travaux, lorsque le cahier des charges le déterminera ainsi.

Elles le seront par les communes, lorsque les travaux se feront sur des chemins vicinaux de petite communication, soit par des prestataires, soit en régie ou à la tâche.

Elles seront acquittées sur nos mandats et sur les fonds affectés aux travaux, lorsqu'il s'agira de chemins vicinaux de grande communication. (M. A., art. 330.)

Lorsque le paiement des indemnités aura été mis à la charge de l'entrepreneur des travaux, celui-ci subira une retenue pour garantie des sommes dues aux propriétaires et autres intéressés. Cette retenue cessera sur la justification faite par l'entrepreneur du paiement des indemnités convenues ou réglées ; elle cessera également par le fait de la prescription prononcée par l'article 18 de la loi du 21 mai 1836. (M. A., art. 331.)

§ 4. — Dispositions diverses.

A l'expiration des délais fixés à l'article 322 ci-dessus, et après la reconnaissance préalable des lieux, les propriétaires, locataires ou fermiers ne pourront, sous quelque prétexte que ce soit, apporter aucun trouble ou empêchement à l'occupation des terrains et au ramassage ou à l'extraction des matériaux.

Tout trouble ou empêchement serait constaté par un procès-verbal, qui serait transmis à M. le procureur impérial, pour y être donné telle suite que de droit. (A. P. S. 13 nov. 1854, art. 332.)

Les agents voyers ne désigneront dans leurs devis que des carrières situées à plus de 15 mètres du bord des chemins vicinaux. Les maires feront défense aux entrepreneurs de pousser leurs fouilles à une moindre distance.

Il serait dressé procès-verbal contre les entrepreneurs qui contreviendraient à cette défense. (M. A., art. 333.)

Les matériaux extraits en vertu des dispositions du présent chapitre ne pourront être employés à des travaux ni sur des lieux autres que ceux désignés au devis ou dans l'arrêté qui en aura autorisé l'extraction. (M. A., art. 334.)

Lorsqu'il sera nécessaire de faire opérer des extractions de matériaux dans les bois régis par l'administration des forêts, ou de faire occuper temporairement des terrains dépendant de ces bois, il sera procédé conformément aux dispositions de l'ordonnance royale du 8 août 1845.

Si les terrains à occuper ou à fouiller dépendent de propriétés régies par l'administration des domaines, des mesures analogues seront concertées avec les agents de cette administration. (M. A., art. 335.)

Section 6. — Mesures de police et de conservation.

§ 1er. — Mesures ayant pour objet la conservation des chemins.

Il est défendu :

D'enlever du gravier, du sable, de la terre ou du gazon sur les chemins vicinaux ou dans les fossés qui en dépendent ;

De faire sur ces chemins ou dans les fossés aucun dépôt de pierres, terres, décombres ou autres matériaux, sauf le cas de nécessité absolue ;

D'y jeter les pierres provenant de l'épierrement des champs voisins ;

D'y laisser stationner, de manière à gêner la circulation, aucune voiture, des instruments aratoires, marchandises ou autres choses encombrantes ;

De mutiler les arbres qui y sont plantés, de dégrader les bornes, parapets des ponts et autres ouvrages ;

D'y faire aucun dépavage et d'y enlever les fers, bois et autres matériaux destinés aux travaux ou déjà mis en œuvre ;

De faire aucune tranchée ou ouverture dans la chaussée, les accotements, revers ou glacis, pour quelque motif que ce soit, sans en avoir demandé et obtenu l'autorisation ;

De déverser sur ces mêmes chemins des eaux d'irrigation, d'usines ou de fabriques, ou même des eaux pluviales ou ménagères, de manière à causer des dégradations à la chaussée, aux accotements ou aux fossés ;

De les parcourir avec une charrue dont le fer ne serait pas relevé ;

De détériorer les berges, talus ou autres marques distinctives de leur largeur ;

De déposer des fumiers sur leur sol ou d'y étendre, pour les faire macérer ou briser, aucune espèce de litière, paille, ajoncs, feuilles, lavande, bois, etc. ;

D'anticiper sur leur largeur par des labours ou autrement ;

D'y faire ou laisser paître aucune espèce d'animaux, soit sous la garde d'un pâtre, soit même à la longe ou en laisse. (A. P. S. 13 nov. 1854, art. 336.)

Les propriétaires riverains dont les terrains sont plus élevés que le sol des chemins vicinaux sont tenus d'empêcher tout éboulement sur ces chemins et dans les fossés. A cet effet, ils devront toujours entretenir en bon état les murs de soutènement ou de clôture qui leur appartiennent. (M. A., art. 337.)

Si la circulation sur un chemin vicinal venait à être interceptée d'une manière quelconque, le maire, après une simple sommation administrative de faire disparaître l'œuvre formant obstacle à la circulation, ferait détruire les travaux d'office et rétablir les lieux dans leur ancien état, aux frais et risques de qui il appartiendrait, et sans préjudice des poursuites à exercer contre qui de droit. (M. A., art. 338.)

§ 2. — Mesures ayant pour objet la sûreté des voyageurs.

Il est interdit de pratiquer, dans le voisinage des chemins vicinaux, des excavations de quelque nature que ce soit, si ce n'est aux distances ci-après, mesurées à partir de la crête extérieure des fossés, ou, à défaut de fossés, de la limite légale des chemins, savoir :

Pour les carrières, marnières et galeries souterraines. . 15ᵐ
Pour les puits et citernes. 10
Pour les argilières, sablonnières et excavations du même genre à ciel ouvert. 3
Pour les caves et fossés particuliers. 1

Les maires pourront, en outre, imposer aux propriétaires de ces excavations l'obligation de les couvrir ou de les entourer de clôtures propres à prévenir tout danger. (A. P. S. 13 nov. 1854, art. 339.)

En aucun cas les maires ne pourront autoriser l'établissement de caves sous la voie publique. (M. A., art. 340.)

Il est interdit de construire des moulins à vent ou tout autre établissement mû par le vent, à une distance moindre de 20 mètres du bord des chemins vicinaux. (M. A., art. 341.)

Lorsqu'une construction située le long d'un chemin vicinal menacera ruine, et que la conservation en serait dangereuse pour la sûreté publique, le péril sera constaté par un homme de l'art. Les conclusions de son rapport seront communiquées au propriétaire, avec injonction de démolir dans un délai déterminé.

Dans le cas où le propriétaire contesterait l'état de péril, il sera procédé à une expertise contradictoire entre l'expert qu'il aura choisi et celui qui aura été désigné par le maire ou par nous, suivant qu'il s'agira d'un chemin de petite ou de grande communication. (M. A., art. 342.)

Dans le cas où les deux experts ne seraient pas d'accord, l'agent voyer en chef pour les chemins de grande communication, ou l'agent voyer principal de l'arrondissement [1] pour les chemins de pe-

1. Dans l'organisation actuelle, l'agent voyer en chef.

tite communication, procédera en qualité de tiers expert. (M. A., art. 343.)

Sur le vu des procès-verbaux de l'expertise, le préfet, s'il s'agit d'un chemin de grande communication, ou le maire, s'il s'agit d'un chemin de petite communication, décidera s'il y a lieu à démolition. (M. A., art. 344.)

Si le propriétaire n'obtempère pas à l'injonction qui lui sera faite à cet effet, la démolition sera opérée d'office. (M. A., art. 345.)

Il en sera de même dans le cas où le péril serait tellement imminent qu'il y aurait danger à attendre les résultats d'une expertise. (M. A., art. 346.)

Les frais de démolition seront avancés par la commune et prélevés, après jugement, sur le produit de la vente des matériaux, et, en cas d'insuffisance, sur le prix du fonds. (M. A., art. 347.)

Le propriétaire qui n'aura pas obtempéré à l'injonction de démolir un bâtiment menaçant ruine sera cité devant le tribunal de simple police pour être condamné à l'amende, conformément à l'article 471 du Code pénal. (M. A., art. 348.)

Des poteaux indicateurs seront établis, en dehors des lieux habités, aux points d'intersection des chemins vicinaux de grande communication, soit entre eux, soit avec les routes nationales et départementales.

Des tableaux indicateurs seront placés sur les murs des maisons à l'entrée et à la sortie des villes, bourgs et villages.

La dépense en sera imputée sur les fonds affectés aux travaux des chemins. (M. A., art. 349.)

Section 7. — Poursuite et répression
des contraventions.

§ 1ᵉʳ. — Contraventions dont la répression appartient
au conseil de préfecture.

Toute anticipation sur le sol des chemins vicinaux ou sur les fossés, berges et talus qui en dépendent, de quelque manière qu'elle ait été commise, sera constatée par les maires, adjoints, commissaires de police, agents voyers ou gardes champêtres. (A. P. S. 13 nov. 1854, art. 350.)

Les procès-verbaux seront soumis au timbre et à l'enregistrement, en débet, dans les quatre jours de leur rédaction ; ceux des gardes champêtres devront, au préalable, être affirmés dans les vingt-quatre heures, suivant la forme ordinaire. (M. A., art. 351.)

Tout procès-verbal constatant une anticipation sur le sol d'un chemin vicinal ou sur ses dépendances sera, par les soins du maire de la commune, notifié administrativement au contrevenant, avec injonction de restituer sous huitaine le sol usurpé ; s'il n'est pas satisfait à l'injonction, mention en sera faite au procès-verbal primitivement rédigé, et ce procès-verbal nous sera immédiatement transmis pour être déféré au conseil de préfecture, conformément à l'article 8 de la loi du 9 ventôse an XIII. (M. A., art. 352.)

Tout arrêté du conseil de préfecture ordonnant à un contrevenant de restituer le sol sur lequel il avait anticipé lui sera notifié administrativement.

Si, trois jours après la notification, le contrevenant n'avait pas obéi aux injonctions de l'arrêté, le maire ferait procéder d'office à la reprise des terrains indûment occupés.

Toutefois, si pour obtenir ce résultat il était nécessaire de détruire des bâtiments ou autres constructions, et que le contrevenant notifiât son intention de se pourvoir en Conseil d'État contre l'arrêté du conseil de préfecture, et encore, s'il n'y avait pas une extrême urgence, le maire pourrait surseoir à l'exécution de l'arrêté jusqu'à ce qu'il ait été statué sur le pourvoi.

Dans ce cas, il nous en sera rendu compte, afin que nous puissions, au besoin, donner les instructions nécessaires. (M. A., art. 353.)

Lorsque l'arrêté du conseil de préfecture à l'égard duquel il y aura eu pourvoi sera confirmé, le maire veillera à ce que cet arrêté reçoive aussitôt son exécution. (M. A., art. 354.)

Lorsqu'une anticipation sur le sol d'un chemin vicinal ou sur les fossés, berges et talus qui en dépendent, aura été déclarée constante et réprimée par le conseil de préfecture, le procès-verbal qui l'aura signalée sera ensuite déféré au tribunal de simple police pour faire prononcer, s'il y a lieu,

l'amende édictée par l'article 479, n° 11, du Code pénal. (M. A., art. 355.)

§ 2. — Contraventions dont la répression appartient à l'autorité judiciaire.

Toutes les contraventions aux dispositions du présent règlement, autres que celles résultant d'anticipations sur le sol des chemins vicinaux et leurs dépendances, seront constatées par procès-verbaux des fonctionnaires et agents dénommés en l'article 350 ci-dessus, et de tous autres ayant qualité pour rédiger procès-verbal.

Les dispositions de l'article 351 sont applicables à ces procès-verbaux. (A. P. S. 13 nov. 1854, art. 356.)

Après avoir été enregistrés et affirmés au besoin, les procès-verbaux seront, s'il y a lieu, transmis par le maire pour les chemins de petite communication, et par nous pour les chemins de grande communication, soit au procureur impérial de l'arrondissement, soit au fonctionnaire remplissant les fonctions du ministère public près le tribunal de simple police du canton, selon que le fait constaté constituera un délit ou une simple contravention. (M. A., art. 357.)

CHAPITRE III

CHEMINS RURAUX

Le règlement préfectoral applicable aux chemins ruraux du département de la Seine porte la date du 29 février 1884. Il a été approuvé par le ministre de l'intérieur le 8 mars 1884.

En voici le texte :

Sous-chapitre Iᵉʳ. — Dispositions préliminaires.

Les dispositions du présent règlement ne s'appliquent qu'aux chemins ruraux reconnus. Elles ne sont pas applicables aux rues formant le prolongement de ces chemins. (A. P. S. 1884, art. 1ᵉʳ.)

Sous-chapitre II. — Reconnaissance.

Le plan qui doit être annexé à l'état de reconnaissance et doit, avec cet état, servir de base à l'enquête prescrite par l'article 4 de la loi du 20 août 1881, comprendra le nombre nécessaire de feuilles ou de sections. Il sera coté et dressé suivant une échelle assez grande pour permettre d'y indiquer les détails ci-après, qui devront y être soigneusement consignés : longueurs partielles et totales de chaque chemin, différentes largeurs, détail de toutes les parcelles riveraines avec numéros du cadastre et noms des propriétaires, lignes d'opération se rattachant à des points de repère invariables.

Un croquis d'ensemble du territoire de la commune indiquant, par des lignes de différentes couleurs, les routes nationales et départementales, les chemins vicinaux de grande communication, les chemins vicinaux ordinaires et les chemins ruraux, sera joint, pour l'enquête, au plan parcellaire et à l'état de reconnaissance et sera soumis, avec ces documents, à l'approbation préfectorale [1].

Lorsque, après la décision préfectorale, le plan parcellaire qu'elle aura visé ne sera pas affiché en même temps que l'état annexé à l'arrêté de reconnaissance, l'affiche de l'arrêté portera que le plan est déposé à la mairie, où chacun pourra le consulter. (A. P. S. 1884, art. 2.)

Sous-chapitre III. — Confection des rôles de prestation.

L'état-matrice des contribuables soumis à la prestation vicinale servira à la rédaction du rôle des contribuables soumis à la journée de prestation votée en faveur des chemins ruraux reconnus. (A. P. S. 1884, art. 3.)

Le rôle, préparé, arrêté et certifié par le directeur des contributions directes, présentera les mê-

1. Voir, pour la rédaction de l'état de reconnaissance et de la décision préfectorale, les modèles qui se trouvent à la suite du règlement.

mes dispositions que celui concernant les prestations des chemins vicinaux. Le détail d'évaluation de chaque espèce de journée résultera de l'application du tarif adopté par le conseil général pour la vicinalité.

Il sera rendu exécutoire par le préfet.

Si un rôle supplémentaire est reconnu nécessaire, il sera dressé de la même manière que le rôle primitif. (M. A., art. 4.)

Indépendamment du rôle, le directeur des contributions directes préparera les avertissements aux contribuables.

Ces avertissements comprendront tous les détails portés au rôle ; ils indiqueront la date de la délibération du conseil municipal, ainsi que celle de la décision rendant le rôle exécutoire, et contiendront une mise en demeure aux contribuables de déclarer, dans le délai d'un mois à dater de la publication du rôle, s'ils entendent se libérer en nature, avec avis qu'à défaut de déclaration leur cote sera de droit exigible en argent. (M. A., art. 5.)

Au fur et à mesure de leur rédaction, et de manière que la publication du rôle ait lieu au plus tard au 1er novembre, le directeur transmettra le rôle et les avertissements au préfet, qui les fera parvenir, par l'intermédiaire du receveur central des finances, au receveur municipal.

Ce dernier remettra immédiatement le rôle au maire de la commune, qui devra en faire la publication à l'époque fixée au paragraphe précédent et dans les formes prescrites pour les rôles des contributions directes. Aussitôt après cette publication, qui sera certifiée par le maire sur le rôle même, le receveur municipal fera parvenir sans frais les avertissements aux contribuables. (M. A., art. 6.)

Si le maire négligeait ou refusait de faire la publication du rôle, ainsi que de recevoir les déclarations d'option dont il va être parlé, le préfet y ferait procéder par un délégué spécial, en vertu de l'article 15 de la loi du 18 juillet 1837 [1]. (M. A., art. 7.)

Les déclarations d'option seront reçues par le maire et inscrites immédiatement, et à leur date, sur un registre spécial ; elles seront constatées soit par la signature du déclarant, soit par une croix apposée par lui en présence de deux témoins, soit par l'annexion au registre du bulletin d'option rempli, daté, signé par le contribuable et envoyé au maire après avoir été détaché de la feuille d'avertissement.

A défaut de l'accomplissement de ces formalités, la cote sera exigible en argent. (M. A., art. 8.)

A l'expiration du délai d'un mois fixé par l'article 5, le registre des déclarations sera clos par le maire, puis transmis au receveur municipal, qui le vérifiera et en annotera les indications dans une colonne spéciale du rôle. (M. A., art. 9.)

Dans la quinzaine qui suivra, le receveur municipal dressera et enverra au préfet, pour être transmis au maire, un extrait du rôle comprenant, suivant l'ordre des articles, le nom de chacun des contribuables qui aura déclaré vouloir s'acquitter en nature, ainsi que le nombre des journées d'hommes, d'animaux et de charrois qu'il devra exécuter, et le montant total de sa cote.

Cet extrait du rôle sera totalisé et certifié exact par le receveur municipal ; il comportera le résumé des cotes inscrites au rôle et l'indication du total des cotes exigibles en argent par suite de non-déclaration d'option.

Le receveur municipal joindra à cet extrait un état comprenant, pour chacune des communes de sa perception, le montant total du rôle et sa division en nature et en argent, d'après les déclarations d'option. (M. A., art. 10.)

Il sera alloué au directeur des contributions directes trois centimes et demi par article pour la rédaction des rôles de prestation, l'expédition des avertissements et la fourniture des imprimés nécessaires pour ces pièces.

Les remises seront acquittées sur les ressources communales, et leur montant sera centralisé à la caisse du receveur central des finances du département au compte des cotisations municipales. (M. A., art. 11.)

Sous-chapitre IV. — Exécution des travaux.

Les travaux des chemins ruraux sont effectués sous l'autorité du maire chargé d'assurer, de surveiller et de constater leur bonne exécution.

Tous les agents employés au service de ces chemins sont sous ses ordres. (A. P. S. 1884, art. 12.)

§ 1er. — Prestations en nature.

Les travaux de prestations seront exécutés du 1er mars au 15 novembre.

S'il devenait nécessaire de changer ces époques, les modifications feraient l'objet d'un arrêté spécial du préfet, rendu sur la demande du maire et l'avis du conseil municipal.

Les prestations devront être effectuées dans l'année pour laquelle elles ont été votées.

Les fermiers ou colons qui, par suite de fin de bail, devraient quitter la commune avant l'époque fixée pour l'emploi des prestations, pourront être admis à effectuer leurs travaux avant leur départ. (A. P. S. 1884, art. 13.)

1. Prestations à la journée.

La durée du travail des prestataires, des bêtes de somme et de trait est fixée au minimum de dix heures par jour, non compris les heures de repas et de repos.

Lorsque les prestataires seront appelés hors des limites de la commune à laquelle ils appartiennent et à plus de 4 kilomètres, le temps employé, à l'aller et au retour, pour parcourir les distances excédant la limite fixée, sera compté comme passé sur l'atelier. (A. P. S. 1884, art. 14.)

Le maire déterminera :

1° La répartition des travailleurs entre chaque chemin ;

---

1. Aujourd'hui en vertu de l'article 85 de la loi du 5 avril 1884.

2° Les jours d'ouverture et de clôture des travaux de prestations pour chaque chantier.

Il dressera pour chaque chemin un état indiquant les prestataires qui y seront appelés et les travaux qui leur seront demandés. (M. A., art. 15.)

Cinq jours au moins avant l'époque fixée pour l'ouverture des travaux, le maire fera remettre à chaque contribuable soumis à la prestation un bulletin signé de lui, portant réquisition de se rendre, muni des outils indiqués, tel jour et à telle heure sur tel chemin. (M. A., art. 16.)

Lorsqu'un prestataire sera empêché par maladie ou tout autre motif grave de se rendre sur le chantier, il devra le faire connaître au moins dans les vingt-quatre heures qui précéderont le jour fixé pour l'exécution des travaux.

En ce cas, le maire remettra la prestation à une autre époque, qui sera fixée d'après la nature de l'empêchement. (M. A., art. 17.)

Le maire désignera, pour la surveillance spéciale des travailleurs sur chaque chantier, une personne présentant des garanties suffisantes. (M. A., art. 18.)

L'état d'indication des travaux à faire et des prestataires convoqués sera remis au surveillant, qui fera l'appel de ces prestataires sur le lieu indiqué au bulletin de réquisition, marquera les absents et tiendra note de l'emploi des journées effectuées. (M. A., art. 19.)

Chaque prestataire devra porter sur l'atelier les outils qui lui auront été indiqués dans le bulletin de réquisition.

Les bêtes de somme et les bêtes de trait seront garnies de leurs harnais ; les voitures seront attelées et accompagnées d'un conducteur.

Ce conducteur ne sera astreint à travailler avec les autres ouvriers commis au chargement qu'autant que le propriétaire de la voiture sera imposé pour des journées d'homme. Dans ce cas seulement, la journée du conducteur sera comptée en acquit de celles à fournir par le propriétaire. (M. A., art. 20.)

Les prestataires pourront se faire remplacer, pour leur personne et celles des membres de leur famille, par des ouvriers à leurs gages.

Les remplaçants seront valides, âgés de dix-huit ans au moins et de soixante au plus. Ils devront être agréés par le surveillant des travaux, sauf appel au maire de la commune.

Les prestataires en nom restent responsables du travail de leurs remplaçants. (M. A., art. 21.)

Le prestataire devra fournir la journée de prestation tout entière et sans interruption, sauf les cas exceptionnels autorisés par le maire.

Si le mauvais temps exigeait la fermeture du chantier, il ne sera tenu compte que des journées ou fractions de journées effectuées, et les contribuables seront tenus de compléter plus tard leurs prestations. (M. A., art. 22.)

La journée de prestation ne sera réputée acquittée que si le surveillant reconnaît qu'elle a été convenablement employée. Dans le cas contraire, il ne sera tenu compte au prestataire que de la fraction de journée répondant au temps pendant lequel il aura travaillé.

Le surveillant indiquera, à la fin de chaque jour, au dos du bulletin de réquisition, le nombre et l'espèce de journées ou de fractions de journées dont le prestataire devra être acquitté. Il certifiera en même temps cet acquit dans la colonne d'émargement de l'état d'indication qui lui aura été remis.

Les difficultés qui pourraient s'élever seront résolues par le maire, sauf recours devant l'autorité compétente. (M. A., art. 23.)

Lorsque les prestations seront terminées, le surveillant remettra l'état d'indication émargé au maire, qui fera la réception des travaux, en inscrira le décompte sur la dernière page de l'état d'indication et enverra l'extrait de rôle, après l'avoir émargé, au receveur municipal, chargé d'opérer ensuite le recouvrement des journées ou portions de journées restant dues. (M. A., art. 24.)

2. Prestations à la tâche.

Lorsque le conseil municipal d'une commune aura adopté un tarif pour la conversion des journées de prestation en tâches, le maire décidera si ce tarif sera appliqué à tout ou partie des travaux de prestations.

Le maire fixera les délais d'exécution des travaux et la répartition des tâches à faire sur chaque chemin par les prestataires. Il dressera les états d'indication des travaux à effectuer par chaque prestataire. (A. P. S. 1884, art. 25.)

Le maire adressera à chaque contribuable soumis à la prestation en tâches un bulletin de réquisition indiquant les travaux à effectuer ou les matériaux à fournir, ainsi que le délai dans lequel ses tâches devront être exécutées. Le détail et l'emplacement des travaux à faire seront inscrits sur le bulletin et indiqués sur le terrain par les soins du maire ou de l'agent préposé à cet effet. (M. A., art. 26.)

La réception des travaux en tâches sera faite par le maire, soit au fur et à mesure de l'avancement des travaux, soit à l'expiration du délai fixé pour leur achèvement. Le prestataire sera convoqué pour cette réception. Il ne sera complètement libéré que si les travaux satisfont, pour la quantité et la qualité, aux conditions du tarif de conversion en tâches. Dans le cas contraire, sa cote ne sera acquittée que pour la valeur des travaux effectués. La retenue à faire pour mettre les travaux en état de réception sera déterminée par le maire, sauf recours devant l'autorité compétente.

Le maire, après avoir inscrit sur la dernière page des états d'indication le décompte résumé des travaux effectués, émargera les cotes ou parties de cotes acquittées sur l'extrait de rôle et l'enverra au receveur municipal, chargé d'opérer ensuite le recouvrement des cotes ou parties de cotes restant dues. (M. A., art. 27.)

§ 2. — Travaux à prix d'argent.

1. Dispositions générales.

Les travaux à prix d'argent seront exécutés par voie d'adjudication.

Toutefois, il pourra être traité de gré à gré sur série de prix ou à forfait, avec l'autorisation du préfet :

1° Pour les ouvrages et fournitures dont la dépense n'excéderait pas 3,000 fr. ;

2° Pour ceux dont l'exécution ne comporterait pas les délais d'une adjudication ;

3° Pour ceux qui, par leur nature ou leur spécialité, exigeraient des conditions particulières d'aptitude de la part de l'entrepreneur ;

4° Enfin, pour ceux dont la mise en adjudication n'aurait pas abouti, comme il sera expliqué ci-après.

Les travaux pourront aussi, sur l'avis favorable du conseil municipal, avec l'autorisation du préfet, être effectués par voie de régie, soit en cas d'urgence, soit lorsque les autres modes d'exécution auront été reconnus impossibles ou moins avantageux. L'autorisation du préfet ne sera pas nécessaire toutes les fois que la dépense en argent ne dépassera pas 300 fr. (A. P. S. 1884, art. 28.)

Les projets se composeront, suivant l'importance et la nature des travaux à effectuer, des pièces indiquées au programme annexé à l'instruction générale sur les chemins vicinaux.

Tous les projets seront approuvés par le préfet, sauf dans le cas prévu à l'article 1er de la loi du 24 juillet 1867 sur les conseils municipaux[1]. (M. A., art. 29.)

Les devis ou cahiers des charges des adjudications et des marchés de gré à gré contiendront toujours la condition que les soumissionnaires seront assujettis aux clauses et conditions générales imposées aux entrepreneurs de travaux des chemins vicinaux. (M. A., art. 30.)

2. Formes à suivre pour les adjudications.

Les adjudications seront passées soit dans la commune de la situation des travaux, soit au chef-lieu de canton. Le bureau se composera du maire, président, et de deux conseillers municipaux. Le receveur municipal assistera à ces adjudications.

L'absence des personnes ci-dessus désignées, autres que le président et dûment convoquées, n'empêchera pas l'adjudication. (A. P. S. 1884, art. 31.)

Les adjudications seront annoncées au moins vingt jours à l'avance par des affiches placardées tant au chef-lieu du département que dans les principales communes de l'arrondissement et dans celles où seront situés les travaux. Elles pourront être portées à la connaissance des entrepreneurs par tous les moyens de publicité.

Les affiches indiqueront sommairement :

Le lieu, le jour, l'heure et le mode fixés pour l'adjudication et le dépôt des soumissions ;

Le fonctionnaire chargé d'y procéder ;

La nature des travaux, le montant de la dépense prévue et du cautionnement à fournir, le lieu où

l'on pourra prendre connaissance des pièces du projet ;

Enfin le modèle des soumissions.

Dans le cas d'urgence, le délai de vingt jours ci-dessus indiqué pourra être réduit par le préfet, sans jamais être inférieur à dix jours. (M. A., art. 32.)

Les adjudications se feront au rabais et sur soumissions cachetées ; le rabais s'appliquera, non au montant total du devis, mais au prix de la série servant de base aux évaluations. Dans le cas où il serait nécessaire de fixer préalablement un minimum de rabais, ce minimum sera déterminé par le président, sur l'avis du bureau, et déposé, sous enveloppe cachetée, sur le bureau à l'ouverture de la séance. (M. A., art. 33.)

Les soumissions seront toujours placées seules dans une enveloppe cachetée portant la désignation des travaux et le nom de l'entrepreneur. Cette première enveloppe formera, avec les certificats de capacité, s'ils sont exigés, et les pièces constatant le versement du cautionnement ou un engagement valable de le fournir, un paquet également cacheté portant aussi la désignation des travaux.

Tous les paquets déposés par les concurrents seront rangés sur le bureau par le président et recevront un numéro d'ordre. (M. A., art. 34.)

A l'instant fixé par l'affiche, le premier cachet de chaque paquet sera rompu publiquement, et il sera dressé un état des pièces qui s'y trouveront renfermées. Le public et les concurrents se retireront de la salle d'adjudication, et le bureau, après avoir pris l'avis du comptable présent, arrêtera la liste des concurrents agréés. En cas de partage dans le vote du bureau, la voix du président sera prépondérante ; il en sera de même pour toutes les questions qui pourraient être soulevées pendant l'adjudication. (M. A., art. 35.)

Immédiatement après, la séance redeviendra publique, et le président fera connaître les concurrents agréés. Les soumissions présentées par ces derniers seront ouvertes publiquement. Toute soumission non conforme au modèle indiqué par les affiches sera déclarée nulle.

Les concurrents qui ne sauraient pas écrire pourront faire signer leur soumission par un fondé de procuration verbale, sous la condition de le déclarer, avant l'ouverture de leur soumission, au président. (M. A., art. 36.)

Le concurrent qui aura fait l'offre d'exécuter les travaux aux conditions les plus avantageuses sera déclaré adjudicataire, si son rabais remplit les conditions de minimum fixé conformément à l'article 33 et si, à défaut de la fixation de ce minimum, sa soumission ne comporte pas d'augmentation sur les prix prévus.

Dans le cas où le rabais le plus avantageux serait offert par plusieurs concurrents, il sera procédé, séance tenante, entre ceux-ci, à une nouvelle adjudication sur soumissions cachetées. Les rabais de la nouvelle adjudication ne pourront être inférieurs à ceux de la première.

---

1. Aujourd'hui à l'article 68 de la loi du 5 avril 1884.

Si les concurrents maintiennent les rabais primitifs, le bureau désignera celui des concurrents qui devra être déclaré adjudicataire. (M. A., art. 37.)

Il sera dressé, pour chaque adjudication, un procès-verbal qui relatera toutes les circonstances de l'opération. (M. A., art. 38.)

Les adjudications ne seront définitives qu'après l'approbation du préfet.

Dans les vingt jours de la date de cette approbation, la minute du procès-verbal sera soumise à l'enregistrement. Il ne pourra en être délivré ni expédition, ni extrait, qu'après l'accomplissement de cette formalité. (M. A., art. 39.)

Le cautionnement à fournir par les adjudicataires sera versé à la caisse du receveur municipal. (M. A., art. 40.)

Les adjudicataires paieront les frais de timbre et d'enregistrement des procès-verbaux d'adjudication, ceux d'expédition sur papier timbré des devis et cahier des charges dont il leur sera fait remise, ainsi que ceux d'affiches et autres publications, s'il y a lieu. Il ne pourra rien être exigé d'eux au delà de ces frais. (M. A., art. 41.)

Après une tentative infructueuse d'adjudication, les travaux pourront, avec l'autorisation du préfet, donner lieu à un marché de gré à gré, lorsqu'on trouvera un soumissionnaire s'engageant à les exécuter sans augmentation de prix, aux conditions du devis et du cahier des charges.

Mais si, à défaut de cette soumission, on reconnait la nécessité d'augmenter certains prix et de modifier les conditions du cahier des charges, il sera procédé à une nouvelle tentative d'adjudication, après avoir opéré sur les pièces du projet les changements adoptés.

Dans le cas où cette seconde tentative serait infructueuse, on pourra recourir à un marché de gré à gré pour l'ensemble du projet, ou bien à plusieurs marchés distincts, en scindant les travaux soit en lots moins importants, soit selon leur nature.

Le préfet pourra autoriser l'exécution par voie de régie, après la seconde tentative infructueuse d'adjudication. (M. A., art. 42.)

3. Marchés de gré à gré.

Lorsqu'il y aura lieu de faire exécuter les travaux par voie de marché de gré à gré, le maire invitera les entrepreneurs à prendre connaissance des conditions de l'entreprise, à formuler et à lui remettre, dans un délai déterminé, leurs propositions par soumissions écrites.

Les soumissions ainsi déposées devront contenir l'engagement de se soumettre aux conditions du devis particulier des ouvrages et aux clauses et conditions générales imposées aux entrepreneurs de travaux des chemins vicinaux.

Elles tiendront lieu de devis lorsqu'elles énonceront, en outre, les quantités, les prix et les conditions d'exécution des ouvrages. (A. P. S. 1884, art. 43.)

La soumission la plus avantageuse sera acceptée par le maire, dûment autorisé par le conseil municipal. Cette acceptation sera soumise à l'approbation du préfet. (M. A., art. 44.)

La soumission à forfait des ouvrages à exécuter devra toujours contenir la mention en toutes lettres de la somme fixe à payer à l'entrepreneur, laquelle somme ne pourra jamais excéder l'estimation du projet. (M. A., art. 45.)

Les dispositions des articles 40 et 41 sont applicables aux soumissionnaires des marchés de gré à gré. Néanmoins, le préfet pourra, sur l'avis du maire, dispenser les soumissionnaires de fournir un cautionnement. (M. A., art. 46.)

4. Travaux en régie.

Les travaux en régie seront exécutés sous la direction et la responsabilité du maire, autant que possible à la tâche. A moins de difficultés, les ouvriers et les tâcherons seront payés par mandats individuels. (A. P. S. 1884, art. 47.)

Lorsque les ouvriers ne pourront pas être payés par mandats individuels, l'arrêté autorisant la régie nommera le régisseur au nom duquel seront faites les avances de fonds et fixera la somme qu'elles ne devront pas dépasser. (M. A., art. 48.)

Cet arrêté sera pris par le maire, si la dépense ne dépasse pas 300 fr. ; il devra être approuvé par le préfet si elle dépasse cette somme. (M. A., art. 49.)

§ 3. — Réception des travaux.

Les réceptions provisoires ou définitives des travaux et fournitures effectués seront faites par le maire, assisté de deux conseillers municipaux désignés par le conseil municipal en présence de l'entrepreneur. (A. P. S. 1884, art. 50.)

Les réceptions feront l'objet de procès-verbaux.

L'absence de l'entrepreneur ou des deux conseillers municipaux ne fera pas obstacle à la réception s'ils ont été régulièrement convoqués. (M. A., art. 51.)

Sous-chapitre V. — Comptabilité des chemins ruraux.

Section 1er. — Vote et répartition des ressources.

Dans la session de mai, le conseil municipal sera appelé à voter pour l'année suivante les ressources qu'il entendra affecter aux chemins ruraux. Il sera invité en même temps à arrêter le tarif de la conversion des prestations en tâches et à délibérer sur l'emploi du reliquat des exercices précédents. La délibération ne deviendra exécutoire qu'après l'approbation de l'autorité compétente, s'il y a lieu.

Il sera donné au directeur des contributions directes avis des votes de prestations et de centimes.

Les reliquats seront reportés au budget additionnel, en conservant leur affectation spéciale, s'il y a lieu.

Le conseil municipal répartira ultérieurement, par délibérations spéciales, l'emploi des ressources en argent et en nature selon les besoins. (A. P. S. 1884, art. 52.)

Section 2. — Dispositions générales.

Les ressources créées pour le service des chemins ruraux, quelle que soit leur origine, et qu'elles consistent en argent ou en prestations en nature, ne peuvent, sous aucun prétexte, être appliquées à des dépenses étrangères à ce service, ni à des chemins qui n'auraient pas été légalement reconnus.

Les ressources créées en vue d'une dépense spéciale ne pourront recevoir une autre destination, à moins d'une autorisation régulière.

Tout emploi soit de fonds, soit de prestations en nature, effectué contrairement aux règles ci-dessus, sera rejeté des comptes et mis à la charge du comptable ou de l'ordonnateur, selon le cas. (A. P. S. 1884, art. 53.)

Section 3. — Comptabilité du maire.

Le maire est l'ordonnateur de toutes les dépenses relatives aux chemins ruraux pour lesquelles un crédit a été ouvert au budget communal; il lui est interdit de disposer, autrement que par mandat sur les receveurs municipaux, des fonds affectés aux travaux des chemins ruraux, quelle que soit l'origine de ces fonds. (A. P. S. 1884, art. 54.)

Tout mandat, pour être valable, devra porter sur un crédit régulièrement ouvert et énoncera l'exercice, le chapitre, les articles et paragraphes du budget auxquels il s'applique, ainsi que le titre et le montant du crédit en vertu duquel il est délivré.

Les mandats seront remis par l'ordonnateur aux créanciers des communes, sur la justification de leur individualité, ou leurs représentants munis de titres ou de pouvoirs en due forme. (M. A., art. 55.)

Les crédits accordés pour le même exercice et le même service seront successivement ajoutés les uns aux autres et formeront, ainsi cumulés, un crédit unique par chapitre, article ou paragraphe, selon le mode d'après lequel ils auront été ouverts. (M. A., art. 56.)

Les crédits étant ouverts spécialement pour chaque nature de dépenses, les maires ne devront pas, pour quelque motif que ce soit, en changer l'affectation. Ils ne pourront non plus en outrepasser le montant par la délivrance de leurs mandats. (M. A., art. 57.)

Toutes les dépenses d'un exercice devront être mandatées depuis le 1er janvier jusqu'au 15 mars de la seconde année.

Toute créance mandatée qui n'aura pas été acquittée sur les crédits de l'exercice auquel elle se rapporte dans les délais de la durée de cet exercice, devra être mandatée à nouveau sur les crédits reportés des exercices clos.

Tout mandat émis par le maire indiquera le nombre et la nature des pièces justificatives qui s'y trouveront jointes. (M. A., art. 58.)

Au fur et à mesure de chaque opération de mandatement, il en sera tenu écriture sur le registre des mandats qui doit exister dans chaque mairie.

Le maire y inscrira tous les mandats, au fur et à mesure de leur délivrance, et indiquera pour chacun d'eux : 1° son numéro d'ordre; 2° l'article du budget en vertu duquel il a été délivré; 3° la date de sa délivrance; 4° le nom de la partie prenante; 5° l'objet de la dette; 6° le montant total du mandat. (M. A., art. 59.)

Section 4. — Comptabilité du receveur municipal.

Les recettes et les dépenses communales relatives aux chemins ruraux seront effectuées par le receveur municipal, chargé seul et sous sa responsabilité de poursuivre la rentrée de tous les revenus de la commune et de toutes les sommes qui lui seraient dues, ainsi que d'acquitter les dépenses mandatées par le maire jusqu'à concurrence des crédits régulièrement accordés.

Tous les rôles de taxes, de sous-répartition et de prestations locales devront parvenir à ce comptable par l'intermédiaire du receveur central des finances. (A. P. S. 1884, art. 60.)

Toute personne autre que le receveur municipal qui, sans autorisation légale, se serait ingérée dans le maniement des deniers de la commune affectés aux chemins ruraux sera, par ce seul fait, constituée comptable : elle pourra, en outre, être poursuivie, en vertu de l'article 258 du Code pénal, comme s'étant immiscée sans titre dans des fonctions publiques. (M. A., art. 61.)

Les receveurs municipaux recouvreront les divers produits aux échéances déterminées par les titres de perception ou par l'administration, et d'après le mode de recouvrement prescrit par les lois et règlements. (M. A., art. 62.)

Ils adresseront, le 5 de chaque mois, aux maires des communes de leur circonscription, un état faisant connaître le montant des recouvrements effectués pendant le mois écoulé sur les ressources des chemins ruraux. (M. A., art. 63.)

Le recouvrement des produits de chaque exercice devra être terminé le 31 mars de la seconde année, et le receveur municipal pourra être tenu de verser dans sa caisse, sauf à exercer personnellement son recours contre les débiteurs, le montant des restes à recouvrer pour le recouvrement desquels il ne justifiera pas avoir fait les diligences nécessaires. (M. A., art. 64.)

Avant de procéder au paiement des mandats délivrés par les maires, les receveurs municipaux devront s'assurer, sous leur responsabilité :

1° Que la dépense porte sur un crédit régulièrement ouvert et qu'elle ne dépasse pas le montant de ce crédit;

2° Que la date de la dépense constate une dette à la charge de l'exercice auquel on l'impute, et que l'objet de cette dépense ressortit bien au service particulier que le crédit a en vue d'assurer;

3° Que les pièces justificatives, dont le tableau est donné à l'article 71, ont été produites à l'appui de la dépense.

Tout paiement qui serait effectué sans l'accomplissement de ces formalités resterait à la charge du comptable. (M. A., art. 65.)

Les comptables n'ont pas qualité pour apprécier

le mérite des faits auxquels se rapportent les pièces produites à l'appui de chaque mandat. Il suffit, pour garantir leur responsabilité, qu'elles soient certifiées et visées par les maires et que le mandatement concorde avec elles. (M. A., art. 66.)

Les receveurs municipaux seront tenus de rendre chaque année un compte spécial, par commune, pour les opérations relatives aux chemins ruraux qu'ils auront effectuées.

Ce compte, dressé à la clôture de l'exercice, sera transmis, le 5 avril au plus tard, au receveur central des finances qui, après l'avoir vérifié et certifié, le fera parvenir au maire le 15 avril pour tout délai. (M. A., art. 67.)

Chaque compte, formé d'après les écritures, devra présenter la *situation* du comptable d'après le compte précédent, la *totalité des opérations* faites pendant l'exercice, tant en recettes qu'en paiements, et le *résultat général* des recettes et des paiements à la clôture de l'exercice. (M. A., art. 68.)

Les recettes et les paiements relatifs aux chemins ruraux seront justifiés de la manière suivante dans les comptes communaux soumis au conseil de préfecture ou à la Cour des comptes :

§ 1er. — Justification des recettes.

1. Produit des centimes spéciaux.

Extrait des rôles généraux ou spéciaux des contributions directes délivré par le percepteur, visé par le maire et le receveur des finances.

2. Prestations.

Copie de l'exécutoire, et, pour établir le montant des réductions, les ordonnances de décharge.

3. Subventions spéciales.

Arrêtés de fixation rendus par le conseil de préfecture ou décision préfectorale, selon que ces subventions auront été réglées dans la forme des expertises ou dans celle des abonnements.

4. Souscriptions particulières ou provenant d'associations particulières.

Copie ou extrait du titre de souscription, ou le titre lui-même revêtu de l'acceptation du maire et rendu exécutoire par le préfet et, dans le cas de réduction du titre, les ordonnances de décharge.

5. Emprunts.

Copie de la délibération du conseil municipal, de l'arrêté du préfet, du décret ou de la loi autorisant l'emprunt. Copie, certifiée par le maire, des actes qui ont réglé les conditions de l'emprunt.

6. Aliénation de délaissés d'anciens chemins.

Arrêté préfectoral autorisant la vente; expédition (T) [1] du procès-verbal de l'adjudication ou de l'acte de vente à l'amiable; décompte des intérêts, s'il y a lieu. Si le titre n'est pas apuré à la fin de l'exercice, il ne sera produit qu'un extrait sur papier libre, avec mention que le titre (T) sera produit ultérieurement. (A. P. S. 1884, art. 69 et 70.)

----

1. T. Cette lettre indique les pièces qui doivent être produites sur papier timbré.

§ 2. — Justification des dépenses.

Toutes les pièces justificatives à produire à l'appui des mandats devront être visées par l'ordonnateur.

1. Prestations en nature.

Extrait du rôle établissant le relevé des journées ou des tâches effectuées en nature, émargé par le maire et revêtu par lui de l'attestation que les travaux ont été accomplis.

2. Travaux en régie.

Autorisation du préfet de faire les travaux en régie, si les travaux à exécuter sur un même chemin s'élèvent à plus de 300 fr.

Et, selon le cas :

S'il y a un entrepreneur à la tâche, l'état (T) de ses travaux ou fournitures, certifié par lui et visé par le maire;

S'il n'y a que des fournisseurs et ouvriers employés sous la surveillance du maire : 1° les mémoires ou factures (T) certifiés par les fournisseurs et visés par le maire; 2° les états nominatifs [1] des journées d'ouvriers dûment émargés pour acquit par la signature des ouvriers ou par celle de deux témoins du paiement, certifiés par le maire; lesdits états devront indiquer distinctement, pour chaque ouvrier, le lieu des travaux, le nombre des journées de chacun, leur prix et le total revenant à chaque ouvrier. Les avances faites à un régisseur seront justifiées par lui, suivant le cas, par les pièces ci-dessus indiquées; à l'appui du premier paiement, on produira, en outre, copie de l'arrêté du maire nommant le régisseur.

3. Travaux à exécuter en vertu d'adjudication ou de marché de gré à gré.

A l'appui du premier acompte, décision approbative des travaux; copie ou extrait du procès-verbal d'adjudication ou du marché, non timbré, mais avec mention que l'expédition (T) sera fournie avec le mandat pour solde. Justification de la réalisation du cautionnement par le récépissé du receveur municipal ou une déclaration de versement, et, suivant le cas, déclaration du maire, approuvée par le préfet, constatant qu'il n'y a pas eu lieu d'exiger ce cautionnement. Certificat (T) du maire constatant l'avancement des travaux et le montant de la somme à payer.

Pour les acomptes subséquents, certificat (T) du maire rappelant les sommes payées antérieurement et le montant du nouveau mandat à payer.

Quant au solde des travaux, expédition en due forme du procès-verbal d'adjudication ou du marché (T); devis estimatif (T) [2]; bordereau des prix; procès-verbal de réception définitive (T) et décompte général (T), dressés par le maire et approuvés par le préfet.

----

1. (T), si la somme à payer à l'un des ouvriers est supérieure à 10 fr.
2. La soumission tiendra lieu du devis lorsqu'elle énoncera les quantités, les prix et les conditions d'exécution des ouvrages.

Dans le cas d'adjudication à prix ferme, il n'est pas nécessaire de produire un décompte général, mais le procès-verbal de réception définitive seulement.

4. Indemnités relatives aux acquisitions d'immeubles pour travaux d'ouverture, de redressement et d'élargissement.

TABLEAU A. — *Acquisition d'immeubles en cas de convention amiable.*

1re Partie. — Convention portant à la fois sur la cession et sur le prix.

Subdivision (a). — Terrains nus et non clos de murs ou de haies vives, indépendants des habitations.

1° La décision préfectorale déclarant les travaux d'utilité publique ; cette décision accompagnée de la mention expresse qu'elle n'a été l'objet d'aucun recours.

Et, dans le cas où la décision aurait été frappée d'appel : décision du conseil général ou du Conseil d'État ;

2° Délibération du conseil municipal [1], si la dépense totalisée avec celles des autres acquisitions déjà votées dans le même exercice ne dépasse pas le dixième des revenus ordinaires de la commune [2] ;

Et, de plus, ampliation de l'arrêté pris par le préfet en conseil de préfecture pour autoriser l'acquisition, si la dépense totalisée avec celles des autres acquisitions déjà votées dans le même exercice dépasse le dixième des revenus ordinaires de la commune [2] ;

3° Expédition ou extrait de l'acte de cession amiable (T), lorsqu'il est produit avec le compte final, et non timbré lorsqu'il s'agit d'une justification provisoire ; ladite expédition portant mention de la transcription et de l'enregistrement, et constatant que le vendeur a produit les titres qui établissent sa possession.

NOTA. — Les portions contiguës appartenant à un même propriétaire doivent faire l'objet d'un seul acte de vente.

Si le vendeur n'est pas l'individu dénommé à la matrice des rôles, le contrat doit indiquer comment la propriété est passée du propriétaire désigné par la matrice des rôles à celui qui consent la vente.

Si la désignation portée à la matrice des rôles est inexacte ou incomplète, le vendeur doit prouver l'inexactitude ou l'erreur par la production d'un bail, d'un acte de vente, d'un partage ou d'un acte authentique.

A défaut d'acte authentique, l'identité sera prouvée par un certificat du maire délivré sur la déclaration de deux témoins au moins. Ces justifications seront énoncées au contrat [1] ;

4° Certificat du maire constatant que, préalablement à la transcription, l'acte de vente a été publié et affiché, conformément à l'article 15 de la loi du 3 mai 1841 et suivant les formes de l'article 6 ;

5° Exemplaire certifié du journal où l'insertion a été faite (les formalités de publication, dont l'accomplissement doit être constaté par le certificat, portent sur l'acte de cession).

NOTA. — Les formalités de publication et d'insertion doivent toujours précéder la transcription, à peine de nullité de la transcription ;

6° Certificat du maire délivré huit jours au moins après les publications et affiches ci-dessus mentionnées et constatant qu'aucun tiers ne s'est fait connaître comme intéressé au règlement de l'indemnité ;

7° Certificat négatif (T) ou état (T) des inscriptions délivré par le conservateur quinze jours au moins après la transcription.

NOTA. — Les inscriptions dont la non-existence ou la radiation doit être justifiée sont exclusivement celles dont l'immeuble se trouve grevé du chef soit du vendeur, soit du propriétaire désigné par la matrice cadastrale ou de leurs auteurs ; il est inutile de justifier de la radiation de l'inscription prise d'office au profit du vendeur qui a traité avec la commune ;

Dans le cas où il existe des inscriptions et si le montant du prix n'est pas versé à la Caisse des dépôts et consignations :

8° Certificat (T) de radiation délivré par le conservateur des hypothèques, ou quittance notariée portant mainlevée des inscriptions ;

9° Décompte en principal et intérêts du prix d'acquisition ;

10° Certificat de paiement délivré par le maire ;

11° Quittance de l'ayant droit.

Les quittances peuvent être passées dans la forme des actes administratifs.

NOTA. — Lorsque l'indemnité ne dépassera pas 500 fr., les pièces relatives à la purge des hypothèques et le certificat du conservateur pourront être remplacés par une délibération du conseil municipal approuvée par le préfet, dispensant le maire de remplir les formalités de la purge des hypothèques ; en outre, en vertu de la même délibération, et quand même elle ne l'aurait pas spécifié, l'acte ne sera pas soumis à la transcription ;

En cas de consignation du montant du prix de vente à la Caisse des dépôts et consignations, on

---

1. Dans ce cas, la délibération du conseil municipal ne doit être approuvée par le préfet que s'il y a désaccord entre le conseil municipal et le maire.
2. Aux termes de la loi du 5 avril 1884 (art. 68), le conseil municipal n'est pas compétent et, par suite, sa délibération doit être approuvée lorsque la dépense, totalisée avec les dépenses de même nature pendant l'exercice courant, dépasse les limites des ressources ordinaires et extraordinaires que les communes peuvent se créer sans autorisation spéciale.

1. Si la propriété vendue appartient en totalité ou en partie à des mineurs interdits, absents ou incapables, ce contrat doit rappeler l'autorisation donnée par le tribunal d'accepter les offres de la commune, et, si l'immeuble est d'une valeur qui n'excède pas 100 fr., relater la délibération du conseil municipal acceptant l'offre du tuteur de se porter fort pour le mineur et de faire ratifier l'acte à sa majorité.
Pour les immeubles dotaux, on devra exiger l'autorisation donnée par le tribunal d'accepter les offres de la commune, et la justification en remploi lorsqu'il est ordonné.

produira les pièces mentionnées ci-dessus, à l'exception de la quittance de l'ayant droit, et, lorsque la consignation est motivée par l'existence d'inscriptions hypothécaires, des états d'inscriptions qui seront remis à la Caisse des dépôts et consignations ;

Et, en outre :

12° Arrêté du maire prescrivant la consignation et en énonçant les motifs ; si la consignation a pour cause l'existence d'inscriptions hypothécaires, l'arrêté visera la date de la délivrance par le conservateur de l'état d'inscription ;

13° Récépissé du préposé de la Caisse des dépôts et consignations.

Subdivision (b). — *Bâtiments, cours ou jardins y attenants, terrains clos de murs ou de haies vives.*

Si l'utilité publique a été déclarée :

1° Copie du décret déclarant les travaux d'utilité publique ;

2° Les pièces mentionnées à la subdivision (a), 2° à 13°.

Si l'utilité publique n'a pas été déclarée :

1° Délibération du conseil municipal¹, si la dépense totalisée avec celles des autres acquisitions déjà votées dans le même exercice ne dépasse pas le dixième des revenus ordinaires de la commune².

Et, de plus, ampliation de l'arrêté pris par le préfet en conseil de préfecture pour autoriser l'acquisition, si la dépense totalisée avec celles des autres acquisitions déjà votées dans le même exercice dépasse le dixième des revenus ordinaires de la commune¹ ;

2° Copie certifiée du contrat (T), lorsqu'elle est produite avec le compte final, non timbrée lorsqu'il s'agit d'une justification provisoire ; ladite copie portant mention de la transcription et de l'enregistrement, indiquant les précédents propriétaires et constatant que le vendeur a produit les titres qui établissent sa possession ;

3° Certificat (T) négatif délivré après transcription par le conservateur des hypothèques, relatant expressément qu'il s'applique aux mentions et transcriptions désignées par les articles 1 et 2 de la loi du 23 mars 1855, ainsi qu'aux transcriptions de saisies, de donations ou de substitutions.

Ou, s'il y a lieu, état (T) des inscriptions, et, en outre, desdites transcriptions et mentions.

NOTA. — Les inscriptions dont la non-existence ou la radiation doit être justifiée sont exclusivement celles qui intéressent les tiers, c'est-à-dire celles dont l'immeuble pourrait être grevé du chef du vendeur ou des précédents propriétaires ; il est

1. Dans ce cas, la délibération du conseil municipal ne doit être approuvée par le préfet que s'il y a désaccord entre le conseil municipal et le maire.
2. Aux termes de la loi du 5 avril 1884 (art. 68), le conseil municipal n'est pas compétent et, par suite, sa délibération doit être approuvée lorsque la dépense totalisée avec les dépenses de même nature pendant l'exercice courant, dépasse les limites des ressources ordinaires et extraordinaires que les communes peuvent se créer sans autorisations spéciales.

inutile de justifier de la radiation de l'inscription prise d'office au profit du vendeur qui a traité avec la commune ;

Dans le cas où ledit certificat ou état ne serait pas délivré quarante-cinq jours au moins après l'acte d'acquisition, et s'il ne résulte pas, d'ailleurs, des énonciations mêmes de l'acte que la propriété appartenait, depuis plus de quarante-cinq jours avant la transcription, à ceux de qui la commune acquiert :

4° Certificat (T) spécial constatant, après l'expiration du délai précité, qu'il n'a pas été pris d'inscription en vertu de l'article 6 de la loi du 23 mars 1855,

Ou, s'il y a lieu, état (T) de ces inscriptions ;

Dans le cas où il existerait des inscriptions, si le montant du prix n'est pas versé à la Caisse des consignations :

5° Certificat (T) de radiation desdites inscriptions, délivré par le conservateur des hypothèques, ou quittance notariée portant mainlevée des inscriptions ;

6° Décompte en principal et intérêts du prix d'acquisition ;

7° Certificat de paiement délivré par le maire ;

Et pour établir la purge des hypothèques légales :

8° Certificat (T) du greffier du tribunal civil constatant le dépôt de l'acte d'acquisition, après la transcription et son affichage au greffe, pendant deux mois ;

9° Exploit (T) de notification de ce dépôt au procureur de la République et aux parties désignées à l'article 2194 du Code civil ;

10° Exemplaire certifié du journal ou de la feuille d'annonces dans lequel a été inséré l'exploit de notification ;

11° Certificat (T) du conservateur des hypothèques constatant que, depuis la transcription jusqu'à l'expiration du délai de deux mois à dater de l'insertion de l'exploit dans la feuille d'annonces, il n'a été pris aucune inscription sur l'immeuble vendu,

Ou, s'il y a lieu, état (T) des inscriptions ;

Dans le cas où il existerait des inscriptions, si le montant du prix n'est pas versé à la Caisse des consignations :

12° Certificat (T) de radiation desdites inscriptions, délivré par le conservateur des hypothèques, ou quittance notariée portant mainlevée des inscriptions.

NOTA. — Les maires des communes, autorisés à cet effet par les délibérations des conseils municipaux approuvées par le préfet, peuvent se dispenser de remplir les formalités de purge des hypothèques pour les acquisitions d'immeubles faites de gré à gré et dont le prix n'excède pas 500 fr. Dans ce cas, les communes peuvent se libérer entre les mains des vendeurs sans avoir besoin de produire un certificat du conservateur des hypothèques constatant l'existence ou la non-existence d'inscriptions hypothécaires, mais elles ne peuvent se dispenser de faire transcrire leur contrat d'acquisition que lorsque les immeubles ont été acquis en vertu de la loi du 3 mai 1841.

En cas d'acquisition sur saisie immobilière, les créanciers n'ayant plus d'action que sur le prix, il n'y a pas lieu de procéder à la purge des hypothèques légales, attendu que le jugement d'adjudication dûment transcrit purge toutes les hypothèques. Il n'y a pas lieu non plus de procéder à la purge des hypothèques sur les immeubles vendus par des départements, des communes et des établissements publics, sauf le cas exceptionnel où l'immeuble récemment acquis par le département, la commune ou l'établissement vendeur, pourrait être grevé du chef des précédents propriétaires.

Si le montant du prix d'acquisition est versé à la Caisse des dépôts et consignations par suite d'obstacles au paiement, tels que l'existence d'inscriptions hypothécaires ou oppositions :

Il y a lieu de produire les pièces ci-dessus, à l'exception, lorsque la consignation est motivée par l'existence d'inscriptions hypothécaires, des états d'inscriptions n⁰ˢ 3° et 11° qui sont remis à la Caisse des dépôts ;

Et, en outre :

13° Arrêté du maire prescrivant la consignation, en énonçant les motifs, et, si elle a pour cause l'existence d'inscriptions hypothécaires, visant la date de la délivrance des états d'inscriptions ;

14° Récépissé du préposé de la Caisse des dépôts et consignations.

2ᵉ **Partie.** — Convention portant accord sur la cession, mais réservant au jury la fixation du prix.

Subdivision (a). — *S'il s'agit de terrains nus et non clos de murs ou de haies vives, indépendants des habitations :*

Toutes les justifications indiquées à la subdivision (a) de la 1ʳᵉ partie, et en outre : décision du jury rendue exécutoire par le magistrat-directeur, contenant règlement de l'indemnité et, s'il y a lieu, répartition des dépens.

Subdivision (b). — *S'il s'agit de bâtiments, de cours ou jardins y attenants, de terrains clos de murs ou de haies vives :*

1° Copie du décret déclarant les travaux d'utilité publique ;

2° Les pièces indiquées à la subdivision (a) de la 1ʳᵉ partie, sous les n⁰ˢ 2° à 13° ;

3° Et, en outre, décision du jury rendue exécutoire par le magistrat-directeur, contenant règlement de l'indemnité et, s'il y a lieu, répartition des dépens.

3ᵉ **Partie.** — Convention sur le prix seulement, postérieure à la translation de propriété par voie d'expropriation, quelle que soit la nature des terrains.

1° Copie (T) ou extrait (T) du jugement d'expropriation, relatant textuellement la mention de la transcription et énonçant la date de la notification ;

2° Certificat du maire constatant que, préalablement à la transcription, le jugement a été publié

et affiché, conformément à l'article 15 de la loi du 3 mai 1841 et suivant les formes de l'article 6 de ladite loi ;

3° Exemplaire certifié du journal où l'insertion de l'extrait du jugement a été faite (l'insertion de l'extrait du jugement doit être faite antérieurement à la transcription) ;

4° Convention (T) dûment approuvée, contenant règlement de l'indemnité ;

Et, de plus :

Les justifications mentionnées à la 1ʳᵉ partie, subdivision (a), sous les n⁰ˢ 6°, 7°, 8°, 9°, 10°, 11°, 12° et 13°.

TABLEAU B. — *Acquisition faite en dehors de toute convention amiable.*

1° Copie (T) ou extrait (T) du jugement d'expropriation, relatant textuellement la transcription et énonçant la date de la notification ;

2° Certificat du maire constatant que, préalablement à la transcription, le jugement a été publié et affiché, conformément à l'article 15 de la loi du 3 mai 1841 et suivant les formes édictées par l'article 6 de ladite loi ;

3° Exemplaire certifié de la feuille d'annonces judiciaires dans laquelle a été inséré l'extrait du jugement. (L'insertion doit être faite antérieurement à la transcription.)

NOTA. — Les formalités de publication, d'affichage et d'insertion mentionnées ci-dessus doivent avoir été remplies antérieurement à la transcription, à peine de nullité de la transcription ;

4° Certificat négatif (T) ou état (T) des inscriptions, délivré par le conservateur des hypothèques quinze jours au moins après la transcription ;

Dans le cas où il existe des inscriptions et si le montant du prix n'est pas versé à la Caisse des consignations ;

5° Certificat de radiation (T), délivré par le conservateur des hypothèques, ou quittance notariée portant mainlevée des inscriptions.

NOTA. — Les inscriptions dont la non-existence ou la radiation doit être justifiée sont exclusivement celles dont l'immeuble pouvait être grevé du chef des propriétaires désignés par le jugement d'expropriation ;

6° Certificat du maire délivré au moins huit jours après les publications et affiches ci-dessus mentionnées, et constatant qu'aucun tiers ne s'est fait connaître comme intéressé au règlement de l'indemnité ;

7° Décision du jury, rendue exécutoire par le magistrat-directeur, contenant règlement de l'indemnité et, s'il y a lieu, répartition des dépens ;

8° Décompte en principal et intérêts du prix d'acquisition.

La portion des dépens mise à la charge du vendeur peut être déduite du montant du prix d'acquisition.

9° Certificat de paiement délivré par le maire ;

10° Quittance de l'ayant droit ;

En outre :

En cas de consignation du prix de vente, voir tableau A, 1re partie.

Nota. — Si, par application de l'article 53 de la loi du 3 mai 1841, l'administration a fait des offres réelles, il doit être produit une expédition du procès-verbal des offres constatant le refus de l'ayant droit, ou, dans le cas d'acceptation, le paiement de la somme due, et, lorsque la consignation a eu lieu, une expédition du procès-verbal de consignation.

Tableau C. — *Prise de possession, pour cause d'urgence, de terrains non bâtis.*

1re Partie. — Consignation provisoire.

1° Copie (T) ou extrait (T) du jugement d'expropriation, relatant textuellement la mention de la transcription et énonçant la date de la notification ;

2° Certificat du maire constatant que, préalablement à la transcription, le jugement a été publié et affiché, conformément à l'article 15 de la loi du 3 mai 1841 et suivant les formes prescrites par l'article 6 de ladite loi ;

3° Exemplaire certifié du journal dans lequel a été inséré l'extrait du jugement.

(Cette mention doit être faite antérieurement à la transcription) ;

4° Extrait ou mention du décret qui déclare l'urgence ;

5° Jugement qui fixe le montant de la somme à consigner par l'expropriant ;

6° Arrêté du maire motivant et prescrivant la consignation provisoire qui doit comprendre, indépendamment de la somme fixée par le tribunal, les deux années d'intérêts exigées par l'article 69 de la loi du 3 mai 1841 ;

7° Récépissé du préposé de la Caisse des consignations.

2e Partie. — Paiement du complément dans le cas où la consignation est inférieure au montant de l'indemnité.

1° Indication du mandat, auquel copie ou extrait du jugement d'expropriation a été joint au moment de la consignation provisoire ;

2° Décision du jury, suivie de l'ordonnance d'exécution rendue par le magistrat-directeur, contenant règlement de l'indemnité et, s'il y a lieu, répartition des dépens ;

3° Décompte en principal et intérêts du prix d'acquisition portant, s'il y a lieu, déduction des dépens mis à la charge des vendeurs. Les intérêts courent du jour où l'administration est entrée en possession ;

4° Arrêté du maire rappelant la somme précédemment consignée, ainsi que la date et le numéro du mandat primitif, déterminant le solde à consigner et ordonnant la consignation de ce solde, ainsi que la conversion de la consignation provisoire en consignation définitive.

(Cet arrêté doit expliquer si la consignation est faite à la charge ou non d'inscriptions hypothécaires, et s'il existe ou non d'autres obstacles au paiement entre les mains du propriétaire dépossédé ; il doit relater, en outre, la date du certificat négatif

ou l'état des inscriptions délivré par le conservateur des hypothèques ; le certificat ou l'état lui-même est remis à la Caisse des consignations) ;

5° Déclaration de l'agent de la Caisse des consignations constatant la conversion de la consignation provisoire en consignation définitive ;

6° Récépissé du préposé de la Caisse des consignations.

Tableau D. — *Indemnités accessoires en cas d'expropriation. — Indemnités mobilières, locatives ou industrielles.*

1° En cas de conventions amiables :

Convention (T) dûment approuvée, s'il y a lieu ;

2° En cas de règlement par le jury :

Décision du jury, suivie de l'ordonnance d'exécution rendue par le magistrat-directeur, contenant règlement de l'indemnité et, s'il y a lieu, répartition des dépens.

Dispositions relatives au timbre et à l'enregistrement.

Tous les actes passés en vertu d'une déclaration d'utilité publique sont visés pour timbre et enregistrés gratis, lorsqu'il y a lieu à la formalité de l'enregistrement.

Les quittances pures et simples sont passibles du droit de timbre créé par l'article 18 de la loi du 23 août 1871.

5. Indemnités relatives soit à des extractions de matériaux, soit à des dépôts ou enlèvements de terre, soit à des occupations temporaires de terrains.

Si l'indemnité a été fixée à l'amiable :

1° L'accord (T) fait entre l'administration et le propriétaire et approuvé par le préfet ;

2° Certificat de paiement délivré par le maire.

Si l'indemnité n'a pas été fixée à l'amiable :

1° Extrait de l'arrêté préfectoral qui autorise les extractions de matériaux ou les occupations temporaires de terrains ;

2° Arrêté du conseil de préfecture qui a fixé l'indemnité ;

3° Certificat de paiement délivré par le maire.

6. Frais de confection de rôles.

Extrait de l'arrêté du préfet.
Récépissé du receveur des finances.

7. Salaires des cantonniers employés sur les chemins ruraux.

Certificat de paiement dressé par le maire, indiquant le montant du traitement des cantonniers et le nombre des journées pour le paiement desquelles le mandat est délivré. (A. P. S. 1884, art. 71.)

Toutes les dépenses autres que celles énoncées ci-dessus seront justifiées comme il est prescrit par les règlements sur la comptabilité communale. (M. A., art. 72.)

Section 5. — Inventaires. — Conservation et mouvement des objets appartenant au service.

Le maire tient un registre d'inventaire sur lequel sont inscrits tous les objets appartenant au service rural et existant soit à la mairie, soit dans les divers lieux de dépôt ou magasins. (A. P. S. 1884, art. 73.)

Tous les objets appartenant au service seront recensés et inscrits sur l'inventaire lors de la mise en vigueur du présent règlement.

Chaque objet nouveau sera porté ensuite sur l'inventaire au moment de l'acquisition.

Les objets inscrits seront marqués des lettres S R incrustées dans le bois ou gravées sur le métal, et, autant que possible, ils porteront leur numéro de classement dans l'inventaire. (M. A., art. 74.)

Lorsque des outils achetés aux frais du service seront remis à des cantonniers, ces outils seront, en outre, inscrits sur leurs livrets. (M. A., art. 75.)

Sous-chapitre VI. — Associations syndicales.

Les convocations individuelles pour la formation d'une association syndicale en vue de l'ouverture, du redressement, de l'élargissement, de la réparation ou de l'entretien d'un chemin rural, seront faites par le maire au moins huit jours à l'avance.

Les bulletins de convocation indiqueront l'objet, le lieu, le jour et l'heure de la réunion.

Les mêmes indications seront, en outre, portées à la connaissance des habitants de la commune par voie de publication et d'affiche. (A. P. S. 1884, art. 76.)

Sous-chapitre VII. — Conservation et police des chemins.

Section 1re. — Alignements et autorisations diverses.

§ 1er. — Dispositions générales.

Nul ne pourra, sans y être préalablement autorisé, faire aucun ouvrage de nature à intéresser la conservation de la voie publique ou la facilité de la circulation sur le sol ou le long des chemins ruraux, et spécialement :

1° Faire sur ces chemins ou leurs dépendances aucune tranchée, ouverture, dépôt de pierres, terres, fumiers, décombres ou autres matières ;

2° Y enlever du gazon, du gravier, du sable, de la terre ou autres matériaux ;

3° Y étendre aucune espèce de produits ou matières ;

4° Y déverser des eaux quelconques, de manière à y causer des dégradations ;

5° Établir sur les fossés des barrages, écluses, passages permanents ou temporaires ;

6° Construire, reconstruire ou réparer aucun bâtiment, mur ou clôture quelconque à la limite des chemins ;

7° Ouvrir des fossés, planter des arbres, boistaillis ou haies le long desdits chemins ;

8° Établir des puits ou citernes à moins de 5 mètres des limites de la voie publique.

Toute demande à fin d'autorisation desdits ouvrages ou travaux devra être présentée sur papier timbré. (A. P. S. 1884, art. 77.)

Les autorisations seront données par le maire.

Dans aucun cas, les maires ne pourront donner d'autorisation verbale. Les autorisations devront faire l'objet d'un arrêté. Lorsque les parties intéressées le réclameront, il leur en sera délivré une expédition sur papier timbré. Dans le cas contraire, il leur sera remis, sur papier libre, une note indiquant sommairement la date et l'objet des autorisations. (M. A., art. 78.)

Toute autorisation, de quelque nature qu'elle soit, réservera expressément les droits des tiers. Pour les ouvrages à établir sur la voie publique ou sur ses dépendances, les arrêtés d'autorisation stipuleront l'obligation d'entretenir constamment ces ouvrages en bon état et porteront que les autorisations seront révocables, soit dans le cas où le permissionnaire ne remplirait pas les conditions imposées, soit si la nécessité en était reconnue dans un but d'utilité publique. (M. A., art. 79.)

§ 2. — Constructions.

Lorsqu'il y aura lieu de dresser des plans d'alignement pour les chemins ruraux, il sera procédé à une enquête, conformément à l'ordonnance du 23 août 1835. Le conseil municipal sera toujours appelé à délibérer sur les plans. Les plans seront ultérieurement soumis, avec l'avis du maire et les documents à l'appui, à l'approbation préfectorale. La décision approbative sera affichée et notifiée selon les prescriptions des articles 4 et 13 de la loi du 20 août 1881. (A. P. S. 1884, art. 80.)

Lorsque les chemins ruraux auront la largeur légale, les alignements à donner pour constructions et reconstructions seront tracés de manière à ce que l'impétrant puisse construire sur la limite séparative de sa propriété et du chemin.

Lorsque les chemins n'auront pas la largeur qui leur aura été attribuée par l'autorité compétente, les alignements pour constructions et reconstructions seront délivrés conformément aux limites déterminées par le plan régulièrement approuvé, si la commune acquiert préalablement, à l'amiable ou par expropriation, les terrains à réunir à la voie publique, et, dans le cas contraire, conformément aux limites actuelles des chemins.

Lorsque les chemins auront plus que la largeur légale, et que les propriétaires riverains seront autorisés, par mesure d'alignement, à avancer leur construction jusqu'à l'extrême limite de cette largeur, ils devront payer la valeur du sol du chemin ainsi concédé et de ses dépendances.

Cette valeur sera réglée, soit à l'amiable entre les propriétaires et l'administration communale, soit à dire d'experts, conformément à l'article 17 de la loi du 20 août 1881.

L'arrêté d'alignement devra faire connaître que la prise de possession ne pourra avoir lieu qu'en vertu d'une délibération du conseil municipal régulièrement approuvée. (M. A., art. 81.)

Tout ce qui concerne le mode d'ouverture des portes et fenêtres et les saillies de toute espèce sur les chemins ruraux sera déterminé par un règlement spécial arrêté par le maire, sur l'avis du conseil municipal, et approuvé par le préfet. Jusqu'à ce que ce règlement ait été fait, il y sera pourvu, dans chaque cas particulier, par le maire. (M. A., art. 82.)

Les travaux à faire à des constructions en saillie sur les alignements d'un plan régulièrement approuvé ne seront autorisés que dans le cas où ces travaux n'auront pas pour effet de consolider le mur de face. (M. A., art. 83.)

L'arrêté du maire portant autorisation de construire ou de réparer fera connaître, si la demande en est faite par les intéressés et dans les limites nécessaires pour assurer la circulation, l'espace que pourront occuper les échafaudages et les dépôts et la durée de cette occupation. (M. A., art. 84.)

Lorsqu'une construction sise le long d'un chemin rural présentera des dangers pour la sûreté publique, le péril sera constaté par le rapport d'un homme de l'art désigné par le maire. Ce rapport sera communiqué au propriétaire avec injonction de faire cesser le péril dans un délai déterminé, ou, s'il conteste le danger, de nommer un expert pour procéder, contradictoirement avec l'expert de la commune qui sera désigné dans l'arrêté municipal de mise en demeure, ainsi que le jour et l'heure de l'opération.

Si le propriétaire refuse ou néglige de nommer son expert, il sera procédé par l'autre expert seul, au jour et à l'heure indiqués.

Dans le cas où l'expertise aura lieu contradictoirement et où il n'y aura pas accord entre les deux experts, le tiers expert sera nommé par le maire.

Le maire prendra ensuite un arrêté prescrivant les mesures reconnues nécessaires et fixant un délai pour l'exécution.

Si le propriétaire ne se conforme pas à l'injonction dans le délai imparti, il sera dressé contre lui un procès-verbal qui sera déféré au tribunal de simple police.

Toutefois, en cas de péril imminent, les mesures reconnues nécessaires pourront être prises d'office, sans jugement préalable, si le propriétaire, après avoir reçu communication du rapport de l'homme de l'art constatant le péril, refuse ou néglige d'aviser lui-même dans le délai imparti par l'arrêté de mise en demeure.

Dans tous les cas, la communication du rapport de l'homme de l'art et la notification de l'arrêté de mise en demeure au propriétaire seront constatées par un certificat. (M. A., art. 85.)

Les autorisations de construire ou reconstruire le long des chemins ruraux devront stipuler les réserves et conditions nécessaires pour garantir le libre écoulement des eaux sans qu'il en puisse résulter de dommage pour les chemins. (M. A., art. 86.)

§ 3. — Plantations d'arbres.

Aucune plantation d'arbres ne pourra être effectuée le long des chemins ruraux qu'en observant les distances ci-après, qui seront calculées à partir de la limite extérieure soit des chemins, soit des fossés, soit des talus qui les borderaient :

Pour les arbres fruitiers.	2 mètres.
Pour les arbres forestiers	2 —
Pour les bois-taillis.	1 —

La distance des arbres entre eux ne pourra être inférieure à 4 mètres pour les arbres fruitiers, 3 mètres pour les arbres forestiers, à l'exception des peupliers d'Italie, qui pourront être espacés de 2 mètres seulement. (A. P. S. 1884, art. 87.)

Les plantations faites antérieurement à la publication du présent règlement à des distances moindres que celles ci-dessus pourront être conservées, mais elles ne pourront être renouvelées qu'à la charge d'observer les distances prescrites par l'article précédent. (M. A., art. 88.)

Les plantations faites par des particuliers sur le sol des chemins ruraux avant la publication du présent règlement pourront être conservées si les besoins de la circulation le permettent, mais elles ne pourront, dans aucun cas, être renouvelées. (M. A., art. 89.)

Si l'intérêt de la viabilité exigeait la destruction des plantations existant sur le sol des chemins ruraux, les propriétaires seraient mis en demeure, par un arrêté du maire, d'enlever, dans un délai déterminé, les arbres qui leur appartiendraient, sauf à eux de faire valoir le droit qu'ils croiraient avoir à une indemnité. Si les particuliers n'obtempéraient pas à cette mise en demeure, il serait dressé un procès-verbal pour être statué par l'autorité compétente. (M. A., art. 90.)

§ 4. — Plantations de haies.

Les haies vives ne pourront être plantées à moins de 50 centimètres de la limite extérieure des chemins. (A. P. S. 1884, art. 91.)

La hauteur des haies ne devra jamais excéder $1^m,50$, sauf les exceptions exigées par les circonstances particulières, et pour lesquelles il sera donné des autorisations spéciales. (M. A., art. 92.)

Les haies plantées antérieurement à la publication du présent règlement à des distances moindres que celle prescrite par l'article 91 pourront être conservées, mais elles ne pourront être renouvelées qu'à la charge d'observer cette distance. (M. A., art. 93.)

§ 5. — Élagage.

Les arbres, les branches, les haies et les racines qui avanceraient sur le sol des chemins ruraux seront coupés à l'aplomb des limites de ces chemins, à la diligence des propriétaires ou des fermiers. (A. P. S. 1884, art. 94.)

Si le propriétaire ou le fermier négligeait ou refusait de se conformer aux prescriptions qui précèdent, il en serait dressé procès-verbal pour être statué par l'autorité compétente. (M. A., art. 95.)

§ 6. — Fossés appartenant à des particuliers.

Les propriétaires riverains ne pourront ouvrir des fossés le long d'un chemin rural à moins de 60 centimètres de la limite du chemin. Ces fossés devront avoir un talus d'un mètre de base au moins pour un mètre de hauteur. (A. P. S. 1884, art. 96.)

Tout propriétaire qui aura fait ouvrir des fossés sur son terrain, le long d'un chemin rural, devra entretenir ces fossés de manière à empêcher que les eaux ne nuisent à la viabilité du chemin. (M. A., art. 97.)

Si les fossés ouverts par les particuliers sur leur terrain, le long d'un chemin rural, avaient une profondeur telle qu'elle pût présenter des dangers pour la circulation, les propriétaires seraient tenus de prendre les dispositions qui leur seront prescrites pour assurer la sécurité du passage ; injonction leur sera faite, à cet effet, par arrêté du maire. (M. A., art. 98.)

§ 7. — Établissement d'ouvrages divers joignant ou traversant la voie publique.

Les autorisations pour l'établissement, par les propriétaires riverains, d'aqueducs et de ponceaux sur les fossés des chemins ruraux, régleront le mode de construction, les dimensions à donner aux ouvrages et les matériaux à employer ; elles stipuleront toujours la charge de l'entretien par l'impétrant et le retrait de l'autorisation donnée, soit dans le cas où les conditions posées ne seraient pas remplies, soit s'il était constaté que ces ouvrages nuisent à l'écoulement des eaux ou à la circulation, soit si la suppression en était reconnue nécessaire dans un but quelconque d'utilité publique. (A. P. S. 1884, art. 99.)

Les autorisations de conduire les eaux d'un côté à l'autre du chemin prescriront le mode de construction et les dimensions des travaux à effectuer par les pétitionnaires. (M. A., art. 100.)

Les autorisations pour l'établissement de communications devant traverser les chemins ruraux indiqueront les mesures à prendre pour assurer la facilité et la sécurité de la circulation. (M. A., art. 101.)

Les autorisations pour l'établissement de barrages ou écluses sur les fossés des chemins ne seront données que lorsque la surélévation des eaux ne pourra nuire au bon état de la voie publique. Elles prescriront les mesures nécessaires pour que les chemins ne puissent jamais être submergés. Elles seront toujours révocables sans indemnité, soit si les travaux étaient reconnus nuisibles à la viabilité, soit pour tout autre motif d'utilité publique. (M. A., art. 102.)

Section 2. — Mesures de police et de conservation.

§ 1er. — Dispositions générales.

Il est défendu d'une manière absolue :

1° De laisser stationner, sans nécessité, sur les chemins ruraux et leurs dépendances, aucune voiture, machine ou instrument aratoires, ni aucun troupeau, bête de somme ou de trait ;

2° De mutiler les arbres qui y sont plantés, de dégrader les bornes, poteaux et tableaux indicateurs, parapets des ponts et autres ouvrages ;

3° De les dépaver ;

4° D'enlever les pierres, les fers, bois et autres matériaux destinés aux travaux ou déjà mis en œuvre ;

5° D'y jeter des pierres ou autres matières provenant des terrains voisins ;

6° De les parcourir avec des instruments aratoires, sans avoir pris les précautions nécessaires pour éviter toute dégradation ;

7° De détériorer les berges, talus, fossés ou les marques indicatives de leur largeur ;

8° De labourer ou cultiver leur sol ;

9° D'y faire ou d'y laisser paître aucune espèce d'animaux ;

10° De mettre rouir le chanvre dans les fossés ;

11° D'y faire aucune anticipation ou usurpation, ou aucun ouvrage qui puisse apporter un empêchement au libre écoulement des eaux ;

12° D'établir aucune excavation ou construction sous la voie publique ou ses dépendances. (A. P. S. 1884, art. 103.)

Les propriétaires des terrains supérieurs bordant les chemins ruraux sont tenus d'entretenir toujours en bon état les revêtements ou les murs construits par eux et destinés à soutenir ces terrains. (M. A., art. 104.)

Si la circulation sur un chemin rural venait à être interceptée par une œuvre quelconque, le maire y pourvoirait d'urgence.

En conséquence, après une simple sommation administrative, l'œuvre serait détruite d'office, et les lieux rétablis dans leur ancien état aux frais et risques de qui il appartiendrait, et sans préjudice des poursuites à exercer contre qui de droit. (M. A., art. 105.)

§ 2. — Écoulement naturel et dérivation des eaux.

Les propriétés riveraines situées en contre-bas des chemins ruraux sont assujetties, aux termes de l'article 640 du Code civil, à recevoir les eaux qui découlent naturellement de ces chemins.

Les propriétaires de ces terrains ne pourront faire aucune œuvre qui tende à empêcher le libre écoulement des eaux qu'ils sont tenus de recevoir et à les faire séjourner dans les fossés ou refluer sur le sol du chemin. (A. P. S. 1884, art. 106.)

L'autorisation de transporter les eaux d'un côté à l'autre d'un chemin rural ne sera donnée que sous la réserve des droits des tiers. Il y sera toujours stipulé, pour la commune, la faculté de faire supprimer les constructions faites, soit si elles étaient mal entretenues ou si elles devenaient nuisibles à la viabilité du chemin, soit dans le cas où tout autre intérêt public, quel qu'il fût, rendrait la mesure utile ou nécessaire. (M. A., art. 107.)

§ 3. — Mesures ayant pour objet la sûreté des voyageurs.

Il est interdit de pratiquer, dans le voisinage des chemins ruraux, des excavations de quelque nature que ce soit, si ce n'est aux distances ci-après déterminées, à partir de la limite desdits chemins, savoir :

Pour les carrières et galeries souterraines.	8 mètres
Les carrières à ciel ouvert	5 —
Les mares publiques ou particulières . . .	2 —

Les propriétaires de toutes excavations pourront

être tenus de les couvrir ou de les entourer de murs ou clôtures propres à prévenir tout danger pour les voyageurs et toute dégradation du chemin. (A. P. S. 1884, art. 108.)

CHAPITRE IV

VILLE DE PARIS

Sous-chapitre Ier. — Régime des rues de Paris.

La jurisprudence, interprétant le décret du 27 octobre 1808 portant tarif des droits de Paris, avait décidé que toutes les rues de la capitale devaient être considérées comme le prolongement des grandes routes et faisaient partie de la grande voirie. (Av. Cons. d'Ét. 3 sept. 1811 ; Cons. d'Ét. 13 août 1823, 7 avril 1841.)

Cette assimilation pouvait alors être critiquée ; mais il n'en est plus de même aujourd'hui, car le décret du 26 mars 1852 range expressément les rues de Paris dans la grande voirie. Ce décret, ayant été rendu par le Président de la République pendant la période dictatoriale, a force de loi. (Bordeaux 9 déc. 1891, D. p. 93-1-460.)

L'administration de la voirie est confiée au préfet de la Seine sous l'autorité du ministre de l'intérieur.

Sous-chapitre II. — Distinction entre la grande et la petite voirie.

Bien que soumises au régime de la grande voirie, les rues de Paris n'en conservent pas moins leur caractère de voies municipales, et le régime des voies urbaines leur est, sous certains rapports, applicable.

Section 1re. — Distinction de la grande et de la petite voirie au point de vue des attributions respectives du préfet de la Seine et du préfet de police.

Dans l'ancien droit, on divisait la voirie en grande ou en petite, en s'attachant simplement à la nature et à l'étendue de la police exercée sur la voie publique.

Cette division a été conservée pour Paris par le décret de 1808, et les mesures dont les rues de Paris sont l'objet rentrent tantôt dans la grande, tantôt dans la petite voirie.

Appartient à la grande voirie tout ce qui concerne la conservation de la voie publique : alignements, constructions neuves, ouverture de nouvelles voies publiques, etc.

Appartient au contraire à la petite voirie tout ce qui intéresse la sûreté, la commodité de la circulation [1] et la salubrité des rues. (Cass. 30 juin 1893, D. p. 94-1-193.)

---

1. Cependant le Conseil d'État a regardé comme une contravention de grande voirie le fait d'encombrer, pendant plusieurs mois, les rues de Paris par des dépôts de matériaux.

Sous l'empire du décret du 27 octobre 1808, les saillies étaient dans les attributions du préfet de la Seine lorsqu'elles étaient fixes, dans celles du préfet de police si elles étaient mobiles. Aujourd'hui que le décret du 10 octobre 1859 a réuni dans les mains du préfet de la Seine la grande et la petite voirie, il n'y a plus de distinction à faire entre la grande et la petite voirie au point de vue de l'autorité chargée de la réglementation et de la surveillance. Tout ce qui concerne la voirie, grande ou petite, est concentré aux mains du préfet de la Seine. (Cons. d'Ét. 28 mars 1885, D. p. 86-3-97.)

Voici les attributions que le décret de 1859 confère expressément à ce magistrat :

1° La petite voirie telle qu'elle est définie par l'article 21 de l'arrêté du 12 messidor an VIII ;

2° L'éclairage, le balayage, l'arrosage de la voie publique, l'enlèvement des boues, neiges et glaces ;

3° Le curage des égouts et les fosses d'aisances ;

4° Les permissions pour établissements sur la rivière, les canaux et les ports ;

5° La concession des lieux de stationnement des voitures publiques et de celles qui servent à l'approvisionnement des halles et marchés ;

6° Les tarifs, l'assiette et la perception des droits municipaux de toute sorte dans les halles et marchés ;

. . . .

8° L'entretien des édifices communaux de toute nature ;

9° Les baux, marchés et adjudications relatifs aux services administratifs de la ville de Paris.

Toutefois, lorsque ces baux intéressent la circulation, l'entretien, l'éclairage de la voie publique et la salubrité, ils doivent, avant d'être présentés au conseil municipal, être soumis au préfet de police et, en cas de dissentiment, transmis avec ses observations au ministre de l'intérieur qui prononce. (Décr. 1859, art. 1er.)

Le préfet de police exerce à l'égard des matières énumérées plus haut le droit qui lui est conféré par l'article 34 de l'arrêté du 12 messidor an VIII.

Si les indications et réquisitions du préfet de police ne sont pas suivies d'effet, il peut en référer au ministre compétent.

Dans les mêmes cas, si le préfet de police fait opposition à l'exécution des travaux pouvant gêner la circulation, ils ne peuvent être commencés ou continués qu'en vertu de l'autorisation du ministre compétent. (M. D., art. 2.)

Le préfet de la Seine ne peut proposer au conseil municipal la concession d'aucun emplacement d'échoppe ou d'étalage fixe ou mobile, ni d'aucun lieu de stationnement de voitures sur la voie publique, et il ne peut délivrer d'autorisation concernant les établissements sur la rivière, les canaux et leurs dépendances, qu'après avoir pris l'avis du préfet de police.

En cas d'opposition de ce magistrat, il n'est passé outre qu'en vertu d'une décision du ministre compétent. (M. D., art. 3.)

Dans les circonstances motivant la concession de permission d'étalages sur la voie publique, d'une durée moindre de quinze jours, ces permissions peuvent être accordées exceptionnellement par le préfet de police après avoir pris l'avis du préfet de la Seine. (M. D., art. 4.)

Le décret de 1859 laisse au préfet de police le soin d'assurer la liberté de la circulation.

C'est en s'appuyant sur ce document que le préfet de police a rendu, le 25 juillet 1862, une ordonnance concernant la sûreté, la liberté et la commodité de la circulation. Nous en reproduisons le texte plus loin (s.-ch. IX).

Section 2. — Distinction entre la grande et la petite voirie au point de vue des dépenses des rues.

Les dépenses d'ouverture, d'entretien, d'alignement, d'élargissement sont à la charge de la commune. Parfois cependant l'État y contribue, mais aucune disposition légale ne lui en fait une obligation.

Section 3. — Distinction entre la grande et la petite voirie au point de vue de la compétence du conseil de préfecture et du tribunal de simple police.

Les actes de nature à compromettre l'assiette ou l'usage du domaine public, tels que anticipation ou détériorations diverses sur les voies dépendant de la grande voirie, sont des contraventions de grande voirie dont le conseil de préfecture doit connaître.

Au contraire, sont justiciables des tribunaux de simple police toutes les autres contraventions commises sur ce même domaine, notamment les infractions aux arrêtés de police pris dans l'intérêt *exclusif* soit de la salubrité publique, soit de la sécurité des personnes. (Cass. 29 juill. 1893, D. p. 94-1-193 ; Cf. Cons. d'Ét. 23 janv. 1864, D. p. 64-3-41.)

Sous-chapitre III. — Ouverture, largeur, déclassement et suppression des voies publiques à Paris.

Section 1re. — Ouverture des voies publiques à Paris.

§ 1er. — Ouverture par l'Administration.

1. Ouverture sur des terrains appartenant à des tiers.

A) *Plan. — Vote des crédits.* — Le plan de la rue projetée est dressé par les soins du préfet de la Seine, maire de Paris. Ce plan est soumis au conseil municipal, qui vote les fonds nécessaires à l'exécution des travaux et à l'acquisition des terrains à exproprier. (L. 24 juill. 1837.)

B) *Procédure d'enquête.* — Lorsque le conseil municipal a voté les fonds à la charge de la ville,

on recourt à la procédure d'enquête d'expropriation prescrite par la loi du 3 mai 1841. (V. dans notre *Répertoire* le mot : *Expropriation.*)

C) *Expropriation des terrains délaissés ou des immeubles situés en dehors des alignements.* — Mais, à Paris, l'application du principe de l'expropriation a une étendue bien plus considérable que dans la plupart des autres communes.

En effet, là où la loi de 1841 est seule applicable, la ville, on le sait, ne peut poursuivre l'expropriation que des immeubles compris dans les plans portés à la connaissance du public et légalement approuvés. Il en résulte qu'il reste souvent des portions d'immeubles trop étroites ou trop mal disposées pour que l'on puisse y élever des constructions salubres. Or, dans ce cas, l'article 50 de la loi de 1841 ne donne qu'aux propriétaires seuls le droit d'exiger que l'administration leur achète l'immeuble en entier [1].

Il y avait là une lacune que l'article 2 du décret du 26 mars 1852 est venu combler. Il a converti en une faculté réciproque le droit que la loi de 1841 ne reconnaissait qu'aux propriétaires.

Cet article est ainsi conçu :

« Dans tout projet d'expropriation pour l'élargissement, le redressement ou la formation des rues de Paris, l'administration aura la faculté de comprendre la totalité des immeubles atteints lorsqu'elle jugera que les parties restantes ne sont pas d'une étendue ou d'une forme qui permette d'y élever des constructions salubres. — Elle pourra pareillement comprendre, dans l'expropriation, des immeubles en dehors des alignements, lorsque leur acquisition sera nécessaire pour la suppression d'anciennes voies publiques jugées inutiles » (art. 2, §§ 1 et 2).

D) *Formes de l'expropriation. — Comment et à quel moment la ville doit faire connaître son intention d'acquérir.* — Les formes de l'expropriation sont réglées par le décret du 14 juin 1876 ainsi conçu :

« Lorsqu'il y aura lieu de procéder à l'ouverture, au redressement ou à l'élargissement d'une rue, à Paris ou dans l'une des villes auxquelles l'article 2 du décret du 26 mars 1852 aura été déclaré applicable, et qu'il paraîtra nécessaire de comprendre dans l'expropriation, en conformité dudit article, des parties d'immeubles situées en dehors des alignements, ces parcelles seront désignées sur le plan soumis à l'enquête prescrite par le titre 1er, article 2, de la loi du 3 mai 1841, et mention en sera faite dans l'avertissement public en vertu de l'article 3 de l'ordonnance royale du 23 août 1835. Il sera statué sur l'autorisation d'acquérir lesdites parcelles par le décret qui déclarera d'utilité publique l'opération de voirie projetée » (art. 1er).

« Si, postérieurement au décret portant déclara-

---

1. La loi du 13 avril 1850 sur l'assainissement des habitations donne bien le moyen de *réprimer* l'insalubrité des logements mis en location, mais non celui de *prévenir* la construction de logements défectueux au point de vue de l'hygiène.

tion d'utilité publique, l'administration reconnaît la nécessité d'acquérir les parties d'immeubles situées en dehors des alignements, ces parcelles seront indiquées sur le plan soumis à l'enquête prescrite par le titre II de la loi du 3 mai 1841 ; il en sera fait mention dans l'avertissement donné conformément à l'article 6 de ladite loi, et l'expropriation n'en pourra être autorisée, même en l'absence d'opposition, que par un décret rendu au Conseil d'État » (art. 2).

« La disposition qui précède ne fait pas obstacle à ce que le préfet statue, conformément aux articles 11 et 12 de la loi du 3 mai 1841, aussitôt après l'accomplissement des formalités prescrites par le titre II de ladite loi, à l'égard de toutes les autres propriétés comprises dans l'expropriation » (art. 3).

« Les articles 1er, 2 et 3 du décret du 27 décembre 1858 sont rapportés » (art. 4).

E) *Emploi des parties de terrains.* — Les parcelles de terrain acquises en dehors des alignements, et non susceptibles de recevoir des constructions salubres, sont réunies aux propriétés contiguës, soit à l'amiable, soit par l'expropriation de ces propriétés, conformément à l'article 53 de la loi du 16 septembre 1807. (Décr. 26 mars 1852, art. 2, § 3.)

L'article 53 de la loi de 1807 règle l'hypothèse où, par suite d'alignements arrêtés, une portion de terrain restant libre, le propriétaire du terrain contigu ne voudrait pas acquérir cette parcelle qui le sépare de la voie publique. L'administration est autorisée à le déposséder de l'ensemble de sa propriété en lui payant la valeur telle qu'elle était avant l'entreprise des travaux.

Aux termes de l'article 5 du décret du 27 décembre 1858, le propriétaire contigu est mis en demeure par un acte extrajudiciaire de déclarer, dans un délai de huitaine, s'il entend profiter de la faculté de s'avancer sur la voie publique en acquérant les parcelles riveraines. En cas de refus ou de silence, il est procédé à l'expropriation dans les formes légales, c'est-à-dire, d'après l'article 2, § 4, du décret de 1852, que la fixation du prix de ces terrains est faite suivant les mêmes formes et devant la même juridiction que celle des expropriations ordinaires.

F) *Timbre et enregistrement.* — L'article 58 de la loi du 3 mai 1841 est applicable à tous les actes et contrats relatifs aux terrains acquis pour la voie publique par simple mesure de voirie. (Décr. 26 mars 1852, art. 2 *in fine*.)

L'article 58 de la loi de 1841 porte que les plans, procès-verbaux, certificats, significations, jugements, contrats, quittances et autres actes faits en vertu de ladite loi de 1841 sont visés pour le timbre et enregistrés gratis lorsqu'il y a lieu à la formalité de l'enregistrement.

2. Ouverture sur des terrains appartenant à la ville.

Les règles à suivre sont celles que nous avons tracées page 143.

§ 2. — Ouverture de voies publiques par des particuliers.

1. Ouverture sur des terrains appartenant à des tiers.

Cette question a été examinée page 143.

2. Ouverture sur des terrains leur appartenant.

L'article 3 de la déclaration du roi du 10 avril 1783 rendue spécialement pour la ville de Paris est ainsi conçu :

« Faisons expresses inhibitions et défenses à tous propriétaires, architectes, entrepreneurs, maçons, charpentiers et autres, d'entreprendre ni commencer aucunes constructions ou reconstructions quelconques de murs de face sur rues sans, au préalable, avoir déposé au greffe de notre bureau des finances le plan desdites constructions et reconstructions, et avoir obtenu des officiers dudit bureau les alignements et permissions nécessaires, lesquels ne pourront être accordés qu'en conformité des plans par nous arrêtés, dont il sera déposé des doubles tant au greffe du Parlement qu'en celui de notre bureau des finances. »

Cette déclaration, toujours en vigueur, appelle quelques remarques.

La première au sujet de l'autorité compétente pour accorder l'autorisation.

Jusqu'en 1867, on décidait que l'autorisation d'ouvrir une rue sur son terrain ne pouvait être accordée que par décret, bien que le décret du 25 mars 1852 ait conféré aux préfets le pouvoir d'autoriser l'ouverture des rues dans les autres villes et que le décret du 13 janvier 1861 ait étendu au préfet de la Seine les attributions données aux préfets des autres départements par celui du 25 mars 1852. Mais, depuis la loi du 24 juillet 1867, l'autorisation doit incontestablement émaner du préfet.

La seconde remarque a trait aux peines applicables.

La déclaration de 1783 prononce : 1° contre les *propriétaires* une amende de 3,000 livres, la démolition des ouvrages, la confiscation des matériaux et la réunion du sol au domaine public ; 2° contre les *maîtres maçons, charpentiers et autres ouvriers* une amende de 1,000 livres et la déchéance de la maîtrise.

Quelles sont, parmi ces peines, celles qui sont restées en vigueur ?

Il faut éliminer tout d'abord la confiscation des matériaux et la réunion du sol au domaine public qui sont en opposition avec les principes de notre droit pénal. La déchéance de la maîtrise est également sans objet, les maîtrises ayant été abolies sous la Révolution. Restent donc : 1° les amendes de 3,000 livres contre le propriétaire et de 1,000 livres contre les ouvriers, amendes qui peuvent d'ailleurs être réduites au vingtième en vertu de la loi du 23 mars 1842 ; et 2° la démolition des édifices.

Encore faut-il noter que l'administration réclame rarement cette dernière mesure et que le conseil de préfecture, après avoir prononcé l'amende, se borne à prescrire la clôture, au moyen de grilles à chaque extrémité, de la rue illégalement ouverte.

La rue est ainsi transformée en un simple passage et ne fait pas partie des rues municipales. (Cons. d'Ét. 14 déc. 1850 ; 7 juin 1851.)

§ 3. — Ouverture de passages.

I. Passages publics.

Les passages publics sont de deux sortes : les uns découverts, qui ont quelque analogie avec les rues ; les autres couverts, d'ancienne origine ou de construction moderne ; ceux-ci bâtis, pour la plupart, en forme de galeries. Il s'en est établi en assez grand nombre, à Paris, au commencement de ce siècle.

Nous ne pouvons mieux faire que de rappeler, relativement aux passages en général, les principes posés dans une ordonnance de police du 18 février 1811, approuvée par le ministre de l'intérieur le 2 mars suivant et aujourd'hui abrogée, concernant les passages qui étaient établis sous les piliers des halles à Paris, à savoir : que partout où le passage est livré au public sur des propriétés particulières, cette faculté résulte, soit d'une servitude imposée aux propriétés, soit du consentement ou de la volonté des propriétaires ; que, dans le premier cas, le passage étant de droit, la portion de propriété sur laquelle il est réservé se trouve aussi, de droit, soumise à tous les règlements concernant la liberté de la voie publique ; que, dans le second cas, le passage est toujours accordé au public dans l'intérêt des propriétaires et de leurs locataires ; que, dès lors, en se dessaisissant ainsi en faveur du public et dans leur intérêt, de l'usage d'une partie de leur propriété qui est convertie, soit temporairement, soit invariablement, en voie publique, les propriétaires contractent de fait, envers le public et l'autorité, l'engagement d'en garantir la liberté et la sûreté ; qu'à l'instant où cet engagement est violé, l'autorité a le droit, dans l'intérêt de la sûreté publique, d'interdire le passage, en laissant les propriétaires maîtres de reprendre en entier l'usage et la possession de leur propriété.

Qu'en conséquence, tout passage doit, d'une part, avoir la largeur suffisante à la circulation ; de l'autre, être dégagé de tous les objets et dépôts qui pourraient en embarrasser l'usage et le rendre dangereux pour le public ; faute de quoi, il serait du devoir, aussi bien que dans le droit de l'autorité, d'en ordonner la clôture.

Une autre ordonnance de police du 20 août 1811 déterminait, pour les passages couverts, l'épaisseur des devantures de boutiques et le maximum des autres saillies, en proportion de la largeur de la voie (16 centimètres pour les passages qui ont 2 mètres et demi de largeur et au-dessus ; toute saillie est interdite dans ceux qui ont moins de 2 mètres et demi). La même ordonnance prohibait rigoureusement tout étalage de marchandises et tout dépôt quelconque sur le sol, et décidait qu'aucun passage ne peut être ouvert qu'avec l'autorisation du préfet de police.

Cette ordonnance a été rapportée par une ordonnance du 21 mars 1888 dont on trouvera le texte ci-après. (Sous-chap. IX, Sect. 8.)

Quant aux passages à ciel ouvert qui, avons-nous dit, offrent une certaine analogie avec les rues, depuis longtemps on a senti la nécessité d'éviter qu'à la faveur de la tolérance de l'administration, des passages ainsi formés ne finissent par être livrés comme rues à la circulation, ainsi que cela est arrivé quelquefois. C'est dans ce but qu'avaient disposé deux déclarations du roi : l'une du 18 juillet 1724 (art. 4 et 10) ; l'autre du 29 janvier 1762 (art. 2), portant que : « Aucun propriétaire ne pourra percer ni ouvrir aucunes nouvelles rues dans l'étendue de la ville de Paris et de ses faubourgs, quand même lesdites nouvelles rues ne seraient ouvertes que par un bout ou qu'elles n'auraient que des entrées obliques ; ni bâtir dans l'intérieur d'un même terrain, quoique enclos de murs ou édifices, un nombre de maisons, quand même elles n'auraient, quant à présent, aucune issue sur des rues déjà formées, mais seulement sur une rue pratiquée dans l'intérieur dudit terrain ou enclos qui pourrait, par l'ouverture de la clôture dudit terrain, former dans la suite une rue publique... » (Perrot, *Dictionnaire de la voirie*, p. 166 et suivantes.)

Il ne paraît pas, au surplus, que ces prescriptions aient jamais reçu d'application effective, et tout porte à croire que, se trouvant mêlées à d'autres dispositions de règlements tombés en désuétude, elles seraient aujourd'hui sans force aux yeux du juge.

Bornons-nous à constater qu'en fait il a existé, à Paris, plusieurs passages de la nature de ceux dont il s'agit ici, qui, dans l'origine, avaient été ouverts comme rues sans autorisation régulière, et dont les propriétaires, n'ayant point satisfait aux conditions de largeur, de direction, etc., qui leur étaient imposées, se sont vus contraints judiciairement de convertir ces rues en passages, en les fermant par des grilles à leurs extrémités. Le passage des Beaux-Arts, celui du Pré-aux-Clercs, tous deux classés depuis comme rues, peuvent être cités comme exemples.

Nous nous résumons sur ce point, en disant que chacun est libre sans doute de disposer de sa propriété comme il l'entend et de livrer passage au public sur son terrain, mais à la condition de se conformer aux lois de police. On ne peut nier, en effet, que si les particuliers ont le droit de grever leurs propriétés d'une semblable servitude, cette faculté ne soit nécessairement subordonnée aux convenances d'intérêt général et d'ordre public, qui ne permettent à personne de faire de sa chose un usage susceptible de nuire soit à des tiers, soit au public. (Cod. civ., art. 544.) Nul ne peut donc, sans l'assentiment et la permission de l'autorité, ouvrir un passage public sur sa propriété. (Correspondance ministérielle ; V. Daubenton, *Code de la voirie*, p. 145 et suiv. ; Rozet, *Dict. de la législation de la propriété*, v° *Passage public*, p. 460 ; Dalloz, *Lois admin.*, v° *Voirie*, n°ˢ 9489 et 9496.)

2. Des impasses.

Il n'y a de différence entre les rues et les impasses (autrement dits culs-de-sac) qu'en ce que ces dernières n'ont qu'une seule issue. En d'autres termes, une impasse est une rue fermée à l'une de ses extrémités. Du reste, les droits et les charges des propriétaires riverains sont les mêmes dans les deux situations. Les impasses sont, comme les rues communales, classées dans le domaine de la voirie urbaine, et les mêmes règlements leur sont applicables.

C'est ainsi, par exemple, qu'il a été jugé qu'une impasse, même fermée pendant la nuit, mais livrée à la circulation pendant le jour, est soumise aux règlements de police sur le balayage. (Cass. 8 juin 1837.)

Section 2. — Largeur des voies publiques.

Aux termes de l'article 1er de la déclaration du 10 avril 1783, la largeur des rues de Paris était fixée d'une manière uniforme à 30 pieds (10 mètres).

Cette mesure invariable avait ses inconvénients, tantôt elle excédait les besoins de la circulation, tantôt elle n'y répondait pas. Aussi un arrêté du 25 nivôse an V vint-il diviser les rues en cinq classes et fixer la largeur de chaque classe sur l'importance présumée de la circulation.

L'arrêté du Directoire exécutif du 13 germinal an V fixe à 10 ou à 12 mètres la largeur maxima des rues de Paris, suivant qu'elles sont ou non le prolongement des grandes routes.

En principe, c'est dans les plans d'alignement que la largeur des rues est indiquée. Quelquefois elle est déterminée par l'acte déclarant d'utilité publique l'ouverture de la rue.

Section 3. — Déclassement et suppression des voies publiques à Paris.

Le déclassement des rues et places de la ville de Paris s'opère selon les formes prescrites pour le classement. Il doit faire l'objet d'une délibération du conseil municipal et d'un décret. Ce décret doit, non pas porter que la rue cesse de faire partie des voies publiques de....., mais être conçu dans la forme suivante : « Est déclaré d'utilité publique le déclassement de la rue..... » (Av. Cons. d'Ét. 21 oct. 1891.)

Quand la suppression partielle d'une rue résulte d'une modification d'alignements, il y a lieu d'insérer dans le décret un article ordonnant cette suppression. (Av. Cons. d'Ét. 17 juill. 1884.)

Lorsque l'administration renonce à poursuivre l'exécution d'une voie publique, il y a lieu non pas d'en prononcer le déclassement, mais de rapporter le décret qui avait déclaré d'utilité publique l'ouverture de cette voie. (Av. Cons. d'Ét. 28 fév. 1884.)

Sous-chapitre IV. — Alignement et nivellement.

Section 1re. — Alignement.

§ 1er. — Alignement général.

Jusqu'à la loi du 16 septembre 1807, l'arrêté du 13 germinal an V est demeuré la règle de l'alignement des rues de Paris, avec la déclaration du 10 avril 1783 et l'arrêté ministériel du 25 nivôse an V.

L'article 52 de la loi du 16 septembre 1807, aujourd'hui encore en vigueur, est ainsi conçu :

Dans les villes, les alignements pour l'ouverture des nouvelles rues, pour l'élargissement des anciennes qui ne font pas partie d'une grande route, ou pour tout autre objet d'utilité publique, seront donnés par les maires, conformément au plan dont les projets auront été adressés aux préfets, transmis avec leur avis au ministre de l'intérieur et arrêtés en Conseil d'État.

Jusqu'au 3 septembre 1811, les plans de Paris furent approuvés par simple *arrêté ministériel;* mais, à cette date, le Conseil d'État émit l'avis que cette procédure était irrégulière et que les plans d'alignement de Paris devaient être dressés et approuvés dans les formes prescrites par l'article 52 de la loi du 16 septembre 1807, c'est-à-dire arrêtés en Conseil d'État.

Le décret du 25 mars 1852, qui donnait aux préfets le droit d'approuver les plans d'alignement dans les départements, n'étant pas applicable à Paris, ne modifia en rien ce mode de procéder.

Le décret du 13 janvier 1861 lui-même, bien qu'il déclarât les dispositions du décret de 1852 applicables à Paris, ne transporta pas au préfet de la Seine le droit d'approuver les plans d'alignement, car ce décret fut attaqué pour cause d'inconstitutionnalité devant le Sénat.

Ce n'est que par l'article 17 de la loi du 24 juillet 1867, déclarant applicable à Paris le décret de 1852, que le préfet de la Seine a reçu le pouvoir d'approuver les plans d'alignement.

§ 2. — Alignement individuel et autorisation de bâtir.

L'alignement individuel et l'autorisation de bâtir, à Paris, sont soumis aux règles générales établies en cette matière. (V. *suprà*, p. 174.)

C'est le *préfet de la Seine* qui a qualité pour délivrer l'alignement individuel et les permissions de bâtir. (Cons. d'Ét., 28 déc. 1854, D. p. 55-3-61.)

Section 2. — Nivellement.

Les articles 3 et 4 du décret du 26 mars 1852 sont ainsi conçus :

« A l'avenir, l'étude de tout plan d'alignement de rue devra nécessairement comprendre le nivellement; celui-ci sera soumis à toutes les formalités qui régissent l'alignement. (V. *suprà*, p. 174.) — Tout constructeur de maisons, avant de se mettre à l'œuvre, devra demander l'alignement et le nivellement de la voie publique au-devant de son terrain et s'y conformer » (art. 3).

« Il devra pareillement adresser à l'administration son plan et des coupes cotés des constructions qu'il projette, et se soumettre aux prescriptions qui lui seront faites dans l'intérêt de la sûreté publique et de la salubrité[1]. — Vingt jours après le dépôt de

---

1. Il résulte des termes mêmes de l'article 4 que le préfet de la Seine ne peut imposer de prescriptions que dans

ces plans et coupes au secrétariat de la préfecture de la Seine, le constructeur pourra commencer ses travaux d'après son plan, s'il ne lui a été notifié aucune injonction [1]. Une coupe géologique des fouilles pour fondation de bâtiments sera dressée par tout architecte constructeur et remise à la préfecture de la Seine » (art. 4).

A la suite de ce décret, le préfet de la Seine a pris un arrêté ainsi conçu :

A l'avenir, les nivellements pour tous les travaux publics et privés dépendant de la préfecture de la Seine seront rapportés au niveau moyen de la mer; en conséquence, les cotes de nivellement exprimeront la distance ou ordonnée de chaque point considéré à ce niveau pris pour zéro.

La vérification des cotes sera rapportée à des repères en fontes, aux armes de la ville, placés aux carrefours, aux angles des rues, sur les soubassements des monuments, sur les murs des quais et sur les autres points jugés nécessaires ; ces repères indiqueront des ordonnées de comparaison, savoir : la cote relative au niveau de la mer et deux autres cotes se rapportant, l'une au zéro du pont de la Tournelle, l'autre au plan de comparaison passant à 50 mètres au-dessus du niveau légal des eaux du bassin de La Villette [2] (art. 1er).

Les projets de premier pavage des rues anciennes ou nouvelles devront toujours être accompagnés de plans et profils de nivellement, avec cotes indiquant les ordonnées du sol actuel et celles du sol futur.

Il en sera de même des projets de remaniement de pavages anciens pour l'amélioration des pentes. Les nivellements pour les constructions particulières seront déterminés conformément à ces projets dûment approuvés (art. 2).

Les propriétaires, les architectes et les entrepreneurs qui voudront bâtir dans les rues non pavées devront, avant de poser des seuils de portes, et sous peine d'une amende de cinquante francs prononcée par les lettres patentes de 1725 ci-dessus

l'intérêt de la sûreté et de la salubrité publiques. Il ne doit pas se laisser dominer par d'autres considérations, l'intérêt de la décoration extérieure, par exemple. (Req. 2 juill. 1895, D. p. 96-1-178; Dalloz, J. G., v° *Voirie par terre*, n° 1786.)

[1]. Lorsque le préfet de la Seine refuse l'autorisation de bâtir jusqu'à modification du plan, quels sont les recours qui sont ouverts au constructeur ? Tout d'abord, selon les principes généraux, celui-ci peut réclamer devant le ministre contre la décision qui lui est subordonne. Ce point est hors de doute. Mais la décision du *Ministre* peut-elle elle-même être attaquée au Conseil d'État, et, en cas d'affirmative, dans quelles conditions?

Cette question, qui a donné lieu à des difficultés, peut aujourd'hui être considérée comme résolue, et il faut décider que le pourvoi n'est pas recevable lorsque le refus est basé sur des motifs de sûreté ou de salubrité publiques mais que l'annulation de l'arrêté peut être prononcée lorsque le refus a été inspiré par d'autres raisons et se trouve, dès lors, entaché d'un détournement de pouvoirs. (Cons. d'Ét. 13 fév. 1885, D. p. 86-3-91.)

Les contraventions à l'article 4 qui n'a en vue que la sécurité et la salubrité publiques, ne sont pas de la compétence des conseils de préfecture. Cons. d Ét. 2r juin 1888, D. p. 89-3-92.)

[2]. Le zéro de l'échelle du pont de la Tournelle (basses eaux de 1719) est à 26m,24 au-dessus du niveau moyen de la mer. L'ordonnée de l'ancien plan du nivellement de Paris passe à 75m,24 au dessus de ce zéro, et par conséquent à 101m,49 au-dessus du niveau de la mer.

visées, demander l'indication du nivellement de la voie publique (art. 3).

Ceux qui bâtiront dans des rues pavées, mais dont les pentes, mal réglées, seraient susceptibles d'améliorations, sont invités à demander pareillement ce nivellement et à disposer leurs constructions nouvelles en vue de ces améliorations ultérieures (art. 4).

Sous-chapitre V. — Noms des rues. — Inscription des voies publiques. — Numérotage des maisons.

Section 1re. — Noms des rues.

La dénomination des voies publiques est réglée par l'ordonnance royale du 10 juillet 1816, la loi du 18 juillet 1837 et la circulaire ministérielle du 3 août 1841. (V. p. 234.)

Section 2. — Inscription du nom des voies publiques.

Le décret du 23 mai 1806 et l'ordonnance de police du 9 juin 1824 réglementent l'inscription du nom des voies publiques. Nous en avons donné le texte page 234.

Section 3. — Numérotage des maisons.

Le numérotage des maisons a fait l'objet du décret du 15 pluviôse an XIII. (V. p. 235.)

A Paris, le conseil municipal n'est pas appelé à délibérer au sujet du numérotage des maisons.

Qu'il s'agisse de mesure d'ensemble ou d'opération individuelle, c'est le préfet de la Seine seul qui intervient en se fondant sur la loi des 16-24 août 1790.

Sous-chapitre VI. — Conservation de la voie publique.

Section 1re. — Ouvrages destinés à la conservation du sol.

§ 1er. — Pavage.

1. Historique.

Le premier pavage exécuté à Paris fut ordonné en 1185 par Philippe-Auguste. Mais il ne s'appliquait qu'à *la Croisée*, c'est-à-dire aux deux grandes voies qui, allant de la porte Saint-Honoré à la porte Saint-Antoine et de la porte Saint-Denis à la porte Saint-Jacques se *croisaient* au Grand-Châtelet. L'entretien du pavage des voies de la Croisée incomba d'abord à la ville; dans les autres rues, les habitants de Paris étaient tenus, jusqu'au commencement du xviie siècle, de maintenir en bon état le pavé devant leurs maisons. Mais en 1605, le roi prit à sa charge toute la dépense du pavé de Paris.

Dans le courant du xviiie siècle, alors que les travaux de pavage étaient confiés à un entrepreneur, il était de règle que celui-ci ne serait obligé de commencer le pavage d'une rue que si un certain nombre de contribuables lui en assuraient le paiement.

2. Législation actuelle.

A) *Pavage à la charge des riverains.* — En 1851, la ville de Paris crut devoir user de la faculté qu'accordait aux villes la loi de finances du 25 juin

1841 (V. p. 153), de convertir en une taxe payable en numéraire l'obligation pour les propriétaires d'établir le pavage de tout ou partie des rues. Cette taxe fut fixée à douze francs par mètre superficiel, quels que fussent les matériaux employés.

Ce forfait devint une lourde charge pour la ville. Aussi, en 1875, on en revint au système de répartition employé avant 1852, et l'on procède aujourd'hui au recouvrement de la taxe en prenant pour base le prix de revient dûment constaté des travaux à la charge des propriétaires riverains, et après enquête.

B) *Projets d'ensemble.* — Une certaine publicité est donnée par la ville aux projets d'ensemble concernant l'établissement du pavage. Les riverains sont appelés à prendre connaissance du devis et de l'état projeté de répartition des frais, afin de prévenir des contestations sur l'exactitude du métrage ou d'entendre les objections que soulève la mesure. En outre, avant d'envoyer les rôles de recouvrement à l'administration, les ingénieurs notifient individuellement les bulletins de métrage.

C) *Recouvrement de la taxe.* (V. p. 154.)

§ 2. — Trottoirs.

1. Historique.

L'établissement de trottoirs à Paris est de date relativement récente et ne remonte pas au delà de 1781. C'est la rue de l'Odéon qui, la première à cette date, en fut pourvue; vint ensuite la rue de Louvois dont l'ouverture fut subordonnée à la construction de trottoirs. Mais ce n'est réellement qu'à partir de 1823 que l'on commença à imposer aux riverains, lors de l'ouverture des rues nouvelles, l'obligation d'établir des trottoirs. C'est également vers cette époque que la ville de Paris donna, à titre d'encouragement, des primes en argent aux riverains qui se décidaient à construire des trottoirs au droit de leurs immeubles. Cette prime s'élevait au tiers de la dépense, lorsque les dalles qui recouvraient le trottoir étaient en granit, et au cinquième lorsqu'elles étaient en lave. La bordure devait toujours être en granit. (Block et de Pontich, *Administration de la ville de Paris*, p. 347.)

2. Dépenses de construction.

Aux termes de la loi de 1845, en l'absence d'usage plus rigoureux, la dépense de construction des trottoirs est répartie entre la commune et les propriétaires riverains, sans que la portion à la charge de la commune puisse être inférieure à la moitié de la dépense totale.

Mais la ville de Paris n'avait aucun intérêt à réclamer le bénéfice de cette disposition, car, en obligeant les propriétaires à construire des trottoirs, elle eût été tenue de supporter la moitié d'une dépense très élevée. Aussi, jusqu'en 1879, préféra-t-elle encourager les propriétaires riverains à construire des trottoirs, en leur accordant des primes qui variaient selon la nature des matériaux. Toutefois, comme le convertissement des revers pavés

en trottoirs ne pouvait avoir lieu, dans ces conditions, qu'avec l'acquiescement des propriétaires, l'administration dut, pour certaines voies dont les riverains faisaient résistance à ses prétentions, solliciter l'autorisation de se prévaloir des dispositions de la loi du 7 juin 1845. Cette autorisation lui fut accordée par un décret du 11 juillet 1879 qui autorise la transformation en trottoirs des revers pavés d'un certain nombre de rues et places des douze premiers arrondissements ainsi que du XIXe.

La largeur de ces trottoirs est fixée conformément au tableau ci-après :

LARGEUR DES RUES.	LARGEUR de chaque trottoir.
m. c.	m. c.
4 50	0 75
5 00	0 75
5 50	0 75
6 00	0 80
6 50	1 00
7 00	1 20
7 50	1 35
7 80	1 40
8 00	1 50
8 50	1 50
9 00	1 50
9 50	1 55
9 70	1 60
10 00	1 70
10 50	1 85
11 00	2 00
11 50	2 20
11 70	2 30
12 00	2 40
12 50	2 50
13 00	2 60
13 50	2 70
14 00	2 80
14 50	2 90
15 00	3 00
15 50	3 10
16 00	3 20
16 50	3 30
17 00	3 40
17 50	3 50
18 00	3 60
18 50	3 70
19 00	3 80
19 50	3 90
20 00 et au dessus.	4 00 (Maximum.)

Dans les rues d'une largeur au-dessous de 4m,50, le trottoir est réduit à une bordure de 20 centimètres.

3. Mode de construction.

La construction des trottoirs, dans Paris est réglementée par un arrêté préfectoral du 15 avril 1846, qui n'a subi que peu de modifications et auquel nous renvoyons.

4. Recouvrement des frais de construction.

Le recouvrement des frais d'établissement de trottoirs a lieu de la même manière que celui des frais de pavage. (V. p. 155.)

§ 3. — Égouts.

1. Égouts publics.

Le réseau des égouts de Paris est de date récente. Au commencement de ce siècle, il n'existait guère que quelques fossés d'assainissement se déversant dans le ruisseau de Mesnilmontant, appelé aussi égout de ceinture, qui aboutissait à la Seine, vers Chaillot. Ce ruisseau fut couvert en 1750 sur la demande des riverains.

Ce fut vers cette galerie, large de 2 mètres, que l'on dirigea les quelques égouts successivement construits dans les quartiers populeux de la rive droite. Mais ce collecteur ne tarda pas à devenir insuffisant. En 1830, lorsque les travaux d'assainissement commencèrent à prendre une certaine extension, les ingénieurs dirigèrent la percée des galeries nouvelles, non plus vers l'égout de ceinture, mais vers la Seine. Il en résultait une pollution générale des eaux du fleuve chaque fois que l'on ouvrait les bornes-fontaines, c'est-à-dire le matin et dans l'après-midi. Vers 1851, lorsqu'on construisit la rue de Rivoli, on y établit un nouveau collecteur qui recueillait les eaux des égouts et les déversait en Seine, à l'aval du pont de la Concorde. On espérait que ces eaux resteraient à la rive et que l'eau des machines de Chaillot en serait débarrassée. Mais il n'en fut pas ainsi. Il devenait dès lors urgent de prendre un parti. En 1856, M. Belgrand, directeur des eaux et égouts, proposa au préfet de la Seine et fit adopter le réseau des égouts collecteurs actuellement existant.

Ce réseau se compose de trois collecteurs principaux : collecteur de rive droite dit collecteur d'Asnières; collecteur de rive gauche ou de Marceau, collecteur de Clichy.

Grâce à ces collecteurs, la Seine n'est plus polluée dans la traversée de Paris et en outre elle ne peut, en temps de crue, refluer dans les égouts, puisque toutes les eaux sont recueillies à Clichy par un « émissaire général » et refoulées à l'aide de pompes à vapeur sur les terrains de Gennevilliers.

En dehors des collecteurs, chaque rue doit, en principe, être pourvue d'un égout placé dans l'axe de la rue, si elle a moins de 20 mètres de largeur, de deux égouts, un sous chaque trottoir, si elle a 20 mètres ou davantage. (Block et de Pontich, *Administration de la ville de Paris*, p. 489.)

2. Égouts particuliers.

L'article 6 du décret du 26 mars 1852 porte : « Toute construction nouvelle dans une rue pourvue d'égout devra être disposée de manière à y conduire les eaux pluviales et ménagères. La même disposition sera prise pour toute maison ancienne en cas de grosses réparations, et, en tous cas, avant dix ans. »

Pour l'exécution de cette disposition, un arrêté préfectoral du 19 décembre 1854 a prescrit que la projection directe dans les égouts publics des eaux pluviales et ménagères des maisons de Paris aurait lieu par des galeries souterraines en maçonnerie établies et entretenues par les propriétaires et ayant au moins 2 mètres de hauteur sous clef et 1^m,30 de largeur aux naissances.

Cette disposition a été modifiée par un arrêté préfectoral du 2 juillet 1879, pris en conformité d'une délibération du conseil municipal et complété par un arrêté du 28 octobre 1881.

Enfin, tout récemment la loi du 10 juillet 1894 a prescrit l'évacuation directe à l'égout public des matières solides et liquides des cabinets d'aisances. (V. *infrà* : Sous-chap. VII, sect. 4, p. 306.)

Section 2. — *Mesures imposées dans l'intérêt de la conservation du sol.*

§ 1er. — Écoulement des eaux.

Aux termes de l'article 13 du décret du 22 juillet 1882, aucune espèce de cuvette pour l'écoulement des eaux ménagères ou industrielles ne peut être établie en saillie sur la voie publique. L'article 20 de l'ordonnance de 1823 renfermait déjà une interdiction analogue pour les eaux ménagères.

Suivant la prescription de l'article 6 du décret du 26 mars 1852, nous l'avons vu, les eaux ménagères doivent être envoyées directement dans les égouts.

§ 2. — Excavations près ou sous la voie publique.

1. Caves.

Un arrêt du voyer de Paris, rédigé en 1270, porte que « nuls ne peuvent faire caveaux, dessoubs voyes sans le congé du voyer ». L'édit de décembre 1607 (V. p. 243) reproduit, on le sait, cette disposition. Diverses ordonnances du bureau des finances l'ont rappelée et généralisée. Ces édits et ordonnances sont encore en vigueur, aux termes de la loi des 19-22 juillet 1791. Soit donc que l'excavation ait été autorisée par la ville, soit qu'elle ait été pratiquée par un riverain de son autorité propre, elle ne peut donner lieu à aucun droit mais à une simple tolérance. (Cass. 16 juill. 1877, D. p. 78-1-75 ; Paris 11 juill. 1871, D. p. 71-2-148.)

Les pouvoirs de l'administration à l'égard des caves sous rues, sont, en résumé, les suivants :

1° Si des caves ont été creusées sous la voie publique *depuis 1579*, époque de la déclaration d'inaliénabilité du domaine public, en France, elles n'ont qu'une existence précaire que l'édit de 1607 entendait même faire cesser immédiatement ;

2° Dans le cas où l'ouverture de ces caves remonte *au delà de 1579*, la possession acquise constitue une servitude à laquelle il ne peut être porté atteinte que moyennant indemnité ;

3° Quelle que soit la date d'établissement des caves sous la voie publique, l'autorité administrative a le pouvoir d'en prescrire le comblement *sans aucune intervention des tribunaux*, puisqu'il s'agit d'apprécier les mesures à prendre pour la conservation du domaine public. (Cons. d'Ét. 23 janv. 1862, Legendre ; V. Cass. 27 fév. 1873, D. p. 73-1-91, et Cons. d'Ét. 22 nov. 1866, D. p. 67-3-21 ; Guillaume, n° 301, p. 277 ; des Cilleuls, n° 228, p. 522.)

La suppression des caves établis, antérieurement à 1579, sous les rues, n'a pas besoin d'être déclarée d'utilité publique, puisque cette mesure est ordonnée par l'édit de décembre 1607, et le règlement de l'indemnité qu'elle peut entraîner ne doit pas avoir lieu d'après les dispositions de la loi du 3 mai 1841, qui supposent une dépossession de la pleine propriété. Mais que la jouissance ait été obtenue par titre ou prescription, il y a obligation formelle ou tacite de la respecter, et la privation de cette jouissance d'origine régulière résout une convention de droit commun; la *fixation de l'indemnité* appartient donc aux tribunaux civils. (Cons. d'Ét. 22 nov. 1866, D. p. 67-3-20, et les conclusions de M. Aucoc; des Cilleuls, n° 227, p. 520.)

Dans le courant du xviie siècle, lorsqu'on commença l'exécution des plans d'alignement, le bureau de la ville de Paris, à qui incombait le soin d'acquitter les indemnités par terrains retranchés, imagina de promettre à un certain nombre de propriétaires dont les maisons étaient atteintes, la continuation de jouissance de leurs caves, comme équivalent du prix des terrains cédés. Mais les trésoriers de France ayant exigé, au contraire, des riverains que, à l'occasion de la prise d'alignement, ils comblassent les caves dépendant du sol nouvellement réuni à la voie publique, le conflit fut porté devant le Conseil d'État qui, par un arrêt du 3 juillet 1685, régularisa et consacra la tolérance accordée par les prévôts des marchands et échevins, comme expédient et moyen libératoire. Mais cet arrêt, il le faut bien comprendre, n'a eu ni pour but ni pour effet de reconnaître aux riverains la *propriété* des caves qu'ils sont autorisés à conserver; tout ce qu'il a voulu, c'est assurer pour l'avenir aux propriétaires intéressés et à leurs ayants droit un titre à indemnités pour inexécution de contrat, dans le cas où l'autorité administrative viendrait, en vertu de ses pouvoirs, à prononcer la révocation de la tolérance.

Dès lors le seul fait qu'il existe, sous une rue de Paris, des caves remontant à une époque même contemporaine de l'arrêt de 1685 ne suffit pas pour créer un droit à indemnité, lorsqu'elles viennent à être supprimées par mesure de voirie; il faut prouver qu'à l'époque où le retranchement de l'immeuble qu'elles desservent fut opéré, le maintien de ces caves a été stipulé formellement, au profit du détenteur. (Des Cilleuls, n° 228, p. 522; Dalloz, J. G., Suppl., v° *Voirie par terre*, p. 582; Paris 11 juill. 1871, D. p. 71-2-448.)

2. Carrières.

Les carrières de toute nature, ouvertes ou à ouvrir dans le département de la Seine, sont soumises aux mesures d'ordre et de police ci-après déterminées.

A) Des déclarations.

Aucune exploitation de carrière, à ciel ouvert ou par galeries souterraines, ne peut avoir lieu si ce n'est en vertu d'une déclaration adressée par l'exploitant au maire de la commune où la carrière est située. (Décr. 12 fév. 1892, art. 2.)

Aucune carrière abandonnée ne peut être remise en exploitation, aucune carrière à ciel ouvert ne peut être exploitée par galeries souterraines, aucun nouvel étage ne peut être ouvert dans une carrière souterraine, s'il n'a été fait une nouvelle déclaration. (M. D., art. 3.)

En cas de changement d'exploitant, l'exploitation ne peut être continuée, si ce n'est en vertu d'une déclaration adressée au maire par le nouvel exploitant. (M. D., art. 4.)

La déclaration est faite en deux exemplaires:

Elle contient l'énonciation des nom, prénoms et demeure du déclarant, et la qualité en laquelle il entend exploiter la carrière.

Elle fait connaître d'une manière précise l'emplacement de la carrière et sa situation par rapport aux habitations, bâtiments et chemins les plus voisins.

Elle indique la nature de la masse à extraire, l'épaisseur et la nature des terres ou bancs de rochers qui la recouvrent, le mode d'exploitation à ciel ouvert ou par galeries souterraines. (M. D., art. 5.)

En cas d'exploitation par galeries souterraines, il est joint à la déclaration un plan des lieux, également en deux expéditions et à l'échelle de deux millimètres par mètre.

Sur ce plan sont indiqués les désignations cadastrales et le périmètre du terrain sous lequel l'exploitant se propose d'établir des fouilles, ainsi que ses tenants et aboutissants: les chemins, édifices, canaux, rigoles et constructions quelconques existant sur ledit terrain dans un rayon de 25 mètres au moins; l'emplacement des orifices, des puits ou des galeries projetés.

Dans le cas où il existerait des travaux souterrains déjà exécutés, il en sera fait mention dans la déclaration. (M. D., art. 6.)

En cas d'exploitation par une personne étrangère à la commune où la carrière est située, ou pour le compte d'une société n'ayant pas son siège dans la commune, la déclaration contient élection de domicile dans la commune. (M. D., art. 7.)

Les déclarations sont classées dans les archives de la mairie. Il en est donné récépissé.

Un des deux exemplaires de la déclaration et, quand il s'agit de carrières souterraines, du plan qui y est joint est transmis sans délai au préfet.

Le préfet envoie ces pièces à l'ingénieur des mines, qui les conserve et en inscrit la mention sur un registre spécial. (M. D., art. 8.)

B) Des règles de l'exploitation.

a) *Des carrières exploitées à ciel ouvert.* — Les bords des fouilles ou excavations sont établis et tenus à une distance horizontale de 10 mètres au moins des bâtiments ou constructions quelconques, publics et privés, des routes ou chemins, cours d'eau, canaux, fossés, rigoles, conduites d'eau, mares et abreuvoirs servant à l'usage public.

L'exploitation de la masse est arrêtée, à compter des bords de la fouille, à une distance horizontale réglée à un mètre par chaque mètre d'épaisseur des terres de recouvrement, s'il s'agit d'une masse solide, ou à un mètre par chaque mètre de profondeur totale de la fouille si cette masse, par sa cohésion, est analogue à ces terres de recouvrement.

Toutefois, cette distance peut être augmentée ou diminuée par le préfet, sur le rapport de l'ingénieur des mines, en raison de la nature plus ou moins consistante des terres de recouvrement et de la masse exploitée elle-même.

Le tout sans préjudice des mesures spéciales prescrites ou à prescrire par la législation des chemins de fer. (Décr. 12 fév. 1892, art. 9.)

L'abord de toute carrière située dans un terrain non clos doit être garanti, sur les points dangereux, par un fossé creusé au pourtour et dont les déblais sont rejetés du côté des travaux, pour y former une berge, ou par tout autre moyen de clôture offrant des conditions suffisantes de sûreté et de solidité.

Les dispositions qui précèdent sont applicables aux carrières abandonnées.

Les travaux de clôture sont, dans ce cas, à la charge du propriétaire du fonds dans lequel la carrière est située, sauf recours contre qui de droit.

Le tout sans préjudice du droit qui appartient à l'autorité municipale de prendre les mesures nécessaires à la sûreté publique. (M. D., art. 10.)

Les procédés d'abatage de la masse exploitée ou des terres de recouvrement qui seraient reconnus dangereux pour les ouvriers peuvent être interdits par des arrêtés du préfet, rendus sur l'avis de l'ingénieur des mines.

Dans le tirage à la poudre et en tout ce qui concerne la conduite des travaux, l'exploitant se conformera à toutes les mesures de précaution et de sûreté qui lui seront prescrites par l'autorité. (M. D., art. 11.)

b) *Des carrières souterraines.* — En dehors de l'enceinte de Paris, à l'intérieur de laquelle l'exploitation des carrières souterraines de toute nature est interdite, aux termes de l'article 82 de la loi du 21 avril 1810, modifiée par la loi du 27 juillet 1880, aucune excavation souterraine ne peut être ouverte ou poursuivie que jusqu'à une distance horizontale de 10 mètres des bâtiments et constructions quelconques, publics ou privés, des routes ou chemins, cours d'eau, canaux, fossés, rigoles, conduites d'eau, mares et abreuvoirs servant à l'usage public.

Cette distance est augmentée d'un mètre par chaque mètre de hauteur de l'excavation. (Décr. 12 fév. 1892, art. 12.)

Les dispositions de l'article 10 sont applicables aux orifices des puits verticaux ou inclinés donnant accès dans des carrières souterraines, à moins que l'abord n'en soit suffisamment défendu par l'agglomération des déblais et l'élévation de leur plateforme.

Elles sont également applicables aux fontis provenant d'anciennes carrières. (M. D., art. 13.)

Pour tout ce qui concerne la sûreté des ouvriers et du public, notamment pour les moyens de consolidation des puits, galeries et autres excavations, la disposition et les dimensions des piliers de masse,

les précautions à prendre pour prévenir les accidents dans le tirage à la poudre, les exploitants se conformeront aux mesures qui leur seront prescrites par le préfet, sur le rapport de l'ingénieur des mines. (M. D., art. 14.)

Tout exploitant qui veut abandonner une carrière souterraine est tenu d'en faire la déclaration au préfet, par l'intermédiaire du maire de la commune où la carrière est située. Le préfet fait reconnaître les lieux par l'ingénieur des mines et prescrit, sur son rapport, les mesures qu'il juge nécessaires dans l'intérêt de la sûreté publique. (M. D., art. 15.)

Lorsque le préfet, sur le rapport de l'ingénieur des mines, constatera la nécessité de faire dresser ou compléter le plan des travaux d'une carrière souterraine, il pourra requérir l'exploitant de faire lever ou compléter le plan.

Si l'exploitant refuse ou néglige d'obtempérer à cette réquisition dans le délai qui lui aura été fixé, le plan est levé d'office, à ses frais, à la diligence de l'administration. (M. D., art. 16.)

c) *Dispositions communes aux carrières à ciel ouvert et aux carrières souterraines.* — La prescription des articles 9, § 1er, et 12, § 1er, ne s'applique point aux murs de clôture autres que ceux qui enceignent des cimetières ou des cours attenant à des habitations.

Le préfet peut, sur la demande de l'exploitant, réduire la distance de 10 mètres, fixée par lesdits paragraphes, sauf en ce qui concerne les propriétés privées. Il statue sur le rapport de l'ingénieur des mines, après avoir pris l'avis des ingénieurs des ponts et chaussées ou de l'agent voyer, s'il s'agit du domaine national ou départemental ; celui des ingénieurs du service municipal de Paris, s'il s'agit de canaux, constructions ou établissements quelconques appartenant à la ville de Paris ; celui du maire, s'il s'agit du domaine communal.

En ce qui concerne les propriétés privées, la distance fixée par les mêmes paragraphes peut être réduite par le fait seul du consentement du propriétaire intéressé. (Décr. 12 fév. 1892, art. 17.)

L'exploitant se conformera, en tout ce qui concerne le travail des enfants, filles ou femmes employés dans les carrières, aux dispositions des lois et règlements intervenus ou à intervenir. (M. D., art. 18.)

C) De la surveillance.

L'exploitation des carrières à ciel ouvert est surveillée, sous l'autorité du préfet, par les maires et autres officiers de police municipale, avec le concours des ingénieurs des mines et des agents sous leurs ordres. (Décr. 12 fév. 1892, art. 19.)

L'exploitation des carrières souterraines est surveillée, sous l'autorité du préfet, par les ingénieurs des mines et les agents sous leurs ordres, sans préjudice de l'action des maires et autres officiers de police municipale. (M. D., art. 20.)

Les ingénieurs des mines et les agents sous leurs ordres visitent dans leurs tournées les carrières souterraines.

Ils visiteront aussi, lorsqu'ils le jugeront nécessaire ou lorsqu'ils en seront requis par le préfet, les carrières à ciel ouvert.

Les ingénieurs des mines et les agents sous leurs ordres dressent des procès-verbaux de ces visites.

Ils laissent, s'il y a lieu, aux exploitants des instructions écrites pour la conduite des travaux au point de vue de la sécurité ou de la salubrité. Ils en adressent une copie au préfet.

Ils signalent au préfet les vices d'exploitation de nature à occasionner un danger, ou les abus qu'ils auraient observés dans ces visites, et provoquent les mesures dont ils auront reconnu l'utilité. (M. D., art. 21.)

Dans le cas où, par une cause quelconque, la sûreté des ouvriers, celle du sol ou des habitations se trouvent compromises, l'exploitant doit en donner immédiatement avis à l'ingénieur des mines ou au contrôleur des mines, ainsi qu'au maire de la commune, s'il s'agit d'une carrière souterraine.

Dans le même cas, les exploitants de carrières à ciel ouvert préviendront le maire de la commune.

De quelque façon que le danger soit parvenu à sa connaissance, le maire en informe le préfet et l'ingénieur des mines ou le contrôleur des mines. (M. D., art. 22.)

L'ingénieur des mines, aussitôt qu'il en est prévenu, ou, à son défaut, le contrôleur des mines, se rend sur les lieux, dresse procès-verbal de leur état et envoie ce procès-verbal au préfet, en y joignant l'indication des mesures qu'il juge convenables pour faire cesser le danger.

Le maire peut aussi adresser au préfet ses observations et propositions.

Le préfet ne statue qu'après avoir entendu l'exploitant, sauf le cas de péril imminent. (M. D., art. 23.)

Si l'exploitant, sur la notification qui lui est faite de l'arrêté du préfet, ne se conforme pas aux mesures prescrites dans le délai qui aura été fixé, il y est pourvu d'office à ses frais par les soins de l'administration. (M. D., art. 24.)

En cas de péril imminent reconnu par l'ingénieur, celui-ci fait, sous sa responsabilité, les réquisitions nécessaires aux autorités locales, pour qu'il y soit pourvu sur-le-champ, ainsi qu'il est pratiqué en matière de voirie, lors du péril imminent de la chute d'un édifice.

Le maire peut, d'ailleurs, toujours prendre, en l'absence de l'ingénieur, toutes les mesures que lui paraît commander l'intérêt de la sûreté publique. (M. D., art. 25.)

En cas d'accident qui aurait été suivi de mort ou de blessures, l'exploitant est tenu d'en donner immédiatement avis à l'ingénieur des mines ou au contrôleur des mines, ainsi qu'au maire de la commune, s'il s'agit d'une carrière souterraine.

Dans le même cas, les exploitants de carrières à ciel ouvert devront en donner immédiatement avis au maire de la commune.

De quelque façon que l'accident soit parvenu à sa connaissance, le maire en informe sans délai le préfet et l'ingénieur des mines ou le contrôleur des mines.

Il se transporte immédiatement sur le lieu de l'événement et dresse un procès-verbal qu'il transmet au procureur de la République et dont il envoie copie au préfet.

L'ingénieur des mines, ou, à son défaut, le contrôleur des mines, se rend, dans le plus bref délai, sur les lieux. Il visite la carrière, recherche les circonstances et les causes de l'accident, dresse du tout un procès-verbal qu'il transmet au procureur de la République et dont il envoie copie au préfet.

Il est interdit aux exploitants de dénaturer les lieux avant la clôture du procès-verbal de l'ingénieur des mines.

L'ingénieur des mines se conforme, pour les autres mesures à prendre, aux dispositions du décret du 3 janvier 1813. (M. D., art. 26.)

Les dispositions des articles 23, 24 et 25 sont applicables, à toute époque, aux carrières abandonnées dont l'existence compromettrait la sûreté publique.

Les travaux prescrits sont, dans ce cas, à la charge du propriétaire du fonds dans lequel la carrière est située, sauf son recours contre qui de droit. (M. D., art. 27.)

Lorsque des travaux ont été exécutés ou des plans levés d'office, le montant des frais est réglé par le préfet, et le recouvrement en est opéré contre qui de droit par le percepteur des contributions directes. (M. D., art. 28.)

D) *De la constatation, de la poursuite et de la répression des contraventions.*

Les contraventions aux dispositions du présent règlement ou aux arrêtés préfectoraux rendus en exécution de ce règlement, autres que celles prévues à l'article 32, sont constatées par les maires et adjoints, par les commissaires de police, gardes champêtres et autres officiers de police judiciaire, et concurremment par les ingénieurs des mines et les agents sous leurs ordres ayant qualité pour verbaliser. (Décr. 12 fév. 1892, art. 29.)

Les procès-verbaux sont visés pour timbre et enregistrés en débet. Ils sont affirmés dans les formes et délais prescrits par la loi pour ceux de ces procès-verbaux qui ont besoin de l'affirmation. (M. D., art. 30.)

Lesdits procès-verbaux sont transmis en originaux aux procureurs de la République, et les contrevenants poursuivis d'office devant la juridiction compétente, sans préjudice des dommages-intérêts des parties.

Copies des procès-verbaux sont envoyées au préfet du département, par l'intermédiaire de l'ingénieur en chef. (M. D., art. 31.)

Les contraventions qui auraient pour effet de porter atteinte à la conservation des routes nationales ou départementales, des chemins de fer, canaux, rivières, ponts ou autres ouvrages dépendant du domaine public, sont constatées, poursuivies et réprimées conformément aux lois sur la police de la grande voirie. (M. D., art. 32.)

Les fonctions et attributions conférées au maire, par le présent règlement, sont exercées par le préfet de la Seine, pour les carrières situées dans l'intérieur de Paris. (M. D., art. 33.)

§ 3. — Édifices menaçant ruine.

À Paris, c'est le *Préfet de la Seine* qui adresse au propriétaire du bâtiment en péril l'injonction de faire cesser ce péril et d'y mettre à cet effet les ouvriers, soit pour démolir les parties du bâtiment signalées comme menaçant ruine, soit pour y faire les réparations nécessaires, après avoir obtenu, s'il y a lieu, l'autorisation de l'autorité compétente. (Décr. 10 oct. 1859.)

Il convient de s'inspirer de la procédure tracée par la loi du 21 juin 1898 sur la police rurale, bien que rigoureusement cette loi ne soit pas applicable à Paris. (V. *suprà*, p. 242.)

Sous-chapitre VII. — Police des constructions.

Section 1re. — Généralités.

Nous avons déterminé plus haut quels étaient les pouvoirs de l'autorité municipale dans le mode de construction et l'emploi des matériaux. Nous avons examiné à ce propos quelles étaient les règles applicables à Paris. (V. p. 237.)

Ajoutons qu'à Paris la façade des maisons doit être constamment tenue en bon état de propreté.

Les façades doivent être grattées, repeintes et badigeonnées au moins une fois tous les dix ans, sur l'injonction qui est faite au propriétaire par l'autorité municipale. Les contrevenants sont passibles d'une amende qui ne peut excéder cent francs. (Décr. 1852, art. 5.)

À l'égard des constructions *récentes*, l'article 5 du décret de 1852 doit s'entendre en ce sens que le badigeonnage ne peut être exigé tant qu'elles ne comptent pas dix années d'existence (Cons. d'Ét. 31 déc. 1869, D. p. 72-5-471). La thèse contraire suivant laquelle l'autorité pouvait, sans tenir compte de la construction récente de l'immeuble, ordonner le badigeonnage, se fondait sur une considération assez étrange : le décret, disait-on, en exigeant que les façades soient toujours tenues en état de propreté, a déterminé clairement l'obligation des riverains et si, dans la phrase suivante, ils sont astreints au badigeonnage tous les dix ans au moins, ce n'est pas que le décret ait entendu par là réduire leur obligation, mais la confirmer, de sorte que le délai de dix années n'est qu'une limite extrême que l'administration peut restreindre si elle le juge nécessaire en raison de l'état des façades des maisons d'un quartier. (Cons. préf. Seine 28 janv. 1869, D. p. 71-3-43.)

L'article 5 du décret de 1852 n'édicte pas une mesure de salubrité, mais plutôt une mesure d'embellissement dans l'intérêt de la voie publique elle-même. Aussi les infractions commises à ses dispositions constituent-elles, à Paris [1], des contraventions de grande voirie qui, par conséquent, rentrent dans la compétence du conseil de préfecture. (Cons. d'Ét. 3 déc. 1869 précité.)

Section 2. — Hauteur des bâtiments.

La hauteur des maisons à Paris a été fixée par des règlements anciens notamment par la déclaration du 10 avril 1793 et les lettres patentes du 25 août 1784.

Ces textes subirent différentes modifications à la suite d'arrêtés ministériels en date du 25 pluviôse an V et du 29 février 1825. Puis ils furent fondus dans un arrêté du préfet de la Seine du 1er novembre 1844 ; mais la légalité de cet arrêté fut considérée comme douteuse par le Conseil d'État. (V. Cons. d'Ét. 24 janv. 1845, Leb. chr., p. 38 ; 7 déc. 1847, Leb. chr., p. 678.)

Le président du conseil des ministres investi du pouvoir exécutif prit lui-même un arrêté le 15 juillet 1848 dans lequel on remarquait des règles toutes différentes de celles posées par les lettres patentes de 1784 ; mais plus plus que l'arrêté préfectoral, ce texte ne fut reconnu légal par le Conseil d'État. (Cons. d'Ét. 1er juin 1849, Leb. chr., p. 309 ; 2 mars 1850, Leb. chr., p. 212.)

Vint le décret législatif du 26 mars 1852, dont l'article 7 décide qu'il sera promulgué un décret rendu dans la forme des règlements d'administration publique, lequel devra statuer sur tout ce qui concerne, dans la ville de Paris, la hauteur des maisons, des combles et des lucarnes.

Ce décret fut rendu le 27 juillet 1859.

Il fut modifié par les décrets du 1er août 1864 et du 18 juin 1872 et définitivement abrogé par celui du 23 juin 1884, qui réglemente aujourd'hui la matière.

§ 1er. — De la hauteur des bâtiments.

1. De la hauteur des bâtiments bordant les voies publiques.

La hauteur des bâtiments bordant les voies publiques dans la ville de Paris est déterminée par la largeur légale de ces voies publiques pour les bâtiments alignés, et par la largeur effective pour les bâtiments retranchables.

Cette hauteur, mesurée du trottoir ou du revers pavé au pied de la façade du bâtiment et prise au point le plus élevé du sol, ne peut excéder, y compris les entablements, attiques et toutes les constructions à plomb des murs de face, savoir : 12 mètres pour les voies publiques au-dessous de 7m,80 de largeur ; 15 mètres pour les voies publiques de 7m,80 à 9m,74 de largeur ; 18 mètres pour les voies publiques de 9m,74 à 20 mètres de largeur ; 20 mè-

---

1. Dans les autres villes où le décret de 1852, sauf son article 1er, a été rendu applicable par décret, comme les rues et places dépendent de la petite voirie, à l'exception des voies traverses des grandes routes, les tribunaux administratifs ne sont évidemment pas compétents. En raison du taux de l'amende, qui est de 100 fr., ces infractions doivent être jugées par les tribunaux correctionnels. (Cass. 4 juin 1892, Sir. 94-1-383, D. p. 93-1-460 ; 29 avril 1893, D. p. 95-1-326.)

tres pour les voies publiques (places, carrefours, rues, quais, boulevards, etc.) de 20 mètres de largeur et au-dessus.

Le mode de mesurage indiqué au paragraphe 2 ci-dessus n'est applicable pour les constructions en bordure des voies en pente que pour les bâtiments dont la longueur n'excède pas 30 mètres ; au delà de cette longueur, les bâtiments sont abaissés suivant la déclivité du sol.

Si le constructeur établit plusieurs maisons distinctes, la hauteur est mesurée séparément pour chacune de ces maisons suivant les règles énoncées ci-dessus. (Décr. 30 juill. 1884, art. 1er.)

Les bâtiments dont les façades sont construites, partie à l'alignement, partie en arrière de l'alignement, soit par suite du retrait à n'importe quel niveau d'une partie du mur de face, soit à fruit ou de toute autre manière, doivent être renfermés dans le même périmètre que les bâtiments construits entièrement à l'alignement. (M. D., art. 2.)

Tout bâtiment situé à l'angle des voies publiques d'inégale largeur peut être élevé sur les voies les plus étroites jusqu'à la hauteur fixée pour la plus large, sans que toutefois la longueur de la partie de la façade ainsi élevée sur les voies les plus étroites puisse excéder deux fois et demie la largeur légale de ces voies.

Cette disposition ne peut être invoquée que pour les bâtiments construits à l'alignement déterminé pour ces voies publiques.

Si ces voies communiquant entre elles sont placées à des niveaux différents, la cote qui sert à déterminer la hauteur de la construction est la moyenne des cotes prises au point le plus élevé sur chaque voie, à la condition qu'en aucun point la hauteur réelle de la façade ne dépasse de plus de 2 mètres la hauteur légale. (M. D., art. 3.)

Pour les bâtiments autres que ceux dont il est parlé en l'article précédent et qui occupent tout l'espace compris entre les voies d'inégales largeurs ou de niveaux différents, chacune des façades ne peut dépasser la hauteur fixée en raison de la largeur ou du niveau de la voie publique sur laquelle elle est située. — Toutefois, lorsque la plus grande distance entre les deux façades d'un même bâtiment n'excède pas 15 mètres, la façade bordant la voie publique la moins large ou du niveau le plus bas peut être élevée à la hauteur fixée pour la voie la plus large ou du niveau le plus élevé. (M. D., art. 4.)

2. De la hauteur des bâtiments ne bordant pas les voies publiques.

Les bâtiments dont toute la façade est établie en retrait des voies publiques peuvent être élevés, soit à la hauteur de 15 mètres, soit à celle de 18 mètres, soit à celle de 20 mètres, mesurée du pied de la construction, à la condition que le retrait sur l'alignement, ajouté à la largeur de la voie, donne au moins une largeur de 7m,80 dans le premier cas, de 9m,74 dans le second cas et de 20 mètres dans le troisième cas. (Décr. 30 juill. 1884, art. 5.)

Les hauteurs des bâtiments établis en bordure des voies ferrées, des passages, impasses, cités et autres espaces intérieurs, sont déterminées d'après la largeur de ces voies ou espaces, conformément aux règles fixées à l'article 1er pour les bâtiments en bordure des voies publiques. (M. D., art. 6.)

3. Du nombre et de la hauteur des étages.

Dans les bâtiments, de quelque nature qu'ils soient, il ne peut, en aucun cas, être toléré plus de sept étages au-dessus du rez-de-chaussée, entresol compris, tant dans la hauteur du mur de face que dans celle du comble, telles que ces hauteurs sont déterminées par les articles 1er, 9, 10 et 11. (Décr. 30 juill. 1884, art. 7.)

Dans les bâtiments, de quelque nature qu'ils soient, la hauteur des rez-de-chaussée ne peut jamais être inférieure à 2m,80 mesurés sous plafond. La hauteur des sous-sols et des autres étages ne doit pas être inférieure à 2m,60 mesurés sous plafond. Pour les étages dans les combles, cette hauteur de 2m,60 s'applique à la partie la plus élevée du rampant. (M. D., art. 8.)

§ 2. — Des combles au-dessus des façades.

Pour les bâtiments construits en bordure des voies publiques, le profil du comble, tant sur les façades que sur les ailes, ne peut dépasser un arc de cercle dont le rayon est égal à la moitié de la largeur légale ou effective de la voie publique, ainsi qu'il est dit à l'article 1er, sans toutefois que ce rayon puisse être jamais supérieur à 8m,50. Si la largeur de la voie est inférieure à 10 mètres, le constructeur a cependant droit à un rayon minimum de 5 mètres. Quelles que soient la forme et la hauteur du comble, toutes les saillies qu'il pourrait présenter doivent être renfermées dans l'arc de cercle considéré comme un gabarit dont on ne doit pas sortir. Le point de départ de l'arc de cercle est placé à l'aplomb de l'alignement des murs de face et le centre à la hauteur légale du bâtiment, telle qu'elle est déterminée par l'article 1er. (Décr. 28 juill. 1884, art. 9.)

Les dispositions de l'article 9, sauf en ce qui concerne la détermination du rayon du comble, sont applicables : 1° aux bâtiments construits en retrait des voies publiques, ainsi qu'il est dit à l'article 5 ; 2° aux bâtiments situés en bordure des voies privées, des passages, impasses, cités et autres espaces intérieurs. — Dans ce cas, le rayon du comble est calculé d'après la largeur moyenne de l'espace libre au droit de la façade du bâtiment et égal à la moitié de cette largeur, dans les conditions déterminées par l'article 9. — Toutefois, les cages d'escaliers pratiquées sur les cours peuvent sortir du périmètre indiqué ci-dessus, de manière à pouvoir s'élever jusqu'au plafond du dernier étage desservi par lesdits escaliers. (M. D., art. 10.)

Pour les constructions situées à l'angle des voies publiques d'inégales largeurs, dont il est parlé à l'article 3, le comble pour le bâtiment en façade sur la voie publique la plus large est déterminé d'après les bases indiquées à l'article 9 et peut être retourné avec les mêmes dimensions sur toute la partie du bâtiment en façade sur la voie la plus étroite, dans les limites déterminées par l'article 3. (M. D., art. 11.)

Les murs de dossier et les tuyaux de cheminée ne peuvent percer la ligne rampante du comble qu'à 1ᵐ,50 mesurés horizontalement du parement extérieur du mur de face à sa base, ni s'élever à plus de 60 centimètres au-dessus de la hauteur légale du sommet du comble. (M. D., art. 12.)

La façade extérieure des lucarnes et œils-de-bœuf peut être placée à l'aplomb du parement extérieur du mur de face donnant sur la voie publique, mais jamais en saillie. — Le couronnement des lucarnes ou œils-de-bœuf établis soit en premier, soit en second rang, ne peut faire saillie de plus de 50 centimètres sur le périmètre légal, mesurés suivant le rayon dudit périmètre. — L'ensemble produit par les largeurs cumulées des faces de lucarnes d'un bâtiment ne peut pas excéder les deux tiers de la longueur de face de ce bâtiment. (M. D., art. 13.)

Les constructeurs qui n'élèvent pas les façades de leurs bâtiments à toute la hauteur permise jouissent de la faculté d'établir les autres parties de leurs bâtiments suivant leur convenance, sans pouvoir toutefois sortir du périmètre légal, tel qu'il est déterminé, tant pour les façades que pour les combles, par les dispositions que nous avons rapportées plus haut. (M. D., art. 14.)

Les dispositions de la présente section sont applicables à tous les bâtiments situés ou non en bordure des voies publiques. (M. D., art. 15.)

§ 3. — Des cours et courettes.

Dans les bâtiments, de quelque nature qu'ils soient, dont la hauteur ne dépasse pas 18 mètres, les cours sur lesquelles prennent jour et air des pièces pouvant servir à l'habitation ne doivent pas avoir moins de 30 mètres de surface, avec une largeur moyenne qui ne peut être inférieure à 5 mètres. (Décr. 28 juill. 1884, art. 16.)

Dans les bâtiments élevés sur la voie publique à une hauteur supérieure à 18 mètres, mais dont les ailes ne dépassent pas cette hauteur, les cours doivent avoir une surface minima de 40 mètres, avec une largeur moyenne qui ne peut être inférieure à 5 mètres. — Lorsque les ailes de ces bâtiments ont également une hauteur supérieure à 18 mètres, les cours ne doivent pas avoir moins de 60 mètres de surface, avec une largeur moyenne qui ne peut être inférieure à 6 mètres. (M. D., art. 17.)

La cour de 40 mètres n'est pas exigée pour les constructions établies sur des terrains prenant façade sur plusieurs voies et d'une dimension telle qu'il ne puisse y être élevé qu'un corps de bâtiment occupant tout l'espace compris entre ces voies. (M. D., art. 18.)

Toute courette qui sert à éclairer et aérer des cuisines doit avoir au moins 9 mètres de surface,

et la largeur moyenne ne peut être inférieure à 1ᵐ,80. (M. D., art. 19.)

Toute courette sur laquelle sont exclusivement éclairés et aérés des cabinets d'aisances, vestibules ou couloirs, doit avoir au moins 4 mètres de surface avec une largeur qui ne peut en aucun point être moindre de 1ᵐ,60. (M. D., art. 20.)

Au dernier étage des corps de logis, on peut tolérer que des pièces servant à l'habitation prennent jour et air sur les courettes, à la condition que lesdites courettes aient une surface de 5 mètres au moins. (M. D., art. 21.)

Il est interdit d'établir des combles vitrés dans les cours ou courettes, au-dessus des parties sur lesquelles sont aérées et éclairés, soit les pièces pouvant servir à l'habitation, soit des cuisines, soit des cabinets d'aisances, à moins qu'ils ne soient munis d'un châssis ventilateur à faces verticales dont le vide doit avoir au moins le tiers de la surface de la cour ou courette et 40 centimètres au minimum de la hauteur, et qu'il ne soit établi à la partie inférieure des orifices prenant l'air dans les sous-sols ou caves et ayant au moins 8 décimètres carrés de superficie. — Le châssis ventilateur n'est pas exigé pour les cours et courettes sur lesquelles ne sont aérés ni éclairés, soit des pièces pouvant servir à l'habitation, soit des cuisines, soit des cabinets d'aisances ; mais les courettes dont la partie inférieure n'est pas en communication avec l'extérieur doivent être ventilées. (M. D., art. 22.)

Lorsque plusieurs propriétaires ont pris, par acte notarié, l'engagement envers la ville de Paris de maintenir à perpétuité leurs cours communes, et que ces cours ont ensemble une fois et demie la surface réglementaire, les propriétaires peuvent être autorisés à élever leurs constructions à la hauteur correspondant à ladite surface réglementaire. — En cas de réunion de plusieurs cours, la hauteur des clôtures ne peut excéder 5 mètres. (M. D., art. 23.)

Dans aucun cas, les surfaces des courettes ne peuvent être réunies pour former soit une courette, soit une cour d'une dimension réglementaire. (M. D., art. 24.)

Toutes les mesures des cours et courettes sont prises dans œuvre. (M. D., art. 25.)

§ 4. — Dispositions applicables aux édifices publics et aux constructions privées ayant un caractère monumental.

Les dispositions qui précèdent ne sont pas applicables aux édifices publics. — L'administration peut, pour les constructions privées ayant un caractère monumental ou pour des besoins d'art, de science ou d'industrie, autoriser des modifications aux dispositions relatives à la hauteur des bâtiments, après avis du conseil général des bâtiments civils et avec l'approbation du ministre de l'intérieur. (Décr. 28 juill. 1884, art. 26.)

§ 5. — Contraventions concernant la hauteur des bâtiments.

1. Constatation.

Outre les agents et fonctionnaires ayant qualité

pour verbaliser en matière de voirie urbaine, il existe à Paris pour relever les contraventions aux prescriptions qui réglementent la hauteur des bâtiments bordant la voie publique, des commissaires voyers dont les procès-verbaux font foi jusqu'à preuve contraire, sans qu'il soit nécessaire de les soumettre à la formalité de l'affirmation. (Cons. d'Ét. 16 juill. 1840.)

2. Pénalités.

A) *Pénalités applicables aux contraventions de grande voirie.* — Lorsqu'il s'agit de bâtiments bordant les voies publiques, les infractions aux prescriptions réglementant leur hauteur sont des contraventions de grande voirie dont la répression est dans les attributions du conseil de préfecture. (Cons. d'Ét. 17 fév. 1888, D. p. 89-3-47.)

Les peines à appliquer sont celles contenues dans l'article 7 de la déclaration de 1783.

Elles consistent dans une *amende :* de 3,000 fr. contre les propriétaires et de 1,000 fr. contre les maîtres maçons, charpentiers et autres ouvriers.

Ces amendes peuvent d'ailleurs être réduites jusqu'au vingtième, mais ne peuvent être abaissées au-dessous de 16 fr. (L. 23 mars 1842.)

En dehors de l'amende, le conseil de préfecture doit ordonner la *démolition* des bâtiments élevés en contravention le long de la voie publique. (Cons. d'Ét. 17 fév. 1888, D. p. 89-3-47.)

Mais elle ne doit porter que sur les parties indûment élevées et non sur la maison entière.

La déclaration de 1783 prescrit la *confiscation* des matériaux et la réunion du sol au domaine public, cette peine n'est plus applicable aujourd'hui.

B) *Pénalités applicables aux contraventions de petite voirie.* — Lorsqu'il s'agit de constructions élevées dans l'intérieur des propriétés, les infractions relatives à la hauteur des maisons constituent des contraventions de petite voirie. (Cons. d'Ét. 28 janv. 1864, D. p. 66-5-501; Cass. 27 avril 1877, D. p. 77-1-402; 21 juin 1879, D. p. 79-1-484; 20 nov. 1885, D. p. 86-1-392.)

Ces infractions sont passibles d'une *amende* de 1 à 5 fr., soit en vertu de l'article 471, § 5, du Code pénal, soit en vertu de l'article 471, § 15, du même Code. (Cass. 27 avril 1877, D. p. 77-1-402.)

En cas de récidive, la contravention entraîne un *emprisonnement* de trois jours au plus. (Cod. pén., art. 474.)

Dans tous les cas, le tribunal peut accorder au condamné le bénéfice des *circonstances atténuantes.* (Cod. pén., art. 463 et 483.)

Le tribunal de simple police doit condamner le prévenu non seulement à l'amende, mais encore à la *démolition* des constructions, en tant qu'elles ne sont pas conformes aux dispositions du règlement (Cass. 27 avril 1877, D. p. 77-1-402), ou qu'elles ont été irrégulièrement élevées. (Cass. 20 nov. 1885, D. p. 86-1-392.)

Section 3. — Saillies des constructions sur la voie publique.

Du principe que la voie publique limitée, comme nous l'avons dit, par le plan vertical élevé sur la ligne séparative de la voie publique et des terrains adjacents, est inaliénable et imprescriptible, il résulte que les saillies ont une existence précaire, et que l'autorité administrative peut toujours en ordonner la suppression, quelle qu'en soit l'ancienneté. (Cass. 11 sept. 1847; 26 août 1859; 22 août 1862.)

À Paris, une ordonnance du 24 décembre 1823 avait déterminé la nature et les dimensions de la plupart des saillies ; cette ordonnance, qui n'était plus suffisamment en rapport avec les usages, a été remplacée par le décret du 22 juillet 1882, dont nous rapportons le texte.

§ 1er. — Dispositions générales.

Il ne peut être établi, sur les murs de face des constructions alignées ou non alignées de la ville de Paris, aucune saillie sur la voie publique autre que celle autorisée par le présent décret. (Décr. 22 juill. 1882, art. 1er.)

Pour les constructions alignées, les jambes étrières ou boutisses au droit des murs séparatifs doivent toujours être sur l'alignement et ne peuvent recevoir sur toute la hauteur du rez-de-chaussée, à compter du niveau du trottoir, aucune saillie inhérente au gros œuvre du mur de face. (M. D., art. 2.)

Toute saillie est comptée à partir de l'alignement pour les constructions alignées, et à partir du nu du mur de face pour les constructions non alignées et joignant la voie publique. (M. D., art. 3.)

Les saillies dont les dimensions sont variables suivant la largeur des voies sont déterminées d'après la largeur légale de la voie pour les constructions alignées ou en retraite de l'alignement, et d'après la largeur effective pour les constructions en saillie sur l'alignement. (M. D., art. 4.)

Les saillies autorisées ne peuvent excéder les dimensions fixées aux tableaux annexés au présent décret et doivent satisfaire aux conditions qui y sont déterminées.

Ces dimensions peuvent être restreintes pour les constructions en saillie sur l'alignement. (M. D., art. 5.)

L'administration peut autoriser, après avis du conseil général des bâtiments civils et avec l'approbation du ministre de l'intérieur, des saillies exceptionnelles pour les constructions ayant un caractère monumental. (M. D., art. 6.)

§ 2. — Saillies autorisées à titre provisoire au-devant des constructions.

1. Barrières provisoires, étais, échafauds.

La saillie des barrières provisoires, étais, échafauds, engins et appareils servant à monter et à descendre les matériaux est fixée, dans chaque cas particulier, suivant les localités et les circonstances, de manière à ne pas gêner la circulation.

Les constructeurs doivent en outre se soumettre, sauf en ce qui touche la pose des étais, aux prescriptions du préfet de police. (Décr. 22 juill. 1882, art. 7.)

2. Constructions provisoires, échoppes.

Il peut être permis de masquer par des constructions provisoires ou des appentis les renfoncements n'ayant pas plus de 8 mètres de longueur et ayant au moins 1 mètre de profondeur.

Ces constructions provisoires ne doivent, dans aucun cas, excéder la hauteur du rez-de-chaussée, et elles doivent être supprimées dès qu'une des constructions attenantes subit retranchement.

Il peut de même être permis de masquer par des constructions provisoires en forme de pan coupé les angles de toute espèce de renfoncement, mais sous la même condition que ci-dessus, pour leur établissement et leur suppression.

Le préfet de police est consulté sur ces demandes. (Décr. 22 juill. 1882, art. 8.)

§ 3. — Dispositions spéciales et transitoires.

1. Entablements, corniches.

Les entablements et corniches existant en 1882 et dépassant les saillies fixées à l'article 9 ne peuvent être réparés, même en partie, et ils doivent, dans leurs portions mauvaises, être reconstruits sans excéder la saillie réglementaire. (Décr. 22 juill. 1882, art. 9.)

Dimensions et conditions des saillies.

Objets inhérents au gros œuvre des bâtiments.

NUMÉROS des articles.	DÉSIGNATION DES OBJETS.	SAILLIES AUTORISÉES	
		jusqu'à 2m,60 au-dessus du trottoir.	à plus de 2m,60 au-dessus du trottoir.
		m. c.	m. c.
	§ 1er. — Socles et objets de décoration.		
1	Socles ou soubassements des maisons et murs	0 04	
	Les socles ou soubassements pourront faire ressaut avec la même saillie de 0m,04 au droit des pilastres, colonnes, chaînes, chambranles et pieds-droits. La hauteur des socles et soubassements, mesurée au milieu de la façade, ne devra pas excéder 1m,20 au-dessus du trottoir.		
2	Pilastres, colonnes, chaînes, chambranles, pieds-droits, appuis de croisées et barres d'appui.		
	Dans les voies ayant moins de 12 mètres de largeur	0 04	0 06
	Dans les voies de 12 mètres de largeur et au-dessus	0 10	0 15
	Les bases des pilastres, colonnes, chaînes, chambranles, pieds-droits, etc., ne pourront dépasser les saillies autorisées pour les ressauts du socle; par conséquent, les saillies totales ne pourront excéder : Dans les voies ayant moins de 12 mètres de largeur . . . . 0m,08 Dans les voies de 12 mètres de largeur et au-dessus . . . . 0 ,14 La largeur de chaque pilastre, colonne, chaîne en refend ou bossage, chambranle, pied-droit, ne devra pas excéder . . . . 1 ,20 Leur largeur cumulée ne pourra excéder le tiers de la largeur totale de la façade et, pour chaque trumeau ou partie pleine, le parement devra être aligné sur un quart au moins de sa largeur totale. L'appareil continu formé par des refends ou bossages ne devra faire aucune saillie sur l'alignement. Lorsque les pilastres, colonnes, etc., auront une épaisseur plus considérable que les saillies permises, l'excédent sera en arrière de l'alignement de la propriété et le nu du mur de face formera arrière-corps à l'égard de cet alignement. Dans ce cas, la retraite du mur formant arrière-corps ne pourra être établie à moins de 0m,80 de hauteur au-dessus du trottoir.		
3	Bandeaux, corniches, entablements, attiques, consoles, clefs, chapiteaux et autres objets de décoration analogues.		
	Dans les voies ayant moins de 7m,80 de largeur	0 04	0 25
	Dans les voies de 7m,80 à 12 mètres de largeur	0 04	0 50
	Dans les voies de 12 mètres de largeur et au-dessus	0 10	0 50
	Les bandeaux, corniches, clefs, chapiteaux et autres objets de décoration analogues ayant plus de 0m,16 de saillie ne pourront être qu'en pierre, en bois ou en métal. La saillie des corniches ou entablements en maçonnerie de plâtre ne pourra en aucun cas excéder 0m,16. La saillie des corniches ou entablements en bois, sur pans de bois, ne pourra en aucun cas excéder 0m,25. La saillie des corniches ou entablements en pierre de taille, en bois ou en métal sur façades en pierre, moellons ou briques, ne pourra excéder l'épaisseur du mur à son sommet, excepté dans les voies de 20 mètres de largeur et au-dessus, et sous les conditions suivantes : 1° le mur n'aura pas à son sommet plus de 0m,45 d'épaisseur; 2° la saillie de l'entablement ne dépassera pas 0m,65 ; 3° les assises en pierre composant l'entablement auront, en arrière du parement extérieur du mur, une longueur au moins égale à leur saillie.		

NUMÉROS des Articles.	DÉSIGNATION DES OBJETS.	SAILLIES AUTORISÉES		
		à 2m,60 au moins au-dessus du trottoir.	à 4 mètres au moins au-dessus du trottoir.	à 5m,75 au moins au-dessus du trottoir.
		m. c.	m. c.	m. c.
	§ 2. — *Balcons et accessoires.*			
	Les hauteurs de 2m,60, 4 mètres, 5m,75, fixées ci-contre, seront mesurées pour les balcons jusqu'au parement inférieur de l'aire de ces balcons.			
4	Grands balcons (aires et garde-corps compris) . . { Dans les voies de 7m,80, 9m,75 de largeur. . .	»	»	0 50
	{ Dans les voies de 9m,75 de largeur et au-dessus.	»	0 50	0 80
	Les consoles et autres supports des grands balcons de 0m,80 de saillie pourront avoir cette même saillie, mais seulement dans une hauteur de 0m,80 en contre-bas du parement inférieur de l'aire.			
5	Petits balcons, dans les voies de toute largeur	0 22	»	»
	Il pourra être établi sur les grands et les petits balcons des constructions légères qui ne dépasseront pas la saillie de ces balcons, à la condition que ces constructions présenteront toutes les garanties désirables de solidité.			
6	Herses, chardons, artichauts et autres objets analogues destinés à servir de défense sur les balcons, corniches et entablements.			
	En sus de saillie permis pour lesdits objets	»	0 25	»
	Les parties de ces objets excédant la saillie de leurs supports ne pourront être qu'en fer forgé, sans partie pleine.			

Objets ne faisant pas partie intégrante de la construction.

NUMÉROS des Articles.	DÉSIGNATION DES OBJETS.	SAILLIES AUTORISÉES		
		jusqu'à 2m,60 au-dessus du trottoir.	de 2m,60 à 3 mètres au-dessus du trottoir.	à plus de 3 mètres au-dessus du trottoir.
		m. c.	m. c.	m. c.
7	Seuils ou socles de devanture de boutique.	0 20	»	»
	La hauteur des seuils ou socles de devanture, mesurée, en cas de déclivité de la voie, au point le plus haut du trottoir, ne devra pas excéder 0m,22.			
	En cas de suppression de la devanture, le seuil ou socle devra être également enlevé.			
	Lorsque, entre deux devantures consécutives dont la distance n'excédera pas 2 mètres, il existera une baie de porte, les seuils ou socles de ces devantures pourront être prolongés au-devant de l'intervalle, mais à la condition d'être enlevés dans le cas où l'une de ces devantures serait supprimée.			
8	Devantures de boutiques entre le socle et le tableau, tous ornements compris.	0 16	0 16	0 16
	Les devantures de boutiques ne pourront pas s'élever au-dessus de l'entresol.			
9	Tableaux de devanture sous corniche	0 16	0 16	0 16
10	Ornements pouvant être appliqués sur lesdits tableaux et y compris la saillie des tableaux	0 16	0 30	0 50
11	Corniches de devanture de boutique en bois ou en métal.	0 16	0 30	0 50
12	Grilles de boutique	0 16	0 16	0 16
	Les grilles de boutique ne pourront pas s'élever au-dessus du rez-de-chaussée.			
13	Volets ou contrevents pour fermeture de boutiques	0 16	0 16	0 16
14	Pilastres, colonnes, chambranles, caissons isolés en applique	0 16	0 16	0 16
	Ces objets ne seront permis qu'au rez-de-chaussée et à l'étage immédiatement au-dessus.			

NUMÉROS des articles.	DÉSIGNATION DES OBJETS.	SAILLIES AUTORISÉES		
		jusqu'à 2ᵐ,60 au-dessus du trottoir.	de 2ᵐ,60 à 3 mètres au-dessus du trottoir.	à plus de 3 mètres au-dessus du trottoir.
		m. c.	m. c.	m. c.
15	Parements de décoration	0 06	0 06	0 06
	Les parements de décoration ne seront permis qu'au rez-de-chaussée et à l'étage immédiatement au-dessus.			
16	Moulures formant cadres	0 06	0 06	0 06
17	Enseignes, tableaux-enseignes, attributs, écussons, grands tableaux (frises courantes portant enseignes).	0 16	0 30	0 50
	Les enseignes et les tableaux-enseignes et grands tableaux ne devront, en aucun cas, être suspendus ni appliqués, soit aux balcons, soit aux marquises. Il pourra néanmoins être appliqué sur les garde-corps des balcons, sans pouvoir en dépasser la hauteur, des attributs et des lettres dont l'épaisseur n'excédera pas 0ᵐ,10.			
18	Montres et vitrines	0 16	0 30	0 50
	Les montres et vitrines ne seront permises que dans la hauteur du rez-de-chaussée et de l'entresol. Pour ceux de ces objets qui seraient appliqués sur une devanture de boutique, leur saillie, cumulée avec celle de la devanture, pourra, dans la hauteur de 2ᵐ,60, atteindre 0ᵐ,20.			
19	Horloges	»	»	1 00
	La saillie de 1 mètre n'est accordée qu'aux horloges donnant l'heure ; ces horloges ne devront être accompagnées d'aucune espèce d'enseigne.			
20	Étalages sur les façades	0 16	0 16	0 16
	Aucun étalage ne sera permis au-dessus de l'entresol. Tous étalages de viande, volaille, abats ou autres objets, de nature à salir ou à incommoder les passants, sont formellement interdits.			
21	Baldaquins, marquises et transparents (supports compris)	»	»	0 80
	La hauteur de ces objets, non compris les supports, n'excédera pas 1 mètre. Aucune partie des supports, consoles ou accessoires, ne devra être établie à moins de 3 mètres au-dessus du trottoir. Aucun de ces objets ne pourra être autorisé sur les façades au droit desquelles il n'y a pas de trottoir ; ils ne pourront recevoir de garde-corps ni être utilisés comme balcons. Leur saillie devra, dans tous les cas, être limitée à 0ᵐ,50 en arrière de l'arête de la bordure du trottoir. L'administration pourra autoriser l'établissement de grandes marquises excédant la saillie de 0ᵐ,80 au-devant des édifices publics, théâtres, salles de réunion, de concert, de bal, ainsi qu'au-devant des établissements particuliers, hôtels, maisons d'habitation. Elle restera libre d'apprécier, dans chaque cas, la saillie qui pourra être permise suivant la largeur des voies et des trottoirs et les besoins de la circulation.			
22	Bannes . . . . . . { Le trottoir ayant moins de 5 mètres de largeur . . . . Le trottoir ayant de 5 à 8 mètres de largeur . . . . . Le trottoir ayant 8 mètres de largeur et au-dessus . .	» » »	1 50 2 00 3 00	1 50 2 00 3 00
	Les bannes ne seront permises qu'au rez-de-chaussée. Les branches, supports, coulisseaux, en un mot toutes les parties accessoires de bannes ne pourront descendre à moins de 2ᵐ,50 au-dessus du trottoir ; la saillie des bannes devra être limitée, dans tous les cas, à 0ᵐ,50 en arrière de la bordure du trottoir. Les bannes ne pourront pas être garnies de joues, à moins d'une permission spéciale qui ne sera accordée qu'autant qu'il n'en résulterait aucun inconvénient pour la circulation ou pour les voisins et qui sera d'ailleurs toujours révocable. Les bannes devront être essentiellement mobiles et ne pourront, en aucun cas, être établies à demeure.			
23	Stores . . . . . . { Développés { à l'étage immédiatement au-dessus du rez-de-chaussée . . . . aux étages supérieurs . . . . Pavillons des stores.	» » »	» » »	1 50 0 80 0 16
	Les stores ne pourront régner au droit de plusieurs baies que dans le cas où ils seraient posés au-dessus de grands balcons et à la condition de ne pas dépasser la longueur desdits grands balcons. Il pourra être posé des stores au-devant de l'étage d'attique, à la condition que leur saillie n'excédera pas celle du grand balcon d'entablement et que les appareils sur lesquels ils seront établis ne seront pas construits et fixés de manière à constituer une sorte d'étage dépassant la hauteur légale.			

NUMÉROS des articles.	DÉSIGNATION DES OBJETS.	SAILLIES AUTORISÉES		
		jusqu'à 2m,60 au-dessus du trottoir.	de 2m,60 à 3 mètres au-dessus du trottoir.	à plus de 3 mètres au-dessus du trottoir.
		m. c.	m. c.	m. c.
24	Grilles et croisées. { Dans les voies ayant moins de 12 mètres de largeur. .	0 04	0 04	0 10
	{ Dans les voies ayant 12 mètres de largeur et au-dessus.	0 10	0 10	0 10
25	Persiennes, volets et contrevents de croisées	»	»	0 10
	Dans la hauteur de 3 mètres au-dessus du trottoir, les persiennes, volets ou contrevents devront être placés sans saillie dans l'épaisseur des tableaux des baies et ouvrir à l'intérieur. Tout développement à l'extérieur est interdit. Dans la hauteur des étages, tous châssis vitrés, toutes croisées simples ou doubles devront de même ouvrir à l'intérieur ; il est interdit de les développer extérieurement, hormis le cas où ils se trouveraient au-dessus d'un grand balcon.			
26	Jalousies	»	0 16	0 16
27	Abat-jour et réflecteurs	»	0 50	0 50
28	Lanternes fixes à bras ou à consoles	»	»	1 50
29	Lanternes mobiles, transparents en forme d'applique, vitrines lumineuses .	»	0 50	0 50
30	Rampes d'illumination	»	»	0 50
	Les lanternes ou tous autres appareils d'éclairage ou d'illumination autorisés à n'importe quelle saillie devront toujours être placés à 0m,50 au moins en arrière de l'arête de la bordure du trottoir. Dans les rues de 12 mètres de largeur et au-dessus, les lanternes mobiles, dites réflecteurs, servant à l'éclairage des devantures de boutiques, pourront descendre jusqu'à 2m,20 au-dessus du trottoir, mais à la condition qu'elles ne seront posées qu'au moment de leur allumage et retirées au moment de leur extinction.			
31	Tuyaux de descente	0 16	0 16	0 16
32	Cuvettes de dégorgement des eaux pluviales sous l'entablement	»	»	0 35

2. Marches, perrons, bancs.

Il est interdit d'établir, de remplacer ou de réparer des marches, bancs, pas, perrons, entrées de cave ou tous ouvrages en saillie sur les alignements et placés sur le sol de la voie publique.

Néanmoins, il peut être fait exception à cette règle pour ceux de ces ouvrages qui seraient la conséquence de changements apportés au niveau de la voie.

En outre, les marches, pas, perrons et entrées de cave, qui appartenaient à des immeubles atteints par l'alignement au moment de la promulgation du règlement de 1882 et qui font eux-mêmes saillie sur l'alignement, peuvent être entretenus et, au besoin, reconstruits tels qu'ils existaient jusqu'à l'époque où seront réédifiés les bâtiments dont ils dépendent. (Décr. 22 juill. 1882, art. 10.)

3. Bornes.

Il est interdit d'établir des bornes en saillie sur les murs de face ou de clôture, et celles qui existaient en 1882 doivent être enlevées partout où un trottoir sera construit. (Décr. 22 juill. 1882, art. 11.)

4. Conduits de fumée.

Aucun conduit de fumée ne peut être appliqué sur le parement extérieur des murs de face ni déboucher sur la voie publique. (Décr. 22 juill. 1882, art. 12 ; sur les conduits de fumée, voir *infrà*, sect. 5.)

5. Cuvettes.

Aucune espèce de cuvette pour l'écoulement des eaux ménagères ou industrielles ne peut être établie en saillie sur la voie publique. (Décr. 22 juill. 1882, art. 13.)

6. Constructions en encorbellement.

Aucune construction en encorbellement sur la voie publique n'est permise. (Décr. 22 juill. 1882, art. 14.)

Les objets énumérés dans les articles 12, 13 et 14, qui existaient en 1882, ne peuvent être réparés et doivent être supprimés dès qu'ils sont en mauvais état. (M. D., art. 15.)

7. Contrevents, persiennes.

Les contrevents et persiennes existant en 1882 au rez-de-chaussée et se développant à l'extérieur peuvent être conservés, mais ils ne peuvent être remplacés. (Décr. 22 juill. 1882, art. 16.)

§ 4. — Contraventions concernant les saillies.

A Paris, toutes les contraventions aux lois et règlements sur les saillies *fixes* sont des contraventions de *grande voirie* dont, aux termes de la loi de pluviôse an VIII, il appartient au préfecture de connaître. Au contraire, les contraventions concernant les saillies *mobiles* constituent des contraventions de *petite voirie* qui doivent être déférées au tribunal de simple police. (Cons. d'Ét. 19 avril 1859, D. p. 59-3-85 ; 7 oct. 1863, D. p. 64-3-41.)

Quant aux peines applicables, V. *suprà*.

Section 4. — Tout à l'égout.

La loi du 10 juillet 1894 dispose :

Les propriétaires des immeubles situés dans les rues pourvues d'un égout public sont tenus d'écouler souterrainement et directement à l'égout les matières solides et liquides des cabinets d'aisances de ces immeubles.

Il est accordé un délai de trois ans pour les transformations à effectuer à cet effet dans les maisons anciennes.

La ville de Paris est autorisée à percevoir des propriétaires de constructions riveraines des voies pourvues d'égouts, pour l'évacuation directe des cabinets, une taxe annuelle de vidange qui sera assise sur le revenu net imposé des immeubles, conformément au tarif ci-après :

10 fr. pour un immeuble d'un revenu imposé à la contribution foncière ou à celle des portes et fenêtres inférieur à 500 fr. ;

30 fr. pour un immeuble d'un revenu imposé de 500 fr. à 1,499 fr. ;

60 fr. pour un immeuble d'un revenu imposé de 1,500 fr. à 2,999 fr. ;

80 fr. pour un immeuble d'un revenu imposé de 3,000 fr. à 5,999 fr. ;

100 fr. pour un immeuble d'un revenu imposé de 6,000 fr. à 9,999 fr. ;

150 fr. pour un immeuble d'un revenu imposé de 10,000 fr. à 19,999 fr. ;

200 fr. pour un immeuble d'un revenu imposé de 20,000 fr. à 29,999 fr. ;

350 fr. pour un immeuble d'un revenu imposé de 30,000 fr. à 39,999 fr. ;

500 fr. pour un immeuble d'un revenu imposé de 40,000 fr. à 49,999 fr. ;

750 fr. pour un immeuble d'un revenu imposé de 50,000 fr. à 69,999 fr. ;

1,000 fr. pour un immeuble d'un revenu imposé de 70,000 fr. à 99,999 fr. ;

1,500 fr. pour un immeuble d'un revenu imposé de 100,000 fr. et au-dessus.

En ce qui concerne les immeubles exonérés à un titre et pour une cause quelconque de la contribution foncière sur la propriété bâtie, la ville peut percevoir une taxe fixe de cinquante francs (50 fr.) par chute.

Le produit de ces taxes servira à rembourser l'emprunt de 117 millions et demi en principal et intérêts et à faire face à l'augmentation des dépenses d'entretien. (M. L., art. 3.)

Le taux desdites taxes peut être revisé tous les cinq ans par décret, après délibération conforme du conseil municipal, sans que ces taxes puissent être supérieures au tarif fixé à l'article 3. (M. L., art. 4.)

Le recouvrement de ces taxes a lieu comme en matière de contributions directes. (M. L., art. 5.)

La ville de Paris devra terminer, dans le délai de cinq ans à partir de la promulgation de la présente loi, les travaux nécessaires pour assurer l'é-pandage de la totalité de ses eaux d'égout [1]. Sur les terrains qui lui appartiennent ou dont elle sera locataire, elle devra se conformer aux conditions prescrites par l'article 4 de la loi du 4 avril 1889. (M. L., art. 6.)

Par application de cette loi, le préfet de la Seine a pris, à la date du 8 août 1894, un arrêté ainsi conçu :

« *Cabinets d'aisances.* — Dans toute maison à construire il devra y avoir un cabinet d'aisances par appartement, par logement ou par série de trois chambres louées séparément. Ce cabinet devra toujours être placé, soit dans l'appartement ou logement, soit à proximité du logement ou des chambres desservies, et, dans ce cas, fermer à clef.

Dans les magasins, hôtels, théâtres, usines, ateliers, bureaux, écoles et établissements analogues, le nombre des cabinets d'aisances sera déterminé par l'Administration dans la permission de construire, en prenant pour base le nombre de personnes appelées à faire usage de ces cabinets.

Dans les immeubles indiqués au paragraphe précédent, le propriétaire ou le principal locataire sera responsable de l'entretien en bon état de propreté des cabinets à usage commun (art. 1er).

Tout cabinet d'aisances devra être muni de réservoirs ou d'appareils branchés sur la canalisation, permettant de fournir dans ce cabinet une quantité d'eau suffisante pour assurer le lavage complet des appareils d'évacuation et entraîner rapidement les matières jusqu'à l'égout public (art. 2).

L'eau ainsi livrée dans les cabinets d'aisances devra arriver dans les cuvettes de manière à former une chasse vigoureuse. Les systèmes d'appareils et leurs dispositions générales seront soumis au conseil municipal avant que leur emploi par les propriétaires soit autorisé. Ils seront examinés et reçus par le service de l'assainissement de Paris avant la mise en service (art. 3).

Toute cuvette de cabinets d'aisances sera munie d'un appareil formant fermeture hydraulique et permanente.

Néanmoins, l'Administration pourra tolérer le maintien des installations, lorsque celles-ci le permettront, à la condition qu'il soit établi, à la base de chaque tuyau de chute, un réservoir de chasse automatique convenablement alimenté (art. 4).

Eaux ménagères et pluviales. — Il sera placé une inflexion siphoïde formant fermeture hydraulique permanente à l'origine supérieure de chacun des tuyaux d'eau ménagère (art. 5).

Les tuyaux de descente des eaux pluviales seront munis également d'obturateurs à fermeture hydraulique permanente interceptant toute communication directe avec l'atmosphère de l'égout (art. 6).

Les tuyaux devront être aérés d'une manière continue (art. 7).

Tuyaux de chute et conduites d'eaux ménagères et pluviales. — Les descentes d'eaux pluviales et ménagères et les tuyaux de chute destinés aux

---

1. Les travaux ont été achevés dans le délai prescrit.

matières de vidange ne pourront avoir un diamètre inférieur à 0ᵐ,08, ni supérieur à 0ᵐ,16 (art. 8).

Les chutes des cabinets d'aisances avec leurs branchements ne pourront être placées sous un angle supérieur à 45° avec la verticale.

À l'origine supérieure de chacune de ces chutes, il devra toujours être placé une inflexion siphoïde formant fermeture hydraulique permanente, sous réserve de la tolérance prévue à l'article 4. Chaque tuyau de chute sera prolongé au-dessus du toit jusqu'au faîtage et librement ouvert à sa partie supérieure (art. 9).

La projection de corps solides, débris de cuisine, de vaisselle, etc., dans les conduites d'eaux ménagères et pluviales, ainsi que dans les cuvettes des cabinets d'aisances, est formellement interdite (art. 10).

Les descentes des eaux pluviales et ménagères et les tuyaux de chute seront prolongés jusqu'à la conduite générale d'évacuation au moyen de canalisations secondaires dont le tracé devra être formé de parties rectilignes raccordées par des courbes.

À chaque changement de pente ou de direction, il sera ménagé un regard de visite fermé par un autoclave étanche et facilement accessible (art. 11).

Évacuation des matières de vidange, des eaux ménagères et des eaux pluviales. — L'évacuation des matières de vidange sera faite directement à l'égout public avec les eaux pluviales et ménagères dans les voies désignées par arrêtés préfectoraux après avis conforme du conseil municipal, au moyen de canalisations parfaitement étanches, ventilées et prolongées dans le branchement particulier jusqu'à l'aplomb de l'égout public (art. 12).

Les canalisations auront une bande minima de 3 centimètres par mètre. Dans les cas exceptionnels où cette pente serait impossible à réaliser, l'Administration aura la faculté d'autoriser des pentes plus faibles avec addition de réservoirs de chasse et autres moyens d'expulsion à établir aux frais et pour le compte des propriétaires (art.13).

Leur diamètre sera fixé sur la proposition des intéressés, en raison de la pente disponible et du cube à évacuer.

Il ne sera en aucun cas inférieur à 12 centimètres (art. 14).

Chaque tuyau d'évacuation sera muni, avant sa sortie de la maison, d'un siphon dont la plongée ne pourra être inférieure à 7 centimètres, afin d'assurer l'occlusion hermétique et permanente entre la canalisation intérieure et l'égout public.

Chaque siphon sera muni d'une tubulure de visite avec fermeture étanche placée en amont de l'inflexion siphoïde.

Les modèles de ces siphons et appareils seront soumis à l'Administration et acceptés par elle (art. 15).

Les tuyaux d'évacuation et les siphons seront en grès vernissé ou autres produits admis par l'Administration. Les joints devront être étanches et exécutés avec le plus grand soin, sans bavure ni saillie intérieure.

La partie inférieure de la canalisation devra résister à une pression d'eau intérieure de 1 kilogr. par centimètre carré (art. 16).

Dans toute maison à construire, le branchement particulier d'égout devra être mis en communication avec l'intérieur de l'immeuble, et ce branchement devra être fermé par un mur-pignon au droit même de l'égout public.

En ce qui concerne les maisons existantes, les propriétaires pourront être autorisés, sur leur demande, à mettre en communication avec l'intérieur de leur immeuble leur branchement particulier et à y installer le siphon hydraulique obturateur du conduit d'évacuation ainsi que le compteur de leur distribution d'eau ou tout autre appareil destiné à l'évacuation, sous réserve de l'établissement, au droit même de l'égout, d'un mur-pignon formant ce branchement (art. 17).

Évacuation par canalisation spéciale. — Dans les voies publiques où, par suite de circonstances exceptionnelles, les matières de vidange et les eaux ménagères ne seraient pas évacuées directement à l'égout public, des arrêtés spéciaux pris après avis du conseil municipal prescriront les dispositions à adopter selon les exigences du système employé (art. 18).

Époque de l'exécution des travaux. — Les dispositions du titre premier, relatives au nombre des cabinets d'aisances, seront immédiatement applicables en ce qui concerne les maisons à construire. Elles pourront devenir exigibles dans les maisons déjà construites, si la salubrité le réclame, en exécution des lois et règlements existants ou à intervenir sur les logements insalubres.

Les autres dispositions du titre premier ne seront appliquées que successivement dans les voies indiquées par les arrêtés préfectoraux dont il est question aux articles 12 et 18.

Les propriétaires riverains de ces voies auront un délai maximum de trois ans, compté à partir de la publication desdits arrêtés, pour appliquer les dispositions des articles 2, 3 et 4 du titre premier, installer des occlusions hydrauliques, adapter la canalisation existante à l'évacuation des vidanges dans les conditions indiquées au présent règlement et supprimer les fosses, tinettes et autres systèmes de vidange actuellement en usage (art. 19).

Les mêmes prescriptions et le même délai seront applicables aux voies privées qui aboutissent aux voies publiques susmentionnées et dont les propriétaires devront pourvoir en temps utile aux moyens généraux d'évacuation à l'égout public (art. 20).

Les projets d'établissement de canalisations de maisons neuves ou de transformation de canalisations de maisons déjà construites seront soumis, avant exécution, au service de l'assainissement de Paris. Il en sera délivré un récépissé.

Ils comprendront l'indication détaillée, avec plans et coupes, de tous les travaux à exécuter, tant pour la distribution de l'eau alimentaire que pour l'établissement des cabinets d'aisances et l'évacua-

tion des matières de vidange, eaux ménagères et
pluviales.

Vingt jours après le dépôt de ces projets constaté
par le récépissé du service de l'assainissement, le
propriétaire pourra commencer les travaux d'après
son projet, s'il ne lui a été notifié aucune injonction.

L'entrepreneur restera d'ailleurs soumis à la déclaration préalable prescrite par l'ordonnance du
20 juillet 1838, article 1er.

Après approbation de l'Administration et exécution, les ouvrages ne pourront être mis en service
qu'après leur réception par les agents du service
de l'assainissement de Paris, assistés de l'architecte voyer, lesquels vérifieront, dans les dix jours
de leur achèvement, si ces ouvrages sont conformes
aux projets approuvés et aux dispositions prescrites
par le présent règlement (art. 21).

Les fosses, caveaux, etc., rendus inutiles par
suite de l'application de l'écoulement direct à l'égout
seront vidangés, désinfectés et comblés (art. 22).

Redevance. — Les propriétaires dont les immeubles seront desservis par l'écoulement direct paieront, pour le curage et l'entretien des égouts publics, la taxe fixée par l'article 3 de la loi du
10 juillet 1894.

Cette taxe sera exigible à partir du 1er janvier
1895, pour les immeubles qui se trouveront pratiquer à cette date l'évacuation directe des vidanges
à l'égout. Elle le deviendra successivement pour
ceux où ledit système d'évacuation directe sera
ultérieurement établi, à partir du 1er janvier de
l'année qui suivra la mise en service des ouvrages, et au plus tard la troisième année après la
date des arrêtés préfectoraux mentionnés à l'article 12 (art. 23).

Dispositions transitoires. — Dans les rues actuellement pourvues d'égouts, mais où l'écoulement
direct n'est pas encore appliqué, il pourra être accordé provisoirement des autorisations pour écoulement des eaux-vannes à l'égout par l'intermédiaire
de tinettes filtrantes dans les conditions de l'arrêté
du 27 novembre 1887 (art. 24).

Des fosses fixes nouvelles ne pourront être établies, à titre provisoire, que dans les cas à déterminer par l'Administration et lorsque l'absence d'é-
gout, les dispositions de l'égout public et de la
canalisation d'eau, ou toute autre cause ne permettront pas l'écoulement direct des matières de vidange à l'égout (art. 25).

L'installation et la disposition des fosses fixes et
mobiles, des tinettes filtrantes existant actuellement, des tuyaux de chute et d'évent, etc., etc.,
restent soumises aux prescriptions des ordonnances,
arrêtés et règlements en vigueur en tout ce à quoi il
n'est pas dérogé par le présent règlement (art. 26).

Le présent règlement ne pourra être modifié qu'a-
près avis du conseil municipal (art. 27). »

L'arrêté du 8 août 1894 fut déféré au Conseil
d'État par un certain nombre de propriétaires immobiliers de Paris et annulé par arrêt du 1er mai
1896.

L'erreur du préfet, et c'est ce que relève l'arrêt,
avait été de suppléer au silence de la loi du 10 juillet
1894 en édictant un véritable règlement d'administration publique, notamment : en fixant uniformé-
ment le nombre des cabinets d'aisances qui devaient être établis dans tout immeuble à construire ;
en imposant l'usage des eaux de la ville à ceux
qui en avaient d'autres à leur disposition ; en prescrivant l'emploi de systèmes d'appareils déterminés
d'avance ou soumis à une approbation préalable ;
en ordonnant le comblement des fosses après leur
désinfection ; en interdisant l'emploi de matériaux
autres que ceux indiqués ou admis ultérieurement
par l'Administration.

A la date du 9 mai 1896, le préfet de la Seine
substituait à l'arrêté annulé du 8 août 1894 l'arrêté
dont la teneur suit :

« L'évacuation des matières solides et liquides des
cabinets d'aisances sera faite directement à l'égout
public dans les voies désignées par arrêtés préfectoraux.

Le délai de trois ans, accordé par l'article 2 de
la loi du 10 juillet 1894 pour les transformations à
effectuer, à cet effet, dans les maisons existantes,
court à partir de la date de ces arrêtés (art. 1er).

Les cabinets d'aisances, établis en nombre suffisant dans chaque immeuble, devront être disposés
de telle sorte que la cuvette reçoive à chaque évacuation la quantité d'eau nécessaire pour produire
une chasse qui assure le lavage complet des appareils et l'entraînement rapide des matières jusqu'à
l'égout public (art. 2).

Les tuyaux de chute desservant les cabinets d'aisances et les tuyaux de descente des eaux ménagères et pluviales aboutiront à un conduit commun
qui se prolongera dans le branchement particulier
jusqu'à l'aplomb de l'égout public (art. 3).

Ces canalisations seront disposées dans toutes
leurs parties de manière à réaliser un écoulement
rapide sans formation de dépôt et sans émanation
d'aucune sorte.

Elles seront de force à résister à toutes les pres-
sions intérieures et elles devront être aérées d'une
manière continue (art. 4).

Des fermetures hermétiques permanentes inter-
cepteront toute communication entre l'air des habitations et l'atmosphère de l'égout et des chutes,
descentes et conduits d'évacuation à l'égout (art. 5).

Les dispositions qui précèdent sont intégralement
applicables aux maisons à construire.

Dans les maisons existantes, pourront être conservés :

1° Les tuyaux de chute et de descente même ne
satisfaisant que partiellement aux prescriptions de
l'article 4 ci-dessus ;

2° Les anciens appareils de cabinets d'aisances
munis d'effets d'eau suffisants, mais à la condition qu'il soit établi une chasse d'eau à la base du
tuyau de chute et une occlusion hermétique permanente avant le débouché dans l'égout.

Le tout sans préjudice de l'exécution des lois et
règlements sur les logements insalubres (art. 6).

Conformément à l'article 4 du décret-loi du 26 mars 1852, tout projet d'établissement ou de transformation de canalisations devra, avant exécution, être soumis avec plans et coupes cotés à l'Administration ; et, vingt jours après le dépôt constaté par récépissé, les travaux pourront être commencés d'après le projet, s'il n'a été notifié aucune injonction.

L'entrepreneur restera d'ailleurs soumis à la déclaration préalable prescrite par l'ordonnance du 20 juillet 1838, article 1er, et les travaux seront vérifiés par les agents de l'Administration, qui s'assureront que les prescriptions faites dans l'intérêt de la salubrité ont été observées (art. 7).

Les fosses, caveaux, etc., rendus inutiles par suite de l'application de l'écoulement direct à l'égout, seront vidangés et désinfectés (art. 8).

La projection de corps étrangers, tels que débris de cuisine, de vaisselle, etc., dans les conduites d'eaux ménagères et pluviales ainsi que dans les cuvettes des cabinets d'aisances, est formellement interdite (art. 9). »

Cet arrêté fut, comme le précédent, déféré au Conseil d'État, mais avant que cette haute juridiction se fût prononcée sur sa légalité, le préfet l'a remplacé, à la date du 31 décembre 1897, par un nouvel arrêté, qui est précédé des considérations suivantes empruntées à l'arrêt du Conseil d'État du 1er mai 1896 :

« Considérant qu'il importe que l'obligation imposée aux particuliers soit remplie sans que la salubrité dans la ville de Paris puisse en être compromise ; qu'à cet égard, le préfet de la Seine est incontestablement fondé à user, dans l'intérêt de la salubrité publique, des pouvoirs qu'il tient de la loi des 16-24 août 1790 et des décrets du 26 mars 1852 et du 10 octobre 1859 ; qu'il peut prescrire l'emploi de chasses d'eau suffisantes pour assurer l'évacuation à l'égout des vidanges et des eaux ménagères, empêcher toute communication entre l'atmosphère de l'égout public et celle des immeubles riverains, en tenant compte de ce que l'égout reçoit aussi des eaux pluviales et ménagères ; qu'il peut également défendre la projection à l'égout de tout autre corps solide que les matières de vidange et ordonner la désinfection des fosses supprimées [1]. »

Voici maintenant le texte de l'arrêté :

L'évacuation des matières solides et liquides des cabinets d'aisances doit être faite directement à l'égout public dans les voies désignées par délibérations du conseil municipal régulièrement approuvées. (A. P. S. 24 déc. 1897, art. 1er.)

Le délai de trois ans accordé par l'article 2, § 2, de la loi du 10 juillet 1894, pour les transforma-

tions à effectuer à cet effet dans les maisons anciennes, court à partir de la date fixée par les arrêtés d'approbation. (M. A., art. 2.)

Des chasses d'eau suffisantes doivent assurer l'évacuation à l'égout et les dispositions adoptées doivent empêcher toute communication entre l'atmosphère de l'égout public et celle des immeubles riverains. (M. A., art. 3.)

Tout propriétaire se disposant à installer dans son immeuble l'écoulement direct à l'égout des matières de vidange doit adresser à l'Administration les plans et coupes cotés des travaux projetés, permettant de s'assurer de l'exécution des prescriptions du présent arrêté. A défaut d'avis de la part de l'Administration, les travaux peuvent être entrepris vingt jours après le dépôt des plans constaté par récépissé. L'entrepreneur reste soumis à la déclaration préalable prescrite par l'ordonnance du 20 juillet 1838 (art. 1er).

Les fosses et caveaux rendus inutiles par suite de l'application de l'écoulement direct à l'égout seront vidés et immédiatement désinfectés. (M. A., art. 4 et 5.)

Section 5. — Conduits de cheminée.

L'établissement des foyers et des conduits de fumée dans les murs mitoyens et dans les murs séparatifs de deux maisons contiguës, qu'elles appartiennent ou non au même propriétaire, n'est autorisé que sous les conditions suivantes :

1° Les languettes de contre-cœur au droit des foyers doivent être en briques de bonne qualité et avoir au minimum 22 centimètres d'épaisseur sur une hauteur de 80 centimètres et une largeur dépassant celle du foyer d'au moins 22 centimètres de chaque côté ;

2° Les conduits de fumée doivent être construits exclusivement en briques à plat, droites ou cintrées, et avoir au moins 10 centimètres d'épaisseur ;

3° Les murs mitoyens ou séparatifs ne peuvent recevoir de poutres ni solives que lorsqu'ils sont entièrement pleins dans la partie verticale au-dessous des scellements de ces solives ;

4° Les parties supérieures de ces murs constituant souche de cheminées doivent porter un couronnement en pierre devant servir de plate-forme et faisant saillie d'au moins 15 centimètres sur chaque face. Elles doivent, en outre, être munies d'une main-courante en fer. (A. P. S. 25 nov. 1897, art. 1er.)

Il est permis d'établir des conduits de fumée dans l'intérieur des murs de refend, sous la double condition :

1° Que ces murs aient une épaisseur de 40 centimètres s'ils sont construits en moellons, ou de 37 centimètres s'ils sont construits en briques, enduits compris ;

2° Que les conduits de fumée soient exécutés en briques de bonne qualité, droites ou cintrées, ou en wagons de terre cuite. (M. A., art. 2.)

L'adossement des tuyaux de fumée à des pans de fer est permis, à la condition de maintenir un

[1]. Il est à remarquer que la jurisprudence est plus favorable aux mesures de sécurité qu'aux mesures de salubrité, bien que toutes deux reposent sur les mêmes textes de lois. Cela tient sans doute à ce que l'on connaît mieux la relation qui existe entre la mesure prise pour éviter tout danger d'incendie et le danger lui-même, tandis que l'on ignore le plus souvent le rapport qui relie certaines mesures d'assainissement à la diminution de la mortalité.

renformis de 5 centimètres en plâtre, non compris l'épaisseur du tuyau, entre les pans de fer et les tuyaux de fumée. (M. A., art. 3.)

Entre la paroi intérieure des tuyaux engagés dans les murs et le tableau des baies pratiquées dans ces murs, il faut toujours réserver un dosseret de maçonnerie pleine ayant au moins 45 centimètres d'épaisseur, enduits compris.

Cette épaisseur peut être réduite à 25 centimètres, à la condition que le dosseret soit construit en pierres de taille ou en briques de bonne qualité. (M. A., art. 4.)

Les conduits de fumée desservant des foyers ordinaires ne peuvent avoir moins de 18 centimètres sur 22 centimètres ou de 20 centimètres sur 20 centimètres de section intérieure s'ils sont rectangulaires ; moins de 22 centimètres de diamètre s'ils sont de section circulaire et moins de 20 centimètres sur 25 centimètres s'ils sont de section elliptique.

Les angles intérieurs des conduits de section rectangulaire doivent être arrondis, et le plus grand côté ne peut avoir une dimension supérieure à une fois et demie le petit côté.

Pour les conduits elliptiques, la même proportion doit être observée.

Les conduits de section circulaire ne doivent être construits qu'en briques ayant au moins 5 centimètres d'épaisseur.

Les wagons et les boisseaux en terre cuite doivent avoir au moins 5 centimètres d'épaisseur.

Les conduits de fumée, en briques ou en terre cuite, doivent être recouverts d'un enduit en plâtre, d'au moins 2 centimètres d'épaisseur, ou de toute autre matière incombustible et mauvaise conductrice de la chaleur et, en tout cas, d'une épaisseur suffisante pour qu'il n'en résulte aucun danger d'incendie ou aucune incommodité grave pour les habitants. (M. A., art. 5.)

Les tuyaux de cheminée non engagés dans les murs ne sont autorisés que s'ils sont adossés à des piles en maçonnerie ou à des murs en moellons ayant au moins 22 centimètres d'épaisseur, ou, dans le dernier étage, à des cloisons en briques de 11 centimètres d'épaisseur.

Ils doivent être solidement attachés au mur tuteur par des ceintures en fer dont l'espacement ne peut dépasser 2 mètres.

Les languettes de contre-cœur au droit des foyers de ces conduits de fumée doivent être en briques et avoir au moins une hauteur de 80 centimètres, une largeur dépassant celle du foyer d'au moins 10 centimètres de chaque côté et une épaisseur d'au moins 10 centimètres. Ces languettes, dans toute la largeur du foyer, doivent en outre être protégées par une plaque de fonte ou un revêtement en briquettes réfractaires d'au moins 4 centimètres d'épaisseur.

L'épaisseur de la languette peut n'être que de 6 centimètres lorsque les deux cheminées sont adossées l'une à l'autre. (M. A., art. 6.)

Les wagons et les boisseaux en terre cuite, employés comme tuyaux adossés, doivent avoir au moins 5 centimètres d'épaisseur, être à emboîtement et former, avec l'enduit en plâtre, une épaisseur totale de 7 centimètres. (M. A., art. 7.)

L'épaisseur des languettes, parois et costières des tuyaux engagés dans les murs ou adossés ne peut jamais être inférieure à 7 centimètres, enduits compris. (M. A., art. 8.)

Les tuyaux de cheminée ne peuvent dévier de la verticale, de manière à former avec elle un angle de plus de 30 degrés.

Ils doivent avoir une section égale dans toute leur hauteur et être facilement accessibles à leur partie supérieure. (M. A., art. 9.)

Section 6. — Servitudes relatives aux constructions à élever.

§ 1er. — Aux abords des cimetières.

Le décret du 23 prairial an XII (12 juin 1804) sur les sépultures porte, dans son article 2 :

« Il y aura hors de chacune de ces villes ou bourgs, à la distance de *trente-cinq à quarante mètres* au moins de leur enceinte, des terrains spécialement consacrés à l'inhumation des morts. »

Le décret du 7 mars 1808, qui fixe une distance pour les constructions dans le voisinage des cimetières hors des communes, dispose :

« Nul ne pourra, sans autorisation, élever aucune habitation, ni creuser aucun puits, à moins de *cent mètres* des nouveaux cimetières transférés hors des communes en vertu des lois et règlements » (art. 1er).

« Les bâtiments existants ne pourront également être restaurés ni augmentés sans autorisation.

Les puits pourront, après visite contradictoire d'experts, être comblés, en vertu d'ordonnances du préfet du département, sur la demande de la police locale » (art. 2).

Mais un avis de la conférence administrative du 22 juillet 1880, chargée d'examiner les bases à adopter pour l'application à Paris des servitudes légales spéciales aux cimetières, a décidé qu'une zone de *dix mètres* autour des cimetières est suffisante pour assurer l'isolement de ces établissements et qu'au delà de cette zone, on peut accorder les autorisations de bâtir qui seraient demandées. (V. dans notre *Répertoire* le mot *Sépulture*.)

§ 2. — En bordure des chemins de fer.

Aucune construction autre qu'un mur de clôture ne peut être établie dans une distance de *deux mètres* d'un chemin de fer. — Cette distance est mesurée soit de l'arête supérieure du déblai, soit de l'arête inférieure du talus du remblai, soit du bord extérieur des fossés du chemin, et, à défaut d'une ligne tracée, à *un mètre cinquante centimètres* à partir des rails extérieurs de la voie de fer. — Les constructions existant au moment de la promulgation de la loi de 1845, ou lors de l'établissement d'un nouveau chemin de fer, peuvent être entretenues dans l'état où elles se trouvaient à cette époque. (L. 15 juill. 1845, art. 5.)

§ 3. — En bordure de la rivière de Bièvre.

La déclaration du roi du 28 septembre 1728, concernant les bâtiments sur la rivière de Bièvre, est ainsi conçue :

« Tous propriétaires de maisons ou terrains destinés au commerce de la tannerie et situés sur l'un des deux bords de la rivière de Bièvre, dite des Gobelins, faubourg Saint-Marcel, ayant ouverture sur les rues de l'Oursine, Fer-à-Moulin, Censière, Moufftard et Saint-Victor, pourront faire construire, édifier et reconstruire tels bâtiments qu'ils jugeront les plus convenables pour leur commerce, de manière cependant que le bâtiment qui aura face sur ladite rivière ne puisse excéder la hauteur de trente pieds, depuis le sol jusqu'au-dessus de l'entablement, et que le grenier soit à claire-voie et ne puisse, sous quelque prétexte que ce soit, être fermé de cloisons, murs de refend ou autrement. »

Un arrêt du Conseil d'État du roi du 26 février 1732, qui fait un règlement général pour la police et conservation des eaux de la rivière de Bièvre, dispose :

Nouveaux édifices. — Alignements ordonnés. — Fait, Sa Majesté, défenses à toutes personnes de quelque état et condition qu'elles soient, de faire élever aucuns nouveaux bâtiments ni murs le long de ladite rivière, ou en faire réparer sur aucuns fondements, sans y appeler lesdits syndics et avoir pris dudit sieur Grand-Maître l'alignement de la berge, à peine de démolition desdits bâtiments et murs et de cent livres d'amende envers Sa Majesté (art. 26).

Berges, leur hauteur, largeur et empatement. — Tous les propriétaires des héritages joignant ladite rivière seront tenus de laisser le long de chaque côté de ladite rivière, aux endroits où le terrain pourra le permettre, une berge de quatre pieds de plate-forme sur six pieds au moins d'empatement dans la hauteur de deux pieds au-dessus de la superficie des eaux d'été, à peine d'y être pourvu à leurs frais (art. 42).

Enfin, voici le texte de l'arrêté préfectoral du 3 juillet 1852 concernant les conditions à observer dans l'établissement et la réparation des constructions et ouvrages de toute nature au long de la rivière de Bièvre et de ses affluents hors Paris.

Les propriétaires riverains de la Bièvre, situés hors Paris, auxquels nous aurons délivré l'autorisation d'élever ou de réparer des constructions le long de cette rivière seront tenus de se conformer aux dispositions suivantes (art. 1er).

Constructions neuves. — Toute construction neuve sera établie de manière à se trouver partout à une distance d'au moins 3m,25 de la rive des eaux d'été (art. 2).

Règlement des berges ou marchepieds. — La plate-forme de la berge ou marchepied, devant les constructions, sera généralement établie et entretenue à une hauteur de 0m,65 au-dessus du niveau des mêmes eaux.

Elle sera soutenue au long du lit de la rivière, soit par un mur, soit par des vannages en char-

pente sur les points où il sera jugé nécessaire pour assurer les prescriptions ci-dessus.

Lavoirs. — La hauteur de 0m,65 pourra être provisoirement réduite de 0m,30 devant les lavoirs, mais elle sera rétablie à 0m,65 lorsque le lavoir viendra à être supprimé (art. 3).

Hangars. — La toiture des nouveaux hangars couverts ne pourra être supportée que par des poteaux de 0m,15 à 0m,20 d'équarrissage. La hauteur entre le sol et le dessous de la sablière sera au moins de 1m,80 (art. 4).

Murs et clôtures interceptant le marchepied. — Lorsqu'un mur ou une clôture quelconque devra intercepter le marchepied, on y établira une porte de 0m,90 de largeur au moins et ayant un seuil élevé de 0m,65 au-dessus des eaux d'été.

Cette porte recevra une serrure ouvrant avec la clef des agents chargés de la surveillance de la Bièvre ; elle ne pourra pendant le jour être fermée intérieurement, de manière à faire obstacle au passage de ces agents. La serrure sera constamment tenue en bon état (art. 5).

Ponts et passerelles. — Dans le cas de la construction d'un pont ou d'une passerelle, l'axe de l'ouverture du pont sera dirigé suivant celui de la rivière. Un radier en maçonnerie ou en pavage sera établi suivant le plan déterminé par le fond du coursier de l'usine supérieure et le seuil de la vanne de décharge de l'usine inférieure.

Les piédroits laisseront entre eux un intervalle libre de 3 mètres pour la rivière vive, de 2 mètres pour la rivière morte et de 1 mètre pour les affluents. L'intervalle sera de 4 mètres dans les endroits où les deux rivières se confondent.

Les piédroits s'élèveront verticalement à partir du radier, au moins jusqu'à 0m,65 au-dessus du niveau des eaux d'été.

Les ponts et les berges aux abords seront constamment entretenus en bon état (art. 6).

Réparations de constructions existantes. — Lorsqu'il aura été permis de réparer un bâtiment ou mur formant saillie sur le marchepied ou l'alignement, les crevasses ne pourront être bouchées qu'en plâtres, et il ne sera fait de *lancis* d'aucune espèce.

S'il s'agit d'une clôture établie transversalement, au marchepied, et dans laquelle il n'aurait pas encore été pratiqué de passage, sa réparation ne pourra être effectuée qu'après avoir satisfait aux prescriptions de l'article 5 (art. 7).

Permissions révocables. — Les autorisations ne conféreront aucun droit aux particuliers qui les auront obtenues. En conséquence, les ouvrages autorisés pourront être modifiés ou même supprimés à la première réquisition de l'administration, sans que cette mesure puisse donner ouverture à indemnité (art. 8).

Avis à donner par les permissionnaires. — Tout riverain autorisé à établir une construction neuve, à en réparer une ancienne, ou à régulariser les berges, devra indiquer, trois jours à l'avance, à l'ingénieur de l'arrondissement ou au conducteur délégué par lui, le jour où les travaux seront entrepris.

Dans le cas d'une construction neuve, il préviendra une seconde fois l'ingénieur et le conducteur aussitôt que les fondations auront atteint le niveau du sol, afin qu'il soit procédé à la vérification de l'alignement ; le résultat de cette opération sera constaté par un procès-verbal dont il lui sera laissé une expédition (art. 9).

Intervention de M. le préfet de police. — Les permissionnaires devront toujours se pourvoir auprès de M. le préfet de police pour l'usage qu'ils se proposent de faire des eaux de la rivière (art. 10).

Propriétés situées à l'angle d'une voie communale ou militaire. — Lorsqu'un des côtés de la propriété sera situé sur une voie communale ou militaire, la permission que nous aurons délivrée ne dispensera pas de s'adresser, suivant l'un ou l'autre cas, soit au maire de la localité, soit au chef du génie militaire, pour les travaux à exécuter du côté de cette voie (art. 11).

Valeur et durée des autorisations. — Les autorisations ne sont valables qu'après l'acquittement des droits de timbre. Elles deviendront nulles à l'expiration du délai d'une année, s'il n'en a pas été fait usage (art. 12).

Le présent règlement sera imprimé à la suite des autorisations.

L'ingénieur en chef des ponts et chaussées du département est chargé d'en assurer l'exécution (art. 13).

Section 7. — *Fosses d'aisances*

§ 1er. — Des constructions neuves.

Dans aucun des bâtiments publics ou particuliers de la ville de Paris et de leurs dépendances, on ne peut employer, pour fosses d'aisances, des puits, puisards, égouts, aqueducs ou carrières abandonnés, sans y faire les constructions prescrites par le présent règlement. (O. R. 24 sept. 1819, art. 1er.)

Lorsque les fosses seront placées sous le sol des caves, ces caves devront avoir une communication immédiate avec l'air extérieur. (M. O., art. 2.)

Les caves sous lesquelles seront construites les fosses d'aisances devront être assez spacieuses pour contenir quatre travailleurs et leurs ustensiles, et avoir au moins 2 mètres de hauteur sous voûte. (M. O., art. 3.)

Les murs, la voûte et le fond des fosses seront entièrement construits en pierres meulières, maçonnées avec du mortier de chaux maigre et de sable de rivière bien lavé.

Les parois des fosses seront enduites de pareil mortier, lissé à la truelle.

On ne pourra donner moins de 30 à 35 centimètres d'épaisseur aux voûtes et moins de 45 ou 50 centimètres aux massifs et aux murs. (M. O., art. 4.)

Il est défendu d'établir des compartiments ou divisions dans les fosses, d'y construire des piliers et d'y faire des chaînes ou des arcs en pierres apparentes. (M. O., art. 5.)

Le fond des fosses d'aisances sera fait en forme de cuvette concave.

Tous les angles intérieurs seront effacés par des arrondissements de 25 centimètres de rayon. (M. O., art. 6.)

Autant que les localités le permettront, les fosses d'aisances seront construites sur un plan circulaire, elliptique ou rectangulaire.

On ne permettra point la construction de fosses à angle rentrant, hors le seul cas où la surface de la fosse serait au moins de 4 mètres carrés de chaque côté de l'angle ; et alors il serait pratiqué, de l'un et de l'autre côté, une ouverture d'extraction. (M. O., art. 7.)

Les fosses, quelle que soit leur capacité, ne pourront avoir moins de 2 mètres de hauteur sous clef. (M. O., art. 8.)

Les fosses seront couvertes par une voûte en plein cintre, ou qui n'en différera que d'un tiers de rayon. (M. O., art. 9.)

L'ouverture d'extraction des matières sera placée au milieu de la voûte, autant que les localités le permettront.

La cheminée de cette ouverture ne devra point excéder 1m,50 de hauteur, à moins que les localités n'exigent impérieusement une plus grande hauteur. (M. O., art. 10.)

L'ouverture d'extraction correspondant à une cheminée de 1m,50 au plus de hauteur ne pourra avoir moins de 1 mètre en longueur sur 65 centimètres en largeur.

Lorsque cette ouverture correspondra à une cheminée excédant 1m,50 de hauteur, les dimensions ci-dessus spécifiées seront augmentées de manière que l'une de ces dimensions soit égale aux deux tiers de la hauteur de la cheminée. (M. O., art. 11.)

Il sera placé, en outre, à la voûte, dans la partie la plus éloignée du tuyau de chute et de l'ouverture d'extraction, si elle n'est pas dans le milieu, un tampon mobile, dont le diamètre ne pourra être moindre de 50 centimètres. Ce tampon sera en pierre, encastré dans un châssis en pierre, et garni, dans son milieu, d'un anneau en fer. (M. O., art. 12.)

Néanmoins ce tampon ne sera pas exigible pour les fosses dont la vidange se fera au niveau des rez-de-chaussée, et qui auront, sur ce même sol, des cabinets d'aisances avec trémie ou siège sans bonde, et pour celles qui auront une superficie moindre de 6 mètres dans le fond, et dont l'ouverture d'extraction sera dans le milieu. (M. O., art. 13.)

Le tuyau de chute sera toujours vertical.

Son diamètre intérieur ne pourra avoir moins de 25 centimètres s'il est en terre cuite, et de 20 centimètres s'il est en fonte. (M. O., art. 14.)

Il sera établi, parallèlement au tuyau de chute, un tuyau d'évent, lequel sera conduit jusqu'à la hauteur des souches de cheminée de la maison, ou de celles des maisons contiguës, si elles sont plus élevées.

Le diamètre de ce tuyau d'évent sera de 25 centimètres au moins ; s'il passe cette dimension, il dispensera du tampon mobile. (M. O., art. 15.)

L'orifice intérieur des tuyaux de chute et d'évent ne pourra être descendu au-dessous des points les plus élevés de l'intrados de la voûte. (M. O., art. 16.)

§ 2. — Des reconstructions des fosses d'aisances dans les maisons existantes.

Les fosses actuellement pratiquées dans des puits, puisards, égouts anciens, aqueducs ou carrières abandonnés, seront comblées ou reconstruites à la première vidange. (O. R. 24 sept. 1819, art 17.)

Les fosses situées sous le sol des caves, qui n'auraient point communication immédiate avec l'air extérieur, seront comblées à la première vidange, si l'on ne peut pas établir cette communication. (M. O., art. 18.)

Les fosses actuellement existantes dont l'ouverture d'extraction, dans les deux cas déterminés par l'article 11, n'aurait pas et ne pourrait avoir les dimensions prescrites par le même article, celles dont la vidange ne peut avoir lieu que par des soupiraux ou des tuyaux, seront comblées à la première vidange. (M. O., art. 19.)

Les fosses à compartiments ou étranglements seront comblées ou reconstruites à la première vidange, si l'on ne peut pas faire disparaître ces étranglements ou compartiments et qu'ils soient reconnus dangereux. (M. O., art. 20.)

Toutes les fosses des maisons existantes qui seront reconstruites, le seront suivant le mode prescrit par la 1re section du présent règlement.

Néanmoins, le tuyau d'évent ne pourra être exigé que s'il y a lieu à reconstruire un des murs en élévation au-dessus de ceux de la fosse, ou si ce tuyau peut se placer intérieurement ou extérieurement sans altérer la décoration des maisons. (M. O., art. 21.)

§ 3. — Des réparations des fosses d'aisances.

Dans toutes les fosses existantes, et lors de la première vidange, l'ouverture d'extraction sera agrandie, si elle n'a pas les dimensions prescrites par l'article 11 de la présente ordonnance. (O. R. 24 sept. 1819, art. 22.)

Dans toutes les fosses dont la voûte aura besoin de réparations, il sera établi un tampon mobile, à moins qu'elles ne se trouvent dans les cas d'exception prévus par l'article 13. (M. O., art. 23.)

Les piliers isolés, établis dans les fosses, seront supprimés à la première vidange, ou l'intervalle entre les piliers et les murs sera rempli en maçonnerie, toutes les fois que le passage entre ces piliers et les murs aura moins de 70 centimètres de largeur. (M. O., art. 24.)

Les étranglements existant dans les fosses, et qui ne laisseraient pas un passage de 70 centimètres au moins de largeur, seront élargis à la première vidange autant qu'il sera possible. (M. O., art. 25.)

Lorsque le tuyau de chute ne communiquera avec la fosse que par un couloir ayant moins de 1 mètre de largeur, le fond de ce couloir sera établi en glacis jusqu'au fond de la fosse, sous une inclinaison de 45 degrés au moins. (M. O., art. 26.)

Toute fosse qui laisserait filtrer ses eaux par les murs ou par le fond sera réparée. (M. O., art. 27.)

Les réparations consistant à faire des rejointoiements, à élargir l'ouverture d'extraction, placer un tampon mobile, rétablir des tuyaux de chute ou d'évent, reprendre la voûte et les murs, boucher ou élargir des étranglements, réparer le fond des fosses, supprimer des piliers, pourront être faites suivant les procédés employés à la construction première de la fosse. (M. O., art. 28.)

Les réparations consistant dans la reconstruction entière d'un mur de la voûte ou du massif du fond des fosses d'aisances, ne pourront être faites que suivant le mode indiqué ci-dessus pour les constructions neuves. (M. O., art. 29.)

Les propriétaires des maisons dont les fosses seront supprimées en vertu de la présente ordonnance seront tenus d'en faire construire de nouvelles, conformément aux dispositions prescrites par les articles de la 1re section. (M. O., art. 30.)

Ne seront pas astreints aux constructions ci-dessus déterminées les propriétaires qui, en supprimant leurs anciennes fosses, y substitueront les appareils connus sous le nom de *fosses mobiles inodores*, ou tous autres appareils que l'administration publique aurait reconnus par la suite pouvoir être employés concurremment avec ceux-ci. (M. O., art. 31.)

En cas de contravention aux dispositions de la présente ordonnance, ou d'opposition de la part des propriétaires aux mesures prescrites par l'administration, il sera procédé, dans les formes voulues, devant le tribunal de police ou le tribunal civil, suivant la nature de l'affaire. (M. O., art. 32.)

Sous-chapitre VIII. — Droits de voirie.

Section 1re. — Historique.

L'origine de la perception de droits de voirie remonte, avons-nous dit, à une époque fort ancienne. On en trouve trace, en effet, dans le Registre de Jehan Sarrazin ; mais ce registre, on le sait, est tenu pour apocryphe. Ce qui est certain, c'est que, dès le 26 septembre 1357, une ordonnance du dauphin de France (depuis Charles V), réunit les droits de voirie aux revenus du domaine royal ; depuis cette époque, et pendant longtemps, le voyer de Paris ajouta, en conséquence, à son titre, celui de receveur ordinaire du domaine. Mais par la suite, en raison de la vénalité des offices, la perception des droits de voirie fut concédée.

Une ordonnance de police du 22 septembre 1600 fixe le tarif des droits de voirie ; ce tarif fut reproduit par l'Édit de décembre 1607 et resta en vigueur jusqu'à la création des offices de commissaires généraux de la voirie. A cette époque, la déclaration du 16 juin 1693 donna à ceux-ci la jouissance des droits de voirie dont elle dressa une nouvelle nomenclature. Mais, la perception des droits ayant donné lieu à des difficultés, il intervint pour les trancher un arrêt du Parlement du 27 janvier 1780, homologué par des lettres patentes du 31 décembre 1781.

Supprimée en 1790, la taxe fut rétablie par le décret du 27 octobre 1808.

Section 2. — Législation actuelle.

§ 1er. — Tarifs.

Depuis le décret du 28 juillet 1874, les droits de voirie dans la ville de Paris pour délivrances d'alignements, permissions de construire ou de réparer et autres permis de toute espèce qui se requièrent en grande ou en petite voirie, sont perçus conformément aux tarifs ci-contre.

§ 2. — Recouvrement.

Sous l'empire du décret du 27 octobre 1808, la préfecture de police recouvrait les droits afférents aux objets de petite voirie et la préfecture de la Seine ceux qui s'appliquaient aux objets de grande voirie (art. 2). Depuis le décret du 10 octobre 1859, la perception des droits, tant pour les objets de grande voirie que pour ceux de petite voirie, est confiée à la préfecture de la Seine.

Les droits de voirie doivent, en principe, être acquittés à l'instant même où sont délivrées les expéditions des permis accordés. (Décr. 1808, art. 2.)

À Paris, contrairement à ce qui a lieu dans toutes les autres parties du territoire, le recouvrement des droits de voirie restant dus s'effectue comme en matière de contributions directes. Par suite, les réclamations contre eux doivent être formées dans le même délai qu'en matière de contributions directes et le jugement en appartient au conseil de préfecture de la Seine. (Cons. d'Ét. 5 mai 1876, D. p. 76-3-81; Décr. 27 oct. 1808, art. 6.)

La loi du 18 juillet 1837, applicable à Paris, a classé le produit des droits de voirie parmi les recettes ordinaires de la commune et disposé que les tarifs seraient réglés par décrets en Conseil d'État. Le décret du 25 mars 1852 sur la décentralisation qui a confié aux préfets le pouvoir d'approuver les tarifs des droits de voirie arrêtés par les conseils municipaux, n'a pas, à Paris, changé l'autorité compétente pour statuer. Après comme avant ce décret, l'approbation des tarifs est réservée au chef de l'État.

Sous-chapitre IX. — Police de la circulation.

Section 1re. — Travaux sur la voie publique.

§ 1er. — Fouilles et tranchées dans le sol de la voie publique. — Travaux pour l'établissement et l'entretien des conduites d'eau et de gaz. — Travaux d'égout.

I. Fouilles et tranchées.

Il est défendu aux particuliers et à leurs entrepreneurs de faire aucune fouille ni tranchée dans le sol de la voie publique, sans une permission spéciale du préfet de police.

Toutefois, cette permission n'est point exigée pour les travaux d'établissement, de renouvellement ou de réparation de conduites d'eau ou de gaz, dont la durée ne doit pas excéder quarante-huit heures. Il suffit, dans ce cas, de prévenir le commissaire de police du quartier du commencement des travaux.

Aucune fouille ni tranchée, même autorisée par le préfet de police, ne peut être commencée avant qu'il en ait été donné avis au commissaire de police du quartier. (O. pol. 25 juill. 1862, art. 1er.) [1]

2. Travaux pour l'établissement et l'entretien des conduites d'eau et de gaz.

Les fouilles et tranchées sont remblayées, autant que faire se peut, au fur et à mesure de l'exécution des ouvrages. (O. pol. 25 juill. 1862, art. 2.)

Les entrepreneurs chargés des travaux prennent les dispositions convenables pour que moitié au moins de la largeur des rues où ils travaillent soit réservée à la circulation et qu'il ne puisse arriver d'accidents. (M. O., art. 3.)

Les terres provenant des fouilles sont retenues avec des plats-bords solidement fixés de manière qu'elles ne puissent se répandre ni sur les trottoirs, ni sur le pavé réservé pour la circulation des piétons, et que l'écoulement des eaux reste toujours libre. (M. O., art. 4.)

Les terres des remblais sont pilonnées avec soin, pour prévenir les affaissements, et le pavé est bloqué de telle sorte qu'il se maintienne partout à la hauteur du pavé environnant.

Les terres et gravois qui ne pourraient être employés dans les remblais sont enlevés immédiatement après le blocage du pavé. (M. O., art. 5.)

Les propriétaires et entrepreneurs pourvoient au raccordement du pavé dans les quarante-huit heures de l'achèvement des travaux de pose ou réparation des conduites.

Ils sont tenus néanmoins d'entretenir les blocages en bon état jusqu'à ce que les raccordements aient été effectués. (M. O., art. 6.)

Les entrepreneurs chargés de l'entretien des conduites des eaux de la ville, les propriétaires des conduites particulières d'eau et de gaz et leurs entrepreneurs sont tenus, dans le cas de rupture des conduites, et chacun pour ce qui le concerne, de mettre des ouvriers en nombre suffisant pour que les réparations en soient effectuées dans les vingt-quatre heures des avertissements qu'ils ont reçus des commissaires de police, agents d'administration et même de tous particuliers.

Ils sont tenus provisoirement d'arrêter et de faire arrêter, sur-le-champ, le service desdites conduites et de pourvoir à la sûreté de la voie publique, soit en comblant les excavations, soit en les entourant de barrières, en les éclairant pendant la nuit et en y posant au besoin des gardes. (M. O., art. 7.)

---

1. Certaines prescriptions insérées dans le règlement du 25 juillet 1862 et rappelant des défenses contenues, soit dans le Code pénal, soit dans des lois spéciales, doivent être considérées comme de simples mesures d'ordre qui ne sauraient changer le mode de répression indiqué par la loi. Ainsi est à titre d'exemple l'ordonnance de 1862 interdit de dégrader les arbres établis sur les boulevards de Paris. Il est bien évident que la circonstance que cette prohibition se trouve dans une ordonnance de police ne peut modifier ni la nature de l'atteinte portée à un ouvrage dépendant du domaine public, ni la pénalité encourue, ni la juridiction appelée à en connaître.

En droit, la détérioration des arbres plantés sur les voies publiques de Paris constitue une contravention de grande voirie qui doit être constatée, poursuivie et réprimée, conformément aux prescriptions de la loi du 29 floréal an X et du décret du 16 décembre 1811.

Tarif pour la grande voirie.

DÉNOMINATIONS.	DROIT fixe.	DROIT au mètre linéaire.	DROIT au mètre superficiel.	OBSERVATIONS.
	fr. c.	fr. c.	fr. c.	
SECTION Iʳᵉ. — TRAVAUX NEUFS. Construction :				
1º D'un bâtiment.	»	2 00	»	Mesuré sur la longueur totale du rez-de-chaussée.
2º D'un mur de clôture ou d'une grille. .	»	' »	1 00	Mesuré sur le produit de la hauteur moyenne de la face par la longueur totale.
		2 00	»	La taxe à percevoir au mètre superficiel pour la construction des bâtiments est réduite de moitié pour les façades ou portions de façades construites en moellons ou en pans de bois avec enduit en plâtre, sous la réserve du droit de l'administration de refuser l'autorisation de construire des façades de cette nature qui présenteraient des dangers au point de vue des incendies ou de la sécurité publique.
3º D'une clôture en planches, en treillage ou toute autre clôture légère	»	0 50	»	Il est expliqué qu'il ne s'agit ici que des clôtures à demeure fixe et non des clôtures dites provisoires servant à entourer momentanément une fouille, un atelier de construction, etc.
Baie.	1 00	»	»	Dans n'importe quelle partie d'un mur ou d'un bâtiment neuf ou surélevé et quelles que soient ses dimensions, aussi bien dans les étages d'attique ou en retraite qui se trouvent dans un plan vertical au-dessus de l'entablement que dans les étages sis au-dessous de l'entablement.
Balcon (grand) dépassant 0ᵐ,22 de saillie.	»	20 00	»	Mesuré sur la longueur du balcon, non compris les retours.
Balcon (petit) ne dépassant pas 0ᵐ,22 de saillie.	»	10 00	»	
Barre d'appui. — Garde-fou	»	5 00	»	Il s'agit ici des barres d'appui placées au droit des croisées avec une très faible saillie et complétées ensuite par un ouvrage en fonte ou en fer qui garnit le vide dans la partie inférieure.
	»	0 50	»	Mesurée, non pas en raison du développement linéaire de la barrière, mais en raison de la longueur de face du terrain clos.
Barrière provisoire.	»	»	0 50 (par trimestre)	Ce droit s'applique à la superficie du sol de la voie publique temporairement occupé. Il est valable pour un trimestre et renouvelable; le trimestre, considéré comme unité, toujours exigible.
SECTION II. — TRAVAUX MODIFIANT DES CONSTRUCTIONS EXISTANTES.				
Surélévation d'un bâtiment	»	»	1 00	Mesuré sur le produit de la surélévation par la longueur totale de la partie surélevée.
Surélévation d'un mur de clôture	»	1 00	»	
Chaperon	»	1 00	»	Le dérasement d'un mur pour la conversion en mur bahut, orné d'une grille, donne lieu à la perception du droit complet d'alignement.
Conversion d'un mur de clôture en mur de face d'un bâtiment	»	»	»	Voir Construction d'un bâtiment neuf, sauf la déduction du droit d'alignement déjà perçu.
Ravalement entier.	20 00	»	»	Non compris le droit d'échafaud.
Ravalement partiel.	10 00	»	»	Ne sera considéré comme partie de ravalement donnant lieu à la taxe que celle qui atteindra 1 mètre superficiel.
Baie ouverte après coup ou agrandie :				
1º Dans un bâtiment, au rez-de-chaussée, de 2 mètres et plus.	20 00	»	»	Droit de poitrail non compris.
2º Dans un bâtiment, au rez-de-chaussée, de 0ᵐ,80 à 2 mètres.	10 00	»	»	Droit de linteau ou fermeture non compris. . . Idem . . . . .
3º Dans un bâtiment, au-dessus du rez-de-chaussée, de 0ᵐ,80 et au-dessus . . .	10 00	»	»	Au rez-de-chaussée, ne sont pas considérés comme baies les soupiraux de caves, ni les ouvertures pratiquées dans les devantures ou remplissages en menuiserie. Toutefois, les soupiraux servant à l'éclairage des sous-sols destinés à l'habitation, au commerce ou à l'industrie seront taxés comme baies de rez-de-chaussée.
4º Dans un mur de clôture : baie de porte charretière ou cochère	15 00	»	»	
Dans un mur de clôture : baie de porte bâtarde	10 00	»	»	
Baie de moins de 0ᵐ,80 dans sa plus grande dimension.	10 00	»	»	Compris le droit de linteau ou fermeture.
Poitrail ou toute fermeture de baie de 2 mètres et au-dessus (soit en bâtiment, soit en mur de clôture).	20 00	»	»	

DÉNOMINATIONS.	DROIT fixe.	DROIT au mètre linéaire.	DROIT au mètre superficiel.	OBSERVATIONS.
	fr. c.	fr. c.	fr. c.	
Linteau ou toute fermeture de baie, plate-bande, arc en pierre, etc., de 0m,80 à 2 mètres (soit en bâtiment, soit en mur de clôture).	10 00	»	»	
Pied-droit. — Dosseret, soit en bâtiment, soit en mur de clôture, à rez-de-chaussée :				
Pour baie de 2 mètres et au-dessus . . .	20 00	»	»	Dans les murs de clôture, les poteaux en bois sont considérés comme dosserets.
Pour baie de moins de 2 mètres.	10 00	»	»	Ces droits ne seront dus que pour le cas où les pieds-droits ou dosserets seront véritablement construits dans une largeur excédant 0m,16. Lorsque le constructeur, après avoir ouvert une baie, ne fera pas autre chose que d'en dresser les tableaux et de créer, par conséquent, des dosserets dans la maçonnerie ancienne, sans rien y ajouter, la taxe ne sera pas appliquée.
Reprise dans la façade d'un bâtiment. — Trumeau construit au rez-de-chaussée. — Bouchement de baie.	»	»	3 00	Mesuré sur la superficie de l'ouvrage effectué.
Point d'appui intermédiaire au rez-de-chaussée. — Pile. — Colonne. — Poteau. — Jambe étrière	20 00	»	»	Pour chaque objet.
Échafaud	»	1 00	»	Mesuré sur la longueur de face de la partie du bâtiment échafaudée. Les échafauds volants ne sont pas taxés. Ne sont pas taxés non plus les échafauds placés à l'intérieur d'une barrière provisoire.
Entablement. — Corniche. — Réfection entière.	20 00	»	»	Ces droits ne comprennent pas celui qui sera dû pour l'échafaud.
Entablement. — Corniche. — Réfection partielle.	10 00	»	»	
Étais	5 00	»	»	Comptés pour chaque groupe d'étais, par chaque élévation, par chaque ensemble de contre-fiches réunies par des moises.

Tarif pour la petite voirie.

DÉNOMINATIONS.	DROIT fixe.	DROIT au mètre linéaire.	DROIT au mètre superficiel.	OBSERVATIONS.
	fr. c.	fr. c.	fr. c.	
SECTION Ire. — SAILLIES CONSIDÉRÉES COMME FIXES.				
Appui de croisée. — Tablettes, le plus ordinairement en bois, posées au-dessus du soubassement d'une baie et ne dépassant pas 0m,16 de saillie	5 00	»	»	
Barreaux ou grille. — Au droit d'une croisée.	10 00	»	»	
Chardon ou herse	5 00	»	»	
Tuyau de descente	10 00	»	»	
Croisée en saillie. — Volet. — Persienne.	5 00	»	»	Un volet fermant une baie tout entière doit la totalité du droit; deux volets réunis pour clore une même baie, formant une paire, ne paieront qu'un seul droit.
Jalousie en saillie	10 00	»	»	
Moulures en menuiserie formant cadres et chambranles.	5 00	»	»	
SECTION II. — SAILLIES CONSIDÉRÉES COMME MOBILES.				
Abat-jour. — Appareil placé au-devant d'une baie pour modifier l'introduction de la lumière	10 00	»	»	
Réflecteur. — Appareil disposé au-dessus des baies pour y faire affluer plus de lumière	10 00	»	»	
Baldaquin. — Marquise. — Transparent.	»	4 00	»	Sont considérés comme bannes et taxés comme telles les stores qui embrassent plusieurs croisées ou qui s'étendent devant les larges baies ouvertes le plus souvent dans la hauteur des entresols.
Banne.	»	2 00	»	
Store en élévation, posé au droit d'une seule croisée et se développant en saillie.	5 00	»	»	
Borne.	5 00	»	»	
Grande marquise ayant plus de 0m,80 de saillie	»	»	5 00	Mesuré sur la projection horizontale. Ne sont pas considérées comme grandes marquises les grandes tentures en saillie disposées exceptionnellement, les jours de fête, devant les boutiques et portes cochères.

DÉNOMINATIONS.	DROIT fixe.	DROIT au mètre linéaire.	DROIT au mètre superficiel.	OBSERVATIONS.
	fr. c.	fr. c.	fr. c.	
Devanture de boutique. — Distinction faite du seuil.	»	5 00	»	Mesurés entre les deux points extrêmes de la saillie.
Socle ou seuil. — Parpaing recevant une devanture	»	2 00	»	
Tableau d'enseigne de boutique sous corniche en bois ou en pierre	»	2 00	»	
Devanture en réparation. — Toute réparation ou renouvellement de châssis, porte, tableau, caisson ou soubassement.	5 00	»	»	
Parement de décoration. — Lambris appliqués sur les murs en élévation . . .	»	5 00	»	Ces lambris sont appliqués le plus souvent au-dessus des devantures de boutique et leur saillie est limitée, par les termes de l'ordonnance royale de 1823, à l'épaisseur du bois, et par l'usage, à 0m,06.
Étalage	20 00	»	»	Il est bien entendu qu'il ne s'agit ici que des étalages placés sur le mur bordant la voie publique et ne dépassant pas 0m,16 de saillie.
Montre ou vitrine	10 00	»	»	
Enseigne. — Tableau-enseigne. — Attribut. — Écusson	5 00	»	»	
Enseignes découpées.—Lettres appliquées sur les balcons.	10 00	»	»	Comptées pour une enseigne complète, quel que soit le nombre des mots.
Grand tableau. — Frises courantes portant enseigne	»	1 00	»	
Pilastres, caissons isolés (en menuiserie).	5 00	»	»	
Lanterne	5 00	»	»	Sera considéré comme lanterne isolée chaque appareil, soit directement sur le nu d'un mur ou d'une devanture, soit sur une tringle courante, et consistant en support, conduite ou tringle, avec globe, verre ou réflecteur.
Rampe et appareil d'illumination formant une saillie spéciale, composés de tubes droits ou recourbés et sur lesquels sont greffés de petits brûleurs avec ou sans globe	»	1 00	»	Mesurés sur la projection horizontale. Les rampes posées sur des objets en saillie, corniches, moulures, etc., et ne formant point par elles-mêmes une saillie spéciale, ne devront aucun droit. Les appareils formant une enseigne, un attribut, un chiffre, etc., seront considérés comme des enseignes, des attributs, etc., et taxés comme tels.
Échoppe. — Construction mobile, non scellée, posée sur le sol de la voie publique.	»	»	»	Droit proportionnel à la surface occupée et à la valeur du terrain. La valeur du terrain est délibérée par le conseil municipal.

3. Travaux d'égouts.

On ne peut entreprendre des travaux d'égouts sur la voie publique que vingt-quatre heures après avoir prévenu le commissaire de police du quartier, lequel s'entend avec l'ingénieur chargé de la direction des travaux, pour donner les ordres nécessaires relativement à ce qui peut intéresser la liberté de la circulation et la sûreté publique. (O. pol. 25 juill. 1862, art. 8.)

Les entrepreneurs sont tenus de se conformer exactement aux dispositions que l'ingénieur et le commissaire de police du quartier leur prescrivent, de concert et sur place, pour la limite des fouilles ou tranchées, le passage réservé aux piétons et aux voitures, s'il y a possibilité, le lieu de dépôt des équipages et des matériaux, les endroits où doivent être établis les bassins à mortier, des passerelles et des ponts à voitures, l'éclairage pendant la nuit, et pour toutes les autres mesures de précaution nécessaires à l'effet de prévenir les encombrements et les accidents. (M. O., art. 9.)

Avant l'ouverture des travaux, les parties de la voie publique exclusivement réservées pour la circulation sont déterminées sur place, et celles qui sont abandonnées aux travaux sont enceintes par des barrières en charpente à hauteur d'appui, avec courant de lisses. (M. O., art. 10.)

L'enlèvement des terres est fait, autant que possible, à mesure des fouilles, de manière qu'il n'en reste pas sur les bords des tranchées à la fin de la journée, et que les environs soient débarrassés des terres qui tomberaient des voitures de transport. (M. O., art. 11.)

Les matériaux sont, au fur et à mesure de la décharge qui en est faite, rangés de manière à ne point nuire à l'écoulement des eaux pluviales et ménagères.

Il est placé au-dessus de tout dépôt un écriteau peint en noir sur fond blanc, et indicatif des nom et demeure de l'entrepreneur à qui les matériaux appartiennent. (M. O., art. 12.)

Sous aucun prétexte, il ne peut être formé de chantier pour la taille des pierres sur la voie publique.

Le commissaire de police du quartier fait enlever d'office les pierres de taille et pavés qui y auraient été déposés, ainsi que les pierres meulières, bassins à mortier et équipages placés à des endroits autres que ceux désignés à cet effet, ou qui resteraient sur place après l'achèvement des travaux auxquels ils étaient destinés. Les matériaux ainsi enlevés sont portés aux décharges publiques ou à la fourrière. (M. O., art. 13.)

4. Dispositions communes aux travaux précédemment énumérés.

Il est expressément défendu de rouler des brouettes sur les dallages des trottoirs, ou d'y faire passer les roues des voitures et d'y déposer des outils, équipages ou matériaux.

Tous les trottoirs dont l'enlèvement provisoire n'a pas été autorisé doivent constamment rester libres pour la circulation des piétons. (O. pol. 25 juill. 1862, art. 14.)

Dans le cas où il serait indispensable d'interdire momentanément la circulation aux voitures sur certains points de la voie publique, l'autorisation doit en être obtenue du préfet de police par les particuliers ou leurs entrepreneurs. Nonobstant cette autorisation, le commissaire de police du quartier doit être prévenu avant l'établissement du barrage.

On doit placer, à l'entrée des rues aboutissant aux travaux, des poteaux supportant, à la hauteur de 3 mètres au moins, une inscription dont les caractères sont peints en noir sur un fond blanc, et qui sera ainsi conçue : *Rue barrée aux voitures avec permission de l'autorité.* Ces poteaux doivent être éclairés le soir au moyen d'une ou de plusieurs appliques. (M. O., art. 15.)

Dans le cas où, en faisant des tranchées, on découvrirait des berceaux de caves, des fosses, des puits ou des égouts abandonnés, on est tenu de déclarer immédiatement à la préfecture de police l'existence de ces caves, fosses, puits ou égouts pour mettre la préfecture à même de les faire visiter et de prescrire les mesures nécessaires.

Les résidus retirés des fouilles, qui seraient susceptibles de compromettre la salubrité publique, seront enlevés et transportés aux voiries dans des voitures couvertes et qui ne laissent rien répandre sur le sol. (M. O., art. 16.)

Les monnaies, médailles, armes, objets d'art ou d'antiquité et tous autres effets trouvés dans les fouilles doivent être remis immédiatement au commissaire de police du quartier, qui est tenu de constater cette remise, sans préjudice, s'il y a lieu, des droits attribués par la loi à l'auteur de la découverte.

Les débris humains seront soigneusement recueillis par l'entrepreneur, pour être transportés au lieu de repos, à la diligence du commissaire de police du quartier. (M. O., art. 17.)

Les ateliers, les dépôts de meulières, de tuyaux de fonte et d'équipages, les bassins à mortier, ainsi que tous les points de la voie publique qui, par suite des ouvrages, pourraient présenter du danger pour la circulation, doivent être éclairés, pendant la nuit, avec des appliques placées et entretenues aux frais et par les soins de l'entrepreneur, en nombre suffisant qui est indiqué par le commissaire de police du quartier. (M. O., art. 18.)

L'entrepreneur est tenu de placer sur les ateliers le nombre de gardiens nécessaires pour veiller, jour et nuit, au maintien du bon ordre.

Il fera déposer aux heures prescrites par les règlements, dans les endroits accessibles aux voitures du nettoiement, les ordures ménagères provenant des maisons riveraines des parties barrées de la voie publique. (M. O., art. 19.)

Chaque année, les travaux ne peuvent être entrepris avant le 1er mars. Ils doivent être terminés, le pavé rétabli et la voie publique débarrassée de tous décombres et immondices avant le 15 du mois de novembre[1].

Cette disposition ne s'applique point aux travaux de simple réparation ni à ceux qui ont pour objet la pose de petites conduites transversales, soit d'eau, soit de gaz. (M. O., art. 20.)

Le commissaire de police fait combler immédiatement toutes tranchées qui seraient ouvertes sur son quartier sans autorisation.

Sur sa réquisition, le pavé sera rétabli, dans les vingt-quatre heures, par les soins du directeur du service municipal des travaux, tant sur les tranchées remblayées d'office, aux frais de qui de droit, que sur toute tranchée comblée par suite de l'achèvement de travaux d'égouts ou d'établissement de conduites. (M. O., art. 21.)

§ 2. — Travaux de pavage à la charge de la ville. — Travaux de pavage à la charge des particuliers. — Entretien des rues non pavées. — Construction et entretien des trottoirs.

1. Travaux de pavage à la charge de la ville.

Les entrepreneurs du pavé de Paris sont tenus de prévenir, au moins vingt-quatre heures d'avance, les commissaires de police des quartiers respectifs, du jour où ils commenceront des travaux de pavage neuf ou de relevé à bout dans une rue. (O. pol. 25 juill. 1862, art. 22.)

Ils ne peuvent former leurs approvisionnements de matériaux que le jour même où les ouvrages commenceront.

Les pavés seront rangés et le sable retroussé de manière à occuper le moins de place possible. (M. O., art. 23.)

Ils sont tenus de faire éclairer pendant la nuit, par des appliques, leurs matériaux et leurs chantiers de travail, de veiller à l'entretien de l'éclairage et de prendre les précautions nécessaires dans l'intérêt de la sûreté publique. (M. O., art. 24.)

Il leur est défendu de barrer les rues et portions de rues autres que celles dont le pavé sera relevé à bout et dont la largeur totale n'excédera pas 16m,50.

Toutefois, si des circonstances nécessitaient le barrage des rues ayant plus de 16m,50 de largeur, ce barrage pourra être établi après les communications d'usage entre la préfecture de la Seine et la préfecture de police. (M. O., art. 25.)

Lorsqu'il est fait un relevé à bout aux abords des halles et marchés, des salles de spectacle ou

---

1. En fait, cet article n'est pas appliqué.

d'autres lieux très fréquentés désignés dans l'état qui en est dressé annuellement par le directeur du service municipal et approuvé par le préfet de police, il ne doit être entrepris que la quantité d'ouvrage qui peut être terminée dans la journée. Dans le cas où il aurait été levé plus de pavé qu'il n'en était besoin, il est bloqué en sorte que la voie publique se trouve entièrement libre et sûre avant la retraite des ouvriers. (M. O., art. 26.)

Les entrepreneurs réserveront, dans les rues ou portions de rues barrées, un espace suffisant pour la circulation des gens à pied. Ils établiront, au besoin, des planches solides et commodes pour la facilité du passage.

Ils prendront, en outre, des mesures convenables pour interdire aux voitures du public tout accès dans les rues ou portions de rues barrées. Ils placeront, à cet effet, des chevalets mobiles qui, en servant d'avertissement au public, laisseront la facilité de faire entrer et sortir les voitures des personnes demeurant dans l'enceinte du barrage.

Les mêmes précautions seront prises pour les rues latérales aboutissant aux rues barrées.

Il est défendu aux entrepreneurs de substituer des tas de pavés aux chevalets mobiles. (M. O., art. 27.)

Dans les rues qui ne seront point barrées, les entrepreneurs disposeront leurs ateliers de telle sorte qu'ils soient séparés les uns des autres par un intervalle de 15 mètres au moins, et que chaque atelier ne travaille que sur moitié de la largeur de la rue, afin de laisser l'autre moitié à la circulation des voitures. (M. O., art. 28.)

Les chantiers des travaux seront complètement débarrassés de tous matériaux, décombres, pavés de réforme, retailles, vieilles formes et autres résidus des ouvrages, dans les vingt-quatre heures qui suivront l'achèvement des travaux pour les relevés à bout et pavages neufs, et au fur et à mesure de l'exécution des ouvrages pour les réparations simples et raccordements. (M. O., art. 29.)

Il est expressément défendu de troubler les paveurs dans leurs ateliers et de déplacer ou arracher les appliques, chevalets, pieux et barrières établis pour la sûreté de leurs ouvrages. (M. O., art. 30.)

2. Travaux de pavage à la charge des particuliers.

Il est enjoint aux propriétaires des maisons et terrains bordant les rues ou portions de rues pavées et dont l'entretien est à leur charge de faire réparer, chacun au-devant de sa propriété, les dégradations de pavé et d'entretenir constamment en bon état le pavé desdites rues. (O. pol. 25 juill. 1862, art. 31.)

Ces propriétaires et leurs entrepreneurs sont tenus, pour les approvisionnements de matériaux destinés aux réparations, pour l'exécution des ouvrages et l'enlèvement des résidus, de se conformer aux dispositions ci-dessus prescrites aux entrepreneurs du pavé à la charge de la ville. (M. O., art. 32.)

Il leur est défendu de barrer ni faire barrer les rues pour l'exécution des travaux sans y être autorisés par le préfet de police. (M. O., art. 33.)

3. Entretien des rues non pavées.

Il est enjoint à tous propriétaires de maisons ou terrains situés le long des rues ou portions de rues non pavées de faire combler, chacun au droit de soi, les excavations, enfoncements et ornières, enlever les dépôts de fumier, gravois, ordures et immondices, et de faire, en un mot, toutes les dispositions convenables pour que la liberté et la sûreté de la circulation et la salubrité ne soient point compromises.

Ils seront tenus d'entretenir constamment en bon état lesdites rues et de conserver ou rétablir les pentes nécessaires pour procurer aux eaux un écoulement facile.

Les rues non pavées, qui deviendront impraticables pour les voitures, seront barrées, de manière que tous accidents soient prévenus. (O. pol. 25 juill. 1862, art. 34.)

4. Construction des trottoirs.

On ne peut construire aucun trottoir sur la voie publique sans en avoir obtenu la permission du préfet de la Seine. (O. pol. 25 juill. 1862, art. 35.)

Les entrepreneurs chargés de ces constructions sont tenus de prévenir, au moins vingt-quatre heures d'avance, les commissaires de police des quartiers respectifs, du jour où ils commenceront les travaux, et de leur représenter les autorisations dont ils auront dû se pourvoir. (M. O., art. 36.)

La construction de deux trottoirs sur les deux côtés d'une rue ne peut être simultanément entreprise, à moins que les ateliers ne soient séparés par un intervalle d'au moins 50 mètres. (M. O., art. 37.)

Avant de commencer les travaux, les entrepreneurs doivent faire établir une barrière à chaque extrémité des ateliers, afin d'en interdire l'accès au public. (M. O., art. 38.)

Les matériaux destinés aux constructions seront apportés au fur et à mesure des besoins et seront rangés sur les emplacements destinés aux trottoirs sans que la largeur en soit excédée. (M. O., art. 39.)

Les pavés arrachés, qui ne devront point servir aux raccordements, seront enlevés et transportés, dans le jour, hors de la voie publique, à la diligence des entrepreneurs de la construction des trottoirs. (M. O., art. 40.)

Il sera pris les mesures nécessaires pour que les eaux ménagères et pluviales s'écoulent sous les trottoirs au moyen de gargouilles ou conduits souterrains pratiqués à cet effet. (M. O., art. 41.)

Lorsqu'un trottoir sera coupé par un passage de porte cochère ou qu'il ne sera point prolongé au-devant des maisons voisines, il sera établi des pentes douces aux points d'interruption pour rendre moins sensible la différence de niveau entre le sol du trottoir et celui de la rue. (M. O., art. 42.)

Les propriétaires et entrepreneurs feront éclairer, à leurs frais, les ateliers pendant la nuit au moyen d'appliques ou lanternes en nombre suffisant. (M. O., art. 43.)

Aussitôt que la construction d'un trottoir sera terminée, il sera procédé immédiatement au raccordement du pavé par l'entrepreneur du pavage municipal, sur l'avertissement qui lui en sera donné, à l'avance, par l'entrepreneur du trottoir. (M. O., art. 44.)

Les barrières, matériaux, terres, gravois et autres résidus des ouvrages seront immédiatement enlevés aux frais et par les soins du propriétaire ou de l'entrepreneur du trottoir.

Il est défendu de livrer le trottoir à la circulation avant d'avoir pourvu au recouvrement des gargouilles et d'avoir pris les mesures convenables pour la sûreté et la commodité du passage. (M. O., art. 45.)

5. Entretien des trottoirs.

Les dégradations des trottoirs sont réparées, aux frais de qui de droit, à la diligence du directeur du service municipal, dans les vingt-quatre heures de la réquisition qui lui en a été adressée par le préfet de police. (O. pol. 25 juill. 1862, art. 46.)

Les entrepreneurs qui procèdent aux réparations sont tenus, lorsque les ouvrages ne peuvent être faits dans la journée où ils ont été entrepris, de prévenir les commissaires de police des quartiers respectifs pour les mettre à portée de prescrire les mesures nécessaires relativement au dépôt des matériaux, à l'éclairage pendant la nuit et à toutes autres précautions que peut réclamer la sûreté publique. (M. O., art. 47.)

Section 2. — Travaux exécutés dans les propriétés riveraines de la voie publique.

§ 1er. — Constructions et réparations.

Il est défendu de procéder à aucune construction ou réparation des murs de face ou de clôture des bâtiments et terrains riverains de la voie publique sans avoir justifié, au commissaire de police du quartier où se font les travaux, de la permission qui a dû être délivrée à cet effet par le préfet de la Seine. (O. pol. 25 juill. 1862, art. 48.)

Dans le cas de construction, on ne doit commencer les travaux qu'après avoir établi une barrière en charpente et planches jointives ayant au moins 2m,25 de hauteur.

Cette barrière ne peut être posée qu'avec l'autorisation du préfet de police.

Elle est placée de manière à ne pas gêner le libre écoulement des eaux de la rue, disposée à ses deux extrémités en pans coupés de 45 degrés et pourvue, dans sa partie la plus apparente, d'un écriteau fixe portant en lettres noires de 8 centimètres de haut, peintes à l'huile sur fond blanc, le nom et la demeure de l'entrepreneur de la construction. (M. O., art. 49.)

Les portes pratiquées dans les barrières doivent, autant que possible, ouvrir en dedans. Si l'on est forcé de les faire ouvrir en dehors, on est tenu de les appliquer contre les barrières.

Elles sont garnies de serrures ou cadenas pour être fermées, chaque jour, au moment de la cessation des travaux. (M. O., art. 50.)

A moins de circonstances particulières, il ne peut être établi de barrières devant les maisons en réparation.

On doit, pour ces réparations, faire usage d'échafauds volants ou à bascule, sans points d'appui directs sur la voie publique et de 1m,25 au plus de saillie sur le mur de face, de telle sorte que la circulation puisse continuer sur le trottoir au pied de la maison.

Pour prévenir la chute des matériaux ou autres objets sur la voie publique, le premier plancher au-dessus du rez-de-chaussée est, pendant toute la durée des travaux, formé de planches jointives et avec rebords.

Si l'échafaud doit avoir plus de deux étages, on est tenu de garnir de planches l'étage d'échafaud au-dessous de celui sur lequel les ouvriers travaillent. (M. O., art. 51.)

Lorsque des circonstances particulières exigent des points d'appui directs, ces points d'appui doivent être des sapines de toute la hauteur de la façade à réparer, afin d'éviter des entes de boulins les uns sur les autres.

Dans aucun cas, il ne peut être établi d'échafauds de cette espèce sans la permission du préfet de police. (M. O., art. 52.)

Lorsque l'administration a autorisé la pose d'une barrière pour des travaux de réparation, cette barrière est établie conformément aux prescriptions des articles 49 et 50 ci-dessus. (M. O., art. 53.)

Les échafauds servant aux constructions doivent être établis avec solidité et disposés de manière à prévenir la chute des matériaux et gravois sur la voie publique.

Ils doivent monter de fond et, si les localités ne le permettent pas, ils seront établis en bascule, à 4 mètres au moins du sol de la rue.

Il est défendu de les faire porter sur des écoperches ou boulins arc-boutés au pied des murs de face, dans la hauteur du rez-de-chaussée.

Les engins et appareils servant à monter et descendre les matériaux doivent, autant que possible, être renfermés dans les barrières. (M. O., art. 54.)

Les barrières et les échafauds montant de fond, au-devant desquels il n'existe pas de barrières, sont éclairés aux frais et par les soins des propriétaires et entrepreneurs.

L'éclairage est fait au moyen d'un nombre suffisant d'appliques, dont une à chaque angle des extrémités, pour éclairer les parties en retour.

Les heures d'allumage et d'extinction de ces appliques sont celles fixées pour l'éclairage public. (M. O., art. 55.)

Toutes les fois que l'autorité le juge convenable, il est établi, au-devant de la barrière posée au droit des bâtiments en construction et à la hauteur ordinaire des trottoirs, un plancher en bois solidement assemblé, de 1 mètre au moins de largeur et soutenu par une bordure en charpente solidement fixée, ayant 16 centimètres au moins de relief au-dessus du pavé.

Ce plancher est disposé de manière à ne pas gêner le libre écoulement des eaux. Il doit se raccorder avec les trottoirs adjacents, s'il y en a, ou être prolongé jusqu'au mur de face des maisons voisines. Il est entretenu en bon état et propre par l'entrepreneur qui a obtenu la permission de poser la barrière et ne peut être enlevé qu'avec ladite barrière. (M. O., art. 56.)

Les travaux de construction ou de réparation sont entrepris immédiatement après l'établissement des barrières et échafauds et doivent être continués sans interruption, à l'exception des jours fériés.

Dans le cas où l'interruption durerait plus de huit jours, les propriétaires et entrepreneurs sont tenus de supprimer les échafauds et de reporter les barrières à l'alignement des maisons voisines, ou de se pourvoir d'une autorisation du préfet de police pour les conserver. (M. O., art. 57.)

Les voitures destinées aux approvisionnements ou à l'enlèvement des terres et gravois entrent dans l'intérieur de la propriété toutes les fois qu'il y a possibilité. Dans le cas contraire, elles se placent toujours parallèlement à la maison et jamais en travers de la rue. (M. O., art. 58.)

Aussitôt le déchargement des voitures sur la voie publique, des ouvriers en nombre suffisant sont employés à rentrer sans interruption les matériaux dans l'enceinte de la barrière ou dans la maison.

Le sciage et la taille de la pierre sur la voie publique sont expressément défendus. (M. O., art. 59.)

Si, par suite de circonstances imprévues, les matériaux devaient rester pendant la nuit sur la voie publique, les propriétaires et entrepreneurs sont tenus d'en donner avis au commissaire de police du quartier, de pourvoir à l'éclairage et de prendre toutes les mesures de précaution nécessaires. (M. O., art. 60.)

Il est défendu à tous carriers, voituriers et autres de décharger et faire décharger sur la voie publique, après la retraite des ouvriers, aucune voiture de pierres de taille ou de moellons. (M. O., art. 61.)

L'entrepreneur des travaux de construction ou de réparation est spécialement tenu de maintenir la propreté de la voie publique dans toute l'étendue de la façade en construction ou en réparation, pendant toute la durée des travaux et jusqu'après la suppression de la barrière et des échafauds. (M. O., art. 62.)

Il est défendu aux entrepreneurs, maçons, couvreurs, fumistes et autres de jeter sur la voie publique les recoupes, plâtras, tuiles, ardoises et autres résidus des ouvrages. (M. O., art. 63.)

Tous entrepreneurs, maçons, couvreurs, fumistes, badigeonneurs, plombiers, menuisiers et autres exécutant ou faisant exécuter aux maisons et bâtiments riverains de la voie publique des ouvrages pouvant faire craindre des accidents ou susceptibles d'incommoder les passants sont tenus, s'il n'y a point de barrière au-devant des maisons et bâtiments, de faire stationner dans la rue, pendant l'exécution des travaux, un ou deux ouvriers, âgés de 18 ans au moins, munis d'une règle de 2 mètres de longueur, pour avertir et éloigner les passants. (M. O., art. 64.)

Dans les cas de construction, la barrière est supprimée aussitôt que le bâtiment est couvert.

Pour les cas de réparation, les échafauds et la barrière, s'il en a été posé une, sont enlevés immédiatement après l'achèvement des travaux. (M. O., art. 65.)

Dans les quarante-huit heures qui suivent la suppression des échafauds et barrières, les propriétaires et entrepreneurs font réparer, à leurs frais, les dégradations du pavé résultant de la pose des barrières et échafauds, et sont tenus provisoirement de faire entretenir les blocages et de prendre les mesures convenables pour prévenir les accidents.

Ils requièrent l'entrepreneur du pavé de la ville de procéder auxdites réparations, lorsque le pavé est d'échantillon et à l'entretien de la ville. (M. O., art. 66.)

§ 2. — Démolitions.

Il est défendu de procéder à la démolition d'aucun édifice donnant sur la voie publique sans l'autorisation du préfet de police. (O. pol. 25 juill. 1862, art. 67.)

Avant de commencer une démolition, le propriétaire et l'entrepreneur doivent faire établir les barrières et échafauds qui sont jugés nécessaires et prendre toutes les autres mesures que l'administration leur prescrit dans l'intérêt de la sûreté publique.

Ces barrières sont disposées, éclairées et pourvues d'un écriteau suivant les prescriptions des articles 49 et 50, concernant les barrières pour constructions. (M. O., art. 68.)

Lors des démolitions qui peuvent faire craindre des accidents sur la voie publique, indépendamment des ouvriers munis d'une règle qu'on est tenu de faire stationner pour avertir les passants, la circulation au pied du bâtiment est encore défendue par une enceinte de cordes portée sur poteaux, qui comprend toute la partie de la voie publique sur laquelle les matériaux pourraient tomber. Chaque soir, ces cordes et les poteaux sont enlevés et les trous dans le pavé bouchés avec soin. (M. O., art. 69.)

La démolition s'opère au marteau, sans abatage et en faisant tomber les matériaux dans l'intérieur des bâtiments.

Il est défendu de déposer sur la voie publique des matériaux provenant de la démolition, sauf dans le cas de nécessité reconnue par le commissaire de police du quartier, et à la charge de les enlever au fur et à mesure du dépôt, et de n'en jamais laisser la nuit.

Il est également défendu d'opérer le chargement des tombereaux sur la voie publique à l'aide de trémies. (M. O., art. 70.)

Les prescriptions de l'article 58, concernant les voitures de transport de matériaux employés dans les cas de construction, sont applicables aux tombereaux et autres voitures mis en œuvre pour les démolitions. (M. O., art. 71.)

Dans le cas où il deviendrait indispensable d'interdire la circulation au droit d'un bâtiment en démolition, le barrage ne peut avoir lieu sans l'autorisation du préfet de police.

Toutefois, en cas d'urgence, l'autorisation peut être accordée par le commissaire de police du quartier, qui doit en informer immédiatement le préfet de police. (M. O., art. 72.)

Les travaux de démolition doivent être poursuivis sans interruption. Dès qu'ils sont terminés et les remblais nécessaires achevés, la barrière est enlevée et il est immédiatement pourvu, par les soins et aux frais du propriétaire ou de l'entrepreneur, à la réparation des dégradations du pavé résultant de la pose de ladite barrière ou des travaux de démolition.

Le terrain mis à découvert par la démolition est clos à l'alignement par un mur en maçonnerie ou par une barrière en charpente et planches jointives, solidement établie et ayant au moins 2m,50 de hauteur. (M. O., art. 73.)

Pendant toute la durée des travaux, les entrepreneurs doivent tenir la voie publique en état constant de propreté aux abords des démolitions et sur tous les points qui ont été salis par suite de leurs travaux, et pourvoir au libre écoulement des eaux des ruisseaux. (M. O., art. 74.)

Section 3. — Chéneaux et gouttières; caisses et pots à fleurs et autres objets dont la chute peut occasionner des accidents; saillies et étalages de nature à nuire à la sûreté et à la commodité de la circulation.

§ 1er. — Chéneaux et gouttières.

Les propriétaires des maisons dont les toits sont disposés de manière que les eaux pluviales tombent directement sur la voie publique sont tenus de faire établir des chéneaux ou des gouttières sous l'égout de leur toit, afin de recevoir les eaux, qui sont conduites jusqu'au niveau du pavé de la rue au moyen de tuyaux de descente appliqués le long des murs de face avec 16 centimètres au plus de saillie.

Les gouttières ne peuvent être qu'en cuivre, zinc ou tôle étamée, et sont soutenues par des corbeaux en fer.

Les tuyaux de descente ne peuvent être établis qu'en fonte, cuivre, zinc, plomb ou tôle étamée, et sont retenus par des colliers en fer à scellement. (O. pol. 25 juill. 1862, art. 75.)

Une culière en pierre doit être placée sous le dauphin des tuyaux de descente, lorsque ces tuyaux n'aboutissent pas à une gargouille ou à un conduit souterrain. (M. O., art. 76.)

Les chéneaux, gouttières, tuyaux de descente, gargouilles et culières sont constamment entretenus en bon état, de sorte que l'écoulement des eaux soit toujours parfaitement libre et régulier. (M. O., art. 77.)

§ 2. — Caisses et pots à fleurs et autres objets dont la chute peut occasionner des accidents.

Il est défendu à tous propriétaires et locataires de déposer, sous aucun prétexte, et de laisser déposer sur les toits, entablements, chéneaux, gouttières, terrasses, murs et autres parties élevées des maisons bordant la voie publique, des caisses et pots à fleurs, vases et autres objets quelconques.

Il ne peut être formé de dépôts de cette espèce que sur les grands et les petits balcons et sur les appuis des croisées garnies de balustrades en fer ou de barres transversales en fer, avec grillage en fil de fer maillé, s'étendant à tout l'espace compris entre l'appui et la barre la plus élevée.

Il est, toutefois, interdit de déposer sur les balcons et appuis de croisées garnis de balustrades, des caisses et pots à fleurs et autres objets qui seraient d'assez petite dimension pour pouvoir passer par les vides des balustrades. (O. pol. 25 juill. 1862, art. 78.)

Il est également défendu de déposer des cages et garde-manger sur aucune des parties élevées de bâtiment désignées au paragraphe 1er de l'article précédent, et d'en placer en saillie des murs de face bordant la voie publique, de quelque manière qu'ils soient attachés. (M. O., art. 79.)

Toutes les précautions doivent être prises pour qu'il ne résulte de l'arrosement des fleurs placées sur les balcons et appuis de croisées aucun écoulement d'eau sur la voie publique. (M. O., art. 80.)

§ 3. — Saillies diverses et étalages de nature à nuire à la liberté et à la commodité de la circulation.

1. Bornes, marches et bancs sur trottoir.

Il est défendu d'établir des bornes, marches et bancs en saillie sur les trottoirs.

Il est permis, toutefois, par mesure de tolérance, de conserver les marches que l'administration reconnaît ne pouvoir être rentrées dans l'intérieur de la propriété, mais à la charge d'en arrondir les angles ou de les tailler en pans coupés. (O. pol. 25 juill. 1862, art. 82.)

2. Décrottoirs.

Il est également défendu d'établir en saillie, sur la voie publique, des décrottoirs au-devant des maisons et boutiques. (O. pol. 25 juill. 1862, art. 83.)

3. Tuyaux de pompes.

Il est interdit de faire déboucher des tuyaux de pompes sur la voie publique. (O. pol. 25 juill. 1862, art. 84.)

4. Bannes.

Les bannes ne peuvent être mises en place ou développées qu'au moment où le soleil donne sur les boutiques qu'elles sont destinées à abriter. Elles doivent être enlevées ou relevées aussitôt que les boutiques ne sont plus exposées aux rayons du soleil.

Néanmoins, les bannes placées au-devant des boutiques sur les quais, places et boulevards, peuvent être conservées dans le cours de la journée s'il est reconnu qu'elles ne gênent point la circulation.

Aucune banne ne doit, dans sa partie la plus basse, avoir moins de $2^m,50$ d'élévation au-dessus du sol. (O. pol. 25 juill. 1862, art. 85.)

5. Lanternes et réflecteurs.

Les lanternes ne peuvent être suspendues à des poteaux au moyen de cordes et de poulies. Elles doivent être accrochées aux poteaux par des anneaux et crochets en fer, ou supportées par des tringles en fer contenues dans des coulisses et arrêtées avec serrures ou cadenas.

Si elles excèdent 16 centimètres de saillie, elles ne doivent être mises en place que le soir et être retirées au moment de leur extinction ou dès le matin.

Les lanternes ne peuvent avoir moins de 3 mètres d'élévation au-dessus du sol.

Les réflecteurs destinés à éclairer les devantures de boutiques doivent avoir au moins 2 mètres d'élévation au-dessus du pavé ou du dallage des trottoirs.

Ils ne peuvent être mis en place qu'au moment où ils doivent être allumés et sont retirés aussitôt leur extinction. (O. pol. 25 juill. 1862, art. 86.)

6. Portes, volets, persiennes. — Écriteaux pour locations.

Il est défendu de faire développer des portes sur la voie publique.

Les volets et persiennes, lorsqu'ils sont ouverts, doivent toujours être maintenus par leurs arrêts.

Les arrêts et crochets placés au rez-de-chaussée doivent être disposés de manière à ne pas blesser les passants. (O. pol. 25 juill. 1862, art. 87.)

Les écriteaux servant à faire connaître au public les maisons, appartements, chambres, magasins et autres objets à vendre ou à louer, ne peuvent être suspendus au-devant des murs de face des maisons riveraines de la voie publique. Ils doivent être attachés et appliqués contre les murs. (M. O., art. 88.)

7. Étalages pouvant salir les passants.

Il est défendu aux marchands bouchers, charcutiers, tripiers, rôtisseurs et autres de former des étalages de viandes en saillie du nu des murs de face. (O. pol. 25 juill. 1862, art. 89.)

8. Étalages de nature à gêner la circulation.

Tout étalage formé de pièces d'étoffe disposées en draperie et guirlande et formant saillie est interdit au rez-de-chaussée. Il ne peut descendre qu'à 3 mètres du sol de la voie publique.

Sont également interdits tous étalages en dehors des limites réglementaires, ainsi que tous dépôts de tonneaux, caisses, tables, bancs, châssis, étagères, meubles et autres objets sur la voie publique au-devant des magasins et boutiques. (O. pol. 25 juill. 1862, art. 90. V. *infrà*, Sect. 10.)

Section 4. — *Dispositions diverses intéressant la sûreté et la commodité de la circulation.*

§ 1er. — Chargement et déchargement des voitures de marchandises, denrées, etc. — Déchargement et sciage du bois de chauffage.

1. Chargement et déchargement des voitures de marchandises, denrées, etc.

Tous entrepreneurs, négociants, marchands et autres qui ont à recevoir ou à expédier des marchandises, meubles, denrées ou autres objets, doivent faire entrer les voitures de transport dans les cours ou sous les passages de portes cochères des maisons qu'ils habitent, magasins ou ateliers, à l'effet d'y opérer le chargement ou le déchargement desdites voitures. (O. pol. 25 juill. 1862, art. 91.)

A défaut de cours ou de passages de portes cochères, ou bien si les cours ou passages de portes cochères ne présentent point les facilités convenables, on peut effectuer le chargement et le déchargement sur la voie publique en y mettant la célérité nécessaire. Dans ce cas, les voitures doivent être rangées de manière à ne gêner la circulation que le moins possible. (M. O., art. 92.)

Les exceptions mentionnées au précédent article ne s'étendent point aux entrepreneurs de diligences, de messageries, de roulage, aux entrepreneurs de charpentes, aux marchands de bois, aux marchands en gros, ni à tous autres particuliers tenant de grandes fabriques, de grands ateliers ou faisant un commerce qui nécessite de grands magasins. Ils sont tenus, en raison de l'importance de leurs établissements, de se pourvoir de locaux assez spacieux pour opérer et faire opérer, hors de la voie publique, les chargements et déchargements de leurs voitures et de celles qui leur sont destinées. (M. O., art. 93.)

2. Déchargement et sciage du bois de chauffage.

Le bois destiné au chauffage des habitations ne peut être déchargé sur la voie publique que dans la circonstance prévue par l'article 92. (O. pol. 25 juill. 1862, art. 94.)

Lorsque dans les rues de 7 mètres de largeur et au-dessus, le déchargement du bois peut se faire sur la voie publique, conformément à l'article 92, il y est procédé de manière à ne point interrompre le passage des voitures.

Dans les rues au-dessous de 7 mètres de largeur, il est toujours réservé un passage libre pour les gens de pied. Hors le cas prévu par l'article suivant, le bois doit être rentré au fur et à mesure du déchargement.

Il est défendu de décharger simultanément deux voitures de bois destinées à des habitations situées l'une en face de l'autre. Celle arrivée la dernière doit être rangée à la suite de la première et attendre que celle-ci soit déchargée et le bois rentré. (M. O., art. 95.)

Il est défendu de scier et faire scier du bois sur la voie publique.

Cependant, lorsque le sciage présente des difficultés dans l'intérieur de la maison, il est toléré sur la voie publique, mais pour deux stères seulement. Dans ce cas, les scieurs se placent le plus près possible des maisons, afin de ne point accroître les embarras de la voie publique.

Le bois est rentré au fur et à mesure du sciage. (M. O., art. 96.)

Il est expressément défendu de décharger ni scier du bois sur les trottoirs.

On ne peut en fendre ni sur les trottoirs ni sur aucune autre partie de la voie publique. (M. O., art. 97.)

§ 2. Dépôts et projections sur la voie publique. — Transports d'objets nécessitant des précautions.

1. Dépôt de matériaux, meubles, marchandises, voitures, etc.

Il est défendu de déposer sur aucun point de la voie publique des pierres, terres, sables, gravois et autres matériaux.

Dans le cas où des travaux à exécuter dans l'intérieur des maisons nécessiteraient le dépôt momentané de terres, sables, gravois et autres matériaux sur la voie publique, ce dépôt ne peut avoir lieu que sous l'autorisation préalable du commissaire de police du quartier.

La quantité des objets déposés ne doit jamais excéder le chargement d'un tombereau, et leur enlèvement complet doit toujours être effectué avant la nuit.

Sont formellement exceptés de la tolérance les terres, moellons ou autres objets provenant des fosses d'aisances. Ces débris doivent être immédiatement emportés sans jamais pouvoir être déposés sur la voie publique. En cas d'inexécution, il est pourvu d'office et aux frais des contrevenants, soit à l'éclairage, soit à l'enlèvement des dépôts. (O. pol. 25 juill. 1862, art. 98.)

Il est formellement interdit de déposer sur la voie publique les bouteilles cassées, les morceaux de verre, de poterie, de faïence et tous autres objets de même nature pouvant occasionner des accidents.

Ces objets doivent être directement portés aux voitures du nettoiement et remis aux desservants de ces voitures. (M. O., art. 99.)

Il est défendu de déposer sans nécessité et de laisser, sans autorisation, sur la voie publique, des meubles, caisses, tonneaux et autres objets. (M. O., art. 100.)

Il est défendu de faire stationner sans nécessité sur la voie publique aucune voiture attelée ou non attelée. (M. O., art. 101.)

Les voitures de toute espèce suspendues ou non suspendues, chariots, charrettes, baquets, etc., doivent être remisées, pendant la nuit, dans des emplacements hors de la voie publique.

Sont exceptées les voitures de porteurs d'eau qui, pour raison de sûreté publique, continuent à être remisées dans des emplacements désignés par l'administration. (M. O., art. 102.)

Les matériaux, voitures, meubles, marchandises et tous autres objets laissés pendant la nuit sur la voie publique par impossibilité notoire de les enlever ou de les rentrer dans l'intérieur des propriétés, sont éclairés aux frais et par les soins de ceux auxquels ils appartiennent ou auxquels ils ont été confiés. (M. O., art. 103.)

2. Projections sur la voie publique.

Il est défendu de rien jeter d'aucune partie des habitations qui puisse blesser ou salir les passants. (O. pol. 25 juill. 1862, art. 104.)

Il est défendu de jeter des eaux sur la voie publique. Ces eaux doivent être portées aux ruisseaux pour y être versées de manière à ne pas éclabousser les passants. (M. O., art. 105.)

3. Transport d'objets nécessitant des précautions.

Les personnes circulant avec des fardeaux sur la voie publique doivent prendre les précautions convenables pour ne pas blesser ou heurter les passants.

Les barres de fer, les pièces de bois et tous objets trop longs pour pouvoir être tenus dans le sens vertical sont portés par deux personnes, de façon que chacune des extrémités repose sur l'épaule ou dans la main d'un porteur. (O. pol. 25 juill. 1862, art. 106.)

Les volets et barres de fer servant à la fermeture des boutiques et magasins doivent être portés de manière à prévenir tout accident. (M. O., art. 107.)

§ 3. — Travaux, jeux, feux de paille, tirs d'armes à feu et de pièces d'artifice. — Occupation de la voie publique pour l'exercice d'une industrie.

1. Travaux.

Il est défendu de battre ou de pulvériser du plâtre sur la voie publique et d'y faire du mortier et tailler de la pierre. (O. pol. 25 juill. 1862, art. 108.)

Il est également interdit de carder des matelas et de battre de la laine ou du crin sur la voie publique.

S'il n'existe ni cour ni passage de porte cochère pour ce travail, le commissaire de police du quartier peut le tolérer sur un point de la voie publique qu'il désigne. (M. O., art. 109.)

Il est défendu aux scieurs de long, maréchaux ferrants, charrons, layetiers, emballeurs, serruriers, tonneliers, étameurs et autres, de travailler et faire travailler sur la voie publique. (M. O., art. 110.)

Il est défendu à tout marchand de friture, marrons, beignets, gaufres, etc., d'établir des fours portatifs ou des poêles, soit en saillie des murs de face ou des devantures de boutique, soit sur la voie publique, et d'y préparer aucune espèce de friture ou d'aliments. (M. O., art. 111.)

Il est également défendu aux marchands épiciers, limonadiers et autres de brûler et faire brûler sur la voie publique du café et autres denrées. (M. O., art. 112.)

2. Jeux.

Les jeux de palets, de tonneaux, de siam, de

quilles, de volants, de toupies, sabots, bâtonnets, cerfs-volants et tous autres, susceptibles de gêner la circulation et d'occasionner des accidents, sont interdits sur la voie publique. (O. pol. 25 juill. 1862, art. 113.)

3. Feux de paille, tirs d'armes à feu, etc.

Il est défendu de brûler de la paille et autres matières inflammables sur la voie publique et d'y tirer des armes à feu, des pétards, fusées et autres pièces d'artifice. (O. pol. 25 juill. 1862, art. 114.)

4. Occupation de la voie publique pour l'exercice d'une profession.

Il est défendu de s'installer et de stationner, même momentanément, sur la voie publique, pour y exposer des marchandises en vente ou pour y exercer une industrie quelconque, sans être pourvu d'une permission émanée de l'autorité compétente. (O. pol. 25 juill. 1862, art. 115.)

Les étalagistes ne peuvent vendre que les marchandises indiquées dans leur permission.

Ils n'occuperont que l'emplacement qui leur a été assigné.

Ils sont tenus, à toute réquisition des commissaires, officiers et agents de police, de représenter leurs permissions et leurs patentes ou leurs certificats d'exemption de patente. (M. O., art. 116.)

Section 5. — Dispositions spéciales aux boulevards, promenades non closes et voies publiques ornées de plantations.

Il est défendu de parcourir à cheval ou en voiture, même avec des voitures traînées à bras, les contre-allées des boulevards de Paris et généralement toutes les parties des promenades non closes et voies publiques ornées de plantations, et autres qui sont réservées aux piétons. (O. pol. 25 juill. 1862, art. 117.)

Il est permis de traverser les contre-allées à cheval ou en voiture pour entrer dans les propriétés riveraines ou pour en sortir, si le sol de la traversée est disposé à cet effet, conformément aux permissions dont les propriétaires ont dû se pourvoir auprès du préfet de la Seine.

Les chevaux et voitures ne peuvent, sous aucun prétexte, stationner sur les contre-allées. (M. O., art. 118.)

Il ne peut être déposé sur les chaussées ni sur les contre-allées aucune espèce de matériaux, lors même qu'ils seraient destinés à des travaux de construction ou de réparation à exécuter dans les propriétés riveraines.

Le transport des matériaux à travers les contre-allées qui n'ont point été disposées pour le passage des voitures ne peut se faire à l'aide de voitures, camions ou brouettes, sans qu'on ait pris les mesures de précaution indiquées dans les permissions dont les propriétaires ou entrepreneurs sont tenus de se pourvoir. (M. O., art. 119.)

Il est défendu de faire écouler les eaux ménagères sur les contre-allées et quinconces des boulevards et de toutes promenades, à moins d'une autorisation spéciale. (M. O., art. 120.)

Il est défendu de monter sur les arbres, d'y jeter des pierres ou bâtons, d'y suspendre des écriteaux, enseignes, lanternes et autres objets, d'y tendre des cordes pour faire sécher du linge, des étoffes et autres choses, d'y attacher des animaux, enfin de rien faire qui soit susceptible de nuire à la liberté et à la sûreté de la circulation et à la conservation des plantations. (M. O., art. 121.)

On ne peut combler sans autorisation les fossés et cuvettes bordant les contre-allées.

Il est fait défense d'y jeter du fumier, des débris de jardinage, ordures et immondices et autres matières et d'y faire écouler des eaux ménagères. (M. O., art. 122.)

Il est défendu d'arracher et dégrader les barrières, poteaux, dalles, bornes, inscriptions et généralement tous objets quelconques établis pour la sûreté, l'utilité, la décoration et l'agrément des boulevards, promenades et voies publiques pouvant y être assimilées. (M. O., art. 123.)

Section 6. — Dispositions générales.

Il est défendu de dégrader, détruire ou enlever les barrières, pieux, échafauds, réverbères, appliques ou lampions et tous objets généralement quelconques établis par l'autorité ou par des particuliers, en exécution de la présente ordonnance. (O. pol. 25 juill. 1862, art. 124.)

Les ordonnances de police, en date des 8 août 1829, 30 novembre 1831, 29 mai 1837, 23 octobre 1844 et 26 mars 1859, sont rapportées, ainsi que les dispositions de tous autres règlements qui seraient contraires à celles qui précèdent. (M. O., art. 125.)

Toutes les fois que la sûreté et la liberté de la voie publique sont compromises, soit par refus de satisfaire aux obligations imposées, soit par négligence, les commissaires de police prennent, aux frais des contrevenants, les mesures convenables à l'effet de prévenir les accidents. (M. O., art. 127.)

Dans le cas où des matériaux ou autres objets pouvant compromettre la sûreté de la circulation restent déposés sur la voie publique, contrairement à la présente ordonnance, ils sont immédiatement enlevés à la diligence des commissaires de police et transportés provisoirement aux lieux de dépôt à ce destinés. (M. O., art. 128.)

Section 7. — Échafaudages.

§ 1er. — Échafaudages fixes scellés ou non dans les murs de face.

Tout échafaudage fixe, scellé ou non dans un mur de face et portant sur le sol, doit avoir ses planchers garnis de garde-corps sur les trois côtés faisant face au vide. (O. pol. 12 mai 1881, art. 1er.)

Les planches placées en travers des boulins horizontaux pour former plancher doivent être posées jointives et être assez longues pour porter au moins sur trois boulins. (M. O., art. 2.)

Les garde-corps auront 0m,90 de hauteur au moins : ils seront ou pleins ou composés d'une traverse d'appui solidement fixée ; quand ils ne seront pas pleins, le plancher devra être entouré d'une plinthe ayant au minimum 0^m,25 de hauteur. (M. O., art. 3.)

Tout échafaudage fixe, dont la hauteur au-dessus du sol dépassera 6 mètres, sera muni d'un plancher de sûreté construit dans les conditions indiquées à l'article 2 ci-dessus et posé à 4 mètres environ au-dessus du sol de la rue. (M. O., art. 4.)

Partout où travailleront des ouvriers sur un échafaudage fixe, il sera disposé des toiles pour arrêter les poussières et empêcher la chute sur la voie publique des éclats de pierres ou de plâtre. (M. O., art. 5.)

§ 2. — Échafaudages fixes en bascule et en saillie sur le mur de face.

Les pièces posées en bascule pour recevoir l'échafaudage doivent être de fort équarrissage si elles sont en charpente, de gros échantillon si elles sont en fer. Elles recevront un plancher de madriers qui reposeront sur trois traverses au moins.

Les dispositions des articles 1, 2, 3 et 5 ci-dessus sont applicables aux échafaudages établis en bascule. (O. pol. 12 mai 1881, art. 6.)

Il est fait exception pour les échafaudages légers employés sur les toits.

Toutefois, ces échafaudages devront également reposer sur trois traverses fixées solidement aux parties résistantes de la construction et être munis, sur le côté faisant face au vide, d'un garde-corps et d'une plinthe disposés convenablement. (M. O., art. 7.)

§ 3. — Échafaudages mobiles ou fixes suspendus par des cordages.

Tout échafaudage mobile aura son plancher garni d'un garde-corps sur ses quatre faces et sera suspendu par trois cordages au moins. (O. pol. 12 mai 1881, art. 8.)

Le plancher, qu'il soit en métal ou en bois, sera composé de fortes pièces solidement assemblées. (M. O., art. 9.)

Les garde-corps seront composés d'une traverse d'appui posée à la hauteur de 0^m,90 sur les trois côtés faisant face au vide et de 0^m,70 sur le côté faisant face à la construction. Cette traverse sera portée par des montants espacés de 1^m,50 au plus et solidement fixés au plancher. En outre, il y aura par le bas une plinthe de 0^m,25 de hauteur au moins.

Cet ensemble de plancher et de garde-corps formant ce qu'on appelle la cage devra être assemblé et rendu fixe dans toutes ses parties avant la suspension. (M. O., art. 10.)

Les cordages de suspension s'adapteront à des étriers en fer passant sous le plancher, garnis en haut d'un crochet en spirale et établis de manière à supporter par un épaulement externe la traverse supérieure du garde-corps.

Ils se manœuvreront par des moufles amarrées ou fixées aux parties résistantes de la construction, telles que murs, pignons ou de refend, souches de cheminées, arbalétriers et pannes des combles, etc. Les chevrons, balcons, barres d'appui ou autres

parties légères de la construction ne pourront, dans aucun cas, servir à cet usage. (M. O., art. 11.)

Les dispositions des articles 8 et 9 et paragraphe 1er de l'article 10 sont seules applicables aux échafaudages fixes suspendus par des cordages. (M. O., art. 12.)

§ 4. — Échafaudages métalliques roulants.

L'échafaudage roulant sur les barres d'appui des balcons sera en fer et ne pourra contenir qu'un seul ouvrier.

Il sera muni, sur le côté opposé au balcon, d'un garde-corps à une hauteur de 0^m,50, et le siège en sera solidement fixé par l'armature. (O. pol. 12 mai 1881, art. 13.)

§ 5. — Dispositions générales.

Les prescriptions ci-dessus ne modifient en rien les prescriptions de l'ordonnance de police du 25 juillet 1862, relativement aux travaux exécutés dans les propriétés riveraines de la voie publique. (O. pol. 12 mai 1881, art. 14.)

Section 8. — Passages, rues, impasses ou autres voies privées ouvertes au public sur des propriétés particulières.

Les propriétaires du sol et les propriétaires riverains des passages, rues, impasses ou autres voies privées ouvertes au public sur des propriétés particulières, doivent en entretenir constamment le sol en bon état.

Ils sont tenus de conserver ou d'établir les ruisseaux et les pentes nécessaires pour procurer aux eaux un écoulement facile et régulier.

Le sol et les ruisseaux doivent être balayés et lavés chaque jour et tenus en constant état de propreté. (O. pol. 21 mars 1888, art. 1er.)

Partout où l'administration le juge nécessaire, il est établi au-devant des propriétés riveraines des trottoirs d'une largeur suffisante pour permettre aux piétons de trouver un refuge contre les voitures. (M. O., art. 2.)

Les passages, rues, impasses ou autres voies privées ouverts au public sur des propriétés particulières, doivent être éclairés d'une façon suffisante. Les appareils doivent être allumés dès la chute du jour et l'éclairage en est maintenu pendant toute la durée de la nuit. (M. O., art. 3.)

Il est enjoint aux propriétaires des maisons et terrains bordant les rues ou autres voies privées de faire enlever, chacun au-devant de sa propriété, les dépôts de fumier, gravois, ordures et immondices, et de prendre toutes les dispositions convenables pour que la liberté et la sûreté de la circulation, aussi bien que la salubrité, ne soient pas compromises. (M. O., art. 4.)

Les voies privées qui seraient impraticables pour les voitures doivent être barrées aux extrémités de manière à prévenir tous accidents. (M. O., art. 5.)

Il est défendu aux propriétaires ou locataires, de quelque profession qu'ils soient, de gêner ou embarrasser les voies privées, soit par des dépôts de marchandises, soit par des ateliers de travail autres que ceux nécessaires à la réparation des bâtiments en bordure.

Il est également défendu d'y placer des bancs, chaises, tréteaux, comptoirs et tous autres objets, de quelque nature que ce soit, qui pourraient gêner la circulation. (M. O., art. 6.)

Les terrains non bâtis, les jardins, les cours et tous autres espaces vides bordant les voies privées devront être clos par des murs en maçonnerie ou par de simples barrières en charpente et planches jointives de hauteur et de solidité suffisante pour en défendre l'accès. (M. O., art. 7.)

Les voies privées qui ne rempliraient pas toutes les conditions prescrites par la présente ordonnance sont interdites à la circulation publique, de jour comme de nuit, par des grilles ou barrières placées aux extrémités et tenues constamment fermées à clef. (M. O., art. 8.)

Les voies privées munies de portes ou de grilles à leurs extrémités, et qui remplissent d'ailleurs toutes les conditions nécessaires au point de vue de la viabilité et de l'écoulement des eaux, doivent être fermées à clef le soir, dès la chute du jour, ou au moment où cesse l'éclairage desdites voies. (M. O., art. 9.)

Toutes les prescriptions relatives à la salubrité, à la liberté, à la commodité ou à la sûreté de la circulation et applicables aux voies publiques, sont également applicables aux voies ouvertes au public sur des propriétés particulières. (M. O., art. 10.)

Section 9. — Clôture des terrains vagues.

Les propriétaires de terrains non bâtis, bordant les rues, places, quais, etc., classés au nombre des voies publiques, ou les rues, ruelles et passages ouverts au public sur des propriétés particulières, sont tenus de clore leurs terrains par des murs en maçonnerie ou par de simples barrières en charpente et planches jointives, à la condition que ces barrières aient une hauteur et une solidité suffisantes pour défendre l'accès des terrains. (O. pol. 10 juill. 1871, art. 1er.)

La clôture des terrains vagues peut être ajournée, si l'administration reconnaît que ces terrains peuvent rester ouverts sans compromettre la sûreté publique ou la salubrité. (M. O., art. 2.)

Les clôtures, de quelque manière soient établies, doivent être constamment entretenues en bon état pour défendre l'accès des terrains. Les portes de ces clôtures doivent ouvrir en dedans et être fermées au moyen de serrures ou de cadenas. (M. O., art. 3.)

Section 10. — Des étalages.

§ 1er. — Concessions.

Zones concédables. — Il ne peut être accordé de concessions, au-devant des boutiques ou magasins, que dans les limites de la zone concédable.

Dans les grandes voies à contre-allées, la zone concédable est divisée en deux parties, l'une sur le trottoir même, l'autre sur la contre-allée, de façon à y laisser libre le passage bitumé, ou, en l'absence de zone bitumée, un passage de 3 mètres de large. (A. P. S. 11 fév. 1899, art. 1er.)

Largeur des étalages. — La largeur concédée ne peut dépasser le tiers du trottoir, elle est comptée à partir du socle de la devanture ou, en l'absence de devanture, à partir du nu du mur de façade.

Dans les grandes voies à contre-allées seulement, la largeur concédée peut être supérieure au tiers du trottoir, sans pouvoir dépasser les 2/5.

Les étalages de journaux devant les kiosques ne peuvent, dans aucun cas, dépasser une longueur maxima de $1^m,50$ sur une largeur de $0^m,80$.

Exceptionnellement, sur les trottoirs de $1^m,50$ et de moindre largeur et quand cela sera possible sans nuire à la circulation, il peut être concédé des largeurs de $0^m,50$.

Dans les grandes voies ou les contre-allées sont contiguës aux trottoirs, il peut être concédé des largeurs supérieures à celles stipulées ci-dessus. (M. A., art. 2.)

Largeur des terrasses. — Pour les dépôts de tables et chaises au-devant des limonadiers et débitants de boissons, les concessions doivent avoir au minimum les largeurs suivantes : 1 mètre pour une rangée de tables et une rangée de chaises adossées à la devanture; $1^m 50$ pour une rangée de tables et deux rangées de chaises et ainsi de suite, dans les limites de la zone concédable et sous les réserves portées à l'article 2, selon le nombre et la disposition des rangées de chaises et tables.

Exceptionnellement, sur les trottoirs de $1^m,50$ et de moindre largeur et quand cela est possible sans nuire à la circulation, il peut être concédé des largeurs de $0^m,75$ et $0^m,50$ pour une rangée de guéridons avec chaises intercalées. (M. A., art. 3.)

Longueur de la concession. — La concession doit porter sur une ou plusieurs façades.

Toutefois, elle peut être réduite à une partie de façade à la condition de ne présenter ni division ni interruption le long de cette façade et d'être délimitée par des grilles ou écrans, comme il est dit ci-après.

La concession peut être limitée à ses extrémités par des lignes obliques, pour les besoins de la circulation ou sur la réclamation, reconnue justifiée, des voisins contigus. (M. A., art. 4.)

Limitation des concessions. — Les concessions doivent être limitées à leurs extrémités par des repères apparents fixés dans le trottoir ou par des grilles largement ajourées ou par des écrans vitrés avec glaces transparentes.

Ces grilles ou écrans vitrés dont le modèle doit être accepté par l'administration et dont la partie pleine ne doit jamais dépasser le soubassement de la boutique voisine doivent avoir la largeur de la concession et une hauteur maxima de $1^m,40$, de façon à ne pas masquer les boutiques voisines.

Ils seront fixés d'un côté à la façade et de l'autre côté, par un goujon pénétrant dans une douille d'angle apparente limitative de la concession.

La largeur de la concession est d'ailleurs indiquée par des repères apparents fixés dans le trottoir entre les points extrêmes dans toute la largeur de la zone laissée libre pour la porte d'entrée, sur les indications de l'administration et aux frais du permissionnaire. (M. A., art. 5.)

Hauteur des étalages. — Quelle que soit la largeur de la concession, la hauteur des objets exposés ne peut dépasser 2 mètres à partir du sol dans les limites d'une largeur de 0m,50 à partir du socle de la devanture.

Les étalages s'étendant au delà de 0m,50 de largeur ne peuvent s'y élever à plus de 1 mètre au-dessus du sol. Cette dernière hauteur ne peut jamais être dépassée à la limite de la concession, mais l'administration peut tolérer quelques gradins intermédiaires tant que cette disposition ne porte pas préjudice aux voisins.

Les étalages suspendus ne peuvent s'étendre au delà d'une largeur de 1 mètre et doivent être maintenus au moins à 2m,50 du sol.

Les étalages suspendus de viande, volaille, gibier, sont formellement interdits. (M. A., art. 6.)

Vente ou consommation habituelle. — L'occupation de la voie publique par les étalages autres que les terrasses aura lieu de 8 heures du matin à 8 heures du soir.

Les dimanches et jours de fête, elle prendra fin à 6 heures du soir.

Les veilles de Pâques, de la Pentecôte, du 14 juillet, de la Toussaint, de Noël et pendant les huit jours qui précèdent le jour de l'An, l'étalage pourra être prolongé jusqu'à minuit et les samedis jusqu'à 11 heures. (Art. 7 ainsi modifié par A. P. S. 22 avril 1899.)

Prolongement intermittent des terrasses. — Le prolongement intermittent, pendant quelques heures de la journée, des rangées de tables et chaises au-devant d'une boutique voisine fermée, peut être autorisé, sous réserve du consentement du voisin, moyennant l'acquit d'une redevance spéciale spécifiée ci-après. (M. A., art. 8.)

§ 2. — Redevances et tarifs.

Tarif. — Les redevances municipales pour l'occupation de la voie publique et des promenades parisiennes par les étalages de marchandises au-devant des boutiques et magasins et par les tables et les chaises au-devant des établissements de limonadiers et débitants de boissons sont perçues conformément au tarif annexé à l'arrêté préfectoral du 11 février 1899.

Les vitrines et étalages suspendus sont soumis à une redevance annuelle, indépendamment du droit de premier établissement dit de voirie et basée sur le même tarif.

La redevance relative à la zone concédée à l'angle de deux voies, avec ou sans pan coupé, est réglée sur le plus élevé des tarifs des deux voies qui croisent à cet endroit. (M. A., art. 9.)

Annualité de la redevance. — La redevance est due pour l'année entière. Toutefois, pour la pre-

mière année, elle n'est due qu'à partir du premier jour du trimestre en cours au moment de l'entrée en jouissance de la concession (M. A., art. 10.)

Terme de la redevance annuelle. — Les concessions ont pour terme le 31 décembre, elles se poursuivent d'année en année, par tacite reconduction, faute de dénonciation par les concessionnaires avant le 1er décembre (M. A., art. 11.)

Mode de recouvrement. — La redevance est recouvrable par trimestre et d'avance. En cas de déménagement, la totalité devient immédiatement exigible. (M. A., art. 12.)

Locataires à titre précaire. — Pour les locataires à titre précaire occupant successivement plusieurs locaux dans l'année, la redevance annuelle unique est la plus élevée de celles correspondant aux diverses concessions successives dans l'année.

Le mode de recouvrement par trimestre n'est pas applicable à ces locataires sans bail, qui doivent continuer à verser par avance leurs redevances de stationnement à la caisse municipale. (M. A., art. 13.)

Établissement de la redevance. — Les redevances sont calculées pour une largeur minima de 0m,30; au delà par fraction de 0m,10 jusqu'à 1 mètre et à partir de 1 mètre par fraction de 0m,25.

La longueur de la concession servant de base au calcul de la surface concédée est toujours mesurée au milieu de la largeur de la zone concédée sur toute la partie de la façade de la boutique ou de l'établissement, sous déduction des portes comprises entre deux parties utilisées pour l'étalage. Pour les étalages exclusivement constitués par des vitrines ou étalages appliqués contre la devanture, la longueur sera calculée d'après la longueur réelle obtenue en additionnant les diverses parties dont l'étalage se compose. (M. A., art. 14.)

Les limonadiers et débitants de boissons doivent acquitter une redevance supplémentaire égale au cinquième du tarif. (M. A., art. 15.)

Prolongement intermittent des terrasses. — La redevance spéciale au prolongement intermittent pendant quelques heures de la journée des rangées de tables et chaises au-devant d'une boutique voisine fermée est égale au cinquième de celle qui serait applicable à une terrasse permanente de même situation et de même étendue. (M. A., art. 16.)

Étalages exceptionnels. — Des étalages ou suppléments d'étalages peuvent être autorisés exceptionnellement pour une durée de moins de quinze jours. Il sont passibles d'une redevance calculée d'après la surface occupée et sur un tarif double du tarif normal, soit un douzième de la redevance annuelle correspondante.

Les autorisations exceptionnelles accordées par la Préfecture de police doivent toujours être visées par la direction des affaires municipales. (M. A., art. 17.)

Exonérations. — Les petits marchands stationnant sur les trottoirs, places, etc., en vertu de décisions préfectorales gracieuses à titre de secours, tels que les commissionnaires, les décrotteurs, les marchands de journaux, de gâteaux, les marchands de lait, de soupe, de café, enfin les marchands d'oranges stationnant devant les théâtres pendant la durée des représentations, sont exonérés de toute redevance, bien qu'ils restent soumis aux autres conditions du présent règlement.

Sont également exonérés de la redevance, tout en restant soumis aux autres conditions du présent règlement, les petits étalages dont la redevance ressort à 10 fr. ou à moins de 10 fr. (M. A., art. 18.)

§ 3. — Dispositions diverses.

Transfert de la concession. — Il n'est admis de transfert de la concession que dans le cas de cession de fonds de commerce et sur présentation de l'acte renregistré constatant cette cession. (M. A., art. 19.)

Interdiction des sous-locations. — Il est formellement interdit aux concessionnaires de sous-louer à des tiers tout ou partie des emplacements qui leur sont concédés pour les besoins de leur commerce ou de leur industrie. (M. A., art. 20.)

Précarité et révocabilité des concessions. — Les concessions d'étalages et de terrasses sont toujours révocables ou suspensibles, sans indemnité ni délai, quand l'administration le juge nécessaire. Ces révocations et suspensions ne doivent être appliquées que pour des cas de force majeure.

La redevance cesse d'être due si, par suite de travaux exécutés sur la voie publique, les terrasses ou étalages étaient supprimés pendant plus d'un mois. (Art. 21 ainsi modifié par A. P. S. 22 avril 1899.)

Sanction. — Tout étalage ou terrasse non autorisée est frappée de la redevance spécifiée à l'article 17 ci-dessus, sans préjudice des poursuites que l'administration peut exercer vis-à-vis du contrevenant.

Tout supplément d'étalage ou de terrasse non autorisé entraîne la suppression de la concession, après trois avertissements sans frais dans la même année.

En cas de récidive, la concession est définitivement supprimée. (M. A., art. 22.)

Conditions d'hygiène et de police municipale. — Le tout sans préjudice de l'application des dispositions des ordonnances de police, notamment de celle du 25 juillet 1862, qui interdisent les étalages susceptibles de salir ou de blesser les passants et prescrivent d'entretenir dans un état constant de propreté l'emplacement concédé et ses abords. (M. A., art. 23.)

Enlèvement journalier. — Les étalages de marchandises, les dépôts de tables et chaises des limonadiers et débitants de boissons, peuvent être maintenus jusqu'à la fermeture des établissements, à la condition d'être convenablement éclairés.

Mais rien ne doit subsister sur la voie publique de ces étalages ni dépôts, ni des grilles ou écrans limitatifs, après la fermeture des établissements. (M. A., art. 24.)

Paniers d'huîtres, arbustes, fleurs. — Les limonadiers et débitants de boissons peuvent, à titre de tolérance précaire et révocable, être autorisés à placer dans la zone concédée, ou des tables et chaises, des paniers d'huîtres et des caisses d'arbustes ou de fleurs.

Les paniers doivent être rangés le long de la devanture. Ils seront, ainsi que les caisses de fleurs et d'arbustes, compris dans l'enlèvement journalier prescrit à l'article précédent. Leur répartition dans la zone concédée doit être réglée de manière à ne pas masquer les commerçants voisins et, en cas de plaintes motivées, l'administration peut toujours exiger l'application des dispositions de l'article 6 ci-dessus relatif à la hauteur des étalages. (M. A., art. 25.)

Non-responsabilité de la Ville. — La Ville de Paris ne garantit en aucun cas les concessionnaires à raison des dommages causés à leurs étalages soit par les passants, soit en suite de tout incident sur la voie publique. (M. A., art. 26.)

Le tarif joint au règlement doit être revisé au moins tous les cinq ans. (M. A., art. 27.)

LIVRE XII. — DROIT COMPARÉ

CHAPITRE Ier

GRANDE-BRETAGNE

En Angleterre, les routes sont divisées en trois classes : 1° les routes à péage (*turnpike roads*) : ce sont généralement les grandes voies de communication ; elles sont entretenues au moyen du produit des droits perçus aux barrières, en vertu d'actes du Parlement ; 2° les routes paroissiales (*highways*), qui sont construites et entretenues par les paroisses, soit au moyen des taxes des routes (*highway rates*) soumises aux mêmes règles que la taxe des pauvres, soit au moyen de péages ; 3° les routes privées (*private roads*), construites et entretenues par des particuliers.

L'entretien et la réparation des routes appartenaient aux paroisses depuis le xvi⁰ siècle. Les autorités sanitaires en avaient été chargées dans les paroisses urbaines depuis 1875. Dans les districts ruraux, certains chemins étaient à la charge de la paroisse, d'autres à celle du comté, et des *trustees* étaient chargées des *turnpike roads*. Toutes les autres routes étaient confiées à des *highway boards*, chargés de districts qu'un *act* de 1878 (*Annuaire de législation étrangère*, 1879, p. 6) prescrivait de confondre autant que possible avec les districts sanitaires. L'*act* du 5 mars 1894 a supprimé les *highway boards*, dont les pouvoirs ont été transférés aux conseils de districts ruraux qui ont en outre acquis tous les pouvoirs précédemment confiés à l'autorité sanitaire urbaine. Cet *act* autorise toutefois à reculer de plusieurs années, si les circonstances l'exigent, l'exécution de ces dispositions nouvelles. (Communication de M. de Haye à la Société de législation comparée, *Bulletin* de mars 1895.)

CHAPITRE II

ALLEMAGNE

L'article 4, n° 8, de la Constitution allemande attribue au gouvernement fédéral le droit de régler, sauf en ce qui concerne la Bavière, tout ce qui est relatif aux routes et chemins. Mais aucune loi générale n'est intervenue sur la matière. La viabilité reste dans les attributions de chacun des États fédéraux.

CHAPITRE III

PRUSSE

En Prusse, la loi du 8 juillet 1875 affecte une dotation de 4,500,000 thalers à un certain nombre de dépenses d'intérêt local, parmi lesquelles figurent celles qui sont relatives aux chemins vicinaux ou routes provinciales. Une seconde dotation de 19 millions de marks est affectée à la construction des routes et chemins d'intérêt général qui étaient précédemment la propriété de l'État et qui deviennent la propriété des provinces. L'obligation pour les provinces d'entretenir les routes et chemins entraîne le droit pour les conseils provinciaux de rendre tous arrêtés et règlements concernant la voirie rurale. Toutefois, le Gouvernement a voulu poser les principes en cette matière par une loi générale sur la voirie rurale. Une loi du 2 juillet 1875 règle la voirie urbaine et l'alignement. (*Annuaire de législation étrangère*, 1876, p. 296 et suiv.)

CHAPITRE IV

AUTRICHE-HONGRIE

En dehors des routes nationales, il existe, en Hongrie, des routes de municipes (départementales), des chemins communaux de grande communication et des chemins communaux ordinaires (L. 4-12 févr. 1890; V. Analyse de cette loi par M. Dareste, *Ann. de législ. étrang.*, 1891, p. 357.)

Les routes des municipes sont administrées par l'assemblée générale du municipe sous la surveillance du ministre du commerce, qui peut même les déclasser, s'opposer à leur création ou, au contraire, imposer aux municipes ou aux communes l'obligation d'en ouvrir de nouvelles ou de pourvoir à l'entretien d'une voie ancienne.

Plusieurs municipes peuvent s'associer entre eux pour administrer en commun des routes qui les intéressent au même degré.

Le budget des routes n'est voté que tous les deux ans.

Certaines ressources spéciales sont affectées à l'ouverture et à l'entretien des routes : péages, contributions des communes intéressées, et, au besoin, contribution de l'État, et enfin les prestations, qui sont de trois journées de travail depuis dix-huit ans jusqu'à soixante ans, sauf de nombreuses exceptions.

Les communes supportent les frais d'ouverture et d'entretien des chemins communaux *de grande communication*, sauf la contribution des principaux intéressés s'il y a lieu. L'*alispan* (sous-gouverneur) fixe la part contributive de chaque commune, sauf recours à la commission administrative du municipe, puis au ministre du commerce.

Chaque commune construit et entretient ses chemins communaux *ordinaires* à l'aide de ses ressources, ou des subventions du municipe, et, en cas d'insuffisance, à l'aide de prestations. Chaque bête de joug doit deux jours par an, chaque propriétaire quatre jours, augmenté de deux jours s'il est propriétaire d'une maison en pierre ou en brique et de deux jours par étage. Les prestations peuvent être fournies en nature ou en argent, suivant un taux déterminé par l'administration communale, sauf recours à l'alispan et à la commission administrative. (Fuzier-Hermann, v° *Chem. vicinal.*)

CHAPITRE V

BELGIQUE

La législation belge, relative aux chemins vicinaux, a de grandes analogies avec la nôtre. (Lois 10 avril 1841, 18 juin 1842, 20 mai 1863, 19 mars 1866.)

Toutefois, la catégorie des chemins d'intérêt commun n'existe pas. Dès l'instant qu'un chemin intéresse plusieurs communes, il est considéré comme chemin de grande communication.

Les chemins ordinaires sont administrés par les municipalités, les chemins de grande communication par les députations permanentes.

CHAPITRE VI

SUISSE

Dans la plupart des cantons de la Suisse, les routes sont de deux sortes : routes nationales et routes communales. Les frais de construction et d'entretien des premières incombent à l'État, qui reçoit pour cet objet des prestations des communes intéressées. Les autres sont construites et entretenues aux frais des communes, qui peuvent recevoir des subsides de l'État si leurs ressources sont insuffisantes. Il en est ainsi notamment dans les cantons de Vaud (L. 26 nov. 1838) et de Saint-Gall. (L. 22 mai 1889.)

Le grand conseil, après avis du Conseil d'État, peut ranger les chemins communaux dans la catégorie des chemins cantonaux à la charge de l'État. Dans ce cas, la commune déchargée pour l'avenir des frais d'entretien, peut être appelée à donner à l'état une indemnité proportionnée à l'économie qu'elle fait.

Les chemins ont une largeur qui varie entre $2^m,50$ et 6 mètres. (Fuzier-Hermann, v° *Chemin vicinal.*)

CHAPITRE VII

ITALIE

En Italie, les voies terrestres sont divisées par la loi du 20 mars 1865 en routes nationales, provinciales, communales et vicinales. Ces dernières voies répondent aux chemins ruraux et sont à la charge des riverains, avec ou sans intervention des communes. Une loi du 30 mai 1875 a eu pour but de faciliter la construction des routes dans les provinces où la viabilité était le plus défectueuse. Elle divise les routes en trois catégories. L'État fait les avances nécessaires pour la construction des deux premières catégories. La construction des routes de la troisième est obligatoire pour les provinces, et la contribution est obligatoire pour les communes intéressées. (*Annuaire de législation étrangère*, 1876, p. 552.)

CHAPITRE VIII

ESPAGNE

Les chemins vicinaux, en Espagne, dépendent des communes, en ce sens qu'elles les administrent et décident de leur ouverture. Mais aucune voie de communication ne peut être construite sans l'agrément du pouvoir central. (L. 4 mai et Ord. 10 août 1877.)

Les communes pourvoient à la construction et à l'entretien des chemins à l'aide des ressources ordinaires de leur budget. En cas d'insuffisance, elles sont autorisées à établir vingt jours de prestation par an, en deux séries de dix jours chacune, et même à frapper de taxes et de péages ceux qui font usage des routes que les communes n'auraient pu construire ou entretenir à leurs frais, et dont elles auraient abandonné le produit à des concessionnaires qui se seraient par réciprocité engagés à en supporter les charges. Enfin, elles peuvent obtenir des subventions de la province dont elles dépendent. (Fuzier-Hermann, v° *Chemin vicinal*.)

CHAPITRE IX

ÉTATS-UNIS

Aux États-Unis, la législation des routes et chemins diffère dans chacun des États de l'Union. Mais on peut dire qu'en principe ces États ont conservé la coutume anglaise qui abandonne aux comtés et aux paroisses la construction et l'entretien des chemins. La direction de ces services est généralement confiée à des fonctionnaires locaux et électifs.

APPENDICE

INSTRUCTION SPÉCIALE

POUR L'APPLICATION

DE LA LOI DU 12 MARS 1880

TITRE Ier. — DISPOSITIONS GÉNÉRALES

CHAPITRE Ier

APPLICATION DE LA LOI DU 12 MARS 1880

1. La loi du 12 mars 1880 a pour but l'achèvement du réseau vicinal.

Son principal objet est de faciliter la construction des chemins vicinaux, ainsi que celle des ouvrages d'art qui en dépendent.

2. Sont considérés comme rentrant également dans la catégorie des travaux auxquels l'article 4 de la loi est applicable :

1° La construction d'une chaussée sur les chemins qui, bien que livrés à la circulation et réputés à l'état de viabilité, n'ont jamais été régulièrement empierrés ;

2° Les rectifications ayant pour objet d'adoucir les déclivités supérieures à celles généralement admises dans la région, lorsque leur existence constitue un obstacle réel pour le roulage ;

3° L'élargissement, sur les points où il est impérieusement commandé par la sécurité de la circulation ;

4° La transformation des tabliers des ponts ;

5° La reconstruction des ponts détruits par une cause accidentelle ou qui sont parvenus à leur limite de durée.

Les travaux spécifiés aux paragraphes 2°, 3° et 5° du présent article ne peuvent d'ailleurs être subventionnés que si l'État n'a pas déjà contribué aux dépenses de premier établissement.

3. Après prélèvement des sommes destinées à former les réserves prévues par l'article 9 de la loi, le crédit affecté par la loi annuelle de finances à l'achèvement des chemins vicinaux est réparti par le ministre de l'intérieur, entre les départements, dans l'année qui précède celle à laquelle s'applique le programme. Les résultats de cette répartition sont notifiés aux préfets par prévision, avant la session d'avril.

4. La désignation des travaux à subventionner est faite par le conseil général sur la proposition du préfet, suivant les règles qui font l'objet du titre II de la présente instruction.

CHAPITRE II

OBLIGATIONS GÉNÉRALES IMPOSÉES AUX DÉPARTEMENTS ET AUX COMMUNES

5. Pour être admis à profiter des avantages de la loi du 12 mars 1880, les départements et les communes sont tenus :

1° De consacrer aux dépenses de la vicinalité l'intégralité des ressources spéciales ordinaires dont la création est autorisée par les lois en vigueur ;

2° D'appliquer aux travaux à subventionner la portion de ces ressources qui n'est pas nécessaire pour assurer la conservation des chemins à l'état d'entretien et de viabilité ;

3° De couvrir, au moyen de ressources extraordinaires, la part contributive mise à leur charge par les tableaux A et B, annexés au décret du 4 juillet 1895.

6. Les communes doivent en outre :

1° Affecter aux travaux à subventionner, à titre de ressources ne donnant pas droit à subvention :

a. L'excédent disponible sur les recettes ordinaires énumérées à l'article 133 de la loi du 5 avril 1884 ;

b. Les fonds libres de la vicinalité ;

c. La valeur des délaissés (V. ci-après art. 31) et, enfin, la portion des souscriptions particulières excédant la quote-part de la commune (art. 32) ;

2° Assurer l'entretien normal et permanent de leurs chemins vicinaux ordinaires construits ou à l'état de viabilité.

7. Les ressources susceptibles de constituer le sacrifice exigé par la loi pour avoir droit aux subventions de l'État, sont les suivantes :

A) *Pour les communes.*

1° Le produit des centimes extraordinaires dont la perception est régulièrement autorisée ;

2° Les fonds libres provenant de ressources extraordinaires :

3° Le prix des aliénations des biens mobiliers ou immobiliers sous les réserves spécifiées à l'article 30 ;

4° Les libéralités de toute espèce : dons, legs, souscriptions en argent ou en nature, cessions gratuites de terrains, etc., à l'exception des subventions allouées par l'État ;

5° Le produit des coupes extraordinaires de bois ;

6° Le produit du remboursement des capitaux exigibles ou des rentes rachetées ;

7° Les emprunts dont l'amortissement est gagé par des recettes extraordinaires ;

8° Les prélèvements opérés sur le reliquat des centimes pour insuffisance de revenus.

B) *Pour les départements.*

1° Le produit des centimes extraordinaires autorisés par la loi de finances ou par des lois spéciales ;

2° Les ressources déjà énumérées au paragraphe A ci-dessus sous les nos 2° à 6° ;

3° Les offres de concours des communes sur ressources extraordinaires ;

4° Les emprunts départementaux dont l'amortissement est gagé par des ressources extraordinaires.

8. Les subventions départementales accordées aux communes en exécution de la loi du 12 mars 1880, doivent être formées de ressources extraordinaires. Toutefois, si aucun concours n'est demandé à l'État par le département pour les chemins de grande communication ou d'intérêt commun, la part contributive, que le décret du 4 juillet 1895 met à la charge de ce dernier pour les chemins vicinaux ordinaires, peut être prélevée sur le produit des 7 centimes spéciaux du budget ordinaire.

TITRE II. — ÉTABLISSEMENT DU PROGRAMME ANNUEL

CHAPITRE 1er

FORMATION DU PROGRAMME

A) *Règles générales.*

9. Chaque année, à la session d'avril, le préfet présente au conseil général un état comprenant :
1° les travaux qui lui paraissent devoir être subventionnés sur les chemins de grande communication et d'intérêt commun pendant l'année suivante ;
2° les demandes formées par les conseils municipaux, dans leur session de février, pour les chemins vicinaux ordinaires (modèle n° 3).

Sur ces données, le conseil général arrête le programme préparatoire.

10. La nomenclature des travaux à exécuter, avec le concours de l'État, sur les chemins vicinaux de toute catégorie est définitivement arrêtée en session d'août par le conseil général. Elle est établie conformément aux modèles nos 1 et 2 annexés à la présente instruction.

11. La subvention dont l'emploi est prévu par le programme *ferme* ne doit en aucun cas excéder le crédit alloué au département en vertu de l'article 3.

12. Les projets compris au programme ne doivent s'appliquer qu'aux travaux dont le caractère a été déterminé aux articles 1 et 2 ; ils ne doivent avoir reçu aucun commencement d'exécution.

En conséquence, sont exclus du bénéfice des subventions de l'État :

1° Les dépenses faites et les travaux engagés sans l'adhésion préalable de l'administration supérieure ;

2° Les travaux ayant pour objet la restauration ou l'amélioration des chemins antérieurement construits, et *notamment* :

a. Les rechargements de chaussées ;

b. L'établissement de trottoirs et de caniveaux pavés ;

c. La substitution d'une chaussée pavée à une chaussée d'empierrement et réciproquement ;

d. La construction d'égouts ;

e. Les rescindements, dans les traverses des villes, bourgs et villages, quand ils ne rentrent pas dans le cas visé par le 3° de l'article 2 et constituent en fait une opération de voirie urbaine.

13. Pour éviter la dissémination des ressources de l'État et des départements, les projets à comprendre au programme doivent s'élever au minimum à 5,000 francs, à moins qu'il ne s'agisse de chemins pouvant être entièrement construits ou achevés avec une dépense moindre.

14. Les projets inscrits au programme doivent y être compris pour la totalité de la dépense qu'ils comportent, sauf les exceptions admises par l'article 16. Toutefois, l'application de cette règle pouvant conduire à un dépassement du crédit de subvention, il est admis que le projet clôturant le programme peut n'y être compris que pour une partie de la dépense, à condition que le découvert subsistant soit de minime importance et, dans tous les cas, inférieur aux disponibilités probables.

15. Lorsque la construction ou l'achèvement d'un chemin pour lequel il n'existe pas encore de projet doit donner lieu à une dépense trop considérable pour être inscrite sur un seul programme, le service vicinal, s'il ne croit pas devoir présenter immédiatement un projet définitif s'appliquant à la longueur totale restant à construire, dresse un *avant-projet* destiné à déterminer l'ensemble des dispositions techniques et à évaluer aussi approximativement que possible la dépense totale de construction.

Il présente en même temps le projet d'exécution de la section à comprendre au programme.

16. Par dérogation à la règle de l'article 14, mais seulement en cas de nécessité démontrée, la dépense prévue au projet peut être répartie sur deux programmes successifs :

1° Lorsqu'il s'agit d'un travail qui, par sa nature, ne se prête pas à l'établissement de projets partiels successifs et doit donner lieu à une dépense hors de proportion avec la subvention allouée au département ;

2° Lorsque le délai de deux ans, fixé par l'article 7 de la loi, est manifestement insuffisant pour l'exécution d'un projet qui ne peut être ni scindé ni restreint.

Dans ces deux hypothèses, le premier programme doit comprendre le quart au moins de la dépense totale prévue.

L'usage de la faculté ouverte par le présent article est d'ailleurs limité à un seul projet par programme.

17. Lorsqu'il n'y a pas lieu d'appliquer les dispositions exceptionnelles de l'article 16, les départements peuvent, en vue de l'emploi des disponibilités qui leur sont laissées, constituer, en même temps que le programme ferme, un *programme éventuel* qui doit être en rapport avec l'importance présumée de ces disponibilités.

18. Pour faciliter l'application des disponibilités et en assurer aussi complètement que possible l'utilisation, il importe que le programme éventuel soit constitué par une série de projets de moyenne importance, classés autant que possible par ordre décroissant quant à la dépense.

19. Les projets du programme éventuel sont communiqués au ministère avec ceux du programme ferme et accompagnés des mêmes justifications.

20. Si le programme arrêté au mois d'août par le conseil général n'absorbe pas intégralement la subvention, la partie laissée sans affectation est annulée et fait retour à l'État.

21. Dans le cas où un projet est écarté du programme par l'administration supérieure comme ne réunissant pas les conditions requises pour être subventionné, la subvention devenue libre s'ajoute aux autres disponibilités laissées au département (V. art. 56).

B) *Règles spéciales aux travaux des chemins vicinaux ordinaires.*

22. Les communes qui sollicitent le concours de l'État pour la construction de leurs chemins doivent, avant la session d'août du conseil général, avoir créé les ressources destinées à couvrir leur part contributive. Ces ressources doivent d'ailleurs être disponibles dès la première année d'exécution du programme.

23. Les communes ne peuvent obtenir le concours de l'État pour de nouveaux chemins qu'après avoir terminé la construction de ceux qui ont été commencés par application de la loi du 12 mars 1880, ou l'avoir tout au moins poursuivie jusqu'à la rencontre d'une voie de communication à l'état de viabilité ou d'un centre de population de quelque importance.

24. L'inscription simultanée de plusieurs chemins d'une même commune n'est admise qu'autant que ces différents chemins peuvent être exécutés dans les conditions de l'article précédent.

Dans le cas contraire, les ressources doivent être entièrement appliquées au chemin dont la construction présente le plus d'intérêt.

25. Lorsqu'une commune construit à ses frais un chemin vicinal ordinaire sur le territoire d'une commune limitrophe, la subvention de l'État est calculée d'après la valeur du centime et la superficie de la commune qui supporte la dépense.

26. Pour les travaux intéressant à la fois plusieurs communes et qui doivent être exécutés à frais communs, d'après un projet unique, la subvention de l'État est calculée, par chaque commune, sur la dépense qu'elle doit supporter suivant les conventions intervenues.

CHAPITRE II

PARTICIPATION DE L'ÉTAT, DU DÉPARTEMENT ET DES COMMUNES

27. La part contributive de l'État, du département et de la commune dans la dépense des travaux à subventionner en vertu de la loi du 12 mars 1880, est calculée, conformément aux proportions fixées dans les tableaux annexés au décret du 4 juillet 1895, sur le montant total des dépenses prévues, après déduction de la partie qui est présumée devoir être couverte par des ressources ne donnant pas droit à subvention.

28. Les départements peuvent prendre à leur charge tout ou partie de la part incombant aux communes pour les chemins vicinaux ordinaires. Inversement, les communes peuvent se substituer au département.

29. La substitution des communes au département doit être acceptée par le conseil général au moment même de l'établissement du programme.

30. L'affectation d'un terrain communal à l'établissement ou à la rectification d'un chemin vicinal ne constitue pas un sacrifice et la valeur des parcelles incorporées à la voie publique ne doit être comptée ni comme dépense ni comme ressource.

31. La valeur attribuée aux délaissés d'un chemin dont l'assiette se trouve déplacée est considérée comme ressource ne donnant pas droit à subvention.

32. Lorsque l'ensemble des sacrifices consentis par des particuliers, sous forme soit de cessions gratuites de terrains, soit de souscriptions en argent ou en nature, dépasse la part contributive de la commune dans la dépense totale prévue (terrains et travaux), la subvention départementale et celle de l'État ne peuvent excéder la portion de dépenses restant à couvrir en argent.

Dans ce cas particulier, la part de chacun des intéressés est déterminée par l'application de la formule suivante dans laquelle D représente la dépense totale prévue, S l'ensemble des sacrifices consentis par les particuliers, d, e et c le tant pour cent à fournir respectivement par le département, l'État et la commune.

$$\frac{D-S}{d+c} \times \begin{cases} d = \text{part du département,} \\ e = \text{part de l'État,} \\ c = \text{part de la commune, à prélever} \end{cases}$$

sur le produit des sacrifices consentis par les particuliers ; le surplus $S - c\dfrac{D-S}{d+c}$ est considéré comme ressource ne donnant pas droit à subvention.

Dans cette hypothèse, les souscriptions en nature sont provisoirement comptées pour leur valeur nominales, sauf règlement ultérieur à opérer conformément à l'article 78.

CHAPITRE III

JUSTIFICATIONS A PRODUIRE A L'APPUI DU PROGRAMME

33. Les états n°s 1 et 2 présentant la composition du programme doivent être adressés au ministre de l'intérieur avant le 1er octobre, délai de rigueur.

34. Ces états sont accompagnés des documents suivants :

1° Délibérations du conseil général :

a) Arrêtant le programme et déterminant, s'il y a lieu, les conditions des substitutions opérées en vertu de l'article 6 de la loi du 12 mars 1880 ;

b) Statuant sur l'affectation à donner aux disponibilités laissées au département ;

c) Créant les ressources destinées à couvrir la part contributive du département.

Ces extraits doivent contenir les rapports spéciaux présentés au conseil général, la discussion en séance d'après le compte rendu analytique et les conclusions adoptées ;

2° Dossier de chacun des projets compris au programme, tant à titre ferme qu'à titre éventuel.

35. Ce dossier comprend :

A) *Pour les chemins de grande communication ou d'intérêt commun.*

1° Le projet définitif des travaux ;

2° S'il y a lieu, l'avant-projet (V. art. 15) dont le plan et le profil en long seront complétés par une légende indiquant les sections déjà subventionnées sur les programmes précédents ;

3° Un graphique figurant la situation matérielle du chemin sur toute sa longueur ;

4° Les délibérations des conseils municipaux portant offres de concours et justification du caractère extraordinaire des ressources votées (modèle n° 4). Dans le cas où une coupe extraordinaire de bois sert à constituer l'offre de concours d'une commune, copie certifiée de la décision autorisant cette coupe est annexée à la délibération.

B) *Pour les chemins vicinaux ordinaires.*

1° Les délibérations par lesquelles le conseil municipal a demandé l'inscription au programme, voté les ressources destinées à couvrir la part contributive de la commune et s'est engagé à prendre les mesures nécessaires pour assurer l'entretien des chemins existants. Une copie, certifiée par le maire, de la liste des souscriptions soit en argent soit en nature est annexée aux délibérations. Cette liste ne doit comprendre que les souscriptions pouvant être appliquées à l'exécution du projet pour lequel le concours de l'État est demandé. Dans le cas où une coupe extraordinaire de bois sert à former tout ou partie du contingent communal, une copie certifiée de la décision autorisant cette coupe est annexée à la délibération ;

2° Le projet définitif des travaux ;

3° S'il y a lieu, l'avant-projet dont il est question à l'article 15, complété comme il a été dit ci-dessus, A), 2° ;

4° Une carte calquée sur le plan d'assemblage du cadastre et figurant les routes et chemins vicinaux de toute catégorie qui desservent la commune, avec indication de l'état matériel de ces chemins, de l'emplacement des travaux compris au programme et de ceux qui ont été exécutés antérieurement par application de la loi du 12 mars 1880.

CHAPITRE IV

SUBVENTIONS EXTRAORDINAIRES

1er. — Travaux compris au programme.

36. Des subventions extraordinaires peuvent, en vertu de l'article 9 de la loi, être accordées aux départements et aux communes pour l'exécution des travaux présentant une importance exceptionnelle, lorsque les intéressés, tout en faisant le maximum d'efforts compatible avec leur situation financière ne peuvent, au moyen de leurs ressources et de la subvention normale correspondante, couvrir intégralement la dépense prévue.

37. Toute demande de subvention extraordinaire pour travaux compris au programme doit être accompagnée des justifications suivantes :

1° Un état indiquant l'ensemble des voies et moyens financiers proposés pour l'exécution du projet (mod. n° 5) ;

2° Un rapport du service vicinal faisant connaître :

a) Le nombre des communes intéressées, leur population, leur situation financière, les avantages qu'elles doivent retirer de l'exécution des travaux projetés, la part contributive que devrait équitablement fournir chacune d'elles et les sacrifices qu'elles consentent à s'imposer ;

b) Les motifs qui ne permettent pas au département et aux communes de supporter la part réglementaire de dépense fixée par le décret du 4 juillet 1895 ;

3° S'il s'agit d'un pont, un extrait de la carte au 1/100,000 indiquant l'emplacement et la nature de tous les ouvrages construits, sur le même cours d'eau, dans un rayon de 15 kilomètres en amont et en aval du point où le nouvel ouvrage doit être établi.

38. L'admission au programme d'un projet pour lequel une subvention extraordinaire est demandée n'implique pas l'allocation de cette subvention, qui doit faire l'objet d'une décision spéciale à laquelle la mise en adjudication des travaux demeure toujours subordonnée.

39. Les subventions extraordinaires allouées concurremment avec la subvention normale doivent être employées dans le délai de deux années s'il s'agit de travaux compris en entier sur un seul programme.

Ce délai est porté à trois ans pour les travaux inscrits sur deux programmes.

§ 2. — Travaux hors programme.

40. Le concours extraordinaire de l'État peut aussi, en cas de circonstances ou de besoins exceptionnels, être accordé pour des travaux étrangers au programme et notamment pour la réparation des dégâts occasionnés par les inondations.

41. Les propositions concernant les travaux hors programme sont justifiées par un rapport du service vicinal contenant, outre les renseignements spécifiés au § *a* de l'article 37, tous ceux qui peuvent être nécessaires à l'administration supérieure pour apprécier exactement l'étendue des besoins auxquels il s'agit de pourvoir.

42. Le délai dans lequel il doit être fait emploi des subventions extraordinaires allouées pour travaux hors programme est fixé par la décision ministérielle allouant ces subventions.

CHAPITRE V

APPROBATION DU PROGRAMME

43. Les projets soumis à l'examen de l'administration supérieure sont retournés dans les départements après avoir été classés dans l'une des quatre catégories suivantes :

1° Projets admis sans observations ;

2° Projets admis sous réserve d'observations d'ordre technique ou administratif ;

3° Projets dont l'admission au programme est ajournée ;

4° Projets exclus du programme.

44. Les projets admis sous réserves ne doivent pas être retournés au ministère ; le préfet se borne à renvoyer les fiches concernant ces projets après y avoir fait consigner les réponses du service vicinal et la nouvelle évaluation des dépenses en cas de modification des prévisions primitives.

45. Si les observations de l'administration supérieure ont eu pour effet d'augmenter les dépenses prévues, un crédit normal complémentaire est alloué pour couvrir la part de l'augmentation incombant à l'État.

46. Si le service vicinal a des objections à présenter au sujet des observations techniques, le projet est retourné au ministère avec un rapport exposant les raisons qui justifieraient le maintien des dispositions primitivement proposées.

47. Les projets dont l'admission a été ajournée par suite de considérations d'ordre technique, sont également représentés à l'administration supérieure accompagnés des explications et justifications produites par le service vicinal.

48. Après examen du programme, le ministre prend toutes dispositions utiles pour faire autoriser les emprunts départementaux dans la mesure nécessaire pour assurer l'exécution des travaux qui y ont été admis.

En vue de l'autorisation des emprunts départementaux, le préfet transmet au ministère, sous le timbre du 5° bureau de l'administration départementale et communale, un dossier comprenant :

1° Un rapport de l'agent voyer en chef ;

2° La délibération du conseil général portant vote de l'emprunt et des ressources destinées à l'amortissement ;

3° L'avis motivé du préfet ;

4° Un exemplaire imprimé du budget départemental.

49. Les emprunts communaux qui ne peuvent être réglés définitivement par délibération du conseil municipal sont autorisés par le préfet, après l'admission des travaux au programme, à moins qu'un décret soit nécessaire.

Dans ce dernier cas, l'administration supérieure prépare la décision à intervenir, au vu d'un dossier adressé au 5° bureau de l'administration départementale et communale et comprenant :

1° La délibération du conseil municipal votant l'emprunt et créant les ressources destinées à l'amortissement ;

2° Les budgets primitif et additionnel de l'exercice courant ou, à défaut de ce dernier, celui de l'exercice précédent ;

3° Un certificat du maire et du receveur municipal relatant :

a. Toutes les impositions extraordinaires qui grèvent la commune avec l'indication de l'objet auquel elles s'appliquent, de leur quotité et de leur durée, ainsi que de la nature et de la date des actes qui en ont autorisé la perception ;

b. Les sommes restant dues en capital sur chacun des emprunts non encore remboursés ;

c. Les autres dettes communales, s'il en existe ;

d. Le montant et la destination des fonds placés au Trésor ;

4° Un relevé présentant, d'après les trois derniers comptes, les recettes et les dépenses communales séparées en ordinaires et extraordinaires ;

5° L'avis motivé du préfet, en forme d'arrêté, visant spécialement l'opération financière.

TITRE III. — EXÉCUTION DU PROGRAMME

CHAPITRE Ier

ADJUDICATION DES TRAVAUX

50. La subvention de l'État n'est définitivement acquise aux intéressés qu'après le vote de la loi annuelle de finances. A ce moment, si le programme a été, dans son ensemble, adopté par l'administration supérieure et si les voies et moyens financiers sont d'ailleurs assurés, il peut être procédé à la mise en adjudication des travaux admis à ce programme à l'exception toutefois de ceux qui ont fait l'objet d'une demande de subvention extraordinaire (V. art. 38) et de ceux pour lesquels il existe un découvert provisoire à combler au préalable par un prélèvement sur les disponibilités (V. art. 14 et 61).

51. Dès l'admission des projets au programme, les agents voyers doivent, de concert avec les maires, faire toute diligence pour obtenir la signature des contrats à passer avec les propriétaires qui sont disposés à traiter amiablement pour la vente de leurs terrains.

Ils provoquent sans retard l'expropriation pour les autres parcelles.

52. Chaque projet admis au programme doit faire l'objet d'une adjudication publique passée dans les formes prescrites par les articles 152 et suivants de l'instruction générale du 6 décembre 1870. Il ne peut être fait exception à cette règle que dans les cas spécifiés à l'article 149 de la même instruction.

53. Les projets qui n'ont reçu aucun commencement d'exécution avant l'expiration de la première année du programme ne peuvent être entrepris au cours de la seconde année qu'en vertu d'une nouvelle décision de l'administration supérieure.

CHAPITRE II

CONSTATATION DES DISPONIBILITÉS

54. En dehors du cas d'inscription sur deux programmes prévu par l'article 16, toute réduction opérée sur le montant de la dépense pour laquelle un projet a été admis au programme a pour effet de diminuer la part contributive de la commune, du département et de l'État, et, par suite, de rendre libre une partie des ressources affectées à cette dépense. Les excédents de ressources qui se produisent ainsi constituent *les disponibilités*.

55. Le département et les communes conservent les disponibilités provenant de leurs ressources propres ; celles qui dérivent de la subvention normale sont divisées en deux parts : la première reste à la disposition du conseil général, à moins qu'aucune mesure n'ait été prise par cette assemblée pour en assurer l'utilisation ; la seconde part fait retour à l'État.

56. Ne peuvent servir à former la première de ces parts que les disponibilités constatées *avant la mise à exécution des travaux* et qui sont dues à l'une des trois causes suivantes :

1° Exclusion du programme ;

2° Réduction des prévisions de dépenses à la suite de modifications apportées au projet sur les indications de l'administration supérieure ;

3° Rabais d'adjudication.

57. Toutes les autres disponibilités, quelle qu'en soit l'origine, forment la seconde part.

58. A la fin de chaque mois, le préfet envoie au ministère copie des procès-verbaux des adjudications approuvées pendant le mois (modèle n° 6) ou des soumissions approuvées ou des arrêtés autorisant l'exécution en régie.

59. Aux pièces mentionnées à l'article précédent est joint un état (modèle n° 7) faisant connaître :

1° Le montant des disponibilités qui, par l'effet des diverses causes spécifiées à l'article 56, se sont produites pendant le mois ;

2° Le montant des disponibilités acquises au département ;

3° La situation nouvelle modifiant les indications primitives du programme ;

4° L'affectation à donner aux disponibilités constatées.

CHAPITRE III

EMPLOI DES DISPONIBILITÉS

60. Les disponibilités provenant des fonds départementaux et de la subvention de l'État sont obligatoirement reportées sur les travaux laissés à découvert en vertu de l'article 16.

61. Si le programme ne comprend aucune entreprise pour laquelle l'inscription de la dépense sur deux programmes ait été reconnue nécessaire, les disponibilités servent en premier lieu à combler le découvert provisoire (art. 14) ; le surplus est affecté au programme éventuel dans l'ordre de priorité fixé par le conseil général.

62. Les projets du programme éventuel ne sont adjugés qu'après leur incorporation au programme ferme, laquelle ne peut avoir lieu qu'au fur et à mesure de la constatation des disponibilités et lorsque celles-ci sont suffisantes pour doter complètement les projets à incorporer.

CHAPITRE IV

EXÉCUTION DES TRAVAUX

63. Les agents voyers ne peuvent, de leur propre autorité, apporter aucune modification aux projets approuvés.

64. La décision approbative du projet autorise implicitement les agents voyers à disposer de la somme à valoir dans la mesure nécessaire pour couvrir :

1° Les dépenses qu'ils peuvent, par la force même des choses, être obligés de faire en sus des prévisions, pour l'exécution des *travaux prévus au projet ;*

2° Les dépenses résultant de travaux non prévus, lorsque *ceux-ci ne modifient pas l'économie du projet.*

65. Le montant des dépenses autorisées est déterminé par le chiffre du détail estimatif diminué du rabais d'adjudication.

Les économies provenant soit de la suppression d'ouvrages prévus et reconnus inutiles en cours d'exécution, soit de la diminution dans l'importance de certaines parties d'ouvrages, viennent en déduction du montant des dépenses autorisées.

Les ressources de toute nature correspondant à ces économies restent toutefois affectées à l'entreprise pour servir, *avec l'autorisation du préfet,* à couvrir, en cas d'insuffisance de la somme à valoir, les dépenses indiquées à l'article précédent. Le conseil municipal est préalablement consulté lorsqu'il s'agit de chemins vicinaux ordinaires.

Les économies réalisées sur les dépenses prévues pour les terrains ne peuvent être reportées sur les travaux qu'en vertu d'une autorisation du préfet pour les chemins de grande communication et d'intérêt commun, ou d'une délibération du conseil municipal pour les chemins vicinaux ordinaires.

66. Aucune dépense excédant la somme à valoir et les économies indiquées à l'article précédent ne peut, sauf le cas exceptionnel prévu par l'article 68, être engagée avant la création des ressources au moyen desquelles il doit y être pourvu.

67. Si, en cours d'exécution, les agents voyers reconnaissent la nécessité de modifier les dispositions du projet approuvé, ils présentent au préfet un rapport exposant :

1° L'objet des modifications;

2° Les considérations qui les justifient ;

3° Les voies et moyens propres à couvrir la dépense.

À ce rapport sont annexés les dessins, métrés, estimations et toutes autres indications utiles.

Sur la proposition du préfet, l'administration supérieure statue sur ces modifications et autorise, s'il y a lieu, le rattachement au programme des dépenses qui en sont la conséquence.

68. Lorsque les dépenses supplémentaires sont motivées par des cas de force majeure ou par des faits accidentels ou fortuits exigeant des résolutions immédiates, les agents voyers prennent, sous leur propre responsabilité, les mesures que les circonstances leur paraissent commander pour la sauvegarde des intérêts en cause. L'agent voyer en chef en rend compte, sans délai, au préfet qui avise aussitôt l'administration supérieure.

69. Les dépenses supplémentaires régulièrement autorisées pour les travaux sont rattachées au programme sur lequel figure l'entreprise. Il en est de même pour celles afférentes aux terrains et dommages dont le rattachement doit être provoqué dès que les indemnités ont été définitivement réglées et que les ressources ont été créées. La part de l'État est couverte à l'aide de crédits spécialement ouverts à cet effet, dans la limite des disponibilités qui auront fait retour à l'État.

70. Les frais de surveillance qui peuvent être imputés sur la somme à valoir sont :

1° L'allocation d'une indemnité au surveillant spécial ou à l'agent voyer détaché pour surveiller d'une manière permanente les travaux dont l'importance justifie la présence continue, sur le chantier, d'un représentant de l'administration ;

2° Les frais de déplacement et de découcher du cantonnier chargé occasionnellement d'exercer cette surveillance.

71. Les frais de timbre des pièces de dépenses en régie sont payés dans les conditions déterminées par les circulaires des 31 mai et 16 octobre 1875.

72. À moins de circonstances particulières, les indemnités dues pour dommages doivent être payées en argent. Le mode de procéder qui consiste à faire exécuter pour les propriétaires des travaux de clôture, d'accès ou autres, doit être évité.

73. Les travaux imprévus, alors même qu'ils seraient imputables sur la somme à valoir, doivent être exécutés par l'entrepreneur, dans les limites fixées par les articles 30 et 32 du cahier des clauses et conditions générales, aux conditions de son marché, c'est-à-dire aux prix du bordereau, rabais déduit, ou à des prix établis par assimilation, en conformité de l'article 29 dudit cahier. Tous ces travaux doivent par suite être compris au décompte de l'entreprise.

Il ne peut être fait exception à cette règle que pour les fournitures spéciales, les travaux qui exigent des aptitudes particulières et ceux qui sortent absolument des conditions du marché.

CHAPITRE V

DISPOSITIONS SPÉCIALES AUX EMPRUNTS A LA CAISSE DES RETRAITES POUR LA VIEILLESSE

74. L'autorisation des emprunts à la Caisse des retraites pour la vieillesse est soumise aux prescriptions des articles 48 et 49 de la présente instruction.

L'administration supérieure reste étrangère aux formalités auxquelles donne lieu la passation des contrats et la réalisation des emprunts.

Au fur et à mesure des adjudications, les dossiers constitués pour la réalisation des emprunts communaux sont centralisés par le préfet, qui les transmet à la Caisse des dépôts et consignations après s'être assuré que les prêts n'excèdent pas les besoins en vue desquels ils sont demandés.

75. Pour les emprunts départementaux autorisés par décret conformément aux dispositions de la loi du 12 juillet 1898, les contrats ne deviennent définitifs qu'après l'approbation du ministère de l'intérieur.

CHAPITRE VI

RÉALISATION DES SOUSCRIPTIONS EN ARGENT ET EMPLOI DES RESSOURCES EN NATURE

76. Si aucun terme n'a été fixé par les souscripteurs pour le versement des souscriptions en argent, le recouvrement doit en être opéré aussitôt après l'adjudication des travaux.

77. À moins que les souscripteurs n'aient expressément stipulé le contraire, les souscriptions en argent ou en nature restent intégralement acquises à l'entreprise pour laquelle elles ont été consenties.

78. Les souscriptions en nature, fournitures de matériaux ou prestations volontaires, sont acquittées à la diligence du service vicinal.

Les travaux exécutés ou les fournitures faites sont remis en compte à l'entrepreneur, conformément à l'article 185 de l'instruction générale du 6 décembre 1870, pour la valeur déterminée par l'application des prix du bordereau, rabais déduit. Dans le cas exceptionnel de l'exécution en régie, les travaux ou fournitures provenant de souscriptions volontaires sont évalués d'après les prix courants du pays.

79. La remise et l'estimation des travaux effectués ou des fournitures faites par les prestataires ont lieu dans la même forme.

CHAPITRE VII

JUSTIFICATIONS A PRODUIRE AU COURS DE LA PÉRIODE D'EXÉCUTION DU PROGRAMME

80. Après la session de mai des conseils municipaux, le préfet, pour chacune des communes comprises au programme en cours, revise les évaluations consignées dans les délibérations prises par les conseils municipaux avant la formation du programme, en ce qui touche les ressources obligatoirement applicables, en vertu de l'article 3 du décret du 3 juin 1880, aux travaux subventionnés.

81. Au fur et à mesure de cette revision, les résultats en sont communiqués au ministère et notifiés aux maires des communes intéressées ainsi qu'à l'agent voyer en chef.

82. Les ressources résultant de la revision susindiquée ne peuvent, en aucun cas, être détournées de leur affectation aux travaux subventionnés, elles sont acquises à l'entreprise et déduites du montant des dépenses pour le calcul de la subvention de l'État, en tenant compte toutefois des variations pouvant provenir de l'évaluation définitive des ressources en nature, faite conformément à l'artice 79 ci-dessus.

TITRE IV. — VERSEMENT DES SUBVENTIONS

CHAPITRE Ier

ORDRE DANS LEQUEL SONT ENCAISSÉES LES SUBVENTIONS NORMALES.
PIÈCES A PRODUIRE

1° *Travaux compris dans un seul programme.*

PIÈCES A PRODUIRE.

83. Dès que les travaux sont en voie d'exécution, le service vicinal peut provoquer le versement d'un acompte n'excédant pas les 2/3 de la subvention normale correspondant au montant des dépenses autorisées (travaux et terrains).

} État modèle n° 8 en double expédition, dressé par l'agent voyer en chef et visé par le préfet.

84. Le solde de la subvention normale n'est versé qu'après l'acquittement, par le département et la commune, de la portion de dépense qu'ils doivent respectivement supporter et lorsqu'il a été procédé à la réception des travaux.

} 1° État n° 9 en double expédition, dressé par l'agent voyer en chef et visé par le préfet ;
2° Compte rendu comparatif des dépenses autorisées et des dépenses faites (modèle n° 10) ;
3° Copie des décisions autorisant l'emploi des économies réalisées tant sur la somme à valoir que

84 (*Suite*). Le solde de la subvention normale n'est versé qu'après l'acquittement, par le département et la commune, de la portion de dépense qu'ils doivent respectivement supporter et lorsqu'il a été procédé à la réception des travaux.

} sur les terrains (art. 65 et 67) ;
4° Détail estimatif du projet (original approuvé) ;
5° Devis approuvé, s'il contient des clauses particulières justifiant certaines dépenses constatées au compte rendu comparatif ;
6° État parcellaire estimatif des terrains ;
7° Copie des actes de cessions gratuites de terrains consenties postérieurement à l'approbation du programme.

85. Cette dernière condition n'est pas requise toutefois lorsqu'il s'agit d'entreprises pour lesquelles une subvention extraordinaire a été allouée.

} État n° 9 *bis* en double expédition, dressé par l'agent voyer en chef et visé par le préfet.

2° *Travaux compris dans deux programmes,*
par application de l'article 16.

PREMIER PROGRAMME.

86. Dès que les travaux sont en voie d'exécution, un acompte des 2/3 de la subvention normale prévue au premier programme peut être demandé.

État n° 8 en double expédition, dressé par l'agent voyer en chef et visé par le préfet.

87. Le solde de la subvention prévue au premier programme est versé après acquittement par le département et la commune de la part de dépense qu'ils doivent respectivement supporter pour ce premier programme.

État n° 9 bis en double expédition, dressé par l'agent voyer en chef et visé par le préfet.

88. Un acompte de 2/3 de la subvention normale afférente au 2° programme peut être demandé dès l'ouverture de la période d'exécution de ce programme.

État n° 8 en double expédition, dressé par l'agent voyer en chef et visé par le préfet.

89. Le solde de la subvention normale afférente au 2° programme est délivré seulement après l'acquittement par le département et la commune de la part de dépense qu'ils doivent respectivement supporter et lorsqu'il a été procédé à la réception des travaux.

Mêmes pièces que celles indiquées à l'article 84 ci-dessus.

90. Cette dernière condition n'est pas requise toutefois lorsqu'il s'agit d'entreprises pour lesquelles une subvention extraordinaire a été accordée.

État n° 9 bis en double expédition, dressé par l'agent voyer en chef et visé par le préfet.

CHAPITRE II

SUBVENTIONS EXTRAORDINAIRES

1° *Travaux compris dans un seul programme.*

91. Lorsque la subvention normale afférente aux travaux compris dans un seul programme a été totalement versée, le service vicinal peut demander sur la subvention extraordinaire un acompte proportionné aux besoins, tout en laissant cependant une certaine marge pour le règlement définitif.

Rapport déterminant le montant de l'acompte et établissant l'opportunité du versement demandé.

92. Le solde de la subvention extraordinaire n'est délivré qu'après la réception des travaux et dans la mesure nécessaire pour le paiement des dépenses constatées à la clôture de la période d'exécution du programme.

Rapport accompagné des mêmes pièces que celles indiquées à l'article 84 ci-dessus, moins l'état n° 9.

2° *Travaux compris dans deux programmes.*

93. Lorsque la subvention normale prévue au premier programme a été totalement versée, un acompte peut être demandé sur la subvention extraordinaire, si les autres ressources dont dispose le service vicinal sont inférieures au montant des dépenses faites dans la première année d'exécution du premier programme. Le versement de cet acompte est constaté dans le compte rendu de ce même programme.

Rapport du service vicinal déterminant le montant de l'acompte et établissant l'opportunité du versement demandé.

94. Lorsque la subvention normale afférente au deuxième programme a été totalement versée, un nouvel acompte proportionné aux besoins peut être demandé sur la subvention extraordinaire, tout en laissant cependant une certaine marge pour le règlement définitif.

Même pièce que celle indiquée à l'article 91.

95. Le solde de la subvention extraordinaire n'est délivré qu'après la réception des travaux et dans la mesure nécessaire pour le paiement des dépenses constatées.

Les subventions extraordinaires versées pour l'acquittement de dépenses faites postérieurement à l'ouverture de la période d'exécution du second programme doivent être comprises dans le compte rendu de ce programme.

Rapport accompagné des mêmes pièces que celles indiquées à l'article 84 ci-dessus, moins l'état n° 9.

3° *Travaux hors programme.*

96. Le versement de subventions extraordinaires pour travaux hors programme est opéré soit en une seule fois, soit par acomptes successifs, suivant les besoins; dans tous les cas, le versement de la subvention totale ou du solde après acomptes n'est effectué que lorsque les ressources départementales et communales affectées à l'entreprise ont été intégralement employées.

Pour les acomptes : Rapport du service vicinal déterminant la somme à verser et établissant l'opportunité du versement.

Pour la subvention totale ou pour le solde après acomptes : Même rapport appuyé du compte rendu comparatif (modèle n° 10).

97. Les règles qui font l'objet des articles 83 à 96 peuvent au besoin, dans le cas particulier où les travaux ont été soumissionnés par des sociétés d'ouvriers français, être modifiées sur la proposition du préfet, pour permettre le paiement d'acomptes par quinzaine.

98. Les demandes tendant au versement du solde des subventions de l'Etat doivent être adressées au ministère dans le mois qui suit le règlement du décompte et trois semaines au moins avant la clôture de l'exercice.

99. Tous les travaux subventionnés doivent être terminés à la fin de la deuxième année du programme.

100. Si une partie des travaux est inachevée à l'époque ci-dessus indiquée, la subvention correspondant aux dépenses restant à faire est annulée conformément à l'article 7 de la loi.

101. L'administration supérieure, après examen des justifications annexées aux demandes de versement de solde, fixe définitivement le chiffre de la dépense qui doit servir au calcul de la subvention.

Sont exclus du bénéfice de la subvention :

1° Les dépenses faites pour la construction d'ouvrages ou de parties de chemin situés en dehors de la section à laquelle le projet s'applique ;

2° Les dépenses faites sans l'accomplissement des formalités détaillées au chapitre 4 du titre III, et en général toutes les dépenses faites contrairement aux dispositions de la présente instruction ;

3° Les indemnités payées aux entrepreneurs par suite de retard dans la livraison des terrains ;

4° Les indemnités gracieuses allouées aux entrepreneurs pour quelque motif que ce soit ;

5° Les frais d'étude des projets ;

6° L'établissement des passages provisoires pendant la construction d'ouvrages nouveaux, alors que la circulation n'était pas antérieurement assurée sur le point où ces ouvrages sont édifiés ;

7° Les dépenses qui sont la conséquence de fausses manœuvres ;

8° Les dépenses supplémentaires des ouvrages métalliques excédant la tolérance admise par l'article 117 du cahier des charges du 20 août 1881 ;

9° Toute rémunération pour l'expédition des pièces et dessins remis à l'entrepreneur ;

10° Les faux frais de l'entreprise compris implicitement dans les prix des bordereaux et qui doivent rester à la charge exclusive de l'entrepreneur, sauf exceptions stipulées au devis ;

11° Les intérêts de retard dans le payement des terrains et des dommages et des sommes dues aux entrepreneurs ;

12° Les frais de rédaction des actes de vente des terrains.

CHAPITRE III

DISPOSITIONS DE COMPTABILITÉ

102. Les subventions de l'État attribuées aux chemins de grande communication et d'intérêt commun sont rattachées en recettes au budget départemental ordinaire ; elles sont réparties en dépenses au chapitre IV de ce budget.

Si un décret doit intervenir pour autoriser les impositions extraordinaires ou les emprunts votés par le conseil général pour former la part contributive du département, cette circonstance ne fait pas obstacle à l'inscription, au budget départemental, de la subvention de l'État correspondante.

L'emploi des crédits ouverts pour l'exécution du programme reste toutefois expressément subordonné à la décision spéciale qui doit assurer les voies et moyens financiers.

103. Pour permettre la continuation des travaux

du programme pendant la seconde année d'exécution, le préfet propose les mesures budgétaires autorisées par la législation existante et qui seraient nécessaires pour assurer l'emploi des ressources libres de l'exercice clos ou à réaliser sur l'exercice courant.

104. Les impositions *spéciales* extraordinaires et les emprunts destinés à former la part contributive du département doivent être inscrits en totalité au budget primitif correspondant à l'année du programme.

105. Si le préfet prévoit qu'un crédit affecté à l'exécution du programme ne peut être totalement employé avant la fin de la première année, il examine s'il y a lieu de le faire radier en tout ou en partie au budget en cours pour demander l'inscription d'un crédit équivalent au budget en préparation pour l'exercice suivant.

106. Les subventions aux communes et les emprunts communaux sont inscrits en recettes et en dépenses dans les budgets municipaux de l'année correspondant au programme, ou rattachés par décisions spéciales.

Les sommes non réalisées, tant sur les emprunts que sur les subventions, avant la clôture de l'exercice, seront réinscrites en recettes et en dépenses aux chapitres additionnels du budget de l'exercice suivant.

Le préfet, lors de l'examen des budgets communaux, s'assure que cette prescription est observée.

107. Les subventions dont le versement n'a pas été effectué avant la clôture de l'exercice correspondant à la seconde année du programme sont définitivement annulées.

TITRE V. — COMPTE RENDU DES OPÉRATIONS DU PROGRAMME

108. A L'expiration de la période d'exécution du programme, l'agent voyer en chef, conformément aux prescriptions de l'article 11 de la loi du 12 mars 1880, établit le compte rendu des opérations effectuées, ainsi que le compte d'emploi des subventions extraordinaires accordées par application de l'article 9 de la loi.

Ce compte est dressé sur quatre formules distinctes (mod. nᵒˢ 11, 12, 13 et 14) ; il est envoyé au ministère le 15 avril au plus tard, accompagné d'un rapport signalant les particularités de nature à fixer l'attention de l'administration supérieure.

BIBLIOGRAPHIE

Ouvrages généraux :

Aucoc. *Conférences sur l'administration et le droit administratif.* 2ᵉ édit. 3 vol. gr. in-8ᵒ.
Aunout. *Manuel de droit administratif.* 1 vol. in-12. 1868.
Batbie. *Précis de cours de Droit public et administratif.* 5ᵉ édit. In-8ᵒ. 1885.
— *Traité théorique et pratique de droit public et administratif,* 2ᵉ édit. avec un *Supplément* par R. Boilot. 9 vol. in-8ᵒ. 1885-1893.
— *Le supplément.* 1 vol. in-8ᵒ. 1894.
— *Répertoire alphabétique du droit public et administratif.* 1 vol. in-8ᵒ. 1885.
Béquet, Dupré et Laferrière. *Répertoire du droit administratif.* In-4ᵒ.
Blanche. *Dictionnaire général de l'administration.* 1884-1891. 2 vol. gr. in-8ᵒ.
Block (Maurice). *Dictionnaire de l'administration française.* 4ᵉ édit. 1 vol. gr. in-8ᵒ. 1898.
Bœuf. *Résumé de répétitions écrites sur le droit administratif.* 15ᵉ édit. 1895. Gr. in-18.
Boitel et Foignet. *Éléments de droit public et de droit civil.* 1 vol. in-18 cartonné. 1895.
Bouchené-Lefer. *Principes et notions élémentaires du droit public-administratif.* 1 fort vol. in-8ᵒ. 1862.
— *Droit public et administratif français.* 1831. 5 vol. in-8ᵒ.
Bouffet et L. Périer. *Traité du département.* 2 vol. in-8ᵒ. 1894-1895.
Bourdon-Viane. *Sommaire de droit administratif.* Résumé complet conforme au programme de la Faculté. In-8ᵒ. 1893.

Busoni et Huberson. *Textes organiques de droit public, administratif et civil.* 4 vol. in-8ᵒ. 1883-1885.
Cabantous et Liégeois. *Répétitions écrites sur le droit administratif.* 6ᵉ édit. 1882. In-8ᵒ.
Chantagrel. *Droit administratif, théorique et pratique.* 1862. 1 vol. in-8ᵒ.
Chassaing. *Notions usuelles de droit public.* In-8ᵒ. 1880.
Chauveau (Ad.). *Principes de compétence et de juridiction administrative.*
— et Tambour. *Code d'instruction administrative.*
Colin. *Cours élémentaire de droit administratif.* In-18.
Cormenin. *Droit administratif.* 5ᵉ édit. 1840. 2 vol. in-8ᵒ.
Cotelle. *Cours de droit public et administratif appliqué aux travaux publics.* 1838.
Dalloz et Vergé. *Code des lois politiques et administratives annotées et expliquées.* 1887-1898.
Dareste. *La justice administrative en France.* 1 vol. in-8ᵒ. 1862.
Delamarre. *Traité de la police.* T. IV.
Dieudonné. *Manuel de droit administratif.* 1 vol. in-18. 1882.
Ducrocq. *Cours de droit administratif.* 6ᵉ édit. 3 vol. in-8ᵒ. 1881-1885.
— Nouvelle édition 1898.
— *Études de droit public.* In-8ᵒ. 1888.
Dufour (G.). *Traité général de droit administratif appliqué.* 3ᵉ édit. 8 forts vol. in-8ᵒ. 1869-1870.
Foignet. *Manuel élémentaire de droit administratif.* 3ᵉ édit. In-18. 1895.
Foucart. *Éléments de droit public et administratif.* 4ᵉ édit. 1856. 3 vol. in-8ᵒ.

— *Précis de droit public et administratif.* 1844. In-8.
Fuzier-Hermann et Carpentier. *Répertoire du droit français.* V⁰ Alignement. Chemin d'exploitation. Chemin rural. Chemin vicinal.
Gautier. *Précis des matières administratives dans leurs rapports avec les matières civiles et judiciaires.* 1 vol. in-8⁰. 1879.
— *Précis des matières administratives dans leurs rapports avec le droit public.* In-8⁰ 1880.
Grandclaude (Abbé). *Principes du droit public.* 1 vol. In-12.
Guilbon. *Traité des règlements et des arrêtés administratifs et municipaux.* 1 vol. in-8⁰. 1859.
Hauriou. *Précis de droit administratif.* 2⁰ édit. 1 vol. in-8⁰. 1893.
Herman. *Traité d'administration départementale.* 1855. 2 vol. in-8⁰.
Journal de l'administration française.
— *du droit administratif.*
Jurisprudence administrative en matière contentieuse de l'an VIII à 1872, par Ledru-Rollin. 15 vol. gr. in-8⁰.
Laferrière. *Cours de droit public et administratif.* 5⁰ édit. 1860. 2 vol. in-8⁰.
— *Traité de la juridiction administrative et des recours au contentieux.* 1842. In-8.
Lafond de Ladebat. *Recueil des principes de droit administratif.* 1896. 2 vol. gr. in-8⁰.
Loynes (De). *Précis de droit administratif.* 1 vol. in-12. 1871.
Macarel. *Cours d'administration et de droit administratif.* 3⁰ édit. par M. de Pistoye. 1857. 4 vol. in-8⁰.
Mailhol (De). *Dictionnaire encyclopédique d'administration générale.* T. I⁰ʳ. 1 vol. in-4. 1889.
Marie. *Éléments de droit administratif.* In-8⁰. 1890.
Marin. *Manuel du cours de droit administratif.* 1 vol. in-12. 1880.
Moullart. *Traité de droit français privé et public.* 2⁰ édit. 1 fort vol. in-8⁰. 1886.
Noyer. *Répertoire usuel de droit administratif.* 1 vol. gr. in-8⁰. 1887.
Pellot. *Leçons manuscrites de droit public et administratif.* 2 vol. in-8⁰, 1869-1876.
Périquet. *Contrats de l'État. Concessions de mines, de propriétés. Concessions sur les cours d'eau. Fournitures et marchés. Pensions, etc.* 2⁰ édit. complétée par un *Supplément,* comprenant, entre autres, les règles spéciales à l'Algérie. 1 vol. in-8⁰. 1890.
Séparément :
— *Le supplément.* 1 vol. in-8⁰. 1890.
Pradier-Fodéré. *Précis de droit administratif.* 1872. 7⁰ édit. In-8⁰.
— *Éléments de droit public et d'économie politique.*
Prancuf (De). *Traité des juridictions administratives.* 1 vol. in-8⁰. 1868.
Rambaud. *Exposé méthodique du droit administratif.* 1 vol. in-18. 1870.
— *Memento du droit administratif.* In-18. 1873.
Revue générale d'administration.
— *du droit public.*
Santupéry. *Manuel pratique d'administration.* 2 vol. in-8⁰.
Serrigny. *Traité du droit public des Français.* 2 vol. in-8⁰. 1846.
— *Questions et traité de droit administratif.* 1854. In-8⁰.
— *Droit public et administratif romain.* 2 vol. in-8⁰. 1862.
Simonet. *Traité élémentaire de droit public et administratif.* 2⁰ édit. In-8⁰. 1893.
Tissot. *Principes du droit public.* 2 vol. in-8⁰. 1872.
Vaquette et Le Balleur. *Cours résumé de droit administratif.* Gr. in-18. 1884.
— *Memento de droit administratif.* Gr. in-8⁰. 1893.
Vorhægen. *Études du droit public.* 1 vol. gr. in-18.
Violet. *Droit public. Histoire des institutions politiques et administratives de la France.* 2 vol in-8⁰. 1890.
Weiss et Frennelot. *Pandectes françaises.* V⁰ Alignement. Chemin d'exploitation. Chemin rural. Chemin vicinal.
Vuatrin et Batbie. *Lois administratives françaises,* avec supplément et tables. 2 vol. in-8⁰. 1887.

Routes nationales et départementales :

Anges de la Loriais. *Mémoire sur la plantation des routes.* 1851.
Féraud-Giraud. *Traité de la grande voirie et de la voirie urbaine.* 1 vol. in-8⁰. 1855.
Fleurigeon. *Code de la grande et de la petite voirie.* 5⁰ édit. 1833.
Garnier. *Code des chemins.* 1834. *Supplément.* 1842.
Gillon et Stourm. *Traité de la grande voirie.*
Huot. *Des routes nationales.* 1897.
Husson. *Traité de la législation des travaux publics et de la voirie en France.* 1850.
Isambert. *Traité de la voirie.* 1829.

Lecerf. *Des contraventions de grande voirie.* 1889. 1 vol. in-8⁰.
Liger. *Dictionnaire historique et pratique de la voirie.* 1874.
Peigne. *Exposé de l'origine et de l'administration de la grande voirie jusqu'en 1790.* 1857. In-8⁰.
Perrot. *Dictionnaire de la voirie.*
Poggioli. *Des routes nationales.* 1897.

Chemins vicinaux :

Bailly. *Chemins vicinaux.* 1886. In-8⁰.
Barrier. *Répertoire général de voirie vicinale.* 1865. In-8⁰.
Bazaine. *Chemins vicinaux.* 1835.
Berlin. *Des chemins vicinaux.* 1853.
Braff. *Code des chemins vicinaux et ruraux.* 1860. In-8⁰.
Cambacérès. *De la corvée et de la prestation en nature.* 1845. In-8.
De Champvallier. *Code des chemins vicinaux.* 1834. In-12.
De Crisenoy. *Les réformes de la législation vicinale.* Paris-Nancy. 1880. In-8⁰.
Delanney. *De l'Alignement.* 3⁰ édit. in-12. 1893.
Demilly. *Traité de l'administration des chemins vicinaux.* 1839. In-8⁰.
Dumay. *Commentaire de la loi du 21 mai 1836.* 1853. 2 vol. in-8⁰.
Gisclard. *Code des chemins vicinaux.* 1882. 2 vol. in-12.
Grandvaux. *Code pratique des chemins vicinaux.* 1857. 2⁰ édit. 2 vol. in-12.
Guillaume. *Traité pratique de la voirie vicinale.* 1892. 3⁰ édit. In-18.
Hanet. *Formulaire administratif de la voirie vicinale, urbaine et rurale.* 1870. In-8⁰.
Henry. *Code annoté du service vicinal.* 1889. In-8⁰.
Traité pratique des chemins vicinaux. 1897. 1 vol. in-8⁰.
Herman. *Code des chemins vicinaux.* 1854. 2⁰ édit. 1 vol. in-8⁰.
Instruction du 24 juin 1836 pour l'exécution de la loi du 21 mai 1836.
Instruction générale sur le service des chemins vicinaux du 6 décembre 1870.
Jourdan. *Des chemins vicinaux.* 1829. In-8⁰.
Marx. *Manuel du cantonnier.* 1884. In-8⁰.
Robiou. *Traité des chemins communaux.* 1825. in-8⁰.
Ségeral. *Chemins vicinaux et chemins ruraux.* 1888. In-8⁰.
Villers. *Recueil de jurisprudence sur subventions spéciales pour dégradations.* 1891. 1 vol. in-8⁰.

Chemins ruraux :

Bost. *Code formulaire des chemins ruraux.* 1859. 2⁰ édit. 1 vol. in-8⁰.
Bourguignat. *De la propriété des chemins ruraux.* 1881. 3⁰ édit. 1 vol. in-8⁰.
De Crisenoy. *Les résultats de l'application de la loi du 20 août 1881 sur les chemins ruraux.* 1886. 1 vol. in-8⁰.
Faulquier. *Étude théorique sur la législation des chemins ruraux.* 1888. 1 vol. in-8⁰.
Féraud-Giraud. *Traité des voies rurales.* 1896. 4⁰ édit. 2 vol. in-8⁰.
Guillaume. *Les chemins ruraux.* 1879. In-8⁰.
— *Traité pratique de la voirie rurale.* 1885. 3⁰ édit. 1 vol. in-18.
Mayjuron-Lagorsse. *Le Code rural d'après la loi du 20 août 1881.* 1883. 1 broch. in-8⁰.
Naudier. *Traité théorique et pratique de la législation des chemins ruraux.* 1891. 1 vol. in-8⁰.
Noblet. *Code pratique des chemins ruraux.* 1887. 1 vol. in-8⁰.
Paisant et Pidancet. *Code pratique des lois rurales.* 1891. 1 vol. in-8⁰.
Ségeral. *Chemins vicinaux et chemins ruraux.*

Chemins et sentiers d'exploitation :

Archambault et Senly. *Dictionnaire pratique des actions possessoires et du bornage.* 1889-1890. 2 vol. gr. in-8⁰; v⁰ Chemin d'exploitation.
Berthcau. *Répertoire raisonné de la pratique des affaires.* V⁰ Chemin d'exploitation.
Bost. *Encyclopédie des justices de paix et des tribunaux de simple police.* 1854. 2⁰ édit. 2 vol. in-8⁰.
Féraud-Giraud. *Op. cit.*
Marc, Deffaux, Harel et Dutruc. *Encyclopédie des huissiers.* 1888-1892. 4⁰ édit. 6 vol. in-8⁰; v⁰ Chemin privé ou de desserte.
Sanlaville. *Des voies privées.* 1899. in-8⁰.

Voirie urbaine :

Des Cilleuls. *Traité de la législation et de l'administration de la voirie urbaine.* 1877.
Daubenton. *Code de la voirie des villes, bourgs et villages.* 1836.

Gillou et Stourm. *Op. cit.*

Fleurigeon. *Code de la grande et de la petite voirie.* 1833.

Féraud-Giraud. *Traité de la grande voirie et de la voirie urbaine.* 1875.

Isambert. *Traité de la voirie urbaine.* 1825-1829. 3 vol. in-12.

Martel. *Manuel de la salubrité, de l'éclairage et de la petite voirie.* 1859. In-12.

Perrin, Rendu et Sirey. *Dictionnaire des constructions et de la contiguïté.*

Thorlet. *Traité des travaux communaux.* 1893. 1 vol. in-8º.

Alignement :

Bormans. *Traité de l'alignement et des droits de voirie.* 1879. Gr. in-8º.

Cotelle. *Des alignements et permissions de voirie urbaine.* 1837. Broch. in-8º.

Delanney. *De l'alignement.* 1892. In-8º.

Lebon et Robin. *De la législation sur les alignements et des modifications qu'on pourrait y apporter.* 1842. In-8º.

Morin. *De l'alignement ou régime des propriétés privées bordant le domaine public.* 1888. Gr. in-8º.

Permissions de voirie :

Bulletin officiel du ministère de l'intérieur. Années 1884 et 1889.

Dreux. *Étude théorique et pratique sur les permissions de grande voirie.* 1895. 1 vol. gr. in-8º.

Garnier et Dauvert. *Les concessions de gaz et d'électricité devant la juridiction administrative.* 1896. 1 vol. in-8º.

Morgand. *La loi municipale.* 1896. 2 vol. in-8º.

Des contraventions de voirie :

Lecerf. *Code manuel des contraventions de grande voirie et de domaine public.* 1889. 1 vol in-8º.

Malepeyre et Mesnard. *Des contraventions de petite voirie et de simple police.* 1891. 1 vol. in-8º.

Potiquet. *Dictionnaire des contraventions de grande voirie.* 1867. 1 vol. in-8º.

Police des voies publiques :

Boutet. *De la police de la voirie à Rome.* 1896.

Dejamme. *Du pouvoir réglementaire.* 1893. In-8º.

Frémy-Ligneville et Perriquet. *Traité de la législation des bâtiments et constructions.* 1891. 3e édit. 2 vol. in-8º.

Perrin, Rendu et Sirey. *Dictionnaire des constructions et de la contiguïté.* 1892. 1 vol. in-8º.

Ravon et Collet-Corbinière. *Code du bâtiment.* 1885-1891. 3 vol. gr. in-8º.

Département de la Seine et Ville de Paris :

De Royou. *Traité pratique de la voirie à Paris.* 1885. 2e édit. Gr. in-8º.

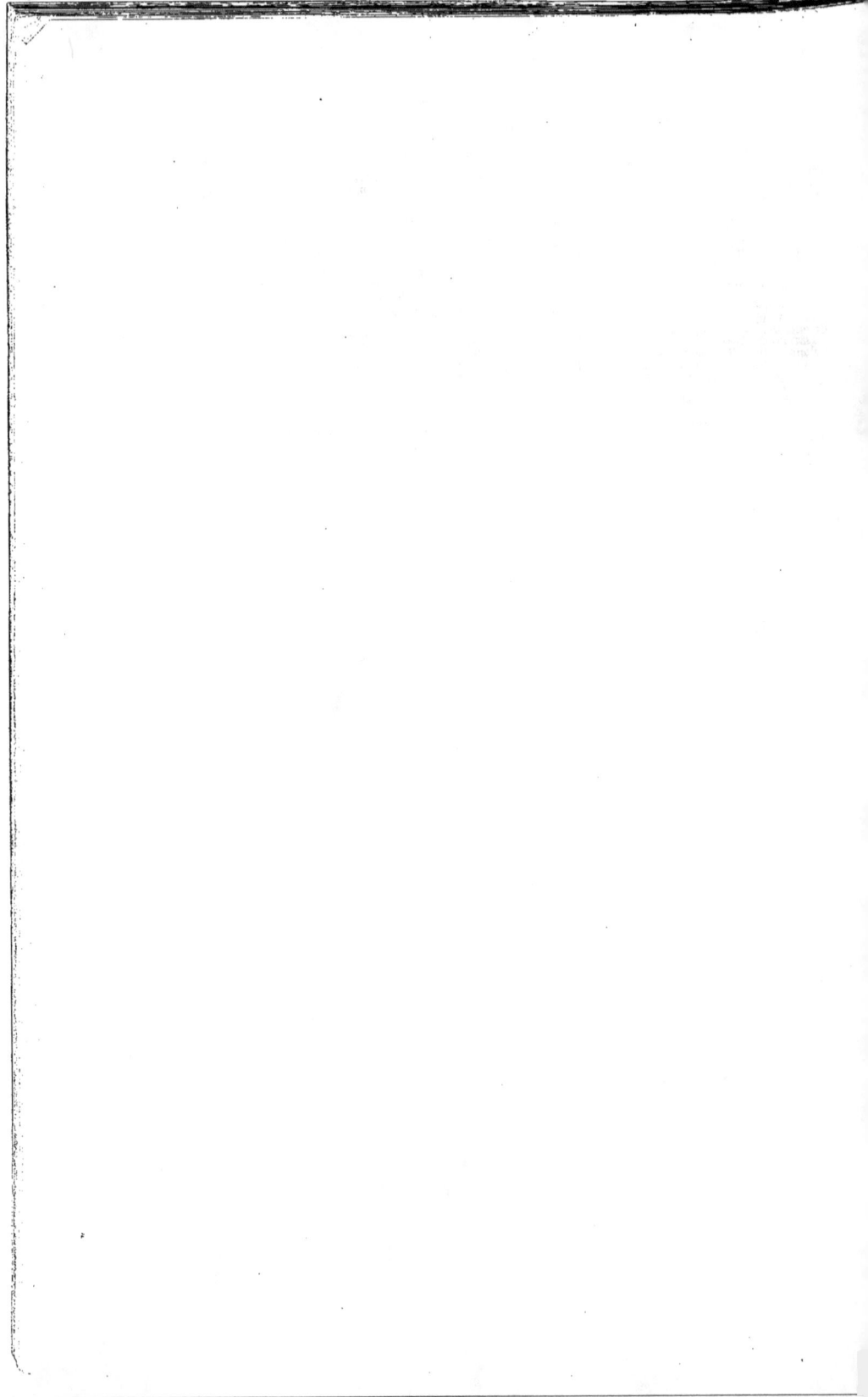

TABLE ALPHABÉTIQUE DES MATIÈRES

D

E

F

G

TABLE MÉTHODIQUE DES MATIÈRES

TRAITÉ DE LA VOIRIE. 23

LIVRE VI. — ALIGNEMENT

LIVRE VII. — PERMISSIONS DE VOIRIE

LIVRE XI. — DÉPARTEMENT DE LA SEINE ET VILLE DE PARIS

LIVRE XII. — DROIT COMPARÉ

APPENDICE

INSTRUCTION SPÉCIALE POUR L'APPLICATION DE LA LOI DU 12 MARS 1880

TITRE Ier. — DISPOSITIONS GÉNÉRALES

TITRE II. — ÉTABLISSEMENT DU PROGRAMME ANNUEL

TITRE III. — EXÉCUTION DU PROGRAMME

Nancy, impr. Berger-Levrault et Cⁱᵉ.

BERGER-LEVRAULT ET Cⁱᵉ, LIBRAIRES-ÉDITEURS

PARIS, 5, RUE DES BEAUX-ARTS. — 18, RUE DES GLACIS, NANCY

De l'Alignement. Jurisprudence et pratique administrative, par L. Delanney, rédacteur principal au Ministère de l'intérieur. Ouvrage honoré de souscriptions du Ministère de l'intérieur, du Ministère des travaux publics, de la préfecture de la Seine, etc. 3ᵉ édition. 1893. 1 volume in-12 de 365 p., br. . . 3 fr. 50 c.
Relié en percaline. . . . . 4 fr. 50 c.

Les Occupations temporaires et la loi du 29 décembre 1892, par L. Delanney, docteur en droit, rédacteur principal au ministère de l'intérieur. 1893. 1 volume in-12 de 306 pages, broché. . 3 fr. 50 c.
Relié en percaline. . . . . 4 fr. 50 c.

Les Formes des Enquêtes administratives en matière d'intérêt public, par E. Henry, ingénieur en chef, agent voyer en chef du département de la Marne. 1891. 1 volume grand in-8, broché . 4 fr.

Contraventions de grande voirie et de domaine public (Code manuel des), par Z. Lecerf, sous-chef de bureau à la préfecture de la Seine 1889. Volume in-8, broché . . . . 6 fr.

L'Occupation définitive sans expropriation, par Ferd. Sanlaville, avocat à la Cour d'appel de Paris. 1891. 1 volume grand in-8 broché . . . 4 fr.

L'Impôt des Prestations, par un ancien agent voyer. (Extrait de la *Revue d'administration.*) 1882. Grand in-8°, broché . . . . 1 fr. 25 c.

Des Voies privées. Par F. Sanlaville, avocat à la Cour d'appel de Paris. 1899. Gr. in-8. br. 1 fr. 50 c.

Les Chemins ruraux, par Eugène Guillaume, sous-directeur au ministère de l'intérieur. 1879. In-8, broché. . . . . 1 fr.

Les Résultats de l'application de la loi du 20 août 1881 sur les Chemins ruraux, par le même. 1886. Grand in-8, broché . . . . 1 fr. 25 c.

Les Réformes de la législation vicinale, par J. de Crisenoy, ancien conseiller d'État, ancien directeur de l'administration départementale et communale. 1880. In-8, broché . . . . 1 fr. 50 c.

Les Ponts à péage. Historique, législation, rachat. Par L. Delanney, sous-chef de bureau au ministère de l'intérieur. 1889. Grand in-8, broché 2 fr. 50 c.

La Question de la délimitation des fleuves et rivières, d'après la nouvelle loi sur le régime des eaux, par H. Berthélemy, professeur de droit administratif à l'Université de Paris. 1899. Grand in-8, broché . . . . 1 fr.

Les Tramways. Législation et jurisprudence les concernant, par Eug. Guillaume, sous-directeur au ministère de l'intérieur. 1884. Grand in-8 br. 2 fr.

Les Chemins de fer ruraux. I. *Ce qu'il faut.* Rapport lu à l'assemblée générale de la Société des agriculteurs de France. II. *Comment l'obtenir.* Lettre à M. Caillaux, ministre des travaux publics, par Ern. Chabrier. 1876. In-8, broché . . . 1 fr.

Les Tramways dans les campagnes. Chemins de fer sur accotements des routes. Études de la Société des agriculteurs de France, par Ern. Chabrier, 1877. Grand in-8, broché . . . . 2 fr.

Les Chemins de fer d'intérêt local sur routes, par Ern. Chabrier, ingénieur civil à Paris. 1872-1878. In-8, 185 pages, broché. . . . . . . 3 fr.

Les Chemins de fer d'intérêt local, par A. Boulan, chef de bureau au ministère de l'intérieur. 1879. Grand in-8, broché . . . . 1 fr. 25 c.

Les Chemins de fer industriels, par Léon Choppart, avocat à la Cour de Paris. 1880. Grand in-8, broché . . . . 2 fr.

Les Chemins de fer en France et à l'étranger. Étude financière et statistique, par Octave Noël, professeur à l'École des hautes études commerciales. 1887. 1 volume in-12 de 460 pages, broché. 5 fr.

Notions sur les Chemins de fer, à l'usage des officiers et sous-officiers de toutes armes. (Armée territoriale. Réserve. Armée active.), par A. Laplaiche, inspecteur particulier de l'exploitation commerciale des chemins de fer. 2ᵉ édition. 1890. 1 volume in-12 de 565 pages, avec 77 gravures, broché . . 6 fr.
Relié en percaline. . . . . 7 fr. 50 c.

Traité des travaux communaux, à l'usage des maires, par Léon Thorlet, chef de bureau à la préfecture de la Seine. 1893. 1 volume in-8 de 437 pages, broché . . . . 7 fr. 50 c.
Relié en percaline . . . . 9 fr.

Régime légal et financier des Associations syndicales. Étude pratique destinée aux maires, conseillers de préfecture, ingénieurs des ponts et chaussées, etc. Par A. Aubert, percepteur-receveur, ancien secrétaire particulier du préfet de la Seine. 2ᵉ édition. 1894. 1 volume in-12, broché . . . . . 3 fr.

Essai sur les concessions d'éclairage et notamment sur la concurrence électrique, par Jean Cruvellier, avocat à la Cour de Paris, rédacteur en chef de la *Revue communale.* 1899. 1 volume grand in-8, broché. . . . . 3 fr.

Dictionnaire de l'Administration française, par Maurice Block, membre de l'Institut, avec la collaboration de membres du Conseil d'État, de la Cour des comptes, de Directeurs et de Chefs de service des différents ministères, etc. 4ᵉ édition (1898), refondue et considérablement augmentée, tenue au courant par des suppléments annuels gratuits. — 1 volume grand in-8 de 2,358 pages, broché . 37 fr. 50 c.
Relié en demi-maroquin, plats toile . 42 fr. 50 c.

Répertoire de police administrative et judiciaire. Législation et réglementation. Jurisprudence et doctrine. Publié sous la direction de M. Lépine, préfet de police, par Louis Courcelle, attaché au cabinet du préfet de police. Avec une lettre-préface de M. Charles Mazeau, premier président de la Cour de cassation, ancien ministre de la justice. 1899. Deux volumes grand in-8 (2,800 pages à deux colonnes), broché . . . . 60 fr.
Relié en demi-maroquin, plats toile . . . 70 fr.

Traité de la Juridiction administrative et des recours au contentieux, par E. Laferrière, vice-président du Conseil d'État. — Notions générales et législation comparée. Histoire. Organisation, Compétence de la juridiction administrative. Marchés et autres contrats. Dommages. Responsabilité de l'État. Traitements et pensions. Contributions directes. Élections. Recours pour excès de pouvoirs. Interprétation. Contraventions de grande voirie. 2ᵉ édition. 1896. 2 volumes grand in-8, 1,457 pages, br. . 25 fr.
Reliés en demi-maroquin . . . . 32 fr.

Nancy, impr. Berger-Levrault et Cⁱᵉ.

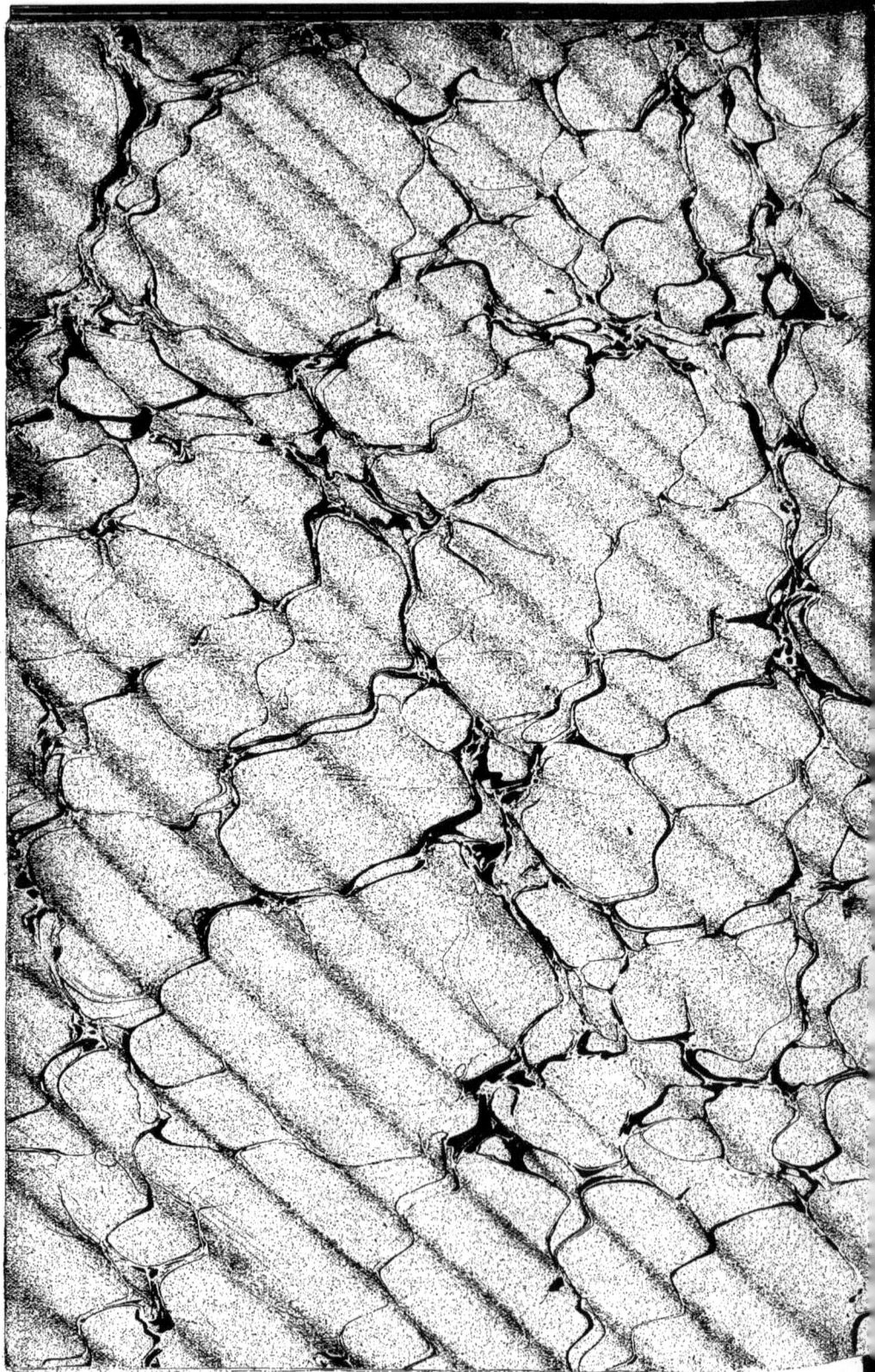

www.ingramcontent.com/pod-product-compliance
Lightning Source LLC
Chambersburg PA
CBHW061115220326
41599CB00024B/4051